DICTIONNAIRE
DES SCIENCES HISTORIQUES

DICTIONNAIRE DES SCIENCES HISTORIQUES

PUBLIÉ SOUS LA DIRECTION DE
ANDRÉ BURGUIÈRE

PRESSES UNIVERSITAIRES DE FRANCE

ISBN 2 13 039361 6

Dépôt légal — 1re édition : 1986, mai
© Presses Universitaires de France 1986
108, boulevard Saint-Germain, 75006 Paris

Liste des auteurs

ANDREAU, Jean - EHESS, Paris
ARKOUN, Mohammed - Université de Paris VII
ARNAUD, Daniel - Vᵉ section de l'EPHE, Paris
AYMARD, Maurice - EHESS, Paris
AZEMA, Jean-Pierre - Fondation nationale des Sciences politiques
BARRAL I ALTET, Xavier - Université de Haute-Bretagne, Rennes II
BARRET-KRIEGEL, Blandine - CNRS, Paris
BEAUNE, Colette - Université de Paris XII - Nanterre
BECK, Patrice - EHESS, Paris
BERELOWITCH, Wladimir - EHESS, Paris
BERGERON, Louis - EHESS, Paris
BESNARD, Philippe - CNRS, Paris
BIRABEN, Jean-Noël - INED, Paris
BLOCH, Raymond - Vᵉ section de l'EPHE, Paris
BOIS, Guy - Université de Paris VII
BONIN, Serge - EHESS, Paris
BOQUET, Guy - Université de Paris X - Nanterre
BOUVIER, Jean - Professeur honoraire, Université de Paris I
BRAUNSTEIN, Philippe - EHESS, Paris
BURGUIÈRE, André - EHESS, Paris
CAMPS, Gabriel - Université d'Aix-Marseille I
CARTIER, Michel - EHESS, Paris
CASTAN, Yves - Université de Toulouse
CERQUIGLINI, Bernard - Université de Paris VIII
CHARTIER, Roger - EHESS, Paris
CHAUSSINAND-NOGARET, Guy - EHESS, Paris
CHEDDADI, Abdessalam - Université Mohamed V, Rabat
COQUERY-VIDROVITCH, Catherine - Université de Paris VII
CORVISIER, André - Université de Paris IV
CRUBELLIER, Maurice - Professeur honoraire, Université de Reims

DESAIVE, Jean-Paul - EHESS, Paris
DESCIMON, Robert - CNRS, Paris
DETIENNE, Marcel - Vᵉ section de l'EPHE, Paris
DUMOULIN, Olivier - Professeur agrégé au lycée de Louviers
DUPAQUIER, Jacques - EHESS, Paris
FARGE, Arlette - CNRS, Paris
FERRO, Marc - EHESS, Paris
FONTENAY, Michel - Université de Paris I
FORGEAU, Annie - Université de Paris IV
FRANÇOIS, Etienne - Mission historique française en Allemagne, Göttingen
FÜGEDI, Erik - Académie des Sciences de Hongrie, Budapest
GENET, Jean-Philippe - Université de Paris I
GENICOT, Léopold - Université de Louvain
GEREMEK, Bronislav - ex-membre de l'Académie des Sciences de Pologne, Varsovie
GLÉNISSON, Jean - EHESS, Paris
GOULEMOT, Jean Marie - Université François-Rabelais, Tours
GOY, Joseph - EHESS, Paris
GRANASZTOI, György - Académie des Sciences de Hongrie, Budapest
HARTOG, François - Université de Metz
HEFFER, Jean - EHESS, Paris
HERAIL, Francine - CNRS, Paris
HIRSCH, Jean-Pierre - Université de Lille
JOUTARD, Philippe - Université d'Aix-en-Provence
JUDET DE LA COMBE, Pierre - CNRS, Paris
JULIA, Dominique - CNRS, Paris
KLAPISCH-ZUBER, Christiane - EHESS, Paris
KRIEGEL, Maurice - Université de Haïfa
LANGLOIS, Claude - Université de Rouen
LAPERROUSAZ, Ernest-Marie - Vᵉ section de l'EPHE, Paris
LEBRUN, François - Université de Haute-Bretagne, Rennes II

LE GOFF, Jacques - EHESS, Paris
LEQUIN, Yves - Université de Lyon II
LE ROY LADURIE, Emmanuel - Collège de France
LÉVÊQUE, Pierre - Université de Dijon
MARTIN, Jean-Marie - Université de Paris I
MENDELS, Franklin - Université du Maryland, Baltimore
MICHAUD, Claude - Université d'Orléans
MONIOT, Henri - Université de Paris VII
MOREL, Marie-France - Ecole Normale Supérieure de Fontenay-aux-Roses
NORA, Pierre - EHESS, Paris
PAILLARD, Bernard - CNRS, Paris
PARIS, Robert - EHESS, Paris
PATLAGEAN, Evelyne - Université de Paris X - Nanterre
PLESSIS, Alain - Université de Paris VIII
POLLAK, Michaël - CNRS, Paris
POUCHEPADASS, Jacques - CNRS, Bordeaux
REDONDI, Pierre - CNRS, Paris
REVEL, Jacques - EHESS, Paris
ROSANVALLON, Pierre - EHESS, Paris
ROUDINESCO, Elisabeth - Psychanalyste, écrivain, Paris
ROUSSEL, Bernard - Université de Strasbourg
ROUSSELLE, Aline - Université de Perpignan
SCHMITT, Jean-Claude - EHESS, Paris
SCHNAPP, Alain - Université de Paris I
SERGENT, Bernard - Lycée Jacques-Brel, La Courneuve
THOBIE, Jean - Université de Haute-Bretagne, Rennes II
THOMAS, Yan - Université de Rouen
VALENSI, Lucette - EHESS, Paris
VIALLANEIX, Paul - Université de Clermont-Ferrand
VINCENT, Bernard - Université de Paris VII
VIVANTI, Corrado - Université de Turin
VOGLER, Bernard - Université de Strasbourg
WOLFF, Philippe - Membre de l'Institut, professeur honoraire de l'Université de Toulouse
WORONOFF, Denis - CNRS, Paris
ZUNZ, Olivier - Université de Virginie, Charlottesville

AVANT-PROPOS

Pourquoi un Dictionnaire des sciences historiques ? Nous disposons déjà de plusieurs synthèses d'excellente qualité présentant les tendances nouvelles de la discipline, telles que L'histoire et ses méthodes (sous la direction de Charles Samaran, Paris, 1961), Faire de l'histoire (sous la direction de Jacques Le Goff et Pierre Nora, Paris, 1974) ou La Nouvelle Histoire (dirigée par Jacques Le Goff avec la collaboration de Roger Chartier et Jacques Revel). Ce dictionnaire n'a pas la prétention de les surpasser mais de les englober, de proposer un inventaire suffisamment large et approfondi des ressources intellectuelles d'une discipline qui est arrivée à un stade de maturité... mais non à l'immobilité.

Une telle entreprise ne pourrait être que collective. La recherche historique touche aujourd'hui à des domaines si variés et requiert des compétences si spécialisées qu'aucun historien, le plus cultivé soit-il, ne pourrait prétendre dominer, à lui seul, l'ensemble du champ. Les historiens ont pris place sur une multitude de secteurs spécialisés mais ils parlent un même langage. Cette communauté de langage est à la base de notre dictionnaire; elle en est la matière et la raison d'être.

Il règne chez les historiens — en France peut-être plus nettement qu'ailleurs — un large accord sur la définition et les exigences de la discipline; une situation qu'on ne retrouve pas forcément dans toutes les sciences de l'homme. Ce consensus n'exclut pas les débats historiographiques, les désaccords d'interprétation, les querelles d'écoles mais à l'intérieur d'une même conception de ce qui fonde le caractère scientifique du travail de l'historien.

L'engouement récent du public et des médias pour l'Ecole des Annales ou ce qu'on a baptisé malencontreusement « la Nouvelle Histoire » a pu donner l'impression que le milieu des historiens était en proie à une véritable guerre intestine : histoire du temps long et des structures contre histoire événementielle; histoire quantitative contre histoire qualitative (... ou micro-histoire). Faux débat ou plutôt faux-semblants qui dissimulent les enjeux réels de la discipline.

S'agit-il de minimiser l'apport de l'Ecole des Annales? Nullement. Je serais tenté de voir, au contraire, dans le mouvement lancé par Marc Bloch et Lucien Febvre, la révolution scientifique la plus importante, pour l'histoire de notre discipline, depuis la constitution de « l'histoire savante » à la fin du XVIIe siècle. Mais la révolution

« *des Annales* » *ne porte pas principalement — comme on l'a souvent prétendu — sur le renouvellement des thèmes et des objets de la recherche (priorité à l'histoire économique et sociale, attention aux groupes, aux phénomènes collectifs, etc.) mais sur le rapport de l'historien à l'objet de sa recherche.*

Consciemment ou non, l'historien sait désormais que cet objet n'est pas le passé lui-même mais ce qui, dans les traces laissées par le passé, peut répondre aux questions qu'il se pose et ces questions sont celles que lui suggère le monde dans lequel il vit. « Toute histoire part du présent », aimait à répéter Lucien Febvre. *L'objet de la recherche n'est pas donné par les archives, comme une réalité endormie et partiellement oubliée qui attendrait patiemment le jugement dernier de la science historique, la résurrection des vivants et des morts. Il est à construire par l'historien.*

Ce n'est donc plus à une tâche de résurrection — cette résurrection intégrale du passé rêvée par Michelet — qu'est convié l'historien mais à un travail de compréhension. Dans les débats qui ont accompagné l'essor de l'Ecole des Annales, cet enjeu a été partiellement occulté et remplacé par des discussions sur les thèmes et les programmes parce que le changement de rôle qu'il impliquait pour l'historien mettait en cause une double tradition, profondément enracinée dans notre culture : une tradition littéraire *qui conférait au discours historique un pouvoir de prophétie (par la science du passé, esquisser les voies de l'avenir) et un pouvoir d'évasion (le charme mystérieux et romantique des mondes révolus). La forte demande d'histoire que l'on constate aujourd'hui encore dans le grand public s'inspire largement de cette tradition.*

Une tradition idéologique *également : l'histoire est depuis longtemps en France un terrain d'affrontements politiques et le discours politique un grand consommateur d'arguments historiques. Le mariage de l'histoire et de la politique n'a rien d'exceptionnel. On le retrouve dans tous les pays qui ont eu besoin, pour légitimer l'unité nationale, de mobiliser la mémoire collective et de l'inscrire dans une mythologie des origines. Mais il revêt dans l'esprit français une importance particulière à cause du rôle fondateur, pour notre conscience politique, de la Révolution française et peut-être plus lointainement à cause du lent travail d'imprégnation de la propagande monarchique qui eut très tôt le souci de soigner son image et de légitimer son pouvoir en lui donnant les apparences d'une nécessité rétrospective.*

Ce mariage n'a pas épuisé ses charmes, comme en témoignent les passions que soulèvent en France, dans les milieux politiques plus encore que dans les milieux enseignants, le problème de la place de l'histoire dans les programmes scolaires et la formation du citoyen. Il n'y a aucune raison de vouloir rayer d'un trait de plume ce qui incarne le génie de notre culture et l'héritage de notre discipline. L'histoire reste et demeurera un travail d'écriture. Elle continuera également à mobiliser, pour ses hypothèses, la conscience politique de l'historien.

Mais la conversion scientifique que Marc Bloch et Lucien Febvre ont proposée à la communauté historienne est inéluctable. Ils ont devancé l'évolution, ils ne l'ont pas provoquée. Leur pré-science ou plutôt leur extrême sensibilité aux modifications de la conjoncture intellectuelle a permis à l'histoire en France de passer, avec armes et bagages, dans le camp des sciences sociales, avant d'être mise en accusation. Cette volte-face scientifique explique la situation originale — et pratiquement sans équivalent dans d'autres pays — de notre discipline qui joue au centre de la constellation des sciences sociales un rôle fédérateur.

Un rôle enviable mais ambigu : si l'histoire se donne comme tâche d'expliquer l'organisation et le fonctionnement de la société, elle devient une science sociale parmi d'autres, mais une science sociale sans identité et sans utilité puisque son territoire recoupe les territoires de toutes les autres sciences de la société.

C'est ce qu'affirmait déjà Durkheim dans la préface au premier numéro de L'Année sociologique : « L'histoire, écrit-il, ne peut être une science que dans la mesure où elle explique et l'on ne peut expliquer qu'en comparant... Or dès qu'elle compare, l'histoire devient indistincte de la sociologie. »

Si l'histoire n'était vouée qu'à enrichir les démarches des autres disciplines d'un éclairage rétrospectif, elle aurait dû apparaître très vite comme un savoir « en miettes » dispensé entre toutes les autres sciences sociales et progressivement absorbé par elle. Or il n'en est rien. Non seulement la recherche historique ne s'est pas laissé coloniser, mais elle apparaît plus que jamais indispensable pour évaluer le travail du temps, reconstituer les processus, comparer les évolutions.

Son contenu ce n'est pas le passé, mais le temps ou plus exactement les procédures d'analyse et les concepts capables de prendre en compte le mouvement des sociétés, d'en comprendre les mécanismes, d'en reconstituer la genèse.. et l'érosion.

C'est le savoir-faire accumulé par des siècles de quête historienne — c'est-à-dire à la fois l'histoire de l'Histoire et les règles de notre métier — qu'on trouvera dans cet ouvrage. Une quête plurielle par les méthodes, les domaines, les types de documentation qu'elle aborde (c'est pourquoi nous préférons parler des sciences historiques) mais une, par les questions qu'elle se pose et les exigences qu'elle se donne.

L'inventaire que nous proposons se situe à plusieurs niveaux : celui des méthodes (histoire quantitative, histoire orale, etc.), celui des concepts (bourgeoisie, crise, décadence, etc.), celui des domaines de l'histoire (histoire de l'enfant, du livre, géographie historique, etc.), celui enfin de l'acquis historiographique. Ce dernier aspect comprend à la fois les grandes Ecoles historiques qui ont souvent vécu le difficile mariage de l'esprit national et de l'esprit scientifique, les historiens qui ont marqué de façon décisive le développement de la discipline, les questions d'histoire qui ont fait l'objet d'un important débat (comme « la Réforme », « la Révolution française », « les Etrusques », « les manuscrits de Qumrân », etc.).

Un inventaire large, peut-être ambitieux mais nullement exhaustif.

Le public dira par l'accueil qu'il fera à l'ouvrage, dans l'immédiat et à plus long terme, si notre entreprise était utile et convaincante.

Qu'on me permette, en attendant ce verdict, de remercier tous les collègues et amis qui ont bien voulu collaborer à ce dictionnaire, et tout spécialement le plus jeune d'entre eux, Olivier Dumoulin — excellent spécialiste de l'histoire récente de l'Histoire — dont le talent et le savoir ont été mis largement à contribution. Je tiens également à dire toute ma gratitude à Yvette Trabut qui m'a aidé, avec patience et compétence, à gérer cette entreprise collective.

André BURGUIÈRE.

Afrique

Les sciences historiques ont laissé l'Afrique hors de leur prise jusqu'à des années très récentes. Ce disant, on met de côté maints savoirs élaborés dans les sociétés africaines, qui relèvent d'autres types historiographiques. Dans nos spécialisations savantes, l'Afrique vivait hier sous trois régimes. L'histoire, outre l'inclassable égyptologie, prenait en compte l'Afrique septentrionale, à toute époque, dans la mesure où elle était une composante de l'ensemble méditerranéen et, partout, aux siècles récents, l'action européenne. L'orientalisme islamisant à son tour incluait Egypte et Maghreb dans une recherche centrée ailleurs et autrement; il étudiait résolument le passé, mais avec des primats méthodologiques et intellectuels autres que ceux de l'histoire historienne; il ignorait quasiment l'Islam au sud du Sahara. L'Ethiopie chrétienne était le lieu d'un autre orientalisme plus discret.

Le reste du continent, et des pans sociaux entiers de l'Afrique septentrionale, étaient le lot de l'ethnologie ou de l'anthropologie (l'usage des deux mots variant selon les nations, le moment et le contexte) et parfois de la sociologie. Sommairement parlant, cette ethnologie ignora l'histoire — qu'elle cherchât autre chose, ou par postulat du statisme des sociétés étudiées, ou par conviction de l'inaccessibilité de leur passé. Ses courants de silhouette un peu historique — évolutionnisme, diffusionnismes construisant de grandes entités culturelles et leur généalogie, études d'acculturation — avaient des procédures intellectuelles et documentaires fragiles et fort peu historiennes en fait. Les travaux de terrain furent parfois moins rigides que les cadres théoriques de référence.

A leur apport empirique détourné se sont ajoutés des vues et des matériaux d'histoire d'occurrence variée : débats humanitaristes contre la traite, écrits en anglais d'intellectuels africains et afro-américains à partir du milieu du XIXe siècle, en même temps que quelques historiographies africaines (yoruba, malgache, ganda...) d'assise locale écrites sous l'effet de contacts missionnaires, puis de la colonisation, une historiographie sud-africaine blanche diversifiée dès la fin du XIXe siècle, des travaux d'explorateurs, puis d'administrateurs débrouillant mouvements de peuples, dynasties et empires... Vers 1950 un très maigre public pouvait ainsi additionner quelques données modestes et hétéroclites, et D. Westermann composer une valeureuse *Geschichte Afrikas* (1952) ; mais l'Afrique noire restait un continent officiellement et scientifiquement sans histoire, et de bons esprits la réputaient bien telle, par nature, ou par la grossièreté chaotique de ce qui s'y était passé, ou par la malchance documentaire d'être sans écriture.

Un impressionnant renversement de cet édifice savant s'est amorcé dans les années 50 et consommé dans les années 60, secouant les trois empires académiques. L'anthropologie-ethnologie-sociologie est alors servie par des auteurs qui donnent une première preuve de réalisme historique en tenant compte de la situation coloniale, voyant les peuples soumis travaillés par ses effets plutôt que simples témoins traditionnels. Ils les étudient dans leur procès d'évolution, mettent en chaîne ou en perspective des moments d'âge divers, coloniaux ou non, construisent des temporalités, saisissent d'une même intelligence la structure et le mouvement, le social et le culturel, sont attentifs aux expressions, aux signes et aux manifestations non classiquement répertoriés des groupes observés. Les œuvres maîtresses ici sont françaises : G. Balandier (Fang et Bakongo, 1955), J. Berque (Seksawa du Maroc, 1955), R. Bastide (religions africaines au Brésil, 1960), P. Bourdieu (avec A. Sayyad, deux groupes paysans algériens, 1964), P. Mercier (Somba du Dahomey, 1968)... Même avec des accents théoriques différents, maints anthropologues procèdent désormais à des enquêtes historiques rigoureuses. L'orientalisme, au moment où il va se désintégrer sous la dénonciation externe et interne de son artifice, s'ouvre à une histoire disponible pour les basses époques, les temps coloniaux et les marges, les réalités économiques et sociales ; et, sous des plumes nationales ou européennes, de fortes études d'histoire sociale, politique et intellectuelle rénovent récemment la connaissance du passé égyptien et maghrébin.

C'est sous la bannière proprement historienne qu'a lieu le *take off* d'une histoire de l'Afrique noire universitairement reconnaissable, en Angleterre, avec des réunions décisives tenues à la *School of Oriental and African Studies* en 1957 et 1961, des travaux démonstratifs (comme celui du Nigérian K. O. Dike, en 1956, sur le delta du Niger au XIXe siècle), la création du *Journal of African History* par R. Oliver et J. D. Fage en 1960. Cette historiographie, aussitôt et durablement active, est restée majoritairement anglophone, avec les fortes productions anglaise, américaine et africaines (celles-ci — Ghana, Nigeria, Tanzanie, Kenya... — assez typées pour qu'on y distingue des écoles). Elle a été plus modeste et lente en France, mais les universités africaines de langue française, plus tardives, sont aujourd'hui efficaces (et il vaut de noter aussi que dès les années 50, en français, sous des plumes africaines, une impulsion sensible est venue de vigoureux manifestes de revendication culturelle : on pense notamment à cheikh Anta Diop et à sa thèse d'une Egypte antique nègre). Signe patent, et même trop classique, de la maturité et des apports de cette historiographie : une *Cambridge History of Africa* en 8 volumes est aujourd'hui presque achevée.

Des manifestations originales du métier d'historien ont accompagné cette novation, en un domaine où il était encore il y a trente ans, soit improvisé, soit inconcevable et jugé dépourvu de munitions. On s'en tiendra ici à l'Afrique noire et aux aspects les plus spécifiques du fait envisagé : l'usage des sources orales et la perméabilité remarquable de l'histoire et de l'anthropologie. Non sans avoir auparavant marqué trois points. Quant au volume des connaissances livrées — notion bien fruste, certes — et quant à l'étendue des temps couverts, sources écrites étrangères et archéologie, chacune, sont les sources les plus riches, globalement sinon toujours localement. Ensuite, l'intérêt premier des sources orales, qui est d'être indigènes, est partagé par un lot de sources écrites dont la reconnaissance exhaustive et l'usage par les soins d'une critique érudite avancent lentement : textes d'écriture arabe, en arabe ou dans une langue africaine (peul, haoussa, swahili...), textes éthiopiens chrétiens (en guèze, puis en amharique), textes en caractères latins, de langue africaine ou surtout européenne. Enfin, linguistique, botanique, anthropologie physique... chacune dans l'ordre de faits qu'elle maîtrise, peuvent établir des attestations ou des indices qui, réunis à d'autres données dans des corrélations plus ou moins logiquement assurées ou dans des rapprochements plus ou moins serrés, nourrissent des hypothèses ou des schèmes exploratoires ; cherchant à dominer la panoplie documentaire la plus diversifiée, quelques historiens de l'Afrique ont comparé leur sport au décathlon.

Mais la novation majeure et féconde est bien l'usage des sources orales. A l'emploi modeste et souvent laxiste des « traditions » et des « informations » orales ont succédé, vers 1960, travaux empiriques critiques et confrontations méthodologiques étendues ; J. Vansina publie en 1961 le livre pilote, *De la tradition orale*, revue systématique, précise et fondée des problèmes de critique documentaire. Au départ de cette nouvelle pratique, il y a une appréciation positive : les sociétés « sans écriture » ont des expressions organisées et des savoirs, des façons sociales de les transmettre, des raisons sociales de les entretenir.

Reconnaître alors si, dans quelle mesure et de quoi les matériaux oraux peuvent être des sources appelle trois types de démarches. L'un considère procédés de transmission, d'apprentissage et de contrôle des savoirs, maîtrise linguistiquement leurs contenus, en compare les variantes pour accéder aux états les plus « fidèles » ; sous une franche prise en compte de l'oralité réside là quelque chose du modèle érudit de la tradition écrite. Un autre retient les mises en garde anthropologiques contre les fonctions remplies par les traditions, « chartes sociales » à quelque égard, mais en fait le ressort de l'examen de chaque dossier, non une présomption mécanique d'invention ou de remaniement ; au reste, l'historien n'est pas forcément grugé de glaner des éléments d'histoire des représentations de l'ordre social, en place d'une histoire factuelle un moment entrevue. Un troisième prend en compte les « codes culturels » des expressions recueillies.

On a cherché des moyens de datation au moins relative des données, dans des recoupements avec des sources extérieures et dans le traitement raisonné des éléments récurrents de la structure sociale (généalogies, successions au pouvoir, classes d'âge...), pour apporter aux sources orales un élément essentiel de maniabilité historienne dont elles sont fâcheusement dépourvues explicitement. On a conçu des éditions critiques. On a apprécié les genres propres à chaque société, les détenteurs privilégiés et les surfaces de ces traditions, les mémoires sociales en marge des savoirs constitués, les temporalités et les vérités différentes qui habitent ces informations, la grande variété de l'oral. Dans les années 70, il y a eu comme un deuxième âge de cette démarche, plus rassis, plus pessimiste parfois, plus approfondi.

Toujours attentifs aux traditions constituées, les historiens recherchent davantage les représentations populaires diffuses, ou privées. Ils prennent plus vive conscience du degré auquel les savoirs des sociétés orales ont été, sous la colonisation et dès les contacts du XIXe siècle, remodelés par leur frottement aux cultures écrites et par des enjeux sociaux nouveaux. Une poussée hypercritique conteste les possibilités de datation. L'attention portée aux catégories et au réseau mental des matériaux est affinée, et l'on écarte un couple trop simple histoire/mythe, aussi bien pour la pensée indigène que pour la grille de l'historien. On se convainc que la transmission en société orale est, du moins le plus souvent, une remémoration constructive, dont le principe de continuité n'est pas dans la fidélité littérale — ce qui dissout le modèle sous-jacent de l'écrit.

La production narrative elle-même est étudiée : travail créateur autour de ce qui est le cœur du significatif et du mémorable (J. Miller), conditions de l'énonciation et héritage sédimenté des énonciations antérieures (J. Bazin). On remarque le caractère artificiel des totalisations savantes des variantes de récits et des traitements de corpus, qui sont à l'opposé des conditions effectives de la pensée dans les sociétés orales et d'une pratique sociale où solutions et formulations sont toujours singulières et successives. Un glissement très heureux enfin fait de la mémoire sociale, d'abord appelée simplement comme clé pour la lecture des sources, un objet d'étude central, qui donne les lumières de son propre discours historique et pas seulement les « informations » qu'elle enchâssait.

L'autre originalité est la forte perméabilité réciproque de l'histoire et de l'anthropologie-sociologie, dont les tenants ont aujourd'hui bien des projets communs, et s'empruntent largement pratiques intellectuelles et interrogations — il ne s'agit pas d'interdisciplinarité, qui serait collaboration raisonnée de deux partenaires définis et différents. Trois traits peuvent en témoigner : le travail de terrain, le traitement du temps, les problématiques. Une part sensible de l'histoire de l'Afrique se fait sur le terrain, chez des vivants, où sont les documents, les clés de leur usage, la formulation même de problèmes instructifs. Les représentations d'une société sur son passé ont des occasions d'occurrence, des fonctions, un cadre logique... que seule peut indiquer la fréquentation attentive; les savoirs passent par la bouche et la mémoire de gens qui vivent en société et se comportent en conséquence : leur origine, leur parcours social, les conditions de l'énonciation... comptent.

C'est trop peu dire que des données documentaires sont « prises » dans la réalité sociale : mémoires, oublis, représentations, signes... sont le fruit et le lieu d'un travail social, en lui-même plus riche que les données factuelles qu'on peut en exhumer. Si même la simple pratique d'un questionnaire bâti par le chercheur suppose l'appréciation claire de qui y répond, combien plus dense est la familiarité durable au cours de laquelle on « laisse venir à soi les problèmes » (J. Berque), et qui permet de miser sur les questions, les formulations et les associations... qui apparaissent dans l'observation des pratiques et dans l'écoute des propos. Les sources orales ne sont nullement l'équivalent formel des sources écrites. La recherche historienne passe, sur le terrain, par l'acuité de l'observation et par l'analyse du vivant, au moment même où plus d'un anthropologue découvre, pour son compte, toute l'historicité du social. Perméabilité encore dans des efforts communs pour construire des temporalités — ce que l'histoire a su si bien faire ailleurs, bien au-delà de la datation, du raisonnement selon la simple succession et des périodisations d'intuition ou de commodité — mais elle est ici démunie pour des démarches « laboussienne » ou « braudélienne » — et ce que l'anthropologie domine encore bien mal.

Toutes deux s'y essaient, d'une part en suivant au plus près, pour une société donnée, le temps de sa production par elle-même, celui de l'entretien et du renouvellement de ses rapports sociaux et de sa consistance ethnique, d'autre part, pour de vastes pans de l'espace et du passé, par des jeux (« modèles diachroniques » ou autres) sur les logiques qui lient ensemble les données culturelles et sur leurs possibles évolutions différentielles. Perméabilité dans les problématiques, dont les anthropologues restent ici grands pourvoyeurs, ce qu'on peut voir avec éclat sur trois exemples. A l'histoire des formations politiques, ils donnent des typologies, des hypothèses sur leurs facteurs constitutifs, des corrélations élaborées entre institutions, idéologies, fondements matériels et symboliques du pouvoir... et ils ont fait admettre sur la scène historique les sociétés qui n'ont pas institué l'autorité dans des formes centralisées, manifestes et permanentes. L'histoire économique se nourrit largement des analyses, par l'anthropologie économique, des diverses sortes de relations sociales nouées autour des réalités de la production; elles ont permis de penser historiquement la variété des formules africaines précoloniales et leur rencontre avec des économies extérieures dominantes. Et c'est bien plus qu'une histoire intellectuelle qui pourra faire son bien des enquêtes et réflexions anthropologiques sur les diverses notions de la personne, et des propositions d'un M. Augé sur la cohésion virtuelle des systèmes de représentations et sur la simultanéité logique de ce réel qui est organisation et de ce réel qui est sa représentation.

Mais quel objet d'histoire est l'Afrique ? Les publications ont fleuri à deux niveaux. L'histoire des groupes et de lieux, des ethnies et des peuples, des cadres sociaux vécus et hérités a de puissants ressorts. C'est elle qu'ont cultivée ces historiographies africaines qui utilisèrent l'écrit pour fixer et réélaborer le passé de leur groupe dans le nouveau contexte intellectuel et le défi institués, en quelques régions, par les conversions missionnaires au XIXe siècle, puis par la colonisation. C'est elle que la recherche universitaire gonfle aujourd'hui : l'enquête historique s'inscrit couramment dans un cadre géographique et social arpentable. Là résident les mémoires sociales. Ces recherches localisées ont aussi des usages à une autre échelle que la leur. Elles s'emboîtent parfois dans des histoires régionales solidaires (Sénégambie par exemple).

Les monographies sont perçues comme raccordables, jointives, susceptibles de permettre, par addition, un tableau qui serait l'histoire de l'Afrique; on sait la fonction rassurante de ce type de savoir idéalement exhaustif et clos, et la faveur contemporaine pour un inventaire général des patrimoines; l'Afrique n'échappe pas aujourd'hui à ces demandes internes et externes, d'autant moins que de telles contributions lui étaient déniées naguère encore, et toute précaire que soit l'idée de tableau quand les lacunes sont si nombreuses. Il est une autre façon généraliste de plaider pour l'histoire des sociétés concrètes répandues sur le continent : l'Afrique est un grand répertoire de formules sociales et culturelles, apte à nourrir une science sociale enfin générale, jusqu'ici trop provinciale d'avoir fondé ses propos sur un échantillon assez modeste de l'expérience humaine. L'histoire d'Afrique s'écrit donc sous le signe de la monographie et de la diversité.

Elle s'écrit aussi comme un tout — mais lequel ? Le continent d'abord, qui a pour lui les suggestions simples de la cartographie, et des sentiments et volontés politiques de solidarité aujourd'hui. Mais la géographie, vécue ou raisonnée, découpe et recoupe cette masse, comme le font les solidarités héritées ou revendiquées. On traite alors souvent de l'Afrique noire au sud du Sahara, que bien des facteurs poussent à penser ensemble. Les représentations européennes ont fait des Noirs un bloc sauvage au-delà de l'Islam : successivement mythes chrétiens, découverte tardive et globale, cortège mental de la traite, puis de l'humanitarisme, puis des systématisations raciales... ce que ne dément pas le dédoublement qui, à partir de la fin du XIXe siècle, place les Noirs hors même de la triple postérité de Noé et réserve le terme de (C)Hamites à des peuples dits moins noirs, introducteurs supposés des éléments de civilisation trouvés sur le continent. Les intellectuels descendants d'esclaves, restés aux Amériques ou pratiquant au XIXe siècle le retour en Afrique, font référence à des racines africaines générales, et montrent une conscience du destin global de la race noire, ce que fait aussi parfois, à sa façon renouvelée, le combat culturel anticolonial.

Il y a enfin les données historiques mêmes : l'Afrique sud-saharienne semble avoir constitué longtemps un « bloc tropical » (P. Gourou) assez peu perméable à de fortes relations extérieures, qui conserva une originalité propre jusqu'au XVe siècle (quant aux plantes et animaux domestiqués, aux techniques, à la pathologie...). Dans ce bloc — mais avec une franche ouverture sur la vallée du Nil — le sentiment souvent exprimé de parentés culturelles fortes mérite d'être vérifié, et traduit dans des propositions rigoureusement définies. On peut encore chercher à l'échelle subcontinentale quelques grands synchronismes, l'extension progressive des peuplements, ou d'entités dont la consistance historique est différente de celle des sociétés concrètes (grandes familles linguistiques comme les Bantou, ensembles technologiques ou stylistiques...).

A dater du XVe siècle l'Afrique noire connaît un même type d'insertion dans les rythmes et les faits d'une économie mondiale impulsée depuis l'Europe (commerce côtier et traite des esclaves, puis commerce « libre » et croissant du XIXe siècle), puis une colonisation généralisée avec le *scramble* de la fin du siècle, une même époque aujourd'hui de décolonisation et d'évolution de l'exploitation économique, une même extension des formes politiques et économiques dites modernes : dans tous ces cadres, son histoire a, partiellement mais nécessairement, à s'écrire comme un tout.

Le niveau négro-africain global n'est pourtant pas le seul niveau large concevable, ni toujours adéquat. De grandes aires régionales semblent parfois plus significatives. L'Afrique de l'Est s'inscrit aussi dans une histoire organisée autour de l'océan Indien. Le découpage en grandes aires culturelles bute sur l'impossibilité, pour de larges pans sociaux et temporels, de séparer monde islamique et monde négro-africain : maintes sociétés relèvent historiquement des deux ensembles à la fois, et les stéréotypes naguère admis sur le caractère, soit étranger, soit nigrifié, et abâtardi, de l'Islam au sud du Sahara sont aujourd'hui controuvés.

On s'en est tenu aux démarches intellectuelles de l'histoire africaine et à sa constitution académique, parce qu'il s'agissait de contribuer, par l'Afrique, au portrait des sciences historiques, et non du propos inverse. Mais toute historiographie a ses déterminations sociales et ses enracinements idéologiques et culturels; observée pour elle-même, celle de l'Afrique appellerait qu'on les mette en lumière. Pour ne pas rester trop éthéré, on notera au moins un point, qui peut alimenter la comparaison avec l'évolution d'autres historiographies. Si l'histoire savante mêle ici, comme partout ailleurs, inextricablement, histoire explicative et histoire identitaire et légitimante, les conditions de ce mixte sont particulières : la scène académique de l'histoire africaine est largement occidentale par ses codes, ses langues et ses audiences; la scène idéologique, mondiale et africaine, est, sous des versions rivales, aimantée par une même modernisation étatique et politique, que le passé est sollicité de convoyer moralement; dans ces décrochages cumulés, les consciences historiques africaines aliénées depuis un siècle trouvent bien malaisément leur relais.

● BIBLIOGRAPHIE. — *1 / Pour l'histoire africaine, deux guides qui sont aussi des dossiers historiographiques* : Ph. CURTIN, St. FEIERMAN, L. THOMPSON, J. VANSINA, *African History*, Boston, Little & Brown, 1978, 612 p.; Cath. COQUERY-VIDROVITCH et H. MONIOT, *L'Afrique noire de 1800 à nos jours*, Paris, PUF, 1974, 2ᵉ éd. révisée, 1984, 480 p. — *2 / Quelques monographies maîtresses bien démonstratives* : J. VANSINA, *The Children of Woot. A History of the Kuba People*, Madison, Univ. of Wisconsin Press, 1978, 394 p.; Ph. CURTIN, *Economic change in Precolonial Africa. Senegambia in the Era of the Slave Trade*, Madison, Univ. of Wisconsin Press, 1975, 2 vol., 363 et 150 p.; B. BARRY, *Le royaume du Waalo. Le Sénégal avant la conquête*, Paris, Maspero, 1972, 393 p.; Cl.-H. PERROT, *Les Anyi-Ndenye et le pouvoir aux XVIIIᵉ et XIXᵉ siècles*, Paris, CEDA Abidjan et Publ. de la Sorbonne, 1982, 334 p.; I. WILKS, *Asante in the XIXth century*, Cambridge UP, 1975, 795 p.; E. M'BOKOLO, *Noirs et Blancs en Afrique équatoriale. Les sociétés côtières et la pénétration française (1820-1874)*, Paris, EHESS et Mouton, 1981, 302 p.; G. DUPRÉ, *Un ordre et sa destruction*, Paris, ORSTOM, 1982, 446 p. [les Nzabi, confins Gabon-Congo, fin XIXᵉ et XXᵉ siècles]. — *3 / Sur les démarches intellectuelles spécifiques* : J. MILLER (éd.), *The African Past Speaks. Essays on Oral Traditions and History*, Folkestone, Dawson & Hamden, Archon, 1980, 284 p.; J. BAZIN, La production d'un récit historique, *Cahiers d'Etudes africaines*, 73-76, 1979, p. 435-483; et la revue *History in Africa* (African Studies Association, actuellement Los Angeles), annuelle, depuis 1974.

▶ CORRÉLATS. — Coloniale (Histoire), Egyptologie, Européocentrisme, Impérialisme, Musulmans.

H. MONIOT.

Alimentation

En 1782, Pierre J. B. Legrand d'Aussy publiait une *Histoire de la vie privée des Français* qui était en réalité une histoire de leurs habitudes alimentaires. Le sujet n'est donc pas neuf et la façon dont l'aborde cet érudit de la fin de l'Ancien Régime est étonnamment moderne. L'ouvrage est ordonné selon un plan non pas chronologique mais thématique (les céréales, les viandes, les boissons, etc.). Combinant une grande culture livresque et une curiosité de voyageur pour l'enquête de terrain, il évoque, à propos de chaque type d'aliment, l'histoire et les techniques de sa production, la façon dont il s'est répandu dans les différentes couches de la société et les manières de le consommer : une histoire de la *production*, de la *consommation*, et enfin du *goût*.

Ce triptyque désignerait aujourd'hui encore assez bien le programme et les axes de recherche principaux d'une histoire de l'alimentation. Pourtant Legrand d'Aussy n'a pas fait école.

On connaît les pages célèbres de Michelet (qui visiblement a lu Legrand d'Aussy) dans son *Histoire de France* sur le rôle du café, créateur d'une nouvelle sociabilité... et d'une nouvelle sensibilité intellectuelle.

Mais cette prise en compte est assez exceptionnelle chez les grands historiens du XIXe siècle. Délaissés par la grande histoire, les problèmes alimentaires font les délices de l'érudition mineure qui peut y satisfaire son besoin d'un passé familier pour rendre le présent rassurant et l'imprégner de nostalgie. La longue série de monographies d'A. Franklin (*La vie privée d'autrefois*, 1887-1902) où sont évoqués les recettes culinaires, les ustensiles, les métiers de l'alimentation qui animaient les rues de Paris de jadis, sont le prototype d'une érudition quelque peu dérisoire qui continue à nourrir aujourd'hui pas mal d'ouvrages dans lesquels l'histoire de la vie quotidienne n'est qu'un décor pour la grande histoire, une façon de la rendre plus souriante et plus vivante. Leur grand défaut, en particulier en ce qui concerne les problèmes alimentaires, est de ne pouvoir donner du sens à la reconstitution de cette réalité passée qu'en soulignant sa distance (par le pittoresque ou le nostalgique), ou sa proximité (qui la rend familière) avec la réalité présente. Mais ils se préoccupent en général aussi peu des formes d'évolution qui lui sont propres que des liens que l'histoire alimentaire entretient avec les grands changements économiques sociaux ou mentaux.

Ce n'est que récemment, dans les années 1960, que les problèmes alimentaires ont retrouvé place dans la réflexion historique. Mais pour en arriver là, quelques textes majeurs ont indiqué la voie et précisé la problématique. Citons en particulier *L'histoire de l'alimentation végétale* de l'historien polonais A. Maurizio (1926), admirable reconstitution de la genèse des pratiques alimentaires, de l'économie de cueillette à la révolution agricole du Néolithique, de la soupe d'herbes à la bouillie de céréales d'abord consommée liquide puis versée sur une pierre chaude et transformée en galette. *L'histoire de la vigne et du vin en France* (1959) du grand géographe historien Roger Dion. Parallèlement deux Anglais, W. Ashley pour le pain (1928), R. N. Salaman pour la pomme de terre (1949), reconstituaient chacun l'histoire d'un grand produit qui a bouleversé le régime alimentaire des populations européennes. Dans un texte au titre par trop discret, *L'alimentation de l'ancienne France*, écrit à la veille de la deuxième guerre, Marc Bloch soulevait plusieurs des problèmes sur lesquels allaient se concentrer les recherches des historiens de l'alimentation : 1) les transformations du régime alimentaire et leurs effets sur l'équilibre biologique et psychique; ainsi l'apparition des excitants (café, thé, alcool, tabac) à partir du XVIIe siècle; 2) l'apport des produits coloniaux et plus généralement le rôle joué par l'expansion extra-européenne dans l'évolution du régime nutritif; 3) l'importance de la « ségrégation alimentaire », régionale mais surtout sociale. Constater que la table du riche n'est pas la même que celle du pauvre est une banalité; mais ce qu'il convient de voir c'est dans quelle mesure la consommation alimentaire est un enjeu social : non seulement la dépense ostentatoire, le goût de l'excès pour les uns, la monotonie et l'indigence pour les autres, mais aussi la prise en charge de l'innovation alimentaire par les tensions sociales.

C'est l'histoire quantitative qui a véritablement réintroduit les problèmes alimentaires dans le champ de la recherche historique, en proposant à la fois des sources, des méthodes et des questions nouvelles. Les articles sur « la vie matérielle » parus dans les *Annales ESC* pendant les années 1960 (édités ensuite en *Cahier des Annales* par J.-J. Hémardinquer) donnent la mesure de ce regain d'intérêt pour l'histoire alimentaire, présent également dans plusieurs grandes thèses de cette époque : celle de B. Bennassar sur Valladolid (1960), d'E. Le Roy Ladurie sur le Languedoc (1966), ou d'A. Poitrineau sur la Basse-Auvergne (1966). L'article de B. Bennassar et J. Goy — et le dossier qu'il introduit — (*Annales ESC*, 1975) clôt provisoirement sur des acquis incontestables et un certain nombre d'interrogations cette phase quantitative de l'histoire alimentaire.

La préoccupation essentielle des historiens du social à cet égard se situait au point de rencontre de l'économie et de la démographie. Ayant identifié une montée parallèle de la courbe des prix alimentaires et des décès (en particulier J. Meuvret et P. Goubert) pendant les crises de mortalité de l'Ancien Régime, il était tentant de pouvoir mesurer l'ampleur de la malnutrition ou de la dénutrition qui frappait les classes populaires non seulement dans le temps court des crises, mais dans les fluctuations de longue durée. Les sources mentionnant des rations alimentaires existent en assez grand nombre à partir du xve siècle : états des dépenses de bouche de cours princières, de communautés religieuses, d'hôpitaux, d'écoles, de bateaux, de prisons... mais aussi baux de salaires stipulant des rétributions alimentaires ou « soultes » viagères. La difficulté était de traduire ces rations en calories et en composants nutritifs : une difficulté qui a suscité de nombreux débats de méthode chez les historiens et n'a pas été encore véritablement surmontée.

Malgré leur imperfection statistique... et diététique, ces recherches ont mis en évidence un phénomène majeur, pour une grande partie de l'Europe : la baisse progressive de la part de viande dans l'alimentation quotidienne. Elle s'explique par la baisse du niveau de vie des classes populaires et en particulier des salaires, comme en témoigne la disparition progressive de la viande et du vin dans la part du salaire des journaliers languedociens versée en nature, à partir de la fin du xvie siècle. Mais plus largement elle accompagne la « dépécorisation » de l'agriculture conduite sous l'effet de la croissance démographique à convertir une grande partie des pâtures en emblavures.

D'autres mutations économiques majeures beaucoup plus anciennes ou plus récentes ont bouleversé le régime alimentaire du plus grand nombre. Ainsi le passage à une alimentation à base de céréales au Néolithique qui, en changeant l'équilibre diététique, a provoqué l'extension des caries dentaires a pu être repéré par certains préhistoriens, à partir de l'examen de squelettes humains fossilisés. Quant à la révolution industrielle et la révolution agricole qui l'a accompagnée, il faut tout l'optimisme technologique d'un Jean Fourastié pour leur attribuer une amélioration incontestable de l'alimentation populaire. Ce que notent les observateurs de l'époque — comme Villermé ou le Dr Blanqui en France — à propos du prolétariat ne relève pas du pur misérabilisme : le repas ouvrier au début du xixe siècle, constitué essentiellement de pain, représente un appauvrissement social et diététique.

Enfin les nouveaux rapports de dépendance, à l'échelle de l'Europe et du monde, ont suscité des phénomènes massifs de régression alimentaire. La table du tisserand indien du xviiie siècle, quand l'Inde exportait encore largement ses étoffes, ou du paysan chinois du milieu du xixe siècle, comme en témoigne une monographie familiale de l'équipe Le Play (dans *Les ouvriers des deux Mondes*), était probablement aussi bien pourvue que celle de leurs équivalents anglais ou français. Les famines et l'indigence alimentaire de l'Asie ou de l'Afrique font aussi partie des retombées de l'expansion coloniale de l'Europe. Et la « Grande Famine » de l'Irlande n'est pas sans rapport avec la mainmise de la Gentry anglaise sur les meilleures terres de l'île.

Ce dernier exemple montre à quel point les historiens doivent se garder de ne prendre en compte qu'une seule variable quand ils cherchent à expliquer l'évolution des régimes alimentaires. Car la domination anglaise mise à part, la famine irlandaise peut être considérée comme une illustration catastrophique, des « ciseaux malthusiens » (c'est-à-dire les rapports entre population et subsistances) déjà responsables de la « déprotidisation » de l'alimentation européenne du xvie au xviiie siècle. Mais l'Europe est désormais largement ouverte sur le monde. La découverte de l'Amérique lui procurait des substituts alimentaires précieux qui ont pu enrayer les effets destructeurs de la croissance démographique et arracher à la famine des régions entières : ce fut le cas de la Bretagne, du Limousin à la fin du xviiie siècle avec la pomme de terre, ou de l'Ouest aquitain avec le maïs.

L'itinéraire étrange de la céréale américaine qui, implantée en Espagne mais sans grand succès dès le xvie siècle, a dû partir dans les Balkans pour revenir en Italie au xviie siècle sous le nom de « grano turco » et ensuite en France, montre toute l'importance de l'habillage racial (dans le cas du maïs, son origine indienne suscitait à son égard une réaction de répugnance) ou social dans les résistances des habitudes alimentaires à l'innovation comme dans leur capacité à s'adapter. La pomme de terre a eu besoin d'un anoblissement social (que l'action promotionnelle de Parmentier, chère à nos manuels d'histoire, illustre en forme d'image d'Epinal) à la fois pour se diffuser et pour bénéficier des efforts de sélection de germes qui l'ont rendue plus savoureuse.

Inversement, le déclin de la châtaigne (une production peu coûteuse en main-d'œuvre) qui constituait pour les régions montagneuses du sud-ouest de l'Europe jusqu'à la fin du xixe siècle une base alimentaire importante ne s'explique pas par son insuffisance nutritive (elle représentait en fait un bon apport nutritif), mais par l'image de pauvreté et d'arriération à laquelle on avait fini par l'associer. L'alimentation est un marqueur social. Sa qualité et sa quantité épousent non seulement les dénivellations de la société mais ses principes d'organisation. La « ségrégation alimentaire » est d'autant plus forte que la société est plus hiérarchisée. Etienne Boileau, glossateur de la société d'ordres, estimait que chaque rang social doit avoir son type de pain. Les habitudes alimentaires ne sont pas toutes réductibles — et de loin — à des enjeux sociaux. La carte des « fonds de cuisine » élaborée à partir d'une enquête menée en France à la veille de la dernière guerre par le Musée des Arts et Traditions populaires, révèle un étrange cloisonnement régional des graisses utilisées pour la cuisine qui ne recoupe pas la géographie agricole actuelle mais bien souvent une géographie révolue. F. Braudel a montré (dans *La Méditerranée...*) que la cuisine à l'huile d'olive qui, pendant la période où l'Espagne faisait la chasse aux nouveaux convertis, était l'un des indices permettant de démasquer un marrane ou un morisque s'est répandue dans la population chrétienne après la disparition complète des minorités.

Le goût alimentaire est donc un terrain culturel complexe, structuré aussi bien par les interdits religieux, les préjugés sociaux, les valeurs esthétiques. J.-P. Aron a pu montrer comment la grande cuisine française qui assure à notre pays, aujourd'hui encore, un prestige tout à fait exceptionnel ne doit pas grand-chose aux traditions paysannes de nos provinces, contrairement à une légende entretenue par les gastronomes eux-mêmes, mais beaucoup à l'épanouissement d'une sociabilité bourgeoise qui s'est édifiée au début du XIXe siècle sur les débris des grandes maisons aristocratiques. Ce sont les « officiers de bouche » des grands maîtres aristocratiques de la fin de l'Ancien Régime qui, mis à la rue par la Révolution, ont ouvert les premiers grands restaurants et continué à élaborer, hors du cadre domestique, une cuisine élitiste et sophistiquée. La gastronomie entretient avec les habitudes alimentaires des rapports analogues à ceux que la médecine entretient avec la santé. C'est un art mais aussi un savoir, un langage qui a sa grammaire et sa syntaxe, donc relevant d'une histoire propre : une histoire du goût et de la sensibilité. Mais cette histoire est inséparable des pratiques sociales qui l'incarnent. Après J.-P. Aron, des historiens comme J.-L. Flandrin ou St. Kaplan qui s'intéressent aujourd'hui à l'évolution de la sensibilité alimentaire, s'efforcent de lui rendre pleinement sa dimension sociale et culturelle.

● BIBLIOGRAPHIE. — 1 / *Histoire des produits alimentaires* : W. ASHLEY, *The Bread of our forefathers*, Oxford, 1928; M. BLOCH, L'alimentation de l'ancienne France, in l'*Encyclopédie française*, t. XIV, Paris, 1914; R. DION, *Histoire de la vigne et du vin en France des origines au XIXe siècle*, Paris, 1959; A. MAURIZIO, *Histoire de l'alimentation végétale*, trad. du polonais, Paris, 1932; S. KAPLAN, *Bread Politics and Political Economy in the Reign of Louis XV*, 2 vol., Paris-La Haye, 1976; R. N. SALAMAN, *The History and Social Influence of the Potato*, Cambridge, 1949. — 2 / *Histoire de la consommation* : B. BENNASSAR, *Valladolid au siècle d'Or*, Paris, 1960; F. BRAUDEL, *Civilisation matérielle et capitalisme*, 3 vol., Paris, 1979; L. M. CULLEN, *Irish History without the Potato*, Past and Present, 1968; R. GASCON, *Grand commerce et vie urbaine à Lyon au XVIe siècle*, Paris, 1979; J. GOY, B. BENNASSAR, Contribution à l'histoire de la consommation alimentaire, *Annales ESC*, no 2-3, 1975; J.-J. HÉMARDINQUER, éd., *Pour une histoire de l'alimentation*, Paris, 1970; E. LE ROY LADURIE, *Les paysans de Languedoc*, Paris, 1966; J. MEUVRET, *Le problème des subsistances à l'époque de Louis XIV*, Paris, 1978; A. POITRINEAU, *La vie rurale en Basse-Auvergne au XVIIIe siècle*, Paris, 1966; L. STOUFF, *Ravitaillement et alimentation en Provence au XIVe-XVe siècle*, Paris, 1970; J. C. TOUTAIN, *La consommation alimentaire en France de 1789 à 1964*, Paris, 1973. — 3 / *Histoire du goût* : J.-P. ARON, *Essai sur la sensibilité alimentaire à Paris au XIXe siècle*, Paris, 1967; J.-C. BONNET, Le réseau culinaire dans l'encyclopédie, *Annales ESC*, 1976. — 4 / *Une mise au point* : M. MORINEAU, Histoire de l'alimentation dans l'article « Anthropologie historique », chap. I, *Encyclopaedia Universalis*, Paris, 1980. — 5 / *Un atlas* : J. BERTIN, J.-J. HÉMARDINQUER, M. KEUL, W. G. L. RANDLES, *Atlas historique des cultures vivrières*, Paris, 1971.

▶ CORRÉLATS. — Anthropologie historique, Crise, Population, Rurale (Histoire).

A. BURGUIÈRE.

Allemagne

Historiens allemands

Jusqu'à la Réforme, il est difficile de parler d'une historiographie « allemande » en tant que telle, les œuvres d'histoire écrites par des auteurs allemands relevant davantage des divers genres historiques pratiqués par la chrétienté médiévale, que d'une spécificité nationale. A la suite de la rupture provoquée par la Réforme, l'histoire ecclésiastique, mise au service de la justification des Eglises rivales, connut un nouvel essor ; du côté protestant, il faut mentionner avant tout les *Centuries de Magdebourg* publiées entre 1559 et 1574 à l'instigation de M. Flacius Illyricus et qui créèrent un nouveau genre historique illustré au siècle suivant par V. L. von Seckendorff. Parallèlement, les affrontements politico-religieux du milieu du XVIe siècle, les conflits entre l'Empereur et les princes territoriaux et plus généralement les discussions autour des institutions de l'Empire donnaient naissance à un autre genre historique, à mi-chemin entre le droit public et l'histoire politique, celui de la « Reichspublizistik » représenté d'abord par l'ouvrage de J. Sleidan, *De statu religionis et rei publicae* (1555), et continué ensuite par les travaux de B. Ph. von Chemnitz, H. Conring (*De origine Juris germanici*, 1635) et S. von Pufendorf (1632-1694).

Placée sous l'égide de l'*Aufklärung* et du mouvement des Lumières, la seconde moitié du XVIIIe siècle a constitué une étape importante dans l'évolution de la recherche historique allemande ; deux aspects principalement caractérisent cette période : l'amorce d'abord d'une professionnalisation du métier d'historien (à l'intérieur des universités), l'effort ensuite pour constituer l'histoire en une discipline scientifique autonome. J. C. Gatterer (1727-1791), A. L. Schlözer (1725-1809), L. T. Spittler (1752-1810) et G. Achenwall (1719-1772) sont les principaux représentants de ce courant auquel on a donné le nom d' « école de Göttingen » car ils ont tous enseigné à cette université. Université pilote créée en 1734-1737, Göttingen tranchait sur les autres universités allemandes par la modernité de sa conception, la haute qualification de ses enseignants et le fait qu'elle était tout autant une institution de recherche qu'une institution d'enseignement ; elle fut par ailleurs la première à être dotée (en 1764) d'un « séminaire d'histoire », institution de recherche et de formation où professeurs et étudiants se rencontraient, discutaient et travaillaient en commun. Convaincus que l'histoire est une discipline spécifique, et que son projet dépasse de beaucoup la « biographie des souverains et la chronologie des changements dynastiques, des guerres et des batailles », ces historiens se sont efforcés d'élargir au maximum le champ de la recherche (idéal d'une « Universalgeschichte ») pour retrouver derrière le foisonnement des faits la « cohérence interne de la réalité humaine » (« innere Zusammenhang der Dinge der Welt », Gatterer). De là découlent leur prédilection pour la « statistique » dans la double acceptation que ce terme avait alors (description concrète des institutions et des caractéristiques d'une société soit sous une forme narrative, soit sous une forme quantitative) et leur souci d'une approche analytique des aspects démographiques, économiques et sociaux. Mais si les intuitions des historiens de Göttingen anticipaient sur bien des points les interrogations des historiens contemporains, leurs réalisations ne furent pas à la hauteur de leurs ambitions et leurs écrits gardèrent souvent l'allure de fragments dépareillés — par manque d'abord d'un paradigme scientifique unificateur, par insuffisance de rigueur ensuite dans le traitement de la documentation.

Sous la triple influence du romantisme (cf. en particulier le traité de J. G. Herder, *Auch eine Philosophie der Geschichte*, 1774), de l'idéalisme philosophique (Fichte, Schelling et dans une moindre mesure Hegel) et des guerres de la Révolution et de l'Empire (en particulier des « Befreiungskriege » de 1813 au cours desquelles la Prusse, régénérée par les réformes de Stein-Hardenberg, récuse victorieusement le « modèle français »), les historiens allemands donnèrent forme dans le premier tiers du XIXe siècle à un nouveau paradigme de la connaissance historique, paradigme auquel on a coutume depuis la fin du XIXe siècle de donner le nom d'historicisme (« Historismus »). Ce paradigme a été formulé avant tout par trois auteurs : W. von Humboldt (1767-1835) (cf. en particulier son dernier traité : *Ueber die Aufgabe des Geschichtsschreibers*, 1822), B. G. Niebuhr (1776-1831, historien de l'Antiquité), et L. von Ranke (1795-1886; cf. en particulier son traité *Zur Kritik neuerer Geschichtsschreiber* publié en annexe à sa *Geschichte der romanischen und germanischen Völker von 1494-1535* en 1824 et ses articles dans la *Historisch-Politisch Zeitschrift* dont il assura la publication de 1832 à 1836).

Pour ces historiens, il existe un contraste essentiel entre d'une part les sciences de la nature, consacrées à l'observation de phénomènes se reproduisant selon des lois rigoureuses et immuables — et de l'autre les sciences de l'homme dont la réalité première est le changement et qui ont pour objet l'étude d'une infinité d'actions conscientes et chargées de sens, uniques et irréductibles les unes aux autres. Clé par excellence de la compréhension de la réalité humaine (cf. Savigny, « Die Geschichte ist der einzige Weg zur wahren Erkenntnis unseres eigenen Zustandes »), l'histoire a pour objet l'étude des « individualités » spécifiques, ayant chacune leur dynamisme propre et leur originalité immédiate; parmi ces individualités, une place privilégiée revient aux Etats, idées d'origine divine (« auch die Staaten leiten ihren Ursprung von Gott her », Ranke), incarnations d'une forme supérieure de moralité, « entités spirituelles » ne pouvant être comprises qu'à partir de leur spécificité intrinsèque. Pour appréhender ces « individualités » dans leur vérité, les notions générales, les concepts abstraits et les méthodes quantitatives et statistiques sont inappropriés; la compréhension historique (« Verstehen ») consiste d'abord, en utilisant les méthodes de critique des textes mises au point par la philologie classique, à reconstituer le plus scrupuleusement possible les intentions et les motifs des acteurs de l'histoire, puis ensuite à chercher à saisir leur originalité par l'intermédiaire de l'intuition et de la sympathie (« Anschauuung », « Ahnung »).

L'historicisme allemand n'est pas seulement une certaine conception de l'histoire et de la connaissance : il s'identifie aussi à une certaine pratique du métier d'historien : science objective, l'histoire peut arriver à montrer « comment le passé s'est réellement déroulé » (« wie es eigentlich gewesen ») en exploitant systématiquement et en vérifiant à l'aide de la méthode d'analyse critique des textes les sources primaires écrites transmises par les Etats; les réformes des universités prussiennes du début du XIXe siècle (création de l'Université de Berlin par W. von Humboldt en 1810) ont précisé sa place parmi les disciplines de l'enseignement supérieur; à l'intérieur des « séminaires », elle s'apprend et s'enseigne par l'intermédiaire du travail sur les sources.

Par rapport à l'école de Göttingen, l'histoire de Ranke, de Niebuhr et de Humboldt présente un incontestable approfondissement (progrès de la méthode critique, scientificité accrue, définition d'un paradigme cohérent) mais cette avance a été payée d'un rétrécissement du champ de la recherche au profit de l'histoire politique et au détriment de l'histoire économique et sociale et des méthodes statistiques expérimentées à la fin du XVIIIe siècle.

Par l'accent qu'il met sur l'Etat, le rôle déterminant qu'il lui assigne dans l'évolution historique et la confiance qu'il met en lui pour assurer le progrès tout en évitant la révolution, l'historicisme allemand a pu être enfin interprété à bon droit comme l'idéologie de la « bourgeoisie des talents » (« Bildungsbürgertum ») d'origine protestante et l'expression — par-delà la diversité d'opinions politiques des historiens allemands du XIXe siècle — de leur commun idéal d'un Etat fort s'appuyant sur un corps d'administrateurs compétents et éclairés. Plus précoce que dans les autres pays européens, l'historicisme a également trouvé en Allemagne sa forme la plus achevée et sa cohérence la plus grande — ce qui explique à la fois l'étendue et la durée de son influence.

Alors que le premier tiers du XIXe siècle avait été avant tout marqué par l'effort des historiens allemands pour poser l'histoire comme science et la définition du nouveau paradigme de l'historicisme, la période qui va des années 1830 aux années 1880 allait être caractérisée par l'engagement actif de la majorité des historiens dans le combat politique et la lutte pour l'unité allemande, par l'épanouissement ensuite de l'érudition scientifique, par l'achèvement enfin de la professionnalisation du métier d'historien.

Remettant partiellement en cause la réserve politique — fondamentalement loyaliste — d'un Ranke, ses successeurs ou ses contemporains plus jeunes furent, eux, davantage enclins à mettre l'histoire au service du combat politique et idéologique; majoritairement acquis aux idées libérales, ils s'engagèrent activement dans les années 1830-1848 dans la lutte pour le libéralisme politique et l'unification nationale (cf. le rôle en Allemagne du Sud de K. v. Rotteck et de K. T. Welcker — et en Allemagne du Nord de F. C. Dahlmann ou de G. Gervinus) et jouèrent un rôle de premier plan au Parlement de Francfort où siégeaient Dahlmann, Droysen, Welcker, Waitz, Gervinus, Duncker et Haym. Après l'échec de la révolution de 1848, la plupart d'entre eux placèrent leurs espoirs dans la Prusse pour assurer la réalisation de l'unité nationale, idéalisant la monarchie prussienne et la politique bismarckienne (en dépit de son autoritarisme) à l'aide de la conception de l'Etat développée par l'historicisme. Ce courant historiographique auquel seule une minorité (Gervinus, Th. Mommsen) refusa de se rallier donna naissance à partir des années 60 à l' « école prussienne » (« preussische Schule ») représentée en particulier par J. G. Droysen, 1808-1884 (cf. sa *Geschichte der preussischen Politik*, 1855-1856, dans laquelle il exalte la « vocation » (« Beruf ») de la Prusse), H. v. Sybel, 1817-1895 (*Die Begründung des deutschen Reiches durch Wilhelm I*, 1890-1894) et H. v. Treitschke, 1834-1896 (*Deutsche Geschichte im 19. Jahrhundert*, 1879-1896).

Durant cette même période, les historiens allemands déployèrent d'impressionnants efforts pour se doter des instruments de travail correspondant à leur exigence de scientificité. Le modèle en la matière fut constitué par le remarquable travail d'édition de sources médiévales entrepris par la « Deutsche Gesellschaft für Deutschlands ältere Geschichtekunde » fondée en 1819 par le baron v. Stein avec pour devise : « Sanctus amor patriae dat animum »; le premier volume de ces *Monumenta Germaniae Historica* parut en 1826 et en 1875 les « Monumenta » furent transformés en un grand institut de recherche et de publication de sources originales financé par l'Etat et présidé d'abord par G. Waitz. Dans le même ordre d'idée, on peut également évoquer la publication par F. C. Dahlmann en 1830 de la première *Quellenkunde der deutschen Geschichte* (bibliographie raisonnée reprise ensuite par G. Waitz et depuis toujours réactualisée), la première édition de la *Realencyclopädie der classischen Alterthumswissenschaft* parue en 1837 sous la direction de Pauly (reprise en 1894 sous la direction de Wissowa), la mise en route sous l'impulsion de Th. Mommsen du *Corpus Inscriptionum Latinarum* (1er volume paru en 1863), la création à Munich en 1858 de la « Commission historique près l'Académie bavaroise des Sciences », chargée elle aussi d'assurer l'édition critique de sources originales (Archives des Diètes d'Empire par exemple) et présidée à ses débuts par L. v. Ranke, ou encore la fondation à Rome de l'Institut historique prussien. Imité partout en Europe, cet effort — poursuivi jusqu'à nos jours — devait contribuer de manière décisive au rayonnement de l'école historique allemande ; il explique pour une large part la domination exercée par la recherche allemande sur l'histoire ancienne et la médiévistique.

Déjà largement amorcée antérieurement, la professionnalisation du métier d'historien fut enfin parachevée pendant ces années ; cela se traduisit par un renforcement de la cohésion interne du corps des historiens universitaires manifesté en particulier par la fondation en 1859 de la *Historische Zeitschrift* (revue « officielle » des historiens allemands, publiée à ses débuts sous la direction de H. v. Sybel), par l'institution de l' « habilitation » (procédure de recrutement des professeurs d'université assurant aux historiens déjà en place un strict contrôle du renouvellement des générations) et par la création en 1895 de l'Association des Historiens allemands (« Verband deutscher Historiker »). Jamais le prestige des historiens universitaires ne fut si élevé dans la société allemande qu'au lendemain de l'unification du Reich.

Dans la seconde moitié du XIXe siècle donc, le rayonnement de l'école historique allemande paraît à son apogée ainsi qu'on peut le constater en particulier à la manière dont toute une série de disciplines voisines privilégient l'approche historique : ainsi s'expliquent par exemple l'essor de la « Kulturgeschichte » (allant de l'histoire de l'art à la sociologie de la culture) représentée avant tout par W. H. Riehl, 1823-1897, et J. Burckhardt, 1818-1897, la naissance de la très féconde école de l' « économie nationale » (« Historische Schule der Nationalökonomie ») représentée principalement par G. Schmoller, 1838-1917 — école réunissant des économistes préférant l'étude historique de problèmes économiques spécifiques à l'élaboration de modèles théoriques —, ou encore la place essentielle réservée à l'histoire aussi bien par le marxisme que par la sociologie naissante.

Parallèlement à cette évolution pourtant — et souvent en étroit rapport avec elle —, les dernières années du XIXe siècle voient aussi se multiplier les signes d'une crise de l'historicisme optimiste et conquérant des générations précédentes. Partant de la constatation que la majorité des historiens de leur temps ont abandonné les fondements philosophiques (idéalisme) ou religieux (luthéranisme) qui donnaient cohérence à la vision de l'histoire d'un Ranke ou d'un Humboldt, des philosophes, tels W. Dilthey, 1833-1911, H. Rickert, 1863-1936, ou E. Troeltsch, 1865-1923, mirent en lumière les apories théoriques de l'historicisme (critique de la conception selon laquelle l'historien pourrait lire directement la vérité objective du passé, prise en compte des composantes irrationnelles de la nature humaine, critique de l'axiome selon lequel il existerait une unité de l'histoire humaine) et malgré leur fidélité à la tradition herméneutique et leur recours à Kant, n'arrivèrent pas vraiment à élaborer une théorie de la connaissance historique reposant sur des bases renouvelées et scientifiquement solides (cf. de W. Dilthey, *Der Aufbau der geschichtlichen Welt in den Geisteswissenschaften*, 1910, et de E. Troeltsch, *Der Historismus und seine Probleme*, 1922). Fondant par ailleurs sa méthode d'analyse sociologique sur la vérification empirique de modèles explicatifs abstraits (les « Idealtypen ») et s'attachant à l'étude des forces anonymes agissant dans l'histoire (bureaucratie, capitalisme, etc.), M. Weber de son côté remettait en cause la théorie de la « compréhension » des historiens de son temps et leur conviction que, comme le disait Treitschke, « les hommes font l'histoire » (« Männer machen Geschichte »). Chez les historiens universitaires eux-mêmes enfin, un homme comme K. Lamprecht, 1856-1915, avec sa nouvelle *Deutsche Geschichte* dont le premier volume paraissait en 1891, faisait passer au premier plan de ses préoccupations l'histoire économique et sociale et, procédant à une approche analytique du passé et à la recherche de lois de l'évolution historique, prenait directement le contrepied de la théorie de l'« individualité » et de la « compréhension » (« Verstehen »).

Or, face à cette situation nouvelle, les historiens universitaires allemands réagirent dans leur grande majorité par une crispation sur leurs positions traditionnelles et un refus prononcé de toute remise en cause de leur conception de l'histoire. La violence de la querelle (« Methodenstreit ») déclenchée par la parution en 1891 du livre de Lamprecht et le fait que nombre d'historiens interprétèrent la nouvelle approche tentée par lui comme une menace pour les structures politiques et sociales de l'Allemagne de leur temps sont un premier indice de cette réaction de rejet ; mais le retour à Ranke prôné par M. Lenz et E. Marcks ou la préférence toujours accordée dans le domaine de l'histoire moderne et contemporaine, à la Réforme, à l'étude de l'affirmation des Etats territoriaux (particulièrement de la Prusse) aux XVIIe et XVIIIe siècles, à la rénovation prussienne au début du XIXe siècle et plus encore à l'ère bismarckienne — et l'accent mis pratiquement par tous sur l'histoire politique et institutionnelle et le « primat de la politique extérieure » —, vont dans le même sens.

Due pour une large part au fait que l'historicisme avait trouvé en Allemagne son expression la plus cohérente et la plus précoce, au fait ensuite que l'histoire comme discipline occupait dans l'Université une place prééminente, au fait enfin que sa théorie de l'Etat était en étroite harmonie avec les structures politiques et sociales du second Reich, l'attitude traditionaliste sinon conservatrice de la majorité des historiens allemands du début du XXe siècle, loin d'être affectée par les conséquences de la première guerre mondiale, en sortit au contraire renforcée. Certes, un nombre non négligeable accepta le nouvel ordre des choses issu de la défaite ou plutôt s'en accommoda à la manière de F. Meinecke, 1862-1954 (l'historien le plus représentatif et probablement aussi le plus influent de sa génération), se proclamant « monarchiste de cœur tourné vers le passé et républicain de raison tourné vers l'avenir ». Mais par-delà leurs différences d'attitude politique, la grande majorité des historiens restaient attachés aux valeurs d'avant-guerre et même lorsque, à la manière de nouveau de F. Meinecke, ils exploraient le domaine de l'histoire des idées (cf. de F. Meinecke, *Weltbürgertum und Nationalstaat*, 1908, et *Die Idee der Staatsräson in der neueren Geschichte*, 1924), cet élargissement de leur perspective s'accomplissait dans la fidélité aux traditions essentielles de l'historiographie politique. Plus que jamais unis autour de la thèse (fortement idéologisée) du « Sonderweg » allemand (affirmation et exaltation de la spécificité de l'évolution politique et intellectuelle de l'Allemagne moderne, défense de la mission civilisatrice de la culture allemande et de l'idéal « impérial »), les historiens allemands d'après 1918, viscéralement hostiles à Versailles et à l'idée d'un bouleversement social, continuèrent à privilégier les mêmes thèmes et les mêmes périodes historiographiques, érigeant même la politique extérieure de Bismarck à la hauteur d'une autorité canonique.

Dans ces conditions, le soulagement et la satisfaction dont firent preuve la majorité des historiens allemands à la suite de l'arrivée d'Hitler au pouvoir n'ont rien de surprenant : loin d'être la conséquence d'un engouement passager ou d'une démission collective, leur acceptation du nouveau régime tient au contraire à la large convergence existant entre d'un côté leur vision de l'histoire et leur sensibilité politique et de l'autre l'idéologie nationale et les objectifs politiques des nazis — en particulier dans le domaine de la politique extérieure. Mais cette affirmation ne signifiait pas pour autant inféodation à l'idéologie national-socialiste en tant que telle, ce qui explique ces deux phénomènes apparemment contradictoires que sont d'un côté la quasi-absence d'opposition ouverte menée par les historiens allemands contre le nazisme et de l'autre l'échec du régime dans sa tentative de mise au pas (« Gleichschaltung ») du corps des historiens universitaires : c'est précisément parce qu'ils étaient loyaux et se reconnaissaient dans une grande partie de la politique du IIIe Reich que les historiens, forts de leur consensus interne renforcé encore par l'émigration et la mise à l'écart des marginaux, surent préserver leur autonomie interne face à l'emprise du parti, limitèrent les conséquences d'une « Gleichschaltung » plus apparente que réelle (remplacement en 1935 de F. Meinecke par K. A. v. Haller à la direction de la *Historische Zeitschrift*, création du « Reichsinstitut für die Geschichte des neuen Deutschlands », chargé de promouvoir une histoire authentiquement national-socialiste et dirigé par W. Frank (un des très rares historiens membres du parti nazi convaincu)), et continuèrent à mener, après 1933, une pratique de l'enseignement et de la recherche quasiment identique à ce qu'elle avait été antérieurement. Bien que portant sur des effectifs numériques restreints, l'épuration et l'immigration provoquées par l'arrivée au pouvoir du national-socialisme devaient affecter d'autant plus profondément l'histoire allemande qu'elles portèrent avant tout soit sur des historiens encore jeunes, soit sur des marginaux novateurs, tel H. Kehr. Dans les pays où ils trouvèrent refuge (Etats-Unis d'Amérique avant tout), ces émigrés exercèrent par la suite une grande influence et contribuèrent à une révision de la conception traditionnelle de l'histoire allemande (cf. par exemple le livre de H. Rosenberg, *Bureaucracy, Aristocracy and Autocracy, The Prussian Experience, 1660-1815*, paru en 1958); mais jusqu'au tournant historiographique des années 1960, ils restèrent majoritairement ignorés de leur pays d'origine.

Dans la quinzaine d'années suivant la fin de la seconde guerre mondiale et l'effondrement du III⁰ Reich, l'histoire en Allemagne (de l'Ouest) se présente sous les apparences de la continuité, voire de la restauration : les historiens alors les plus influents et les plus représentatifs — tels G. Ritter, H. Herzfeld, G. Tellenbach, A. Grundmann ou F. Meinecke — sont pour l'essentiel des hommes ne s'étant pas compromis avec le nazisme ou en ayant même parfois été les victimes — mais partageant tout en même temps une conception de l'histoire et des préoccupations scientifiques et méthodologiques se situant dans la droite ligne des traditions de l'historicisme le plus classique (cf. par exemple le livre de G. Ritter — 1888-1967 — paru en 1954, *Staatskunst und Kriegshandwerk in Deutschland*, dans lequel il veut libérer la tradition militaire de la Prusse de tout reproche de militarisme et d'impérialisme). Pour accusée qu'elle soit pourtant, cette apparence de restauration ne suffit pas à rendre compte de la réalité : car outre le fait que chez ces mêmes historiens la fidélité aux traditions historiographiques anciennes est purement défensive, elle va chez plusieurs de pair avec une crise de conscience sur les responsabilités de l'histoire dans la perversion de l'Allemagne (cf. par exemple l'attitude d'H. Heimpel), tandis que d'autres, plus jeunes, tels W. Conze, Th. Schieder ou O. Brunner, sans rejeter les paradigmes anciens, s'ouvrent aux problématiques nouvelles de l'histoire économique et sociale et incitent leurs étudiants à s'y engager.

Il fallut pourtant attendre la fin des années 50 et le début des années 60 pour voir l'historiographie allemande opérer enfin une mutation en profondeur. Deux livres parus à quelques années de distance allaient en donner le signal : l'étude consacrée en 1955 par K. D. Bracher à l'effondrement de la République de Weimar *(Die Auflösung der Weimarer Republik)*, puis le livre de F. Fischer paru en 1961 sur les buts de guerre de l'Allemagne wilhelminienne *(Griff nach der Weltmacht)* : par leur méthode d'abord (recours aux méthodes de la science politique chez Bracher) et plus encore par leurs conclusions, ils heurtaient en effet de front deux tabous majeurs : K. D. Bracher en montrant que loin d'être un accident de l'histoire le nazisme n'avait pu arriver au pouvoir que grâce à la complicité de larges secteurs de la société allemande (en particulier des classes dirigeantes), F. Fischer en mettant à jour la nature impérialiste de l'Allemagne wilhelminienne et en interprétant l'aventurisme de sa politique extérieure comme une fuite en avant devant les problèmes non résolus de sa société allemande.

La communauté historienne allemande allait dès lors connaître près de vingt ans d'un bouillonnement intense, caractérisé à la fois par une remise en cause sans concessions (et volontiers iconoclaste) des traditions anciennes et des conceptions apparemment les plus solides, par la recherche d'un nouveau paradigme prenant la place de l'historicisme usé et récusé (définition de l'histoire comme « science sociale »), par l'aspiration à une nouvelle définition des finalités sociales et politiques de la recherche et de l'enseignement (idée d'une histoire « critique » aidant, de concert avec les autres sciences sociales, à mettre à jour les structures déterminant la société d'aujourd'hui) et par le désir impatient de rattacher la recherche allemande à la recherche internationale de pointe et de l'ouvrir aux problématiques et aux méthodes des sciences sociales. L'intensité de ce mouvement était par ailleurs considérablement amplifiée par les retombées de l'expansion et de l'optimisme conquérant des débuts de la coalition socialo-libérale — rajeunissement sensible du corps enseignant et relève de la génération des historiens d'avant-guerre par des générations grandies dans un tout autre contexte, multiplication par cinq ou six en vingt-cinq ans du nombre de postes d'historiens universitaires, création d'universités nouvelles porteuses d'une conception différente de l'histoire, telles Bielefeld, Bochum ou Constance, expansion sans précédent du nombre des revues et de l'édition scientifique, etc. A son apogée, autour des années 70, ce bouillonnement a été perçu par les historiens les plus engagés dans l'effort de renouveau comme l'expression d'une mutation radicale — et d'autant plus valorisé dans sa portée qu'il paraissait s'inscrire dans la mue démocratique d'une Allemagne enfin débarrassée de ses démons.

Avec le recul, un bilan plus nuancé s'impose. Le secteur le plus profondément renouvelé a été celui de l'histoire contemporaine — là où précisément les remises en cause avaient été les plus précoces et les plus vives : en témoignent par exemple les discussions autour du nazisme (théorie du fascisme d'E. Nolte, thèses « révisionnistes » de M. Broszat ou de H. Mommsen analysant le nazisme comme un système et intégrant l'étude des dimensions sociales à celle des aspects politiques, enquêtes monographiques lancées par l'Institut für Zeitgeschichte de Munich sur la manière dont se sont déroulées et ont été vécues à l'échelle locale les années 1935-1945) ou la réinterprétation de la fin du XIXe et du début du XXe siècle à partir de l'histoire sociale (travaux de H. U. Wehler et de J. Kocka en particulier). Une ouverture réussie sur l'étranger et les disciplines voisines a par ailleurs permis de notables avancées dans certains secteurs de l'histoire moderne (recherches de R. Vierhaus et R. Koselleck en histoire sociale des idées, enquête de P. Kriedte, Hans Medick et J. Schlumbohm sur la « proto-industrialisation ») et à un moindre degré de la médiévistique (A. Borst) ou de l'histoire ancienne (C. Meier).

Prise dans son ensemble, l'historiographie de l'Allemagne de l'Ouest est incontestablement sortie de son isolement et a rattrapé son retard. Mais ces mutations réussies ne sauraient donner le change sur tout un ensemble de permanences qui pour être moins visibles n'en sont pas moins tout aussi réelles — qu'il s'agisse de l'attachement persistant de nombre d'historiens pour la « Verfassungsgeschichte » (histoire des institutions), du positivisme érudit de la « Landesgeschichte » ou des pesanteurs médiévales et juridiques de l'histoire urbaine. On ne peut manquer par ailleurs de relever le peu de retombées concrètes des innombrables débats théoriques dont les historiens allemands ont fait un temps leurs délices — ni de constater à quel point par exemple l'étude de la vie rurale au Moyen Age ou celle des mentalités populaires et religieuses à l'époque moderne restent des secteurs sous-développés de la recherche. Pour décisifs qu'ils aient été, les changements des années récentes restent partiels ; la place relativement effacée occupée par l'histoire parmi les sciences humaines ou les grandes difficultés éprouvées par les historiens allemands à toucher un public débordant le cercle étroit des spécialistes ne sont-ils pas le signe que la mutation de l'historiographie allemande est peut-être moins avancée qu'on ne pourrait le croire de l'extérieur ?

● BIBLIOGRAPHIE. — Georg G. IGGERS, *Deutsche Geschichtswissenschaft*, Munich, 1971 (titre original : *The German Conception of History, The National Tradition of Historical Thought from Herder to the Present*, Wesleyan Univ. Press, Middletown, 1968) ; Georg G. IGGERS, *Neue Geschichtswissenschaft ; vom Historismus zur historischen Sozialwissenschaft*, Munich, 1978 (titre original : *New Directions in European Historiography*, Middletown,

Wesleyan Univ. Press, 1975); Bernd Faulenbach (dir.), *Geschichtswissenschaft in Deutschland : Traditionelle Positionen und gegenwärtige Aufgaben*, Munich, 1974; Han-Ulrich Wehler (dir.), *Deutsche Historiker*, 9 vol., Göttingen, 1971-1982; Charles E. Mac Clelland, *State, Society and University in Germany, 1700-1914*, Cambridge, 1980; Peter Hanns Reill, *The German Enlightenment and the Rise of Historicism*, Berkeley, 1975; Konrad Hugo Jarausch, *Students, Society and Politics in Imperial Germany. The Rise of Academic Illiberalism*, Princeton, 1982; Bernd Faulenbach, *Ideologie des deutschen Weges. Die deutsche Geschichte in der Historiographie zwischen Kaiserreich und Nationalsozialismus*, Munich, 1980; Karl Ferdinand Werner, *Das NS-Geschichtsbild und die deutsche Geschichtswissenschaft*, Stuttgart, 1967; Wolfgang J. Mommsen, Jörn Ruesen (dir.), *Objektivität und Parteilichkeit in der Geschichtswissenschaft*, Munich, 1975; Karl-Georg Faber, Christian Meier (dir.), *Theorie der Geschichte*, Munich, 1978; Hans-Ulrich Wehler, *Historische Sozialwissenschaft und Geschichtsschreibung. Studien zu Aufgaben und Traditionen deutscher Geschichtswissenschaft*, Göttingen, 1980.

▶ Corrélats. — Dilthey, Mommsen, Ranke, Sombart.

E. François.

Alphabétisation

La préoccupation d'une appréhension globale de l'alphabétisation naît au moment où, pour les Etats, l'instruction primaire universelle devient une exigence fondamentale parce qu'en propageant « la voix de la raison » elle est « une des garanties de l'ordre et de la stabilité sociale » (loi Guizot de 1833). Dès 1827 en France le ministère de la Guerre recense la capacité à lire et à écrire des conscrits. A partir de 1854, le ministère de l'Intérieur fait relever systématiquement, pour la statistique générale de la France, les signatures des conjoints au mariage. Enfin, en 1866, le recensement général de la population fait état de données sur l'instruction. Avec des décalages plus ou moins marqués, on retrouve, au cours des années 1840-1870, une chronologie identique dans l'ensemble des pays européens : le relevé systématique des signatures au mariage se fait ainsi dès 1840 en Angleterre, en 1855 seulement en Ecosse.

Après la défaite de 1871, imputée à la supériorité du maître d'école allemand, le débat scolaire s'amplifie en France : opposant cléricaux et républicains, cette querelle retentit dans le champ de la recherche historique où les tenants de chaque camp viennent lester leurs convictions politiques présentes de l'autorité du passé. L'enquête menée en 1877-1880 par le recteur Louis Maggiolo avec la collaboration bénévole de 16 000 instituteurs s'inscrit dans ce moment : à travers quatre coupes chronologiques (1686-1690, 1786-1790, 1816-1820, 1872-1876) elle tente de reconstituer, par un relevé systématique des signatures au mariage sur les registres paroissiaux ou ceux de l'état civil laïcisé, l'évolution du processus d'alphabétisation sur deux siècles. Paradoxalement, cet immense travail n'aboutit qu'à la publication en 1880 d'un sec tableau de chiffres et de pourcentages, dépourvu de tout commentaire. Ce laconisme s'explique vraisemblablement par l'impossibilité alors ressentie d'annexer les résultats obtenus à l'une des deux thèses en présence : chacun pouvait puiser à profusion dans ce dossier pour nourrir, à propos du rôle de l'Eglise en matière d'éducation, un plaidoyer ou un réquisitoire selon qu'il tirait ses chiffres au nord ou au sud d'une ligne Saint-Malo - Genève. Bien plus, aucune rupture décisive ne se manifestait entre 1786-1790 et 1816-1820 comme s'il fallait mettre entre parenthèses la Révolution française, alors au cœur du débat.

C'est un déplacement de la problématique qui a permis de donner sens, près de cent ans après, au trésor enfoui du recteur Maggiolo. Celui-ci s'est opéré sous la pression de trois intérêts qui se sont peu à peu conjugués. Tout d'abord, s'interrogeant sur les rythmes et la chronologie du « démarrage » dans les pays occidentaux et du non-démarrage dans les pays sous-développés, les historiens de la croissance économique ont été amenés à envisager sur le long terme l'indicateur de l'alphabétisation pour mesurer les liens (positifs ou négatifs) qu'il entretient avec la « révolution » industrielle. En second lieu, le dépouillement systématique des registres paroissiaux opéré par la démographie historique a réévalué le test des signatures au mariage : si celui-ci, en France, a surtout été le sous-produit d'une recherche qui se focalisait essentiellement sur les grands rythmes démographiques, en Angleterre, enquête démographique et étude de l'alphabétisation ont été menées parallèlement (groupe de Cambridge, R. Schofield, D. Cressy). Enfin les certitudes qui, au XIXe siècle, surinvestissaient d'une valeur émancipatrice l'école comme lieu de l'autonomisation des individus se sont effondrées : l'expérience de la colonisation, puis de la décolonisation, a fait litière de l'équation trop simple scolarisation = alphabétisation et, par un choc en retour, reporté le doute à l'égard de l'efficacité de notre propre système éducatif.

La validité du test de la signature a fait l'objet d'un large débat parmi les historiens. Hypercritique, Yves Castan (1974) n'y voit qu'une production purement fonctionnelle, requise par la pratique judiciaire, notariale et commerciale, mais qu'on ne saurait en aucun cas corréler à l'alphabétisation de la population : la sûreté et l'élégance du trait ne témoigneraient que pour la fréquence de l'exercice. Pour d'autres (Jean Meyer, Roger S. Schofield) qui arguent de la dissociation, à l'époque moderne, des apprentissages de la lecture et de l'écriture, les signataires, moins nombreux que ceux qui savent lire, mais plus que ceux qui savent écrire, formeraient un groupe médian rassemblant, au-delà du groupe des praticiens rompus à l'écriture, toute une gamme de savoirs beaucoup plus frustes qui ont été acquis dans l'enfance mais ont pu se défaire à l'âge adulte. Raisonnant à partir des étapes de l'acquisition de l'écriture dans les écoles primaires contemporaines, Jean Quéniart (1977) a même proposé une typologie des signatures en fonction de la maîtrise graphique (contrôle moteur de la main, liaison des lettres entre elles, égalisation de leur taille) et montré qu'un comptage brut signatures/non-signatures risquait de surévaluer exagérément les taux d'alphabétisation.

Pour la France du Second Empire, François Furet et Jacques Ozouf, confrontant par la méthode de l'analyse factorielle trois séries de données statistiques, indépendantes les unes des autres (capacité des conscrits à lire et à écrire, signatures des époux aux actes de mariage, capacité à lire et à écrire de l'ensemble des Français âgés de plus de cinq ans d'après le recensement, toutes statistiques recueillies pour la seule et même année (1866), ont démontré la très forte corrélation qui s'établit entre signature et capacité à lire et à écrire et inversement entre non-signature et analphabétisme. Dans la France de la seconde moitié du XIXe siècle, la capacité à signer renvoie bien à une alphabétisation complète. Mais ce test tardif a-t-il valeur pour les périodes plus anciennes où les apprentissages se faisaient non pas simultanément mais par degrés successifs ? Il reste que la signature demeure sans doute l'indicateur le plus commode pour mesurer l'entrée dans l'écrit d'une société : sanction d'une pratique individuelle, elle fournit en même temps la masse la plus fiable de données homogènes et autorise du même coup les comparaisons aussi bien dans le temps que dans l'espace.

Les chantiers de l'histoire de l'alphabétisation ont inégalement progressé suivant les pays : les dossiers suédois (E. Johansson), anglais (L. Stone, D. Cressy, R. Schofield) et français (M. Vovelle, J. Quéniart, et surtout la grande enquête de F. Furet et J. Ozouf) sont sans doute les plus fournis. Sur le plan de la description du processus, la masse des données recueillies autorise quelques conclusions. L'indéniable avance globale des villes sur les campagnes est désormais un fait acquis (et des grandes villes sur les petites, la hiérarchie de l'alphabétisation se calquant *grosso modo* sur la taille démographique des agglomérations), comme aussi la solidarité (à la hausse ou à la baisse) qui unit chaque ville à son plat pays, et le rôle égalisateur que joue la cité dans la distribution de l'alphabétisation entre les sexes. Mais ce constat doit être immédiatement nuancé; la ville n'est pas une : loin d'être répartie uniformément, l'alphabétisation s'y déploie dans une étroite corrélation avec la distribution sociale des quartiers; l'introduction de la révolution industrielle, en abaissant l'âge au travail des enfants, entraîne un recul des taux de signatures masculines et féminines; il faut enfin prendre en compte le rapport natifs/immigrants qui n'est pas univoque : si l'avance des natifs de la ville paraît plus fréquemment attestée parce qu'on est en présence d'une immigration de la déqualification et de la pauvreté, on observe aussi des mouvements migratoires sélectifs où seuls voyagent les mieux armés culturellement (mouvement vers le Canada au XVIIe siècle, immigration normande à Caen au XVIIIe siècle par exemple).

Mais c'est sans doute la détermination sociale qui peut le mieux rendre compte des inégalités d'alphabétisation entre grandes régions, ou à l'intérieur d'une même région entre cantons voisins. Il ne s'agit en aucun cas d'une variable unique mais de la combinaison, variable suivant les lieux, d'un ensemble d'indicateurs qui définissent la structure de la société rurale et permettent d'apprécier le degré d'aisance de la paysannerie : types de paysage (bocage/openfield), d'exploitation (faire-valoir direct, fermage, métayage), d'habitat (groupé ou dispersé), de culture, plus ou moins grande pénétration de la ville et de l'économie de marché, tous ces critères, qui se mêlent chaque fois différemment, mesurent la richesse ou la pauvreté des communautés rurales et, partant, la propension des familles à faire instruire leurs enfants. La fameuse ligne Saint-Malo - Genève, repérée dès 1826 par le baron Dupin à propos des taux de scolarisation masculine, insérée onze ans plus tard par Adolphe d'Angeville dans un système d'oppositions beaucoup plus riche, constitue bien en fait une fracture majeure dans l'anthropologie sociale de la France, fracture que l'analyse factorielle de l'ensemble des données statistiques relatives aux conscrits de la Restauration vient confirmer : développement, au sens le plus large du terme, au Nord et à l'Est contre sous-développement au Sud, au Centre et à l'Ouest.

L'apport majeur des travaux récents sur l'alphabétisation est de décrocher l'analyse d'une histoire scolaire entendue *stricto sensu*. En plaçant à la base la demande sociale d'instruction (le *push* des historiens anglo-saxons) qui se généralise progressivement, ils substituent à une corrélation unilinéaire qui irait de l'école à l'alphabétisation une causalité réciproque qui engendre la part croissante — et prépondérante au XIXe siècle — de l'école dans ce très lent processus d'acculturation de toute une société à la civilisation de l'écrit.

● BIBLIOGRAPHIE. — *1 / Problématique générale* : J. GOODY, éd., *Literacy in traditional Societies*, Cambridge, Cambridge University Press, 1968; J. GOODY, *La raison graphique*, Paris, Editions de Minuit, 1979; H. J. GRAFF éd., *Literacy and Social Development in the West. A Reader*, Cambridge, Cambridge University Press, 1981. D. P. RESNICK éd., *Literacy in Historical Perspective*, Washington, Library of Congress, 1983. Ces deux derniers recueils offrent un panorama très complet des études récentes sur l'alphabétisation. On lira également la précieuse mise au point bibliographique de J. QUÉNIART, De l'oral à l'écrit : les modalités d'une mutation, *Histoire de l'éducation*, n° 21, janvier 1984, p. 11-35. — *2 / France* : M. VOVELLE, Y a-t-il eu une révolution culturelle au XVIIIe siècle ? A propos de l'éducation élémentaire en Provence, *Revue d'Histoire moderne et contemporaine*, t. 22, 1975, p. 89-141; M. DEMONET, P. DUMONT, E. LE ROY LADURIE, Anthropologie de la jeunesse masculine en France au niveau d'une cartographie cantonale (1819-1830), *Annales ESC*, 31e année, 1976, p. 700-760; F. FURET, J. OZOUF (sous la direction de), *Lire et écrire. L'alphabétisation des Français de Calvin à Jules Ferry*, 2 vol., Paris, Editions de Minuit, 1977; J. QUÉNIART, *Culture et société urbaines dans la France de l'Ouest au XVIIIe siècle*, Paris, Klincksieck, 1978. — *3 / Angleterre* : L. STONE, Literacy and Education in England 1640-1900, *Past and present*, n° 42, 1969, p. 69-139; D. CRESSY, *Literacy and the Social Order. Reading and Writing in Tudor and Stuart England*, Cambridge, Cambridge University Press, 1980. — *4 / Allemagne* : E. FRANÇOIS, Die Volksbildung am Mittelrhein im ausgehenden 18. Jahrhundert, *Jahrbuch für Westdeutsche Landesgeschichte*, t. 3, 1977, p. 277-304. — *5 / Espagne* : B. BENNASSAR, Les résistances mentales, *Aux origines du retard économique de l'Espagne, XVIe-XIXe siècle*, ouvrage collectif, Paris, Editions du CNRS, 1983, p. 117-131. — *6 / Italie* : D. MARCHESINI, Sposi e Scolari. Sottoscrizioni matrimoniali e alfabetismo tra sette e ottocento, *Quaderni storici*, n° 53, août 1983, p. 601-623. — *7 / Canada* : H. J. GRAFF, *The Literacy Myth. Literacy and Social Structure in the nineteenth-century City*, New York, Academic Press, 1979. — *8 / Etats-Unis* : K. LOCKRIDGE, L'alphabétisation dans l'Amérique coloniale, 1650-1800, *Annales ESC*, 32e année, 1977, p. 503-518.

▶ CORRÉLATS. — Croissance, Education, Enfant, Famille, Livre, Révolution industrielle.

D. JULIA.

Amérique

Histoire américaine

On a souvent remarqué que les Américains vivent leur histoire comme si elle avait été tracée d'avance, le futur n'étant que l'occasion d'améliorer des institutions déjà mises en place. L'idée ancrée dans la conscience nationale et revendiquée par les intellectuels est celle du caractère « exceptionnel » de l'expérience américaine. Ainsi Daniel Webster soulignait devant la Chambre des Représentants en 1826 les innovations de la nouvelle nation dans les domaines politique et institutionnel : « Quel que soit le savoir européen; quels que soient le génie de l'Europe, les produits de son imagination, et les plaisirs et améliorations qui en dérivent; quels que soient le raffinement et le caractère brillant de la culture européenne et le plaisir qu'en tire la société, tout ceci est offert au peuple américain avec l'avantage supplémentaire de pouvoir vraiment ériger un édifice gouvernemental suivant des principes de liberté et de simplicité, sans avoir à abolir des institutions qui, bien qu'archaïques, sont toujours le conservatoire de préjugés, sont au service d'intérêts particuliers, et ne peuvent pas être abolies sans conflit. » Ce dernier trait, l'absence de conflit, que Webster désignait pour distinguer l'Amérique de l'Europe, devient une composante essentielle du caractère national.

Dans une profession de plus en plus internationale, les combats de méthode entre historiens américains sont souvent similaires à ceux des autres écoles historiques. Ainsi, tel historien de l'esclavage se référera, en prenant soin d'utiliser le mot français, à la « mentalité » des planteurs. Inversement, le terme « new economic history » fait maintenant partie du vocabulaire historique français (voir ce dictionnaire). Mais si les méthodes se ressemblent, la conception du passé diffère. Les débats sur le caractère national ou, pour emprunter le beau titre de Rush Welter, « the mind of America », ont été ouverts par la question célèbre de Crèvecœur : « Qu'est-ce qu'un Américain ? » Deux siècles plus tard, les historiens américains cherchent toujours à cerner ce qui rend leur histoire exceptionnelle. Les rôles respectifs du « consensus » et des conflits alimentent encore des débats passionnés. Plus que jamais, relater le passé consiste à confronter l'idéologie à la réalité.

Contestant l'acceptation traditionnelle du consensus en rejetant successivement les interprétations des écoles germanique (H. B. Adams) et impériale (C. Andrews), les historiens « progressistes » du tournant du siècle ont « démocratisé » l'histoire. Mettant l'accent sur la dynamique des conflits internes, Frederick Jackson Turner voyait le caractère américain émerger des tensions entre la côte est et la frontière ; Arthur M. Schlesinger, entre les villes et la campagne ; et Charles Beard des tensions entre les classes sociales. Par contre, la génération d'historiens écrivant après la seconde guerre mondiale a retrouvé le consensus. Redécouvrant Tocqueville, dont l'œuvre reste un lien permanent entre la France et les Etats-Unis, les historiens des années 50 ont cherché à définir ce qui unifiait les Américains. Louis Hartz, par exemple, répondait à la fameuse question de Sombart (Pourquoi n'y a-t-il pas de socialisme aux Etats-Unis ?) en soulignant l'absence de vieilles contraintes féodales, la faiblesse de la dynamique des classes dans la nouvelle nation et partant la souplesse d'un système social à la fois ouvert et unificateur.

Insatisfaits de telles généralisations plus affirmées que démontrées et du discours métahistorique de l'école du consensus, les historiens des vingt dernières années ont voulu explorer un grand nombre de situations concrètes. Avec l'élargissement de la discipline vers de nouveaux sujets (développement parallèle au cas français), le concept de caractère national a perdu pour un temps sa valeur explicative car la logique des nouveaux champs d'études (histoire de la famille, histoire du travail, histoire urbaine, etc.) permettait de se dispenser d'un lien unificateur. L'opposition du consensus au conflit apparaît aujourd'hui trop simple. Le cadre national est devenu inadéquat pour comprendre de grands sujets comme l'économie de l'esclavage, les systèmes de migrations, ou le développement du capitalisme industriel. Mais les idées-forces ne meurent pas facilement et le concept modifié jouit d'un regain. Il correspond à un schéma mental profondément ancré dans la vie américaine et est lui-même objet d'histoire. Cet article consiste à le définir brièvement à travers les travaux récents sur les grandes périodes de l'histoire américaine.

L'établissement original des puritains a laissé une trace indélébile dans l'histoire. Ceux-ci avaient conçu leur nouveau pays comme l'exemple offert au vieux monde d'une société meilleure, destinée par la providence à servir de modèle aux autres nations. C'était là la mission du peuple américain. Qu'on se souvienne du mot célèbre de John Winthrop en 1630 : « Les hommes diront des établissements à venir : que le Seigneur les rende identiques à ceux de la Nouvelle-Angleterre; car nous serons comme une ville au sommet d'une colline; les yeux de tous les hommes sont braqués sur nous. » L'idéal de la communauté puritaine, autarcique, égalitaire, organisée autour de la vie religieuse, et régie par des décisions collectives n'a peut-être pas été réalisé même pendant la première génération mais le rôle de la « communauté » dans la vie américaine a été formulé dès l'origine et a servi de référence aux formes d'existence qui ont suivi.

Deux univers idéologiques et sociaux coexistaient et parfois se fondaient dans l'Amérique coloniale, l'univers religieux du puritain et celui du yankee issu du défi de la conquête d'un nouveau territoire. En Nouvelle-Angleterre, les villages « égalitaires » de colons faisaient contraste avec les ports commercialisés où les principes moraux étaient constamment remis en question par les clivages sociaux en formation. Sur la frontière même, des villages étaient dominés par quelques entrepreneurs comme John Pynchon à Springfield ou les Willard de la vallée du Merrimack qui se préoccupaient plus de l'expansion de leurs propriétés et de l'accès facile aux marchés que de la bonne conduite religieuse ou de la disponibilité des sacrements (S. Innes, *Labor in a New Land : Economy and Society in Seventeenth-Century Springfield*, Princeton, 1983). Dans le Sud, bien entendu, l'économie de plantation a eu vite fait de remplacer les exploitations modestes des premiers colons. L'idéologie républicaine de l'individualisme est venue donc se superposer rapidement à l'idéologie communautaire. Bien avant que le sang ne coulât à Lexington et à Concord, les puritains avaient été transformés en yankees.

La révolution et l'ébullition intellectuelle provoquée par la césure avec l'Angleterre ont stimulé à nouveau les Américains à se définir, comme en témoignent les traités juridiques et philosophiques de John Adams ou les débats sur la Constitution. J. G. A. Pocock a récemment suggéré de replacer l'histoire idéologico-politique des Etats-Unis naissants dans la tradition républicaine florentine. Elargissant la perspective des historiens du consensus qui avaient simplement effacé l'héritage européen et modifiant d'autres interprétations récentes de la révolution (B. Bailyn, *The Ideological Origins of the American Revolution*, Cambridge, Mass., 1967; G. Wood, *Creation of the American Republic : 1776-1787*, Chapel Hill, 1969) qui voyaient dans la période de l'établissement de la constitution et du débat fédéraliste-républicain une transformation fondamentale, une rupture avec la politique classique, Pocock a ranimé le débat, toujours ouvert, de la légitimité de la « révolution » américaine. Y a-t-il eu vraiment une seconde naissance de l'Amérique ? Il voit plutôt dans le discours révolutionnaire américain le traditionnel « moment machiavélien » de réaction à la fragilité de la république, susceptible de succomber sous le poids de la corruption. C'était la vertu et l'intégrité personnelle de chaque Américain qui étaient menacées par la corruption émanant d'une source désormais étrangère. Plus tard, alors que les Américains répudiaient la structure constitutionnelle britannique, ils réalisèrent en même temps qu'ils ne pouvaient pas se reposer sur une élite qui ne s'était pas imposée et innovèrent — révision cruciale — en faveur de représentants élus, hommes ordinaires, victimes éventuelles de la corruption, qui devaient se conformer à des instructions et pouvaient être désinvestis (*The Machiavellian Moment : Florentine Political Thought and the Atlantic Republican Tradition*, Princeton, 1975).

L'indépendance acquise, les Américains continuèrent à se définir par l'expansion de leur territoire au-delà de la chaîne des Alleghenies et de leur économie, autrefois exclusivement tournée vers l'Atlantique, vers l'intérieur du pays. Jefferson voulait créer dans l'Ouest une nation de propriétaires ruraux indépendants. Comme il l'exprimait dans ses *Notes on the State of Virginia* : « Ceux qui travaillent la terre sont les élus de Dieu, si jamais Il a un peuple élu, qu'Il aurait choisi comme le dépositaire privilégié d'une vertu forte et vraie. » Ses projets, seulement partiellement réalisés par la Northwest Ordinance (1787), garantissaient l'autonomie des nouveaux territoires vis-à-vis des treize États originaux, et l'accès facile à la propriété privée, d'où le découpage du pays en un vaste damier peu respectueux des lois de la géographie mais permettant la cession de terrains antérieurement à leur colonisation.

Les années d'ouverture de la frontière par les pionniers ont été les plus formatrices du « caractère national » tel qu'on l'entend couramment, c'est-à-dire ce côté pratique et inventif du « common man » de l'ère jacksonienne, toujours prêt à recourir à des expédients, sans doute peu enclin aux effets artistiques mais puissant par la réussite de ses entreprises (D. Boorstin, *The Genius of American Politics*, Chicago, 1953). Les Américains de la frontière étaient parfois mal dégrossis mais ils étaient productifs, proches des réalités, « matter of fact », tournés vers l'avenir, méfiants des abstractions, et sachant trouver un terrain d'entente avec des inconnus en milieu non familier. La qualité de l'existence au sein des nouvelles communautés dépendait du degré d'attachement à leurs institutions. Cette vie d'individus mettant leurs ressources et intérêts en commun avait émerveillé Tocqueville qui, comparant la France et le Canada aux pays anglo-saxons, notait : « L'administration proprement dite fait peu de choses en Angleterre, et les particuliers font beaucoup ; en Amérique l'administration proprement dite ne se mêle plus de rien, pour ainsi dire, et les individus en s'unissant font tout. » La communauté de la frontière était ainsi en partie l'héritière de la communauté puritaine.

Pour Turner, les associations volontaires permettaient la coopération d'hommes bien intentionnés qui partageaient la même vision du monde et des buts de réformes bien spécifiques. Des travaux récents voient plutôt dans les différentes confessions le reflet des conflits internes alors que le succès des associations dans la vie américaine tenait justement du fait qu'elles évitaient les controverses. Dans des communautés où tant d'habitants étaient des nouveaux venus, ces associations permettaient l'accès immédiat et direct aux réseaux potentiels de clients, de partenaires, de créanciers et de débiteurs, et offraient à leurs membres des formes d'assurances en cas de maladie ou de décès. La participation à cette vie associative réduisait en outre une des plus grandes anxiétés d'un peuple mobile, la peur de mourir parmi des étrangers en terrain inconnu (D. Doyle, *The Social Order of a Frontier Community, Jacksonville, Illinois, 1825-1870*, Urbana, 1978).

Que la communauté vécue ait jamais approché la communauté idéale, les historiens n'ont pas fini d'en débattre. Mais l'idée communautaire est ancrée dans la conscience historique. Comme le note Thomas Bender dans une analyse de l'œuvre d'une dizaine d'historiens travaillant sur des périodes différentes, depuis les travaux de Darret Rutman sur le Boston de

John Winthrop jusqu'à ceux de Michael Frish sur l'urbanisation du Massachusetts au XIXe siècle, tous analysent la complexité croissante de la société et la perte de la notion de communauté, et parfois se laissent enfermer dans l'image sociologique due à Tönnies du passage de la « Gemeinschaft » à la « Gesellschaft » A juste titre il se demande combien de fois la communauté s'est effondrée en Amérique et combien de fois elle a été ressuscitée dans de nouveaux contextes ? (*Community and Social Change in America*, New Brunswick, 1978.)

Les Etats-Unis étaient-ils divisés en de multiples communautés lâchement reliées les unes aux autres, ou plutôt regroupés en quelques grandes « sections », ou bien encore étaient-ils une nation homogène ? Le grand conflit entre le Nord et le Sud est au cœur de la discussion sur le caractère national. Les historiens sont maintenant sortis du débat sur l'inévitabilité de la guerre de Sécession ; peu continuent de soutenir que l'esclavage avait atteint les limites naturelles de son expansion dans les années 1850, qu'il aurait disparu de lui-même et que le conflit aurait pu être évité si le fanatisme ne l'avait emporté. Comme le faisait remarquer Oscar Handlin en 1950, déplorant la pratique de mettre sur le même pied les abolitionnistes et les sécessionnistes parce que les deux groupes étaient fanatiques : « Il doit bien y avoir une différence entre être un fanatique de la liberté et un fanatique de l'esclavage ! » Les historiens se sont penchés récemment sur de nouveaux problèmes de l'histoire sociale et culturelle du Sud pour comprendre les particularités d'une civilisation bâtie sur la relation de l'esclave au maître (E. Genovese, *Roll, Jordan, Roll : The World the Slaves Made*, New York, 1976). Le problème profond posé par le Sud est celui, bien diagnostiqué par David Potter, « du spectacle d'une fragmentation durable et vindicative dans une république passant du stade de la confédération lâche d'Etats à celui d'une nation homogène et consolidée. Dans une société attachée à la pratique, ou au moins au principe, de l'égalité pour tous, le Sud a maintenu des distinctions de race, défiant envers et contre tout le principe égalitaire, et devenant ainsi l'exemple classique d'un phénomène qui a pris des dimensions à la fois nationales et mondiales » (*The South and the Sectional Conflict*, Baton Rouge, 1968).

Des travaux récents d'histoire politique ont replacé le conflit entre le Nord et le Sud dans le contexte non seulement d'une lutte pour ou contre l'émancipation mais aussi pour la légitimité américaine, chaque moitié prétendant à l'héritage national républicain. Le système politique des partis, qui avait si longtemps réussi à contenir les désaccords fondamentaux sur l'esclavage, se serait effondré dans les années 50 et avec lui la politique de compromis, caractéristique de l'Amérique. Le système politique garantissait le « républicanisme », c'est-à-dire « le gouvernement par le peuple où la liberté et l'égalité individuelles étaient protégées des effets de la corruption, des privilèges et des excès de pouvoir... [Par contre], le rapprochement considérable entre les partis (whig et démocrate) sur à peu près tous les plans au début des années 1850 a fait perdre de vue ce qui les séparait et affaiblissait la loyauté de leurs électeurs » (M. Holt, *The Political Crisis of the 1850s*, New York, 1978). Cet effondrement aurait laissé aux deux sections la voie ouverte pour revendiquer l'héritage républicain. Pour le Sud, l'élection de Lincoln et la victoire du Parti républicain auraient marqué non seulement la fin de l'esclavage mais aussi celle du républicanisme qui ne pouvait être restauré que par la sécession.

La reconstruction de l'Union, le passage de l'Amérique à une nation urbaine, industrialisée, bureaucratisée, et prenant part aux conflits mondiaux, ont suscité de nouveaux débats sur la fin de l' « innocence » américaine et partant celle de son caractère exceptionnel. Ces transformations successives de la société puis la secousse de la grande dépression ont contribué parfois à fissurer, en tout cas à redéfinir, et quelquefois même à renforcer l'édifice idéologique bâti autour du caractère exceptionnel de l'Amérique. Que pouvait-on préserver du caractère national dans une société de plus en plus complexe, de plus en plus puissante et aussi de plus en plus inégale ?

Les premiers industriels, les hommes qui avaient bâti les usines textiles de Lowell sur les chutes de la rivière Merrimack et y avaient attiré comme main-d'œuvre les filles des fermiers de la Nouvelle-Angleterre avaient rêvé de créer une société industrielle prospère sans conflit. Il n'y aurait pas de Manchester américain. Mais il était bien évident qu'à la fin du siècle la grande industrie employait un prolétariat d'immigrants non qualifiés, fraîchement débarqués d'Europe. Que restait-il de l'idéologie de Lowell dans le Pittsburgh de Carnegie ou le Detroit de Ford ? La peur de la corruption de la société dictait maintenant la réponse idéologique des protestants au changement social dans les grandes villes. Les travailleurs sociaux percevaient les victimes de la pauvreté comme des menaces envers la société. La ville était devenue un terrain de mission. Seule la notion d'une société ouverte, permettant aux plus capables de gagner leur place au soleil en surmontant les obstacles de la langue et des préjugés pouvait se substituer au rêve irréalisable d'une société sans pauvreté.

Deux cent cinquante ans après l'arrivée des pionniers puritains, même les penseurs les plus proches des conflits sociaux et raciaux, du mouvement ouvrier et de la misère des grandes villes industrielles des années 1880, Josiah Strong, Henry George ou Edward Bellamy, étaient encore obsédés par l'esprit du millénium. Leur perception du temps historique était dominée par la distinction entre la notion de progrès continu et la menace de corruption qui les entourait de toutes parts. Tiraillés entre leur vision de l'Amérique et la scène sociale qu'ils observaient, ils en sont venus à présenter la continuité et le changement comme s'ils étaient contradictoires (D. Ross, The Liberal Tradition Revisited and the Republican Tradition Addressed, in J. Higham et P. Conkin, éd., *New Directions in American Intellectual History*, Baltimore, 1979).

Le grand problème de la dynamique sociale américaine était plus que jamais la formation d'une société homogène à partir d'éléments hétérogènes. David Potter a proposé pour thème unificateur « l'abondance » qui aurait servi de fondement à la démocratie (*People of Plenty : Economic Abundance and the American Character*, Chicago, 1954). De même, Stephan Thernstrom voit dans les nombreuses possibilités d'avancement social individuel la clef de l'équilibre social américain (*The Other Bostonians : Poverty and Progress in the American Metropolis, 1880-1970*, Cambridge, Mass., 1973). Même les historiens marxistes, peu enclins à respecter les barrières nationales, ont reconnu le caractère exceptionnel de l'Amérique. Alan Dawley, par exemple, explique l'absence de révoltes pendant la révolution industrielle à Lynn par l'accès des ouvriers au suffrage (*Class and Community : The Industrial Revolution in Lynn*, Cambridge, Mass., 1976). Alors qu'en Europe la revendication du suffrage ajoutait une dimension politique à la lutte du prolétariat, en Amérique le droit de vote aurait désamorcé le combat politique et servi de « sépulture à la conscience de classe ». Pour les uns donc l'équilibre social n'a jamais été sérieusement menacé par la diversité du peuple américain car tous profitaient de la prospérité; pour les autres il a été maintenu par l'habileté de la classe dirigeante à désamorcer le conflit.

L'Amérique a retrouvé une forte cohérence au milieu du XXe siècle. Le contrôle de l'immigration depuis les années 20 avait rendu plus homogène une société où le « melting pot » semblait être devenu réalité, à tel point que les sociologues des années 50 omettaient, durant leurs enquêtes, d'interroger les participants sur leurs origines nationales. La période de prospérité qui a suivi la seconde guerre mondiale et le repli économique des pays européens et du Japon laissaient la voie libre à son expansion. L'abondance permettait même aux intellectuels de déclarer avec assurance la fin des idéologies. Des courants jusqu'alors séparés convergeaient pour donner au pays un sens nouveau de force et d'homogénéité, et avec lui une nouvelle recherche du caractère national, promu par les historiens du consensus. Mais l'histoire est toujours plus compliquée que les brefs moments, parfois illusoires, d'union nationale peuvent le faire penser. L'explosion intellectuelle des années 60, l'enlisement vietnamien, la crise du « Watergate », les batailles autour de la légitimité du « welfare state », et de l'extension des « civil rights », la redécouverte de l'héritage ethnique, la lutte des femmes pour l'égalité, en bref les réalités de la « société séparée » ont vite fait de battre en brèche la notion de consensus. Celle de caractère national, en revanche, résiste mieux à l'assaut car c'est bien autour d'une certaine idée de l'Amérique que les batailles politiques et les conflits sociaux se jouent et continuent de se jouer. Où est l'Amérique légitime, symbolisée par la double signification de la Statue de la Liberté — la liberté républicaine et la diversité de la nation ? Qui peut revendiquer son histoire ? En posant cette question, on oublie trop souvent que la notion même d'unité, tant recherchée, appelle par définition celle de diversité. L'une et l'autre sont inséparables. Tous les groupes qui, depuis le XVIIe siècle, ont participé à la construction de ce pays revendiquent leur part d'un héritage national. L'histoire américaine est successivement celle d'un compromis entre éléments disparates, de conflits entre ces mêmes éléments, d'ignorance réciproque, de fragmentation et parfois de consensus. La réduire à l'une ou l'autre de ces formules serait la mutiler.

● BIBLIOGRAPHIE. — La seconde édition du volume 43 de la « Nouvelle Clio » par Claude FOHLEN, *L'Amérique anglo-saxonne de 1815 à nos jours* (PUF) date de 1969 et contient une excellente bibliographie que l'on complétera pour les ouvrages récents par la nouvelle édition du *Harvard Guide to American History* publiée en 1974, sous la direction de Frank FREIDEL (Harvard University Press). On trouvera d'excellentes recensions des livres parus depuis dans la revue trimestrielle *Reviews in American History* (Johns Hopkins University Press) publiée depuis 1972. Sur le thème de cet essai, on consultera toujours avec profit, en français, l'essai de Pierre NORA, Le « fardeau de l'histoire » aux Etats-Unis, in *Mélanges Pierre Renouvin. Etudes d'histoire des relations internationales* (Paris, 1966) et trois livres récents en anglais : M. KAMMEN, *People of Paradox : An Inquiry Concerning the Origins of American Civilization* (New York, 1972); R. WIEBE, *The Segmented Society : An Introduction to the Meaning of America* (New York, 1975); R. WELTER, *The Mind of America. 1820-1860* (New York, 1975).

▶ CORRÉLATS. — Amérique (Historiens américains), Economie (Nouvelle histoire économique), Tocqueville, Urbaine (Histoire).

O. ZUNZ.

Historiens américains

Il est difficile de connaître précisément le nombre d'historiens professionnels aux Etats-Unis mais quelques chiffres permettent de mesurer l'importance de la profession historique. Plus de 6 000 professeurs de l'enseignement supérieur exerçant dans 355 départements d'histoire sont recensés dans l'*Annuaire de l'American Historical Association* pour l'année universitaire 1983-1984. Il faudrait ajouter les historiens qui enseignent dans les départements de sciences économiques et sociales, dans les programmes pluridisciplinaires d'études des grandes civilisations (Inde, Chine, etc.), dans les écoles de droit et des affaires, et les archéologues affiliés aux départements de lettres classiques ou d'anthropologie. Nombre d'historiens font aussi carrière hors de l'enseignement dans des institutions de recherche (la plus réputée étant sans doute l'Institute for Advanced Study de Princeton), les commissions historiques des gouvernements fédéraux et locaux, les sociétés savantes (on en recensait plus de 4 500 à des fins spécifiquement historiques en 1976), les dépôts d'archives (Archives nationales, Archives des Etats et des localités, archives de grandes sociétés et d'institutions privées), les musées, les bibliothèques et dans diverses fondations. En outre, de nombreux professeurs de l'enseignement secondaire ont reçu une formation d'historien.

L'élargissement de la discipline historique qui a marqué les trente dernières années (voir article « Histoire américaine ») a enrichi considérablement le métier d'historien et contribué au rayonnement des départements d'histoire sur les campus américains. Dans une société pluraliste où chaque groupe revendique un statut autonome, une trop grande spécialisation a pu fragmenter la profession en sous-disciplines cloisonnées (histoire de la famille, histoire du travail, histoire rurale, démographie historique, etc.) et nuire à l'intégrité du discours historique, mais c'est grâce aux découvertes de la recherche spécialisée que les historiens d'aujourd'hui élaborent de nouvelles synthèses. De plus, la relation de l'histoire aux sciences sociales a évolué en faveur des historiens ; alors qu'il y a vingt ans, ceux-ci, pour renouveler leur vieille discipline, absorbaient avec avidité les méthodes des sciences sociales, les sociologues et les anthropologues semblent à leur tour chercher dans l'histoire la clef de nouvelles problématiques. L'histoire apporte aux théories des sciences sociales le substrat fondamental du vécu.

Le grand public américain accorde à l'histoire une place non négligeable si l'on en juge par le succès touristique de grands sites historiques comme celui de Williamsburg en Virginie où la ville a été reconstituée telle qu'elle était à l'époque coloniale ou par le succès récent de grands programmes télévisés. Plus de la moitié des postes de télévision des Etats-Unis étaient branchés sur la transmission du dernier épisode de *Racines* en 1978, la reconstruction généalogique d'une famille noire depuis la capture en Afrique jusqu'à l'émancipation après les années d'esclavage dans le Sud américain. Même si peu d'historiens professionnels écrivent des livres à grand tirage, une minorité influente a accès au grand public. Et l'engouement de ce dernier pour l'histoire incite les agences gouvernementales et les fondations à financer la recherche historique.

Les historiens américains font toutefois face à des difficultés sérieuses. Après avoir bénéficié de la forte croissance des universités dans les années 60 le métier d'historien a subi le contrecoup de l'expansion dans les quinze dernières années. La crise économique des années 70 s'est traduite par une chute du nombre d'étudiants d'histoire excédant de loin la baisse prévue des effectifs démographiques. Cette conjoncture défavorable a forcé les universités à geler depuis 1972 la création de nouveaux postes de professeurs d'histoire. La profession a donc dû se stabiliser — de nombreux départements perdant même des postes — mais elle a tout de même réussi à intégrer dans ses rangs les meilleurs des jeunes chercheurs venus à l'âge adulte au fort de la crise et à éviter la formation d'une nouvelle « génération perdue ». Cette politique volontaire de renouvellement garantit le dynamisme de l'institution universitaire nécessaire à l'enseignement et à la recherche.

Si l'histoire tient une place de choix dans l'université américaine d'aujourd'hui, il ne faut pas perdre de vue que la formation de la profession historique est un événement récent. Pratiquée seulement par une élite au XIXe siècle, l'histoire ne s'est démocratisée qu'au XXe siècle. Ce faisant, le public de l'historien s'est déplacé des élites aux masses d'étudiants des universités et la responsabilité des historiens vis-à-vis des autres « consommateurs » d'histoire dans le grand public est devenue plus ambiguë. Les termes de la relation toujours complexe entre l'historien et son public ont été admirablement tracés par John Higham dans son ouvrage classique, *History : Professional Scholarship in America* (1965, nouv. éd. revue, 1983) et il est commode de reprendre ses grandes distinctions. Le genre historique, contemporain de la fondation des Etats-Unis, fut au XVIIe et en partie au XVIIIe siècle dans les mains du clergé. Les pères fondateurs puritains de la Nouvelle-Angleterre percevaient comme leur devoir de retranscrire les événements jusque dans le détail de la vie privée et quotidienne. La chronique historique leur servait comme le sermon à établir leur autocritique et à s'adresser au public. Ils ont les premiers suscité une prise de conscience historique en Amérique (sur le plus célèbre de ces historiens puritains et prédicateurs, voir D. Levin, *Cotton Mather : The Young Life of the Lord's Remembrancer, 1663-1703*, Cambridge, 1978). L'histoire fut ensuite accaparée par des « patriciens » qui la dégagèrent de l'emprise de la religion. Au XVIIIe siècle, leurs œuvres consistèrent surtout en traités d'histoire militaire et constitutionnelle (Thomas Hutchinson, *The History of the Colony and Province of Massachusetts Bay*, 3 vol., 1760), et au XIXe, sous l'influence du romantisme, en grandes fresques reflétant les principes de la culture bourgeoise de liberté, de nationalité et de progrès (George Bancroft, *History of the United States from the Discovery of the American Continent*, 12 vol., 1834-1882 ; Francis Parkman, *France and England in North America*, 7 vol., 1865-1892).

Parallèlement au mouvement des idées en Europe dominé par le positivisme (en France, l'œuvre de Lavisse, de Seignobos, l'organisation de l'enseignement sous la IIIe République ; en Allemagne, les œuvres de Mommsen et de Ranke), les historiens américains se tournèrent dans les années 80 et 90, sous l'influence du scientisme, vers la narration de faits établis à partir d'une critique rigoureuse des documents (James Schouler, *History of the United States of America under the Constitution*, 7 vol., 1883-1913 ; John Bach McMaster, *A History of the People of the United States, from the Revolution to the Civil War*, 8 vol., 1883-1913 ; et James Ford Rhodes, *History of the United States from the Compromise of 1850*, 7 vol., 1893-1906). Reflétant la tension entre le patricien romantique et l'homme de métier, l'historien Henry Adams s'impose comme le plus important de sa génération, en particulier dans son *History of the United States of America during the Jefferson and Madison Administrations* (9 vol., 1889-1891).

Derrière la scène, le changement fondamental de l'université, introduit à Harvard par Charles Eliot dès 1869, consistait à intégrer les écoles professionnelles aux côtés des disciplines classiques et à abandonner les programmes rigides en faveur du principe du choix des matières. Les universités permettaient ainsi aux étudiants de choisir leurs sujets tout en stimulant la nouvelle tendance à la spécialisation dans tous les domaines du savoir, ancien et moderne. Alors que la thèse allemande était encore un diplôme d'études générales, la thèse américaine (Ph.D.) fut modifiée — Johns Hopkins en codifiait les règles en 1877-1878 — pour sanctionner des études spécialisées. Enfin, la formation dès 1870 de départements autonomes offrait aux spécialistes un cadre administratif et professionnel où ils pouvaient se développer. L'enseignement de l'histoire ne devint un enseignement spécialisé qu'à la fin du XIXe siècle. Comme le rapporte Higham : « Les programmes d'études jusque dans les années 1870 comprenaient très peu de cours d'histoire et ceux-ci étaient généralement enseignés par des professeurs de lettres classiques ou de philosophie. Toujours en 1884, les 400 institutions américaines d'enseignement supérieur ne comprenaient que 20 professeurs d'histoire. A Princeton, le seul professeur d'histoire enseignait également la science politique. Dans la décennie suivante, on en comptait presque 100 et la demande pour de nouveaux spécialistes se faisait pressante... Après une longue période où la recherche historique était entre les mains d'historiens indépendants, les historiens devenaient à nouveau, comme ils l'avaient été jadis dans la Nouvelle-Angleterre puritaine, les serviteurs d'une institution. »

Les historiens n'étaient pas les seuls à se spécialiser. L'American Historical Association, fondée en 1884, avait été précédée par l'American Philological Society (1869), et la Modern Language Association (1883) pour être bientôt suivie par des associations d'économie (1885), de psychologie (1892), d'anthropologie (1902), de sciences politiques (1903) et de sociologie (1905). L'American Historical Association grandit très rapidement sous l'impulsion d'Herbert Baxter Adams de l'Université Johns Hopkins. Les premières années, les professeurs et les amateurs étaient encore mélangés et le colloque de 1900 qui réunissait 200 membres ne comprenait que 42 représentants de l'enseignement supérieur. Son conservatisme était alarmant ; le livre de Charles A. Beard, *An Economic Interpretation of the Constitution of the United States*, considéré aujourd'hui comme un des chefs-d'œuvre de l'époque « progressiste », y fut à peine débattu après sa parution en 1913.

Le besoin de débats professionnels à l'intérieur de l'AHA se fit cependant de plus en plus sentir, de même que la nécessité de créer des associations plus spécialisées, d'où la naissance en 1907 de la « Mississippi Valley Historical Association » devenue aujourd'hui l' « Organization of American Historians » qui publie le *Journal of American History*. D'autres suivirent bientôt. Qu'il suffise de citer ici la « Southern Historical Association » (1937), l' « American Association for State and Local History » (1940). Proches de nous, les nouvelles associations reflètent la tendance à la spécialisation (« Immigration History Society », « Society for French Historical Studies », etc.) ou les nécessités pluridisciplinaires de la recherche historique (« Social Science History Association »). La profession grandissant, le gouvernement fédéral a pris une part plus active à la production historique en créant les Archives nationales en 1935, en finançant les bibliothèques présidentielles à partir de l'administration Roosevelt, en instituant la « National Historical Publications and Records Commission », et plus récemment le « National Endowment for the Humanities ».

Aux Etats-Unis plus qu'ailleurs, me semble-t-il, les institutions universitaires assurent un enseignement d'histoire mondiale. Aux américanistes toujours en bon nombre se sont ajoutés des spécialistes de toutes les autres parties du monde. Les historiens américains ne se contentent pas de travaux de synthèse sur l'Europe, les mondes asiatique ou africain, mais s'efforcent au contraire de faire avancer la recherche (D. Pinkney, American Historians of the European Past, *American Historical Review*, 86 [February 1981], 1-20). Il suffit, pour s'en rendre compte, de constater l'influence de l'école historique américaine sur l'histoire de France. Dans les vingt dernières années, les travaux de R. Palmer sur la révolution atlantique, D. Bien sur l'aristocratie au XVIIIe, C. Tilly sur la Vendée, N. Davis sur la culture populaire au XVIe siècle, R. Darnton sur la diffusion de l'*Encyclopédie*, W. Sewell sur les corporations, E. Weber sur l'Action française, R. Paxton sur Vichy et d'autres ont éclairci des questions sur lesquelles les historiens français n'aboutissaient pas Les historiens américains nous apportent non seulement un complément de ce que nous faisons mais savent parfois aller au-delà des débats qui ont lieu en France. Ils étudient des problèmes importants de l'histoire de France, font des recherches fondamentales sur le « terrain » et accumulent au sein de leurs propres institutions assez de documents pour créer une infrastructure de travail. En conservant naturellement leur autonomie intellectuelle et leur culture, ils font presque toujours, au moins implicitement, de l'histoire comparée. L'historiographie de la France, ou d'autres pays, s'en trouve naturellement enrichie.

Au total, la profession historique aux Etats-Unis est bien organisée en dépit de sa fragmentation en de nombreuses sous-disciplines et en écoles. Bien que peu pénétrée par le marxisme à l'européenne, elle est aussi divisée idéologiquement comme tout grand corps professionnel. Un libéralisme solide la domine au centre, équilibre le « radicalisme » et le conservatisme, et contribue à maintenir son intégrité dans les universités. Dans ce pays où les institutions de l'enseignement supérieur sont autonomes — il n'y a pas comme en France de système national des carrières — ce sont les critères définis par les associations professionnelles qui sont adoptés par les universités. Seule la capacité des historiens à se concerter et à se doter de structures capables de servir leurs intérêts, d'assimiler les nouvelles générations et les courants de pensée les plus divers, leur assure la place prépondérante dont ils jouissent et les libertés de pensée et d'expression indispensables au rayonnement de leur métier.

● BIBLIOGRAPHIE. — Sur le thème de cet essai, on consultera outre le livre classique de John HIGHAM, *History*, déjà cité, l'ouvrage récent d'Ernst BREISACH, *Historiography, Ancient, Medieval and Modern* (Chicago, 1983) et plusieurs volumes collectifs, *The Reconstruction of American History*, sous la direction de HIGHAM (Londres, 1962) ; *The Organization of Knowledge in Modern America, 1860-1920*, sous la direction d'Alexandra OLESON et John Voss (Baltimore, 1979), en particulier les contributions de HIGHAM et Laurence VEYSEY ; et *The Past Before Us. Contemporary Historical Writing in the United States*, sous la direction de Michael KAMMEN (Ithaca, 1980).

▶ CORRÉLAT. — Amérique (Histoire américaine).

O. ZUNZ.

Anachronisme

« Eviter le péché des péchés — le péché entre tous irrémissible : l'anachronisme »; cette exhortation de Lucien Febvre au début de son *Rabelais* donne toute la mesure de la fonction de l'anachronisme pour une définition *a contrario* de l'histoire.

« César tué d'un coup de *browning* », cette formule choc de Febvre illustre l'intrusion d'une époque dans l'autre qui fait l'anachronisme. Un objet du xxe siècle le jour des ides de Mars nie l'histoire; aussi est-ce plus qu'un hasard si le terme apparaît (1625) lorsque naissent les pionniers de l'érudition, Mabillon ou Richard Simon, dont la démarche repose en partie sur cette notion qui permet de trier le vrai et le faux document. Mais dénoncer les manquements à la suite chrono-logique des faits devient un élément vital du discours historique avec les historiens « positivistes » puisqu'ils font de l'enchaînement des faits l'unique explication des événements. Toute atteinte à l'intégrité de la chronologie menace les fondements de l'histoire linéaire bâtie par Ranke, Monod ou Seignobos. La peur de commettre ce péché capital aboutit à des situations extrêmes comme le refus de Charles-Victor Langlois d'interpréter des documents qu'il se contente, sur la fin de sa vie, de réunir. Le document seul ne s'expose pas à l'anachronisme !

Le danger s'étend; toute interprétation expose à l'anachronisme comme le souligne Febvre lorsqu'il condamne l'usage de Gentry pour l'ensemble des élites occidentales au xviiie siècle : « L'étiquette me fait crier. C'est un peu, toutes proportions gardées, comme si l'on s'avisait, au cinéma, de me montrer César tué d'un coup de *browning*. C'est même beaucoup plus grave : car l'anachronisme d'outillage matériel n'est rien au prix de l'anachronisme d'outillage mental » (*Annales d'Hist. éc. et soc.*, 1937, p. 374).

Cette prise de position se vérifie dans l'œuvre de Febvre dont deux ouvrages, au moins, trouvent leur source dans le refus de l'anachronisme d' « outillage mental », *Rabelais* et *Amour sacré, amour profane*. De contrainte la crainte de l'anachronisme devient la source d'un nouveau type d'histoire. En un sens inventer l'histoire des mentalités c'est découvrir qu'on est passible d'anachronisme lorsque l'on perçoit comme pervers les jeux sexuels du jeune Louis XIII décrits par Philippe Ariès.

Paradoxalement, l'effort de renouvellement de l'histoire passe aussi de Marc Bloch à la New Economic History par un usage heuristique de l'anachronisme, que ce soit en projetant les questions ou les techniques d'analyse d'aujourd'hui dans le passé car « estimer que la nomenclature des documents puisse suffire entièrement à fixer la nôtre reviendrait en somme à admettre qu'ils nous apportent l'analyse toute prête. L'historien, en ce cas, n'aurait plus grand-chose à faire (Marc Bloch, *Apologie pour l'histoire*, p. 194).

L'historien bute sur une aporie d'où sortent les débats interminables sur la légitimité des notions de féodalité au Japon, de classes dans l'Antiquité ou de comptabilité nationale au xviiie siècle. L'anachronisme porte à la fois la mort et l'extension de l'histoire; dialectiquement l'historien joue du refus de ce qui biaise la mesure des choses, le temps, et de la manipulation d'un « péché » qui tel le péché originel est aussi la source de la connaissance.

● BIBLIOGRAPHIE. — M. BLOCH, *Apologie pour l'histoire*, Paris, 1960; L. FEBVRE, *Le problème de l'incroyance chez Rabelais*, Paris, 1942.

▶ CORRÉLATS. — Bloch, Chronologie, Febvre, Monod, Seignobos.

O. DUMOULIN.

Ancien Régime

Pour quel historien aujourd'hui proche de la quarantaine, l'Ancien Régime n'évoque-t-il pas d'abord le livre de Pierre Goubert ? Cet essai donnait libre cours au plaisir de comprendre, il réussissait à « n'être pas une œuvre de mépris ».

Désormais l'Ancien Régime ne pouvait plus être conçu comme un cadre chronologique fourre-tout, il devenait un concept politique capable d'expliquer. Mode assez spécifiquement français d'aborder la réalité française triséculaire qui sépare les guerres d'Italie de la Révolution de 1789, le terme était né dès la pré-Révolution et s'imposa rapidement. S'attachant à une globalité, l'Ancien Régime fusionne une double approche : sociale (il désigne une société coutumière, corporative et hiérarchisée, catholique enfin) et politique (c'est une monarchie de droit divin, qui tend vers l'absolutisme et des formes bureaucratiques d'administration); de là il s'étend à tous les aspects de la vie : Ancien Régime économique, démographique, culturel... Tocqueville, qui popularisa la notion au milieu de l'intelligentsia, l'entendait déjà dans une acception sociopolitique. Mais jusqu'au remarquable « Que sais-je ? » d'Hubert Méthivier, avait dominé soit une perspective institutionnelle (le livre de Georges Pagès), soit un usage peu réfléchi, vide de contenu précis. Pierre Goubert réunissait les conceptions des juristes — constituants qui définissaient le « régime nouveau » par rapport à ce qui l'avait précédé —, des paysans — victimes de ce système qu'ils vivaient concrètement —, des historiens confrontés à la naissance posthume de « ce magma de choses habituellement séculaires, parfois millénaires ». De cette synthèse naissait l'évidence historique.

L'Ancien Régime est un concept nécessairement hétérogène par rapport à l'objet qu'il désigne, puisqu'il ressort du domaine de la pure connaissance. Dans les archives, disait Tocqueville, « j'ai trouvé l'Ancien Régime tout vivant ». Il n'a jamais existé que là, mais jamais il ne sera autre qu'Ancien Régime pour qui lui a survécu. L'originalité française se fonde dans la Révolution et échappe ainsi à ce que Tocqueville appelait « la prodigieuse similitude » entre les institutions de l'Europe.

L'histoire est toujours « histoire violente des commencements » (Michel de Certeau) : l'Ancien Régime n'acquiert son sens que par la Révolution, son aboutissement fondateur. Cette téléologie a suscité de fortes objections à la fois logiques et chronologiques. L'Ancien Régime constitue-t-il un concept adéquat à son objet ?

On connaît la tranchante critique de Pierre Chaunu : les révolutions, française (surestimée) et industrielle (bien réelle), ont contribué à démanteler l' « Europe classique ». « Dans cette perspective, la modernité tout entière est devenue un Ancien Régime. Le mot traduit l'aliénation. Il aboutit à définir un existant, un présent, un réel, par un futur. Toute historiographie qui accepte la notion d'Ancien Régime s'installe délibérément dans l'anachronisme. » Denis Richet qualifiait aussi sévèrement l'Ancien

Régime d' « illusion rétrospective — celle des hommes de 89 — abusivement accréditée par les historiens des XIXe et XXe siècles » et d' « esquisse vague dépourvue de toute fermeté dans la couleur, de toute rigueur dans le dessin ». L'aspect chronologique de ces critiques porte juste : les expressions Temps modernes ou France moderne ont l'avantage de se référer « plus à un point de départ qu'à un point d'arrivée ». Cette « modernité » — celle du XVIe siècle, chère à Henri Hauser — recèle aussi sa part d'illusion : il n'est de vraie modernité que contemporaine. Mais tous les seiziémistes répugnent avec Denis Richet à qualifier d'Ancien Régime le siècle de la Renaissance, de la Réforme et de l'Humanisme. Sur le fond, la critique n'est peut-être pas aussi convaincante qu'il y paraît : la « modernité » se mue en histoire, ce qui a été vécu et pensé comme nouveau devient ancien. L'historicité de l'histoire implique la rupture avec la conscience (illusoire) qu'une époque entretient sur elle-même. L'histoire fait toujours dire à la génération qui la porte « Je ne suis pas cela » et avouer à la société révolue « Je suis autre que ce que je veux et déterminée par ce que je dénie » (Michel de Certeau). On pourrait appliquer la diatribe de Pierre Chaunu aux notions d'Antiquité, de Moyen Age, de Renaissance, etc. On ne le fait pourtant guère : nous ne nous sentons plus grand-chose de commun avec les contemporains de Périclès ou de saint Bernard. La mise en cause du concept d'Ancien Régime nie implicitement l'origine révolutionnaire de la France contemporaine, elle affirme (à juste titre) la présence aujourd'hui de nos XVIe, XVIIe et XVIIIe siècles. Toute l'œuvre de Tocqueville démontrait les continuités réelles qui unissaient le XVIIIe au XIXe siècle, en dépit de la Révolution. Cette évidence incontestable n'autorise nullement à restreindre l'immense portée de 1789, mais conduit à admettre un dualisme de l'explication distinguant la reproduction de certaines formes sociales et le phénomène révolutionnaire.

Faut-il dès lors restreindre le concept d'Ancien Régime ? Pierre Chaunu parlait de la « continuité dense des années 1620-1630 - 1750-1760 ». Pierre Goubert centrait son propos sur la période 1600-1750, invoquant la méconnaissance de l'avant et la différence de l'après. Il insistait aussi, avec Robert Mandrou, sur les rémanences de l'Ancien Régime « parmi nous ». Comme Albert Soboul d'ailleurs, il regardait l'Ancien Régime agoniser par ruptures successives autour des dates rondes 1750-1850 : les révolutions françaises ne s'arrêtèrent pas avant. En deçà d'Henri IV, l'Ancien Régime n'est pas encore formé, au-delà de la guerre de Sept Ans, il n'est plus qu'une coque vide. Le XVIe siècle offrait une extraordinaire prolifération de possibilités historiques. En sortit un système stable et clos, caractérisé par l'absolutisme politique, la Contre-Réforme catholique, l'hégémonie de la gentilhommerie, la constitution de l'élite du tiers état en noblesse de robe, la société d'ordres : ce projet d'immobilisation de la société française se désagrégea dans l'immense poussée du XVIIIe siècle conquérant. La Révolution a commencé dès 1763. Un nouveau rapport entre la société civile et le régime politique commençait à se chercher dans l'agonie de l'Ancien Régime.

Les conceptions alternatives à l'Ancien Régime répondent à leur façon à cette dialectique du politique et du social :

— soit en la refusant, par exemple, en séparant les notions de monarchie absolue et de société d'ordres;

— soit en l'exacerbant : le marxisme met en avant les concepts de féodalisme, de formation économique et sociale et de transition du féodalisme au capitalisme ; il insiste ainsi sur la continuité de la période médiévale et de l'Ancien Régime : il ne le récuse pas pour autant, mais l'intègre à une théorie générale du mouvement historique.

L'Ancien Régime apparaît en effet comme un concept empirique lié à une démarche inductive inspirée de l'observation expérimentale, non à une méthode déductive liée aux modèles théoriques des sciences exactes.

Il est donc précisément situé : issu du libéralisme révolutionnaire et de la philosophie des Lumières, dont il assume l'héritage, il s'inscrit dans une tradition jacobine. La contemporanéité inévitable de l'historiographie le place aujourd'hui à gauche, au sein d'une gauche non marxiste. En ce dernier quart du xxe siècle, les sensibilités conservatrice et autoritaire ou les courants révolutionnaires, sans forcément rejeter l'emploi du terme Ancien Régime, n'en font pas un usage conceptuel et se tournent vers d'autres systèmes d'explication pour rendre compte des phénomènes historiques dont la France moderne fut le siège. La contradiction n'est pourtant pas équivalente entre la perte ou la saturation du sens.

● BIBLIOGRAPHIE. — Michel de CERTEAU, *L'écriture de l'histoire*, Paris, 1975 ; Pierre CHAUNU, *La civilisation de l'Europe classique*, Paris, 1966 ; Pierre GOUBERT, *L'Ancien Régime*, Paris, 2 vol., 1969 et 1973, rééd. augmentée, Pierre GOUBERT et Daniel ROCHE, *Les Français et l'Ancien Régime*, Paris, 2 vol., 1984. Robert MANDROU, *La France aux XVIIe et XVIIIe siècles*, Paris, 1967 ; Hubert MÉTHIVIER, *L'Ancien Régime*, Paris, 1961 ; Georges PAGÈS, *La monarchie d'Ancien Régime en France de Henri IV à Louis XIV*, Paris, 1928 ; Denis RICHET, *La France moderne : l'esprit des institutions*, Paris, 1973 ; Albert SOBOUL, *La civilisation et la Révolution française*, Paris, 2 vol., 1970 et 1982 ; Hippolyte TAINE, *Les origines de la France contemporaine*, Paris, t. I, 1875 ; Alexis de TOCQUEVILLE, *L'Ancien Régime et la Révolution*, Paris, 1856, Ed. Gallimard, 2 vol., 1952.

▶ CORRÉLATS. — Crise, Démographie historique, Économie (Histoire économique), Taine, Tocqueville.

R. DESCIMON.

Angleterre

Historiens anglais

Le doyen des historiens anglais, Bède le Vénérable (672 ?-735), contribua à l'adoption du comput romain de Pâques dans son pays et d'une chronologie axée sur l'Incarnation et non plus sur la fondation de Rome. Son *Historia ecclesiastica gentis Anglorum* est en fait une histoire générale de l'Angleterre de l'invasion de César à la mort de l'archevêque Berctaud en 731. Présentant son livre comme un vivier d'exemples moraux pour la postérité à la manière antique, Bède souligne avec un sens inné du pittoresque et du pathétique la permanence de la protection divine dans un monde sortant à peine du paganisme, mais n'en insiste pas moins sur la qualité de ses sources pour mieux dissocier des rumeurs et des légendes ce qui lui semble indiscutable, même en cas de miracle.

Mais Bède est plutôt l'ultime historien patristique que le premier historien médiéval : après lui l'histoire narrative se réduit à de sèches chroniques relatant année par année les événements jugés notoires. Commençant à l'ère chrétienne, la *Chronique anglo-saxonne*, rédigée en anglais faute de latinistes qualifiés, fut compilée près de Winchester sous le règne d'Alfred (2e moitié du IXe s.) notamment d'après Bède et des tables pascales du VIIe siècle. Bien qu'elle reprenne à Eusèbe ou Orose quelques événements continentaux anciens, il n'est plus question que de la « Bretagne » après l'invasion anglo-saxonne de 449 et les combats contre les Danois occupent la première place après 935. Des continuateurs ont mené cette chronique jusqu'en 1154, avec des versions enrichies reflétant les problèmes locaux du Nord, de l'Ouest, des Midlands ou du Kent. A partir du XIIe siècle, de grands établissements ecclésiastiques rassemblèrent les cartulaires définissant leurs titres de propriété selon un ordre chronologique propice à des prolongements narratifs *(Chronique d'Abingdon, Historia Eliensis)*. Par contre le bénédictin Guillaume de Malmesbury (v. 1080-1142?), d'ascendance à la fois normande et saxonne, présente l'histoire d'Angleterre des invasions saxonnes à 1142 en une suite continue de biographies à la Suétone, coupée de digressions sur tel hérésiarque tourangeau à propos de la réforme grégorienne, voire d'un guide du pèlerin à Rome à l'occasion de la 1re croisade. Mais son contemporain gallois Geoffroi de Monmouth (v. 1100-1154) connut un succès durable jusqu'au XVIIe siècle avec son *Historia Regum Britanniae* (1136) qui fait la part belle à « Brutus », petit-fils d'Enée supposé ancêtre de rois « bretons » légendaires, Lear, Cymbeline adversaire de César et surtout Arthur promu unificateur du monde celtique face aux Saxons, voire fondateur d'Oxford et transporteur magique de cromlechs d'Irlande à Stonehenge en une nuit.

Comme Suger et les moines de Saint-Denis auteurs des *Grandes chroniques de France*, Roger Wendower (m. 1236), Matthieu Paris (m. 1259) et leurs successeurs de Saint-Albans élaborèrent du début du XIIIe siècle au milieu du XVe des annales depuis la Création mais portant surtout sur les événements qu'ils pouvaient suivre depuis cette aristocratique abbaye proche de Londres. Citant souvent des documents, par exemple la Grande Charte, ils concentraient leur attention sur l'Angleterre sans pourtant bannir la France ou la papauté. Devant leur succès, Thomas Walsingham en compila au XIVe siècle des versions abrégées en anglais, continuées jusque vers 1440, mais moins appréciées que *Brut*, la traduction de Geoffroi de Monmouth, partant de la guerre de Troie mais centré sur l'Angleterre à partir du règne fabuleux d'Arthur. Toutefois c'est le Français Froissart (1337?-1404?) au service de la reine Philippa de Hainaut qui transmit les exploits des chevaliers d'Edouard III : ses *Chroniques* ne furent traduites qu'en 1523 par Lord Berners.

Nul historien anglais ne pouvait alors rivaliser avec Machiavel ou Guichardin. Les historiographes présentaient une vision mythique de l'histoire récente, pleine de prophéties et de prodiges, glorifiant la dynastie régnante pour mettre fin aux iniquités de souverains corrompus (mythe Lancastre) ou usurpateurs (mythe York). Dès le règne d'Henry VII le chroniqueur Jean Rous et le poète augustin Bernard André avaient lancé le mythe Tudor : les Lancastres vengés étaient restaurés en la personne du nouveau roi, de plus héritier des anciens rois celtiques, mais les prétentions des Yorkistes apaisées par le mariage du roi avec Elizabeth d'York. Plus subtils les historiens au service d'Henry VIII exaltaient la nouvelle dynastie en exposant leurs sombres portraits des rois York aux lueurs d'un prisme humaniste pas trop caricatural : dans sa biographie à la Salluste de Richard III (1513) Th. More met l'accent sur les temps forts propres à le discréditer; rejetant les mythiques origines troyennes du pays, l'urbinate Polydore Virgile combine habilement les interprétations providentielles des trois mythes dans son *Anglica Historia* découpée par règnes (1515, impr. 1534), mais il conserve encore une vue statique du Moyen Age et attribue des dates arbitraires aux naissances du Parlement et des cours de common law considérés comme immuables. Toutefois le mythe Tudor fut amplifié dans des intentions didactiques par Hall évoquant *L'union des deux nobles et illustres familles de Lancastre et de York* (1548) et Holinshed remontant aux temps légendaires dans ses *Chroniques d'Angleterre, Ecosse et Irlande* (1577), sources des drames historiques et de plusieurs tragédies de Shakespeare, tout comme *Le miroir des magistrats* (v. 1550), recueil de biographies moralisées dont les auteurs proches de la cour font monologuer les spectres des hommes d'Etat, de Richard II à Henry VIII.

Plus critique que Holinshed et sensible à l'évolution des institutions, Stow ne trouva pas d'éditeur pour son *Histoire d'Angleterre* et se tourna vers la topographie (*Survey of London*, 1598). Malgré les risques inhérents aux sujets trop contemporains ou trop brûlants (en 1599 une étude détaillée de la déposition de Richard II valut à John Hayward deux ans de séjour à la Tour), W. Camden, bien vu de Burghley pour son étude topographique des antiquités britanniques (*Britannic*, 1586), fixa jusqu'à nos jours l'idée d'un âge d'Or élizabéthain dans ses *Annales Rerum Anglicarum et Hibernicorum Regnante Elizabethae* (1615, trad. angl. 1625), légèrement retouchées sur Marie Stuart avant publication à la demande de Jacques Ier. En même temps le poète Samuel Daniel écrivait la première histoire du pouvoir royal, de la conquête normande à la mort d'Edouard III (1617). La biographie d'Henry VII par le chancelier Bacon (1622) fut peu critiquée avant 1892 malgré les ignorances de l'auteur sur le Moyen Age. Pourtant les règnes d'Elizabeth et de Jacques Ier ont vu les premières études sur les Anglo-Saxons, puis sur la Bretagne romaine et même préromaine, surtout à travers Tacite et César, mais aussi grâce aux recherches sur le terrain d'Inigo Jones à Stonehenge.

La guerre des Deux-Roses, la Réforme et les règnes successifs d'un enfant et de deux femmes avaient conduit les historiens tudors à exalter l'autorité monarchique. Par contre Walter Raleigh (1552-1618), qui durant sa captivité à la Tour en attente de son exécution rédigea une *Histoire du Monde* (1614) menée jusqu'en 130 av. J.-C., la parsema de pointes contre le droit divin des rois, de vives attaques contre la cruauté d'Henri VIII, voire d'allusions perfides à Jacques Ier et Marie Stuart à travers l'efféminé Ninus et la nymphomane Sémiramis. Pour résister aux tendances absolutistes des Stuarts, les défenseurs du Parlement élaborèrent de façon diffuse l'image théorique d'une « Ancienne Constitution » fondée sur la représentativité du witenagemot anglo-saxon, prétendu ancêtre élu des Communes, et sur un « joug normand » qu'aurait brisé la Grande Charte haussée au niveau d'un mythe. Eclipsée après la Restauration pour avoir été reprise, voire dépassée par les Niveleurs, la théorie de l'Ancienne Constitution fut réaffirmée par W. Petyt (1636-1707) dans *The Ancient Right of the Commons of England Asserted* (1680), première interprétation whig systématique de l'histoire médiévale et par là critiquée par le tory Robert Brady (m. 1700) qui insiste sur la rupture opérée par la conquête normande et sur le caractère féodal de la Grande Charte (*A Complete History of England*, 1685).

Lors des controverses quasi contemporaines sur la « Grande Rébellion » (cf. art. Révolution anglaise) James Howell (1594-1666), qui y vit surtout une lutte armée pour le pouvoir, fut le seul à la comparer aux révoltes continentales du milieu du XVIIe siècle (*Twelve treaties of the Later Revolution*, 1661). Freinée par la censure de 1662 à 1679 et de 1685 à 1694, l'étude de l'histoire récente fut au cœur du débat politique jusqu'à l'apparition de l'*Histoire de la rébellion et des guerres civiles en Angleterre* (1702) de Lord Clarendon (1609-1674), mélange d'autobiographie et de souvenirs personnels d'un royaliste en exil de 1646 à 1660 et après la chute du pouvoir en 1667, que sa lucidité envers les faiblesses du roi Charles Ier opposées aux qualités de l'homme a gardé d'écrire un ouvrage de pure propagande tory. Si les *Mémoires posthumes* (*History of his own Times*, 1724, 1734) de l'évêque de Salisbury Gilbert Burnet (1643-1715) ont été vivement contestés par les survivants, son *Histoire de la Réforme en Angleterre* (1679, 1681, 1714), machine de guerre contre le « romanisme » catholicisant de Charles II, n'en est pas moins le premier ouvrage anglais s'appuyant sur des documents d'archives publiques et privées pour dépasser les explications d'ordre purement religieux ou personnel et éclairer la genèse des nouvelles idées à l'origine des événements.

La polémique partisane entre whigs et tories domine encore dans la première moitié du XVIIIe siècle malgré quelques chassés-croisés paradoxaux au temps de Bolingbroke et de Walpole (cf. art. Révolution anglaise).

Par contre, déjà connu par ses œuvres philosophiques et converti par la lecture de *L'Esprit des lois* suivie d'échanges de correspondance avec Montesquieu à l'idée d'une histoire fille du climat, de l'économie, des institutions et de la religion à peine modifiables par l'intervention des individus, l'Ecossais David Hume (1711-1776) dénonce le mythe de l'Ancienne Constitution dans son *Histoire de Grande-Bretagne* (1754) consacrée aux deux premiers Stuarts qu'il défend de l'accusation whig de complot permanent contre la Constitution, voyant les agresseurs du côté de leurs Parlements, notamment des puritains, « odieux bigots » pour ce sceptique. Le second tome (1756) attaque encore l'intolérance des dirigeants de l'Interrègne, mais Hume considère Charles II et surtout Jacques II comme les responsables de la Révolution de 1688, même s'il accuse le parti whig de calomnies de propagande contraires à la liberté de pensée. *L'Angleterre sous les Tudors* (1759) découvre la racine de l'absolutisme stuart dans l'autoritarisme cruel et arbitraire de Henry VIII, renforcé par Elizabeth dont Hume démolit l'image légendaire conservée par les whigs en la comparant au tsar Pierre le Grand. Sans sympathie pour le Moyen Age, il marque bien la coupure de 1066 dans son dernier volume menant de César à Bosworth et voit dans la Grande Charte la substitution d'un despotisme des barons à celui du roi (1761). « Trop vieux, trop gros, trop paresseux et trop riche » selon lui pour continuer au-delà de 1688 malgré les vœux de Georges III, Hume travaillait surtout sur des sources imprimées, mais recourait parfois aux archives françaises grâce à quelque correspondant, sans pourtant citer beaucoup de documents originaux pour ne pas alourdir une histoire d'esprit philosophique délestée volontairement des faits jugés secondaires et tôt traduite en France et admirée par Voltaire.

Malgré les vives critiques de Catherine Macaulay (1731-1791) dont l'*Histoire d'Angleterre de l'avènement de Jacques I*er *à la mort d'Anne* (8 vol. 1763-1783) prend la défense des puritains et des whigs avec véhémence, mais ne survécut pas à cette militante républicaine, l'œuvre de Hume, 15 fois réimprimée avant 1832, devint à la fois un manuel universitaire et un ouvrage populaire abrégé « à l'usage des familles » en 1816. Influencé comme Hume par Montesquieu, son compatriote W. Robertson (1721-1793) analyse la féodalité écossaise dans son *Histoire d'Ecosse durant les règnes de Marie Stuart et de Jacques I*er (1759), présente « l'âge sombre » du Saint-Empire en préambule de *L'Empereur Charles-Quint* (1769) et conduit l'*Histoire de l'Amérique* (1777) jusqu'à la révolte des colonies anglaises. Au moment où les chaires d'histoire moderne fondées par George Ier à Oxford et Cambridge tournent en sinécures somnolentes, le même souci d'ouverture sociale se retrouve chez le chimiste et théologien Joseph Priestley (1733-1804) dont les *Lectures sur l'Histoire* (1788) offrent aux étudiants non conformistes exclus des universités anglicanes ses vues sur de nouvelles sources, numismatique, héraldique et toponymie, et sur les sciences auxiliaires, philologie, géographie, économie, statistiques, psychologie (« connaissance de la nature humaine ») avant de prendre comme sujets d'études de l'histoire du monde « biographie, politique, manufactures et commerce, formes et problèmes de gouvernement et de droit, agriculture, arts, colonies et colonisation, monnaie, luxe et coutumes, religion, population, guerre et finances nationales ».

Seul Edward Gibbon (1737-1794) jouit alors d'une notoriété européenne pour son *Déclin et chute de l'Empire romain* (6 vol., 1776-1788) menant du IIe siècle de l'ère chrétienne à la chute de Constantinople dans une synthèse expliquant les évolutions politiques par des causes morales pour montrer l'essor d'une civilisation nouvelle substituant à l'humanité douce d'un monde païen décadent, idéalisé par ce sceptique à l'ironie voltairienne, une chrétienté dont la rude spiritualité lui semble fanatisme barbare ruinant les intelligences et l'ordre social. Son ami W. Mitford (1744-1827) n'eut qu'un succès temporaire avec son *Histoire de Grèce* (1784-1810) comblant une lacune tout en accusant la démocratie d'inefficacité irresponsable en écho critique de la Révolution française. Tandis que James Macpherson (1736-1796) monnayait sa douteuse réputation ossianesque dans une *Introduction à l'histoire ancienne de Grande-Bretagne et d'Irlande* (1771) affirmant la supériorité des Celtes et rencontrait une incrédulité marquée devant la publication de textes pourtant authentiques accompagnant sa médiocre *Histoire de Grande-Bretagne de 1660 à 1714* d'autres publications d'archives de toutes sortes préparaient celles de nouvelles synthèses comme l'*Histoire constitutionnelle d'Angleterre de l'avènement de Henry VII à la mort de Georges III* (1827) du juriste whig H. Hallam (1777-1859) qui tente de dépassionner le débat.

Grâce à un public converti à l'histoire par les romans de Walter Scott qu'il considéra toujours comme son maître, Th. B. Macaulay (1800-1859), M. P. de 1830 à 1834 et de 1838 à 1841, entre-temps au Conseil suprême de l'Inde sans s'intéresser en profondeur à ce pays, remporta un premier succès en versifiant des épisodes de l'histoire romaine (1842) et devint le premier auteur millionnaire avec son *Histoire d'Angleterre depuis 1688* (4 vol., 1848-1861), interrompue à la paix de Rijswick par sa mort, mais toujours réimprimée depuis et qui lui valut la pairie en 1857. Doué d'une mémoire prodigieuse et d'un sens dramatique shakespearien servant bien ses récits de sièges et de batailles en des lieux qu'il tenait à avoir vus, plus à l'aise dans ses portraits caustiques de politiciens subalternes que dans ses visions superficielles assez sentimentales de la vie des humbles, Macaulay réaffirme aussi les thèses whigs dans ses comptes rendus critiques aussi louangeurs envers Hampden ou Cromwell que contempteurs de Charles II, de Stafford ou d'Henry VIII, voire d'Elizabeth. Choqué par les « Trois Glorieuses » de 1830 dont il avait été témoin en France, il se refusait à qualifier de « Glorieuse Révolution » celle de 1688, mais attribuait à Guillaume III la gloire d'avoir su en tirer des réformes comme celles qu'il attendait des libéraux au gouvernement sous une jeune reine populaire, avec une opposition conservatrice convertie aux réformes malgré ses réticences pour éviter à l'Angleterre la menace de doctrines sociales « barbares », déferlant sur le continent en 1848.

Destinée à corriger les préjugés antiromains de Hume et des whigs, l'*Histoire d'Angleterre* (8 vol., 1819-1830) du prêtre catholique polyglotte John Lingard (1771-1851) repose sur un choix arbitraire de matériaux manuscrits, transcrits aux Archives du Vatican par son ami Gradwell ou appris par cœur par son correspondant à Simancas faute d'autorisation de copie ! L'Angleterre comblait alors son retard sur le continent en matière d'archives. Dispersés sans classement efficace en 56 points de Londres, les papiers d'Etat furent réunis en 1838 au Public Record Office, alimenté systématiquement par chaque département ministériel de ses papiers hors d'usage après 1852 et doté d'un bâtiment *ad hoc* en 1856, ce qui permit d'entamer la publication des papiers d'Etat classés chronologiquement règne par règne dans des séries « domestiques » (1856...), étrangères (1861...) et coloniales (1860...). En 1869 Victoria fit rechercher les papiers d'Etat détenus par la noblesse et la gentry, les municipalités, les collèges universitaires et les écoles de Droit, afin d'en faire établir des catalogues et des résumés. Parallèlement Anthony Panizzi (1797-1879) réorganisa complètement les collections d'imprimés et de manuscrits du British Museum, en fit dresser un catalogue alphabétique (1850...), obtint des dons massifs et d'importants crédits et fit bâtir la grande salle de lecture aux tables de chêne ouverte en 1857. Pourtant les grands historiens victoriens du milieu du siècle demeurèrent surtout des amateurs fortunés.

Fils d'un petit fermier écossais, Th. Carlyle (1795-1881), détaché du calvinisme par la lecture de Gibbon, se fit connaître par sa traduction du *Wilhelm Meister* de Goethe (1824) et par son autobiographie romancée coupant de facéties satiriques ses exaltations mystiques (*Sartor Resortus*, 1833) avant de célébrer la violence de la Terreur et « l'apothéose du sans-culottisme » avec une frénésie fascinée culminant dans le récit du meurtre de la princesse de Lamballe qu'il aurait rêvé défendre « le marteau de Thor à la main », glorifiant ainsi l'élan irrésistible de *La Révolution française* (1837) sans guère en expliquer le sens. Ses conférences sur *Les héros et le culte des héros* (1840) accordent un rôle décisif dans l'évolution de l'Humanité à des hommes comme Mahomet, Dante, Luther, Shakespeare, Burns ou Bonaparte. Opposant une vision idéalisée d'un Moyen Age respectant la loi naturelle au scandale d'un capitalisme industriel ôtant toute dignité au travail humain (*Passé et présent*, 1843), il donna à Cromwell la stature épique d'un héros prophétique insufflant aux puritains une force révolutionnaire invincible, bien au-delà des réductions de Cromwell en régicide par les tories ou en dictateur militaire par Catherine Macaulay, et fut un des premiers historiens intéressés par les Niveleurs dans son édition des *Lettres et discours de Cromwell* (1845). Son *Grand Frédéric* (1851-1865) est une apologie de la monarchie absolue.

Fils d'un riche armateur, H. Th. Buckle (1821-1862) connut une éphémère célébrité pour les deux premiers volumes d'une *Histoire de la civilisation* (1857-1861) prévue pour une quinzaine.

Considérant l'histoire comme un psychodrame aux implications morales, James A. Froude (1818-1894), grand travailleur sur archives en bon disciple de Ranke, commença son *Histoire d'Angleterre de la chute du cardinal Wolsey à la défaite de l'Armada espagnole* (12 vol., 1856-1870) pour assurer son indépendance financière et affirmer la nécessité sociale de l'Eglise d'Angleterre face au rationalisme du xviiie siècle et au Mouvement d'Oxford pro-catholique. Pas toujours sûr dans le détail et très « antipapiste » (cf. « Les bigots sadiques et couards » autour de Marie Tudor), Froude élargit ce premier classique de l'histoire tudor à l'Ecosse et à l'Irlande et fut un pionnier de l'histoire maritime en célébrant la saga navale élizabéthaine. Après une vingtaine d'années de conférences et de missions politiques officieuses, de nouveaux travaux sur *Le divorce de Catherine d'Aragon* (1891) et sur la *Défaite de l'Armada* (1892) lui valurent à 74 ans la chaire royale d'histoire moderne à Oxford.

Lord Acton (Naples 1834 - Tegernsee 1902), élève à Munich du théologien Döllinger, premier catholique élevé à la pairie depuis 1688 (1869) grâce à Gladstone, mais vivement opposé à Pie IX sur l'Infaillibilité pontificale, laissa toujours à l'état de projet à peine planifié la grande *Histoire de la liberté* qu'aurait nourrie sa gigantesque bibliothèque soigneusement annotée (rachetée en 1889 par Carnegie qui la lui laissa). Mais ce riche amateur aux comptes rendus critiques souvent caustiques joua un rôle essentiel dans la fondation de l'*English Historical Review* (1886) avec le futur évêque anglican de Londres Mandell Creighton (1843-1902), auteur d'une *Histoire de la papauté du grand schisme au sac de Rome* (5 vol., 1882-1894) irritant Acton pour son indulgence envers les papes de la Renaissance, avant une réconciliation pour la mise en route de la *Cambridge Modern History*, vaste synthèse universitaire collective dont Acton dressa les plans après sa nomination à Cambridge (1895) malgré la minceur de son œuvre publiée.

Les chaires royales d'histoire avaient longtemps été attribuées surtout pour les amitiés politiques de leurs titulaires, voire pour leur prestige mondain (Nares, gendre d'un duc de Marlborough, à Oxford en 1813), malgré les efforts de Georges III ou du Prince Albert pour mettre fin à la situation de parent pauvre encore faite à l'histoire dans les examens des deux universités. Mais un Ch. Kingsley (1819-1875), clergyman et romancier socialisant assez modérément pour être aumônier de la reine, passait encore à Cambridge de l'histoire des Etats-Unis en 1862-1863 aux invasions germaniques en 1863-1864 et de la conquête normande en 1864-1866 au Congrès de Vienne en 1866-1867.

W. Stubbs (1825-1901) fut le premier historien professionnel au sens actuel. Orphelin à 18 ans, ordonné à 25 et professeur de collège, nommé par Derby et Disraeli à la chaire royale d'Oxford en 1866, il s'intégra au renouveau des études médiévales amorcé par le fils d'un homme d'affaires juif, Francis Palgrave (1788-1861, *Les Normands en Angleterre*,

1851), et celui d'un acteur célèbre, J. Kemble (1807-1857, *Les Saxons en Angleterre*, 1849). Il contribua à la publication des archives médiévales, calquée sur celle des *Monumenta Germaniae Historicae*, avant sa brillante synthèse sur l'*Histoire constitutionnelle de l'Angleterre médiévale* (3 vol., 1874-1878) reprenant la théorie de l'Ancienne Constitution en minimisant les influences romaines et franques et en considérant la Grande Charte comme l'expression d'un vaste mouvement national où les barons recevaient l'appui d'une Eglise déjà détachée du modèle romain. Mais sa nomination épiscopale à Chester (1884), et même à Oxford (1888) mit fin à sa carrière universitaire. Son successeur Ed. Freeman (1823-1892) donna à l'*Histoire de la conquête normande* (6 vol., 1865-1879) l'allure d'une tragédie durant laquelle la brillante civilisation nordique était éteinte par de vicieux Francs sans scrupules. Ce saxonomane antisémite et zoolâtre fut pourtant le fidèle ami de J. R. Green (1837-1883) dont la *Brève histoire du peuple anglais* (1874), donnant autant de place au social qu'au politique et incluant l'art et la littérature, fut bien mieux reçue par le grand public que par les intellectuels. Gladstone avait introduit le même professionnalisme à Cambridge en 1869 au profit de J. Seeley (1834-1895), adepte d'une histoire surtout politique, qui plaida pour l'intégration des dominions blancs dans une « Plus-Grande-Bretagne » (*The Expansion of England*, 1883, réimprimée jusqu'en 1956, l'année de Suez) et amorça activement la réorganisation des études historiques universitaires continuée par J. B. Bury à Cambridge et T. F. Tout à Oxford aux environs de 1900.

La professionnalisation de l'histoire avait bénéficié de la création de nouvelles universités à Londres (1836) et à Durham (1837) et de collèges universitaires (Manchester, 1851, Birmingham, 1870, Sheffield, 1880, etc.) devenant plus ou moins vite universités indépendantes ou regroupés comme ceux d'Aberystwyth (1872), de Cardiff (1884) et de Bangor (1885) en Université du pays de Galles (1895), ayant toutes en 1906 un département d'histoire pourvu parfois de chercheurs de réputation internationale comme Clapham, l'historien pionnier de l'économie, à Leeds de 1902 à 1908. Cette expansion universitaire créa une demande de manuels de haut niveau, manuels généraux d'abord avec la *Cambridge Modern History*, récemment complètement refondue, puis la *Cambridge Medieval History* (1911-1936) et la *Cambridge Ancient History* (1921-1950), manuels d'histoire d'Angleterre avec l'*Histoire politique d'Angleterre* en 12 volumes chez Longmans (1905-1913), dont celui de Pollard sur les derniers Tudors, et l'*Histoire d'Angleterre* en 8 volumes chez Methuen (1904-1910), amorcée par *L'Angleterre sous les Stuarts* de Trevelyan, suivies par l'*Oxford History of England* (14 vol., 1934-1961), reprise depuis 1982 de fond en comble, et les séries récentes chez Longmans (10 vol., 1959...), Nelson (8 vol., 1961... dont *Un siècle de Révolution* par Chr. Hill), Armold (*Une nouvelle histoire d'Angleterre*, 10 vol., 1977...), Longmans encore (*Fondements de la Grande-Bretagne moderne depuis 1370*, 5 vol., 1983... remplaçant la traditionnelle périodisation par dynasties par des coupures en 1529, 1660, 1783 et 1870). Les mêmes nécessités ont fait naître des revues spécialisées après les *Transactions of the Royal Historical Society* (*TRHS*, 1868...) passées de l'amateurisme distingué au professionnalisme entre 1900 et 1925, l'*English Historical Review* (*EHR*, 1886...), le *Bulletin de l'Institut de Recherches historiques* de l'Université de Londres (*BIHR*) et le *Cambridge Historical Journal* (*CHJ*) dans les années 1920, ainsi qu'un monumental

Dictionnaire de Biographie nationale en 63 volumes (*DNB*, 1885-1900, + suppl. et abrégé en 1 vol.).

L'actuelle spécialisation rendrait vaine une étude exhaustive des historiens contemporains qui tournerait vite à l'énumération. Mieux vaut se limiter à l'époque moderne moins étrangère à l'auteur de ces lignes et plus riche semble-t-il par le renouvellement de sa problématique.

Dominant l'historiographie tudor au début du siècle, A. F. Pollard (m. 1948) voit surtout dans la Réforme un phénomène politique et social caractérisé par l'essor d'un nationalisme soutenu par les « classes moyennes »; J. E. Neale (1890-1975), biographe louangeur d'Elizabeth, a étudié l'organisation et le fonctionnement de ses Parlements dans une perspective whig négligeant un peu trop le poids des lords; G. R. Elton, fils de Victor Ehrenberg réfugié en 1939, donne à Th. Cromwell un rôle essentiel dans la rupture avec Rome, rôle que minimise J. J. Scarisbrick (*Henry VIII*, 1968), et attribue à Cromwell un programme de modernisation administrative assez contesté par Penry Williams pour qu'Elton en tienne compte comme d'autres critiques de ses anciens élèves (*Reform and Reformation 1509-1558*, 1977).

S. R. Gardiner (1829-1901) avait donné une interprétation néo-whig à sa minutieuse histoire événementielle du XVIIe siècle (16 vol. jusqu'à 1658, 1863-1901), mais sa méthode de travail année par année aboutit à des jugements contradictoires et l'hostilité aux puritains de ce descendant de Cromwell l'empêcha de distinguer parmi eux les réformistes des sectaires indépendantistes. Fidèle à l'idée de « révolution puritaine », son disciple Ch. H. Frith (m. 1936) a rénové l'histoire militaire (*L'armée de Cromwell*, 1902). Petit-neveu de Macaulay et à son propre dire « dernier historien whig au monde », G. M. Trevelyan a donné l'image romantique et patriotique d'une Angleterre rurale où triomphe peu à peu la tolérance religieuse avec la liberté politique dans de grandes synthèses sans documents nouveaux de *L'Angleterre sous les Stuarts* (1904) à l'*Histoire sociale de l'Angleterre* (1940), coupées par ses recherches d'archives pour *L'Angleterre sous la reine Anne* (3 vol., 1930-1934).

Bien que les premières recherches sur l'histoire économique engendrées par la Révolution industrielle aient abouti dès 1888 aux travaux de W. J. Ashley sur l'*Histoire de l'économie anglaise* et du futur lord Ernle sur l'*Agriculture anglaise*, la première chaire anglaise d'histoire économique ne fut créée qu'en 1910 à Manchester pour G. Unwin, suivie seulement en 1928 par Cambridge pour J. H. Clapham qui y enseignait depuis vingt ans en préparant son *Histoire économique de la (Grande-)Bretagne moderne* (1926) s'intéressant surtout à la croissance dans un esprit favorable au capitalisme. Par contre des essayistes travaillistes, assez peu marxistes d'ailleurs, avaient créé en 1895 l'Ecole londonienne d'Economie (LSE) nettement plus critique. Dans ce contexte, Richard Tawney fit sensation en dénonçant la gentry accaparant les terres par les enclosures (*Problèmes agraires du XVIe siècle*, 1912) avant de critiquer les thèses de Max Weber en arguant que le protestantisme s'était simplement adapté au capitalisme naissant sans le faire naître (*La religion et l'essor du capitalisme*, 1926) et de diriger la *Revue d'Histoire économique (Ec.HR)* de l'Economic History Society (1926...), où son article sur « L'Essor de la Gentry » (1941) déclencha une longue controverse et relança l'étude en profondeur de la Révolution d'Angleterre dominée par Chr. Hill, Trevor-Roper et L. Stone et par les débats autour de la revue *Past & Present (P&P)* passée d'un marxisme économiste initial à une problématique beaucoup plus proche de celle des *Annales ESC* (cf. art. Révolution d'Angleterre).

Longtemps décrié pour la corruption générale qu'on attribuait à son personnel politique depuis Walpole, le XVIIIe siècle fut assez négligé par les historiens les plus novateurs. D'une famille de riches marchands juifs de Niemirow (Galicie) convertis au catholicisme, Ludwick Bernatstyn devenu le très Britannique L. B. Namier (1888-1960) mina la notion même de « parti whig » par son étude prosoprographique de *La structure politique à l'avènement de Georges III* (1929), suivie de *L'Angleterre à l'époque de la Révolution américaine* (1930). Il s'absorba ensuite dans la lutte contre le nazisme et la cause sioniste jusqu'aux années 1950 qui virent paraître les premiers travaux de ses disciples. Malgré les critiques de Herbert Butterfield reprochant à la « namiérisation » de l'histoire son désintérêt pour l'histoire narrative, la méthode de Namier fut reprise pour d'autres périodes comme l'époque de la reine Anne par Geoffrey Holmes (1967).

Par contre l'influence du marxisme fut tardive en Angleterre et passa vite de sa forme abrupte (Morton, *Histoire du peuple anglais*) à une forme de plus en plus subtile s'orientant vers la valorisation des superstructures par Chr. Hill et ses disciples (cf. art. Révolution d'Angleterre). Si le nombre croissant des chercheurs a multiplié les études régionales propres à nuancer des conclusions hâtives, la monumentale *Histoire* d'Arnold Toynbee (m. 1975) présentant en 10 volumes (1934-1954) toutes les civilisations comme autant de réponses à des défis naturels ou autres a certes provoqué les critiques parfois acerbes de nombreux spécialistes, mais elle a d'autre part suscité un élargissement du champ de recherches des historiens anglais jusqu'aux continents lointains comme en témoignent par exemple les collections des Presses Universitaires de Cambridge consacrées à l'Amérique latine, à l'Afrique noire, au monde islamique ou à l'Extrême-Orient, à côté des travaux de Stenton sur l'Angleterre anglo-saxonne, de Dom Knowles sur le monarchisme anglais ou de Hobsbawn sur l'économie industrielle au XIXe siècle et de ceux de R. Bonner sur les finances françaises au XVIIe siècle, de Georges Rudé sur la Révolution ou de Théodore Zeldin sur la société française depuis un siècle pour s'en tenir à quelques exemples arbitraires.

● BIBLIOGRAPHIE. — Denys HAY, *Annalists & Historians, Western Historiography from the VIIIth to the XVIIIth Century*, Londres, Methuen, 1977, 215 p.; John KENYON, *The History Men*, Londres, Weidenfeld & Nicolson, 1983, 322 p.; J. W. BURROW, *A Liberal Descent, Victorian Historians and the English Past*, Cambridge University Press, 1981, 308 p.

▶ CORRÉLATS. — Economie (Histoire économique), Gibbon, Marxisme (et histoire), Révolution d'Angleterre, Théorie de l'histoire.

G. BOQUET.

Annales (Ecole des)

Désigne à la fois : 1) Une revue fondée en 1929 par deux historiens, Marc Bloch et Lucien Febvre — professeurs à l'Université de Strasbourg — pour promouvoir l'histoire économique et sociale et favoriser les contacts interdisciplinaires au sein des sciences sociales. 2) Le réseau de collaborateurs et de sympathisants qui s'est formé autour de la revue puis transformé, après la guerre, en institution universitaire quand Lucien Febvre créa avec Ernest Labrousse et Charles Morazé la VIe Section de l'EPHE. 3) La conception de la science historique, de ses exigences méthodologiques, de son objet, de ses rapports avec les autres sciences de l'homme que Bloch, Febvre et leurs disciples ont développée dans la revue — ce qu'ils appellent « l'esprit des Annales » — et illustrée dans leurs œuvres.

Ces trois niveaux du même phénomène intellectuel ne se sont jamais complètement superposés. Certains historiens qui se réclament du courant des Annales et ont largement contribué à son rayonnement comme Ernest Labrousse ont très peu écrit dans la revue elle-même. Il est cependant difficile de les évoquer séparément. Dans leur évolution, ces trois dimensions de l'Ecole des Annales se recoupent sans cesse par une évolution dans laquelle on distingue nettement deux périodes :

— la période « fondatrice » de 1929 à la fin de la guerre;
— la période « institutionnelle » après la création de la VIe Section de l'EPHE.

1) Pendant la première période, l'Ecole des Annales repose essentiellement sur la revue (les *Annales d'Histoire économique et sociale*) et sur le milieu universitaire strasbourgeois — particulièrement brillant et interdisciplinaire à cette époque — qui lui a procuré ses premiers collaborateurs et ses premiers adeptes. La revue tranche sur les autres revues d'Histoire par l'intérêt qu'elle porte aux sciences sociales et aux problèmes du présent. Elle rappelle beaucoup en revanche *L'Année sociologique* — dont elle revendique l'héritage intellectuel — par la grande place qu'elle accorde aux comptes rendus d'ouvrages. Les recensions offrent aux deux directeurs qui en rédigent eux-mêmes une bonne partie une tribune permanente pour juger — parfois férocement — ce qui paraît et pour exposer leurs propres conceptions. Une revue qui s'efforce d'échapper à la routine universitaire aussi bien par son style peu académique que par son réseau de collaborateurs (on y trouve des fonctionnaires internationaux, des professionnels du milieu bancaire) même si Marc Bloch et Lucien Febvre poursuivent chacun une carrière brillante et classique. En France, la revue que son non-conformisme maintient à l'écart des lieux de pouvoir universitaire, doit se contenter d'un rayonnement modeste. Mais elle bénéficie déjà d'une audience internationale importante.

2) La création de la VIe Section de l'EPHE après la guerre et sa croissance rapide dans les années 60 sous l'impulsion de Fernand Braudel donnent à l'Ecole des Annales et à son projet interdisciplinaire un enracinement institutionnel. Contrecoup de cette institutionnalisation, la revue qui s'intitule désormais *Annales. Economies, Sociétés, Civilisation* (désignant un champ plus vaste que le seul espace économico-social) est devenue par sa présentation, son contenu et son style plus historique et plus universitaire. C'est aussi la rançon du succès : l'esprit des Annales a conquis la nouvelle génération d'historiens formés aux lendemains de la guerre dans un climat intellectuel très réceptif au marxisme. Si certains bastions conservateurs ou positivistes — l'Ecole des Chartes, les « contemporainistes » — de la Sorbonne, etc., lui restent hostiles, il représente désormais une deuxième vulgate de l'histoire universitaire. Dans les années 70,

l'audience accrue de la revue et des œuvres qui s'en réclament (celles de M. Bloch, Lucien Febvre, E. Labrousse mais aussi de Fernand Braudel, Georges Duby, Emmanuel Le Roy Ladurie, Pierre Goubert, etc.) à l'étranger et singulièrement outre-Atlantique, rejaillit sur le milieu universitaire français et gagne même le « grand public ». Cette position dominante, relayée par les médias, provoque l'irritation des traditionalistes, mais aussi de certains marxistes et suscite quelques tentatives de réfutation théorique.

Il peut paraître paradoxal de recourir, pour rendre compte d'une école historique qui a toujours privilégié l'attention aux structures, aux phénomènes de longue durée, à une analyse quasi événementielle. Cette démarche est pourtant nécessaire. Le succès actuel d'un courant baptisé à tort « Nouvelle histoire » donne à l'aventure des Annales une dimension légendaire qui déforme jusqu'aux souvenirs de ceux qui ont accompagné les premières années de la revue. Ce légendaire a fini par accréditer l'idée qu'un renouvellement des méthodes et de l'objet même de la science historique par l'attention aux structures et aux phénomènes collectifs ainsi que l'ouverture aux autres sciences sociales, étaient désirés et attendus dans les années 30 et devaient nécessairement s'imposer à la communauté scientifique. En réalité, la conversion à l'étude des groupes et des formes d'organisation économique et sociale n'était pas une innovation mais un retour à la grande tradition historique du XIXe siècle, celle de Guizot, Augustin Thierry, Quinet, Michelet auprès de qui Marx, de son propre aveu, avait appris le concept de lutte de classes. Ce retour était si peu attendu, au moment où M. Bloch et Lucien Febvre fondent les Annales, qu'il a mis plus de vingt ans à s'imposer.

Plus que des arguments invoqués par Bloch et Febvre en faveur de leur programme, c'est le prestige tout nouveau du marxisme dans la France de la Libération qui a attiré une génération de jeunes historiens, souvent communistes, vers une conception de l'histoire en apparence compatible avec leur engagement théorique. En apparence seulement : les Annales ont toujours entretenu des rapports ambigus avec le marxisme. Pendant les premières années, la revue de Bloch et Febvre est considérée par une partie du monde universitaire comme une revue marxiste parce qu'elle met l'accent sur l'étude des structures économiques et sociales. Certains historiens résolument marxistes comme Pierre Vilar n'ont jamais mis en question leur appartenance à l'Ecole des Annales.

Marc Bloch connaît l'œuvre de Marx; Lucien Febvre la connaît mal comme la plupart des intellectuels de son temps. Tous deux l'admirent mais ils dénoncent parfois férocement dans leurs recensions les historiens qui en font un usage simpliste ou dogmatique : l'idée d'un découpage préétabli et uniforme de la réalité en trois niveaux, l'infrastructure économique, les contradictions sociales, les structures mentales (c'est le « plan à tiroir » que condamne L. Febvre), leur paraît incompatible avec l'esprit historique. Ernest Labrousse, disciple de François Simiand, venu aux Annales par droit de filiation, ne partage pas cette allergie à l'égard du schéma marxiste. Or la plupart des jeunes historiens qui rallient l'Ecole des Annales dans les années 50 sont ses élèves.

Le succès des Annales ne s'explique pas comme on l'a souvent affirmé par l'irrésistible ascension de l'histoire économique et sociale ou de l'histoire des mentalités. Il s'est fait dans l'ambiguïté. A ceux qui venaient chercher une doctrine ou même une théorie de l'histoire, le programme des Annales proposait une méthode ou plutôt une valorisation des méthodes et un questionnaire. Il y a pourtant entre l'œuvre de Bloch et Febvre et celle de leurs successeurs assez de points communs et une assez forte continuité d'inspiration pour qu'on ne puisse mettre en doute la réalité, la substance du courant intellectuel dont ils se réclament. Cette continuité est mise en doute aujourd'hui : la revue et les historiens qui s'en réclament auraient changé de « ligne » et donc de contenu, selon certains dès les années 60 sous l'influence de Fernand Braudel, selon d'autres dans les années 70 sous l'influence de Jacques Le Goff et Emmanuel Le Roy Ladurie. Les Annales auraient délaissé la démarche de Marc Bloch et Lucien Febvre attentive à la dialectique de l'économique et du social pour de l'économique pur exaltant les méthodes quantitatives, puis pour des thèmes anthropologiques et des analyses de type structuraliste. Un glissement intellectuel derrière lequel d'aucuns soupçonnent une dérive idéologique vers des positions qui évacuent l'idée de conflit, de changement et s'éloignent de plus en plus nettement du marxisme. Les rapports des Annales et du marxisme sont moins simples — nous venons de le voir — que ne semblent le croire les dénonciateurs de la dérive idéologique, mais il est incontestable que le contenu de la revue et des thèmes qui polarisent les recherches de l'École des Annales ont changé au cours de leur presque soixante ans d'existence. C'est un signe de vitalité, de sensibilité à la conjoncture intellectuelle et donc de fidélité aux fondateurs des Annales qui invitaient les historiens à se tenir à l'écoute des sciences sociales.

Jusqu'aux années 50, privilégiant le dialogue avec la géographie, c'est la notion de milieu, de constitution d'un espace humain qui inspire aussi bien les premières enquêtes (comme celle sur les parcellaires) dans le sillage de *La Franche-Comté* de Lucien Febvre, lointain prototype des thèses régionales et des *Caractères originaux* de Marc Bloch que les grands livres à tendance géographique (*La Méditerranée* de F. Braudel, *La Catalogne* de Pierre Vilar, etc.).

Pendant les deux premières décennies de l'après-guerre, l'économie et l'analyse quantitative prennent le pas sur la géographie fixant enquêtes et débats sur les problèmes de croissance et de développement. Depuis le début des années 70 enfin, on note un intérêt de plus en plus marqué pour l'étude des pratiques et des systèmes culturels qui va de pair avec une ouverture particulière à l'anthropologie et à la sociologie. Effet de mode ? certainement, si l'on entend par là un cheminement obligatoire de la réflexion dicté par les problèmes et la logique de l'époque. Les thèmes qui prennent place au centre du débat n'excluent pas d'autres directions de recherche, mais ils jouent le rôle d'instance de totalisation. Le champ qu'ils désignent devient ce qui permet de rendre compte du changement dans sa globalité. Leur promotion correspond aussi à l'influence d'une discipline provisoirement dominante au sein des sciences sociales. C'est le cas de la géographie dans les années 30, de l'économie marxiste ou quantitative dans le climat de reconstruction de l'après-guerre, de l'anthropologie structurale enfin à partir des années 60.

Mais on peut aisément reconnaître dans ces disciplines qui ont tour à tour éclairé le cheminement des Annales les différents courants intellectuels dont Marc Bloch et Lucien Febvre revendiquent l'héritage au moment où ils créent leur revue : l'école géographique de Vidal de la

Blache, J. Sion et A. Demangeon, l'économie statistique de François Simiand, la sociologie durkheimienne et la psychologie historique préconisée par Henri Berr. Les deux derniers courants ont fécondé, y compris dans ses contradictions, l'histoire des mentalités dont Marc Bloch et Lucien Febvre ont jeté les bases et qui s'épanouit aujourd'hui sous le nom d'anthropologie historique. Tout se passe comme si le parcours des Annales répondait non à un programme préétabli mais à un ensemble d'affinités intellectuelles dont l'assemblage formait paradigme.

En quoi consiste le nouveau paradigme qui s'est imposé à la recherche historique ? Certes, l'attention prioritaire accordée aux groupes — et non plus aux individus —, aux structures socio-économiques et plus généralement aux phénomènes à évolution lente — et non plus aux événements — ce choix proclamé dès les premiers numéros de la revue constitue l'arche d'alliance de l'Ecole des Annales. Il a l'avantage de réconcilier les historiens avec les exigences scientifiques mises en avant par les sciences sociales. François Simiand dans sa polémique avec Ch. Seignobos au début du siècle, à propos du statut scientifique de l'histoire, n'avait-il pas mis en avant, parmi les chimères à la poursuite desquelles se fourvoyaient les historiens, « l'idole individuelle et l'idole chronologique ». Marc Bloch et Lucien Febvre, fervents admirateurs de la sociologie durkheimienne, s'étaient nourris de cette polémique dans leur jeunesse. Toute l'habilité stratégique mais aussi théorique de leur *aggiornamento* de la démarche historique avait consisté à reprendre à leur compte ces objections faites aux historiens pour en extraire les objectifs d'un renouvellement de l'histoire.

Mais on peut se demander si le retour à la meilleure tradition de l'Ecole historique française ne reproduisait pas en sous-main ses tentations romantiques ; celle d'une histoire populiste (qui s'opposait à l'élitisme de l'histoire biographique et politique) mobilisée par les deux sens du mot « peuple » : les classes inférieures, les exclus de l'histoire, aujourd'hui les marginaux, les minorités ; le peuple au sens que lui donne Michelet, acteur principal et collectif de l'histoire. Tentation également d'une « résurrection du passé », par l'attention à l'existentiel (la vie quotidienne, affective, biologique, etc.) et par le pouvoir d'évocation d'une histoire totale. Ces concessions à la tradition littéraire de l'écriture historique et au fantasme d'une fonction magique du savoir sont présentes dans l'Ecole des Annales de Lucien Febvre à Emmanuel Le Roy Ladurie en passant par Fernand Braudel, Pierre Goubert. Elles agacent certains (cf. F. Furet dans l'introduction à *L'atelier de l'historien*) qui y voient une forme de démission devant les exigences intellectuelles, le devoir de comprendre et d'analyser du travail historique. Mais elles ont sans doute beaucoup contribué au ralliement récent du grand public à ce type d'histoire. En montrant ce qui relie structurellement et peut-être irréductiblement l'écriture historique à une activité littéraire, elles désignent une des limites de la révolution opérée par les Annales.

Une autre limite que l'on ne saurait ignorer concerne la réflexion sur le politique. Mis entre parenthèses par Bloch et Febvre (qui critique le « politique d'abord » de Ch. Seignobos), soucieux de réagir contre la tendance de l'histoire positiviste à surestimer le rôle des dirigeants et des institutions politiques, le champ du pouvoir est resté longtemps en friches dans les travaux des Annales. Lacune regrettable qui risquait de donner corps à une vision hypermatérialiste ou résignée de l'histoire, dans laquelle l'action des hommes, leur capacité à donner du sens aux conflits, au changement, seraient invariablement annulées par la force des choses. Mais une réappropriation du champ politique par l'historien supposait, pour ne pas tomber dans les métaphores naïves de l'histoire traditionnelle qui fait des dirigeants, une émanation quintessentielle de la tourbe, une réflexion préalable sur les mécanismes sociaux du pouvoir, les rapports entre l'Etat et la société, les gouvernants et les gouvernés. Elle se fait aujourd'hui par plusieurs voies :

1. Par l'attention à la politique comme forme de sociabilité et de culture (en particulier les travaux de M. Agulhon : *Pénitents et francs-maçons, La République au village*, etc.).
2. Par une approche anthropologique des institutions politiques (en particulier les travaux de Jean-Pierre Vernant, Pierre Vidal-Naquet et Pierre Levêque sur la formation de la démocratie grecque).
3. Par une réflexion sur le rôle de l'idéologie dans la constitution du champ politique, par exemple les travaux de Claude Lefort, François Furet (*Penser la révolution française*, etc.).
4. Par des recherches sur la formation de l'Etat et son autonomie relative par rapport à la société civile.

Il y a pourtant quelque chose d'irréversible dans la façon dont la pratique des historiens s'est convertie à « l'esprit des Annales », quelque chose qui mérite le nom de révolution. Plus que le renouvellement des thèmes et objets de recherche qu'il propose aux historiens, c'est le changement radical qu'il préconise dans la relation au passé qui définit le paradigme des Annales. Plus que la nouveauté des méthodes qu'il a diffusées, c'est l'importance qu'il accorde dans les tâches de l'historien aux problèmes de méthode. « Il n'y a d'histoire que du présent », aimait à répéter Lucien Febvre. Les Annales ont aidé les historiens à se libérer de la vision « belle au bois dormant » d'un passé voué à se reconstituer de lui-même, avec son ordonnance chronologique, à mesure que l'érudit l'exhume des archives. L'objet de la science historique n'est pas donné par les sources mais construit par l'historien à partir des sollicitations du présent. Passé et présent s'éclairent réciproquement à partir du moment où l'analyse historique établit entre eux une relation « générative » (quand l'historien reconstitue la genèse d'une configuration présente) ou « comparative » (quand l'effet de distance entre une forme d'organisation, un comportement d'une autre époque et leurs équivalents actuels permet de relativiser et de donner sens à la réalité sociale qui nous entoure).

Ce qui donne du prix au travail de l'historien ce n'est pas la qualité des sources qu'il a pu découvrir mais la qualité des questions qu'il leur pose. Ces questions ne procèdent ni d'une projection subjective vers le passé comme le pensait Croce ni d'une production idéologique comme semblent le croire certains althussériens, mais d'une élaboration scientifique étayée à la fois par la cohésion interne de l'analyse et par les procédures de validation de la tradition savante; entre le positivisme et l'Ecole des Annales, il n'y a pas de rupture méthodologique. En préconisant le « retour aux enquêtes », en attirant l'attention sur des sources inexploitées, cadastres, archives notariales, mercuriales, etc., Bloch et Febvre reconnaissaient que le document écrit ou non écrit demeure le « terrain » obligatoire de l'historien. Mais en insistant sur la nécessité de promouvoir de nouvelles méthodes de description ou d'analyse (la cartographie, la statistique, etc.), ils laissent entendre également que l'avenir de l'histoire, l'enrichissement de son savoir ne sont pas du côté des sources inexplorées qui dorment encore dans les fonds d'archives mais dans la capacité pratiquement infinie des historiens à les interroger.

● BIBLIOGRAPHIE. — A. BURGUIÈRE, Histoire d'une histoire; Naissance des annales, *Annales ESC*, n° 6, 1979; M. CEDRONIO, Annales attraverso le pagine delle annale, dans *Storiografia francese di ieri e di oggi*, M. Cedronio, F. Diaz, C. Russo (eds.), Naples, 1977; M. de CERTEAU, *L'Ecriture de l'Histoire*, Paris, 1975; W. KEYLOR, *Academy and community; the foundation of the french historical profession*, New York, 1975; J. REVEL, Histoire et Sciences sociales; le paradigme des annales, *Annales ESC*, n° 1979; *The Review*, n° 1, 1978; T. Stoianovich, *French historical Method. The annales paradigm*, Ithaca-Londres, 1976.

▶ CORRÉLATS. — Anthropologie historique, Bloch, Braudel, Durkheim, Economie (Histoire économique), Febvre, Labrousse, Mentalités.

A. BURGUIÈRE.

Anthropologie historique

Est-ce un nouveau territoire de l'Histoire ou un nouveau mode d'approche de la réalité historique ? Les thèmes que l'on peut ranger sous cette rubrique connaissent un tel succès depuis les vingt dernières années dans la production des historiens qu'on peut se demander si l'anthropologie historique n'est pas devenue aujourd'hui pour l'historien ce qu'était la prose pour M. Jourdain.

Il s'agirait en d'autres termes d'une nouvelle étape sur le parcours prédateur de la pensée historique qui puise dans les autres sciences sociales depuis près d'un siècle, les concepts, les méthodes utiles à sa régénération. Après la géographie, la sociologie, l'économie, la démographie..., l'anthropologie. A cet égard, l'incertitude entre deux dénominations possibles, « anthropologie historique », largement admise désormais, et « ethnologie historique » que certains auraient préférée, traduit peut-être plus qu'un effet de mode.

L'Histoire s'est largement tournée vers l'ethnologie au moment où celle-ci opérait en France un puissant renouvellement théorique, en particulier sous l'influence de Claude Lévi-Strauss, et empruntait à l'école anglo-saxonne, en même temps qu'une attention particulière à l'organisation de la parenté, le terme de *social anthropology*, désignant ce domaine. Traditionnellement, l'anthropologie désignait en France l'étude des variations des caractères physiques de l'homme dans les différentes sociétés : des variations qui ne sont que partiellement réductibles à l'organisation sociale ou au contexte culturel. On peut se demander si les historiens ne cherchent pas, en préférant ce terme, à unir son acception française et son sens anglo-saxon : prendre en compte ce qui subit intégralement le poids et les choix du système culturel (le champ de l'ethnologie) mais aussi les comportements physiques qui sont partiellement déterminés par des mécanismes biologiques ou écologiques.

Les historiens ont été pendant longtemps dissuadés de s'intéresser à l'évolution des caractères physiques par un préalable théorique qu'ils hésitaient à contourner. Le corps est-il un objet d'histoire ? Les transformations physiques des populations relèvent-elles du changement social ?

Les recherches récentes sur l'histoire de la morbidité par exemple invitent à se méfier des explications purement biologiques ou purement socio-économiques ; Jean Meuvret et Pierre Goubert ont été les premiers à mettre en évidence, à partir d'une concordance frappante entre les courbes de prix des grains et les courbes de mortalité, le cycle infernal des « crises de mortalité » dans la société d'Ancien Régime, au cours desquelles s'enchaînaient mauvaise récolte, hausse des prix, famine et épidémie. L'épidémie couronnait la crise économique. Le milieu microbien ne devenait agressif que lorsque la sous-alimentation avait affaibli la population et anéanti ses défenses.

Si le désordre climatique reste le *primum movens* de la crise, la société en assume la responsabilité à travers ses contradictions et le manque de flexibilité de l'appareil économique. Centré sur l'intervention des hommes et le pouvoir de réfraction du social, ce schéma avait tout pour satisfaire les historiens. La dernière grande famine en France qui présente les traits classiques de la crise de mortalité est celle du terrible hiver 1709. La dernière Grande Peste est celle qui ravagea Marseille et la Provence en 1720. Les causes de ces deux fléaux sont aussi distinctes que les raisons de leur disparition définitive en France. Mais, dans les deux cas, cette disparition peut difficilement être imputée à une simple modification du contexte socio-économique.

M. D. Grmek (dans « Système biologique et société », numéro spécial, *Annales ESC*, 3/69) a formulé l'hypothèse d'une histoire biologique des maladies dont les fluctuations tiendraient à des changements de l'équilibre nosologique. Certaines maladies virulentes pendant une longue période auraient reculé ensuite non grâce aux progrès de la médecine ou aux moyens de prévention mais chassées par une autre maladie. C'est ainsi que le reflux de la lèpre en Europe aurait favorisé l'essor de la tuberculose. On peut concevoir une histoire naturelle des épidémies, essentiellement commandée par des mécanismes biologiques, mais non totalement coupée de l'histoire des sociétés. E. Le Roy Ladurie (*Le territoire de l'historien*, Paris, 1973) a pu montrer à propos de « l'unification biologique du globe » que la circulation des microbes a suivi celle des bateaux, des flux d'échanges et de la colonisation qui ont mis en contact les différents continents.

Plus généralement, il est difficile d'imaginer une histoire des comportements physiques qui négligerait de prendre en compte l'enjeu social et les modèles culturels de relations au corps que traduisent, pour chaque époque, ces comportements. Ainsi l'hystérie, telle que la définit la psychiatrie, celle que Charcot traitait à la Salpêtrière encore à la fin du siècle dernier, a progressivement disparu de nos sociétés industrielles, sauf sur leurs franges archaïques comme les « tarentulés » des Pouilles étudiés par E. de Martino (dans *La Terre du remords*, trad. de l'italien, Paris, 1966). Dans une société qui valorise l'organisation, l'épargne et le rendement économique, les comportements apprennent aussi à se soumettre par un conformisme et une maîtrise accrue des gestes, des pulsions, à une nouvelle économie du corps. A quoi s'opposent les transes des « Camisards » cévenols ou des « convulsionnaires » parisiens au début du XVIIIe siècle, dominés par un modèle religieux ascétique et conduits à traduire leurs angoisses à travers un langage de gesticulations.

Pour Norbert Elias (*La civilisation des mœurs*, trad. de l'allemand, Paris,

1974) l'occultation des fonctions biologiques et la mise à distance du corps qu'on observe à partir de la Renaissance traduisent dans les conduites individuelles les nouveaux rapports de pouvoir, la nouvelle « configuration » que le développement de l'Etat moderne impose aux relations interpersonnelles. Le concept d' « incorporation » qu'il propose pour rendre compte des processus de socialisation des corps peut fournir un cadre théorique aux analyses de l'historien des comportements et des habitudes.

Une histoire des *comportements* et des *habitudes* — ce qu'on appelait au XVIIIe siècle une histoire des *mœurs* — c'est peut-être, dans son imprécision, l'expression qui convient le mieux pour désigner le champ couvert par l'anthropologie historique. Une histoire des habitudes pour l'opposer à l'histoire événementielle, de ce qui ne se produit qu'une fois. C'est, au contraire, l'histoire de ce qui ne fait jamais événement, des gestes, des rites, des pensées indéfiniment répétés comme allant de soi. Mais aussi une histoire des comportements pour l'opposer à l'histoire des institutions comme à l'histoire des décisions.

L'abondance des travaux d'historiens parus récemment, qui se réclament d'une démarche anthropologique, et la diversité des thèmes qu'ils abordent sont telles, qu'il serait illusoire d'esquisser le moindre bilan. Tout au plus peut-on en indiquer les directions principales.

1 / Les recherches qui se rattachent à l'ANTHROPOLOGIE MATÉRIELLE ET BIOLOGIQUE, concernant l'histoire du corps (cf. E. Le Roy Ladurie, J.-P. Aron *et al.*, *L'anthropologie du conscrit français*, Paris-La Haye, 1972), des attitudes à l'égard de la vie (F. Lebrun, *Les hommes et la mort en Anjou aux XVIIe et XVIIIe siècles*, La Haye, 1971; Ph. Ariès, *L'homme devant la mort*, Paris, 1977; M. Vovelle, *La mort et l'Occident, de 1300 à nos jours*, Paris, 1983), ou à l'égard de la sexualité (J. T. Noonan, *Contraception et mariage*, trad. de l'américain, Paris, 1969; M. Foucault, *Histoire de la sexualité*, I, II et III, Paris, 1977-1984; J.-L. Flandrin, *Le sexe et l'Occident*, Paris, 1981; A. Rousselle, *Porneia*, Paris, 1982; J. Boswell, *Christianisme, tolérance sociale et homosexualité*, trad. de l'américain, Paris, 1985).

Il faut mentionner, dans la même direction, l'intérêt croissant des historiens pour l'étude des habitudes alimentaires. Anticipées par un texte magnifique de Marc Bloch, L'alimentation de l'ancienne France (paru dans l'*Encyclopédie française* dirigée par Lucien Febvre, t. XIV, Paris, 1954), les premières enquêtes sur l'alimentation publiées par les *Annales* dans les années 60 (et regroupées récemment par J.-J. Hémardinquer, *Pour une histoire de l'alimentation*, Paris, 1970) visaient avant tout à retracer une histoire de la consommation populaire. Privilégiant les sources sérielles, comme les rations de bateaux, d'hôpitaux ou les baux de salaires (stipulés en partie en nourriture), elles ont pu montrer comment la quantité et la qualité de la ration alimentaire suivent les fluctuations économiques et démographiques : abondante et carnée au XVe siècle, siècle de l'homme rare et du bétail nombreux, la ration s'appauvrit aux XVIIe et XVIIIe siècles à mesure que la presssion démographique fait augmenter les emblavures et baisser les salaires.

Mais les fluctuations du régime nutritif laissent de côté la permanence du goût, ainsi la carte des fonds de cuisine utilisés en France à la veille de la dernière guerre, issue d'une enquête dirigée par Lubien Febvre ; elle fait ressurgir, par son cloisonnement, une géographie agricole révolue qui avait disparu du paysage, mais était restée inscrite dans les habitudes alimentaires.

2 / ANTHROPOLOGIE ÉCONOMIQUE : on peut ranger sous cette rubrique les travaux qui s'efforcent de saisir la genèse des attitudes économiques et leurs transformations. Suscités par la réflexion des historiens économistes sur les notions de croissance et de développement dans les années 50, ces travaux ont d'abord cherché à mettre en évidence les blocages culturels qui inhibent l'innovation technique ou son application dans certaines sociétés et empêchent le « décollage » de la production. Ils ont donc été amenés à privilégier les sociétés non capitalistes ou pré-industrielles dans lesquelles d'autres logiques que celle du capitalisme, celle de la maximalisation du profit, commandent la vie économique.

Empruntant à M. Mauss la théorie du don ou à M. Sahlins celle de la dépense ostentatoire pour les appliquer aux sociétés barbares du haut Moyen Age comme G. Duby (*Guerriers et paysans, VIIe-XIIe siècle*, Paris, 1973), à Chayanov et Polanyi le concept d'économie paysanne à propos de la société byzantine (E. Patlagean, *Pauvreté économique et pauvreté sociale à Byzance, IVe-VIIe siècle*, Paris-La Haye, 1977), à Evans-Pritchard le concept de société segmentaire pour la société tunisienne précoloniale (L. Valensi, *Fellah tunisiens. L'économie rurale et la vie des campagnes aux XVIIIe et XIXe siècles*, Paris-La Haye, 1977), ou enfin à... Marx, la théorie économique du système féodal (W. Kula, *Théorie économique du système féodal. Pour un modèle de l'économie polonaise*, trad. du polonais, Paris-La Haye, 1977), ces ouvrages ont en commun de décrire des sociétés dans lesquelles la vie économique ne détermine pas, en dernière instance, l'ensemble du processus social, mais fait figure, elle-même, de superstructure, soumise à des objectifs sociaux (l'exercice de la parenté par exemple), éthiques ou religieux.

Les habitudes économiques — c'est un des apports essentiels de l'approche anthropologique — sont façonnées, dans la plupart des sociétés, par des logiques non économiques ou même anti-économiques. En est-il autrement pour les sociétés industrielles ? La rationalité économique n'est pas sortie toute armée et casquée des entrailles du capitalisme. J. Le Goff a pu montrer en particulier (dans *Pour un autre Moyen Age*, Paris, 1977) comment la valorisation du travail qui devait stimuler l'esprit d'entreprise et aboutir à une morale du profit a pris corps au Moyen Age au sein même des conceptions religieuses de l'Occident chrétien.

3 / ANTHROPOLOGIE SOCIALE : les historiens ont redécouvert, grâce aux méthodes et aux concepts de la démographie, l'importance de la famille comme cellule de reproduction biologique, mais c'est grâce à l'essor de l'anthropologie sociale — au sens anglo-saxon du terme — et en particulier de l'anthropologie structurale de Cl. Lévi-Strauss qu'ils ont réintroduit l'univers de la parenté dans le champ de l'analyse sociale. Georges Duby (*La société aux XIe et XIIe siècles dans la région mâconnaise*, nouv. éd., Paris, 1971), P. Toubert (*Les structures du Latium médiéval, IX-XIIe siècle*, 2 vol. Rome, 1973), pour le haut Moyen Age E. Le Roy Ladurie (*Les paysans de Languedoc*, Paris, 1966), D. Erlihy et Chr. Klapisch

(*Les Toscans et leurs familles*, Paris, 1978), pour l'Europe du xve siècle, ont montré comment la dissolution de l'appareil étatique et du tissu social avait réactivé les liens parentaux : constitution de puissants lignages chez les dominants, regroupements des familles élargies en « frérèches » ou même en pseudo-familles, enregistrées devant notaire. Le groupe familial semble jouer dans l'Europe médiévale et moderne le rôle d'instance de recours. Quand la déflation démographique favorise le regroupement des patrimoines et que l'Etat n'offre plus une protection suffisante, la famille redevient Bastille et l'univers de la parenté absorbe la vie sociale.

Instance de secours ou organisation sous-jacente? Dans un chapitre fameux de *La Société féodale* (Paris, 1939), consacré « aux liens de sang », Marc Bloch a montré comment les relations sociales et les rapports du pouvoir étaient conçus dans le système féodal comme procédant d'un lien charnel. A Montaillou à la fin du xiiie siècle (E. Le Roy Ladurie, *Montaillou, village occitan*, Paris, 1975), les paysans occitans ne conçoivent pas un lien social qui ne serait légitimé et matérialisé par un lien charnel. Ils appartiennent à une « maison », corps permanent du lignage, et s'emploient, par mariage ou parrainage, à étendre le clan familial.

Après avoir cru pendant longtemps que dans nos sociétés complexes, instables le poids de la parenté est pratiquement annulé par celui de l'appartenance sociale, nous découvrons aujourd'hui la vertu opératoire de certains concepts de l'anthropologie structurale. L'étude des formes d'alliances telle qu'elle a été faite pour la France méridionale où règne « l'esprit de maison » (E. Claverie, P. Lamaison, *L'impossible mariage; ... en Gévaudan, XVIIe-XVIIIe-XIXe siècle*, Paris, 1982; A. Collomb, *La maison du père*, Paris, 1983), mais aussi pour la France de l'Ouest (A. Burguière, *Bretons de Plozevet*, Paris, 1975; M. Segalen, *20 générations de Bas-Bretons*, Paris, 1984), la Bourgogne (F. Zonabend, *La mémoire longue*, Paris, 1980), la région parisienne (A. Burguière, Endogamie et communauté villageoise; pratique matrimoniale à Romainville au xviiie siècle, *Ann. de Démo. hist.*, 1979), révèle, au-delà des stratégies sociales pour préserver ou accroître le patrimoine, des procédures de « renchaînements d'alliances » qui entretiennent souvent un taux de consanguinité élevé.

On peut donc se demander, à propos de la France d'Ancien Régime et contemporaine si, derrière les institutions officielles, les structures de parenté ne continuent pas à organiser la société comme elles le font dans les sociétés sans Etat.

4 / ANTHROPOLOGIE CULTURELLE ET POLITIQUE : ici encore l'anthropologie a conquis l'histoire par le bas, c'est-à-dire par les expressions les plus anodines, les moins formulées de la vie culturelle : les croyances populaires, les rites qui imprègnent la vie quotidienne ou s'accrochent à la vie religieuse. Répondant à André Varagnac qui définissait le folklore comme « l'ensemble des croyances collectives sans doctrine, des pratiques collectives sans théorie », Lucien Febvre s'interroge : « La frontière est-elle si facile à tracer entre le "déduit" et "l'accepté comme tel" sans déductions ?... Ne met-elle pas en cause la genèse même de nos conceptions scientifiques, les relations historiques du magique et du mathématique, la substitution progressive des rapports logiques et quantitatifs aux influences qualitatives et irrationnelles. » Les comportements les moins argumentés d'une société comme les soins du corps, les manières de se vêtir, l'organisation du travail et le calendrier des activités quotidiennes reflètent un système de représentation du monde qui les relie en profondeur aux formulations intellectuelles les plus élaborées, comme les conceptions religieuses, le droit, la pensée philosophique ou scientifique.

Retrouver ce lien par l'exploration des catégories qui organisent un discours mythique, sous-tendent la symbolique des gestes, c'est à quoi se sont appliquées, pour la société médiévale, les recherches pionnières de Jacques Le Goff sur les représentations du temps (« Temps de l'Eglise et temps du marchand », 1960), le folklore religieux (« Culture cléricale et traditions folkloriques dans la civilisation mérovingienne ») reprises dans *Pour un autre Moyen Age* (déjà cité) ou sur la genèse de la notion de Purgatoire (*La naissance du purgatoire*, Paris, 1981). Dans son sillage, J.-C. Schmitt a montré l'étonnante survivance d'un culte populaire condamné par l'inquisition dès le XIIIe siècle et qui s'est maintenu à la barbe de l'Eglise... jusqu'au XXe siècle (*Le Saint Lévrier*, 1979). C'est aussi aux confins de la culture populaire et de la culture savante que se situent les recherches de Natalie Z. Davis et de Carlo Ginzburg. Celle-ci montre, dans les pratiques sociales de la France du XVIe siècle en proie à la division religieuse, la prégnance des catégories élémentaires, qui désignent l'ordre du monde, à propos des rapports entre hommes et femmes, les rôles de classe d'âge, le caractère réversible des hiérarchies, etc. (*Les cultures du peuple*, trad. de l'américain, Paris, 1979). Celui-là explore des comportements religieux déviants dans lesquels les traces des débats théologiques de l'époque se superposent à des croyances millénaires (*Le fromage et les vers*, trad. de l'italien, Paris, 1983).

Les essais d'analyse structurale à propos du mythe de Mélusine (J. Le Goff, E. Le Roy Ladurie, «Mélusine maternelle et défricheuse», *Annales ESC*, 1971), ou du Guerrier en forêt (J. Le Goff et P. Vidal Naquet, « Lévi-Strauss en Brocéliande », *Critique*, 1973), tout comme l'interprétation Dumézilienne des conceptions médiévales de l'ordre social que propose G. Duby (*Les trois ordres ou l'imaginaire du féodalisme*, Paris, 1978) poursuivent le même objectif : partir des systèmes de représentation non seulement pour montrer ce qui relie entre eux les différents niveaux d'expression d'une époque, mais pour retrouver le fil du temps et la lente mutation dans ces « prisons de la longue durée » des catégories qui inspirent le mouvement de l'histoire.

Analysant la constitution du champ politique dans la Grèce ancienne, J.-P. Vernant, P. Vidal Naquet, M. Détienne, N. Loraux nous ont montré qu'il ne s'agissait pas d'un miracle intemporel installant entre cette société lointaine et la nôtre une sorte de sens commun, mais d'une élaboration des structures mentales du monde antique, inséparable de sa vision du cosmos, des rapports entre culture et nature, etc. La politique n'est pas un pur stock d'idées produites par les élites conscientes et qui se seraient communiquées progressivement à l'ensemble du corps social par leur propre capacité à convaincre et à mobiliser. Pour imprégner la vie sociale, la politique doit signifier plus qu'elle-même : non seulement un projet d'organisation du pouvoir, mais une manière de communiquer avec les autres et de comprendre le monde.

Pour M. Agulhon (en particulier dans *Pénitents et francs-maçons de l'Ancienne Provence*, Paris, 1968; *La République au village*, Paris, 1970; *Marianne au combat*, Paris, 1979), la politique s'est enracinée dans la société française en épousant les formes traditionnelles de la vie de relation, en particulier cette « sociabilité » dans laquelle les régions du Midi affirment leur particularisme. De l'arlésienne à la majorette, il esquisse une analyse des « aspects formels de la vie et des mécanismes politiques ». Sa démarche représente sans doute l'effort le plus accompli pour anthropologiser l'histoire politique. Mona Ozouf (*La fête révolutionnaire*, Paris, 1976) et M. Vovelle (*Les métamorphoses de la fête en Provence*, Paris, 1976) ont repris la même démarche à propos des fêtes de la Révolution, désignant les formes symboliques, les pratiques rituelles dans lesquelles s'est logé le discours idéologique pour façonner les comportements politiques de la France contemporaine.

« Obligé par les grands événements qu'il doit raconter d'écarter tout ce qui ne s'offre pas à lui avec une certaine importance, il n'admet sur la scène que les Rois, les ministres, les généraux d'armée... dont les talents ou les fautes ont produit le malheur ou la prospérité de l'Etat. Mais le bourgeois dans sa ville, le paysan dans sa chaumière..., le Français enfin au milieu de ses travaux, de ses plaisirs, au sein de sa famille et de ses enfants, voilà ce qu'il ne peut nous représenter », cette dénonciation de l'histoire traditionnelle, centrée sur la politique, les batailles ou la diplomatie aurait pu être signée par un émule de l'Ecole des Annales. Elle est de Legrand d'Aussy dans l'avertissement de son *Histoire de la vie privée des Français*, publiée en 1782. Les fondateurs des *Annales* qui sont incontestablement à l'origine du succès actuel de l'anthropologie historique n'ont fait que redécouvrir une des tendances les plus anciennes de la discipline, provisoirement reléguée par le positivisme.

Cette tendance est déjà présente chez celui qu'on appelle le « Père de l'histoire » : pour comprendre les causes des guerres médiques, Hérodote se fait historien des mœurs et passe en revue les coutumes des Lydiens, des Perses, des Egyptiens. Parallèlement à une histoire essentiellement narrative, proche du pouvoir et fascinée par lui, préoccupée par la genèse des institutions et des conflits, s'est développée une histoire plus analytique, attentive à décrire et à comprendre la marche de la société. La première à profité de la constitution des fonds d'archives publiques à la fin du XVIIe siècle pour accéder à une procédure rigoureuse, fondée sur la collecte et la critique des sources. La seconde s'est nourrie des progrès de la réflexion sur la nature et le devenir des sociétés : vivante au XVIe siècle avec Bodin, Pasquier et les tenants de l' « histoire parfaite », elle renaît au siècle des Lumières et s'épanouit au XIXe siècle avec Guizot, Michelet et Augustin Thierry.

Si l'histoire narrative, nous pouvons l'appeler événementielle, éclipse provisoirement « l'histoire des mœurs » à la fin du XIXe siècle, c'est sous l'effet de la conjoncture politique mais aussi de la conjoncture intellectuelle : l'historien, en même temps qu'il se professionnalise, se trouve de plus en plus enrôlé au service de l'Etat national. Le scientisme impose à l'histoire les procédures des sciences expérimentales et donc la didacture des sources.

C'est contre ce rétrécissement du champ historique, désormais limité aux chancelleries, aux assemblées parlementaires et aux champs de batailles que s'est constituée « Ecole des Annales ». Mais on aurait tort de croire que son projet consistait à étendre le domaine et la thématique de l'historien, à ajouter à l'éclat de la sphère publique la pénombre de la vie privée, au caractère unique de l'événement, le répétitif du quotidien. Certains érudits sollicités par une demande du public à la fois populiste et romantique ont cru qu'en faisant l'inventaire du quotidien ils donnaient à leur savoir un supplément d'âme, ils allaient vers la vie elle-même ou plutôt ils se rendaient plus aptes à faire revivre le passé.

A. Franklin, dans sa longue série de monographies (*La vie privée autrefois : mœurs, modes, usages des Parisiens du XIIe au XVIIIe siècle*), et F. Braudel dans son grand ouvrage *Vie matérielle et capitalisme* abordent les mêmes sujets : l'histoire du costume, de l'habitat, de l'alimentation, des métiers, etc. Il n'y a pourtant rien de commun entre la compilation insignifiante du premier et la puissante inspiration historique du second ; Franklin n'offre qu'un répertoire rétrospectif des objets de la vie quotidienne pour servir de décor à la « grande histoire », et lui donner une allure plus familière, plus vraisemblable. Braudel décrit la manière dont les grands équilibres économiques, les circuits d'échanges ont fait et défait la trame de la vie biologique et sociale. Sa réflexion à dominante économique et géographique débouche sur une perspective anthropologique.

L'anthropologie historique n'a pas de domaine propre. Qu'il s'agisse du pouvoir guérisseur des rois de France, de la montée de l'individualisme chez les paysans au XVIIIe siècle ou de la diffusion de la contraception, tous les sujets qu'elle aborde appartiennent à d'autres secteurs de l'histoire. Elle est avant tout un effort pour relier l'évolution d'une institution, d'un type de consommation ou d'une technique à sa résonance sociale et aux comportements qu'elle a engendrés. Elle est donc une démarche de totalisation ou plutôt de mise en relation (le *Zusammen hang* de la pensée historique allemande) des différents niveaux de la réalité.

Cherchant à définir ce qu'il entend par l'étude des mœurs, Tocqueville écrit dans *De la démocratie en Amérique* qu'il l'applique « aux mœurs proprement dites qu'on pourrait appeler les habitudes du cœur, mais aussi aux différentes notions que possèdent les hommes, aux diverses opinions qui ont cours au milieu d'eux et à l'ensemble des idées dont se forment les habitudes de l'esprit ».

Dans son imprécision et ses hésitations, cette définition préfigure étrangement celle que Marc Bloch et Lucien Febvre ont voulu donner à la notion de mentalités. Pour Febvre, l'histoire des mentalités se propose de mettre en évidence les ruptures d'équilibre entre les représentations mentales, la maîtrise intellectuelle et les affects dans une psychologie du sujet. Pour Bloch, plus sociologique que son ami, elle consiste à explorer les logiques qui commandent les comportements collectifs les moins volontaires et les moins conscients. Ce que nous appelons aujourd'hui l'anthropologie historique n'est peut-être rien d'autre que l'accomplissement du programme que Marc Bloch assignait à l'histoire des mentalités.

● BIBLIOGRAPHIE. — A. BURGUIÈRE, Anthropologie et sciences historiques dans l'étude des sociétés européennes, *L'Anthropologie en France*, Paris, 1979 ; A. BURGUIÈRE, La notion de mentalités chez Marc Bloch et Lucien Febvre : deux conceptions, deux filiations, *Revue de Synthèse*, n° 111-112, 1983. Un point de vue critique : F. FURET, Préface à *l'Atelier de l'historien*, Paris, 1982.

La liste des travaux qui ont marqué le cheminement de l'anthropologie historique est considérable. Outre les titres cités dans le cours du texte, nous nous bornons à mentionner les numéros spéciaux de la revue *Annales ESC*, qui concernent ce type d'approche :

« Histoire biologique et société », n° 6, 1969; « Histoire et structure », n° 3-4, 1971; « Famille et société », n° 4-5, 1972; « Histoire et sexualité », n° 4, 1974; « Pour une histoire anthropologique », n° 6, 1974; « Histoire de la consommation », n° 2-3, 1975; « Autour de la mort », n° 1, 1976; « Anthropologie de la France », n° 4, 1976; « Anthropologie historique des sociétés andines », n° 5-6, 1978.

▶ CORRÉLATS. — Alimentation, Annales (Ecole des), Bloch, Braudel, Corps, Economie (Histoire économique), Elias, Febvre, Famille, Hérodote, Mentalités, Parfaite (Histoire).

A. BURGUIÈRE.

Archéologie

Depuis que Boucher de Perthes au milieu du XIXe siècle révéla la preuve définitive de l'existence des hommes préhistoriques, les sciences de l'homme se sont trouvées confrontées à la *matérialité* de la culture (A. Laming-Emperaire, 1964). L'histoire ne consistait plus en textes ou traditions soigneusement recueillis mais on la découvrait aussi à travers les systèmes d'objets, les aménagements biologiques, dans les traces diverses qui, sur ou sous le sol, témoignent des hommes qui nous ont précédés. L'apparition des techniques dites de datation absolue — carbone 14, potassium, argon et bien d'autres — en permettant de reculer de quelques millions d'années l'apparition de l'homme sur terre est venue donner une nouvelle dimension à la dualité des sources historiques. Entre le matériel — les objets — et l'immatériel — textes, traditions — venait s'intercaler l'histoire de l'espèce. L'homme n'est plus seulement un sujet psychologique mais un sujet biologique : sa capacité crânienne, son squelette, ses terminaisons nerveuses sont à leur tour objet d'histoire. Les déflagrations successives qui bousculaient l'histoire de l'humanité se sont accompagnées de leur cortège d'interrogations : les archanthropes — les hominidés les plus anciens — possèdent-ils un langage ? Utilisent-ils des systèmes de signes ? Faut-il attendre le Paléolithique supérieur et les premières sépultures pour créditer l'humanité d'un sentiment religieux ? Plus recule l'horizon de l'humanisation, plus les questions de développement des premiers outillages, de l'origine du feu se déplacent à leur tour.

Visions du passé. — Une approche purement matérialiste ne saurait suffire. Voilà longtemps que nous savons que tout système d'objets est aussi système de signes. Des grands monuments — pyramides d'Egypte, tombes du Moyen-Orient et de la Chine — jusqu'aux humbles silex retrouvés dans les gisements paléolithiques, les objets fonctionnent parce qu'ils sont porteurs de sens. Une tombe n'est pas seulement une cavité fonctionnelle destinée à recevoir un cadavre : son aménagement, sa monumentalité, les arts de la mort (momification, bûcher) participent d'un système de valeur qui ne se limite pas à se débarrasser d'une manière ou d'une autre du cadavre (G. Gnoli - J.-P. Vernant, 1982). Même des outils *a priori* aussi fonctionnels que les silex, objets depuis près d'un siècle des soins attentifs de génération de préhistoriens, résistent aux tentatives les plus rationnelles de la typologie descriptive. En substituant à la notion de collection celle d'échantillon, en subordonnant l'approche esthétique à l'analyse des fonctions, la Préhistoire a doté l'archéologie d'une doctrine et d'une direction. En ce sens — et entendue dans son acception la plus vaste — l'archéologie est comptable du plus infime objet, de la moindre trace ; tout ce qui est observable lui profite. Par un bizarre détour, cette ouverture à tous les objets qui constituent l'environnement humain ramène l'enquête archéologique sur le chemin des origines.

Les cabinets de curiosité comme le *Museum Wormianum* du Danois Olaus Worm étaient déjà au XVIIe siècle le produit d'une curiosité sans limite (O. Klindt-Jensen, 1975). Dans le goût curieux des XVIe et XVIIe siècles, les objets archéologiques ne sont qu'une part d'un savoir qui s'étend à toutes les provinces de la découverte : objets ethnographiques, herbiers, naturalia, monnaies, etc. Cette curiosité multiple ne s'embarrasse guère de séparer le « naturel » du « culturel ». L'historien polonais Jan Dlugosz rapporte par exemple qu'en 1416 le roi de Pologne Wladislaw Jagiello ordonna de fouiller sur le territoire de deux villages polonais afin de démontrer « que les vases naissaient dans les entrailles de la terre, par le seul art de la nature, sans aucune intervention humaine » (A. Abramowicz, 1981). En présence des envoyés du prince Ernest d'Autriche, on dégagea ainsi tout un cimetière à crémation lusacien et on conclut à la naissance spontanée des vases dans le sol — *sponte nascitur ollae*. Dans son commentaire, A. Abramowicz souligne que le roi — chrétien récemment converti — ne devait pourtant pas ignorer la coutume des dépositions funéraires dans les tombes, courante chez les populations non christianisées. Les doutes élevés par les chevaliers teutoniques à l'encontre des convictions catholiques du roi expliquent peut-être cette étrange retenue. Ainsi, la théorie de la naissance spontanée des vases dans le sol allait-elle jouir d'une longue postérité. On la retrouve chez Ulysse Aldobrandi et jusque chez le naturaliste polonais du XVIIIe siècle, Gabriel Raczynski, qui parle encore d'*ollae fossiles seu nativae*. Moins spectaculaires, mais tout aussi poétiques, les théories sur les « pierres de foudre » — les haches protohistoriques — ainsi que sur les « glossopétries » — les silex taillés — allaient traverser toute la Renaissance. En voyant dans les « pierres de foudre » les conséquences des éclairs ou dans les glossopétries des langues de serpent pétrifiées, les naturalistes des temps modernes — à quelques exceptions comme Léonard de Vinci ou Bernard Palissy — participaient aux mêmes croyances que les conseillers du roi de Pologne. Il n'est guère de monument de la Préhistoire qui ait échappé à ce type d'interprétation. Une des plus surprenantes est sans doute celle qui voyait dans les tumuli protohistoriques de la Scandinavie le gonflement de la terre devenue gravide...

Ces exemples sont là pour nous rappeler qu'insérées dans le paysage ou préservées dans les collections, les traces du passé, monuments ou objets, sont le prétexte d'un travail constant de l'imaginaire. A l'explication fonctionnelle — maison, tombe, outil — se substitue une interprétation symbolique. Objets et monuments à travers leur conservation aussi aléatoire qu'occasionnelle questionnent et interrogent. Le tumulus, la pierre taillée peuvent encore sinon servir du moins signifier. K. Pomian a insisté sur ce phénomène de la collection qui consiste à charger un objet quelconque d'une autre valeur que celle de sa destination originelle. Les sémiophores brillent dans l'histoire de l'humanité parce qu'ils légitiment la chaîne insécable du souvenir. Les émotions, les curiosités qui agitent l'archéologie de nos sociétés appartiennent à un même mouvement qui commence littérairement avec Thucydide au Ve siècle de notre ère. En découvrant à Délos en 426 un certain nombre de tombes de guerriers archaïques, les Athéniens et Thucydide y virent la trace de la Thalassocratie des Cariens considérés comme les inventeurs de l'équipement hoplitique. Nous savons aujourd'hui qu'ils s'agissait de tombes certes archaïques mais grecques : l'art de faire parler les morts a progressé et avec lui l'imagination de l'archéologie.

Dans le rapport de l'humanité avec le passé, objets et sites constituent une catégorie de témoignages un peu particuliers. Les textes sont traditionnellement sous la protection des lettrés : moines, archivistes royaux, légistes. Sans parler des Empires de l'Antiquité, les premiers royaumes d'Occident se dotent d'une organisation de la mémoire, d'une comptabilité du passé rendue précisément nécessaire par la gestion bureaucratique du présent. Le pouvoir des Etats (sauf en Amérique) revendique toujours une tradition qui s'appuie sur des témoignages écrits. Il en va autrement pour objets et sites. Aucun corps spécialisé n'est chargé de les conserver ou de les recenser. Ils surgissent de façon aléatoire au gré des découvertes et des curiosités. Si on échange des statues et des inscriptions, c'est moins pour affirmer une succession, revendiquer une propriété que pour affirmer une certaine distance, une connivence avec un passé d'élection. Le culte de l'Antiquité gréco-romaine gagne progressivement toute l'Europe de la Renaissance.

A une exception près : la Scandinavie. Les doubles monarchies de Danemark-Norvège et de Suède-Finlande sont travaillées dans le courant du XVIIe siècle par des affrontements et un dynamisme militaire exceptionnel. Gustave II Adolphe en Suède et Christian IV au Danemark créent des charges d'antiquaires royaux dans les années 1620-1630. Les érudits qui recouvrent ces emplois — Johann Bure en Suède et Ole Worm au Danemark — se lancent dans un intense travail de relevé des Antiquités nordiques — rues, sépultures, monuments divers. L'archéologie constitue un instrument de lutte idéologique entre les deux royaumes également expansionnistes. En Scandinavie, la fonction des Antiquaires se confond avec celle des archivistes. Comme le Moyen Age scandinave est plus pauvre en sources écrites que les royaumes du Sud, le recours aux inscriptions runiques, le relevé des monuments funéraires sont pour la Scandinavie le moyen de l'affirmation d'une identité nationale. L'attention privilégiée donnée aux objets de préférence aux textes explique probablement la modernité de l'archéologie scandinave.

Car les curiosités des antiquaires royaux ont des conséquences institutionnelles. Pour constituer les corpus on recrute dessinateurs et enquêteurs, on crée un collège des Antiquités, on élabore un droit qui attribue à la couronne toutes les découvertes effectuées dans le sol. Ce n'est que bien plus tard que les autres pays européens se doteront de législations et d'institutions archéologiques. Durant la plus grande partie des Temps modernes, l'Europe n'accordera aux composantes matérielles de son passé qu'une place discrète avant que les affrontements nationaux du XIXe siècle replacent l'archéologie au cœur des débats historiques. Si l'archéologie nationale reste aussi longtemps une catégorie muette en Europe, c'est que le mirage méditerranéen s'est progressivement imposé de l'Italie à la Scandinavie. Pour les hommes de la Renaissance, l'Antiquité classique incarne le commencement et la fin de toute culture. Rien d'étonnant à ce qu'une curiosité éveillée par les auteurs anciens porte le monde lettré à s'intéresser aux monuments gréco-latins visibles à travers tout le territoire compris dans le limes, les frontières de l'Empire romain.

Ce sont les Hollandais qui les premiers ont jeté les bases de cette science des antiquaires qui voulait illustrer par la contemplation des vases, des monnaies et des monuments les textes familiers de la tradition classique. L'*Antiquité expliquée* de Mautfaucon n'a pas d'autre ambition que de rassembler des gravures, la curiosité des antiquaires complète celle des humanistes. Le voyage en Italie n'est pas seulement l'achèvement de toute éducation bien comprise, il est l'occasion et le moyen de collectionner des antiquités. L'un des plus fameux antiquaires du XVIIIe siècle, le comte de Caylus, sera en même temps l'un des voyageurs et des collectionneurs les plus avertis. Le voyage en Italie, tout d'abord, puis avec la fin du XVIIIe siècle en Grèce, joue un rôle considérable dans la naissance d'une archéologie plus curieuse et plus dynamique. Voyage et collection — curiosité et profit — se mêlent indissolublement dans l'archéologie des lumières. A cette curiosité nouvelle, l'œuvre de Winckelmann offre une esthétique. L'aventure de ce fils d'un cordonnier saxon né en 1717 est assez exceptionnelle pour qu'on s'y arrête. Sa sensibilité esthétique, ses capacités d'observation et de synthèse vont lui permettre de livrer au public des lumières une histoire de l'Art antique, à la fois fondatrice et marginale. L'*Histoire de l'art* de Winckelmann vient de cette façon parfaire l'œuvre des humanistes de la Renaissance en concevant pour la première fois une approche historique des œuvres matérielles complémentaire de la philologie classique.

Aux lettrés d'Occident imprégnés de la suprématie des lettres gréco-latines, Winckelmann révèle le caractère impérissable de l'esthétique des Anciens, le point de perfection qu'aucun art ne saurait jamais retrouver. La crise « méditerranéenne » de l'archéologie n'a pas d'autre origine. Dans la diversité des sources matérielles, chaque société fait ses propres choix. Les lettrés d'Occident vont privilégier — et pour longtemps — les traces d'une mythique antiquité gréco-romaine. Pour longtemps, chaque fragment de statue, de vase ou de monument gréco-romain l'emportera sur tout autre témoignage du passé. Cette curiosité monomane conduira à des concurrences forcenées entre Allemands, Anglais et Français, aux butinages les plus échevelés, au démantèlement du Parthénon ou du temple d'Egine pour installer à Paris, Londres ou Munich les témoignages ineffables de l'Art antique.

Transcendé par l'esthétique de Winckelmann, le voyage en Méditerranée devient le fondement d'une certaine distinction européenne : les Antiques, le goût des ruines, les ordres grecs sont le creuset d'un renouveau de l'Antiquité classique qui influence architecture, sculpture et arts plastiques. Au début du XIXe siècle, tout artiste est, d'une certaine manière, un antiquaire — l'Antiquité se confondant à quelques exceptions près avec la civilisation gréco-latine. L'archéologie du XVIIIe siècle est le reflet d'une distinction sociale qui mobilise tous les hommes de culture pour construire une certaine image de l'Antiquité. Les Allemands sont plus sensibles aux traditions doriennes, les Français aux élégances ioniennes. Le sentiment national s'exprime par la récupération ou l'appropriation directe ou symbolique des images de l'Antiquité. A travers toute l'Europe la course aux Antiquités révèle une concurrence sociale plus que des tensions nationales. Le XIXe siècle au contraire est le théâtre d'affrontements nationalistes qui n'ont pas fini de traverser l'archéologie. Pour les celtomanes français ou les germanomanes allemands, archéologie rime avec identité nationale. En même temps qu'elle se professionnalise, l'archéologie se nationalise. La création des grands musées d'archéologie nationale dont le prototype est le musée des Antiquités de Copenhague ouvert en 1819 par C. J. Thomsen sera suivie en 1843 par la section archéologique du musée national de Prague, puis en 1852, par le musée romano-germanique de Mayence, puis par le musée des Antiquités nationales de Saint-Germain-en-Laye en 1867. Les musées « nationaux » rivalisent avec les collections classiques et orientales des anciens musées — le Louvre à Paris, la Glyptothèque de Munich, les sections du British Museum. Au dire d'un des fondateurs de la Préhistoire allemande G. Kossinna, « l'archéologie est une science au plus haut point nationale ». Les affrontements entre savants atteignent leur violence maximale quand ils recouvrent des conflits territoriaux : entre Français et Allemands, Allemands et Polonais, les exclusives vont bon train, qu'il s'agisse des anciennes cultures de l'Alsace ou de la Silésie.

L'archéologie du XIXe siècle s'ouvre à la Préhistoire, à la Proto-histoire de l'Europe. L'expansion coloniale aidant, elle s'intéresse à l'Afrique, l'Extrême-Orient, aux Amériques ou à l'Océanie — ce faisant, elle se spécialise, éclate en spécialités aux intérêts et aux curiosités divergents. Ce faisant, elle fait une large place aux mythes nationaux.

L'objet et l'imagination. — Vercingétorix en France, Arminius en Allemagne sont les figures imaginaires d'un renouveau de l'archéologie nationale. Ces objets et monuments que le sol livre parcimonieusement, il faut les collecter, les rechercher, les exhumer : « Quand le sol aura été interrogé, il répondra » selon le mot fameux de l'abbé Cochet cité en exergue du célèbre manuel de fouille de R. E. M. Wheeler, *Archeology from the Earth*. L'archéologie du XIXe siècle n'est pas seulement nouvelle par sa fièvre classificatrice, mais par la place qu'elle accorde à la fouille. A l'origine, la fouille est un acte contingent, la conséquence d'une construction ou d'une tranchée quelconque, à la limite, une manière de continuer une exploration. Pour les antiquaires comme le comte de Caylus, Fauvel ou Lord Elgin, elle n'est évidemment pas l'essentiel. On peut se procurer des objets par un simple ramassage, voire un dépeçage des objets et monuments encore existants. A l'opposé, la découverte des premières industries lithiques conduit les naturalistes à tenter des fouilles dans le but de découvrir des objets qui par nature affleurent de manière moins évidente que les monuments de l'Antiquité. Surtout à la fin du siècle, les découvertes des consuls-archéologues comme Botta ou Layard en Mésopotamie, celles des voyageurs audacieux comme Belzoni et Mariette en Egypte, et la curiosité et le sens du spectacle de Schliemann touchent l'imagination des foules. En parant son épouse de bijoux « homériques », Schliemann touche la sensibilité du public qui peut pour la première fois s'imaginer concrètement le « monde d'Homère ». D'où le parfum d'inconnu et de mystère qui enveloppe l'exercice principal de l'archéologie. Le roman archéologique, de *Salammbô* à Rosny aîné des *derniers jours de Pompei* à Ceram trouve sa place dans la production littéraire. En attendant la reconstitution cinématographique, le roman diffuse une vision concrète de l'Antiquité à travers les détails de la vie quotidienne révélés par l'archéologie — on a peine à croire que la presse du début du siècle s'enflamme pour des faux célèbres — la tiare de Saïtaphernes, l'homme de Piltdown, qui sont autant d'affaires qui étalent dans la grande presse les angoisses, les hésitations, les travers du monde savant.

L'archéologie moderne se veut précise, objective, scientifique. Jamais pourtant elle n'a été autant travaillée par des pulsions imaginaires. Du « chaînon manquant », l'anthropopithèque recherché par certains des plus sérieux évolutionnistes jusqu'au yéti tibétain, sur les traces duquel s'engagèrent d'éminents historiens soviétiques, l'archéologie du XXe siècle n'a d'une certaine manière rien à envier à celle qui l'a précédée.

Comptables de la mémoire des choses, les archéologues ont tendance à devenir de plus en plus des administrateurs du sacré. En les consultant, politiques et décideurs font la part des choses, payent par quelques aménagements — ou la création de somptueux sanctuaires muséographiques — le prix du passé. Pointe alors le risque d'une archéologie mercenaire, appendice des contrats de construction, des travaux d'urbanisation. L'archéologie contractuelle surtout développée aux Etats-Unis tend à intégrer l'enquête archéologique dans les divers procédés d'évaluation et de décision. En fin de parcours, quelques objets soigneusement conservés et un rapport ésotérique témoignent pour le futur de l'existence d'un site. Certains pays d'Europe occidentale comme la France ont résolu le problème plus radicalement. Au lieu d'envoyer les archéologues précéder les bulldozers, on les convoque après leur passage; chaque chantier ainsi traité laisse ainsi des traces à travers quelques croquis ou objets rapidement sélectionnés. Peut-être parce qu'ils sont si peu représentatifs, les objets ainsi recueillis n'en prennent que plus de poids symbolique. Dans les statistiques du service archéologique, ils apparaissent comme autant de communiqués de victoire. Entre l'archéologie préventive à l'américaine ou à la scandinave et l'archéologie passive à la française ou à l'italienne, le chemin est grand.

Pourtant, le malaise n'est pas confiné aux stratégies, aux institutions et aux moyens. L'archéologie n'est plus le fait de *dilettanti*, elle doit rendre des comptes à la société. Conservateurs par nature, sinon par vocation, les archéologues doivent de plus en plus justifier leur choix, expliquer le gel de terrains convoités. Curieuse contradiction. Au nom de l'esthétique supérieure de l'art antique, les voyageurs des Lumières n'hésitaient pas à défigurer les monuments de la Grèce et de la Turquie, au nom de la préservation du passé, les archéologues d'aujourd'hui cherchent à convaincre leurs concitoyens de la nécessité de conserver des traces — fossés, tumuli, routes — qu'aucun jugement de valeur esthétique ne vient plus sublimer. Veuve de l'esthétique, l'archéologie a tendance à sombrer dans le primitivisme. Ces traces infimes et érodées, on doit les garder parce qu'elles témoignent non d'un achèvement, mais d'un balbutiement. Catalogues, guides et expositions joueront avec virtuosité de cette opposition entre « eux » (nos ancêtres?) et nous. Une récente et très belle exposition de Paléontologie au Musée de l'Homme à Paris ne se terminait-elle pas tout simplement par un miroir au travers duquel le visiteur pouvait se reconnaître *homo sapiens sapiens*? La tradition esthétique si résolument abandonnée par l'archéologie moderne ne se laisse pas si facilement remplacer. Après avoir posé que tout était archéologie — monuments, objets, traces — des débuts de l'hominisation à aujourd'hui, les archéologues courent le risque de ressembler au collège des cartographes de Borgès qui dressaient une carte si précise qu'elle recouvrait le territoire. L'archéologie totale — des traces aux comportements — est plus facile à définir qu'à pratiquer. Si on dénie aux objets leurs émotions, il faut remplacer un imaginaire par un autre, substituer une esthétique de la raison à une esthétique du sensible. Certains « New archaeologists » anglo-saxons s'y sont essayés en tentant de remplacer la conception traditionnelle, historiciste, de l'archéologie par la théorie des flux ou des jeux. Faire de l'archéologie dès lors consisterait à reconstituer à travers les systèmes d'objets la machine sociale. La société conçue comme une machine, avec ses engrenages et ses emballements, serait ainsi dévoilée à travers la matière des objets.

L'imaginaire des machines. — Face à une tradition qui privilégie l'œuvre d'art, la manière, la singularité de l'artiste, quoi de plus séduisant que de disposer d'une théorie de la production et de la reproduction des objets. Voici venir la linguistique archéologique des « factèmes » et des « formèmes ». La barbelure d'une pointe de flèche est un factème, la forme de la pointe de flèche un formème. De proche en proche, comment ne pas postuler une théorie générale de l'archéologie ? Des artefacts aux assemblages d'objets, des assemblages aux subcultures et aux cultures, la voie est droite pour une théorie de l'archéologie où chaque objet trouvera sa place dans le système modélisé d'une dialectique de la matière. La décoration céramique, les objets de métal, la parure, l'alimentation révéleront les traits distinctifs particuliers à chaque instance et à chaque culture. Les objets auraient leur logique propre qui révèle la profondeur du social. Ainsi entendue, l'archéologie éclate à nouveau. Elle ne se limite plus aux sociétés, elle est capable d'affronter le présent. On parlera d'archéologie contemporaine ou du monde moderne.

Malgré leurs outrances, ces courants de l'archéologie moderne ont le mérite d'affronter le concept caché et refoulé qui donne la clef de l'archéologie : l'actualisme. Pourquoi rechercher, inventorier, classer, conserver ces objets, sinon pour les comparer à nos jouets modernes, pour les tester à travers l'expérience de nos machines. La faveur et les résultats prometteurs de l'archéologie expérimentale ne disent pas autre chose.

Le jeu des simulations, construire une maison à l'ancienne, observer un incendie, reconstituer un mode de culture, se révèle comme la voie la plus prometteuse de l'archéologie. Pas seulement par les découvertes que ces simulations induisent, mais parce qu'elles révèlent des procédures de raisonnement. Les archéologues deviennent des hommes des poubelles qui recueillent tous les déchets disponibles. A Tucson aux Etats-Unis, l'archéologue américain Rathje a tenté une expérience stimulante. En étudiant le contenu des poubelles d'un certain nombre de citadins, il a essayé d'établir une série de déductions sur les habitudes alimentaires, les comportements sociaux, les conduites économiques des habitants. Le résultat a révélé des conduites différentes de celles admises par les sociologues ou les hygiénistes habituels. L'enquête « archéologique » révèle des comportements de gaspillage (en particulier en matière de viande rouge) jusque-là inconnus. Qu'un archéologue révèle la pertinence sociologique de l'enquête archéologique n'est pas sans intérêt. Qu'un sociologue démontre le caractère archéologique de certains choix industriels n'est pas moins surprenant.

Dans un article récent, Y. Stourdzé analyse lumineusement l'histoire récente de la machine à laver en France. Il démontre que si les fabricants français ne sont venus que tardivement à produire des machines légères et automatiques qui prédominent actuellement sur le marché, c'est que la conception de la machine à laver française a longtemps été celle du lourd, du durable, du pesant, ce qui rendait impossible la production de machines entièrement automatiques. Cette vision lourde de la machine à laver s'explique par une intégration industrielle verticale : les métallurgistes plus puissants l'emportent sur les électriciens et font prédominer l'idée d'une machine lourde, statique, semi-automatique qui ne résistera pas à la concurrence des machines allemandes ou italiennes légères et automatiques...

Aux dogmatiques de la culture matérielle, ces exemples viennent rappeler qu'il y a autant d'immatériel dans les objets que de matériel. Chaque transformation matérielle pose la même question. Nécessité technique ou convention ? Adaptation fonctionnelle ou détournement symbolique ? Les machines modernes sont aussi imaginatives que les outils de l'Antiquité. La carrosserie et la dimension des voitures obéissent tout autant à des nécessités fonctionnelles qu'à des « lois du marché » où la part du goût est certaine. Les machines font rêver et rêvent autant que les statues. L'apparition des éco-musées, des musées de la civilisation industrielle suscite autant de curiosité que celle des musées d'archéologie. Les machines ne révèlent pas un monde d'objets parfait, bien achevé et fonctionnel, mais des glissements, des adaptations multiples et contradictoires qui nous rappellent la modestie nécessaire dans toute réflexion sur le processus culturel. Quoi qu'il en semble, ces objets sont aussi des produits de l'imagination.

● BIBLIOGRAPHIE. — A. ABRAMOWICZ, Sponte nascitur ollae, in G. DANIEL, éd., *Towards a History of Archaeology*, Londres, 1981 ; J.-P. ADAM, *L'archéologie devant l'imposture*, Paris, 1976 ; J. BOUCHER DE PERTHES, *Antiquités celtiques et antédiluviennes*, Mémoire sur l'industrie primitive et les Arts à leur origine, Paris, 1847-1864 ; G. DANIEL, éd., *Towards a History of Archaeology*, Londres, 1981 ; G. DANIEL, *A Short History of Archaeology*, Londres, 1981 ; G. GNOLI - J.-P. VERNANT, *La mort, les morts dans les sociétés anciennes*, Londres, Paris, 1982 ; P. GOULETQUER, *Préhistoire du futur*, Morlaix, 1979 ; O. KLINDT-JENSEN, *A History of Scandinavian Archaeology*, Londres, 1975 ; G. KOSSINA, *Die Deutsche Vorgeschichte : eine hervoragende nationale Wissenschaft*, Leipzig, 1912 ; A. LAMING-EMPERAIRE, *Origines de l'archéologie préhistorique en France*, Paris, 1964 ; A. LEROI-GOURHAN, *Le geste et la parole*, Paris, 1964-1965 ; C. A. MOBERG, *Introduction à l'archéologie*, Paris, 1976 ; K. POMIAN, Théorie générale de la collection, in *Libre*, 3, 1978, p. 3-56 ; W. RATHJE, The garbage project, *Archaeology*, 27, 1974, p. 236-241 ; Y. STOURDZÉ, Autopsie d'une machine à laver, la société française face à l'innovation du public, *Le débat*, n° 17, décembre 1981, p. 15-36 ; R. E. M. WHEELER, *Archaeology from the Earth*, Londres, 1954.

▶ CORRÉLATS. — Document, Grèce (Histoire grecque), Préhistoire, Techniques.

A. SCHNAPP.

Ariès Philippe, 1914-1984

L'un des historiens français contemporains qui ont le plus contribué à promouvoir l'étude des mentalités et principalement l'étude des attitudes devant la vie. Par bien des traits, il occupe, au sein de la communauté historienne de son temps, une place singulière : il n'est pas universitaire. Après des études d'histoire en Sorbonne, il entre, pour des raisons familiales, dans une société d'importation de fruits tropicaux, au lieu de suivre la filière de l'enseignement. Il devient donc, selon sa propre expression, « un historien du Dimanche ».

Il appartient par tradition familiale et par conviction à la droite monarchiste; non pas l'extrême-droite « politique » activiste et factieuse, mais ce qu'il nomme la droite « nostalgique » pour laquelle la marche de l'histoire — ce qu'on appelle globalement le progrès — a ruiné un ordre ancien dont les valeurs étaient supérieures à celles qui les ont remplacées.

Monarchiste, non universitaire, ces deux traits auraient dû le conduire à écrire des essais politico-historiques ou des biographies pour grand public dans la tradition de Jacques Bainville et de Pierre Gaxote. Mais la famille intellectuelle dont il se réclame est celle de Marc Bloch et de Lucien Febvre, c'est-à-dire un milieu dominé par la tradition laïque et républicaine. Quant à sa façon d'écrire l'histoire, elle se rattache à la tradition savante de la recherche universitaire. Son élection à plus de soixante ans, alors que son œuvre est connue et traduite dans un grand nombre de pays à l'Ecole des Hautes Etudes en Sciences sociales, apporte une consécration tardive à cette double filiation.

Dans son œuvre, trois livres importants ont fécondé la réflexion des historiens par l'originalité de leurs hypothèses ou la nouveauté du terrain qu'ils exploraient. Pour apprécier à sa juste valeur le plus ancien des trois, *L'Histoire des populations françaises et de leurs attitudes devant la vie depuis le XVIIIe siècle*, il convient de ne pas oublier qu'il a été publié en 1948, avant le grand essor de la démographie historique en France. Si son information statistique peut paraître aujourd'hui dépassée, les hypothèses qu'il avance et qu'il a été souvent le premier à formuler, par exemple concernant la précocité de l'apparition du contrôle des naissances en France, conservent toute leur valeur. Elles continuent à inspirer l'un des secteurs les plus dynamiques de la recherche historique actuelle.

L'enfant et la vie familiale sous l'Ancien Régime, publié en 1960, reçut d'abord un accueil discret. Pour Philippe Ariès, l'enfant comme le bonheur est une idée neuve en Europe au XVIIIe siècle; entendons l'enfant perçu comme un être distinct de l'adulte par son inachèvement, sa vulnérabilité intellectuelle, affective, ayant des besoins spécifiques d'apprentissage progressif et de socialisation. La thèse avait de quoi dérouter ainsi que la totale nouveauté du sujet. Qui avant lui s'était préoccupé de savoir si un phénomène aussi naturel et universel que l'attitude des parents à l'égard des enfants avait subi des transformations à travers les âges ?

Traduit en anglais, le livre obtint aux Etats-Unis un succès de bestseller qui assura à Philippe Ariès une audience internationale et l'imposa au public français. Abondamment discuté et imité, le livre a été le point de départ d'une véritable fièvre de recherches sur l'histoire de la famille des deux côtés de l'Atlantique. Mais aussi — c'est la rançon du succès — il a été parfois interprété à contresens. Certains ont voulu lui faire dire que le siècle des Lumières avait inventé l'amour des enfants — ce qui est absurde — et tirer son analyse vers une vision optimiste du changement alors que Philippe Ariès laisse nettement percer dans son livre sa nostalgie pour la société ancienne de la « bigarrure » dans laquelle les hommes se souciaient peu de séparer les classes sociales et les classes d'âge.

Son dernier grand livre *L'Homme devant la mort*, longtemps mûri par plus de quinze années de recherches, paraît en 1977 en pleine épidémie d'histoire tératologique. Cette fois ce n'est pas la nouveauté du sujet qu'il aborde qui fait l'originalité du livre, mais sa manière très personnelle de l'aborder. L'auteur n'hésite pas à enjamber les frontières chronologiques dans lesquelles s'enferment les spécialistes pour suivre l'évolution des attitudes occidentales devant la mort sur toute l'étendue de son parcours, c'est-à-dire depuis la mise en place du système de croyances qui la sous-tend à l'époque de la christianisation du monde romain, jusqu'au XXe siècle.

Insensible aux tentations de l'histoire totale comme au recours canonique à un minimum de déterminisme sociodémographique, Philippe Ariès s'en tient au seul niveau de sens induit dans les attitudes. Car le contexte dans lequel il convient de replacer ces attitudes pour rendre compte de leurs infléchissements ou de leurs concentrations n'est pas celui du jeu des forces externes, matérielles ou sociales, qui peuvent s'exercer sur elles, mais du système de représentations dans lequel elles s'insèrent.

La vision de la mort que les hommes ont confiée à leurs rituels, leurs pratiques funéraires, leurs productions littéraires et iconographiques a été dictée successivement ou simultanément par leur croyance dans l'au-delà, leur conception de la continuité de l'espèce humaine face à la nature sauvage, leur sens de l'individualité de la personne et du rapport à autrui. Ce grand essai de psychologie historique sur les attitudes collectives devant la mort débouche sur une histoire de la conscience de soi.

Aux critiques qui lui reprochaient d'extrapoler à partir de sources trop disparates, glanées de-ci de-là sans se préoccuper de les mettre en séries et sans se demander si elles reflétaient l'état d'esprit d'une élite ou de l'ensemble de la société, Philippe Ariès répondait qu'il avait dû préférer la glane à la récolte par manque de temps, parce qu'il ne pouvait consacrer à l'histoire que ses heures de loisirs. Il y a du vrai dans cette boutade. Mais, pour l'essentiel, sa démarche lui est dictée par une conception de l'histoire qui privilégie l'univers mental. L'évolution des formes de pensée et leur dynamique propre orientent, selon lui, le cours des sociétés de façon plus déterminante que les contradictions sociales ou les contraintes économiques.

Philippe Ariès reste à cet égard héritier de la pensée durkheimienne qui avait joué un grand rôle dans sa formation intellectuelle. Comme les « faits sociaux » pour Durkheim, les contenus de l'histoire consistent pour lui « en des manières d'agir, de penser et de sentir extérieures à l'individu et qui sont doués d'un pouvoir de coercition en vertu duquel ils s'imposent à lui » (E. Durkheim, *Les règles de la méthode sociologique*).

Mais à la différence du grand sociologue, inspirateur de la gauche dreyfusarde, Philippe Ariès n'attend plus de l'évolution des structures mentales qu'elle émancipe l'individu et perfectionne l'assise de la société. Pour lui, elle n'est que travail du temps qui accumule, construit et détruit à la fois. Elle supprime certaines contraintes archaïques pour les remplacer par d'autres souvent plus aliénantes parce qu'elles sont plus intériorisées et s'imposent à l'esprit par leur caractère rationnel.

Le seul moyen de résister à l'évidence du présent, de déceler le non-sens au cœur de cet impensé qui donne sens à tout ce que nous croyons penser et décider librement, la seule chance de faire que notre histoire soit autre chose qu'une errance aveugle dans un labyrinthe plein de bruit et de fureur, c'est de remonter le fil d'ariane des métamorphoses successives de nos catégories mentales pour en reconstituer la genèse : là est la tâche de l'historien.

La démarche de Philippe Ariès, archéologue de nos certitudes, voisine avec celle de Michel Foucault ; un voisinage renforcé entre les deux hommes par une profonde estime réciproque. Philippe Ariès avait accueilli avec enthousiasme dans la collection qu'il dirigeait *L'histoire de la folie à l'âge classique* qui devait révéler au public l'œuvre du philosophe historien. *L'enfant et la famille...* avait-il inspiré à Michel Foucault l'idée d'une mutation rationalisante et modernisante de la société à la fin du XVIIe siècle qui dans un même mouvement exclut les enfants du monde adulte, « renferme » les fous et les pauvres ? Filiation ou rencontre, peu importe. Par des itinéraires idéologiques différents, le monarchiste « nostalgique » et le philosophe contestataire ont retrouvé la critique de la rationalité élaborée par la sociologie allemande de l'entre-deux-guerres.

● BIBLIOGRAPHIE. — Ph. ARIÈS, *Un historien du Dimanche*, Paris, 1980.

▶ CORRÉLATS. — Enfant, Famille, Foucault, Mentalités, Mort.

A. BURGUIÈRE.

Art (Histoire de l')

L'étude de l'art comme discipline historique n'est pas antérieure à l'époque moderne. Il y eut bien pendant l'Antiquité le *Guide* de Pausanias, répertoire d'œuvres et de sites et source d'une importance capitale pour notre connaissance des œuvres disparues, et les chapitres sur les artistes dans l'*Histoire naturelle* de Pline l'Ancien. Celui-ci nous donne d'ailleurs des renseignements précieux sur le premier commerce d'œuvres d'art organisé et sur les premiers connaisseurs et collectionneurs. Strabon, Horace, Pétrone et d'autres écrivains antiques sont riches de renseignements à ce sujet. Ces écrits sont plutôt des sources pour l'historien de l'art que des textes d'histoire de l'art à proprement parler. L'Antiquité tardive ou le Moyen Age nous offrent également des descriptions concernant le symbolisme de l'œuvre d'art. Les inscriptions sont également des sources précieuses pour la connaissance des œuvres.

Il faut attendre le XVIe siècle pour que l'humanisme de la Renaissance prenne en considération les notions d'archaïsme, de classicisme et de déclin et les associe à des enquêtes biographiques, aux sources descriptives et à d'autres données pour créer l'Histoire de l'art dans le sens moderne du terme. Giorgio Vasari (1511-1574) a dans ce sens une importance considérable. Artiste officiel de Toscane, peintre et architecte, il devient après 1553 le maître d'œuvre de la nouvelle cour des Médicis. En 1562 il fonde l'Académie du dessin. Son importance pour l'Histoire de l'art est cependant liée à la publication en 1550 des *Vies des plus excellents peintres, sculpteurs et architectes* dont la deuxième édition fortement complétée paraît en 1568. L'auteur y ordonne les artistes qui l'ont précédé ou lui sont contemporains dans une perspective historique. Aux enquêtes biographiques viennent s'ajouter les catalogues des œuvres et des anecdotes ou légendes, le tout souvent présenté dans un cadre littéraire. Après une introduction sur les techniques, Vasari divise ses cent quatre-vingt-dix-huit biographies de la seconde édition en trois parties : « L'émancipation des XIIIe et XIVe siècles », « L'épanouissement du XVe siècle » et « L'éclat ou perfection de la manière moderne du XVIe siècle ». En Flandres, en Espagne et en Allemagne, ainsi qu'en Italie, il est vite imité.

Pendant le siècle suivant, la tendance au classement par écoles en fonction de critères esthétiques se fait jour. En Italie, G. P. Bellori édite ses *Vies des peintres* (1672) et, en France, vers la fin du siècle, André Félibien publie les *Entretiens sur les vies et sur les ouvrages des plus excellents peintres anciens et modernes* (1666-1688) et Roger de Piles, un *Abrégé de la vie des peintres* (1699) ainsi qu'un *Cours de peinture par principes* (1708). Après la création de l'Académie en 1648, les discours théoriques se multiplient et pendant le dernier tiers du XVIIe siècle la réflexion sur l'art s'officialise. Félibien donne davantage d'importance aux Italiens tandis que Piles accorde moins d'intérêt au passé. Les deux cherchent à établir des critères pour distinguer les manières. Tandis que la somme de Félibien constitue le premier monument français d'histoire de la peinture, Roger de Piles réduit les vies à l'essentiel et regroupe les maîtres en six écoles au lieu de les disperser dans la chronologie. Il s'était exercé auparavant sur le plan théorique, dès 1673, avec son *Dialogue sur le coloris*.

Pendant le XVIIIe siècle la notion d'évolution artistique se fortifie. Par ailleurs l'intérêt pour les antiquités nationales se confirme à la suite des études de Mancini en Italie, de la *Roma sotterranea* de Bosio (1632) et des ouvrages d'Aringhi (1651) et de Ciampini sur les mosaïques (1690). En France, A. C. P. de Caylus écrit à la fois sur les antiquités et sur les artistes contemporains. Les récits de voyages sont de plus en plus attentifs à l'art (Ch.-N. Cochin, 1756-1758). Cette tendance atteint son sommet en France avec les *Monuments de la Monarchie française* de Bernard de Montfaucon (1729-1733). Par ailleurs, les nouvelles formes de critique à la fois subjective et mondaine qui se développent dans les Salons trouvent en Diderot un porte-parole éminent.

Le renouveau de l'Histoire de l'art comme science devait venir de l'archéologie, qui demeurait jusque-là dans le terrain exclusif de l'antiquariat. J.-J. Winckelmann (1717-1768), Allemand, attaché pendant longtemps à la cour pontificale, rompt avec le baroque pour défendre l'héritage antique, notamment grec. Il rédige des catalogues et voyage pour étudier les œuvres directement. Il défend sa théorie et cherche à éduquer les élites et à les sensibiliser à l'étude de l'art : *Réflexions sur l'imitation des œuvres grecques dans la sculpture et la peinture* (1755), *Remarques sur l'architecture des anciens* (1762), *Monuments inédits de l'Antiquité expliqués et illustrés* (1767). Son œuvre principale est l'*Histoire de l'art de l'Antiquité* (1764). Pour la première fois, l'observation attentive des œuvres aboutit à des classements stylistiques et à des attributions indépendantes de l'érudition livresque. Pour la première fois aussi la sculpture prend plus d'importance que la peinture.

Avec le XIXe siècle, l'*Histoire de l'art par les monuments* de Seroux d'Agincourt (1811-1829) fait un pas décisif en classant les arts en trois catégories et en cherchant à illustrer le plus grand nombre de monuments ; classement dont on dépend encore largement. Avec le romantisme, les nouveaux nationalismes et la redécouverte du Moyen Age, les premières institutions archéologiques de mise en garde du patrimoine se mettent en place. C'est l'époque, en France, des premiers inspecteurs des Monuments historiques, Ludovic Vitet et Prosper Mérimée, des architectes restaurateurs comme Viollet-le-Duc, des premiers manuels d'archéologie du Moyen Age comme celui d'Arcisse de Caumont (1836) et des débuts de l'enseignement de la discipline (J. Quicherat). Les premières sociétés savantes sont créées à la suite de la Société des antiquaires de Londres, et J. Ruskin contribue à la redécouverte du Moyen Age vénitien en attirant l'attention sur les travaux de Saint-Marc.

En Allemagne, la tradition philosophique et esthétique produit, dès la fin du XVIIIe siècle et le début du XIXe, des formes originales de pensée sur l'art. Hegel dans ses écrits d'esthétique pose deux questions fondamentales : comment l'art se libère-t-il de la pensée et comment l'art de différentes époques devient-il une partie de la vie mentale actuelle ? L'esprit de chaque époque se reflète dans le style, tandis que l'art est une des composantes du développement de l'esprit. Les positions de Hegel énoncées avant 1828 furent contrées par K.-F. von Rumohr qui est considéré comme le fondateur de la recherche d'archives moderne en Histoire de l'art. En 1827, Rumohr publie les premiers volumes de ses *Italienische Forschungen* et attaque à la fois l'approche visuelle de Winckelmann et les considérations philosophiques de Hegel. Sérieux théoricien et responsable du premier classement par écoles du Musée de Berlin, il prend en considération les sources, procède à des comparaisons et des attributions et met en valeur les rapports entre patron et artiste et les techniques de ce dernier. L'apogée du positivisme est représenté par la *Philosophie de l'art* de Taine (1865) : l'œuvre d'art est en rapport étroit avec le milieu et avec ses éléments, comme la race, le climat, les coutumes, etc. Entre 1851 et 1863, G. Semper s'attache au rôle de la technique et, laissant de côté les attitudes, s'intéresse aux motifs et à leur diffusion.

A ces démarches philosophiques s'opposent J. Burckhardt et A. Springer. Le premier développe une histoire de la culture dans laquelle l'œuvre d'art occupe une place essentielle au sein des différentes composantes de la civilisation. Ses œuvres les plus connues sont *La civilisation en Italie au temps de la Renaissance* (1860) et *Le Cicerone* (1855). Le second applique cette histoire culturelle à une période chronologique plus vaste, de l'Antiquité au XIXe siècle.

Heinrich Wölfflin (1864-1945), bien que formé dans l'entourage de Burckhardt, entreprend l'étude formelle des œuvres. En 1888 il publie *Renaissance et baroque*, ouvrage dans lequel il propose des traits fondamentaux pour distinguer deux périodes, des catégories formelles groupées par paires, aboutissant à deux constantes, l'une classique, l'autre baroque : linéaire-pictural, surface-profondeur, forme fermée - forme ouverte, unité-multiplicité. Dans ses *Principes fondamentaux de l'Histoire de l'art* (1915) il généralise sa théorie formaliste.

Proche de Semper et de Wölfflin naît en même temps à Vienne une école formaliste autonome autour d'A. Riegl qui propose de mener les enquêtes sur des terrains chronologiques ou techniques peu habituels afin de réduire les risques de subjectivité. Les *Stilfragen* (1893) s'intéressent à la transformation d'un seul motif, l'acanthe, et à son développement interne. *Spätrömische Kunstindustrie* (1901) analyse la production de l'Antiquité tardive en partant de l'étude formelle des motifs. La notion de volonté artistique est introduite en opposition à celle d'imitation de la nature. A l'école de Vienne appartiennent J. Strzygowski, qui développe une théorie préfasciste des cultures historiques (*Die Krisis der Geisteswissenschaften*, 1923), et surtout l'élève de Riegl, Max Dvorak (1874-1923), qui publie en 1924 sa *Kunstgeschichte als Geistesgeschichte* dans laquelle forme et contenu sont réunis. Ces préoccupations psychologiques se trouvent érigées en science autonome par W. Worringer (1881-1965).

L'école formaliste de Vienne a eu en France un retentissement considérable grâce à l'œuvre d'Henri Focillon (1881-1943). Celui-ci élargit la réflexion en postulant une vie autonome des formes (*Vie des formes*, 1934). La forme constitue l'œuvre d'art et la fait évoluer. Médiéviste, H. Focillon applique avec bonheur ses positions à l'art médiéval (*Art des sculpteurs romans*, 1932).

En Italie, le courant philosophique de la première moitié du xxe siècle est marqué par l'œuvre esthétique de B. Croce (*Esthétique*, 1902), qui centre sa théorie sur la recherche des personnalités, des artistes, et propose la rédaction de monographies d'artistes. A cette tendance se rattachent, entre autres, Schlosser en Allemagne et même Bianchi Bandinelli en Italie (*Storicità dell'arte classica*, 2e éd., 1950). L'appartenance de cet historien de l'art antique au courant marxiste italien permet d'évoquer cette ligne de pensée sur un plan plus général, depuis les études sur le xviiie siècle français de G. Plekhanov (1885-1918) et jusqu'à celles de G. Lukács, et d'E. Fischer (*Le besoin de l'art*, 1959) ou de F. D. Klingender (*Art and the industrial Revolution*, 1947).

Parallèlement aux tendances philologiques, un monde de connaisseurs se développe en Europe avec l'accroissement des collections et la popularisation des musées. On a vu de quelle manière Winckelmann peut se rattacher à cette voie qui trouve ses pionniers avec Cavalcaselle (1819-1897), auteur des œuvres monumentales sur la peinture flamande et sur la peinture italienne, et surtout Giovanni Morelli (1816-1891), naturaliste qui propose une théorie d'attributions fondée sur des détails scientifiques pouvant contribuer à individualiser la main des différents artistes. Ce dernier exerce une influence certaine sur le grand connaisseur du xxe siècle, Bernard Berenson (*Rudiments of Connoisseurship*, 1902).

Les catalogues raisonnés, corpus et encyclopédies se multiplient dès la fin du xixe siècle. Des entreprises gigantesques visant à réunir la totalité des œuvres connues afin de mieux saisir les attributions, les comparaisons et les différents éléments d'étude, sont publiées. A. Goldschmidt (1863-1944) édite les ivoires, A. Kingsley Porter la sculpture romane, Wilpert les peintures et les sarcophages de Rome. Adolfo Ventury, en Italie, dans la plus pure tradition de Cavalcaselle et de Morelli, conçoit une *Histoire de l'art italien* qui doit inclure en vingt-cinq volumes tous les arts figuratifs. En France les volumes de l'*Histoire de l'art* dirigée par André Michel commencent à paraître à leur tour en 1906.

Le contenu de l'œuvre d'art et son insertion culturelle font l'objet au xixe siècle d'approches qui relèguent cet aspect de l'étude artistique au rang de science auxiliaire. L'iconographie intéresse des personnalités telles que Didron en France ou plus tard Emile Mâle (*L'art religieux du XIIIe siècle en France*, 1898). A Hamburg, la recherche iconographique et l'étude du contenu culturel des œuvres se développent autour d'Aby Warburg (1866-1929), dont la bibliothèque émigre par la suite à Londres. Ses principales contributions concernent les fonctions sociales et religieuses des symboles à la fin du xve siècle. La cohérence des programmes est démontrée par Warburg en 1912 à propos des peintures du palais Schifanoia de Ferrare. Erwin Panofsky développe ces approches iconographiques et iconologiques en considérant les arts visuels comme une part d'un univers de culture (*The History of Art as Humanistic Discipline*, 1940). En 1927, un siècle après la publication par Rumohr des *Italienische*

Forschungen, Panofsky publie son essai sur *La perspective comme forme symbolique,* peut-être le plus connu des essais théoriques et critiques dont l'arrière-plan remonte à Hegel. Trois aspects ont été isolés parmi les constantes de l'œuvre de Panofsky : la relation entre l'idéal d'un point de vue systématique et le détail de l'enquête historique, la relation entre les concepts d'une théorie générale et l'infrastructure particulière des œuvres, la relation entre images et concepts. *Idée, Etudes d'iconologie, Architecture gothique et pensée scholastique, Meaning in the Visual Arts, Early Netherlandish Painting* sont quelques-uns de ses ouvrages ou recueils les plus représentatifs. R. Wittkower a adapté pour sa part certains de ces principes à l'architecture.

Dans une ligne de pensée inaugurée par Max Dvorak et orientée vers la fonction sociale de l'œuvre d'art se situe son élève A. Hauser dont l'*Histoire sociale de l'art* a eu un retentissement exceptionnel. Pour l'Italie, F. Antal a appliqué ces orientations dans son ouvrage *Florentine Painting and its Social Background* (1947). En France, Pierre Francastel (1900-1970) a introduit la sociologie de l'art ou l'Histoire sociale de l'art. Pour cet auteur l'Histoire de l'art appartient à ses cadres culturels dans lesquels elle doit être replacée. L'étude de la technique et des pratiques artistiques doit accompagner celle des réalités du temps. A partir de 1950, les points de vue de Pierre Francastel se trouvent dans *Peinture et société, La réalité figurative, Etudes de sociologie de l'art.*

Aujourd'hui l'Histoire de l'art demeure partagée, comme l'Histoire, entre tendances et écoles. Au souci de collection sont venus se substituer les catalogues et la mise en fichier informatique des œuvres. Les banques de données sont en cours de constitution et la France, à l'initiative d'André Malraux, a créé un Inventaire général des richesses artistiques, visant à inventorier pour sauvegarder et diffuser la connaissance. Les institutions de sauvegarde se multiplient et les musées se transforment pour remplacer leur mission unique de conservation par des attitudes pédagogiques de diffusion de la culture historique. Tandis que les deux principales tendances, formelle et sociale, possèdent leurs adeptes, d'autres recherches tentent de renouveler la discipline. Celle-ci a pris place en tant que discipline autonome dans les enseignements secondaire et universitaire, avec des différences suivant les pays, s'affranchissant progressivement de l'Histoire ou de la Philosophie avec lesquelles elle était souvent associée dans les programmes d'enseignement. Cette discipline, somme toute encore très jeune, tente de prouver qu'elle a besoin de spécialistes du champ culturel capables d'autre chose que de bien parler devant un tableau ou de choisir des illustrations pour des ouvrages variés.

Après 1968, le débat a porté, en France notamment, non pas tant sur les différences entre Histoire de l'art et Histoire mais sur les contrastes existant entre Histoire de l'art et Archéologie, et cela non pas uniquement pour les périodes anciennes. L'Histoire de l'art a pu paraître à certains comme une science aristocratique, chargée d'examiner le beau, le goût d'une certaine classe sociale, tandis que l'Archéologie permettait de pénétrer la vie des plus humbles à travers les enquêtes de culture matérielle. Ces débats ne sont pas clos mais ils apparaissent quelque peu vieillis. L'Histoire de l'art, comme toute discipline, présente différentes facettes et peut couvrir toutes les approches du champ historique. De plus, elle peut saisir un aspect de la création humaine, le travail de nature artistique ou artisanale, par ses propres moyens, suivant ses propres méthodes d'approche. Avec l'importance croissante des médias, l'art est de plus en plus utilisé et le goût collectif se forme à l'étude de la discipline tandis que le champ technique s'élargit avec l'industrie, le cinéma ou l'espace.

La périodisation de l'Histoire de l'art est en train d'être révisée en substituant, à la suite des recherches historiques, l'idée de continuité à celle de rupture entre les différentes périodes. Les synthèses générales les plus lues sont celles d'E. Gombrich et de H. W. Janson. Des collections gigantesques ont entrepris de couvrir tout le champ de la création artistique : *L'Univers des formes* en France, *Pelican History of Art* en Angleterre et aux Etats-Unis et *Propyläen Kunstgeschichte* en Allemagne. La *Storia dell'arte italiana* (Einaudi, Turin) constitue un bel exemple du renouveau des méthodes et des efforts faits avec des moyens intellectuels traditionnels pour présenter la recherche dans cette discipline. Le *Répertoire d'art et d'archéologie* français et le RILA américain viennent de fusionner sous le parrainage du « nouveau monstre » financier de l'Histoire de l'art, le J. P. Getty Trust de Los Angeles, pour créer un instrument bibliographique informatisé, symbole des temps nouveaux.

● BIBLIOGRAPHIE. — J. S. ACKERMANN, R. CARPENTER, *Art and Archaeology*, Englewood Cliffs, 1963; H. BELTING, *Das Ende der Kunstgeschichte?*, Munich, 1983; H. DILLY, *Kunstgeschichte als Institution. Studien zur Geschichte einer Disziplin*, Frankfurt, 1979; L. D. ETTLINGER, *Art History Today*, Londres, 1961; J. GANTNER, *Schönheit und Grenzen der klassischen Form : Burckhardt, Croce, Wölfflin. Drei Vorträge*, Vienne, 1949; J. A. GAYA NUÑO, *Historia de la crítica de arte en España*, Madrid, 1975; E. H. GOMBRICH, *Aby Warburg an Intellectual Biography*, Londres, 1970; E. H. GOMBRICH, *Tributes. Interpreters of our Cultural Tradition*, Ithaca, NY, 1984; L. GRASSI, *Teorici et storia della critica d'arte*, 3 vol., Rome, 1970-1979; R. HEIDT, *Erwin Panofsky. Kunsttheorie und Einzelwerk*, Cologne-Vienne, 1977; W. E. KLEINBAUER, *Modern Perspectives in Western Art History*, New York, 1971; U. KULTERMANN, *Geschichte der Kunstgeschichte. Der Weg einer Wissenschaft*, Vienne-Düsseldorf, 1966; B. LANG, F. WILLIAMS, *Marxism and Art. Writings in Aesthetics and Criticism*, New York, 1972; J. LAVALLEYE, *Introduction aux études d'archéologie et d'histoire de l'art*, Tournai, 1958; M. PODRO, *The Critical Historians of Art*, New Haven-Londres, 1982; G. PREVITALI, *La fortuna dei primitivi. Dal Vasari ai neoclasici*, Turin, 1964; M. ROSKILL, *What is Art History?*, New York, 1976; B. TEYSSÈDRE, *L'Histoire de l'art vue du Grand Siècle*, Paris, 1964; E. VAN DER GRINTEN, *Enquiries into the history of art-historical writing*, Amsterdam, 1952; W. WAETZOLDT, *Deutsche Kunsthistoriker von Sandrart bis Rumohr*, 2ᵉ éd., Berlin, 1965; D. WATKIN, *The Rise of Architectural History*, Londres, 1980; R. WITTKOWER, *Allegory and the Migration of Symbols*, Londres, 1977.

▶ CORRÉLATS. — Archéologie, Baroque et classicisme, Burckhardt, Focillon, Francastel, Iconographie, Intellectuelle (Histoire), Panofsky, Wölfflin.

X. BARRAL I ALTET.

B

Banque

Un mot chargé d'un certain flou, pour avoir été utilisé à travers les siècles à propos d'activités professionnelles aux formes, aux impacts, au poids relatif (dans l'économie) changeant, avec l'évolution même des systèmes économico-sociaux. Ceux-ci génèrent les activités bancaires, tout en s'en trouvant influencés. Les traits communs aux *banques*, et aux *banquiers* (qui ont vécu des siècles avant l'ère des banques en sociétés de capitaux), sont de tous les temps et de tous les systèmes. Leur matière première et leurs produits ne sont pas des marchandises, mais des signes monétaires, métalliques et de papier; leurs fonctions sont à la fois d'intermédiation dans les paiements, nationaux et internationaux, et de prêts d' « argent » aux princes et Etats, à tous les genres d'entreprises, et aux particuliers. « La banque ne prête qu'aux riches », c'est-à-dire moyennant l'offre d'une garantie préalable, sauf à risquer d'être entraînée dans les échecs de ses gros clients débiteurs. La mécanique bancaire est élémentaire : rassembler des *ressources*, propres et empruntées (capital et réserves; dépôts de divers types selon l'échéance de leur remboursement); et rechercher des *emplois*, plus ou moins bien adaptés au degré (c'est-à-dire au temps) de disponibilité des ressources : emplois *longs* de prêts et placements plus ou moins mobilisables aisément; emplois *courts* (de quelques jours à quelques mois) à rotations rapides. Les premiers peuvent entraîner la banque au cœur des diverses opérations financières de l'industrie, et la transformer, volontairement ou à son insu, en créancier intéressé, voire en contrôleur d'autres firmes : c'est la voie de la constitution, très précoce au XIXe siècle, des « groupes bancaires ». Les seconds, plus divisés, plus traditionnels, plus portés en avant par le discours bancaire, tiennent aux prêts au commerce (de formes diverses selon le type de la garantie : traites commerciales, dépôts de valeurs, avals...) et aux « ménages ». Ces derniers, il est vrai, n'ont été annexés à la stratégie bancaire que depuis le milieu du XXe siècle. Tout ceci éclaire la mécanique des faillites bancaires dont, seule, l'intervention des Etats, dans les années 1930, a limité les cycliques répétitions : une banque ne meurt que par crise (courte) de *trésorerie*, et non pas, le plus souvent, pour avoir fait des opérations intrinsèquement fragiles, ou délictueuses. C'est lorsque la crise économique gèle ses immobilisations, et si celles-ci ont été trop nombreuses et mal garanties, qu'incapable, alors, de faire rentrer en argent liquide certains emplois à l'heure de leurs échéances, la banque ne peut faire face à ses propres dettes, c'est-à-dire satisfaire aux exigences de remboursement présentées en masse par une forte partie de ses déposants : le *run* conduit ainsi à la faillite.

Les banques modernes, celles des XIXe et XXe siècles, dites « commerciales » (nous laissons de côté les banques d'émission de billets, devenues « centrales » dès avant 1914), créent-elles de la monnaie ? Leurs prêts font-ils leurs dépôts, selon la vérité des économistes ? Oui, mais *en partie* seulement, ce qui limite (sans les anéantir) leurs responsabilités et leur initiative dans la création monétaire. Les banques génèrent des dépôts, il est vrai, par les crédits qu'elles ouvrent (création monétaire). Mais elles centralisent et coagulent, en même temps, sous forme de dépôts, des liquidités préexistantes. La mécanique simple des « prêts personnels » le montre bien. Du même mouvement, la banque délivre un crédit de niveau x, mais elle recueille, au titre de garantie, un multiple de x grâce à la « domiciliation » dans ses comptes du revenu mensuel de l'emprunteur.

Une ambivalence ou une ambiguïté de même nature apparaît lorsque l'on observe qu'au plan de leurs emplois (l'*actif*) les banques sont *dans* la « croissance » (ou la « crise ») en tant que lubrifiant et moteur. D'où les hésitations et disputes au cours des deux derniers siècles, sur les mobiles, les degrés et les conséquences économiques et politiques de leurs interventions actives. Par leurs crédits, leurs placements, leurs prises de « participations », et par leur stratégie (les changements dans la ventilation de leurs emplois), elles participent à la production, aux échanges, aux spéculations (en particulier, naturellement, monétaires). Mais en même temps, au plan de leurs ressources (le *passif*), elles proviennent *de* la croissance (ou de la « crise »). Elles sont sous la dépendance de la conjoncture générale, et des comportements (attitudes, habitudes, préférences, propensions) de leurs déposants et clients, et plus généralement, de l'ensemble du corps social. Il ne dépend pas d'elles seulement qu'elles ne soient que tolérées, victimes d'une sorte d'allergie sociale, objets de méfiances et de craintes séculaires (envers les « manieurs d'argent ») ; ou que leurs instruments et services pénètrent enfin dans la pratique quotidienne et spontanée de la masse du public, et non pas seulement des milieux professionnels et des couches aisées. Tout système bancaire dans son état, son comportement, son rôle économique, est dépendant du degré de développement économique et social, tout en rétroagissant sur lui.

Laissons l'*histoire* (fortement évolutive ; à spécificités nationales marquées ; à dimensions précocement internationales) des banques commerciales dans le cadre des successives émergences de l'industrie. Retenons des conjonctures bancaires au XXe siècle, non pas le contraste connu entre les lourdes crises bancaires des années 1930 et la période sans crises (bancaires) des années 1950-1970, époque liée à un « mouvement long » mondial de croissance capitaliste, mais deux traits sur lesquels l'attention doit être attirée, parce qu'ils ont été laissés dans une certaine pénombre. D'un côté, le fait que, de 1914 au début des années 1950, les banques ont été victimes de l'inflation, leurs bilans et opérations en « valeur » croissant en moyenne durée moins vite que la hausse générale des prix. D'où leur affaiblissement en « termes réels », en « volume ». Au-delà de la moitié des années 1950 les ressources (donc, les emplois) bancaires dépassent, en taux de croissance annuels, l'inflation-prix. Les banques deviennent alors bénéficiaires de l'inflation et leur expansion, accompagnée de concentrations, d'ententes, d'accords, y compris au plan international, devient fort vive. D'un autre côté, et au cours de cette seconde période, si les progrès d'une internationalisation bancaire à formes multiples ont attiré les études de tant d'économistes, ces mêmes études ont relativement négligé une transformation profonde dans les équilibres des bilans des plus grandes banques commerciales multinationalisées. Tant du côté des ressources que des emplois a grandi la place des opérations de trésorerie et de placements à court et très court terme (le « jour le jour ») *interbanques*. Les principaux clients des banques se situent désormais à l'intérieur des systèmes bancaires : ce sont les autres banques, nationales et étrangères. C'est là l'explosion quantitative de l'ancienne rubrique « banques et correspondants » laquelle, de 3 à 5 % des bilans au début du XXe siècle, s'est hissée à 30-50 % (voire davantage) dans nos vingt dernières années. La dynamique d'un tel mouvement est à rouages multiples : poids croissant des échanges mondiaux de marchandises et de capitaux; paiements internationaux à circuits multiples; expansion du marché des euro-devises; abondance des liquidités bancaires; opportunités multiples de spéculations sur les monnaies; volonté d'échapper aux réglementations nationales de « politique monétaire ».

Comment les historiens saisissent-ils l'histoire des banques ? De l'extérieur, sur les signes et indices que livrent les banques, quand il s'agit de la période qui s'ouvre avec la deuxième guerre mondiale. Aussi cèdent-ils le pas aux économistes dans ce cas. Ceux-ci ont été quelque peu aidés par les législations qui ont imposé, par exemple, la publication de la composition (complète) des portefeuilles-titres des principales banques. D'où la multiplication des études structurelles concernant les « groupes » bancaires, et qui se heurtent toutes aux difficultés de la saisie des « contrôles » (par les banques; et sur les banques), car leur seule mesure ne suffit pas pour déceler et analyser le phénomène.

Pour les historiens, il n'y a d'histoire bancaire que sur archives : privées, et publiques, puisque les banques ont toujours eu d'étroits rapports avec l'Etat. Elles ont toujours fonctionné côté Ville et côté Cour à la fois. On les retrouve donc dans les papiers publics, en particulier ceux des ministères des Finances, et des Affaires étrangères, où l'on voit que les relations entre « pouvoirs » ne sont pas univoques, mais à géométrie variable. Les archives bancaires, elles, peuvent livrer l'intérieur des comptes et permettre d'approcher le « profit originel » (ou cash flow); mais aussi : les actes notariés sur la fondation et sur les augmentations de capital; les dossiers d'études sur les « grosses affaires »; les fichiers concernant les grands débiteurs; les enquêtes préalables aux implantations d'agences, y compris à l'étranger, la correspondance interne à la banque (plus intéressante que les procès-verbaux du conseil d'administration), en particulier celle entre membres du comité de direction; les dossiers des assemblées annuelles d'actionnaires... On comprend alors que l'historiographie bancaire ait progressé selon un certain hasard. Hasard quant au contenu des archives (que de destructions, sinon d'autodafés!). Hasard, surtout, quant à l'accessibilité aux archives des banques. Curiosité scientifique, conscience que le présent hérite lourdement du passé, volonté d'aide, sinon de mécénat, sont rares, du moins dans le monde français des banques. A certains signes récents, on peut nourrir l'espoir d'une modification des comportements. Les historiens, en tous les cas, ne cesseront ni leur quête, ni leurs enquêtes.

● BIBLIOGRAPHIE. — B. GILLE, *La banque et le crédit en France de 1815 à 1848*, PUF, 1959; J. BOUVIER, *Le Crédit lyonnais de 1863 à 1882; les années de formation d'une banque de dépôts*, EPHE, VIe Section, SEVPEN, 1961, 2 vol.; M. LÉVY-LEBOYER, *Les banques européennes et l'industrialisation internationale dans la première moitié du XIXe siècle*, PUF, 1964; R. CAMERON, *La France et le développement économique de l'Europe, 1800-1914*, Seuil, 1971; F. MORIN, *La structure financière du capitalisme français*, Calmann-Lévy, 1974; J.-P. ALLINNE, *La Caisse des dépôts et consignations de 1816 à 1895*, PUF, 1976; L. BERGERON, *Banquiers, négociants et manufacturiers parisiens du Directoire à l'Empire*, EHESS, Mouton, 1978; A. GUESLIN, Les origines du Crédit agricole, 1840-1914, *Annales de l'Est*, Mémoire nº 59, 1978; A. PLESSIS, *La Banque de France et ses deux cents actionnaires sous le Second Empire*, Droz, 1982; P.-B. RUFFINI, *Les banques multinationales*, PUF, 1983.

▶ CORRÉLATS. — Économie (Histoire économique), Inflation, Relations internationales.

J. BOUVIER.

Baroque et classicisme

De l'architecture à la littérature en passant par la peinture, le style baroque s'oppose au style classique. Le recours à l'étymologie (*baroco*, perle irrégulière en portugais) n'éclaire pas beaucoup le sens d'un terme d'abord réservé aux arts plastiques, à l'architecture ou à la peinture. Succédant à la Renaissance, après la transition maniériste, le style baroque s'impose au XVIIe siècle et se prolonge avec le rococo ou le style rocaille en France. Le goût pour le mouvement, les lignes courbes, la richesse décorative, le souci de surprendre et l'attrait pour les effets théâtraux font la particularité du baroque. Véritable style international né en Italie, il s'impose aussi bien en Europe centrale (Bohême) que dans les divers États germaniques, dans la péninsule Ibérique et même au Mexique ou au Brésil (Ouro Preto).

En dépit des différences notables entre l'église du Gesù ou de Saint-Jean-de-Latran à Rome, Saint-Charles-Borromée à Vienne ou la cathédrale de Mexico, le lien est évident entre toutes les formes du baroque appliqué à l'art religieux. Bien que l'art d'un Bernin ou d'un Borromino n'entretienne qu'une parenté lointaine avec les réalisations de Fischer von Erlach, le baroque apparaît comme « l'architecture (ou la peinture) répondant (le) mieux au catholicisme post-tridentin » (V.-L. Tapie). Cette adéquation entre une nouvelle liturgie et une nouvelle forme d'art est si forte que même l'art religieux de la France classique se conforme aux canons d'un style aux antipodes du dépouillement et de l'austérité protestante.

En revanche l'architecture civile et la peinture française (et anglaise) répondent à un tout autre impératif, le classicisme. Symétrie, ordre, mesure, tels sont les maîtres mots d'un art qui prétend respecter les règles des anciens. Plus on s'approche du centre du pouvoir monarchique plus cet idéal s'impose pour triompher à Versailles, en particulier dans ses jardins à la française. Absolutisme et classicisme entretiennent donc des liens privilégiés.

Cette double relation, absolutisme/classicisme, Contre-Réforme/Baroque, est séduisante et judicieuse mais elle ne doit pas occulter le rôle des traditions nationales. Ainsi l'art plateresque et le style manuelin préparent sans doute les surcharges et les excès des baroques ibériques (style churriguresque) et dès la fin du XVIᵉ et le début XVIIᵉ siècle Lescot et Delorme annoncent le classicisme français. Enfin certains thèmes, certaines techniques relèvent des deux styles. Le trompe-l'œil et la mise en abyme satisfont autant le goût baroque de l'illusion et de l'artifice que la pente classique pour les effets de symétrie.

● BIBLIOGRAPHIE. — V.-L. TAPIE, *Baroque et classicisme*, Paris, 1957; P. FRANCASTEL, Baroque et Classicisme : histoire en typologie des civilisations, *Annales ESC*, 1959, p. 142; R. MANDROU, Le baroque européen : mentalité pathétique et révolution sociale, *Annales ESC*, 1960, p. 898.

▶ CORRÉLATS. — Art, Religion (Histoire religieuse).

O. DUMOULIN.

Belgique

Historiens belges

L'histoire est fille du temps : la façon dont les Belges l'ont écrite depuis que, voici un peu plus d'un siècle, ils l'ont dissociée de la littérature et ouverte aux exigences critiques illustre cette banalité aussi précieuse et inutile que toutes les vérités premières. C'est ce que voudrait montrer un aperçu que la concision rendra partiel et injuste, en relevant les facteurs qui, depuis une centaine d'années, ont pesé sur notre discipline et lui ont conféré quelque spécificité dans ce pays d'entre-deux et en en suivant les effets à travers périodes et secteurs.

Les facteurs donc, pour commencer. Les impératifs de la géographie, politique et humaine, figurent parmi les plus actifs : dimension, localisation, composition de la Belgique. Celle-ci est trop petite pour s'être jamais crue capable de vivre en autarcie; elle a toujours été attentive à ce qui se pensait et se publiait en dehors de ses frontières. Qui compare les bibliographies de ses œuvres historiques à celle de travaux analogues élaborés en France ou en Allemagne est frappé de la part que ses érudits ont toujours ménagée à ce qui paraissait ailleurs et de l'ignorance dont ceux de l'étranger ont trop souvent témoigné de ses productions. France et Allemagne ont été retenues parce qu'elles bordent le territoire belge. Celui-ci se loge aux marches des mondes latin et germanique, ce qui le prédestinait au contact avec les deux cultures. D'autant plus qu'il réunit des populations qui participent à l'une et à l'autre. Wallons et Flamands pénètrent plus facilement que les voisins dans ces deux esprits et les comprennent mieux.

Ainsi s'explique que l'historiographie belge se soit largement inspirée des modèles allemand d'abord, français ensuite. Dès 1874, G. Kurth inaugurait à Liège des « Exercices pratiques » calqués sur les « Séminaires » d'outre-Rhin et son exemple fut aussitôt suivi dans les autres Universités, Gand, Bruxelles, Louvain. Avec le nouveau siècle vinrent le tour de la France et l'enrichissement prodigieux de nos questionnaires et de nos techniques d'investigation. A l'instar de Bloch, Febvre et leurs *Annales*, les érudits belges se posèrent des problèmes sur lesquels leurs aînés ne s'étaient jamais penchés, découvrirent et mirent en œuvre de nouvelles sources, empruntèrent des méthodes imaginées et expérimentées dans les sciences naturelles et humaines.

Sans renoncer à la rigueur et sans la sacrifier à l'éclat. Influence d'une autre donnée de base, le « réalisme belge ». Fruit des régimes qui, de 1520 à 1830, ont confié l'autorité à des étrangers et engagé les nationaux à s'ancrer dans leurs traditions et à se rabattre sur l'économique, ses ambitions et satisfactions, d'une nature qui, climat et relief, ignore les extrêmes, d'une osmose entre ethnies et tempéraments roman et germanique ? Le fait est que les Belges sont gens de mesure, soucieux de solide plus que de brillant. Aussi leurs historiens ont-ils consacré une grande part de leur labeur à des éditions de textes. Trois cas seulement : si les Bollandistes ont pratiquement arrêté la poursuite des *Acta Sanctorum*, le plus beau fleuron de notre passé scientifique, le chanoine Draguet a redonné vigueur au *Corpus scriptorum orientalium*, dom Dekkers a osé et gagné le pari du *Corpus christianorum* tandis que M. Gysseling publiait les *Diplomata belgica ante annum millesimum centesimum scripta*. Simultanément la critique de ces témoignages écrits a constamment progressé. Exégètes et médiévistes ont adopté et poussé plus avant la *Formgeschichte* et la *Gattungsgeschichte* pour aboutir à une autre entreprise audacieuse, la *Typologie des sources du Moyen Age occidental* de l'Université de Louvain. Les seconds ont, en même temps et dans la même institution, conçu dès 1962 la mise sur ordinateurs des textes belges antérieurs à 1200 ; aujourd'hui achevé, ce travail a doté la recherche d'instruments sans égal nulle part. Des modernistes et des contemporanéistes, notamment H. Van der Wee à Leuven et P. Lebrun à Liège, ont appliqué les procédés d'analyse des économistes et même des économétristes. D'autres ont interrogé d'autres sources : les restes archéologiques, dont le *Centre national* du Cinquantenaire et sa revue *Archéologie* et le *Patrimoine monumental de la Belgique* dressent l'inventaire ; les documents iconographiques, dont la *Photothèque d'Histoire rurale* installée à Louvain a entamé le répertoire et l'analyse ; les données naturelles dont les sciences de la terre ont révélé la richesse et qu'explore systématiquement le *Centre belge d'Histoire rurale* où se retrouvent les spécialistes de toutes les institutions universitaires, notamment A. Verhulst pour Gand, R. Noël pour Namur et le Centre d'Ecologie historique de Louvain, G. Despy et les collaborateurs du Centre Paul-Brien de Bruxelles. Dès avant 1900, G. Kurth avait découvert la valeur, et les dangers, de la toponymie, illustrée depuis par le *Toponymisch woordenboek van België, Nederland, Luxemburg, Noord-Frankrijk en West-Duisland (vóór 1226)* de M. Gysseling. Enfin G. des Marez a, dans *Le problème de la colonisation franque et du régime agraire dans la Basse Belgique*, rédigé, en 1926, un prototype d'étude interdisciplinaire.

Les structures politiques et sociales ont également orienté l'érudition belge. La conquête de l'indépendance en 1830 et la mise en place d'un Etat centralisé et dominé par la bourgeoisie ont, conjointement avec le romantisme et avec l'exemple de l'Allemagne, favorisé l'histoire nationale, événementielle et institutionnelle. Aux dépens de celle des anciennes provinces et du droit privé. Seule la principauté de Liège, aux destins originaux, a suscité des vues d'ensemble de J. Lejeune, P. Harsin et L. E. Halkin. Et, en dehors du droit public ou, avec R. Van Caenegem, du droit pénal, les juristes ne se sont consacrés qu'au droit foncier, seigneurial et féodal, avec L. Verriest, F. L. Ganshof, J. Gilissen et P. Godding.

Des crises, essentiellement sociales, l'influence de Lamprecht et de ses compatriotes, le rayonnement d'H. Pirenne (voir article sur celui-ci) ont ensuite promu l'histoire économique, surtout urbaine, mais celle-ci a été à ses débuts et est restée trop liée à l'histoire juridique, peu préoccupée des problèmes et techniques de production, échange et consommation. Plus près de nous, la montée du nationalisme flamand et les réformes fédéralistes ont doublé l'*Histoire de Belgique*, de Pirenne, commencée en 1900, nettement unitariste, d'une *Geschiedenis van Vlaanderen*, sortie avant 1940, d'une *Histoire de la Wallonie* et de *La Wallonie, le pays et les hommes*, parues en 1973 et à partir de 1975, et entre-temps d'une *Algemene Geschiedenis der Nederlanden* dont la nouvelle édition, qui s'achève, est la meilleure histoire générale à ce jour.

Un dernier trait, de mentalité aussi, doit être signalé : la force des convictions chrétiennes, qui a provoqué des réactions anticléricales et de libre pensée et qui explique, ce semble, l'intérêt manifesté par nos érudits pour les phénomènes religieux.

Déjà en énumérant quelques-uns des facteurs, on a mentionné beaucoup des domaines où la recherche belge s'est affairée. Il sied d'y revenir pour compléter, ordonner et concrétiser.

Les fouilles ont toujours attiré professionnels et amateurs groupés en une quantité de sociétés locales. S. J. de Laet vient d'en présenter les résultats pour la préhistoire dans *Les Belges d'avant les Romains*. M. E. Mariën avait fait de même pour l'époque romaine, à propos de laquelle bien des certitudes sont ébranlées depuis quatre lustres, dans *L'empreinte de Rome*, Anvers, 1980. J. Mertens s'est particulièrement signalé par ses travaux sur le Bas-Empire et les débuts du Moyen Age.

Pour les périodes plus récentes, où l'écrit prend le pas sur les traces matérielles, les histoires générales se sont alimentées à d'innombrables études, dont celles de J. Dhondt pour les principautés territoriales, de F. Rousseau pour *La Meuse et le pays mosan. Leur importance historique avant le XIIIe siècle*, de P. Bonenfant pour les ducs de Bourgogne, de L. Van der Essen pour le XVIe siècle, de J. Stengers pour la période contemporaine.

Dans un pays caractérisé depuis l'an mille par l'importance de ses villes, l'histoire économique s'est longtemps braquée sur le passé de celles-ci. H. Pirenne et ses disciples et arrière-disciples, H. Van Werveke, F. Vercauteren, A. Joris se sont attachés aux plus grandes, à leur *Unterbau* surtout. Les plus modestes, les *Minderstädte*, ont, elles, été négligées. P. Bonenfant et son élève G. Despy ont cependant attiré l'attention sur les « villes neuves » et le second a mis en évidence la filiation entre les petits centres ruraux des IXe et Xe siècles et les cités des XIe et XIIe. Tandis que la conjonction des données archéologiques et naturelles amenait A. Verhulst à remonter plus haut encore, jusqu'à Rome, pour plus d'agglomérations qu'on ne le pensait.

Depuis la parution, en 1943, du tome I de l'*Economie rurale namuroise au bas Moyen Age* de L. Genicot et de *L'agriculture et les classes rurales au pays de Herve* de J. Ruwet, l'histoire des campagnes a graduellement pris sa revanche. Elle s'est, de vrai, contentée d'abord de décrire, sans intégrer ses observations dans le contexte des hommes et des techniques et dans la dynamique des mouvements économiques. Elle s'oriente actuellement, d'une part, vers celle des classes et des communautés rurales, à la suite des études pionnières de L. Verriest et d'E. Poncelet sur le servage et sur la noblesse et avec les tomes II et III de l'*Economie rurale namuroise*, d'autre part, vers le haut Moyen Age, sous l'impulsion d'A. Verhulst, qui, à partir notamment du cas de Saint-Bavon de Gand, souligne que le régime domanial a alors offert plus de diversité et souffert plus d'évolution que la théorie classique ne le soutient. D'autres vues sont remises en cause pour d'autres périodes : les mémoires d'A. D'Haenens sur Saint-Martin de Tournai aux XIVe et XVe siècles, de L. Genicot, d'H. Van der Wee et E. Van Cauwenberghe pour le Brabant et la Flandre au même moment, de C. Vandenbroeke sur *Agriculture et alimentation dans les Pays-Bas autrichiens à la veille de la Révolution industrielle* font douter des modalités ou même de la réalité des crises dont des chercheurs étrangers jalonnent le passé des campagnes : crise des abbayes bénédictines, crise agricole du bas Moyen Age ou du « féodalisme », crise du XVIIIe siècle. Chacune des composantes de l'économie et de la société a fait simultanément l'objet de travaux spéciaux. Les hommes : les individus, comme Jean Curtius campé par J. Lejeune ; la population et ses fluctuations : M. Arnould a critiqué et exploité les pièces essentielles avant les recensements, les dénombrements de feux, R. Mols a étendu à l'ensemble de l'Occident ses enquêtes sur la démographie urbaine du XIVe au XVIIIe siècle tandis qu'E. Hélin continue celles qu'il a parallèlement entamées pour le pays de Liège. L'argent : *Le régime juridique et économique de l'argent dans la Belgique du Moyen Age* de G. Bigwood est un classique. Les méthodes comptables : R. de Roover les a sorties de l'obscurité. Les prix : H. Van Houtte, puis C. Verlinden ont ouvert la série d'éditions de mercuriales. Enfin P. Lebrun, qui avait reconstitué les origines de la draperie verviétoise, poursuit avec une équipe une monumentale *Histoire quantitative et développement de la Belgique au XIXe siècle*.

Passer de l'activité matérielle à la vie spirituelle oblige à déborder les étroites frontières du pays. La pensée philosophique et religieuse a été un domaine de prédilection des historiens belges. Le nom de F. Cumont vient immédiatement à l'esprit de quiconque s'intéresse aux cultes romains. L'« Ecole de Louvain », avec Ladeuze, Cerfaux, Lefort, Lebon, Ryckmans, Draguet, Garitte, a, durant plus d'une génération, occupé l'avant-scène pour l'exégèse et les débuts de la théologie. J. de Ghellinck a présenté *La théologie du XIIe siècle* et F. Van Steenberghen, héritier de Mercier et de Wulf qui avaient remis en honneur la philosophie médiévale, en a fait autant pour *La philosophie du XIIIe siècle* tandis que P. Delhaye se passionnait pour l'organisation des études et les prémisses de la théologie morale. J. de Ghellinck a magnifié *L'essor de la littérature latine au XIIe siècle*, littérature qui n'a presque plus de secrets pour H. Silvestre. J. Ysewijn est une figure de proue du préhumanisme. R. Aubert a, dans un Pie IX étonnant de vérité, vivifié l'histoire de l'Eglise.

L'érudition belge a pareillement traité de problèmes généraux dans tous les cantons des études historiques. On mentionne pêle-mêle et à titre d'exemples l'économie du très haut Moyen Age avec R. Doehaerd, l'esclavage avec C. Verlinden, le byzantinisme avec H. Grégoire, la musique avec C. Van den Borren, la littérature vernaculaire avec R. Lejeune, J. Stiennon, J. Horrent.

Sans doute l'historiographie belge a-t-elle accusé et accuse-t-elle encore des faiblesses. Corsetée dans le carcan des Facultés qui répondent à l'état de la science voici plus d'un siècle, elle est freinée dans ses essais d'authentique interdisciplinarité. Elle manque d'artisans qui soient aussi des artistes, de savants capables de vulgariser. Et elle ne se mêle pas assez au commun des hommes pour vivre leurs problèmes et répondre à leur attente. Mais ne sont-ce pas là maux aujourd'hui courants dans notre discipline ?

● BIBLIOGRAPHIE. — Des aperçus de la production historique belge depuis 1830 ont été brossés par F. VERCAUTEREN, *Cent ans d'histoire nationale*, Bruxelles, 1959, dont est seul paru le premier volume, qui n'atteint pas 1900, et par M. A. ARNOULD, *Le travail historique en Belgique, des origines à nos jours*, Bruxelles, 1959; *Un quart de siècle de recherche historique en Belgique, 1944-1968*, publié sous la direction de J. A. VAN HOUTTE, Louvain et Paris, 1970, offre un panorama détaillé, embrassant tous les secteurs. Le Comité national belge des Sciences historiques espère réaliser un instrument analogue pour 1969-1984. Une Bibliographie de l'histoire de Belgique, qui se veut complète, mais ne donne que les titres, est publiée annuellement dans la *Revue belge de Philologie et d'Histoire*, un Bulletin d'histoire de Belgique, sélectif et critique, dans la *Revue du Nord*, une *Kroniek*, assez concise et couvrant Pays-Bas et Belgique, dans la *Tijdschrift voor Geschiedenis* tandis que le *Bulletin critique d'Histoire de Belgique et du Grand-Duché de Luxembourg*, fondé par J. Dhondt, s'est poursuivi, jusqu'en 1973, dans quelques volumes indépendants élaborés par l'Université de Gand.

▶ CORRÉLAT. — Pirenne.

L. GENICOT.

Berr Henri, 1863-1954

L. Febvre, F. Braudel ont fait d'Henri Berr l'un des ancêtres de l' « Ecole des Annales »; l'idée surprend au premier abord si l'on se remémore qu'au sortir de l'ENS le jeune Henri Berr (né en 1863) n'est pas un historien; mais dès la rédaction de sa thèse, *Esquisse d'une synthèse des connaissances, fondée sur l'histoire* (1893), H. Berr accorde une place privilégiée à la démarche historique.

Refusant tout à la fois l'émiettement du réel auquel tendent les démarches positivistes et l'abstraction, tentation permanente des philosophes néo-kantiens, Henri Berr fait de l'histoire la science des sciences progressant grâce à la psychologie historique. Ce choix rejette Berr hors du monde des philosophes et l'oppose délibérément à l'histoire universitaire dominante qui juge prématurées les tentatives de synthèse. Cette réflexion, définitivement formulée dans *La synthèse en histoire, essai critique et théorique* (1910), anime toutes les tentatives d'Henri Berr dans le champ intellectuel et universitaire à partir de 1900.

Pour promouvoir ses idées, Henri Berr lance la publication de la *Revue de Synthèse historique*, qui, tout en critiquant l'étroitesse de vue de l' « histoire historisante », refuse l'impérialisme sociologique défendu par *L'Année sociologique* (1900). La diversité des disciplines abordées dans la revue (histoire, philologie, sociologie, géographie) lui confère une place originale.

En dépit de ses échecs au Collège de France, Henri Berr étend ses ambitions et entreprend la publication d'une vaste collection de synthèse, l'Evolution de l'Humanité, qui marque l'entre-deux-guerres. Certes seules les préfaces inlassablement « synthétiques » d'Henri Berr assurent l'unité de l'entreprise qui se transforme peu à peu en un simple reflet de l'*establishment* universitaire d'alors.

La recherche de capitaux et d'appuis pour ses initiatives extra-universitaires trahit lentement les intentions de Henri Berr. Ainsi le Centre international de Synthèse créé en 1925 grâce aux dons de la marquise Arconati-Visconti et de la banque Rothschild devient bien un centre de rencontres pluridisciplinaires grâce à ses fameuses « semaines » (comme celle sur la sensibilité animée par Lucien Febvre) mais il est aussi un lieu de mondanités bien éloignées des ambitions intellectuelles originelles.

Deux ans après la parution des Annales, la *Revue de Synthèse* cesse d'être « historique »; il s'agit d'une véritable passation de pouvoir car Henri Berr, enlisé dans ses activités d'*academic politician*, n'est plus en mesure d'apporter un second souffle à la réflexion historique.

Aujourd'hui vieillie la pensée d'Henri Berr vaut surtout par l'esprit nouveau qu'elle fit souffler sur les études historiques alors en plein « positivisme »; son influence sur Lucien Febvre et Marc Bloch fut considérable. Brisant les barrières entre disciplines, soucieux de situer l'histoire au carrefour des sciences humaines, Henri Berr prépare la voie aux Annales même si une méthode véritablement historique lui fait défaut.

● BIBLIOGRAPHIE. — Henri BERR, *La synthèse en histoire, essai critique et théorique*, Paris, 1911, réédité en 1953; W. R. KEYLOR, *Academy and community, the making of the French historical profession*, Cambridge, 1975.

▶ CORRÉLATS. — Annales (Ecole des), Durkheim, Febvre, Mentalités.

O. DUMOULIN.

Biographique (Histoire)

Littré définissait la biographie de manière ambiguë mais qui révèle bien l'imprécision du genre et le malaise qu'il provoque : « Sorte d'histoire qui a pour objet la vie d'une seule personne. »

La manière d'écrire l'histoire a beaucoup changé depuis un siècle; l'histoire biographique bien peu. De là, sans doute les réticences des historiens et la défaveur dans laquelle est tombé un pan de la recherche qui mérite une meilleure part.

Devenue plus scientifique, sinon plus exacte, l'histoire s'est armée de méfiance à l'égard d'un genre qui semblait tenir plus à la littérature qu'aux sciences humaines dont elle était le plus proche, qui favorisait un fort investissement personnel, et qui conduisait souvent au panégyrique ou à l'hagiographie, parfois à l'anathème. La biographie, qui fleurissait dans les pays anglo-saxons, a donc été négligée en France par les historiens et abandonnée le plus souvent aux académiciens et aux polygraphes et, plus que tout, aux commémorations aristocratiques.

Cependant, dans les années 1930, l'histoire nouvelle initiée par Marc Bloch et Lucien Febvre et brillamment illustrée par l'Ecole des Annales renforçait ce préjugé défavorable, même si les plus novateurs, comme L. Febvre, lui payaient encore tribut. La biographie était perçue comme le modèle de l'histoire traditionnelle, plus sensible à la chronologie qu'aux structures et aux grands hommes plus qu'aux masses. Depuis Michelet, il est vrai, le Peuple était devenu le grand personnage de l'histoire. Quant aux grands hommes, souvent isolés de leur milieu et des conditions sociologiques, culturelles, économiques qui expliquent en fait leur personnalité et leur action, ils étaient surtout prétexte à récits colorés et à analyse psychologique individuelle. Récupérée comme genre littéraire susceptible de multiples traitements, la biographie menait une existence parallèle en marge de la nouvelle histoire qui, de son côté, s'annexait de nouveaux territoires, cessait, parfois avec excès, d'être événementielle et élitiste, s'intéressait aux masses, aux petites gens, aux marginaux.

Mais l'ambition de l'histoire de rendre compte du passé dans sa totalité devait presque nécessairement ramener à la biographie, et les nouvelles méthodes comme les nouvelles interrogations, introduites avec plus ou moins d'efficacité dans une vieille discipline, devaient rajeunir un genre voué jusqu'alors à la reproduction traditionnelle.

La prosopographie, la biographie collective furent la première forme qu'exploita dans cette voie la nouvelle histoire ; elle s'intéressa à des groupes unis par une même vocation et une même praxis (les régents de la Banque de France, par exemple, ou les ingénieurs du roi, les magistrats ou les notables du XIXe siècle). Puis, quoique encore réticente, elle en est venue récemment à prendre en compte les grands destins individuels. En affinant ses méthodes et en élargissant son champ, l'histoire, devenue plus complexe, ne veut plus rien ignorer de ce qui la constitue. L'engouement du public pour l'histoire biographique n'est pas étranger à cette renaissance, non plus que l'intérêt qu'ont porté des historiens graves à un genre réputé marginal ou frivole.

Si les grands hommes n'expliquent pas tout, il s'en faut de beaucoup, ils ne sont pas non plus étrangers au « territoire » de l'historien. Certaines personnalités sont à la fois témoins privilégiés et révélateurs de leur temps. S'il est vrai, par exemple, que l'écrivain, le philosophe, l'architecte sont le produit du milieu et de ses références idéologiques, s'il est façonné par l'ensemble des structures économiques et culturelles, il est aussi souvent celui qui exprime le mieux ces structures et ces idéologies, latentes ou ensevelies, et s'il paraît parfois en avance ou à côté de son temps, c'est précisément parce qu'il le formule plus clairement que ses contemporains. La biographie, entourée de toutes les garanties de sérieux et soucieuse de restituer dans toute leur complexité les liens entre l'individu et la société, est donc apparue comme un lieu d'observation particulièrement efficace. Dans une histoire qui se veut « totale », les personnalités exceptionnelles, par leur talent ou leur représentativité, ne peuvent être ignorées ou méprisées ; elles ont leur place dans une histoire où rien n'est insolite et où personne ne peut être *persona non grata*. La biographie, encore bien souvent presque exclusivement politique ou militaire, doit étendre sa curiosité au-delà de l'illustration des monarques et des généraux, des grands parlementaires et des chefs d'État ; elle doit cesser d'être essentiellement narrative et se nourrir de tout ce qui permet d'expliquer les sociétés et les hommes. Les récents progrès réalisés dans cette voie montrent tout ce que l'on peut attendre d'une histoire biographique qui aura cessé d'être culte du héros, commémoration stérile ou imagerie respectueuse.

● BIBLIOGRAPHIE. — P. GUIRAL, L'apport de l'histoire biographique, in *Encyclopédie française*, t. XX, Paris, 1959; J. KONVITZ, Biography : the missing form in French historical studies, in *European studies review*, 6, 1976, Londres; R. PILLORGET, La biographie comme genre historique : sa situation actuelle en France, *Revue d'histoire diplomatique*, janvier-juin 1982.

▶ CORRÉLAT. — Prosopographie.

G. CHAUSSINAND-NOGARET.

Bloch Marc, 1886-1944

L'un des deux ou trois plus grands historiens de ce siècle et peut-être celui dont l'influence sur le renouvellement de la science historique a été la plus décisive et la plus durable. Jusqu'à la deuxième guerre mondiale, la carrière de ce fils d'universitaire (son père Gustave Bloch a été l'un des meilleurs spécialistes d'histoire romaine de sa génération), né en 1886 dans une famille d'origine israélite alsacienne, suit le parcours de l'excellence universitaire : l'Ecole normale supérieure; l'Agrégation d'Histoire; le séjour en Allemagne — pèlerinage rituel à l'époque pour les historiens français — à Berlin et à Leipzig où il suit l'enseignement de Karl Bücher; la Fondation Thiers.

Mobilisé pendant la guerre de 1914-1918, il y est blessé, décoré et termine avec le grade de capitaine. Nommé maître de conférences en 1919 à l'Université de Strasbourg redevenue française et dont le gouvernement veut faire une sorte de vitrine intellectuelle de la France, il y devient professeur l'année suivante après avoir soutenu une thèse courte *Rois et serfs* sur la politique d'affranchissement des Capétiens au début du XIVe siècle. Seul accroc : malgré plusieurs essais de candidature au Collège de France, il ne sera jamais élu par l'institution qui a accueilli son ami Lucien Febvre. Cet échec est partiellement effacé en 1936 par son élection à la Sorbonne, à la chaire d'Histoire économique, où il succède à Henri Hauser.

En 1939, la vie de cet universitaire modèle bascule. Mobilisé sur sa demande — car il avait dépassé l'âge du service armé — il vit aux premières loges la tragédie de la débâcle : une expérience amère qu'il entreprend aussitôt après d'analyser dans un essai d'histoire immédiate *L'étrange défaite* qui paraîtra après sa mort. Chassé de son enseignement par les lois antisémites de Vichy, il se replie en zone sud, adhère au mouvement de résistance « Franc-tireur » en 1943 et plonge dans la clandestinité. Arrêté à Lyon, torturé à la prison de Montluc, il est exécuté par les Allemands en juin 1944.

Cette bifurcation vers l'action clandestine et le martyr s'est faite sous la pression des circonstances. Mais elle révèle des aspects moins attendus de sa personnalité qui étaient présents tout au long de sa vie :

1 / Un patriotisme exigeant dont témoignent sa conduite dans les deux guerres, son refus des options pacifistes d'une partie de la gauche dont il se sentait proche sur d'autres plans, au moment du Front populaire et encore plus au moment de Munich; son refus également de quitter la France sous Vichy malgré la précarité de sa situation et les grosses menaces qui pesaient sur lui : il déclina en particulier une invitation de la New School for Social Research de New York, une institution créée pour accueillir les savants qui fuyaient les persécutions nazies.

2 / Une présence aux problèmes de son temps qui a marqué son engagement intellectuel bien avant son engagement politique. Marc Bloch s'est refusé aussi bien à utiliser son savoir et son magistère comme tremplins d'une carrière prophétique ou simplement parlementaire qu'à s'enfermer dans la tour d'ivoire de l'érudition. La responsabilité du savant consiste pour lui à fournir aux politiques l'éclairage d'une connaissance scientifique de la société, non à délivrer un message. Et la politique elle-même a pour tâche, non de gérer les conflits avec de l'idéologie, mais d'imposer les réformes qui doivent améliorer la société.

Chargé dans la clandestinité d'animer les *Cahiers économiques et politiques* et associé, à ce titre, à l'élaboration du programme du CNR, Marc Bloch avait retrouvé dans l'« esprit de la Résistance » une sensibilité réformiste qui lui était proche. Les tâches du résistant prolongeaient l'ascèse de l'historien. Le devoir de comprendre que Marc Bloch assigne à l'historien suppose un va-et-vient constant entre l'expérience vécue du présent et les traces documentaires laissées par le passé. Car le mouvement de la société où se mêlent en permanence changements rapides et phénomènes de longue durée ne devient intelligible que dans cette relation dialectique entre le passé et le présent. La première guerre mondiale avait déjà été pour lui l'occasion d'une telle confrontation à propos des formes de la culture orale. Le règne de la censure qui rendait suspecte aux yeux des soldats la moindre information écrite, redonnait vie et crédit à la transmission orale; un nouveau et provisoire Moyen Age permettait à l'historien d'observer *in vitro* les mécanismes de la croyance.

Au-delà des expériences qui l'ont arraché à sa vie professionnelle, relier le passé au présent a été pour Marc Bloch une ascèse quotidienne. Elle explique le souci qu'on retrouve à toutes les étapes de son itinéraire intellectuel et de son œuvre, d'intégrer à sa démarche les méthodes et les concepts des autres sciences sociales pour, selon sa propre expression, « penser à moins bon marché... ». D'abord la sociologie : présentant la candidature de son élève à la Fondation Thiers en 1909, Ch. Pfister souligne que Marc Bloch s'intéresse aux questions d'histoire sociale « qui ont été négligées depuis Fustel de Coulanges ». Le jeune Marc Bloch avait été marqué par la lecture de la *Cité antique*, mais plus encore peut-être par *L'Année sociologique* et par l'œuvre d'Emile Durkheim comme ses condisciples de la rue d'Ulm, l'helléniste Louis Gernet et le sinologue Marcel Granet qu'il retrouve à la Fondation. Avec eux, il explore les voies d'une anthropologie historique de la croyance. Ces recherches devaient aboutir à la parution des *Rois thaumaturges* en 1924, l'un des livres les plus originaux de Marc Bloch. Il y étudie le pouvoir guérisseur exercé par le roi à l'issue du sacre, une dimension magique de la royauté propre à la France, copiée pendant un certain temps par la monarchie anglaise, et qui s'est maintenue dans notre pays jusqu'au dernier Bourbon.

La géographie, discipline rayonnante en France au début du siècle, a eu également une grande influence sur sa formation intellectuelle. Ses premiers articles publiés par la *Revue de Synthèse* où Lucien Febvre supervisait le secteur de l'histoire régionale, s'inspirent d'une démarche qui préfère le cadre régional au cadre chronologique. Avant tout historien des sociétés rurales, Marc Bloch considère l'espace à la fois comme objet et support de l'investigation historique. Au lieu de reprendre la vieille notion déterministe, contestée par les géographes eux-mêmes, d'adaptation de l'homme au milieu, il considère l'espace rural comme une construction — et pour mieux dire — une production de la société. L'étude des paysages agraires qu'il a cherché à promouvoir dans les *Annales* et qui fournit l'axe majeur de sa réflexion dans *Les caractères originaux de l'histoire rurale française* (1931), l'amène à déchiffrer l'espace rural comme un palimpseste sur lequel chaque migration, chaque réorientation de la vie socio-économique aurait imprimé, de façon plus ou moins durable, sa marque. Démarche « régressive » que Marc Bloch a illustrée brillamment pour les structures agraires, mais qu'il souhaitait étendre à d'autres objets, d'autres corpus documentaires : il s'agit en l'occurrence de partir des formes présentes pour retrouver à partir de ce que suggère la répartition des paysages agraires le cheminement d'une histoire.

L'Université de Strasbourg, où Marc Bloch est nommé au lendemain de la première guerre, et le foyer de réflexion interdisciplinaire qu'il y a trouvé constituent le troisième jalon important dans sa formation intellectuelle. Il s'y lie d'abord avec Lucien Febvre et, de cette amitié profonde, décisive pour sa carrière d'historien, naîtra dix ans plus tard l'aventure des *Annales*. Mais il y rencontre également une pléiade de spécialistes de très grande qualité, le sociologue Halbwachs survivant de l'épopée durkheimienne, le géographe H. Baulig, le linguiste A. Meillet, le psychologue Ch. Blondel, le juriste G. Lebras, sociologue de la pratique religieuse, les historiens A. Pigagnol et G. Lefebvre.

En s'initiant à d'autres disciplines — par exemple à la linguistique auprès de Meillet, qui lui révèle les vertus du comparatisme —, ou en participant aux « réunions du samedi » au cours desquelles les enseignants, toutes disciplines confondues, confrontaient leurs méthodes et leurs problématiques, Marc Bloch mettait sur pied avec Lucien Febvre le programme et le premier réseau de collaborateurs de la future Revue.

A partir de 1929, son activité scientifique se confond avec l'entreprise des *Annales* à laquelle il consacre l'essentiel de son temps et de son énergie intellectuelle, sans délaisser pour autant son œuvre personnelle. On reste confondu par la masse des comptes rendus que Marc Bloch et Lucien Febvre signent dans chaque numéro (ils utilisent la recension d'ouvrages comme tribune permanente pour prendre position sur la production scientifique et pour exposer l' « esprit des Annales »), à quoi s'ajoutent les autres tâches directoriales (commandes d'articles, projets d'enquêtes collectives, etc.), et l'on se demande comment ils ont pu parallèlement écrire, chacun, pendant cette période, plusieurs ouvrages importants.

Pour Marc Bloch, le passage d'une activité à l'autre était peut-être plus facile dans la mesure où le paradigme qui définissait la Revue, l'histoire économique et sociale, était aussi celui qui dominait son œuvre : étude des groupes humains, non des individus, prise en compte des contraintes productives, monétaires (*Le problème de l'or au Moyen Age*, 1933, et l'*Esquisse d'une histoire monétaire de l'Europe* publiée en 1954), des trajectoires technologiques (*Avènement et conquêtes du moulin à eau*, 1935) qui pèsent sur l'agencement et l'évolution des sociétés; analyse des représentations mentales qui gèrent leurs conflits et assurent leur cohésion. Telles sont les préoccupations qui inspirent aussi bien son action d'animateur scientifique que ses articles ou ses livres.

Entre *Les Rois thaumaturges* et *La Société féodale* (1939-1940), la démarche de Marc Bloch s'est-elle quelque peu rapprochée du marxisme comme le pense G. Duby ? Dans le premier cas, il étudiait le rituel magique à travers lequel le pouvoir royal se donne à voir comme le patrimoine imaginaire d'une société qui enjambe les siècles et transcende les frontières de classe. Dans le second, au contraire, il cherche à expliquer les attitudes morales ou affectives par leur enracinement social et leur enchâssement dans les conditions économiques ou démographiques de l'époque. Une telle évolution suscitait quelques réticences de la part de Lucien Febvre qui, dans le compte rendu qu'il fait de *La Société féodale*, reproche à Marc Bloch son « sociologisme ».

En vérité s'il y a désaccord sur ce point entre les deux hommes, il ne porte pas sur la place que l'analyse historique devait accorder au marxisme, mais sur la façon d'aborder la notion de mentalités. Lucien Febvre a suivi entre *La terre et l'évolution humaine* et le *Problème de l'incroyance chez Rabelais* une trajectoire inverse de celle de Marc Bloch, s'efforçant d'élargir son exploration à tous les niveaux de l'univers mental en intégrant dans une même totalité qui ne peut apparaître que dans un destin individuel, les phénomènes intellectuels et les phénomènes psychologiques. Marc Bloch, au contraire, a progressivement concentré ses recherches sur les phénomènes mentaux les plus éloignés de la pensée réfléchie, mais aussi les plus articulés à la vie sociale et matérielle. C'est incontestablement cette voie de l'histoire des mentalités, attentive avant tout aux pratiques et aux habitudes, qui s'est le mieux prolongée et connaît aujourd'hui, sous le nom d'anthropologie historique, le plus de succès.

« L'Histoire, affirme un peu rapidement E. Durkheim, ne peut être une science que dans la mesure où elle explique et l'on ne peut expliquer qu'en comparant. Or dès qu'elle compare, l'histoire devient indistincte de la sociologie. » Il revient à Marc Bloch d'avoir montré que l'histoire pouvait, par le comparatisme, gagner de la rigueur scientifique sans rien perdre de son identité. Il l'a fait par un grand article-programme, *Pour une histoire comparée des sociétés européennes* (1928), mais aussi par plusieurs études sur les « ministériales » allemands et français, sur la seigneurie française et le manoir anglais, etc. Démarche qu'il envisageait de poursuivre au moment où éclate la deuxième guerre mondiale, dans une grande synthèse inspirée par l'œuvre d'Henri Pirenne une « histoire de la France dans le cadre de l'histoire de l'Europe ».

Ses recherches et ses idées sur l'histoire comparée ont valu à Marc Bloch, dans les années 30, une réputation internationale qui dépassait sans doute celle des *Annales*. Il est invité à donner des conférences en Grande-Bretagne, en Norvège et dans d'autres pays. Le comparatisme reste pourtant dans l'apport théorique de Marc Bloch et dans le programme des *Annales*, la démarche qui a suscité le moins d'émules et pour laquelle l'œuvre du grand médiéviste reste tout à fait pionnière.

● BIBLIOGRAPHIE. — Marc BLOCH, *Apologie pour l'Histoire*. Le testament intellectuel de l'historien, émouvant témoignage par la force de conviction qui l'anime, mais non représentatif de la richesse théorique de l'œuvre de Marc Bloch. Une bibliographie assez complète et chronologique des écrits de Marc Bloch figure à la fin des *Mélanges historiques*, 2 vol., réédition Serge Fleury-EHESS, 1983;

A. BURGUIÈRE, La notion de « mentalités » chez Marc Bloch et Lucien Febvre : deux conceptions, deux filiations, *Revue de Synthèse*, nº 111-112, décembre 1983; J.-Cl. SCHMITT, Marc Bloch, *La Nouvelle Histoire*, dirigée par J. Le Goff, 1978.

Faute d'un ouvrage d'ensemble sur Marc Bloch, on trouvera des aperçus intéressants dans diverses et excellentes préfaces : G. DUBY, Préface à la réédition de l'*Apologie pour l'Histoire*, Paris, 1974; Carol FINK, Préface à *Memoirs of war*, Ithaca-Londres, 1980; Carlo GINZBURG, Préface à *I Re Taumaturghi*, Turin, 1973; Jacques LE GOFF, Préface à la réédition des *Rois thaumaturges*, Paris, 1983.

▶ CORRÉLATS. — Annales (Ecole des), Anthropologie historique, Comparée (Histoire), Durkheim, Economie (Histoire économique), Mentalités, Rurale (Histoire).

A. BURGUIÈRE.

Bourgeoisie

Les termes bourgeois et bourgeoisie viennent étymologiquement de *burgensis*, apparu aux alentours de l'an mille et dérivé de *burg*, la place forte en langue germanique. Ils sont devenus des mots typiquement français, à tel point que l'économiste allemand Werner Sombart a intitulé son ouvrage sur la question, en 1913, *Der Bourgeois*, plutôt que *Der Bürger*. Le nom *bourgeoisie* est étranger à la langue anglaise, qui n'a pas d'équivalent exact et ne le traduit que très approximativement par *middle class*. Aux Etats-Unis le mot bourgeois lui-même s'est introduit tardivement, surtout dans des ouvrages consacrés à l'histoire de l'Europe.

Ces mots renvoient à une réalité sociale essentielle pour comprendre surtout l'histoire française. Même si au Moyen Age les bourgeois des villes italiennes ou allemandes étaient souvent plus riches et plus brillants que leurs homologues français, même si ensuite l'Angleterre a connu un essor, plus précoce et plus décisif que chez nous, d'une bourgeoisie marchande et industrielle, on considère souvent, comme l'historien anglais Theodore Zeldin, que « la bourgeoisie est une catégorie spécifiquement française » et que « le bourgeois est une figure centrale dans toute l'histoire moderne. En France, plus que partout ailleurs... ». Mais c'est une figure difficile à définir, délicate à interpréter, et qui s'est profondément transformée au cours de l'histoire.

Bien avant la Révolution française, les érudits connaissaient les sens divers qu'avaient pris depuis leur origine, simultanément ou successivement, bourgeois et bourgeoisie. Le mot de bourgeois, employé d'abord surtout dans des textes juridiques, qualifiait alors les habitants et surtout les marchands regroupés dans des villes qui s'étaient fait reconnaître par une charte un certain nombre de privilèges garantissant leurs personnes et leurs biens et limitant leurs charges. Comme ils devaient pour bénéficier de ce droit de bourgeoisie posséder un immeuble ou au moins avoir leur résidence dans la commune ou dans le bourg, on en est venu à désigner ainsi tous les habitants d'une ville. D'autres fois, on ne tenait pour bourgeois que les hommes exerçant certaines fonctions dans les « villes de bourgeoisie ». A la fin du xviiie siècle, la dénomination de Bourgeois de Paris traduisait d'abord une qualité, un titre juridique et honorifique, mais elle tendait en même temps à prendre un sens plus économique, et à désigner les Parisiens qui vivaient de la rente, avant tout de la rente mobilière, sur des particuliers et sur le roi. Dès la même époque, on opposait de façon plus générale à la noblesse la bourgeoisie, qui rassemblait les éléments les plus aisés et les plus instruits du Tiers Etat.

C'est après la Révolution, au début du xixe siècle et alors que l'histoire sort de l'adolescence, que la bourgeoisie, conçue comme l'adversaire de la noblesse, se voit attribuer un rôle historique majeur, dans les ouvrages d'Augustin Thierry et surtout de Guizot. Ces historiens libéraux, qui veulent insérer la Révolution française dans la logique de l'histoire, en font une bataille décisive dans la lutte que menait depuis plus de treize siècles la race des vaincus (les Gaulois, autrement dit les bourgeois!) pour secouer le joug des vainqueurs (les Francs). Ce travestissement de tous les conflits politiques et sociaux de notre histoire en une lutte de races qui persisterait depuis la conquête, issu d'un des thèmes majeurs de l'historiographie du XVIIIe siècle, ne doit pas masquer les vues neuves et fécondes de ces auteurs sur l'ascension de la bourgeoisie ou des « classes moyennes », les deux termes étant des synonymes sous la plume de Guizot. Ainsi Augustin Thierry avance sa conception, qui retiendra l'intérêt de K. Marx, d'une histoire comparative des bourgeoisies française et anglaise, l'une développée par l'Etat, « en se constituant en parlements, en bureaucratie, etc. », l'autre « par le seul commerce et la seule industrie ». Dans son *Histoire de la civilisation en Europe*... Guizot lie étroitement la formation initiale de la bourgeoisie avec la renaissance urbaine du XIe siècle et les mécanismes de l'affranchissement des communes, il insiste aussi sur la convergence naturelle de l'émancipation de la bourgeoisie et du développement du pouvoir royal. Il souligne surtout combien la bourgeoisie a changé au fil du temps : « Il ne faut pas croire », écrit-il dans la 7e leçon de ce *Cours*, « que cette classe fût alors ce qu'elle est devenue depuis. Non seulement sa situation a beaucoup changé, mais les éléments en étaient tout autres : au XIIe siècle elle ne se composait guère que de marchands, et de petits propriétaires, soit de maisons, soit de terres, qui avaient pris dans la ville leur habitation. Trois siècles après, la bourgeoisie comprenait en outre des avocats, des médecins, des lettrés de tous genres, tous les magistrats locaux. La bourgeoisie s'est formée successivement, et d'éléments très divers : on n'a tenu compte, en général, dans son histoire, ni de la succession, ni de la diversité. Toutes les fois qu'on a parlé de la bourgeoisie, on a paru la supposer, à toutes les époques, composée des mêmes éléments. Supposition absurde. C'est peut-être dans la diversité de sa composition aux diverses époques qu'il faut chercher le secret de sa destinée ». Cette bourgeoisie, qu'il conçoit plus comme une élite que comme une classe, qui a vocation pour conduire la masse populaire et pour « représenter toute la raison qui existe éparse dans la nation » est *le noyau actif de la société civile* (Rosanvallon) ; elle a donc joué un rôle historique moteur, en 1789 comme en 1830, cette dernière révolution ayant représenté sa grande victoire sur le privilège et le pouvoir absolu, et l'aboutissement de toute cette histoire.

Pendant la seconde moitié du XIXe siècle, l'histoire positiviste, qui dédaignait les analyses d'ordre social et accordait toute son attention aux événements politiques, n'a pas cessé pour autant d'invoquer le rôle de la bourgeoisie dans l'histoire de la France. Mais ce mot n'est plus guère qu'une étiquette utilisée de façon conventionnelle, sans réelle valeur explicative. C'est ainsi qu'à la fin du volume de l'*Histoire de France contemporaine* dirigé par Lavisse consacré à la Monarchie de Juillet, on apprend que « la Révolution de 1830 avait eu pour résultat de donner le pouvoir à la bourgeoisie », que Louis-Philippe « avait l'air bourgeois », qu'il « était soutenu par des bourgeois », mais qu'il avait employé tout son effort à reprendre le pouvoir à la bourgeoisie, et qu'il avait donc suffi d'un accident pour l'abattre. Et tout cela sans qu'ait été étudiée au préalable cette fameuse bourgeoisie...

L'histoire de la bourgeoisie n'est redevenue l'objet d'une réflexion historique qu'au XXe siècle, surtout durant les années 1920-1950, et ce pour toute une série de raisons. La régénération de l'histoire, qui se marque en France par la parution au début de 1929 des *Annales d'Histoire économique et sociale*, y a grandement contribué, puisque la nouvelle école demandait aux historiens d'étudier prioritairement les hommes et les groupes sociaux, et qu'elle leur conseillait de profiter largement de l'apport des autres sciences humaines, et en particulier de la sociologie. Or justement les travaux de Sombart, ceux aussi de sociologues allemands comme Max Weber ou Ernst Troeltsch, ou les recherches du philosophe B. Groethuysen attiraient l'attention sur les origines et sur les développements d'un « esprit bourgeois » qui rompait avec les conceptions anciennes de l'Eglise. Dans le même temps, l'historien belge Henri Pirenne précisait les liens qui avaient existé à partir du xe siècle entre le renouveau du commerce, la formation des villes et la bourgeoisie, qui « n'est elle-même qu'une création de la renaissance commerciale ». L'influence tardive, diffuse, mais de plus en plus certaine du marxisme, conduisait aussi à analyser la division en classes sociales antagonistes des diverses sociétés. Ajoutons que la crise de 1930 et les deux guerres mondiales posaient le problème de la responsabilité dans ces graves événements des classes dirigeantes, et donc celui du rôle passé de la bourgeoisie.

Dans les années 1950, à la suite d'une série de recherches qui lui ont été consacrées et qui aboutissent à de premières synthèses, le rôle historique de la bourgeoisie apparaît comme tout à fait considérable, et proprement révolutionnaire. On lui devrait les révolutions anglaises du xviie siècle, disent ceux qui interprètent la guerre civile anglaise comme une révolte de la bourgeoisie contre le système féodal. Elle est la grande responsable des bouleversements politiques qui ont changé la face de l'Europe de 1785 à 1835, et tout particulièrement de la Révolution française, la révolution bourgeoise par excellence. N'a-t-elle pas éclaté, comme l'avait écrit Jean Jaurès, parce que « la bourgeoisie française avait pris conscience de sa force, de sa richesse, de son droit, de ses chances presque indéfinies de développement » ? Ernest Labrousse confirme cette thèse : à la fin de l'Ancien Régime, « la bourgeoisie ne gagne pas seulement en richesse, mais en nombre. Et aussi en culture, en qualité ». Mais sa vieille ennemie, la noblesse, fait obstacle à son ascension sociale, et la réaction nobiliaire fait du bourgeois un « refoulé social ». Alors s'accroît son hostilité contre la vieille société féodale et contre l'Etat qui la soutient... Et Georges Lefebvre de conclure : « La Révolution n'est que le couronnement d'une longue évolution économique et sociale qui a fait de la bourgeoisie la maîtresse du monde. » Le xixe siècle en effet a vu la suprématie des « Bourgeois conquérants » : Charles Morazé nous les montre assurant la victoire du capitalisme et de l'industrie en Europe et la conquête par cette dernière du monde entier. Les bourgeoisies d'Occident ont ainsi profondément transformé le monde, avant que le xxe siècle ne voie s'amorcer leur déclin.

La bourgeoisie est donc présentée comme ayant été une force dominante, son ascension ayant déterminé pendant longtemps l'évolution historique. Aussi pour éclairer et pour expliquer des transformations de tout ordre, on invoque son action et on prononce son nom, souvent un peu comme une formule magique. Car on se soucie encore peu d'étudier cette bourgeoisie ou ces bourgeoisies dont on clame la toute-puissance, d'en analyser la composition, d'en cerner les limites. Et quand on pense à en proposer une définition, on le fait le plus souvent fort sommairement.

Implicitement ou explicitement, la plupart des historiens se réfèrent alors à la conception marxiste des classes. La bourgeoisie est donc, comme l'avait écrit Engels, « la classe des capitalistes modernes, propriétaires des moyens de production et exploitant les travailleurs salariés ». Certains ajoutent que, pour constituer une classe, les bourgeois doivent avoir conscience de leurs intérêts communs. Et cette classe est entrée en lutte pour le pouvoir d'abord contre l'aristocratie, ensuite contre le prolétariat. Mais on ne songe guère encore à s'interroger sur la valeur de ces critères, ni à les confronter à des réalités historiques données. On ne voit pas que certaines de leurs implications ne vont pas de soi : il n'est pas évident que bourgeois et capitalistes désignent toujours les mêmes hommes et que la bourgeoisie soit intimement associée au capitalisme. Et parfois on donne du bourgeois la double image contradictoire du capitalisme maître du monde et du grotesque conformiste style Joseph Prudhomme.

Marc Bloch pourtant avait montré la voie à suivre. S'interrogeant en 1940 sur les responsabilités de la bourgeoisie française dans *L'étrange défaite* — tel est le titre du livre qui ne parut qu'en 1946 — il s'interrompt soudain pour écrire : « Il m'est arrivé, çà et là, de prononcer le nom de bourgeoisie. Non sans scrupules. Ces mots, à la fois usés par le temps et sujets à de perpétuelles déviations de sens, encombrent la nomenclature, encore tâtonnante, des sciences humaine. Ils enferment, dans des contours trop flous, des réalités trop complexes. Force est bien, cependant, jusqu'à nouvel ordre, d'user du seul vocabulaire qu'un langage imparfait mette à votre disposition. A condition d'en définir les termes. J'appelle donc bourgeois de chez nous un Français qui ne doit pas ses ressources au travail de ses mains; dont les revenus, quelle qu'en soit l'origine, comme la très variable ampleur, lui permettent une aisance de moyens et lui procurent une sécurité, dans ce niveau, très supérieure aux hasardeuses possibilités du salaire ouvrier; dont l'instruction, tantôt reçue dès l'enfance, si la famille est d'établissement ancien, tantôt acquise, au cours d'une ascension sociale exceptionnelle, dépasse par sa richesse, sa tonalité ou ses prétentions, la norme de culture tout à fait commune; qui enfin se sent ou se croit appartenir à une classe vouée à tenir dans la nation un rôle directeur, et par mille détails, du costume, de la langue, de la bienséance, marque, plus ou moins instinctivement, son attachement à cette originalité du groupe et à ce prestige collectif. » Marc Bloch montre là que pour définir une bourgeoisie, il faut commencer par l'observer dans la société dont elle fait partie. Mais son exemple ne sera réellement suivi que plus tard (si l'on excepte l'enquête sur « la bourgeoisie française de la fin de l'Ancien Régime à la Restauration » lancée dès cette époque par Georges Lefebvre).

C'est le Congrès international des Sciences historiques qui s'est tenu à Rome en 1955 qui marque vraiment la reprise des discussions entre historiens sur la bourgeoisie et le départ de nouvelles recherches. Certains voulaient s'en tenir à une conception marxiste stricte de la bourgeoisie. Ainsi pour Pierre Vilar, les critères du bourgeois sont les suivants : « 1) Disposer librement des moyens de production; 2) Y appliquer, par libre contrat, une main-d'œuvre qui ne dispose que de sa force de travail; 3) S'adjuger, de ce fait, la différence entre la valeur réalisée par la marchandise et la rémunération de la force de travail appliquée. »

La position d'Ernest Labrousse, qui est lui aussi très influencé par le marxisme, mais soucieux avant tout dans son rapport de « mettre en train une grande opération internationale de recherche (sur) l'histoire de la bourgeoisie occidentale aux XVIIIe et XIXe siècles », est tout autre : « Définir le bourgeois ?, dit-il, nous ne serions pas d'accord. Allons plutôt reconnaître sur place, dans ses sites, dans ses villes, cette espèce citadine et la mettre en état d'observation... D'abord, l'enquête. D'abord, l'observation. Nous verrons plus tard pour la définition. » Encore faut-il s'entendre sur ce qu'il convient d'observer. Pour ce, un signalement sommaire, fondé sur la profession combinée avec le niveau social, doit permettre de retenir tous les « suspects de bourgeoisie ».

Cet appel a été largement entendu. Grâce à une série d'études urbaines globales menées dans différents pays, nous connaissons mieux dans sa diversité et sa complexité les bourgeoisies d'Ancien Régime, nous sommes mieux prémunis contre les « égalités commodes » (F. Braudel), du style : marchand = bourgeois = capitaliste...

C'est spécialement la bourgeoisie française de la fin de l'Ancien Régime qui a suscité un intérêt renouvelé et aussi des débats passionnés, parmi les historiens français et anglo-saxons. En s'attaquant à l'interprétation traditionnelle de la Révolution française, on a remis en cause à son propos le concept de « Révolution bourgeoise », rangé désormais parmi les « personnages mythologiques » (F. Furet). Peut-on d'ailleurs parler de montée de la classe bourgeoise dans la France du XVIIIe siècle ? Alfred Cobban en doute fortement. Il y a, selon lui, au sein de la bourgeoisie des groupes qui s'élèvent tandis que d'autres sont en déclin. Les marchands et les industriels ont bien connu une certaine prospérité, mais ce ne sont pas eux qui ont inspiré et conduit la révolution. La bourgeoisie révolutionnaire était surtout composée de rentiers et d'officiers, qui n'étaient pas propriétaires de biens de production, mais d'autres types de richesses (immeubles, rentes ou offices), et qui étaient loin de voir leur fortune s'accroître. On a rétorqué que la révolution avait ouvert « objectivement » la voie au capitalisme, et que la bourgeoisie, au sens marxiste du terme, en avait été la grande bénéficiaire...

Cette polémique a incité les historiens à analyser plus complètement les structures internes de la bourgeoisie à cette époque, de façon plus nuancée aussi. Ainsi Régine Robin définit cette bourgeoisie comme « la classe dont le statut juridique est la roture, qui, à la ville comme à la campagne, groupe tous ceux qui se situent en position de domination économico-sociale dans la sphère des rapports sociaux capitalistes... (une classe) antagoniste des privilégiés non engagés dans ces mêmes rapports sociaux, dans la mesure où elle postule consciemment ou inconsciemment un autre appareil d'Etat et à la longue un autre cadre productif ». Et après avoir proposé cette formulation, bien plus nourrie que la définition marxiste traditionnelle, elle ajoute qu'il convient de distinguer du terme de bourgeoisie pris en ce sens une « bourgeoisie d'Ancien Régime », comprenant l'ensemble des groupes sociaux liés aux structures de l'Ancien Régime, c'est-à-dire à base foncière, officière et rentière...

Mais c'est à propos de la bourgeoisie française du XIXe siècle — ce siècle d'or de la bourgeoisie — que l'appel d'Ernest Labrousse a été le mieux entendu et le plus fructueux. La thèse d'Adeline Daumard consacrée à *La bourgeoisie parisienne de 1815 à 1848* (1963) est la première étude de base consacrée à cette catégorie sociale. S'appuyant sur un dépouillement systématique d'archives jusque-là peu utilisées (outre les actes d'état civil, les registres de l'enregistrement et les minutes notariées notamment...), confrontant les professions et les catégories socioprofessionnelles adaptées à cette époque aux niveaux de fortune, et traduisant ses observations sous une forme quantitative, A. Daumard utilise pleinement la statistique pour dénombrer les bourgeois et disséquer les structures de la bourgeoisie, avant de chercher comment elle s'est formée, et quels ont été son comportement et son idéal.

Grâce aux travaux ultérieurs d'Adeline Daumard et à ceux d'autres chercheurs, nous connaissons assez bien la bourgeoisie française du XIXe siècle, du moins les sociétés bourgeoises de plusieurs grandes villes à cette époque. Pour en faire partie, il fallait remplir un certain nombre de conditions : disposer d'un certain avoir (autrement dit d'un minimum de fortune ou de revenus suffisants), faire montre d'un certain style de vie et paraître bourgeois, avoir en particulier des domestiques à son service et exprimer une certaine culture, s'attacher enfin par priorité à un certain nombre de valeurs... Et avant même d'avoir terminé ce portrait de la bourgeoisie française du XIXe, les historiens s'interrogent sur celle du XXe siècle. La bourgeoisie a-t-elle disparu, a-t-elle éclaté, ou s'est-elle, une fois de plus, métamorphosée ?

L'histoire de la bourgeoisie paraît de moins en moins simple. On peut s'interroger sur son homogénéité, à tel moment et en tel lieu, sur son évolution liée aux transformations de l'économie, et sur les différents types de bourgeoisie qui coexistent dans le monde simultanément. Si les études empiriques se multiplient, il convient de garder le souci d'une vision globalisante, ou au moins d'une histoire comparative des bourgeoisies passées, présentes, et à venir.

● BIBLIOGRAPHIE. — *Histoire économique et sociale de la France*, dirigée par F. BRAUDEL et E. LABROUSSE, 8 vol., Paris, PUF, 1970-1982 (cf. l'index thématique); Jean-Pierre CHALINE, *Les bourgeois de Rouen. Une élite urbaine au XIXe siècle*, Paris, Presses de la Fondation nationale des Sciences politiques, 1982; Alfred COBBAN, *Le sens de la Révolution française*, Paris, Julliard, 1984; Adeline DAUMARD, *La bourgeoisie parisienne de 1815 à 1848*, Paris, SEVPEN, 1963; Adeline DAUMARD, A la recherche de la bourgeoisie française au XXe siècle : réflexions de méthode, *Bulletin de la section d'histoire moderne et contemporaine du Comité de travaux historiques*, Paris, 1984, no 12; Ernest LABROUSSE, Voies nouvelles vers une histoire de la bourgeoisie occidentale aux XVIIIe et XIXe siècles, *Xo Congresso Internazionale di Scienze Storiche, Relazioni*, t. IV, Florence, Sansoni, 1956; Charles MORAZÉ, *Les bourgeois conquérants*, Paris, A. Colin, 1957; R. R. PALMER, Polémique américaine sur le rôle de la bourgeoisie dans la Révolution française, *Annales historiques de la Révolution française*, Paris, CNRS, no 189, juillet-septembre 1967; Régine PERNOUD, *Histoire de la bourgeoisie en France*, Paris, Le Seuil, 1981; Philippe PERROT, *Les dessus et les dessous de la bourgeoisie. Une histoire du vêtement au XIXe siècle*, Paris, Fayard, 1981; Henri PIRENNE, *Les villes du Moyen Age*, Bruxelles, M. Lamertin, 1927; Régine ROBIN, *La société française en 1789 : Semur-en-Auxois*, Paris, Plon, 1970; Pierre ROSANVALLON, *Le moment Guizot*, Paris, Gallimard, 1985; Marc VÉNARD, *Bourgeois et paysans au XVIIe siècle. Recherches sur le rôle des bourgeois parisiens dans la vie agricole au sud de Paris*, Paris, SEVPEN, 1957; Michel VOVELLE, *La chute de la monarchie 1787-1792*, t. I : *Nouvelle histoire de la France contemporaine*, Paris, Le Seuil, 1972; Theodore ZELDIN, *Histoire des passions françaises 1848-1945*, t. I : *Ambition et amour*, Paris, Le Seuil, 1980.

▶ CORRÉLATS. — Economie (Histoire économique), Pirenne, Révolution française, Sociale (Histoire), Sombart.

A. PLESSIS.

Braudel Fernand, 1902-1985

A trente ans de distance, le succès de *Civilisation matérielle, économie et capitalisme* (1979) est venu répéter et relancer celui de *La Méditerranée* (1949), et confirmer la place, l'une des premières, que F. Braudel occupait, depuis les lendemains de la dernière guerre, dans l'internationale des historiens. Deux œuvres mûries chacune pendant plus de vingt ans, et sans cesse remises sur le chantier jusqu'à atteindre l'écriture « la plus simple et la plus pure ». La première a fait école, imposé peu à peu aux chercheurs une certaine façon de penser et d'écrire l'histoire. Il est trop tôt encore pour dire si la seconde aura, en profondeur, le même impact. A elle seule, elle est déjà une somme des lectures et des discussions de toute une vie. Mais elle n'est pas close pour autant, et elle propose, comme *La Méditerranée*, un cadre assez souple pour que ses différents éléments puissent être modifiés et corrigés sans remettre en cause la solidité de l'ensemble. Et surtout, commencée à l'époque de la croissance heureuse des pays industriels, elle est achevée, et en partie réécrite, sur fond d'une crise dont nul ne peut plus ignorer qu'elle est durable et mondiale, et qu'elle touche aux structures mêmes du système économique dans lequel nous vivons. Et qu'elle marque sans doute, comme le suggère F. Braudel, l'un de ces renversements séculaires qui permettent au capitalisme de réaliser, non sans brutalité, les réajustements et les redistributions nécessaires : « Les crises séculaires... pénalisent une discordance grandissante entre les structures de la production, de la demande, du profit, de l'emploi, etc. » (*Civilisation matérielle*, vol. 3, p. 543-544). D'où le retour en force de l'histoire économique qui semblait, à la fin des années 60, avoir cédé la place à des modes ou des orientations nouvelles : mais d'une histoire économique différente, moins optimiste, moins centrée sur les problèmes de la croissance des économies préindustrielles, moins assurée de ses indicateurs (prix, population, etc.), et de ses méthodes, plus attentive aussi aux suggestions et aux inquiétudes du monde contemporain.

Impossible pourtant de se limiter à ces deux œuvres majeures sans faire la part des responsabilités institutionnelles qui ont conféré, pendant ces trente années, à Fernand Braudel une position centrale. Professeur au Collège de France, président du jury de l'agrégation d'histoire, il assure après Lucien Febvre la direction des *Annales* et la présidence de la VIe Section de l'Ecole pratique des Hautes Etudes (jusqu'en 1972), puis l'administration de la Maison des Sciences de l'Homme dont il a été, au début des années 60, l'un des fondateurs, et qu'il a dirigée jusqu'en 1985. A ce titre, par le choix des hommes, la distribution des moyens matériels, la fixation des orientations de recherche, il impose sa marque personnelle au développement — longtemps en dehors d'une Université qui oscille entre la méfiance et la prudence — des sciences sociales en France. Et il anime en même temps une réflexion permanente sur leurs rapports avec l'histoire et sur l'histoire elle-même. Histoire et géographie : c'était déjà le programme de *La Méditerranée*. Mais, de plus en plus, histoire et sociologie (avec G. Gurvitch), histoire et économie (avec E. Labrousse et Fr. Perroux), histoire et anthropologie (avec Cl. Lévi-Strauss), sans oublier la linguistique, la psychologie, et moins encore, car fondamentales, les mathématiques. Et de plaider, inlassablement, contre la menace de la fragmentation du savoir, et pour l'unité profonde des sciences de l'homme et la nécessité d'élaborer pour elles un langage commun auquel l'histoire, apparemment la plus mal armée, mais « la plus lisible..., la plus ouverte au grand public », devrait apporter la dimension fondamentale du temps : « Je souhaiterais que les sciences sociales, provisoirement, cessent de tant discuter sur leurs frontières réciproques, sur ce qui est ou n'est pas science sociale, ce qui est ou n'est pas structure... Qu'elles tâchent plutôt de tracer, à travers nos recherches, les lignes, si lignes il y a, qui orienteraient une recherche collective, les thèmes aussi qui permettraient d'atteindre une première convergence. Ces lignes, je les appelle personnellement : mathématisation, réduction à l'espace, longue durée... » (Histoire et sciences sociales, Écrits..., p. 82-83). Cet appel a-t-il été entendu et suivi d'effet ? Nul, en tout cas aujourd'hui, qui ne s'y réfère.

Nul aussi, quelle que soit sa discipline, qui ne doive tenir compte de la contribution personnelle apportée dans son œuvre par F. Braudel à cette tâche d'unification. Car l'histoire est d'abord écriture. Et son impérialisme souvent dénoncé se révèle, à tout prendre, moins pesant que celui des autres sciences de l'homme : loin de vouloir leur imposer ses problématiques et ses concepts, elle ne cesse de leur emprunter les leurs — quitte à leur rendre ensuite enrichis de la dimension temporelle qui leur manquait —, et se montre la plus capable de recevoir.

La géo-histoire de *La Méditerranée* est placée sous le signe de la dialectique de l'espace et du temps. D'un côté, un espace qui constitue un monde en soi, et qui perd précisément au XVIe siècle le rôle central qui avait été le sien depuis la plus haute Antiquité : une plus grande Méditerranée, dont la fonction aura été, pendant des millénaires, de réunir et rapprocher, en attirant à elle leurs richesses, les mondes complémentaires, mais en eux-mêmes étrangers l'un à l'autre, de l'Europe, de l'Afrique et de l'Asie. De l'autre côté, un temps qu'une descente vers les profondeurs démultiplie aussitôt en trois niveaux superposés et inséparables, que le lecteur est appelé à explorer dans l'ordre inverse de celui suivi par l'auteur. Au début donc, ce temps le plus lent, quasi immobile, fait de retours insistants, de cycles sans cesse recommencés, qui définit les équilibres fragiles mais durables entre l'homme et son milieu, les animaux et les plantes, la terre et la mer, le sol et le climat, et les solutions fixées dans le cadre des civilisations : c'est le *temps géographique*. Puis, plus proche et plus mobile, le *temps social* de la longue durée : celui des économies, des états, des sociétés, des civilisations dans leur dynamique et leur rapport conflictuel. Enfin le temps *individuel*, le temps court des événements et des hommes : celui auquel les historiens se voient désormais interdire de limiter leurs ambitions.

De toutes les pistes ouvertes par *La Méditerranée*, les historiens en ont surtout suivi une, celle de la longue durée : c'est le temps des économies, entre XIIe et XVIIIe siècle, qui a servi de cadre aux grandes enquêtes des années 50 et 60 sur les trafics commerciaux et la vie maritime, la démographie, la guerre, le monde des villes et des campagnes : la seconde édition de *La Méditerranée* (1966) incorpore ainsi les résultats des travaux que sa lecture a orientés et stimulés. Mais déjà F. Braudel suit, depuis 1952, une voie différente, celle d'une histoire économique de l'Europe préindustrielle que lui a demandée L. Febvre, et qui conduit à la publication du premier volume de *Civilisation matérielle et capitalisme* (1967), puis des trois tomes de *Civilisation matérielle, économie et capitalisme* (1979).

Entreprise ambitieuse, élargie de l'Europe à l'échelle du monde, et s'achevant sur une interrogation sur notre temps, sur notre crise, et sur l'avenir du capitalisme lui-même : elle s'organise selon une division tripartite familière. Mais le point de départ se situe ici dans le second livre, *Les jeux de l'échange*, qui analyse la zone relativement claire de l'économie de marché, où F. Braudel refuse de se laisser enfermer, et d'enfermer sa description de la vie économique. Car elle ne prend son sens, à ses yeux, que par référence aux deux zones opaques, échappant aux règles du marché, qui l'enserrent. « Au ras du sol », celle de « la vie matérielle, faite de routines, d'héritages, de réussites très anciennes », d'équilibres aussi très fragiles entre « le possible et l'impossible », liés au nombre des hommes, au climat, aux choix faits à l'origine même des civilisations dans le domaine agricole et industriel : nourriture et boissons, habitat et vêtement, outillage technique de l'artisanat et des transports, etc. C'est à ce niveau que s'est jouée et se joue encore la vie quotidienne des masses paysannes et des sociétés à dominante rurale, à ce niveau aussi que se développe aujourd'hui, très vivace dans les sociétés industrielles de l'ouest comme de l'est, toute une économie « souterraine » ou « hors marché ». Mais au-dessus de l'économie de marché existe aussi une autre zone d'ombre, celle du capitalisme lui-même, qui bouscule ou modifie à sa guise les règles du jeu, et organise les échanges, la production, la vie même du monde à son avantage. L'histoire de la modernité, entre XVe et XVIIIe siècle, se développe ainsi selon une double dynamique : celle d'une extension à la terre entière de l'économie-monde européenne, celle de la succession des centres dominants de cette même économie-monde, car celle-ci s'organise, comme le suggère aussi I. Wallerstein (*The Modern World-system. Capitalist agriculture and the Origins of the European World-economy in the Sixteenth Century*, New York, 1974), de façon hiérarchisée autour d'un centre, qui est à la fois une ville (même si elle s'appuie sur un espace national) et un port. Soit tour à tour Venise, Amsterdam et Londres, en attendant, plus près de nous, New York, puis... Car cette dialectique renouvelée de l'espace et du temps n'est pas close : plus que jamais l'avenir de nos sociétés est lié à ce conflit ouvert entre capitalisme et économie de marché.

Là se situe sans doute l'enseignement le plus actuel de Fernand Braudel : l'histoire ne se comprend qu'à une certaine hauteur, en prenant un certain recul et en se libérant des concepts qu'elle a pu élaborer ou emprunter sur sa route : ils n'épuisent jamais la réalité d'une société qui, « ensemble des ensembles », les déborde sans cesse. Reste toujours un au-delà, que seule peut saisir la poésie de l'écriture.

Sans même attendre un succès spectaculaire qui lui confirme l'accès au plus large public et lui ouvre, jusqu'à l'Académie française, la voie du plus grand honneur, F. Braudel avait pourtant, dès septembre 1979, tourné à sa façon la page pour se lancer dans une nouvelle entreprise, celle d'un long essai en trois volumes sur l'Histoire de France. Un projet qui lui tenait à cœur depuis plus de dix ans, mais qu'il ne pourra mener jusqu'à son terme : seul le premier volume, *Identité de la France*, en est aujourd'hui annoncé pour 1986. Il devrait suffire à nous surprendre, une nouvelle et dernière fois.

● BIBLIOGRAPHIE. — Les Espagnols et l'Afrique du Nord de 1492 à 1577, *Revue africaine*, 1928, p. 184-223 et 351-428; *La Méditerranée et le monde méditerranéen à l'époque de*

Philippe II, Paris, A. Colin, 1ʳᵉ éd. 1949, 2ᵉ éd. 1966, 2 vol. ; *Civilisation matérielle et capitalisme, XVᵉ-XVIIIᵉ siècle*, Paris, A. Colin, t. I, 1967 ; *Civilisation matérielle, économie et capitalisme, XVᵉ-XVIIIᵉ siècle*, 3 vol. : 1. *Les structures du quotidien* ; 2. *Les jeux de l'échange* : 3. *Le temps du monde*, Paris, A. Colin, 1979 ; *Écrits sur l'histoire*, Paris, Flammarion, 1969 (Recueil d'articles regroupant notamment Histoire et sciences sociales. La longue durée, *Annales ESC*, 1958, p. 725-753, et Unité et diversité des sciences de l'homme, *Revue de l'Enseignement supérieur*, 1960, p. 17-22). Sous la direction de F. Braudel : *La Méditerranée. L'espace et l'histoire. Hommes et héritage*, Paris, Arts et Métiers graphiques, 1977-1978. Sous la direction de F. Braudel et E. Labrousse, *Histoire économique et sociale de la France*, Paris, PUF, 4 t., 1977-1982 ; *La dynamique du capitalisme*, Paris, Arthaud, 1985.

Voir aussi la Bibliographie des écrits de Fernand Braudel établie par B. Tenenti dans les *Mélanges en l'honneur de Fernand Braudel*, t. 2, Toulouse, Privat, 1973, p. 483-509.

▶ Corrélats. — Annales (École des), Économie, Géographie historique.

M. Aymard.

Burckhardt Jacob, 1818-1897

En cherchant à concilier l'histoire politique et l'histoire de l'art, cet historien né à Bâle, en Suisse d'expression allemande, privilégie l'histoire de la culture ou *Kulturgeschichte*, notamment dans son ouvrage le plus célèbre *La civilisation en Italie au temps de la Renaissance*, publié pour la première fois en 1860. La civilisation est considérée comme une unité avec ses différentes composantes, notamment les faits et événements de l'art. Dans sa tentative pour étudier la mentalité d'un peuple, l'effort de Burckhardt a manqué d'attention aux aspects économiques, religieux et sociaux. Cette approche d'une culture d'élite prend en considération notamment l'État et insiste sur l'individualisme de l'homme de la Renaissance.

La deuxième œuvre la plus connue de Burckhardt est *Le Cicerone*, véritable guide de l'art italien de l'Antiquité au XVIIIᵉ siècle, publié en 1855. L'auteur y est attentif aux œuvres des musées et aux monuments des villes italiennes. Architecture, sculpture et peinture y sont présentées par périodes et par régions. La Renaissance reçoit une attention singulière et une division en deux volets : la première Renaissance, de 1420 à 1500, et l'âge d'Or, de 1500 à 1540. L'auteur s'était déjà exercé auparavant à la rédaction d'un guide avec *Les œuvres d'art des villes belges*, publié en 1843.

Burckhardt enseigne à Zurich et à Bâle, voyage en Italie et se forme en Suisse et en Allemagne ; de 1839 à 1843 il séjourne à Berlin avec l'historien de l'art Kugler et l'historien Ranke. Parmi ses ouvrages historiques il faut citer celui consacré à Jacob von Hochstanden, archevêque de Cologne, dans lequel il embrasse, en 1842, différents problèmes concernant la Renaissance septentrionale.

La méthode d'histoire culturelle se trouve déjà esquissée avec fermeté dans un livre sur *L'époque de Constantin le Grand*, publié en 1853, dans lequel Burckhardt aborde un problème très actuel : celui du passage de l'Antiquité non chrétienne à l'Antiquité chrétienne. L'idée de continuité domine et les rôles de Dioclétien et de Constantin se détachent dans la lutte pour la survie de l'héritage classique. Son *Histoire de la civilisation grecque* et ses *Considérations sur l'histoire universelle* sont des recueils de notes des cours professés à la fin de sa vie.

On a remarqué le pessimisme qui domine la vision culturelle proposée par Burckhardt dans ses essais. L'Etat, la religion et la culture sont les trois éléments de civilisation dont seul le dernier est susceptible d'entraîner une renaissance.

● BIBLIOGRAPHIE. — Les œuvres complètes de J. Burckhardt ont été publiées en 14 volumes à Bâle entre 1929 et 1934; ses lettres entre 1949 et 1952. W. KAEGI, *J. Burckhardt, eine Biographie*, 3 vol., Bâle, 1947-1956.

▶ CORRÉLAT. — Art.

X. BARRAL I ALTET.

Byzance

Histoire byzantine

Byzance est le vieux site sur lequel Constantin crée en 324 sa ville, la Nouvelle Rome, capitale d'un empire d'Orient distingué de son jumeau de l'Ouest, seul après 476, puis confronté aux restaurations en Occident, jusqu'au jour de 1453 où les Turcs emportent Constantinople, dans le cours d'une progression qui se poursuivait depuis le xie siècle. Par ses frontières et ses périphéries, cet empire a touché l'Italie et les Balkans, la mer Noire et l'Ukraine, le Caucase et la Mésopotamie, l'Anatolie et la steppe syrienne. La conquête arabe lui a enlevé la Syrie, la Palestine et l'Egypte. L'Etat bulgare au ixe siècle, l'Etat russe de Kiev au xe entrent dans son orbite, et son histoire interfère aussi avec celle de l'Islam. Ensuite arrivent les marchands et les mercenaires d'Occident. La 4e Croisade se saisit de Constantinople en 1204, et dès lors les républiques marchandes de Venise et de Gênes, et les expéditions franques taillent des possessions coloniales dans un empire éclaté en trois, Trébizonde, l'Epire, Nicée. Les souverains de cette dernière restaurent l'empire en sa capitale en 1261. A sa périphérie croissent alors le deuxième royaume bulgare, l'Etat serbe, Moscou. Une histoire se poursuit là aux xiiie-xve siècles, dont les dates de 1261 et 1453 sont loin de rendre entièrement compte.

Les onze siècles de Byzance avaient porté des enjeux essentiels. Son pouvoir politique était resté détenteur de la légitimité impériale universelle de Rome, devenue chrétienne avec Constantin. Son Eglise remontait aux origines, et elle demeurait séparée de cette même Rome depuis 1054, malgré les pourparlers conciliaires. Elle avait évangélisé les Slaves du Sud et de l'Est, dont les souverains avaient ensuite cherché à soustraire leurs Eglises nationales à son autorité œcuménique. Enfin, sa culture savante était l'héritière de l'Antiquité hellénique. En conséquence, au moment où une catastrophe semble enfermer Byzance dans le passé, ces enjeux toujours vivants, et même revigorés par l'événement, suscitent un discours historique revendicatif. Les monarques de l'Occident catholique ou réformé, et bientôt absolutiste, l'Etat moscovite et son Eglise orthodoxe, le pouvoir ottoman et ses nations chrétiennes, subordonnées au patriarcat grec demeuré dans la capitale, l'humanisme enfin, autant de regards sur un héritage légitimant, autant de discours à l'appui de stratégies politiques ou religieuses, culturelles ou nationales. L'Occident, en plus, mettra au point la méthode. En sorte que les questions occidentales dominent encore dans une large mesure le travail sur Byzance, parce que l'Occident, longtemps maître du jeu international, a aussi été l'inventeur de la science historique telle que nous la pratiquons.

Byzance avait produit ses propres textes, et pris place dans ceux de ses partenaires. Les traductions latines et slaves, les chroniques russes ou vénitiennes, la polémique des Eglises indiquaient des directions qui se sont poursuivies après 1453, et dans les premiers travaux d'histoire. Les contacts entre humanistes italiens et grecs remontent au XIVe siècle. La chute de 1453 ouvre une succession, elle accélère une émigration vers l'ouest, elle n'est pas une coupure. Cependant, avec la seconde moitié du XVe siècle, commence pour de bon la translation des manuscrits grecs d'auteurs de toute époque. Translation d'un héritage signifiant, à laquelle collaborent ambassadeurs, envoyés des rois ou de maisons privées comme les Fugger, ou encore ce moine Arsenij Suhanov, qui rapporte à Moscou en 1655 une moisson motivée par le projet de réforme ecclésiastique du tsar.

L'histoire de Byzance s'est longtemps faite en Occident avec les textes seuls, et d'abord l'historiographie. H. Wolf en publie à Bâle le premier *Corpus* en 1562, réédité à Paris en 1566-1567, à Francfort en 1568. L'intérêt pour les Turcs entre en jeu. J. Löwenklaw a ainsi été leur historien, avant de préparer le premier recueil de textes juridiques et canoniques (Francfort, 1596). L'effort de la Réforme et de la Contre-Réforme s'étend aux sources et à l'histoire de l'Eglise grecque. En témoignent les recueils de *Vies des saints*, les éditions d'œuvres patristiques et de conciles, celle de l'*Euchologion* (livre de prières) byzantin du dominicain J. Goar (Paris, 1647), qui n'est pas remplacée. La papauté forme des érudits grecs au Collegio S. Atanasio (1577) : le plus grand, Léon Allatius (1586-1669), appelle encore des études. La monarchie française voit d'un bon œil l'histoire de l' « empire de Constantinople ». Ph. Labbé commence en 1645 la publication de la « Byzantine du Louvre », dont les suites européennes se prolongeront jusqu'en 1819. Elle compte parmi ses collaborateurs Du Cange, qui publie en 1688 un *Glossarium* du grec médiéval resté indispensable. Mais pour des raisons tant matérielles que culturelles la documentation byzantine reste à peu près absente de la révolution érudite des Mauristes, et il en résulte une distorsion encore sensible.

Dans le monde orthodoxe, l'empire disparu demeure au XVIe siècle un objet de mémoire et de tradition directe, et un motif de l'action politique chez un Michel le Brave, prince de Valachie, ou à Moscou, la Troisième Rome. Si l'on ajoute à cela l'absence de philologie, on comprend que le travail historique se soit poursuivi là par compilation directe ou indirecte des sources byzantines elles-mêmes. A Moscou, le *Chronographe de 1512* et la *Chronique de Nikôn* continuent l'historiographie qui insérait les princes russes dans le fil de l'histoire chrétienne du monde. Le cycle de lectures liturgiques compilé sous Ivan IV par le métropolite Makarij est lui aussi byzantin et russe. Cependant, la modernité politique de Moscou se donne la même référence. I. S. Peresvetov, un gentilhomme lituanien venu de Pologne, écrit vers 1549 une histoire de Constantinople et de sa chute et une vie du dernier empereur, offertes en exemple au souverain russe. Du côté grec, le canoniste Manuel Malaxos arrête en 1570 son *Livre chronologique*, et compose d'autre part une *Histoire des patriarches de Constantinople*. La *Chronique de Dorotheos de Monemvasie* se présente comme une encyclopédie historique, véhicule de la mémoire collective. Elle circule en manuscrit jusqu'en 1631, et elle emploie le grec vernaculaire, accessible à tous.

Au cours du XVIIe siècle, ce dernier s'affirme comme la langue commune de la modernité orthodoxe dans les Balkans, appuyé sur les Académies d'enseignement de Bucarest (entre 1678 et 1688), Jassy (1707), plus tard le mont Athos (1750). Les professeurs se forment en Occident, la production imprimée se développe, et diffuse des traductions d'œuvres byzantines. Le patriarcat de Jérusalem joue un rôle important. Le *Précis d'histoire sacrée et profane* du patriarche Nektarios (Venise, 1677) témoigne d'une méthode documentaire qui rapproche de ses contemporains occidentaux cet ancien moine au Sinaï, né en Crète. Et à l'époque où Pierre le Grand entame la politique qui tourne vers la Russie une partie de l'hellénisme et de son espérance, le patriarche Dositheos prépare, avec une érudition moderne, son *Histoire des patriarches de Jérusalem* (Bucarest, 1715). Ses papiers se trouvent aujourd'hui à Moscou.

Le XVIIIe siècle imprime à l'étude de Byzance une contradiction durable. Les sources continuent de s'accroître. Par exemple, le dominicain G. D. Mansi intègre les conciles grecs dans sa collection générale (Florence et Venise, 1759-1798), et l'ouverture orientaliste de la seconde moitié du siècle enrichit le commentaire de J. J. Reiske au *Livre des Cérémonies* de Constantin VII. Mais son commentaire ne sera publié qu'en 1829-1830. C'est que les Lumières ne valent rien à l'empire d'Orient. Exemplaire encore au XVIIe siècle, il devient alors l'hilote ivre de l'histoire, depuis Montesquieu et Voltaire jusqu'au *Decline and Fall* de Gibbon, en passant par l'*Histoire du Bas-Empire* de Ch. Lebeau, inventeur du concept (1757). Après le décalage documentaire, cet autre trait a marqué la discipline jusqu'à nos jours, conforté encore sur la fin du siècle par la valeur politique restituée à l'Antiquité. Les idées françaises se répandent dans les pays balkaniques. Beaucoup de Grecs, tel Koraïs, tournent le dos à Byzance et à sa défaite pour contempler le passé athénien de leur liberté, au prix d'une réduction historique décisive pour l'avenir national, et pour les études byzantines futures. Les autres nations des Balkans se fixent de même, à la veille du XIXe siècle, sur leur Antiquité romaine ou slave, contre le pouvoir ottoman appuyé sur le patriarcat grec. La révolution grecque inaugure, comme l'a bien vu N. Iorga, la véritable fin de l'unité issue de Byzance.

Notre bibliothèque remonte encore en bonne part au XIXe siècle. Entrepris par B. G. Niebuhr en 1828, le « Corpus de Bonn » n'est pas entièrement remplacé. La philologie allemande a multiplié les éditions critiques à partir de 1850. Elle a soumis à une méthode mise au point pour les classiques, ou du moins pour des œuvres personnelles, une historiographie médiévale (K. De Boor), ou des textes juridiques (K. E. Zachariä von Lingenthal), dont le rapport à la tradition manuscrite n'était pas le même. Ce choix appuie la réduction qui enfermera Byzance dans le rôle édifiant de médiatrice entre l'héritage antique et l'héritier occidental. F. Hirsch en 1876 et A. Heisenberg en 1901 seront cependant les précurseurs d'une démarche plus juste. Les sources périphériques s'enrichissent : chroniques franques, russes, italiennes, géorgiennes, géographes arabes, littérature syriaque, copte, sources juives, font, dans la seconde moitié du siècle surtout, l'objet de publications que l'on ne saurait détailler ici.

Les enjeux catholiques se retrouvent dans le travail du cardinal Hergenröther sur Photios et « le schisme grec » (1867-1869), et dans l'érudition missionnaire des Assomptionnistes, qui créent en 1901 la revue *Echos d'Orient*. La crise moderniste est associée à l'exploration des textes grecs et orientaux de l'Antiquité finissante. La documentation commence à combler son retard, avec les missions archéologiques et épigraphiques pour cette même période, les premiers répertoires modernes pour les monnaies (Sabatier, 1862) et les sceaux (Schlumberger, 1884) de Byzance, enfin l'essor des publications d'archives. Celles-ci suivent les contours des Etats, et la stratégie des influences internationales. On offre ainsi aux historiens les documents de Palerme et de Naples, de Chio, de la bibliothèque de Vienne, on explore pour eux les archives de Venise. Les couvents de l'Athos attirent après 1870 un effort général, où se distinguent les Russes. Un programme international est décidé en 1907, sous la direction de K. Krumbacher. Le philhellénisme, les voyages, et la philologie même, minent les démarcations classiques, et l'attention s'étend aux textes vernaculaires, stimulée par la révélation du *Digenis Akritas* grec en 1868; l'œuvre d'E. Legrand est ici essentielle. En 1897, K. Krumbacher dresse une somme, la *Geschichte der byzantinische Literatur*, envisagée de Justinien à 1453.

Le premier XIXe siècle plaça la Grèce libérée au centre d'une histoire longue de l'hellénisme, qui traversait la période médiévale. L'Anglais G. Finlay conçoit ainsi une *History of Greece* (Oxford, 1877), depuis la première perte de la liberté par la conquête romaine jusqu'à sa résurrection. L'Allemand J. P. Fallmerayer allume le brûlot du débat sur les Slaves en Grèce (*Geschichte der Halbinsel Morea...*, 1830-1836), qui n'est pas encore éteint. G. L. F. Tafel (1787-1860) se fait l'historien de Thessalonique, K. Hopf (1832-1873) celui de la domination franque, et de la Grèce médiévale et moderne, F. Gregorovius celui d'Athènes au Moyen Age (1889) comme de Rome à la même époque (1860 et s.). S. Lambros (1851-1919) enseigne l'histoire nationale à l'Université d'Athènes (1887), et laisse une œuvre érudite fondamentale. Il revendique pour les Grecs la priorité dans l'étude de leurs aïeux des temps médiévaux et modernes. La réhabilitation de Byzance est la leur en effet, et ils montreront comment elle a réalisé la première « unité nationale complète de tout l'hellénisme ». Ainsi est consacrée la conception de Byzance axée sur la nation grecque, et non plus sur l'empire. Tchèque né à Vienne, K. Jireček (1854-1918) écrit en revanche l'histoire des nations slaves, bulgare (1876), serbe (1911). Le Roumain N. Iorga (1871-1940) s'attache à l'histoire danubienne, et pour cette raison même à celle de *Byzance après Byzance* (1935), couronnant la perspective de ses travaux sur « Empire et civilisation ».

En Russie, les études byzantines avaient eu avant 1860 des précurseurs allemands. La filiation de jadis semblait rompue, ou plutôt la référence byzantine apparaissait négative sur le plan de la politique intérieure, positive quant à la vocation internationale du pays. L'essor des recherches est dû à V. G. Vasil'evski (1838-1899), professeur d'histoire médiévale à l'Université de Saint-Pétersbourg. F. I. Uspenski (1845-1928) enseigne à celle d'Odessa, avant de diriger l'Institut archéologique russe à Constantinople, ouvert en 1895 « dans la capitale même de l'ancien Empire byzantin, sous les yeux de nos concurrents dans le Proche-Orient », écrira-t-il; en ces mêmes années la Russie s'intéresse aux Lieux Saints. Le *Vizantijski Vremennik* est créé en 1894. L'Académie des Sciences, l'Académie ecclésiastique de Kiev, l'Université d'Odessa publient également textes et études. N. P. Kondakov donne en 1876 une *Histoire de l'art byzantin*. Indemne de la référence inhibante à l'Antiquité, et de l'idée de déclin, le travail russe sur Byzance se pense « lié au devoir du peuple russe qui est de se connaître soi-même » (Uspenski). Il porte donc pour beaucoup sur les origines nationales, les relations russo-byzantines, l'histoire religieuse. Surtout, Byzance est intégrée dans l'évolution des sociétés médiévales, et d'abord de leurs campagnes. Vasil'evski et Pančenko examinent la commune rurale, la dépendance paysanne, le rôle de l'Etat, au moment où on débat en Russie de la question agraire nationale.

En 1892, Krumbacher inaugure à Munich la *Byzantinische Zeitschrift*, dont la bibliographie annuelle demeure depuis lors le carrefour de la discipline. Celle-ci devient dès lors internationale. On peut signaler les travaux de l'Anglais Bury sur les institutions des IXe-Xe siècles, et sur la continuité de Byzance ; les études sur l'Italie pontificale, adriatique, et méridionale, entre Byzance et l'Occident (Ch. Diehl, J. Gay, L. M. Hartmann) ; les travaux du chartiste F. Chalandon sur les Comnènes, et sur les Normands d'Italie, dans une perspective intégrée.

La révolution russe, le traité de Versailles, et les lendemains de 1945 ont changé les routes des chercheurs sans renouveler entièrement la problématique. Une douzaine de revues sont nées depuis *Byzantion* (1, 1924), ainsi que des recueils et collections, dont un nouveau *Corpus* international, inauguré en 1967. Paris et Washington, Vienne et Munich, Birmingham, Athènes et Belgrade, Moscou et Leningrad n'épuisent pas la liste des centres d'activité. L'Institut grec de Venise et l'Institut d'Etudes balkaniques à Thessalonique s'ouvrent sur l'époque postbyzantine.

La masse des imprimés peu exploités et des inédits demeure considérable. Editions et lectures se fondent désormais sur une conception plus juste de la tradition textuelle médiévale, et sur l'histoire des manuscrits et des bibliothèques (J. Irigoin, N. Wilson). L'iconographie compte parmi les sources (A. Grabar). L'œuvre magistrale de F. Dölger (1891-1968) a dominé un demi-siècle de travaux d'archives, où le mont Athos est resté le premier (F. Dölger, P. Lemerle et collaborateurs), mais non le seul, ni en Grèce, ni en Italie méridionale (A. Guillou). Les Assomptionnistes ont constitué les *régestes* du patriarcat œcuménique. Les bibliothèques livrent encore çà et là des documents de toutes sortes. Il reste beaucoup de blancs, définitifs ou non, et au total on ne peut rien espérer de comparable à l'Occident, d'où l'importance des archives périphériques, Venise avant tout, Gênes, Raguse, Barcelone. Les documents ottomans commencent à éclairer la période transitoire. Des milliers de sceaux sont en cours de publication. Les inscriptions et les papyri d'Egypte abondent pour la période haute. Mise en retard par la préférence passée pour les niveaux classiques, l'archéologie se heurte souvent aux difficultés géopolitiques présentes. En revanche, le champ de la numismatique et de l'histoire monétaire, dominé par Ph. Grierson, est fertile en travaux appuyés sur des relevés traditionnels et des techniques de laboratoire.

Deux morceaux de l'histoire de Byzance, bien documentés, ont reçu une sorte d'autonomie, les IVe-VIIe et les XIIIe-XVe siècles. Le Bas-Empire des Lumières a cédé la place à une Antiquité tardive dont l'Orient s'est avéré riche en hommes et en espèces, en turbulences et en idées, sans cesse mieux connu (G. Dagron, E. Patlagean) après l'œuvre pionnière d'E. Stein

(1891-1945). D'autre part, on a étudié les zones saisies par l'Occident (A. Carile), Vénitiens (F. Thiriet, D. Jacoby), Génois (G. Brătianu, M. Balard), Morée franque (P. Topping, D. Jacoby), domination catalane (K. Setton). On a traité des histoires provinciales, le despotat d'Epire (D. Nicol), celui de la Morée (D. Zakythinos), le Pont (A. Bryer). Sp. Vryonis a suivi la lente installation des Turcs dans l'Asie Mineure. Les rapports avec Rome (J. Gill), Kiev (A. Poppe), les humanistes (A. Pertusi) figurent dans les bibliographies. Mais l'histoire intérieure de Byzance après le VIIe siècle porte encore la marque du XIXe. Le contentieux national reste vif (P. Charanis, V. Tăpkova-Zaimova). La tradition russe, diffusée par A. A. Vasiliev, G. Ostrogorski, A. Grabar, a notamment montré une problématique rurale qui ose affronter la question féodale. L'importante école soviétique dans ce qu'elle a de meilleur est aussi une héritière. P. Lemerle et ses élèves, en même temps qu'ils déployaient une ouverture documentaire remarquable, ont porté à sa perfection la méthode philologique.

Cela dit, l'histoire de Byzance reste encore isolée, ou subordonnée à celle de l'Occident, lorsque « médiévistes » et « byzantinistes » se rencontrent sur le vieux thème du déclin. Trop souvent les premiers conservent à Byzance une fonction suspecte de repoussoir, tandis que les seconds se satisfont de lectures économiques ou culturelles désuètes. Ostrogorski lui-même a conçu son *Histoire* comme celle d'un *Etat* centralisé, où il trouve difficilement une place pour les situations postérieures à 1204. La perspective a été corrigée il est vrai (XVe Congrès intern. d'Etudes byzantines, Athènes, 1976, notamment le rapport d'A. P. Kazhdan). De belles études sur le pouvoir impérial ont été faites par F. Dölger, P. Classen, H. Hunger. En revanche, des synchronismes frappants dans l'histoire de l'Eglise passent inaperçus, le problème des églises privées par exemple. Certes, comparer n'est pas confondre. Mais les différences autant que les similitudes, réelles, doivent fonder une histoire totale de la chrétienté médiévale, et un bilan complet de la continuité séculaire. Un E. Stein un H. G. Beck, un P. Lamma, un Sp. Vryonis, R. S. Lopez ont senti cela. A. P. Kazhdan a montré le mouvement du « féodalisme » byzantin, A. Laiou a situé dans « la crise du XIVe siècle » les paysans des domaines du mont Athos.

Notre choix était ici trop restreint pour n'être pas injuste. Concluons avec les mots d'E. Gerland voici un demi-siècle : « So dankenswert daher die Begründung besonderer Lehrstüle für byzantinische Geschichte sein mag, eine Notwendigkeit ist sie nicht. Die byzantinische Geschichte ist kein Fremdenkörper im Betriebe der mittelalterlichen Geschichte, sondern ein integrierender Bestandteil » (« La création de chaires spéciales d'histoire byzantine, tout en présentant des avantages certains, ne correspond à aucune nécessité. L'histoire byzantine n'est pas un corps étranger greffé sur l'histoire médiévale mais une partie intégrante de celle-ci ») (*loc. cit.*, p. 60). Et ceci est encore plus vrai dans la réflexion sur Etat et nation, empire et société, à laquelle nous oblige aujourd'hui notre présent.

● BIBLIOGRAPHIE. — *1 | Histoires générales, historiographie, sources* : A. A. VASILIEV, *History of the Byzantine Empire*, 2e éd. angl., U. of Wisconsin Pr., 1952 (bibliographie); L. BRÉHIER, *Le monde byzantin*, 3 vol., Paris, Albin Michel, 1949-1950 (réed. 1970 avec suppl. bibliogr. par J. GOUILLARD); G. OSTROGORSKY, *History of the Byzantine state*, 2e éd. angl., Oxford, Blackwell, 1968; *Byzantinisches Handbuch*, C. H. BECK, Munich; H. G. BECK,

Kirche u. theologische Literatur im byzant. Reich (1959); F. DÖLGER, J. KARAYANNOPULOS, *Byzant. Urkundenlehre*, 1. *Die Kaiserurkunden* (1968); E. SCHILBACH, *Byzant. Metrologie* (1970); H. G. BECK, *Geschichte der byzant. Volksliteratur* (1971); H. HUNGER, *Die hochsprachliche profane Literatur der Byzantiner*, 1-2 (1978). *Repertorium fontium historiae Medii Aevi*, 1. Series collectionum, Rome, 1962; E. GERLAND, Das Studium der byzant. Geschichte vom Humanismus bis zur Jetztzeit, *Byz.-neugr. Jahrb.*, Beiheft 12, Athènes, 1934; B. KNÖS, *L'histoire de la littérature néo-grecque. La période jusqu'en 1821*, Uppsala, Almqvist & Wicksell, 1962; A. PERTUSI, *Storiografia umanistica e mondo bizantino*, Palerme, E. Mori, 1967; E. STEIN, Introduction à l'histoire et aux études byzantines, *Traditio* 7, 1949-1951, p. 95-168; R. PICCHIO, *La letteratura russa antica*, nouv. éd. Sansoni, Florence, Accademia, Milan, 1968.

2 | *Travaux récents :* On trouvera une sélection dans la bibliographie de R. FOSSIER (éd.), *Le Moyen Age*, 3 vol., Paris, Armand Colin, 1982. Voir aussi les Congrès internationaux, du XIe (Munich, 1958) au XVIe (Vienne, 1981).

▶ CORRÉLATS. — Russie/URSS (Historiens russes et soviétiques).

E. PATLAGEAN.

Cahiers de doléance

Rédigés à l'occasion de la convocation des états généraux à chacun des échelons de la consultation des habitants du royaume (assemblées des paroisses, des corps et communautés urbains, des villes, des bailliages secondaires et principaux, enfin des ordres), les cahiers de doléances ont constitué un matériau privilégié, sans équivalent pour saisir l'état de l'opinion, les plaintes et les vouloirs, les préoccupations et les attentes. Les cahiers rédigés en 1789, par leur nombre, sans doute voisin de 30 000, et leur date, ont retenu depuis longtemps l'attention des historiens de la Révolution qui ont cherché à y lire les consensus et les déchirures de l'ancienne société. Il en va ainsi de Tocqueville qui tire deux leçons de la lecture des cahiers : d'une part, l'écart entre cahiers des villes et cahiers des campagnes (« tout ce qui était théorie générale et abstraite dans l'esprit des classes moyennes prit ici des formes arrêtées et précises. Là on se préoccupe surtout de ses droits, ici, de ses "besoins" »), d'autre part, la parenté entre doléances bourgeoises et nobiliaires (« dans chaque province, les hommes des différentes classes, du moins tous ceux qui sont placés en dehors du peuple, deviennent de plus en plus semblables, en dépit des particularités de la condition. Il n'y a rien qui mette ceci plus en lumière que la lecture des cahiers présentés par les différents ordres en 1789. On voit que ceux qui les rédigent different profondément par les intérêts, mais que, dans tout le reste, ils se montrent pareils »).

Pour tester ces hypothèses, ou d'autres comme celles de Jaurès avant tout sensible aux censures et reformulations subies par les doléances paysannes au niveau des cahiers de bailliage rédigés par les officiers et hommes de loi de la ville, les historiens ont soumis les cahiers aux techniques de l'analyse quantitative, souvent appuyées sur l'ordinateur. Certaines enquêtes se sont attachées avant tout au vocabulaire des cahiers, soit en repérant les occurrences d'un ensemble de mots désignés comme mots souches (A. Dupront), soit en relevant tous les mots dans un corpus géographique donné (A. Burguière dans les cahiers de la ville de Reims, R. Robin dans ceux du bailliage de Semur-en-Auxois). Deux constats ont pu être ainsi établis : la très faible pénétration du vocabulaire des

Lumières, même dans les cahiers du bailliage ; la domination d'une langue traditionnelle, administrative et juridique, imposée par les hommes de robe et de loi qui souvent président les assemblées primaires, mettent en forme les doléances dites par les paysans, représentent les paroisses aux assemblées de bailliage, rédigent les cahiers finaux du tiers.

D'autres recherches ont tenté un dénombrement thématique des doléances, regroupées en un certain nombre de rubriques, par exemple les valeurs et droits individuels, les formes de la distribution du pouvoir ou l'organisation de l'ordre social. Menées tant aux Etats-Unis (G. V. Taylor, G. Shapiro, S. Weitman) qu'en France (F. Furet), de telles enquêtes ont souligné la faible valeur prémonitoire des cahiers qui font une très faible part à l'affirmation des valeurs forgées par les Lumières et ne revendiquent que rarement — seulement dans les cahiers du tiers des bailliages à forte population urbaine — les réformes qui seront décidées entre août 89 et septembre 91. Par ailleurs, elles ont globalement confirmé le contraste entre cahiers des villes et cahiers des champs qui oppose, pour reprendre les termes tocquevilliens, une doléance citadine « générale et abstraite » à une autre, rurale, portée contre « des objets plus particuliers et plus proches ». Enfin, a été manifesté, chiffres à l'appui, l'accord existant entre les cahiers de bailliage du tiers et de la noblesse, qui se rencontrent pour revendiquer les droits de l'individu, définir un équilibre neuf entre la monarchie et la société civile, abolir les privilèges anciens et établir l'égalité fiscale. Deux différences pourtant entre second ordre et tiers état : le silence des cahiers nobiliaires sur les justices seigneuriales et leur revendication, absolue ou nuancée, du vote par ordre aux états.

Longtemps focalisée sur les seuls cahiers rédigés pour les derniers états généraux, l'attention s'est déplacée vers l'amont en ces dernières années, faisant collecte des doléances exprimées lors des consultations antérieures (en 1614 ou 1576 par exemple) et en leur appliquant les traitements thématiques ou lexicologiques élaborés sur le matériau de 1789 (D. Richet, J.-M. Constant, R. Chartier). De là, de possibles saisies de la fragmentation de l'opinion en des temps de crises aiguës ; de là, aussi, une mesure prise du déplacement des aspirations et des mentalités dans les cent soixante-quinze ans qui séparent les deux dernières convocations des états généraux.

● BIBLIOGRAPHIE. — Pour les cahiers de 1789, R. CHARTIER, Cultures, lumières, doléances : les cahiers de 1789, *Revue d'Histoire moderne et contemporaine*, 1981, p. 68-93 ; pour ceux de 1576 et 1614, *Représentation et vouloir politique. Autour des états généraux de 1614*, sous la direction de R. CHARTIER et D. RICHET, Paris, Ed. de l'Ecole des Hautes Etudes en Sciences sociales, 1982.

▶ CORRÉLATS. — Linguistique et histoire, Révolution française.

R. CHARTIER.

Cartulaire

On appelle cartulaire un volume dans lequel sont copiés les documents provenant des archives d'un établissement : il s'agit le plus souvent d'une église, mais on possède aussi, datant du bas Moyen Age, des cartulaires de municipalités, d'hôpitaux, de seigneuries, d'universités, etc. Les plus anciens cartulaires conservés ne remontent pas au-delà du Xe siècle ; on a continué d'en faire jusqu'à l'époque moderne (des érudits contemporains, éditant des chartiers, donnent parfois à leur publication le nom de cartulaire). Ils deviennent abondants à partir du XIIe et surtout du XIIIe siècle. On doit distinguer le cartulaire des registres de chancellerie, que l'on commence à connaître aux XIIe et XIIIe siècles et qui contiennent la transcription des actes expédiés par une chancellerie (la série la plus importante est celle des registres pontificaux) et des registres de notaires, contenant les minutes des actes instrumentés par un notaire.

Les cartulaires sont d'abord destinés à conserver, pour l'usage interne, les titres de possession de l'établissement, par ailleurs gardés sous la forme de documents authentiques qui peuvent facilement s'égarer ou, simplement, s'user. Tardivement, il arrive en outre que les copies rassemblées dans le cartulaire, vérifiées par un notaire public, prennent valeur probatoire. Généralement le cartulaire, avant tout destiné à l'administration des biens de l'établissement, présente les copies de chartes dans un ordre logique, non chronologique : bulles pontificales et privilèges d'abord, puis autres chartes souvent classées dans un ordre géographique ou typologique. Les chartes ne sont pas toujours copiées *in extenso* : on n'en donne parfois que des extraits, voire des analyses. De toute façon, le fait qu'il s'agisse, dans le meilleur cas, de copies ne facilite évidemment pas la critique des documents. Mais un cartulaire, à condition qu'il soit conservé entier, a l'avantage de fournir une série complète et homogène de documents : il est donc particulièrement précieux pour l'historien de l'économie et de la société, après une critique préalable sérieuse. Il faut en particulier se demander quand, par qui et dans quel but il a été compilé. Dans des cas assez exceptionnels, plusieurs cartulaires partiels, parfois écrits par la même personne, peuvent s'attacher à plusieurs aspects du patrimoine et de sa gestion (ainsi à Farfa, en Sabine). Certains archivistes monastiques italiens du XIIe siècle ont en outre combiné l'élaboration d'un cartulaire et d'une chronique, se servant des matériaux du premier pour écrire la seconde : ainsi Pierre Diacre, auteur à la fois du cartulaire du Mont-Cassin et continuateur de la chronique de l'abbaye. D'autres écrivent leur chronique dans la marge même du cartulaire (S. Clemente de Casauria, SS. Trinità de Venosa), d'autres encore élaborent une chronique entrecoupée de copies de pièces justificatives (S. Vincenzo al Volturno) : ces divers types de cartulaires-chroniques montrent qu'il faut s'attacher précisément à la forme de la compilation, importante à la fois pour l'histoire des mentalités et celle de la gestion du patrimoine.

● Bibliographie. — A. Giry, *Manuel de diplomatique*, nouv. éd., Paris, 1925; H. Stein, *Bibliographie générale des cartulaires français ou relatifs à l'Histoire de France*, Paris, 1907; H. Hoffmann, Chronik und Urkunde in Montecassino, *Quellen und Forschungen aus italienischen Archiven und Bibliotheken*, 51 (1972), p. 93-206.

▶ Corrélats. — Chartes (Le cabinet des), Document.

J.-M. Martin.

Chartes

Le mot (primitivement : feuille de papyrus) désigne un écrit reflétant et attestant un acte juridique. Au sens large, tout acte authentique est une charte; plus précisément, par opposition aux actes émanant des hautes autorités (diplômes royaux et impériaux, bulles pontificales), on appelle charte un acte privé, mentionnant en outre (par opposition à la notice) l'auteur de la transaction à la première personne. Au Moyen Age, les chartes sont établies de façons différentes selon les régions. En Italie (comme dans l'Empire byzantin) l'institution romaine du notariat s'est maintenue; le notaire a la *manus publica*, c'est-à-dire le pouvoir conféré par les autorités publiques d'écrire des actes ayant valeur juridique. Dans les pays du Nord au contraire, où le notariat a disparu, on place l'acte sous l'autorité d'un haut personnage qui y appose son sceau (le notariat ne reparaît officiellement en France qu'au début du XIVe siècle). Les techniques notariales ont fait, ces dernières années, l'objet d'études précises; on a conservé de nombreux registres de notaires du bas Moyen Age et de l'époque moderne.

L'étude critique des chartes (et de l'ensemble des actes de la pratique) est l'objet de la diplomatique, science née à la fin du XVIIe siècle avec Mabillon. Acte juridique, la charte a une composition bien définie (protocole, texte, eschatocole, chacun subdivisé en plusieurs parties), mais qui varie selon les lieux; le formulaire des chancelleries est particulièrement stable. Les chartes sont parfois conservées en original, mais souvent seulement en copie; d'où l'importance de la critique qui permet de distinguer le vrai du faux; les chartes totalement ou partiellement fausses sont d'ailleurs aussi intéressantes que les actes véridiques, à condition qu'on puisse reconstituer les conditions de leur élaboration.

Pour le médiéviste, la charte constitue une source privilégiée (et souvent unique) de l'histoire économique et sociale, du moins en Occident (les chartes byzantines conservées sont très rares, sauf dans les fonds sud-italiens et athonites). On s'intéresse aussi de plus en plus aux renseignements politiques et intellectuels qu'elles peuvent fournir. Le médiéviste actuel n'est plus seulement chartiste : il s'intéresse plus qu'autrefois aux sources littéraires et l'archéologie lui apporte de nouveaux matériaux. Les chartes (dont une grande partie n'est pas encore explorée) n'en restent pas moins l'une des bases les plus solides de son travail.

● BIBLIOGRAPHIE. — A. GIRY, *Manuel de diplomatique*, nouv. éd., Paris, 1925; A. de BOÜARD, *Manuel de diplomatique française et pontificale*, 2 vol., Paris, 1929-1948; F. DÖLGER et J. KARAYANNOPOULOS, *Byzantinische Urkundenlehre* I, Munich, 1968; M. AMELOTTI et G. COSTAMAGNA, *Alle origini del notariato italiano*, Rome, 1975 (*Studi Storici sul Notariato Italiano* 2).

▶ CORRÉLATS. — Chartes (Cabinet des), Mabillon.

J.-M. MARTIN.

Le Cabinet des chartes

Le Cabinet des chartes (1759-1790) animé par l'avocat Jacob Nicolas Moreau qui sera élevé à la charge d'historiographe de France, dirigé par les contrôleurs généraux Silhouette et Bertin a dépossédé à la fin du XVIIIe siècle l'Académie des Inscriptions et Belles-Lettres, passée à la contestation sous l'influence des lumières, de son hégémonie en matière de recherche historique. Cette étonnante institution qu'on a pu qualifier de ministère de l'histoire combine trois fonctions devenues aujourd'hui étrangères les unes aux autres :

Une fonction administrative : le Cabinet a été et est resté une bibliothèque spécialisée et un centre archivistique du Contrôle des finances. Le programme de Moreau d'une réorganisation sous sa direction de toute l'archivistique des ministères ne put aboutir.

Une fonction historique : Moreau a tenté d'inventorier, de résumer, ou de recopier « toutes les anciennes chartes renfermées dans les chartriers des Eglises, des communautés et des seigneuries » pour constituer un dépôt central de tous les manuscrits et imprimés touchant à l'histoire de l'Etat français. Utilisant les compétences des érudits laïques ou bénédictins il a promu de nombreuses missions documentaires à l'étranger, dont les voyages de Brequigny à Londres et de La Porte du Theil à Rome qui rapportèrent des milliers de pièces. L'ensemble des documents rassemblés forme la partie importante du Cabinet des Manuscrits de la Bibliothèque nationale dite fonds Moreau. Après la collation, la publication. Le Cabinet des chartes a continué et remanié les grandes publications savantes entreprises par la Congrégation de Saint-Maur ou l'Académie des Inscriptions et Belles-Lettres, notamment *La Collection des Conciles, Les Ordonnances des Rois de France* (t. 1, 1723), le *Recueil des historiens des Gaules et de la France* (t. 1, 1738), *L'Art de vérifier les dates* (1783). Il a contrôlé l'édition de la *Notice des diplômes, des chartes et des arts relatifs à l'Histoire de France* (t. 1, 1766), *La table chronologique des chartes et diplômes* (t. 1, 1766) et le « Rymer français »; la collection *des diplômes, chartes*, etc., dont le tome I ne paraîtra qu'en 1791, par les soins de Brequigny et La Porte du Theil. Ce dernier publiera *Les Lettres d'Innocent III*.

Une fonction juridique : en 1788, le Cabinet devient *Bibliothèque et dépôt de législation, Histoire et droit public...* Son rattachement à la chancellerie daté de 1781 illustre peut-être la prise de conscience tardive de l'importance de la réforme juridique. Dès 1763, Moreau et Bertin avaient imaginé dans le but de faire pièce aux prétentions des Parlements de constituer un dépôt des lois qui serait le seul dépôt légitime de la Monarchie. L'ambition de codifier se limitait néanmoins à la satisfaction de publier.

Infructueux dans ses efforts juridiques, le Cabinet des chartes a connu, en revanche, une remarquable réussite érudite. C'est sur la base de son programme que Guizot réorganise la recherche historique française au XIXe siècle dans le cadre du Comité des travaux historiques.

● BIBLIOGRAPHIE. — Xavier CHARMES, *Le Comité des travaux historiques et scientifiques*, Paris, 1886, 3 vol.; Léopold DELISLE, *Le Cabinet des Manuscrits de la Bibliothèque impériale*, Paris, 1868, 1881, 3 vol.; Dieter GEMBICKI, *Histoire et politique à la fin de l'Ancien Régime, Jacob Nicolas Moreau (1717-1801)*, Paris, 1979.

▶ CORRÉLATS. — Guizot, Mabillon, Mauristes.

B. BARRET-KRIEGEL.

Ecole des chartes

L'Ecole nationale des chartes est l'un des « grands établissements littéraires et scientifiques » qui dépendent du ministère de l'Education nationale.

Elle a la charge, du point de vue scientifique, de former des chercheurs préparés à la critique, à l'interprétation et à l'exploitation des documents, au sens le plus large, de l'histoire de France; du point de vue professionnel, elle assure statutairement la formation du personnel des archives, et pour une part, celui des bibliothèques publiques; plus généralement, celle des cadres responsables de la gestion (inventaire, conservation et mise en valeur) du patrimoine documentaire et artistique de la France.

L'histoire. — A la fin du XVIIIe siècle, les Bénédictins de Saint-Maur, l'Académie des Inscriptions et Belles-Lettres avaient donné la première place, en Europe, à l'érudition française. La Révolution chasse les religieux et abolit les corps savants. Elle amasse en même temps, dans des dépôts improvisés, d'énormes quantités de documents provenant d'une dizaine de milliers de dépôts d'archives, publics ou privés, jusqu'alors vivants et utiles, mais que périment soudain la destruction de l'ordre social et le renversement de l'autorité politique. Sous l'Empire, quelques esprits éclairés cherchent à restaurer l'érudition et à reprendre ses grandes entreprises abandonnées, en même temps qu'à sauver et rendre accessibles les documents et les livres abandonnés « aux rats et aux collectionneurs ». Dans ce double dessein, le baron de Gérando (1772-1842), haut fonctionnaire, philosophe et philanthrope, propose (1806) à l'empereur la création d'une école où seraient formés les jeunes érudits dont l'Institut pourrait faire ses auxiliaires. Le projet, remanié par Napoléon, n'aboutit pas. En 1820, Gérando persuade le ministre de l'Intérieur, comte Siméon (1749-1842), de soumettre une proposition analogue à Louis XVIII. L' « Ecole des chartes » est fondée par ordonnance du 22 février 1821. Les douze élèves sont répartis entre deux sections, sans relations entre elles, l'une à la Bibliothèque royale, l'autre aux Archives du royaume : deux professeurs (un bibliothécaire, un archiviste) leur apprendront « à lire les divers manuscrits et à expliquer les dialectes français du Moyen Age ».

L'incohérence de l'organisation, l'absence de ressources budgétaires propres, le défaut d'ouverture sur des carrières assurées compromettent les débuts. L'Ecole — mal accueillie par l'opposition libérale et chansonnée par Béranger — entre bientôt en sommeil : il n'y a plus d'élèves, mais les professeurs continuent d'être payés. Le 11 novembre 1829, le comte de la Bourdonnaye (1767-1839), ministre de l'Intérieur, fait prendre par Charles X une ordonnance « concernant la remise en activité de l'Ecole des chartes ». Trois années d'études communes, un concours de sortie, l'institution d'un « brevet d'archiviste paléographe », un traitement annuel pour six à huit « élèves pensionnaires », des débouchés garantis (« la moitié des emplois qui viendront à vaquer dans les bibliothèques publiques (notre Bibliothèque de la rue de Richelieu exceptée), les Archives du royaume, et les divers dépôts littéraires ») assurent le renouveau, que confirment, d'une part, les perfectionnements successivement apportés à l'organisation de l'Ecole, sous la Monarchie de Juillet, par divers arrêtés ministériels, d'autre part, la fondation (1839) de la « Société de l'Ecole des chartes », qui regroupe les anciens élèves et publie une revue : la *Bibliothèque de l'Ecole des chartes* (première livraison, octobre 1839).

L'ordonnance du 31 décembre 1846, prise par Louis-Philippe, sur proposition du comte de Salvandy (1795-1856), ministre de l'Instruction publique, donne ses assises définitives à l'Ecole : local indépendant, bibliothèque spéciale, un directeur et un secrétaire, un corps professoral de sept membres, un Conseil de perfectionnement. Le baccalauréat est requis pour le concours d'entrée. Les études, qui durent trois ans, sont sanctionnées par le diplôme d'archiviste paléographe, délivré après la soutenance d'un « acte public », sur un thème choisi par l'élève : ainsi naît la « thèse », sérieux travail d'érudition, qui reste souvent manuscrit, mais dont les « positions » doivent être imprimées.

Dès lors, trois facteurs concourent au succès de l'Ecole des chartes :
1° La pertinence d'un enseignement spécialisé, constamment adapté aux progrès des disciplines historiques aussi bien qu'à l'évolution des techniques de conservation et des méthodes de classement des documents.
2° La valeur du corps professoral, dans lequel ont toujours figuré des savants de haute réputation.
3° La garantie, offerte aux anciens élèves, d'un emploi assuré dans certaines administrations : avant tout, les Archives départementales dont ils ont le monopole (décret du 4 février 1850), et les Archives nationales, où ils détiennent la même prérogative (décret du 14 mai 1887).

L'œuvre. — Si les « chartistes » ont exercé leur activité dans de nombreux domaines (enseignement supérieur, bibliothèques, musées notamment), Arthur Giry affirme, en 1900, que le « privilège » qui leur a été conféré par les deux décrets de 1850 et de 1887 « a eu cette conséquence que les Archives de la France sont aujourd'hui les mieux classées et les mieux ordonnées de toute l'Europe, celles dans lesquelles il est certainement le plus facile de diriger ses recherches ». Et il attribue cette réussite à « l'unité de principes, de vues, de méthodes, de procédés qui a donné aux productions de l'érudition française un cachet particulier ».

C'est, en effet, sur l'érudition que l'Ecole des chartes règne sans partage. Refusant de se confiner dans le rôle d'école purement professionnelle, et en dépit de la fondation (1868) de l'Ecole pratique des Hautes Etudes, où des chartistes professent d'ailleurs, dès l'origine, elle a été, en France pendant plus d'un demi-siècle, le seul établissement où l'on put se former, entièrement et systématiquement, à l'apprentissage des « sciences auxiliaires » de l'histoire. La progressive introduction de l'enseignement de ces disciplines dans l'Université ne l'a pas encore privée entièrement d'un monopole dont les chartistes mesurent très tôt l'importance.

Les fondateurs de la « Société de l'Ecole des chartes » affirment, en effet, vouloir « contribuer par leur exemple à faire reparaître dans la science un peu de cet esprit de corps et d'association qui animaient les communautés religieuses et les rendait capables d'entreprendre et d'achever les grands travaux qu'elles ont légués à notre siècle » (Arch. nat., II AS 1, 1839). La *Bibliothèque de l'Ecole des chartes*, organe de la société, doit être exclusivement réservée aux publications érudites : « L'histoire étudiée sous le point de vue social ou philosophique sera exclue du recueil. » A l'âge de l'histoire dite « positiviste » et dans toutes les disciplines inscrites au programme de l'Ecole, les maîtres qui les enseignent publient les grands traités méthodologiques qui font — et continuent de faire — autorité : en diplomatique (Arthur Giry, 1894), en paléographie (Maurice Prou), en historiographie médiévale (Auguste Molinier), en histoire du droit (P. Viollet). L'archéologie médiévale (Jules Quicherat) et la philologie romane (Paul Meyer) font figure, durant la même période, de disciplines spécifiquement chartistes. Les grandes collections de documents historiques (*Documents inédits sur l'histoire de France, Lettres des papes, Documents financiers*, etc.) sont principalement alimentées par les anciens élèves de l'Ecole. Ceux-ci animent aussi, pour l'essentiel, les nombreuses sociétés savantes provinciales, nées, depuis le milieu du XIXe siècle, sous l'égide du « Comité des Travaux historiques et scientifiques », où les chartistes jouent un rôle prépondérant. Un prodigieux érudit, qui est aussi l'initiateur génial de l'histoire rurale de la France du Moyen Age, Léopold Delisle (1826-1914), administrateur de la Bibliothèque nationale de 1874 à 1905, incarne le chartiste au temps de l'érudition triomphante.

A l'aube du XXe siècle, le domaine de l'historiographie française apparaît ainsi — non sans d'évidentes simplifications — comme partagé entre l'*érudition*, où règnent les chartistes, et l'*histoire générale*, que dominent les normaliens groupés sous la houlette d'Ernest Lavisse. Celui-ci affirme d'ailleurs (*Questions d'enseignement national*, Paris, 1885, p. 86) : « Les élèves de l'Ecole des chartes, qui ont voulu être aussi élèves de la Faculté [des lettres de Paris] n'ont autre chose à nous demander qu'une éducation historique générale, car l'Ecole leur donne au complet l'éducation technique. » Ce partage de compétences provoque des conflits (cf. Henri d'Arbois de Jubainville, *Deux manières d'écrire l'histoire*, Paris). Mais il est généralement accepté. Il est comme institutionnalisé dans le condominium normalien-chartiste que Gabriel Monod, son fondateur, place à la tête de la *Revue historique* (1876) et qui subsiste encore aujourd'hui. Il apparaît aussi, symboliquement, dans la fameuse *Introduction aux études historiques* (1898), dont le normalien Charles Seignobos et le chartiste Charles-Victor Langlois se sont partagé la rédaction.

Dès le lendemain de la première guerre mondiale, l'érudition subit une très sérieuse éclipse, qu'imposent d'abord les conditions nouvelles de la vie économique et sociale : les notables qui peuplaient les sociétés savantes ne disposent plus des loisirs ni, bientôt, de la culture classique qui leur permettaient de consacrer une part importante de leur temps aux recherches documentaires; le coût de l'impression ralentit le rythme de publication des revues. A partir des années 1930, l'offensive menée contre l'histoire « événementielle » par l' « école » des *Annales* contribue, au surplus, à discréditer les travaux érudits. La nécessité de renouveler, et d'enrichir dans de nouveaux domaines, l'immense stock de la documentation historique publié entre 1840 et 1914 impose une véritable renaissance de l'érudition et des publications de textes. Celle-ci s'amorce dans les années 1960. Au Comité des Travaux historiques, à l'Institut de Recherche et d'Histoire des Textes du CNRS, dans les sociétés savantes qui renaissent, les chartistes prennent une part considérable à ce renouveau, cependant que l'Ecole des chartes adapte son enseignement aux conditions nouvelles de la recherche.

Le statut actuel. — Actuellement, la durée des études est de trois ans et neuf mois. Les enseignements sont sanctionnés par des examens annuels et la soutenance d'une thèse, à l'issue de laquelle les candidats sont proposés au ministre pour recevoir le diplôme d'archiviste paléographe. Les enseignements scientifiques sont complétés par des stages professionnels dans les archives et bibliothèques.

L'Ecole dispense comme les Universités et certains autres grands établissements d'enseignement supérieur un enseignement de 3e cycle.

● BIBLIOGRAPHIE. — *Livret de l'Ecole des chartes*, 1° *1821-1891*, Paris, 1891, 2° *1891-1901*, Paris, 1901, 3° *1901-1913*, Paris, 1913 (notices sur l'histoire et l'organisation de l'Ecole, textes réglementaires, liste des élèves, liste des thèses); *Centenaire de l'Ecole des chartes 1821-1921. Compte rendu de la journée du 21 février 1921*, Paris, 1921.

▶ CORRÉLAT. — Chartes (Cabinet des).

J. GLÉNISSON.

Chine

Historiens chinois

En dépit des transformations et révolutions survenues aux XIXe et XXe siècles, la production historiographique chinoise demeure largement tributaire d'une tradition particulièrement brillante.

L'intérêt pour le passé lointain est au centre des préoccupations de Confucius (551-479 avant J.-C.) et de son école. C'est en effet au nom de l'Antiquité que le maître conteste l'ordre politique de son temps et qu'il prône le retour à la tradition. Les premiers souverains sont considérés comme des modèles dont il importe de faire connaître la « vertu » et le bon gouvernement consistera à revenir aux institutions du début de la dynastie des Zhou (XIe-VIIIe siècle avant notre ère). Il existait bien avant l'époque de Confucius des fonds d'archives consignant les hauts faits des princes et les réponses des oracles (inscriptions oraculaires sur os et écailles de tortue). Deux au moins des classiques qui sont attribués au maître — les *Annales de la principauté de Lu* ou *Printemps et Automnes (Chunqiu)* et le *Livre des Documents (Shujing)* — sont considérés comme les prototypes de la littérature historique ultérieure mais ils ne présentent pas encore de discours historique structuré.

Le genre historique connaît un important essor au cours des deux siècles de l'époque des Royaumes combattants qui précèdent l'unification de la Chine par Qin Shihuangdi, le premier empereur, en 221 avant notre ère. Des « commentaires » *(zhuan)* étoffent la sécheresse des récits linéaires des *Annales* : « Commentaire aux Annales de Lu par Zuo Qiuming » *(Zuozhuan)*, « Récits des royaumes » *(Guoyu)*, « Stratagèmes des Royaumes combattants » *(Zhanguo ce)*. A la même époque, plusieurs penseurs politiques élaborent des modèles d'évolution du genre humain — le peuple chinois — mettant en œuvre certains paramètres de la vie sociale tels que la démographie, les institutions familiales ou l'économie. On voit alors s'affronter l'interprétation optimiste du *Guanzi* (intensification de la vie économique) et les conceptions pessimistes des « légistes » (dégradation des institutions dans la succession de l'état de nature, de l'ordre des rites et du règne de la violence légale). Parallèlement, le succès des spéculations relatives au dualisme du *yin* et du *yang* et au cycle des Cinq éléments se traduit par la construction de modèles cycliques et la mise en corrélation des phénomènes naturels — astronomie et météorologie — et des activités humaines.

Ce n'est qu'à partir des Han, avec les *Mémoires historiques (Shiji)* de Sima Qian (né en 145 avant J.-C.), que l'on peut véritablement parler d'une tradition historiographique chinoise. Bibliothécaire et archiviste de la cour, Sima Qian dispose d'une documentation d'autant plus vaste que, soucieuse de rompre avec l'intolérance partisane de ses prédécesseurs Qin, la dynastie des Han favorise une synthèse des courants de pensée de la période préimpériale et qu'elle fonde sa légitimité sur la théorie de la « transmission dynastique » qui en fait l'héritière des « trois dynasties » de l'Antiquité (Xia, Shang et Zhou). L'élargissement des perspectives temporelles se double de l'intégration dans la mouvance politique chinoise de vastes territoires périphériques habités par des populations culturellement différentes. A la relativité du politique s'ajoute la conscience d'une diversité des mœurs.

L'apport original de Sima Qian, cependant, ne se limite pas à la rédaction d'une histoire universelle remontant à la plus haute Antiquité et utilisant de nouveaux matériaux. Sa contribution essentielle réside dans la mise au point d'une forme d'exposition qui fournit un cadre à la littérature historique postérieure : la division en quatre sections (annales, traités, tableaux et biographies), dont on ne trouve d'équivalent dans aucune tradition historiographique. Au récit strictement chronologique reflétant le point de vue central (l'empereur et la cour) sont juxtaposées les innombrables visions parcellaires des individus (biographies), tandis que les institutions, saisies comme relatives, font l'objet d'exposés spécialisés (huit traités). Les *Mémoires historiques*, en outre, incluent l'histoire de peuples ayant noué des relations avec la Chine sous la forme de notices annexées à la section « biographique ».

La tâche de l'historien n'est donc pas tant de produire un discours structuré sur le passé que d'établir un dossier à l'usage des dirigeants politiques qui y appliqueront leur propre grille d'analyse. Il va sans dire que cette neutralité de l'historien n'est qu'apparente puisque la mosaïque d'informations qu'il propose est le résultat d'un travail de sélection à partir des sources. L'auteur, néanmoins, se tient en retrait, suggérant des interprétations et n'intervenant que sous la forme de brefs commentaires.

Le modèle quadripartite mis au point par Sima Qian au début du Ier siècle avant notre ère ne subit par la suite que des retouches de sorte que l'ensemble des *Vingt-quatre histoires* peut à juste titre apparaître comme une immense chronique quasi anonyme. Le découpage dynastique, qui devient la règle à partir de l'*Histoire des Han (Hanshu)* de Ban Gu (32-92), implique la présentation d'un cycle politique comportant une phase ascendante — la prise du pouvoir et la mise en place des institutions —, une période d'apogée et un processus de déclin. L'histoire ne peut donc être écrite que longtemps après les événements par des observateurs impartiaux. C'est en effet le cas pour Chen Shou (233-297) et Fan Ye (399-446), les auteurs des deux plus célèbres ouvrages de la période de désunion : la *Chronique des Trois royaumes (Sanguo zhi)* et l'*Histoire des Han postérieurs (Hou Hanshu)*.

La situation change radicalement à partir du VIIe siècle avec la mise en place d'un bureau d'historiographie rattaché à la chancellerie. Détenteur d'un pouvoir éminemment suspect dans la mesure où il avait été acquis par une rébellion suivie d'un double fratricide, Li Shimin, le véritable fondateur de la dynastie des Tang (618-907), cherche dans l'histoire la légitimation de ses droits. C'est ainsi qu'il ordonne la compilation d'une série d'histoire officielles des dynasties précédentes (des Jin aux Sui) mettant en évidence le principe de transmission du « mandat céleste ». La tâche des historiographes ne se borne, cependant, pas à la justification du présent. Conformément à la conception confucéenne d'une instance indépendante chargée de rendre compte au Ciel des faits et gestes du souverain, le bureau d'historiographie a pour fonction d'élaborer en toute liberté les documents qui serviront à écrire l'histoire de la dynastie. L'historiographe est donc un témoin dont le témoignage est tenu secret à l'usage des générations futures. Avec le temps, la production de l'histoire tend à se transformer en un processus complexe encore observable à la fin de l'empire, au début du XXe siècle. Dans un premier stade, les historiographes rédigeaient au jour le jour les « notes d'audience » *(qijuzhu)* destinées à servir de base à la compilation des « actes authentiques » *(shilu)* des règnes. Ce n'est qu'après la chute de la dynastie que ces « actes authentiques », éventuellement complétés par de la documentation non officielle, étaient finalement utilisés en vue de la composition d'une « histoire officielle » *(zhengshi)* écrite dans l'optique du nouveau pouvoir.

« Notes d'audiences » et « actes authentiques » étaient, théoriquement, des documents secrets qu'il était impossible de remanier ou de falsifier et qu'il était d'usage de détruire après utilisation. Dans les faits, l'intérêt documentaire de ces sources primaires était tel que très tôt les contemporains cherchèrent à les consulter et qu'à partir du XVIe siècle le secrétariat privé en fit faire des copies de manière à disposer d'un fonds d'archives. C'est ainsi que les « actes authentiques » passèrent finalement dans le domaine public et que nous en possédons la collection complète pour les deux dernières dynasties.

Cette conception d'une histoire officielle destinée avant tout à la justification *a posteriori* du présent portait en elle le risque d'une stérilisation de la pensée. Il n'en fut rien. Le *Catalogue de la bibliothèque impériale (Siku quanshu)* compilé à la fin du XVIIIe siècle fait de la production historique l'une des quatre grandes catégories bibliographiques. C'est dire la faveur du genre et le foisonnement des écrits consacrés à la description du passé. Paradoxalement, ce sont peut-être les difficultés inhérentes au cadre d'exposition quadripartite qui expliquent le prodigieux développement de la littérature historique. Les histoires officielles s'adressaient à des spécialistes du décryptage; elles fragmentaient l'information et se contentaient de suggérer. Dès la dynastie des Tang, le besoin d'ouvrages ne tenant aucun compte du découpage dynastique commence à se faire sentir. Du You (735-810), un fonctionnaire du ministère des Finances, publie le *Tongdian*, un dictionnaire historique des institutions qui allait servir de modèle à la série d'encyclopédies connue sous le titre générique de « Dix *Tong* ». L'outil conceptuel d'analyse dérivé à l'origine des « traités » de l'histoire officielle évolue progressivement vers une approche globalisante de la réalité historique. Alors que le *Tongdian* et son successeur immédiat, le *Tongzhi* de Zheng Qiao (1103-1161), accordent une place prioritaire aux institutions, Ma Duanlin (XIIIe siècle) opère une véritable révolution conceptuelle en donnant le pas à l'économie sur les institutions et en formulant, pour la première fois, l'opposition entre structure et événement. Son *Wenxian tongkao* débute donc par une série d'exposés sur la propriété du sol, la fiscalité, la monnaie et la population.

Parallèlement à l'effort de mise en perspective des institutions que représente la série des « Dix *Tong* », des historiens s'attachent à redonner une cohérence au récit événementiel morcelé par le mode d'exposition strictement annalistique. Sima Guang (1019-1086), l'un des dirigeants politiques les plus en vue de la période, réorganise sous la forme d'un récit continu la matière dispersée dans les histoires dynastiques afin de fournir à l'empereur une sorte de « miroir » du passé. Son œuvre principale, le *Zizhi tongjian (Miroir pour servir de référence au gouvernement)*, devient le modèle des « histoires universelles » postérieures. Dans un souci de plus grande intelligibilité, cependant, Yuan Shu (1131-1205) refond la matière du *Zizhi tongjian* sous la forme d'une série de chapitres exposant les « tenants et les aboutissants » *(benmo)* des principaux événements historiques. Cette tentative est à l'origine d'un nouveau genre de présentation du passé qui connaît un succès important au cours des derniers siècles de l'empire.

Ces divers genres ne constituent en fait qu'une partie de l'héritage historiographique. Plus de 15 % des quelque 3 400 ouvrages répertoriés et décrits dans le *Siku quanshu* (*Catalogue raisonné de la bibliothèque impériale*, 1772) sont classés sous la rubrique « Histoire ». Les auteurs du *Catalogue*, au nombre desquels on comptait plusieurs historiens éminents de l'époque, structuraient le champ historique en se fondant surtout sur des critères de forme. Il est néanmoins remarquable qu'ils ne se bornent pas à la description de la littérature officielle mais qu'à côté de travaux qui seraient aujourd'hui considérés comme relevant des sciences auxiliaires de l'histoire — chronologie, documentaire, géographie historique — ils incluent des récits présentant des versions des événements en contradiction avec la tradition orthodoxe. Cette histoire a, certes, ses limites : elle demeure centrée sur l'Empire chinois et, à la différence de la géographie qui intègre, bon gré mal gré, des connaissances transmises par les Jésuites, n'envisage les peuples étrangers que dans l'exacte mesure où ils entretiennent des relations de tribut avec la cour de Pékin. Si la découverte de la période « antédiluvienne » de la chronologie chinoise jette le trouble dans les esprits européens du XVIIe siècle, la révélation des royaumes des antipodes n'ébranle en rien la confiance des Chinois dans la supériorité absolue de leur civilisation. Le monde extérieur reste situé en dehors de l'histoire. Tout au plus le philosophe Wang Fuzhi (1619-1692) émet-il l'hypothèse d'un décalage entre la Chine et ses voisins.

L'affrontement brutal avec les puissances européennes et les avatars de l'entreprise de modernisation tentée par les hauts fonctionnaires éclairés de la seconde moitié du XIXe siècle ne remettent nullement en cause cette conscience d'une avance de la civilisation chinoise. Sans doute l'horizon intellectuel des historiens a-t-il tendance à s'élargir comme en témoigne la publication par Wei Yuan (1794-1856) du *Haiguo tuzhi* (*Géographie des pays maritimes*) ; toutefois, loin d'attribuer leurs défaites répétées à un quelconque « retard » de la Chine, les penseurs de la fin du XIXe siècle persistent à croire en un redressement lié à l'adoption des « techniques occidentales ».

Le désastre de la guerre sino-japonaise (1895), bientôt suivi par l'échec de la tentative constitutionnaliste des Cent Jours (1898), provoque une grave crise de conscience. Bien que n'étant pas des historiens, les maîtres à penser de l'époque vont contribuer à modifier radicalement la vision du passé. Leurs attitudes divergent. C'est ainsi que Kang Youwei (1858-1927) propose une relecture des Classiques faisant de Confucius un fondateur de religion à l'image de Jésus ou de Mahomet, ce qui revient à mettre en doute le caractère historique de la tradition préconfucéenne. La plupart des théoriciens du nationalisme, en revanche, insistent sur le « retard » pris par la Chine à la suite de la conquête mandchoue, événement catastrophique ayant fait passer le pays sous la coupe d'une peuplade nomade peu accessible au progrès. Dans tous les cas le salut de la Chine passe par une rupture : réveil religieux, révolution antimandchoue ou processus d'occidentalisation faisant traverser au pays les stades de la monarchie constitutionnelle puis de la démocratie véritable, comme le préconise Liang Qichao (1873-1929).

La chute de l'Empire (1911) et l'adoption d'institutions républicaines inspirées de celles des démocraties occidentales stimulent une effervescence intellectuelle qui culmine dans le « mouvement du 4 mai » (1919). Toutefois, si l'adhésion à une philosophie du progrès, la remise en question du passé et le rejet de la tradition confucianiste sont largement partagés par la nouvelle génération formée à l'étranger ou dans les universités nationales, le peu de diffusion du savoir historique occidental et, surtout, l'inaccessibilité des documents d'archives demeurés dans l'enceinte du Palais impérial freinent le développement d'une école historique libérée du poids de la tradition. Bien plus, les politiciens conservateurs qui contrôlent Pékin mobilisent pendant treize ans les historiographes formés à l'ancienne école en vue de la rédaction d'une « Histoire des Qing » destinée à justifier la passation des pouvoirs dans le cadre de la théorie du cycle dynastique, publiée finalement en 1928 sous le titre de *Qingshi gao (Esquisse d'une histoire des Qing)*.

Si l'on met à part une abondante production érudite (critique de textes, chronologie, biographie, recherche sur les institutions) qui s'exprime dans de nombreuses publications savantes et correspond à la gestion du patrimoine intellectuel avec, souvent, des arrière-pensées de défense de la « pureté nationale » *(guocui)*, la recherche historique des années 20-30 répond à deux préoccupations majeures : interrogation sur les origines et désenclavement de la culture chinoise. C'est en se livrant à une relecture attentive des sources, et plus spécialement des textes préconfucéens, à la lumière des apports de la linguistique ou de la sociologie que les tenants de la nouvelle culture (Gu Jiegang, Guo Moruo, Wang Guowei, Yang Shuda) cherchent à découvrir le sens premier d'ouvrages rendus incompréhensibles par des siècles d'exégèse confucianiste. D'autres savants, comme Chen Yuan ou Xiang Da, se penchent sur le problème des relations historiques de la Chine avec ses voisins de l'Ouest (Mongolie et, au-delà, Proche-Orient et Europe) mettant en évidence des échanges et des apports anciens dans les domaines de la vie matérielle ou des idéologies. Cet élargissement des perspectives trouve une confirmation éclatante dans les découvertes archéologiques de première importance qui s'échelonnent entre la fin du XIXe siècle et les années 30 et où des explorateurs ou savants occidentaux ont leur part : fonds d'inscriptions oraculaires du IIe millénaire retrouvés à Anyang, sur le site de la capitale de la dynastie des Shang (XIVe-XIe siècles avant notre ère), vestiges préhistoriques allant du sinanthrope de Zhoukoudian aux villages néolithiques du nord de la Chine, tombes royales des Shang, bibliothèque « fossile » de Dunhuang et site de colonisation Han d'Edsingol (Mongolie intérieure) sur le tracé de l'ancienne Grande muraille. Dès 1928, à peine la réunification politique achevée, le gouvernement nationaliste de Nankin se dote, par la fondation de l'Academia Sinica, d'un organisme de recherche indépendant des établissements d'enseignement susceptible de prendre en main l'exploration archéologique du territoire et de stimuler les études historiques. Grâce à une politique de recrutement lui assurant le concours de nombreux jeunes archéologues et historiens de valeur (Li Ji, Lao Gan, Liang Fangzhong, Quan Hansheng...), l'Academia Sinica devient très vite le pôle de développement de la recherche historique chinoise. Vers 1935 les études liées à l'histoire sont en plein essor avec la publication des Bulletins des différents instituts de l'Academia Sinica, les revues des grandes universités, sans compter quelques périodiques indépendants de premier plan tels que *Yugong* et *Shihuo*, consacrés spécifiquement à la géographie historique et à l'histoire économique.

L'aggravation de la répression anticommuniste puis l'extension de la guerre sino-japonaise viennent rapidement entraver ce décollage. Sans doute le conflit extérieur ramène-t-il l'union sacrée devant l'ennemi et provoque-t-il une floraison d'ouvrages nationalistes à mi-chemin entre la vulgarisation et la littérature de propagande consacrés à de grandes figures de l'histoire chinoise comme le poète Qu Yuan ou Zhu Yuanzhang, le fondateur de la dynastie des Ming. La détérioration des conditions de travail, et en particulier le nomadisme entraîné par les aléas de la guerre — de nombreuses universités se replient dans des provinces périphériques hors d'atteinte de l'armée japonaise — ont pour conséquence de stériliser la recherche. Ballottés d'une ville à l'autre, sans moyens de travailler, de nombreux historiens vivent cette période comme une traversée du désert. La fin des hostilités ne ramène pas la paix puisque le pays sombre rapidement dans la guerre civile et que les énergies sont dès lors mobilisées au service des propagandes. Il n'est pas surprenant, dans ces conditions, que les travaux les plus originaux soient des réflexions théoriques sur la nature de la société et du pouvoir, en particulier le recueil *Huangquan yu shenquan (Pouvoir impérial et pouvoir de la gentry)* publié en 1948 par l'historien Wu Han et le sociologue Fei Xiaotong.

La victoire du Parti communiste et la fondation de la République populaire qui en découle (1949) consacrent la primauté de la vision marxiste de l'histoire. Il est juste de remarquer que si la pensée du philosophe allemand avait pris racine dans le pays trente ans plus tôt — la création d'un Parti communiste en est la preuve irréfutable — son impact sur les représentations proposées par les historiens demeure très limité. Sans doute convient-il de mettre ce phénomène en relation avec la domination, dans les milieux liés à l'Internationale, du concept de « mode de production asiatique » qui conduit à mettre pour ainsi dire entre parenthèses l'évolution historique de l'Inde et de la Chine. Ce n'est qu'à partir des années 30, et plus précisément vers 1935, que le thème des « formes sociales » fait l'objet d'un débat dans plusieurs revues spécialisées et que les historiens risquent à propos d'époques anciennes les expressions d' « esclavagisme » et de « féodalisme ». Il semble par ailleurs que le terme de « société mi-féodale mi-coloniale » qui en vient à caractériser la Chine d'après 1840 dans les écrits communistes de l'époque réponde d'abord à la nécessité de donner un fondement théorique à la lutte menée simultanément contre les propriétaires fonciers (les « féodaux ») et la bourgeoisie nationale liée au Guomindang. Le ralliement spectaculaire de Mao Zedong à la thèse d'une « société féodale » remontant à près de trois mille ans dans *La révolution chinoise et le Parti communiste chinois* (1939) marque donc un tournant dans l'évolution des conceptions historiques marxistes.

Les études historiques connaissent un grand développement dans la période qui suit la fondation de la République populaire (1949). Toutefois, les historiens apparaissent désormais comme investis de la mission d'illustrer les thèses du Parti communiste sur le devenir de la Chine et du monde. Une remise en ordre s'impose. De nombreux historiens de renom — Lao Gan, Li Ji, Yang Liansheng, Quan Hansheng — ayant, en effet, choisi de suivre l'Academia Sinica dans son exil de Taiwan ou de trouver refuge à Hong-Kong ou aux Etats-Unis, les chercheurs demeurés dans le pays sont soit intégrés dans la nouvelle Académie des Sciences organisée sur le modèle soviétique soit répartis entre les universités. Ce n'est que vers 1954 que la réforme est achevée avec la mise en place des organes officiels — les revues *Lishi yanjiu (Recherches historiques)*, *Kaogu (Archéologie)* et *Wenwu (Objets culturels)* — chargés de publier les articles destinés au public international. La recherche historique est planifiée ; elle doit désormais répondre à des mots d'ordre venus d'en haut qui lui assignent soit des tâches ponctuelles — justification de certains aspects de la politique extérieure ou intérieure du moment — soit des objectifs à plus long terme — réécriture de l'histoire nationale selon la vision marxiste du monde. Ainsi la production historique s'inscrit-elle fréquemment dans le cadre de « campagnes » qui mobilisent de nombreux chercheurs contraints parfois d'écrire sur des sujets très éloignés de leurs préoccupations personnelles. Les centaines d'articles consacrés aux thèmes imposés — « Périodisation de l'histoire nationale » (1954), « Bourgeons de capitalisme » (1956), « Révoltes paysannes » (1960), « Evaluation des personnalités historiques » (1962) — se contentent souvent de présenter de manière répétitive une argumentation stéréotypée illustrée à l'aide de sources plus ou moins originales. Les historiens ne peuvent, en effet, remettre en question le schéma « orthodoxe » d'une évolution historique passant successivement par les modes de production « primitif », « esclavagiste », « féodaliste » et « précapitaliste ». Dans les faits, toutefois, une certaine latitude est laissée à chacun de développer des variations sur le thème. Les opinions divergent par exemple sur la date du passage de la société « esclavagiste » à la société « féodaliste » (début du Ier millénaire avant notre ère ou unification impériale de 221 av. J.-C. ?), sur l'existence ou non d'un « précapitalisme », sur la signification positive ou neutre des révoltes paysannes (théorie des « concessions » de Qi Xia opposée à la logique d'un progrès continu des forces productives induit par la lutte des classes), ou encore sur le rôle « progressiste » ou « réactionnaire » des fonctionnaires intègres.

Si l'historiographie d'avant la Révolution culturelle (1966) marque une nette régression au niveau des techniques — abandon général du quantitatif ou pour le qualitatif, exception faite de quelques monographies telles que l'*Histoire de la monnaie chinoise* de Peng Xinwei (1956) —, des progrès très remarquables sont réalisés dans le domaine de l'archéologie. L'exploration systématique du territoire conduit en particulier à reconsidérer l'évolution du Néolithique tandis que de nombreuses fouilles de tombes et de sites de l'époque médiévale permettent de jeter les bases d'une histoire de la culture matérielle.

Dans le même temps, la connaissance de la période post-1840 s'enrichit grâce à la publication de nombreux recueils de sources inédites : documents diplomatiques du xixe siècle, souvenirs de la Révolution de 1911, archives d'entreprises nationalisées.

Amorcée dès l'hiver 1965 par une polémique autour de l'évaluation du personnage de Hai Rui, un réformateur du xvie siècle, et la dénonciation d'un « trio noir » constitué par un romancier et deux historiens en renom, Wu Han et Deng Tuo, la Révolution culturelle met bientôt un terme à toute recherche historique institutionnalisée, moins pourtant au nom d'une négation de l'histoire que sous l'effet d'un anti-intellectualisme militant. Le schéma orthodoxe n'est nullement remis en cause mais l'on reproche aux historiens l'utilisation à des fins partisanes des événements et des personnages historiques. De fait, la manipulation symbolique du passé atteint un paroxysme à l'époque de la campagne *pi Lin pi Kong (dénonciation de Lin Biao et de Confucius)* lorsque l'histoire chinoise est présentée comme une longue lutte entre des « légistes » progressistes et des « confucianistes » réactionnaires, ces derniers identifiés suivant les périodes à des « maîtres d'esclaves » ou des « propriétaires fonciers ». La plupart des articles de la période 1972-1976 sont des écrits à clé : la critique des confucianistes vise en réalité le premier ministre Zhou Enlai et ses partisans. Il n'en demeure pas moins qu'en remettant en cause les schémas d'explication utilisés depuis 1949, le mouvement *pi Lin pi Kong* aboutit paradoxalement à mettre en évidence certaines caractéristiques de l'histoire chinoise négligées par l'analyse marxiste : rôle d'une idéologie centralisatrice et interventionniste — le légisme — dans une société où la production agricole s'exerce dans le cadre de très petites exploitations familiales indépendantes, tendance au morcellement féodal...

En permettant la réhabilitation de la classe intellectuelle vilipendée au cours des « dix années de troubles » (1966-1976), le renversement de la « bande des quatre » inaugure une ère nouvelle dans le développement des études historiques. Sur le plan des institutions, le renouveau des sciences sociales se traduit par la constitution d'une Académie des Sciences sociales et la création de très nombreuses revues.

Toutefois, loin de correspondre à un retour à l'ancienne orthodoxie, la vie intellectuelle se caractérise par une ouverture sur le monde extérieur qui permet, en particulier, des retrouvailles avec la communauté scientifique américaine d'origine chinoise. Il est encore trop tôt pour porter un jugement sur la production d'après 1976. Une bibliographie récemment publiée à Pékin ne recense pas moins de 6 000 titres d'ouvrages ou d'articles de revues pour l'année 1981. On doit souligner le retour des méthodes quantitatives et la prise en compte de nombreux facteurs ignorés par l'analyse marxiste orthodoxe : population, environnement, caractéristiques culturelles. Ces préoccupations nouvelles, qui restent bien sûr en harmonie avec les grandes orientations économiques et sociales du gouvernement, laissent augurer du développement d'une historiographie plus indépendante du politique.

● BIBLIOGRAPHIE. — W. G. BEASLEY et E. G. PULLEYBLANK, *Historians of China and Japan*, London, Oxford University Press, 1961, VIII + 351 p.; Edouard CHAVANNES (trad.), *Les Mémoires historiques de Se-ma Ts'ien*, Paris, Ernest Leroux, 1895-1905, 5 vol.; Howard L. BORMAN, The biographical approach to Chinese history : a symposium, *Journal of Asian Studies*, 21, p. 453-489; H. H. DUBS (trad.), *The History of the Former Han Dynasty*, Baltimore, Waverly Press, 1938-1955, 3 vol.; Achilles FANG, *The Chronicle of the Three Kingdoms*, Cambridge, Mass., Harvard University Press, 1952 et 1965, XX + 696 p.; IX + 693 p.; Albert FEUERWERKER (ed.), *History in Communist China*, Cambridge, Mass., The MIT Press, 1968, XIV + 382 p.; A. FEUERWERKER et S. CHENG, *Chinese Communist studies of Modern Chinese History (A Bibliography)*, Cambridge, Mass., Harvard University Press, 1961, XXV + 287 p.; Wolfgang FRANKE, *An introduction to the sources of Ming history*, Kuala Lumpur, University of Malaya Press, 1968, XXV + 347 p.; Arthur W. HUMMEL, *The autobiography of a Chinese historian*, Leiden, Brill, 1931; MESKILL (ed.), *The pattern of Chinese history : cycles, development or stagnation?*, Boston, Heath, 1965, XX + 108 p.; David S. NIVISON, *The life and thought of Chang Hsüeh-ch'eng (1738-1801)*, Stanford, Stanford University Press, 1966, XII + 366 p.;

Teng Ssu-yü, Chinese historiography in the last fifty years, *Far Eastern Quarterly*, VIII, 2 (1949), p. 131-156; Léon Wieger, *Textes historiques : Histoire politique de la Chine depuis l'origine jusqu'en 1912*, Hien Hien, 1922-1923, 1 875 p. en 2 vol.; Yamane Yukio, *Chūgokushi kenkyū nyūmon* (intr. aux études historiques chinoises), Tokyo, Yamakawa shuppansha, 1983, 578 et 566 p. (2 vol.); *Zhongguo lishixue nianjian 1979 (Annuaire des études historiques en Chine pour 1979)*, Pékin, Renmin chubanshe, 1981; Yu Ping-kuen, *Chinese History : Index to learned articles : 1902-1962*, Hong-Kong, East Asia Institute, 1963, xxxi + 572 p.

M. Cartier.

Christianisme

Paradoxalement, la notion d'histoire du christianisme ne peut exister qu'après la déchristianisation. C'est l'histoire d'une religion fondée sur l'annonce, sous l'empereur romain Tibère, de la résurrection d'un crucifié, Jésus, condamné à Jérusalem par le procurateur Pilate, crucifié reconnu par ses disciples comme fils de Dieu. Cela se passait dans le secteur oriental d'un monde méditerranéen gréco-romain où se côtoyaient sémites juifs et non juifs, païens non sémites, grecs et romains, monde unifié sous le pouvoir romain depuis Auguste. En transformant la cérémonie religieuse païenne des Jeux séculaires en 17 avant l'ère chrétienne, Auguste, en quelque sorte arrêtait l'histoire. Les Romains, comme les Juifs, avaient une histoire nationale, mais qui n'était pas enseignée comme telle dans les programmes scolaires. Cette histoire nationale suivait le déroulement de l'histoire de la ville, ce qui l'oppose à l'histoire juive qui, à partir du premier exil, est celle d'un peuple qui conserve son élection divine à travers des défaites.

C'est la question des temps qui amena les chrétiens à se situer et à s'insérer dans les durées jusque-là peu coordonnées de l'histoire romaine et de l'histoire juive. Après l'effervescence païenne, attente de fin du monde, lors des Jeux séculaires de 204 de l'ère chrétienne, Julius Africanus, chrétien qui gérait pour l'empereur la bibliothèque du Panthéon, écrivit une chronique universelle qui insérait le christianisme dans l'histoire déroulée depuis la création jusqu'à l'an 227 (ou 221), cherchant à calculer la date de l'avènement du Millénium. Peu après, Hippolyte de Rome écrivait une autre chronique jusqu'à l'année 234, dans la même perspective de calcul. Ces deux chroniques qui, après les spasmes des persécutions du IIIe siècle, furent reprises et poursuivies dans l'Empire devenu officiellement chrétien au IVe siècle, donnent la direction prise par une histoire qui n'est pas histoire du christianisme mais histoire chrétienne, histoire sainte, elle-même universelle : le déroulement de l'histoire est fait pour l'avènement du christianisme. C'est une histoire totalisante et une philosophie de l'histoire, fondée sur une économie providentielle de l'histoire. Les chrétiens, néanmoins, ne pouvaient voir de succès que dans leur nombre, et, du côté de l'événement, ne pouvaient que consigner leurs défaites : les persécutions. A supposer que le christianisme se fût maintenu sous le signe de la défaite politique, le modèle de son histoire eût mêlé les principes de l'histoire juive et l'analyse de l'échec apportée par Thucydide, la diplomatie des évêques et l'apologétique.

La première grande tentative d'histoire de l'Eglise fut celle d'Eusèbe de Césarée, avant la fin du pouvoir impérial païen, et même avant la dernière et atroce persécution ordonnée par Dioclétien en 304. Cette histoire était une collation et une présentation de documents concernant les chrétiens, dans un ordre chronologique. La dimension chronologique de l'histoire chrétienne, Eusèbe la donnait ailleurs encore, par une *Chronique universelle*. Il y avait une certaine contradiction entre la prétention du christianisme à rassembler le destin historique de l'humanité et la série des récits de martyres de l'*Histoire ecclésiastique*. Les succès de l'Eglise n'y apparaissaient que comme succès doctrinaux, victoire sur l'hérésie. Eusèbe recueillait aussi, sans commentaire, des listes d'évêques de diverses cités. Après 313 il remania son ouvrage.

Ce qui, en 313, demandait une explication, ce n'était pas la victoire de Constantin sur Maxence, c'était la victoire du christianisme. Dès la victoire, Lactance, qui avait écrit sous les empereurs païens persécuteurs : « La religion est affaire de volonté, on ne peut l'imposer par la force » (*Institution divine*, V, 20), rassembla toute la haine vindicative accumulée depuis dix ans pour réinterpréter l'histoire romaine depuis Auguste en fonction de la politique des princes à l'égard du christianisme : la conquête de l'Etat romain par le christianisme, en la personne d'un empereur converti, donnait sens au passé politique de Rome et à l'histoire universelle. La victoire de Constantin sur Licinius en 324, en lui ouvrant l'Orient, acheva de placer le christianisme dans la situation où s'était trouvé Auguste : son histoire était celle d'une victoire à l'échelle de l'œkoumène. Ammien Marcellin, général païen et historien, à la fin du IVe siècle, pensait à la bataille de Cannes pour se consoler de la défaite d'Andrinople : il n'y eut pas de Zama. Sa tentative ultime d'une histoire politique où la politique était celle des affrontements armés contre les invasions ou celle de la succession au trône, était en quelque sorte un échec tout comme l'était la guerre contre les Barbares.

Les batailles d'idées, qui furent des batailles théologiques, eurent pour le destin de l'Europe, de l'Asie romaine et de l'Afrique du Nord, une portée beaucoup plus grande que les invasions barbares. Les auteurs d'histoires ecclésiastiques, continuateurs d'Eusèbe ou auteurs plus originaux, dont quelques-uns hétérodoxes, ont conservé des pièces officielles, canons de conciles, lettres épiscopales et lettres impériales. De ces Histoires ecclésiastiques sortait l'image de débats importants, comparables aux grands débats politiques des assemblées grecques, du sénat et du forum romains, avec la même dimension rhétorique.

Les institutions de l'Eglise donnaient à la progression du christianisme orthodoxe le même caractère inéluctable que les institutions romaines, l'organisation militaire romaine, avaient selon Polybe puis Josèphe donné à la victoire romaine. Les articles de foi étaient devenus la nation des chrétiens, non cependant encore détachés de l'empire : ce sera l'œuvre d'Augustin. Non seulement l'histoire de l'Eglise était forgée comme une histoire politique — et les questions théologiques débattues au cours du IVe siècle, avec leurs assemblées conciliaires, les discours des personnalités, les votes et leur application allaient accentuer ce caractère — mais la véritable histoire politique de l'Empire était l'histoire de l'Eglise, celle d'un gouvernement. L'arrivée des Barbares, Augustin le discerna et ce discernement contribua à en faire une réalité, n'y changeait rien.

La victoire d'un empereur converti, victoire attribuée à la conversion, a inséré les chrétiens dans la logique d'une histoire providentielle prouvée par la réussite : le jugement de l'histoire, comme dans l'historiographie romaine, garantissait la validité de la cause. La première histoire ecclésiastique combine donc la vision de l'intervention de Dieu dans l'histoire, qui était celle du judaïsme, avec l'histoire garante de vérité par le jugement de la victoire, qui est celle de Rome — et de tous les nationalismes à visée universelle — en abandonnant le caractère national qui était commun à ces deux historiographies. La conversion et la victoire de Constantin ont constitué pour le christianisme une ordalie, parce que les chrétiens ont admis avec enthousiasme que c'était là le jugement de Dieu.

Sortie de cette ordalie, l'institution chrétienne validée une fois pour toutes fut soustraite aux jugements de l'histoire et acquit le pouvoir de faire elle-même le partage entre bons et mauvais événements, devenus ordalies pour les hommes et pour les autres institutions, mais non plus pour elle-même. Aucun événement ne serait plus pour l'église chrétienne, comme l'avait été la victoire de Constantin, le jugement de Dieu. Les religions païennes offraient des vérités sur l'homme, son rapport à lui-même (quelles que fussent les divisions intimes du moi), son rapport aux autres (quelles que fussent leurs divisions sociales), son rapport au monde (qu'il comprît ou non un au-delà). Cela se faisait par le constat d'un ordre — par le mythe — et de la nécessité de le maintenir — par le rite. Les religions orientales dont les adeptes se multiplièrent dans l'Empire romain entre le IIe et le IVe siècle combinaient l'affirmation de l'ordre avec celle d'un salut possible, préparé dans le temps par l'initiation et les rites. Les gnoses chrétiennes ont, dans le langage du mythe, affirmé le désordre du monde, et conçu aussi que le temps de l'existence humaine était fait pour échapper au désordre en accomplissant, grâce à un sauveur et à des rites, son salut dans l'étroit moment de la vie.

Bien que les travaux philologiques des humanistes aient ouvert la voie d'une histoire des textes chrétiens, c'est la controverse de la Réforme qui a donné à l'étude des premiers textes chrétiens le caractère qu'elle conserve aujourd'hui. Sous l'impulsion donnée depuis Magdebourg par Mathias Vlacich, les protestants recherchèrent les manuscrits des textes chrétiens anciens des cinq premiers siècles. L'*Histoire ecclésiastique* — dite *Centuries de Magdebourg* — (1559-1574) était destinée à prouver la corruption de l'église catholique. Le catholicisme lui opposa les *Annales ecclésiastiques* du cardinal Baronius (1588-1607), tout aussi polémiques. Ce sont finalement les religieux catholiques de la Congrégation de Saint-Maur qui, après le concile de Trente, entreprirent la collation des documents chrétiens depuis les origines, élaborèrent des méthodes de lecture et de datation et composèrent recueils de textes et volumes d'histoire de l'Eglise. Ces travaux culminèrent avec l'œuvre de Louis Sébastien Lenain de Tillemont (1637-1698) dont la méthode critique et la probité firent la source préférée de Gibbon, protestant radical, pour tout ce qui touche à l'histoire de l'Eglise.

Pour l'histoire des premiers siècles chrétiens, les historiens protestants hésitaient sur la durée d'une Eglise non corrompue après la mort du Christ. Mais pour eux comme pour les catholiques, c'était bien, à raison des matériaux rassemblés, une histoire de l'Eglise qui se bâtissait peu à peu. Ces travaux reposaient sur des textes d'écrivains chrétiens des premiers siècles. La doctrine, son élaboration et ses formulations, sa diffusion et sa protection par des mesures disciplinaires, formaient l'essentiel des histoires ecclésiastiques. On trouvait là la matière d'une histoire des idées, à travers l'histoire des dogmes, avec cette différence fondamentale que les dogmes sont imposés par une institution : l'histoire des dogmes débutait dans une Europe qui avait connu les guerres de Religions avec ses massacres et ses exécutions sanglantes. D'autre part, l'histoire de l'Eglise se développait comme une histoire politique, avec ses grands hommes, ses gouvernements, ses alliances.

Non seulement l'histoire de l'Eglise chrétienne s'est faite à chacune de ses étapes avec les critères de l'histoire générale, mais elle est à l'origine de la méthode historique. Le point essentiel est l'analyse critique des documents, et au premier rang, des documents écrits. Les Grecs avaient nommé « torture » l'explication de textes, destinée comme la torture judiciaire à faire dire la vérité et à mettre en évidence les contradictions. Dès le IVe siècle de l'ère chrétienne, les évêques réunis en conciles pour détecter les propositions hérétiques s'appuyèrent sur cette méthode, en y adjoignant la controverse orale avec l'auteur des textes examinés : ils recherchaient les implications cachées qui pouvaient être induites des formules incriminées. Se combinent ainsi l'interrogatoire, l'explication de texte et le doute méthodique à l'égard de personnes, doute fondé sur les notions de péché originel et de ruse du démon. Dans ces circonstances s'est institué une sorte de notariat spirituel. En 250 l'empereur païen Dèce avait exigé un sacrifice général à accomplir devant les magistrats, qui délivrèrent des certificats écrits. A Carthage, les chrétiens emprisonnés pour s'être soustraits à cette obligation civique délivrèrent à ceux qui avaient cédé, ou qui avaient obtenu des certificats de complaisance, des billets attestant qu'ils interviendraient auprès de Dieu pour les réconcilier avec l'Eglise. Munis de ces billets, les chrétiens qui avaient faibli exigeaient des évêques d'entrer dans la communion de l'Eglise. Par la suite les Eglises conservèrent encore les formules de foi munies de la souscription des évêques après leur adoption en concile, ainsi que les formules de renonciation à leurs propositions hérétiques par les repentis.

Plus que le contenu des textes est important le fait que l'on enregistre par écrit, authentifie et conserve des déclarations de foi. Cette valeur de l'écrit se retrouve dans l'enregistrement sur la pierre et sur des supports plus fragiles des guérisons opérées par le dieu Esculape et qui se poursuit par l'enregistrement écrit des guérisons faites par les saints, ou des témoignages de contact avec des morts accomplissant leur peine purgatoire : se constituent ainsi des dossiers dans une phase d'instruction préalable à la définition dogmatique. Le rôle de relais des grands conciles du IVe siècle dans cette pratique du soupçon méthodique est ordinairement omis, car le doute méthodique n'a pris son essor en critique des textes qu'appliqué aux textes de l'Eglise catholique. H. I. Marrou voyait donc dans le doute méthodique un héritage baconien du positivisme et prônait à l'inverse la sympathie pour les hommes du passé. De même, M. Goguel demandait un « effort de sympathie » puisque « l'histoire religieuse a pour dernier objet des expériences et des sentiments d'hommes », et plus récemment P. Brown considère que « l'élargissement de nos sympathies » en ce milieu du XXe siècle nous permet une meilleure attitude d'historiens à l'égard des chrétiens des premiers siècles.

Cette reconnaissance des êtres humains comme tels, ayant vécu dans le passé, a apporté un renouvellement lié aux questions posées aux Eglises actuelles et dont la principale est la déchristianisation des milieux populaires de l'Europe industrielle. Les historiens du christianisme ont cherché à saisir des êtres vivant leur foi dans le passé. Plaçant le vécu entre le monde et le sujet chrétien, les études sur le monde où se déploie la vie chrétienne dans le passé se sont perfectionnées. L'espace a ici une valeur première : topographie chrétienne des villes et des terroirs ; localisation des mosaïques des premières basiliques chrétiennes pour corréler les thèmes iconographiques et les déplacements liturgiques dans l'édifice ; processions et pèlerinages ; répartition médiévale et moderne des lieux de culte des saints et de la Vierge. Une collection de faits s'ajoutait à un donné jusque-là centré sur les contenus doctrinaux.

L'attention « sympathique » à l'attitude du christianisme à l'égard des pauvres, puis au christianisme des pauvres, s'est développée à partir du constat de la désaffection des milieux ouvriers pour la pratique religieuse. Les études qui en sont issues ont pris deux directions. La première est celle du comptage, avec la sociologie religieuse qui, après les travaux d'urgence (pour l'église catholique) sur la pratique contemporaine, s'est étendue à toutes les périodes de l'histoire dont la documentation s'y prêtait. A défaut de comptage, l'orientation sociologique s'est diffusée dans les recherches. La seconde est celle de l'étude d'une religion chrétienne dite populaire, qui aurait cédé au XXe siècle devant la désintégration de la société rurale et de ses enracinements familiaux et locaux. Ce plan d'appréhension d'un « vécu » religieux pouvait satisfaire les exigences nouvelles de corrélation entre classes sociales et systèmes mentaux de représentation, exigences venues du marxisme et communément admises. Cela suppose d'ailleurs que l'on tienne pour acquise une théorie de la représentation.

Les historiens du christianisme ont généralement préféré s'appuyer sur les concepts offerts par la phénoménologie et donc aussi sur le concept de représentation. Ici, il y a deux niveaux de représentation : celui des auteurs anciens, qui nous transmettent les énoncés orthodoxes ou les énoncés de leurs adversaires hérétiques, et celui des interprétations successives des énoncés orthodoxes, les reprenant dans une intentionalité nouvelle, cela jusqu'à l'historien qui les étudie et tente de reconstituer les conditions premières de leur élaboration. C'est ainsi que l'on est passé de l'histoire de l'Eglise à l'histoire du christianisme, c'est-à-dire à l'histoire d'une religion, à travers les pratiques des hommes qui y adhèrent. En fait, cette recherche du vécu s'est traduite par le rassemblement de faits, c'est-à-dire l'observation de la modification du donné dans lequel s'élaborent liens sociaux et idées. Or, si cette modification du donné est due pour partie à des phénomènes naturels, elle est avant tout le résultat de l'action des hommes, et relève de l'efficace du langage. Pour l'histoire du christianisme, cette efficace se saisit dans la modification de l'espace, mais aussi dans les effets amplificateurs de la justification intellectuelle fournie aux expériences ascétiques, dans les effets terminaux de la pensée théologique sur le corps des hérétiques ou des sorcières, dans les effets encore qui sont systématisés par la création d'un droit et par son application : le corps de l'un devient le signifiant du langage de l'autre.

L'histoire de l'Eglise définissait son autre, son ailleurs : c'étaient d'un côté les organes du pouvoir — l'Etat — en un temps même où le pouvoir était détenu par des chrétiens, et de l'autre ce que les chefs ecclésiastiques tentaient constamment de dépister et de retrancher : l'hérésie et la superstition. L'hérésie était localisée comme faute dans les intelligences et la superstition comme grossièreté populaire. L'étude d'une « religion populaire » satisfaisait donc le désir des historiens de s'intéresser au peuple. Ils ont pensé trouver une forme de résistance sociale, et, dans l'étude des relations entre les chefs de l'Eglise et le peuple, des formes de manipulation. D'autres ont plutôt étudié l'absence de réelle christianisation des masses, ce qui expliquerait en partie la déchristianisation récente. En effet, la religion populaire européenne est le plus souvent considérée comme la survivance d'un fonds païen. C'est une idée répandue hors même du milieu des historiens. Freud, dans *Moïse et le monothéisme*, attribuait l'antisémitisme européen aux populations mal christianisées, c'est-à-dire au paganisme polythéiste. Gramsci détectait dans le peuple une incapacité pour l'abstraction, qui lui ferait vivre un christianisme proche du paganisme, c'est-à-dire fragmenté et folklorique : tous deux par ces considérations reprenaient la théorie élaborée peu à peu par l'Eglise qui précisait son autre. Dans son catalogue de superstitions populaires en France au XVIIIe siècle, Dom Martin cherchait ce que les Gaulois des milieux populaires avaient, oubliant leur « quasi-monothéisme », emprunté au paganisme gréco-romain.

Mais l'étude de la religion populaire s'est peu à peu détachée de l'histoire du christianisme, cherchant ses modèles dans les travaux anthropologiques portant sur des civilisations non européennes. On trouvera un exemple du décalage des études en comparant les travaux de N. Cohn avec ceux de Natalie Z. Davis ou ceux de C. Ginzburg. On passe de l'étude d'une relation entre l'Eglise et l'hérétique ou le sorcier, à l'étude de l'hérétique, à l'étude du peuple pourchassant l'hérétique, à l'étude du sorcier. Dans cette ligne de recherche, les études d'histoire anthropologique ont abordé avec « sympathie » tout ce que l'Eglise avait condamné. L'Eglise devient l'absente de l'histoire du christianisme, au profit des croyances ou mentalités, même si celles-ci sont chrétiennes. L'aspect religieux de la société est déconnecté de l'institution. On retrouve ainsi le jeu des apories pour avoir étudié dans la longue durée, mais séparément, l'institution et les croyances. S'attachant à restituer un vécu ancien, vécu situé entre les hommes et les choses, ou vécu situé comme expérience religieuse entre les hommes et l'invisible, les historiens ont tablé sur l'unité de l'homme et présupposé l'unité conceptuelle de l'expérience religieuse. Le chrétien ancien est supposé être l'*alter ego*, l'autre fraternel, de l'historien d'aujourd'hui, sans que soit précisée suffisamment son altérité prise dans des configurations autres du donné : le réel, la société et le pouvoir. Aux recherches philosophiques et linguistiques les plus destructrices pour l'historicisme, les historiens doivent au moins fournir le cadre du réel dans lequel se sont élaborés les notions et concepts qu'elles utilisent. Les études de longue durée ont pu donner un repérage des moments de changement dans l'histoire. Pour comprendre ces changements, c'est sur la société globale des moments de rupture qu'il faut concentrer maintenant les travaux. On a pensé faire des études de phénomènes dits liminaux ou marginaux : pèlerinages, processions, guérisons, miracles et visions, possession : ceux qui se trouvent à la marge du sens, par rapport à notre propre délimitation de la raison. L'histoire du christianisme peut être appréhendée par une marge différente, celle des moments de coexistence instable, dans une même société, de deux ou plusieurs systèmes religieux : païens et chrétiens ; catholiques, juifs et marranes ; catholiques et réformés ; chrétiens et musulmans; chrétiens dans leurs contacts religieux hors d'Europe. En resserrant l'étude sur ces moments et lieux d'instabilité, on saisira peut-être ce dont on ne peut priver l'exercice historique : le mouvement et le changement du réel, du donné des existences humaines, dont le christianisme comme religion a été un élément, donc un agent.

● BIBLIOGRAPHIE. — Arnaldo MOMIGLIANO, *Problèmes d'historiographie ancienne et moderne*, trad. franç. par A. TACHET, E. COHEN, L. EVRARD, A. MALAMOUD, Paris, 1983; Michel de CERTEAU, *L'Ecriture de l'Histoire*, Paris, 1975; Peter BROWN, *Society and the Holy in Late Antiquity*, Londres, 1982; Pierre NAUTIN, Histoire des dogmes et des sacrements chrétiens, dans *Problèmes et méthodes en histoire des religions*, Paris, 1968; Dominique JULIA, Histoire religieuse, dans *Faire de l'histoire*, t. II, Paris, 1974; Jacques LE GOFF, *La naissance du Purgatoire*, Paris, 1981; Jean DELUMEAU, *Le péché et la peur. La culpabilisation en Occident, XIIIe-XVIIIe siècle*, Paris, 1983; Carlo GINZBURG, *Les Batailles nocturnes. Sorcellerie et rituels agraires en Frioul XVIe-XVIIe siècle*, Verdier, Lagrasse, 1980; Michel VOVELLE, *Idéologies et mentalités*, Paris, 1982; Pierre LEGENDRE, *L'Amour du Censeur*, Paris, 1974; Ch. PIETRI, *Roma christiana*, Bibliothèque des Ecoles françaises d'Athènes et de Rome, Paris, 1978; Henri-Ch. PUECH, *En quête de la gnose*, 2 vol., Paris, 1978.

▶ CORRÉLATS. — Marrou, Qumran, Religion (Histoire religieuse, Histoire des religions), Renan, Simon.

A. ROUSSELLE.

Chronologie

« La méthode à suivre était toute tracée, c'était de prendre les documents dans leur ordre chronologique », c'est ainsi que Ferdinand Lot justifie, en 1890, le plan de sa thèse sur les *Derniers Carolingiens*. Son point de vue reflète celui de toute l'histoire positiviste; les documents restituent la chronologie des faits et seule la chronologie donne un sens aux faits reconnus par l'historien. Chronologie et histoire constituent ainsi les deux aspects indissociables d'une même réalité. Pour cette raison la technique d'élaboration des chronologies appartient de plein droit à la littérature méthodologique des historiens.

Sans doute est-ce en Grèce que l'historien de l'histoire trouve le premier exemple de chronologie absolue, dépassant la chronologie relative offerte par les généalogies. Le temps de la Bible pas plus que celui des griots africains n'offre une échelle absolue du temps que l'on puisse mettre en parallèle avec le temps astronomique, ce que réalise le premier Hellanicos de Mytilène. Entre la rédaction des *Histoires* d'Hérodote et celle de la *Guerre du Péloponnèse*, il offre le premier exemple de chronologie, fondé sur la liste des prêtresses de l'Héraion d'Argos. Peu après le sophiste Hippias d'Elis (début du IVe siècle av. J.-C.) choisit la liste des Olympioniques comme fondement de la chronologie antique. Enfin le christianisme va donner à la chronologie universelle le cadre que l'Occident diffuse par la suite. H.-I. Marrou remarque d'ailleurs que le récit évangélique s'inscrit dans une chronologie extrêmement précise. Aboutissement logique de ce constat, Eusèbe de Césarée utilisant la naissance du Christ comme repère rédige une véritable synthèse des chronologies antiques depuis la naissance d'Abraham, fixée en 2015-2016 av. J.-C., jusqu'au début du IVe siècle, les *Canons chronologiques et résumés de l'histoire universelle des Hellènes et des Barbares*.

La poursuite de cette œuvre de longue haleine pose de redoutables problèmes aux historiens en raison de la multiplicité et de l'évolution des calendriers toujours décalés par rapport à l'année solaire. Même lorsque que le temps chrétien s'est imposé à la planète demeure le problème délicat des concordances entre calendriers lunaire et solaire, entre calendrier julien et grégorien, etc. De cet écueil découle une littérature technique dont le meilleur exemple reste le *De temporum ratione* (écrit en 725) de Bède le Vénérable, véritable somme sur le comput ecclésiastique. Par la suite, les problèmes de concordance et de correspondance entre les chronologies sont au cœur des premiers ouvrages fixant les règles de l'érudition historique moderne, depuis le *De emendatione temporum* (1583) de Joseph Juste Scaliger jusqu'à *L'art de vérifier les dates*, œuvre des mauristes au XVIIIe siècle.

Véritable colonne vertébrale de l'analyse documentaire, la chronologie a fait encore des progrès considérables avec l'apparition de moyens de datation scientifique, carbone 14 ou thermoluminescence, qui permettent d'approcher la précision des chronologies issues des documents écrits pour les périodes historiques. Cependant au moment où la chronologie est techniquement maîtrisée elle perd une grande partie de sa valeur explicative. La fin d'un temps unique pour l'historien (F. Braudel), la remise en cause du caractère continu des facteurs historiques... amoindrissent le caractère explicatif de la chronologie tout en préservant cependant son rôle d'armature première de la démarche historique.

Enfin il faut ajouter qu'à la chronologie des phénomènes humains s'ajoute la chronologie climatique, élément important de l'étude des sociétés avant la Révolution industrielle.

● BIBLIOGRAPHIE. — *L'histoire et ses méthodes*, sous la direction de Ch. SAMARAN, Paris, 1967. K. POMIAN, *L'ordre du temps*, Paris, 1984.

▶ CORRÉLAT. — Christianisme.

O. DUMOULIN.

Cinéma et histoire

La relation du film à l'histoire des sociétés s'organise selon plusieurs axes.

En premier lieu, le film — de cinéma d'abord, de télévision ensuite — agit comme un agent de l'histoire. Naturellement son action sociale et politique s'exerce avec d'autant plus de force que les instances ou institutions qui en contrôlent la production et la diffusion se veulent porteuses d'une idéologie. A ce titre les films de propagande constituent leur variante extrême. Les Nazis ont été les plus conséquents dans leur conception et leur réalisation, contrôlant le script, le tournage, le choix des comédiens et la musique, assurant la distribution et la diffusion par l'octroi de 70 000 projecteurs 16 mm dans les établissements scolaires et universitaires dès 1936, multipliant les premières, les projections gratuites (par exemple pour le *Juif Suss*), etc. Sans doute, les bolcheviks — Lounacharski et Trotski surtout — avaient-ils eu, les premiers, l'idée que le cinéma deviendrait un art pour les masses, l'art de l'avenir : ils surent contribuer à la grandeur et à la gloire du cinéma soviétique, mais ils n'en contrôlèrent pas toutes les phases de la production, à la différence des dirigeants nazis, parce que, appartenant à l'*intelligentsia*, ils étaient assez étrangers au cinéma, à la façon des avocats, des professeurs, médecins, etc., et condescendants vis-à-vis de cet art à ses débuts; ils se contentèrent, en tant que clercs, d'en contrôler le sens explicite, le scénario. De sorte que, tout en étant favorables au régime, les « grands » du cinéma soviétique (Eisenstein, Koulechov, Poudovkine, etc.) ont su faire des films qui n'étaient pas vraiment conformes à l'idéologie du pouvoir; en vérité, cela changea à l'époque de Staline, un film comme *Tchapaiev* l'exprimant au contraire de façon très consciente, et constituant une sorte de tournant.

Cette volonté d'utiliser le film à des fins de propagande ne saurait s'identifier à ses manifestations extrêmes. Les démocraties ont sécrété, elles aussi, des films de propagande, et ont même eu une politique conçue et organisée en ce sens. En temps de guerre, d'abord, et notamment aux Etats-Unis où, de 1941 à 1945, Roosevelt mit sur pied tout un programme de films destinés à justifier l'intervention américaine dans le conflit, l'alliance avec l'URSS, etc. Indépendamment du gouvernement, les firmes cinématographiques elles-mêmes diffusaient depuis longtemps des films qui avaient pour fonction de glorifier le système social et politique américain : ce n'est pas un hasard si, en 1941, *Pourquoi nous combattons* fut confié, précisément, à l'un de ces cinéastes, F. Capra, les plus convaincus de la valeur de *The American Way of Life*.

Agent de l'histoire, le film n'intervient pas seulement sous ses formes les plus connues, la fiction, le documentaire ou les actualités : le cinéma publicitaire, le film d'entreprise en constituent des figures qui exercent une action plus ponctuelle pas moins efficiente. Aujourd'hui, la télévision regroupe une partie de ces activités, réduisant la part du cinéma — ou, au contraire, le surmultipliant lorsqu'elle diffuse des films émanant d'autres instances; les fonctions du cinéma et de la télévision peuvent néanmoins diverger, en URSS par exemple, où on constate, selon l'heureuse expression de K. Feigelson, que la télévision a pris la relève de l'*Agit Prop*, alors que le cinéma réussit assez bien à échapper aux contraintes de l'idéologie officielle.

En ce sens, la réussite de Tarkovski, de Pasdermadjian, etc., est exemplaire. Elle a été précédée d'autres, qui témoignent, hors d'URSS comme en URSS, de la volonté de certains cinéastes d'exprimer leur propre vision du monde, d'agir sur la société en la faisant réfléchir sur elle-même. Ils agissent de la sorte à la façon dont interviennent hommes politiques, écrivains, prêtres, des différentes églises ou partis. Cette irruption de l'homme de cinéma sur cette scène de la politique n'a pas manqué d'effaroucher tous ceux qui s'attribuaient le monopole du discours sur la société; et ils n'ont cessé d'intervenir, en France par exemple, de 1920 à 1960 surtout, au travers de la censure qui a joué son rôle, comme elle l'exerçait face à la presse. Des cinéastes tels que R. Clair, J.-L. Godard n'en ont pas moins témoigné avec force — et l'on sait quel fut l'impact des films de la *Nouvelle Vague* sur la jeunesse de Mai 1968. L'Amérique non plus n'a pas manqué de francs-tireurs, tantôt victimes du maccarthysme (tels D. Trumbo, H. J. Biberman, etc.), tantôt, tel E. Kazan, victimes de l'hostilité de ceux qui n'aiment pas être dérangés dans leur bonne conscience.

Mais l'historien doit prendre en compte également les formes spécifiques de l'action du cinéma. Ce ne sont pas celles du roman, ou du discours politique — les conditions de la réception d'un film, dans le noir, les novations de son écriture (fondus, zooms, combinaisons variables des différents substances et éléments de la bande-son, etc.) sont autant de variables qui assurent, ou non, à un film son impact, qui varie, au reste, selon les publics, les cultures. Certaines figures de style peuvent être perçues par les uns, pas par les autres, ce qui explique le succès permanent de certaines œuvres, celle de Charlie Chaplin, par exemple, alors que d'autres s'éteignent assez vite. Cela peut tenir au fait que la production de films, aux Etats-Unis, a dû longtemps, pour s'assurer le succès, tenir compte des différentes catégories de spectateurs susceptibles d'aller au cinéma, de faire des films qui ne choqueraient la sensibilité ni des Juifs, ni des Noirs, ni des Irlandais — bref qui plairaient au plus grand nombre; ce qui explique qu'ultérieurement, ces œuvres du cinéma américain ont pu séduire les spectateurs du monde entier. Que ce cinéma devienne trop élaboré, qu'il se veuille art d'avant-garde et il perd toute une partie de son public potentiel : ce trait explique qu'en Afrique noire comme dans une partie du monde arabe, le cinéma indien a pu en partie se substituer à lui.

Un des aspects les moins analysés des rapports entre le cinéma et l'histoire est sans doute l'histoire de la production cinématographique elle-même. Certes, on sait bien que dans la mythologie du cinéma, la star et le producteur, le réalisateur et l'auteur du scénario se sont disputé pendant longtemps la prééminence. La légitimation du cinéma ne s'est accomplie que le jour où le cinéma d'auteur a gagné ses premières batailles; et, de ce point de vue, en France par exemple, l'action des *Cahiers du Cinéma* a largement contribué à la promotion du cinéaste, désormais égal de l'écrivain, du philosophe. Cette mythification, par la critique, la publicité, etc., de tout ce qui concerne le cinéma-cinéma a pour effet de jeter un voile pudique sur les problèmes propres de la profession, au sein de laquelle toutes sortes de conflits interfèrent, opposant les équipes techniques à la production, le scénariste et le réalisateur, etc. D'autres conflits sont mis à nu et apparaissent à vif lorsque par exemple le cinéma se mêle d'adapter un opéra ou une œuvre théâtrale, plusieurs instances de pouvoir se confrontant alors pour imposer chacune sa manière de faire et de voir. Ces conflits de pouvoir et d'argent, de gloire interfèrent avec des données extra-cinématographiques : la concurrence de la télévision, les migrations urbaines, etc., qui sont à l'origine d'une nouvelle donne : celle-ci pénalise les salles souvent archaïques alors que le film lui-même se situe au *nec plus ultra* de la prouesse technique, ou technologique. Est-ce le début du déclin du cinéma de salle, qui menace le film, ou bien le défi de la vidéo ? Le film de cinéma, les émissions de télévision et les « téléfilms » constituent de la sorte un enjeu, qui met aux prises les pouvoirs politiques, les détenteurs de capitaux, les artistes créateurs ou interprètes, les médias.

Récemment, on s'est aperçu que le film, enfin, constituait une archive, un document, qui, directement ou non, informait sur la société contemporaine, qu'il assume cette fonction (actualités, documentaires) ou qu'il ait d'autres objectifs (films de fiction). Il est vrai que toute une école de cinéastes, déjà, prétend, comme on l'a dit, tenir un discours sur l'histoire qui, sous la forme du divertissement, constitue en réalité une analyse. Un des traits particuliers de ce cinéma-là a été, à la suite des romanciers, Zola, Camus, etc., de se servir des faits divers comme révélateurs du fonctionnement social et politique : *M. le Maudit*, de Fritz Lang; *Le Crime de M. Lange* de Renoir, *Le Voleur de bicyclette* de Victorio de Sica (en vérité tiré d'un roman), etc., constituent des exemples qui ont fait école; leur procédure diffère totalement de celle de J. Ivens ou d'Antonioni (la Chine) qui partent de l'analyse politique pour filmer du « réel » et le faire-voir.

Parallèlement, enfin, dans le monde extra-cinématographique, des historiens et des philosophes se sont saisi du film tantôt pour repérer, grâce à lui, le non-dit des sociétés ou l'utiliser comme révélateur, tantôt pour l'analyser en tant que discours, ou mieux encore en tant que forme nouvelle de l'expression de la pensée.

● Bibliographie. — Gilles Deleuze, *Cinéma 1, L'image mouvement*, Paris, Ed. de Minuit, 1983, 298 p.; *Film et histoire*, ouvrage collectif, sous la direction de Marc Ferro, Paris, ehess, 1984, 240 p. (cinéma et télévision); Marc Ferro, *Cinéma et histoire*, Paris, Denoël, 1977; Annie Goldmann, *Cinéma et société moderne*, Paris, Denoël, 1967; Jean Tulard, *Dictionnaire du cinéma*, R. Lafont, 1982, 740 p.

▶ Corrélat. — Culture populaire, Temps présent.

M. Ferro.

Climat

Tout historien du climat doit d'abord affronter le problème des sources, dont certaines sont « glaciaires ». Les *glaciers*, en effet, sont bien documentés grâce à l'iconographie, aux archives et au carbone 14 (celui-ci s'appliquant aux troncs d'arbres fossiles qui témoignent d'avances glaciaires autrefois); ces glaciers sont donc des indicateurs de premier ordre, pour les derniers 100 000 ans, et jusqu'aux xviie et xixe siècles inclusivement. Les *dates de vendanges* tardives indiquent une saison froide; et *vice versa*, quand elles sont précoces; elles sont connues, année par année, depuis le début du xvie siècle. Elles fournissent des renseignements considérables. Même remarque pour les *tree-rings* (anneaux des arbres); leur croissance annuelle est proportionnelle en pays secs ou quasi désertiques à l'humidité reçue cette année-là. Les *compilations d'événements* (séries d'hivers froids, ou doux, par exemple) sont fort éclairantes quand les réalisent des chercheurs sérieux, mais c'est loin d'être toujours le cas. Grâce à elles, Easton et ses épigones suggèrent les refroidissements de la seconde moitié du xvie siècle qui préludent à la grande poussée des glaciers alpins, vers 1595-1600; grâce à elles aussi, Christian Pfister peut étudier comme il se doit le climat suisse au xviie siècle. Les *séries de pollens* dans les tourbières sont climatiquement significatives pour la Préhistoire. Par contre, dès le Néolithique, elles sont perturbées par les défrichements; ils anéantissent les arbres, et remplacent les pollens forestiers par ceux des graminées, à partir de « l'invention » de l'agriculture. Quant aux *courbes des prix du blé*, elles intègrent d'innombrables causalités, bien différentes les unes des autres; on ne doit donc pas trop exiger de ces graphiques des cours céréaliers, quand on veut déchiffrer les perturbations du climat. Sauf cas évident : la famine de 1709 est due *ipso facto* au fameux hiver froid de cette année-là.

La chronique commence bravement aux grands âges glaciaires. Les derniers connus parmi ceux-ci démarrent en douceur il y a 115 000 et 90 000 ans, puis après quelques hésitations dont chacune dure de 2 000 à 5 000 années, ils s'établissent de façon définitive voici 70 000 ans, pour durer 50 000 ans. Une petite récurrence froide, il y a 10 800 ans, persiste pendant six siècles, et va jusqu'à semer quelques minimes glaciers dans le district des lacs en Angleterre. La fusion des glaces au cours des derniers dix mille ans n'a pu que favoriser le démarrage de l'agriculture et de l'élevage; il ne faut pas chercher pourtant de véritable cause climatique à cet égard; en Mésopotamie et en Palestine, mères du blé cultivé, les glaciers, comme on sait, n'eurent jamais la moindre importance.

Au cours de ces dix millénaires d'autre part, la fusion des glaciers, par un processus facilement compréhensible, participe à l'élévation du niveau de la mer : le Pas-de-Calais peut donc s'ouvrir vers 7600 avant J.-C. La carte actuelle des littoraux français, allemands et anglais est à peu près établie dans ses contours actuels, vers 5000 avant J.-C. Adieu, rennes de Hambourg et toundra de Copenhague! La chaleur postglaciaire culmine à 2 °C au-dessus du XIXe siècle pendant la phase dite *atlantique* ou *optimale*, entre 5000 et 3000 avant J.-C. Puis vers 3000 avant J.-C., un nouveau rafraîchissement s'instaure; il introduit nos climats actuels. Toutes les zones climatiques (arctiques, tempérées, etc.) se décalent derechef vers le sud. Le Sahara jusque vers 3500 avant J.-C. recevait encore quelques cyclones méridionaux porteurs d'humidité. Il se dessèche de nouveau après cette date, en vertu d'un paradoxe qui n'est qu'apparent. Ainsi prennent fin les végétations extraordinaires que dépeignaient les peintures rupestres du Tassili. Simultanément, les glaciers réavancent un peu dans les Alpes.

L'agriculture naissante a certainement profité des jolies chaleurs de la phase *atlantique* en Europe. Pour le reste, les autres spéculations d'ordre historique à propos de ces millénaires sont souvent hypothétiques.

Quant au Moyen Age, nous possédons maintenant des quasi-certitudes : oui, il y a bien eu un « petit optimum » *médiéval* (chaleurs comparables à celles des « bonnes » années 1900-1950, voire un peu plus tièdes encore). Ce « petit optimum » est parfaitement signalé par les textes, comme par les glaciers du Groenland et des Alpes. Il s'étend de 800 à 1200 de notre ère environ. Il favorise à coup sûr la colonisation du Groenland par les Vikings au Xe siècle; il ne gêne pas, bien au contraire (c'est tout ce qu'on peut dire avec certitude), les grands défrichements du XIe siècle en Europe de l'Ouest. Il paraît s'être terminé au cours du XIIIe siècle. Expliquera-t-on les grandes crises des XIVe et XVe siècles par le léger rafraîchissement qui suivra ce « petit optimum » et qui aurait nui, somme toute, aux récoltes. Les historiens, sur ce point, demeureront prudents. Les terminaisons *naturelles* d'un cycle d'essor économique qui fut initié au XIe siècle et qui culmina vers 1300, et les catastrophes épouvantables de la fin du Moyen Age (pestes noires ou non noires à partir de 1348, et guerre de Cent Ans), exercent à elles toutes un effet tellement écrasant que les nuances climatiques n'ajoutent aux unes et aux autres qu'une causalité bien secondaire. Même la régression ou disparition de la vigne en Angleterre méridionale, après le XIIIe siècle, ne s'explique pas nécessairement par le « refroidissement » du climat au-delà de cette date. La concurrence du vignoble bordelais, exportateur dorénavant vers les îles britanniques est telle, ce me semble, que climat ou pas, les malheureux vignerons anglais sont bien obligés de capituler, et de remplacer leurs ceps par des grains ou des prairies. Rentabilité dicte sa loi, même au XIVe siècle!

Surgit ensuite le « petit âge glaciaire », si net au XVIIe siècle; de toute manière, il intéresse les années qui courent *grosso modo* entre 1560 et 1850. Ici nous atterrissons sur un terrain plus solide et l'érudition fait merveille, épaulée par les récentes découvertes de Christian Pfister. Cette fois, on n'est plus dans le domaine de la conjecture, comme c'était le cas pour la courbe des températures anglaises au XIIIe siècle ; on s'installe confortablement dans un secteur de quasi-certitude, en beaucoup de points. Les glaciers alpins écrasent vers 1600 les hameaux les plus exposés de Chamonix ; ils jalonnent ainsi les nouveaux refroidissements du XVIIe siècle ; ceux-ci continueront (mais avec de belles rémissions parfois) jusque vers 1850. Les températures des « mauvaises » décennies du XVIIe (la plus froide correspondant aux années 1690) peuvent avoir été inférieures de 0,9 °C, en moyenne annuelle, aux normes plus tièdes des années 1920-1960. Du coup, le froid hivernal et les étés pourris engendrent des famines : elles tuent les semences et les moissons ; elles marquent en particulier la fatale décennie 1690, en Ecosse, en France, en Finlande... Même en ce domaine pourtant, la causalité humaine et tout simplement la liberté historique ne perdent pas leurs droits : l'agriculture anglaise est techniquement plus avancée déjà que celle des Français ou des Ecossais. Les Britanniques se tirent donc sans trop de mal des difficultés de récoltes et de subsistances qui caractérisent la méchante décennie terminale du XVIIe siècle. Et tant pis pour Louis XIV, tant mieux pour Guillaume d'Orange !

Ajoutons immédiatement que le « petit âge glaciaire » n'est pas un bloc. Pas davantage que ne l'est la Révolution française. On y trouve de belles périodes bien réchauffées ; les douces années 1710-1739, par exemple, coïncident avec le redémarrage économique de l'Europe occidentale (favorisé, en outre, par les afflux neufs d'or brésilien, par la fin des grandes guerres, et par le dégel politique qui suit la mort de Louis XIV). Une fois terminés, ces *redoux* donnent lieu ensuite à des paroxysmes frais, surtout quand les éruptions volcaniques s'en mêlent. Leurs cendres propulsées dans l'atmosphère interceptent la chaleur du soleil : en 1815 l'éruption de Tamboro aux *East Indies* engendre une famine d'année froide ou pourrie en 1816-1817, et des avances glaciaires dans les Alpes du Nord.

Le réchauffement récent commence, ai-je dit, aux années 1850 et surtout 1860. Il culmine pendant la décennie 1940 ; elle est maximale en termes de tiédeur, tout comme les années 1690 étaient minimales de ce même point de vue. Les vents « doux », d'ouest et de sud-ouest, deviennent plus nombreux en Angleterre entre 1860 et 1960, les rivières britanniques gèlent totalement à glace bien moins souvent après 1900 qu'auparavant. Les pluies sont plus abondantes que jadis à l'intérieur de l'ancien continent... Pendant ce XXe siècle réchauffé, toutes les zones climatiques (arctique, tempérée, subtropicale) paraissent se déplacer *vers le nord*, en se contractant autour du pôle Nord. On aboutit donc à un résultat paradoxal : l'aire antarctique au pôle Sud s'accroît elle aussi, en s'étendant... vers le nord de sorte qu'il y a corrélation précise (+ 0,75) entre l'augmentation des vents de sud-ouest (« adoucissants ») à Londres, et la hausse des chutes de neige (« refroidissantes ») au pôle Sud !

Depuis les années 1950 et surtout 1960, le réchauffement mondial ou plutôt quasi mondial fait place de nouveau à un certain rafraîchissement, en vertu d'un balancement plus ou moins irrégulier : en une vingtaine d'années, on a perdu deux dixièmes de degré centigrade sur les moyennes terrestres d'ensemble.

Deux mots maintenant quant aux effets à court ou à moyen terme de telles fluctuations climatiques, étalées sur des siècles ou des millénaires. (Ne parlons même pas du long terme, véritable bouteille à l'encre !) Oublions pour un instant le Groenland, voire l'Islande : dans ces pays, un refroidissement même minime (au Moyen Age) suffit à compromettre les performances d'une agriculture et d'un élevage qui sont ultra-marginaux. Parmi les grandes nations de l'Europe continentale (France, Allemagne) ou insulaire (Ecosse), les années d'hivers froids et d'étés pourris se traduisent par des disettes. Leurs effets sur les hauts prix du grain peuvent s'étaler sur plusieurs années successives. Ainsi lors du cycle froid qui environne et suit 1770 en Suisse, des années terribles répandent la misère. Ces constatations de bons sens éclairent sinistrement l'histoire de la souffrance humaine. Mais sorti de là, l'historien patauge dans le domaine fragile du *It may well be (Il se pourrait que...)*. Le choléra et la peste noire ont *peut-être* démarré respectivement aux Indes et en Chine à la suite des inondations de 1816 et de 1332, dans chacun de ces pays. Mais pour le moment ce ne sont là que d' « intéressantes spéculations ». Le fardeau de la preuve repose, en l'occurrence, sur les frêles épaules des chroniqueurs du climat. Plus convaincant est ce qu'on pourrait appeler l' « effet pichenette ». L'année très froide de 1879 (comparable à 1740) provoque une mauvaise récolte; elle inaugure donc quarante années de vaches maigres pour l'agriculture anglaise, que submergent dorénavant les importations de grains américains et russes. De même parmi les causes indubitables de la Révolution française figure (entre autres motifs!) la très mauvaise récolte de 1788, qui sera matrice de la grande peur, et qui fut provoquée par des météorologies défavorables en 1787-1788. Dans ces deux cas, 1879 et 1789, le court terme (climatique) et le long terme (humain) se combinent pour « faire de l'histoire ». Autre exemple : aux Etats-Unis, la sécheresse des années 1930 est illustrée par le *Dust Bowl (Bol de poussière)* et par *Les Raisins de la colère* de John Steinbeck; cette aridité pluriannuelle tient à ce que l'anticyclone subtropical (sec en l'occurrence) est remonté d'un ou deux degrés vers le nord pendant cette décennie, en période de réchauffement séculaire. Aujourd'hui, l'essor de la population du globe est rapide et redoutable; il rend de plus en plus dangereux les accidents climatiques et les mauvaises récoltes qu'ils engendrent, par exemple en 1972. Les grandes catastrophes naturelles de notre temps tiennent pour 40 % aux inondations, pour 20 % aux cyclones et aux typhons, pour 15 % aux sécheresses.

Le climat n'est donc pas sans conséquences humaines. Ses fluctuations, par ailleurs, dérivent de causes variées, sur lesquelles H. H. Lamb s'est assez longuement attardé. Les taches solaires, au premier chef, sont souvent invoquées, avec leur rythme « undécennal » (de onze ans). A tout prendre, elles ne renseignent qu'imparfaitement sur ce qui se passe autour d'elles à la surface du soleil, et dans ses profondeurs. Leur remarquable carence entre 1645 et 1715 « pourrait être » corrélée avec le grand froid du « petit âge glaciaire ». Quant aux variations météorologiques sur onze ans et sur des multiples ou sous-multiples de ce chiffre fatidique (5,5 ans, 22,5 ans, etc.), elles « pourraient », elles aussi, s'expliquer par de légères fluctuations quant à la production d'énergie solaire. Rien de démontré ni de bien solide en l'occurrence, on est dans le domaine de la spéculation.

Beaucoup plus convaincants, selon Milankovitch et ses émules, sont les effets des variations, même légères, de l'axe de rotation de la terre, et de son orbite. Ces changements cycliques, à longue durée, permettraient d'expliquer pour une bonne part la chronologie des grands âges glaciaires pendant l'âge quaternaire, selon des périodicités de 20 000, 40 000 et

100 000 ans. L'historien pourtant posera une question naïve au météorologiste : à l'époque tertiaire ou secondaire, ces variations « orbitales » ou axiales existaient déjà. Néanmoins les grands âges glaciaires en ces longues époques brillaient par leur absence...

Et maintenant, descendons tout à fait sur la terre envisagée comme objet « physico-chimique » : les éruptions volcaniques projettent des poussières qui restent longtemps suspendues dans la haute atmosphère ; elles sont brassées tout autour du globe en raison des vents : elles rafraîchissent momentanément le climat du fait de l'obstacle qu'elles interposent devant le rayonnement solaire. En 1783, deux grandes éruptions se produisent en Islande et au Japon. Du coup, l'hémisphère Nord perd 1,3 °C sur les températures estivales, et met quatre ou cinq ans pour revenir à la normale ; d'où des famines nippones. Inversement, l'absence d'éruptions majeures dans l'hémisphère Nord entre 1912 et 1963 favorise un certain réchauffement entre ces dates.

Les volcans ne fournissent pourtant qu'une causalité de circonstance ou aléatoire. L'essentiel (d'après H. H. Lamb) demeure la mise en cause du vortex circumpolaire, cet immense flux d'ouest qui balaie à nos latitudes la zone tempérée, encerclant le globe comme un anneau. Si ce flux est réellement ou tendanciellement annulaire, resserré vers le pôle, alors les anticyclones subtropicaux et chauds et les vents de sud-ouest pourront prédominer sur la France, voire sur l'Angleterre. On entrera dans une période saisonnière ou décennale ou séculaire, ou même millénaire, voire interglaciaire de réchauffement. Tout dépend chronologiquement de la longue ou courte durée du phénomène de base concernant « le vortex circumpolaire » ; et pourtant dans sa structure physique ce « phénomène de base » reste fondamentalement le même (amplitude mise à part) à toutes les échelles de temps.

Comment expliquer, par contre, les périodes de refroidissement, qu'il s'agisse de quelques années fraîches au XXe siècle, du « petit âge glaciaire » du XVIIe, ou du grand âge glaciaire pendant les dernières cent mille années ? Il suffit, pour y voir clair, de mettre en scène une situation inverse de la précédente ; au lieu de se contracter, le vortex circumpolaire désormais s'épanouit vers le sud ; il repousse, hors d'Europe occidentale et vers des latitudes plus méridionales, l'anticyclone des Açores ; il permet de façon corrélative la descente frigorifiante de l'air arctique vers Londres, et vers Paris ou Marseille. Remarquons que cette « descente vers le sud » du vortex s'accompagne de changements dans la forme : il devient sinueux, encombré d'immenses méandres d'air à l'échelle d'un sub-continent ; ces méandres sont dessinés par des crêtes chaudes *(ridges)* anticycloniques, et par des vallées froides (cycloniques). Paradoxalement, l'une de ces crêtes chaudes peut signifier *localement* un été chaud et sec : ainsi sur l'Europe lors du fameux coup de chaleur de 1976. Mais pour l'ensemble de l'hémisphère Nord, malgré cette exception « régionale » et chaude, un tel type de circulation, épanoui vers le sud et à vastes méandres, implique des tendances générales au froid. C'est effectivement le cas pour l'été de 1976, brûlant à Londres mais frais et même froid sur une grande partie de la Russie.

Autre paradoxe : le déplacement vers le sud de notre vortex circumpolaire d'hémisphère Nord, avec tendance froide à nos latitudes, s'accompagne d'un déplacement vers le sud de *toutes* les bandes concentriques qui, aux tropiques, à l'équateur et jusque vers l'Antarctique, encerclent le globe elles aussi comme un anneau, d'ouest en est. Résultat : l'air froid de l'Antarctique est refoulé vers le pôle Sud, et les marges de ce continent polaire s'attiédissent! En conséquence, les pingouins, pendant les phases les plus fraîches de notre « petit âge glaciaire », entre 1670 et 1840, peuvent s'installer de plus en plus au sud et notamment dans la mer de Ross, momentanément moins glaciale.

N'oublions pas enfin que les océans, ces grandes réserves de chaleur (ou de fraîcheur) se comportent de façon corrélative, en liaison avec le vortex circumpolaire : quand celui-ci remonte vers le nord, permettant ainsi un attiédissement des zones tempérées, le Gulf Stream en fait autant. Et *vice versa*. Les deux phénomènes, maritime et atmosphérique, réagissent l'un sur l'autre. Les harengs et morues montent ou descendent eux aussi en même temps que les eaux froides. La Hollande ne fut jamais si prospère qu'en période de « petit âge glaciaire », qui fut pour elle... l'âge d'or de la pêche et le siècle du hareng; et bien autre chose encore.

L'historien, avec peu de succès, se fait volontiers prévisionniste. Même les paysans après tout sont capables de bons pronostics : tout fermier américain des grandes plaines sait sur la base d'une expérience de cent soixante ans qu'une sécheresse grave le guette, en moyenne, tous les vingt-deux ans. Les historiens et les « cliométéorologistes » savent que tous les cent ans aux années 90 de chaque siècle (décennies 1490, 1590, 1790, 1890) reviennent des hivers très rudes. Plus généralement, le rafraîchissement actuel (qui fait suite au réchauffement séculaire enregistré jusque vers 1950-1960) devrait (si l'on en croit H. H. Lamb) se poursuivre jusque vers 2015 (?) à raison de — 0,15° C en moyenne par décennie...

Ces vues prospectives et perspectives ne tiennent pas compte de l'influence des actions humaines : les poussières d'origine industrielle (qui font écran à la chaleur solaire) pourraient à la manière des éruptions volcaniques aggraver le rafraîchissement qui est en cours depuis 1960 et qui doit occuper les trois ou quatre prochaines décennies. Mais beaucoup plus écrasant apparaît, en sens inverse, l'effet de serre *(greenhouse effect)* dû à l'accumulation, dans l'atmosphère, du gaz carbonique d'origine industrielle. Le réchauffement ainsi provoqué par le CO_2 pourrait même s'accroître encore (?) du fait des dégagements de chaleur que produira inévitablement l'énergie nucléaire d'application pacifique. L'un dans l'autre, l'attiédissement « artificiel » (CO_2 + nucléaire) atteindrait + 2 °C vers 2100 par rapport à notre époque. Y aura-t-il retour alors à l'optimum climatique de la Préhistoire, avec ennoiement modéré de nos littoraux dû à la fusion des glaciers ? Une vue plus apocalyptique prévoit, si l'industrie « réchauffante » continue ses « méfaits », notre passage général dans quelques siècles vers un climat tropical (tel qu'à l'âge tertiaire), avec disparition de la calotte glaciaire arctique et montée corrélative des mers; celles-ci submergeraient alors les grandes plaines et nombre de villes et de capitales (!).

Sur la fin, l'histoire du climat, devenue « futurible », a donc tendance à se dramatiser, peut-être aussi parce qu'il faut bien « réchauffer » un sujet qui de lui-même est plus froid et plus gris qu'il n'y paraîtrait au premier abord. L'histoire du climat est passionnante *pour elle-même*. Mais d'un point de vue strictement humain, elle explique surtout des famines momentanées (1694 en France) et des déclins marginaux (le Sahara préhistorique, le Groenland bas médiéval). Encore une fois dans le grand travail des historiens climatologues, il faut mettre à part (surtout pour l'Antiquité et le Moyen Age) ce qui est purement hypothétique, douteux et spéculatif quant à l'influence du climat sur telle ou telle civilisation, qu'il s'agisse de la Grèce classique ou de l'Indus. De ce point de vue, l'absence de bonnes courbes de températures, dressées grâce aux séries d'observations événementielles avant le XVIIe siècle, se fait encore sentir ; souhaitons donc que cette lacune soit comblée un jour. Après 1500, on est sur le terrain solide du « petit âge glaciaire » et des réchauffements puis rafraîchissements qui l'ont suivi. Les conclusions deviennent fermes, mais désormais, elles sont judicieusement limitées.

● BIBLIOGRAPHIE. — Le présent exposé doit beaucoup au grand livre de H. H. LAMB, *Climate history and the modern world*, Londres, Methuen, 1982. Pour le reste, voir mon *Histoire du climat depuis l'an mil*, édition mise à jour et complétée, Paris, Flammarion, 1983, 2 vol.

▶ CORRÉLATS. — Crise, Cycle, Economie (Histoire économique), Quantitative (Histoire).

E. LE ROY LADURIE.

Coloniale (Histoire)

Elle peut s'entendre au sens étroit et naguère triomphant de l'ancienne métropole, ou au sens plus large, à présent seul usité, d'histoire des sociétés colonisées.

La première — la seule, *stricto sensu*, désignée par l'expression « Histoire coloniale » non dénuée aujourd'hui d'une nuance péjorative — s'est développée en même temps que les Empires; elle exprime une optique clairement « eurocentrique »; inutile de préciser que les historiens d'alors sont devenus, pour ceux d'aujourd'hui, des sources davantage que des références.

Ils furent, en effet, autant et parfois davantage acteurs que penseurs. En France, à l'origine furent la *Société de Géographie*, les *Comités* de *l'Afrique*, de *l'Asie* françaises, celui de *Madagascar* fondés dans les années 1890, l'*Union coloniale* qui rassemblait depuis 1893 les intérêts privés des expansionnistes. Mais c'est en 1911 seulement que fut lancée une mission chargée du classement des archives du ministère des Colonies, en 1912 que fut fondée la *Société d'Histoire des Colonies françaises*, associant les efforts de deux grands fonctionnaires outre-mer : W. Ponty, gouverneur général de l'AOF, et A. Martineau, gouverneur des Etablissements français de l'Inde, précisément appelé à occuper, en 1921, au Collège de France, la chaire d'Histoire coloniale.

L'objectif majeur était, en somme, tout en justifiant la conquête, d'établir la filiation entre la tradition du grand commerce maritime occidental et la « mise en valeur » impériale. Le sommet de ce courant fut atteint — parallèlement à l'événement politique majeur que fut l'Exposition coloniale internationale — lors du premier Congrès international d'Histoire coloniale, à Paris, en 1931, en même temps que commençaient de se préciser, voire de s'affronter diverses tendances : chronologique, thématique, morale... Les premiers historiens de la colonisation furent donc des voyageurs, le plus souvent des administrateurs que leur intimité avec les « indigènes » a incité à préciser leurs connaissances, tout en adhérant au cadre social et politique dont ils étaient les représentants et les instruments. L'histoire coloniale fut ainsi le fait des militaires, des fonctionnaires, des missionnaires, voire des agents économiques (explorateurs, commerçants, hommes d'affaires) de l'époque; elle compta parmi eux ses théoriciens, comme Gallieni à partir de son expérience malgache; Georges Bruel, administrateur de la France d'outre-mer devenu gouverneur, a rédigé une *Histoire de l'AEF* (1914) encore utile; le général Angoulvant a rédigé — en partie pour répondre aux attaques dont il était l'objet — une *Histoire de la pacification en Côte-d'Ivoire* (1916), dont il fut le moteur et l'artisan; la démarche du général Bugeaud en Algérie avait été analogue. Georges Hardy, le grand maître de l'histoire de l'enseignement colonial, exerça outre-mer en qualité d'inspecteur de l'Instruction publique, Paul Bernard, homme d'affaires et économiste, a rédigé le meilleur ouvrage-plaidoyer pour l'industrialisation en Indochine, etc. On pourrait multiplier les exemples de ce type.

La grande exception fut Charles-André Julien, militant de l'anticolonialisme de gauche comme la plupart de ses contemporains le furent de l'esprit colonial ambiant. Homme politique passionné et lucide, engagé dans tous les combats anticoloniaux, communiste en 1920, socialiste en 1936, il fut à l'histoire coloniale maghrébine ce que Jean Dresch fut à la géographie des pays arabes — preuve, *a contrario*, qu'à l'époque coloniale il ne pouvait exister une histoire *neutre* de la colonisation : on était pour ou l'on était contre, dans ses écrits comme dans son action.

Aux côtés de l'histoire (alors fondée, dans les colonies comme ailleurs, sur le postulat de l'écrit : l'histoire, comme l'affirment encore certains manuels scolaires, commençait, sans conteste et sans interrogation, à l'écriture...), une attention particulière doit être portée à *l'ethnologie coloniale*; sa contribution scientifique devint patente lors de l'Exposition coloniale de 1922, à Marseille, où l'on présenta des collections privées d'art « nègre », non plus seulement dans un but esthétique, mais avec le propos explicite de les utiliser à reconstituer l'histoire « primitive » des peuples concernés.

Comme l'histoire, l'ethnographie coloniale fut le domaine d'hommes de terrain, appelés à y séjourner longtemps — de façon privilégiée : les fonctionnaires coloniaux. Mais ceux-ci furent souvent moins convaincus de la supériorité — alors à la fois explicite et implicite — de l' « homme blanc »; ils furent séduits par des peuples qu'ils considéraient sans mépris, conquis par leurs rapports à l'espace et au temps, par leur mode de vie parfois raffiné, révélateur d'une culture millénaire (comme en Chine ou au Vietnam), par leurs langues qu'ils eurent le loisir d'étudier et d'utiliser, par leur art... Ils prirent le temps d'écouter et de transcrire, et leurs ouvrages, bien que parfois discutables sur le plan de la rigueur scientifique, servent encore de référence, notamment chez les peuples de culture orale auxquels des années de colonisation ont, depuis lors, fait oublier ou déformer leurs traditions : ainsi M. Delafosse sur le *Haut-Sénégal, Niger* (1912) ou les Grandidier à Madagascar (1900-1930).

Le travail des ethnologues coloniaux fut à l'origine de la découverte postcoloniale de l'histoire des peuples colonisés, dans ses qualités (par l'apport de l'anthropologie historique qui a depuis lors, et grâce à eux, enrichi aussi bien l'historiographie européenne), mais aussi dans ses défauts dont la science historique contemporaine a bien du mal à se défaire.

Les ethnologues coloniaux véhiculaient, en effet, les postulats évolutionnistes et naturalistes de la fin du XIXe siècle Leur science était énumérative et classificatoire : on considérait les « indigènes » à la façon dont les zoologistes décrivaient les espèces animales. D'où la multiplicité de notions tendant à segmentariser à l'infini les groupes sociaux : *tribus* en Afrique du Nord, *ethnies* en Afrique noire, elles-mêmes décomposées en *lignages* ou segments de lignages, aboutissaient à des catalogues de populations soigneusement répertoriées sur des territoires où, bien souvent, elles ne faisaient que passer mais sur lesquels elles furent autoritairement fixées par le pouvoir colonial... Tout ceci est, en fait, à rejeter aujourd'hui, ne serait-ce qu'en vertu d'une exigence logique : le *segment* est un concept mathématique exclusif; or toute subdivision familiale (le « segment de lignage ») est par définition une entité *inclusive*, puisqu'elle appartient à un ensemble...

Paradoxalement, ces notions périmées continuent parfois encore d'encombrer *l'histoire* des peuples colonisés, alors que l'école *anthropologique* contemporaine les a déjà évacuées de nos horizons, démontrant, par exemple, que la « tribu », le « clan », ou le « lignage » impliquent des faits sociaux qui ne diffèrent guère, par nature, de ceux de n'importe quelle société rurale, aussi bien occidentale qu'asiatique, amérindienne ou africaine... Relevant essentiellement d'une *histoire* complexe, le peuplement précède la dénomination (et non le contraire); le sentiment d'une appartenance commune — codifié en mythe d'origine et/ou en parenté — est l'aboutissement d'une *histoire* commune renforcée et corrigée par la colonisation, et non le contraire.

Ceci dit, l'histoire des peuples colonisés a surtout émergé à partir des indépendances. Le cas de l'histoire africaine est exemplaire, sinon caricatural, en raison d'une caractéristique des sociétés concernées — celle d'être à peu près dépourvues de sources écrites autochtones. L'histoire africaine est donc apparue possible par la conjonction de deux paramètres qui s'est produite (est-ce un hasard ?) dans le même temps : la fin des régimes coloniaux et la fin du primat indiscuté des seules sources écrites.

La genèse de la discipline n'est pas allée sans mal. Les historiens « classiques » ont renâclé à admettre le genre, pour deux raisons : la première due à l'héritage ethnographique — alors méconnu des historiens; la seconde redevable à la formation non « professionnelle » des premiers Historiens de la colonisation dont, pour cette raison, les travaux révélaient parfois davantage la bonne volonté que la capacité : certes documentées, leurs études étaient souvent plus linéaires et descriptives (en un mot « événementielles ») que synthétiques et explicatives. L'incompréhension fut, en outre, entretenue par leur souci de se démarquer : conscients comme ils l'étaient d'être « marginalisés » par leurs collègues, ils réagirent par l'invention d'une nouvelle discipline : l' « ethno-histoire ». Ce fut, en son temps, une idée utile mais pas nécessairement juste, puisque la nécessité de recourir à la totalité des sources disponibles (écrites, mais aussi orales, archéologiques, etc.), témoignant de l'ensemble de la vie du groupe, est reconnue aujourd'hui comme le propre de l'historien quel qu'il soit, et quel que soit son domaine. L'histoire africaine, certes originale, n'est pas spécifique. Les sociétés non occidentales ne sont à considérer ni isolément ni uniquement. Comme on l'a écrit récemment de façon aussi provocante que judicieuse : « Comprendre que les sociétés africaines sont ''comme les autres'', penser leur banalité, saisir que leur spécificité est d'ordre strictement historique, voilà ce qu'un siècle d' ''africanisme'' officiel n'a guère facilité, quelle que soit la masse considérable de connaissances qu'il a rassemblées » (J.-F. Bayart). On pourrait s'exprimer de façon analogue à propos de l'apport... et des méfaits de l' « orientalisme ».

Depuis le début des années 1960, quelques grands débats ont jalonné l'historiographie des peuples outre-mer.

Le premier fut — comme déjà mentionné — celui de l'histoire orale : une histoire sans écriture était-elle possible ? Le débat, aujourd'hui à peu près dépassé, fut néanmoins violent. Il eut le mérite de souligner l'intérêt non pas seulement des sources classiques (c'est-à-dire institutionnelles et, dans le cas de l'histoire occidentale, essentiellement écrites), mais aussi orales, au sens large du terme : non pas seulement la « tradition » officiellement recueillie, généralement manipulée et souvent figée, mais plutôt l'ensemble des témoignages portant sur la vie concrète, matérielle et culturelle du groupe. Il s'est soldé par un acquit essentiel à l'ensemble du domaine historique : celui de l'anthropologie historique — ou de l'histoire anthropologique, tout dépend du point de vue auquel on se place! On ne saurait trop souligner, en ce domaine, l'apport original de l'historiographie africaine, dont les historiens de l'Occident ne sont pas toujours conscients; un des premiers signes en fut les premières pages d'un ouvrage de G. Duby sur le haut Moyen Age français (*Guerriers et paysans, VIIe-XIe siècles*, Paris, 1973) : à quelques noms de lieux et de peuples près, son évocation de la vie rurale fondée sur l'autosubsistance villageoise dans un cadre coutumier peu préoccupé d'appropriation foncière, soumis de très près aux contraintes naturelles, et peu ouvert sur l'extérieur par le biais d'échanges fort marginaux, pourrait relever d'une quelconque analyse d'anthropologie économique africaine à l'aube de l'ère coloniale; l'auteur reconnaît d'ailleurs ce qu'il doit, dans cette habile reconstitution, aux maîtres de l'anthropologie africaine (Marcel Mauss et quelques autres).

Dans le même ordre d'idée, un apport spécifique des historiens et anthropologues marxistes a été, dans les années 1970, la réflexion sur les « modes de production » précapitalistes : « asiatique » ? « africain » ? « tributaire » (Samir Amin) ? « Lignager » (P. Ph. Rey) ? etc. — c'est-à-dire l'étude des structures sociales internes liées à l'organisation de la production : analyse, dans les sociétés dominées, des *forces productives* (sociétés rurales à faible niveau technologique, à rente foncière inexistante, mais à circuit marchand développé, au niveau local comme pour les échanges à grande distance); analyse, surtout, des *rapports sociaux de production* : qui exerce le contrôle sur les terres, l'artisanat ou le grand commerce; quelles sont les interactions entre maîtrise économique et pouvoir politique ? Et, en conséquence, que dire sur les modalités de l'articulation, de l'exploitation et de l'évolution/dénaturation du (ou des) modes de production des sociétés dominées par le monde capitaliste dominant, précisément depuis les débuts de leur rencontre, à travers l'épisode colonial ?

Un autre débat majeur de l'histoire coloniale fut celui de l'*impérialisme* — d'abord entre historiens marxistes et non marxistes (pour ou contre un « impérialisme colonial » au sens économique du terme), puis entre historiens marxistes eux-mêmes, soucieux de corriger et d'affiner une interprétation par trop réductrice des analyses léninistes revues et corrigées par l'épisode stalinien (cf. art. « Impérialisme »). La polémique a permis de poser en termes nouveaux la relation entre Idéologie, Politique et Economie, non seulement aux origines de la conquête, mais au long du XXe siècle (peut-on assimiler Impérialisme et Colonisation ? Le « Repli sur l'Empire » de l'entre-deux-guerres n'est-il pas le signe d'un impérialisme en crise ? L'impérialisme français ne s'épanouit-il véritablement outre-mer qu'après la seconde guerre mondiale ? Quels sont les liens entre l'Impérialisme du début du siècle et celui dominant aujourd'hui le Tiers Monde ?).

Hérité du précédent, un autre thème de rencontre, plus précisément entre Historiens et Economistes, est celui des origines, des données et de la prospective du sous-développement, par l'histoire de la mise en place et la périodisation d'un système occidental de domination/dépendance depuis l'origine des contacts jusqu'à nos jours (S. Amin; I. Wallerstein) — occasion de confronter la thèse du « décollage » (*take-off* de Rostow) à celle d'un « développement du sous-développement » (A. Gunder-Frank) fondé sur le phénomène historiquement repérable de l' « échange inégal » entre « Centre » et « Périphérie », aboutissant à l'expansion actuelle du « capitalisme périphérique » et rejoignant, par là même, les préoccupations des économistes du Développement.

Ceci dit, aujourd'hui, on peut de moins en moins parler d' « histoire coloniale », mais d'un versant parmi d'autres de la science historique dans son ensemble ; les pistes à défricher sont nombreuses, qui permettent de rendre compte des profonds bouleversements sociaux internes issus du traumatisme colonial : transformations socio-économiques liées à « l'effort de guerre » de la première guerre mondiale ; mutations cristallisées à l'occasion de la grande dépression des années 1930 ; bouleversements structurels amorcés au tournant de la seconde guerre mondiale, annonciateurs, à leur tour, de la décolonisation et prélude à l'émergence du Tiers Monde « sous-développé » ; l'analyse a surmonté la manie « événementielle » pour privilégier, à travers les différents « temps » braudéliens de l'histoire, la compréhension des mécanismes qui ont progressivement accéléré, depuis les débuts du XXe siècle, les processus interdépendants de la montée de la crise des paysanneries, de la constitution d'une force de travail en voie de prolétarisation, et de l'urbanisation ; émergent aussi les thèmes de l'histoire du travail, de l'histoire démographique, climatique et sanitaire, de l'histoire culturelle (acculturation/déculturation) et de celle du pouvoir politique, depuis les systèmes coutumiers précoloniaux jusqu'à la « chefferie administrative » coloniale et à l'Etat modernisé : en somme, « l'Histoire coloniale » a aujourd'hui vécu en tant que telle...

● BIBLIOGRAPHIE. — Histoire de la colonisation : G. ANGOULVANT, *La pacification de la Côte-d'Ivoire. Méthodes et résultats*, Paris, Larose, 1916, 395 p. ; J.-F. BAYART, Les sociétés africaines face à l'Etat, *Pouvoirs*, n° 25, 1983, p. 23 ; P. BERNARD, *Les nouveaux aspects du problème économique indochinois*, Paris, 1937 ; G. BRUEL, *La France équatoriale africaine. Le pays. Les habitants. La colonisation. Les pouvoirs politiques*, Paris, Larose, 1935, 558 p. ; C. COQUERY-VIDROVITCH, Histoire du sous-développement. Le cas africain, *Review*, Etats-Unis 1985 ; M. DELAFOSSE, *Haut-Sénégal, Niger*, Paris, 1912, 3 vol. ; R. DELAVIGNETTE et Ch.-A. JULIEN, *Les constructeurs de la France d'outre-mer*, Paris, Corrêa, 1946, 520 p. ; H. DESCHAMPS, *Méthodes et doctrines coloniales de la France*, Paris, Colin, 1953, 216 p. ; J. DRESCH, *Un géographe au déclin des Empires*, numéro spécial *Hérodote*, 1979, 262 p. ; R. GIRARDET, *L'idée coloniale en France (1871-1962)*, Paris, La Table ronde, 1972, 333 p. ; A. et G. GRANDIDIER, *Histoire physique, naturelle et politique de Madagascar*, 35 vol. (1900-1930) ; G. HARDY, *Histoire sociale de la colonisation française*, Paris, Larose, 1953, 265 p. ; Ch.-A. JULIEN, *Une pensée anticoloniale. Positions (1914-1979)*, Paris, Sindbab, 1979, 266 p. ; B. JEWSIEWICKI et D. NEW-

BURY (eds.), *What history for which Africa?*, Montréal, Sage, 1985; M. LAKROUM, De l'histoire coloniale à l'histoire africaine, 1912-1960, *in* C. COQUERY-VIDROVITCH (éd.), *Histoire de la colonisation en AOF*, Horvath, 1987; G. LECLERC, *Anthropologie et colonialisme*, Paris, 1972, 256 p.; J. MARSEILLE, *Colonisation et impérialisme : histoire d'un divorce*, Paris, Albin Michel, 1985; *Sur le mode de production asiatique*. Ed. Sociales, 2ᵉ éd. révisée, 1973; A. TEMU et B. SWAI, *Historians and Africanist History : A critique*, Londres, Zed Press, 1981, 187 p.; voir également l'article « Impérialisme » (Histoire de l').

▶ CORRÉLATS. — Afrique, Diplomatique (Histoire), Economie (Histoire économique), Impérialisme.

C. COQUERY-VIDROVITCH.

Colportage

Le colportage dans les sociétés traditionnelles a doublement focalisé l'attention des historiens. D'une part, il a été identifié comme l'une des formes majeures de circulation de l'imprimé. Aux XVIIIᵉ et XIXᵉ siècles, les colporteurs de livres, majoritairement champenois puis pyrénéens, assurent en effet, bien plus que les libraires installés, la vente des textes de grande circulation — almanachs, bibliothèques bleues troyenne ou rouennaise, impressions bon marché des éditeurs lorrains et vosgiens. Mais le colportage de livres ne peut être réduit, comme on a eu tendance à le faire, à ce seul rôle de diffusion de l'imprimé dans les campagnes. Plus tôt, aux XVIᵉ et XVIIᵉ siècles, il est avant tout citadin, vendant dans les villes les matériaux typographiques de faible volume (occasionnels, libelles, gazettes), et au XVIIIᵉ même il y demeure un des modes de distribution des textes interdits, religieux, philosophiques ou pornographiques.

D'autre part, le colportage a été mis au centre des interrogations sur l'évolution de certaines sociétés rurales du XIXᵉ siècle, montagnardes tout particulièrement (Pyrénées, Alpes, Massif central). En quelques sites, il constitue un des éléments d'une économie familiale fondée sur l'addition des ressources : le travail des champs, l'élevage, le commerce itinérant. Par là, l'activité colporteuse a pu aider, un temps, à fixer les populations et à retarder les départs sans retour. Selon les lieux, varient et les destinations des colporteurs, et la nature des marchandises colportées, et les formes, matérielles ou financières, du négoce. En Oisans, par exemple, au XIXᵉ siècle les écarts sont grands entre des colporteurs quasi mendiants, les marchands qui vendent un peu de tout à des clientèles attitrées, visitées au long d'itinéraires bien fixés et les « fleuristes » qui vont jusqu'en Amérique et en Russie faire négoce de plantes et de fleurs achetées par les aristocraties locales. Stabilisateur d'abord, le colportage a, dans un second temps, accéléré la dépopulation de la montagne, en habituant au départ, en déséquilibrant l'économie rurale abandonnée aux femmes, en fixant dans les régions visitées un premier noyau d'émigrants qui en appelle d'autres. De là, sa place centrale dans une étude des migrations, et de la relation entre départs temporaires et exodes définitifs.

● BIBLIOGRAPHIE. — A. CHATELAIN, *Les migrants temporaires en France de 1800 à 1914*, Presses Universitaires de Lille, 1976; J.-J. DARMON, *Le colportage de librairie en France sous le Second Empire. Grands colporteurs et culture populaire*, Paris, 1972; L. FONTAINE, *Le voyage et la mémoire. Les colporteurs de l'Oisans au XIXᵉ siècle*, Presses Universitaires de Lyon, 1984.

▶ CORRÉLATS. — Culture populaire, Livre.

R. CHARTIER.

Communisme

Apparus dans le vocabulaire français respectivement en 1785 et 1797, les termes « communiste » et « communisme » furent repris vers 1840 par des sociétés secrètes qui souhaitaient se distinguer des « socialistes » et des autres réformateurs sociaux, Pierre Leroux ayant parlé de « socialisme » dès 1826.

Conçu autour de 1840, quoique publié ultérieurement, le *Dictionnaire de la langue française* de Littré allait définir le communisme en ces termes : « Système d'une secte socialiste qui veut faire prévaloir la communauté des biens, c'est-à-dire l'abolition de la propriété individuelle et la remise de tout l'avoir social entre les mains de l'Etat qui fera travailler et distribuer les produits du travail entre les citoyens. »

Comme le notait dès 1842 Lorenz von Stein en évoquant le « spectre sombre et menaçant » qui hantait la société française, la carrière publique du vocable commença avec la publication de la brochure de Cabet, *Comment je suis communiste* (1841). Après y avoir rappelé les principes d'organisation de sa Communauté, l'auteur du *Voyage en Icarie* s'y prononçait pour un « régime transitoire » qui préparerait, sous la conduite de la Démocratie, la transformation de la « vieille société ». L'épigraphe des multiples éditions d'*Icarie* résuma son programme : « A chacun suivant ses besoins. De chacun suivant ses forces. »

Née d'une critique de la dialectique hégélienne, la « conversion communiste » de Marx, de sa lettre à Ruge de septembre 1843 (« ... Le *communisme* est une abstraction dogmatique, et je ne pense pas ici à un quelconque communisme imaginaire et possible, mais au communisme réellement existant, tel que le prêchent Cabet, Dézamy, Weitling, etc. ») à l'identification du prolétariat comme « classe universelle » et à la définition du nouvel « humanisme *positif* », avait trouvé un premier modèle dans les écrits « substantiels et *originaux* » de Weitling avec qui Marx avait pourtant rompu dès 1846.

En juin 1847 la Ligue (dont c'était le premier congrès) se transforma en Ligue des Communistes, se dota d'un Comité central et adopta des *Statuts* dont l'article 1er disait : « Le but de la Ligue est le renversement de la bourgeoisie, la domination du prolétariat, l'abolition de la vieille société bourgeoise basée sur les antagonismes de classes et la fondation d'une nouvelle société sans classes et sans propriété privée. » Un second congrès, réuni de novembre à décembre, adopta la devise : « Prolétaires de tous les pays, unissez-vous. » et chargea Marx et Engels de rédiger un *Manifeste*.

Terminé « quelques semaines avant la Révolution de Février », le texte en fut publié sous le titre — suggéré par Engels — de *Manifeste communiste*. L'épithète visait à enraciner le mouvement dans la « classe ouvrière » (par opposition au « socialisme », « mouvement de la classe moyenne »), mais Engels n'avait pas tort de concéder en 1888 : « Nous aurions pu l'intituler *Manifeste socialiste*. » Hormis les formules radicales que la postérité allait retenir, le *Manifeste* ne se distinguait guère de la littérature du temps qu'il démarquait parfois effrontément : le *Manifeste de la démocratie* de Considérant, l'*Exposition de la doctrine saint-simonienne*, telle page de Pillot ou de Laponneraye.

Seule différence, mais essentielle, la rupture avec le « communisme utopico-critique » faisait du « communisme » l'expression immanente des « conditions réelles » et, définissant les « communistes » comme les représentants du « mouvement dans son ensemble », leur interdisait de former « un parti distinct en face des autres partis ouvriers ». Il s'agissait donc, comme Engels l'avait proposé dans son *Catéchisme communiste*, de faire du communisme l' « enseignement des conditions de la libération du prolétariat ».

Un tel programme allait interdire au *Capital* (dont ce n'était du reste pas l'objet) de s'engager plus avant dans la définition du « communisme ». Sauf quelques notations évoquant le projet d'une « réunion d'hommes libres », la simplicité et la transparence de leurs rapports sociaux, l'ambition proclamée de « produire des *hommes complets* », l'œuvre maîtresse de Marx laissait donc sans réponse cet imaginaire social qu'avait su capter l'utopie critique et qu'allait provisoirement incarner la Commune de Paris.

La formule « communisme anarchiste » apparut pour la première fois en février 1876 dans l'appel *Aux travailleurs manuels partisans de l'action politique* publié à Genève par François Dumartheray qui convertit Kropotkine à sa thèse et fonda avec lui en 1879 *Le Révolté*, organe déclaré de l'anarcho-communisme à dater de 1884. Adoptée par Elisée Reclus, Paul Brousse et Andrea Costa, l'idée en fut soutenue au Congrès de Florence d'octobre 1876 par Malatesta et Cafiero. En 1880, enfin, Kropotkine obtint du Congrès de La Chaux-de-Fonds de la Fédération jurassienne qu'il renonçât au « collectivisme » en faveur du « communisme anarchiste »; formule à laquelle le congrès anarchiste du Havre préféra celle de « communisme libertaire ».

Un nouveau mot d'ordre — « A chacun selon ses besoins ! » — marqua donc la primauté des « besoins » sur les « œuvres » et définit un nouveau mode d'appropriation de la production collective. Défini comme le couronnement logique de la révolution sociale, le communisme anarchiste représentait pourtant davantage que l' « expression de la nouvelle civilisation qu'inaugurera[it] cette révolution ». Comme en témoignèrent les tentatives ultérieures de « propagande par le fait » et les expériences de « colonies communistes » (en particulier la Cecilia, fondée au Brésil en 1890), il fit à l'imaginaire sa part et permit au mouvement libertaire de retrouver, comme l'écrit Kropotkine, « cet élan qu'apporte l'idée du communisme et que ne donna jamais celle du collectivisme ».

Quelles qu'aient été les divergences de Marx et de Bakounine (suivi en cela par Kropotkine et Malatesta) sur le rôle dévolu à la paysannerie, anarcho-communistes et collectivistes s'accordaient pour considérer comme irréversible et même souhaitable une industrialisation qui assurerait à terme une « abondance » indispensable au « communisme » et donc pour exclure la possibilité d'un « communisme agraire ».

Contemporain des débuts de l'industrialisation ou de la pénétration du « capitalisme » dans les campagnes, un « communisme agraire » qui entendait éviter « toutes les péripéties fatales du régime capitaliste », fit pourtant son apparition dans des sociétés — Russie, Mexique, Pérou — qui présentaient des formes agraires héritées d'un ancien mode de production « asiatique » : ces *comunidades* mexicaines revendiquées par Julio López Chávez (1869) et la *Loi du Peuple* d'Alberto Santa Fé (1875) ; l'*ayllu* péruvien dont se réclamera encore le marxiste Mariátegui; l'*obchtchina* russe, référence de rigueur du « populisme », de Herzen à Lavrov (*Vperiod*, 1873), à *Zemlia i Volia* (1877) et à Vera Zassoulitch.

Le « marxisme » redécouvrit le terme « communisme » à l'occasion de la Révolution d'Octobre. Fondée en 1919 et officiellement dissoute en 1943 (son dernier congrès se réunit en 1935 et elle cessa pratiquement d'exister en 1939), l'Internationale communiste reçut pour mission de diffuser le programme bolchevique et d'y préparer les prolétaires du monde entier. Il s'agissait de rompre avec le « vieux socialisme officiel » en renouant avec la tradition du *Manifeste communiste*, de prendre acte de ce que la démocratie « sous son ancienne forme » était désormais « dépassée », et enfin de réaliser le principe : « De chacun selon ses capacités, à chacun selon ses besoins. » Dès 1920 son IIe Congrès fit obligation à « tous les partis désireux d'adhérer à l'Internationale Communiste » de « modifier leur appellation » et de se doter d'une structure centralisée à l'imitation du Parti bolchevique. S'opposant aux autres partis prolétariens et incapables dans la plupart des pays de « mordre » sur la classe ouvrière, les partis communistes ne tardèrent pas à ressusciter la vieille image de la « secte » ou de l'ordre monastique autrefois critiquée par Marx, la « bolchevisation » et la tactique « classe contre classe » venant conforter et confirmer cette impression que ne purent effacer ni la politique tardive des Fronts populaires ni la participation des communistes à la Résistance et aux « fronts nationaux ».

Anarchistes et anarcho-communistes, syndicalistes révolutionnaires et communistes de gauche, tous ceux qu'enthousiasmait la « révolution russe » étaient pourtant moins fascinés par la prise du Palais d'hiver que par les formes de pouvoir direct, de *self-government* et d'autogestion qu'illustraient les formes nouvelles en train de s'inventer : les Soviets, certes, qu'on vit fleurir jusqu'à Seattle, mais aussi les conseils ouvriers d'Allemagne, de Hongrie et d'Italie. Au « communisme » du Parti et de l'Internationale, et bientôt de l'Etat « soviétique », s'opposait une nouvelle forme : le communisme des conseils.

Dès 1920, aussi bien, le vocable « communisme » recouvrit deux contenus antagonistes : un projet de gestion directe, impliquant l'abolition de l'Etat et du salariat, que l'histoire ramena épisodiquement à la lumière (en Espagne en 1936, en Pologne et en Hongrie en 1956) ; et, illustrant cet « ordre monastique » que prévoyait Kropotkine, la forme dominante et vécue du « communisme », qui désigna un mode spécifique d'accumulation du capital ou, plus pudiquement, une méthode de « développement ».

● BIBLIOGRAPHIE. — J. GRANDJONC, Utopie, socialisme, internationalisme, in *1848, Les utopismes sociaux*, préface de M. AGULHON, Paris, Ed. CDU et SEDES réunis, 1981 ; G.-M. BRAVO, *Les socialistes avant Marx*, 3 vol., Paris, Maspero, 1970 ; K. MARX, *Œuvres*, édition établie par M. RUBEL, 3 vol., Paris, Gallimard (« La Pléiade »), 1965-1983 ; F. ENGELS, *Le catéchisme communiste*, Paris, Maspero (« Dossiers partisans »), 1965 ; F. ENGELS, Quelques mots sur l'histoire de la Ligue des Communistes. 1885, *in* MARX-ENGELS, *Textes sur l'organisation*, Paris, Spartacus, 1970 ; A. ROSENBERG, *Demokratie und Sozialismus ; zur politischen Geschichte der letzen 150 Jahre*, Amsterdam, A. de Lange, 1938 ; M. NETTLAU, *Histoire de l'anarchie*, trad. par M. ZEMLIAK, Paris, Ed. du Cercle, Ed. de la Tête de Feuilles, 1971 ; J. MAITRON, *Le mouvement anarchiste en France*, 2 vol., Paris, Maspero, 1975 ; A. GRAMSCI, *Ecrits politiques*, I : *1914-1920*, textes choisis, présentés et annotés par R. PARIS, Paris, Gallimard, 1974 ; A. KRIEGEL, *Les Internationales ouvrières (1864-1943)*, Paris, PUF, 1964.

▶ CORRÉLATS. — Lutte des classes, Marx (L'historien).

R. PARIS.

Commynes (ou Commines ou Comines), Philippe de, 1447-1511

Issu d'une branche cadette des seigneurs de Comines (Nord), filleul de Philippe le Bon, il fit d'abord carrière au service de la maison de Bourgogne; écuyer puis chambellan de Charles le Téméraire, il participa aux côtés de ce dernier à la bataille de Montlhéry puis à l'entrevue de Péronne (1468) entre le Téméraire et Louis XI auquel il aurait donné de précieux conseils. Il joua alors double jeu jusqu'en 1472 où il passa officiellement au service du roi. Il reçut alors la principauté de Talmont, la seigneurie d'Argenton dont il épousa l'héritière et la fonction de sénéchal du Poitou (1476). Tout-puissant auprès de Louis XI jusqu'en 1477, il connut ensuite une semi-disgrâce qui ne l'empêcha pas d'effectuer de nombreuses missions diplomatiques en Italie. Après la mort de ce roi, il se dressa contre le gouvernement des Beaujeu et participa à la guerre folle. Destitué de ses fonctions, privé de la principauté de Talmont, il fut emprisonné et dut payer de fortes amendes. L'expédition d'Italie lui permit un bref retour en grâce, mais ses échecs diplomatiques l'écartèrent à nouveau du pouvoir. Bien qu'il ait encore accompagné Louis XII en Italie, il finit sa vie oublié et assailli de difficultés financières.

Commynes doit sa célébrité à ses *Mémoires* qu'il rédigea à la demande de l'archevêque de Vienne, Angelo Cato, entre 1489 et 1490 (liv. 1 à 5), 1492-1493 (liv. 6), 1495-1496 (liv. 7), 1497-1498 (liv. 8) et qui sont consacrés aux événements des règnes de Louis XI et de Charles VIII dont il avait été le témoin et parfois même l'acteur. L'ouvrage fut imprimé en 1524 et connut un extraordinaire succès au point d'avoir inspiré tout un genre historiographique de mémoires d'hommes politiques et d'avoir imposé jusqu'en 1945 son interprétation des rapports franco-bourguignons. Dans un style élégant, Commynes cherche non pas à raconter les faits mais à les expliquer. Précis, bien informé, il analyse les comportements politiques avec beaucoup de subtilité, de sens critique et peu d'illusions. Sensible au pouvoir de l'argent et du secret il décrit un monde ambigu, proche de celui de Machiavel où la réussite est impossible si l'on reste fidèle aux principes chevaleresques ou à la morale chrétienne. Les travaux récents de Dufournet et de Bittman ont prouvé que cet observateur lucide a composé une œuvre engagée, surévaluant son propre rôle, attribuant à Louis XI une largeur de vue excessive et décriant la personne et l'œuvre du Téméraire qu'il avait trahi. Modernité et objectivité ne vont pas forcément toujours de pair.

● BIBLIOGRAPHIE. — J. DUFORNET, *La destruction des mythes dans les œuvres de Ph. de Commynes*, Paris-Genève, 1966; J. DUFORNET, *La vie de Ph. de Commynes*, Paris, 1969; B. GUENÉE, *Histoire et culture historique de l'Occident médiéval*, Paris, 1980.

▶ CORRÉLATS. — Diplomatique (Histoire), Document, Politique (Histoire), Témoignage.

C. BEAUNE.

Comparée (Histoire)

Pour la linguistique saussurienne, l'ethnologie ou la sociologie durkheimienne, le recours à une démarche comparative constitue l'élément décisif pour l'identification de systèmes, de structures, de codes dont la découverte légitime leurs prétentions scientifiques. Au contraire les historiens « positivistes », ne discernant dans l'histoire que l'agencement de causes singulières, consacrent l'établissement du fait unique comme seule voie possible pour une histoire scientifique. Ce refus de la comparaison, qui trouve sa formulation dans le refus de l'idée de loi historique, expose les historiens à la contestation des sociologues. Dans la fameuse controverse de 1903 lancée par François Simiand, le refus de recourir au comparatisme est l'une des pièces utilisée par la sociologie durkheimienne pour démontrer l'absence de scientificité de l'histoire.

Il faut admettre que la méfiance des historiens à l'égard du comparatisme a quelque justification en ce début du xxe siècle; de Plutarque au duel Mathiez-Aulard (ou plutôt Robespierre-Danton), l'histoire comparée s'est souvent limitée à la confrontation des mérites ou à l'application d'une éthique en faveur de l'un des termes de la comparaison.

Avec l'essor des nouvelles sciences de l'Homme, l'histoire comparée trouve droit de cité; pour Toynbee, Spengler (et même Sombart) l'histoire comparée représente la première étape, ou l'instrument, d'une histoire totalisante et d'une vision du devenir des sociétés humaines. Bien souvent l'usage du comparatisme à cette fin aboutit à un confusionnisme qui caractérise d'autres tentatives de l'entre-deux-guerres comme l'histoire universelle rédigée par Corrado Barbagallo. Dans tous les exemples envisagés ici, le comparatisme bute sur une aporie : son extension tend, inéluctablement, à l'appauvrissement du réel qui est inséré dans des catégories préétablies.

La synthèse d'Henri Berr tombe sous le coup des mêmes critiques, cependant avec le début des années vingt l'histoire comparée trouve une autre voie pour répondre aux défis des sociologues. Il ne s'agit plus d'y voir l'instrument d'une hypothétique histoire universelle mais plutôt un outil à la valeur heuristique sans égale; Henri Pirenne, lors du Congrès international des Sciences historiques de Bruxelles en 1923, met en évidence la nécessité d'une démarche comparative et c'est sans doute Marc Bloch qui suit le mieux ses conseils. Les deux projets de chaire d'histoire comparée des sociétés européennes déposés par Marc Bloch au Collège de France témoignent de l'importance que l'auteur de la *Société féodale* attache à la méthode comparatiste. Du comparatisme Marc Bloch attend la vérification d'hypothèses, par l'élargissement du champ d'études, l'élaboration de concepts (féodalité). Les exceptions, les différences trouvent une place dans ce processus : l'étude d'une Sardaigne médiévale sans féodalité révèle alors les conditions nécessaires à son instauration. Cette démarche comparatiste, presque toujours dans la synchronie, ne trouve pas immédiatement d'échos.

Cependant l'avènement de l'histoire quantitative ou sérielle fait de l'histoire comparative un élément nécessaire et souvent implicite de la « Nouvelle histoire »; courbes des prix, évolution de l'intervalle intergénésique, tous ces éléments de l'histoire de la longue durée ne peuvent se construire et s'interpréter que par comparaisons. En assimilant ces techniques venues du laboratoire des sociologues, des économistes ou des démographes engendrent une histoire comparée par définition. Le comparatisme s'impose aussi en raison de l'influence de l'ethnologie structuraliste. Le traitement des mythes par Lévi-Strauss et l'influence de Gernet ont guidé une génération entière d'antiquisants spécialistes d'une véritable histoire anthropologique (J.-P. Vernant, A. Momigliano, P. Vidal-Naquet...).

Ce succès de l'histoire comparée bute sur plusieurs obstacles, le cadre monographique préétabli d'une grande partie des thèses d'histoire, l'organisation des études. D'autre part, l'objet de l'histoire comparée a sans doute considérablement changé depuis le début du siècle. Les grandes comparaisons diachroniques et universelles ont disparu et l'histoire ne vise plus à établir des lois comme l'auraient souhaité les durkheimiens. Selon Michel de Certeau l'opération historique recourt à cette démarche pour pousser à la limite les modèles construits par les sciences de l'Homme ; par la comparaison historique on saisit plutôt les écarts, les résistances, les différences.

Paradoxalement l'histoire comparée ne sonne sans doute pas le glas de la spécificité du regard historique mais lui redonne une fonction originale et singulière parmi les sciences humaines.

● BIBLIOGRAPHIE. — Marc BLOCH, Pour une histoire comparée des sociétés européennes, *Revue de synthèse historique*, t. XLVI, 1928, p. 15-50 ; M. de CERTEAU, *L'écriture de l'histoire*, Paris, 1975 ; Henri PIRENNE, De la méthode comparative en histoire, in *Compte rendu du Ve Congrès international des Sciences historiques*, Bruxelles, 1923.

▶ CORRÉLATS. — M. Bloch, G. Dumézil, E. Durkheim, Mythe et histoire, H. Pirenne, F. Simiand.

O. DUMOULIN.

Conjoncture

Née pour répondre aux besoins de l'économie empirique, « Conjoncture » apparaît au début du XXe siècle. Pour les économistes il s'agit d'établir des corrélations entre les diverses courbes construites par la statistique économique afin de décrire une situation et d'en prévoir l'évolution. Implicitement à Harvard, explicitement à Berlin, avec l'Institut für Konjonkturforschung de E. Wagemann (1923), la science économique de l'entre-deux-guerres s'essaie à saisir la conjoncture.

A partir de 1930 les historiens, par l'intermédiaire de François Simiand, s'attachent à la même entreprise. Certes les premiers travaux engagés par Ernest Labrousse (*Esquisse du mouvement des prix et des revenus*, Paris, 1933) ne reconstituent la conjoncture qu'à l'aide d'un seul indicateur, les prix de la mercuriale, permettant de comprendre la succession des cycles économiques de la France du XVIIIe siècle. Mais progressivement la conjoncture des historiens aboutit à une complexité aussi grande que celle décrite par les économistes ; ainsi Pierre Chaunu présente-t-il la conjoncture dans l'introduction de sa thèse comme « une méthode qui permettrait de révéler le plus de corrélations possible entre des séries apparemment les plus éloignées (pour)... reconstituer le climat économique temporellement ».

Peu à peu aux cycles de la conjoncture des prix se sont ajoutés d'autres cycles économiques (production, construction), des cycles démographiques, sociaux (les grèves)...

L'étude de la conjoncture à partir de séries statistiques et d'instruments graphiques (courbes, graphiques) offre une nouvelle saisie du temps dont la respiration est indépendante de l'événementiel politique. Cependant, dans le cadre de l'historiographie contemporaine « conjoncture » est indissociable d'un autre terme à la fois complémentaire et contraire : « Structure ».

Lorsqu'il présente sa tripartition du temps de l'histoire au cours des années cinquante, F. Braudel assigne au conjoncturel une place médiane entre le temps fugace de l'événement et la longue durée ; la conjoncture présente « un nouveau mode du récit historique... le récitatif... du cycle, voire de l'intercycle, qui propose à notre choix une dizaine d'années, un quart de siècle et à l'extrême limite le demi-siècle du cycle classique de Kondratieff ». A cela l'auteur de *La Méditerranée* oppose la structure : « Sans doute un assemblage, une architecture mais plus encore une réalité que le temps use mal et véhicule très longuement. Certaines structures, à vivre très longtemps, deviennent des éléments stables d'une infinité de générations : elles encombrent l'histoire, en gênent, donc en commandent, l'écoulement. D'autres sont plus promptes à s'effriter. Mais toutes sont à la fois soutiens et obstacles. Obstacles, elles se marquent comme des limites (des enveloppes, au sens mathématique) dont l'homme et ses expériences ne peuvent guère s'affranchir. »

Au regard de cette définition, la conjoncture qui déterminait le climat de 1789 pour E. Labrousse n'est plus qu'une des oscillations réversibles de la structure économique d'Ancien Régime. Et le modèle malthusien du « monde plein » réduit au même rôle les cycles démographiques du xve au xviiie siècle.

La hiérarchie braudellienne du temps de l'histoire a provisoirement réduit l'apport des études sur la conjoncture ; puis la prise en compte de *trend* séculaires, la perception d'une croissance même dans le flux et le reflux des courbes ont suggéré l'idée que l'histoire de la conjoncture est aussi une histoire des mutations. Sous peine de ne concevoir les changements de structure que sous la forme de révolutions toujours heurtées, il faut admettre que chaque cycle conjoncturel peut contribuer à modifier la structure dans laquelle il se loge. Ainsi la croissance pluriséculaire de la lecture aboutit un changement des structures culturelles entre le xvie et le xixe siècle.

● BIBLIOGRAPHIE. — F. BRAUDEL, La longue durée, in *Ecrits sur l'histoire*, Paris, 1969 ; P. CHAUNU, *Séville et l'Atlantique*, Paris, 1959 ; E. LABROUSSE, *Esquisse du mouvement des prix et des revenus en France au XVIIIe siècle*, Paris, 1933 ; *La crise de l'économie française à la fin de l'Ancien Régime*, Paris, 1944.

▶ CORRÉLATS. — Braudel, Economie (Histoire économique), Labrousse, Simiand.

O. DUMOULIN.

Contemporaine (Histoire)

L'Histoire contemporaine, une bien étrange histoire ! Née, en France, de la réforme de l'enseignement secondaire de Victor Duruy (1867), elle se définit à l'origine comme l'étude de la période écoulée de 1789 à la fin du Second Empire. Aujourd'hui encore, au grand étonnement des étrangers, la chute de l'Ancien Régime constitue le *terminus a quo* du contemporain universitaire. Aussi l'ambiguïté de l'expression incite-t-elle à chercher des succédanés, *Instant history* américaine, « histoire immédiate » ou « histoire du présent ».

Aux origines de l'histoire contemporaine. — Pierre Nora démontre clairement que l'histoire positiviste institue une histoire contemporaine contradictoire dans les termes. Tandis que G. Monod, E. Lavisse ou Ch. Seignobos décryptent le passé à la lumière des valeurs et des catégories de leur temps, Etat-Nation, événement alors magnifié par la grande presse, alors qu'ils assimilent l'histoire à de « l'actualité rétrospective », ils refusent à l'actualité « la dignité de l'histoire ». Pour eux l'histoire, « Science du passé », ne peut être contemporaine. Par voie de conséquence, G. Monod, ardent défenseur de Dreyfus, trouve parfaitement logique de s'indigner lorsqu'on « enseigne les hontes du Panama et du boulangisme ».

Les premiers contemporéanistes de l'ère positiviste, E. Bourgeois, Ch. Seignobos, issus de l'histoire médiévale, obtiennent à grand peine droit de cité à la Sorbonne (1904) alors que Sorel enseigne l'histoire contemporaine depuis trente ans à l'Ecole libre des Sciences politiques. Mais surtout ces historiens vivent une contradiction insoluble ; comment écrire une histoire sans archive, comment écrire une histoire sans exhaustivité, comment écrire une histoire dont on ne connaît pas le terme ? Quand le primat de l'écrit, l'obsession de tout lire et une optique téléologique commandent l'écriture de l'histoire, la tâche devient impossible. Aussi la Sorbonne de l'entre-deux-guerres récuse-t-elle tout sujet de thèse sur des sujets postérieurs à 1914. Soumise aux sources et aux techniques de l'histoire médiévale ou moderne, l'étude du contemporain se voue alors à l'impuissance et, pour mieux gommer ses défauts, elle exacerbe les traits de l'histoire positiviste : culte du récit, du « politique d'abord, de l'événementiel et du biographique ». Certes la naissance de la Société d'Histoire moderne et quelques autres indices nuancent ce sombre tableau. Ainsi, en 1915, la toute jeune section d'histoire moderne et contemporaine du Comité des Travaux historiques et scientifiques lance une enquête sur l'opinion publique, lors de l'entrée en guerre. Cette idée audacieuse, conçue d'ailleurs par un médiéviste, Ch. Petit-Dutaillis, ne doit pas faire illusion : elle est destinée aux historiens à venir !

Une place nouvelle pour le contemporain. — « L'histoire est toujours contemporaine », ce paradoxe de Benedetto Croce annonce une révision complète du point de vue sur les rapports entre histoire et présent. En France lorsque les *Annales* transforment la vieille science du passé en une science de l'homme et des sociétés humaines dans le temps, le contemporain retrouve une place légitime dans l'histoire. Clef des interrogations sur le passé, finalité des explications d'hier, le présent redevient un objet légitime d'étude pour l'historien. Cependant les canons positivistes ont si bien rétréci l'aire du contemporain que les nombreux articles consacrés par les *Annales* des années trente au présent (20 %) sont rédigés par des sociologues, des ethnologues, des hommes d'affaire, des fonctionnaires internationaux. Pour L. Febvre et M. Bloch, le contemporain est pleinement objet d'histoire mais il n'a pas d'historiens.

Une histoire figée. — Aussi le fossé s'élargit-il progressivement entre l'histoire contemporaine des spécialistes et l' « histoire nouvelle » préoccupée par le sériel, l'anthropologie... Ecartée des voies les plus fécondes de la recherche historique, l'histoire contemporaine souffre de ce qui stimule et enrichit l'histoire médiévale et moderne : la concurrence des sciences sociales. Quand l'anthropologie, l'économie, les sciences politiques ou la sociologie offrent concepts et modèles pour l'étude du passé, elles supplantent l'histoire pour l'analyse du contemporain. Certains historiens ouverts à ces disciplines finissent d'ailleurs par s'y adonner totalement au détriment de leur vocation originelle. Aussi J. Le Goff est-il bien en peine pour trouver des contemporanéistes dignes de figurer dans son panorama de l'histoire nouvelle; il conclut : « La conquête de l'histoire contemporaine par l'histoire nouvelle est une tâche urgente. »

Des voies nouvelles. — Cependant l'accélération de l'histoire vécue offre paradoxalement aux contemporanéistes l'occasion de s'engager dans l'une des voies qui ont renouvelé l'histoire : l'histoire des mentalités. Approche des inerties, l'histoire des mentalités décèle des différences là où l'historien d'hier ne discernait que l'homme universel à la psychologie établie pour l'éternité. Cette démarche trouve aussi dans le contemporain un terrain de choix. En effet par le biais de l'histoire des mentalités le présent devient incroyablement vite historicisable. La société française décrite par M. Agulhon devient presque aussi exotique et lointaine que celle de l'Ancien Régime. La France de la fin du xixe et du xxe siècle décrite par E. Weber ou Th. Zeldin est projetée dans un lointain passé. A juste titre Ph. Ariès a pu écrire : « L'analyse de ces transferts d'idées et de sensibilité permet de soustraire du présent des tranches du passé et d'amincir le présent au point de le rendre transparent. »

P. Nora restitue sa légitimité scientifique à l'histoire contemporaine par un tout autre biais; l' « événement monstre » envahit la vie du contemporain. Propagé, fabriqué par les mass media, il s'insinue partout et scande la vie quotidienne, au moment précis où l'historien l'exclut de ses préoccupations au profit des phénomènes répétitifs et des structures. Ce divorce complique la tâche du contemporanéiste mais il lui offre aussi une nouvelle fonction. L'étude du présent peut réhabiliter l'événement comme objet de science; compris comme un reflet des structures et l'agent de leurs mutations. Clef des « feed-back » qui régulent une société il cesse d'être l'accident sans intérêt que les durkheimiens excluaient de la science.

L'histoire des mentalités, la prise en compte de l'événement sont les voies nouvelles d'une approche historique du contemporain mais pour un Jean Chesnaux, pour le mouvement britannique des *History workshop*, l'histoire contemporaine ne doit pas devenir scientifique. Cessant d'être l'apanage des professionnels, l'histoire et l'histoire du présent en particulier doivent restituer la vie quotidienne et permettre une prise de conscience politique et sociale. En dépit des partis pris impliqués par cette attitude, elle a favorisé le recours à de nouvelles sources comme l'histoire orale.

Sources et problèmes documentaires propres au contemporain. — Soumise aux lois des archives, l'histoire contemporaine est frustrée de la manne historique par excellence. Les Vrain-Lucas d'aujourd'hui produisent les faux carnets d'Hitler car là réside la famine documentaire. L'ouverture du fonds Déat aux Archives nationales provoque une ruée des chercheurs que peu de champ de fouilles égalent.

Mais paradoxalement l'histoire contemporaine c'est aussi le domaine de la surinformation : des statistiques à profusion, une presse surabondante. Ici le travail de l'archiviste réside dans l'élimination des données là où le chartiste d'hier pensait conservation. Déjà en 1930 alors qu'il rédigeait la partie contemporaine de son histoire de la Belgique, Henri Pirenne avouait à ses correspondants combien la prolifération des documents le surprenait.

A la multiplication des sources classiques s'ajoutent des documents que seul le présent propose. Le cinéma comme le démontre l'histoire de la Révolution russe de Marc Ferro fait partie intégrante des sources historiques.

Stimulée par la sociologie (Ecole de Chicago), l'histoire orale contribue à donner un caractère spécifique aux documents contemporains. D'abord aux Etats-Unis sous l'impulsion de l'administration Roosevelt puis avec la création de départements d'*Oral history* dans les universités, dans les années cinquante, le mouvement s'étend à la Grande-Bretagne *(The oral history Society)* dans les années cinquante. Aujourd'hui une enquête de l'EHESS ou un ouvrage comme celui de P. Joutard, où témoignages contemporains et mémoire du passé se répondent, témoignent de l'essor de l'histoire orale pour l'étude du contemporain en France.

Lentement détournée de l'immobilisme intellectuel auquel le triomphe des sciences sociales semblait la condamner, l'histoire contemporaine reconquiert la capacité d'innover et rééquilibre une histoire nouvelle parfois trop fascinée par le temps immobile.

● BIBLIOGRAPHIE. — Marc FERRO, *Cinéma et histoire*, Paris, 1977; Pierre NORA, Le retour de l'événement, in *Faire de l'Histoire*, t. I, Paris, 1974; E. MORIN, *La rumeur d'Orléans*, Paris, 1969; *La Nouvelle Histoire* (sous la direction de J. LE GOFF), Paris, 1978.

▶ CORRÉLATS. — Immédiate (Histoire), Politique (Histoire), Temps présent.

O. DUMOULIN.

Corps

Les historiens ne sont pas venus d'eux-mêmes à l'histoire du corps. La nécessité et l'intérêt d'études en ce domaine se sont imposés de l'extérieur : histoire des maladies faites par les médecins, histoire de la torture par les avocats, histoire du corps féminin, après S. de Beauvoir, par des femmes, initiations et guérisons par les ethnologues. Il reste néanmoins difficile d'écrire une histoire du corps qui ne soit pas démembrée entre les spécialités diverses. Pour les instituteurs de la IIIe République, le mot « progrès » avait un sens et l'histoire était celle d'une progressive libération de l'esprit et du corps, où l'Education jouait un rôle essentiel. Ainsi l'histoire du corps humain a-t-elle été celle d'un progrès de l'animal vers le corps pensant de l'*homo sapiens* puis celle des progrès de la médecine et de l'hygiène. C'était plutôt une histoire de l'humanité qu'une histoire du corps. Mais lorsque E. Le Roy Ladurie, P. Dumont et J.-P. Aron étudient les mensurations des conscrits français et constatent les différences sociales et temporelles dues parfois à l'alimentation, c'est une histoire du corps consciente d'elle-même qui se construit. Plus que la notion d'un progrès continu vers la santé et l'intelligence d'hommes suffisamment alimentés en protéines, c'est l'idée d'un état idéal qui sert de référent, par rapport auquel se situent les classes sociales. Ce n'est donc pas l'histoire de la réalité d'un progrès, puisque la révolution agricole du Néolithique elle-même a engendré des aggravations visibles sur les squelettes, mais une histoire néanmoins indissociable d'une éthique du progrès, car une histoire des conditions de la souffrance.

Comme dans tout travail d'histoire, le but est l'appréhension d'un réel et son intellection. Appréhension de faits : l'aménorrhée féminine de famine, l'impuissance masculine de famine, la réaction mortelle chez certains sujets à l'ingestion de fèves. Les connaissances scientifiques récentes ont permis de donner un substrat réel à des phénomènes expliqués auparavant par les historiens comme des manifestations de croyances magico-religieuses, ou psychosomatiques. C'est pourquoi, tout en disant que l'histoire du corps est plus visiblement qu'une autre celle où les hypothèses sont constituées par les phantasmes de l'historien — à raison même de ses prétentions à l'objectivité — il faut bien marquer que l'histoire du corps progresse toujours sur deux plans : établissement de faits, va-et-vient des faits aux phantasmes et des phantasmes aux faits.

Séparer de l'histoire générale et de l'histoire sociale une histoire biologique du corps humain paraît difficile. Les corps des hommes de l'Antiquité dans certaines classes sont des corps d'alcooliques chroniques, ayant absorbé du vin depuis l'enfance dans un régime sous-protéiné. Les aristocrates grecs et romains alcooliques et trop nourris souffraient de la goutte et, leur cuisine étant faite dans des pots de bronze tapissés de plomb, quand ceux du peuple étaient de terre cuite, ils souffraient de saturnisme autant que les potiers. Ce sont là des données de civilisation, dues à un état des techniques (vaisselle, cuisson, conservation des aliments, tuyauterie), à un équilibre ou déséquilibre particulier de l'alimentation. Il s'agit d'abord de définir des ensembles de caractères liés à un temps et à un espace précis. Pour les maladies, c'est ce que le Dr M. Grmek a nommé la pathocénose. La goutte marquait si bien la vieillesse des aristocrates que saint Jérôme après une vie d'ascèse s'attendait à la voir fondre sur lui : marque de son ascension sociale. Plus objective et indépendante de l'homme serait l'expansion de la peste, due davantage à la propagation des rats — accélérée par les transports maritimes — qu'à l'action des hommes. Etablissement de faits, collation de faits, restent néanmoins le fondement de cette histoire du corps qui peut transformer notre vision de l'histoire générale : une histoire de l'état de santé, des équilibres hygiéniques des populations de l'histoire, avec deux piliers, l'histoire de l'alimentation et celle des maladies.

Ce que nous montrent sur une longue durée les faits déjà rassemblés, et que développent les recherches, particulièrement l'ostéo-archéologie, ce sont d'une part des plages d'équilibre de la pathocénose, d'autre part des moments importants de rupture de ces équilibres : par exemple le changement noté à l'apparition des villages et de l'agriculture néolithique en Asie occidentale ; l'apparition de nouvelles maladies infectieuses ; la surmortalité féminine due au travail ; la différenciation sociale de la pathologie. Le terme de pathologie est trompeur en l'espèce, car l'évolution des corps avec l'âge est tenue pour normale dans les temps anciens, et les déformations du corps dues au travail et aux conditions de travail (humidité par exemple) pouvaient être conçues par les populations anciennes comme l'histoire naturelle du corps.

Quand il s'agit de corps, il s'agit d'abord de vie. Pour que l'enfant vive, certaines effractions sur son corps sont nécessaires — la première étant celle de l'air dans ses poumons. Les actes d'effraction constitués par les soins sont d'autant moins discernés par l'enfant en tant qu'effractions qu'il se vit comme peu distinct du corps de la mère. Il doit aussi recevoir l'apprentissage des gestes de défense ou d'agression, donc d'effraction à l'égard d'autrui, qui assureront sa survie. Le comportement qu'il apprend à l'égard de son propre corps est corrélé à l'ensemble des comportements sociaux à l'égard des corps. C'est par le langage assorti aux soins reçus que l'enfant apprend ce qui, dans son milieu historique et social, est acceptable, selon la notion d'acceptabilité définie par J.-P. Faye, c'est-à-dire quelle est la mesure des effractions admises sur le corps d'autrui, la limite de cette effraction constituant la principale limite au plaisir. C'est pourquoi les études sur le parricide, comme celles de Yan Thomas pour Rome antique, sont essentielles à l'appréhension d'une société entière. Il est aussi essentiel de considérer le suicide dans ses variations historiques et sociales, dans la lignée de Durkheim dès 1897 : obligation de suicide dans certains cas liés à l'honneur, répression des tentatives de suicides des esclaves, considérées, ainsi que l'a montré P. Veyne (in *Latomus*, XL, 1981), comme dégradation de bien d'autrui, suicide-vengeance des Romains, certains que l'âme du pendu reste auprès de celui qu'il veut persécuter, comme l'a montré J.-L. Voisin (in *Latomus*, XXXVIII, 1979). Les mutilations sexuelles ou autres, automutilations ou blessures subies reçoivent selon les sociétés des limitations définies. Ces actes réels sur les corps sont portés par un ensemble éducatif et social autant qu'ils les soutiennent.

Si la survie de l'enfant est fonction des violences qu'il subit et de celles qu'il apprend à infliger, le groupe social ne se maintient que des limitations internes mises à la violence sur les corps. Interdiction du parricide, premier fondement social, précédant en chronologie et en importance la reproduction dans la mesure où le père décide de la naissance ou de la survie de l'enfant. Les autres meurtres sont plus ou moins limités, même dans un groupe reconnu comme solidaire. Ainsi les lois de Dracon sont-elles un mode de limitation de la vendetta qui ne s'éteint autrement que par l'extinction d'une famille ; ainsi la loi du talion, ou même l'ordalie. En revanche, l'évolution est beaucoup plus lente pour la réalité des meurtres commis sur des enfants de moins de 16 ans, puisque G. Carloni et D. Nobili les comptent pour plus d'un tiers de l'ensemble des meurtres dans l'Europe du XXe siècle, meurtres commis le plus souvent par les parents. Si le rapt et le viol sont punis par le droit dès l'Antiquité, l'abus sexuel de la femme par le mari reste encore du domaine secret de la famille. Il est notable que le sacrifice humain remplacé par le sacrifice d'un animal soit généralement celui d'un enfant par son père : la disparition du sacrifice humain constitue certainement un moment essentiel de l'attitude envers le corps dans toutes les civilisations. A-t-il été relayé par la marche volontaire à la mort pour la Patrie ou pour une idée ? Au-delà du groupe solidaire, le traitement des vaincus constitue encore un critère des limites acceptables, dans chaque société, à l'exercice d'un pouvoir sur les corps. C'est donc sur l'arrière-plan des limites mises au meurtre, et sur l'arrière-plan des meurtres autorisés, que l'on peut examiner les droits sur le corps d'autrui accordés par chaque société à certains de leurs membres, ainsi que les limites qui leur sont imposées. C'est une histoire sociale des corps qui se construit alors. Mais l'étude des articulations de ces divers domaines est encore à faire.

Le premier cap est celui de la naissance, puisque certaines sociétés donnent au père ou à une instance médicale le droit de ne pas laisser vivre les enfants qui naissent. L'attitude des sociétés envers les enfants malformés est symptomatique, comme l'a montré W. den Boer pour l'Antiquité. Le corps de l'enfant accepté est diversement traité, et on n'a pas assez étudié cette première éducation sensorielle. L'enfant romain de la classe nobiliaire est par exemple modelé par sa nourrice à l'aide d'exercices et de pressions sur le corps : modelage de la tête, du nez, allongement du prépuce. La nature et la qualité des soins de l'enfance sont indissociables du fait qu'ils sont partout donnés par des femmes, et ainsi étroitement dépendants de la façon dont est traité le corps féminin. Il faut lire le travail d'Erin Pizzey sur les femmes battues et leurs enfants. L'homme de haute position sociale exerce un pouvoir sur le corps de ceux qui dépendent de lui, famille et dépendants. Sur le corps des femmes, beaucoup reste à chercher. La vie des corps féminins de l'Ancien Régime démographique est moins soumise à la maladie qu'à l'hypothèque génitale. Avec des variations, le travail des dépendants, réglementé par le maître ou le seigneur, conditionne la vie des corps. L'étude des châtiments corporels dans l'enceinte domestique est à faire. Les tarifications des pénitences chrétiennes nous apprennent qu'il est moins grave pour une femme de tuer une servante qui la coiffe mal que de commettre l'adultère. L'éducation des corps vise ainsi à donner une capacité d'agression et de maîtrise qui est plus ou moins consentie. La ligne de partage entre l'effraction sur le corps de l'enfant à éduquer et l'apprentissage de la maîtrise varie selon les sociétés. Un domaine essentiel est celui de l'intervention des adultes dans l'apprentissage sexuel, et de façon générale les limites mises au plaisir et aux manifestations du désir. Chaque société organise différemment la protection des uns contre la mainmise sexuelle des autres sur leur corps et juge différemment de la liberté de livrer son corps gratuitement ou non, sans but personnel de plaisir sexuel. Une des découvertes d'Alain Corbin (*Les Filles de noce*, Paris, 1979) est la proportion de bourgeoises qui au XIXe siècle vendaient incognito leurs charmes dans des maisons de prostitution. C'est aussi autour du sexe que se nouent les réalités et phantasmes du lien entre plaisir et mort, amours interdites et maladies incurables qui ont traversé plus qu'une autre la littérature du XIXe siècle. L'idée que libération du corps et libération des contraintes économiques sont liées est née aussi au XIXe siècle, même si la relation causale entre répression sexuelle et capitalisme est justement réfutée par M. Foucault. En effet, le pouvoir qui s'exerce sur les sexes est non seulement protéiforme, mais bi-sexué, et il faut constamment en ce domaine préciser qui exerce sur qui un pouvoir. Le plus net est néanmoins le pouvoir religieux.

Les techniques corporelles qui doivent assurer la survie sont insérées dans les systèmes sociaux de signification et de communication. M. Mauss avait, dans son article pionnier de 1936 sur les techniques du corps, commencé un inventaire, d'où étaient absents la violence et l'amour. Les techniques du corps dans la vie quotidienne, les gestes des métiers, le combat et sa préparation, l'utilisation des exercices corporels et de l'art diététique, dans le maintien de l'équilibre ou dans la thérapeutique, sont des éléments que l'on restitue peu à peu aux civilisations passées. Les gestes et le traitement du corps sont liés au statut social, mais aussi le droit pénal dans la mesure où il affecte les corps. Dans ses principes, comme à Rome au IIIe siècle, où sont précisées des peines différentes selon le statut des personnes mesuré à leur fortune, peine corporelle ou peine pécuniaire selon le cens. Dans son application, lorsqu'une jurisprudence montre un traitement différent à l'égard de la peine d'emprisonnement selon le niveau social.

Instrument de communication entre les hommes, le corps est aussi instrument de communication avec le divin. Et en premier lieu les corps morts. Les civilisations anciennes ont utilisé les restes humains, en général de morts spéciaux — morts avant leur heure, enfants, sacrifiés, condamnés, morts de mort violente —, pour communiquer avec l'au-delà et en obtenir des messages et des réponses. Le culte chrétien des reliques a permis de localiser sur terre des points où se faisait un contact permanent avec le ciel. Là aussi des demandes parvenaient à Dieu, portées par des morts tout entiers présents dans une parcelle de leur reste corporel. Le corps vivant a été aussi cet instrument de communication directe avec un invisible autrement inaccessible et mis par des techniques variables à la disposition de tous : transe, ascétisme, techniques hallucinatoires, balancements et tournoiements, prostitution, gestes religieux codifiés. Parmi ces techniques, certaines font frôler Dieu en frôlant la mort et parfois la rencontrent : jeux mortels permis, encouragés, parfois obligatoires selon les sociétés, allant de la réalité à la représentation.

C'est par ses manifestations corporelles que l'hystérie a interpellé la médecine depuis ses origines, et c'est dans l'observation des relations entre psychique et corporel qu'est née la psychanalyse. L'étude des guérisons inattendues, et des miracles par conséquent, peut ainsi aider à découvrir dans quelles maladies et dans quels discours médical se glissent de façon préférentielle les révoltes passant par le corps dans chaque civilisation. Ces somatisations préférentielles nous apprendraient beaucoup sur les articulations entre organisation sociale, limites sociales mises à la violence et apprentissage social de maîtrise sur le corps propre. Peut-être n'irons-nous pas plus loin que la découverte de quelques articulations, de la signification des manifestations et des techniques corporelles, et n'atteindrons-nous pas le phénomène, c'est-à-dire le vécu, dont la quête était à l'origine des recherches sur le corps. Aucune préparation culinaire selon les recettes romaines ne nous en donnera le goût qu'elles avaient pour eux. Nous n'atteindrons pas la douleur, mais en approcherons les causes, et ferons surgir des idiosyncrasies qui nous sont étrangères. L'histoire des corps est un lieu privilégié pour observer selon les sociétés comment s'opère l'articulation du réel et de l'imaginaire.

● BIBLIOGRAPHIE. — J.-N. BIRABEN, *Les hommes et la peste*, 2 vol., Paris-La Haye, 1975; W. den BOER, *Private morality in Greece and Rome*, Leyde, Brill, 1979; G. CARLONI et

D. Nobili, *La mauvaise mère*, Paris, Payot, 1981; Jean-Pierre Faye, *Langages totalitaires*, 2 vol., Paris, Hermann, 1972; J.-L. Flandrin, *Un temps pour embrasser. Aux origines de la morale sexuelle occidentale (VIe-XIe siècle)*, Paris, 1983; M. Foucault, *Surveiller et punir. Naissance de la prison*, Paris, 1975; Panoplies du corps, *Traverses*, 14-15, 1979, Paris, Ed. de Minuit; Jacques Gélis, *L'arbre et le fruit, la naissance dans l'Occident moderne, XVIe-XIXe siècles*, Paris, Fayard, 1984; M. D. Grmek, *Les maladies à l'aube de la civilisation occidentale*, Paris, 1983; Theodor Hopfner, *Das Sexualleben der Griechen und Römer von den anfängen bis ins 6. Jahrhundert nach Christus*, Prague, 1983, réimpr. AMS Press Inc., New York, 1975; A. Leroi-Gourhan, *Le geste et la parole. La mémoire et les rythmes*, Paris, 1965; E. Le Roy Ladurie, P. Dumont, J.-P. Aron, *Anthropologie du conscrit français*, Paris, Mouton, 1972; M. Mauss, Les techniques du corps, *Journal de Psychologie*, 3-4, 1936, repris dans *Sociologie et Anthropologie*, Paris, 1966, p. 365-386; Angus McLaren, *Reproductive Rituals*, Londres-New York, Methuen, 1984; J.-P. Peter et J. Revel, Le corps, l'homme malade et son histoire, dans *Faire de l'Histoire*, t. III, Paris, 1974, p. 169-191; Erin Pizzey, *Crie moins fort, les voisins vont t'entendre*, Paris, Ed. des Femmes, 1975; Edward Shorter, *Le corps des femmes*, Paris, Seuil, 1984; Histoire biologique et société, *Annales ESC*, numéro spécial, 1969; Yann Thomas, Parricidium, *Mélanges de l'Ecole française de Rome*, t. 93, 1981, p. 643-715.

▶ Corrélats. — Anthropologie historique, Enfant, Gestes, Maladies, Peste.

A. Rousselle.

Courbe

« Chiffres faux, courbes vraies », la formule provocante de Lucien Febvre, met en évidence le rôle décisif de cet outil graphique dans la genèse et l'affirmation de l'histoire quantitative. Lorsque Ernest Labrousse parmi les premiers recourt systématiquement aux séries statistiques pour éclairer l'histoire, il écrit : « Non que tout se passe à la Halle, que seule compte la courbe, mais tout dérive de la courbe. » Ainsi depuis les cycles décrits par Simiand ou Kondratieff jusqu'à l'étude de la mercuriale, l'utilisation de la courbe comme représentation synthétique de la conjoncture est au cœur de la démarche quantitative, elle dessine une nouvelle périodisation.

Depuis cette période fondatrice des années trente, l'utilisation des courbes en histoire s'est généralisée et raffinée. Pour privilégier l'évolution de rapports l'usage de courbes semi-logarithmiques s'est répandu; autour de la graphique et des courbes, en particulier, une réflexion méthodologique se développe (cf. les ouvrages de Bertin et Bonin).

Enfin l'essor de l'informatique facilite et multiplie les courbes. L'analyse spectrale filtre automatiquement des effets particuliers (variations saisonnières) et des travaux récents sur la mercuriale de Cologne (1368-1797) ont été réalisés avec un tracé automatique des courbes.

Cependant, au-delà de la généralisation et du perfectionnement de l'outil, le recours aux courbes reste associé à une conception de l'histoire économique, à une approche de la durée en histoire. Il s'agit d'une histoire des cycles économiques plus soucieuse des oscillations de la conjoncture que des problèmes de structure; cette histoire de moyenne durée est orientée vers la problématique de la crise. En dehors de ces présupposés théoriques, les démonstrations menées à partir de courbes demeurent insuffisantes pour établir des corrélations entre des facteurs très nombreux, ce que tentent les modèles cliométriques ou l'analyse factorielle. Mais les courbes demeurent l'un des rares outils graphiques qui s'inscrivent par nature dans une chronologie.

● BIBLIOGRAPHIE. — E. LABROUSSE, *La crise de l'économie française à la fin de l'Ancien Régime et au début de la Révolution*, Paris, 1944; J. BERTIN, *La graphique et le traitement graphique de l'information*, Paris, 1977.

▶ CORRÉLATS. — Graphique, Economie (Histoire économique), Labrousse, Quantitative (Histoire).

O. DUMOULIN.

Criminalité et justice

En se détachant de la classique histoire du droit, celle de la répression a été marquée par des lacunes gênantes comme celle ouverte en France pendant trois quarts de siècle entre l'histoire de la procédure criminelle d'A. Esmein et le récent ouvrage d'A. Laingui et A. Lebigre. Il faut envier à l'historiographie anglaise l'énorme étude de L. Radzinowicz, *A history of English criminal law and its administration from 1750* expressément rédigée pour rendre compte des motifs et des obstacles appliqués à leur évolution.

Mais l'enracinement dans l'histoire sociale a fait apparaître chez nous des directives fécondes liées à l'étude des classes indigentes ou de ressources précaires, aux mouvements de population et à la croissance des villes, aux contrecoups des révolutions politiques qui modifient les visées judiciaires en même temps que le terrain social.

La tradition latine de mise en question des principes de la justice ne s'est pourtant pas perdue et si les aspirations du siècle des Lumières à une répression rationnelle et humaine ont paru trouver leur réponse dès l'aube du XIXe siècle, la déception s'est très tôt manifestée devant l'effondrement des espoirs placés dans l'institution carcérale et sa capacité d'éducation et de réhabilitation. Parallèle à la critique d'une pathologie introgène, celle de la prison criminogène (et peut-être chargée de fonctions sociales dissimulées), déjà fortement engagée, a été stimulée par le livre de M. Foucault, *Surveiller et punir* (Paris, 1975) qui élargissait le problème de la contrainte au vu de la socialisation de la pauvreté, de l'hospice, de l'école, de l'état militaire, du renfermement pour toutes finalités. Le débat a donc pris l'ampleur attendue (cf. *A just measure of pain* de M. Ignatieff (New York, 1978) et *L'impossible prison* (M. Perrot, Paris, 1980)), mais la fécondité en est pourtant considérable pour la période contemporaine puisque l'incarcération jusqu'au terme des Temps modernes n'était qu'exceptionnellement ordonnée à fin pénale directe. Toutefois, si du XVIe au XVIIIe siècle même, les utopies de Th. More à S. Mercier évitent le dessein de la prison modèle, la volonté d'exclusion des peines physiques, l'exigence de gradation récente du châtiment ne laissent guère d'autre issue pratique à la détermination réformiste des lumières. Et si la mort ou l'exil résolvaient plus de cas criminels que l'incarcération sous ses diverses formes (lettres de cachet, condamnations à la maison de force ou aux galères) cela n'allait point sans un malaise logique ou moral. Les formes de prévention, conformément au schéma de Foucault, visaient bien à l'enfermement (*Histoire des hôpitaux*, sous dir. de J. Imbert, Toulouse, 1982) avec intention charitable ou purement dissuasive (Olwen Hufton, *The Poor of 18th Century France*, Oxford, 1974). Tentatives vouées en France à un relatif échec par la pénurie budgétaire tandis qu'en Angleterre les

Lois des Pauvres soutenues par l'effort fiscal permettaient un encadrement plus efficace répondant à des besoins plus urgents dans une évolution économique et démographique accélérée. Au demeurant d'autres facteurs interviennent pour influer sur la conception de la peine corrective ou épuratrice dans une intention religieuse et/ou morale, mais utilitaire.

Le rapport du VIe Congrès criminologique du Conseil de l'Europe (M. V. Bailey, Strasbourg, novembre 1983) notait encore que l'étude du droit dans la société européenne moderne avait été « relativement négligée jusqu'à une période récente » mais que « depuis une quinzaine d'années des recherches sérieuses sur la criminalité et la justice pénale ont donné naissance à une branche florissante de l'histoire sociale ». Il soulignait ainsi l'écart qui séparait encore naguère l'histoire du droit traditionnelle des appréciations de l'histoire sociale animée de l'esprit des *Annales* et la préférence marquée des historiens événementiels pour les grandes affaires qui avaient marqué ponctuellement leur époque (affaire des Poisons, affaire Calas, etc.). Un appel vers l'étude de la criminalité et de sa répression, selon la loi pénale ou selon d'autres procédures de contrôle, était effectivement ressenti à travers les multiples travaux sur l'évolution et la mobilité sociales, les transformations de l'habitat, les modes de vie familiaux, le problème de la pauvreté des classes dangereuses et des classes laborieuses, le dégagement de mentalités nouvelles. Mais il fallait surmonter une certaine réserve envers un domaine juridique peu familier à l'historien et d'autre part aborder pour l'étude sérielle une masse de documents judiciaires dont il convenait de vérifier d'abord la valeur représentative, dépendante des conditions de dépôt et de conservation. Le vœu ne devait plus être incliné vers le choix du cas typique faisant jurisprudence ni à l'inverse vers celui du cas monstrueux impliquant une réaction particulière. La recherche visait à caractériser dans une constitution politique et sociale, présentant à la fois dissuasions et incitations, une criminalité « normale » à laquelle serait adaptée une certaine « économie répressive » d'aspects parfois très variés. Elle pourrait être ainsi exemplaire, économique ou radicale dès que la défense sociale devient essentielle (P. Spierenburg, *The spectacle of suffering...*, à paraître, Cambridge UP, 1984; B. Bennassar, *L'inquisition espagnole*, Paris, 1979).

Autre enracinement majeur d'un problème, celui d'une justice pénale publique substituée à une contestation privée assortie de sanctions publiquement garanties. Pour M. Sbriccoli (*Crimen Laesae Majestatis...*, Milan, 1974), la partie publique a privilégié avec une emphase croissante la légion de l'ordre public, infime dans le faciès de beaucoup de délits, en l'assimilant à celle de la Majesté divine et humaine, éminemment sacrée et susceptible. Le développement urbain de la fin du Moyen Age favorisait cette hantise de l'ordre (B. Gérémek, *Truands et misérables dans l'Europe moderne*, Paris, 1980) et les rigueurs procédurières et pénales qui en étaient la conséquence. L'état des coutumes (Gilles et P. Ourliac, *Coutumes de l'Agenais*, Paris, 1981) peut néanmoins permettre d'établir une balance mesurée du châtiment public. L'épisode de la chasse aux sorcières (R. Mandrou, *Magistrats et sorciers...*, Paris, 1968 et A. Soman, Les procès de sorcellerie au Parlement de Paris, *Annales ESC*, 1977, 4) en exaspérant la cruauté des supplices pour les crimes jugés atroces a suscité la résistance des Cours suprêmes à l'entraînement populaire et peut-être aidé le ralliement de l'opinion au recours public en face duquel les réticences étaient restées fortes. Aussi longtemps que le plaignant ne dispose ni d'une police alerte et pertinente, ni d'une justice avide de cas criminels, ni d'une garantie de sécurité, l'ampleur de ce recours pose problème et pour N. Castan (*Justice et répression en Languedoc à l'époque des Lumières*, Paris, 1980) encore à cette période tardive la pratique de l'accommodement demeure banale pour les crimes légers et parfois même graves. Succès empirique plutôt qu'échec d'une justice bifrontale qui peut sanctionner durement, à l'occasion assez rare de ses bonnes prises, et se confier pour le reste à la préférence prudente pour les accommodements. Situation précaire pourtant car, même sans idéologie réformiste, il fallait tenir compte d'une fluidité migratoire croissante (J.-P. Poussou, *Bordeaux et le Sud-Ouest au XVIIIe siècle*, Paris, 1983) et de la propension criminelle favorisée par l'indigence et l'anonymat (A. Farge, *Le vol d'aliments à Paris au XVIIIe siècle*, Paris, 1974). Comme dans le Londres de George D. (*London Life in the 18th Century*, London, 1925) se fait jour la résolution, décisive à court terme, de mettre en jeu une police, rurale ou urbaine, professionnelle, organisée, disponible à toute recherche et à toute répression (Radzinowicz, *op. cit.*, et L. Chevalier, *Classes laborieuses, classes dangereuses*, Paris, 1956).

Croissance économique et budgets plus larges consentis à l'administration intérieure autorisent le souci d'enquêtes efficaces, l'application méthodique à découvrir les auteurs de crimes plus généralement dénoncés, à les saisir et à les mettre hors d'état de nuire, généralement par leur maintien en prison pour de longues peines (H. Zehr, *Crime and development of modern society*, London, 1976). Les inconvénients de cette gestion publique de l'économie répressive, onéreuse pour la collectivité mais gratuite pour le plaignant, ont été surtout analysés du point de vue du développement de la violence (J. Léauté, *Notre violence*, Paris, 1977) et de la prison criminogène qui classe le délinquant dans une catégorie close. Elle inscrit en lui non pas la maxime illuminatrice et extatique (*La colonie pénitentiaire* de F. Kafka), mais la gravure d'une identité criminelle favorisée par les relations de promiscuité. Le problème posé est alors celui de la décriminalisation, opération contraire à celle qui s'est accomplie à la fin du Moyen Age, pour éviter de constituer la personnalité criminelle à partir d'une délinquance incidente (Comité européen sur le problème du crime, *Rapport sur la décriminalisation*, Strasbourg, 1980).

Cette préoccupation, pratique et d'urgence, actualisée par la progression récente de la criminalité dans les pays d'Occident, ramène l'attention vers les filtrages qu'opérait le sens de la juste plainte à l'intérieur du contentieux criminalisable dans les sociétés traditionnelles. Cette démarche ethnohistorique a été suivie pour l'état du Languedoc d'Ancien Régime (Y. Castan, *Honnêteté et relations sociales en Languedoc (1715-1780)*, Paris, 1974) et de la Lozère au XIXe siècle (Claverie et Lamaison, *L'impossible mariage*, Paris, 1983) selon des directions autonomes qui n'avaient pas pour visée principale les manifestations du crime et de sa répression. En Angleterre, les travaux d'Alan McFarlane, de J. Sharpe, de R. Storch et de J. Davis ont aussi recherché dans les mœurs et les croyances habituelles les origines des docilités ou des résistances affectées à l'incrimination légale ou simplement à la loi. Et pour rappeler l'intérêt puissant du crime de sorcellerie aux débuts de l'âge moderne. S'il a provoqué le scepticisme d'une intelligentsia qui parvint à l'abolir, il a pendant plus d'un siècle joui d'une abomination populaire, si vive qu'elle se décidait à recourir à la justice peu fréquentée par ailleurs (Y. Castan, *Magie et sorcellerie à l'époque moderne*, Paris, 1979). Si le problème d'une convenance et d'une effectivité de la loi n'est certes pas écarté, l'intérêt se porte sur l'ensemble des facteurs entrant en jeu dans le contrôle social (cf. Ph. Robert, De la criminologie de la réaction sociale à une sociologie pénale, *Annales sociologiques*, 1981, 31), et sur la tendance à évacuer du pénal vers d'autres domaines de dissuasion ou d'assurance de nombreux aspects de la délinquance. C'est le prolongement méthodique du puissant effort du dernier demi-siècle d'historiographie judiciaire et criminelle. Comme il a permis de dégager de leurs atours idéologiques non seulement la justice classique, mais de manière plus pressante, la visée réformiste des Lumières, il doit éclairer dans le passé récent et l'actualité les déterminismes et les besoins sociaux qui subsistent ou apparaissent pour délimiter les libertés de manœuvre d'un contrôle social reconnaissant ses valeurs et ses normes.

● BIBLIOGRAPHIE. — A. ABBIATECI et al., *Crimes et criminalité en France sous l'Ancien Régime, XVIIe-XVIIIe siècles*, Paris, 1971; Victor BAILEY, ed., *Policing and punishment in nineteenth century Britain*, London, 1981; Iain CAMERON, *Crime and repression in the Auvergne and the Guyenne 1720-1790*, Cambridge, 1981; Nicole CASTAN, *Justice et répression en Languedoc à l'époque des Lumières*, Paris, 1980; Yves CASTAN, *Honnêteté et relations sociales en Languedoc 1715-1780*, Paris, 1974; Richard COBB, *The police and the people. French popular protest 1789-1820*, Oxford, 1970; J. S. COCKBURN, ed., *Crime in England 1550-1800*, London, 1977; P. DEYON, *Le temps des prisons*, Paris, 1975; A. P. DONAJGRODZKI, ed., *Social control in nineteenth century Britain*, London, 1977; Michel FOUCAULT, *Surveiller et punir. Naissance de la prison*, 1975; GUTTON, *La société et les pauvres. L'exemple de la généralité de Lyon*, Paris, 1971; Douglas HAY et al., eds., *Albion's fatal tree. Crime and society in XVIIIth century England*, London, 1975; Douglas HAY, War, dearth and theft in the xviiith century : the record of the English courts, *Past and Present*, 95 (1982), 117-160; Olwen H. HUFTON, *The Poor of XVIIth century France*, Oxford, 1974; Michael IGNATIEFF, *A just measure of pain. The penitentiary in the Industrial Revolution*, New York, 1978; A. LAINGUI et A. LEBIGRE, *Histoire du droit pénal*, 2 éd., Paris, Cujas, 1979; J. LANGBEIN, *Torture and the law of proof*, Chicago, 1977; Michelle PERROT, éd., *L'impossible prison. Recherches sur le système pénitentiaire au XIXe siècle*, Paris, 1980; P. O'BRIEN, *Promise of punishment*, Princeton Univ. Press, 1982; L. RADZINOWICZ, *A history of English criminal law and its administration from 1750*, Londres, 1948-1968, 4 vol.; Ph ROBERT et R. LEVY, Le sociologue et l'histoire pénale, *Annales ESC* (sp.), 1984; Robert ROTH, Pratiques pénitentiaires et théorie sociale, l'exemple de la prison de Genève, Genève, 1981; G. RUSCHE and O. KIRCHHEIMER, *Punishment and social structure*, New York, 1968; Alfred SOMAN, Deviance and criminal justice in Western Europe, 1300-1800, *Criminal Justice History*, 1 (1980) : 1-28; P. SPIERENBURG, *Judicial violence in the Dutch Republic (1750-1850)*, Univ. Amsterdam, 1978; R. D. STORCH, The Policeman as Domestic Missionary : Urban Discipline and Popular Culture in Northern England, 1850-1880, *Journal of Social History*, 9 (1976), 481-509; M. R. WEISSER, *Crime and Punishment in Early Modern Europe*, Sussex, 1979; A. ZYSBERG, La société des galériens au milieu du xviiie siècle, *Annales ESC*, 1975.

▶ CORRÉLATS. — Droit, Foucault, Sociale (Histoire).

Y. CASTAN.

Crise

Le mot de crise n'est pas le monopole des historiens : il appartient à la fois au vocabulaire courant et à celui d'autres disciplines, allant des sciences exactes (comme la médecine) aux sciences sociales (psychologie, sociologie, sciences politiques, et surtout économie). Et il leur revient chargé de connotations à la fois encombrantes et séduisantes : tantôt concept clairement défini, tantôt mot clef ou symbolique invoqué comme explication ultime.

En fait, le terme de crise les renvoie à trois visions de l'histoire, entre lesquelles ils hésitent à choisir. La première, la plus ancienne, héritière de la pensée grecque, étend aux organisations politiques et aux civilisations un modèle biologique proche de celui des individus, lui-même placé sous le signe des astres : une vie où le déclin et la mort sont le point nécessaire d'arrivée d'un *cycle* de développement amorcé avec la naissance et atteignant son *apogée* à l'âge adulte. Les deux autres, tantôt associées, tantôt distinctes, refusent cette conception, pessimiste ou catastrophique, de la répétition et de *l'éternel retour*, et s'emploient à dédramatiser la crise en lui donnant un sens positif; ils en font une étape dans un *progrès*. Pour l'une, influencée surtout par l'économie, l'histoire est rythmée par des fluctuations de durée différente, mais d'une relative régularité, qui animent les diverses étapes de la vie du monde et des hommes : les principaux facteurs économiques, bien sûr — production, consommation, échanges — mais tout aussi bien la démographie ou le climat. La crise se trouve ainsi désamorcée : elle n'est qu'un des mouvements du cycle, et ne prend son sens que par rapport à lui. Mais ce sens, rassurant et neutre, ne suffit pas à ceux pour qui l'histoire s'organise par stades successifs, séparés par une rupture qualitative. Pour ceux-ci, depuis Marx, il y aura crises et crises. Celles qui ne sont bien qu'un des moments d'un cycle qui ne touche lui-même pas les structures profondes de l'organisation sociale. Et celles qui au contraire les ébranlent, et amorcent ou marquent une *transition*.

La plus naïve en apparence, la première de ces visions n'a pas seulement conservé aujourd'hui tout son pouvoir de fascination : elle l'a multiplié. La plus proche de l'usage commun, elle a pour elle de dramatiser — y compris jusqu'à l'excès — l'événement, tissu quotidien de l'expérience individuelle et création des médias au niveau collectif. Et elle exprime tout en l'exorcisant l'inquiétude ou l'angoisse devant l'avenir d'une histoire ouverte, imprévisible, avec ses tensions, ses conflits, ses effondrements spectaculaires. Seule, ou associée au terme de déclin dont elle est devenue le synonyme ou le superlatif, la crise occupe, sans concurrence, les titres, des articles, des chapitres, des livres : crise de l'Empire romain ou, pour demain, de tel autre « Empire éclaté », crise de l'esprit (P. Valéry, 1919), crise de l'Europe (A. Demangeon, *Le déclin de l'Europe*, 1920), crise des valeurs et de la famille, crise de société ou de civilisation, crise psychologique, crise pétrolière... E. Labrousse lui-même s'en excuse, en 1944 : « "Crise de l'économie française" ne veut pas dire ici crise économique au sens traditionnel... J'avoue qu'en choisissant le mot de "crise", j'ai surtout cédé à un souci profane : celui de parler la langue de tout le monde, de faire au lecteur un accueil plus aimable — autrement dit d'être plus pédagogique. Est-ce après tout si "profane" ? » (*La crise de l'économie française...*, Paris, 1944).

C'est pourtant à cette date, et sous l'influence d'E. Labrousse lui-même, stimulé par les travaux de F. Simiand, que les historiens se décident enfin, avec près d'un siècle de retard, à relever le défi des économistes, et à leur emprunter leur conception de la crise comme phénomène cyclique, comme l'un des quatre temps du cycle (prospérité, crise, dépression, reprise). La nouvelle histoire économique, qui s'organise à partir des années 20 autour du Comité international d'Enquête sur l'histoire des prix présidé par W. Beveridge, et qui s'impose, surtout en France, au lendemain de la deuxième guerre, joue à fond la carte de l'histoire sérielle : la recherche systématique des sources chiffrées et leur élaboration critique visent à établir des séries statistiques remontant aussi loin que possible dans le passé. Au programme, en première urgence, les prix, cet indicateur privilégié des fluctuations à long terme, et parmi eux ceux des céréales qui dominent, avant 1800, la production agricole et la consommation du plus grand nombre, et orientent la conjoncture. Mais aussi ceux des productions commercialisées, comme le vin, et du travail — les salaires. Très vite pourtant l'éventail des curiosités s'étend à tout ce qui peut être chiffré : la teneur en fin de la monnaie, et les revenus des différentes catégories sociales (rente foncière, profit du décimateur ou du fermier, etc.). Puis dans l'ordre, de 1950 à 1970, les trafics commerciaux et les échanges internationaux — avec un avantage aux ports et aux voies maritimes —, les registres paroissiaux avec leurs séries de baptêmes, mariages et sépultures, les consommations alimentaires, la production agricole et industrielle, le climat, etc. Cette multiplication des courbes, que les historiens apprennent à établir, à lire, à comparer, à raffiner par élaborations successives, détermine les orientations, les curiosités et les conclusions de toute l'histoire économique et sociale de l'après-guerre. Autant de courbes, autant de fluctuations, de cycles et de crises, qui exigent de nouveaux modèles d'analyse et d'interprétation.

Tâche d'autant plus nécessaire que la période qu'elles couvrent avec plus ou moins de perfection (un bon demi-millénaire entre XIIIe-XIVe siècle et la fin du XVIIIe) marque un élargissement spectaculaire du champ d'observation habituel des économistes (les cent ou cent cinquante dernières années). Elle confirme leurs conclusions — longtemps refusées par l'école libérale, de Say à Ricardo, par réaction contre le pessimisme de Malthus sur le retour régulier des crises, où Juglar voyait une étape naturelle du cycle intradécennal qui a gardé son nom, et Marx, plus profondément, la conséquence des conditions mêmes de la reproduction élargie du capital. Ce qui lui permettait d'affirmer le caractère nécessaire de la crise industrielle et de la crise financière qui l'accompagne : nécessité que la théorie économique continuera à nier ou ignorer jusque vers 1910, et que retrouvent au contraire tous les nouveaux théoriciens du cycle du premier XXe siècle (Kitchin, Kondratieff, Thorp, Simiand, Kuznets, etc.). Mais cette nécessité ne saurait valoir pour un Ancien Régime à dominante agricole et marchande où la crise céréalière, tout aussi régulière, paraît n'avoir qu'une origine accidentelle.

E. Labrousse est ainsi conduit à s'en tenir aux effets, en laissant de côté le problème des causes, quand il formule le modèle de la crise économique d'ancien type. Crise différente dans son mécanisme, mais non dans son principe de la crise industrielle : à l'origine, on retrouve un déséquilibre majeur — mais de sens opposé — entre l'offre et la demande. La crise industrielle présente le double visage d'une crise de surproduction (relative) et d'une crise financière, provoquée par la mévente : d'où la chute des prix (jusqu'à la crise actuelle, qui bouleverse, sur ce point, les règles du jeu), de la production, et de l'emploi, tandis que les faillites, l'élimination des entreprises les plus faibles et la liquidation des stocks préparent les conditions de la reprise.

Dans le cas de la crise dite d'ancien type, c'est au contraire une mauvaise récolte céréalière — donc une sous-production — qui entraîne une hausse violente, de 50 à 100 % et plus, du prix des grains. Les masses rurales et urbaines sont alors contraintes de demander des quantités accrues à des marchés sous-approvisionnés, et de consacrer à leurs achats de pain la totalité de leurs revenus. Ce qui provoque l'effondrement du textile — cette grande industrie rurale — privé de ses débouchés, et du bâtiment, et une aggravation ultérieure du chômage qui vient tarir encore davantage les revenus populaires. Les seuls à bénéficier de la crise sont ceux qui disposent, par leur position juridique (grands propriétaires, Eglise, seigneurs) ou économique (fermiers des grands domaines, des seigneuries et des dîmes), de quantités importantes de céréales qu'ils pourront vendre au moment le plus favorable, quand les prix atteignent leur niveau le plus élevé. D'où l'imputation au politique : la crise céréalière lance l'émeute contre les accapareurs.

C'est ce dernier type de crise qui domine jusqu'au milieu du XIXe siècle (1847-1848 pour Labrousse). La crise joue ainsi le rôle de révélateur, car « les économies ont les crises de leurs structures », et le passage à la crise industrielle témoigne du nouvel équilibre qui s'établit entre agriculture et industrie dans l'économie d'un pays, et dans l'économie internationale : dans la France de Louis-Philippe et de Napoléon III, la métallurgie échappe peu à peu, grâce à la construction des chemins de fer, aux crises d'origine céréalière qui continuent à frapper la production agricole.

Resterait à expliquer ces crises. Car leur retour régulier tous les huit ou dix ans au maximum masque des différences sensibles dans leur périodicité, leur gravité, leur amplitude. Dans le Beauvaisis, les récoltes exceptionnellement mauvaises semblent suivre un rythme trentenaire (1590, 1630, 1661, 1693, 1724) qui suggère à P. Goubert une explication climatique ou astronomique. Autre alternance : les cycles paraissent se regrouper par familles, les uns d'amplitude modérée (ainsi de 1601 à 1645 puis de nouveau de 1668 à 1685), les autres scandés par des crises d'une violence exceptionnelle (ainsi pour le dernier quart du XVIe siècle, le milieu du XVIIe siècle et la fin du règne de Louis XIV). Enfin cette amplitude tend elle-même à diminuer au XVIIIe siècle, comme si se mettaient en place les conditions d'un approvisionnement plus régulier, donc de crises moins meurtrières.

Au-delà de toutes ces nuances, l'important demeure pourtant que, même si leur origine reste « exogène », la régularité de leur retour rend ces crises agricoles comparables aux crises industrielles contemporaines, et les fait échapper à l'accidentel, qui marque les deux autres grands fléaux de la célèbre trinité : « *a fame, bello et peste libera nos...* ». Encore les guerres ont-elles, elles aussi, leur périodicité, que F. Braudel suggère de rapprocher des rythmes des Kondratieff. Encore et surtout les épidémies semblent-elles bien, tout en gardant une autonomie relative (et parfois complète), accompagner les disettes et avoir des effets d'autant plus meurtriers qu'elles viennent frapper des populations affaiblies par la malnutrition antérieure.

A la même date, les historiens redécouvrent avec J. Meuvret le vieil adage qui fait de la population « la fille de la mercuriale ». Le modèle, *économique*, de la crise de subsistances se double ainsi d'un second modèle, *démographique* cette fois, qui en formalise l'impact sur les habitants des villes et des campagnes mesuré par le dépouillement des registres paroissiaux. Jusqu'au XVIIIe siècle au moins (pour l'Europe occidentale), et plus longtemps encore dans le reste du monde moins développé, toute hausse violente des prix des grains s'accompagne d'une poussée du nombre des morts, d'un recul des mariages et des naissances — ou plutôt des conceptions. Ces « losanges de crise » des courbes paroissiales s'atténuent peu à peu au cours du XVIIIe siècle; sans disparaître, les oscillations deviennent moins brutales, la courbe des sépultures reste normalement au-dessous de celle des naissances, et le bilan démographique de la crise cesse progressivement d'être négatif. Mais en amont des Lumières, celle-ci se voit investie d'une vertu régulatrice plus cruelle encore que celle des crises industrielles : l'adaptation périodique de la demande à l'offre par l'élimination prioritaire des bouches inutiles, qui sont aussi les plus faibles — enfants en bas âge et vieillards, surtout — et, pour les crises les plus graves qui emportent même les adultes, l'ajustement entre forces productives et moyens de production.

La crise courte, interdécennale, devient ainsi, pour les historiens des sociétés rurales préindustrielles, « le personnage le plus grand et le plus impérieux » (P. Goubert). Mais sa répétition trop régulière, qui la banalise, pousse aussi, comme pour les crises industrielles, à rétablir une hiérarchie entre crises de gravité inégale, afin de donner aux plus importantes d'entre elles un pouvoir d'explication, et, si possible, d'orchestration de l'histoire globale. Ce qui conduit à surdéterminer certaines crises, selon deux directions en apparence très proches, en fait, méthodologiquement bien distinctes.

La première s'inscrit dans le cadre même des fluctuations économiques : la crise sera d'autant plus grave que le renversement du cycle viendra coïncider avec celui d'autres mouvements de période différente, ou se combiner avec les effets d'autres fluctuations. La crise de 1789 doit ainsi, pour Labrousse, son impact révolutionnaire à la « récession intercyclique » qui couvre le règne de Louis XVI, de 1778 à 1787, et qui la précède et la prépare. Simiand et Labrousse constatent de même la gravité des crises qui coïncident avec l'infléchissement du Kondratieff (1847, 1873, 1929) ou plus encore, du *trend* séculaire : 1348 (avec la Peste noire), 1619-1622 (R. Romano) ou 1647-1648, 1817..., et si l'on suit la suggestion de F. Braudel, 1972-1974. D'où le scepticisme à l'égard de politiques à trop court terme qui, dans tous les Etats, minimisent la portée même de la crise.

Conclusions justes, mais insuffisantes, pour d'autres, attachés à la vision d'une histoire rythmée, au-delà de toutes les fluctuations de l'économie, par des ruptures touchant les structures de l'ensemble de la société, et, à la base, de leur mode de production. D'une étape à l'autre, une *transition* qui peut s'échelonner sur plusieurs siècles, mais connaît aussi ses temps forts : la crise échappe à sa stricte définition chronologique, trop ponctuelle, et domine le cycle, le Kondratieff, le *trend* lui-même. E. Hobsbawm lance ainsi, au milieu des années 50, un débat majeur en suggérant que « l'économie européenne a traversé au XVIIe siècle » (*grosso modo* entre 1620 et 1720) « une crise générale, qui représente la dernière phase de la transition d'une économie féodale à une économie capitaliste » — transition amorcée depuis 1300 au moins. Crise générale, crise totale. Crise de l'économie, avec la baisse des prix, de la production, des échanges, de la population et l'essoufflement de l'expansion outre-mer. Crise sociale avec la montée des révoltes et des « fureurs paysannes ». Crise politique surmontée par la mise en place et, dans les Etats les plus avancés comme l'Angleterre, par le dépassement de l'Etat absolutiste. Pour G. Bois (1978), de son observatoire normand, les deux derniers siècles du Moyen Age sont de même placés sous le signe de la « crise du féodalisme » comme mode de production original, ayant ses propres fluctuations et sa propre logique de développement dont les contradictions internes entraînent, par leur aggravation, la transformation.

Le même débat reprend aujourd'hui, sous nos yeux, avec tous ceux qui voient dans la crise actuelle non seulement un renversement du Kondratieff, après la prospérité des « Trente Glorieuses », ou même, comme F. Braudel, du *trend* séculaire, mais un moment d'une « crise d'ensemble » qui « a commencé dans les années 1914-1917 et se poursuivra certainement au cours du XXIe siècle » et qui « semble être la crise de transition de l'économie-monde capitaliste vers un ordre socialiste mondial » (*La crise, quelle crise?*, 1982).

L'analyse et les interprétations des crises expriment ainsi la tension entre conjoncture et structure. Tension essentielle, et créatrice, de l'historiographie d'aujourd'hui. D'un côté, ceux qui, après avoir identifié, distingué et mesuré les différents types de crise, cherchent, au-delà de celles-ci, les continuités et les stabilités rassurantes de la longue durée : « Le capitalisme survivra-t-il ? » demande au terme de sa longue enquête F. Braudel, avant de répondre par l'affirmative.

De l'autre ceux pour qui seule l'intensité dramatique donne à l'histoire sa signification humaine. Le débat est ouvert : il n'est pas près de s'achever.

● BIBLIOGRAPHIE. — S. AMIN, F. ARRIGHI, A. GUNDER FRANK, I. WALLERSTEIN, *La crise, quelle crise? Dynamique de la crise mondiale*, Paris, 1982, p. 11 ; G. BOIS, *Crise du féodalisme. Economie rurale et démographie en Normandie orientale du début du XIVe siècle au milieu du XVIe siècle*, Paris, 1976 ; F. BRAUDEL, *Civilisation matérielle, économie et capitalisme*, Paris, 1979, t. 3, p. 535 ; E. HOBSBAWM, The general Crisis of the European Economy in the XVIIth Century, *Past and Present*, 5 (May 1954) et 6 (November 1954) ; C. JUGLAR, *Des crises commerciales et de leur retour périodique en France, en Angleterre et aux Etats-Unis*, Paris, 1862 ; Ch. E. LABROUSSE, *La crise de l'économie française à la fin de l'Ancien Régime et au début de la Révolution. I. Aperçus généraux. Sources, méthodes, objectifs. La crise de la viticulture*, Paris, 1944, p. II-III ; J. MEUVRET, Les crises de subsistance et la démographie de la France d'Ancien Régime, *Population* (oct.-déc. 1946), p. 643-650 ; F. SIMIAND, *Les fluctuations économiques à longue période et la crise mondiale*, Paris, 1932.

▶ CORRÉLATS. — Braudel, Climat, Cycle, Démographie historique, Economie (Histoire économique), Labrousse, Marx, Meuvret, Révolution française, Sérielle (Histoire), Simiand.

M. AYMARD.

Croissance

Après cycle/crise et structures/conjoncture, l'histoire économique accueille, au début des années 60, un nouveau couple de termes à la mode, venu de l'économie politique mais déjà familier du grand public : croissance/développement. Elle relève ainsi le défi du contemporain : dans l'euphorie des « Trente Glorieuses », les pays industriels s'interrogent sur les bases de leur prospérité, sur les origines et les raisons de leur avance, sur la mesure et l'évolution des écarts qui les séparent des pays du Tiers Monde. Mais elle suit aussi une logique interne, qui les conduit à dépasser la simple analyse, poussée le plus loin possible dans le passé, des fluctuations économiques — prix, échanges commerciaux, mouvement de la population et de la production — pour mesurer, à l'aide de nouveaux indices, les quantités, les stocks, les niveaux, les phénomènes d'accumulation : d'où l'intérêt nouveau pour les recensements — dédaignés à l'heure de la reconstitution des familles —, les rendements — et d'abord ceux des grains, dans la foulée des enquêtes de H. Slicher Van Bath —, le volume des principales productions, les disponibilités et les consommations par tête, la productivité.

Les deux termes sont dans l'usage assez distincts pour avoir chacun leurs contraires : croissance/stagnation (ou régression), développement/sous-développement (ou non-développement, ou retard). En fait, ils paraissent désigner deux niveaux d'une même réalité. D'un côté, avec la *croissance*, la hausse continue de la production globale, préalable nécessaire à celle de tous les autres indicateurs. De l'autre, avec le développement, « la combinaison des changements mentaux et sociaux d'une population qui la rendent apte à faire croître cumulativement et durablement son produit réel global » (F. Perroux). Ce qui permet de rendre compte des observations contemporaines sur l'évolution de la vieille Europe « où la modernisation » passe par l'industrialisation et l'urbanisation, et la déstructuration de la vieille civilisation rurale, regrettée avec nostalgie (P. Laslett, *Le monde que nous avons perdu*). Mais aussi sur celle, plus ambiguë, des pays du Tiers Monde, où les aspects négatifs du bilan sont évidents et leur justification, par référence à la brutalité de la Révolution industrielle « sauvage » du xixe siècle, peu convaincante. Pas de développement — souvent synonyme de « modernisation » — sans croissance. Mais celle-ci s'essouffle vite quand elle n'est pas soutenue par une transformation « radicale des structures économiques, sociales et mentales » (P. Léon).

L'inquiétude ou l'optimisme contemporains nourrissent l'interrogation sur le passé. Pendant dix ans, l'initiative appartient aux économistes qui, devant l'indifférence ou le scepticisme des historiens, cherchent à passer des séries d'indicateurs habituels (prix, salaires, etc.) à une application régressive des méthodes quantitatives, rigoureuses et globalisantes, de la comptabilité nationale. Comme pour les prix, vingt ans plus tôt avec Lord Beveridge (1929), cet effort est encadré et stimulé par une enquête internationale lancée en 1950 par l'*International Association for Research in Income and Wealth* (IARIW) animée par Simon Kuznets. S'appuyant sur la multiplication, depuis les années 30, des séries longues de comptabilité nationale, celle-ci propose aux chercheurs « l'établissement, le recensement et l'analyse des évaluations du revenu national, de la richesse et de leurs composantes pour les pays qui disposent de données adéquates s'étendant sur un demi-siècle au moins et permettant ainsi l'observation des trends à long terme ». Très vite, ce minimum de cinquante ans va se trouver dépassé et les études remonter allègrement dans le temps pour couvrir la totalité des xviiie et xixe siècles : d'abord présentés et discutés dans des congrès successifs sous la forme de rapports dactylographiés, les travaux de Ph. Deane et W. A. Cole (Grande-Bretagne), J. Marczewski et son équipe (France), D. North (Etats-Unis), W. G. Hoffman (Allemagne), Shigeto Tsura (Japon), A. Gerschenkron (Russie) débouchent sur autant d'ouvrages de référence.

La même année 1960, les historiens de l'économie réunis à Stockholm (en août) et les économistes à Constance (en septembre) se trouvent confrontés avec le succès des thèses de W. Rostow sur les cinq étapes de la croissance : sociétés traditionnelles/conditions préalables au démarrage/décollage/progrès vers la maturité/consommation de masse. Au cœur des discussions, l'existence et la datation de la période centrale du décollage *(take-off)*, et sa condition nécessaire : le doublement du taux d'investissement en pourcentage du revenu national. Mais la séduction du modèle est trop forte. Il fournit les cadres d'une histoire comparative à l'échelle du monde et donne l'apparence ou la réalité d'un fondement scientifique à une opposition binaire. D'un côté toutes les sociétés prénewtoniennes, prisonnières de strictes contraintes qui bloquent vite toutes leurs tentatives, modestes, de croissance. De l'autre, les sociétés industrielles installées dans la « croissance continue » *(self-sustained growth)* alimentées par la consommation de masse. Entre les deux, une longue phase de transition, qui s'amorce vers 1700, et voit la mise en place des conditions préalables au décollage, après le *take-off* proprement dit. Ce qui permet de justifier l'avance des pays riches — ils ont su et pu changer plus tôt — et les politiques de rattrapage, génératrices de fortes tensions, imposées ou conseillées aux pays retardataires — ils n'ont pas d'autre choix et doivent payer le prix de leur retard. Et, plus profondément, d'exorciser les analyses pessimistes de Marx, qui ne vaudraient que pour la seule période du décollage : ce que propose W. Rostow, c'est, explicitement, un « manifeste non communiste ». Face à ces généralisations ambitieuses, les historiens de l'économie restent longtemps sur la réserve. Critiques ou hypercritiques face à l'utilisation de simples estimations chiffrées (E. Le Roy Ladurie, Les comptes fantastiques de Gregory King, *Annales ESC*, 1968, p. 1086-1102), ils préfèrent s'en tenir aux sources concrètes, et cachent mal leur dépaysement devant les équations abstraites des économètres. A quelques exceptions près, ils boudent la nouvelle histoire quantitative comme les modèles alternatifs de la *New Economic History*. Et pourtant, ils se laissent peu à peu gagner par la problématique d'une interrogation sur la croissance, sa définition, ses indicateurs et ses rythmes.

Le rôle frontière de la Révolution industrielle s'en trouve renforcé. Les statistiques des XIXe et XXe siècles permettent en effet aux historiens économistes d'élaborer des indices nationaux de la production agricole et industrielle, des échanges extérieurs, des flux de capitaux, de l'investissement : elles alimentent ainsi une approche plus nettement macro-économique (F. Crouzet, Essai de construction d'un indice annuel de la production industrielle française au XIXe siècle, *Annales ESC*, 1970, p. 56-99 et P. O. Brien/C. Keyder).

Avant 1800 au contraire, l'insuffisance des séries disponibles est aggravée par le dualisme d'une vie économique écartelée entre l'autoconsommation majoritaire des masses rurales, et les sollicitations du marché et des prix. D'où la diversité des conclusions. D'un côté, tous ceux pour qui « l'économie d'expansion moderne basée sur l'industrie et le commerce interrégional » (H. Van der Wee et Th. Peeters, Un modèle dynamique de croissance interséculaire du commerce mondial (XIIe-XVIIIe siècles), *Annales ESC*, 1970, p. 100-126) a joué un rôle moteur dans la croissance de l'économie européenne entre XIIe et XVIIIe siècle. De l'autre, les historiens du grand cycle agraire qui s'encadre entre les mêmes dates (1200-1800) et que des enquêtes sur la production agricole et sur la productivité de la terre et du travail tendent à enfermer dans les limites malthusiennes de maxima atteints dès 1300 et jamais vraiment dépassés avant 1750-1800. Pour tous, sauf pour R. Baehrel, pas de croissance, avant cette date, qui ne soit vouée à l'échec. M. Morineau remet ainsi en cause les thèses d'H. Slicher Van Bath sur l'augmentation continue des rendements céréaliers depuis le haut Moyen Âge, et refuse même au XVIII siècle français toute « révolution agricole », même modeste. Les monographies régionales parlent, il est vrai, pour des conclusions plus nuancées, et sans doute plus fécondes, quand elles réconcilient le chiffre et une lecture plus fine des données économiques et sociales (R. Baehrel et G. Delille).

A cette mise en perspective historique de la croissance correspond pourtant une double remise en question de l'optimisme européo-centriste de W. Rostow. Au moment où A. Gunder Frank propose d'associer développement et sous-développement dans le cadre unitaire de l'affirmation du système capitaliste à l'échelle du monde, d'autres, comme A. Hirschman, s'attaquent à la notion même d'équilibre qui sous-tendait « la croissance continue » de la maturité des sociétés industrielles. Survient la crise : libérant les historiens de la vision d'un progrès linéaire et du mythe de la modernisation, elle rend, par contrecoup, leur dignité aux croissances modestes des sociétés agricoles d'avant 1800. En même temps, la thématique du développement se révèle féconde, dans la mesure même où elle invite à sortir du champ strict de l'économie ; elle contribue ainsi à nourrir les interrogations nouvelles de l'histoire socio-culturelle : l'alphabétisation et l'éducation, le développement urbain, les formes de la sociabilité, les statuts sociaux et leur perception, les attitudes devant la vie et la mort, la famille et la division des tâches à l'intérieur de celle-ci, la symbolique de l'alimentation, l'unification politique ou linguistique, les relations entre culture populaire et culture savante, deviennent autant d'indicateurs privilégiés. A la fois causes et conséquences, elles échappent à toute détermination étroite par l'économie, et suggèrent de nouvelles classifications, de nouvelles césures, de nouveaux blocages aussi. Pas de modèle de développement qui ne doive leur faire leur place : mais un tel modèle reste, aujourd'hui, à l'heure des doutes sur la croissance elle-même, à élaborer.

● BIBLIOGRAPHIE. — R. BAEHREL, *Une croissance : la Basse-Provence rurale depuis la fin du XVIe siècle jusqu'à la veille de la Révolution*, Paris, SEVPEN, 1961 ; Ph. DEANE et W. A. COLE, *British Economic Growth, 1668-1959*, Cambridge, 1964 ; G. DELILLE, *Croissance d'une société rurale : Montesarchio et la vallée caudine aux XVIIe et XVIIIe siècles*, Naples, 1973 ; A. GUNDER FRANK, *Capitalisme et sous-développement en Amérique latine*, Paris, F. Maspero, 1968 ; *Histoire quantitative de l'économie française*, sous la direction de J. Marczewski, avec la collaboration de J.-M. Gormezano, T. Markovitch et J.-C. Toutain, *Cahiers de l'ISEA*, 1961-1969 ; M. MORINEAU, *Les faux-semblants d'un démarrage économique*, Paris, Colin, 1970 ; P. K. O'BRIEN et C. KEYDER, *Economic Growth in Britain and France, 1780-1914*, Londres, Allen & Unwin, 1978 (thèses résumées dans Les voies de passage vers la société industrielle en Grande-Bretagne et en France (1780-1914), *Annales ESC*, 1979, p. 1284-1303) ; W. ROSTOW, *The Stages of Economic Growth. A non-communist Manifeste*, Cambridge, 1960 (trad. franç. : *Les étapes de la croissance économique*, Paris, Editions du Seuil, 1962) ; I. WALLERSTEIN, *The Modern World System. I. Capitalist Agriculture and the Origins of the European World-Economy in the XVIth Century* (trad. franç. : *Le système du monde du XVe siècle à nos jours*, Paris, Flammarion, 1984), et II. *Mercantilism and the Consolidation of the European World-Economy, 1600-1750*, New York, Academic Press, 1974 et 1980.

▶ CORRÉLATS. — Economie (Histoire économique, Nouvelle histoire économique), Modèle, Proto-industrialisation, Rurale (Histoire).

M. AYMARD.

Culture populaire

En ces vingt dernières années, l'identification d'une culture populaire, radicalement différente de celle des dominants, gens d'Eglise ou hommes de plume, a sans conteste été l'un des objectifs majeurs des historiens de la société traditionnelle. Au fondement même d'une telle quête était l'idée que ces deux cultures se distribuaient de part et d'autre d'une frontière, sans doute mobile, mais toujours repérable. Le partage entre savant et populaire a été ainsi tenu pour un découpage primordial qui pouvait individualiser des ensembles culturels fort dissemblables selon les époques historiques mais dont la pertinence même était d'une si forte évidence qu'elle paraissait aller de soi. Les débats ont pu être vifs pour savoir s'il était licite de désigner comme populaire telle ou telle forme culturelle mais jamais ils n'ont mis en question le socle commun des positions antagonistes, à savoir qu'il était possible d'identifier la culture populaire par la description d'un certain nombre de corpus (de textes, de gestes, de croyances). Or c'est justement ce postulat, et la distinction qui le fonde, qu'il faut questionner.

Soit la France d'Ancien Régime. La culture du peuple y a été repérée doublement : elle pouvait se lire dans un ensemble de textes — ceux des livrets bon marché, vendus par colportage et connus sous le terme générique de Bibliothèque bleue — et dans un ensemble de croyances et de gestes considérés comme constitutifs d'une religion populaire. Dans les deux cas, le populaire est défini par sa différence avec ce qu'il n'est pas : la littérature savante ou le catholicisme normatif de l'institution ecclésiastique. Dans les deux cas, l'historien se donne pour tâche de dénombrer et de décrire les différents motifs qui composent la culture désignée comme populaire. Mais aujourd'hui l'assignation sociale des formes considérées — la littérature de colportage ou la religion populaire — semble moins claire qu'on ne l'avait pensé.

La religion « populaire » est-elle celle des paysans ? Celle de l'ensemble des dominés (par opposition aux élites) ? Celle des laïques (par opposition aux clercs) ? Cette indécision traduit sans doute le fait que les historiens ont accepté comme définition de la religion populaire celle qu'en avaient les hommes d'Eglise. L'opération réalisée par les théologiens ou les clercs au Moyen Age, et, plus encore, aux temps forts de la réforme catholique, est double : désigner comme irréductibles au christianisme licite tout un corps de pratiques et de croyances, et qualifier de « populaires » ces pratiques et croyances tenues pour superstitieuses. En reprenant à leur compte le tri et l'attribution, les historiens ont donc en fait reproduit la coupure inventée par les clercs pour imposer leur propre définition de la religion légitime.

Identifier clairement les lecteurs de la Bibliothèque bleue n'est pas non plus une tâche aisée. Depuis la redécouverte des livrets du fonds troyen en 1964, trois hypothèses ont pu être formulées. La plus classique, suggérée par Robert Mandrou, leur attribue le peuple pour public. Sur la base de quelques textes (rares au demeurant) permettant de postuler une lecture publique lors des veillées, est affirmé « l'usage essentiellement populaire » de cette littérature vendue par colportage.

Deux séries d'arguments ont pu faire douter de cette première interprétation. Tout d'abord, la vente par colportage n'implique pas d'elle-même des acheteurs populaires. Dans la France des XVIIe et XVIIIe siècles, le colporteur de livres est avant tout une figure urbaine dont la clientèle n'est point forcément différente de celle des libraires. En province, il pallie l'absence de boutique pour les lecteurs potentiels des petites cités et des bourgs ; à Paris, il porte sous le manteau les livres prohibés imprimés sur le pourtour du royaume. Par ailleurs, nombreux sont les textes qui indiquent la présence des livrets bleus dans la bourgeoisie moyenne et petite. Almanachs et pronostications sont souvent cités par les petits notables qui tiennent un livre de raison, et chez Molière leur lecture comme celle des « contes bleus » sert à caractériser une bourgeoisie où l'aisance matérielle va de pair avec l'arriération culturelle. La Bibliothèque bleue constituerait donc la lecture d'un public ni lettré ni populaire, composé à la ville par les bourgeois rentiers, les marchands, les artisans fortunés, dans les bourgs et les campagnes par les petits officiers et les plus riches des fermiers et laboureurs.

Ou bien on peut encore penser que les livrets bleus n'ont pas de public propre mais qu'ils sont la lecture partagée de différents groupes sociaux, présents chez les grands et les humbles, susceptibles de divers déchiffrements, du simple repérage des signes à la lecture courante. En tout cas, il ne semble plus guère possible d'assimiler Bibliothèque bleue et culture populaire, ni de considérer que l'inventaire des titres imprimés à Troyes peut livrer, tout immédiatement, la culture des dominés.

Il n'est donc pas aussi simple qu'on le penserait de qualifier un niveau culturel spécifiquement populaire à partir d'un ensemble de textes ou de pratiques religieuses. Il y a plus. En effet, toutes les formes culturelles où les historiens avaient cru reconnaître la culture du peuple apparaissent aujourd'hui comme des corpus mixtes intriquant des éléments d'origines fort diverses. Il en va ainsi de la Bibliothèque bleue qui assemble cinq types de textes :

1) La littérature de dévotion, dans sa forme hagiographique traditionnelle mais aussi dans ses modalités neuves portées par la réforme catholique qui multiplie guides et exercices pour une piété nouvelle ;
2) Un fonds de textes médiévaux (en particulier des romans de chevalerie) qui ont été écartés de la culture des élites savantes au XVIe siècle et fixés par l'imprimé au moment même de leur disqualification culturelle ;
3) Des textes littéraires des XVIe et XVIIe siècles (Quevedo, Corneille, Scarron, les Perrault, etc.) adaptés pour les besoins d'une « édition de masse » ;
4) Des textes de création et de circulation orales (contes, chansons, cantiques) mais qui ne sont pas forcément populaires et qui étaient déjà imprimés avant que les éditeurs troyens ne s'en emparent ;
5) Des livres de pratique passés dans le catalogue troyen dès que se trouve expiré le privilège de leur premier éditeur.

C'est sur cet ensemble composite que « travaillent » les faiseurs de livrets bleus, vrais professionnels de l'écriture, qui découpent, remanient, simplifient pour atteindre un public autre que celui de la littérature savante — ce qui ne veut pas dire pour autant qu'il est populaire. Le plus souvent, les livrets de la Bibliothèque bleue résultent donc de la transformation de textes savants, réécrits pour être lus par des lecteurs qui ne le sont pas.

Observée de près, la religion « populaire » montre de semblables imbrications culturelles. D'une part, il est bien clair que la culture folklorique, qui lui donne son socle, a été profondément travaillée par l'institution ecclésiastique qui non seulement a interdit, réglementé, épuré les comportements collectis (processionnaires ou festifs par exemple) contraires à la décence ou à la croyance légitime, mais plus profondément a fait condamner les pratiques hors les normes par ceux-là mêmes qui les vivaient. C'est ainsi que la réforme catholique a peut-être été avant tout la progressive imposition à toute une société de la manière dont les clercs pensaient le licite et l'illicite, le religieux et le superstitieux, le chrétien et le diabolique. « Populaire » ou pas, la religion du plus grand nombre a été marquée par ce travail de censure visant à faire intérioriser par chacun le système de représentations construit par l'institution.

Mais un tel constat ne doit pas conduire à annuler le vécu collectif dans le texte du discours normatif qui veut le régler. Les nouveaux modèles de spiritualité proposés aux fidèles par le clergé n'agissent pas comme des conditionnements impératifs. Dans la piété collective, l'acceptation des dévotions inédites s'accompagne toujours de remaniements, de débordements, de subversions. C'est ainsi que la dévotion au Saint Sacrement, imposée par la pastorale et l'iconographie post-tridentines, a été fortement contaminée par l'antique culture des reliques et transformée par une demande d'extériorisation réclamant des gestes manifestes (l'exposition, la bénédiction, la procession); ainsi que la dévotion au Rosaire a repris en charge les significations traditionnelles du culte de la Vierge protectrice et miséricordieuse. Le jeu entre l'institution et le collectif, entre le modèle normatif et le vécu communautaire est donc toujours à double sens, ce qui rend impossible toute caractérisation sociale simple des formes qui en résultent. La religion « populaire » est tout ensemble acculturée et acculturante : on ne peut donc l'identifier ni comme radicalement distincte de la religion des clercs ni comme totalement modelée par elle. Il est sans doute vain, en conséquence, d'essayer de reconnaître la culture populaire à partir de la distribution, supposée spécifique, de certains objets ou codes culturels. Autant que la répartition de ceux-ci, toujours plus complexe qu'il n'y paraît à première lecture, importe en effet leur appropriation différentielle par les groupes ou les individus.

De là, le nécessaire repérage de représentations et de pratiques d'emplois et d' « arts de faire », caractérisés dans leurs différences, identifiés comme l'expression d'horizons culturels contrastés. De là, aussi, une révision de la notion même de consommation culturelle. Celle-ci, populaire ou non, est toujours, dans le même temps, une production, créatrice d'utilisations ou de représentations aucunement réductibles aux intentions des producteurs de textes ou de normes. La consommation culturelle n'est point passive, dépendante et soumise mais toujours située dans une distance créatrice, et possiblement résistante, vis-à-vis des modèles qui lui sont proposés.

A partir de ce constat, peut être proposé un réexamen des principes mêmes qui fondent la périodisation admise des rapports entre culture dominante et traditions « populaires ». Celle-ci considère, en effet, la première moitié du XVIIe siècle comme le temps d'une césure majeure, opposant très fortement un âge où la culture populaire était vive, libre, multiple, et un autre où, disqualifiée, elle se voit soumise et réprimée. Ce schéma a paru pertinent pour rendre compte de la trajectoire culturelle de la France d'Ancien Régime : après 1600, les actions conjuguées de l'Etat absolutiste, centralisateur et unificateur, et de l'Eglise de la réforme catholique, répressive et acculturante, auraient étouffé ou refoulé l'invention créatrice, l'exubérance festive d'une ancienne culture du peuple. En imposant des disciplines inédites, en inculquant des dévotions neuves, en répandant par la parole et l'écrit de nouveaux modèles de comportement, l'Etat et l'Eglise détruiraient en ses racines et ses équilibres une manière traditionnelle de voir et vivre le monde (R. Muchembled). En des termes peut-être moins abrupts, l'examen des formes de la culture populaire à l'échelle de l'Europe d'entre 1500 et 1800 a conduit à des conclusions semblables. Si dès le XVIe siècle, voire dès le XVe, les clercs réformateurs s'efforcent de déraciner les pratiques religieuses considérées comme superstitieuses ou hétérodoxes, c'est bien à la mi-XVIIe siècle que peut être diagnostiqué le triomphe des nouvelles normes. A un temps de conflits et d'affrontements entre deux éthiques opposées, celle de la tradition et celle des réformes, succède une époque où la culture du plus grand nombre est tout ensemble épurée et méprisée, dénaturée et rejetée (P. Burke).

Une telle périodisation, qui distribue de part et d'autre d'un demi-siècle charnière la splendeur et la misère de la culture populaire, doit-elle être reçue sans critique ? Sans doute pas, et pour plusieurs raisons. Tout d'abord, il est net qu'elle réitère pour l'âge moderne une opposition reconnue dans d'autres temps. Ainsi de part et d'autre du XIIIe siècle où une remise en ordre théologique et scientifique, éthique et philosophique, éloigne culture savante et traditions folkloriques, censure les pratiques tenues pour superstitieuses ou déviantes, constitue en objet distant, attirant ou redoutable, la culture des peuples (J.-C. Schmitt). Ainsi avant et après les cinq décennies qui séparent en France la guerre de 1870 et celle de 1914 et qui ont été considérées comme le temps privilégié du désenclavement et de l'effacement d'une ancienne manière d'être paysanne, comme la période décisive pour l'intégration (donc la destruction) des cultures traditionnelles, cloisonnées, dans une culture nationale, à la fois unifiante et modernisée (E. Weber). Ainsi en amont et en aval de l'imposition après la seconde guerre mondiale d'une « culture de masse » portée par les nouveaux médias et supposée avoir détruit une culture ancienne qui était créatrice et non pas consommatrice, plurielle et non pas uniforme, rebelle et non pas aseptisée. De là, sans doute, la quête éperdue de ce patrimoine perdu dont les mémoires et les objets, les récits et les autobiographies conservent la trace.

Cette récurrence d'une même manière de penser le temps en contrastant de part et d'autre d'une époque charnière (le XIIIe siècle, le premier XVIIe siècle, la période 1870-1914, les années 50) vitalité et effacement de la culture qualifiée de populaire peut amener à deux constats. Le premier invite à reconnaître dans cette construction en diptyque la force d'un schème intellectuel qui fait penser toute évolution de civilisation comme une succession nécessaire entre un âge d'or et une décadence, un apogée et un déclin. Le second conduit à caractériser les rapports noués entre la culture légitime et dominante et celle du peuple comme une alternance de tolérances et de tensions. La trajectoire n'est pas uniforme et il convient de ne pas dater de telle ou telle époque l'étouffement ou le refoulement, inexorable et sans retour, des traditions populaires. Tout au contraire, pour celles-ci se succèdent au fil des siècles, temps de contrainte et temps de libertés, offensives acculturantes et répits.

Mais il y a plus. C'est en effet le contraste, qui paraît évident, entre formes imposées et créations spontanées qu'il faut questionner. Il y a vingt-cinq ans déjà, le sociologue anglais Richard Hoggart mettait en garde contre une perspective qui dotait la nouvelle culture de masse d'une puissance telle qu'elle aurait pu imposer, sans distance ni résistance, les messages qu'elle véhiculait. Dans l'Angleterre des années 50, en effet, la culture du peuple, loin d'être identifiable à la culture de masse, lui paraissait caractérisée avant tout par une relation de défiance et de défense à l'égard des messages dominants. Journaux à grand tirage, chansons, annonces publicitaires, romans-photos, horoscopes sont toujours l'objet d'une « attention oblique » ou « distraite » qui les lit avec distance et méfiance et d'une « adhésion à éclipses » qui fait croire et ne pas croire, qui fait adhérer à la véracité de ce qui est lu (ou entendu) sans pourtant faire disparaître le doute vis-à-vis de cette authenticité. Les médias modernes n'imposent donc pas, comme on l'a cru trop vite, un conditionnement homogénéisant destructeur de l'identité populaire qu'il faudrait rechercher dans le monde que nous avons perdu.

C'est sans doute en des termes analogues que doit être comprise l'attitude populaire vis-à-vis de la culture contre-réformée et absolutiste des XVIIe et XVIIIe siècles. La volonté d'imposition des modèles n'annule pas l'espace propre de leur réception. Après avoir longuement décrit les normes, les disciplines et les textes qui devaient soumettre le peuple, les historiens ne doivent point croire qu'ils l'ont réellement soumis, totalement et universellement, mais, au contraire, postuler qu'il subsiste entre le vécu et la norme un écart où peuvent s'insinuer reformulations et détournements. A la quête, souvent déçue, d'une culture spécifiquement et exclusivement populaire doit donc être substituée l'identification des usages culturellement différenciés de matériaux communs.

● BIBLIOGRAPHIE. — *1 | Sur la Bibliothèque bleue* : R. MANDROU, *De la culture populaire aux XVIIe et XVIIIe siècles. La Bibliothèque bleue de Troyes*, Paris, Stock, 1964 et 1975; H.-J. MARTIN, Culture écrite et culture orale, culture savante et culture populaire dans la France d'Ancien Régime, *Journal des Savants*, juillet-décembre 1975, p. 225-282; J.-L. MARAIS, Littérature et culture « populaires ». Réponses et questions, *Annales de Bretagne et des Pays de l'Ouest*, 1980, n° 1, p. 65-105; R. CHARTIER, Stratégies éditoriales et lectures populaires, 1530-1660, *Histoire de l'Edition française*, Paris, Promodis, t. I, 1982, p. 598-602, et Livres bleus et lectures populaires, 1660-1780, *Histoire de l'Edition française*, t. II, 1984, p. 498-511.

2 | Sur la religion populaire : J.-C. SCHMITT, Religion populaire et culture folklorique, *Annales ESC*, 1976, p. 941-953; *La Religion populaire*, Paris, Ed. du Centre national de la Recherche scientifique, 1979; M. H. FROESCHLE-CHOPARD, *La religion populaire en Provence Orientale au XVIIIe siècle*, préface de A. DUPRONT, Paris, Beauchesne, 1980; C. GINZBURG, *I Benandanti. Stregoneria e culti agrari tra Cinquecento e Seicento*, Torino, Einaudi, 1966, trad. franç. Ed. Verdier, 1980.

3 | Sur la périodisation des rapports entre culture dominante et culture populaire : R. MUCHEMBLED, *Culture populaire et culture des élites dans la France moderne (XVe-XVIIIe siècle)*. Essai, Paris, Flammarion, 1978; P. BURKE, *Popular Culture in Early Modern Europe*, Harper Torchbooks, 1978; J.-C. SCHMITT, Les traditions folkloriques dans la culture médiévale. Quelques réflexions de méthode, *Archives des Sciences sociales des Religions*, 52/1, 1981, p. 5-20; E. WEBER, *Peasants into Frenchmen. The Modernization of Rural France, 1870-1914*, Stanford University Press, 1977.

4 | Sur les « arts de faire » populaires, du XVIe au XXe siècle : N. Z. DAVIS, *Society and Culture in Early Modern France*, Stanford University Press, 1975, trad. franç., Aubier/Montaigne, 1979; C. GINZBURG, *Il formaggio e i vermi. Il cosmo di un mugnaio del'500*, Torino, Einaudi, 1976, trad. franç., Flammarion, 1980; D. ROCHE, présentation du *Journal de ma* *vie* de Jacques-Louis Ménétra, compagnon vitrier au XVIIIe siècle, Paris, Montalba, 1982; R. Hoggart, *The Uses of Literacy*, 1975, trad. franç. *La culture du pauvre*, Paris, Ed. de Minuit, 1970; M. de Certeau, *L'invention du quotidien*, I. *Arts de Faire*, Paris, uge, « 10/18 », 1980.

▶ Corrélats. — Alphabétisation, Colportage, Sociale (Histoire).

R. Chartier.

Cunéiforme

L'adjectif, quelquefois substantivé, « cunéiforme » (« en forme de coin »), emprunté au vocabulaire de l'anatomie (première attestation au sens nouveau : Cl.-M. Gattel, *Dictionnaire universel portatif de la langue française*, Lyon, 1813) désigne aujourd'hui trois systèmes graphiques :

1 / *L'écriture mésopotamienne*. — Cette écriture inventée à Ourouk (auj. Warka, Iraq) vers — 3200 était d'abord « nucléaire » : ses quelque 900 signes représentaient des concepts nus à l'exclusion de tous autres éléments. A partir de — 2800, le système dérivé, en usage jusqu'au Ier siècle de notre ère, pouvait noter toute la chaîne parlée, grâce à environ 400 signes, pris, au choix, comme idéogrammes ou comme syllabes, imprimés par un calame dans de l'argile molle ou plus rarement de la cire, d'où le nom. Il servit au sumérien et à l'assyro-babylonien (Mésopotamie : III-Ier millénaire; Levant : IIe millénaire). à des langues indo-européennes (Anatolie : IIe millénaire) et agglutinantes (Syrie : IIIe-IIe millénaire; Iran et Anatolie : IIIe-Ier millénaire). Il a été transposé tel quel sur pierre, métal, ivoire. Appeler « cunéiformes » les dessins encore linéaires archaïques est commode et admissible puisqu'il s'agit de l'état ancien de cette écriture.

2 / *L'alphabet ougaritique*. — Mis au point au milieu du IIe millénaire à Ougarit (auj. Ras Shamra, Syrie) pour la langue locale, utilisant les techniques graphiques de 1 (calame et argile), c'est un alphabet consonantique de 30 lettres, le premier connu. Il disparut avec Ougarit au début du XIIe siècle.

3 / *Le syllabaire achéménide*. — Ce syllabaire (avec encore 6 idéogrammes) avait été créé à l'imitation de 1 par les Perses pour leurs inscriptions monumentales et fut utilisé du VIe au IVe siècle.

Pour éviter toute confusion, il convient d'éviter l'emploi de « cunéiforme » sans précision pour 2 et 3 et le réserver pour 1.

Grotefend établit en 1802 le caractère alphabétique de l'écriture achéménide (ci-dessus : 3) en se fondant sur les noms propres et Rawlinson acheva le déchiffrement en 1837. Ainsi pourvus d'une traduction de l'inscription de Béhistoun (Iran), Hinks et Rawlinson découvrirent les principes de la version, parallèle, babylonienne (ci-dessous : 1) et Oppert démontra en 1855 que ce système était l'invention d'une civilisation beaucoup plus ancienne qu'on finit par appeler « sumérienne » et que les fouilles de Tello (Iraq) révélèrent une vingtaine d'années plus tard. Alors, le déchiffrement était généralement considéré comme acquis malgré d'illustres résistances (celles de Gobineau ou de Renan) et sa validité fut prouvée en 1902 par des textes où le cunéiforme était transcrit en caractères grecs.

Le premier éditeur des documents ougaritiques (ci-dessus : 2), Virolleaud émit immédiatement la double hypothèse en 1929 qu'ils étaient alphabétiques et d'une langue sémitique. A partir de courtes formules stéréotypées de dédicaces, Bauer et Dhorme proposèrent simultanément les valeurs exactes des lettres et une table de correspondance avec des signes cunéiformes (ci-dessus : 1), exhumée ensuite à Ras Shamra, montra la justesse de leurs propositions pour 2.

● BIBLIOGRAPHIE. — Catalogue de l'exposition : *Naissance de l'écriture. Cunéiformes et hiéroglyphes*, Grand-Palais, 7 mai-9 août 1982, Paris, 1982; D. O. EDZARD, Keilschrift, *Reallexikon der Assyriologie und vorderasiatischen Archäologie*, V, p. 544-568.

D. ARNAUD.

Cycle

Associé à l'idée d'une histoire éternel recommencement, la notion de cycle ne pouvait qu'avoir mauvaise presse auprès de ces chantres du progrès humain qu'étaient les historiens positivistes. Aussi est-ce parmi les économistes que l'observation permit d'abord d'isoler des mouvements périodiques et d'amplitude régulière : les cycles.

C'est à l'ouvrage de C. Juglar, *Des crises commerciales et de leur retour périodique en France, en Angleterre et aux Etats-Unis* (1862), qu'il faut attribuer la découverte du premier cycle observé d'une durée de huit à onze ans. Par la suite les économistes développent au cours du XXe siècle leurs observations. L'analyse du mouvement des prix aboutit à la découverte des cycles de Kitchin (à peu près quarante mois), du cycle de Kondratieff (cinquante ans) et même des hypocycles de dix-huit mois identifiés par les chercheurs du *National Bureau of Economic research* américain. Des prix la pensée cyclique s'est étendue à l'analyse du mouvement des stocks (Abramowitz) ou aux fluctuations du cycle de la construction (Hansen).

Ce sont les travaux de François Simiand, recoupant ceux de Kondratieff, qui fournissent son premier cadre cyclique à l'histoire économique avec la succession de cycles d'expansion et de récession (phase A et phase B); adaptant la démarche de Simiand à l'étude de l'Ancien Régime Ernest Labrousse place l'étude des cycles au cœur de l'histoire économique française. Reposant sur l'étude des prix, la mesure économique la moins mal connue avant l'ère des comptabilités nationales, l'étude des cycles est alors indissociable de la mise en perspective historique de la crise de 1929. Avec la *Crise de l'économie française à la fin de l'Ancien Régime* (1944) l'étude des cycles, de la conjoncture, converge vers l'explication d'une crise d'Ancien Régime typique. L'élévation des prix agricoles entraîne la baisse des revenus des ruraux et des citadins, accroît la part des dépenses consacrées à l'alimentation et entraîne la perte de débouchés industriels. Seuls les vendeurs de céréales (grands fermiers, percepteurs de dîmes et de droits seigneuriaux) échappent à ce retournement qui caractérise le début d'une phase B d'un cycle de Simiand. Dans ce cas, population et climat sont les deux paramètres qui commandent l'offre et la demande d'un mécanisme cyclique dont E. Le Roy Ladurie a montré les traits malthusiens.

Dans cette perspective, le passage à l'ère industrielle consiste en un changement du premier moteur des phénomènes cycliques puisque « les économies ont les crises de leur structure » (E. Labrousse). Dans ce schéma de moyenne durée, E. Labrousse, puis l'école historique française intègrent les cycles de Juglar rejoignant ainsi les tentatives d'harmonisation des différents cycles des prix entreprises par des économistes comme Schumpeter.

L'extrême fortune de cette conception de l'histoire économique tient à plusieurs facteurs : d'une approche technique moins rebutante que l'économétrie, d'une grande efficacité, elle coïncide de plus avec la vision marxiste d'un capitalisme ébranlé par des crises périodiques de plus en plus dures.

En France, l'analyse des cycles mène à une histoire de la conjoncture qui constitue le fil d'Ariane des travaux d'histoire économique depuis E. Labrousse et J. Meuvret jusqu'à P. Chaunu ou E. Le Roy Ladurie. D'autre part le recours aux courbes pour déceler les cycles des prix a servi de modèle pour l'histoire démographique, voire l'anthropologie historique. Ultime conséquence, la pensée cyclique entraîne l'historien dans le domaine de l'analyse sérielle qui transforme les règles du « métier ».

Cependant chez les historiens, comme chez les économistes, cette démarche bute sur ses propres limites : comment concilier l'analyse des cycles et l'évolution du *trend* séculaire ou pluri-séculaire ? Les oscillations répétées des cycles tendant à gommer les mutations. Cette difficulté pour articuler cycle et croissance n'a pas de graves conséquences pour étudier le « monde plein » des XVIe, XVIIe, XVIIIe siècles qui servit de laboratoire à l'histoire économique cyclique. En revanche cette difficulté théorique frappe quand on étudie les périodes de croissance qu'il s'agisse du XIIe-XIIIe siècle ou du XIXe-XXe siècle.

D'autre part l'analyse des cycles exclut l'intervention de facteurs exogènes, bouleversant totalement le mécanisme des échanges, ce qui supprime les possibilités de mutation. Ainsi le schéma de Simiand, ignorant les politiques macro-économiques nées pour affronter la crise de 29, exclut la possibilité d'une crise dans un contexte de hausse des prix (stagflation).

Ces limites de la pensée cyclique ont parfois suscité une remise en cause totale des paradigmes sur lesquels l'histoire économique française et occidentale a fondé un demi-siècle de travaux. Mais, en dépit de ces réserves, en dépit du caractère parfois plus descriptif qu'explicatif de l'analyse des cycles, c'est bien par ce biais que l'histoire a pu aborder l'économique et le quantitatif.

● BIBLIOGRAPHIE. — J. BOUVIER, Feu François Simiand ?, *Annales ESC*, 1973, 5; E. LABROUSSE, *Esquisse du mouvement des prix et des revenus*, Paris, 1933; E. LE ROY LADURIE, *Les paysans du Languedoc*, Paris, 1966; M. LÉVY-LEBOYER, L'héritage de F. Simiand..., *Revue historique*, 1970, 1; F. SIMIAND, *Recherches anciennes et nouvelles sur le mouvement général des prix du XVIe au XIXe siècle*, Paris, 1933.

▶ CORRÉLATS. — Climat, Démographie historique, Economie (Histoire économique), Labrousse, Simiand.

O. DUMOULIN.

Datation

Si la chronologie constituait pour les historiens positivistes la colonne vertébrale du récit historique, la datation en est l'auxiliaire indispensable. Dater, c'est tout d'abord l'une des premières étapes de la méthode critique pour discriminer le vrai et le faux; d'autre part, la datation assigne une place au fait historique dans la suite des événements dont la reconstitution a longtemps été le seul objet de la science historique.

En dépit de l'évolution des conceptions historiques, bien que la Quellenforschung tienne une moindre place qu'auparavant dans la littérature historique, la datation continue à conférer une partie de leur sens aux faits.

Selon la nature des documents et des sources, chaque période use de techniques spécifiques. Ainsi l'histoire ancienne et surtout l'archéologie ont d'abord procédé à des datations grâce à la stratigraphie et à l'épigraphie; puis la reconstitution de types d'objets, de styles a permis de regrouper chronologiquement les trouvailles. Enfin là où les sources littéraires sont muettes ou inexistantes la mise au point de procédés comme le carbone 14 (par Libby en 1946) ou l'analyse de la thermo-luminescence permettent de restituer une datation absolue.

L'histoire médiévale s'est très tôt dotée d'un arsenal de techniques auxiliaires, diplomatique, paléographie, qui n'avaient pas toutefois le degré de précision auquel prétendait un directeur de l'Ecole des chartes affirmant dater une écriture à vingt ans près! A ces « sciences auxiliaires » se sont ajoutées la linguistique, l'étude chimique des supports matériels pour les textes ou les œuvres d'art.

La datation en histoire moderne et contemporaine recourt beaucoup plus à la critique interne et proprement historique des faits et des documents. D'autre part le déclin d'une histoire événementielle pointilliste a ôté de leur vigueur à certains débats sur la datation.

● BIBLIOGRAPHIE. — Pour la doctrine positiviste en la matière : Ch.-V. LANGLOIS et Ch. SEIGNOBOS, *Introduction aux études historiques*, Paris, 1897.

▶ CORRÉLATS. — Anachronisme, Chronologie, Périodisation.

O. DUMOULIN.

Décadence (Notion de)

Depuis l'Antiquité en passant par le grand livre de Gibbon sur la chute de l'Empire romain, la notion de décadence fait partie intégrante de la grille d'analyse que les historiens appliquent à l'étude des sociétés et des civilisations. C'est l'utilisation de ce concept, plutôt que sa valeur intrinsèque, qui retient aujourd'hui l'attention.

Au cours d'un XIXe siècle tendu vers un progrès permanent de la « Civilisation » grâce au règne de la raison et de la science, la notion ne s'applique qu'aux sociétés du passé et ne trouvent que peu d'écho auprès des historiens positivistes préoccupés par la genèse des états-nations. De façon très symptomatique, c'est « l'idole des origines » qui obsède alors la science historique. Mais la première guerre mondiale sonne le glas de l'optimisme béat. Paul Valéry découvre que les « civilisations sont mortelles » et les études historiques redécouvrent la décadence et le déclin des civilisations. Oswald Spengler dresse dès 1919 le tableau du *Déclin de l'Occident*, stade inéluctable de l'achèvement d'une civilisation qu'il compare à la fin de l'époque hellénistique. Le géographe Albert Demangeon dresse le constat clinique du *Déclin de l'Europe* au même moment. A partir de 1934 Arnold Toynbee élabore un modèle de vie et de mort des civilisations qui fait de la décadence l'issue inéluctable et toujours répétée d'une histoire presque aussi cyclique que celle des anciennes annales chinoises.

Le traumatisme engendré par la crise économique de 1929 accroît indéniablement la fascination pour les civilisations moribondes, ce que traduit à merveille en 1932 la mauvaise traduction du titre de l'œuvre maîtresse de J. Huizinga *(Le déclin du Moyen Age)*. Persuadés de vivre une décadence, les historiens de l'entre-deux-guerres projettent souvent dans le passé leur désarroi présent.

Paradoxalement cette même période donne naissance aux différentes réflexions qui remettent en cause la validité de la notion de décadence comme instrument de l'analyse historique. Le changement de regard sur le Bas-Empire romain est l'un des indices de cette remise en cause. Traduisant *Spätantik* par antiquité tardive, H.-I. Marrou récuse tout jugement de valeur qui ferait des IIIe, IVe et Ve siècles le reflet d'une romanité pervertie et abâtardie. Il s'agit tout au contraire de déceler, dans une période de transition, les indices de la mutation qui mène du monde antique à la société chrétienne et médiévale. Mais ce changement de perspective qui transforme la vision des crises de civilisation n'est pas exempt de jugement de valeur.

Aussi est-ce sans doute l'essor de l'histoire quantitative qui a le plus contribué à disqualifier la notion de décadence, à lui ôter toute valeur heuristique.

Reposant sur le postulat implicite d'un équilibre idéal des civilisations (l'apogée) dont la décadence aurait été le contraire, ce mode de pensée reflète une conception des systèmes vivant aujourd'hui abandonnée : l'apogée d'une société correspondrait à un repli sur soi alors que la décadence serait la perte de l'homogénéité d'une civilisation. Le regard contemporain de la biologie et de l'étude des systèmes vivants met au contraire en valeur l'importance de l'adaptation aux changements extérieurs. Si la notion de décadence devait être préservée peut-être faudrait-il alors inverser les termes d'apogée et de décadence tels que l'historiographie les a utilisés jusqu'à nos jours.

● BIBLIOGRAPHIE. — O. SPENGLER, *Le déclin de l'Occident*, 1918-1922; A. TOYNBEE, *A Study in History*, 1934; H.-I. MARROU, *Décadence romaine ou antiquité tardive*, Paris, 1977; P. CHAUNU, *Histoire et décadence*, 1981.

▶ CORRÉLATS. — Gibbon, Huizinga, Marrou.

O. DUMOULIN.

Démographie historique

Le terme de « démographie historique » semble avoir été utilisé pour la première fois en 1933 au VIIe Congrès international des Sciences historiques, où J. Bourdon présenta une communication intitulée *Les méthodes de la démographie historique*. Dans l'esprit de son auteur, l'expression était encore synonyme d'histoire des populations; et il en est de même pour le célèbre ouvrage de R. Mols : *Introduction à la démographie historique des villes d'Europe au XIVe au XVIIIe siècle*, dont les trois tomes parurent de 1954 à 1956.

Or c'est juste à ce moment que se constitue la démographie historique à proprement parler. Elle naît à l'Institut national d'Etudes démographiques où L. Henry, ayant entrepris de mieux mesurer la fécondité et cherchant une référence dans les populations du passé, n'avait pas tardé à constater que les anciennes statistiques étaient peu utilisables; il met alors au point, avec le concours de l'historien M. Fleury, une « méthode de dépouillement et d'exploitation de l'état civil ancien » (1956). Il s'agissait de relever, dans un cadre villageois, tous les actes figurant dans les registres de catholicité, de les regrouper par patronymes, et de constituer des fiches de famille comportant, pour les parents et leurs enfants, les dates et lieux de baptême, mariage et sépulture. Les fiches étaient classées par catégorie en fonction de la qualité des données, selon que les dates de mariage et de fin d'observation étaient connues ou non. On pouvait dès lors en tirer toutes sortes de tableaux statistiques : fécondité des femmes en fonction de leur âge au mariage et de leur âge actuel (ou de la durée d'union), distribution des couples selon le nombre d'enfants nés en cinq ans de vie conjugale, descendance effective et descendance théorique, âges moyens à la maternité et à la dernière maternité, distribution des intervalles entre mariage et première naissance, puis entre naissances ultérieures, etc.

Une première démonstration, fondée sur les généalogies de la bourgeoisie genevoise publiées par A. Choisy, parut en 1956; mais la grande révélation fut la monographie paroissiale de Crulai, publiée en 1958, qui constitua dès lors un modèle.

L'idée de reconstituer les familles n'était pas entièrement nouvelle : sans même parler des généalogistes, on peut noter que, dès 1907, l'historien allemand O. K. Roller avait fondé sur elle son étude de la petite ville de Durlach; qu'en 1928 le généticien W. Scheidt avait mis au point un système de tableaux généalogiques par dépouillement des registres paroissiaux; et qu'en 1942 le démographe suédois H. Hyrenius avait utilisé des méthodes analogues pour étudier l'histoire des Suédois d'Estonie au XIXe siècle.

Ce qui fit le succès de la méthode Henry, ce fut son caractère hautement scientifique : jamais la mesure n'avait été introduite avec autant de rigueur en histoire sociale ni même en histoire économique; jamais une science humaine n'avait encore atteint un degré d'abstraction et de formalisation comparable à celui de cette « démographie historique ». L'auteur, très attentif à la qualité des données, avait imaginé, pour les contrôler et les corriger, tout un arsenal de techniques qu'il ne cessa de compléter et de perfectionner par la suite (par exemple, celle dite de « récupération des naissances perdues », destinée à apprécier le degré de sous-enregistrement des baptêmes); en outre, en matière de représentativité, il se montrait soucieux jusqu'à l'obsession d'éviter les effets de sélection involontaire connus sous le nom de biais : par exemple il s'interdisait de considérer une naissance tardive comme une « fin d'observation » du couple, afin de ne pas donner priorité aux familles fécondes.

Le retentissement sur la démographie fut énorme : en relevant le « défi des sources », L. Henry avait fait progresser la science. Ne disposant pas de l'arsenal statistique classique, ni même généralement de recensements, n'ayant pas les moyens de mesurer avec précision la population d'un village, ni donc non plus de calculer les indices les plus élémentaires (taux de natalité, de mortalité, etc.), il avait tourné la difficulté en substituant, à la routinière analyse transversale, l'analyse longitudinale où chaque événement était rapporté, non plus à la population présente, mais à un événement précédent (par exemple la date du mariage à celle du veuvage, la date de la première naissance à celle du veuvage, etc.). En outre il introduisait dans les sciences sociales la micro-analyse, fondée sur le couplage de données nominatives, innovation dont l'importance peut être comparée à celle de l'invention du microscope en sciences naturelles.

Ainsi, dès sa naissance, la démographie historique s'est définie moins par son *objet* (les populations du passé) que par ses *sources* (d'abord registres paroissiaux, par la suite rôles d'imposition, actes notariés, etc., tous documents non destinés spécifiquement à l'étude de la population) et par ses *méthodes* (la micro-analyse longitudinale).

La méthode Henry a ainsi permis de produire des statistiques d'un type nouveau, mieux adaptées aux exigences de la démographie contemporaine que celles fournies par les instituts officiels; en contrepartie, elle exige des chercheurs un lourd investissement : reconstituer, sur un siècle, la population d'un village de 500 habitants nécessite environ six mois de travail assidu. Depuis 1970, on a essayé de réduire cet effort en mettant au point des techniques de reconstitution automatique des familles par ordinateur (Montréal, Salt Lake City, Cambridge, Paris, Grenoble, Parme, etc.), mais le processus requiert toujours de multiples interventions manuelles, en raison de la variabilité des noms et des prénoms, si bien que le gain de temps a été moindre qu'on ne l'avait espéré. Aussi, pour la plupart des monographies villageoises a-t-il fallu se contenter de reconstituer quelques centaines de familles (160 pour Crulai, 1 000 pour Meulan). Le faible nombre ne permet pas d'éliminer entièrement les variations aléatoires, ni de pousser très loin l'analyse. C'est seulement depuis 1980 qu'on dispose de fichiers plus gros (Rouen, Vexin français, INED), ce qui laisse espérer qu'on va sortir des sentiers battus.

Inventée par un démographe, la nouvelle discipline séduisit aussitôt les historiens, d'autant plus aisément que l'histoire quantitative était alors à la mode. Depuis quelque temps Jean Meuvret les avait incités à ouvrir, eux aussi, les registres de catholicité pour y mesurer les effets des crises de subsistances, qui lui semblaient pouvoir expliquer, à elles seules, les grandes mortalités du passé. Penché sur cette source, P. Goubert, qui avait conçu dès 1953 l'idée de fiche de famille, en tira des conclusions très neuves sur les comportements des paysans du Beauvaisis : faible fréquence des naissances illégitimes, rareté du célibat, âge tardif au mariage, longueur des intervalles entre naissances. Avec lui la démographie permettait enfin à l'histoire de devenir sociale et populaire : « Ces paysans si Français entraient dans l'histoire par une voie nouvelle, tout autre que la doléance, le rôle de tailles, le droit seigneurial ou le décompte des arpents tenus. Et cette voie s'avérait à la fois plus neuve, plus riche et plus chargée d' "harmoniques" que beaucoup d'autres, plus certaine aussi... ce qui lui conférait comme une séduction supplémentaire, en un temps qui a tant soif de certitudes » (P. Goubert, Vingt-cinq ans de démographie historique, in *Hommage à Marcel Reinhard*).

Ce fut un autre historien, M. Reinhard, qui prit les initiatives décisives en matière d'organisation, assurant ainsi le succès international de la nouvelle discipline. Avec A. Armengaud, il fonda en 1963 la Société de Démographie historique, puis une revue annuelle, qui prit en 1965 le titre d'*Annales de démographie historique*. En quelques années, la méthode Henry fut adoptée dans tous les pays ayant conservé leurs anciens registres d'état civil. Les monographies paroissiales se multiplièrent (plus de 500 pour la France), mais les limites du genre apparurent de plus en plus clairement : caractère formel, abstrait et répétitif des résultats, priorité excessive donnée à l'analyse sur la synthèse, étroitesse du champ d'observation, et surtout impossibilité de suivre le destin des migrants, ce qui contribuait à créer l'impression que l'ancienne France n'était faite que de familles stables et de villages immobiles.

Au cours des années 70, l'attention des historiens se détourna progressivement de la démographie pour se porter sur l'étude des comportements sexuels et familiaux qu'avaient justement révélés et mesurés les études de démographie historique. Dès 1969, l'historien anglais P. Laslett, qui avait fondé cinq ans plus tôt le *Cambridge Group for the History of Population and Social Structure*, avait organisé un colloque international sur la structure des ménages et proposé une typologie des familles. Les premières conclusions, qui présentaient le modèle de la famille réduite comme presque universel, furent vigoureusement remises en question par les anthropologues et par quelques historiens comme L. Berkner, qui introduisirent à cette occasion la notion de cycle familial. Vers la même époque, J.-L. Flandrin, contestant la notion d'ascèse sexuelle générale induite par P. Chaunu et A. Burguière de la faible fréquence de l'illégitimité dans la France du XVIIe et du XVIIIe siècle, proposait une nouvelle histoire de la sexualité. D'autres se lançaient, parfois sans prudence, sur les pistes ouvertes vingt ans auparavant par P. Ariès, et tentaient de renouveler l'histoire des sentiments familiaux. Ainsi naquit l'« anthropologie historique », dont les liens avec la démographie historique semblèrent d'abord se distendre, l'histoire quantitative étant passée de mode. Puis de nouveaux rapports se nouèrent, les historiens démographes ayant pris conscience de la nécessité d'élargir le champ de leur discipline, et les « nouveaux historiens » devenant plus soucieux des problèmes de représentativité. Ainsi les thèmes choisis pour les « Entretiens de Malher », organisés chaque automne depuis 1979 par la Société de Démographie historique, portèrent successivement sur la situation des femmes dans les sociétés traditionnelles, l'attribution des prénoms, mères et nourrissons, etc.

Bien avant 1979, la démographie historique avait d'ailleurs cessé d'être exclusivement fondée sur les monographies paroissiales. Les historiens, entrés en force dans la société, avaient cherché dès 1965 à tirer parti de nouvelles sources, en particulier des rôles d'impôts, et à en organiser l'exploitation sur des bases aussi rigoureuses que celles des registres de catholicité. Ils s'intéressaient à certains aspects de l'histoire des populations qui restaient inaccessibles dans le cadre des études paroissiales : répartition géographique et structure du peuplement (J. Dupâquier), migrations (J.-P. Poussou), évolution du réseau urbain (J.-C. Perrot et B. Lepetit). Ils commençaient à pratiquer la reconstitution des familles en milieu urbain (J.-P. Bardet, A. Perrenoud, A. Fauve-Chamoux). Enfin, sans négliger l'étude de la fécondité, ils s'intéressaient davantage aux autres paramètres démographiques; sous leur impulsion, la commission de démographie historique de l'*Union internationale pour l'Etude scientifique de la population* organisa en 1975, à Montebello (Canada), un colloque sur les grandes mortalités du passé; puis en 1979, à Kristiansand, une réunion dont le thème central fut « mariage et remariage ».

Sur le plan international, la méthode de reconstitution des familles n'a pu s'imposer entièrement : elle apparaissait impraticable dans les pays où l'enregistrement des naissances, mariages et décès était resté lacunaire jusqu'au XXe siècle (Etats-Unis par exemple), difficilement praticable dans ceux où il avait été trop sommaire pour permettre en toute sécurité le couplage des données nominatives. Au Brésil et au Japon, on se rabattit sur l'exploitation des listes nominatives de recensement; aux Etats-Unis et en Angleterre, on réhabilita les méthodes agrégatives, renouvelées grâce au recours aux techniques statistiques les plus modernes (analyse factorielle, rétroprojection, etc.), à l'invention de nouveaux indices (A. J. Coale) et à l'utilisation systématique des modèles. Le groupe de Princeton put ainsi lancer une grande enquête, par pays, sur les étapes de la transition démographique européenne, en s'appuyant sur les modèles de populations stables de A. J. Coale et P. Demeny.

C'est en effet, comme il fallait s'y attendre, dans le domaine de l'histoire des populations que la démographie historique a donné ses résultats les plus spectaculaires. Ils ont été longs à venir, car il fallait éprouver les techniques et dépasser le cadre étroit des monographies paroissiales. A cet égard, la publication des premiers résultats de l'enquête de l'INED, en novembre 1975, a constitué un événement. Fondée sur le dépouillement d'un échantillon représentatif des registres paroissiaux et d'état civil (1 acte sur 500), cette enquête a permis, dans un premier temps, de reconstituer le mouvement de la population française de 1740 à 1829 dans le cadre des frontières de 1870, ainsi que sa répartition par groupes d'âge de cinq en cinq ans, et des tables abrégées de mortalité de dix en dix ans. On découvrit ainsi que la France (dans ses frontières de 1870) avait 24 600 000 habitants au moins en 1740 et 28 100 000 en 1790, ce qui semblait prouver que la croissance démographique y avait précédé la croissance économique. En même temps, L. Henry et J. Houdaille commencèrent à publier les résultats d'une enquête annexe sur l'évolution de la fécondité, fondée sur la reconstitution des familles de 1670 à 1866 dans un échantillon de 40 villages. Sans attendre la publication complète des résultats de ces deux premières enquêtes, J.-N. Biraben en avait lancé une autre sur le mouvement naturel de la population avant 1670, ce qui doit donner une base solide à une histoire générale de la population française, dont l'élaboration est en cours.

En Angleterre, E. A. Wrigley et R. Schofield, s'appuyant sur un agrégat de 530 séries paroissiales colligées par les correspondants bénévoles du *Cambridge Group*, ont pu reconstituer une statistique nationale de naissances et de décès remontant à 1540; appliquant à ces données une méthode de rétroprojection inventée par R. Lee, ils en ont tiré des évaluations historiques de la population totale, du bilan migratoire, et dégagé les grandes lignes de l'évolution de la fécondité et de la mortalité, qu'ils ont comparées aux séries économiques et climatiques disponibles.

Après ce bref bilan des résultats obtenus par la démographie historique au cours des vingt-cinq dernières années, on se doit de noter aussi les points faibles, les lacunes et les problèmes restés sans solution : c'est en effet en fonction des côtés négatifs plutôt que des résultats positifs que doivent se déterminer les futures orientations.

Du point de vue méthodologique, il semble évident que la méthode de reconstitution des familles aurait besoin d'une sérieuse cure de rajeunissement. Inventée pour mesurer la « fécondité naturelle », elle présente le défaut de traiter chaque fiche de couple comme une unité statistique indépendante, sans que les liens entre générations, ni même entre unions successives, soient pris en compte dans l'exploitation. En outre, on est frappé du contraste entre raffinement des techniques et rusticité de l'exploitation statistique; ceci est particulièrement sensible dans les monographies paroissiales françaises, dont les résultats n'ont presque jamais été soumis à des tests de signification, ni à des analyses de variance; par ailleurs, leurs auteurs se sont généralement contenté de calculer des moyennes et des médianes, sans s'intéresser à la distribution des phénomènes, ce qui leur a interdit toute analyse typologique. Enfin, on suggère de recourir beaucoup plus fréquemment à la construction de modèles pour voir comment fécondité, nuptialité et mortalité se combinent en un *système* démographique pour produire soit une croissance, soit un déclin, soit le plus généralement une autorégulation démographique.

On attend aussi un élargissement des champs de la recherche : élargissement géographique, élargissement chronologique — le XIXe reste « le siècle délaissé » —; élargissement heuristique — toutes les sources nominatives doivent maintenant être mises à profit —; et surtout élargissement interdisciplinaire, car on ne progressera désormais dans la compréhension de la mortalité du passé qu'en s'assurant le concours de la médecine, de la biologie et de la génétique.

Mais c'est surtout le renouvellement de l'histoire sociale qui doit devenir désormais le souci permanent des historiens démographes. Il ne s'agit pas seulement d'intégrer les phénomènes de population aux recherches classiques, ni même d'introduire l'analyse différentielle dans les futures monographies — ce qui devient possible avec les gros fichiers —, mais surtout de mettre au service de l'histoire sociale le merveilleux instrument inventé par L. Henry : la micro-analyse nominative longitudinale. Ceci implique, comme déjà signalé, le recours à d'autres sources que l'état civil et les listes de recensement, et surtout une conversion radicale de perspective : pour comprendre les changements sociaux, il apparaît en effet indispensable de suivre, de la naissance à la mort, aussi bien les migrants que les non-migrants. Or, lorsqu'on travaille dans un cadre territorial, les premiers échappent à l'observation. Il faut donc adopter résolument, pour l'étude de la mobilité géographique et sociale, une perspective généalogique, ce qui pose avec une acuité extrême l'éternel problème de représentativité. C'est de la manière dont ces difficultés seront surmontées que dépendra probablement, pour une large part, l'avenir de la démographie historique.

● BIBLIOGRAPHIE. — *Annales de démographie historique* (revue annuelle éditée par l'Ecole des Hautes Etudes en Sciences sociales, Paris); Jacques DUPÂQUIER, *Introduction à la démographie historique*, Paris, Gamma, 1974; Jacques DUPÂQUIER, *Pour la démographie historique*, Paris, PUF, 1983; Etienne GAUTIER et Louis HENRY, *La population de Crulai, paroisse normande*, INED, cahier n° 33, Paris, PUF, 1958; Luciana GRANELLE BENINI, *Introduzione alla demografia storica*, Florence, Nova Italia Editrice, 1974; Louis HENRY, *Manuel de démographie historique*, Paris, Droz, 1967; Pierre GUILLAUME et Jean-Pierre POUSSOU, *Démographie historique*, Paris, A. Colin, 1970; Louis HENRY, *Techniques d'analyse en démographie historique*, Paris, INED, 1980; Thomas H. HOLLINGSWORTH, *Historical Demography*, Ithaca, Cornell University Press, 1969; Arthur IMHOF, *Einführung in die Historische Demographie*, Munich, Verlag C. H. Beck, 1977; J. Dennis WILLIGAN et Katherine A. LYNCH, *Sources and Methods of Historical Demography*, New York, Academic Press, 1982.

▶ CORRÉLATS. — Meuvret, Modèle, Quantitative (Histoire), Sérielle (Histoire), Statistiques.

J. DUPÂQUIER.

Désindustrialisation

L'avènement de nouvelles puissances industrielles est aujourd'hui la cause du déclin industriel d'anciennes villes ou régions comme Tourcoing, la Wallonie, la Lorraine, ou Détroit. La croissance des industries textiles ou automobiles de l'Extrême-Orient et leur victoire sur les marchés internationaux provoquent en effet un déclin économique de ces anciennes zones industrielles, dont les conséquences sociales sont désastreuses.

L'histoire offre de nombreux exemples de désindustrialisation. Déjà au XIXe siècle ce problème préoccupait le gouvernement de la Belgique nouvellement indépendante, car l'ancienne industrie linière flamande qui donnait des moyens d'existence à quelques centaines de milliers de familles était gravement menacée. En effet il serait faux de croire qu'à la veille de la Révolution industrielle, en Angleterre comme en Europe, la division locale, régionale ou mondiale du travail séparait nettement villes artisanales et commerçantes d'une part et campagnes agricoles d'autre part; vie urbaine impliquée dans les échanges interrégionaux d'une part, et vie rurale essentiellement autosuffisante de l'autre. Au contraire, les historiens ne cessent de redécouvrir que les chaumières des campagnes « préindustrielles » d'Europe et d'Asie étaient profondément engagées dans des circuits commerciaux quasiment industriels (voir l'article sur la protoindustrialisation).

Ainsi au XVIIIe siècle, l'Orient (Levant, Chine, Inde, Bengale) exportait des quantités importantes et croissantes de tissus de coton et de soie vers l'Europe, en particulier vers l'Angleterre, qui en réexportait une partie. L'Inde était avant 1790 la plus grande région productrice de tissus de coton, et exportait ses produits dans plusieurs parties du monde, non seulement en Asie, mais en Europe et en Afrique. En 1790 elle employait plus de 6 millions de personnes dans son industrie cotonnière et exportait encore pour 2,5 millions de livres sterling de tissus de coton, dont 1,5 vers l'Angleterre, qui n'en gardait que 0,5 million, le reste étant réexporté. L'Angleterre, qui en produisait alors pour 10 millions de livres, en exportait 3,5 millions.

La Révolution industrielle en Angleterre puis en Europe eut parmi ses effets externes celui d'entraîner un déclin des industries asiatiques. Dès 1830 l'Angleterre produisait 45,5 millions de livres sterling de tissus de coton, et en exportait 22,5. À ce moment l'Inde n'en exportait plus que 0,9 million, dont le tiers pour l'Angleterre. Ainsi en Afrique, les Anglais avaient supplanté les Indiens. En 1820, ils exportaient encore vers la côte occidentale de l'Afrique 53 000 livres sterling de cotonnades indiennes, et 28 000 livres de cotonnades anglaises. En 1835, l'Afrique occidentale n'importait plus que 36 000 livres de cotonnades indiennes, contre 290 000 livres de cotons anglais. La concentration industrielle mondiale ne s'arrêta pas là. Au sein même de l'Europe, alors qu'avant 1800 dans des dizaines de régions, des milliers de paysans se procuraient des revenus supplémentaires en travaillant dans les industries et artisanats à domicile et en confiant à des marchands le soin d'exporter leurs produits, la Révolution industrielle concentra la production dans des fabriques mues par la vapeur et le charbon, ce qui aboutit dans de nombreux cas à la désindustrialisation des campagnes. La Bretagne et l'Irlande perdirent ainsi leur ancienne industrie des toiles de lin tandis que les campagnes champenoises, languedociennes et picardes abandonnaient le travail sur les étoffes de laine. Ainsi, toute la « question sociale » de la condition de la classe ouvrière pendant la Révolution industrielle est incompréhensible et son analyse ne peut ignorer le problème des tisserands et autres artisans-paysans à domicile.

La Révolution industrielle fut autant une désindustrialisation massive, autant une pastoralisation, autant une grande dépopulation des campagnes, qu'une grande construction de fabriques et une croissance des villes. Cette ruralisation des campagnes fut pour ainsi dire le revers de la médaille du phénomène de l'industrialisation.

● BIBLIOGRAPHIE. — François Crouzet, Les conséquences économiques de la Révolution, *Annales historiques de la Révolution française*, vol. 34 (1962), 182-217 et 336-362; François Crouzet, Les origines du sous-développement économique du Sud-Ouest, *Annales du Midi*, vol. 71 (1959), 71-79; A. Armengaud, *Les populations de l'Est-Aquitain au début de l'époque contemporaine. Recherche sur une région moins développée*. Paris, 1961; Peter Kriedte, Proto-industrialization between Industrialization and De-industrialization, in Kriedte et al., *Industrialization before Industrialization*, Paris et Cambridge, 1981, 135-160; E. P. Thompson, *The Making of the English Working Class*, New York, 1963; Maurice Lévy-Leboyer, *Les banques européennes et l'industrialisation internationale dans la première moitié du XIXe siècle*, Paris, puf, 1964; Lucette Valensi, dans *Histoire économique et sociale du monde*, t. 3 : *Inerties et révolutions 1730-1840*, sous la direction de Louis Bergeron, Paris, Colin, 1979; Philippe Pinchemel, *Structures sociales et dépopulation rurale dans les campagnes picardes de 1836 à 1936*, Paris, Armand Colin, 1957; Michel Hau, *La croissance économique de la Champagne de 1810 à 1969*, Paris, Ophrys, 1976; Marian Johnson, Technology, Competition and African Crafts, in

Clive DWERY et A. G. HOPKINS, eds., *The Imperial Impact : Studies in the Economic History of Africa and India*, Londres, 1978; Michael J. TOWMEY, Employment in Nineteenth Century Indian Textiles, *Explorations in Economic History*, vol. 20 (1983), 37-57; Charles TILLY, Flows of Capital and Forms of Industry, *Theory and Society*, vol. 12, 1983, 123-142; Dharma KUMAR, ed., *The Cambridge Economic History of India*, vol. 2 : *C. 1757 - c. 1970*, Cambridge, 1983.

▶ CORRÉLATS. — Crise, Economie (Histoire économique), Proto-industrialisation.

F. MENDELS.

Despotisme éclairé

De la même façon que l'Ancien Régime naquit en mourant, le despotisme éclairé ne vit le jour qu'un demi-siècle après le terme du système qu'il voulait définir. Les élites éclairées de la seconde moitié du XVIIIe siècle n'auraient pas accepté la conjonction incongrue de termes dont le premier signifiait ignorance et le second philosophie nouvelle. Le mot « despotisme », postérieur à « despote » et « despotique », apparut pour la première fois dans le *Télémaque* de Fénelon (1699) et se trouva consacré en 1721 dans le *Dictionnaire de Trévoux*. Il désignait alors les monarchies est-européennes, celles du sultan ou du tsar. Dans l'*Esprit des lois*, Montesquieu définit le despotisme par l'absence de lois fondamentales. Plus tard, dans l'*Essai sur le despotisme*, Mirabeau niait qu'il fût une forme de gouvernement, bien plutôt l'anéantissement de la société. En dépit de quelques tentatives de réhabilitation passant par la notion à succès de « despotisme oriental » ou celle, physiocratique, de « despotisme légal », la connotation resta péjorative, synonyme d'Etat tyrannique et déprédateur.

Si le XVIIIe siècle ne put concevoir le despotisme éclairé comme type de gouvernement, il envisagea la possibilité accidentelle d'un despote éclairé : Voltaire avouait, dans son *Dictionnaire philosophique*, qu' « il s'accommoderait fort d'un despote, pourvu qu'il fût éclairé ». Raynal est d'un avis semblable quand il écrit dans son *Histoire... des deux Indes* que « le gouvernement le plus heureux serait celui d'un despote juste et éclairé ». En revanche, dans ses *Entretiens avec Catherine II*, Diderot craignait l'expérience lénifiante pour une nation libre de « deux ou trois règnes consécutifs d'un despote juste et éclairé ».

En dépit de ces prémisses, c'est à l'école allemande qu'il faut attribuer la paternité de l'expression. Elle apparut en 1847 sous la plume de W. Roscher père qui fit du despotisme éclairé le dernier stade de l'absolutisme monarchique, après la variante confessionnelle de Philippe II et la variante de cour de Louis XIV. Une périodisation semblable se retrouve en 1889 chez R. Koser, en 1932 chez F. Hartung : pour ces auteurs, le despotisme éclairé était un fait allemand; il désignait la perfection de l'absolutisme; son modèle était Frédéric II.

Depuis, le concept s'est étendu dans l'espace. L'école française fit du despotisme éclairé une conséquence politique des Lumières françaises. L'*assolutismo illuminato* inspira les princes italiens, le *despotismo ilustrado* imprégna l'Espagne. Aux côtés des trois « grands », Frédéric II en Prusse, Catherine II en Russie et Joseph II dans les Etats des Habsbourg, il faut ajouter Charles III en Espagne, Pierre-Léopold en Toscane, Maximilien III Joseph en Bavière, Gustave III en Suède... En l'absence de souverain éclairé, on se satisfait d'un ministre, Struensée au Danemark, Pombal au Portugal. Plus récemment, la notion a débordé son demi-siècle d'origine, tant il est vrai qu'il y eut de tout temps des despotes d'esprit ouvert ou bien conseillés, Marc Aurèle, Napoléon et pourquoi pas, l'empereur du Meiji...

Il convient de restituer à la notion sa spécificité de lieu, l'Europe, et de temps, la seconde moitié du xviiie siècle, pour constater, dans un certain nombre d'Etats, « la conjonction de l'utopie philosophique et de la volonté réformatrice en la personne de souverains audacieux » (R. Mandrou). Mais cette conjonction demande explication. Au xviiie siècle, la mode était au roi-philosophe ; que les Lumières puissent exercer leur ascendant sur les monarques et les inciter à faire le bien de leurs sujets, au matériel comme au spirituel, tel était le souhait des esprits éclairés. Voltaire se prit au jeu, qui se voulut l'instituteur de Frédéric II, mais également Diderot et Le Mercier de La Rivière qui firent le voyage de Pétersbourg. L'image du roi-philosophe, aussi ancienne que Platon, mêlée parfois à l'idéal chrétien du prince, sous-tendit la littérature politique du temps, de Fénelon à Voltaire ; ce dernier écrivit en 1769 qu'il fallait faire la révolution « dans l'esprit de ceux qui sont faits pour gouverner ». Et il s'enthousiasmait dans son *ABC* : « Comptez-vous pour peu de choses qu'il y ait aujourd'hui des philosophes sur le trône, à Berlin, en Suède, en Pologne, en Russie... » Les monarques rendirent l'écho : « J'ai fait de la philosophie la législatrice de mon empire » proclamait Joseph II.

En fait, cette conception idéaliste, qui est celle du temps, est remplacée chez les historiens actuels par une approche « par le bas ». Ce qu'ils constatent, c'est que les structures politiques, économiques, sociales et intellectuelles des pays du despotisme éclairé présentaient, par rapport aux Etats de l'Europe occidentale, Angleterre, France, Provinces-Unies, un retard considérable. De ce retard, les souverains du temps étaient conscients ; ils entreprirent de le combler par une politique volontariste de réformes accélérées. Leur premier objectif était de renforcer l'Etat entravé incessamment par une administration empirique, par les autonomies locales, par le privilège aristocratique, par une Eglise, « Etat dans l'Etat ». En second lieu, il convenait de créer de nouvelles sources de richesse dans des pays ruraux aux bourgeoisies embryonnaires. A tous ces souverains le modèle louis-quatorzien demeurait prestigieux, il l'emportait sans peine sur le dangereux constitutionnalisme anglais. Les souverains éclairés furent des bureaucrates, des mercantilistes, des législateurs. Et s'ils eurent un goût indéniable pour les spéculations de l'esprit, encore fallait-il que les principes nouveaux ne ruinassent pas la puissance de l'Etat ; la voix du philosophe ne devait point servir « de trompette à la sédition » (Frédéric II). Si ce constat n'autorise pas à parler de simples jeux intellectuels, s'il faut aussi porter au crédit des souverains éclairés une indéniable tolérance religieuse, il faut reconnaître que l'expérience fut avant tout une tentative de rénovation de la monarchie absolue, une « médecine empirique » opposée à « l'opération chirurgicale » de la Révolution (D. Richet). Avant même 1789, la mort d'un souverain, plus encore la résistance des forces sociales traditionnelles, noblesse et Eglise, firent avorter l'expérience au Portugal, en Prusse, en Espagne ; la grande peur de la

Révolution fit le reste. Mais était-il possible à des souverains absolus de s'attaquer aux bases de la société, noblesse et Eglise, sans saper du même coup leur autorité ? Aussi l'échec final du despotisme éclairé apparaît-il moins comme le résultat d'un assassinat que comme le fruit des contradictions que l'absolutisme ne pouvait plus contenir en son sein, alors que le libéralisme devenait l'idéologie dominante d'une Europe occidentale regardée comme un modèle.

● BIBLIOGRAPHIE. — Pierre CHAUNU, *La civilisation de l'Europe des Lumières*, Paris, 1971; Leo GERSHOY, *L'Europe des princes éclairés*, Paris, 1966; Robert MANDROU, *L'Europe « absolutiste ». Raison et raison d'Etat*, Paris, 1977; René POMEAU, *L'Europe des Lumières. Cosmopolitisme et unité européenne*, Paris, 1966; Pierre FRANCASTEL éd., *Utopies et institutions au XVIIIe siècle. Le pragmatisme des Lumières*, Paris/La Haye, 1963; R. W. HARRIS, *Absolutism and Enlightenment, 1660-1789*, Londres, 1964; F. KOPITZSCH, éd., *Aufklärung, Absolutismus and Bürgertum in Deutschland*, Munich, 1976; E. WINTER, *Barock, Absolutismus und Aufklärung in der Donaumonarchie*, Vienne, 1971; *Les Lumières en Hongrie, en Europe centrale et en Europe orientale*, 5 vol., Actes des Colloques de Mátrafüred de 1971 à 1982, Budapest, 1971 à 1984.

▶ CORRÉLATS. — Ancien Régime, Politique (Histoire), Voltaire.

C. MICHAUD.

Didactique de l'histoire

Il y a la réalité de l'enseignement de l'histoire, et il y a ce qu'il représente pour les adultes. D'un côté, dans un cadre institué et dans des situations vécues, des enfants et des adolescents rencontrent des maîtres, des livres et des exercices, apprennent des connaissances qui ont ou non, pour eux, des enjeux. Des opérations intellectuelles et des processus affectifs se passent, dont se nourrissent éventuellement leur développement cognitif, leur identité, leur socialisation. Dans l'idée qui habite les adultes sont en question d'autres affaires : le rapport d'une société à sa jeunesse, les continuités culturelles, quelques exorcismes verbaux à ces deux titres, les légitimations dont use toute vie sociale, les conflits idéologiques et les projets politiques, l'assise des professeurs... C'est la réalité scolaire qui constitue le champ de la didactique de l'histoire. Les historiens la négligent trop. Une des références majeures de la réflexion didactique est pourtant dans la nature, la maîtrise et l'exercice des savoirs invoqués, et le travail historien lui-même trouverait en retour une précieuse épreuve de vérité dans l'examen des conditions d'exposition, de démonstrativité et de réappropriation des connaissances qu'il produit.

La didactique de l'histoire s'attache aux opérations qui se passent et aux problèmes qui se posent quand on apprend l'histoire, quand on enseigne l'histoire : observer, préparer, conduire ou favoriser ces opérations, formuler et affronter ces problèmes en raisonnant au plus près leurs données mentales et pratiques. En fait, le substantif *didactique* est très inégalement reçu, et son usage n'est pas réglé. La *Didactique psychologique* (Neuchâtel, 1951) de Hans Aebli a sans doute servi sa promotion. En France, où le mot est encore plus mal reçu que la chose, il est lié aux disciplines, à chacune en propre, doublé en cela par *pédagogie*, qui jouit cependant d'une portée bien plus vaste et générale; en outre, *pédagogie* évoque parfois encore une morale pratique de l'instruction, tandis que *didactique* s'accorde à la maîtrise d'apprentissages définis. Le Québec est plus réceptif. En langue anglaise, *didactic* apparaît modérément, mais le propos est bien servi au titre du *teaching* et du *learning*. L'Allemagne cultive le mot et la chose, avec une inspiration plus large : la *Geschichtsdidaktik* déborde sur la connaissance historienne elle-même, et se montre sensible au façonnement d'une « conscience de l'histoire ».

Ce domaine, en un sens, est ancien, et il faut d'abord en souligner la permanence. Bien des alternatives, redécouvertes et exhibées à chaque débat récurrent, sont vieilles et ont déjà nourri la réflexion : histoire événementielle et politique *vs* histoire des faits économiques et de civilisation; descente « naturelle » du temps, ou sa remontée, ou sa rencontre multiple; récit constitué ou méthodes actives; vertus respectives des histoires universelle, nationale, locale... Manuels, cours, usages du document par l'élève... ont un riche passé pédagogique. Un tournant a été pris, cependant, dans les années 50-60. L'ancienne pédagogie de l'histoire a mal vieilli devant trois changements. Le paysage social dans lequel et pour lequel elle avait été conçue a été remanié par la généralisation de l'enseignement secondaire et par la contribution nouvelle et forte des media au bagage commun.

D'autre part, la discipline scolaire qu'est l'histoire a perdu son signalement bien clair de jadis, par évolution de chacun de ses principes constituants et par érosion du consensus largement noué autour d'eux. Elle avait une méthode scientifique de référence, fondée sur l'établissement positiviste des faits, l'Etat-nation et l'avancée de la civilisation pour objets, un sens donné par une conception progressive simple de l'évolution, une scène tenue par l'Occident... toutes choses que ni l'état de la science historique et des sciences sociales, ni l'état du monde, ni celui de nos paradigmes ne corroborent plus. Elle avait aussi une utilité sociale définie par sa contribution à la légitimation d'un ordre qui a été, depuis, soumis publiquement à une plus vive contestation idéologique, et dont les anciennes louanges ont paru moins urgentes ou sonner faux, les temps ayant changé. Ce tableau vaut pour la France et surtout pour son enseignement élémentaire, mais un malaise du même ordre a été ressenti en d'autres lieux, sous des formes spécifiques. Le troisième faisceau de données inédites est fait du progrès de la psychologie de l'enfant et de celle du développement cognitif, du progrès de la psychologie de l'apprentissage, et d'une faveur diffuse pour les valeurs pédagogiques d'autonomie et de créativité... domaines dont les suggestions sont hétérogènes, mais ont pu générer des inspirations complices dans certains contextes. Des novations pédagogiques s'en sont nourries, trouvant en particulier aux Etats-Unis quelques lieux décisifs d'élaboration.

Alors, une vue un peu simple de la spécificité de l'histoire a fait place au sentiment de ses confluences avec d'autres disciplines. L'étude de thèmes et les interrogations de type anthropologique sont apparues aussi formatrices, et non moins historiennes, que le déroulement apparemment continu des ensembles sociopolitiques. Le souci jusque-là presque omniprésent de transmettre les résultats de l'historiographie, les schèmes de la culture politique adulte et la généalogie d'un groupe et d'un ordre a été concurrencé par celui de construire chez l'élève des démarches intellectuelles, des savoir-faire, voire des attitudes... propres à l'histoire et à son usage par le citoyen. La précision dans la définition des « contenus » s'est doublée de celle qui porte sur les « objectifs », ce qui peut signifier quelque rigueur dans l'analyse, la conduite et l'évaluation des apprentissages. On a prôné la démarche inductive, et l'entraînement de l'élève à la résolution de problèmes... Ces nouvelles « entrées » vers l'enseignement de l'histoire, toniques, exigeantes pour le métier d'enseignant, sont restées pratiquement minoritaires — et certaines de leurs critiques, de leurs approbations et de leurs applications demeurent superficielles.

Les finalités de l'enseignement de l'histoire sont à la charnière des façons sociale et didacticienne d'en parler. Les propos officiels ou privés, traditionnels ou modernistes, conformistes ou contestataires... invoquent, à des doses et dans des aveux variés, quatre préoccupations : refléter et transmettre un savoir savant, intégrer et cultiver les jeunes par un bagage de connaissances familières et partagées, contribuer au développement intellectuel, affectif et moral de l'enfant, assurer une formation socialement utile (comprendre le monde, s'y situer, esprit civique ou militant...). Que ces ambitions soient hétérogènes, chacune sans rivage et, sauf la première, non spécifiques à l'histoire, ne fait que donner du pain sur la planche à la didactique.

Mais l'enseignement de l'histoire s'accompagne aussi de rationalisations, qui parient hardiment sur ses effets, et qui tiennent un double langage. L'histoire est connaissance de principe universel, exemple et véhicule de sens critique, elle forme des esprits autonomes capables d'information, de jugement politique, de choix. Du même pas elle est récit fondateur d'identité, elle dit aux enfants les bonnes causes et les bons choix, elle les protège de l'amnésie, elle accomplit le devoir des adultes de reconduire ou de réaliser — à terme — leurs représentations. Sous ces deux plaidoyers, chacun gratifiant, désaccordés sur le fonds mais complémentaires dans l'usage, on peut reconnaître la tension incontournable qui lie l'histoire historienne et les mémoires de groupe, et que la démarche savante elle-même ne sait dominer qu'au prix de sa franche reconnaissance. Plutôt que de nier cette tension, de croire pouvoir en préserver le jeune âge, ou de s'en prévaloir pour gommer l'exigence critique, on peut proposer à l'enseignement de l'histoire une autre formulation de finalité : entraîner progressivement les élèves à reconnaître pour ce qu'elles sont l'histoire critique et l'histoire intériorisée, à vivre consciemment leurs deux jeux, à saisir leurs exigences différentes et leur lien insécable.

Le champ de la didactique inclut un domaine de pratiques, d'élaborations et d'entraînements spécifiques et quelques domaines de référence nécessaire. Dans son domaine propre figurent la détermination, la décomposition et l'agencement des objectifs recherchés et des éléments constitutifs des apprentissages, la mobilisation préférentielle des divers *media*, le choix raisonné de procédures et de démarches pédagogiques, l'attention portée aux implications des pratiques de langage et d'écriture employées. En tout cela s'impose une appréciation du pouvoir des mots (force du récit; conviction *vs* démonstration; « effet de réalité »...), du pouvoir des choses (objets, musées, paysages...), du pouvoir des actes (jeu, enquête, travaux collectifs, expérience...), du pouvoir de la représentation perçue (document figuré, mises en scène théâtrale, filmique...), du pouvoir de la représentation personnelle (imaginaire, identification, rôle joué...).

Un domaine de référence est celui des savoirs, qu'il faut dominer intellectuellement autant que factuellement. Est bienvenue, chez l'enseignant, une conscience claire du mode de constitution des savoirs historiens. Celle aussi des continuités et des ruptures qui marquent les occurrences de l'histoire, de la recherche savante aux discours sociaux, en passant par les disciplines et les genres culturels. Celle des ingrédients de l'histoire enseignée : des faits — « vrais » mais construits —, des problèmes, des concepts, des esquisses de démonstration, des savoir-faire... Celle des facettes de la distinction vérité/fiction. Un autre domaine est celui de la psychogenèse des connaissances : comment s'ordonnent et s'acquièrent les catégories et les concepts généraux fondamentaux qui sous-tendent la représentation et l'intelligence de l'histoire ? quelles étapes cognitives s'y parcourent ? Un autre est celui de la société environnante : effets concurrents ou complices de l' « école parallèle » ; sociologie des idéologies et des affects, configurations discursives-affectives qui orientent, dans une culture donnée, la pensée sociale courante dans des voies qui usent d'autres logiques que celle dont se réclament l'enseignement et l'histoire. Utile enfin est l'attention portée à la mise en scène sociale, institutionnelle et personnelle de l'instruction scolaire.

● BIBLIOGRAPHIE. — Roger COUSINET, *L'enseignement de l'histoire et l'éducation nouvelle*, Paris, 1950 (republié dans la revue mensuelle *Education et développement* de septembre 1971 à mars 1972) ; E. FENTON, *The New Social Studies*, New York, 1967 ; B. K. BEYER, *Teaching Thinking in Social Studies. Using Inquiry in the Classroom*, a revised edition, Colombus (Ohio), 1979 ; Ch. LAVILLE et L. ROSENZWEIG, Teaching and Learning History : Developmental Dimensions, dans L. ROSENZWEIG, ed., *Developmental perspectives on the social studies*, National Council for Social Studies, Bulletin n° 66, 1982, p. 54-66 ; J.-N. LUC, *L'histoire par l'étude du milieu*, Paris, 1978 ; F. FURET. La naissance de l'histoire, *H-Histoire*, I, mars 1979, p. 11-41 ; H. MONIOT (textes réunis et présentés par), *Enseigner l'histoire. Des manuels à la mémoire*, Berne, Nancy, Francfort, New York, 1983 ; K. PELLENS, S. QUANDT, H. SÜSSMUTH (hrg.), *Geschichtskultur, Geschichtsdidaktik. Internationale Bibliographie*, Paderborn, 1984.

▶ CORRÉLATS. — Enseignement de l'histoire, Manuels d'histoire.

H. MONIOT.

Dilthey Wilhelm, 1833-1911

Philosophe allemand (né à Biebrich, près de Wiesbaden, mort à Seis, près de Bolzano), fils de pasteur, fit des études de théologie et de philosophie et enseigna aux Universités de Bâle (1866), Kiel (1869), Breslau (1871) et Berlin (1882).

L'essentiel de sa réflexion a été consacré à l'élaboration d'une théorie de la connaissance des « sciences de l'esprit » (cf. par exemple son livre *Einleitung in die Geisteswissenschaften* paru en 1883) ; dans cet effort, la réflexion sur l'histoire occupe une place centrale ; conscient des faiblesses théoriques et méthodologiques de l'empirisme positiviste pratiqué par la majorité des historiens de son époque, Dilthey poursuivit deux objectifs : redonner à la recherche historique des bases philosophiques et scientifiques assurées (il rêvait d'écrire une *Critique de la raison historique* dont son livre paru en 1910 *Der Aufbau der geschichtlichen Welt in den Geisteswissenschaften* peut être regardé comme un avant-projet) ; aider ensuite à comprendre les origines et la structure *(Zusammenhang)* de l'esprit européen. Pour Dilthey, l'originalité de la « compréhension » *(Verstehen)* en histoire (comme dans les autres « sciences de l'esprit » par opposition aux sciences de la nature) tient au fait que l'objet du savoir est en même temps son sujet — et que dans ces conditions les catégories de la compréhension

historique sont quasiment les mêmes que celles de l'expérience vitale
(*Erleben*). Mais à la différence des historiens de son temps, Dilthey souligne
les composantes irrationnelles de la nature humaine ; la pensée pour lui
est autant l'expression de fonctions vitales qu'un processus rationnel ; en
dernière instance, elle est subjective et personnellement déterminée (cf. la
notion créée par lui de *Weltanschauung*). Tiraillé entre son projet d'une
théorie scientifique de la connaissance historique (herméneutique) et sa
sensibilité au caractère subjectif du savoir historique, Dilthey porte ainsi
témoignage des débuts de la crise de l'historicisme allemand à la fin du
XIXe siècle et au début du XXe siècle.

▶ Corrélats. — Allemagne (Historiens allemands), Théorie de l'histoire.

E. François.

Diplomatique (Histoire)

L'histoire diplomatique se propose d'exposer et d'expliquer les relations entre Etats, à travers leur expression politique, sur la base de documents issus des ministères des Affaires étrangères. L'objet et la méthode de l'histoire diplomatique ont été cernés au moins autant à travers les critiques vigoureuses dont elle a été la cible, en France, dans l'entre-deux-guerres, que par les déclarations de ceux qui en furent les premiers adeptes et praticiens.

Au XIXe siècle et au début du XXe siècle, l'histoire diplomatique a représenté, en Europe et aux Etats-Unis notamment, des recherches, des productions, des congrès, qui ont grandement contribué à la prise en compte de la dimension internationale dans la compréhension des devenirs nationaux et apporté leur pierre à l'édification de la méthode scientifique d'une histoire se fondant, pour la reconstitution des événements, sur la connaissance amplifiée des textes et documents de première main.

Aussi vieille que la diplomatie elle-même, l'histoire diplomatique, au sens moderne du terme, a reçu une impulsion de la Révolution française qui a vulgarisé le concept et la pratique de l'Etat-nation et secoué, au nom de la souveraineté nationale, un concert européen fonctionnant sur la base de la légitimité. Les bouleversements qui en ont résulté ont stimulé recherches et réflexions tandis que les Etats perfectionnaient l'instrument ministériel nécessaire à l'efficacité de leurs politiques extérieures et cherchaient les moyens de mettre certaines de leurs archives à la disposition des chercheurs. Très engoncé encore dans le subjectivisme, ce de Flassan, pionnier qui, en 1809, publie les 7 volumes de son *Histoire générale et raisonnée de la diplomatie française depuis la fondation de la Monarchie jusqu'à la fin du règne de Louis XVI*.

La Monarchie de Juillet relance l'intérêt pour l'histoire diplomatique à travers notamment l'activité de F. Guizot, historien, ambassadeur et ministre des Affaires étrangères. A tous ces titres, on peut compter ce dernier parmi les précurseurs de l'histoire diplomatique. La méthode devient plus exigeante avec l'*Histoire de la politique extérieure du gouvernement français 1830-1848* de O. d'Haussonville, qui paraît en 1850. C'est par sa chute que le Second Empire entame un processus décisif : le choc de la défaite de 1870-1871 incite à rechercher les causes de l'efficacité allemande et de la faiblesse française. Pour redonner à la France sa place en Europe il convient de bien évaluer sa position diplomatique à travers une juste compréhension de son passé et de la pratique de son présent. C'est au cœur de ce débat que naît véritablement l'histoire diplomatique scientifique, dans la mesure où elle s'appuie sur la connaissance et la critique des textes. Deux œuvres témoignent de ce souci : l'*Histoire de la diplomatie du gouvernement de défense nationale* (3 vol.) de J. Valfrey, parue en 1871-1872, et, en 1875, l'*Histoire diplomatique de la guerre franco-allemande* (2 vol.), par A. Sorel. Ce dernier, qui est titulaire de la chaire d'histoire diplomatique à l'Ecole libre des Sciences politiques depuis sa fondation en 1872, explique dans sa préface que « les papiers diplomatiques anglais ont été, comme toujours en ces matières, la principale source d'information ».

C'est vers la fin des années 1880 que l'histoire diplomatique se donne une structure de rencontre et d'expression et esquisse sa méthode. La « Société d'Histoire diplomatique » naît en 1886, à l'initiative de quelques personnes soucieuses de donner plus de cohésion aux efforts, jusqu'alors isolés, des érudits et des diplomates. Attitude toute pragmatique : au diplomate le chercheur fournira telle pièce qui deviendra entre ses mains une arme précieuse; à l'érudit, l'homme de la carrière donnera la clé de telle situation mal connue abrégeant ainsi les inévitables lenteurs de sa recherche. « En un mot, le diplomate guidera l'historien; l'historien instruira le diplomate; l'aspirant-diplomate s'instruira à l'une et l'autre école des choses de sa future carrière » (*RHD*, n° 1, 1887, p. 6). Pour cimenter cette union, il fallait un champ d'action commun : la *Revue d'Histoire diplomatique* est créée, en 1887, pour répondre à ce besoin. En effet, l'étude des relations internationales et du droit international ne peut que se développer sous l'effet conjugué de trois facteurs.

Et d'abord, l'accès aux textes devient plus facile. Des dépôts d'archives, qui étaient jusqu'alors fermés, s'ouvrent. Après Londres, qui a montré le chemin, le gouvernement français encourage la publication de recueils de documents diplomatiques qui « sont le fondement et la base de l'histoire de la diplomatie » (*RHD, ibid.*). Ainsi A. Geffroy, membre de l'Institut et vice-président de la Société, est aussi vice-président de la Commission des archives diplomatiques, chargée de choisir les documents destinés à la publication; il fournit un apport personnel au *Recueil des instructions données aux ambassadeurs de France du traité de Westphalie à la Révolution*, dont la parution commence en 1884. Vingt ans plus tôt, le baron d'Avril avait publié ses *Documents relatifs aux Eglises d'Orient considérées dans leurs rapports avec le Saint-Siège*. Le mouvement est donné donc, mais il devra constamment être relancé.

Le deuxième élément incitateur de l'histoire diplomatique tient en ce que la diplomatie est en train de quitter le silence et le secret des salons calfeutrés pour s'étaler — la presse aidant — sur la place publique. Nombre de diplomates officieux prennent la parole avant la diplomatie officielle et prétendent lui dicter leurs volontés. Les « intervieweurs » épient les paroles et les silences des responsables. « Aujourd'hui, écrit le duc A. de Broglie, président de la Société de 1886 à 1901, le moindre incident est connu de Pékin à Chicago par quiconque tient un journal entre ses mains... voilà un ministre obligé de dire sa façon de penser avant même de bien savoir s'il en a une » (*RHD*, 1888, p. 340). Se développe donc une demande sociale et, faute de pouvoir arrêter le cours du temps, l'histoire diplomatique l'épousera en répondant à cette demande.

Enfin, troisième facteur important, la diplomatie trouve au bouleversement de ses chères habitudes une compensation dans l'élargissement de son champ d'activité : elle s'empare désormais des questions économiques et commerciales, prend en compte le développement industriel, concourt à l'ouverture de ces voies maritimes et ferrées qui franchissent les frontières. Notons cependant que ces secteurs d'activité ne sont nullement l'objet d'études en eux-mêmes et n'apparaissent jamais comme facteurs explicatifs; ils sont uniquement des éléments de la négociation politique globale.

Dans ce contexte, la *RHD* entend poursuivre quatre objectifs : étudier, du point de vue critique, dans leurs origines historiques, les questions internationales et retracer les rapports, de quelque nature qu'ils soient, de la France avec les divers pays; publier et signaler les pièces intéressantes recueillies journellement dans les dépôts d'archives; accorder son patronage aux ouvrages qui sortent des limites de la *Revue*, mais qui, par leur sujet, entrent dans son programme; enfin servir d'intermédiaire, pour les recherches qui intéressent divers fonds d'archives et divers pays, mission favorisée par l'important réseau de ses correspondants à l'étranger. Un débat contradictoire entre historiens de toutes nations favorisera la paix. En 1898, la *RHD* organise à La Haye le Ier Congrès international d'Histoire diplomatique.

Le bureau de la Société et les membres du conseil sont responsables de la *Revue*. Socialement, les aristocrates en forment l'immense majorité des membres : ils sont cinq sur six dans le premier bureau. Le président, A. de Broglie, diplomate et homme politique remercié, auteur de biographies historiques, constitue un prestigieux patronage; le marquis de Beaucourt, vice-président, fut le fondateur, en 1866, et l'animateur de cette *Revue des Questions historiques*, tribune de l'école historique catholique dont les productions sont marquées d'un « positivisme réactionnaire » (C. O. Carbonell dans *Histoire et historiens*, p. 330), expression qui convient assez à l'histoire diplomatique de cette période; le marquis de Voguë, ancien ambassadeur et littérateur, siège en compagnie de R. de Maulde, chartiste, ancien sous-préfet de l' « Ordre moral », véritable patron de la *Revue*, et du comte de Barral, ancien diplomate. L'unique roturier français, Geoffroy, a atteint compétence et notoriété à travers l'École normale supérieure et l'agrégation d'histoire. Quant au conseil, il est essentiellement peuplé d'ambassadeurs, de chartistes, de membres de l'Institut, de professeurs à Sciences Po ou au Collège de France. Politiquement et idéologiquement, l'histoire diplomatique, vue à travers la Société et la *Revue*, est solidement ancrée à droite. La plupart de ses adeptes, royalistes en disponibilité, se réclament d'un légitimisme éclairé et boudent la république bourgeoise. Si, chemin faisant, le milieu tend à accepter la république, c'est presque toujours sous la modalité d'un extrême conservatisme. Du reste, le rapprochement avec le quai d'Orsay, prôné par de Barral après 1901, s'accompagne, sous la houlette lointaine de G. Baguenault de Puchesse, d'une sérieuse baisse dans la qualité des contributions historiques, aggravée encore par la Grande Guerre. Mais les auteurs de l'histoire diplomatique ne se limitent pas aux collaborateurs de la *RHD*.

Les plus élaborés des ouvrages d'histoire diplomatique décrivent et racontent le jeu des relations (bilatérales et plus rarement multilatérales) entre Etats en se fondant sur les correspondances diplomatiques et consulaires, et par la prise en compte d'actes diplomatiques variés : traités de paix, traités d'alliances, accords, ententes, conventions, échanges de correspondance, etc. Travail utile mais qui, le plus souvent, ne débouche pas hors de lui-même : l'histoire diplomatique cherche en elle-même sa propre explication. Par exemple, l'issue d'une négociation internationale est expliquée par la volonté, l'habileté ou, au contraire, par la mollesse, l'incapacité à décider des hommes directement liés à l'affaire et dont la prise sur l'événement est considérée comme sans limite. On reste, au mieux, sur le plan des rapports politiques souvent superficiels, la plupart du temps au niveau d'un psychologisme rudimentaire : non seulement on tourne en rond, mais subjectivisme national et préjugés sociaux pèsent lourdement dans l'explication. Historiquement toutefois, ces productions ont le mérite d'explorer les archives diplomatiques accessibles et de faire prendre conscience, au simple niveau descriptif, de l'importance des relations internationales.

En Angleterre, où la consultation des documents, en dehors même de leur partielle publication, est la plus libérale, l'histoire diplomatique est fort féconde : parmi les plus importants, notons H. M. Baucroft (*History of the Pacific States*, en 1891), D. J. Hill (*A History of Diplomacy in the International Development of Europe*, en 1905-1914), J. V. Fuller (*Bismarck's Diplomacy at its Zenith*, en 1922), sans parler de A. J. Toynbee et A. J. P. Taylor; aux Etats-Unis, citons C. C. Tansill, H. E. Barnes, S. B. Fay, et surtout W. Langer (*European Alliances and Alignments 1871-1891*, en 1931, et *The Diplomacy of Imperialism 1890-1902*, en 1935); en Allemagne avec F. Rosen, H. Lutz, A. von Wegerer, en Italie avec M. Toscano, L. Salvatorelli, F. Chabod, les productions sont relativement tardives; en Russie-URSS, le maître du genre est V. P. Potemkine qui a dirigé une *Histoire de la Diplomatie*, 3 volumes en 1941, 1945 et 1946.

En France, de sa fondation à 1914, la *RHD* a fourni 1 article sur l'Antiquité, 30 sur le Moyen Age, 216 sur la période moderne et 198 depuis la Révolution. Dans l'entre-deux-guerres, les articles sont respectivement au nombre de 0, 7, 84, 143, plus 45 articles sur la période 1914-1945. Ces contributions sont diverses et inégales : témoignages, documents, études sur archives. La *RHD* rend compte de toutes les œuvres françaises et étrangères jugées importantes pour l'histoire diplomatique. Elle fait grand cas du livre du baron d'Avril sur les *Négociations relatives au traité de Berlin et aux arrangements qui ont suivi* (1887), qui montre que l'histoire diplomatique ne récuse nullement l'histoire immédiate. Certains pans de l'œuvre d'Elie Halévy, qui enseigne à Sciences Po, entrent dans ce type d'histoire et à coup sûr dans l'*Histoire de la nation française* dirigée par G. Hanotaux (historien et praticien des relations internationales), le tome IX rédigé par R. Pinon et consacré à l'*Histoire diplomatique de 1815 à 1928*. Les deux volumes de l'*Histoire diplomatique de l'Europe du Congrès de Vienne au Congrès de Berlin 1814-1878* (1891) par A. Debidour, et les sept volumes de *L'Europe et la Révolution française* (1885-1906) d'A. Sorel sont des apports distingués à l'histoire diplomatique. Citons encore les noms de A. Pingaud *(Histoire diplomatique de la France pendant la Grande Guerre)*, et plus tard, P. Rain et R. Dollot. Toutefois, le fleuron de l'histoire diplomatique à la française est le *Manuel historique de politique étrangère*, d'Emile Bourgeois, dont les quatre tomes paraissent successivement en 1892, 1896, 1905 et 1925. Fruit de longues recherches d'archives, cette histoire se situe dans une optique discrètement revancharde, moralisante puis triomphante, très IIIe République. « Une nation comme la nôtre... doit regarder sans cesse au-delà des limites que la violence ou sa propre sagesse lui ont provisoirement tracées... Ce livre est œuvre d'enseignement et d'histoire... il est à sa manière un manuel d'éducation civique », écrit l'auteur dans l'avertissement de 1892. La conclusion du dernier tome achevé en 1925 est bien significative des limites de cette histoire. Dans la longue suite de grands traités signés depuis ceux de Westphalie vient enfin celui de Versailles qui offre au monde les bienfaits d'une pacification équitable. Après tant d'épreuves dont elle vient de triompher, « la France ne saurait assez étudier les causes de ce retour de fortune ». Ainsi, ce ne sont pas les causes de la guerre qui intéressent E. Bourgeois, mais de montrer comment, en reconstituant ses forces, la France est devenue peu à peu « l'espoir et la sauvegarde des nations ». Comme le chant du cygne de l'histoire diplomatique.

La carrière et l'œuvre de P. Renouvin marquent avec éclat le passage de l'histoire diplomatique à l'histoire des relations internationales. Gravement blessé en 1917, docteur ès lettres en 1921, P. Renouvin est chargé l'année suivante d'assurer, à la Sorbonne, un séminaire de recherches sur les sources relatives aux origines du conflit; il est en même temps rédacteur de la *Revue d'Histoire de la guerre mondiale*. Il va alors progressivement se dégager d'une vision trop uniment diplomatique encore nette dans *Les origines immédiates de la guerre* (1925) et dans sa contribution à *L'histoire diplomatique de l'Europe* (1929) dirigée par H. Hauser, vers l'affirmation de la nécessité de procéder à l'étude des « forces profondes » permettant d'atteindre l'appréhension des causes multiples qui rendent véritablement compte de l'événement.

Deux éléments fondamentaux sous-tendent cette évolution : les recherches sur les origines de la première guerre mondiale et les progrès de la problématique marxiste. La grande boucherie de 1914-1918 a causé un traumatisme énorme que les historiens répercutent au niveau de leurs préoccupations et de leurs recherches. Dégager les vraies causes de la catastrophe pourrait sans doute en éviter le retour. Le débat est certes biaisé au départ, car conçu en terme de recherche des responsabilité, attitude non scientifique mais qui va provoquer, chez tous les belligérants, le rassemblement, la publication, la consultation d'archives de toutes sortes. Politiques d'abord, mais la prise de conscience de la limite de ces documents pousse à regarder plus loin. A cet égard, le débat qui s'instaure entre P. Renouvin et J. Isaac est exemplaire et significatif. Dès 1932, ce dernier écrit : « Il faut déterminer d'abord quelles sont les causes profondes, ces forces sous-jacentes, avant d'en venir aux jeux de surface que représente l'histoire diplomatique. » Il faut, insite J. Isaac dans *Un débat historique : 1914 le problème des origines de la guerre* (1933), procéder à une analyse spectrale de l'Europe à travers l'étude de la démographie, du nationalisme, du problème des nationalités, des rivalités mercantiles, de l'impérialisme économique. Comme il le reconnaît lui-même, ces échanges épistolaires ont incité P. Renouvin à approfondir sa méthode. C'est dans son livre *La crise européenne et la Grande Guerre* (1935) qu'apparaît pour la première fois l'expression de « forces profondes ».

Un rôle important est également joué par les progrès de la méthodologie marxiste ou marxisante dans divers secteurs historiques. L'impact de la brochure de Lénine (*L'impérialisme stade suprême du capitalisme*, 1917), traduite très tôt en français, est considérable. P. Renouvin récuse cette problématique, mais il ne veut pas laisser aux marxistes le monopole de l'explication économique. Dans ce contexte les prises de position de L. Febvre (à partir de 1929) notamment dans les *Annales*, ont eu quelques vertus incitatrices. Combien de fois ce dernier n'est-il pas parti en guerre contre ces auteurs qui ne se soucient que de la « croûte apparente, superficielle de leur globe », leur sphère politico-diplomatique, et ne prennent pas suffisamment en compte « cette obscure mais constante pression de l'économique sur le politique ».

La première application systématique de l'explication par les « forces profondes » apparaît dans *La question d'Extrême-Orient 1840-1940* (1946), s'épanouit dans sa contribution de quatre tomes à *L'histoire des relations internationales* (1953-1958) qu'il dirige, et trouve son expression définitive dans le livre qu'il écrit, en 1962, avec son disciple J. B. Duroselle, *Introduction à l'histoire des relations internationales contemporaines*. Les forces profondes constituent trois faisceaux de facteurs. Facteurs géographiques au sens large : de la position dans le monde aux ressources naturelles, de la démographie à l'espace; facteurs économiques dans toutes leurs composantes, commerciales, financières, industrielles; facteurs de mentalité collective à travers le cheminement des idéologies, les évolutions culturelles et religieuses. Pour P. Renouvin, profond signifie « collectif et durable », c'est-à-dire un facteur commandé par une lente évolution. C'est ainsi que l'opinion (presse, médias) n'est pas, en tant que telle, une force profonde, car elle est versatile et changeante, alors que les mentalités, qui s'édifient et se transforment fort lentement, constituent une force profonde. De même, P. Renouvin ne retient pas la « volonté de puissance » comme une force profonde, alors que J. B. Duroselle lui fait un sort particulier à travers la personnalité de l'homme politique qu'il considère en définitive comme essentielle.

P. Renouvin, qui fut aussi un grand maître, a lancé de nombreux chercheurs dans toutes ces diverses directions et a été ainsi à l'origine directe ou indirecte d'une production, depuis une vingtaine d'années, neuve et féconde. Sans parler d'école, tous ces auteurs s'accordent sur la nécessité de procéder à des enquêtes archivistiques qui dépassent le niveau politique et de faire appel aux sources les plus variées, tant privées que publiques; ils sont d'accord pour estimer que l'histoire des relations internationales forme une discipline historique globale qui ne peut que réconcilier histoire événementielle et histoire structurelle.

Au problème de l'interprétation, à la question capitale de l'importance relative des forces profondes les unes par rapport aux autres et de leur insertion dans le processus décisionnel étatique, les réponses sont fort variées et dépendent du type d'explication adopté par les auteurs. Ce n'est plus ici affaire d'histoire diplomatique, mais problématique de l'histoire des relations internationales, partie intégrante de la discipline historique.

Que reste-t-il alors de l'histoire diplomatique ? Disons d'abord que la mutation décisive exposée plus haut est, en général, beaucoup moins avancée à l'étranger, et que, outre de remarquables exceptions, trop de productions anglo-saxonnes, balkaniques, soviétiques, continuent de raconter une histoire diplomatique traditionnelle qui passe nécessairement à côté de l'explication véritable. L'histoire diplomatique peut-elle continuer à représenter une discipline à part qui s'insérerait (Louis Dollot dans *Histoire diplomatique*, 1968) dans l'histoire des relations internationales ? On peut en douter à la lecture de la dynamique revue *Relations internationales*, créée en 1974 par J. Freymond et J. B. Duroselle, et de l'originale synthèse de ce dernier *Tout Empire périra* (1981) qui montre le chemin parcouru. La vie fragile de la *RHD* depuis la deuxième guerre mondiale, en dépit de collaborateurs comme R. Dollot, M. Dunan, H. Contamine, G. Dethan, montre que, face à de vigoureux concurrents et en dépit d'un récent rajeunissement, le créneau est difficile à tenir. A condition qu'elle soit bien consciente de ses limites et de se présenter comme telle, l'histoire diplomatique rénovée continue de jouer, sur le plan pédagogique, un rôle important. Ainsi en va-t-il des remarquables instruments de travail que représentent l'*Histoire diplomatique de 1648 à 1919* (1959) par J. Droz et l'*Histoire diplomatique de 1919 à nos jours* (7ᵉ éd. 1978) de J. B. Duroselle.

● BIBLIOGRAPHIE. — J. B. DUROSELLE, De l' « Histoire diplomatique » à l' « Histoire des relations internationales », dans *Mélanges Pierre Renouvin, Etudes d'histoire des relations internationales*, PUF, 1966, p. 1-15 ; G. DETHAN, Les soixante-quinze ans de la *Revue d'Histoire diplomatique*, dans *Table générale et méthodique de la Revue d'Histoire diplomatique depuis son origine*, A. Pédone, 1965, p. 5-20 ; J. THOBIE, L'histoire des relations internationales en France aujourd'hui, dans *Cahiers d'Histoire*, Univ. de Montréal, vol. II, nᵒ 2, printemps 1982, p. 17-35.

▶ CORRÉLAT. — Document, Positivisme, Relations internationales.

J. THOBIE.

Document

L'histoire se fait avec des documents, affirme à juste titre le positivisme triomphant. A travers les documents l'historien retrouve la trace des faits ou tout du moins un témoignage sur les faits. Aussi la critique des documents représente-t-elle la première étape de l'élaboration d'une histoire scientifique.

Les premières règles de la critique documentaire sont fixées par Mabillon dans ses *De re diplomatica* (1681) et par des contemporains comme le grand exégète Richard Simon. Par la suite l'érudition allemande, l'Ecole des chartes perfectionnent les sciences auxiliaires et les techniques de la critique documentaire. Par la critique externe appuyée sur l'épigraphie, la paléographie, l'historien arrive à démasquer les faux, à dater les documents véridiques. Par la critique interne, l'examen de la cohérence interne et la comparaison avec des documents contemporains le document va prendre un sens pour l'historien. Trier le vrai et le faux, dénoncer les fausses décrétales d'Isidore de Séville, reste l'alpha et l'oméga de la critique documentaire ; même un Marc Bloch, dans *L'apologie pour l'histoire*, ne fait guère progresser la conception du document.

Cette conception est d'autant plus restreinte qu'elle privilégie les documents auxquels s'appliquent les techniques mises au point depuis le XVIIᵉ siècle : les documents écrits de caractère narratif. Cependant l'apparition de l'histoire économique et sociale, la multiplication des objets d'étude changent les supports documentaires. Seuls les documents archéologiques artistiques et écrits trouvaient grâce aux yeux des historiens, peu à peu ils sont concurrencés par les statistiques, la photographie, le film, la bande magnétique qui délivrent à leur tour de nouveaux témoignages.

L'apparition de l'histoire sérielle modifie en profondeur la conception du document historique. D'abord elle prête attention à des documents jusque-là méprisés, clauses testamentaires, inventaires après décès, registres paroissiaux, mais surtout elle inverse la démarche des historiens à l'égard du document.

Pris dans une série le document cesse d'exister par lui-même pour ne trouver de sens que par rapport à la série qui le précède ou le suit. Le document prend une valeur relative; sa critique externe ne s'établit plus à partir d'une comparaison avec des textes contemporains mais à partir d'une cohérence avec des documents de même nature, situés en amont ou en aval. Ernest Labrousse ne procède pas autrement dès les années trente lorsqu'il veut démontrer la valeur documentaire de la mercuriale.

Mais les changements d'attitude de la critique documentaire ne découlent pas uniquement de l'essor du sériel; paradoxalement ce sont les secteurs victimes de la rareté documentaire qui ont totalement rénové la notion. En particulier dans le cas des documents littéraires nécessaires à l'antiquisant, l'historien prend conscience que le document est un monument, doté de son propre sens, dans lequel il ne peut puiser sans précaution. Il faut alors le restituer dans le contexte, saisir le propos conscient ou inconscient pour lequel il a été produit face à d'autres textes et repérer ses modes de transmission, sa destination, ses lectures successives grâce à la linguistique, à la psychologie, à la sociologie...

Ainsi meurt l'illusion du document qui parle de lui-même une fois sélectionné par l'historien; l'anthropologie historique à la suite des travaux de Meyerson et Gernet, l'archéologie du savoir et la sérialité ont reconstruit une approche radicalement nouvelle du document qui prend en compte erreurs, silences et absences des textes.

● BIBLIOGRAPHIE. — *Le document : éléments critiques*, numéro spécial des *Annales ESC*, sur l'histoire ancienne, n° 5-6, 1982; Ch.-V. LANGLOIS et Ch. SEIGNOBOS, *Introduction aux études historiques*, Paris, 1898; Marc BLOCH, *Apologie pour l'histoire*, Paris, 1982; Michel FOUCAULT, *L'archéologie du savoir*, Paris, 1969.

▶ CORRÉLATS. — Mabillon, Positivisme.

O. DUMOULIN.

Droit

Qu'ait subsisté dans notre tradition juridique une armature conceptuelle qui nous inclut dans la très longue durée de Rome et, de l'antique système du droit civil, reproduit les idées d'une commune civilisation (Pouvoir, Empire, Magistrat, Loi, Jurisprudence, Justice, Autorité, Père, Patrimoine, Biens, Famille, Obligation, Contrat, Dette, Personne, etc., mots clés du droit romain); que la science translative du commentaire ait reconduit jusqu'à très récemment un même héritage d'écrits, le *corpus iuris civilis*, de sorte que la sédimentation des gloses a consolidé l'Ecriture du Droit en une pratique nécessairement tautologique et sui-référentielle : cette double constatation est préjudicielle lorsqu'on veut aborder l'histoire du droit autrement qu'à travers les lieux communs qui, aujourd'hui, valent méthode. Le droit serait un reflet du social, son expression formelle; recouvrant l'ensemble du domaine où se déploient les activités humaines, il n'aurait pas d'objet propre et son histoire, par conséquent, ne saurait être spécifique (comme le pense A. Momigliano). Plutôt que de décréter en toute simplicité ce qu'est le droit, et ce que doit ou ne doit pas être son histoire, prenons acte d'une singularité qui relève de la structure, de la très longue durée. Interrogeons-nous, par suite, sur ce qu'a signifié, au début du XIXe siècle en Allemagne, quelques décennies plus tard en France, l'émergence d'une école de droit qui se qualifiait d' « historique » et prétendait ouvrir au savoir juridique, plutôt qu'à l'histoire, une voie royale. Qu'est-ce que cet étrange dialogue qui se noue entre droit et histoire, lorsque celle-ci se voit instrumentaliser par lui ? Et qu'est-ce que ce revirement contemporain, nourri de l'écho affadi des sciences humaines parvenu jusqu'à l'oreille des juristes, agités depuis lors par un curieux dilemne entre une histoire du droit « dogmatiquement orientée » et une histoire du droit orientée « socialement », sans que l'on sache très bien si le droit est objet d'histoire ou l'histoire mode de connaissance du droit ? Et, pour n'avoir plus à servir le Droit, est-ce un heureux parti, pour l'historien, que d'ignorer la fonction juridique, la réduisant aux « faits » qu'elle régit, pour ne mettre l'accent que sur l'origine sociale et les matières de penser de ceux qui s'y consacrent (selon une tendance récente de l'école italienne) ? De confondre le signifiant avec le signifié, l'impératif avec l'indicatif, et de méconnaître par là les modalités discursives du pouvoir sous prétexte que, lorsqu'il s'exprime, le pouvoir laisse derrière lui des documents ?

Avant l'ère des codifications, symbolisée et inaugurée par le *Code civil* de 1804, le législateur était une figure imaginaire, une référence qu'était loin d'épuiser la réalité positive des ordonnances royales. Dans un droit de la pratique, des statuts, des coutumes et par-dessus tout de la science des pandectes, la Loi était par excellence romaine : les *Lois civiles* de Domat (1625-1695) ne sont pas un manuel de législation, mais un traité de droit romain naturel et français. La « loi », dès lors, était assignée soit à une origine dont la connaissance s'épuisait en la révérence qu'on avait pour elle, soit au registre atemporel de la *ratio scripta*, expression qui désigne, à partir du XVIe siècle, le Texte en son principe et, pour sa substance, les éléments sauvés d'une histoire arbitraire, la glose médiévale, et du caprice d'un despote, Justinien : en deçà de la scolastique du *mos italicus* et des falsifications byzantines, en deçà même des scories que l'histoire romaine avait laissées comme autant de traces de sa contingence, restait l'or pur de la jurisprudence classique, celle des Antonins et des Sévères. C'est elle que les humanistes français du XVIe siècle (Cujas, Connan, Donneau, et le Hotman de l'*Anti-Tribonien ou discours sur l'estude des lois*, 1567) puis les jusnaturalistes hollandais et allemands des XVIIe et XVIIIe siècles (Grotius, Pufendorf, Leibniz, Wolf) tenteront d'extraire de sa gangue puis de mettre en système. C'est elle aussi que la romanistique du XXe siècle, s'affirmant scientifique et désintéressée, prétendra dévoiler dans son absolue primauté, traquant les interpolations, soupçonnant en chaque fragment la supercherie et restaurant, armée de quelques axiomes philologiques et d'une franche intuition de ce que devrait être le pur latin juridique, des textes à partir desquels on pourrait écrire l'histoire de la pensée normative contemporaine. A de rares exceptions près (K. Ed. Zachariä von Lingensthal, 1864; P. Collinet, au XXe siècle), le droit romain gréco-oriental et justinien ne fut d'abord un objet digne d'étude que dans la mesure où sa connaissance permettait de mieux isoler l'écran qu'il opposait à celle du pur droit romain classique (ainsi, dans l'œuvre de L. Mitteis, au commencement de ce siècle).

Pour la tradition savante, l'origine tenait lieu de ce qu'aujourd'hui nous appelons source du droit, dans des systèmes où l'échelle des règles respecte une cascade de compétences et tient en dernière analyse au degré supérieur du pouvoir. Les savoirs juridiques traditionnels, au contraire, romain ou coutumier, s'étageaient moins en une hiérarchie normative qu'ils ne se laissaient voir et comprendre par strates déposées autour d'un socle par hypothèse originel. Justinien (ou les « classiques » qu'il compila) d'un côté, le passé immémorial de l'autre, telles étaient les « sources » d'un droit où l'antériorité et l'autorité prévalaient sur le pouvoir. Le sentiment du temps, la reconnaissance d'un moment primordial, selon les modalités différentes de l'oubli ou de la mémoire d'un commencement absolu — perception médiévale de la coutume ou représentation antique, civique du premier législateur — étaient dès lors intrinsèques au droit, nécessaires à la fonction dogmatique. Nostalgie d'un surgissement ignoré ou vénération d'un nomothète plus ou moins héroïsé, la démarche n'était en aucun cas spéculative.

De cette pensée traditionnelle, les Romains offrent un paradigme. En eux, le sens de l'histoire n'est pas, comme l'ont soutenu certains romanistes, adaptabilité — car il n'y a aucune conscience à cela — mais remontée au principe fondateur, c'est-à-dire au commencement. D'abord, toute bonne solution s'autorisait des *veteres*, et donc d'une généalogie de fondateurs dont la connaissance était requise (voir au Digeste, aussitôt après qu'a été défini le droit, le titre deux, *De origine iuris et omnium magistratum et successione prudentium*). A propos de la loi des XII Tables, de longtemps désuète, Tite-Live reprenait à l'époque d'Auguste le vieil argument annalistique selon lequel elle était la vraie *fons iuris*, expression qu'il faut prendre au sens figuré d'origine et non dans l'acceptation actuelle de source formelle, doublement anachronique dans le contexte augustéen. Les compilateurs de Justinien ouvrent le titre *De origine iuris* par l'introduction de Gaius à son commentaire sur la loi des XII Tables : il se devait en premier lieu de rappeler les « commencements de la Ville », parce que, de toute chose, « le commencement est la principale partie »; de même, le manuel de Pomponius s'inaugure, lui aussi, par l'« origine du droit », « au tout début de la cité » *(initio civitatis)*. Justinien, promulguant le Digeste, se pose comme le restaurateur d'une tradition par lui assumée et retransmise pour un éternel présent, et en divulgue l'héritage *ab urbe condita* (Constitution *Tanta*) : la référence à Romulus (*Code* I, 17, 1, 1) fut aussi indispensable, dans cet acte de régénération normative, qu'avait été riche de sens et normative elle aussi la croyance selon laquelle, d'après le *Chronicon Paschale*, Constantin avait ravi le Palladium, fétiche sacré de la Ville, pour l'enfouir sous le socle de la statue qu'il s'était fait construire en 328 au centre du nouveau forum de Byzance désormais appelée du nom de Constantinople, avant d'être proclamée « seconde Rome » deux ans plus tard.

Normativité et primordialité, fondement légal et origine, la référence initiale est légitimante : tel est le modèle traditionnel d'une histoire nécessairement incluse dans le Droit. Au XVIe siècle, le retour aux sources pures sera un retour à la Norme, et l'érudition allemande des XIXe et XXe siècles n'a fondamentalement pas d'autre principe que celui-là.

En 1814, F. C. von Savigny lance un pamphlet unanimement reconnu comme la charte de l'école historique du droit : *Sur la vocation de notre temps pour la législation et la jurisprudence*. Est d'emblée récusée la prétention de l'Etat à régir, au nom d'une Raison qui s'insurgerait contre l'histoire, la société civile. L'histoire se substitue à la loi, dès lors que la loi, incarnée dans le Code, est devenue source politique du droit. La légalité moderne a par réaction suscité une entreprise qui fait du passé non plus seulement la référence primordiale et légitimante qu'il était traditionnellement, mais la substance même de la matière juridique actuelle. L'imaginaire contre-révolutionnaire soutient toute la démarche : évolution organique, nature, lente maturation des normes dans l' « esprit du peuple », spontanéité juridique que les savants recueillent pour la mettre en forme et en conserver et préciser les vertus. Le camp des romanistes brandit contre l'Etat l'étendard de la Science : les jurisconsultes romains ou formés à la romaine portent à son excellence un droit populaire rétroactivement consacré. La dogmatique romaine, réinterprétée au présent, s'accompagne d'une histoire des sources savantes et des généalogies scolastiques qui l'ont portée jusqu'à un droit allemand qui, par la Science et par l'Empire, en est le légitime relais (*Histoire du droit romain au Moyen Âge*, 7 vol., 1815-1831). Le camp des germanistes (K. F. Eichhorn, J. Grimm) choisit contre cette science jugée étrangère la culture des antiquités nationales; mais, à travers elle, l'Etat moderne est tout autant réfuté. Corps social et croissance organique produisent naturellement les arbitrages, les hiérarchies et les régulations nécessaires.

Sur cette nostalgie, que vint meurtrir et réveiller le tranchant de la loi jacobine, de vastes édifices savants se sont construits. Le fantasme de l'enfantement non volontaire d'un droit encore vibrant de ses harmoniques internes a hanté l'imagination des savants. L'histoire du droit est un terrain d'élection pour étudier les productions scientifiques du rêve : mais, du leitmotiv qui les accompagne au contenu de ces ouvrages, il y a un abîme. Toute cette entreprise, en effet, aboutit à une épure : la théorie de la société civile intersubjective trouve son expression la plus nette dans la romanistique allemande puis italienne des XIXe et XXe siècles. Que devient alors le lieu de l'histoire ? Il est soit un prétexte — ou, plus récemment, un rappel des « réalités sociales » citées en référence introductive — soit un exposé diachronique et linéaire des institutions qu'échoue à résorber la conception subjective des droits. Autorités, statuts, pouvoirs, de tout cela les juristes écrivent l'histoire parce qu'ils ne peuvent le penser qu'extérieurement à leur système. Dès lors, à une histoire « interne » des droits subjectifs, évocation répétitive d'un même Sujet, s'oppose une histoire « externe » du cadre social et politique, lequel inclut les sources du droit : sources écrites, compilations, écoles, législation supplétive. L'unité de ce registre se constitue par rejet. La famille, en ce qu'elle a d'irréductible à la capacité personnelle et au patrimoine, en ce qu'elle a par conséquent d' « organique », rejoint l'état à l'intérieur d'une vaste histoire du pouvoir. La première est à l'origine du second, qui plonge en elle ses racines et en constitue l'ultime développement : ce thème historiographique est commun, dans la seconde moitié du XIXe siècle, à R. von Jhering et à Th. Mommsen; il sous-tend toute la représentation qu'eurent de la cité antique Fustel de Coulanges, G. Glotz et le L. Gernet des *Recherches sur le développement de la pensée juridique et morale en Grèce ancienne* (1917). L'histoire sociologique rejoint à son insu un postulat du pandectisme et de la théorie de l'Etat qui en est issue.

Ainsi, l'histoire devient au XIXe siècle l'instrument d'un savoir juridique revendiqué pour et par une dogmatique incarnée en ses experts. Cependant, dans la France postrévolutionnaire, où le législateur a mis à l'intemporel un complexe discret de normes découlant de sa volonté, la science du droit est devenue essentiellement exégétique. L'histoire va-t-elle alors s'affranchir, devenir inutile et cesser de revendiquer ses droits ? En 1833, H. Klimrath, Strasbourgeois formé à Heidelberg, présente sa thèse : *Essai sur l'étude historique du droit et son utilité pour l'interprétation du Code civil*. Ce texte programmatique fonde l'école historique française, qui l'appliquera à la lettre. On y lit que le codificateur de 1804 a sagement confirmé les institutions et les idées d'un lointain passé. Or, « on ne connaît bien un principe ou une institution que lorsqu'on en sait l'origine ». Toute explication est nécessairement régressive : elle tend à remonter aux éléments primitifs dont la France était originellement composée. Les *Etudes sur les coutumes* (1837) envisagent une géographie coutumière à partir de laquelle s'infèrerait, grâce à l'analyse des divers alliages évalués par ressorts, le caractère national d'un dosage bien français. Surtout, la coutume démontre la spontanéité d'un droit surgi dans l' « enfance » du peuple et lentement mûri malgré les vaines tentatives des révolutions pour interrompre la « chaîne des temps ». Interpréter le Code, c'est mettre au lieu purement formel de ce qu'une fausse doctrine appelle « volonté du législateur » le contenu vivant de cette histoire sédimentée. L'*Histoire du droit public et privé de la France* (1836-1837), inachevée, devait esquisser la croissance d'un corps lentement unifié par la monarchie, organe d'harmonisation d'institutions et de règles préexistantes.

Histoire de la coutume, mode de formation libre du droit, histoire des institutions de la monarchie, organe de mise en ordre et d'unité, tels sont les deux volets complémentaires de l'histoire du droit français. Tous les grands juristes (A. Esmein, E. Chenon, O. Martin) de la fin du siècle dernier et de la première moitié de ce siècle se sont attelés à cette double tâche. Transmis scolairement, certains thèmes se sont répandus jusqu'à nos manuels contemporains : spontanéité des anciens droits d'un côté, harmonie d'un corps social multiple lentement imposée par l'Etat monarchique, de l'autre. L'œuvre majeure d'Olivier Martin constitue à cet égard un relais qui vient renforcer, dans une perspective maurrassienne, cette utilisation de l'histoire par une idéologie passéiste du droit. La grande *Histoire de la coutume de Paris* (1921-1926), monument d'érudition, s'ouvre sur un hymne à l'édifice normatif porté au « rythme lent » de son évolution jusqu'à la fin de l'Ancien Régime, mais abattu par une Révolution irrespectueuse de l' « harmonieuse histoire » et de la « grande permanence qui s'y observe ». Produit de l'histoire, le droit privé — et particulièrement le droit de la famille, construit sur des pouvoirs et des hiérarchies naturels — aurait dû échapper aux caprices de la loi. Comme on le voit, l'histoire pour certains juristes est nécessairement normative.

L'histoire du droit connut cependant d'autres voies d'accès au statut de discipline savante. Vers le milieu du XIXe siècle, l'inspiration libérale en étend le domaine à l'humanité : fondée sur d'autres valeurs que la précédente, cette histoire n'en est pas moins légitimante. E. Laboulaye, titulaire depuis 1849 de la chaire de législation comparée au Collège de France, brosse en 1855, pour le premier numéro de la *Revue d'Histoire du Droit*, le tableau de ce que devait être une histoire universelle des peuples, vue à travers celle de leurs législations. Avocat au Conseil d'Etat et conseiller à la Cour de cassation, l'helléniste R. Dareste plaide, à l'intérieur du domaine indo-européen, pour la connaissance d'un droit où la « raison des choses » se discernerait à travers tous les monuments législatifs « embrassés dans leur ensemble » : dans chaque institution serait ainsi mis en relief « l'élément absolu qui tient à la nature même de l'homme ». La *Science du droit en Grèce* (1893) montre qu'en l'absence d'Etat les philosophes grecs pensèrent ce que devaient réaliser, dans l'Etat romain, les jurisconsultes. Cette ère de l'universalisme est aussi, bien sûr, celle de l'évolutionnisme. Toutes les lois de l'évolution juridique mènent au Sujet de droit et à l'Etat moderne : il faut donc partout déchiffrer, comme en négatif, un manque originel destiné à être comblé; suivre la route qu'ont uniformément empruntée et qu'emprunteront les peuples depuis un état de barbarie où règnent la propriété collective, le troc, la responsabilité de groupe, la vengeance privée, pour parvenir par étapes à la civilisation juridique de la propriété privée, du contrat, de la responsabilité individuelle et de la justice publique : ces catégories sont partout célébrées sur des bases comparatives (ainsi par le Britannique H. Summer Maine, par l'Allemand A. H. Prost, qui publie en 1881 un grand traité de *Science générale du droit fondé sur l'ethnologie comparée*). L'école sociologique française s'efforcera, au XXe siècle, de dégager une théorie de l'origine du contrat (G. Davy), de l'obligation (P. Huvelin), de la responsabilité (P. Fauconnet), et tentera d'élucider le passage de la vengeance privée au châtiment public, c'est-à-dire de la famille à la cité (G. Glotz, L. Gernet).

Que le comparatisme et l'évolutionnisme aient eux aussi fourni des instruments au service d'une dogmatique, le prouvent sans conteste les querelles majeures. Le débat sur l'origine de la propriété privée, par exemple, fut extrêmement vif, surtout lorsque s'y greffa le thème d'un patriarcat primitif, mis en avant par Summer Maine, Fustel de Coulanges, et bien d'autres. L'hypothèse subversive d'un matriarcat primordial (J. J. Bachofen, *Das Mutterrecht*, 1861) paraît avoir hypothéqué, dans ces dernières décennies du XIXe siècle, toute réflexion juridique qui, d'emblée, ne l'écarterait pas. L'existence du père garantissait, dès l'origine, une évolution rationnelle du droit vers la propriété comme vers l'Etat. Un juriste aussi peu suspect de sympathie pour le primitivisme et l'ethnologie qu'Olivier Martin publia en 1911 un compte rendu de L. Lévy-Bruhl et s'empara de l'idée de « participation » pour retourner l'argument de la couvade, interprétée comme un « lien mystique » entre le père et l'enfant, en faveur de l'absolue primauté du droit paternel.

On comprendrait mal le retentissement que connut en France la méthode sociologique de Durkheim et de Mauss, chez les spécialistes des droits primitifs, comme chez les historiens du droit grec (L. Gernet) et romain (P. Huvelin, H. Lévy-Bruhl), si l'on n'inscrivait pas ce courant dans une plus vaste entreprise d'exploration du droit par l'origine. Certes, le champ des questions se resserre; l'analyse est désormais centrée sur les fonctions mentales engagées dans la genèse du droit. Mais celles-ci sont suivies dans la virtualité de leur développement préjuridique : dans la magie, dans la religion, dans le « fait social total ». Le « prédroit », la « préhistoire du droit », le « très ancien droit » (la plus prudente de ces formulations n'est pas par hasard celle d'un romaniste) désignent bien cette quête d'un surgissement qui n'est sans doute plus légitimant, mais qui révèle une essence.

Cependant, la fonction normative, lorsqu'elle est attestée et dotée d'organes propres, la transmission du savoir qui la constitue, les modalités de cette translation (on songe ici à l'œuvre monumentale de G. Lebras sur le droit canon médiéval), échappent par hypothèse à une problématique de l'origine qui n'inscrirait pas cette notion dans l'arsenal du droit ; qui traiterait comme une question préalable de fait un concept constitutif et présupposé. Le génial Mommsen avait su analyser le *Droit public romain* (1871-1888) comme un vaste ensemble d'institutions et d'idées dont le commencement, conçu comme absolu, n'est pas à découvrir, mais dont l'histoire se déroule dans la très longue durée de la structure. Ainsi, avec le droit, Mommsen engageait-il l'histoire dans l'étude des représentations liées au pouvoir. Aujourd'hui, A. Magdelain poursuit cette enquête fondamentale sur les catégories de pensée, sur les significations constitutives d'un imaginaire politique auquel seul le droit donne accès, pourvu qu'on l'isole sans céder à la tentation facile de n'y voir qu'un reflet du social. Récemment, l'histoire des droits coutumiers s'est libérée, avec J. Yver, de l'ancrage idéologique où le maintenait le problème de leur formation, problème d'ordre qualitatif s'il en est (spontanéité, harmonie, fraîcheur d'un droit surgi de l'enfance des peuples, etc.). Le projet de géographie coutumière établi par Klimrath est repris dans une analyse des caractères différentiels, répartis en vastes ensembles régionaux, des régimes anciens de la transmission des patrimoines par l'héritage et par le mariage : ce sont les structures traditionnelles de la reproduction sociale que désormais l'histoire des coutumes nous révèle. Plus qu'à l'origine, l'histoire du droit introduit à la longue durée, à la fonction reproductrice des normes.

A cet égard, la très longue histoire du droit romain, réseau d'institutions et imaginaire social inscrits dans des textes sans cesse compilés, redécouverts, glosés, commentés, épurés, est un lieu de passage obligé pour la compréhension des organisations familiales (avec leurs normes potestatives et sexuelles), administratives, étatiques, ecclésiastiques issues du modèle romain, ou se réclamant de lui. La dogmatique, comme l'entend aujourd'hui P. Legendre, devrait être l'objet privilégié d'une anthropologie de la civilisation occidentale. Il ne serait pas sérieux, écrit ce spécialiste du droit canon, des bureaucraties modernes et des organisations industrielles, de prétendre connaître les mondes islamique et juif en ignorant leurs Ecritures. C'est pourtant ce que font, à propos de l'Occident romain et catholique, tant d'historiens qui, trompés par la transparence et le contenu social du document juridique, laissent délibérément de côté le patrimoine textuel où cette civilisation n'a cessé de puiser ses références pour formuler ses pouvoirs, du haut au bas de l'échelle. L'essor contemporain de notre histoire n'a pas assigné de territoire au droit, se soustrayant par principe aux questions que pose la fonction normative, en ce qu'elle aurait d'illusoire.

● BIBLIOGRAPHIE. — F. C. von SAVIGNY, *Geschichte des römischen Rechts im Mittelalters*, 7 vol., Heidelberg, 1834-1851 (2ᵉ éd.) ; H. KLIMRATH, *Travaux sur l'histoire du droit français*, Warnkoenig éd., 2 vol., Paris, 1843 ; K. Ed. ZACHARIÄ VON LINGENSTHAL, *Geschichte des Griechisch-römischen Rechts*, 1869 (1ʳᵉ éd.), 1894 (3ᵉ éd.), rééd. Aalen, 1955 ; Th. MOMMSEN, *Römisches Staatsrecht*, 3 vol., Leipzig, 1871-1888 ; Olivier MARTIN, *Histoire de la coutume de la prévôté et vicomté de Paris*, 2 vol., Paris, 1931-1936, rééd. 1972 ; G. LEBRAS, *Histoire des collections canoniques en Occident depuis les Fausses Décrétales jusqu'au décret de Gratien*, Paris, I, 1931 ; II, 1932 (avec P. Fournier) ; H. LÉVY-BRUHL, *Quelques problèmes du très ancien droit romain*,

Paris, 1934; J. YVER, *Egalité des héritiers et exclusion des enfants dotés. Essai de géographie coutumière*, Paris, 1966; A. MAGDELAIN, *Recherches sur l' « imperium ». La loi curiate et les auspices d'investiture*, Paris, 1968; *La loi à Rome. Histoire d'un concept*, Paris, 1978; P. LEGENDRE, *Leçons II. L'Empire de la Vérité. Introduction aux espaces dogmatiques industriels*, Paris, 1983.

▶ CORRÉLATS. — Famille, Institutions.

Y. THOMAS.

Dumézil Georges, né en 1898

Mythologue et linguiste français, né à Paris, entré à l'Académie française, 1978. En linguistique, ses travaux ont porté principalement sur les langues indo-européennes — en liaison avec le travail mythologique — et caucasiennes, en particulier l'oubykh, que par ses enquêtes dans les villages de réfugiés en Turquie (1925-1931) il a sauvé de l'oubli (*La langue des Oubykhs*, 1931). On lui doit aussi quelques travaux sur le kičua (du Pérou), et la découverte de la parenté du kičua et du turc. Son œuvre la plus considérable porte sur la mythologie comparée indo-européenne. Historiquement, ce travail s'inscrit dans une tentative, encouragée par Antoine Meillet, de reprendre ce types d'études après les découvertes, suivies d'échecs, du siècle précédent (v. *Indo-Européens*). Les premières publications, dans une optique frazérienne, s'attachent à des cultes et des mythes naturistes, ou interprétés comme tels (*Le festin d'immortalité*, 1924; *Le problème des Centaures*, 1929; *Ouranos-Varuṇa*, 1934). C'est en 1938 qu'il découvre ce qui est désormais l'axe des études comparées indo-européennes : les Indiens les plus anciens d'une part, les Romains de la première Rome de l'autre répartissaient dieux ou hommes en trois groupes distincts, formant ensemble, et que Dumézil a appelés les trois « fonctions » (longtemps tenues pour des « fonctions sociales », puis reconnues comme des critères classificatoires, intellectuels) : à savoir, I : Le domaine de la religion, de la magie, de la royauté, de la pensée; II : Celui de la force physique (et en particulier de l'activité guerrière); III : Celui de la conservation et reproduction matérielles du groupe, fécondité, alimentation, médecine et notions connexes. Ses travaux, de 1938 à aujourd'hui, ont porté essentiellement sur l'exploration des systèmes symboliques des peuples indo-européens à la lumière de cette découverte (*Jupiter-Mars-Quirinus*, I-IV, 1941-1948; *Rituels indo-européens à Rome*, 1954; *L'idéologie tripartite des Indo-Européens*, 1958; *Mythe et épopée*, I-III, 1968-1873; *Les dieux souverains des Indo-Européens*, 1977, etc.). Théoriquement, les travaux menés alors marquent une rupture avec les problématiques antérieures, et inscrivent Dumézil dans le courant « structuraliste ». La comparaison, en effet, ne porte plus sur la langue, mais sur des ensembles dont les corrélations internes sont, de l'un à l'autre, homogènes. Par exemple, les dieux romains Jupiter, Mars, Quirinus sont, linguistiquement, distincts de Mitra-Varuṇa, Indra, les Nâsatya de l'époque védique et prévédique, mais la relation et la répartition des rôles entre les trois dieux romains se superposent sans difficulté à la relation et aux fonctions respectives des dieux indiens cités. Cette approche nouvelle a bouleversé l'étude mythologique indo-européenne, en lui ouvrant des horizons jusque-là insoupçonnés. L'attention portée aux ensembles structurés a permis à Dumézil de multiplier les découvertes sectorielles : bipartition de la souveraineté indo-européenne (première fonction) en deux aspects complémentaires (Mitra-Varuṇa) ; compréhension de *rites* romains, jusque-là obscurs, par des *mythes* védiques ; « fabrication » de l'histoire romaine primitive à partir d'une mythologie évhémérisée ; expression des mentalités, très diverses, des peuples indo-européens (Latins, Germains, Celtes, Iraniens sous l'action zoroastrienne...), à travers les modifications qu'elles ont fait subir à la mythologie et à la théologie communes ; caractère authentiquement ancien et traditionnel des textes religieux scandinaves médiévaux *(Eddas)* ; origine mythologique d'un grand nombre d'œuvres épiques ou littéraires *(Mythe et épopée*, I-III ; *Du mythe au roman*, 1970). Ces travaux ont des conséquences historiographiques considérables : le contenu du concept d'Indo-Européens s'enrichit, et éclaire d'un jour nouveau la Préhistoire des divers peuples de cette famille ; les premiers siècles de l'histoire romaine apparaissent comme une fabrication à partir de la mythologie — et cela a valu à Dumézil de graves polémiques avec les romanistes (A. Piganiol, etc.) ; noter enfin l'impact des découvertes duméziliennes sur l'histoire de France avec le rattachement de la théorie des Trois Ordres médiévaux à l'idéologie trifonctionnelle, et les travaux subséquents des médiévistes français (J. Le Goff, J. Duby, J. Batany).

▶ Corrélats. — Anthropologie historique, Mentalités, Religion (Histoire religieuse).

B. Sergent.

Durkheim Emile, 1858-1917

L' « impérialisme sociologique » tôt imputé à Durkheim et à ceux qui, autour de lui, constituèrent l' « Ecole française de Sociologie » (Bouglé, Davy, Halbwachs, Hertz, Hubert, Mauss, Simiand, etc.) décrit bien le mode d'établissement de la sociologie en France au début du siècle : la sociologie durkheimienne se donna explicitement pour tâche d'annexer des régions du savoir constitué qu'elle pourrait occuper et exploiter. Par l'importance qu'elle accordait à la bibliographie critique, la revue *L'Année sociologique*, organe du groupe durkheimien, réussissait à donner l'illusion d'une science ayant déjà son organisation interne et ses disciplines auxiliaires. L'histoire était, peut-être plus encore que l'ethnographie et la statistique morale, au premier rang de ces disciplines auxiliaires. De là vient la vigueur du débat qui opposa Durkheim et ses collaborateurs (surtout Simiand) aux historiens (notamment Seignobos) : la controverse portait sur le droit à l'existence comme science autonome de chacune des deux disciplines.

Durkheim admet que la connaissance historique est indispensable à la sociologie ; le détour par l'étude génétique est même à ses yeux le moyen d'établir la scientificité de la nouvelle discipline en la démarquant des généralités sur les questions sociales. Mais il assigne à la discipline historique le rôle de fournisseur de matériel dont la sociologie tirera parti pour dégager des régularités et, si possible, des lois. L'histoire peut être scientifique si elle dépasse l'individuel (y compris l'individualité nationale) et établit des comparaisons entre plusieurs sociétés ; mais, dès lors, elle est indistincte de la sociologie. L'obsession du comparatisme — dans les *Règles de la méthode sociologique*, la méthode des variations concomitantes est présentée comme la méthode par excellence de la sociologie — est telle qu'elle s'inscrit dans le cursus intellectuel des jeunes durkheimiens qui acquièrent au moins une double spécialisation.

Pareille visée impérialiste sur l'histoire exclut que la sociologie durkheimienne puisse être a-historique. Quoique Durkheim ait souvent été présenté comme obsédé par les conditions de l'ordre social, le changement social a été au premier rang de ses préoccupations dès sa thèse de doctorat *De la division du travail social* (1893). De même, le privilège qu'il accorda aux sociétés primitives (*Les formes élémentaires de la vie religieuse*, 1912) fut tardif. Jusqu'en 1896, Durkheim affirma la primauté des données historiques sur les données ethnographiques. Et il ne s'en détourna pas par la suite, comme en témoigne, par exemple, son cours *L'Evolution pédagogique en France*, étude d'histoire sociale qui, à côté des facteurs morphologiques du changement, met en relation les systèmes éducatifs et les systèmes de pensée. Plus généralement, le projet durkheimien, marqué par une préoccupation évolutionniste, peut être décrit comme l'étude comparative de la genèse des institutions.

Durkheim et les durkheimiens sont les représentants typiques d'une conception nomothétique dans l'étude des sociétés historiques qui se donne pour but de dégager, dans la multiplicité de données empiriques bien établies, des régularités structurelles. En cela ils eurent à se démarquer de « l'histoire historisante » (ou historisme) qui borne son programme à reconstituer les faits tels qu'ils se sont effectivement passés, dans une société particulière, mais aussi de la conception hypothético-déductive qui construit des modèles abstraits pour éclairer la réalité empirique (par exemple la théorie économique violemment combattue par Simiand). Le défi que constituait la formidable ambition de la sociologie durkheimienne eut un impact décisif sur l'évolution de la discipline historique, notamment en France. Au-delà des historiens appartenant au groupe durkheimien, comme Henri Hubert (1872-1927) ou le sinologue Marcel Granet (1884-1940), il marqua bien des contemporains comme Gustave Glotz (1865-1935). La lecture de *L'Année sociologique* joua un grand rôle dans la formation intellectuelle de Lucien Febvre et de Marc Bloch et l'Ecole des *Annales*, en relevant le défi de la sociologie durkheimienne, sut reprendre à son compte une bonne part de son projet.

● BIBLIOGRAPHIE. — *1 | Principaux ouvrages de Durkheim* : De la division du travail social, Paris, Alcan, 1893 (rééd. PUF); *Les règles de la méthode sociologique*, Paris, Alcan, 1895 (rééd. PUF); *Le suicide. Etude de sociologie*, Paris, Alcan, 1897 (rééd. PUF); *Les formes élémentaires de la vie religieuse*, Paris, Alcan, 1912 (rééd. PUF); *L'évolution pédagogique en France*, Paris, Alcan, 1938 (rééd. PUF); *Textes*, 3 vol., Paris, Minuit, 1975; (sous sa direction) *L'Année sociologique*, 1898-1913, 12 vol.

2 | Littérature secondaire : A propos de Durkheim, *Revue française de Sociologie*, 17 (2), 1976; R. N. BELLAH, Durkheim and history, p. 153-176, in R. A. NISBET, éd., *Emile Durkheim*, Englewood Cliffs, NJ, Prentice-Hall, 1965; Ph. BESNARD, éd., *The sociological domain. The Durkheimians and the founding of French sociology*, Cambridge, Cambridge University Press, 1983.

▶ CORRÉLATS. — Annales (Ecole des), Bloch, Simiand.

P. BESNARD.

Economie

Histoire économique

L'histoire économique, comme déjà son nom l'indique, trouve ses origines dans deux disciplines, l'économie et l'histoire. L'histoire de l'histoire économique est un va-et-vient entre ces deux disciplines. Dans quelle mesure est-il légitime d'appliquer à des situations spécifiques et localisées dans le temps et dans l'espace des concepts économiques abstraits d'abord inventés pour analyser des circonstances propres à d'autres temps et d'autres lieux ? Telle est la question qui a longtemps agité et qui continue à diviser l'histoire économique.

Notons d'abord que l'économie politique n'est devenue abstraite qu'au XIXe siècle. Avant Ricardo, elle était profondément ancrée dans l'étude de l'histoire des faits et des institutions économiques. On le voit en consultant les grands ancêtres de la science économique, Sir William Petty, Turgot, Adam Smith, ou Thomas Robert Malthus. Ainsi l'*Essai sur la richesse des nations* d'Adam Smith était et demeure encore en partie un excellent traité d'histoire économique analytique. A cette époque, l'histoire avait encore d'autres préoccupations. La source la plus éloignée de l'histoire économique se trouve donc chez les économistes.

L'économie politique anglaise et libre-échangiste devint avec Ricardo, puis John Stuart Mill et Alfred Marshall de plus en plus théorique et déductive, prétendant au statut d'une « science économique » dont les lois intemporelles et universelles — c'est-à-dire les lois du marché, de l'offre et de la demande — s'appliqueraient à toutes les parties du globe, quel que soit leur niveau de développement économique.

A la suite de Friedrich List (1841), Karl Marx (*Le Capital*, 1867), Wilhelm Roscher (*System der Volkswirtschaft*, 1854, 25e éd., 1922) et Bruno Hildebrand, les économistes allemands contestèrent les postulats et les théorèmes de la science économique abstraite et universelle de Manchester, tout autant que sa méthodologie. A niveau de développement économique inégal correspondraient des lois du fonctionnement économique différentes. Ainsi, ce qui était vrai pour l'Angleterre (les bénéfices du libre-échange et de la libre entreprise) ne l'était pas forcément pour d'autres pays. Et la connaissance des lois de l'économie proviendrait de la connaissance historique de cas concrets. En 1864, Bruno Hildebrand introduisait la distinction entre économie naturelle, économie monétaire et économie de crédit, dont on continua à parler, du moins pour la critiquer, jusque dans les années 30 (Alfons Dopsch, Hans Van Werveke, N. S. B. Gras, Marc Bloch, Eli Heckscher), et même jusqu'en 1944 (M. M. Postan). L'organe principal de cette école devint les *Jahrbücher für Nationalökonomie und Statistik*, fondés en 1863, puis la *Vierteljahrschrift für Sozial- und Wirtschaftsgeschichte*, la première revue d'histoire économique, fondée en 1893.

A partir de 1880 le maître à penser de la Nouvelle Ecole historique allemande devint Gustav von Schmoller, professeur à Strasbourg de 1872 à 1882, puis à Berlin, éditeur de ce qu'on appela désormais le *Schmoller's Jahrbuch*, et dont le travail sur la corporation des artisans du textile à Strasbourg (1879) fournit un modèle à de nombreux disciples. Schmoller offrit sa propre périodisation des étapes du développement économique en 1884 : économie villageoise, économie urbaine, économie territoriale, économie nationale et économie mondiale. Malgré les attaques des Autrichiens Carl Menger et Eugen von Böhm-Bawerk, l'école historique continua à se développer avec Karl Bücher, Arthur Spiethof, Werner Sombart, Max Weber, et Georg F. Knapp. Ce dernier dirigea à l'Université de Strasbourg de nombreuses thèses sur les réformes agraires, la *Bauernbefreiung*.

Bücher introduisit en 1893 une nouvelle périodisation, fondée sur la distance entre producteur et consommateur : économie de ménage, économie locale, économie nationale. Max Weber, à la place du concept historique d'étape économique, proposait la méthode du « type idéal », c'est-à-dire de modèle heuristique. Quant à Sombart, il inventa le concept de « systèmes économiques ». Chaque système est une totalité définie par ses techniques, son organisation et son « esprit », c'est-à-dire sa mentalité. Arthur Spiethof ajouta encore un degré supplémentaire de sophistication aux idées de Sombart et Weber, substituant au concept de type idéal le concept de type réel et à celui de système économique celui de style d'économie.

Parmi les premiers historiens économistes de toute l'Europe et d'Amérique, nombreux furent les jeunes qui vinrent à Berlin et ailleurs écouter les conférences des maîtres allemands. Certains de ces jeunes étudiants devinrent les premiers professeurs d'histoire économique dans les facultés de leur pays. Les premiers titulaires de chaires d'histoire économique, les premiers cours magistraux, les premiers manuels portèrent la marque de l'Allemagne. Ainsi, en Italie, la recherche allemande avait déjà produit les premiers grands ouvrages scientifiques en histoire économique avant même que Gino Luzzatto, Luigi Einaudi, Armando Sapori et Amintore Fanfani ne commencent leurs travaux. On pense à E. H. Poehlmann (1868), L. H. Hartmann (1895), Alfred Doren (1908), Karl Julius Beloch (1899), Adolf Schaube (1908) et R. Davidsohn (1896). De même il faut noter plusieurs ouvrages allemands même parmi les pionniers de l'histoire économique anglaise. Ici on pense à Erwin Nasse (1869), Lujo Brentano (1872), Gustav Cohn (1874-1875), Adolf Held (1881), O. W. Weyer (1888).

Néanmoins, l'influence allemande en Angleterre et en France fut minime, même s'il exista parfois une concordance d'opinions ou de méthodes entre les économistes historiens anglais (Cunningham) ou français (Simiand) et leurs prédécesseurs allemands.

Tout d'abord, la Faculté de Droit, comme sa *Revue d'Histoire des doctrines économiques et sociales*, fondée en 1908, s'occupa beaucoup plus des idées que des faits, même après le changement de titre en 1913, quand elle devint la *Revue d'Histoire économique et sociale*. Pierre-Emile Levasseur (1828-1911), un des fondateurs français de l'histoire économique et sociale, auteur de l'*Histoire des classes ouvrières en France depuis la conquête de Jules César jusqu'à la Révolution* (1859) et de l'*Histoire des classes ouvrières en France depuis 1789 jusqu'à nos jours* (1867) installé de 1871 à 1911 au Collège de France, reçut la chaire de l'Histoire des doctrines économiques.

Les grands fondateurs anglais furent J. E. Thorold Rogers (1823-1890), Arnold Toynbee (1852-1883), William Cunningham (1849-1919) et W. J. Ashley (1860-1927). L'influence allemande était chez eux plus faible encore qu'en France. Les fameuses conférences d'Arnold Toynbee sur la Révolution industrielle proposaient plus une histoire des idées qu'une histoire des faits. Il est vrai que Cunningham étudia brièvement en Allemagne et qu'Ashley connaissait Schmoller. Mais lorsque ce dernier en parlait à ses amis anglais vers 1880 il craignait qu'on le soupçonnât d'inventer ce personnage. Bien que les premiers ouvrages d'histoire économique anglaise fussent souvent écrits par des Allemands, l'intérêt pour cette discipline se développa surtout pour des raisons autonomes, en particulier la grande crise économique des années 1870.

Pour une discipline adolescente, l'établissement d'une première chaire universitaire d'histoire économique représente un signe de maturité. Elle fut établie en 1910 à l'Université de Manchester et occupée par George Unwin. La seconde fut établie à Cambridge en 1928 (J. H. Clapham). L'Université d'Oxford (G. N. Clark) et la London School of Economics (Eileen Power et R. H. Tawney) suivirent en 1931.

Entre-temps, on avait fondé l'Economic History Society (1926) lors d'une assemblée à la London School of Economics. Son premier président fut W. J. Ashley. Elle réunit 487 membres dès sa première année. Chaque membre, ainsi que plus d'une centaine de bibliothèques, reçurent dès 1927 l'*Economic History Review*. Plus de la moitié des abonnements de bibliothèques provenaient de l'étranger.

Malgré la différence de langue et de culture, l'influence de l'école historique allemande fut beaucoup plus évidente sur les Américains. Il est vrai que la première chaire d'histoire économique du monde anglo-saxon, créée à Harvard dès 1893, fut d'abord occupée par l'Anglais W. J. Ashley, qui enseignait à ce moment à l'Université de Toronto. Si Ashley avait été un disciple de Toynbee, il avait fait plusieurs visites en Allemagne en 1880, 1883, et 1884, et dédié sa conférence inaugurale à l'Université de Toronto (1885) à Schmoller.

Edwin F. Gay succéda à Ashley en 1902, année où l'Université de Berlin lui accorda un doctorat pour un travail rédigé en allemand sous la direction de Schmoller, sur l'histoire des enclosures en Angleterre. Il deviendra en 1940 le premier président de l'Economic History Association américaine. Parmi ses étudiants on comptera plus tard Abbott P. Usher (Ph. D. 1910, thèse sur le commerce des grains en France, 1400-1700), N. S. B. Gras (1912, professeur de Business History à Harvard après 1927), Arthur H. Cole (1916), Earl J. Hamilton (1929) et Frédéric C. Lane (1930). Ce dernier étudia un moment à Bordeaux, puis à Vienne sous la direction d'Alfons Dopsch. Mentionnons aussi Richard T. Ely et Herbert

Baxter Adams qui, l'un à l'Université du Wisconsin et l'autre à l'Université Johns Hopkins, diffusèrent les méthodes allemandes, tout comme H. W. Farnam à Yale, qui avait aussi étudié en Allemagne et obtenu son doctorat à Strasbourg. De diverses universités américaines (Harvard, Chicago, Johns Hopkins), les élèves de Gay jouèrent tous un rôle dans le développement de la discipline. C'est parmi cette génération qu'on trouve les fondateurs de l'Economic History Association en 1940, et de son *Journal of Economic History*. Dès 1941, l'association réunissait 361 membres, et 54 bibliothèques s'étaient abonnées. Presque toutes étaient américaines, mais après la guerre presque un quart des bibliothèques étaient étrangères.

Hors des Etats-Unis, l'école historique des économistes allemands eut encore quelque influence chez les historiens non économistes dans les facultés de lettres. Henri Pirenne, le grand médiéviste belge historien du commerce et des villes, obtint le doctorat de l'Université de Liège en 1883. Comme ses maîtres Godefroid Kurth et Paul Frédericq avant lui, il alla ensuite se perfectionner à l'étranger. Il passa un an à Paris afin d'y suivre les cours d'Arthur Giry, Marcel Thévenin et Auguste Longnon à l'Ecole des chartes et à l'Ecole pratique des Hautes Etudes, puis reçut une bourse de voyage de son gouvernement, qui lui permit de passer un an à Leipzig et surtout à Berlin, où il suivit le cours de Schmoller. Il fut longtemps influencé par Karl Lamprecht, dont la thèse (1878) avait traité de *L'histoire de la vie économique en France au XIe siècle*, et dont la méthode consistait « à considérer l'histoire du point de vue des sciences sociales. Dès lors, au lieu de mettre l'individu au premier plan et de voir dans l'Etat l'objet essentiel des recherches historiques, on s'attachera avant tout à expliquer le développement national d'un peuple par les facteurs naturels et collectifs dont il est le résultat » (Henri Pirenne, *Revue historique*, 1897, cité par Bryce Lyon).

Dans les années 1890, Pirenne se rendit souvent aux réunions annuelles des historiens allemands et servit en quelque sorte d'informateur pour les médiévistes français, qui avaient peu de relations avec l'Allemagne depuis la défaite de 1870. Mais le chauvinisme et le racisme de Lamprecht, qui, comme celui de bien des historiens allemands, se manifestèrent pendant la guerre de 14, réduisirent considérablement après la guerre l'admiration que Pirenne et quelques autres portaient encore à leur égard. Dans un discours d'ouverture solennelle des cours à l'Université de Gand en 1921, Pirenne, sur le point de devenir recteur, s'exprimera ainsi : « Prenez la dernière histoire d'Allemagne qui ait été écrite avant la guerre, la *Deutsche Geschichte* de Karl Lamprecht, débarrassez-la des théories fumeuses dont elle s'entoure, et dites s'il a jamais existé un ouvrage où le chauvinisme se révèle avec autant d'aveugle volupté » (cité par Bryce Lyon, 1974).

Président du Comité international des Sciences historiques, 1923-1929, Pirenne refusera longtemps d'y inviter des Allemands. Waldo Leland, un Américain, secrétaire du Comité après 1924, dut menacer de démissionner pour qu'ils y fussent enfin à nouveau admis en 1927.

Parmi les historiens, l'influence des économistes allemands ne s'était fait sentir que sur une très petite minorité. Dans le contexte d'une écriture de l'histoire orientée depuis longtemps vers la narration du développement de la nation, vers la glorification du monarque, de l'Etat, ou de la Patrie, la naissance de l'histoire économique fut le reflet d'une préoccupation nouvelle pour les forces souvent impersonnelles et invisibles qui sous-tendent la puissance nationale. Ainsi, du côté des historiens, l'histoire économique est une invention relativement récente, et elle ne fut pas acceptée sans difficultés.

Pourtant en 1744, Voltaire critiquait déjà l'histoire événementielle de son temps, purement militaire et diplomatique, et offrait dans ses *Nouvelles considérations sur l'histoire* le programme de ce qu'on appellera plus tard l'histoire économique. « Il y a des livres qui m'apprennent les anecdotes vraies ou fausses d'une cour... » « Je voudrais apprendre quelles étaient les forces d'un pays avant une guerre, et si cette guerre les a augmentées ou diminuées. L'Espagne a-t-elle été plus riche avant la conquête du nouveau monde qu'aujourd'hui ? De combien était-elle plus peuplée du temps de Charles Quint que sous Philippe IV... On pourra savoir dans quelques années combien l'Europe est en effet peuplée... Voilà déjà un des objets de la curiosité de quiconque veut lire l'histoire en citoyen et en philosophe. »

Cependant, l'agenda de Voltaire fut peu observé par les historiens. Henri Hauser était le seul professeur d'histoire économique et sociale à la Sorbonne jusqu'en 1937. On assimilait l'histoire économique et sociale à une vision téléologique et déterministe, à une interprétation économique de l'histoire et au matérialisme historique, qu'on attribuait au socialisme de Marx et de Jean Jaurès, même si dans son *Histoire socialiste* de la Révolution française (1901-1904), ce dernier déclarait ne pas ignorer que « la complication presque infinie de la vie humaine ne se laisse pas réduire brutalement, mécaniquement, à une forme économique », et vouloir écrire une histoire qui soit « à la fois matérialiste avec Marx et mystique avec Michelet ».

Avant les années 30, l'histoire économique restait donc un thème mineur chez les professeurs d'histoire comme chez les professeurs d'économie. François Simiand, dont la thèse (1904) avait été consacrée aux salaires des ouvriers des mines en France, était un philosophe qui avait choisi la sociologie économique. Il n'entra pas à la Faculté. Il fut nommé en 1932 au Collège de France, après avoir été professeur au Conservatoire national des Arts et Métiers et directeur de Recherches à l'Ecole pratique des Hautes Etudes. La première histoire économique et sociale de la France, celle d'Henri Sée, professeur à l'Université de Rennes, sortit à Iéna en allemand (1930, 1936), et dut attendre encore quelques années avant de paraître en français (A. Colin, 1939, 1942). De même, en 1927, la première synthèse d'histoire économique de la Hollande fut écrite en allemand par E. Baasch et publiée en Allemagne.

Encore dans les années 30, Lucien Febvre et Marc Bloch (ce dernier, après son agrégation (1908), avait suivi pendant un an les conférences des professeurs de Leipzig et de Berlin) durent s'engager dans de durs « débats et combats » pour lancer en 1929 de Strasbourg les *Annales d'Histoire économique et sociale* dont le titre était emprunté à celui du *Vierteljahrschrift* et pour y introduire une « histoire totale » qui n'était au fond que le programme déjà préconisé par Voltaire deux siècles plus tôt, afin, comme l'écrivait Febvre dans un de ses comptes rendus, de débarrasser l'histoire de tout son « fatras anecdotique » et pour faire place à « ce qui vraiment anime les hommes ». A plusieurs reprises, dès 1921, ils tentèrent de convaincre Pirenne de prendre la direction de la nouvelle revue qu'ils préparaient. Celui-ci refusa, mais ils bénéficièrent de sa collaboration, comme de celle de Georges Lefebvre, Ernest Labrousse, et d'autres.

En 1933, Febvre entra au Collège de France, en 1937 Bloch à la Sorbonne, succédant à Hauser.

Le statut de l'histoire économique changea profondément entre 1945 et 1960. C'est chez les historiens qu'elle fut alors pratiquée avec le plus d'enthousiasme. On peut même dire que l'avant-garde de l'histoire économique fut reprise aux économistes par les historiens, grâce au dynamisme de l'Ecole des Annales, grâce aussi au très grand retentissement des travaux d'Ernest Labrousse, l'*Esquisse du mouvement des prix et des revenus en France au XVIIIe siècle* (Paris, 1933) et *La crise de l'économie française à la fin de l'Ancien Régime et au début de la Révolution* (Paris, 1944). Marc Bloch et Lucien Febvre avaient réussi à introduire l'économie, autant que la démographie, la psychologie, la géographie et l'anthropologie dans l'écriture de l'histoire, mais ils contribuèrent à ce que l'histoire (plutôt que la sociologie), en particulier l'histoire économique, devienne le ciment de toutes les sciences sociales, du moins en France, du moins à Paris. Leur victoire leur gagna la création en 1947 d'une VIe Section (Sciences économiques et sociales) à l'Ecole pratique des Hautes Etudes, dirigée par Lucien Febvre, puis par Fernand Braudel. Le dynamisme de cette Section fut tel, qu'elle devint, aux Etats-Unis par exemple, un modèle d'études historiques interdisciplinaires admiré, parfois imité, rarement critiqué. Parmi les travaux les plus connus de cette époque, mentionnons les thèses de Huguette et Pierre Chaunu (*Séville et l'Atlantique 1504-1650*, 11 vol., 1955-1960), Pierre Goubert (*Beauvais et le Beauvaisis*, 1960), Pierre Vilar (*La Catalogne dans l'Espagne moderne*, 1962), Emmanuel Le Roy Ladurie (*Les paysans de Languedoc*, 1966). Mais le « VIe Section » restant en marge du cursus universitaire, c'est Ernest Labrousse, de sa chaire en Sorbonne, qui dirigeait la plupart des thèses se réclamant de l'Ecole des Annales.

La problématique de Labrousse eut une influence fondamentale sur le développement de l'histoire économique en France et sur les *Annales*. Labrousse avait montré comment comparer les salaires et les rentes foncières avec les séries de prix agricoles sur les marchés urbains (mercuriales) pour analyser les fluctuations de la conjoncture agricole et artisanale et leurs conséquences différenciées sur les classes de la société rurale et urbaine. Son exemple encouragea de nombreux disciples et élèves à chercher dans la conjoncture économique le fondement des modifications de la structure sociale. Il définit et disséqua le mécanisme de la crise de subsistance dans l'économie d'ancien type (préindustrielle), un concept qui servit également de base aux nouvelles recherches en histoire démographique (Jean Meuvret, Pierre Goubert).

Cette discipline connut un développement international très important. Parfois plus démographique qu'historique quand ses praticiens se cantonnent dans la mesure et évitent l'interprétation, elle est à nouveau étroitement associée à l'histoire économique depuis la publication par E. A. Wrigley et R. S. Schofield de leur admirable *Population History of England 1541-1871* (1981), qui offre une riche interprétation des relations complexes et changeantes entre population et économie pendant trois siècles.

Les *Annales* avaient réintroduit l'économie dans l'histoire. Cependant, les historiens des *Annales* étaient en majorité « modernistes », c'est-à-dire spécialistes d'une époque comprise entre le Moyen Age et la Révolution. D'autre part, ils travaillaient sans théorie économique, ou alors avec un éclectisme scientifiquement dangereux. Ainsi les lacunes, théoriques surtout, de l'histoire économique écrite à la manière des *Annales*, invisibles aux historiens, étaient inacceptables pour les économistes, particulièrement pour les économistes américains spécialistes d'histoire « contemporaine ». Connaissant rarement le français, peu étaient à même d'être bercés par la belle langue dans laquelle Lucien Febvre, Fernand Braudel et leurs disciples rédigeaient habituellement leurs textes. Rares étaient ceux qui s'accordaient à substituer à la stricte analyse économique cette « oscillation entre le poétique et le statistique » (H. Stuart Hughes) qui caractérise *La Méditerranée* de Fernand Braudel (1949, 2e éd., 1966), ce chef-d'œuvre.

Déjà dans les années 50 on avait appliqué à l'histoire les concepts macro-économiques de comptabilité nationale keynésienne (Kuznets). Une école anglo-saxonne d'économie historique s'était développée autour d'une préoccupation nouvelle pour la croissance et le développement économiques, une préoccupation qu'on peut attribuer à la décolonisation du Tiers Monde et à la création de nouveaux Etats indépendants mais économiquement faibles, et à la Guerre froide. La « Révolution industrielle » devenait l' « industrialisation » ou l' « expérience historique du développement économique ». La France prit une grande place dans les discussions en langue anglaise, à cause de la lenteur présumée de son industrialisation au XIXe siècle, par rapport à celle de l'Angleterre et de l'Allemagne. L'influence keynésienne se faisait sentir dans la mesure où l'épargne et l'investissement jouaient dans la croissance un rôle autonome et déterminant. C'est dans ces préoccupations qu'on peut placer les travaux américains de Rondo Cameron, Alexander Gerschenkron, David Landes, Henry Rosovsky, W. W. Rostow; français de Jean Bouvier, François Crouzet, Claude Fohlen, Maurice Lévy-Leboyer, et Jean Marczewski; anglais de Phyllis Deane, H. J. Habakkuk et Peter Mathias; allemands de Walther Hoffmann.

On pourrait penser que Joseph Schumpeter eut une influence théorique, puisque l'*entrepreneurship* fut beaucoup étudié, ainsi que l'histoire des entreprises, une branche quasi autonome de l'histoire économique qui possède ses propres revues *(Business History Review, Business History, Revue d'Histoire des entreprises, Tradition. Zeitschrift für Firmen-Geschichte)*. Notons d'abord que la fondation de la Business Historical Society remonte à 1925, bien avant la fondation de l'Economic History Association aux Etats-Unis. Norman Gras fut professeur d'histoire des entreprises à Harvard en 1927 et définit la discipline dans plusieurs articles publiés peu après. Dès leur première année, les *Annales d'Histoire économique et sociale* publieront des articles de A. P. Usher et de N. S. B. Gras sur l'histoire des entreprises. Parmi celles-ci, on étudia beaucoup les banques, qui sont au cœur de la théorie schumpétérienne du développement économique. Toutefois, il semble que le Research Center in Entrepreneurial History (fondé en 1948), placé dans des locaux fournis par Harvard mais indépendant de l'Université, d'où sortit bientôt la revue *Explorations in Entrepreneurial History*, fut fort peu influencé par Schumpeter, mais plutôt par Arthur Cole et Leland H. Jenks.

A partir des années 1960, une nouvelle économie historique (North, Fogel, Fishlow, et beaucoup d'autres) tenta d'appliquer aux économies d'autrefois la théorie micro-économique néo-classique marshallienne, ainsi que les méthodes statistiques et économétriques les plus modernes.

Nombreux furent les historiens qui contestèrent cette méthodologie, renouvelant les arguments de l'école historique allemande du XIXe siècle contre l'école libérale. Néanmoins, l'initiative était repassée chez les économistes, qui en inventant les méthodes cliométriques renouvelèrent aussi l'intérêt pour cette discipline parmi les économistes.

L'histoire économique, devenue trop technique et abstraite pour les historiens, perdit alors des adeptes chez eux. Les jeunes historiens, plutôt que de croiser le fer avec les économistes sur leur terrain, se tournèrent vers des problèmes d'histoire sociale et familiale, ou bien vers l'anthropologie historique.

Aujourd'hui encore, alors que les revues américaines les plus engagées dans les méthodes cliométriques sont revenues à des positions épistémologiques plus ouvertes et éclectiques, les débats méthodologiques remontant au XIXe siècle ne sont pas clos. Les systèmes de périodisation par étapes, un moment abandonnés, sont revenus sous des formes nouvelles, d'abord avec la théorie des *Etapes de croissance économique* de Rostow (1956, 1960), puis plus récemment avec des hypothèses concernant l'avènement du capitalisme moderne, la théorie de la proto-industrialisation (Mendels, 1972) et celle de l'Economie-Monde (Immanuel Wallerstein, 1974, 1980). De même, une des grandes questions méthodologiques qui agite les historiens des économies africaines précoloniales est de savoir s'il convient d'appliquer à ce domaine les concepts de l'économique moderne. Alors que les « formalistes » le préconisent, les « substantivistes », comme George B. Dalton, à la suite de Karl Polanyi, s'y opposent. (Les termes substantivistes et formalistes eux-mêmes remontent à une distinction présentée par Max Weber entre deux formes de rationalités.)

Enfin, parmi les nombreux historiens de la paysannerie européenne, certains ont tenté soit d'offrir une théorie économique propre au monde paysan (Witold Kula) soit de reprendre et d'adapter les développements théoriques que Chayanov avait présentés pour les paysans russes dès 1926 (Hans Medick, 1976). A ce propos, il est impossible de terminer un tel survol sans au moins faire mention de l'histoire agraire, une discipline alliée qui a ses propres revues *Agricultural History Review* (Grande-Bretagne), *Agricultural History* (Etats-Unis), *Afdeling Agrarische Geschiedenis, Bijdragen* (Wageningen, Pays-Bas), *Zeitschrift für Agrargeschichte und Agrarsoziologie* (Allemagne), ses propres sociétés souvent plus anciennes que les sociétés d'histoire économique, et ses chaires d'enseignement. Rappelons dans ce contexte l'influence de Wilhelm Abel et de Bernard H. Slicher Van Bath.

● BIBLIOGRAPHIE. — Hugh G. J. AITKEN, ed., *Explorations in Enterprise*, Cambridge, Mass., 1965; T. C. BARKER, The Beginnings of the Economic History Society, *Economic History Review*, 30, 1 (1977), 1-19; Jean BOUVIER, Pour François Simiand, *Annales ESC*, 28, 5 (1973), 1173-1192; André BURGUIÈRE, Histoire d'une histoire : la naissance des *Annales, Annales ESC*, 34, 6 (1979), 1347-1359; J. H. CLAPHAM, ed., Economic History, in *Encyclopaedia of the Social Sciences* (1931); Terry N. CLARK, *The French University and the Emergence of the Social Sciences*, Cambridge, Mass., 1973; Jean EHRARD et Guy PALMADE, éds., *L'Histoire*, Paris, Armand Colin, coll. « U », 1964; S. William HALPERIN, *Essays in Modern European Historiography*, Chicago, 1970; N. B. HARTE, ed., *The Study of Economic History*, Londres, 1971; Herbert HEATON, Twenty-Five Years of the Economic History Association : A Reflective Evaluation, *Journal of Economic History*, 35, 4 (1965), 465-479; Bert HOSELITZ, éd., *Théories de la croissance économique*, Paris, 1970; H. Stuart HUGHES, *The Obstructed Path*, New York, 1966; François JEQUIER, Quelques réflexions sur la place de l'histoire des entreprises dans l'histoire économique et sociale, in *Histoire, Economies, Sociétés. Journées d'études en l'honneur de Pierre Léon. 6-7 mai 1977*, Lyon, 1978, 253-260; Frederic C. LANE et Jelle C. RIEMERSMA, *Enterprise and Secular Change*, Evanston, IL., 1952; Bryce LYON, *Henri Pirenne. A Biographical and Intellectual Study*, Gand, 1974; Bryce et Mary LYON, eds., *The Journal de guerre of Henri Pirenne*, Amsterdam, 1976; Ronald L. MEEK, *Social Science and the Ignoble Savage*, Cambridge, 1976. Jacques REVEL, Histoire et sciences sociales : Les paradigmes des *Annales*, *Annales ESC*, 34, 6 (1979), 1360-1376; Joseph A. SCHUMPETER, *History of Economic Analysis*, Oxford, 1954.

▶ CORRÉLATS. — Annales (École des), Banque, Braudel, Crise, Croissance, Désindustrialisation, Inflation, Labrousse, Pirenne, Proto-industrialisation, Quantitative (Histoire), Simiand.

F. MENDELS.

New economic history

Par opposition à l'histoire économique qu'on peut appeler traditionnelle, la nouvelle histoire économique est une démarche scientifique récente qui s'assigne pour tâche l'étude des faits économiques passés à la lumière de modèles explicites testés, selon les critères de l'économétrie. Récente, elle l'est, puisqu'on peut dater ses débuts de la fin des années 1950, quand dans les universités américaines des chercheurs éprouvent le besoin de réconcilier l'histoire et l'analyse économiques, deux disciplines qui se tournaient le dos depuis le siècle dernier. Les progrès de l'économétrie, à la fois art et science, située au carrefour de la statistique et de l'économie, apportaient les instruments nécessaires à ce nouveau type d'investigation, grandement facilité par la mise au point d'ordinateurs de plus en plus puissants.

En général, les nouveaux historiens économiques fondent leurs recherches sur le cadre théorique que fournit l'analyse néo-classique, car c'est l'ensemble le plus cohérent dont on dispose actuellement. La méthode consiste, au départ, à vérifier si les conclusions formulées antérieurement présentent de réelles incohérences ou à élucider les présupposés implicites qui les sous-tendent. On peut alors expliciter clairement les relations entre des variables et les insérer dans un modèle plus ou moins élaboré dont on teste la validité par les méthodes usuelles de la statistique, en particulier en calculant des régressions. L'approche tend donc à être, comme dans toute science, critique et ne fait aucune concession à la tradition historique du récit. En construisant des hypothèses sur les rapports de cause à effet, qui appellent d'autant plus la polémique que leurs fondements sont explicites, on progresse peu à peu vers une compréhension plus solide des questions économiques du passé.

L'exemple le plus célèbre de la méthode de la nouvelle histoire économique est certainement le réexamen par Robert W. Fogel de la thèse selon laquelle les chemins de fer auraient été indispensables à la croissance économique des Etats-Unis au XIXe siècle. Pour qu'elle soit fondée, il faut vérifier que sans eux le produit national brut aurait été sensiblement inférieur à ce qu'il était à une date donnée. Il est donc nécessaire de poser une hypothèse conditionnelle irréelle (ou contrefactuelle), celle d'une économie américaine qui aurait dû en 1890 transporter les mêmes quantités de marchandises par les autres moyens dont elle disposait à cette date : la voie d'eau pour les trajets à longue distance, le roulage pour les itinéraires courts. Le surplus social procuré par les chemins de fer, c'est-à-dire leur contribution particulière à la croissance, se mesure, dans ces conditions, par la différence entre le coût du transport du tonnage de marchandises déplacées en 1890 par ce moyen de locomotion et le coût qu'il aurait fallu acquitter, si ce même tonnage n'avait été transporté que par voie d'eau et par roulage, y compris les frais indirects qui résultent d'une vitesse plus lente, des entraves à la circulation apportées par un long hiver, etc., et en tenant compte éventuellement des ajustements qui se seraient produits dans les surfaces agricoles mises en culture. Dans ses calculs, Robert Fogel fait l'hypothèse que la batellerie est un secteur à coûts constants; à long terme, l'augmentation du trafic ne se serait pas traduite par une hausse des tarifs et, dans ce cas, il est légitime d'utiliser les prix du transport par péniche en 1890 pour les comparer avec ceux des compagnies ferroviaires cette même année.

Au terme de ses calculs, l'historien américain arrive à la conclusion qu'en 1890 la contribution des chemins de fer à la croissance des Etats-Unis ne dépasse pas 5 % du produit national brut du pays; ce chiffre lui semble assez faible pour rejeter ce qu'il appelle « l'axiome d'indispensabilité ». Le résultat, tout comme les méthodes qui ont permis d'y aboutir ont suscité d'intenses débats aussi bien chez les nouveaux que chez les anciens historiens économiques. L'hypothèse d'un monde conditionnel irréel qui n'a jamais existé a beaucoup choqué, les historiens répugnant à écrire avec des si. En fait, implicitement, toute relation de cause à effet — et les historiens n'en sont pas avares dans la mesure où ils ne se contentent pas d'être des chroniqueurs — suppose un raisonnement de ce genre : X est la cause de Y; si l'événement X ne s'était pas produit, Y n'aurait pas eu lieu. C'est l'usage explicite de l'hypothèse contrefactuelle qui choque, alors que cette démarche est beaucoup plus rigoureuse d'un point de vue scientifique que les sous-entendus implicites de la rhétorique traditionnelle. La difficulté réside ailleurs : quand on étudie une évolution structurelle à long terme, il est peu probable que les autres choses, comme on l'admet, restent égales par ailleurs, c'est-à-dire fixes et inchangées. La méthode donne donc des résultats d'autant meilleurs que la question étudiée est limitée dans son champ, dans le temps et que les transformations ne sont pas trop marquées. D'autres critiques, plus ou moins justifiées, ont porté sur les hypothèses sous-jacentes : on soutiendra, par exemple, que la batellerie est un secteur à coût croissant. Souvent de tels débats ne relèvent pas de la théorie mais de l'analyse empirique : les données historiques devraient pouvoir départager les adversaires, mais on sait qu'elles sont la plupart du temps ambiguës et, malheureusement pour les années antérieures au XXe siècle, rares. Comme l'histoire traditionnelle, la nouvelle histoire économique dépend en dernier lieu de l'état de ses sources et de l'interprétation qu'on en donne; elle en dépend d'autant plus qu'elle est très gourmande en données. En effet, les conclusions qu'on peut tirer par induction statistique sont d'autant plus solides que les observations sont nombreuses. Il est arrivé que certains historiens économiques n'ont pas apporté un soin suffisant à l'élaboration de leurs données. Dès lors, les conclusions auxquelles ils aboutissaient se sont révélées très fragiles. A titre d'exemple, on peut citer les thèses iconoclastes de Fogel et d'Engerman sur l'intériorisation par les esclaves du Sud des valeurs victoriennes de l'éthique du travail et de la moralité puritaine, dont on a montré qu'elles étaient fondées sur des sources limitées, incomplètes et parfois mal interprétées.

La nouvelle histoire économique qui a triomphé principalement dans les pays anglo-saxons depuis 1958 représente un des bouleversements majeurs apportés à la discipline historique depuis un quart de siècle. Elle a réconcilié l'histoire avec l'analyse économique; elle a montré la fragilité de nombreuses interprétations antérieures et, par le jeu incessant de la polémique qui caractérise le progrès scientifique, elle a relativisé nos connaissances, tout en les faisant progresser sur certains points. Ces acquis ont porté généralement sur des sujets limités, d'où une déception chez ceux qui attendent de l'historien une vaste synthèse globale. De fait, face à la tradition rhétorique qui exerce encore tant d'influence dans la pratique actuelle de l'histoire, la nouvelle histoire économique annonce une démarche de type scientifique, avec toutes les incertitudes et les limites qui caractérisent cette manière d'analyser le monde.

● Bibliographie. — Lance E. Davis, Richard A. Easterlin, William N. Parker, dir., *American Economic Growth. An Economists' History of the United States*, New York, Harper & Row, 1972; Robert W. Fogel, *Railroads and American Economic Growth Essays in Econometric History*, Baltimore, The Johns Hopkins Press, 1964; Notes on the Social Saving Controversy, *Journal of Economic History*, XXXIX, 1 Atlanta, Emory University, 1979; Robert W. Fogel et Stanley L. Engerman, *The Reinterpretation of American Economic History*, New York, Harper & Row, 1971; *Time on the Cross*, vol I : *The Economics of American Negro Slavery*; vol. II : *Evidence and Methods. A Supplement*, Boston, Little Brown, 1974; Milton Friedman et Anna J. Schwartz, *Monetary Trends in the United States and the United Kingdom. Their Relation to Income, Prices, and Interest Rates, 1867-1975*, Chicago, The University of Chicago Press, 1982; Jean Heffer, Le dossier de la question, dans Ralph A. Andreano, *La Nouvelle Histoire économique. Exposés de méthodologie*, Paris, Gallimard, 1977; Jean Heffer, Jean-Louis Robert et Pierre Saly, *Outils statistiques pour les historiens*, Paris, Publications de la Sorbonne, 1981; Susan P. Lee et Peter Passell, *A New Economic View of American History*, New York, W. W. Norton, 1979; Maurice Lévy-Leboyer, La « New Economic History », *Annales Economies, Sociétés, Civilisations*, 24ᵉ année, nᵒ 5, septembre-octobre 1969, Paris; Glenn Porter, ed., *Encyclopedia of American Economic History. Studies of the Principal Movements and Ideas*, 3 vol., New York, Charles Scribner's Sons, 1980; Jeffrey G. Williamson, *Late Nineteenth-Century American Development. A General Equilibrium History*, Cambridge, Cambridge University Press, 1974.

▶ Corrélats. — Amérique (Historiens américains), Economie (Histoire économique), Croissance, Modèle, Quantitative (Histoire).

J. Heffer.

Education

En France, l'histoire de l'éducation a porté, plus longtemps sans doute qu'en aucun autre pays européen, une très forte charge idéologique. La raison de ce surinvestissement est à chercher dans le rôle que, tout au long du XIXᵉ siècle, la Révolution française — qui s'est pensée et voulue tout entière comme projet pédagogique — n'a cessé de jouer dans les consciences, suscitant chez ses partisans et ses adversaires des passions contradictoires. La querelle scolaire qui trouve là son origine ne pouvait pas ne pas puissamment retentir dans le champ de l'historiographie (les auteurs des deux camps étant d'ailleurs liés professionnellement au dispositif scolaire), et les célébrations récentes du centenaire des lois promulguées par Jules Ferry ont montré qu'ici ou là la dévotion (ou l'anathème) à l'égard d'un mythe fondateur peut encore l'emporter sur l'analyse scientifique. Au-delà de cet aspect polémique, l'histoire de l'éducation, qui connaît sa plus grande expansion entre 1871 et 1914 et a apporté une brassée d'informations positives extrêmement précieuses, présente un caractère essentiellement monographique, les auteurs s'attachant à décrire soit un seul établissement, soit une circonscription administrative limitée (en général le département ou le diocèse). Deux types de production sont alors privilégiés : d'une part une histoire institutionnelle qui s'appesantit davantage sur les textes réglementaires ou normatifs que sur le fonctionnement social des écoles, et qui rejette dans l'ombre l'éducation extra-scolaire (à la différence des monographies ouvrières publiées, au même moment, par la Société d'Economie sociale sous la direction de Frédéric Le Play) ; d'autre part une analyse des projets et des utopies des grands pédagogues qui se rattache — comme l'explique Gabriel Compayré dans son *Histoire critique des doctrines de l'éducation en France depuis le seizième siècle* — à « l'histoire générale des croyances et aussi à l'explication philosophique des actions humaines ». L'histoire devient alors le lieu où « chercher les vérités durables et recueillir les éléments d'une théorie définitive » pour l'avenir.

Depuis une vingtaine d'années, l'histoire de l'éducation a connu un très profond renouvellement dans ses méthodes comme dans ses objets. L'impact des mutations contemporaines n'y est évidemment pas étranger : le phénomène de « l'explosion scolaire » qui s'est développé à partir des années 1950 et l'avènement d'un enseignement de masse (trois quarts des adolescents de 16 ans sont scolarisés en 1977-1978 contre 27 % seulement une génération plus tôt) ont constitué un changement non seulement d'échelle mais de nature qui a fait apparaître crûment les liens complexes qu'entretient l'école avec l'ensemble d'une société. Tout d'abord la substitution d'un système scolaire articulé et hiérarchisé à la place d'ordres d'enseignement séparés et étanches les uns par rapport aux autres a entraîné une visibilité accrue des procédures de sélection : alors que chaque groupe social avait *grosso modo* ses écoles (par exemple école primaire pour les catégories populaires, collèges et lycées pour la bourgeoisie), c'est désormais à l'intérieur d'un même ensemble que des filières plus ou moins nobles (selon qu'elles conduisent à des destins sociaux plus ou moins élevés) sélectionnent tous les jeunes d'une même génération. En second lieu, l'inadaptation des méthodes et des programmes au nouveau public accueilli (et en particulier la valorisation exclusive accordée à la maîtrise de la parole) a fait apparaître que les exercices discriminants n'étaient pas neutres socialement. Si la réussite scolaire est inégale suivant les différentes classes sociales c'est parce que les performances reconnues par l'école fonctionnent comme instance de légitimation de différences socioculturelles héritées : les « qualités » ou les « défauts » attribués à l'élève tiennent pour beaucoup à un ensemble de pratiques et d'attitudes acquises au sein de la famille. Au poids de cet héritage viennent s'ajouter l'orientation opérée par les professeurs, eux-mêmes socialement déterminés, et l'intériorisation des chances de réussite par les familles des différentes catégories sociales selon leur plus ou moins grand degré d'éloignement par rapport à l'institution. Enfin, alors que l'explosion scolaire avait été portée par un large consensus social qui voyait dans la « démocratisation » de l'enseignement l'espérance d'une promotion, on a, au contraire, assisté à une dégradation de la valeur sociale attachée aux titres scolaires. Il était évidemment illusoire de croire en une harmonie préétablie entre la pyramide des qualifications scolaires et la hiérarchie des emplois. Cependant, la désillusion fut d'autant plus amère que l'espoir, attisé par le mythe de l'école égalisatrice des chances, avait été fort. La multiplication des titulaires de diplômes ne s'est pas accompagnée d'une augmentation parallèle des postes auxquels ces titres conduisaient au début de l'explosion des effectifs scolaires : l'ensemble des titres scolaires a subi de ce fait une dévaluation qui a d'abord touché les titres inférieurs. Les plus flouées se trouvent être les catégories sociales qui, nouvellement venues à l'enseignement secondaire, étaient portées à en espérer les profits que cet enseignement procurait quand elles en étaient exclues.

L'analyse scientifique qui a mis au jour ces différents processus ne s'est faite que progressivement. L'initiative revient aux démographes : dès le début des années 1950, les chercheurs de l'Institut national d'Études démographiques analysent les mécanismes d'orientation et leurs études de sociologie scolaire débouchent, dix ans plus tard, sur une grande enquête nationale menée de 1962 à 1967 qui suit d'année en année un échantillon de 17 500 élèves depuis la fin du cycle élémentaire jusqu'à l'entrée dans le second cycle du second degré. Très tôt, dans deux articles, qui restent fondamentaux, de la revue *Population* (1955, 1957), François de Dainville saisit tout le parti que les historiens peuvent tirer des questions nouvelles posées par les démographes en dépouillant les catalogues des collèges de l'époque moderne : en reconstituant la conjoncture des recrutements scolaires, il montre la sensibilité des courbes aux mouvements démographiques (chute de la natalité) et économiques (crises de subsistances), mais aussi politiques (guerres) et religieux (jansénisme), et il analyse les origines géographiques et sociales des populations scolarisées. Dans une perspective voisine, L. Stone restitue, dès 1964, la conjoncture des collèges universitaires anglais au tournant des XVIe et XVIIe siècles et replace la « révolution éducative » (1560-1640) au sein du développement administratif de la monarchie des Tudor et des Stuart. Au-delà de ces acquis, la réflexion continue des sociologues (en France Pierre Bourdieu, Jean-Claude Passeron, Raymond Boudon) fournit à la recherche historique non seulement un arsenal de procédures techniques (par le traitement statistique de données sérielles qui permettent d'appréhender par exemple le taux de scolarisation d'une génération aux différents niveaux scolaires et sa distribution selon l'appartenance sociale et la réussite scolaire, les coefficients de déperdition, etc.), mais encore un outillage conceptuel (notion d'héritage et de capital culturel, de chance d'accès, etc.), qui permet de mesurer plus rigoureusement la variation historique du rôle de l'école dans le processus de reproduction sociale. La réussite scolaire est-elle un moyen de reproduction de la position sociale des familles (par l'intermédiaire des titres scolaires qui donnent accès à cette position sociale) ? Ou bien, si la reproduction s'opère par d'autres voies, la fréquentation n'est-elle plus qu'un attribut statutaire qui vient seulement renforcer les inégalités déjà existantes ? Autrement dit, quel est l'impact de l'école dans la mobilité ou l'immobilité d'une société ?

L'analyse de la géographie et de la sociologie scolaires a donc constitué au cours des dernières années un lieu privilégié d'investigation. Progressivement se dégage la possibilité d'établir avec certitude sur le long terme une cartographie régionale, voire nationale, du treillis des écoles élémentaires, voire même de proposer dans certains cas des taux de scolarisation à partir du XVIIIe siècle. Dans une perspective voisine, le répertoire global des établissements qui enseignent le latin dans la France moderne, actuellement en cours d'élaboration, permet de mieux connaître la constitution graduelle du réseau des collèges et de dresser, période par période, une typologie des établissements suivant leur taille (grâce au chiffre des effectifs ou au nombre des régents), leur fonction (petit séminaire, école militaire, collège classique), leurs revenus (hiérarchie globale et spectre de leur répartition suivant l'origine des différentes contributions : bénéfices d'Eglise unis, prélèvements sur les impôts monarchiques ou municipaux, biens propres provenant de dons ou legs). La distribution géographique inégale des collèges renvoie à des fonctionnements sociaux diversifiés : en Franche-Comté ou en Bourgogne, une pyramide ordonnée d'établissements se calque assez étroitement, à la fin de l'Ancien Régime, sur la hiérarchie des fonctions administratives urbaines ; à l'inverse, la Bretagne ne possède qu'un nombre restreint de collèges situés dans les grandes villes dont la vocation essentielle est d'assurer la formation du clergé diocésain. Par ailleurs les modifications sensibles de la carte scolaire qu'on observe à partir des années 1750 manifestent des transformations décisives du dispositif : la multiplication dans les villes de pensions privées, l'érection de pensionnats à la campagne sont contemporaines d'une chute globale des effectifs des collèges urbains ; les filières éducatives se professionnalisent avec le développement des petits séminaires, l'apparition de pensionnats d'enseignement technique et la création des écoles militaires, dont le modèle est immédiatement repris par un nombre croissant de collèges. Il faudrait poursuivre l'analyse tout au long du XIXe siècle pour saisir tout ce que l'université napoléonienne doit aux formes héritées de l'Ancien Régime. D'ores et déjà l'étude du réseau des institutions d'enseignement scientifique et technique (René Taton, 1964, pour le XVIIIe siècle, Robert Fox et Georges Weisz, 1980, pour le XIXe siècle) permet de saisir les continuités qui s'établissent de part et d'autre de la Révolution française, et les transformations qui s'accélèrent à partir des années 1870 sous le poids conjugué des nécessités de l'industrialisation et de la prise de conscience consécutive à la défaite française devant l'Allemagne.

Au-delà de ces études qui appréhendent globalement l'offre scolaire et sont susceptibles de fécondes comparaisons internationales, la recherche s'est massivement portée sur l'analyse des recrutements et des cursus. Le dépouillement des *rotuli* (suppliques adressées au pape par les gradués pour obtenir un bénéfice), des matricules et des registres de grades universitaires a permis de dresser une conjoncture longue des populations étudiantes, de la fin du Moyen Age jusqu'au XIXe siècle (R. Kagan pour l'Espagne 1974, L. Stone pour l'Angleterre 1974, W. Frijhoff pour l'Empire 1979 et pour les Provinces-Unies 1981). La croissance des effectifs étudiants ne s'est pas faite au même rythme dans les différents pays : observables dès 1590 en Espagne, et les années 1620-1640 à Oxford et Cambridge, les maxima se situent vers 1660 dans les Pays-Bas autrichiens, dans le dernier quart du XVIIe siècle aux Provinces-Unies et dans le premier quart du XVIIIe siècle dans l'Empire. Ces différences correspondent au développement inégal des bureaucraties étatiques mais aussi à la modification des filières éducatives : la chute des effectifs espagnols au début du XVIIe siècle peut, pour une large part, s'expliquer par un transfert de la population estudiantine vers les collèges jésuites ; le déclin du XVIIIe siècle dans l'Empire et aux Pays-Bas renvoie à l'apparition d'enseignements techniques et scientifiques qui drainent désormais une population auparavant se dirigeait vers l'*alma mater*. Au-delà de ces constats globaux, on peut mesurer la restriction graduelle, sous la pression des politiques des États soucieux de contrôler la formation de leurs élites, de la mobilité interuniversitaire : très forte au XVIe et dans la première moitié du XVIIe siècle, la *peregrinatio academica* tend à devenir résiduelle. Du même coup, l'aire de rayonnement de chaque université (sauf quelques exceptions) tend à se rétrécir à son environnement immédiat. Certaines facultés, il est vrai, n'ont jamais dépassé un rayonnement purement régional depuis leur fondation (ainsi la Faculté de droit de Toulouse ou celle de Cahors dès le XVe siècle, Jacques Verger, 1970).

Quant aux origines sociales des élèves, il convient de poursuivre l'enquête sur le plus grand nombre d'établissements afin de pouvoir saisir et comparer l'ouverture ou la fermeture du recrutement dans son rapport à la distribution de la population globale, mais aussi selon la discipline enseignée, et, dans le cas des collèges, selon le degré d'avancement dans le cursus. Il s'agit de reconstituer un ensemble de *trajectoires* depuis l'entrée dans le cursus scolaire jusqu'à la carrière ultérieure pour déceler déchéances ou réussites sociales en fonction des résultats scolaires et de la position sociale de départ ; étant donné le caractère de plus en plus lacunaire des sources au fur et à mesure que l'on remonte plus haut dans le temps, l'historien doit se livrer à une double collecte patiente (alors que le sociologue contemporain dispose d'enquêtes administratives toutes faites — même si celles-ci ne sont pas exemptes de biais méthodologiques) : d'une part recueillir sur chaque membre d'une population scolaire le maximum d'informations (profession et cote fiscale des parents, date précise de baptême ou de naissance, rang dans la fratrie, date d'entrée dans le circuit scolaire, redoublements observés, passage ou non à l'université ou dans des écoles supérieures, carrière ultérieure, choix du conjoint ou entrée dans les ordres) ; mesurer d'autre part l'emprise scolaire au sein de groupes socioprofessionnels restreints ayant laissé des archives propres qui permettent de reconstituer leur composition nominale. On peut ainsi déterminer, au sein du groupe, l'évolution différentielle des fonctions dévolues aux anciens universitaires et aux non-titulaires de diplômes, et caractériser, période par période, le rôle social exact du titre scolaire, qui a considérablement varié, en raison de *requisits* intellectuels de plus en plus rigoureux. De ce point de vue, une analyse précise des *cursus* n'est pas dénuée d'intérêt : elle permet d'appréhender régularités et interruptions, la normalisation progressive de l'âge et du niveau d'études, les exigences, éminemment variables, des normes internes à l'institution scolaire dans la délivrance des diplômes. D'ores et déjà des résultats importants ont été acquis à l'échelle européenne sur les collèges et les universités de l'époque moderne et contemporaine et sur les grandes écoles techniques du XIXe siècle. Le seul obstacle à une étude réellement comparée des recrutements reste encore l'hétérogénéité des classements socioprofessionnels utilisés par les chercheurs des différents pays.

Parallèlement à cette analyse du public touché par l'école, la sociologie des différents corps enseignants a avancé à grands pas. La recherche est naturellement plus avancée sur le XIXe siècle en raison des possibilités de traitement sériel et de croisement des données qu'autorise la richesse des archives. L'étude peut être conduite ici selon une double perspective. Tout d'abord, il faut estimer avec précision les transformations internes du marché des postes : pour ne prendre que l'exemple de l'enseignement secondaire, celles-ci peuvent relever soit d'une croissance spontanée des effectifs due à une demande sociale accrue (c'est le cas du XVIe siècle où cette demande est soutenue par les oligarchies municipales), soit d'une politique de croissance scolaire délibérée des Etats (ainsi sous la IIIe République française). Dans ce dernier exemple, étudié par V. Karady, l'élargissement du marché des postes offerts a entraîné une restructuration morphologique du dispositif universitaire, une redéfinition de la hiérarchie des positions à l'intérieur de celui-ci, un réaménagement de l'accès au professorat (par l'augmentation des bourses, la régularisation du *cursus studiorum* et l'abaissement de l'âge aux concours de recrutement qui entraîne un allongement de la carrière) et, au bout du compte, une nouvelle qualification de la définition intellectuelle des diplômes : avec une espérance de carrière accrue pour l'ensemble du corps, tout un vaste mouvement de reclassement professionnel s'est opéré dans la logique propre des champs disciplinaires particuliers. Sur des périodes plus anciennes, des analyses du même type ont été conduites en tenant compte des spécificités propres à chaque configuration historique particulière. Ainsi, pour la période de la Contre-Réforme catholique, le marché des emplois dans les collèges n'est-il pas unifié. On remarque d'une part un marché, relativement homogène, de collèges gros et moyens contrôlé par les congrégations religieuses enseignantes : les autorités centrales de chacune d'entre elles établissent chaque année les mouvements de personnel et définissent ainsi un véritable profil de carrière ; il convient d'ailleurs d'analyser avec précision les facteurs (notamment idéologiques comme le jansénisme) qui ont transformé certaines de ces congrégations (comme les oratoriens ou les doctrinaires), à l'origine destinées à relever l'éminente dignité de l'état sacerdotal, en communautés de professeurs quasiment laïcisés. D'autre part, les collèges tenus par des prêtres séculiers (pour la plupart, des collèges petits ou moyens) constituent un marché beaucoup plus diversifié et sans doute moins « professionnalisé », puisque bien des enseignants n'acceptent cette charge que dans l'attente d'un bénéfice plus lucratif : c'est l'expulsion des jésuites et l'ouverture soudaine de plusieurs centaines de postes aux séculiers qui fait apparaître progressivement la notion de « carrière ».

L'autre voie d'analyse consiste à explorer les motivations, les valeurs, les comportements des divers corps enseignants qui ont été décisifs aussi bien dans la formation d'une conscience nationale dans le cas de l'école primaire du XIXe siècle (cf. l'enquête de Jacques Ozouf et les témoignages publiés dans *Nous les maîtres d'école*) que dans la structuration de la culture des élites (depuis les jésuites à la *République des professeurs* décrite par Albert Thibaudet). Il est clair que les hussards noirs de la IIIe République issus de milieux confrontés à une situation de déclin économique ont été imprégnés d'une vision pessimiste de l'avenir ; la trajectoire sociale de leur famille les prédisposait, par la conscience aiguë du risque de déchéance sociale à adhérer fortement à l'éthique professionnelle de l'école « libératrice », à partir d'une expérience personnelle de libération par l'école :

l'inculcation des « limites », du respect dû et en même temps de la distance nécessaire à la culture dominante, qui est centrale dans la formation des instituteurs, trouvait là un terrain particulièrement propice.

L'étude des contenus éducatifs et des pratiques pédagogiques s'est beaucoup moins développée que les analyses de sociologie rétrospective qu'on vient d'évoquer. Sans doute l'histoire de la pensée pédagogique est-elle une discipline qui a longtemps constitué un secteur de recherches propre aux philosophes. Est-il besoin de rappeler que le texte célèbre de Durkheim, *L'évolution pédagogique en France*, est celui d'un cours professé à la Sorbonne en 1904-1905 ? Le développement récent des sciences de l'éducation n'a pas peu contribué à l'étude de la pensée des grands ancêtres de la pédagogie d'Erasme à Rousseau et à Pestalozzi. Pourtant l'intérêt des historiens se déporte aujourd'hui d'une pure histoire des systèmes idéologiques à l'analyse de leur insertion sociale. On sait qu'à partir de la seconde moitié du XVIIIe siècle les projets de réforme de l'enseignement ne cessent de se multiplier : se croisent ici une critique philosophique de l'enseignement des collèges où la prédominance du latin et le maintien d'une logique scolastique apparaissent surannées et les problèmes pratiques d'organisation soulevés par l'expulsion des jésuites qui intervient à l'échelle européenne dans l'espace de quinze années (1759-1773). En France, la Révolution ne fait qu'accentuer la prodigieuse inflation des plans d'éducation : fonder une société nouvelle implique d'emblée une visée pédagogique et la formation des générations futures constitue un souci essentiel des membres des assemblées révolutionnaires. L'ensemble des plans d'éducation publiés à partir des années 1760 doit être lu en saisissant, période par période, les enjeux politiques qui se jouent autour de l'instruction leurs auteurs n'écrivent pas *sub specie aeternitatis* mais en fonction de buts précis et de positions occupées dans le champ social (particulièrement à l'intérieur de l'appareil institutionnel des collèges). Il s'agit moins ici de rechercher, comme l'a longtemps fait l'histoire littéraire, telle ou telle hypothétique influence que de s'interroger sur les rapports qui peuvent exister entre telle option prise sur le plan éducatif et les positions occupées par l'auteur dans le champ institutionnel, politique ou religieux : ainsi se dessineront plus clairement les clivages qui partagent les discours sur l'éducation. Il convient au surplus de ne jamais dissocier cette lecture des textes des réformes réelles entreprises afin de mesurer les écarts qui peuvent exister entre les programmes annoncés et leur application effective.

L'étude du matériau pédagogique peut être menée à plusieurs niveaux. Pour ce qui est du livre scolaire, le premier objectif visera à produire une histoire matérielle suivant les techniques de l'histoire du livre. Le livre « scolaire », dont la définition s'est constituée progressivement, est justiciable de l'analyse historique : rôle des commissions étatiques d'examen des livres à utiliser, apparition d'éditeurs spécialisés dans ce type de production et d'une presse « pédagogique ». L'ensemble du corpus des manuels scolaires devrait être recensé en relevant — ce qui est le plus difficile — les rééditions, les remaniements, les transformations aussi bien du contenu que du dispositif typographique. La grammaire latine du flamand Despautère, ou la grammaire grecque de Nicolas Cleynaerts (francisé en Clénard) n'ont cessé d'être rééditées, sous le nom de leur auteur initial, du XVIe au XVIIe siècle mais un rapide coup d'œil fait voir que, si le titre a été conservé comme garant de la réussite commerciale, on ne parle plus du même livre entre l'édition de 1530 et celle de 1750. Pour le cas de la France, des études ont été menées sur la production des livres scolaires d'Ancien Régime; une enquête est en cours pour reconstituer avec les techniques informatiques l'ensemble du corpus des manuels scolaires publiés depuis la Révolution française et un répertoire de la presse pédagogique est en voie d'achèvement. Dans cet inventaire, on ne doit pas négliger le développement, à partir de la seconde moitié du XVIIIe siècle, d'une littérature « pour enfants » : les travaux, en ce domaine, sont beaucoup plus avancés outre-Atlantique et outre-Rhin (cf. par exemple T. Brüggemann et H. Ewers, 1982). La circulation réelle de ces ouvrages peut être atteinte au-delà des rééditions, soit à travers les programmes imprimés ou les registres de compte des établissements scolaires, soit par les livres de comptabilité des libraires eux-mêmes qui indiquent et les lieux de production où ils s'approvisionnent et, à travers les débits de chaque client, la destination finale de leur marchandise.

Un second angle d'attaque est l'analyse des contenus véhiculés par les manuels ou les cours professés aux élèves. L'étude — qui peut ici être conduite soit à partir des livres soit, de préférence, à partir des cours manuscrits réellement dispensés ou des exercices publics qui récapitulent, à la fin de chaque année scolaire, le programme d'enseignement qui a été parcouru — doit se faire sur le long terme afin de pouvoir déceler ruptures et continuités dans la mesure où l'inertie des ouvrages scolaires est très grande. Des analyses fécondes ont pu être menées ainsi sur l'évolution de la représentation de certains événements historiques (Réforme, Saint-Barthélemy, guerre des Camisards) ou des stéréotypes qui commandent la présentation des figures royales dans les manuels d'histoire du XVIe au XVIIIe siècle. De la même façon l'analyse des cours de philosophie dans les différents collèges de l'époque moderne permet d'établir une chronologie et une géographie (à la fois institutionnelle et socioreligieuse) des retards pris par rapport au développement des théories scientifiques contemporaines. Cette étude des contenus de connaissance enseignés débouchant sur une véritable histoire des disciplines scolaires (notamment dans les sciences exactes) n'est encore en France qu'à l'état d'ébauche, à la différence des recherches anglo-saxonnes qui sont beaucoup plus développées.

Il faudrait enfin pouvoir dessiner une histoire des pratiques pédagogiques elles-mêmes qui restent trop souvent en pointillés. On ne peut naturellement faire l'économie des textes normatifs (des *rationes studiorum* aux règlements de collège, des codes de bienséance aux discours de l'orthopédie naissante) et leur mise en série s'avère fructueuse : on sait tout le parti qu'en ont tiré Michel Foucault (*Surveiller et punir*, 1975) ou Georges Vigarello (*Le corps redressé...*, 1978) pour une analyse historique du dressage des corps. Mais les exercices scolaires conservés restent la meilleure source pour restituer les apprentissages et mesurer leur évolution. La thématique des thèmes latins ou de la dissertation philosophique a changé, l'exercice de la dispute médiévale s'est infléchi, la manière de commenter les auteurs s'est modifiée et il convient de saisir le sens de ces variations, souvent infimes. Le dispositif graphique comme les types d'exercices qui se déploient dans les cahiers de l'école élémentaire peuvent nous apprendre beaucoup sur ce qu'a été le travail réel des élèves depuis cent ans. L'analyse des copies « ratées » peut être ici aussi féconde que celle des copies dites « bonnes ». Car au lieu de dresser l'ineffable bêtisier dont se délectent les inspecteurs généraux, l'historien doit chercher à comprendre à quelles stratégies se sont livrés les « mauvais » élèves (c'est-à-dire ceux qui ne disposent pas des qualités que l'Ecole leur suppose) face à un exercice dont ils ne maîtrisaient pas les schémas et les formalités.

Il va de soi que l'histoire de l'éducation ne saurait se réduire à celle des formes scolaires dans lesquelles les sociétés modernes et contemporaines tendent à l'enserrer de plus en plus rigoureusement. Il convient ici de reprendre et poursuivre les pistes frayées par Philippe Ariès dans son livre pionnier sur *L'Enfant et la vie familiale sous l'Ancien Régime* (Paris, 1960). Dans les sociétés anciennes, l'enfant est davantage socialisé par les structures familiales et communautaires (paroisses, communautés rurales, corporations de métiers) dont il convient de retracer les rôles respectifs et les inflexions. L'analyse de l'*alphabétisation* menée par François Furet et Jacques Ozouf (voir ce mot) a fait surgir un apprentissage limité à la seule lecture dont la distribution régionale (sud-est du massif Central, Bretagne) et sexuelle (les femmes ici précèdent les hommes) s'explique par la prolifération, sous l'impulsion de la Contre-Réforme catholique, d'un réseau de « pauvres filles » qui, dans les « assemblées » qu'elles réunissent, enseignent à un auditoire majoritairement féminin à la fois le travail manuel et la lecture des textes saints qui seront ensuite repris au for familial. *Mutatis mutandis*, on retrouve ici le modèle d'une éducation familiale-religieuse qu'a connu la Suède de l'époque moderne : en l'absence de toute institution scolaire, les sujets du royaume scandinave ont appris à lire — mais non à écrire — sous le contrôle des pasteurs luthériens qui notent soigneusement les performances de chacun cependant que la mère de famille sert de répétiteur quotidien. L'ethnohistoire récente a par ailleurs souligné l'importance des abbayes de jeunesse et le rôle de rite d'initiation que représentent les fêtes auxquelles elles participent (N. Z. Davis, *Les cultures du peuple*, 1979 ; N. Pellegrin, *Les bachelleries*, 1982). Il conviendrait de conduire des analyses du même type à propos de l'ensemble des structures de sociabilité dans lesquelles l'enfant et l'adolescent se trouvent plongés : de l'atelier paternel où il apprend, par voir faire, son métier à la pérégrination du compagnon (comme celle dont Jacques-Louis Ménétra nous a laissé le journal, récemment retrouvé par D. Roche, 1982), des exercices guerriers et courtois du page noble aux associations de conscrits et aux mouvements de jeunesse contemporains. Ainsi pourraient être appréhendées les pratiques et mesuré l'écart qu'elles entretiennent, même quand elles sont fortement ritualisées, avec les discours normatifs. Dans cette perspective, il faudrait faire la part belle à une histoire, trop longtemps abandonnée aux seuls collectionneurs, des jeux et des jouets, dont Philippe Ariès a montré toute la fécondité. Parce que les sources extra-scolaires sont moins sérielles et plus dispersées, l'historien a sans doute moins aisément parcouru ce vaste champ d'investigation plus familier à l'anthropologue. Gageons que les années prochaines relèveront son défi.

● BIBLIOGRAPHIE. — Pour une vue d'ensemble qui constitue une excellente synthèse des travaux récents, on se reportera à : M. ROUCHE, F. LEBRUN, M. VENARD, J. QUÉNIART, F. MAYEUR, A. PROST, *Histoire générale de l'enseignement et de l'éducation en France*, sous la direction de L. H. Parias, 4 vol., Paris, 1981.

Pour l'Antiquité et le Moyen Age : H.-I. MARROU, *Histoire de l'éducation dans l'Antiquité*,

Paris, 1948; 2ᵉ éd., Paris, 1965; P. RICHÉ, *Education et culture dans l'Occident barbare*, Paris, 1962; *Les écoles et l'enseignement dans l'Occident chrétien de la fin du Vᵉ siècle au milieu du XIᵉ siècle*, Paris, 1979; J. VERGER, *Les universités au Moyen Age*, Paris, 1973.

Pour la période moderne et contemporaine : P. ARIÈS, *L'enfant et la vie familiale sous l'Ancien Régime*, Paris, 1960; 2ᵉ éd., Paris, 1973; A. PROST, *L'enseignement en France (1800-1967)*, Paris, 1968; L. STONE, ed., *The University in Society*, 2 vol., Princeton, 1974; R. CHARTIER, M. M. COMPÈRE, D. JULIA, *L'éducation en France du XVIᵉ au XVIIIᵉ siècle*, Paris, 1976; F. de DAINVILLE, *L'éducation des jésuites (XVIᵉ-XVIIIᵉ siècle)*, textes réunis et présentés par M. M. Compère, Paris, 1978; M. CRUBELLIER, *L'enfance et la jeunesse dans la société française (1800-1950)*, Paris, 1979; T. W. FRIJHOFF, *La société néerlandaise et ses gradués (1755-1814)*, Amsterdam, 1981.

Deux revues françaises récentes aident à suivre les renouvellement de ce champ de recherche : *Histoire de l'éducation* (depuis 1978) publiée par le Service d'Histoire de l'Education de l'Institut national de Recherche pédagogique; *Actes de la recherche en Sciences sociales* (depuis 1975).

▶ CORRÉLATS. — Alphabétisation, Enfant, Enseignement de l'Histoire, Famille, Intellectuelle (Histoire), Livre, Manuels d'histoire.

D. JULIA.

Egyptologie

De quand dater l'acte de naissance de l'égyptologie ? Il y a, bien sûr, 1822, l'année charnière, celle de l'interprétation par Champollion du système hiéroglyphique, mettant fin aux équivalences symboliques illustrées, par exemple, au XVIIᵉ siècle par le jésuite allemand Kircher ou un siècle plus tard par l'évêque anglais Warburton, dans la plus pure tradition des hiérogrammates grecs, Horapollon et Clément d'Alexandrie. Dans un article *De l'obélisque égyptien de l'île de Philae* et surtout dans sa *Lettre à M. Dacier, secrétaire perpétuel de l'Académie des Inscriptions et Belles-Lettres, relative à l'alphabet des hiéroglyphes phonétiques employés par les Egyptiens pour inscrire sur les monuments les titres, les noms et les surnoms des souverains grecs et romains*, Champollion expose le résultat de recherches précoces et acharnées puisqu'à l'âge de dix ans il avait déjà en main le fac-similé de la Pierre de Rosette; son intuition fut de déceler l'existence de signes alphabétiques et conséquemment le rôle des notations phonétiques. Dans le *Précis du système hiéroglyphique des anciens Egyptiens*, paru deux ans plus tard, il distingue les trois catégories de signes propres à l'écriture égyptienne, idéogrammes, phonogrammes et déterminatifs et ébauche pour une centaine de signes cursifs la première paléographie hiératique. La lecture des monuments est désormais possible et Champollion vérifie lui-même sur place le bien-fondé de ses hypothèses. Le pionnier de l'archéologie, néanmoins, c'est A. Mariette qui accumule, au cœur du XIXᵉ siècle, les découvertes retentissantes et crée les premières bases institutionnelles : aménagement d'un musée, organisation du Service des Antiquités. A la passion de ces deux hommes, l'égyptologie doit d'être sortie de l'empirisme et pourtant l'héritage antérieur la fonde tout autant; sur une civilisation menacée d'oubli, sur des sites soumis aux dégradations naturelles et dépradations humaines, les témoignages accumulés au cours des siècles sont des documents irremplaçables. Ceux qui livrèrent leurs « choses vues » ou « entendues » par des récits, des dessins et même des cartes sont « égyptologues » de fait sinon de droit : ainsi du rôle joué par l'Institut d'Egypte créé par Bonaparte et les dix-huit volumes, dont neuf consacrés à l'Antiquité, de la *Description de l'Egypte (1809-1816)* qui constituent encore une référence sans compter l'intérêt et les vocations qu'ils ont suscités, ainsi du *Voyage dans la Basse et Haute Egypte pendant les campagnes* que Vivant Denon, le « soldat éclaireur » de l'Expédition, fit paraître dès 1802, ainsi de l'œuvre, si disparate soit-elle, des voyageurs et pèlerins qui parcoururent la terre égyptienne depuis l'Antiquité. En ce sens, Hérodote se trouve aux origines de l'égyptologie et cela à plus d'un titre ; premier reportage sur l'Egypte ancienne puisque les « Périégèses » antérieures demeurent inconnues et que les fragments attribués à Hécatée de Milet, son possible inspirateur, sont frappés de doute, le livre II des *Enquêtes* fournit tout à la fois une description géographique, une tentative de reconstitution historique, un essai ethnographique qui cherche à comprendre une civilisation conçue comme le négatif de l'hellénisme mais aussi sa matrice. Le temps n'est plus de passer au crible de l'hypercriticisme les informations données par Hérodote qui répercute au contraire la mémoire collective d'un peuple au crépuscule de son histoire. Il n'est pas rare de s'adresser à lui pour comprendre le devenir d'une tradition, isoler un fait de mentalité.

La problématique implicitement soulevée par Hérodote — différence absolue d'avec le monde connu ou recherche des parentés — n'a pas fini d'obscurcir la démarche égyptologique. Au niveau le plus élémentaire, le vocabulaire demeure insidieusement entaché de comparatisme parfaitement hétéroclite ; en architecture par exemple, Champollion, à la recherche des influences égyptiennes sur la Grèce, a créé le terme de « protodorique » pour désigner les colonnes cannelées du complexe funéraire de Djeser à Saqqara ; la Bretagne traditionnelle a été mise à contribution pour décrire le cadre de vie d'artisans au Nouvel Empire ; les études administratives empruntent tour à tour à la Turquie (le vizirat), à l'Europe médiévale (termes issus du modèle féodal), ou à la réalité contemporaine (ministres, préfets et maires). Aussi, d'un auteur à l'autre, les traductions divergent-elles : à chacun son folklore ou son code de référence culturel. Les grandes divisions de l'histoire ont répondu à un choix idéologique. Tout en ressortissant d'une culture écrite, l'Egypte a méconnu l'histoire proprement dite ; le temps y est conçu comme cyclique à l'échelle d'un jour, d'une année, d'une génération ou d'un règne ; la mémoire du passé y est consignée en des listes royales, des annales ou des généalogies privées qui mettent l'accent sur l'éternel recommencement permis par la faveur des dieux, non sur le déroulement linéaire des événements et leur enchaînement. La geste pharaonique y est glorifiée car elle répond à l'ordre immuable du monde, la continuité familiale y est garantie. Il faut attendre les deux premiers Ptolémée pour que soit commandée une œuvre d'histoire dans un souci politique de fusion des cultures. La rédaction en revint à Manéthon, prêtre indigène hellénisé qui introduisit le découpage chronologique en dynasties, reprenant la notion égyptienne de « maisonnée ». La dénomination d'« empire » donnée aux périodes fortes et centralisatrices de la monarchie pharaonique est due à un diplomate prussien Carl Josas von Bunsen en 1844, au cœur des luttes pour l'unité allemande et dans le souvenir du Saint Empire romain germanique ; de telles circonstances expliquent sans doute les hésitations françaises à adopter, au moins jusqu'en 1866 et encore non à l'unanimité, pareille terminologie. L'appellation de « Troisième Période Intermédiaire » qualifiant, à l'aube du IIIe millénaire, les temps de double pouvoir, voire d'anarchie jusqu'à la restauration nubienne (21e-24e dynasties) est d'introduction récente et n'est pas l'objet d'un total consensus.

Au-delà d'une simple question de terminologie, la difficulté est de restituer à l'Egypte ancienne sa spécificité. Pour rendre compte d'une civilisation à la croisée de trois mondes, africain, asiatique, méditerranéen, il peut être et il a été tentant de privilégier une influence sur une autre, d'établir de fausses parentés. Une des tâches principales aujourd'hui est de démêler l'écheveau en dehors de toute doctrine diffusionniste, de chercher les fonds communs sans abolir les différences. Dans la seconde moitié du XIXe siècle, les expéditions sur le terrain se multiplient, la priorité est donnée à la collecte, la publication et le déchiffrement des monuments. Les synthèses qui s'élaborent à la suite annexent l'Egypte au monde oriental et assimilent par exemple son régime politique aux théocraties asiatiques (A. Moret, *Du caractère religieux de la royauté pharaonique*, 1902, et H. Frankfort, *Kingship and the gods. A study of ancient Near Eastern religion as the integration of society and nature*, 1948); il en va de même de son économie rattachée un peu vite au mode de production asiatique. La complexité des rapports entre le pharaon et les dieux, les mécanismes de la possession et de la gestion de la terre ne cessent aujourd'hui d'être nuancés (G. Posener, *De la divinité du pharaon*, 1960; *State and temple economy in the ancient Near East*, sous la direction de E. Lipiński, 1979). Les similitudes observées entre l'égyptien et les langues sémitiques tant au niveau lexical que grammatical ont entraîné une description parfois inadaptée des catégories linguistiques qu'une approche structurale s'efforce aujourd'hui de corriger : travaux synchroniques portant sur des systèmes cohérents, constitués de corpus limités dans le temps et l'espace (cf. les études de H. Satzinger, F. Junge, S. I. Groll), distinction, dans la ligne des travaux de F. Hintze, des registres de langue (discours et narration), recherches diachroniques sur la persistance d'un « égyptien de tradition » face aux mutations de la langue parlée.

Une historiographie trop uniment occidentale, qui a pu aboutir à des spéculations fantaisistes comme l'invention d'un type racial égyptien blanc dit « hamite », au mépris des origines sahariennes de la population et sans surtout mettre en question la notion de peuplement homogène, entraîna une réaction africaniste qui chercha dans la civilisation pharaonique un patrimoine prestigieux au prix de rapprochements hasardeux. En 1955, Diop proclama l'appartenance négroïde des Egyptiens, affirmation pour le moins tout aussi tendancieuse que celle de leur appartenance caucasoïde (*Nations nègres et cultures; de l'Antiquité négro-égyptienne aux problèmes culturels de l'Afrique noire d'aujourd'hui*). De ces excès, il reste un acquis : fondation du Groupe linguistique d'Etudes Chamito-Sémitiques (GLECS), mise en valeur du complexe paléo-africain à partir duquel s'est façonnée la culture pharaonique, promotion des études nubiennes avec la création d'un centre à Varsovie, intérêt porté aux routes du désert (cf. les mises au point de J. Vercoutter), développement de l'archéologie soudanaise avec, à l'amont, le relevé des peintures rupestres et, à l'aval, la mise en valeur du rôle joué par Méroé et les premiers résultats du déchiffrement de l'écriture méroïtique, à l'initiative de J. Leclant (cf. également les recherches grammaticales de F. Hintze).

Montrer les différentes mutations de l'Egypte ancienne, dégager les domaines d'influences réciproques, un tel projet n'a de sens qu'en restituant à la culture égyptienne sa profonde unité. Les états historiques de la langue, ancien égyptien, moyen égyptien, néo-égyptien, ont été très tôt l'objet d'études spécialisées. Dès 1824, Champollion abordait, à travers le texte de la Pierre de Rosette, l'interprétation du démotique, ainsi nommé d'après Hérodote et dont les premières attestations remontent au viie siècle. D'autre part, la maîtrise qu'il avait acquise du copte, ultime avatar de la langue égyptienne, fut un facteur déterminant de sa découverte. C'est à partir du copte précisément, qui présente l'avantage d'être vocalisé et dont les treize dialectes ont été répertoriés, qu'il est désormais possible, grâce à une méthode comparative verticale postulant la continuité linguistique et inaugurée notamment par les travaux de H. J. Polotsky et J. Vergote, d'élucider l'histoire phonétique des voyelles et consonnes égyptiennes, d'inférer les règles spécifiques et évolutives du système grammatical, d'ébaucher une recherche phonologique. En revanche, de par la complexité des graphies, de par l'hétérogénéité des référents, l'étude du ptolémaïque, écriture proliférante propre aux scribes de l'époque gréco-romaine, est encore tributaire, avant qu'une synthèse ne soit possible, de la connaissance exhaustive des monuments qui furent les conservatoires de la culture égyptienne sous l'occupation étrangère. La publication des grands temples étant en voie d'achèvement, ce sont les textes plus modestes, souvent peu soignés, de date récente, qui sont maintenant exhumés. L'ensemble permet de reconstituer des pans entiers de mythologie locale, d'expliquer des conceptions et des pratiques religieuses que les documents antérieurs n'évoquent qu'allusivement.

La continuité de la civilisation égyptienne s'affirme au-delà des derniers sursauts du paganisme, elle est sous-jacente aux légendes qui ont couru sur les sites bien après sa disparition officielle ; aussi l'égyptologie, pour retrouver tant les croyances que la réalité physique ou économique ancienne du pays, s'adresse-t-elle de plus en plus à la tradition et milite notamment, à la suite des articles de S. Sauneron, pour une toponymie historique, pierre de touche de l'histoire des mentalités mais aussi de la prospection archéologique. Prolongements temporels mais aussi spatiaux : la quête des objets égyptisants n'a pas fini de montrer l'engouement qu'exerça, dès l'Antiquité, la civilisation pharaonique et qui alimenta, *via* les « isiaques » aujourd'hui systématiquement répertoriés sous la direction de J. Leclant, un courant de pensée et de création artistique fortement imprégné d'égyptomanie.

Etudiant une terre riche en monuments à la gloire de ses dieux et de ses pharaons, l'égyptologie a parfois souffert de cet excès de biens ; la chasse aux trésors a fait fi de la rigueur archéologique, l'histoire des rois a oblitéré des réalités plus humbles, les textes religieux, plus séduisants, ont détourné des documents économiques et administratifs. Pour pallier ce défaut méthodologique, les sources sollicitées se diversifient ainsi que les voies d'approche : exploitation des documents privés en vue d'enquêtes d'onomastique, de prosopographie, de structures de parenté, multiplication des monographies locales, déchiffrement d'archives dont l'aspect rébarbatif avait jusqu'alors rebuté ; les enquêtes de J. Černy sur les artisans de Deir el-Medineh font, en ce domaine, figure d'œuvres pionnières. La collecte des graffiti de toutes époques, montrant les motivations professionnelles ou touristiques des visiteurs, écrit une histoire parallèle des sites. Egalement, la compréhension des textes n'est plus exclusivement considérée comme une fin en soi. L'Egypte, qui vit naître l'écriture, a connu jusqu'aux derniers soubresauts de son histoire — la dernière inscription hiéroglyphique date de 394 après J.-C. — l'obsession du texte écrit ; aussi de par l'ampleur et la qualité du matériel, l'égyptologie, à la suite de Champollion, fut-elle d'abord science de philologues : il s'agissait surtout de « lire » l'Egypte, non de la « voir ». Les recherches contemporaines, au rebours, s'intéressent à l'agencement concret des textes et des décors, dégagent les règles d'orientation des signes, des figures et des monuments (cf. H. G. Fischer), réhabilitent l'image : jeux graphiques et valeur iconique de l'écriture au-delà du strict signifiant linguistique (cf. S. Sauneron, P. Vernus), insertion du document dans son contexte géographique et archéologique. Tous les aspects matériels de la culture sont pris en compte comme en témoignent les essais d'anthropologie sociale menés au Soudan ou la fondation en 1975 du *Bulletin de liaison du groupe international de la céramique égyptienne*. Des *surveys* archéologiques couvrent l'ensemble du territoire tandis que les fouilles, devenues plus scientifiques dans leurs exigences, privilégient les lieux de vie quotidienne, les ensembles administratifs, les forteresses, tant en Egypte qu'au Soudan, tant dans la vallée que dans les déserts.

La terre égyptienne et ses confins n'ont pas fini de livrer leurs ressources et l'égyptologie est d'abord fille de l'archéologie, laquelle fait appel à un nombre croissant de techniciens de toutes spécialités. Le travail d'exhumation, d'édition, est, par essence, inachevé ; l'établissement de corpus demeure une tâche essentielle à partir de laquelle s'élabore l'effort réflexif. Les outils de travail existent nombreux : grammaires, dictionnaires, paléographies, répertoires, Livre des Rois, recueils de bibliographie dont la *Bibliographie égyptologique annuelle* ; l'ancienneté de certains ouvrages n'en permet qu'une utilisation partielle et exige la consultation systématique d'index particuliers ainsi que la constitution de nouveaux fichiers. En des domaines précis, des entreprises de mise à jour ont déjà démarré ou sont en projet (D. Meeks, *Année lexicographique*, depuis 1977, ou bien encore fichier des anthroponymes théophores et topophores au Centre Vladimir Golenischeff, ERA 523 dirigée par J. Yoyotte). La littérature elle-même, dont les œuvres maîtresses, religieuses ou profanes, ont très tôt suscité l'intérêt, demeure un champ d'étude illimité : découverte de parallèles, patient labeur de reconstitution à partir d'ostraca épars, fidélité accrue des publications et des traductions ; l'approche technique et accumulative des textes précède toute analyse compréhensive de la pensée qu'ils reflètent. Le travail parcellaire que nécessitent l'établissement et la critique du matériel a pu retarder les interrogations sur le sens que posent aujourd'hui un certain nombre d'articles ou d'ouvrages : élaboration et fonction des mythes, rôle de l'écrit, attitudes mentales en général (J. Zandee, *Death as an enemy according to ancient Egyptian conceptions*, 1960 ; G. Posener, *Littérature et politique dans l'Egypte de la XIIe dynastie*, 1960 ; E. Hornung, *Geschite als Fest*, 1966 ; E. Hornung, *Der Eine und die vielen ägyptische Göttervorstellungen*, 1971 ; J. Assmann, *Zeit und Ewigkeit im alten Ägypten*, 1975, ainsi que les contributions dues à P. Derchain, D. Meeks, S. Sauneron et J. Yoyotte dans la collection « Sources orientales »).

Trois mille ans d'histoire indigène auxquels il faut ajouter les temps préhistoriques, plusieurs siècles de domination étrangère pendant lesquels langue et culture sont demeurées vivaces, une occupation permanente du territoire jusqu'à nos jours et conséquemment une importante tradition orale, une évolution linguistique continue, plusieurs systèmes graphiques concurrents ou successifs et, bien entendu, toutes les formes d'insertion humaine dans un paysage — pareille rétrospective du champ couvert par l'égyptologie montre la diversité des directions de recherches et l'impossibilité de les mener de front, quand bien même le conservatisme de la civilisation pharaonique évite un total éclatement. Une égyptologie ou plusieurs ? L'égyptologie « scientifique » est née dans un contexte précis, celui des rivalités coloniales; la France lui donna le coup d'envoi décisif, très vite rejointe par l'Angleterre et l'Allemagne; les autres pays ne sont plus en reste dont, timidement encore, l'Egypte elle-même. Si, sur le terrain et selon une règle universelle, les concessions sont strictement délimitées, si certaines spécialités ont relevé, à leurs origines, d'initiatives nationales (à titre d'exemples, les études démotiques virent le jour en Allemagne, la recension des textes ptolémaïques est due en grande part à l'Institut Français d'Archéologie Orientale, les questions de chronologie sont plus volontiers débattues par les Américains), le petit nombre d'égyptologues de par le monde — quelque deux cents — rend mouvantes les frontières; les tendances sont plus le fait d'individualités que d'appartenance nationale, cas mis à part des historiens africains. La collaboration internationale est sanctionnée, depuis 1976, par la session de congrès triannuels et par la publication, commencée en 1975, de fascicules constituant le *Lexikon der Ägyptologie* qui se veut la somme des connaissances égyptologiques actuelles. Les articles, rédigés en allemand, anglais ou français, répondent à un souci de synthèse et de clarté, amorce d'un décloisonnement nécessaire en direction des autres disciplines, tâche que seuls assumaient jusqu'alors les ouvrages de vulgarisation de haute qualité.

● BIBLIOGRAPHIE. — S. SAUNERON, *L'égyptologie*, Paris, PUF, « Que sais-je ? », n° 1312, 1968; W. A. DAWSON, E. UPHILL, *Who was who in egyptology?*, 2ᵉ éd., Londres, 1972; *Textes et langages de l'Egypte pharaonique. Cent cinquante années de recherches : 1822-1972. Hommage à Jean-François Champollion*, Bibliothèque d'étude, 64, IFAO, Le Caire, 1974; *L'égyptologie en 1979, axes prioritaires de recherches*, Paris, CNRS, 1982.

▶ CORRÉLATS. — Archéologie, Art.

A. FORGEAU.

Elias Norbert, né en 1897

Il y a encore dix ans, une notice sur ce sociologue allemand né à Breslau en 1897 et dont l'œuvre la plus importante *Über den Prozess der Zivilisation* avait paru en 1939, eût été parfaitement incongrue dans un dictionnaire d'histoire, car il était inconnu des historiens français... et de la plupart des sociologues. La traduction de la première partie de l'ouvrage en 1973 sous le titre *La civilisation des mœurs* fut une véritable révélation pour le public français. Norbert Elias y analyse la modernisation des conduites en Europe à partir de la Renaissance, comme une victoire progressive du rationnel sur le pulsionnel, par l'apprentissage de la pudeur et la dissimulation des fonctions organiques.

Séduits par le talent avec lequel Elias interrogeait le discours normatif de l'humanisme et de l'âge classique — en particulier les manuels de civilité — les historiens découvraient en lui une sorte de compagnon de route d'outre-Rhin de Philippe Ariès et de Michel Foucault, attentif comme eux à retracer le cheminement de la rationalité, à suivre son travail de remodelage du corps social et des comportements. C'était se tromper d'époque : les véritables contemporains de Norbert Elias par le contexte intellectuel dans lequel s'inscrit leur réflexion, ce sont W. Benjamin, E. Panofsky, J. Huizingua... et L. Febvre qui écrit dans *Histoire et psychologie* : « Plus les opérations intellectuelles ont pris de développement, plus la tendance est devenue forte à considérer les émotions comme une perturbation de l'activité — quelque chose de dangereux, d'importun et de laid : disons tout au mieux d'impudique. » Ce texte dans lequel on retrouve l'un des thèmes principaux de *Prozess der Zivilisation* parut en 1938 dans l'*Encyclopédie française*, soit un an avant le livre de N. Elias. Le sociologue allemand et le directeur des *Annales* n'avaient probablement rien lu l'un de l'autre, mais ils posaient, à peu près dans les mêmes termes, la question de la civilisation.

Les drames de notre siècle qui ont fait de N. Elias un savant exilé et pendant longtemps méconnu, sont responsables de la réception tardive d'une réflexion sociologique largement tournée vers l'Histoire. Devenu, après des études de philosophie (il fut l'élève de Karl Jaspers), de médecine et de psychologie, le collaborateur de Karl Manheim dans son Institut de Francfort, il doit fuir l'Allemagne nazie, tente sans succès de se fixer à Paris et finit par s'installer en Grande-Bretagne. C'est là (à l'Université de Leicester) ainsi qu'en Hollande qu'il a délivré l'essentiel de son enseignement et trouvé ses plus fidèles disciples. Retourné en Allemagne après sa retraite, il vit aujourd'hui à Bielefeld.

Mais la traduction fragmentée et incomplète de son grand ouvrage en a singulièrement déformé le message. On a retenu surtout l'argumentation de la première partie, retraçant la mise en place d'un nouveau code gestuel comme si le renforcement de l'autocontrainte était dû essentiellement à une dynamique interne à la pensée rationnelle. On a guère prêté attention en revanche à la traduction de la deuxième partie de l'ouvrage, deux ans plus tard, sous le titre *La dynamique de l'Occident*, dans laquelle N. Elias expose sa théorie générale du processus de civilisation. Or ce modèle d'interprétation, beaucoup plus ambitieux et plus global, offre à l'histoire des pratiques, des perspectives extrêmement neuves. Au lieu de se borner à souligner l'interaction entre l'évolution des manières de penser et celle des manières d'être, il soumet la « psychogenèse » des comportements à une « sociogenèse » de l'Etat.

A l'aide de notions empruntées partiellement à la pensée économique, comme celles de concurrence et de monopole, il présente le développement de l'Etat — et plus spécialement de l'Etat monarchique qui émerge au cours du Moyen Age du tissu féodal — comme le vecteur d'une redistribution des rapports sociaux, des attitudes mentales comme des comportements individuels.

Détenteur du monopole fiscal et militaire — accessoirement du monopole judiciaire — l'Etat moderne ne détruit pas la concurrence au sein de la société, mais il la réoriente et la diversifie. Il ne s'agit plus de s'imposer par la force nue mais de plaire au prince pour se rapprocher le plus possible du centre du pouvoir. La loi du plus fort à fait place à la ruse et stimule chez les individus l'esprit de stratégie et de prévision, la capacité à dissimuler ses intentions, ses émotions et à deviner celles des autres. L'analyse psychologique devenue passe-temps mondain chez les « précieuses » ou ascèse littéraire chez les « moralistes » est l'une des expressions culturelles de ce nouvel équilibre entre les affects et l'intellect.

Concurrence entre les individus qui aiguise certaines dimensions de leur personnalité ; concurrence également entre groupes sociaux différents au sein des élites, que le souverain oppose pour mieux régner. C'est ainsi que le pouvoir monarchique — en France tout particulièrement — s'est appuyé sur certaines couches de la bourgeoisie ; ces « gens du Roi » rentiers de l'Etat (par les offices) ou rémunérés par lui, accèdent au pouvoir à l'égal de la noblesse, mais non aux honneurs.

Pour entretenir la rivalité entre l'aristocratie guerrière des barons et cette nouvelle élite, le roi a permis à celle-ci d'accéder à la noblesse, mais à une noblesse de seconde zone. L'obsession de la prééminence et la structure hiérarchique de la société ont vite porté la lutte sur le terrain culturel. La prééminence intellectuelle qui garantit la compétence et donc la raison d'être des robins leur permet de forger un modèle de distinction rival de modèle guerrier de l'ancienne noblesse. L'idéal de l'honnête homme qui se voue de façon non professionnelle aux belles-lettres, compromis entre le mépris aristocratique pour le travail lucratif et l'adhésion bourgeoise aux valeurs intellectuelles, après avoir servi à mettre en cause l'obscurantisme de la noblesse militaire, est devenu, de façon durable en France, un modèle culturel unificateur dans lequel les élites n'ont jamais cessé de communier.

A partir de recherches qu'il avait effectuées en Allemagne, avant son exil, Norbert Elias a consacré un autre grand livre *Die höfische Gesellschaft* (1969) à la société de cour et singulièrement à sa variante française : lieu de « renfermement » de la noblesse vouée traditionnellement à guerroyer et condamnée désormais à plaire au roi ; champ clos d'une rivalité permanente entre individus et groupes sociaux qui se disputaient les faveurs du souverain ; mais aussi creuset d'un code nouveau de conduite et d'un modèle culturel à la fois de conformité et de distinction. La société de cour, étape majeure dans la formation de l'Etat, constitue pour Elias une « configuration » particulièrement démonstrative du processus de civilisation qui mobilise ensemble la structure du pouvoir, les relations sociales, les comportements individuels et les normes esthétiques.

Pour l'historien, ce système d'interprétation présente un double avantage : 1. En prenant en compte ce qu'Elias appelle le « tout d'un champ social » il souligne l'interdépendance des différents niveaux de la réalité et la complexité des voies par lesquelles elles agissent l'une sur l'autre qui interdit de considérer les unes comme relevant de superstructures (les mentalités, les comportements) et d'autres (l'organisation sociale, etc.), comme appartenant à l'infrastructure. Dans ce processus, des mécanismes tels que « l'intériorisation » de principes rationnels ou « l'incorporation » des normes de conduites permettent de penser le passage de l'individuel au collectif, du mental au comportemental, du psychologique au sociologique. 2. En appréhendant la réalité sociale comme un processus, il fond ensemble le point de vue du sociologue et celui de l'historien. L'historien n'a plus pour tâche — comme c'était le cas dans la sociologie allemande — d'illustrer, à travers des situations concrètes, les caractères généraux définis par le sociologue ; son objet est devenu indistinct de celui du sociologue, car c'est dans les traits qui lui sont propres et le distinguent de telle autre période ou de telle autre ensemble national qu'un développement historique donne à voir ce qui peut servir de point d'appui à un schéma d'interprétation.

Le fait que Norbert Elias ait privilégié, dans son étude du processus de civilisation, le cas de la France n'est certainement pas sans rapport avec le succès tardif mais considérable qu'il rencontre chez les historiens français. L'adéquation du cas français au modèle d'interprétation qu'il propose est telle qu'on peut se demander s'il a choisi d'étudier la France pour rendre plus démonstrative sa théorie ou s'il a construit sa théorie pour expliquer l'histoire de la France. Un Etat précocement formé et centralisé qui a largement forgé la nation... et la société ; une longue période d'absolutisme — « cent cinquante ans qui ont été l'âge d'Or des Princes », selon la formule de Tocqueville — qui s'est traduite par une forte poussée modernisatrice ; une culture dite bourgeoise qui n'a jamais pu se libérer de ses origines et de ses archétypes aristocratiques, etc. Voilà qui fait beaucoup songer à une singularité française. Au point qu'une réappropriation spectaculaire de la pensée d'Elias par la sociologie comme celle tentée par Pierre Bourdieu dans la *Distinction* (1979) nous suggère qu'en délaissant l'histoire de France pour s'appliquer à la société en général, les thèses de l'octogénaire de Bielefeld perdent du sens au lieu d'en gagner.

● BIBLIOGRAPHIE. — Roger CHARTIER, Norbert Elias, interprète de l'Histoire occidentale. *Le Débat*, octobre 1980 ; P. GLEICHMANN, J. GOUDSBLOM, H. KORTE, *Materialien zu Norbert Elias' Zivilisationstheorie*, Francfort, 1979.

▶ CORRÉLATS. — Ariès, Febvre, Foucault, Mentalités, Panofsky.

A. BURGUIÈRE.

Elites

Utilisée depuis déjà longtemps par les sociologues, la notion d'élites — ensemble des groupes sociaux qui dominent la société par leur influence, leur prestige, leurs richesses, leur pouvoir économique, culturel, politique — est devenue plus récemment objet de recherche historique. L'historiographie eut d'abord recours à des notions plus rigoureuses, noblesse, bourgeoisie, intelligentsia, souvent considérées comme antagonistes et qui favorisaient une interprétation dialectique de l'histoire : une classe privilégiée en position dominante, dépositaire des valeurs héritées du passé, se heurtait à une classe montante, détentrice de valeurs nouvelles, qui l'éliminait et prenait sa place. L'introduction de la notion d'élites, plus complexe que les catégories définies par des critères juridiques comme la noblesse, ou économiques comme la bourgeoisie, a permis de rajeunir la réflexion historique.

Certes les élites ont toujours eu leur place dans l'histoire sous la forme traditionnelle des grands destins individuels. Mais les groupes dirigeants eux-mêmes n'étaient saisis le plus souvent que sous les espèces de leurs leaders. L'étude des élites, et non plus seulement des « grands hommes », est née des interrogations posées depuis une cinquantaine d'années par une histoire qui renouvelait ses méthodes et élargissait son champ d'investigation. Tandis que la sociologie posait de nouvelles questions sur la formation, la structure, la circulation et le rôle des élites, l'histoire, en se tournant vers les humbles, les classes rurales et prolétariennes, découvrait l'existence des élites dans les relations entre dominants et dominés. Plus elle s'engageait dans la voie d'une histoire « totale » plus il devenait urgent de mener une réflexion nécessaire sur les élites pour mieux connaître les conditions réelles de la dépendance populaire et pour découvrir les instruments de la domination, pour expliquer les phénomènes révolutionnaires et les mutations qui permirent de passer des sociétés d'*ordres* aux sociétés de *notables* du XIXe siècle, et enfin à la démocratie.

L'élite, telle qu'elle est définie aujourd'hui dans les sociétés occidentales, s'est formée par élargissement progressif d'un noyau originaire : à la noblesse fondée sur l'hérédité s'est d'abord substituée l'élite des « propriétaires »; puis la démocratie a étendu son recrutement à la culture et aux compétences. Schéma sommaire — la noblesse n'exclut pas le mérite, la démocratie n'accorde pas la même estime à toutes les formes de savoir — mais qui correspond à une évolution globale.

Jusqu'à une époque variable selon les pays — plus tôt en Grande-Bretagne, plus tard en Europe centrale et orientale — la noblesse a constitué l'élite officielle et réelle. La justification de sa position dominante résidait dans l'hérédité (« il y a dans les semences je ne sais quelle force, et je ne sais quel principe qui transmet et qui continue les inclinations des pères à leurs descendants », G. A. de La Roque, *Traité de la noblesse*, 1678) et dans la pédagogie (« l'éducation que l'on prend soin de donner aux personnes dont la naissance est plus illustre et la condition plus avantageuse contribue beaucoup à ces sentiments généreux qui élèvent leur esprit au-dessus de ceux du commun », le P. Ménestrier, *Les diverses espèces de noblesse et les manières d'en dresser les preuves*, 1685).

Là où, comme en Grande-Bretagne, le commerce puis l'industrie se sont développés plus tôt, la formation d'une élite plus large fut d'autant plus précoce que la noblesse n'y était pas aussi strictement définie que dans les pays latins et plus encore germaniques. En France, c'est au cours du XVIIIe siècle (époque où l'absolutisme tenta d'anéantir les privilèges qui gênaient son autorité, où l'enrichissement facilita l'accès d'une partie du peuple à la culture, où les Lumières remirent en cause les valeurs traditionnelles) que s'effectua le passage d'une noblesse héréditaire à une élite fondée sur la fortune, que consacra 1789 et qui s'épanouit sous les régimes censitaires de la première moitié du XIXe siècle. Ce lent cheminement vers une définition élargie de l'élite, dont on peut suivre les étapes depuis le XVIe siècle, avait abouti à la veille de la Révolution à un consensus qui, en dépit de 1789 qui brisa partiellement et momentanément les solidarités, réconciliait le privilège de naissance, la propriété et le talent autour de deux exigences : le libéralisme (initié d'abord par les représentants de la noblesse) et l'intégration des valeurs sur lesquelles noblesse (dans son courant le plus éclairé), philosophes et patriotes s'étaient rencontrés (Denis Richet). L'Empire, par souci de donner au régime des bases inébranlables, organisa constitutionnellement le métissage des élites sur la base encore limitative, mais plus dynamique que le privilège, de l'avoir foncier (L. Bergeron et G. Chaussinand-Nogaret). L'Europe, excepté la Grande-Bretagne, resta essentiellement rurale jusqu'en 1914. C'est donc la propriété de la terre qui constitua le signe de reconnaissance de l'élite et lui permit de monopoliser le pouvoir, l'influence et le prestige social (A. Mayer, *La persistance de l'Ancien Régime, l'Europe de 1848 à 1914*, 1983). La propriété devint le principe sur lequel se fonda la définition de la nouvelle classe supérieure et qui permit de dresser une barrière entre elle et tous les autres. Il n'était plus question de distinguer entre les riches : nobles ou roturiers les grands propriétaires eurent un droit égal à la considération et à l'autorité. L'élite se définit donc d'abord par exclusion. Elle rejeta dans un premier temps ceux qui n'étaient pas « nés »; ensuite, elle rassembla tous ceux qui jouissaient de la même source de profit, de prestige et de puissance, la terre. Excluant les formes de richesse purement capitalistes, cette sélection tendancieuse se justifiait par des raisons économiques, sociales et culturelles. La possession du sol en vint à se confondre avec le monopole des capacités. Boissy d'Anglas formula clairement, dès 1795, la coïncidence entre propriété, compétence et valeur : « Nous devons être gouvernés par les meilleurs; les meilleurs sont les plus instruits et les plus intéressés au maintien des lois; or, à bien peu d'exceptions près, vous ne trouverez de pareils hommes que parmi ceux qui possèdent une propriété. »

Bien qu'élargie, l'élite restait très discriminatoire. Les valeurs véhiculées par la Révolution française, avec ses espoirs d'égalitarisme petit-bourgeois, ensevelies par les monarchies censitaires, n'eurent pas de postérité en Europe occidentale. Mais les élites repoussaient progressivement les frontières de leur recrutement en intégrant, à la suite de révolutions politiques ou dans la foulée de l'évolution industrielle et culturelle, les représentants de catégories qui débordaient très largement la définition initiale. A la propriété s'ajoutèrent, après 1830, la fortune mobilière, le capital industriel et enfin le savoir. Elargissement d'une portée considérable puisqu'il reconnaissait la promotion des valeurs de l'âge industriel et du capitalisme triomphant (surtout après 1914) et la compétence intellectuelle et technique. Avec le triomphe du libéralisme et des régimes démocratiques le mouvement se précipita. La démocratisation de l'enseignement, la diffusion de la culture par l'école et le loisir, l'ouverture de plus en plus large de l'université étendirent théoriquement à tous les chances de promotion. En fait, c'est surtout le XXe siècle qui débloqua un système qui se reproduisait surtout lui-même, en organisant des filières parallèles aux filières académiques et universitaires. Les syndicats professionnels, par exemple, constituèrent une école de responsabilité qui, des plus bas degrés de la hiérarchie sociale, permit d'accéder au sommet de la carrière des honneurs et à l'exercice du pouvoir.

Aujourd'hui les sociétés libérales voient dans leurs élites élargies un facteur de stabilité et une garantie de dynamisme; elles renouvellent leurs élites au rythme de la prospérité et de l'extension des libertés démocratiques. Mais toute crise durable qui risque de gripper les mécanismes de la circulation sociale provoque résistance et contestation. Le socialisme autogestionnaire propose alors de confier à chacun, là où il est, les responsabilités traditionnellement dévolues aux détenteurs du pouvoir. Dans une telle société où le pouvoir n'est plus distinct du travail, mais se diversifie en autant d'initiatives qu'il y a, à chaque échelon, de citoyens responsables, la notion d'élite se dissout à mesure que s'estompent les relations conflictuelles entre dominants et dominés.

● BIBLIOGRAPHIE. — Aux ouvrages cités dans le texte, ajouter : E. BEAU DE LOMÉNIE, *Les responsabilités des dynasties bourgeoises*, Denoël, 1943-1954; L. BERGERON, *Les capitalistes en France (1780-1914)*, Gallimard, 1978; L. BERGERON et G. CHAUSSNAND-NOGARET, *Grands notables du Premier Empire*, CNRS, 1978; *Les masses de granit*, EHESS, 1979; G. CHAUSSINAND-NOGARET, *La noblesse au XVIIIe siècle*, Hachette, 1976; *Une histoire des élites 1700-1848*, Mouton, 1975; W. I. GUTTSMAN, *The english ruling class*, Londres, 1969; M. KOLABINSKA,

La circulation des élites en France, Lausanne, 1912 ; Le élites in Francia e in Italia negli anni quaranta, *Mélanges de l'Ecole française de Rome*, t. 95, 1983-2 ; J. Lhomme, *La grande bourgeoisie au pouvoir*, puf, 1960 ; D. Richet, Autour de la Révolution française : élites et despotisme, *Annales ESC*, n° 1, 1969 ; E. Suleiman, *Des élites en France*, Seuil, 1979.

▶ Corrélat. — Sociale (Histoire).

G. Chaussinand-Nogaret.

Enfant

L'histoire de l'enfant est un des domaines neufs de la recherche historique actuelle ; depuis la parution en 1960 du livre pionnier de Philippe Ariès, *L'enfant et la vie familiale sous l'Ancien Régime*, les études se sont multipliées. Notre époque, très sensibilisée aux problèmes de l'enfance depuis l'invention de la psychanalyse, cherche dans le passé la réponse à ses questions : pourquoi le désir ou le refus des enfants ? quels sont les rôles respectifs de la mère, du père, des institutions scolaires et médicales dans leur éducation ? est-il bon pour eux d'être séparés du monde adulte ou doit-on les y intégrer au plus tôt ?

Les sources qui permettent d'écrire cette histoire sont riches mais dispersées. Certaines sont massives comme les registres paroissiaux qui enregistrent depuis le XVIe siècle les baptêmes, mariages et sépultures. Les historiens démographes en ont tiré de nombreux enseignements : courbes saisonnières et annuelles des conceptions et des naissances, taux de natalité, de fécondité et de mortalité, taille et structure des familles, intervalles intergénésiques, durée de l'allaitement, extension de la mise en nourrice, mortalité épidémique selon l'âge, espérance de vie des nouveau-nés en fonction de leur rang de naissance, de la saison et de la conjoncture annuelle ou séculaire.

D'autres sources, concernant des individus isolés et souvent privilégiés, appartiennent au domaine de la micro-histoire : généalogies de lignées aristocratiques (ou protestantes), livres de raison, mémoires individuels ou familiaux.

La variété des sources oblige l'historien de l'enfant à ne pas s'en tenir à une méthode spécifique, mais à conjuguer des approches pluridisciplinaires : il doit combiner les méthodes de l'histoire sérielle avec celles de l'anthropologie historique, tout en utilisant fréquemment les ressources qualitatives de la micro-histoire.

Philippe Ariès, le premier, a proposé un schéma d'évolution de la place de l'enfant dont les historiens continuent à s'inspirer. Du Moyen Age au XVIIe siècle, l'enfant n'a guère de spécificité ; tout jeune, il est caressé et taquiné comme un petit animal (c'est le « mignotage ») ; mais très vite, il est considéré comme un adulte en réduction et est mêlé au monde des aînés. A partir de la fin du XVIIIe siècle, dans la bourgeoisie et la noblesse éclairée, la famille nucléaire ne comprend plus que le couple parental et ses descendants directs : l'enfant y est davantage choyé et individualisé par sa mère surtout, et parfois par son père, avec le souci de l'éclosion de sa personnalité. L'époque des Lumières voit ainsi la « naissance de la famille moderne », privilégiant les relations affectives entre les époux et l'amour des enfants. La fonction maternelle est revalorisée : la mère est la première éducatrice et celle qui, par son amour, fait grandir l'enfant. Ce couple mère-enfant se renforce au XIXe siècle, conduisant parfois à des excès (norme tyrannique de la mère au foyer ou conflits familiaux à partir desquels est née la psychanalyse).

La démographie historique a permis d'affiner ce modèle en insistant sur les variations significatives de la mortalité infantile : dans les familles d'Ancien Régime, il naît beaucoup d'enfants ; il en meurt aussi beaucoup, puisque la moitié n'arrive pas à l'âge adulte. Cependant à partir de 1750, la mortalité infantile baisse lentement et irrégulièrement (1740 : 27,5 % ; 1770 : 25,4 %). Parallèlement, les familles dirigeantes pratiquent la contraception et ont moins d'enfants. Ainsi, au moment même où la famille se centre sur l'enfant plus chéri, celui-ci devient plus rare et meurt un peu moins. Quel phénomène a précédé l'autre ?

Au moment même où, dans les milieux nobles et bourgeois, se développe le sentiment de l'enfance, de nombreux enfants des classes populaires urbaines sont rejetés hors de leur famille. Par la mise en nourrice d'abord : phénomène ancien, longtemps réservé aux seules élites, il s'étend au XVIIIe siècle au peuple des grandes villes ; par exemple, en 1780, à Paris, sur 21 000 nouveau-nés, 19 000 sont envoyés à la campagne pour un ou deux ans.

Si bien des aspects de l'histoire de l'enfant ont été défrichés jusqu'ici, des débats restent encore ouverts dans un domaine où la subjectivité de l'historien (son rapport à son enfance et à ses propres enfants) est très sollicitée.

Une vieille querelle porte sur l'appréciation de l'enfance d'autrefois : les enfants du passé étaient-ils plus ou moins heureux que ceux d'aujourd'hui ? Un certain nombre d'historiens (dont E. Shorter) ont donné des descriptions pessimistes des pratiques anciennes : les nourrissons étaient emmaillotés trop serrés et gavés de bouillies indigestes pour les faire tenir tranquilles pendant les longues heures où ils étaient seuls, noyés dans leurs excréments ; ils étaient fréquemment placés chez de mauvaises nourrices par des parents peu soucieux de les aimer ; plus âgés, ils étaient souvent battus à la maison, à l'école et au travail ; quand ils étaient malades, on les laissait souvent sans secours ou bien on leur administrait des remèdes violents (vomitifs, purgatifs, diurétiques). Leur mort était vécue avec fatalité et résignation par des adultes habitués à la fragilité des petits enfants.

Allant dans le même sens mais avec des méthodes différentes, certains historiens américains (D. Hunt, L. de Mause) ont appliqué à la petite enfance d'autrefois les théories psychanalytiques d'E. H. Erikson ; dans chaque biographie individuelle, ils ont privilégié les mêmes éléments : mode d'alimentation, apprentissage de la propreté, initiation sexuelle, rapports aux parents et aux proches. Leurs conclusions sont assez tristes : considérés avec méfiance par les adultes comme de petits animaux voraces et dangereux, les enfants étaient systématiquement sous-alimentés pour les dresser et conjurer la peur qu'ils inspiraient. A partir du XVIIIe siècle, les élites ont réprimé violemment la masturbation chez les jeunes garçons et censuré toute éducation sexuelle. Les relations aux parents devaient être complexes, du fait que le rôle maternel était scindé en deux personnes successives (la nourrice puis la mère). La petite enfance était une période de répression de presque toutes les pulsions et devait produire des adultes malheureux qui, à leur tour, imposaient les mêmes violences à leur progéniture.

Ces interprétations ont l'inconvénient de juger du passé d'après des normes contemporaines : elles pêchent par anachronisme et sont réductrices des réalités d'autrefois. L'histoire psychanalytique ne prend en compte que des phénomènes relativement mineurs des histoires de vies et néglige tout l'environnement socioculturel des enfances étudiées. D'autre part, certaines pratiques de prime éducation qui nous paraissent meurtrières peuvent devenir cohérentes si on les analyse d'un point de vue anthropologique, comme l'a fait F. Loux.

Autre débat : de quand date la découverte de l'enfance ? P. Ariès l'a d'abord datée de la fin du xviie siècle; puis, à mesure que les médiévistes se posaient des questions nouvelles sur la place de l'enfant dans les sociétés qu'ils étudiaient, il a fallu remonter jusqu'au xive siècle. Aujourd'hui, si l'on étudie l'Antiquité, on s'aperçoit qu'il y a eu plusieurs découvertes successives de l'enfance (la Grèce hellénistique, la fin de la République romaine) suivies de périodes d'oubli. Mais, à aucun moment, une société ne peut se passer de procréer des enfants et de les aimer suffisamment pour qu'ils vivent. Nous ne saisissons dans l'histoire que les moments où les sources (essentiellement savantes et masculines) découvrent l'enfance. A d'autres moments, c'est le silence : mères et nourrices sont les seules à aimer les enfants et ces humbles sentiments laissent peu de traces. Il faut pourtant partir à leur recherche.

● **BIBLIOGRAPHIE.** — P. ARIÈS, *L'enfant et la vie familiale sous l'Ancien Régime*, Paris, Plon, 1960, rééd. Seuil, 1973; L. BOLTANSKI, *Prime éducation et morale de classe*, Paris-La Haye, Mouton-De Gruyter, 1969, rééd. 1978; M. CRUBELLIER, *L'enfance et la jeunesse dans la société française 1800-1950*, Paris, Armand Colin, 1979; C. DELASSELLE, Les enfants abandonnés à Paris au xviiie siècle, in *Annales ESC*, Paris, Armand Colin, 1975; L. DE MAUSE, dir., *The History of Childhood*, New York, Psychohistory Press, 1974; Enfant et société, in *Annales de démographie historique*, numéro spécial, Paris, 1973; F. FAŸ-SALLOIS, *Les nourrices à Paris au XIXe siècle*, Paris, Payot, 1980; J. GELIS, M. LAGET, M.-F. MOREL, *Entrer dans la vie, naissances et enfances dans la France traditionnelle*, Paris, Gallimard, 1978; D. HUNT, *Parents and Children in History*, New York, Basic Books, 1970; Y. KNIBIEHLER et C. FOUQUET, *L'Histoire des mères du Moyen Age à nos jours*, Paris, Montalba, 1980; M. LAGET, *Naissances, l'accouchement avant l'âge de la clinique*, Paris, Seuil, 1982; F. LOUX et M.-F. MOREL, L'enfance et les savoirs sur le corps, in *Ethnologie française*, Paris, 1976; M.-F. MOREL, Ville et campagne dans le discours médical sur la petite enfance au xviiie siècle, in *Annales ESC*, Paris, 1977; J. PINCHBECK et M. HEWITT, *Children in English Society*, 2 vol., Londres, Routledge & Kegan Paul, et Toronto, University of Toronto Press, 1969-1973; J. SANDRIN, *Enfants trouvés, enfants ouvriers, XVIIe-XIXe siècle*, Paris, Aubier, 1982.

▶ **CORRÉLATS.** — Ariès, Corps, Démographie historique, Education, Famille.

M.-F. MOREL.

Enquête

Enquête, ce mot renvoie à la vieille métaphore de l'historien juge d'instruction; cependant il évoque aujourd'hui les notions de programme et de travail en équipe incompatible avec l'individualisme traditionnel de l'historien.

Certes la découverte de nouveaux objets d'études, et de nouvelles techniques, a poussé les sciences humaines sur la voie de cette nouvelle division du travail intellectuel dès le début du siècle ; ainsi en sociologie les enquêtes leplaysiennes ou plus tard les travaux des disciples de Thomas et Znanecki à Chicago ou en Pologne. En histoire les programmes d'étude des sociétés savantes restent lettre morte, mais dès 1904 la collecte de documents pour l'histoire économique de la Révolution française esquisse l'organisation des enquêtes futures. C'est à nouveau la toute jeune histoire des prix qui suscite la première enquête internationale (1930) du Comité international d'enquête sur l'histoire des prix, dirigée par Sir Beveridge.

Mais ce sont sans doute les *Annales* de Marc Bloch et Lucien Febvre qui tissent les premières un lien entre la découverte de nouveaux domaines de l'histoire et l'organisation d'enquête : 1929, Enquête sur les plans parcellaires, les archives privées et l'histoire (1931), 1936, les noblesses. Pour les fondateurs de la revue l'organisation d'un effort collectif peut seul permettre l'efficacité de la recherche, favoriser le comparatisme et le contact entre les diverses sciences de l'Homme.

Au lendemain de la seconde guerre mondiale, l'apparition de carrière de chercheurs, la multiplication d'instituts spécialisés dans les universités facilitent l'organisation matérielle des enquêtes collectives. Dans le cas particulier de la France, la fondation du CNRS en 1939 et surtout celle de la VIe section de l'EPHE (1947) créent les conditions nécessaires au lancement de vastes enquêtes qui ne reposent plus seulement sur le concours bénévole et spontané d'un réseau intellectuel, comme pour les *Annales* d'avant-guerre.

Qu'il s'agisse des villages désertés, de l'alphabétisation au XVIIIe siècle, de la conjoncture au XVIe siècle, l'enquête permet d'entreprendre de vastes travaux reposant sur d'importantes séries statistiques. Dès 1950 lors de sa leçon inaugurale au Collège de France Fernand Braudel estime que l'histoire est condamnée à l'artisanat faute d'entreprise collective. Mais les enquêtes ne se limitent pas aux diverses histoires sérielles, elles facilitent l'exploitation de nouvelles sources comme l'histoire orale. Enfin la combinaison du travail par enquête et de l'exploitation informatique des données contraint l'historien à expliciter ses présupposés, à penser à partir d'hypothèses qui forment le langage commun des enquêteurs.

Mais l'apport des enquêtes ne se limite pas à l'exploration de thèmes uniques, elles favorisent les *area studies* combinant les diverses approches des sciences humaines (cf. Plozévet pour la France). Ce bilan très positif ne doit pas dissimuler les pièges que recèle la programmation totale du travail historique impliquée par la formation d'enquêtes officielles. De l'anarchie apparente l'histoire court le danger de passer au contrôle et la manipulation des enquêtes faute de financement autonome.

● BIBLIOGRAPHIE. — Quelques bilans d'enquêtes : *Archéologie du village déserté*, XI-XVIIe siècle, Paris, 1965; F. FURET (sous la dir. de), *Livre et société dans la France du XVIIIe siècle*, Paris-La Haye, t. I, 1965, t. II, 1970; J. HÉMARDINQUER, *Pour une histoire de l'alimentation*, Cahier des Annales 28, Paris, 1970; A. BURGUIÈRE, *Bretons de Plozévet*, Paris, 1975. Conception des enquêtes : M. BLOCH et L. FEBVRE, Nos enquêtes collectives, *Annales d'Histoire économique et sociale*, 1, 1929, p. 58-59.

▶ CORRÉLATS. — Annales, Orale (Histoire).

O. DUMOULIN.

Enseignement de l'histoire / Identité nationale

Le statut de l'Histoire, ou plutôt de son enseignement et de ses manuels, varie en fonction des cultures, des idéologies, du développement propre des sociétés qui les définissent et les organisent.

En premier lieu, on observe que toutes les sociétés n'ont pas reconnu simultanément à l'histoire la qualité d'une discipline autonome. Au Japon, l'histoire a constitué longtemps un des éléments du *Kokutai*, c'est-à-dire l'identité culturelle qui comprend, imbriquée avec l'histoire, la connaissance de la langue, du passé littéraire, etc. Comme discipline scientifique, l'histoire n'existe que depuis un siècle, ou presque; toutefois, à cause de ce passé, elle a gardé dans les manuels scolaires quelques-uns des traits de cet héritage et par exemple a longtemps laissé interférer le mythe et l'histoire, en ce qui concerne notamment les origines de la nation japonaise, le principe de légitimité qui est censé la guider, etc. Seuls les ouvrages scolaires très contemporains — que n'a pas utilisés la classe dirigeante actuelle — proposent une vision de l'histoire détachée de la légende, de son interférence avec les autres éléments du *Kokutai*. Ce trait, on l'imagine, n'est pas particulier au Japon. On le repère en Inde également, où interfèrent, pour un passé ancien, l'histoire et le merveilleux, mais tout autant dans la Vieille Europe où hier encore dans l'Espagne du général Franco, l'histoire sainte et l'histoire de la nation espagnole interféraient et se succédaient sans solution de continuité; on procédait de même au XIXe siècle et aux débuts du XXe siècle tant dans les écoles « libres », chrétiennes de l'Europe entière et aux Etats-Unis : en 1925, le procès du singe contre les idées de Darwin témoigne de la survivance des certitudes antiscientistes, qui ne sauraient mettre en cause la parole de la Bible.

En pays d'Islam également, le statut de l'histoire est lié à la parole des textes sacrés du Coran, puisque cette œuvre est elle-même en grande partie un texte historique. Mais l'Islam est également une politique, une morale, etc., de sorte qu'au travers de l'enseignement du Coran le jeune musulman apprend d'abord une manière de vivre et de se comporter (statut de la femme, pratiques du droit, etc.), et, simultanément, une foi en l'accomplissement de l'Islam historiquement analysé. Indépendamment de cet enseignement, l'histoire occupe en pays d'Islam une place et un statut qui ont varié à travers les temps. Minorée jusqu'au retour des peuples islamo-arabes à l'indépendance, elle est majorée depuis une trentaine d'années; dans sa substance elle privilégie les siècles de la grandeur de l'Islam, également ceux de la lutte anti-impérialiste qui, dans certains manuels, peut commencer avec la destruction des royaumes francs d'Orient, mais plus souvent avec la lutte contre les Portugais; ceci permet de scotomiser la conquête turque — car il ne plaît guère aux Arabes (ou aux Persans) que, durant plusieurs siècles, les Turcs aient sauvé la grandeur de l'Islam. En Egypte, la continuité de l'histoire est au contraire la règle; avant l'Islam, elle permet de marquer l'antériorité de civilisation égyptienne par rapport aux Arabes d'Arabie; après Mahomet, car cela permet de rappeler les nombreuses fois où l'Egypte a sauvé le monde islamo-arabe des agressions extérieures; au temps des Croisades, de l'invasion mongole, de Suez; et marqué la route de rénovation nationale (Mehmet Ali); cette continuité est également la règle en Iran où l'on ne manque jamais de rappeler la grandeur de la Perse sous les Sassanides, c'est-à-dire avant les Arabes.

Dans le monde occidental, les manuels d'enseignement de l'histoire obéissent à plusieurs modèles.

— Le modèle chronologique européo-centrique, qui est dominant. L'histoire « part » de l'Egypte ancienne, « va » jusqu'à *Solidarnocz*; sa forme en est le récit; l'histoire s'appuie sur des documents écrits. Avec toutes ses variables, ce modèle parti des Etats européens les plus fortement centralisés s'étend au monde entier : il ne traite des peuples que lorsque leur histoire croise celle de l'Europe, réintégrant au passage les Incas du Mexique, les Bantous d'Afrique du Sud, etc. Le signe idéologique de ce type d'enseignement varie suivant l'identité des régimes en place : chrétiens, laïques, mixte. Il est particulièrement bien enraciné en Italie, en Espagne, en Allemagne, mais d'une façon générale le renforcement de l'Etat, l'unification de la nation, l'extension territoriale, la modernisation économique bénéficient d'une connotation favorable.

— Le deuxième modèle, marxiste, n'est en réalité qu'une variable du premier, car la classification des sociétés à partir de leur mode de production, leur intervention dans l'Histoire en fonction de leur stade d'évolution demeurent une vision européo-centrique particulière, ce que les communistes chinois et tatars ont bien vu. Mais la forme n'en est plus nécessairement le récit. Ce dernier trait explique que, pour des raisons d'ordre pédagogique, deux types d'histoire cohabitent en URSS, l'une européo-centrique traditionnelle avec récits, pour les plus jeunes, et l'autre structurale, plus théorique, pour les plus âgés, et que scande la lutte des classes. Il y a ainsi juxtaposition entre deux types d'histoire, écrite différemment, fondés sur des principes différents mais qui s'efforcent de ne pas être en contradiction. Observons qu'actuellement les manuels d'histoire soviétiques sont certainement ceux qui offrent la vision globale la plus complète du développement des sociétés, de toutes les sociétés; sans doute, les principes idéologiques de base qui le sous-tendent ont pour effet de procéder à une sélection naturelle des faits et des problèmes qui vont dans le sens déterministe de l'histoire : de l'esclavagisme au communisme; ce dispositif global n'en demeure pas moins la survivance la plus totale de la vision traditionnelle de l'enseignement historique général; parce que ailleurs cette vision chronologique et événementielle est mise en cause par d'autres approches.

— Le troisième modèle occidental d'enseignement de l'histoire est apparu dans les manuels au début des années soixante. Il associe l'étude des civilisations, mouvements lents de l'histoire, à celle des événements traditionnellement européo-centriques. En principe, il la fait éclater, en élargit le champ; dans la réalité, l'histoire des civilisations et l'autre histoire se sont juxtaposées; elles ont fait chambre à part. Une de ses variables, pratiquées pendant quelques années en Belgique notamment, a essayé de les associer au travers d'une histoire thématique qui s'est développée également en France, mais moins systématiquement. A côté de l'histoire thématique, les pédagogues, émules lointains de Piaget et des écoles américaines, ont essayé de mettre sur pied une approche des problèmes historiques qui prendrait en compte le statut de ceux à qui cet enseignement est destiné : les enfants et les adolescents par la connaissance du milieu, du passé culturel et social de ces élèves qui servirait de point de départ à une pratique rétroactive des sociétés à partir du connu (sa famille, sa ville) contrôlable vers le non-connu. Cette méthode aide à rendre intelligibles les problèmes du présent, leur relation avec la vie de chacun, mais elle demeure plus sociologique que historique. Parallèlement s'est développé un enseignement qui se veut multiculturel — tenant compte, en France par exemple, de la présence des immigrés — au nom du droit à l'identité. Aux Etats-Unis, ce mouvement a abouti, pour les plus jeunes, à un éclatement du savoir historique, chaque communauté instituant, là où elle est majoritaire, un enseignement de l'histoire qui la gratifie : ici, les Irlandais ; là, les Noirs, etc. Ni aux Etats-Unis, ni en France ce mouvement venu d'en bas n'a encore dépassé les frontières de l'enseignement élémentaire ; il s'y efforce néanmoins. De sorte qu'aux Etats-Unis, plus encore qu'en France vu la composition de la société, il y a un grand écart entre d'une part les manuels destinés à l'enseignement dans les universités à la pointe de la connaissance historique, et les méthodes des sciences sociales à la façon des ouvrages des classes du 2e cycle et des terminales en France ou en URSS, et d'autre part les ouvrages destinés aux tout jeunes, où domine une forme d'histoire très traditionnelle par sa forme, qui, par une sorte de dérive du projet pédagogique et des principes démocratiques (à chacun son histoire), transforme l'histoire en un simple inventaire de la mémoire de chaque communauté ; histoire qui, au reste, confine au mythe lorsque, par exemple, par l'effet d'une réaction contre l'histoire officielle, les Noirs revendiquent d'avoir été les premiers sur le navire de Christophe Colomb à apercevoir l'Amérique.

Enfin, il conviendrait d'opposer les sociétés où les procédés choisis par les manuels (documents, illustrations, questions, etc.) font éclater, et quelquefois disparaître, le discours historique continu (en France notamment), chaque page devenant une sorte de marqueterie, et celles où, au contraire, il constitue à la fois un récit continu et un cadre extrêmement contraignant, dont le signe idéologique ne laisse guère de place à une mise en cause : l'histoire ne s'analyse pas, elle s'apprend. Ces ouvrages traditionnels dominent hors de France : la différence entre les diverses sociétés vient du fait qu'à l'est et dans le monde islamique une seule vision de l'histoire est tolérée, les autres étant interdites, tandis qu'ailleurs elles peuvent être multiques et varier. Au Mexique, par exemple, selon la force politique au pouvoir, la vision indienne ou la vision européo-centriste de l'histoire l'emporte ; depuis la fin du XIXe siècle, de la sorte, on assiste ainsi à leur alternance. Au Japon, comme en France, l'histoire est, plus qu'ailleurs, un enjeu politique, et chacun espère en confisquer les leçons à son propre avantage. Autant que connaissance du passé et intelligibilité du devenir des sociétés, du passé au présent, l'histoire est objet de la guerre civile.

● BIBLIOGRAPHIE. — Ch. AMALVI, *Les héros de l'histoire de France*. Recherche iconographique sur le panthéon scolaire de la IIIe République, Paris, 1979, 300 p. ; C. O. CARBONNELL, *Histoire et historiens*, Toulouse, Privat, 1976, 606 p. ; Jean DEVISSE, Comment enseigner l'histoire en Afrique, *Recherche, pédagogie, culture*, n° 46, 1980 ; Marc FERRO, *Comment on raconte l'Histoire aux enfants à travers le monde entier*, Paris, Payot, 1981, 320 p. Utile seulement pour l'enseignement hors de France, avec une importante bibliographie ; Marc FERRO, *L'Histoire sous surveillance*, Paris, Calmann-Lévy, 1985 ; F. FURET, *L'atelier de l'histoire*, Paris, 1982, 316 p. ; Dominique JULIA, Enseignement de l'histoire, dans *La Nou-*

velle Histoire, ouvrage collectif sous la direction de J. Le Goff, J. Revel, R. Chartier, Paris, 1978, bon résumé de l'historique de l'enseignement en France; Pierre Nora, Ernest Lavisse, son rôle dans la formation du sentiment national, Revue historique, 1962, p. 73-106, article pionnier; Jacques Ozouf, Le thème du patriotisme dans les manuels scolaires, Le Mouvement social, p. 5-31, article pionnier.

▶ Corrélats. — Didactique de l'histoire, Education, Manuels d'histoire, Mémoire collective, Nationale (Histoire).

M. Ferro.

Entreprises

En France (et dans d'autres pays industrialisés, du reste) l'histoire des entrepreneurs et des entreprises (deux termes qu'il serait parfaitement artificiel de dissocier) a connu une période préscientifique au cours de laquelle elle ne s'exprimait guère qu'au travers de travaux de commande d'une nature purement aléatoire. Commande passée, généralement, à l'occasion d'un anniversaire, qui suggérait l'opportunité de renforcer l'image de marque de l'entreprise en mettant l'accent sur sa longévité, donc sa respectabilité, et en dressant le bilan d'une croissance et le catalogue des succès.

De tels travaux souffraient de deux handicaps principaux : 1) L'intention commémorative glissait facilement et même délibérément vers l'hagiographie, vers l'éloge d'un patron ou d'une dynastie; 2) Leur substance restait mince, un texte destiné à une diffusion restreinte ou, au contraire, à des fins publicitaires n'ayant en tout cas jamais à rechercher le support scientifique d'une exploitation préalable et méthodique des sources privées ou publiques.

Simultanément, l'entreprise ou l'entrepreneur ne bénéficiaient guère des œuvres produites par ce secteur classique de l'histoire qu'est le genre biographique. Du fait de la résistance de certaines attitudes sociales héritées de l'Ancien Régime et consolidées par la culture officielle du XIXe siècle, les valeurs industrielles ne se sont incorporées que lentement au modèle le plus conformiste de la réussite sociale. Le grand homme, la vraie notabilité nationale restaient l'écrivain et le savant, le ministre ou le souverain, le héros de la guerre ou de la sainteté, plutôt que les créateurs de grandes fortunes ou d'empires industriels, et la conquête impériale ou coloniale enrichissait la galerie des portraits plus souvent que la conquête des techniques et des marchés.

La prospérité des études historiques en France depuis l'entre-deux-guerres (renouvellement de la réflexion sur l'histoire et sur les objets de la recherche) et depuis 1945 (intensification de la recherche et de la production historiques) n'a pas tout de suite modifié la situation. En effet, le grand succès de l'histoire économique, scientifique et moderne, dont Ernest Labrousse a été le fondateur dans les années 30 et 40, a surtout profité aux travaux d'histoire quantitative et sérielle, en attendant les tentatives de l'économétrie rétrospective. Très liée à la naissance d'une histoire sociale conçue comme une « histoire totale » et ouverte sur les autres sciences de l'homme, plus attentive certainement au qualitatif et à l'anthropologique (Lucien Febvre, Marc Bloch, Fernand Braudel et l'histoire des Annales de 1929 à aujourd'hui), cette histoire économique a largement « contaminé » l'histoire sociale en l'orientant principalement vers la quantification. Les études de structures et de stratifications recevaient bientôt le soutien des moyens de traitement informatique, qui orientaient les préférences vers l'exploitation des sources statistiques massives. Une approche macroéconomique et macrosociale peu accueillante, donc, à la monographie ou à la biographie, genres mineurs et suspects de « facilité ». S'y ajoutait, plus ou moins explicite, une certaine pression ou ambiance idéologique qui reléguait parmi les secondes urgences l'histoire du patronat et privilégiait celle des masses ouvrières, conçue du reste principalement comme une histoire des luttes et des organisations.

Dans un tel contexte, on conçoit aisément que la France n'ait pas connu le développement précoce de cette *business history* ou de cette *Firmengeschichte* qui ont fleuri aux Etats-Unis, en Grande-Bretagne, en Allemagne (cf. la revue allemande *Tradition*, prolongée depuis 1977 par *Zeitschrift für Unternehmensgeschichte*; *The Business History Review*, plus récemment *Explorations in Entrepreneurial History* du côté américain). De surcroît la France reste jusqu'à ces derniers temps, et peut-être plus que d'autres pays, caractérisée par la vive réticence des propriétaires d'archives privées et particulièrement d'entreprise à les ouvrir aux chercheurs « professionnels » ou à les confier en dépôts, même sous le régime de la consultation soumise à autorisation préalable. Réaction de défense avivée par 1936, les luttes politiques et syndicales en France, la peur globale, imprécise et généralement infondée, que toute histoire d'entreprise soit prétexte à un « procès » ou à une « diffamation » même lorsqu'il n'y a pas le moindre squelette dans un placard.

Quand, en 1961, Guy-P. Palmade publie sa remarquable synthèse : *Capitalisme et capitalistes français au XIXe siècle*, il peut constater que le marché de la biographie des grands entrepreneurs est en fait dominé par des auteurs de tout repos écrivant pour un grand public (on pense notamment à René Sédillot, *La Maison de Wendel de 1704 à nos jours*, 1958; *Peugeot. De la crinoline à la 404*, 1960). Du côté des « histoires-maison », 1963 voit la publication d'un ouvrage sérieux pour le centenaire du Crédit lyonnais *(Un siècle d'économie française, 1863-1963)*, mais en 1968 encore le livre de Max Gérard, *Messieurs Hottinguer, banquiers à Paris*, écrit dans le style de la fresque historique et de l'anecdote, montrera bien que l'on n'est pas sorti de l'ornière.

Pourtant, c'est à la fin des années cinquante que les choses ont bougé. En 1954 Jean Lambert-Dansette, un pionnier qui n'a guère suscité rapidement d'émules publie son stimulant essai sur *Quelques familles du patronat textile de Lille-Armentières (1789-1914)*. En 1955 Claude Fohlen a choisi pour sa thèse complémentaire pour le doctorat d'Etat de retracer l'histoire d'une entreprise cotonnière de l'Est : *Une affaire de famille au XIXe siècle : Méquillet-Noblot*. En 1959 Guy Thuillier s'attaque avec son livre sur *Georges Dufaud* au problème de l'innovation dans la sidérurgie française après 1815, et Bertrand Gille publie ses *Recherches sur la formation de la grande entreprise capitaliste (1815-1848)*, après avoir lancé en mai 1958 sa revue *Histoire des entreprises* (mais ce grand aventurier en interrompra la publication après le 12e fascicule, paru en novembre 1963, et il n'y aura plus de périodique français désormais pour « couvrir ce secteur de l'histoire économique et sociale »).

Ce démarrage de la recherche en histoire des entreprises et des entrepreneurs trouvait son origine dans une série d'impulsions diverses dans leurs principes, mais convergentes dans leurs effets historiographiques.

1 / Une nouvelle génération d'historiens économistes voue un intérêt particulier à l'analyse des conditions de l'industrialisation de la France au XIXe siècle, répondant en quelque sorte aux vues très critiques de l'école historique américaine et au mythe du retard français. L'étude du capital et du profit, du crédit et de l'investissement, de l'innovation et de la routine passe tout naturellement par l'histoire des entreprises, de leurs propriétaires et de leurs dirigeants. Ainsi naissent les thèses monumentales de Jean Bouvier sur le *Crédit lyonnais* (1961, précédée en 1960 d'une monographie sur *Les Rothschild*) et de Maurice Lévy-Leboyer sur *Les Banques et l'industrialisation* en Europe occidentale dans la première moitié du XIXe siècle (1964). L'histoire des entreprises toutefois reste encore en filigrane dans ces travaux, axés sur la compréhension d'un mécanisme de croissance. A la fin des années soixante Pierre Vilar, soucieux d'encourager parmi les étudiants de maîtrise l'histoire des entreprises, situe encore celle-ci dans le cadre d'une enquête sur « Entreprise et profit ». La confrontation avec l'histoire macro-économique n'est pas achevée, même si Jean Bouvier écrit en 1968 que « quantitatif et qualitatif sont complémentaires » et que « le premier ne saurait rendre le second inutile ». Un aussi fin connaisseur de l'histoire patronale que François Jéquier reste lui-même tributaire d'une vieille domination quand il accepte de cantonner l'histoire des entreprises dans le rôle d'auxiliaire : « L'approche microéconomique dite qualitative permet de nuancer les phénomènes généraux en corrigeant la systématisation nécessaire de toutes les théories, elle introduit l'original et le particulier à côté des données globales de l'histoire quantitative qui peuvent entraîner une certaine abstraction » (*Leçon inaugurale* à l'Université de Lausanne, 1978).

2 / Le développement d'une histoire des élites économiques, dans la tradition fondée par Herbert Lüthy et Louis Dermigny, permet un démarquage par rapport tant à l'histoire quantitative qu'à la biographie traditionnelle ou à l'histoire généalogique, en reportant l'accent sur les solidarités familiales et sur les réseaux, structures fondamentales du patronat ancien. C'est la ligne reprise par Guy Chaussinand-Nogaret pour les élites de l'Ancien Régime et par Louis Bergeron pour les entrepreneurs de la première révolution industrielle (*Banquiers, négociants et manufacturiers parisiens du Directoire à l'Empire*, 1978).

3 / La réalité sociale des entreprises en France au cours de la période de croissance rapide de l'économie est marquée, entre autres, par une évolution accélérée des structures juridiques et financières des sociétés, et du recrutement de leurs cadres. Cette réalité est bien à l'arrière-plan d'études comme celles que dirige dans les années soixante-dix Maurice Lévy-Leboyer (cf. *Enterprise and Entrepreneurs in XIXth and XXth Century France*, 1976; *Le Patronat de la seconde industrialisation*, 1979).

4 / L'abondance accrue, même si elle demeure fort relative, des archives d'entreprises accessibles est naturellement un facteur incitatif très important. A l'origine de cette amélioration, le grand effort de Bertrand Gille, dès les années cinquante, pour alimenter le fonds des archives économiques privées aux Archives nationales. Mais aussi la politique de contacts avec le monde industriel habilement menée par de grands universitaires tels que Pierre Léon tant qu'il dirigea le Centre d'Histoire économique et sociale de la région lyonnaise. Enfin, l'ouverture d'esprit de quelques entreprises de grande taille et de renom ancien, comme la Compagnie de Saint-Gobain-Pont-à-Mousson, qui a construit à Blois un dépôt d'archives ultra-moderne et subventionné trois thèses de doctorat d'Etat sur divers aspects et différentes périodes de son histoire (Claude Pris, 1978; Alain Baudant, 1980; Jean-Pierre Daviet, 1983).

Finalement, les quinze dernières années apparaissent comme celles de la première floraison de l'histoire des entreprises en France, fruit il est vrai de travaux individuels, et non soutenue par des centres, équipes ou formations de recherche. Quelques repères : Jean-François Belhoste et son *Histoire de la maison Seillière et Demachy* (1977) suivie de celle des *Forges d'Allevard* (1982); Alain Plessis et ses *Actionnaires de la Banque de France* (1982); Marcel Sutet et sa biographie des *Chagot à Montceau-les-Mines* (1981).

Tout progrès ultérieur dans l'histoire des entreprises passe, faut-il le rappeler, par le développement des actions de sauvegarde et de recensement des archives économiques privées, celles des entreprises « mortes » et celles des affaires en pleine activité. Toutes les parties concernées doivent comprendre que ces archives constituent la mémoire de l'industrie, et que cette mémoire est partie intégrante du patrimoine national : une société ne saurait exclure de sa culture tout ce qui concerne la culture technique et, notamment, celle de l'industrie. Du reste, une entreprise peut-elle être réellement bien gérée si elle entend se passer de ses archives, donc de sa propre mémoire ? C'est un thème que développent volontiers aujourd'hui les spécialistes du *management*.

Pour rester sur le plan de la recherche, l'histoire des entreprises faite à partir de leurs archives est de nature à renouveler les connaissances comme à approfondir les interprétations.

1 / Dans le champ documentaire insuffisamment exploré que représentent les archives d'entreprises pourront sans doute être trouvées des réponses, plus satisfaisantes et plus fines que celles qu'on peut habituellement déduire d'enquêtes globales ou de sources statistiques, à tout un jeu de questions mettant en cause les équilibres particuliers et les comportements propres à la France en matière de développement industriel et d'environnement social de ce développement. Il s'agit donc non pas de faire une nouvelle promotion de la monographie pour la monographie, et en ordre dispersé, mais de traiter de plus en plus l'histoire d'entreprise comme l'approche concrète d'une problématique d'ensemble dont on énumère à la suite quelques points d'ancrage.

2 / Le profit. Comment est-il dégagé par l'entreprise et à quels taux ? Question obscurcie par le secret ou la suspicion qui entourent le sujet, dans les comptes mêmes de l'entreprise comme dans l'opinion. L'entreprise française est-elle rentable ?

3 / L'innovation. Le retard technique, les difficultés de modernisation, d'adaptation ou de reconversion. Thèmes contradictoires mais associés, liés au précédent par le biais de l'investissement, et récurrents dans l'histoire industrielle française de l'aube du XIXe siècle au crépuscule du XXe. On peut les atteindre à travers les informations sur la formation des entrepreneurs eux-mêmes et sur la façon dont ils recrutent leurs cadres; sur les liens entre l'entreprise et la recherche; sur la composition du matériel, son âge, sa disparité, la politique de son renouvellement; sur la présence ou l'absence de prévision...

4 / Le marché. L'entreprise française lui est-elle assez liée, ou ses fabrications sont-elles insuffisamment adaptées à la demande ? Se soucie-t-elle autant de commercialisation que de production ?

5 / La main-d'œuvre. Toute la documentation concernant le personnel recèle, si elle est conservée de façon homogène et dans une certaine durée, des informations inestimables sur la « formation de la classe ouvrière », dont beaucoup d'aspects ne peuvent être correctement saisis au travers d'autres sources de caractère public et général. D'autre part, structure professionnelle et politique des salaires constituent des points trop peu étudiés.

6 / Patronat et relations sociales dans l'entreprise. L'esprit de « Mai 68 » comme le déplacement de l'accent, au sein de la revendication syndicale, du seul salaire vers les conditions générales du travail, ne cessent de rappeler dans les deux dernières décennies le caractère originel, latent, sans doute toujours mal résolu du problème de la mise au travail industriel. Peut-être s'agit-il là d'un problème plus difficile à résoudre pour le patron que celui du rassemblement des moyens techniques et financiers; ressenti comme primordial au temps des premières concentrations en grandes unités de production, il n'a jamais cessé de conditionner le succès de l'entreprise individuelle comme la continuité globale du processus de l'industrialisation. Des travaux comme ceux de Jean-Paul de Gaudemar (*La mobilisation générale*, 1979; *L'ordre et la discipline*, 1982) ou, dans un tout autre registre, de Serge Chassagne (*Oberkampf, un entrepreneur au Siècle des Lumières*, 1980) incitent à approfondir sur ce point la recherche au sein du microcosme qu'est l'entreprise, et plus concrètement le monde muré sur lui-même de l'usine.

On conçoit sans peine que l'épisode majeur de 1936 — dans bien des régions et dans bien des entreprises, point de rupture définitive d'une tradition d'autorité et de respect — puisse être réétudié à partir des traces laissées dans les archives de l'industrie. Mais l'attention devrait se porter aussi sur des problèmes permanents et structurels tels que : les règlements intérieurs, les sanctions, les habitudes de l'ouvrier au travail, son insertion physique dans l'espace de production; les politiques paternalistes, qui ont trop fait jusqu'ici l'objet d'un discours généralisateur et schématique, alors qu'il conviendrait d'en reprendre les modèles et les applications à l'échelle de chaque entreprise apportant des informations sur sa politique sociale.

● BIBLIOGRAPHIE. — Outre les ouvrages cités dans le texte, voici quelques titres également représentatifs de l'effort de recherche dans le domaine concerné :

— Des associations se sont constituées récemment qui s'intéressent parfois de façon très directe à l'histoire des entreprises. Citons, en France, l'*Association pour l'Histoire de l'Electricité en France*, créée à l'initiative d'EDF (un premier colloque s'est tenu en octobre 1983, dont les Actes paraîtront); en Italie, vient de naître (janvier 1984) l'*Associazione di storia e studi sull'impresa* (Milan, sous le patronage de Franco Angeli Editore); la jeune Société suisse d'Histoire économique et sociale a consacré un cahier (Lausanne, 1982) au thème : *Le Patronat - Die Unternehmer*.

— De grandes thèses de doctorat d'Etat ont été consacrées en fait à l'histoire d'entreprises ou de secteurs industriels. Rappelons celles de Marcel GILLET sur *Les charbonnages du*

Nord de la France au XIXe siècle, 1973; de François Caron sur La Compagnie des chemins de fer du Nord, 1846-1937, 1973; d'Odette HARDY sur Industries, patronat et ouvriers du Valenciennois pendant le premier XXe siècle, 1981 (dactyl.).

— Et quelques thèses de 3e cycle : Patrick FRIDENSON, Histoire des Usines Renault, t. I, 1972; G. HATRY, Louis Renault, 1982 (dactyl.); Catherine OMNES, De l'atelier au groupe industriel. Vallourec, 1882-1978, 1982; François FARAUT, La confection masculine à Paris depuis le XIXe siècle. Le cas de la « Belle Jardinière », 1983 (dactyl.).

Citons encore : Bernard MARREY, Menier ou le capitalisme idéal (à paraître, 1984); Michael B. MILLER, The « Bon Marché ». Bourgeois Culture and the Department Store, 1981; R. F. KUISEL, Ernest Mercier, French Technocrat, 1967; Reed G. GEIGER, The Anzin Coa Company, Big Business in the Early Stages of the French Industrial Revolution, 1974.

▶ CORRÉLATS. — Economie (Histoire économique), Labrousse, Sérielle (Histoire), Sociale (Histoire), Techniques.

L. BERGERON.

Epigraphie

L'épigraphie se consacre à la découverte, à la lecture et à l'étude des inscriptions gravées sur un support non périssable (tel que la pierre, le métal, l'ivoire, la terre cuite, etc.). De telles inscriptions, vouées à la durée et à une certaine publicité, existent dans beaucoup de sociétés et à beaucoup d'époques, mais leur existence n'a pas toujours pour conséquence la constitution d'une épigraphie comme discipline historique. Il y a une épigraphie antique grecque et romaine, une épigraphie médiévale, des épigraphies de l'Empire byzantin et du Moyen Age islamique. Il n'y a pas d'épigraphie de l'Europe contemporaine, malgré l'existence des pierres tombales, des bases de statues, des bornes kilométriques, etc.

Se fondant sur ces corpus, des manuels et des dictionnaires élaborés à la fin du XIXe siècle et au tout début du XXe, l'épigraphie « classique » (grecque et romaine) est particulièrement riche en documents (ils se comptent en centaines de milliers).

L'apprenti épigraphiste apprend à décrire et à mesurer les pierres, à les photographier, à faire des estampages, etc. Mais il apprend surtout les principes de la mise en série, qui est au centre de la méthode épigraphique. « Une inscription ne prend son vrai sens qu'au sein d'une série », écrit L. Robert. Série des inscriptions de la même cité ou de la même époque. Série des inscriptions de même espèce (les honorifiques, qui sont gravées en l'honneur d'une personne ou d'une collectivité; les votives, qui sont consacrées aux dieux; les funéraires). Série de toutes celles qui ont un même objet (dans le monde latin, par exemple, celles qui attestent des distributions d'argent au peuple) ou qui présentent une même formule, un même signe (les inscriptions médiévales où figure le chrisme pyrénéen flanqué de l'alpha et de l'oméga), etc. L'enseignement de l'épigraphie est une initiation aux caractéristiques des séries déjà constituées. Par exemple celles qui concernent l'anthroponymie et la dénomination : quand le port du surnom se généralise-t-il chez les Romains ? quand le prénom cesse-t-il d'être utilisé ? que signifie la présence d'un surnom grec ? En épigraphie classique, il faut encore mentionner, parmi les séries les plus riches, celles des décrets honorifiques dans le monde grec et, dans le monde latin, celles des cursus — c'est-à-dire des carrières parcourues par les sénateurs, les chevaliers, les membres des oligarchies municipales et les affranchis de l'Empereur.

La mise en série sert à interpréter les nouvelles inscriptions découvertes (en « développant » les abréviations, en « restituant » leurs parties manquantes) et à les dater; elle aide aussi à comprendre le fonctionnement et l'évolution des institutions qu'elles concernent.

De nos jours, remarque L. Robert, « la campagne n'a pas d'épigraphie, sauf les monuments aux morts des deux guerres ». Aux époques anciennes non plus, tous n'avaient pas la possibilité (financière, culturelle) de faire graver des inscriptions. C'est surtout sur l'Etat et le pouvoir politique, sur les aristocrates qui disposent de ce pouvoir, sur l'administration et l'armée, et au Moyen Age sur l'Eglise que l'épigraphie fournit des informations. L'existence des inscriptions votives et funéraires (les funéraires, à l'époque antique, constituent la très grande majorité des inscriptions) donne néanmoins aux humbles la possibilité de faire entendre leur voix; mais les funéraires, très laconiques, sont difficiles à exploiter.

Depuis quinze ou vingt ans, certains thèmes précédemment négligés (mais que les philologues allemands de la fin du siècle dernier avaient en général commencé à explorer) ont pris une nouvelle importance. Ainsi l'étude de l'*instrumentum*, c'est-à-dire de l'ensemble des objets d'usage courant (céramique, lampes de terre-cuite, briques et tuiles, objets de métal, etc.), sur lesquels étaient apposées des marques, très brèves pour la plupart. L'épigraphie de l'*instrumentum* est importante pour la connaissance des artisans et entrepreneurs, et pour celle de l'organisation des entreprises. La fabrication des inscriptions et l'analyse des rapports qui s'établissaient entre le donateur, commanditaire de l'inscription, et le lapicide qui l'exécutait sont elles aussi l'objet d'une curiosité croissante (citons par exemple les recherches de G. Susini et de D. Manacorda). Mais d'autres thèmes, qui promettraient pourtant d'être féconds, n'attirent guère pour l'instant les épigraphistes. En épigraphie classique, les funéraires et les votives pourraient donner lieu à de belles études sur la différence sociale et culturelle. Les résultats seraient d'autant plus convaincants si le support de pierre (stèle, autel funéraire, tablette de columbarium) était étudié avec l'inscription; la plupart des épigraphistes en conviennent, mais les tentatives en ce sens demeurent fort rares. De même, si l'âge des défunts, qu'indiquent parfois les inscriptions antiques et paléo-chrétiennes, a fait l'objet d'articles, la vie conjugale et familiale n'a guère été étudiée à partir des inscriptions, ni dans l'Antiquité ni au Moyen Age.

Quant au traitement informatique des inscriptions, il continue à donner lieu à d'interminables discussions, mais les tentatives sont jusqu'à présent moins nombreuses et moins convaincantes qu'on eût pu le croire il y a dix ans.

L'épigraphie, apparemment de plain-pied avec l'Histoire et qui semble charrier moins d'idées toutes faites que l'archéologie ou la numismatique, est en réalité beaucoup moins perméable aux influences extérieures. Extrêmement fière de la rigueur de ses méthodes, elle évolue très peu, ce qui est à la fois une qualité et un défaut.

● BIBLIOGRAPHIE. — R. CAGNAT, *Cours d'Epigraphie latine*, Paris, Ed. Fontemoing, 4ᵉ éd., 1914; M. CLAUSS, Ausgewählte Bibliographie zur lateinischen Epigraphik der römischen Kaiserzeit, dans *Aufstieg und Niedergang der römischen Welt* (ouvrage collectif), vol. II, 2, Berlin-New York, Ed. W. De Gruyter, 1974, p. 796-855; R. FAVREAU, *Les inscriptions médiévales*, Turnhout (Belgique), Ed. Brepols, 1979, et L. ROBERT, Epigraphie, dans *L'Histoire et ses méthodes* (ouvrage collectif), Paris, Ed. Gallimard (Encycl. de la Pléiade), 1961, p. 453-497.

▶ CORRÉLATS. — Archéologie, Informatique, Numismatique, Onomastique, Sérielle (Histoire).

J. ANDREAU.

Espagne

Historiens espagnols

Il n'est guère de peuples qui cultivent leur mémoire collective avec autant de soin, autant de constance, autant d'énergie que le peuple espagnol. Aussi ne s'étonnera-t-on pas que le rapport à l'Histoire se soit au sud des Pyrénées toujours imposé avec une force particulière. Il suffit de parcourir les routes pour s'apercevoir que nombre de toponymes révèlent l'ancien statut juridique (royal ou seigneurial) des villages ; ainsi par exemple Olías del Rey (province de Tolède), Las Navas del Marqués (province d'Avila), Puebla de Don Fabrique (province de Grenade), Herrera del Duque (province de Caceres), Albalate del Arzobispo (province de Saragosse), Calzada de Don Diego (province de Salamanque), Medinaceli, Medina Sidonia en constituent quelques exemples. D'autres évoquent leur lien avec un personnage historique : les épisodes de la vie du Cid peuvent être suivis depuis Vivar del Cid (province de Burgos), son lieu de naissance, jusqu'à Lucena del Cid (province de Valence). La littérature espagnole s'est pareillement nourrie d'événements historiques du siège de Numance de Cervantes (1584) aux 40 volumes des *Episodios Naciónales* de Benito Perez Galdos. Et n'est-il pas significatif que de la reddition de Bréda de Velasquez (1634-1635) au Guernica de Picasso en passant par les 2 et 3 mai 1808 de Goya l'Histoire ait inspiré des œuvres majeures aux trois génies de la peinture espagnole ? Enfin le calendrier actuel, folklorique ou officiel, entretient le souvenir de moments décisifs du passé. On peut inventorier au moins 108 fêtes de *moros y cristianos*, célébrées dans des villages appartenant à 17 provinces, qui retracent symboliquement la lutte multiséculaire des deux communautés. Celle de Jaca (province de Huesca) fait expressément référence à la prise de la ville par les chrétiens en 761. Et si l'on comprend aisément que le 12 octobre, jour de la découverte de l'Amérique par Christophe Colomb, figure parmi les fêtes chômées en Espagne, on constate avec curiosité que le 16 juillet une cérémonie a toujours lieu sur le site du hameau de Las Navas de Tolosa, en Andalousie, où s'est déroulée en 1212 la bataille qui ouvrit aux chrétiens le chemin de Cordoue et de Séville. Imagine-t-on pour comparer ce qui est comparable ministre et préfet se déplaçant à Bouvines, le 27 juillet, pour commémorer la victoire de Philippe Auguste.

Il faut faire remonter à Orose la tradition historique en Espagne. Né à Tarragone et ami de saint Augustin, il est l'auteur d'une *Histoire* dont le point final se situe en 417. La culture wisigothique dont la figure de proue est Isidore de Séville a enrichi ce courant qui a donné naissance tout au long du Moyen Age à un très grand nombre de chroniques. On peut ainsi admettre qu'entre le VIIIe et le Xe siècle l'historiographie a revêtu trois formes : l'une qui prolonge la tradition wisigothique, la seconde qui magnifie les desseins de la dynastie asturo-léonaise, plus particulièrement ceux d'Alphonse III (866-910), la troisième qui est constituée de références assez pauvres et limitées aux événements touchant la royauté et aux grandes catastrophes. En dépit de leurs limites, ces documents établissent un fil continu qui aboutit à la fin du xve siècle aux grandes chroniques de l'époque des Rois catholiques. Alonso de Santa Cruz, Andres Bernaldez et Hernando del Pulgar, ce dernier chroniqueur officiel, nous narrent avec un luxe de détails les moindres faits et gestes, les plus petites initiatives d'Isabelle et de Ferdinand. La dernière époque de splendeur de la chronique correspond à la conquête et à l'exploration des terres américaines. Bernal Diaz del Castillo, Luis Capoche, Pedro Cieza de Leon... ont écrit de véritables sommes tant leur souci d'information et leur qualité d'ethnographe sont grands.

Mais peu à peu les œuvres des xvie et xviie siècles sont empreintes d'une érudition vertigineuse. Certains auteurs comme le jésuite Juan de Mariana (1537-1624), auteur d'une *Histoire générale d'Espagne* qui va des origines à 1428, Ambrosio de Morales (1513-1591), historiographe de Philippe II et auteur d'une chronique générale d'Espagne dont le point de départ se situe en 210 avant Jésus-Christ, et Jeronimo Zurita y Castro (1512-1580), auteur des *Anales de la Corona de Aragón*, ont des horizons très amples. D'autres, au contraire, s'intéressent exclusivement à leur cité. Escolano à Valence, Colmenares à Ségovie, Cascales à Murcie en viennent à imposer un modèle d'histoire urbaine. La rigueur fait souvent défaut à ces auteurs désireux d'exalter les vertus de tel ou tel personnage ou le caractère exceptionnel de leur ville. Ils introduisent souvent des éléments légendaires qui bientôt sont dénoncés par des écrivains mettant l'accent sur une nécessaire critique. L'œuvre la plus marquante dans ce domaine est celle du chanoine sévillan Nicolas Antonio (1617-1684), collectionneur infatigable — sa bibliothèque personnelle contenait 30 000 volumes —, bibliographe et homme d'archives comme le manifeste sa *Censura de historias fabulosas*, publication posthume parue à Valence en 1742.

Le courant critique s'est développé tout au long des xviiie et xixe siècles grâce à l'apparition de compilations monumentales telles celles d'Antonio de Capmamy, analyste précis des institutions économiques et sociales de Catalogne dans ses *Memorias históricas sobre la marina, comercio y artes de la antigua ciudad de Barcelona*, publiées à Barcelone en 1779, ou celles du jésuite Juan Francisco de Masdeu, dont la *Historia crítica de España y de la cultura española*, au titre significatif, ne comprend pas moins de 20 volumes (1783-1805). Parallèlement la Real Academia de la Historia, la seconde des Académies espagnoles, fondée par Philippe V en 1738, a mené à bien un énorme programme de publication de documents. Sous son égide plusieurs collections ont vu le jour, celle des Actes des Cortes de la Couronne de Castille commencée en 1862 et riche aujourd'hui d'une soixantaine de volumes, celle des Actes des Cortes de la Couronne d'Aragon dont le premier tome date de 1896, celle de la *Colección de documentos inéditos para la Historia de España* dont les origines remontent à 1842 et qui comprend plus de cent volumes, etc.

En dehors des innombrables publications de documents, le xixe siècle et le début du xxe siècle ont été marqués par l'engagement des plus grands historiens de l'époque. Modesto Lafuente (1806-1866), champion du courant libéral, a composé une *Historia general de España desde los tiempos primitivos hasta nuestros dias* publiée à Madrid entre 1850 et 1867 et Marcelino Menendez y Pelayo (1856-1912), immense polygraphe, directeur de la Bibliothèque nationale et de la Real Academia de la Historia, député puis sénateur conservateur, a été, le chantre du courant catholique. Il a surtout laissé une *Historia de los heterodoxes españoles* (Madrid, 1911). En revanche, l'Espagne n'a pas été terre d'élection pour l'histoire romantique encore que celle-ci ait occupé une place fondamentale dans les monographies de villes et de villages qui se sont multipliées dès le milieu du XIXe siècle alimentant une veine qui ne s'est pas démentie jusqu'à nos jours car elle bénéficie du maintien de la fonction du chroniqueur officiel au niveau local.

La dictature franquiste a bien évidemment nui à l'épanouissement de la science historique moins pauvre néanmoins qu'on ne pourrait l'imaginer. Pour deux raisons. D'une part de nombreux historiens exilés en France, aux Etats-Unis, au Mexique ou en Argentine ont pu développer des travaux importants. D'autre part, en Espagne même, une œuvre conséquente était réalisée par des esprits indépendants, Antonio Garcia y Bellido pour l'Histoire antique, Luis Garcia de Valdeavellano pour l'Histoire des institutions, José Antonio Maravall pour l'Histoire de la science politique, Ramon Carande et Antonio Dominguez Ortiz pour l'Histoire économique et sociale, etc. Quelques-uns tels Jaime Vicens Vives à Barcelone et l'historien de la médecine Pedro Lain Entralgo à Madrid réussirent même à fonder de véritables écoles.

L'Histoire espagnole est dans ces conditions en plein renouveau. L'un de ses atouts majeurs réside en l'abondance et la qualité des documents. Les sites archéologiques de grand intérêt, de la Préhistoire à l'époque industrielle, sont légion et le matériel découvert au cours des fouilles déposé de manière à peu près systématique dans les musées provinciaux d'archéologie. Les documents écrits constituent des ensembles d'une qualité extrême, en particulier pour les périodes médiévale et moderne, l'administration espagnole ayant atteint précocement — l'apogée se situe à l'époque de Philippe II — un niveau de rare perfection. Les quatre lieux fondamentaux où accourent les chercheurs sont les Archives historiques nationales, riches en documents de toutes époques mais où dominent XVIIIe et XIXe siècles, les Archives générales de Simancas (province de Valladolid) indispensables pour les XVe-XVIIe siècles, les Archives de la couronne d'Aragon installées à Barcelone et les Archives des Indes regroupées à Séville. Mais la caractéristique générale reste, malgré quelques tentatives récentes de concentration au bénéfice des Archives historiques provinciales ou des Archives diocésaines, la dispersion. Les registres de baptêmes, mariages et décès sont le plus souvent conservés dans les archives paroissiales et les archives municipales de la moindre ville, voire du moindre village, peuvent receler de véritables trésors (des archives notariales par exemple) en dépit des destructions de la Guerre civile ou celles des années 1940 dues à la cherté du papier. On ne peut en outre oublier que l'Espagne fait figure à bien des égards de conservatoire. Le maintien de coutumes ancestrales, dans le domaine public comme dans le domaine privé, rend la tâche de l'historien-anthropologue à la fois plus sûre et plus passionnante qu'ailleurs.

L'importance de la masse documentaire a indéniablement incité les historiens espagnols à se consacrer à l'étude du passé de leur pays. Mais le sentiment aigu de l'originalité de la personnalité espagnole, les traces laissées par les vicissitudes d'une histoire mouvementée et dramatique, la rencontre multiséculaire de brillantes civilisations sur le territoire ont plus encore renforcé la tendance à l'introspection. Les historiens des siècles précédents ne se sont guère intéressés aux événements extérieurs à la péninsule et si l'on peut mentionner de nombreuses histoires d'Espagne, il n'existe pas d'histoire générale. Il en est toujours ainsi malgré l'existence de chaires d'Histoire universelle dans la plupart des universités, de programmes largement ouverts sur le monde entier tant dans l'enseignement secondaire que dans les concours de recrutement des enseignants du supérieur. Alors qu'ont paru récemment deux histoires d'Espagne, entreprises l'une et l'autre collectives, celle des éditions Alfaguara dirigée par Miguel Artola, celle des éditions Labor par Manuel Tuñon de Lara auxquelles s'ajoute la monumentale histoire d'Espagne de Menendez Pidal qui est révisée sous la responsabilité de José Maria Jover, les rares histoires universelles sont le plus souvent traduites. A l'heure du choix d'un domaine de recherches, l'historien espagnol campe sur ses terres.

Ce penchant a été largement renforcé par la contribution des historiens exilés après 1936. Il est significatif que la polémique la plus nourrie et la plus âpre ait opposé deux d'entre eux, Americo Castro et Claudio Sanchez Albornoz, à propos de l'identité espagnole. Ils ont repris un vieux débat en l'enrichissant singulièrement. Déjà Francisco Javier Simonet, Julian Ribera y Tarrago et surtout Ramon Menendez Pidal dans *Origenes del español* (Madrid, 1926) et *La España del Cid* (Madrid, 1929) avaient abordé ce sujet en affirmant que la conquête musulmane n'avait eu que des conséquences superficielles sur la société hispanique. Pour Menendez Pidal, « la grande majorité des Espagnols étaient tout simplement des Ibéro-Romains ou des Goths transformés par la civilisation musulmane... ainsi, lorsque le Nord commença à être prépondérant dans le domaine militaire, Al-Andalus penchait facilement vers la soumission du fait de l'absence d'un esprit national et religieux ». Americo Castro, philologue et historien de la littérature, a vivement combattu cette thèse dans deux livres : *España en su história; cristianos, moros y judios* (Buenos Aires, 1948) et *La realidad historica de España* (Mexico, 1954). Se fondant plus particulièrement sur les aspects littéraires, linguistiques et religieux, il souligne le rôle de la structure judéo-islamique dans la formation de la mentalité espagnole. Pour lui l'âme d'un peuple ne peut se séparer des événements qui ont contribué à la forger. Claudio Sanchez Albornoz, ministre d'Etat en 1933, chef du gouvernement républicain en exil de 1959 à 1970, a tenté tout au long de son œuvre, à commencer par la poutre maîtresse : *España, un enigma histórico* (Buenos Aires, 1956), de réfuter la construction d'Americo Castro. Il cherche à démontrer, avec une impressionnante érudition historique et juridique, que le fait arabo-islamique n'a eu qu'une très faible influence sur cette structure hispanique et chrétienne fermement établie.

La polémique peut paraître aujourd'hui dépassée même si certains de ses éléments font l'objet d'études précises. Il n'empêche qu'elle est révélatrice — les passions qu'elle a suscitées le soulignent assez — de la fascination que la quête de leur propre passé a exercée et exerce encore sur les historiens espagnols jusqu'à l'exclusivisme. Cependant celui-ci ne signifie nullement le repliement. Les liens des historiens espagnols avec leurs collègues d'autres pays ont été constants. Des historiens espagnols effectuent des séjours, longs parfois, à l'étranger (Etats-Unis, France, République fédérale allemande). Et il existe un hispanisme international conséquent qui s'attache principalement à l'Antiquité en Allemagne, au Moyen Age et à l'époque moderne en France et en Grande-Bretagne, à l'époque contemporaine aux Etats-Unis. Certains parmi ses membres (Fernand Braudel, John Elliot, Pierre Vilar) ont une audience considérable. Enfin les éditeurs espagnols font une large place aux traductions en castillan et en catalan d'ouvrages d'historiens d'horizons les plus divers quels qu'en soient le sujet, la période ou la zone géographique concernée.

L'autre caractéristique majeure de l'histoire espagnole est son ouverture à d'autres disciplines. L'histoire du droit a été depuis un siècle, depuis Eduardo de Hinojosa, un terrain fécond de rencontres entre historiens et juristes. Alors qu'un historien, Sanchez Albornoz précisément, fut le fondateur de l'*Anuario de Historia del derecho español*, on ne compte plus les juristes qui étudiant les rouages de l'Etat (Francisco Tomas y Valiente, Antonio Escudero), le fonctionnement des municipes ou des seigneuries, la transmission des majorats, ont fait œuvre d'historiens. Les spécialistes de géographie agraire se sont toujours tenus très près de l'histoire, utilisant de manière systématique les meilleures enquêtes de l'Ancien Régime telles que le cadastre de la Ensenada réalisé au milieu du XVIIIe siècle. Et c'est un géographe espagnol, Angel Cabo Alonso, qui le premier eut l'idée d'utiliser des séries de dîmes pour obtenir une évaluation de la production agricole. Les facultés de sciences économiques font une si large place à l'histoire que non seulement l'étude de la théorie ou des théoriciens de l'économie mais aussi celle du monde rural des XVIIe-XVIIIe siècles ou du développement industriel et de ses limites aux XIXe-XXe siècles doivent beaucoup aux historiens-économistes de formation. De même l'histoire de la médecine, celle des maladies comme celle de la pensée médicale, est davantage abordée par des chercheurs issus des facultés de médecine que par des chercheurs de formation historique stricte. Il est vrai qu'en la matière la personnalité de Pedro Lain Entralgo, actuel directeur de la Real Academia de la Lengua et auteur d'une incomparable *Historia universal de la Medicina*, a joué un rôle décisif. Et bien sûr l'histoire de l'Islam d'Espagne nous est mieux connue grâce aux travaux des arabisants. En revanche, et le phénomène est curieux, les rapports entre historiens et sociologues d'une part, entre historiens, anthropologues et ethnologues d'autre part sont minces. En ce dernier domaine, l'œuvre de Julio Caro Baroja constitue une remarquable exception.

On imagine aisément qu'avec une aussi grande variété d'approches, génératrice d'échanges fructueux même s'ils sont parfois difficiles et houleux, le devenir de l'histoire espagnole s'annonce prometteur. Les points forts actuels sont surtout représentés par l'histoire économique qui embrasse tous les aspects, ruraux et urbains, démographiques et financiers, industriels et commerciaux à toutes les époques, et l'histoire politique et sociale du XIXe et du début du XXe siècle jusqu'en 1936 : les affrontements entre conservateurs et libéraux, les avatars de la première République en 1873, l'essor du mouvement ouvrier, de l'anarchisme, du mouvement carliste, de la franc-maçonnerie... ont fait l'objet d'études très diverses dans de nombreux centres universitaires de Madrid et Barcelone... à Pau où Manuel Tuñon de Lara a animé pendant une décennie (1972-1981) un séminaire annuel, point de rencontre des jeunes contemporanéistes espagnols. Ce séminaire se tient désormais à Madrid.

D'autres secteurs sont plus délaissés. L'histoire du fait religieux, en dépit de la parution récente d'une vaste *Historia de la Iglesia española,* reste modeste. On a somme toute peu porté attention aux ordres monastiques, aux confréries, aux pratiques religieuses... Il est possible que cette lacune soit progressivement comblée dans la mesure où l'engouement pour tout ce qui touche l'Inquisition — il existe un Instituto de estudios inquisitoriales dirigé par Joaquín Perez Villanueva — est aujourd'hui considérable. On s'est intéressé en premier lieu au rôle de l'institution au double niveau politique et religieux — et sur ce point le débat n'est pas clos — et aux groupes minoritaires pourchassés (judaïsants, crypto-musulmans, érasmisants, protestants...), mais il y a tout lieu de penser que les études en cours déboucheront sur un examen approfondi du phénomène religieux du Moyen Age à nos jours. L'histoire du temps présent est aussi très négligée parce que beaucoup de sources étaient naguère encore peu accessibles et que l'on ressentait une certaine réticence à aborder une période qui avait provoqué bien des blessures. Mais l'arrivée à maturité d'une génération d'historiens moins marquée que la précédente par la Guerre civile et ses séquelles et aussi l'ouverture et l'organisation de précieuses archives comme celles de la Guerre civile regroupées à Salamanque permettent tous les espoirs. Quelques chercheurs, Angel Viñas par exemple, ont déjà apporté de remarquables contributions à l'étude de la période franquiste.

L'histoire relève en Espagne de trois ministères au moins. L'essentiel des personnels et des institutions dépend du ministère de l'Education nationale puisque les universités et le Consejo Superior de Investigaciones Cientificas, homologue du CNRS, sont placés sous sa tutelle. Les premières qui sont disséminées sur l'ensemble du territoire espagnol — il existe même une université aux Baléares (Palma) et une autre aux Canaries (La Laguna) — comprennent toutes soit une faculté d'Histoire et Géographie dans le cas des plus vastes (Universités Complutense et Autonoma de Madrid, Université centrale de Barcelone, Université de Valence), soit une section d'histoire appartenant à la faculté de Philosophie et Lettres. L'enseignement de l'histoire est divisé selon le schéma quadripartite traditionnel (Antiquité, Moyen Age, histoire moderne, histoire contemporaine) auquel s'ajoutent l'histoire de l'Art et l'histoire de l'Amérique qui constituent des secteurs spécifiques. La licence d'histoire comprend cinq années au cours desquelles les étudiants suivent des cours dont les programmes établis désormais dans le cadre de chaque université mêlent l'histoire espagnole et l'histoire universelle. Au-delà de la licence l'étudiant en histoire a la possibilité de se consacrer à la recherche, en présentant une *tesina* (équivalent de la maîtrise).

A la tête de chaque département se trouvent un ou plusieurs *catedráticos* (professeurs) ou *agregados* (maîtres de conférences) entourés d'*adjuntos* (assistants). Tous sont docteurs d'Etat et titulaires de leurs postes après avoir surmonté devant un jury de cinq membres tirés au sort les épreuves des *oposiciones* (concours) qui comprenaient leçon magistrale, présentation de programme d'enseignement et de recherche, commentaire de documents, etc. Ce type de concours vient d'être abandonné au profit de l'examen des dossiers des candidats par une commission désignée par le ministre sur proposition des universités. Les départements d'enseignement sont complétés par des enseignants contractuels.

Le Consejo Superior de Investigaciones Cientificas a une structure plus centralisée puisque son siège et ses plus gros centres se trouvent à Madrid. Cependant il dispose d'antennes où l'histoire est présente à Barcelone et à Séville et une multitude d'instituts régionaux ont un lien organique avec le CSIC. Parmi les instituts madrilènes, cinq au moins ont une vocation historique affirmée. Ce sont l'Institut Jeronimo Zurita où l'histoire contemporaine est dominante sans que l'histoire médiévale et moderne y soit négligée, l'Institut d'Histoire et d'Archéologie antique Rodrigo Caro, l'Institut Gonzalo Fernandez de Oviedo spécialisé dans l'étude de l'histoire de l'Amérique espagnole, l'Institut d'Histoire de la Médecine Arnau de Vilanova et l'Institut d'Histoire de l'Art Diego de Velasquez. D'autres ne négligent pas de faire des incursions dans le champ historique, ainsi l'Institut Miguel de Cervantes où l'historiographie est à l'honneur, l'Institut de Sociologie Balmes, l'Institut de Géographie Sebastian el Cano, l'Institut d'Etudes arabes Miguel Asin, l'Institut des Sciences religieuses Enrique Florez.

L'activité du ministère de la Culture est conséquente à travers la direction des Beaux-Arts subdivisée en trois sous-directions : Patrimoine national, Archives, Bibliothèques et Musées, Archéologie dont la compétence s'étend à l'ethnologie. Les attributions de cette dernière en ce qui concerne les permis de fouilles ont été récemment transférées aux autorités régionales. Le ministère des Affaires étrangères soutient les efforts de l'Ecole diplomatique et de l'Institut hispano-arabe de Culture. D'autres ministères encore portent un vif intérêt à l'histoire et il convient de mentionner au moins le ministère de l'Agriculture, éditeur d'une remarquable collection de travaux historiques et géographiques et de l'excellente revue *Agricultura y Sociedad*.

Bien d'autres institutions publiques et privées s'attachent à favoriser le développement des études historiques en accordant des subventions pour l'organisation de réunions scientifiques (congrès, colloques, séminaires...), ou pour la publication d'ouvrages et de revues en castillan, en catalan, en galicien ou en euskara. Parmi elles il faut souligner le rôle grandissant, non dénué quelquefois d'arrière-pensées politiques, des parlements régionaux mis en place dans le cadre de la loi d'autonomie. Il est vrai que l'histoire régionale est longtemps restée la parente pauvre, victime de la vogue de l'histoire nationale et de l'histoire locale. Ces dernières années ont paru de bonnes et volumineuses synthèses : *Historia de Andalucia, Historia de Asturias, Historia de Cataluña*, de la région *murciana, del país valenciano*, etc. Les *diputaciones*, équivalent en quelque sorte des conseils régionaux, et les mairies ne sont pas en reste. Et pas davantage les caisses d'épargne et les banques. En effet, les unes financent depuis longtemps des publications dont le catalogue reste malheureusement assez confidentiel, les autres choisissent un secteur d'activité précis qu'elles soutiennent généreusement. Le Banco de España publie une indispensable collection de classiques de l'économie et une revue *Hacienda pública*, où l'histoire économique est bien représentée, des banques privées ont créé des fondations où la recherche historique est encouragée : Fundación Pastor pour les études antiques, Fundación Urquijo principalement pour l'histoire économique, Fundación March qui accorde des bourses à de nombreux chercheurs...

On ne s'étonnera pas que cette incitation au travail historique soit en train de donner de beaux fruits. Les enthousiasmes sont même quelquefois un peu trop débordants. Le moindre département d'université, le moindre conseil municipal n'hésitent pas à éditer une revue. Cet effort sympathique a cependant des aspects négatifs : il est de plus en plus difficile de suivre une production pléthorique et inégale et nombre de revues n'ont dans ces conditions qu'une vie éphémère ou très irrégulière. Parmi les plus solides, en dehors de celles déjà citées, figurent le *Boletín de la Real Academia de la Historia*, créé en 1877, et *Hispania*, revue du Consejo Superior de Investigaciones Cientificas qui abordent toutes les époques et tous les thèmes. Les revues émanant des universités sont d'ordinaire plus spécialisées, ainsi l'*Anuario de Estudios Medievales* (Barcelone), *Estudios de Historia social* (Faculté des Sciences politiques de Madrid), *Estudis* (Valence), *Historia, Instituciones, Documentos* (Séville). Il en existe d'autres qui s'attachent au monde arabe comme *Alcantara* qu'éditent plusieurs départements universitaires et *Awraq* publiée par l'Instituto hispano-arabe de Cultura ou au monde hispano-américain comme la *Revista de Indias* (Madrid) ou l'*Anuario de Estudios Hispano americanos* (Séville). Il faut encore citer *Moneda y Credito*, revue économique de la Fondation Urquijo, *Recerques*, revue d'histoire générale publiée en catalan, et les *Cuadernos de Investigación Histórica* de la Fundación Universitaria española.

Des remarques identiques peuvent être portées à propos des ouvrages. Nous avons déjà vu que de très nombreuses entités publiques et privées avaient une politique de publications à caractère historique dont le défaut majeur est la fréquente mauvaise diffusion. Il y a aussi une foule de professionnels, grands et petits, de l'édition qui ont beaucoup apporté à l'histoire. Les plus modestes d'entre eux survivent difficilement. Ils ont eu jusqu'en 1975 à affronter la rigueur de la censure et subissent aujourd'hui les effets de la crise économique. Certains disparaissent, d'autres émergent, beaucoup sont installés dans des villes moyennes (Saint-Jacques-de-Compostelle, Saint-Sébastien, Murcie, Grenade, etc.). Presque tous ont le mérite de publier soit des ouvrages difficiles soit des livres de caractère local ou régional. Parmi les maisons de plus grandes dimensions disposant d'un catalogue historique fourni, il faut citer Alianza editorial, Siglo XXI et Akal à Madrid, Ariel, Crítica et Lábor à Barcelone. El Albir, également installée dans la métropole catalane, s'est spécialisée dans les *reprints* d'ouvrages anciens. Toutes ont mis en place un bon réseau de distribution qui bénéficie largement de son implantation en Amérique latine.

Les livres et revues cités jusqu'à présent s'adressent dans l'ensemble à des milieux assez restreints, enseignants et étudiants pour l'essentiel. Les synthèses régionales ou urbaines font déjà exception en visant un public plus large. Et au-delà la considérable demande d'histoire de l'opinion, d'histoire contemporaine surtout, est satisfaite par de jeunes et remarquables revues de vulgarisation. Si *Tiempo de Historia* a disparu en 1982, si *Historia y Vida* se laisse aller quelquefois au sensationnalisme, d'autres auxquelles les professionnels collaborent volontiers tiennent bien la route. *Historia 16* publiée en castillan à Madrid, *L'Avenc* et *Debats* publiées en catalan, l'une à Barcelone, l'autre à Valence, multiplient dossiers, articles de synthèse, interviews, comptes rendus et permettent à leurs lecteurs de suivre de près la production historique et de disposer d'une solide information. La première qui appartient au groupe de presse Información y Revistas aussi éditeur de l'hebdomadaire *Cambio 16* et du quotidien *Diario 16* a en dehors des numéros mensuels publié une *Historia de España* en fascicules qui a largement dépassé les 100 000 exemplaires et une *Historia contemporánea universal*.

Radio et télévision s'associent à l'effort de vulgarisation en programmant plusieurs émissions dont la plus prisée, Tribuna de la Historia, réunit pendant une heure chaque semaine plusieurs historiens autour d'un thème.

L'histoire espagnole est donc foisonnante. Peut-être peut-on regretter que les structures trop dispersées et mal assises n'aient pas évolué au rythme des progrès enregistrés. Pour y remédier, des efforts ont été accomplis sous l'impulsion de la Academia de la Historia qui s'est rajeunie en accueillant ces dernières années parmi ses 36 membres Gonzalo Anes, Miguel Artola, José Maria Jover, Felipe Ruiz Martin, Carlos Seco, Juan Vernet et sous celle de l'Association espagnole des Sciences historiques dont le bureau est constitué par les médiévistes Eloy Benito Ruano, président, et Miguel Angel Ladero Quésada, secrétaire général, et le contemporanéiste Manuel Espadas Burgos, trésorier. D'importantes associations ont été créées ou revivifiées : la Asociación de Demografia Histórica a tenu son Ier Congrès en 1983 ; l'association des historiens économistes espagnols dont le président Gabriel Tortella a été admis en 1982 au bureau de l'association internationale au moment même où la langue espagnole devenait langue officielle des congrès. Il faut voir dans ce fait un signe manifeste de la place grandissante qu'occupe l'histoire espagnole au niveau international.

▶ Corrélats. — Vicens Vives.

B. Vincent.

Etrusques

1 | Brève histoire de l'étruscologie. — L'étruscologie est une discipline dont les progrès sont étroitement liés aux découvertes sur le terrain (essentiellement en Toscane, dans le Latium et dans la plaine du Pô) et naturellement aux progrès de la science historique dans son ensemble. Né à l'époque de la Renaissance, l'intérêt pour le plus lointain passé de la Toscane fut très vif au XVIIIe siècle, ce fut l'époque de l'étruscomanie. Les œuvres du comte de Caylus et de l'abbé Luigi Lanzi témoignent alors de la valeur des pionniers de la nouvelle discipline.

La richesse inépuisable des nécropoles étrusques ne cessa ensuite de susciter des recherches relevant souvent plus de la cupidité que de l'esprit scientifique et le pillage des tombes étrusques qui n'a pas encore cessé aujourd'hui fut à l'origine de la dispersion d'innombrables objets étrusques dans les musées et les collections privées de l'Italie et de divers autres pays. Le prince Lucien Bonaparte et le banquier G. Campana se signalèrent au siècle dernier par leur incroyable activité de fouilles en pays toscan.

Le XIXe siècle voit aussi le début des grandes publications concernant diverses séries d'objets étrusques, miroirs et urnes funéraires. Depuis une cinquantaine d'années, la recherche sur le terrain tend à être systématiquement guidée par les autorités de l'Etat. En même temps, les publications scientifiques se multiplient qui concernent la civilisation étrusque. Sur ces deux plans, les progrès réalisés depuis la dernière guerre sont tout à fait remarquables.

2 | Le problème des origines étrusques. — La civilisation étrusque présente en Occident une série de traits qui lui donnent une physionomie à part. L'immensité et la richesse des nécropoles de Toscane, véritables villes des morts, et l'isolement de la langue étrusque au milieu des idiomes italiques ont amené les érudits, mais aussi les amateurs, à se poser le problème de l'origine du peuple lui-même. Les Anciens lui prêtent le plus souvent une provenance orientale et un récit célèbre d'Hérodote les fait venir des rivages d'Asie Mineure, plus précisément du pays lydien. Seul, un rhéteur grec, Denys d'Halicarnasse, est partisan de leur autochtonie. A l'époque moderne, le débat a repris, opposant entre eux écoles et savants. Une thèse nouvelle est apparue, certainement erronée, qui fait descendre les Etrusques des régions nordiques. La thèse de la provenance orientale a longtemps joui d'une grande faveur. Cependant, à l'heure actuelle, on est amené à substituer à ce vieux problème de l'origine des Etrusques l'étude de leur formation au cours des siècles. Des éléments ethniques variés sont en effet perceptibles au cours des premiers siècles de leur histoire. Le début du Ier millénaire avant notre ère voit se former lentement une culture proto-étrusque connue par les découvertes de Bologne et de Toscane. Au VIIe siècle de notre ère, le développement des villes étrusques entre Tibre et Arno et leur enrichissement rapide vont bientôt donner au peuple étrusque, qui se heurte aux colonisateurs grecs dans les eaux tyrrhéniennes, une place de choix en Méditerranée occidentale.

3 | La langue étrusque. — La langue étrusque continue à présenter de graves difficultés d'interprétation. Et pourtant l'écriture étrusque, qui est empruntée au grec, se laisse aisément déchiffrer. De plus, nous disposons d'un vaste matériel épigraphique — plus de dix mille inscriptions — et d'un texte manuscrit de quinze cents mots qui avait été écrit sur un livre de lin. Celui-ci avait été transformé en bandelettes entourant une momie égyptienne, transportée au musée de Zagreb, où elle se trouve encore aujourd'hui. Dans ces conditions, nous possédons de nombreuses données sur la phonétique, la morphologie et même la grammaire de l'étrusque. Mais c'est sur le plan, fondamental, il est vrai, de la sémantique que de graves difficultés demeurent. Toutes les tentatives pour rapprocher l'étrusque d'un autre idiome sont demeurées vaines, malgré les influences exercées sur lui par le latin et par le grec. Il apparaît qu'il s'agit d'une langue qui n'est pas d'origine indo-européenne. Il n'est pas impossible que certains parlers méditerranéens très anciens aient disparu qui lui étaient apparentés. Aujourd'hui le linguiste doit se résoudre à tenter d'expliquer l'étrusque par une analyse interne et en s'aidant des données que lui fournissent les faits archéologiques. Ajoutons à cela l'existence de courtes inscriptions bilingues et d'un certain nombre de gloses grecques et latines qui fournissent des données limitées mais extrêmement précieuses. A l'heure actuelle, il est certes possible de comprendre la majeure partie des inscriptions funéraires parvenues jusqu'à nous et qui comprennent essentiellement des noms propres et l'indication de l'âge auquel le défunt est parvenu. Mais les textes d'une certaine ampleur demeurent rebelles à tous les efforts d'une véritable traduction.

4 | Réflexions sur la religion et les arts de l'Etrurie. — Les préoccupations religieuses tenaient une place essentielle dans la vie du peuple étrusque. A l'inverse des religions grecque et latine, la religion étrusque était une religion révélée. L'auteur de la révélation initiale serait, selon les cas, un génie sorti des profondeurs de la terre, Tagès, ou bien une nymphe appelée

Végoia. Les Etrusques ont élaboré une véritable science religieuse qui s'est exprimée dans des livres sacrés de rédaction tardive. La divination par les entrailles des victimes ou bien par l'étude de la foudre ou bien encore par celle des prodiges y occupait une place fondamentale. Seuls des prêtres spécialisés et d'une grande culture, les haruspices, pouvaient embrasser une doctrine très complexe et la mettre en pratique. Cet intérêt presque exclusif prêté au monde de la divination ne se retrouve dans l'Antiquité que dans les pays du Proche-Orient. Le panthéon étrusque est complexe et bien des dieux de l'Etrurie semblent avoir été empruntés aux peuples voisins. Le culte funéraire a, par contre, en Etrurie, une place et une valeur que l'on ne retrouve pas ailleurs. Tout au long de leur histoire, les Etrusques ont prêté une attention anxieuse au destin de leurs morts et au monde de l'au-delà. Ainsi s'explique le soin extrême avec lequel ils ont construit les chambres souterraines de leurs tombes. Ils y ont déposé les produits les plus raffinés de leur art largement influencé par l'art hellénique. Les modernes sont particulièrement sensibles à la beauté des fresques qui tapissent les parois de nombreuses tombes de l'Etrurie du Sud, avant tout à Tarquinia. Elles nous sont d'autant plus précieuses que la majeure partie de la peinture antique a malheureusement disparu.

Quand l'Etrurie indépendante tomba sous les coups des légions romaines aux IVe et IIIe siècles avant J.-C., son influence ne disparut pas d'un coup et se prolongea bien au-delà de cette défaite. Rome héritera de bien des traits de leur vie politique et religieuse et de bien des usages de leur vie quotidienne. Sans doute cependant le legs le plus important que l'Etrurie aura laissé à Rome est-il celui de l'hellénisme dont elle était elle-même profondément imprégnée, car le génie propre du peuple étrusque était trop éloigné de celui du peuple latin pour qu'une influence en profondeur du premier sur le second ait été possible.

● BIBLIOGRAPHIE. — G. DENNIS, *The cities and cemeteries of Etruria*, 2 vol., 3e éd., Londres, 1883; R. BLOCH, *L'art et la civilisation étrusque*, Paris, Plon, coll. « Civilisations d'hier et d'aujourd'hui », 1955; *Les Etrusques*, Paris, coll. « Que sais-je ? », 7e éd., 1985; J. HEURGON, *La vie quotidienne chez les Etrusques*, Paris, Hachette, 1961; M. PALLOTTINO, *La peinture étrusque*, Genève, coll. « Skira », 1952; *Testimonia linguae etruscae*, 2e éd., Florence, 1968; *Etruscologia*, 6e éd., Milan, 1975; Actes du colloque sur le thème *Die Göttin von Pyrgi* (Tübingen, janvier 1979), Florence, 1981.

▶ CORRÉLATS. — Archéologie, Rome (Origines de Rome).

R. BLOCH.

Européocentrisme

L'européocentrisme en histoire a trois figures. L'une ne connaît que l'Occident. Ainsi a grandi notre discipline : un partage du monde lui a donné l'Europe, les « grandes civilisations » aux orientalismes et les peuples sans histoire à l'ethnologie/anthropologie. Un maigre savoir sur le passé des autres a poussé aux marges de ces empires, plus riche dans l'orientalisme : histoire politique et institutionnelle, civilisations essentialisées à partir de leurs formes classiques. Mais tout a changé depuis un tiers de siècle, avec des anthropologies enfin travaillées par la raison historienne, avec une histoire qui aujourd'hui touche à tous comme elle touche à tout :

des historiographies vigoureuses scrutent les continents. Deuxième figure : traiter vraiment des autres, mais à l'européenne, par le choix ou la lecture des sources, l'usage mal raisonné de catégories, les perspectives (vision des vainqueurs, raccordement compulsif à une histoire linéaire et progressive déjà donnée...), les légitimations incluses. Troisième figure : parler apparemment des autres, légèrement, et de l'Europe en fait : les autres sont notre passé; ou décantés jusqu'à personnifier un fantasme; un fragment de leur passé nous donne l'équivalent fonctionnel d'une utopie; le sauvage dit notre progrès, ou l'universalité de ce que nous voulons universel, ou notre déchéance, qu'il évita, par le capitalisme et par l'Etat. L'autrefois de l'Europe, cet autre ailleurs, a subi aussi cet anachronisme de l'esprit et cet usage fantomatique de l'autre. Un problème plus général — connaître soi, l'Autre, l'homme — encadre-t-il alors un européocentrisme réductible par plus de méthode et plus de recherche ?

Le champ scientifique est un lieu social, il s'inscrit dans une situation historique où l'Europe — Amérique septentrionale et URSS incluses — domine le monde, où le savoir savant qu'elle a su inventer la sert et s'enracine dans ses configurations idéologiques. La construction renouvelée d'objets de connaissance renvoie aux ressorts de la quête occidentale d'une intelligibilité des sociétés et aux enjeux internes du secteur savant. Sur la scène mondiale, institutions, langues d'expression, utilisations et ostensions de l'histoire sont celles des sociétés dominantes, même quand l'auteur est né ailleurs, même si le message est voulu contre-modèle. A cet européocentrisme de situation sociohistorique, il n'est pas de lieu (indigène, militant, savant plus purement savant) pour échapper; on peut cependant l'assumer avec initiative et, sur la voie de l'objectivation, prendre conscience de ses effets par l'analyse historique et sociologique de la production savante antérieure. Mais, même explicative, l'histoire reste grosse de légitimations et d'identités : que penser alors de discours si vitaux, s'ils sont tenus par d'autres, ou dans les règles des autres ?

Y a-t-il un européocentrisme plus intime : non pas refuser l'histoire aux autres, mais la leur appliquer ? Elle serait, dans sa pointe savante, et déjà comme mode fondamental de penser premièrement ce qui est, un trait de configuration mentale occidentale. L'histoire et la science, dira-t-on encore, sont notre mythe. Ethnocentrisme épistémologique incontournable ? De tels propos relativisent sainement la pensée historienne, ils n'effacent pas sa validité propre; ils ne minent pas son affectation à d'autres sociétés, ils y réorientent la fréquentation documentaire. Les cultures sont diversement « historiennes », ou a-historiennes, il est plusieurs sortes de rapport au passé, comme de « programme de vérité » et de mise en ordre du monde; mais outre que de tels tableaux ont plus de deux cases et que l'Occident n'y est pas forcément solitaire dans la sienne, chaque société n'a-t-elle pas, à ces égards, plusieurs cordes à son arc — et toutes, des logiques intimement comparables ?

● BIBLIOGRAPHIE. — Beaucoup de lectures suggestives, ainsi François HARTOG, *Le miroir d'Hérodote. Essai sur la représentation de l'autre*, Paris, Gallimard, 1980, 390 p.; François FURET, De l'homme sauvage à l'homme historique : l'expérience américaine dans la culture française, *Annales ESC*, juillet-août 1978, p. 729-739; Raymond DAWSON, *The Chinese chameleon, an analysis of European conception of Chinese civilization*, Londres, OUP, 1967, 235 p.; Abdallah LAROUI, *L'idéologie arabe contemporaine*, Paris, Maspero, 1967; V. Y. MUDIMBE, *L'autre face du royaume*, Lausanne, L'Age d'Homme, 1973, 155 p.; Wyatt MAC GAFFEY,

African history, anthropology and the rationality of the natives, *History in Africa*, 5, 1978, p. 101-120.

▶ Corrélats. — Afrique, Didactique de l'histoire, Enseignement de l'histoire / Identité nationale.

H. Moniot.

Evénementielle (Histoire)

L'histoire positiviste se nourrit de faits mais son véritable atome est le fait « historique » qui laisse une trace unique et singulière, celui qui marque l'histoire par ses conséquences particulières et inimitables : c'est l'événement.

Dès la fin du XIXe siècle les durkheimiens s'en prennent à cette clef de voûte du récit historique qui instaure le primat absolu de l'individuel, de l'unique et du politique en histoire. Pour Simiand, s'il n'est de science que des phénomènes répétitifs, l'histoire événementielle n'est pas et ne peut pas devenir scientifique. Mais l'attaque contre l'événement est soutenu par les historiens eux-mêmes; K. Lamprecht, P. Lacombe et G. Monod lui-même le dénoncent comme la surface de l'histoire.

Cependant ce sont les *Annales* de M. Bloch et Lucien Febvre qui résument sous le terme d'histoire événementielle la totalité des reproches qu'ils adressent à l'histoire des Seignobos, des Bourgeois, des Pagès. Rendant compte de la troisième partie de *La Méditerranée* de F. Braudel, « les événements, la politique, les hommes », L. Febvre y voit une histoire « à oscillations brèves, rapides, nerveuses » mais « une histoire de surface, une écume ». Ainsi l'événementiel est progressivement discrédité par une histoire de plus en plus sensible aux mouvements de longue durée. Pour F. Braudel, scientificité, longue durée et profondeur de l'histoire sont indissociables, et il va jusqu'à débusquer l'événementiel, l'attrait du « pathétisme » du drame historique en histoire économique et sociale.

Alors que le primat de la longue durée et de la sérialité creuse un fossé plus large que jamais entre l'histoire destinée au grand public et l'histoire scientifique, on célèbre depuis peu le retour de l'événement.

L'histoire contemporaine, confrontée à l'amplification quotidienne de l'événement par les médias, a la première réhabilité l'étude de l'événement. Tout d'abord c'est comme représentation, comme creuset de l'imaginaire et des pulsions collectives, que l'événementiel a retrouvé droit de cité; ensuite, une approche plus fine des notions de modèle et de structure révèle que l'événement cristallise souvent tous les fonctionnements d'un système et qu'il contribue en retour à modifier les structures d'une société. L'optique n'est pas si nouvelle que cela, et l'étude de la « Grande Peur » par Georges Lefebvre n'était pas autre chose que ce va-et-vient des structures sociales à événement et de l'événement aux structures sociales.

Pour échapper à l'irréductible non scientificité des disciplines « idiographiques » décrites par Rickert, les historiens ont entrepris une quête de la scientificité qui passait par le bannissement de l'événementiel; aujourd'hui l'événement devenu symptôme, point d'observation, reflet des structures et agent de leur évolution n'est plus incompatible avec l'ambition scientifique de l'histoire. Le traitement de l'affaire Dreyfus ou l'explication exemplaire de la bataille de Bouvines sont là pour illustrer les nouvelles voies d'investigation de l'événement.

● BIBLIOGRAPHIE. — F. BRAUDEL, *Ecrits sur l'histoire*, Paris, 1969; G. DUBY, *Le dimanche de Bouvines*, Paris, 1973; C. CHARLE, Champ littéraire et champ du pouvoir : les écrivains et l'Affaire Dreyfus, *Annales ESC*, n° 2, 1977; P. NORA, Le retour de l'événement, in *Faire de l'histoire*, t. I, p. 210-230, Paris, 1974.

▶ CORRÉLATS. — Braudel, Febvre, Historicisme, Positivisme, Seignobos.

O. DUMOULIN.

Fait historique

Lorsqu'en Allemagne puis en France naît à la fin du XIXe siècle une histoire « scientifique », elle repose sur des fondements scientistes qui font du fait l'élément premier de toute réflexion historique. Pour Ranke, Seignobos, l'historien redécouvre, reconstitue les faits dispersés par le temps. Cette démarche inductive suppose que le fait historique existe en soi, sans travail préalable de l'historien, de même que l'expérience de laboratoire livrerait une vérité scientifique sans recours aux hypothèses. Enfin une telle conception du fait le caractérise comme unique et non reproductible, ce qui privilégie les faits politiques en dépit des déclarations d'intention. L'histoire « positiviste » se définissant comme une chasse aux faits, le changement de statut du fait historique devient l'une des pierres de touche de la transformation de l'histoire au XXe siècle.

L'historicisme allemand ou italien (Rickert, B. Croce), tardivement introduit en France par Raymond Aron et H.-I. Marrou, sape définitivement les postulats naïfs du fait positif. Le fait est relativisé, son choix, son découpage deviennent le reflet de présupposés philosophiques ou idéologiques implicites; la réalité ne parle pas d'elle-même, on la fait parler.

Les prémisses idéalistes de cette critique du fait historique peuvent pousser à un relativisme en fin de compte stérile; mais elle est reprise sous un angle différent. Déjà en 1901, les durkheimiens proclament que la sociologie constitue les faits plutôt qu'elle ne les décrit et vingt ans plus tard Lucien Febvre récuse l'idée de faits préexistants que l'historien n'aurait plus qu'à épousseter, classer et enfiler comme des perles. Tout en maintenant l'exigence d'une science historique, Febvre affirme qu'il n'y a pas de science sans grille de lecture, sans hypothèses et il compare l'historien à l'« histologue colorant de la façon appropriée au but de la recherche l'objet qu'il veut observer au microscope ». Avec un tel point de vue le fait historique n'est plus nécessairement unique et l'historien commence à envisager comme autant de faits les éléments répétitifs qui constituent une série statistique. Tous les faits de société deviennent ainsi des « faits historiques ». Enfin le changement de statut du fait implique la fin d'une « histoire récit » discontinue privilégiant le temps court pour s'attacher à la longue durée et aux mutations lentes.

Cependant le fait ne cesse pas de représenter une dimension incontournable de l'opération historique, il ne se fond pas dans les modèles ou les lois des économistes. Pour nombre d'historiens, comme P. Veyne, le fait, bien que bâti à partir d'hypothèses, demeure l'élément singulier propre au travail de l'historien. P. Veyne esquisse ce nouveau statut du fait historique unique et singulier : combiné avec l'utilisation de modèles construits, il permet de définir des différences, de déterminer des conditions de possibilités et des limites de validité.

● BIBLIOGRAPHIE. — Raymond ARON, *Introduction à la philosophie de l'histoire. Essai sur les limites de l'objectivité historique*, Paris, 1938; François FURET, L'histoire quantitative et la construction du fait historique, *Annales ESC*, XXVI, nº I, p. 63-75; Ch.-V. LANGLOIS et Ch. SEIGNOBOS, *L'introduction aux études historiques*, Paris, 1898; P. VEYNE, *Comment on écrit l'histoire*, Paris, 1971.

▶ CORRÉLATS. — Positivisme, Seignobos.

O. DUMOULIN.

Famille

Ce n'est pas à proprement parler un territoire nouveau pour l'historien, mais il a été considéré pendant longtemps comme un secteur mineur, voué à l'érudition nostalgique et réactionnaire. Ch. de Ribbe, A. Leroux, Tamizay de Larroque qui ont été, à la fin du siècle dernier, des découvreurs et des éditeurs de livres de famille, voyaient dans l'histoire des grandes familles, l'illustration d'un ordre et d'un ensemble de valeurs que la Révolution française et l'industrialisation avaient ruinées. Ces histoires particulières dénonçaient les choix de l'histoire nationale.

Les sources disponibles semblaient justifier l'élitisme de ces histoires familiales. Seules les grandes familles, par leur richesse et leur accès à la culture écrite, avaient laissé des traces (documents généalogiques, archives notariales, livres de raison, etc.) permettant de retrouver leur histoire. C'est l'exploitation d'un nouveau type de source de caractère sériel, dans les années 50, les registres paroissiaux, qui a permis d'élargir l'histoire de la famille au plus grand nombre et en a fait un objet de recherche majeur.

L. Henry, un démographe devenu historien, a été l'un des premiers avec J. Meuvret et P. Goubert à montrer tout le parti qu'on pouvait tirer de l'état civil ancien, en inventant la méthode dite de « reconstitution des familles » : conçue pour étudier les changements structurels de la fécondité légitime, elle se proposait de retracer, avec le plus de précision possible, l'histoire biologique de chaque cellule conjugale. Du même coup, elle plaçait sous le regard de l'historien des milliers de familles appartenant à tous les milieux sociaux, qui n'avaient jamais fait parler d'elles et composaient la masse obscure, le corps profond de la société.

Cette méthode ne s'est pas contentée de ruiner la vision traditionnelle de l'histoire familiale qui conférait aux groupes privilégiés une historicité supplémentaire, elle a modifié l'image même que l'historien avait de la réalité sociale. Au lieu de la concevoir comme une agrégation conflictuelle de groupes d'intérêts ou comme un ensemble d'institutions, l'historien perçoit désormais une multitude de cellules vivantes, identifiables par leur activité biologique, économique et affective.

La méthode Henry était conçue pour observer des mécanismes démographiques. Or, aucune des mutations importantes du régime démographique qui ont été mises en évidence depuis vingt ans à partir des familles « reconstituées », qu'il s'agisse du retard de l'âge au mariage à partir du XVIIe siècle, de l'apparition du contrôle des naissances ou de la baisse de la mortalité infantile au cours du XVIIIe siècle, ne peut s'expliquer par le simple jeu des mécanismes démographiques ; ces mutations traduisent des changements de comportements, donc une transformation de la vie familiale, dans son éthique, dans ses rôles, dans les normes qui régissent les relations entre époux, entre parents et enfants, etc.

Utilisée par le démographe comme micro-observatoire, la famille est devenue pour l'historien l'objet principal de l'observation. Mais quelle famille ? Par une tendance naturelle à réifier l'instrument qu'ils avaient construit, les historiens démographes ont fini par faire comme si ces familles reconstituées étaient des familles réelles et par penser que toutes les familles avaient déjà, sous l'Ancien Régime, une structure nucléaire.

Les historiens anglais étaient protégés d'une telle illusion par le caractère lacunaire de leurs registres paroissiaux. Moins bien pourvus que leurs collègues français pour étudier la famille comme cellule de reproduction biologique, ils ont préféré exploiter les ressources de leurs recensements, plus anciens et plus nombreux que ceux de la Monarchie française, pour analyser la famille comme groupe domestique.

Une grande enquête comparative à l'échelon de l'Europe — et même au-delà — suscitée par P. Lastett, a brisé le vieux cliché évolutionniste qui faisait sortir la famille nucléaire moderne d'un modèle traditionnel de famille élargie ou complexe. L'analyse statistique révélait, en effet, que dans une grande partie de l'Europe, si l'on s'en tient à la taille des ménages, la famille réduite est le modèle dominant depuis le Moyen Age. Cette enquête, présentée lors d'un colloque à Cambridge en 1969, a suscité un immense débat qui a permis depuis de poser, en des termes nouveaux, presque tous les problèmes de l'histoire familiale. Certains anthropologues et quelques historiens ont reproché aux travaux du « Cambridge group » de réduire le champ familial en confondant la famille avec le groupe domestique. Reproche en grande partie injuste : personne ne songe à réduire la sphère de la parenté aux relations qui peuvent exister entre des personnes qui vivent sous le même toit. Personne non plus n'a prétendu que la co-résidence englobe nécessairement toutes les fonctions qu'un groupe familial est capable d'assumer. Mais elle définit un espace de vie privée — sinon d'intimité — de solidarité d'intérêts, de sentiments, d'objectifs qui constituent en particulier pour les sociétés européennes, à l'époque où nous nous plaçons, la partie la plus visible, la plus tangible de l'univers familial.

Plusieurs historiens, pour leur part, ont contesté, d'un point de vue statistique, l'hypothèse d'une prédominance globale de la famille réduite. Il apparaît de plus en plus, en effet, que plusieurs modèles familiaux présentent des formes d'organisation et de répartition de l'autorité différentes, ont coexisté en Europe jusqu'à l'âge industriel : le modèle nucléaire dominait largement dans le nord-ouest de l'Europe. Il était moins répandu dans l'Europe centrale et méridionale, et parfois même minoritaire dans l'Europe orientale. La France qui témoigne d'une hétérogénéité culturelle peut-être plus marquée que d'autres nations européennes, paraît se situer à l'intersection de deux traditions familiales : le Nord appartient à l'aire nucléaire alors que le Midi accuse un penchant plus marqué pour les formes complexes (familles souches, frérèches, etc.).

On a reproché enfin à ce type d'étude statistique de s'appuyer sur une représentation figée des structures familiales : les recensements ne proposent que des « instantanés » sur une réalité vivante et donc perpétuellement changeante. Cette méthode aurait donc tendance à évacuer la dimension évolutive des groupes familiaux et le caractère cyclique de cette évolution qui modifie leur taille, leur agencement, au gré des événements démographiques. Il est apparu nécessaire, en effet, d'intégrer dans les modèles qui permettent de classer les formes d'organisation familiale, leur dimension dynamique.

En tenant compte de ces différents éléments, faut-il, comme le propose J. Hajnal, distinguer deux modèles familiaux se partageant l'Europe de part et d'autre d'une « ligne Saint-Pétersbourg - Trieste » : un *modèle occidental nucléaire*, fondé sur le mariage tardif, néo-local (donc, sans cohabitation du jeune couple avec les parents) et l'usage de placer les adolescents comme domestiques dans d'autres familles; un *modèle oriental complexe* excluant le placement à l'extérieur et fondé sur le mariage précoce, ainsi que la cohabitation des jeunes mariés avec les parents.

Faut-il, pour tenir compte d'une géographie familiale de l'Europe, en réalité plus contrastée, y ajouter, comme le fait P. Laslett, un modèle « moyen occidental » (correspondant à l'Europe centrale) et un modèle « méditerranéen » ? Un classement purement géographique est en fait impraticable. En réalité, trois types familiaux différents semblent coexister en Europe, à des dosages variables, trois types que Frédéric Le Play, au siècle dernier, avait déjà identifiés, mais dont il avait fait, à tort, les trois stades de l'évolution de la famille :

— un modèle *nucléaire* dominant dans l'Europe du Nord-Ouest où l'industrialisation et le capitalisme sont apparus plus tôt : souple, extraverti, il a été une école d'individualisme;
— un modèle de *famille souche*, répandu dans toute l'Europe montagneuse, herbagère, du nord du Portugal aux Alpes autrichiennes, lié à une exploitation et surtout à une « maison » dont il assure la permanence et la transmission. Il implique la cohabitation d'un enfant marié avec les parents et donc des pratiques successorales qui choisissent un héritier;
— un modèle *communautaire* lié à un système agricole où le revenu se mesure à la quantité de main-d'œuvre familiale investie. Ces familles larges et complexes, excluant toute domesticité, correspondent aussi bien aux métairies et communautés paisibles du centre de la France, à la « mezzadria » italienne, qu'aux grands domaines polonais, baltes ou russes.

Lassés par le formalisme d'une approche purement statistique et « domestique » des structures familiales, une nouvelle génération d'historiens préfère aujourd'hui l'étude des stratégies familiales à celle des structures. Au parcours démographique, elle entend ajouter la trajectoire sociale et la façon dont les choix des individus (mariage, profession, etc.) s'adaptent aux moyens, aux ambitions, aux pressions du groupe familial. Mais, sauf à céder à une conception vitaliste de la famille et de la réalité sociale, faisant d'un individu et d'une génération, les vecteurs naturels d'une volonté familiale inscrite dans la mémoire du groupe, on est forcé d'admettre que les stratégies sont le produit des mêmes contraintes socio-économiques et idéologiques que les structures : ainsi les coutumes d'héritage, comme l'ont montré G. Yver dans sa *Géographie coutumière* et E. Le Roy Ladurie, à propos desquels s'opposent, sous l'Ancien Régime et même au-delà, une France du Nord partageuse (que le partage soit égalitaire à l'Ouest ou « optionnel » dans le Bassin parisien) et une France méridionale « préciputaire », comme s'opposent une France nucléaire et une France des familles souches.

Une opposition que l'on retrouve également dans la pratique matrimoniale entre des stratégies d'alliance propres aux classes supérieures et aux paysans du Midi, et les stratégies d'échange des campagnes de la France du Nord. Dans le premier cas, il s'agit, à partir d'une vision strictement hiérarchique et inégalitaire de la société, d'augmenter le capital matériel ou symbolique d'une « maison », au détriment des autres, en jouant des dots et de l'héritier. Dans le second, il s'agit, à partir d'une vision égalitaire de la société, d'installer un nouveau ménage et de renouer les liens de voisinage par l'échange des conjoints.

En privilégiant depuis vingt ans l'étude des structures et des stratégies familiales, les historiens ont incontestablement enrichi notre connaissance de la place et des rôles dévolus à l'instance familiale, à différentes étapes du développement de nos sociétés. Mais ce qu'ils ont gagné, quant à la compréhension interne du phénomène familial et de son articulation au système social, ils semblent l'avoir perdu quant au profit général de son évolution. La vieille image évolutionniste d'une rétraction progressive du groupe familial et de son atomisation au sein d'une société moderne qui valorise l'individu et le rend solitaire a été mise en cause par les premiers travaux statistiques des historiens. Or cette image dont la pensée sociologique s'était accommodée pendant plus d'un siècle de F. Le Play à T. Parsons, en passant par Tönnies et Durkheim, n'a été remplacée par aucune construction historique.

Les historiens de la famille qui ne se résignent pas à cette absence et tentent l'aventure d'une synthèse, d'une saisie plus globale de l'histoire familiale, reviennent invinciblement à un schéma évolutionniste : citons les deux tentatives importantes et ambitieuses d'Edward Shorter à l'échelle de l'Europe et de Lawrence Stone à propos de l'Angleterre. Le concept de modernisation qu'E. Shorter applique à l'univers familial pour qualifier les transformations qui accompagnent le passage à la société industrielle à partir du milieu du XVIIIe siècle, propose à côté d'hypothèses judicieuses sur le rôle pionnier des classes populaires dans l'invention d'un nouveau modèle affectif *(romantic love)* une simple reprise de la thèse évolutionniste de Tönnies sur le passage de la communauté à la société.

On peut accepter l'idée d'une interdépendance entre changement économique et changement des mentalités : pour E. Shorter, l'unification du marché et la mobilité accrue de la main-d'œuvre ont fait éclater les solidarités locales sur lesquelles reposait l'Ancien Régime économique et surgir des comportements individualistes. Encore faudrait-il éviter le simplisme d'une opposition caricaturale entre une société traditionnelle vouée strictement aux rapports « mécaniques » (comme aurait dit Durkheim), ne laissant à l'individu aucune autonomie d'action et de sentiment, et une société industrielle visitée par les lumières et la liberté.

Plus circonscrite, l'histoire de la famille anglaise du début du XVIᵉ siècle à la fin du XVIIIᵉ siècle de Laurence Stone recourt, à première vue, à la même démarche que Shorter. Stone esquisse un schéma en trois étapes (1) La famille « lignagère ouverte »; 2) La famille « réduite patriarcale »; 3) La famille « nucléaire fermée ») qui intègre tous les indices de changement dans une évolution globale et postule un passage progressif de la famille élargie à une structure réduite. Mais L. Stone ne conçoit pas cette évolution comme une avancée linéaire et inéluctable, vers un plus grand respect de l'autonomie individuelle et des relations plus harmonieuses entre individus. Le passage à la famille patriarcale, par exemple, qui doit beaucoup selon lui au nouveau climat religieux, a renforcé la subordination des enfants et de la femme au chef de famille et le caractère autoritaire de leurs relations.

En outre à la différence de Shorter et du concept flou de modernisation dans lequel tous les niveaux de la réalité changent en même temps, L. Stone s'efforce de déterminer et de documenter pour chaque mutation l'instance qui a été le lieu principal et le moteur du changement. C'est ainsi qu'il voit, dans la famille réduite patriarcale, le produit conjoint d'une transformation des attitudes politiques et des attitudes religieuses.

On peut reprocher à L. Stone de réserver aux élites la capacité à inventer de nouvelles manières de sentir, de penser et de ne concevoir la diffusion des modèles culturels que comme une descente par percolation sociale des classes supérieures vers les classes populaires. Mais on doit lui savoir gré d'avoir reconstitué l'évolution de la vie familiale dans sa particularité, en précisant pour chaque période à quel niveau et à quel processus se fabrique le changement. L'ambiguïté majeure de sa démarche est qu'elle s'applique essentiellement à l'analyse des attitudes familiales, mais utilise pour les décrire des termes qui désignent les structures et les formes d'organisation. Le passage de la famille lignagère ouverte à la famille réduite patriarcale, c'est d'abord pour lui la promotion du noyau conjugal au centre du dispositif familial, faisant converger désormais vers lui l'essentiel des liens affectifs qui se distribuaient avant à l'ensemble du réseau de parenté.

Ce qui dans la réalité familiale est objet d'histoire, pour L. Stone, c'est son architecture psychologique, c'est-à-dire ce qui la soumet directement à l'évolution de l'organisation politique d'une société, à son climat intellectuel ou religieux. Or cette évolution obéit à plusieurs rythmes à la fois. Elle subit les fluctuations relativement courtes des modes intellectuelles, sentimentales et de l'effet de génération. C'est à ce niveau que s'inscrivent les changements les plus visibles attestés et parfois sentis par les acteurs eux-mêmes dans leurs journaux intimes, leurs ouvrages, bref, dans la documentation à laquelle L. Stone accorde le plus d'attention; et son histoire de la famille anglaise reconstitue avec pertinence, comme l'avait fait Ph. Ariès pour la France, un itinéraire intellectuel et sentimental. Mais la réalité familiale est prise aussi dans une histoire de longue durée, celle des représentations inconscientes et des principes d'organisation. Ces structures familiales non seulement changent plus lentement mais elles sont là pour résister au changement, pour transmettre et pour reproduire. Comme elles font partie de ce qui va de soi, de ce qui tisse les habitudes, les témoignages de l'époque n'en parlent pas et l'historien doit souvent se contenter d'hypothèses.

● BIBLIOGRAPHIE. — *Ouvrages généraux* : P. ARIÈS, *L'enfant et la vie familiale sous l'Ancien Régime*, Paris, 1960; G. DUBY, *Le chevalier, la femme et le prêtre*, Paris, 1981; J. GOODY, *L'évolution de la famille et du mariage en Europe*, trad. de l'anglais, Paris, 1985; J.-L. FLANDRIN, *Familles*, Paris, 1976; P. LASLETT, *Household and Family in Past Time*, Cambridge, 1972; P. LASLETT, R. WALL, eds., *Family Forms in Historic Europe*, Cambridge, 1983; M. MITTERAUER, R. SIEDER, *Vom Patriarchat zur Partnerschaft*; Ed. SHORTER, *La naissance de la famille moderne*, trad. de l'américain, Paris, 1972; *Famille et Société*, numéro spécial des *Annales ESC*, n° 4-5, 1972.

Modèles familiaux ou régionaux : A. COLLOMP, *La maison du Père*, Paris, 1983; D. ERLIHY, C. KLAPISCH-ZUBER, *Les Toscans et leurs familles au Quattrocento* Paris, 1978; R. A. HOULBROOKE, *The English Family 1450-1700*, Londres, 1984; H. MÖLLER, *Die Kleinbürgerliche Familie in 18 jarhhundert*, Berlin, 1969; M. SEGALEN, *20 générations de Bas-Bretons*, Paris, 1985; L. STONE, *The Family, sex and Marriage in England, 1500-1800*, Londres, 1977.

Stratégies matrimoniales et pratiques d'héritage : A. BURGUIÈRE, Endogamie et communauté villageoise; pratique matrimoniale à Romainville au XVIIIe siècle, *Annales de Démographie historique*, 1979; G. DELILLE, Dots des filles et circulation des biens dans les Pouilles, *Mélanges de l'Ecole française de Rome*, t. 95, 1979; J. GOODY, ed., *Family and Inheritance*, Cambridge, 1976; P. LAMAISON, Les stratégies matrimoniales dans un système complexe de parenté : Ribennes en Gévaudan, *Annales ESC*, n° 4, 1979; E. LE ROY LADURIE, *L'argent, l'amour et la mort en pays d'Oc*, Paris, 1980.

La famille et l'Etat : J. DONZELOT, *La police des familles*, Paris, 1977; I. JOSEPH, P. FRITSCH, *Disciplines à domicile*, Paris, 1977; *Une histoire mondiale de la famille* en 3 volumes, dirigée par A. BURGUIÈRE, C. KLAPISCH-ZUBER, M. SEGALEN, F. ZONABEND, doit paraître à Paris en 1986.

▶ CORRÉLATS. — Anthropologie historique, Ph. Ariès, Démographie historique, Education, Enfant.

A. BURGUIÈRE.

Febvre Lucien, 1878-1956

Lucien Febvre domine, avec Marc Bloch, l'historiographie française contemporaine et il est, sans nul doute, exceptionnel par les dimensions et la diversité de son œuvre. On ne saurait pourtant négliger que l'auteur et sa trajectoire s'enracinent dans le profond renouvellement intellectuel français de la fin du XIXe et du début du XXe siècle.

Né en 1878, normalien en 1897, Febvre est très tôt au contact d'une quadruple influence. La première est celle de la géographie de Vidal de La Blache : elle le convainc que l'historien doit, à l'instar du géographe déchiffrant un paysage, inscrire son enquête à l'intérieur d'un espace particulier et s'efforcer d'en explorer l'ensemble des relations constitutives. La seconde est celle de Durkheim et de l'école française de sociologie : malgré ses réserves, Febvre y trouve à la fois une leçon de méthode, un projet scientifique et un modèle de sociabilité intellectuelle dont s'inspireront, trente ans plus tard, les *Annales*. La troisième est celle de la psychologie, si fondamentale dans les préoccupations des historiens du tournant du siècle, et dont le rôle, mal connu, est sensible dans l'ensemble des sciences sociales en formation. La quatrième influence est rigoureusement négative c'est celle de l'histoire « historisante », l'histoire politique, diplomatique et militaire que l'on enseigne alors dans les facultés, dont il dit très tôt avoir fait son adversaire déclaré. C'est contre elle qu'il s'inscrit d'emblée dans la filiation, affective autant qu'intellectuelle, de Michelet dont il se réclamera sa vie durant.

Dès 1911, sa thèse, *Philippe II et la Franche-Comté*, traduit bien ces choix. Sous un titre relativement classique, cette « étude d'histoire politique, religieuse et sociale » se donne en fait pour but d'explorer « la vie intérieure d'une individualité politique », « les réalités de l'existence provinciale, les transformations de la vie sociale ». Approche globalisante qui requiert, sur le modèle vidalien, un cadre géographique limité (et qui inaugure en histoire le type de la monographie régionale). Pendant toutes ces années, Febvre, géographe autant qu'historien, mais prêt surtout à faire appel à toutes les autres sciences de l'homme, s'emploie à analyser les interactions complexes entre les sociétés humaines et leur milieu. Cette réflexion systématique aboutit en 1922 à une première synthèse, *La Terre et l'évolution humaine*, volume initial de la grande *Evolution de l'humanité* dirigée par Henri Berr, et qui illustre aujourd'hui encore à nos yeux les vertus d'une interdisciplinarité raisonnée.

En 1919, Febvre est nommé à l'Université de Strasbourg dont, au lendemain du retour de l'Alsace à la France, on a voulu faire une institution exceptionnellement brillante. Il y rencontre le milieu intellectuel qui va être le sien. Il y retrouve Marc Bloch, bien sûr, mais aussi le sociologue M. Halbwachs, le psychologue Ch. Blondel, le juriste G. Le Bras, le géographe H. Baulig, ainsi qu'une pléiade d'historiens. C'est de ce groupe, qui prend très tôt l'habitude de réunions et de confrontations critiques, que vont naître les *Annales d'histoire économique et sociale*. A sa naissance, en 1929, la revue apparaît comme un brûlot lancé contre les habitudes intellectuelles de l'histoire universitaire établie. Ses fondateurs ne sont pourtant en rien des marginaux. Febvre a plus de 50 ans; il est déjà l'auteur d'une œuvre considérable et sera bientôt élu, en 1933, au Collège de France. L'entreprise des *Annales*, pour originale qu'elle soit à sa date, n'est pas non plus totalement sans précédents : sans remonter à *L'Année sociologique*, il ne fait pas de doute que la *Revue de synthèse historique* d'H. Berr (dont Lucien Febvre a d'ailleurs été le collaborateur assidu) ou le *Vierteljahrschrift für sozial-und Wirtschaftsgeschichte* lui ont fourni suggestions et références. Ce qui fait la vraie originalité des premières *Annales*, c'est à la fois l'extraordinaire inventivité d'un programme boulimique et l'engagement personnel de ses directeurs. Febvre y publie près d'un millier de textes dans les vingt premières années, comptes rendus et notes critiques, polémiques, études et programmes; il ne cesse d'y marquer le partage entre « leur histoire et la nôtre ». Ce travail militant, qui passe au crible la production historienne, multiplie les projets et tente d'organiser sur un mode volontariste le champ de la recherche, trouve bientôt à s'employer encore davantage, lorsque Febvre se voit confier par A. de Monzie la conception de l'*Encyclopédie française* (1932). Le projet, qui l'occupera jusqu'à la fin de sa vie, et dont les remaniements successifs sont parallèles à des transformations internes des *Annales*, témoigne des mêmes préoccupations : la volonté de partir du concret et des problèmes contemporains, le décloisonnement disciplinaire, le privilège donné aux « problèmes » contre les habitudes de pensée et les découpages reçus.

C'est dans cette perspective enfin que s'inscrit la dernière des entreprises « collectives » de Febvre, la création et l'animation de la VIe section de l'Ecole pratique des Hautes Etudes (sciences économiques et sociales), dont il est le premier président à partir de 1947. Projet à nouveau volontairement marginal et combatif, qui voit cet homme chargé d'honneurs s'employer, assisté de F. Braudel et de Ch. Morazé, à donner une forme institutionnelle au programme scientifique interdisciplinaire en faveur duquel il n'a cessé de militer depuis près d'un demi-siècle.

Ces années de tâches collectives ne l'ont pourtant pas détourné de son œuvre personnelle. Elle paraît changer assez nettement d'orientation dans le cours des années 1920, s'infléchissant à la fois par rapport à ses travaux antérieurs et par rapport aux directions majoritaires dans les *Annales*. C'est alors que Febvre devient le promoteur d'une histoire des mentalités dont il est aussi le plus prolixe praticien. Depuis longtemps, ses comptes rendus en témoignent, l'histoire culturelle le passionne et le déçoit. Il en dénonce l'abstraction et l'anachronisme, la réduction des œuvres et des pratiques du passé à de stériles débats intemporels. La notion, empiriquement approchée, de « mentalités » rappelle l'importance chez Febvre d'une problématique psychologique. Contre des généralisations abusives, elle veut surtout rapporter les comportements, les sensibilités et les idées aux catégories fondamentales à l'intérieur desquelles s'organise, à chaque époque, pour chaque civilisation, l'expérience sociale des individus et des groupes. Dès son *Luther* (1928), Febvre se montre attentif à caractériser les interactions et les tensions entre le réformateur et la société allemande du premier XVIe siècle. Mais c'est sans doute le *Rabelais* (1942) qui témoigne le mieux des possibilités de ce type d'enquête : s'interrogeant après A. Lefranc sur l'athéisme de l'auteur de *Pantagruel*, il déplace le questionnaire et examine la possibilité même de l'incroyance dans la culture et la société du XVIe siècle. D'un attribut trop général, il remonte ainsi aux conditions mêmes de sa possibilité dans le système culturel, dans l' « outillage mental » d'une époque. On comprend mieux ainsi que l'historien du collectif et du nombreux ait, par un apparent paradoxe, choisi la voie de la biographie, puisqu'il cherche moins à caractériser une personnalité exceptionnelle que ce qui l'a rendu possible dans son temps. On comprend aussi que Febvre, qui lisait tout et savait tout, se soit volontairement limité à ce XVIe siècle auquel il s'est si volontiers identifié : c'est que l'exploration de l'outillage mental d'une culture, telle qu'il la concevait, en requérait une connaissance intime et exhaustive.

Lucien Febvre est mort en 1956. Son influence a été très considérable de son vivant et ses livres n'ont pas cessé d'être réédités depuis. Pourtant tout se passe comme si, depuis une vingtaine d'années, il inspirait moins directement la recherche historique dans les directions mêmes qu'il a tracées. A cela, plusieurs raisons : l'abondance d'une œuvre profuse, complexe, difficile à maîtriser (et à laquelle, significativement, n'a jusqu'ici été consacrée aucune étude sérieuse) ; l'importance aussi chez Febvre de références qui souvent ont vieilli pour nous (en particulier pour ce qui est de la psychologie collective) ; mais peut-être plus encore le fait que les questions qu'il a lui-même posées ont été, au moins en partie, reformulées au contact de nouvelles expériences disciplinaires, par exemple de la sociologie ou de l'anthropologie historique ; au contact aussi d'approches nouvelles comme celles de Michel Foucault. Mais Febvre, dont l'œuvre reste très largement à découvrir, eut sans nul doute approuvé de tels déplacements dont lui-même n'a cessé de nourrir sa vie d'historien.

● BIBLIOGRAPHIE. — *Philippe II et la Franche-Comté, étude d'histoire politique, religieuse et sociale*, 1911 (rééd. abrégée, 1970) ; *La Terre et l'évolution humaine, introduction géographique à l'histoire*, 1922 (rééd., 1970) ; *Un destin, Martin Luther*, 1928 (rééd., 1968) ; *Le problème de l'incroyance au XVIe siècle. La religion de Rabelais*, 1942 (rééd., 1968) ; *Origène et des Périers ou l'énigme du Cymbalum Mundi*, 1942 ; *Autour de l'Heptaméron, amour sacré, amour profane*, 1944 (rééd., 1971). En outre, trois recueils d'articles attestent l'inlassable travail de critique et de proposition de Febvre : *Combats pour l'Histoire*, 1953 ; *Au cœur religieux du XVIe siècle*, 1957 ; *Pour une histoire à part entière*, 1962.

Sur Febvre, les études restent rares : F. Braudel, Lucien Fevbre, dans *International Encyclopedia of the Social Sciences*, vol. 5, 1968, p. 348-350 ; H. D. MANN, *Lucien Febvre. La pensée vivante d'un historien*, 1971 ; R. CHARTIER et J. REVEL, Lucien Febvre et les sciences sociales, *Historiens et géographes*, 1979, p. 427-442 ; P. L. ORSI, La storia delle mentalità in Bloch et Febvre, *Rivista di storia contemporanea*, 3, 1983, p. 370-395.

▶ CORRÉLATS. — Annales (Ecole des), Géographie historique, Géohistoire, Mentalités, Outillage mental.

J. REVEL.

Femmes

L'histoire des femmes n'a pris sa place dans la discipline que tout récemment. Elle a sans doute quelques titres anciens de noblesse, mais sa constitution en champ particulier de recherche, la définition de ses objets et la formulation de ses problématiques ont suivi de fait l'apparition des revendications spécifiques des femmes sur le terrain politique et social. Dès l'Antiquité et au Moyen Age, les biographies morales à la manière de Plutarque proposent des figures féminines comme exemples des vertus de leur sexe, sans articuler ces galeries de portraits en un récit historique ni les insérer dans le cours de l'histoire humaine. D'un point de vue chrétien, la femme est inscrite dans l'histoire de l'Humanité, dont elle est cause de perdition (Eve) ou de salut (Marie), mais ce double rôle, marquant toute l'ambivalence des images qu'on se fait d'elle, est fixé une fois pour toutes. Dans ses ouvrages *La femme, La sorcière* (1862), l'*Histoire de la Révolution française*, Michelet déchiffrera le passé à travers la grille tout aussi ambiguë d'une double nature féminine. Il faut attendre l'école positiviste pour que se développent certaines recherches sur les femmes. Certes, ces historiens privilégient une histoire avant tout politique et biographique, assise sur le document écrit dont la critique dégage avec exactitude les « faits » du passé ; dans cette histoire, soucieuse de comprendre la formation des Etats, fascinée par la Nation, le Progrès, la femme ne peut être que marginale. Les historiens du droit, cependant, en s'attachant à définir les normes régissant la transmission des biens et les rapports juridiques entre personnes, éclairent le statut de la femme dans le droit des sociétés du passé. De leur côté, les historiens des mœurs en reconstituent le cadre quotidien et les « histoires de la vie privée » détaillent, au tournant du siècle, les objets qui signifient aux femmes du passé, comme du présent, leur qualification d'abord domestique.

Les luttes sociales et les courants féministes de la fin du XIXe et des premières décennies du XXe siècle vont stimuler la réflexion sur la place des femmes dans l'histoire et dégager la possibilité d'une histoire des femmes.

Histoire d'emblée placée sur le terrain du politique, à l'époque du suffragisme, et sur celui de l'histoire sociale, alors que se pose le problème très actuel des rapports entre revendications féminines et mouvement ouvrier. Au point de jonction de ces deux problématiques, les figures emblématiques de la protestation féministe sont l'objet de premières recherches et Marguerite Thibert publie dans ce contexte son ouvrage *Le féminisme dans le socialisme français de 1830 à 1850* (Paris, 1926). Des travaux pionniers (A. Clark, *Working life of women in the seventeenth century*, Londres, 1919; I. Pinchbeck, *Women workers and the industrial Revolution (1750-1850)*, Londres, 1930) lient le problème de l'autonomie féminine au mouvement social et économique, tandis que la réflexion sur les conditions sociales et mentales qui ont perpétué le refoulement des femmes hors de la scène de l'histoire et suscité leur protestation est marquée par les travaux de Léon Abensour (*Histoire générale du féminisme, des origines à nos jours*, Paris, 1921; *La femme et le féminisme avant la Révolution*, Paris, 1923). L'idée même d'une histoire des femmes, qui retracerait leurs activités dans tous les domaines et éluciderait leurs rapports avec les pouvoirs masculins, se fait jour : ainsi, une historienne de Cambridge, Eileen Power, travaille, sans pouvoir l'achever, à une histoire générale des femmes au Moyen Age (cf. son *Medieval Women*, éd. angl. 1975, trad. franç., 1979, qui rassemble quelques essais datant des années 1920-1930).

Les récentes avancées de l'histoire des femmes sont préparées par les interrogations venues de divers horizons. De la sociologie d'abord : Madeleine Guilbert et Evelyne Sullerot publient, entre 1966 et 1968, des travaux marquants sur le travail et la syndicalisation des femmes (M. G., *Les femmes et l'organisation sociale avant 1914*, Paris, 1966; *Les fonctions des femmes dans l'industrie*, Paris, 1967; E. S., *Histoire et sociologie du travail féminin*, Paris, 1968). De la démographie historique, ensuite, et de l'histoire sociale renouvelée qui en est issue : la fécondité et sa maîtrise, la place de l'enfant et sa socialisation, la famille, ses rôles et ses structures, le rapport au corps et à la médecine, les attitudes devant la vie et devant la mort, ces diverses problématiques posent les bases d'une histoire où les femmes ont leur place. De l'ethnologie enfin : la confrontation de cultures différentes remet en question les catégories occidentales de sexe et l'anthropologie ouvre des perspectives théoriques aux vieux débats sur les rapports historiques entre hommes et femmes.

Le mouvement féministe des années 1960 sert de catalyseur à ces virtualités d'une histoire des femmes. Aux Etats-Unis et, avec un léger décalage en Angleterre et en France, le féminisme apporte les motivations nécessaires à l'analyse, dans une perspective critique, des connaissances accumulées par les historiens de la société et de la population : les femmes veulent connaître les conditions de leur vie passée pour affronter mieux armées les problèmes du présent. Elles constituent une demande — d'enseignement, de connaissances, de recherche — à l'instar des nations naissantes ou des mouvements ouvriers du XIXe siècle. Dès les années 1970, les Universités américaines y répondent en créant des sections de *Women's studies* — des ghettos dira-t-on — où l'histoire a la part belle; le congrès de la puissante *American Historical Association* accueille le thème de l'histoire des femmes en 1974, les revues féministes et les revues interdisciplinaires ou historiques s'ouvrent à elle. Les choses ont été moins vite en Europe : en France, l'histoire des femmes n'a pas reçu de statut autonome, bien qu'elle soit enseignée en plusieurs universités, mais les recherches se développent vigoureusement depuis une dizaine d'années.

Aujourd'hui, il est possible de dégager les principales orientations de ces recherches : le corps, la sphère privée, le travail féminin, l'expérience politique attirent de nombreux travaux, mais les résultats montrent que l'histoire des femmes déborde, par sa complexité, chacune de ces approches particulières et que les phénomènes étudiés sont très largement interdépendants.

Le corps, les changements dans la définition de la sexualité féminine, la prostitution, mais aussi la médicalisation et l'affrontement entre les sexes dans le secteur médical sont des filons qui ont été suivis par de nombreuses enquêtes, en France surtout. Ces travaux reprennent et développent une veine traditionnelle de recherche, nourrie par les questionnements sur l'identité physiologique de la femme (cf. E. Sullerot, éd., *Le fait féminin. Qu'est-ce qu'une femme ?*, Paris, 1978), et sur la place que les fonctions de maternité et de nourrissage lui font reconnaître dans les sociétés traditionnelles décrites par la démographie historique. Les études sur la sphère privée, les rôles familiaux et éducatifs, plus généralement les rapports entre les responsabilités assumées au sein de la famille et le déni d'une autonomie féminine à l'extérieur, ont été marquées par les débats, largement poursuivis aux Etats-Unis par les anthropologues, sur les oppositions entre privé et public, nature et culture, masculin et féminin (cf. M. Z. Rosaldo et L. Lamphere, eds., *Women, culture and society*, Stanford, 1974; et *L'Homme*, XIX, 1979, numéro spécial sur les catégories de sexe). Le travail des femmes et ses répercussions sur leur statut, en particulier pendant la révolution industrielle, mais aussi le travail domestique, salarié ou non, les professions traditionnelles des femmes (sages-femmes et femmes soignantes, nourrices, couturières, etc.) sont envisagés pour leurs effets sur la vie économique et sociale et dans leurs rapports avec les fonctions et les structures de la famille (cf. par ex. Joan Scott et Louise Tilly, *Women, work and family*, New York, 1978). L'existence d'une culture et d'une mémoire féminines autonomes, les formes de sociabilité et les associations de femmes, les conditions historiques de leur accès à l'égalité juridique et politique et les luttes du féminisme (cf. Maïté Albistur et Daniel Armogathe, *Histoire du féminisme français*, Ed. des femmes, 1977) sont autant de thèmes qui ont sorti l'histoire des femmes de la vision complaisante ou apitoyée des destinées trop soumises pour considérer les formes et les espaces du pouvoir féminin; ils ont également encouragé le développement des enquêtes orales.

L'histoire des femmes suscite bien des interrogations aujourd'hui. Constitue-t-elle, doit-elle constituer un secteur autonome de la discipline et se donner les cadres institutionnels où se développer ? Peut-elle prétendre à des méthodes propres ? Doit-elle rechercher une écriture spécifique, définir une périodisation différente ? Il lui faut en tout cas mieux conceptualiser les catégories de sexe si elle veut continuer à porter un regard critique sur les analyses sociales traditionnelles et « déplacer le questionnaire habituel des connaissances » (A. Farge, Dix ans d'histoire des femmes, *Le débat*, 23 janvier 1983).

● BIBLIOGRAPHIE. — Marie-Jo BONNET, *Un choix sans équivoque. Recherches historiques sur les relations amoureuses entre femmes, XVIe-XXe siècle*, Paris, 1981; Alain CORBIN, *Les filles de noce. Misère sexuelle et prostitution en France aux XIXe et XXe siècles*, Paris, 1978; Yvonne

KNIBIEHLER et Catherine FOUQUET, *L'histoire des mères*, Paris, 1980; *La femme et les médecins*, Paris, 1983; Mireille LAGET, *Naissances, L'accouchement avant l'âge de la clinique*, Paris, 1982; Andrée MICHEL, éd., *Femmes, sexisme et sociétés*, Paris, 1977; Evelyne SULLEROT, *Histoire de la presse féminine en France, des origines à 1848*, Paris, 1966; *Pénélope. Pour l'histoire des femmes*, Bulletin d'Information sur les recherches en cours, à numéros thématiques (1979-1985).

▶ CORRÉLATS. — Corps, Enfant, Famille, Sociale (Histoire).

C. KLAPISCH-ZUBER.

Féodalisme

Dans le vocabulaire historique peu de mots ont prêté davantage à controverse. Marx, en usant de ce terme, désignait un type d'organisation économique et sociale (un « mode de production ») situé chronologiquement entre la fin de l'Empire romain et les révolutions bourgeoises des XVIIe et XVIIIe siècles. Son originalité — pour la définir de façon très schématique — tiendrait dans la combinaison entre d'une part un certain partage des droits sur la terre entre seigneurs propriétaires et paysans tenanciers, et d'autre part le pouvoir de contrainte exercé par les premiers sur les seconds pour s'approprier une partie de leur travail sous forme de corvées, de rentes en nature ou en argent. Il se distingue ainsi du système esclavagiste comportant la pleine propriété des maîtres sur la terre et sur les hommes; il s'oppose aussi, par l'étroite association qu'il réalise entre la force de travail (le tenancier) et l'instrument de production (la tenure), au système capitaliste impliquant la dissociation radicale de ces deux termes. Marx associait enfin le féodalisme à une étape importante dans le progrès des forces productives comportant notamment la maîtrise de l'énergie hydraulique (le moulin à eau).

La plupart des médiévistes actuels rejettent — ou plus simplement ignorent — ce concept en lui opposant celui de « société féodale » dont la signification est plus étroitement politique et institutionnelle : une société fondée sur le fief, le contrat vassalique et des liens privés; notion qui n'inclut pas les assises matérielles de la société médiévale et qui n'a donc pas le caractère globalisant de la notion de féodalisme.

Quant aux historiens se réclamant du marxisme, leur approche du féodalisme est souvent divergente sinon contradictoire, ce qui ajoute encore à la confusion. A cela, trois raisons principales qui tiennent à l'histoire même du marxisme :

1 / Marx n'a pas produit, ni même esquissé, une théorie d'ensemble du féodalisme. Son approche du problème fut toujours indirecte, partielle et subordonnée soit à sa réflexion générale sur le matérialisme historique, soit à la compréhension de la genèse du capitalisme. De plus, ses observations sur le sujet s'échelonnent sur une longue période depuis ses œuvres de jeunesse (les *Manuscrits de 1844*) jusqu'au *Capital* (essentiel pour la question de l' « accumulation primitive ») en passant par *L'idéologie allemande* (où il définit les concepts de base du matérialisme historique) et par les *Grundrisse* dans lesquels il consacre un chapitre aux « Formes qui précèdent la production capitaliste »; itinéraire que l'historien allemand L. Kuchenbuch a récemment suivi dans son *Marx médiéviste. L'évolution de la conception du féodalisme dans l'œuvre de K. Marx*, Paris, 1982. On ne saurait donc s'étonner du caractère morcelé et fragmentaire de son apport. Il s'en dégageait une vision précise du « rapport de production » féodal et de sa désagrégation comme condition du développement capitaliste au XVIe siècle mais la question centrale de la dynamique interne du système féodal restait en suspens.

2 / L'apport de Marx sur le féodalisme fut en quelque sorte fossilisé par la suite, dans le contexte d'une perception dogmatique du marxisme plus orientée vers une exégèse sans fin des textes fondateurs que vers une pénétration directe dans la matière historique. Le concept fut utilisé comme un acquis achevé. Dans une perspective unilinéaire du développement historique, le féodalisme devenait une des étapes obligées sur le chemin qui conduit les sociétés du communisme primitif à la société sans classe. Du même coup, le concept fut appliqué sans grande précaution à l'histoire de la Chine, de l'Inde, du monde musulman... certains allant jusqu'à évoquer l'hypothèse d'un « féodalisme nomade ». Il devenait ainsi un cadre formel, privé de toute substance et dépourvu de valeur explicative pour le mouvement des sociétés considérées. L'*Essai d'économie politique du féodalisme* de B. Porchnev (Moscou, 1946) est une illustration de cette démarche.

3 / Un renouveau de l'approche théorique du féodalisme s'est progressivement dessiné depuis la deuxième guerre mondiale. Amorcé par la parution de l'ouvrage de M. Dobb *(Studies in the Development of Capitalism)*, un premier débat international s'engage dans les années cinquante auquel participent, outre M. Dobb, E. Hobsbawm, K. Takahashi, R. Hilton, A. Soboul, G. Lefebvre, débat encore dominé par le problème de la « transition » vers le capitalisme. Puis un pas décisif est franchi avec la parution en 1962 de la *Théorie économique du système féodal* de l'historien polonais W. Kula (trad. franç., 1970). Pour la première fois sont posées les exigences propres à la théorie d'un système socio-économique : « compréhension des lois qui régissent le volume du surplus, la répartition des forces et moyens de production, la dynamique du court terme et la dynamique de la longue durée... »; le féodalisme n'est plus dans cette perspective un simple acquis, il redevient un objet de recherche. L'élan est donné et de nombreux travaux enrichissent ensuite la vision du féodalisme. Le monde urbain est exploré par B. Geremek; l'historien hongrois L. Makkai esquisse une typologie des féodalismes européens; R. Hilton analyse les formes originales qu'y prend la lutte des classes; P. Bonnassié éclaire les mécanismes de la « Révolution féodale » dans la Catalogne du XIe siècle... A travers cet ensemble de travaux enracinés dans des recherches historiques concrètes et dégagés des débats purement spéculatifs, l'image du féodalisme se précise. Le rôle central de la petite production familiale en tant que base économique du système est clairement établi; le féodalisme apparaît aussi comme un système global (avec ses dimensions politiques et idéologiques) s'étendant sur la chrétienté, animé par une force expansive, soumis à un développement inégal, agité par une conjoncture spécifique, miné enfin par ses contradictions structurelles et notamment par le blocage latent de ses forces productives. Sans doute d'importantes questions théoriques restent-elles en suspens. Les conditions dans lesquelles se développe en son sein la production marchande sont mal élucidées; l'existence, semble-t-il, au-delà de l'Europe occidentale, d'un processus de féodalisation (Byzance, Islam, Inde, Chine, Japon) comparable même s'il est inachevé pose un vaste problème. Mais d'ores et déjà la notion de féodalisme est devenue indispensable à la compréhension d'une longue période de l'histoire européenne.

BIBLIOGRAPHIE. — W. KULA, *Théorie économique du système féodal : pour un modèle de l'économie polonaise XVIe-XVIIIe siècle*, trad. franç., Paris, La Haye, 1962; G. BOIS, *Crise du féodalisme*, Paris, 1976; R. HILTON, *Les mouvements paysans du Moyen Age*, trad. franç., Paris, 1979 (1re partie surtout); P. BONNASSIÉ, *La Catalogne du milieu du Xe à la fin du XIe siècle. Croissance et mutation d'une société*, Toulouse, 1975; CERM, *Sur le féodalisme*, Paris, 1971; M. DOBB et P. SWEESY, *Du Féodalisme au Capitalisme : problèmes de la transition*, trad. franç., 1977.

▶ CORRÉLATS. — Économie (Histoire économique), Féodalité, Marxisme et histoire.

G. BOIS.

Féodalité

Peu de mots ont suscité et suscitent encore autant de polémiques que celui de « féodalité » : historiens des institutions et de la société, marxistes et non-marxistes, marxistes de l'Ouest et de l'Est ne sont pas encore pleinement d'accord sur sa signification.

Dès le Moyen Age central, on a commencé à théoriser les règles juridiques concernant les relations féodo-vassaliques. Les humanistes ont recherché les origines du régime féodal; le mot « féodalité » est sans doute né au début du XVIIe siècle, avec une acception purement juridique. A la fin de ce siècle (Henry Spelman) et au suivant, le mot commence à désigner un système qui dépasse bientôt le cadre juridique pour s'attacher à toute une phase de l'évolution humaine; il déborde même les frontières de l'Occident pour appeler « féodal » tout pouvoir fractionné exprimant la loi du plus fort. Au XIXe siècle enfin (à l'époque même où les dernières institutions féodales disparaissent en Europe occidentale) la première historiographie marxiste reprend cette conception large, mais l'applique essentiellement aux rapports de production : l'aspect juridique (qui a donné naissance au mot) passe au second plan; la période féodale est, schématiquement, celle qui succède à la période esclavagiste et précède l'âge de la bourgeoisie. Cette conception a l'avantage, évident pour tout historien structuraliste, de ne pas séparer forme juridique de gouvernement et état de la société; l'inconvénient aussi de faire perdre de vue les caractères propres à la structure politique de l'Occident à une certaine époque. Depuis la belle synthèse de Marc Bloch, la plupart des historiens occidentaux ont pris l'habitude de lier les deux sens donnés au mot « féodalité » : d'une part les pratiques juridiques réglementant la vassalité et le fief; de l'autre, l'ensemble politique, social et économique qui caractérise l'époque à laquelle ces institutions ont servi d'armature juridique au pouvoir. Que les deux soient liés ne fait plus aujourd'hui aucun doute. Encore convient-il d'une part de préciser cette liaison, d'autre part d'adopter une terminologie cohérente. Dans les années 1960, Robert Boutruche liait, mais en les distinguant, « seigneurie » et « féodalité », réservant ce dernier mot à ce qui touche à la vassalité et au fief. Dans les années 1970, le mot « féodalisme » a commencé de sortir des cercles marxistes qui l'avaient forgé pour désigner le système global dont les relations féodo-vassaliques constituaient un aspect juridique majeur. Mais cette dualité de termes, qui n'existe qu'en français, n'est pas acceptée par tous. Elle ne permet pas en outre de résoudre tous les problèmes.

Le plus aigu est sans doute le problème géographique : quelles aires ont connu le système féodal ? Pour certains, il y a peu encore, la vraie féodalité avait une patrie : le pays franc entre Loire et Rhin; les Français du Midi, Italiens et Espagnols avaient gauchi le système en se l'appropriant. A l'inverse, aujourd'hui encore, pour toute l'historiographie officielle soviétique et est-européenne, le féodalisme, étape obligée du développement de toute société, s'est étendu (ou s'étend encore) au monde entier. Le problème est aussi chronologique : dans la première optique, la féodalité naît sur les décombres de l'empire carolingien et se transforme lentement pendant toute la fin du Moyen Age pour devenir une structure secondaire à l'époque moderne; dans la seconde, le féodalisme naît avec la fin de l'esclavage antique pour durer, dans certaines régions, jusqu'au xxe siècle.

Des études récentes, menées principalement en France, permettent d'y voir un peu plus clair et rendent caduc (à l'exception notable de l'ouvrage de Marc Bloch) l'essentiel de la littérature ancienne. Féodalité et féodalisme, d'abord, constituent une étape propre au monde occidental : l'émiettement du pouvoir, l'accaparement privé et héréditaire de droits régaliens (droit de ban) par les seigneurs, sont des phénomènes propres à l'Occident post-carolingien, que n'ont connus (pour rester dans le domaine euro-méditerranéen) ni l'Empire byzantin, ni la terre d'Islam; même si *pronoïa* et *iqtā^e* ont quelques points communs avec le fief, ils n'ont pas servi de base à une privatisation durable du pouvoir. En revanche, toutes les régions de l'ancien Empire carolingien (où le pouvoir avait consciemment développé la vassalité) ont connu cette privatisation, plus ou moins associée au développement des relations féodo-vassaliques : la féodalité languedocienne, catalane, provençale ou lombarde n'est ni moins authentique, ni moins importante que celle de l'Ile-de-France. Seules quelques régions marginales de l'Occident (Angleterre, Italie méridionale) et quelques pays de conquête (Sicile, Terre sainte) ont reçu des féodalités d'importation, qui se sont greffées facilement sur les sociétés de type occidental, moins bien sur les sociétés à structures « orientales ». Second point : la « mutation féodale » est un phénomène assez précisément datable; elle s'est produite dans la première moitié du xie siècle. S'agit-il d'une véritable révolution ? L'émergence de la seigneurie banale (ou castrale) ruine en tout cas brusquement les structures carolingiennes du pouvoir public (bien que le pouvoir privé ne soit pas totalement inconnu auparavant). Cette mutation politique s'accompagne de bien d'autres transformations. Le régime domanial se transforme profondément; la population servile tend à disparaître, la seigneurie remplace le domaine : le mode de production change. Les forteresses, points d'appui du nouveau pouvoir, se multiplient; il s'agit tantôt (France du Nord) de châteaux, souvent construits sur motte, tantôt (Italie centro-méridionale, mais aussi certaines régions de la France méridionale) de villages fortifiés; l'*incastellamento* italien commence vers le tiers du xe siècle et c'est dans le cadre des nouveaux habitats groupés et murés que s'opèrent les mutations sociales et politiques, ainsi que le grand mouvement de défrichements. En France, la construction des châteaux entraîne aussi un regroupement de l'habitat. Enfin, les seigneurs cherchent à s'assimiler à la vieille noblesse carolingienne, à laquelle cette nouvelle aristocratie féodale finit par imposer son modèle : le chevalier. Les familles seigneuriales se comportent comme des dynasties pratiquant de subtiles politiques matrimoniales.

Mais, dans la première période féodale, les relations féodo-vassaliques ne constituent pas la seule armature de la société seigneuriale; elles matérialisent d'ailleurs des rapports réels différents : subordination, mais aussi alliance. C'est surtout au XIIe siècle, quand se constituent ou se renforcent des monarchies qu'il faut bien appeler féodales, que le lien féodo-vassalique apparaît comme une institution stable. La féodalité s'intègre à une nouvelle structure étatique de siècle en siècle plus solide. Quand finit le féodalisme, déjà en crise à la fin du Moyen Age ? Née de la croissance qui a fait exploser la lourde et fragile structure carolingienne, la féodalité survit en tout cas à la renaissance de l'Etat, qu'elle sert même. En Italie du Nord, la région la plus dynamique de l'Occident, elle est à l'origine directe du processus communal qu'on lui opposait jadis. On ne peut donc en donner une image schématique. Mais elle est purement occidentale (même si, semble-t-il, des pays totalement étrangers à l'Occident, tel le Japon, ont connu des institutions semblables). Sans doute même est-elle à l'origine lointaine de bien des traits particuliers du monde occidental : relations de l'Eglise et des pouvoirs laïcs, disparition des formes extrêmes de l'autocratie et de la théocratie, naissance même de certaines institutions représentatives.

● BIBLIOGRAPHIE. — M. BLOCH, *La société féodale*, 5e éd., Paris, 1968; R. BOUTRUCHE, *Seigneurie et féodalité*, 2 vol., Paris, 1959-1970; J.-P. POLY et E. BOURNAZEL, *La mutation féodale, X^e-XIIe siècles*, Paris, 1980 (« Nouvelle Clio, 16 »); R. FOSSIER, *Enfance de l'Europe. Aspects économiques et sociaux*, 2 vol., Paris, 1982 (« Nouvelle Clio, 17-17 bis »); *Structures féodales et féodalisme dans l'Occident méditerranéen (Xe-XIIIe siècle)*, Rome, 1980 (« coll. de l'Ecole française de Rome, 44 »); G. DUBY, *Les trois ordres ou l'imaginaire du féodalisme*, Paris, 1978.

▶ CORRÉLATS. — Bloch, Féodalisme.

J.-M. MARTIN.

Focillon Henri, 1881-1943

Historien de l'art, né à Dijon, dont l'œuvre est à l'origine d'une école formaliste qui a influencé notamment la France et les Etats-Unis. Il dispense son enseignement aux universités de Lyon, Paris, Yale et au Collège de France. Sa théorie se trouve condensée dans son essai *Vie des formes* (1934). Pour Focillon, l'œuvre d'art doit être saisie et interprétée sur le plan formel. Les métamorphoses de la forme font évoluer l'œuvre dans l'espace et dans le temps. Trois moments de cette vie des formes conditionnent l'évolution artistique : le stade des expériences, l'état classique et la désintégration baroque. Ces états sont modulés par les différentes évolutions formelles : renaissances, survivances, réveils.

Au-delà de ce qui constitue la ligne dominante d'une théorie qui a influencé ses élèves (catalogue de l'exposition *Victor et Henri-Focillon*, Dijon, 1955; Mélanges Henri-Focillon dans *Gazette des Beaux-Arts*, 1944, 2), la pensée et les publications d'Henri Focillon embrassent plusieurs domaines artistiques : l'histoire de la gravure et plus particulièrement de l'œuvre de Piranèse (*G.-B. Piranèse*, 1918), l'histoire de la peinture (*La peinture aux XIXe et XXe siècles*, 1927-1928), l'art de l'Extrême-Orient (*L'art bouddhique*, 1921, et *Hokusai*, 1924) et surtout, pendant les vingt dernières années de sa vie, l'histoire de l'art médiéval (*Moyen Age. Survivances et réveils*, 1943; *Piero della Francesca*, 1951; *L'an mil*, 1952). Deux ouvrages ont marqué l'œuvre de Focillon dans ce dernier domaine : *Art des sculpteurs romans* (1932) et *Art d'Occident* (1938). Dans le premier, la théorie formelle de Focillon est appliquée à la stylistique monumentale de la sculpture romane. Dans le deuxième, Focillon cherche à définir l'unité artistique de l'Occident médiéval dans une synthèse cohérente et brillante. Pour lui, l'art est un monde compact et actif avec ses évolutions internes à l'abri des mutations sociales ou politiques. L'analyse de l'œuvre d'art doit prendre en considération la structure et la matière, les masses, formes et volumes, et les métamorphoses plastiques.

Le recueil *Témoignage pour la France*, publié à New York en 1945, réunit des articles et des discours de la période 1939-1943.

● BIBLIOGRAPHIE. — L. GRODECKI, J. PRINET, *Bibliographie Henri Focillon*, Londres, New Haven, 1963; G. KUBLER, *The Shape of Time. Remarks on the History of Things*, New Haven, 1962.

▶ CORRÉLAT. — Art (Histoire de l').

X. BARRAL I ALTET.

Foucault Michel, 1926-1984

L'œuvre qui a peut-être le plus profondément marqué les historiens français depuis les années 1960 n'est pas celle d'un de leurs pairs, c'est celle d'un philosophe, Michel Foucault. Pourtant, dans le même temps, ils n'ont guère cessé de manifester, par des réserves expresses et plus encore par leur silence, la difficulté, parfois le désarroi qu'ils éprouvaient devant une démarche tout à la fois familière et lointaine. De livre en livre, les déplacements continus du questionnaire ont encore compliqué une reconnaissance que la disparition soudaine de Foucault (1984), laissant ouverte une œuvre inachevée, risque de rendre plus problématique encore.

Tout part d'une série de malentendus. Les uns sont liés aux habitudes mêmes des historiens. Lorsqu'il publie son premier grand livre, l'*Histoire de la folie à l'âge classique* (1961 : il a alors 35 ans), Foucault est presque aussitôt salué par les *Annales*; R. Mandrou, F. Braudel considèrent l'ouvrage comme une exceptionnelle illustration de l'histoire que prône la revue, et singulièrement de l'histoire des mentalités (il est d'ailleurs publié dans la collection « Civilisations et mentalités » que dirige Ph. Ariès). D'emblée, l'auteur se voit ainsi reconnu, et mal compris. Car il est clair que si, au premier abord, l'*Histoire de la folie* peut paraître évoquer le vaste programme élaboré par Febvre dans les années 1930, elle en met aussi radicalement en cause les fondements. Là où l'histoire des mentalités — au moins dans sa formulation originelle — se donnait pour tâche de caractériser les modalités successives de catégories supposées universelles (l'incroyance, l'amour, la peur, les formes de la sensibilité, etc.), l'analyse de Foucault met au jour, tout au contraire, des configurations provisoires, des découpages inédits. Derrière l'apparente continuité des mots, il montre comment des pratiques et des discours produisent une autre réalité. L'histoire de la folie entre XVIe et XVIIIe siècle n'est donc pas seulement celle de la progressive marginalisation et du cantonnement des fous, ni celle de la naissance de la psychiatrie, mais bien celle qui, dans l'expérience occidentale et pour quelques siècles, a construit solidairement les figures antagonistes de la folie et de la raison classique. Derrière le plein des mots, Foucault pointe ainsi des partages cachés. Implicitement, il met aussi en cause le « positivisme » que, selon lui, l'histoire garde en commun avec l'ensemble des sciences de l'homme.

Toute histoire des représentations collectives doit donc étudier l'organisation d'un « système de pensée » qui vient tronquer puis recouvrir un système plus ancien dont il déplace toutes les coordonnées. Foucault nomme « archéologie » le travail de dégagement et de restitution de ces configurations plus anciennes. Dans ses ouvrages suivants, il propose ainsi avec la *Naissance de la clinique* (1964) une « archéologie du regard médical » qui montre comment, à la fin du XVIIIe et au début du XIXe siècle, le corps humain a été constitué comme objet visible et connaissable; avec *Les mots et les choses* (1966), une « archéologie des sciences humaines » analysant comment, vers le même moment, l'homme devient l'objet d'un savoir qui le constitue. Enfin, dans l'*Archéologie du savoir* (1969), son seul livre entièrement théorique, il propose une explicitation de ses concepts et une généralisation de sa méthode. Le livre a d'ailleurs pu cautionner certaines des certitudes abusives des historiens tant il est vrai que, dans ses premiers chapitres surtout, il paraît, jusque dans sa formulation, proche des propositions des *Annales* en privilégiant l'étude des séries, des systèmes et des discontinuités.

Un second ordre de malentendus a tenu, si l'on peut dire, à l'air du temps. Foucault avait écrit sur la folie, sur la médecine, avant de s'occuper de la pénalité. La sensibilité libertaire de la fin des années 1960 eut d'autant plus vite fait de réduire son entreprise à une critique des institutions de contrôle social que l'auteur assumait, dans les mêmes années, de multiples tâches militantes. Foucault pensait en termes de systèmes et de ruptures : on en fit un structuraliste. Il caractérisait comme historique la figure que dessinent les sciences humaines : ce nietzschéen devint commodément un prophète de la mort de l'homme. Ces péripéties seraient inessentielles si elles n'étaient très largement responsables de l'incompréhension, voire de l'hostilité, qui a accueilli les dernières œuvres de Foucault.

Il a pourtant lui-même explicité à plusieurs reprises son projet.

Dès 1970, un court texte, *L'ordre du discours* — sa leçon inaugurale au Collège de France —, propose un programme qui, tout ensemble, annonce les entreprises à venir et suggère une relecture des premiers livres. D'une archéologie des systèmes de pensée, l'interrogation se déplace vers une histoire de la « production de vérité » qui traverse, selon lui, l'expérience occidentale et que l'on peut entendre ainsi : comment ont été historiquement constitués des objets qui autorisent « une pratique du vrai et du faux (...) à la fois réglée et pertinente » ? Alors que, dans les années soixante, Foucault semblait davantage insister sur l'analyse de configurations épistémologiques (« par *épistémè*, on entend en fait l'ensemble des relations pouvant unir, à une époque donnée, les pratiques discursives qui donnent lieu à des figures épistémologiques, à des sciences, éventuellement à des figures formalisées »), il suit dans ses derniers livres des « régimes de pratiques » (des types de rationalités, des institutions, des discours, des techniques), qui sont aussi des régimes de production de la vérité. Avec *Surveiller et punir* (1975), qui étudie la naissance de la prison comme pièce centrale de la pénalité au tournant du XIXe siècle, puis avec l'*Histoire de la sexualité* (1976 et 1984), malheureusement inachevée, Foucault explore ainsi les modalités selon lesquelles l'homme occidental s'est constitué en objet de connaissance dans un champ de pouvoirs ou par rapport à une « volonté de savoir » morale.

Sur ces derniers ouvrages, les contresens n'ont pas manqué non plus de la part des historiens. Ils ont au moins eu le mérite d'inviter Foucault à préciser son projet dans ses derniers textes, dans lesquels, en particulier, l'analyse des usages sociaux du pouvoir est très profondément remaniée et complexifiée. De répondre aussi à ceux qui lui ont reproché, au nom de l'histoire « réelle », d'écrire l'histoire de la folie sans la présence des fous, celle de la prison sans les prisonniers, celle enfin de la sexualité en évitant les corps : « Il faut démystifier l'instance globale du réel comme totalité à restituer (...). Il faudrait peut-être aussi interroger le principe, souvent implicitement admis, que la seule réalité à laquelle devrait prétendre l'histoire, c'est la société elle-même. Un type de rationalité, une manière de penser, un programme, une technique, un ensemble d'efforts rationnels et coordonnés, des objectifs définis et poursuivis, des instruments pour l'atteindre, etc., tout cela c'est du réel même si ça ne prétend pas être ''la réalité'' elle-même ni ''la société'' tout entière » (1980). Dans sa brutalité, la critique traduit en clair les termes d'un malentendu qui a trop longtemps faussé l'influence de Foucault auprès des historiens ou qui a cantonné le débat à une fausse alternative entre la démarche du philosophe et celle de l'historien. Elle peut, à terme, lui rendre le rôle qui aurait pu être le sien.

● BIBLIOGRAPHIE. — M. FOUCAULT, *Folie et déraison. Histoire de la folie à l'âge classique*, 1961 ; *Naissance de la clinique*, 1964 ; *Les mots et les choses*, 1966 ; *L'archéologie du savoir*, 1969 ; *L'ordre du discours*, 1970 ; *Moi, Pierre Rivière, ayant égorgé ma mère, ma sœur et mon frère*, 1973 (en collab.) ; *La volonté de savoir*, 1976 (= *Histoire de la sexualité*, t. 1) ; *Le désordre des familles. Lettres de cachet au XVIIIe siècle*, 1982 (en collab. avec A. Farge) ; *L'usage des plaisirs*, 1984 ; *Le souci de soi*, 1984 (= *Histoire de la sexualité*, t. 2 et 3).
Sur l'œuvre de Foucault, les analyses restent rares. Le livre le plus exhaustif est à ce jour celui de H. L. Dreyfus et P. Rabinow, *Michel Foucault : beyond structuralism and hermeneutics*, Chicago, 1982 (trad. franç., 1984). Une interprétation très « historienne » est celle de P. Veyne, Foucault révolutionne l'histoire, dans *Comment on écrit l'histoire*, 1978 ; un débat intéressant entre Foucault et les historiens, *L'impossible prison*, 1980 (études rassemblées par Michelle Perrot).

▶ CORRÉLATS. — Ariès, Corps, Criminalité, Intellectuelle (Histoire), Mentalités.

J. REVEL.

Francastel Pierre, 1900-1970

Historien de l'art, introducteur en France de la Sociologie de l'art ou Histoire sociale de l'art, tentative d'insertion de l'œuvre d'art dans le cadre des groupes sociaux qui la déterminent. Pour Francastel, l'œuvre d'art n'est pas le résultat d'une évolution autonome des formes mais elle appartient à l'histoire générale des idées et doit être replacée dans le cadre de l'histoire culturelle. L'école de Pierre Francastel s'efforce, en France, de mettre en rapport la société et le style des œuvres, la production et la consommation, et d'étudier les aspects matériaux et techniques des pratiques artistiques. L'artiste n'est pas un être isolé mais appartient à la société de son temps.

Les points de vue et les lignes directrices de l'œuvre de Pierre Francastel se trouvent réunis dans une série d'ouvrages et de recueils publiés après 1950 : *Peinture et société* (1951), *Art et technique aux XIXe et XXe siècles* (1956), *La réalité figurative* (1965) et *La figure et le lieu, l'ordre visuel du Quattrocento* (1967). Dans ces ouvrages l'auteur procède par comparaison entre des systèmes figuratifs différents. Systèmes mentaux et attitudes intellectuelles définissent l'œuvre d'art. Celle-ci cesse d'être l'affaire de connaisseurs et devient l'image d'une société.

L'affrontement souvent violent qui oppose les théories de Pierre Francastel à celles de l'école formaliste d'Henri Focillon est reflété dans l'ouvrage *L'humanisme roman* (1942) dont le sous-titre exprime bien la volonté de l'auteur : « Critique des théories sur l'art du XIe siècle en France ». Livre de théorie critique, faisant souvent appel à l'histoire, l'ouvrage de Francastel définit l'art roman comme « l'art des terres neuves et du petit nombre d'hommes hardis, clercs ou artisans, qui, les premiers, ont essayé non de briser mais d'utiliser et de canaliser les forces nouvelles ».

En 1945, P. Francastel publie un ouvrage très polémique, réédité en 1970 sous le titre *Frontières du gothique*. Ecrit en 1940, il y traite comme son premier titre l'indique de *L'Histoire de l'art, instrument de la propagande germanique*. Trop souvent volontairement négligé, cet ouvrage s'insère de façon claire dans la pensée de P. Francastel : « Les formes n'ont jamais eu d'existence en soi, elles n'ont jamais engendré les cultures, elles fournissent aux artistes les moyens à travers lesquels ils donnent vie à des êtres de raison chargés de toutes les valeurs individuelles et communes d'un moment. »

L'œuvre de Pierre Francastel est très vaste et couvre depuis le Moyen Age jusqu'à l'époque contemporaine : *L'art mosan* (1953), *La sculpture de Versailles* (1930), *Du cubisme à l'art abstrait : Robert Delaunay* (1957). Dès 1946 il publie un ouvrage sur l'Ecole de Paris, en 1937 un ouvrage sur l'impressionnisme et dès 1928 des monographies d'artistes *(Girardon)*.

● BIBLIOGRAPHIE. — P. FRANCASTEL, *Etudes de sociologie de l'art*, Paris, 1970; *La sociologie de l'art et sa vocation interdisciplinaire. L'œuvre et l'influence de Pierre Francastel*, ouvrage collectif, Paris, 1976.

▶ CORRÉLAT. — Art (Histoire de l').

X. BARRAL I ALTET.

Froissart Jean, vers 1337 - après 1404

Chroniqueur mais aussi poète et romancier ennuyeur. Né à Valenciennes, il devint clerc mineur au service de Philippa de Hainaut, épouse d'Edouard III. Il lui offrit sa première œuvre, un poème perdu sur la bataille de Poitiers et séjourna à Londres de 1361 à 1369 jusqu'à la mort de la reine. De retour à Valenciennes, il fut ordonné prêtre et devint curé d'Estines (près de Mons). Il fréquenta alors la cour de Robert de Namur, puis celle des ducs de Brabant et enfin celle de Guy de Chatillon, qui en fit son chapelain et un chanoine de Chimay. Pour les besoins de son œuvre, il parcourut la France, l'Angleterre, l'Ecosse et l'Italie.

Ses activités littéraires ne se bornent pas à l'histoire. Il écrivit des poèmes courtois et allégoriques comme l'*Epinette amoureuse* et le *Joli Buisson de Jeunesse*. En 1388, il dédia à Gaston Phoebus, comte de Foix, le roman arthurien de *Méliador*. Les *Chroniques de France d'Angleterre et des pays circumvoisins* sont l'un des grands livres du XIVe et connurent un succès immédiat. Elles sont consacrées à l'histoire des guerres franco-anglaises de l'avènement d'Edouard III (1326) à la mort de Richard II (1399). Jusqu'en 1361, Froissart suit plus ou moins la chronique du chanoine liégeois Gilles le Bel, il fait ensuite œuvre personnelle en racontant l'histoire de son temps à partir des témoignages qu'il a recueillis. Il existe trois versions des *Chroniques*. La première pro-anglaise fut écrite à partir de 1370 pour Robert de Namur, la seconde pro-française fut composée entre 1376 et 1383 pour Guy de Chatillon tout comme la troisième commencée en 1400 et inachevée. Froissart est un narrateur vivant et coloré. Doté d'un grand sens épique et bon connaisseur de la mentalité nobiliaire, il cherche à glorifier les exploits de la chevalerie franco-anglaise. Pour lui, la causalité historique se réduit à la psychologie des acteurs. Longtemps critiqué pour ses imprécisions et ses erreurs, il tend à être aujourd'hui mieux compris. Elles sont dues pour beaucoup à l'utilisation de techniques littéraires sophistiquées. La présentation au lecteur de différentes versions du même événement n'est pas confusion mais souci d'objectivité. Dernier grand texte écrit en picard, l'œuvre de Froissart est très caractéristique du souci de faire à la fois œuvre d'histoire et œuvre de littérature. Ne répondant pas aux critères de l'histoire humaniste, elle fut peu appréciée à partir de la fin du XVIe. Il fallut attendre l'époque romantique pour que l'on redécouvre le premier des reporters.

● BIBLIOGRAPHIE. — C. BEAUNE, *Naissance de la Nation France*, Paris, 1985; B. GUENÉE, *Histoire et culture historique de l'Occident médiéval*, Paris, 1980; S. S. SHEARS, *Froissart chronicler and poet*, Londres, 1930.

▶ CORRÉLATS. — Mémoire collective, Nationale (Histoire).

C. BEAUNE.

Fustel de Coulanges Numa Deny, 1830-1889

« M. de Fustel de Coulanges a étudié l'histoire, il l'a enseignée, il l'a écrite. Voilà toute sa vie. » Ainsi commence la notice qu'A. Sorel (qui lui a succédé à l'Institut) lui consacre. De fait, Fustel s'est voulu avant tout un professionnel de l'histoire, un universitaire, il n'a pas eu de vie publique, même s'il a eu un rôle politique (notamment en 1870).

Né à Paris en 1830, mort en 1889, sa santé a toujours été fragile. Elève de l'ENS, puis de l'Ecole d'Athènes, il est nommé en 1860 chargé de cours d'histoire à Strasbourg, où il restera jusqu'en 1870. En 1858 il avait soutenu ses thèses, jalons dans l'enquête qui allait le conduire à la rédaction de

La cité antique. L'essai *Sur le culte de Vesta* s'efforce déjà de penser la naissance de la cité, à travers la progressive expansion de Vesta qui, finalement, devient le foyer commun. Avec *Polybe ou la Grèce conquise par les Romains*, il porte, au contraire, son attention sur les raisons qui ont mis fin au « régime municipal » et il amorce une réflexion qu'il n'abandonnera plus sur le rôle du principe aristocratique dans une société.

En 1864 paraît, à compte d'auteur, *La Cité antique*. Largement salué ce livre austère au style limpide et retenu, constamment réédité depuis, largement traduit, est rapidement devenu un classique : jamais un *best-seller*, comme *La vie de Jésus* de Renan (1863), mais plutôt un *long seller*. On le critiqua aussi, en lui reprochant de faire de « l'histoire *a priori* » ou d'être en fait clérical et, plus encore, en l'accusant d' « ignorer » les auteurs modernes (tels Niebuhr ou Mommsen). De fait, il avait adopté pour principe de ne citer que les Anciens — car « l'histoire, répétait-il, ne se fait qu'avec les textes » — comme s'il n'y avait personne entre eux et lui. Son objectif : montrer comment s'était formée, modifiée, désagrégée la cité antique, depuis la famille indo-européenne jusqu'au triomphe du christianisme. Le lien social est en réalité d'ordre religieux et écrire l'histoire de la cité, c'est retracer l'histoire d'une croyance. Il démontait du même coup les illusions des Révolutionnaires sur l'imitation des Anciens : « On s'est fait illusion sur la liberté chez les Anciens et pour cela seul la liberté chez les Modernes a été mise en péril. » Le monde antique est en fait un monde où il n'y a de liberté que de l'Etat.

Nommé à l'ENS en 1870, il est chargé par Duruy de leçons d'histoire à l'impératrice; est créée pour lui, en 1878, la première chaire d'histoire médiévale de la Sorbonne; de 1880 à 1883, il dirige l'ENS, avant de revenir à la Sorbonne et à ses travaux. La guerre, la défaite, la Commune l'amènent à des prises de position à chaud et font que, sans jamais abandonner l'Antiquité, il est de plus en plus requis par l'histoire de France. Contre Mommsen, il soutient que ce n'est pas la langue qui fait la nationalité et que l'Alsace est française (27 octobre 1870). Dans la *Revue des Deux Mondes* où il donne toute une série d'articles, il traite de « la politique d'envahissement : Louvois et M. de Bismarck ». En 1872, il publie une sorte de manifeste *De la manière d'écrire l'histoire en France et en Allemagne depuis cinquante ans*. Autant l'historiographie allemande, fondée sur l'amour de la patrie, organisée comme une armée, a préparé la conquête, autant l'histoire en France est « une sorte de guerre civile permanente », qui nous livre « à l'avance à l'ennemi ». Avec cette définition du patriotisme : « le véritable patriotisme n'est pas l'amour du sol, c'est l'amour du passé, c'est le respect pour les générations qui nous ont précédés ».

Paraît en 1875 le premier volume de l'*Histoire des institutions politiques de l'ancienne France*. Le dessein est ample : repenser l'histoire de France jusqu'à la Révolution, en dénonçant, notamment, les préjugés sur les invasions : la liberté n'est pas venue de Germanie. L'œuvre, probablement parce qu'elle devint interminable, resta inachevée. Très attaqué, le livre fut repris et considérablement augmenté; la présentation se fit de plus en plus érudite (citations, discussions, controverses). Parallèlement, il écrivit de nombreux mémoires, sortes de travaux préliminaires, portant sur des points précis et, particulièrement, sur le problème des origines de la propriété foncière : Fustel, véritablement obsédé par cette question, s'est acharné à démontrer qu'il n'y avait jamais eu de propriété collective du sol.

Après sa mort, Maurras et l'Action française (1905) le revendiquèrent, voulant voir en lui, historien connu et reconnu, un véritable « historien national ».

● BIBLIOGRAPHIE. — P. GUIRAUD, *Fustel de Coulanges*, Paris, 1896; A. MOMIGLIANO, La cité antique de Fustel de C., *Problèmes d'historiographie ancienne et moderne*, Paris, Gallimard, 1983, p. 402-423; *La cité antique*, préface de F. Hartog, Paris, Flammarion, 1984.

▶ CORRÉLATS. — Histoire grecque, Institutions, Nationale (Histoire).

F. HARTOG.

Généalogie

La généalogie est l'ancêtre de l'histoire. Ce fut en énumérant la succession des générations que l'homme apprit à mesurer le temps long; en établissant la réalité des liens familiaux que les chefs fondèrent les anciennes dynasties.

La généalogie est un élément constitutif de presque toutes les cultures. « La Genèse est proprement un immense traité de généalogie descendante » (P. Durye). Et G. Duby, commentant le manuel de Dhuoda, une grande dame contemporaine de Charles le Chauve, met en évidence le lien qui existe entre la mémoire des ancêtres et la transmission du patrimoine (*Le Chevalier, la femme et le prêtre*, p. 50).

Pourtant, il faut attendre le début du XIVe siècle pour trouver un traité de généalogie conçu de manière moderne : l'histoire des grandes familles du Portugal, écrite par Pierre, comte de Barcelos, fils du roi Denis; encore ne fut-il publié qu'en 1640.

En 1590, l'historien allemand Michel Eyzinger invente le système de numérotation des ancêtres utilisé aujourd'hui encore sous le nom de Sosa-Stradonitz.

En France malheureusement, malgré le succès du traité de généalogie de Claude-François Ménestrier et Jean Le Laboureur (1683), la généalogie cesse bientôt de s'occuper d'autre chose que de l'ascendance paternelle des membres de la noblesse; elle sombre dans la vanité et le mensonge. Au contraire, les érudits allemands en font, au XIXe siècle, « la science de l'origine, de la propagation et du destin des familles qui ont acquis de la considération dans la vie publique et de l'influence sur la société humaine policée ». Le pas décisif est franchi en 1907 par O. K. Roller qui entreprend de reconstituer sans exclusive les familles de la petite ville de Durlach, fondant ainsi la démographie historique.

Depuis une dizaine d'années, la généalogie connaît en France un succès éclatant, lié à celui de l'histoire sociale et à la soif de réenracinement de nos contemporains; il existe une cinquantaine de cercles généalogiques, où les notables sont désormais très minoritaires; la plupart de ces cercles adhèrent à une fédération, qui organise tous les deux ans un congrès national. Beaucoup de généalogistes participent à des travaux d'intérêt collectif ; réciproquement, les historiens démographes, ayant pris conscience de la nécessité de dépasser le cadre des monographies paroissiales, s'intéressent à la généalogie.

Les généalogies linéaires, qui se limitent à l'étude de la filiation, sont presque entièrement passées de mode. Par contre, les généalogies arborescentes peuvent apporter beaucoup à l'histoire sociale. Il en existe deux types :

— les généalogies ascendantes consistent à reconstituer le tableau de tous les ancêtres d'un individu, tant en ligne paternelle qu'en ligne maternelle. Du point de vue de la démographie historique et de l'histoire sociale, elles présentent le grave inconvénient de n'être pas représentatives : leurs auteurs se recrutent surtout dans les milieux les plus portés aux travaux intellectuels ; en outre, par définition, on n'y trouve jamais de « branches mortes » ; enfin, comme tous les groupes sociaux ne se sont pas reproduits également, l'image que donnerait des sociétés d'autrefois un agrégat de généalogies ascendantes, serait complètement déformée : les paysans aisés, par exemple, y seraient surreprésentés, le clergé totalement absent ;

— les généalogies descendantes aboutissent à constituer le tableau de descendance d'un personnage du temps jadis, par exemple Charlemagne ou Madame de Sévigné. De telles généalogies sont d'un grand intérêt pour l'historien démographe, à condition que tous les descendants y figurent, y compris les enfants morts en bas âge. Malheureusement, lorsqu'il ne s'agit pas de familles illustres, elles sont beaucoup plus difficiles à compléter que les généalogies ascendantes.

Du point de vue de la représentativité, le problème est de savoir comment ont été choisis les personnages-souches : si c'est en fonction de leur noblesse ou de leur rang, les enseignements tirés de l'analyse de ces généalogies descendantes ne peuvent concerner qu'un groupe social restreint, par exemple la bourgeoisie de Genève, étudiée par L. Henry d'après les généalogies d'A. Choisy. Pour connaître les caractéristiques de la société tout entière, en particulier la mobilité géographique et sociale, il faudrait pouvoir constituer un échantillon représentatif de généalogies descendantes. C'est ce qui a été tenté à l'Ecole des Hautes Etudes en Sciences sociales pour le XIXe et XXe siècle avec l'enquête dite des 3 000 familles.

● BIBLIOGRAPHIE. — Gildas BERNARD, *Guide des recherches sur l'histoire des familles*, Paris, Archives nationales, 1981 ; Pierre DURYE, *La généalogie*, Paris, PUF, coll. « Que sais-je ? », 1961 (5e éd. en 1979) ; Yann GRANDEAU, *A la recherche de vos ancêtres*, Paris, Stock, 1974 ; Louis HENRY, *Anciennes familles genevoises, étude démographique, XVIe-XIXe siècles*, Paris, INED et PUF, 1956.

▶ CORRÉLATS. — Démographie historique, Famille, Sociale (Histoire).

J. DUPÂQUIER.

Géographie historique / Géohistoire

Lors de l'institutionnalisation de l'histoire universitaire, au cours de la seconde moitié du XIXe siècle, la géographie n'a pas encore droit de cité dans les universités ; aussi est-ce par le biais de la géographie historique que s'amorcent les échanges entre les deux disciplines.

Bien qu'aujourd'hui peu pratiquée en France, la géographie historique demeure dans l'enseignement supérieur anglo-saxon et germanique une discipline à part entière, avec ses chaires, sa bibliographie spécifique... A la fin du XIXe siècle, elle constitue un reflet fidèle des limites de l'histoire positiviste. Dans ses travaux comme dans son séminaire à l'EPHE IV, et ses cours au Collège de France, A. Longon abat une tâche utile, confectionne des Atlas historiques mais son horizon intellectuel se limite à la reconstitution des frontières politiques et administratives. En Allemagne la géographie historique de la fin du XIXe siècle trouve son maître en la personne du grand géographe Ratzel ; ses conceptions, ordonnées autour des notions de positions *(die lage)* et d'espace *(die raum)*, aboutissent dans l'entre-deux-guerres à la naissance de la *géopolitique*. Malheureusement cette discipline aux préoccupations trop étroites devient vite l'instrument privilégié de manipulations politiques ou idéologiques.

Ainsi la géographie historique paralysée, entre l'assouplissement et l'asservissement, cesse d'être le lieu d'échanges intellectuels entre historiens et géographes. Avec l'affirmation progressive de la géographie sur le plan universitaire, de nouvelles relations s'ébauchent. La France offre un cas de figure particulier puisque les liens institutionnels des deux disciplines y sont cimentés par la répartition des tâches dans l'enseignement secondaire. En choisissant d'ouvrir son *Histoire de France* par un *Tableau de la France*, œuvre du maître de l'école géographique française Vidal de La Blache, E. Lavisse indique bien l'intérêt grandissant des historiens pour la géographie. Cependant l'espace n'est encore qu'un décor donné sur lequel les hommes agissent.

Le dialogue de 1910 à 1930. — C'est au cours de l'entre-deux-guerres que le dialogue entre histoire et géographie va aboutir à un enrichissement considérable de la démarche historique. Dès les années 1905-1914, la *Revue de synthèse* d'Henri Berr, qui consacre une série de monographies aux régions de France, rédigée par des historiens (Febvre, Bloch), indique ce rapprochement des préoccupations. En effet la géographie des disciples de Vidal de La Blache offre aux historiens des objets d'études, un cadre spatial et des méthodes qu'ils ignoraient jusque-là.

Au début du siècle, les seuls véritables travaux d'histoire économique figurent dans les premiers chapitres des grandes thèses de géographie régionale. D'autre part le cadre régional devient lentement le creuset idéal d'une histoire économique et sociale en construction et ceci jusqu'à aujourd'hui. Enfin l'analyse des cartes, des plans, des terriers, pour décrypter une histoire sociale sous-jacente à un paysage, est un apport décisif. Si Gaston Roupnel, Marc Bloch, mais aussi le géographe Roger Dion travaillent les plans parcellaires au début des années trente, c'est bien grâce aux travaux de géographie rurale.

Cependant, cet échange des techniques et des problématiques n'est en grande partie possible qu'en raison de l'abandon de tous les postulats déterministes. Sur ce plan, la parution de la *Terre et l'évolution humaine* en 1920 porte un coup fatal à une vision fixiste de l'espace et lui rend un caractère historique. Décrivant les relations dialectiques entre sociétés et environnement, L. Febvre fait du paysage le produit aussi bien que le cadre de l'histoire. Détruisant les truismes classiques sur l'influence de l'insularité, sur la psychologie des peuples expliquée par le climat ou la richesse des sols, Lucien Febvre ouvre la voie à une « histoire conçue comme une succession de géographies » (M. Sorre).

Ce dialogue a été apparemment poussé à son terme par Fernand Braudel qui fit d'un personnage géographique le sujet de sa thèse *(La Méditerranée et le monde méditerranéen à l'époque de Philippe II)*. Dans un appel vibrant F. Braudel réclame une véritable géohistoire : « De la traditionnelle géographie historique à la Longnon, vouée presque uniquement à l'étude des frontières d'Etats et de circonscriptions administratives, sans souci de la terre elle-même, du climat, du sol, des plantes et des bêtes (...) faire une véritable géographie humaine rétrospective. »

Cependant les incertitudes de Braudel, lui-même, qui tend souvent à confondre géographie et temps long, amorcent parfois un retour à la géographie, décor dans lequel les hommes agissent. Aussi son appel, pas plus que celui de Roger Dion, en dépit de sa chaire au Collège de France, n'ont de véritables suites.

Géographie et histoire. — Il semble que la géographie contemporaine, toujours plus tournée vers l'immédiat et les tâches d'aménagement, perd de plus en plus le sens des relations avec l'histoire. L'introduction des démarches quantitatives explique en grande partie qu'on ne trouve plus d'aveu, comme celui d'E. Juillard, reconnaissant que sa thèse sur la Basse-Alsace est bien souvent aussi historique que géographique.

La « nouvelle géographie anglo-saxonne » tout entière tournée vers l'expérimentation de modèles mathématiques, et dont les auteurs n'ont pas toujours une formation parallèle d'historien, ignore de plus en plus les possibilités d'une géographie rétrospective même dans le monde rural. Sans doute l'effacement plus précoce des anciennes structures agraires peut expliquer cela, mais on aurait supposer que les mutations rapides du tissu urbain outre-Atlantique favoriseraient une géographie urbaine récurrente.

Si certains travaux géographiques en France témoignent encore d'une ouverture sur l'histoire, travaux de X. de Planhol, G. Sautter, R. Brunet.., ils datent pour la plupart des années soixante.

Histoire et géographie. — En dépit de l'échec des ambitions totalisantes d'un F. Braudel, la prise en compte de l'espace constitue l'une des caractéristiques de l'histoire qui s'est écrite depuis la seconde guerre mondiale. En même temps que la découverte de la statistique, l'utilisation de la cartographie et de la distribution spatiale des phénomènes est devenue l'une des méthodes les plus courantes d'interprétation et de recherches des causes. La géographie électorale, la répartition des cultures, la répartition des taux d'alphabétisation... ne servent plus seulement à illustrer mais à suggérer des explications. Les techniques graphiques et cartographiques mises au point, en particulier dans le laboratoire de l'EHESS, ont transformé l'usage de la carte devenue outil d'investigation.

Dans le domaine archéologique, c'est par le biais de la carte que les travaux sur les centuriations romaines en Afrique du Nord ou sur les villages désertés au Moyen Age ont trouvé une conclusion associant étroitement l'utilisation de l'espace et la vie des sociétés. Enfin le recours à la carte aboutit à des œuvres comme l'*Atlas des cultures vivrières* qui traduit sous forme « géographique » une véritable somme de recherches historiques, archéologiques et ethno-botaniques.

Enfin l'histoire s'empare d'objets jusque-là réservés à la géographie, comme l'étude des climats dans le cadre d'une histoire dont E. Le Roy-Ladurie a montré toute l'importance pour les sociétés d'Ancien Régime.

Néanmoins l'attention portée par les historiens aux démarches géographiques ne doit pas faire illusion. Bien plus qu'une véritable géographie rétrospective, l'histoire économique et sociale a retenu des travaux du début du siècle un découpage de l'espace. A l'intérieur de ce champ (Languedoc, Beauvaisis, Provence...) l'analyse de l'espace et de l'environnement n'est pas aussi importante qu'on aurait pu le supposer. D'autre part la géographie des historiens, les Français en particulier, demeure tributaire des centres d'intérêt de la géographie universitaire du début du siècle ; ainsi l'histoire urbaine, en dépit de travaux comme ceux de M. Roncayolo, recourt fort peu à la géographie, reflétant les limites d'une géographie longtemps plus préoccupée par l'espace rural que par les villes.

Enfin la géographie des historiens diffère souvent de celle des géographes, en particulier dans le monde anglo-saxon où s'impose de plus en plus une « nouvelle géographie » construite à grand renfort de modèles.

Sans doute est-ce un reflet des structures universitaires si l'historiographie française reste si sensible à la géographie tandis qu'en Grande-Bretagne et aux Etats-Unis se développe une géographie historique renouvelée à l'écart de l'histoire.

Le développement récent de l'histoire de la géographie contribuera sans doute à éclairer les apports réciproques des deux disciplines.

● BIBLIOGRAPHIE. — *Géographie historique* : A. LONGNON, *La formation de l'unité française*, leçons professées au Collège de France, 1889-1890, Paris, 1922; F. RATZEL, *Politische geographie*, Munich-Berlin, 2ᵉ éd., 1903; A. H. R. BAKER, ed., *Progress in historical geography*, 1972.

Histoire et géographie : J. BERTIN, W. G. L. RANDLES, J. J. HEMARDINQUER, *Atlas des cultures vivrières* ; M. BLOCH, *Les caractères originaux de l'histoire rurale française*, Paris, 1931; R. DION, *Essai sur la formation du paysage rural français*, Tours, 1934; L. FEBVRE, *La terre et l'évolution humaine. Introduction géographique à l'histoire*, Paris, 1922, rééd. 1970; G. ROUPNEL, *Histoire de la campagne française*, Paris, 1932.

▶ CORRÉLATS. — Annales (Ecole des), Bloch, Braudel, Febvre.

O. DUMOULIN.

Gestes

L'étude des gestes par l'historien présente deux caractéristiques :

1 | La spécificité de la documentation : l'historien est privé de toute possibilité d'observation directe des gestes, et le plus souvent il ignore quel en fut le mouvement — qui est la composante essentielle du geste — à moins de pouvoir le reconstituer approximativement (par exemple en suivant le *ductus* d'une écriture ancienne ou le trajet d'un outil) ou de travailler, s'il est spécialiste d'histoire contemporaine, sur des documents cinématographiques. Cependant, la « représentation » des gestes du passé subit les contraintes propres du document (textuel ou iconographique), de sa structure et de sa finalité, que l'historien doit absolument prendre en compte.

2 | La réflexion des historiens sur les gestes est récente : elle est venue tard par rapport aux interrogations sur le geste des autres sciences sociales, et surtout par rapport à celles qui habitent, depuis l'Antiquité, l'histoire de la culture occidentale, et dont l'étude est l'une des tâches de l'historien des gestes. Deux traits, étroitement liés, caractérisent cette réflexion dans la longue durée :

— Pendant des siècles, cette réflexion a eu avant tout une visée normative qui concernait soit le corps en général (maintien, « contenances », mouvement, manières de table, etc.), soit l'apprentissage de techniques particulières du corps (rhétorique, art théâtral, gestes du travail, canons de la peinture ou de la sculpture, etc.). Les travaux de N. Elias, M. Foucault, G. Vigarello, notamment, permettent de conclure schématiquement à la succession de modèles contraignants des attitudes corporelles, largement inconscients et propres à chaque époque ou plus souvent aux groupes sociaux qui étaient alors en position idéologique dominante : modèle chrétien médiéval de la *disciplina*, pensé comme une voie obligée vers le Salut, ou, sous une forme laïcisée, de la « courtoisie », qui s'exprimait dans les cours féodales; modèles de la « civilité », défini pour la première fois et avec un immense succès par Erasme, et largement dépendant d'une nouvelle éthique bourgeoise; réflexion sur le corps comme mécanique, au XVIIe siècle, et visée plus naturaliste de son activité au XVIIIe siècle; modèle « énergétique » du XIXe siècle contemporain de la Révolution industrielle et de l'essor du machinisme. Aujourd'hui l'idéologie du corps « libéré » et de « l'expression corporelle », outre qu'elle s'inscrit dans une longue tradition, n'échappe pas à cette lecture critique d'une histoire tout entière dominée par des normes qui, jusque dans leur apparente négation sont étonnamment récurrentes : l'exigence de mesure, le bannissement de l'excès, la condamnation du geste « inconvenant », voire peccamineux.

— De cette évolution générale, l'histoire des arts du geste est étroitement dépendante. Sous des formes qui ont varié dans le temps, elle est dominée depuis Aristote, Cicéron et Quintilien par une problématique de l' « expression » : les mouvements extérieurs du corps, et surtout du visage, exprimeraient les mouvements intérieurs de l'âme, les passions (comme on le répète surtout à partir de Descartes) ou les émotions (suivant la terminologie de Charles Darwin). L'art de l'orateur, de l'acteur, du peintre (Charles Le Brun), doit donc consister à imiter dans son propre corps ou dans son œuvre le geste qui est censé correspondre exactement au sentiment ou à l'intention qu'il entend communiquer au spectateur.

La double visée normative et expressive de la réflexion occidentale sur les gestes a beaucoup pesé sur les débuts d'une analyse scientifique, et notamment historique, de la gestualité : l'attention portée aux arts du geste a pendant longtemps conduit à négliger les gestes communs de la vie quotidienne, comme on peut le constater par exemple dans l'*Encyclopédie* de d'Alembert et Diderot (art. « Geste », « Déclamation », « Passions »). Même quand cette perspective étroite était abandonnée, les historiens, jusqu'à aujourd'hui parfois, ont surtout cherché dans les documents du passé (les textes littéraires en priorité) par quels mots ou expressions étaient évoqués et parfois décrits les gestes manifestant la joie, la douleur, le désespoir, le respect, etc. Nombreux sont les travaux qui présentent une classification de tels « signifiés » ; rares sont les auteurs attentifs à un éventuel système des gestes eux-mêmes, malgré certaines études pionnières (dont en premier lieu celle de Karl von Amira, dès 1905).

Cependant, les conditions de la réflexion sur les gestes se sont profondément modifiées au cours du XIXe siècle et plus encore au début du XXe siècle, rendant possible, à terme, une interrogation spécifique des historiens sur cet objet. Ce changement tient essentiellement d'une part à la naissance de la linguistique structurale (Ferdinand de Saussure, 1916), et à ses développements depuis lors (R. Jakobson notamment), d'autre part à l'essor de l'anthropologie sociale.

Les bouleversements de la linguistique ont permis de ne plus penser exclusivement les rapports entre gestes et langage en termes d'origine et de priorité : depuis Montaigne et surtout aux XVIIe (F. Bacon) et XVIIIe siècles (Diderot, Rousseau, Condillac), les philosophes du langage voyaient dans les gestes un langage universel, naturel, antérieur à la différenciation des langues, « emblématique » et comparable en ce sens aux hiéroglyphes (antérieurs pour leur part aux écritures alphabétiques liées aux sonorités de chaque langue). Ainsi, pour Francis Bacon (1605), les gestes étaient des « hiéroglyphes transitoires ». En privilégiant l'étude syntagmatique des faits de langage, la linguistique moderne a rendu au contraire attentif à la complémentarité des divers modes de communication, non verbaux et verbaux, au sein d'une sémiologie plus vaste susceptible de prendre en compte l'ensemble des systèmes symboliques. C'est dans cette perspective que s'est développée depuis la seconde guerre mondiale, spécialement aux Etats-Unis, une discipline propre, la *kinésique* (R. Birdwhistell), qui cherche à appliquer à la communication non verbale des modèles d'analyse et de description d'inspiration linguistique. L'analyse formelle de toutes les manifestations corporelles des protagonistes dans une situation d'interaction (un dialogue par exemple), qui prend en compte jusqu'aux plus infimes battements des cils, atteint ici le plus haut degré de minutie, sans déboucher pourtant sur une interprétation sociologique et à plus forte raison historique, satisfaisante.

Plus importants pour l'historien sont les développements récents de l'anthropologie des gestes. Dès 1832, le chanoine napolitain Andrea De Jorio posait assez bien le problème de la spécificité culturelle d'un système de gestes propres à une région (nuançant l'idée traditionnelle d'un langage universel des gestes, il parlait de « dialecte » gestuel), et de sa longue durée historique (puisque les gestes napolitains contemporains lui permettaient d'interpréter, pensait-il, les scènes peintes sur les vases grecs antiques). En 1881, Garrick Mallery réunit toute la documentation existante sur le langage par gestes des Indiens des Plaines aux Etats-Unis. Mais cette étude ethnographique restait encore largement dépendante du modèle linguistique qui continuait de dominer la réflexion sur les gestes, et avec lequel l'école sociologique française de Durkheim et ses successeurs fut la première à rompre : Robert Hertz puis Marcel Mauss, dans son article fameux sur les « techniques du corps » (1936), Marcel Granet, à propos des rituels de deuil et des usages symboliques de la main droite et de la main gauche dans la Chine ancienne, ont ouvert la voie à une interprétation « culturaliste » de la totalité des mouvements du corps : s'agirait-il même de la manière de marcher ou de nager, il n'y a pas de geste « naturel » ; au contraire, chaque geste est le produit d'une culture et d'une situation sociale dont l'ethnologue, le sociologue, l'historien doivent rendre compte. Cette exigence nuance avantageusement les affirmations actuelles de *l'ethologie* (K. Lorenz, I. Eibl-Eibesfeldt) sur le caractère inné des gestes élémentaires et le caractère naturel des comportements que l'homme partagerait avec les animaux. L'éthologie doit beaucoup à Ch. Darwin (1872), et sa nouveauté tient plus à son appareillage technique (caméras permettant de filmer discrètement les sujets) qu'à son inspiration. Cette dernière n'est pas non plus dénuée d'arrière-pensées idéologiques et, dès 1940, David Efron réagissait contre les interprétations « naturalistes » et même racistes qui présidaient à certaines études de la gestualité, en montrant comment, différents au départ, les gestes des juifs d'Europe centrale et des Italiens du Sud immigrés à New York tendaient à s'uniformiser dans un même milieu social.

La principale mutation récente des études sur les gestes date du lendemain de la dernière guerre mondiale. Elle est due surtout à l'anthropologue américain Gregory Bateson, qui a su appliquer au comportement humain les découvertes de la cybernétique (Norbert Wiener, 1948) et de la théorie de la communication (Claude Shannon, 1949), notamment la notion d'effet en retour *(feed-back)* qui permit de penser tout geste comme un des éléments d'une relation d'interaction. Aux travaux de G. Bateson et de Margaret Mead, se sont ajoutés bientôt ceux, fondamentaux, d'Erwing Goffman sur les relations en public, et d'Edward Hall, inventeur d'une discipline nouvelle, la *proxémique*, sur les espaces emboîtés, symboliques et matériels, dans lesquels chaque individu se meut en permanence.

L'approche anthropologique de la gestualité, telle qu'elle s'est précisée depuis une cinquantaine d'années, est incontestablement la plus féconde pour le travail de l'historien des gestes, qui y trouve à la fois des modèles d'analyse et d'interprétation des gestes rituels de sociétés donnés, la possibilité de comparer des systèmes de valeurs et de normes gestuelles qui diffèrent d'une société à l'autre ou évoluent dans le temps, et enfin l'exigence d'une réflexion sur les gestes en termes de relations et d'interaction ; cette exigence s'impose particulièrement à l'historien des images, qui constituent les documents privilégiés de l'étude historique des gestes.

● BIBLIOGRAPHIE. — L'essentiel de la bibliographie — extrêmement abondante et variée — est présenté dans : *Gestures*, edited by Jean-Claude SCHMITT, *History and Anthropology* I, Paris, 1984. Ce volume collectif comprend en outre une introduction historiographique et neuf études, traitant particulièrement de la représentation iconographique des gestes et des gestes rituels, dans l'Antiquité grecque, le Moyen Age occidental et l'Europe moderne.

Autres études importantes : Karl von AMIRA, Die Handgebärden in den Bilderhandschriften des Sachsenspiegels, *Sitzungsberichte (Abhandl.) der Akademie der Wissenschaften zu München*, 23, 2, Munich, 1905, p. 161-263 ; Moshe BARASH, *Gestures of despair in medieval and early Renaissance art*, New York, New York University Press, 1976 ; Gregory BATESON, Pierre BOURDIEU, Erwing GOFFMAN *et al.*, Présentation et représentation du corps, *Actes de la Recherche en Sciences sociales*, 14, 1977; Robert G. Benson, *Medieval Body Language. A Study of the Use of Gesture in Chaucer's Poetry*, Copenhagen, Rosen Kilde & Bagger (*Anglistica* XXI), 1980; Ray L. Birdwhistell, *Kinesics and Context. Essays on Body Motion Communication*, Philadelphia University of Pennsylvania Press, 1970; R. Brilliant, *Gesture and Rank in Roman Art. The Use of Gesture to denote Status in Roman Sculpture and Coinage*, New Haven, Conn., Academy of Art and Sciences, 1965; Hubert Damisch, L'alphabet des masques, *Nouvelle Revue de Psychanalyse*, 21, 1980, p. 123-131; Charles Darwin, *L'expression des émotions chez l'homme et les animaux*, Bruxelles, Editions Complexe, 1983 (rééd. anast. de l'éd. franç., Paris, 1890; éd. originale, Londres, 1872); Andrea de Jorio, *La mimica degli antichi, investigata nel gestire napoletano*, Naples, 1832; David Efron, *Gesture, Race and Culture. A tentative study of some of the spatio-temporal and « linguistic » aspects of the gestural behaviour of Eastern Jews and Southern Italians in New York, living under similar as well as different environmental conditions*, The Hague-Paris, Mouton (« Approaches to Semiotics », 9), 1972 (1re éd. 1940); Irenaüs Eibl-Eibesfeldt, *Ethologie. Biologie du comportement*, Paris, Stock, 1972; Norbert Elias, *La civilisation des mœurs*, Paris, Calman-Lévy, 1969; Michel Foucault, *Surveiller et punir*, Paris, Gallimard, 1975 Marc Fumaroli et al., Rhétorique du geste et de la voix à l'âge classique, *XVIIe siècle*, 132, 3, 1981, p. 235-355; *Geste et Image*, Bulletin de liaison, CNRS/SERDDAV, Ivry-sur-Seine, 1980 (4 vol. parus); Ewing Goffman, *La mise en scène de la vie quotidienne. Les relations en public*, Paris, Ed. de Minuit, 1973, 2 vol.; Ernst H. Gombrich, *The Image and the Eye. Further studies in the psychology of pictorial representation*, Oxford, Phaidon, 1982; Marcel Granet, *Etudes sociologiques sur la Chine*, Paris, PUF, 1953; A. J. Greimas, Pratiques et Langages gestuels, *Langages*, 10, 1968; Werner Habicht, *Die Gebärde in englischen Dichtungen des Mittelalters* (Bayerische Akademie der Wissenschaften, Phil. Hist. Klasse. Abhandlungen, Neue Folge, Heft 46, Munich, 1959); Edward T. Hall, *Le langage silencieux*, Paris, Mame, 1973; Robert Hertz, La prééminence de la main droite, Etude sur la polarité religieuse, *Sociologie religieuse et folklore*, Paris, PUF, 1970, p. 84-109; Marcel Jousse, *L'anthropologie du geste*, Paris, Gallimard, 1974; Jacques Le Goff, Le rituel symbolique de la vassalité, rééd. in *Pour un autre Moyen Age. Temps, travail et culture en Occident; 18 essais*, Paris, Gallimard, 1977, p. 349-420; André Leroi-Gourhan, *Le geste et la parole*, Paris, Albin Michel, 1964-1965; Marcel Mauss, Les techniques du corps, *Sociologie et anthropologie*, Paris, PUF, 1968, p. 363-386; Dietmar Peil, *Die Gebärde bei Chrétien, Hartmann und Wolfram. Erec - Iwein - Parzival*, Munich, Wilhelm Fink Verlag, 1975; Karl Sittl, *Die Gebärden der Griechen und Römer*, Leipzig, 1890; Georges Vigarello, *Le corps redressé*, Paris, J.-P. Delarge, 1978; Paul Zumthor, *Introduction à la poésie orale*, Paris, Seuil, 1983.

▶ Corrélats. — Anthropologie historique, Corps, Elias.

J.-C. Schmitt.

Gibbon Edward, 1737-1794

Par son Histoire de la décadence de l'Empire romain, *The History of the Decline and Fall of the Roman Empire* publiée de 1776 à 1788, E. Gibbon a été et reste un des plus grands historiens de la fin de la civilisation romaine. Converti au catholicisme au cours de ses études à Oxford, il perdait toute possibilité de carrière officielle. Son père l'envoya à Lausanne où, en 1754, il revint à la religion réformée. Il tira de ces années de réflexion un scepticisme actif à l'égard des religions. Intéressé plutôt par les systèmes politiques, sensible aux questions posées par les philosophes, il s'écarta de leur utilisation de l'histoire en recourant à l'érudition sans toutefois pousser la critique des sources aussi loin que les savants allemands contemporains. En 1770, six ans après une visite à Rome, il se décida à traiter de la décadence de Rome. Il n'existait alors guère d'ouvrages d'histoire de l'Antiquité : on avait surtout compilé et commenté des recueils d'historiens latins. Les philosophes qui inspiraient Gibbon s'interrogeaient sur les régimes politiques, cherchant celui qui préserverait la stabilité et ferait le bonheur du peuple tout en laissant à une élite la liberté de parole et de pensée. N'hésitant pas à intervenir dans la politique pour soulager des souffrances réelles, ils voulaient d'abord libérer les esprits. Ils se reconnaissaient dans les philosophes païens de l'Antiquité et méconnaissaient les meilleurs aspects du christianisme comme le caractère complexe des classes populaires. Gibbon les a suivis sur ces deux points. La nouveauté de son histoire est en partie dans la présentation de sa documentation. Mais surtout elle se trouve dans l'étude conjointe de l'histoire religieuse et de l'histoire profane. Le premier volume, paru en 1776 affirmait, dans un style remarquable et traditionnel, l'idée scandaleuse que le christianisme porte la responsabilité de la chute de Rome. Cette hypothèse d'ensemble, la largeur de vues qui la déborde de toutes parts, l'ampleur géographique et la curiosité ouverte pour les peuples non européens, l'ironie des remarques personnelles souvent insérées dans les notes, continuent d'enrichir toute appréhension historique de la période romaine tardive.

● BIBLIOGRAPHIE. — J. E. NORTON, *A Bibliography of the Works of Gibbon*, Londres, 1940; M. BARIDON, *Edward Gibbon et le mythe de Rome*, Paris, 1975; Lynn WHITE Jr., éd., *The Transformation of the Roman World, Gibbon's Problem after two centuries*, University of California Press, Berkeley et Los Angeles, 1966; Edward Gibbon and the Decline and Fall of the Roman Empire, *Daedalus*, été 1976; *Gibbon et Rome à la lumière de l'historiographie moderne*, Publications de la faculté des Lettres de Lausanne, XXII, Genève, 1977; A. MOMIGLIANO, *Problèmes d'historiographie ancienne et moderne*, Paris, 1983, p. 320-360; P. BROWN, *La Société et le Sacré*, à paraître aux Editions du Seuil (trad. de *Society and the Holy*, Londres, 1982, p. 22-62); G. W. BOWERSOCK, J. CLIVE, S. R. GRAUBAR, éd., *Edward Gibbon and the Decline and Fall of the Roman Empire*, Harvard University Press, Cambridge, Mass., et Londres, 1977.

▶ CORRÉLATS. — Angleterre (Historiens anglais), Décadence.

A. ROUSSELLE.

Graphique

Il convient de distinguer « La graphique », système de signes, de « Le graphique » qui désigne les images construites à partir de ce système de signes.

La graphique est en effet un système de signes qui permet de transcrire les relations de différence, d'ordre ou de proportionnalité pouvant exister entre des données. Le domaine de la graphique s'étend à la construction des cartes (habituellement différenciées entre topographiques et thématiques), des diagrammes (constructions matricielles, courbes) et des réseaux (généalogies, organigrammes).

La graphique définie par Jacques Bertin et son équipe dans les années 1970 structure la construction des images à partir d'une grammaire qui s'appuie sur les lois de la perception visuelle.

L'organisation logique de ces images amène à les considérer en termes d'utilité plus qu'en termes d'illustration; la question « pourquoi dessiner ? » prime sur la question « comment dessiner ? ». En effet, une construction graphique efficace donne une réponse visuelle aux questions posées sur les relations qui existent entre les variables considérées (les objets et les caractères); les questions (et les réponses) peuvent se situer à des niveaux différents allant du niveau global qui prend en compte l'ensemble des objets et des caractères jusqu'au niveau du détail qui prend en compte la donnée élémentaire, en passant par des niveaux intermédiaires qui considèrent des sous-ensembles.

Il convient de distinguer deux utilisations de la graphique : la graphique de communication, déjà ancienne, connue et utilisée, qui transmet « aux autres » des informations par l'intermédiaire d'une image fixe, dessinée une fois pour toutes ; la graphique de traitement, de conception récente, encore peu utilisée, qui permet de découvrir par et pour soi-même l'information contenue dans les données étudiées grâce à la possibilité de transformer, de reclasser à volonté l'image graphique. Dans l'ordre des étapes à franchir la graphique de traitement précède évidemment la graphique de communication.

La graphique de traitement

L'image graphique est construite en trois dimensions : c'est la transcription visuelle d'un tableau de données à double entrée, dans lequel les colonnes (en x) correspondent généralement aux objets et les lignes (en y) aux caractères qui décrivent ces objets, le croisement d'une colonne et d'une ligne (en z) étant la définition d'un objet par un caractère, exprimée par un nombre ou par une réponse oui/non.

L'analyse du tableau des données permet de définir la (ou les) construction graphique qui sera la plus utile à la découverte des informations. A l'exception des situations où, les objets étant de nature géographique, la réalisation de cartes peut aussi être envisagée, la transcription logique

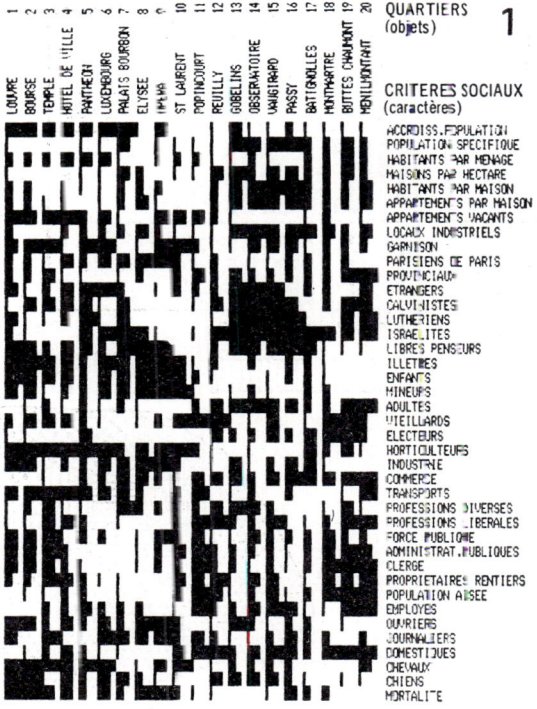

GRAPHIQUE

d'un tableau de données est une construction matricielle qui permet d'organiser les données par permutation des lignes et/ou des colonnes, de simplifier l'image initiale et de découvrir des groupements significatifs exprimant les relations qui existent entre les colonnes et les lignes.

Trois situations de permutations définissent les différents types de traitements.

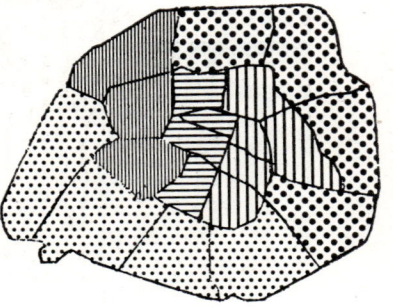

1 / Les objets et les caractères sont différents les uns des autres : les permutations des lignes et des colonnes sont possibles; la construction normale est une matrice ordonnable (figures 1 et 2).

Les données sont extraites de l'Atlas statistique de la population de Paris en 1872; des critères sociaux décrivent les vingt arrondissements. La figure 1 est la visualisation directe du tableau des données; les valeurs relatives aux caractères sont transcrites en cinq paliers visuels allant du blanc (valeurs faibles) au noir (valeurs fortes). La figure 2, après reclassement des lignes et des colonnes, montre la typologie des quartiers de Paris qui a été découverte : cinq groupes de quartiers définis par six groupes de caractères dont l'importance est variable selon les cas.
La géographie parisienne des groupes de quartiers est transcrite sur la carte 3, qui établit la synthèse des relations entre les quartiers et leurs caractéristiques.

2 / Les objets ou les caractères sont ordonnés; la permutation n'est utile que sur l'un des deux axes; les deux constructions possibles sont le fichier-image ou l'éventail de courbes.

La figure 4 est un éventail de courbes qui montrent l'évolution des différentes catégories d'actes notariés entre 1647 et 1653 (extrait de L'activité notariale comme indicateur socio-économique : l'exemple de la Fronde, J.-P. Poisson, Annales ESC, n° 5, sept.-oct. 1976). Etablies à partir d'une progression géométrique qui traduit les rapports entre les nombres, ces courbes ont été classées

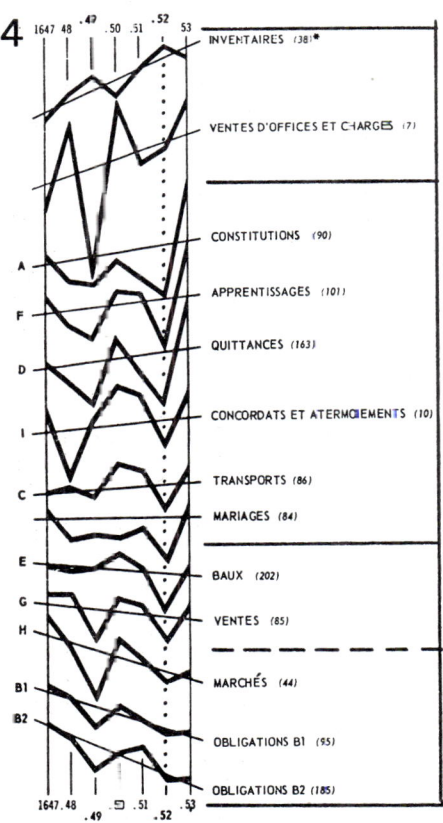

en fonction de la pente générale représentative de l'évolution entre les deux dates extrêmes : on découvre des groupes de caractères aux évolutions différentes (positives et négatives, ou stabilité) ; on peut aussi étudier la forme plus ou moins accidentée des courbes, constater la quasi-permanence d'un creux en 1652, établir par conséquent d'autres classements et tirer d'autres conclusions.

3 / Les objets et les caractères sont ordonnés; les permutations sont inutiles sur les deux axes. La construction est une image fixe du type « tableau ordonné ». La comparaison d'une collection de tableaux ordonnés peut donner lieu également à une typologie.

La carte est également une image fixe, x et y mobilisant le fond de carte. Seul le z est disponible pour représenter les différents caractères d'un tableau de données. Deux solutions sont à envisager : 1) la représentation de tous les caractères sur une même carte; on obtient une carte de superposition qui permet de répondre au niveau du détail (à tel endroit qu'y a-t-il ?) : c'est une carte de repérage, comme le sont les cartes d'atlas, les cartes topographiques, les cartes touristiques; 2) la représentation d'un seul caractère sur une carte et par conséquent la représentation de n caractères sur n cartes, chacune permettant de répondre à une question globale du type « tel caractère où est-il ? »; on obtient alors une collection de cartes comparables entre elles et dont le traitement peut déboucher sur une typologie, voire sur une carte de synthèse.

La graphique de communication

La communication efficace d'une image graphique, qui aboutit à une perception rapide et une mémorisation aisée de l'information représentée, passe par la visualisation correcte du z à l'aide de huit variables visuelles qui permettent de transcrire les relations de différence, d'ordre ou de proportionnalité existant entre les données; la correspondance entre les propriétés des données à visualiser et les propriétés des variables visuelles utilisées est le gage de l'efficacité : ainsi deux informations semblables doivent être représentées par deux signes identiques, et il est logique de penser que des quantités proportionnelles entre elles soient représentées par des surfaces proportionnelles. La figure 5 montre, d'une part, les propriétés des huit

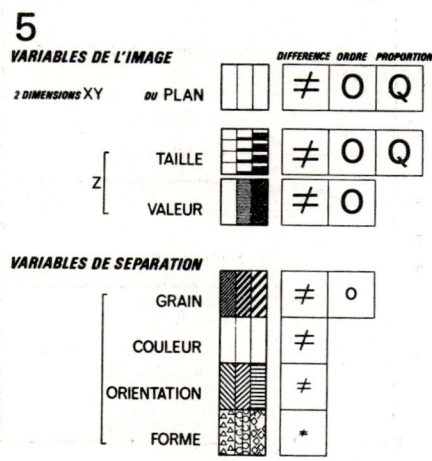

variables visuelles, d'autre part, le rôle de ces variables dans la définition de l'image.

— Quatre variables créent l'image, la forme d'ensemble significative : les deux dimensions du plan x et y qui par leur capacité d'être reclassées jouent un rôle important dans les constructions matricielles, et en z les variations de taille (variation des longueurs et des surfaces) et de valeur (variation du blanc au noir par des gris intermédiaires) utilisées tant dans les constructions matricielles qu'en cartographie.

— Quatre variables, les variables de séparation, différencient les éléments constitutifs de l'image; elles sont utilisées principalement en cartographie. Ce sont les variations de grain (agrandissement photographique d'une trame donnée), de couleur (considérée à valeur égale), d'orientation (un trait peut être vertical, horizontal, oblique), de forme (tous les signes imaginables à valeur et surface égales).

A notre époque où la pratique de l'ordinateur (en particulier des micro-ordinateurs) se développe très largement, le traitement de données à l'aide de la graphique trouve sa place en complémentarité et à côté des traitements statistiques. C'est un instrument de recherche et de réflexion complété par un instrument de communication très efficace. Les expériences pédagogiques réalisées actuellement dans l'enseignement primaire montrent que ces techniques sont facilement applicables et immédiatement compréhensibles.

● BIBLIOGRAPHIE. — Jacques BERTIN, *Sémiologie graphique*, Paris, Mouton - Gauthier-Villars - Bordas, 1973, 2e éd., 341 p., épuisé; Jacques BERTIN, *La graphique et le traitement graphique de l'information*, Paris, Flammarion, 1977, 277 p.; Serge BONIN, *Initiation à la graphique*, Paris, L'Epi, 1983, 2e éd., 171 p.; Roberto GIMENO, *Apprendre à l'école par la graphique*, Paris, Ed. Retz, 1980, 192 p.

S. BONIN.

Grèce

Histoire grecque

Si la redécouverte des Grecs date de la Renaissance, l'histoire grecque comme discipline, avec son espace propre, ses problématiques et ses institutions ne s'est constituée qu'assez récemment : un peu plus d'un siècle. La première édition de l'*Histoire grecque* de V. Duruy paraît en 1851; l'Ecole d'Athènes, fondée en 1846, n'est devenue elle-même qu'après 1870; l'Association pour l'Encouragement des Etudes grecques est formée en 1867; les premières chaires dans les universités sont des créations de la IIIe République (Fustel de Coulanges, professeur à Strasbourg jusqu'en 1870, occupe *la* chaire d'histoire). Faire l'histoire de cet intérêt pour les Grecs du XVIe siècle à nos jours impliquerait l'examen attentif de plusieurs points : la place de l'histoire grecque entre la philologie et l'histoire; les questions d'enseignement : le latin et le grec; le latin sans le grec, ni grec ni latin..., évaluer donc le poids culturel, mais aussi social de la culture classique; plus largement enfin, la question de nos rapports avec les Grecs (anciens, modernes aussi avec le philhellénisme). Qu'ont-ils été pour nous ? Peut-être, à travers les avatars du couple formé par Sparte « l'égalitaire » et Athènes « la démocratique », les inventeurs de la politique ? Ce qui implique un rapprochement avec ce qu'ont pu être les Romains et une confrontation avec la manière dont les Allemands (autour de la question de l'unité nationale) et les Anglais (autour du libéralisme) ont pensé leurs propres rapports aux Grecs.

Les humanistes et les modèles littéraires. — Dans la redécouverte des Anciens, dans ce vaste mouvement de lectures, d'éditions, de traductions, de commentaires de textes, un poète joue un premier rôle : Pétrarque. L'échange suivi entre les poètes, à la recherche de modèles, et les érudits est d'ailleurs un trait de la Renaissance. Au XVIe siècle, la France devient le principal centre des études grecques. On entend traduire les Anciens, pour eux-mêmes sans doute, mais aussi pour créer une grande littérature française (comme l'avaient fait jadis les Romains en apprenant le grec). S'ajoute, avec François Ier, la volonté de rivaliser avec la Renaissance italienne et, si possible, de la surpasser... Finalement, avec la querelle des Anciens et des Modernes (fin XVIIe), il s'agira de surpasser les Anciens eux-mêmes.

Parmi les principaux hellénistes, on compte G. Budé, « le plus grand Grec d'Europe » qui, outre ses travaux personnels, convainc François Ier de fonder le Collège royal (le futur Collège de France) ; quand il ouvre (en 1530), sont appointés deux lecteurs royaux pour le grec. J. Dorat, poète et érudit, y sera nommé en 1556 (« Dorat m'apprit la poésie », nota Ronsard). La dynastie des Etiennes, tout ensemble imprimeurs, éditeurs, auteurs, vivant entre Paris et Genève. J. Amyot, traducteur, à jamais, de Plutarque et lu avec enthousiasme par Rabelais et Montaigne. J.-J. Scaliger, classiciste et orientaliste, donna avec le *Thesaurus temporum* (1606) un livre capital sur les chronologies de l'Antiquité. J. Casaubon enfin, inlassable liseur de textes, et amasseur de matériaux, est l'auteur de remarquables *Commentaires*, notamment sur Strabon.

La querelle des antiquaires et des philosophes. — Aux XVIIe et XVIIIe siècles se développent deux approches et deux usages de l'Antiquité avec d'un côté les antiquaires, les philosophes de l'autre et avec quelques tentatives de synthèse (N. Fréret) ou de compromis (J.-J. Barthélemy) entre les deux. Les antiquaires n'écrivent pas de récit historique suivi à partir des auteurs anciens, mais font dans leur travail une large place aux témoignages non littéraires : collecter, classer, publier. Visconti le définissait ainsi : « ... Eclairer les usages, les rites, les opinions religieuses, les mœurs, les costumes, les origines des nations anciennes... ; examiner et expliquer isolément quelques-uns des monuments qui nous restent de l'Antiquité. » B. de Montfaucon (*Antiquité expliquée et représentée en figures*, 1716-1724) et le comte de Caylus (*Recueil d'Antiquités égyptiennes ; étrusques, grecques et romaines*, 1752-1767) représentent l'apogée de cette tradition. L'Académie des Inscriptions et Médailles, devenue en 1716 des Inscriptions et Belles-Lettres, encourage les recherches des antiquaires.

Pour l'abbé de Mably, il ne s'agit pas non plus d'écrire une histoire de la Grèce, mais des *Observations sur l'histoire des Grecs* (1749), qui est une « grande école de morale et de politique ». J.-P. de Bougainville, frère de l'explorateur, y voit, lui, « un cours abrégé, mais complet, d'Histoire, de Morale et de Politique ». Par ailleurs, s'intéresser aux Grecs est aussi une façon de s'en prendre à la tradition judéo-chrétienne et à Bossuet en particulier. Pourquoi Hérodote n'a-t-il pas parlé des Juifs ? Pourquoi ses informateurs égyptiens ne lui ont-ils rien dit « du passage de la mer Rouge, le plus grand événement de l'histoire du monde », demande ironiquement Voltaire ? Pour le reste, il pense qu'il vaut mieux étudier le monde contemporain que les temps reculés : l'histoire ancienne « n'est que de curiosité », alors que l'histoire des temps récents « est pour nous de nécessité ». Aussi ne rate-t-il pas une occasion de se moquer de la crédulité de Rollin, auteur d'une fameuse *Histoire ancienne* (1740-1743).

N. Fréret a tenté avec discrétion une synthèse entre les deux voies. Combinant érudition et critique, il prend aussi en compte le Proche-Orient et l'Egypte (M.-V. David, Nicolas Fréret (1688-1749) et le cadre de l'histoire ancienne, *Journal des savants*, 1978, p. 241-256). *Le voyage du jeune Anacharsis* (1788) de l'abbé Barthélemy représente un compromis qui a eu beaucoup de succès jusqu'au milieu du XIXe siècle. Erudit, l'abbé, en usant de la fiction du roman historique, s'est plié à la règle du plaire en instruisant.

La période révolutionnaire marque un temps d'arrêt des études (le grec n'est plus guère enseigné) et l'Empire, lui, sera foncièrement romain ; d'autant plus qu'il se méfie de la Grèce qui représente « l'esprit révolutionnaire ». Car la Révolution, autour de l'an II, est aussi une extraordinaire appropriation politique de la Grèce sur le mode de l'identification (P. Vidal-Naquet, Tradition de la démocratie grecque, préface à M. I. Finley, *Démocratie antique et moderne*, Paris, 1976). Le ressort des républiques grecques est « la vertu » (Montesquieu) et « Sparte brille comme un éclair dans des ténèbres immenses » (Robespierre). A la suite de Rousseau, les Révolutionnaires sont en effet plus spartiates qu'athéniens : Lycurgue l'emporte sur Solon. A partir de Thermidor, on s'emploie à défaire cette identification et on opte pour Athènes, cité moderne et démocratique, dans laquelle on veut voir une préfiguration ou un modèle de la société libérale et bourgeoise du XIXe siècle (N. Loraux, P. Vidal-Naquet, La formation de l'Athènes bourgeoise : essai d'historiographie, 1750-1850, R. Bolgar (ed.), *Classical influences in western thought*, AD 1650-1857, Cambridge University Press, 1978).

L'organisation et la professionnalisation des disciplines (XIXe-XXe siècles). — A la fin du XVIIIe siècle apparaissent plusieurs conditions nouvelles. A côté du voyage d'Italie, le voyage de Grèce devient de mise et toute une littérature en rend compte : récits de voyages, descriptions, dessins (*Voyage pittoresque de la Grèce* du comte de Choiseul-Gouffier, Le Roy, *Ruines des plus beaux monuments de la Grèce*). Les diplomates s'en mêlent et ils ont leurs agents chargés d'inventorier, de dessiner, de collecter, ou simplement de piller les antiquités ; tel Fauvel, haute figure de résident français à Athènes pendant de longues années. En se soulevant en 1821 contre les Turcs, en « renouant » avec leurs ancêtres de Marathon, les Grecs et le philhellénisme deviennent, pour un temps, à la mode. L'intervention militaire française dans le Péloponnèse eut des retombées scientifiques avec l'Expédition de Morée (1828).

« La Renaissance orientale », avec tout particulièrement le déchiffrement du sanscrit (1784), met en perspective la Grèce et Rome. « Surgissait du fond de l'Asie » une Antiquité « plus profonde, plus philosophique, plus poétique toute ensemble que celle de la Grèce et de Rome » (Ed. Quinet). De plus, on considéra bientôt (notamment après les travaux de F. Bopp) comme « démontré » que « la Grèce et Rome furent les deux rameaux d'une même branche, issue de l'arbre indo-européen » (G. Geffroy).

L'Allemagne, tant du point de vue de la réflexion sur l'Antiquité, de la mise en place d'institutions nouvelles, que du travail effectué et des publications, va alors jouer le premier rôle : celui de modèle qu'il faut s'efforcer d'imiter et de rattraper. Tout commence avec J. J. Winckelmann (1717-1768). Posant la question de l'imitation des Grecs, il est le premier à concevoir une histoire de l'art antique. Un de ses disciples, F. A. Wolf, forgea le concept d'*Altertumwissenschaft*, entendu comme science globale de l'Antiquité étudiée sous tous ses aspects, et W. von Humbolt, en 1810, fonda la nouvelle Université de Berlin. Mais c'est d'Angleterre que vient, à partir de 1846, la première grande *Histoire de la Grèce*, œuvre de G. Grote, ancien banquier, parlementaire et théoricien des radicaux : le choix de la démocratie athénienne, vue à travers le parlementarisme anglais, est net. De même, V. Duruy (*Histoire de la Grèce ancienne;* avertissement de l'édition de 1862) avoue « sa sympathique affection pour cette glorieuse république qui eut des partis et des révolutions, mais point de guerres civiles ni de révoltes d'esclaves ».

Dans un rapport adressé à Duruy (1867), l'helléniste E. Egger croit pouvoir parler des « notables progrès » des études grecques en France et voit, notamment, dans la fondation de l'Association pour l'Encouragement des Etudes grecques, un signe de leur vigueur. En intégrant à la tradition antiquaire des éléments nouveaux, l'archéologie classique s'organise. La IIIe République créera des chaires. L'Ecole d'Athènes se transforme, sous la direction d'A. Dumont (1876), en un établissement scientifique, avec un *Bulletin* et une *Bibliothèque*; les fouilles prennent leur essor (avec de grands chantiers comme Delphes ou Délos) et les voyages d'études (surtout épigraphiques) s'intensifient. Conçue en Allemagne comme « une branche de la philologie », mais avec ses enseignements, ses séminaires propres, l'archéologie concourt, pour sa part, à cette connaissance complète de l'Antiquité. Jusque-là l'archéologue est plus un homme de cabinet que de terrain : la fouille comme telle n'existe pas; elle n'est qu'un moyen parmi d'autres de se procurer des objets. Mais H. Schliemann, découvrant « Troie » et dégageant les tombes de Mycènes, Homère à la main, pose avec grand éclat la question de la fouille. Enfin, le développement de la préhistoire introduit de nouvelles échelles chronologiques, enrichit peu à peu le questionnaire de l'archéologue, en l'obligeant à prendre en compte non seulement l'objet mais aussi son contexte, et, plus largement, amène à poser la question de l'usage de l'archéologie pour les périodes où il n'existe pas de témoignages écrits (A. Schnapp, Archéologie et tradition académique en Europe aux XVIIIe et XIXe siècles, *Annales ESC*, 5-6, 1982, p. 760-777).

Par son *Recueil des Inscriptions de l'Egypte* (1842-1848), J. A. Letronne est le créateur de l'épigraphie en France. Il donne une méthode de travail, un modèle de publication, une définition du métier d'épigraphiste qu'aujourd'hui encore ne renie nullement L. Robert, le maître de ces études. L'épigraphiste n'est pas un collectionneur d'inscriptions, mais « un interprète », qui « a reconnu leur valeur éminente pour l'histoire de la civilisation ». Il est tout autant philologue qu'historien et, pour lui, la science de l'antiquité est une. Après Letronne, marquèrent la discipline P. Foucart, notamment comme directeur de l'Ecole d'Athènes, où il organisa la chasse aux inscriptions inédites, et M. Holleaux, qui précisa la méthode de la restitution des inscriptions, fondée sur des parallèles, et fit avancer l'histoire du monde hellénistique à partir des inscriptions (L. Robert, L'épigraphie grecque au Collège de France, *Opera minora selecta*, III, Amsterdam, 1969, p. 5-29).

Au cours de cette période, les rapports aux Grecs changent. Après l'identification spartiate qui va en gros de Rousseau à Thermidor, on opte pour Athènes, vue comme une démocratie libérale (Duruy). Toutefois, en 1847, H. Wallon *(Histoire de l'esclavage dans l'Antiquité)*, pour parler de l'esclavage moderne, attire l'attention sur l'esclavage antique. Il est partisan de l'abolition d'une institution non chrétienne qui corrompt, aujourd'hui comme autrefois, la société tout entière. Tandis que d'autres s'efforcent de marquer très clairement les distances : les Anciens sont « inimitables ». « Pour avoir mal observé les institutions de la cité ancienne, on a imaginé de les faire revivre chez nous. On s'est fait illusion sur la liberté chez les Anciens et pour cela seul la liberté chez les Modernes a été mise en péril » (Fustel de Coulanges, *La cité antique*, 1864). En réalité, on ne doit pas confondre la liberté des Anciens et des Modernes : la seule liberté était celle de la cité, mais la « vraie liberté », la liberté individuelle, elle, n'existait pas du tout.

Avec la IIIe République c'est l'histoire qui prend ses distances par rapport à l'Antiquité classique : si elle est « encore une patrie pour nous » (Lavisse), elle n'est plus *la* patrie, et l'effort doit porter avant tout sur « l'étude de notre propre histoire ». Dans le domaine politique, en revanche, les Républicains se réfèrent à la cité grecque. Gambetta voudrait faire de la République française ce qu'était « la République athénienne ». Clémenceau magnifiera Démosthène (1926). République, démocratie, Athènes les trois termes s'accolent, d'autant plus étroitement qu'à la fin du siècle une « nouvelle Sparte » apparaît à l'horizon. En France même, Maurras, admirateur d'Athènes mais n'ayant que haine pour la démocratie, tombe à bras raccourcis sur le petit livre de l'helléniste A. Croiset, *Les démocraties antiques* (1909). En 1942, l'historien J. Isaac rédige *Les Oligarques* essai d'histoire partiale : comme Athènes jadis, la République a été vaincue par « la coalition de ses oligarques et du totalitarisme spartiate » (Cl. Nicolet, *L'idée républicaine en France*, Paris, 1983).

Esquisse actuelle. — Aujourd'hui que la culture classique s'estompe, l'histoire grecque n'est plus un enjeu direct et la Grèce, pour beaucoup, n'est sans doute qu'une patrie d'un tourisme dit culturel. Pourtant, le poids institutionnel de l'histoire classique est grand encore (chaires, revues, écoles spécialisées...) et paraissent, dans tous les domaines, des travaux de qualité. Mais son avenir dépend, peut-on estimer, de sa capacité à construire de nouveaux rapports à ce qui représente une partie de notre héritage sous peine de ne devenir qu'une science d'érudition à l'usage de quelques savants de par le monde. Se poursuit en somme, sous des formes renouvelées, le débat entre les antiquaires et les philosophes.

En s'intéressant non plus seulement aux beaux objets, mais à la culture matérielle, en devenant plus anthropologique, en se posant des questions d'histoire économique, sociale ou culturelle, l'archéologie contribue pour sa part, qui est grande, à cette recherche.

L'œuvre de L. Gernet, helléniste et sociologue (*Anthropologie de la Grèce*, Paris, 1968 ; *Les Grecs sans miracle*, Paris, 1983), construit un nouveau point de vue sur la Grèce, d'où sont parties les recherches de J.-P. Vernant sur *Les origines de la pensée grecque* (1962). Compte tenu des interprétations proposées respectivement par G. Dumézil et Cl. Lévi-Strauss, le mythe ainsi que les puissances divines ont été particulièrement étudiés. Le recours à des approches ou l'adaptation de modèles, opératoires en dehors de leur champ propre, et l'usage de la méthode comparative ont permis de formuler ou de reformuler un certain nombre de questions. Ainsi M. I. Finley repensant l'économie antique, à partir de M. Weber et de K. Polanyi; les recherches marxistes sur l'esclavage; l'usage de l'anthropologie, de la linguistique, de l'historiographie dans une série de travaux relevant d'une histoire des mentalités, ou mieux des représentations. Dans cette même perspective, un effort se dessine pour questionner non seulement les textes, mais aussi les images, en vue d'élaborer une iconographie anthropologique.

● BIBLIOGRAPHIE. — Outre les travaux indiqués dans le texte, voir : E. EGGER, *L'hellénisme en France*, Paris, 1869; G. RADET, *L'histoire et l'œuvre de l'Ecole française d'Athènes*, Paris, 1901; R. CANAT, *L'hellénisme des romantiques*, 1951; R. PFEIFFER, *History of classical scholarship from 1300 to 1850*, Oxford, Clarendon Press, 1976; A. MOMIGLIANO, *Problèmes d'historiographie ancienne et moderne*, Paris, Gallimard, 1983; C. P. BRACKEN, *Antiquities acquired, the spoliation of Greece*, Londres, David & Charles, 1975; Le document : éléments critiques, *Annales ESC*, 5-6, 1982 (numéro spécial consacré à l'histoire ancienne).

▶ CORRÉLATS. — Dumézil, Fustel de Coulanges, Grèce (Historiens grecs).

F. HARTOG.

Historiens grecs

L'histoire est une « invention » des Grecs; les Romains, puis les hommes de la Renaissance qui tentèrent de réactiver les modèles antiques en eurent bien conscience. Mais il ne s'ensuit pas que depuis le ve siècle av. J.-C. l'histoire soit une et toujours la même : la perdurance du nom et la lente formation d'une tradition jusqu'à aujourd'hui ne doivent masquer ni les différences ni les ruptures.

On peut, en premier lieu, indiquer quelques-unes des conditions qui ont rendu possible la production de ce discours nouveau. L'affirmation et le développement de la *polis* (cité-Etat) jouent indubitablement un rôle fondamental : constitution d'un espace et d'une parole politiques, par rapport auxquels tous les ayants droit (les seuls citoyens) sont en position de parité; passage du « prédroit » au droit qui se traduit, notamment, par la mise en place de nouvelles procédures judiciaires et par une nouvelle conception de la preuve; on passe d'une vérité qui s'énonce à une vérité qui se démontre.

Plus précisément se développèrent, au cours du VIe siècle, dans les cités d'Ionie tout un ensemble de réflexions intellectuelles, dont la vigueur et l'assurance s'alimentent justement de ce modèle de la *polis*. Ainsi procèdent les philosophes milésiens, comme Thalès, Anaximène, ou surtout Anaximandre, dont la cosmologie est à la fois géométrique et politique et qui est l'auteur de la première carte du monde habité. Un peu plus tard, un disciple d'Anaximandre, Hécatée, citoyen de Milet, rédigea une *Périègèse* en deux livres, sorte de parcours des lieux et de leurs caractéristiques, des hommes et de leurs mœurs, et compléta ou refit la carte qu'avait gravée Anaximandre. Il est aussi l'auteur d'un livre sur les généalogies mythiques dans lequel il s'efforce de mettre de l'ordre dans ces récits

« multiples » et « risibles ». *Historia* est le mot qui définit cette attitude intellectuelle : l'esprit d'enquête, particulièrement dans le domaine de la géographie et de l'ethnographie. Le voyageur ou l'observateur est d'abord un *histôr*, c'est-à-dire, selon le premier sens du mot à date ancienne, un *témoin*; celui qui a vu, que l'on doit croire parce qu'il a vu. Hérodote sera le premier à tourner l'*historia* vers le passé proche et à dynamiser la description ethnographique, en l'insérant comme facteur dans une problématique plus vaste.

Ce sont peut-être les guerres médiques (490-479 av. J.-C.) qui, mettant aux prises les Grecs, ou plutôt certaines cités grecques avec les Perses, ont rendu possible ce déplacement et l'articulation de cette forme nouvelle de récit. L'histoire a parti lié avec la guerre, et faire de l'histoire ce sera, pendant très longtemps, raconter l'histoire d'une guerre, étant entendu que la guerre est une activité normale et que l'enquête ne s'interroge pas du tout sur la guerre comme phénomène, mais simplement sur cette guerre-ci, à ce moment précis.

L'histoire est d'emblée liée à l'écriture; l'historien met par écrit : on le nomme *ho suggrapheus*, « celui qui met par écrit ensemble », même si la communication est orale (sous forme de lectures publiques) et même si dans le monde grec du Ve siècle, où l'écriture a réapparu depuis trois siècles, la culture orale reste encore prépondérante. L'histoire, en outre, s'écrit en prose : choix capital d'une forme qui, bien entendu, retentit sur le fond. Mais tout en optant pour ce mode d'expression et ce type de récit, l'histoire, à ses débuts, entend rivaliser avec la poésie épique, qui est le modèle qu'il faut imiter, dépasser et remplacer : être Homère ou rien aurait pu dire Hérodote en se mettant au travail. Et il devint Hérodote! D'ailleurs les rares *Réflexions* sur l'histoire qui nous sont parvenues (Aristote, Lucien...) commencent toujours par une comparaison entre la poésie et l'histoire, où l'on rappelle la supériorité de la première sur la seconde. La tragédie enfin, apparue à Athènes au début du Ve siècle, est l'autre modèle littéraire dont se nourrit l'entreprise historienne; particulièrement importants à cet égard sont les *Perses* (472) d'Eschyle. Car la pièce prend pour sujet, non plus un *muthos*, tout à la fois du passé et sans âge, mais un événement contemporain (la défaite perse de Salamine).

Si l'on en croit Denys d'Halicarnasse, l'histoire aurait d'abord été locale — fondée sur des archives de cités ou de temples —, avant de s'élargir en grande histoire, à la manière d'Hérodote. Qu'aient existé des chroniques locales, oui, qu'on passe par élargissement des chroniques à l'histoire proprement dite, on peut en douter; d'ailleurs la chronique locale athénienne *(Atthidographie)* n'a jamais été mise sur le même plan que *La guerre du Péloponnèse* de Thucydide. Distincte de la chronique, l'histoire l'est aussi d'une autre forme d'enquête existant au Ve siècle : l'archéologie; il ne s'agit pas d'archéologie, au sens moderne du mot, mais de recherches sur les généalogies des héros, les traditions relatives à la fondation des cités, les listes de magistrats. Point de départ de l'érudition antiquaire, cette recherche est d'emblée distincte de l'histoire (la Renaissance, citant Varron, nommera ce genre, *Antiquités*). Si l'on a écrit de nombreuses biographies, surtout à l'époque hellénistique, elles n'étaient pas de l'histoire (Plutarque, *Vie d'Alexandre*, I, 2-3) : peut-être parce que la première forme de la biographie a été le panégyrique. Toutefois la montée des monarchies, avec la succession des règnes, fit que l'histoire tendit davantage vers la biographie. Dans la création de ce genre, Xénophon (430-350 env.) occupe une place importante, avec l'*Anabase*, l'éloge d'*Agésilas*, *Les Mémorables* et surtout *La Cyropédie*, vaste biographie fictive, souvent imitée par la suite. Par ailleurs, ses *Helléniques* sont la continuation de *La guerre du Péloponnèse*. Reprendre là où le prédécesseur s'est arrêté va devenir une des règles tacites de cette activité historienne qui n'est pas encore un métier.

Ni chronique, ni archéologie, ni biographie; l'histoire est, avant tout, militaire et politique; ethnographique parfois; elle s'efforce de penser les changements et d'indiquer les causes des phénomènes; elle laisse volontiers les dieux un peu hors jeu. L'affirmation du genre passe par le rejet du *muthos*, adversaire que l'on se donne et spectre qu'il faut conjurer pour dégager toujours plus nettement l'espace d'un discours véridique. Hérodote critique Hécatée de Milet et son *muthos* sur l'Océan, Thucydide circonscrit et dénonce les faiseurs de *mythodes* et Polybe s'en prend aux auteurs qui confondent histoire et tragédie. Narrative plus que descriptive, sans méthode claire qui lui soit propre, l'histoire, dès le début, vit d'emprunts et d'adaptations : l'*enquête* ionienne, le juridique, la médecine, la parole et la théorie politiques...

Les premiers historiens, on l'a souvent noté, ont connu l'exil, volontaire ou non, pour un temps ou pour longtemps, à commencer par Hérodote, Thucydide, Xénophon, Ctésias, Théopompe, Timée, Polybe... Etre historien en outre n'est pas véritablement une profession : il n'y a ni chaire ni enseignement et le premier à s'entourer d'historiographes sera Alexandre.

Faire de l'histoire dans l'Antiquité signifie enfin écrire de l'histoire contemporaine : soit immédiate — Thucydide se mettant au travail en même temps que commence la guerre —, soit du proche passé — Hérodote racontant les guerres médiques; Polybe se donnant, lui, pour tâche de rendre compte du demi-siècle qui a connu l'extraordinaire phénomène de la conquête romaine. Cette option pratique et méthodologique pour une histoire au présent, donc la prise en compte d'un temps court, rend un peu vaines les nombreuses discussions sur les conceptions cycliques du temps chez les historiens grecs.

Quel but se donne l'historien ? Le plaisir du lecteur ou l'utilité ? Pour Thucydide, qui condamne toute intrusion du plaisir (ce serait céder au plaisir de l'oreille), l'histoire ne doit viser qu'à être simplement utile, pour permettre de voir clair et de comprendre, maintenant et aussi dans l'avenir. Polybe, lui, va plus loin et ajoute à la compréhension, la prévision : pensant pouvoir conjuguer plaisir et utilité, il inscrit comme destinataire de son texte, le *pragmatikos anêr*, l'homme politique.

Mais entre Thucydide (460-400 env.) et Polybe (210-125 env.), s'inscrit un grand nombre d'historiens, grands et moins grands, dont les œuvres ont, pour l'essentiel, disparu. Au IVe siècle, Ctésias, médecin originaire de Cnide, entend rivaliser avec Hérodote qu'il accuse de mensonge; dans ses *Indika*, il fait assaut d'exotisme et de fabulation. Mais l'histoire est majoritairement militaire et politique; telles les *Helléniques* (affaires grecques) de Xénophon, ou celles de Théopompe, qui se muèrent en *Philippiques*; Philippe de Macédoine étant dès lors perçu comme le personnage central, qui donne sens à toute la période. Ephore, salué par Polybe comme le premier auteur d'histoire universelle, élargit le modèle thucydidéen, en composant une histoire générale de la Grèce, depuis les premiers temps jusqu'à l'époque contemporaine; ce qui ne va pas sans compilation.

Largement pratiquée, l'histoire n'en reste pas moins intellectuellement soumise. Platon, qui connaît ses classiques, la mine en la mimant (que l'on pense à l'Atlantide, ou au livre 3 des *Lois*). Isocrate l'annexe à la rhétorique et la réécrit au gré de ses discours. Aristote, lui, s'en préoccupe assez peu (*Poétique*, 9), mais il lance avec ses élèves de vastes enquêtes, par exemple, sur les différentes formes de constitutions, en vue de construire des typologies et de nourrir une réflexion sur le politique en tant que tel.

Avec Alexandre apparaissent les premiers historiographes chargés d'écrire l'histoire du prince, au fur et à mesure qu'il la fait (Callisthène, l'un d'entre eux, finit assassiné). L'élargissement de l'horizon géographique s'accompagne d'une reprise de l'ethnographie, même si celle-ci semble être parfois plus fictive que descriptive (Hécatée d'Abdère en Egypte, Mégasthène en Inde, Agatharcide...). Toutefois l'œuvre la plus significative du début de la période hellénistique traite non de l'Orient, mais de l'Occident. Timée, son auteur, est originaire de Sicile, mais il vécut en exil à Athènes : il fut « le premier à faire rentrer Rome dans l'horizon de l'histoire grecque » (A. Momigliano). Avec la conquête romaine, l'ethnographie reste grecque, mais s'écrit à la demande et au service des Romains : Polybe et Posidonius parcourent l'Espagne et la Gaule; Alexandre Polyhistor écrit sur les Juifs. Strabon (au Ier siècle), le père de la géographie historique, nous donne un aperçu de toute cette science hellénistique.

Polybe, né à Mégalopolis, passa dix-sept ans comme otage à Rome, où il devint l'ami des Scipions, avant de rentrer en Grèce; il voyagea en Espagne, en Gaule, en Afrique, en Egypte. Fondamentalement, son projet est d'expliquer aux Grecs, définitivement conquis, la victoire romaine et peut-être aux Romains les dangers d'un mauvais usage de leur conquête. Or, cet empire, encore jamais vu, requiert, pour en rendre compte adéquatement, une nouvelle manière d'écrire l'histoire : une histoire non plus « morcelée » en monographies, mais « une », « œcuménique » ou universelle, comme l'est la domination romaine. A sa suite, Posidonius, savant aux compétences multiples (mais dont nous n'avons à peu près rien), fut son continuateur pour l'époque allant de 145 av. J.-C. jusqu'à Sylla. Diodore de Sicile, contemporain d'Auguste et grand compilateur, reprit dans sa vaste *Bibliothèque historique* la question de l'histoire universelle.

● BIBLIOGRAPHIE. — *Textes* : Voir articles Hérodote et Thucydide. Il existe une traduction complète de Polybe dans la Bibliothèque de la Pléiade. Xénophon est traduit dans la collection des Universités de France et dans la collection Garnier-Flammarion. F. JACOBY, *Die Fragmente der griechischen Historiker*, Berlin et Leyde, 1923-1958.

Etudes : D. ROUSSEL, *Les historiens grecs*, Paris, PUF, 1973; F. CHÂTELET, *La naissance de l'histoire*, Paris, 1962; A. MOMIGLIANO, *Problèmes d'historiographie antique et moderne*, Paris, Gallimard, 1983; M. I. FINLEY, *Mythe, mémoire, histoire*, Paris, Flammarion, 1981; R. DREWS, *The greek accounts of eastern history*, Cambridge, Mass., Harvard Univ. Press, 1973.

▶ CORRÉLATS. — Hérodote, Thucydide.

F. HARTOG.

Grèves

Les grèves constituent un champ relativement jeune — autour de la vingtaine d'années — de l'historiographie. Mais l'ouverture en avait été préparée par l'intérêt précoce qu'y avaient pris, dès le début du xxe siècle, d'autres sciences sociales et des gens comme Ch. Rist, F. March et F. Simiand. Cette filiation amène encore largement à privilégier une approche statistique, poursuivie par ailleurs aussi bien par les économistes (E. Andréani, R. Goetz-Girey) que par les politologues (H. Lagrange). Comment en irait-il autrement à propos d'une des rares conduites collectives aisées à formaliser et à mettre en séries homogènes ? C'est dès la fin du xixe siècle que la plupart des grands pays développés — la France après 1890 — sont capables de publier des statistiques régulières des grèves et de leurs caractéristiques essentielles.

D'emblée donc, l'analyse a pu se fonder sur les notions clés de fréquence (le nombre des grèves), d'extension (celui des grévistes), d'intensité (celui des journées perdues), et aussi d'ampleur (combien de participants par conflit ?) et de durée (mesurée au nombre de journées chômées par gréviste) moyennes. Et dégager quelques grandes certitudes. La première, et la plus forte, c'est la croissance, sur le long terme, de la grève, que confirment tous les indices. Au-delà des nombres qui traduisent l'orientation de la courbe, tous les secteurs et les régions finissent par être à leur tour entraînés, tôt ou tard, par une forme d'action collective élaborée par les ouvriers manuels mais qui s'est étendue ensuite à d'autres catégories, employés, fonctionnaires, voire petits travailleurs indépendants. A la multiplication des grèves correspond la banalisation d'un mode d'action qui a fini par devenir familier. D'autre part, la pente n'est pas régulière, et c'est là la seconde évidence : l'histoire des grèves est faite de flambées, où elles déferlent en vagues (1867-1870, 1906, 1919-1921, 1936, 1947-1948, 1953, 1968... en France) séparées par des a-plats de rémission.

Au-delà de ces fluctuations, la grève est bien sûr liée, en gros, à l'industrialisation de l'économie : même si l'on a pu retrouver loin dans le temps — au xvie siècle, hier pour H. Hauser, aujourd'hui pour N. Z. Davis — des conduites qui y ressemblaient, c'est à la fin de l'Ancien Régime économique qu'elle naît telle qu'on la connaît. Le xixe siècle en fait d'abord une affaire d'ordre public, et le droit finit par l'enfermer dans des définitions plus strictes, qui nous la rendent perceptible. Telle quelle, la grève reflète un système de relations industrielles où la place de la contestation est médiocre, où longtemps il n'existe pas de procédure régulière et légale de révision des conditions de travail et de rémunération. Aussi est-elle au moins autant qu'histoire des ouvriers celle, en creux, des résistances patronales, en attendant, au xxe siècle, que n'y intervienne ce troisième partenaire qu'est l'Etat et qui tend à la domestiquer. L'apparition de nouvelles formes de grève — perlée, tournante, sur le tas, etc., traduit la complexité du système où elle s'inscrit, jusqu'à la grève d'avertissement — la « journée revendicative » des fonctionnaires d'aujourd'hui — qui décalque la stratégie militaire de la dissuasion.

La reconnaissance des formes renvoie dès lors au processus d'explication, dans la mesure où la notion de cause peut être, en l'occurrence, démêlée de celle de revendication. La saccade du mouvement gréviste suggère bien sûr d'abord une corrélation avec les cycles, courts ou longs, de l'économie. Ainsi, à la fin du XIXe siècle encore, son allure saisonnière — la fièvre du printemps — colle aux rythmes annuels d'un marché du travail qui oscille entre la « presse » et le chômage. L'agitation s'inscrit aussi dans ce que Michelle Perrot appelle la « conscience ouvrière de conjoncture », c'est-à-dire une évaluation empirique des chances de l'emporter, à partir, par exemple, de l'état des stocks, et si tôt sensible chez les mineurs, les gens du bâtiment, les ouvriers du cuir. Plus largement, c'est bien sûr l'hypothèse d'une corrélation avec les mouvements moins directement perceptibles des prix, des salaires, de la production, comme semble le suggérer la toujours présente question du pouvoir d'achat, et l'habillage monétaire de toutes les formes de conflit. Voilà, hier, Simiand liant revendications et allure des prix, ou Rist introduisant le paramètre du chômage, après avoir pris en compte le mouvement des exportations. Les conclusions d'aujourd'hui sont diverses, voire contradictoires; il ne reste qu'une certitude : un certain développement du niveau de l'activité économique est la condition essentielle de l'essor des revendications. Et, depuis 1945, la grève est en fait à la croisée de deux logiques, dont l'une et l'autre l'emportent alternativement : celle d'un comportement offensif, quand l'économie est prospère et que la montée des prix est médiocre, celle d'une conduite de protestation et de résistance quand l'inflation s'accélère et que l'emploi se raréfie. Une combinatoire encore compliquée par la simultanéité des deux cas de figure selon les branches et les régions.

La relation à la seule conjoncture est cependant à coup sûr réductrice, dans la mesure où les revendications mises en « cahiers » peuvent masquer les véritables causes des grèves, de « ... leur foisonnement insolite et baroque... », pour reprendre une formule de Michelle Perrot. Faut-il alors les mettre en corrélation avec la mécanisation, la concentration, l'urbanisation qui accompagnent le développement de l'industrie ? Pourtant, elles prolifèrent au XIXe siècle français quand la machine cesse d'être au cœur de l'angoisse et de la révolte ouvrières; elles naissent le plus souvent dans les entreprises médiocres, dont l'agitation contraste avec le silence prolongé des usines; et si elle entretient à l'évidence des rapports privilégiés avec les « communautés ouvrières », c'est selon des cas de figure contradictoires : si dans la deuxième moitié du XIXe siècle, c'est dans le vieil univers des métiers urbains que la grève trouve son terreau le plus fécond, c'est au XXe siècle souvent chez les nouveaux venus, anciens paysans, femmes, immigrés, qu'elle déploie le plus d'ardeur et d'imagination. Plus largement, le mécontentement social peut ne pas avoir de racines matérielles.

Enfin, comment ne pas remarquer le rapport au politique ? Au sens étroit, et sur le court terme, par l'intervention grandissante des organisations syndicales dont la croissance lui est dialectement liée, même si les chronologies et les phases ne coïncident pas exactement. Une pépinière d'associations et de militants, avant que ceux-ci n'en fassent un instrument. Ainsi, c'est ce couple qui explique sans doute la baisse de la durée de conflits mieux maîtrisés dans la France d'après 1945, déjà sensible avant 1914 dans une Angleterre plus avancée sur le chemin de la syndicalisation; de même, la « concentration » des conflits et des luttes postérieures à 1950, après une période de diffusion, signifie l'efficacité des appareils et leur capacité à encadrer ou à orienter la violence qui, sur le long terme, fait de plus en plus figure d'accident. Au cours des grandes vagues de grève, la tentation est logique d'y soupçonner le rôle d'un chef d'orchestre clandestin, d'autant que leur histoire récente — celle de juin 1936 par exemple — montre qu'elles ont souvent été préparées par des mouvements partiels ou localisés. Quand il n'y a pas de stratégie globale parfaitement transparente, tel l'assaut successif et fragmenté lancé par la CGT en 1920-1921, ou le raffinement des syndicats américains lançant dans la lutte en avant-garde, en 1946, les ouvriers des raffineries parce qu'on savait que leurs chances de réussite étaient plus grandes et auraient des effets d'entraînement sur la seconde ligne de feu, celle des sidérurgistes et des ouvriers de l'automobile.

En fait, à tous les niveaux, la grève continue à échapper aux typologies les plus sophistiquées et aux explications les plus logiques. Le retour à des formes de spontanéité — ces grèves sauvages, qu'on disait disparues, à tort : les PTT en juillet 1946, Renault en 1947..., dans les années 1960-1970 — a porté un coup à l'idée de sa domestication, à sa réduction en simple outil dans un système de régulation fondé sur la permanence de la négociation et du compromis, à l'apprivoisement de son potentiel de violence et de rupture. Ed. Shorter et Ch. Tilly remarquent, en France, la coïncidence, en 1906, en 1920-1921, en 1936, en 1947-1948, en 1968 évidemment, entre l'explosion des grèves et la crise politique globale. Non pas pour chercher d'autres déterminismes que ceux de l'économique, mais pour noter à quel point elles constituent une voie privilégiée pour que prenne forme la protestation populaire. On comprend que les sciences sociales d'aujourd'hui s'interrogent. Après plus d'un siècle d'une jeunesse renouvelée, la grève n'est-elle pas toujours le signe et le moyen d'une autonomie ouvrière persistante ? Capable à tout instant de déborder le système de relations industrielles et de le remettre en cause, n'indique-t-elle pas une alternative aux voies dominantes du changement social ?

Que la grève se dérobe à mesure qu'on l'enferme n'est pas pour étonner les historiens. Et, du côté de l'approche statistique, bien d'autres interrogations demeurent. Depuis longtemps, ils ont repéré la propension à la grève, à un moment donné, de certains secteurs ou de certaines régions. Pour ceux-là, on peut donc se demander si les agrégats construits sur le long terme pour interroger la conjoncture économique ne mêlent pas ce qui ne devrait pas l'être, c'est-à-dire des cycles longs de grèves à l'intérieur de tel ou tel secteur, collant (même si c'est en diachronie) à leur développement, à leur apogée, à leur crise. C'est-à-dire à une certaine maturation des relations industrielles dans l'entreprise ou la branche avec l'évolution des technologies et avec les politiques de main-d'œuvre qui accompagnent les stratégies patronales. Le XIXe siècle français est plein de luttes autour de la maîtrise des savoirs de fabrication ; et l'îlot de paix sociale qu'est devenu Fiat en ce début des années 1980 renvoie à l'importance des luttes qui ont été livrées dans la dernière décennie, contre l'adaptation à la crise. Le champ ouvert est vaste, et passe par la recomposition des classements sectoriels des statistiques officielles ; il s'intègre dans une étude plus générale des entreprises ou des branches, où le rôle de ce que Maxime Leroy appelait « la coutume ouvrière » est à prendre en compte : une manière d'expérience collective qui s'affirme progressivement avant, aussi, de s'évanouir.

Surtout, par son caractère de fracture brutale, de petite crise, la grève est un moment privilégié qui révèle les latences d'une situation conflictuelle et les valeurs d'un groupe ouvrier ou patronal. C'est au travers de ces moments d'exception que Michelle Perrot est allée sonder la classe ouvrière française de la fin du XIXe siècle, quand soudain elle se révèle à elle-même et, par-delà un siècle, aux historiens d'aujourd'hui : slogans, chansons, conduites festives en disent au moins autant que l'analyse des revendications et de l'action, cependant fondamentales. Nous revoilà, même si c'est par centaines, à la tradition de la monographie dont le sens dépasse de loin l'anecdotique : dans le champ des représentations et de la mémoire, la moyenne statistique n'a guère de sens et une seule grève peut enflammer pour longtemps les imaginations et fortifier les résolutions. Si une anthropologie de la société industrielle se doit de passer par des espaces et des moments qui lui sont propres, comment ne ferait-elle pas de la grève un de ses thèmes de prédilection ? Dans cette perspective, l'histoire des grèves ne fait que commencer.

● BIBLIOGRAPHIE. — K.-G.-J. C. KNOWLES, *Strikes. A study in industrial conflict*, Oxford, 1952; J. BOUVIER, Mouvement ouvrier et conjonctures économiques, *Le Mouvement social*, 48, juillet-septembre 1964; R. GOETZ-GIREY, *Le mouvement des grèves en France, 1919-1962*, 1965; E. ANDREANI, *Grèves et fluctuations, la France de 1890 à 1914*, 1968; M. PERROT, Grèves, grévistes et conjoncture. Vieux problèmes, travaux neufs, *Le Mouvement social*, 63, avril-juin 1968; M. PERROT, *Les ouvriers en grève. France 1871-1890*, 2 vol., 1974; E. SHORTER and Ch. TILLY, *Strikes in France, 1830-1968*, Cambridge, 1974; C. DURAND, P. DUBOIS, *La grève, enquête sociologique*, 1975; P. K. EDWARDS, *Strikes in the United States, 1881-1974*, Oxford, 1981.

▶ CORRÉLATS. — Luttes de classe, Marxisme, Sociale (Histoire), Travail.

Y. LEQUIN.

Guizot François, 1787-1874

Si Guizot fut un homme politique contesté, son œuvre historique le fit considérer au XIXe siècle comme l'un des grands maîtres de cette discipline. Son premier apport est d'ordre scientifique et méthodologique. Critiquant ses prédécesseurs, Velly, Mably, Dubos, Boulainvilliers, et plus près de lui Anquetil, il met au premier rang des tâches de l'historien la recherche des *sources originales* et leur évaluation critique. Renouant avec la tradition de l'histoire érudite, presque oubliée au XVIIIe siècle, il citera et commentera des textes originaux, publiera des documents et des statistiques, comparera des témoignages. A côté de ses propres ouvrages, il fera paraître dans cette perspective de 1823 à 1835, 30 volumes d'une « Collection des mémoires relatifs à l'histoire de France, depuis la fondation de la Monarchie française jusqu'au XIIIe siècle », fournissant la première édition critique de textes comme les *Mémoires* de Grégoire de Tours ou la vie de Raoul Glaber. Parallèlement à son *Histoire de la Révolution d'Angleterre*, il publie également 25 volumes d'une « Collection des mémoires relatifs à l'histoire de la Révolution d'Angleterre » qui furent abondamment utilisés par les historiens anglais.

Son génie d'historien tient pourtant surtout à sa capacité de combiner cette érudition avec une vision globale du mouvement de l'histoire. En faisant de la *civilisation* l'objet central du métier d'historien, il ouvrit avec éclat la voie au genre des grandes synthèses historiques. La civilisation est pour lui le « fait général et définitif auquel tous les autres viennent aboutir, dans lequel ils se résument ». Dans ses deux ouvrages les plus célèbres, *L'Histoire de la civilisation en France* et l'*Histoire de la civilisation en Europe*, il s'attacha à analyser dans un même mouvement les conditions de la vie matérielle et celles de la vie morale, les données de l'activité sociale et politique et celles de l'activité individuelle. La civilisation européenne se caractérise à ses yeux par la réalisation de deux faits principaux : la formation des Etats-nations (mouvement de centralisation et principe d'unité) et l'affranchissement de l'esprit humain (mouvement de liberté et principe d'égalité). Le mouvement de centralisation a consisté à assimiler en un même tout social les « petites sociétés » (noblesse féodale, clergé, communes) qui s'étaient formées au sortir de la barbarie. Du XIIIe au XVIIIe siècle, une simplification du social s'opère ainsi progressivement avec la polarisation de deux grandes forces : le peuple et le gouvernement ; avènement de l'individu et construction de l'Etat moderne allant de pair. L'affranchissement de l'esprit humain prend ses racines dans le sentiment de la liberté individuelle, apporté par les Germains (on notera le parallèle avec Montesquieu) et remodelé par la religion chrétienne. Guizot donna dans ses livres une place prépondérante à l'Eglise et au fait religieux, éclairant ainsi d'un jour nouveau la civilisation médiévale. Il insista également sur l'importance de la Réforme, « fait dominant de l'époque », en ne la réduisant pas à sa seule dimension religieuse. La séparation entre l'ordre spirituel et l'ordre temporel marque en effet à ses yeux l'entrée dans la modernité.

La lutte entre ces deux principes du libre examen et de la centralisation du pouvoir est inévitable, car il y a entre eux quelque chose de contradictoire, « l'un étant la défaite du pouvoir absolu dans l'ordre spirituel, l'autre sa victoire dans l'ordre temporel » mais se résout dans la figure du gouvernement représentatif. Guizot en a analysé le sens dans son *Histoire des origines de gouvernement représentatif*. Cette vaste synthèse s'intègre naturellement dans le cadre des débats politiques de la Restauration. Guizot s'est fait historien pour affirmer les droits de la France nouvelle et des classes moyennes contre les prétentions des ultras. On notera que, contrairement à la plupart des historiens libéraux, il n'écrivit pas d'histoire de la Révolution française, lui consacrant seulement quelques articles. C'est qu'elle n'est pour lui que l'aboutissement d'une révolution plus longue : celle de l'avènement de la civilisation moderne. Il analysera par contre la logique interne de la dynamique des révolutions politiques dans son *Histoire de la Révolution d'Angleterre* qu'il résumera en 1850 dans son *Discours sur l'histoire de la Révolution d'Angleterre*. Son grand problème était à cet égard de penser 1688 et de réaliser en France une clôture identique de la Révolution. Comme toute sa génération, il crut que 1830 allait faire entrer la France dans la stabilité post-révolutionnaire.

Nommé ministre de l'Instruction publique en 1832, Guizot allait donner à la science historique un extraordinaire essor. Il crée de nombreuses chaires d'histoire dans l'enseignement supérieur, met sur pied l'Ecole française d'Athènes (1846), réorganise l'Ecole des Chartes et l'Ecole des Langues orientales, aide le développement des sociétés savantes et des académies de province. Surtout, il fonde en 1834 la *Société de l'histoire de France* relayée en 1835 par le *Comité des travaux historiques et scientifiques* qui entreprendra la publication des *Documents inédits relatifs à l'histoire de France.* Il crée parallèlement, en 1834, une *Commission des Arts et Monuments* chargée de procéder à l'inventaire des richesses artistiques françaises. A côté de son œuvre d'historien, il a ainsi été le premier grand *organisateur* de la science historique française. Michelet, Quinet, Augustin Thierry, Mérimée, Vitet, pour ne citer qu'eux, trouveront dans ces projets de publication et dans ces institutions le cadre dans lequel leur œuvre pourra voir le jour.

● BIBLIOGRAPHIE. — Sur Guizot historien, consulter : Camille JULLIAN, *Notes sur l'histoire de France au XIXe siècle (1897)*, Paris-Genève, Slatkine-Ressources, 1979; Stanley MELLON, *The political uses of history, a study of historians in the french restoration*, Stanford, 1958; B. REIZOV, *L'historiographie romantique française (1815-1830)*, Moscou, Ed. du Progrès, s.d.; Douglas JOHNSON, *Guizot, aspects of french history (1787-1874)*, London, Routledge & Kegan Paul, 1963; Charles POUTHAS, *Guizot pendant la Restauration*, Paris, 1923; Pierre ROSANVALLON, *L'éducation politique de la bourgeoisie Guizot*, Paris, 1984; Xavier CHARMES, *Le Comité des travaux historiques et scientifiques, histoire et documents*, 3 vol., collection des documents inédits sur l'histoire de France, Paris, 1886; Ch. JOURDAIN, *La Société de l'histoire de France de 1833 à 1884*, Paris, 1884.

P. ROSANVALLON.

Hauser Henri, 1866-1948

Normalien et agrégé d'histoire, Henri Hauser s'engage dans une carrière de seiziémiste consacrée par un poste universitaire dès 1892. Mais rapidement son attrait pour l'histoire des idées économiques (travaux sur Jean Bodin) et pour les sciences sociales l'orientent vers l'histoire économique. S'engageant sur la voie tracée par Levasseur ou H. See, obtenant la création de la première chaire d'histoire économique en Faculté des lettres (1927) à la Sorbonne où il enseigne depuis 1919, Henri Hauser pose les bases de l'institutionnalisation de l'histoire économique. Par ailleurs professeur au CNAM, membre des comités de la *Revue d'histoire économique et sociale* et des *Annales d'histoire économique et sociale*, il s'impose alors comme l'incontestable chef de file de l'histoire économique en France ; son autorité scientifique lui vaut de diriger la contribution française à l'enquête du Comité international pour l'Histoire des Prix (1930) animée par lord Beveridge.

Cependant l'attitude d'Henri Hauser à l'égard des travaux d'Ernest Labrousse, lors des débats de la Société d'Histoire moderne (1937), montre ses réticences vis-à-vis d'une démarche inspirée par les travaux de François Simiand. Rejetant avec horreur la formule « Chiffres faux, courbes vraies », Hauser demeure attaché aux prix « vrais » ; à la mercuriale, il préfère des sources comme les livres de comptes, les registres d'hôpitaux. Sa méfiance à l'égard des courbes du statisticien fait du premier historien de l'économie reconnu par la Sorbonne, le dernier tenant d'une histoire économique pré-sérielle.

● BIBLIOGRAPHIE. — Henri HAUSER, *L'enseignement des sciences sociales*, Paris, 1903 ; *La vie chère au XVIe siècle*, Paris, 1932.

▶ CORRÉLATS. — Crise, Économie, Inflation, Labrousse, Prix.

O. DUMOULIN.

Hérodote v. 484 - v. 420 av. J.-C.

Grec d'Ionie, Hérodote est originaire d'Halicarnasse (aujourd'hui Bodrum), ville à la population mêlée (carienne et grecque), contemporain de l'empire d'Athènes, sa vie est prise entre les deux conflits majeurs du Vᵉ siècle av. J.-C. : les guerres médiques et la guerre du Péloponnèse (431-404) entre Sparte et Athènes. De sa « biographie », on peut retenir trois traits : l'origine ionienne, les voyages, l'exil. Les cités d'Ionie ont en effet été, au cours du VIᵉ siècle, des centres intellectuels très actifs et vivants où se sont élaborées des réflexions physiques, philosophiques, ethnographiques, politiques. Ayant dû s'exiler, il voyagea (Moyen-Orient, mer Noire, Grèce-Athènes, Italie du Sud — il fut même citoyen de la ville nouvelle de Thourioi). Exilé, donc étranger, comment vécut-il ? Il donna des lectures publiques de son œuvre : activité régulière ou exceptionnelle ? Rétribuée ou non ? En tout cas, il ne pouvait se dire historien professionnel, pour la bonne raison que l'histoire n'était pas alors une profession.

Hérodote est l'auteur des *Histoires* ou des *Enquêtes* ou plus simplement encore (car ces titres sont modernes) d'un ouvrage qui débute ainsi : « Hérodote d'Halicarnasse présente ici les résultats de son enquête *(historiê)*, afin que le temps n'abolisse pas les travaux des hommes et que les grands exploits, accomplis soit par les Grecs, soit par les Barbares ne tombent pas dans l'oubli ; et il donne en particulier la raison du conflit qui mit ces deux peuples aux prises. » Comme l'aède homérique, qui avait pour fonction de conserver par ses chants la mémoire des héros morts au combat en leur conférant « une gloire impérissable », l'*histôr* hérodotéen se donne pour première mission de lutter contre l'oubli qui guette. Rival et continuateur du poète épique, homme-mémoire à sa façon, il est aussi l'ordonnateur d'un nouveau mémorable : il s'exprime en prose et en son nom, il remplace les Muses par l'enquête ; il fait usage de l'écriture ; il ne raconte plus les histoires des héros, mais les grandes guerres récentes ; il déploie une vision politique du monde, avec d'un côté l'espace des cités, la liberté, l'isonomie, de l'autre le monde des royaumes barbares où règne le « despotisme ».

Neuf livres en tout composent les *Histoires* (mais Hérodote lui-même ne parle jamais que de son *logos* (récit) ou de ses *logoi*, succession ou emboîtement de récits particuliers. Les quatre premiers livres donnent la première place aux non-Grecs, à la description de leur pays et de leur genre de vie et à leur rencontre avec la puissance perse, les cinq suivants sont très largement consacrés à l'histoire des guerres médiques depuis la révolte de l'Ionie jusqu'au reflux des Perses en Asie et à la libération des cités grecques.

Du point de vue de la méthode, l'enquête repose d'abord sur l'œil — l'*autopsie* (le fait de voir soi-même) — sur l'oreille ensuite *(akoê)* — en s'informant oralement auprès des gens « qui savent » ou réputés tels. Si l'oreille prend le relais de l'œil, quand l'autopsie rencontre ses limites dans l'espace et, plus vite encore, dans le temps, il ne faudrait cependant pas en conclure que pour Hérodote le genre de connaissance fourni par l'autopsie soit, par nature, « plus vraie » que celui que permet l'*akoê*. Soucieux en outre de mesurer et de dénombrer, ambitionnant de dire les espaces du monde habité jusqu'à leurs confins, il a finalement proposé aux Grecs une véritable représentation du monde où s'ordonnent les lieux et les hommes, les Barbares et les Grecs.

Le nom d'Hérodote a oscillé entre deux titres : celui de père de l'histoire et celui de menteur. Père, il l'est, depuis Cicéron au moins; menteur, immédiatement ou presque, depuis que Thucydide l'a rangé parmi les raconteurs d'histoires *(logographes)*. Par-delà l'Antiquité, il fallut attendre le XVIe siècle et les voyages des grandes découvertes pour voir se produire une réévaluation des *Histoires* : on pouvait voyager fort loin, raconter des choses étonnantes et ne pas être nécessairement un menteur. Si l'érudition va son chemin, presque indépendamment des conjonctures, et donne, une année après l'autre, un nombre important d'études sur Hérodote, deux approches (non exclusives) ont permis un renouvellement et un élargissement du questionnaire : l'approche anthropologique et les analyses de récit. En lisant l'œuvre comme un tout et en s'attachant aux structures du récit, en faire un document d'une histoire des représentations.

● BIBLIOGRAPHIE. — Traductions : Ph. E. LEGRAND, Paris, Collection des Universités de France, 1942; A. BARGUET, Paris, La Pléiade, Gallimard, 1964; P.-H. LARCHER, Paris, La Découverte, 1980 (choix de textes).
Etudes : F. HARTOG, *Le miroir d'Hérodote. Essai sur la représentation de l'autre*, Paris, Gallimard, 1980; H. R. IMMERWAHR, *Form and thought in Herodotus*, Press of Western Reserve U., Cleveland, 1966; A. MOMIGLIANO, La place d'Hérodote dans l'histoire de l'historiographie, *Problèmes d'historiographie antique et moderne*, Paris, Gallimard, 1983, p. 169-185.

▶ CORRÉLATS. — Anthropologie historique, Grèce (Historiens grecs), Thucydide.

F. HARTOG.

Historicisme

Entre 1870 et 1920 plusieurs penseurs allemands, Dilthey, Rickert, Simmel, sapent les fondements du scientisme en histoire. Face au positivisme qui identifiait objectivité et histoire scientifique, leur « philosophie critique de l'histoire », l'historicisme, démontre que toute connaissance objective du passé ne se réalise qu'à travers l'expérience subjective de celui qui l'étudie. Par-delà les nuances théoriques l'historicisme a le mérite de dévoiler l'intervention de l'historien dans le tri et l'organisation des faits; agissant au nom d'une conception implicite du monde, l'historien se borne à refléter l'histoire de son temps.

Pensée dominante au cours de la première moitié du XXe siècle, l'historicisme s'impose en Allemagne, s'étend à l'Italie avec B. Croce, à l'Espagne avec Ortega y Gasset. En revanche l'historiographie française coupée de l'Allemagne à partir de 1914 et très méfiante à l'égard de la philosophie opte pour une critique du positivisme qui affirme la scientificité de l'histoire en réhabilitant l'hypothèse comme moyen d'investigation (M. Bloch, L. Febvre). Il faut attendre la publication de la thèse de R. Aron (1938) et l'ouvrage d'H.-I. Marrou pour que l'historicisme trouve quelque écho en France.

En fin de compte la lucidité de l'historicisme ne marque pas le triomphe d'une pensée historique, mais elle l'enferme progressivement dans un relativisme total; réduit à l'impuissance, à la quête d'une réalité toujours biaisée, l'historien renonce à la science pour s'abandonner à l'intuition (cf. Rickert) ou à l'art pour l'art. Paradoxalement les historiens influencés par l'historicisme vont ainsi amplifier la tradition narrative et événementielle de l'histoire, développée par lespo sitivistes, puisque la scientificité est inaccessible. Seul Max Weber échappe à cette tentation en substituant à la quête de l'objectivité historique l'étude de ses limites.

● BIBLIOGRAPHIE. — Raymond ARON, *La philosophie critique de l'histoire*, 1938. L'ouvrage donne accès aux principaux textes de base de l'historicisme; G. IGGERS, *The german conception of history*, 1968; H.-I. MARROU, *De la connaissance historique*, 1954; P. ROSSI, *Lo storicismo tedesco contemporaneo*, 1956.

▶ CORRÉLATS. — Dilthey, H.-I. Marrou.

O. DUMOULIN.

Hittites

Peuple de la haute Antiquité anatolienne. Connus initialement par l'Ancien Testament (*Ḥittim*, anglicisé en *Hittites*; naguère francisé en *Héthéens*), les Hittites ont été révélés par les fouilles d'H. Winckler à Ḥattušaš, leur capitale (Boghazköy, 150 km est-nord-est d'Ankara), 1906-1907. Leur langue, écrite en cunéiforme complétée d'idéogrammes (sumérogrammes), a été déchiffrée, principalement, par Bedřich Hrozný, à Prague, en 1915; elle forme, avec le palaïte et le luwite, la famille des langues anatoliennes, branche originale et archaïque de l'indo-européen.
— Il faut distinguer : 1° Les *Hittites pré-indo-européens*, appelés aujourd'hui plus commodément *Hatti*. Ils occupaient l'Anatolie centrale au IIIe millénaire. Soumis par les Hittites indo-européens, ils leur ont légué la toponymie et l'essentiel de leur panthéon. 2° Les Hittites proprement dits, de langue indo-européenne anatolienne, appelés aussi Nésites d'après le nom qu'ils se donnaient, infiltrés parmi les Hatti durant les derniers siècles du IIIe millénaire; de 1700 à 1200, ils ont constitué un grand empire, s'étendant, dans les deux derniers siècles, à la majeure partie de l'Anatolie et de la région comprise entre le Caucase et la Syrie (sous Šuppiluliuma, c. 1380-1346, Muršiliš II, 1345-1315, Muwatalli, 1315-1296, Ḥattušiliš III, Tudḫalija IV, au XIIIe siècle). Leurs forteresses, palais, sculptures parsèment l'Anatolie. L'Empire hittite était alors une des deux ou trois grandes puissances du Proche-Orient. Les causes de son effondrement sont inconnues. 3° Les Néo-Hittites, à l'écriture dite « hittite hiéroglyphique », du sud-est de l'Anatolie et du nord de la Syrie, entre le XIVe et le VIIIe siècle. Leur langue prolonge le luwite, langue anatolienne parlée au IIe millénaire dans le sud de l'Anatolie (le lycien et le lydien le prolongent au Ier millénaire à l'ouest). Les petits royaumes néo-hittites, fondés au XIIe siècle, et dont il reste quelques palais et forteresses, ont été progressivement réduits par les Assyriens.

Les documents hittites, abondants et dont l'étude est loin d'être achevée, ont néanmoins jeté une vive lumière sur une région du Proche-Orient par ailleurs très mal connue historiquement (jusqu'à l'époque perse, sinon même hellénistique). Un grand nombre de noms d'Etat, de localités (souvent encore très mal localisés), de souverains de la plus grande partie de l'Anatolie, sont ainsi connus pour le IIe millénaire; l'histoire des origines de la puissance assyrienne, du puissant royaume de Mitanni dans le Nord syrien, des limites de la puissance égyptienne au Nouvel Empire, en a également été éclairée. Mais l'origine précise des Hittites indo-européens, l'histoire de leur installation en Hatti et de l'adoption d'une culture hatti et mésopotamienne sont encore fort obscures, de même que l'absence de documents similaires dans les régions voisines de l'Empire hittite fait de la documentation de Ḫattušaš un îlot de connaissance dont la portée est souvent difficile à estimer (par ex., la capitale du Mitanni, Waššuganni, encore non localisée, n'a pu livrer de sources historiques qui compléteraient celles de Ḫattušaš; les Hittites ont été en rapport avec les Grecs mycéniens, qu'il faut sans doute identifier aux gens du royaume transmarin d'Aḫḫiyawa — Akhaia ? — mais les sources, fragmentaires, ne permettent pas de préciser; les Hittites avaient de puissants voisins, royaume d'Arzawa au sud, Gašgas au nord : ils sont pratiquement inconnus par ailleurs; l'histoire des langues anatoliennes palaïte et luwite ne repose guère que sur des documents tardifs, de Ḫattušaš, et pour ainsi dire pas sur la documentation des pays où on les parlait : la hittitologie est une science en plein développement).

● BIBLIOGRAPHIE. — L. DELAPORTE, *Les Hittites*, 1936 (largement dépassé au plan historique, mais aucune synthèse en français depuis); K. BITTEL *Les Hittites*, coll. « L'Univers des Formes », trad. franç., 1976; *Revue hittite et asianique,* Paris, dirigée par E. LAROCHE.

B. SERGENT.

Homère et le « monde homérique »

La question homérique est l'une des plus complexes de la philologie contemporaine. — La tradition antique unanime appelle *Homeros* l'auteur des plus anciens textes littéraires grecs, l'*Iliade* et l'*Odyssée*, et d'autres textes, d'époques diverses, tels que les *Hymnes homériques*. Elle était au demeurant fort ignorante de sa personnalité : on le disait aveugle, natif de l'Ionie (mais de quelle ville : Smyrne ? Khios ? etc.), en une époque imprécise, antérieure seulement aux premiers textes historiques. — Un des premiers acquis de la critique philologique, à partir du XVIIIe siècle, fut de contester cette idée — et de créer la « question homérique ». Le progrès des études linguistiques et philologiques, la découverte progressive des hautes époques grecques par l'archéologie durant les XIXe et XXe siècles, bien loin de « résoudre » ladite question, n'ont fait que la compliquer toujours davantage. On admet généralement aujourd'hui : 1° que l'*Iliade* et l'*Odyssée* ne peuvent pas avoir le même auteur : de la première à la seconde changent une grande partie du système de valeur, la connaissance géographique, l'importance respective du bronze et du fer dans l'armement. L'*Odyssée* paraît une œuvre composée lors de l'ouverture du monde grec sur l'Orient et la Méditerranée, dans les prodromes de la colonisation; l'*Iliade* correspond à la phase antérieure, où le monde grec vit plus replié sur lui-même, avec ses souvenirs de l'époque mycénienne. Arbitrairement, on estime que les deux œuvres sont séparées par quelque cinquante ans; 2° qu'entre la composition de l'essentiel de l'une et de l'autre, oralement, et leur mise par écrit (« édition » pisistratienne), à la fin du VIe siècle, des ajouts (« interpolations »), imitant le style homérique mais chargés de conceptions plus récentes, sont venus compléter les textes originaux. — Les divergences portent alors sur la nature, la taille, le nombre, la date, des interpolations. En fait, leur définition, très variable d'un auteur à l'autre, ne répond que très rarement à des critères objectifs, et dépend avant tout des théories sous-jacentes à l'étude de l'œuvre homérique. Après une critique philologique toujours plus radicale qui aboutissait à faire des épopées la somme d'interpolations ajoutées progressivement à des noyaux initiaux restreints, une réaction « unitariste » se dessine de nos jours, en liaison avec une conception plus « structuraliste » de la critique littéraire : pour l'essentiel, chacune des deux épopées correspond à un projet cohérent et global. Inversement, mais non contradictoirement, des auteurs (tels G. Nagy) en viennent à penser, au sujet d'Homère et d'autres auteurs grecs « pré-historiques » (Hésiode, Théognis...), à une création continue, dans le cadre de traditions poétiques dépassant la personnalité d'un créateur unique. Dans cette perspective, « Homère » subsumerait un ensemble de poètes, des IXe, VIIIe, VIIe siècles... dont l'œuvre créatrice aurait connu deux temps forts avec la composition des deux épopées. — Par ailleurs, l'archéologie pose le problème du contenu « historique » des poèmes homériques. On sait à présent que le monde *visé* par les poèmes est celui que nous appelons *mycénien* : plusieurs des villes dont les héros sont célébrés ici, Mycènes, Pylos, Iôlkos, Tirynthe, ont été les plus importantes de Grèce à l'époque mycénienne, non après; c'est bien en partant des textes homériques qu'Heinrich Schliemann découvrit Mycènes, Troie ou Tirynthe.

Cela dit, une comparaison rigoureuse entre les objets et coutumes évoqués par Homère, et ceux du monde mycénien (v. le livre de Mme Lorimer) montre qu'il n'y a guère de coïncidences entre eux. La « civilisation » homérique rappelle par contre beaucoup plus celle des siècles « géométriques », postmycéniens (Xe-VIIIe siècle) (incinération des morts, régime foncier, armes, usage de fer, etc.). Sur cette base, certains historiens (en dernier lieu, M. Finley) ont estimé que les institutions et coutumes du « monde homérique » sont celles, de peu antérieures à l'*Iliade*, de l'époque géométrique primitive. C'est sans doute largement vrai; mais l'univers homérique est d'abord une composition littéraire, incluant des souvenirs, peu nombreux mais essentiels, de l'époque mycénienne, des données empruntées aux temps géométriques, y compris contemporains de la composition — et même, par les « interpolations », des éléments postérieurs. — On sait aussi que l'*Iliade* et l'*Odyssée* livrent quelques très vieilles traditions d'origine indo-européenne, et que la prise d'une ville par une flotte militaire est un thème récurrent de l'art figuratif mycénien : si donc Homère se situe au tout début de la littérature grecque, il représente aussi l'aboutissement et l'apogée d'une tradition épique préhistorique. Enfin, la *langue* homérique a longtemps été considérée comme un idiome artificiel, mélange d'éolien et d'ionien. Actuellement, l'étude du linéaire B modifie nos perspectives sur l'histoire de la langue grecque, et l'un des meilleurs spécialistes, J. Chadwick, pense que la langue homérique a pu être celle parlée à Lesbos, en Eolide, dans les premiers temps postmycéniens.

● BIBLIOGRAPHIE. — Surtout, G. S. KIRK, *The Songs of Homer*, Cambridge, 1962; H. LORIMER, *Homer and the Monuments*, Londres, 1950; A. J. B. WACE et F. H. STUBBINGS, *A Companion to Homer*, New York, 1962; M. I. FINLEY, *Le monde d'Ulysse*, trad. franç.,

Paris, 1969, avec une importante bibliographie de P. Vidal-Naquet; G. NAGY, *The Best of the Achaens*, Baltimore, 1979; J. CHADWICK, dans *Anzeiger der phil.-hist. Klasse d. Öst. Akad. Wiss.*, 113, 1974, p. 196.

▶ CORRÉLATS. — Dumézil, Grèce (Histoire grecque), Linéaire B.

B. SERGENT.

Hongrie

Historiens hongrois

Les grands tournants de l'historiographie hongroise coïncident avec ceux de l'histoire moderne de la nation. Pourtant sa préhistoire remonte, dans un long passé, jusqu'à la *Gesta Hungarorum* (perdue) et jusqu'à la geste, connue, écrite vers l'an 1200 par Anonymus. Les premiers ouvrages historiques en langue hongroise verront le jour après 1526. La défaite de Mohács et la dislocation de l'Etat incitent beaucoup d'humanistes à dresser des bilans de tout genre, parmi lesquels nous pouvons citer la *Chronica*, d'un protestant, G. Heltai (1575) et la *Hungaria* d'un futur archevêque, N. Oláh (vers 1536). La première initiative pour constituer des recueils de documents, voire des archives, est prise à partir de la fin du XVIIe siècle par deux pères jésuites. A l'exemple des « Bollandistes » d'Anvers, G. Hevenesi réunit 140 volumes de manuscrits auxquels s'ajoutent les 156 volumes de son successeur, I. Kaprinay. La génération suivante entreprend la révision « critique » du matériel ainsi réuni du point de vue chronologique et généalogique (Gy. Pray et I. Katona). Les protestants les suivent de près, M. Bél et toute une équipe de collaborateurs rédigent et écrivent une géographie historique indispensable, la *Notitia Hungariae* dont dix volumes ont paru, le reste étant toujours en manuscrit (1735-1742). Au début du XIXe siècle enfin, deux ouvrages volumineux, l'un de J. Ch. Engel, l'autre de A. Fessler, traitent en allemand de l'histoire de la Hongrie.

1 | La période entre 1848 et 1918. — L'idée moderne de l'autonomie nationale et d'une nécessaire transformation bourgeoise surgit brusquement dans l'œuvre d'un prêtre catholique lié à la noblesse libérale, M. Horváth, et dans celle d'un juriste, L. Szalay. Engagement social, esprit critique, exigence méthodologique, mépris du romantisme et lutte contre la tendance isolationniste, tels sont les principes que veut suivre la génération dont ils sont les meilleurs représentants. Horváth, notamment son histoire de l'industrie et du commerce en Hongrie (parue en 1840), n'est que modérément influencé par les diverses tendances intellectuelles étrangères (Hegel, Thierry ou Michelet). En revanche, Szalay connaît personnellement Guizot, découvre Thierry; son histoire de Hongrie (1852-1859), qui reste inachevée, reflète une conception centralisatrice, favorable au compromis avec les Habsbourg. Pourtant, la défaite de la révolution marque profondément ces auteurs dont les travaux trahissent un esprit déçu. L'influence d'un certain positivisme de seconde main et la pression de la censure contribuent à développer chez eux une attention particulière aux sources. Plusieurs séries de publications prennent naissance à cette époque de clivage culturel. Nous citerons les *Monumenta Hungariae Historica* et le *Codex Diplomaticus Arpadianus Continuatus*.

Cette première génération d'historiens est nombreuse, ses membres sont presque tous des autodidactes et leur activité s'intensifie après le compromis de 1867 avec les Habsbourg. Mais la relative faiblesse de la bourgeoisie naissante explique que l'ambiance n'était guère favorable à la propagation d'idées progressistes telles que le positivisme; ces idées sont même en recul déjà vers 1870. D'autre part, c'est l'époque où l'infrastructure historiographique prend naissance (1867 : Association hongroise des historiens qui publie la revue *Századok*; 1874 : Archives nationales).

Jusqu'en 1918, presque tous les historiens importants restent sous l'influence religieuse, reconnaissent le Compromis avec l'Autriche et sont des nationalistes convaincus. Ce n'est que la manière d'aborder la question de l'indépendance et de la souveraineté nationale qui les divise. Certaines personnalités se regroupent autour de l'Académie des Sciences et ont un point de vue clérical prononcé (V. Fraknói, R. Békefi, Gy. Pauler). H. Marczali émerge de ce cercle, tant par sa formation que par son libéralisme conséquent. De son œuvre phéthorique, la version anglaise de son ouvrage sur la Hongrie au xviiie siècle mérite au moins d'être mentionnée (1910). L'autre groupe, réuni autour de la revue *Századok*, est nettement romantique, K. Thaly se considère par exemple comme le scribe du prince Ferenc II Rákóczi. Plus tard, l'autre membre du groupe, S. Szilágyi, rédigera l'Histoire de la Nation hongroise en 10 volumes (1896), qui est un chef-d'œuvre d'équilibre entre divers personnages influents, d'où l'hétérogénéité de l'entreprise malgré une factologie dominante, voire foisonnante.

A la veille de la première guerre mondiale, l'école historique hongroise avait fait d'incontestables progrès, mais avec une orientation méthodologique et théorique assez conservatrice, tournée surtout vers « l'historisme » allemand. Elle fut complètement prise au dépourvu par l'effondrement du dualisme à l'issue de la guerre.

2 / 1919-1944. — Après les traités de Trianon et la chute de la République des Conseils, un conservatisme historisant gagne sur tous les terrains. Il domine aussi bien la vie publique et ses institutions que la réflexion politique et le comportement des couches dominantes. Pourtant, déjà au début du siècle le vent du marxisme avait soufflé sur les historiens. La pensée marxiste est peu présente dans l'œuvre de O. Jászi, plus dans celle de E. Szabó. Ce dernier l'adapte à son analyse de la Révolution de 1848-1849 (livre publié à Vienne en 1921). Les idées nouvelles sont colportées surtout par des personnalités extra-institutionnelles comme Gy. Lukács et son « cercle du dimanche » avec A. Hauser, K. Mannheim, mais l'on peut évoquer aussi l'activité de K. Polányi ou celle d'un proche ami de Freud, S. Ferenczi. Soulignons que ces penseurs importants ne sont pas des historiens et ont peu de rapports avec l'historiographie hongroise. C'est l'époque où apparaît en sociologie un courant radical, précurseur d'un vaste courant sociographique; les linguistes commencent la publication d'une série de dictionnaires de très bonne qualité et l'ethnographie — le folklore surtout — fait ses débuts.

Ce bouillonnement affecte peu l'histoire hongroise qui est la plus institutionnalisée parmi les sciences sociales. Mais la nouvelle génération des historiens qui apparaît à la fin de l'époque du dualisme est mieux formée que les précédentes. Aussi est-elle plus exigeante sur le plan méthodologique, comme en témoignent une histoire monétaire (XIe-XIVe siècle) de B. Hóman (1916), deux brillantes études de S. Domanovszky sur l'histoire du commerce médiéval (1916-1917), ainsi que le travail de Gy. Szekfü sur les francs-servants et les commensaux (1912). Même si à l'époque on peut discerner certaines traces des idées de Spencer et de sa sociologie organique, ou quelques ressemblances avec les idées positivistes, le vent du *Geistesgeschichte*, surtout l'influence de Lamprecht, Below, Meinecke les efface rapidement, et l'histoire des idées devient sinon générale tout au moins prédominante pendant la période de l'entre-deux-guerres. La jeune génération d'historiens fait partie d'une nouvelle élite intellectuelle qui commence à jouer un rôle important au sein des sciences sociales institutionnalisées. D'une largeur de vue remarquable, elle est plus moderne, bien qu'elle soit profondément liée, et par ses origines et par les traditions, à l'ordre établi. Les bases du nouveau conservatisme militant existent déjà bien avant la première guerre mondiale.

Indiscutablement, le plus important historien de cette époque, même de toute la première moitié du siècle, est Szekfü. Il est aussi le premier historien-idéologue : déjà son fameux livre, *Trois générations* (1920-1934), est le manifeste d'un certain subjectivisme. C'est l'âme hongroise éternelle qui intéresse l'auteur. L'histoire du libéralisme hongrois du XIXe siècle y est décrite comme une déchéance dont la paix de Trianon et 1919 furent la conclusion logique. Dans son ouvrage le plus important, l'*Histoire de la Hongrie*, dont il écrit les deux tiers (la première partie étant due à Hóman), il développe une conception éminemment conservatrice : les piliers de la paix sociale du pays sont les grandes propriétés terriennes, la religion et le conservatisme, sa meilleure époque restant le baroque. Le style de Szekfü est élégant, coloré et suggestif, il a une grande érudition et souvent il veut faire impression par des moyens plutôt littéraires. Soulignons aussi que, sans avoir modifié radicalement sa conception, Szekfü reconnaît rapidement les menaces de l'hitlérisme, il devient antifasciste, proteste contre l'antisémitisme aveugle et contre l'irrationalisme politique. Dans une série d'articles publiés en 1943-1944, il propose déjà un retour aux idées démocratico-libérales au XIXe siècle.

L'influence d'un Domanovszky ou d'un Mályusz sur le grand public ne peut donc nullement rivaliser avec celle de Szekfü. Domanovszky continue la vieille tradition en proposant des thèmes d'histoire économique aux étudiants de son séminaire et se trouve ainsi à l'origine de quelques contributions importantes à l'histoire rurale de Hongrie. Ses disciples, sur les conseils du maître, prennent pour but l'interprétation positive des données et la méfiance envers « l'intuition ». Ils se tournent exclusivement vers l'étude des grandes propriétés terriennes (Cs. Csapody, I. Wellmann, I. Sinkovits, etc.).

A l'exemple de la *Volkstumskunde* allemande, E. Mályusz lance l'idée d'une histoire ethnique dès les années 1930. Bien que l'idée de base soit de nouveau l'interprétation « positive » des données, l'inspiration nationaliste est évidente : puisque les Roumains et les Tchèques veulent baser leur argumentation politique sur l'histoire du peuplement, nous devons procéder de même pour prouver la présence et l'évolution de l'ethnie hongroise dans le bassin des Carpathes. La série d'études qu'il a inspirées prendront plus tard une autre orientation : certains auteurs se tournent progressivement vers l'histoire de la paysannerie, s'associant ainsi aux tendances populistes de la fin des années trente. Le revers de la médaille est la position volontairement choisie par le chef de file de ce courant. Une volonté d'être authentique en s'accrochant à l'originalité des Hongrois, mais aussi une sympathie à peine voilée envers le modèle allemand, une germanophilie prononcée qui, déjà au début des années quarante, le mettent dans une position compromettante.

Parmi les historiens de métier, I. Hajnal est le seul qui formule un refus conséquent de la méthode de l'histoire des idées. Le principe fondamental de sa réflexion est que le devoir de la recherche historique est de se consacrer à l'étude concrète des formes culturelles. Il s'adresse volontiers à la sociologie, le champ essentiel de son intérêt restant la technique et le travail. La partie la plus stimulante de son œuvre est vraisemblablement celle qui traite, sous ses aspects sociaux, en français, l'enseignement de l'écriture aux universités médiévales (1954).

Les débats politiques s'intensifient au cours des années de guerre (1939-1944) et les différents courants de pensée emploient volontiers une argumentation « tirée » de l'histoire. Ainsi la position du problème de la classe moyenne, de la question agraire, des nationalités, du système politique issu de la première guerre mondiale est souvent très historisante sans que l'historiographie elle-même en profite. La fondation de l'Institut hongrois d'histoire (1941) est pourtant un événement significatif, car c'est le premier centre de recherches qui vient ainsi d'être créé. Ses collaborateurs sont surtout de jeunes historiens choisis sur des critères de talent qui, à l'encontre des pratiques courantes, ambitionnent une manière de voir objective, à la Pirenne, préfèrent les méthodes comparatistes, s'opposent aux nationalismes aveugles et sont partisans de la réconciliation des peuples et des ethnies de la vallée du Danube. La nouvelle série de la *Revue d'Histoire comparée* est un bon témoignage de ces ambitions.

3 | *Depuis 1945.* — L'effervescence intellectuelle qui caractérise l'époque du troisième tournant de l'historiographie hongroise est marquée par la pénétration massive du marxisme. Mais après 1948 elle prend le visage du dogmatisme. L'Académie des Sciences (en 1950), l'Institut d'Histoire (en 1951), les Archives nationales sont réorganisés ; de nouvelles revues spécialisées sont fondées. La maîtrise du matérialisme historique est considérée comme indispensable et l'on donne la priorité à l'étude de la période moderne et contemporaine, ainsi qu'à l'histoire des mouvements ouvrier et paysan.

Dix ans plus tard, en 1955, le bilan enregistre des acquis indiscutables. Si une histoire en deux volumes de la société hongroise, de ses débuts jusqu'en 1526, d'E. Molnár, est encore la première tentative d'interprétation marxiste en longue durée (1949), des recueils d'études sur la paysannerie hongroise du XIVe siècle (1953, rééd. Gy Székely), du XVIIIe siècle (1952, rééd. Gy Spira) et du XIXe siècle (1951, rééd. P. S. Sándor), ainsi que l'étude plus théorique de Zs. P. Pach (1952) sur l'accumulation primitive du capital en Hongrie (une application directe d'un chapitre du *Capital*) prouvent qu'une mutation profonde est en train de se dérouler. La première version d'une bibliographie raisonnée de l'histoire hongroise par D. Kosáry (1951) ; la seconde édition complètement revue est en cours), a publication de diverses sources du XVIIe-XVIIIe siècle, notamment par

K. Benda (1952-1957) et par L. Makkai (1954) comptent aussi parmi les réalisations significantes de cette décennie.

Bien que quelques débats (sur l'unilatéralité de l'économisme, sur le rôle des individus dans l'Histoire, sur Porshnev) animent la vie scientifique, une grande partie des chercheurs se réfugie dans la pure étude des faits. Voici un jugement caractéristique de l'époque, sur l'état du métier : « Nos historiens — sauf exception — n'ont pas encore appris à écrire avec pittoresque, avec passion, sur un ton engagé, en exaltant les luttes de notre peuple, en démasquant et en rendant odieux les ennemis du progrès. » Ces propos indiquent non sans ambiguïté qu'à l'époque l'histoire est au service de la politique.

La fin des années cinquante marque le début d'une nouvelle période qui dure encore. Pour caractériser les tendances actuelles de la recherche historique, nous évoquerons les œuvres marquantes, les débats, les thèmes dominants, et enfin les influences que l'on perçoit. Parmi les *œuvres* citons tout d'abord le livre de Pach sur le « second servage » puisqu'il sert de référence théorique sur le processus de « reféodalisation » qui s'accomplit du xve au xviie siècle (1963). L'Europe centrale y est analysée comme l'une des zones d'un gigantesque processus du partage de travail entre l'Ouest et l'Est, favorisant à l'Est la production agricole massive sur les grandes propriétés terriennes. L'histoire rurale, stimulée par ce concept, reste d'ailleurs fort marquée par I. Szabó et ses disciples. L'œuvre de Szabó comprend deux livres sur le village médiéval (1966, 1969) et une série d'études qui poussent son analyse au-delà de 1848. Evoquons aussi le rôle stimulant des livres de T. I. Berend et de Gy. Ránki. Partant de l'économie hongroise du xixe et du xxe siècle, ils élargissent leur champ d'investigation sur l'Europe centrale aussi bien que sur certains aspects d'histoire sociale, inspirant à la fois les jeunes chercheurs et les spécialistes de la réforme économique (1974, 1977).

Il y a peu de *débats* réels entre les historiens hongrois. Le plus intéressant est lié au nom de E. Molnár qui, en 1959-1960, souleva une certaine émotion en affirmant que la conscience de classe est plus importante que le sentiment national. Ensuite, pour nuancer cette thèse idéologique, il précisa que les luttes nationales ont trait au progrès social. La plupart des participants au débat refusent ce concept jugé trop rigide, mais sont incités eux-mêmes à réviser leur point de vue : la vieille tendance d'interprétation subjective cède la place à un traitement plus rigoureux du problème s'inspirant déjà de la sociologie et de l'ethnologie comme le fait, par exemple, J. Szücs (1974). Un autre débat, en 1958, vise l'interprétation plus nuancée du Compromis de 1867, considéré, désormais, comme instaurant un système de dépendance complexe et non un simple rapport entre colonisateurs et colonisés. Ce débat a provoqué une série de recherches sur l'époque dualiste dont le volume 6 de la plus récente *Histoire de Hongrie* propose une bonne synthèse, grâce aux contributions de T. Kolossa, L. Katus et I. Orosz (1979). Parallèlement les recherches sur les nationalités se voient relancées sur une nouvelle base : ce n'est plus l'histoire exclusive d'une nationalité isolée qui est étudiée, mais le problème des nationalités en tant que partie intégrante des diverses questions soulevées (cf. Katus, 1961). Le troisième débat porte enfin sur l'interprétation du phénomène fasciste en Europe orientale dans l'entre-deux-guerre (M. Lackó, 1975; M. Ormos-M. Incze, 1976).

Par tradition, ou par un regain d'intérêt, certains thèmes constituent les *centres de préoccupation* de l'histoire hongroise. Ainsi, depuis longtemps, les origines des Magyars et les débuts de la Hongrie médiévale font l'objet de bon nombre de recherches. Faisant appel à l'archéologie, à la linguistique, à l'ethnologie et à d'autres disciplines, profitant aussi des travaux soviétiques récents dans ces domaines et des acquis de la byzantinologie, une définition du semi-nomadisme de la société hongroise au moment de la conquête árpádienne du bassin des Carpathes est devenue possible grâce aux travaux de A. Bartha (1968), de Gy. Györffy (1975) et d'autres spécialistes (cf. un recueil de 21 études, 1977). L'histoire urbaine, cette autre ancienne branche de la recherche, reprend sur des bases nouvelles dans les années cinquante, non sans se laisser influencer par l'activité toute particulière des historiens polonais qui défendent vigoureusement le caractère original de leurs villes contre la puissante école allemande. En Hongrie l'on assiste à une sorte de répétition de cette démarche, d'où un certain déséquilibre : les débuts sont mieux connus maintenant (Fügedi, 1961; Györffy, 1969) que le XVe et surtout les XVIe-XVIIIe siècles. Une histoire de Budapest en 5 volumes (1973-1980) couvre toutefois beaucoup de lacunes, ainsi que deux études de O. Paulinyi (1962, 1976) et de J. Szücs (1955, 1963). Mais puisque la plupart des villes anciennes proprement dites se trouvent en dehors des frontières actuelles, les synthèses ont plus de chance que les monographies locales.

L'histoire politique du XVIe-XVIIe siècle et la guerre d'indépendance de 1701-1711, surtout l'époque de Thököly et de Rákóczi, intéressent depuis des années beaucoup de chercheurs. Après les études de L. Benczédy (1972), de B. Köpeczi (1971, 1976), la dernière version de la grande monographie sur le prince Rákóczi par Köpeczi et A. R. Várkonyi peut être considérée comme une sorte d'aboutissement (1976).

La crise de la noblesse et les signes précurseurs de l'époque des réformes au XVIIIe siècle retiennent l'intérêt d'un autre groupe. Le tableau riche en détails sur la naissance de l'intelligentsia à travers la vie d'un personnage intrigant par E. H. Balázs (1967) et des Colloques franco-hongrois sur les Lumières en Hongrie (publications en 1971, 1975), offrent un tour d'horizon sur la noblesse en tant que base des premières tendances bourgeoises réformistes et sur les influences culturelles prédominantes. Notons enfin que si la Révolution de 1848-1849 est abondamment étudiée par une longue série de publications diverses (cf. leur synthèse dans le vol. 6 de l'*Histoire de Hongrie*), la république des Conseils de 1919 et ses antécédents ont trouvé déjà leur monographe en la personne de T. Hajdu (1968, 1969). Quant aux années plus récentes, l'histoire des différents mouvements ouvriers en est devenue le centre d'intérêt. Son exposé d'ensemble est fait en trois volumes par un collectif d'auteurs sous la direction de D. Nemes (seconde édition en 1970, 1972).

Après 1960, l'histoire hongroise s'ouvre à divers *courants de pensée* et à de nouvelles réflexions méthodologiques. Les *Annales* trouvent un présentateur averti en la personne de L. Makkai (1974), tandis que D. Kosáry dirige le premier recueil de textes en hongrois de Marc Bloch (1974). Des enquêtes sur le mouvement des prix et des salaires au XVIe-XVIIe siècle commencent; elles s'inspirent des méthodes françaises dont V. Zimányi fait une première présentation (1974) et en général l'école française, et surtout F. Braudel, exercent un indéniable ascendant depuis 1968. Le vent de la quantification a commencé de souffler dès la fin des années soixante, et même plus tôt en démographie historique, comme le prouvent les ouvrages de Gy. Acsády (1957), de E. Szabady (1960), de J. Kovacsics (1970). L'essor de cette discipline est certainement lié à celui de la démographie hongroise elle-même, tout comme les réformes économiques et sa nouvelle école de Budapest encouragent l'étude de différentes théories économiques dans une perspective historique. Le fameux article de Kondratieff sur les cycles de croissance a été publié par une revue historique — à vrai dire soixante ans après sa première parution.

Parmi les grands *ouvrages de synthèse* de ces dernières années citons une nouvelle fois la volumineuse *Histoire de Hongrie*, en cours de publication, œuvre collective de l'Institut d'Histoire. Gy. Györffy a entrepris une géographie historique de Hongrie à l'époque arpadienne (vol. 1 paru), sur l'époque d'Etienne Ier, fondateur de l'Etat (1977). E. Mályusz, outre l'édition d'un grand recueil de chartes de l'époque de Sigismond de Luxembourg (vol. 1 et 2 parus), a publié plusieurs études de fond sur la première moitié du XVe siècle (1957, 1958, 1960). L. Makkai élabore à travers son œuvre un modèle d'interprétation de l'économie féodale (1963, 1972, 1974), tandis que Zs. P. Pach analyse les effets du déplacement des grands axes du commerce aux XVe-XVIIe siècles (1968, 1970, 1971). D. Kosáry, dans un vaste tableau de la culture du XVIIIe siècle hongrois, où l'histoire sociale s'articule à l'histoire culturelle, a décrit la grande mutation qui mène du baroque aux Lumières (1980). A. R. Várkonyi s'est aventuré sur le terrain de la philosophie de l'histoire, peu fréquenté en Hongrie (1973). Dans une monographie détaillée, elle a analysé l'influence du positivisme sur l'historiographie hongroise.

Le visage de l'histoire hongroise est en train de changer. Pendant longtemps l'historien fut censé fournir le principal outil scientifique à l'idéologie qui commandait les actes politiques. Science humaine privilégiée et protégée, l'histoire prit des chemins parfois particuliers car ses orientations, son encadrement furent motivés plus fréquemment qu'il aurait été nécessaire par une prédilection pour l'histoire politique, pour les grandes fresques de l'histoire nationale, pour la vie des grands hommes exemplaires. Depuis les années soixante, progressivement, cette situation est devenue intenable dans la mesure où l'économie et la sociologie partageaient, voire commençaient à dominer la place qui fut jadis réservée à l'histoire dans la réflexion politique. D'où une liberté toute nouvelle dans le choix des sujets et des méthodes de la recherche, mais aussi dans l'orientation du goût du grand public. Ce qui se traduit par une histoire de moins en moins « historisante ».

● BIBLIOGRAPHIE. — D. KOSÁRY, *Bevezetés a magyar történelem forrásaiba és irodalmába (Introduction aux sources et à la littérature de l'histoire hongroise)*, vol. 1-3, Budapest, 1951-1958; *A magyar történettudomány válogatott bibliográfiája 1945-1968 (Bibliographie sélectionnée de l'histoire hongroise 1945-1968)*, Budapest, 1971; Hungary and Eastern Europe. Research Report, *Etudes historiques hongroises, 1980*, Budapest, 1980, vol. 2, p. 613-805.

G. GRANASZTOÏ.

Huizinga Johan, 1872-1945

Johan Huizinga, un des plus grands historiens néerlandais, est souvent considéré, d'une façon un peu réductrice, comme un des pères de la « nouvelle histoire », celle qui, à partir de 1929, se développa autour de la revue *Annales* de Lucien Febvre et Marc Bloch. On voit alors souvent en lui l'auteur, avant tout, d'un livre célèbre : *Herfsttij der Middeleeuwen* (1919) traduit en français en 1932 sous le titre infidèle de *Le déclin du Moyen Age*, republié en 1975 sous le titre exact de l'*Automne du Moyen Age*.

Il s'agit d'un livre à la fois pionnier et classique, qui a fait la réputation de Huizinga au-delà du milieu des historiens, toujours actuel puisque toujours objet de débat.

Pourtant Huizinga est l'auteur d'une œuvre très abondante et diverse avec comme principaux centres d'intérêts : le Moyen Age et la Renaissance, l'histoire néerlandaise, les problèmes de la première moitié du XXe siècle et l'épistémologie de l'histoire. C'est un grand historien européen, mais il s'est intéressé aussi aux Etats-Unis et, à la faveur d'un séjour qu'il y fit, il leur a consacré deux livres.

La vie de Johan Huizinga fut celle d'un universitaire néerlandais à la carrière brillante, professeur à l'Université de Groningue dès 1905, il passa ensuite à la célèbre Université de Leyde dont il devint recteur en 1933. Ses leçons inaugurales comme professeur à Groningue (1905) et recteur à Leyde (1933) sont des témoignages importants sur sa conception de l'histoire. Son attitude courageuse face à l'occupant allemand, pendant la seconde guerre mondiale, lui valut d'être interné dans un camp d'otages, puis assigné à résidence dans un petit village de l'est des Pays-Bas où il mourut au début du terrible hiver de 1945.

Le caractère pionnier de trois de ses œuvres surtout a été souligné par Lucien Febvre et Marc Bloch : l'*Automne du Moyen Age* (1919); *Erasme* (1924); *Homo Ludens* (1938). Le premier c'est la description et l'analyse des « saveurs », des « aspirations », des « idées », des « rêves », des « émotions », du « symbolisme », des « images », des « formes » dans lesquelles s'exprime une société qui meurt, celle du Moyen Age pour donner naissance à une autre, la Renaissance. *Homo Ludens. Essai sur la fonction sociale du jeu* c'est, à partir d'une définition du jeu comme phénomène de culture, l'affirmation de l'importance dans une société de l'élément ludique, à côté de l'élément raisonnant *(Homo Sapiens)* et de l'élément fabricateur *(Homo faber)*. Dans le droit, la guerre, la philosophie, la poésie, l'art, l'imagination, le jeu s'affirme comme une des grandes formes de la vie collective. Quant à *Erasme*, son originalité, selon Lucien Febvre, c'est « d'être, de vouloir être Erasme total... Grande nouveauté bien qu'il n'y semble guère ». Dans ces ouvrages Huizinga annonce et aide la naissance d'une histoire de la sensibilité et des mentalités, de la vie quotidienne, il fait appel aux documents littéraires et artistiques, il veut abolir les barrières qui séparent l'histoire de la psychologie (essentiellement la psychologie collective), l'ethnologie et la sociologie, la philosophie.

Toutefois, avec le temps, des aspects plus traditionnels de la pensée historique de Huizinga ont amené un certain retrait des maîtres des *Annales* dans leur admiration pour Huizinga. Sur les conseils de son maître P. J. Blok, auteur d'une monumentale *Histoire des Pays-Bas* et d'un essai sur *L'histoire comme science sociale* (*De Geschiedenis als Sociale Wetenschap*, Leçon inaugurale à l'Université de Leyde en 1894), Huizinga était allé suivre à Leipzig les leçons de Karl Lamprecht, auteur les années suivantes, entre autres, de *Die Kultur-historische Methode*, *La méthode de l'histoire culturelle*, 1900, *Einführung in das historische Denken*, *Introduction à la pensée historique*, 1912, il demeura longtemps influencé par la *Kulturgeschichte* (Burckhardt, Lamprecht) et la *Völkerpsychologie*, « psychologie des peuples » (Wilhelm Wundt). Lamprecht avait affirmé que « tout événement historique est de caractère spirituel ».

Pourtant Huizinga n'a jamais admiré Lamprecht sans réserves. Selon Weintraub il a toujours dit un « oui... mais » au maître allemand. A la fin de sa vie il a parlé « du schématisme creux et des constructions fragiles de Karl Lamprecht ».

Esprit critique, Huizinga dénonça aussi le comparatisme confus et l'échec de la volonté de rénover l'histoire, dans la première moitié du XXe siècle, de la *new history* américaine de H. E. Barnes et, à un moindre degré, de la *nuova storia* italienne de Corrado Barbagallo. Comme Lucien Febvre, il répliqua à Paul Valéry, contempteur de l'histoire, à qui il reprocha d'ignorer les méthodes et les œuvres des historiens modernes et d'avoir une conception tout à fait dépassée d'une histoire oratoire normative et moralisante.

Toutefois, dans ses dernières œuvres, *Dans les ombres de demain. Essai de diagnostic du mal dont souffre notre temps*, écrit à la veille de la seconde guerre mondiale, et *A l'aube de la paix. Essai sur les drames de rétablissement de notre civilisation*, rédigé pendant la guerre, Huizinga caresse la notion de décadence chère à Spengler et accentue ses tendances à la philosophie de l'histoire et à la moralisation. Il apparaît comme un chantre du passé, *laudator temporis acti*.

Pourtant, dans l'optique de certaines recherches historiques de pointe, Huizinga dont il ne faut pas oublier qu'il fut aussi un grand écrivain néerlandais, un grand styliste, apparaît à nouveau, dans *L'Automne du Moyen Age* en tout cas, comme un pionnier et un ancêtre des nouveaux domaines de l'histoire : histoire du corps, histoire des sens, histoire des rêves et de l'imaginaire. Huizinga est encore un ouvreur de portes qui mènent à l'histoire à faire.

● BIBLIOGRAPHIE. — *Œuvres de Huizinga* : *Verzamelde Werken* (*Œuvres complètes*), 9 vol., Haarlem, 1948-1953 (en néerlandais). En traduction française (ou éventuellement autres) :
— *Sur le Moyen Age et la Renaissance* : *Le déclin du Moyen Age*, Paris, Payot, 1932, réédition sous le titre *L'Automne du Moyen Age*, Paris, Payot, 1975; *Erasme*, préface de Lucien Febvre, Paris, Gallimard, 1947.
— *Sur les Pays-Bas et la Bourgogne* : *L'Etat bourguignon, ses rapports avec la France et les origines d'une nationalité néerlandaise*, art. de 1930 en reprenant un de 1911; *Dutch civilisation in the XVIIth century and other essays* (*La civilisation hollandaise au XVIIe siècle et autres essais*), Londres, 1968.
— *Sur les Etats-Unis* . *L'Homme et la masse en Amérique* (1918) et *Vie et Pensée de l'Amérique* (1926), tous deux traduits en anglais en 1972 sous le titre *America. A Dutch Historian's Vision from Far and Near*.
— *Sur la culture* : *Homo Ludens. Essai sur la fonction sociale du jeu*, Paris, Gallimard, 1951; *Les tâches de l'histoire culturelle* (1929), repris dans le recueil *Wege der Kulturgeschichte* (1930).
— *Dernières œuvres* : *Incertitudes* (*In de schaduwen van morgen*, *Dans les ombres de demain. Essai de diagnostic du mal dont souffre notre temps*), trad. franç., Paris, 1939, rééd. 1946; *Vier Kapitel über die Entwicklung der Geschichte für modernen Wissenschaft* (*Quatre chapitres*

sur la transformation de l'histoire en science moderne), 1934 (1937) et *Wie wird Gegenwart Vergangenheit? (Comment le présent devient-il passé?)*, 1936 regroupés sous le titre *Zur Theorie und Methode der Geschichte (Contribution à la théorie et à la méthode de l'histoire)* dans le recueil *Im Bahn der Geschichte*, 1942.

— *Biographie et bibliographie* : K. KOSTER, *Johan Huizinga, 1872-1945*, Oberusel, 1947.
— *Etudes* : L. FEBVRE, Comment reconstituer la vie affective d'autrefois ? La sensibilité et l'histoire, *Annales d'Histoire sociale*, III, 1941, repris dans *Combats pour l'Histoire*, Paris, A. Colin, 1953, p. 221-238; W. KAEGI, *Das historische werk Johan Huizinga*, Leyde, 1947; D. CANTIMORI, Johan Huizinga, préface à J. Huizinga, *La crisi della civiltà*, Turin, Einaudi, 1964, trad. ital. de *Dans les ombres de demain*, repris dans *Storici e storia*, Turin, Einaudi, 1971, p. 343-363; R. COLI, Hohan Huizinga and the Task of Cultural History, *American Historical Review*, LXIX, 1964, p. 607-630; F. W. N. HUGENHOLTZ, Le déclin du Moyen Age (1919-1969), *Acta Historiae Neerlandica*, V, 1971, p. 40-51; *Johan Huizinga (1872-1972)*, éd. W. R. H. KOOPS, E. H. KOSSMANN, G. VAN DER PLAAT (Colloque de Groningue, déc. 1972, La Haye, 1973); J. J. WEINTRAUB, *Visions of Culture : Voltaire, Guizot, Burckhardt, Lamprecht, Huizinga, Ortega y Gasset*, Chicago, 1966.

▶ CORRÉLATS. — Annales (Ecole des), Décadence, Febvre, Mentalités.

J. LE GOFF.

I

Ibn Khaldūn (ʿAbd al-Raḥmān b. Muḥammad, 1332-1406)

Ibn Khaldūn est né à Tunis en 723/1332 et mort au Caire en 808/1406. Il descend d'une famille originaire du Ḥaḍramaut, établie à Séville au VIIIe siècle. Les Banū Khaldūn émigrent à Ceuta juste avant la chute de Séville en 1248; ils s'établissent ensuite à Tunis où ils occupent de hautes fonctions officielles à la cour des Ḥafsides. Ibn Khaldūn évoque avec fierté ces origines; il tentera lui-même toute sa vie de jouer un rôle politique à la mesure de ses connaissances et de sa lucidité.

La peste de 1347-1348 emporta ses parents et laissa un grand vide à Tunis notamment. Le pouvoir ḥafside et celui des Zayyānides à Tlemcen faiblissent devant l'offensive des Mérinides, nouvelle dynastie qui remplaça les Almohades au Maroc. Le jeune Ibn Khaldūn fit ses études dans ce climat troublé, sous la direction de maîtres réputés comme Al-Ābilī; il vit en même temps se dessiner une nouvelle société maghrébine. Après des fonctions qu'il jugea trop modestes pour sa personnalité (secrétaire du paraphe du sultan Abū Isḥāq), un court séjour à Biskra, puis à Bijāya (Bougie), il réussit à gagner la cour de Fès, la plus brillante alors, sous le règne du puissant mérinide Abū ʿInān. Il avait à peine 23 ans; et pourtant il ne fut pas content non plus de n'être admis que comme secrétaire du sultan. A la suite d'un complot auquel il aurait participé, il fut emprisonné deux ans (758-759/1357-1358). Il connut plusieurs tribulations avec des hauts et des bas à Fès, à Grenade, à Séville, de nouveau à Bougie, à Biskra..., passant sans cesse d'une fonction politique éphémère à ses chères études. Il découvrit ainsi sur le terrain la dislocation sociale et politique du Maghreb; ce qui renforçait son goût de l'étude et de la réflexion. Impressionné par la mort de son grand ami Ibn al-Khaṭīb étranglé dans sa prison à Fès, il se réfugia pendant quatre ans au château d'Ibn Salāma au sud-ouest de Frenda (776-780/1375-1379). C'est alors qu'il termina la première rédaction de sa *Muqaddima*. Il retourne à Tunis en 780/1378, mais pour enseigner et achever la première rédaction de l'*Histoire universelle (Kitāb al-ʿibar)*. Une cabale montée par des ennemis jaloux de son succès l'oblige, cette fois, à aller en Egypte où il va occuper — avec aussi des vicissitudes nombreuses — la charge de Grand Cadi malikite. Il eut une rencontre historique à Damas avec Tamerlan en 1399.

Dans son autobiographie, Ibn Khaldūn ne parle que du personnage officiel et de ses fonctions multiples; il est donc difficile de dire si sa vie était dominée par une ambition froide ou s'il poursuivait un grand dessein politique conforme au diagnostic sévère qu'il porta sur la société maghrébine au XIVe siècle. Ses échecs répétés, les intrigues qu'il dut affronter partout attestent, en tout cas, un grand caractère et une exceptionnelle lucidité; ils traduisent aussi les mécanismes incontrôlables qui commandaient le destin du Maghreb et de l'Orient musulman en son temps.

Il n'est pas étonnant avec une telle connaissance du terrain et des hommes qu'il ait écrit ce chef-d'œuvre unanimement admiré qu'est la *Muqaddima* ou *Prolégomènes* à un ouvrage de 7 volumes (éd. de Bulaq 1868, réédition à Beyrouth en 1956-1959) intitulé *Histoire des Berbères*. La *Muqaddima* a été redécouverte par d'Herbelot, Sylvestre de Sacy, von Hammer Purgstall, avant que Quatremère en donnât la première édition complète en 1858 (la même année paraissait, au Caire, une autre édition par Naṣr al-Hurīnī). Le baron de Slane en donna une traduction qui n'est pas encore dépassée (Paris, 1863-1868); elle respecte le style et les intentions sémantiques de l'auteur bien plus que celles, récentes, de V. Monteil (3 vol., Paris, 1967) et même de F. Rosenthal en anglais (3 vol., Princeton, 1958).

La littérature accumulée depuis le XIXe siècle sur cette *Muqaddima* permet de parler d'un phénomène Ibn Khaldūn. Dans le climat de la Renaissance arabe *(Nahdha)*, puis du Nationalisme (après 1950), Ibn Khaldūn est sollicité pour illustrer le génie arabe face à « l'agression culturelle » *(ghazw fikrī)* de l'Occident. Les Orientalistes ne sont pas les moins empressés à développer des théories échevelées en manipulant, dans tous les sens, le riche, mais imprécis appareil conceptuel de la *Muqaddima*. C'est ce que vient de montrer Aziz Al-Azmeh dans une thèse soutenue à Oxford : *Ibn Khaldūn in modern scholarship. A study in Orientalism* (Londres, 1981).

Le fait qu'à ce jour on ne possède pas encore une édition vraiment critique de la *Muqaddima* et du *Kitāb al-ʿibar* suffit à prouver l'inconséquence de tous ceux qui ont multiplié les dissertations et les théorisations à des fins plus personnelles (essais et même thèses) ou idéologiques (multiples congrès et séminaires) que vraiment scientifiques.

C'est dire qu'un grand travail reste à faire pour qu'Ibn Khaldūn soit cité par l'histoire et non plus seulement sollicité par tant d'auteurs sérieux ou amateurs, pour interpréter et même juger l'histoire du Maghreb et de l'Islam (cf. encore un exemple récent d'un auteur très compétent E. Gellner, *Muslin Society*, CUP, 1981). Quatre exigences fondamentales doivent être satisfaites :

1) donner une édition critique avec index, lexique et notes de la *Muqaddima* et du *Kitāb al-ʿibar*, en tenant compte de tous les manuscrits connus, y compris la première rédaction de la *Muqaddima* découverte récemment par M. Redjala;
2) partir d'une lecture philologique et linguistique (notamment organisation conceptuelle et métaphorique du texte) de toute la *Muqaddima*;
3) procéder à une réévaluation historique de la genèse et de la signification de l'œuvre d'Ibn Khaldūn, en tenant compte non seulement des idées

explicites, mais aussi du *système de pensée (epistémè)* sous-jacent à tout le texte ; confronter la théorie développée dans la *Muqaddima* et la méthode historique mise en œuvre dans l'histoire des Berbères ;

4) définir les rapports entre cette œuvre, la culture arabe et la société dans le Maghreb du xive siècle, dans la perspective strictement historique et sociologique que j'ai esquissée dans les « modes de présence de la pensée arabe en Occident musulman » dans *Pour une critique de la Raison islamique*, Maisonneuve-Larose, 1984.

C'est seulement après avoir parcouru ces quatre étapes qu'on pourra se demander jusqu'à quel point il est légitime de considérer Ibn Khaldūn comme « le père de la sociologie » et « le fondateur de l'économie politique ». L'étape du comparatisme avec Machiavel, Montesquieu, Marx, etc., demandera d'autres analyses préalables.

● BIBLIOGRAPHIE. — On trouvera dans le livre déjà cité de A. AL-AZMEH une bibliographie critique exhaustive qui atteint 854 titres. On y ajoutera les titres suivants plu récents : A. AL-AZMEH, *Ibn Khaldūn. An essay in reinterpretation*, Londres, 1982 ; *Al Ḥayāt al-thaqāfiyya*, mai-juin 1980, numéro spécial où sont publiés les Actes du Colloque tenu à Tunis en février 1980 ; *A'māl Nadwat Ibn Khaldūn*, Actes du Colloque de Rabat 1979, Rabat, 1981 ; Ibn KHALDŪN, *Le voyage d'Occident et d'Orient*, trad. de l'arabe et présenté par 'Abd al-Salam Šaḍḍādī, Paris, Sindbād, 1980.

▶ CORRÉLATS. — Décadence, Islam, Musulmans (Historiographie musulmane).

M. ARKOUN.

Images

Longtemps l'image est demeurée, en France au moins, un objet d'analyse réservée à la seule histoire de l'art. Faute d'intérêt ou de compétence, les historiens des sociétés et des cultures ont durablement négligé les sources iconographiques, laissées à l'érudition muséographique ou au commentaire esthétique. Depuis une dizaine d'années, il n'en va heureusement plus ainsi, et à travers colloques et études exemplaires se trouvent formulés les problèmes documentaires et méthodologiques posés par le traitement historien des images.

Quelques traits le caractérisent, et tout d'abord la diversité des objets matériels envisagés : poteries grecques, manuscrits à peintures du Moyen Age, images volantes des propagandes religieuses et politiques, tableaux d'église de la réforme catholique, statuaire politique du xixe siècle, photographies, films, etc. L'attention se trouve portée vers des matériaux traditionnellement délaissés par l'histoire de l'art, soit parce que leurs formes répétitives ne portent guère d'invention esthétique, soit parce qu'ils n'entrent pas dans une définition classique (et restrictive) de ce qui a été désigné comme production artistique. L'approche historienne de l'image n'est donc pas tributaire de la catégorie du beau, puisqu'elle prend en compte des objets qui appartiennent à des genres considérés sans finalité ou qualité esthétique ou qui, dans un genre à dignité artistique, sont « œuvres moyennes » et non pas chefs-d'œuvre.

De là, un second trait : l'analyse en séries de corpus saisis dans un site donné, plus ou moins étendu, et unifiés par le genre, la localisation ou le thème. Le genre : il en va ainsi des études consacrées aux retables

(V. L. Tapié, J.-P. Le Flem, A. Pardailhe-Galabrun, *Retables baroques en Bretagne*, Paris, 1972, ou M. Menard, *Mille retables de l'ancien diocèse du Mans*, Paris, 1980), aux ex-voto (B. Cousin, *Le miracle et le quotidien. Les ex-voto provençaux images d'une société*, Aix-en-Provence, 1982) ou aux monuments aux morts (cf. l'enquête de R. Koselleck en Allemagne). La localisation : elle peut être générale, par exemple les tableaux présents dans les églises paroissiales et les chapelles de terroir d'une région donnée (M.-H. Froeschle-Chopard, *La religion populaire de la Provence orientale au XVIIIe siècle*, Paris, 1980), ou plus précise, centrée sur tel ou tel lieu de dévotion (G. et M. Vovelle, *Vision de la mort et de l'au-delà en Provence d'après les autels des Âmes du Purgatoire XVe-XXe siècle*, Paris, 1970). Le thème enfin : c'est le cas des études qui visent à suivre les transformations d'une représentation particulière, modifiée dans ses attributs et ses significations, par exemple la figuration de la République (M. Agulhon, *Marianne au combat. L'imagerie et la symbolique républicaines de 1789 à 1880*, Paris, 1979). Dans toutes ces lectures, les représentations sont décomposées en un certain nombre d'éléments dont sont repérées, dans chaque image de la série, la présence ou l'absence, la taille et la position, les modalités d'association et de répartition. Peuvent être ainsi mises en évidence les régularités et les exceptions, les continuités et les évolutions qui caractérisent la trajectoire de tel ou tel genre, de tel ou tel motif iconographique.

L'accent dans le traitement de l'image est donc placé sur ce qui est donné à voir et mis en représentation figurée. De là, une double lecture possible. L'une insiste sur la force pédagogique ou acculturante attribuée aux images en des époques où le déchiffrement de l'écrit n'est ni aisé ni universel. Les imageries peintes, sculptées ou imprimées des deux réformes, la protestante et la catholique, sont un exemple topique de ces iconographies qui visent à enseigner et persuader, emporter conviction et adhésion, d'abord en figurant dérisoirement l'adversaire, ensuite et surtout en mettant le dogme en image (R. W. Scribner, *For the Sake of Simple People. Popular Propaganda for the German Reformation*, Cambridge, 1981). En pays catholique, ces représentations christianisatrices inspirent les plus grandes œuvres mais sont aussi portées par d'humbles matériaux aujourd'hui réétudiés : images des confréries, billets de pèlerinage, toiles des missions, cartes imprimées des écoles de charité, etc.

Seconde lecture possible : celle qui décode dans les images proposées au plus grand nombre des croyances et des expériences partagées. L'image est alors considérée comme une trace des mentalités collectives disant, à travers une production individuée, une manière commune de représenter le monde, naturel, social ou céleste (B. Cousin, *Ex-voto de Provence. Images de la religion populaire et de la vie d'autrefois*, Paris, 1981). L'image est donc pour l'historien, à la fois, porteuse de messages énoncés en clair, qui visent à séduire et rallier, et traductrice, à son insu, des conventions partagées qui permettent qu'elle soit comprise, reçue, déchiffrable. L'analyse des matériaux cinématographiques relève, elle aussi, de cette double approche puisque les films-documents, qui entendent montrer le réel, indiquent aussi, implicitement, la position d'où il est perçu, et que les films de fiction, qui visent à captiver l'imagination, sont également témoignages indirects de modes de vivre ou de penser (M. Ferro, *Cinéma et histoire*, Paris, 1977).

Par rapport à ces directions maintenant classiques, le traitement historien des images connaît un double infléchissement. D'une part, l'enquête historique entend se réapproprier grands maîtres et grandes œuvres, soumettant à ses méthodes des objets jusqu'ici laissés à l'histoire de l'art. Les enracinements sociaux de la commande et de la création, les rapports entre les images et les textes, les fonctions rituelles, ostentatoires, pédagogiques des œuvres sont autant de pistes de recherche qui peuvent être documentées par un travail d'archives et qui autorisent des relectures capables de modifier certains des acquis de la critique esthétique (C. Ginzburg, *Enquête sur Piero della Francesca*, 1981, trad. Paris, 1983).

D'autre part, comme pour les textes, l'attention se trouve déplacée de l'analyse, sérielle ou non, des matériaux iconographiques à la saisie des usages et des compréhensions possibles de ceux-ci. Est ainsi ébauchée une histoire (difficile) des lectures de l'image, située à la croisée d'une sociologie historique des systèmes de perception et d'une explicitation des conventions, inscrites dans l'œuvre et connues (plus ou moins) par celui qui la produit et ceux qui la voient. L'image est alors appréhendée comme un document historique dont les propriétés techniques, stylistiques, iconographiques renvoient à un mode de percevoir particulier, à une manière de voir façonnée par toute l'expérience sociale et mise en œuvre pour la lecture du tableau, de la gravure ou de la statue. C'est donc cette manière de voir qui devient l'objet premier de la recherche, saisie dans la confrontation entre les codes et conventions de la représentation figurée et les traces autres des schèmes de perception propres à une époque donnée (M. Baxandall, *L'œil du Quattrocento. L'usage de la peinture dans l'Italie de la Renaissance*, 1972, trad., Paris, 1985).

● BIBLIOGRAPHIE. — *Iconographie et histoire des mentalités*, Paris, Ed. du CNRS, 1979, et *Les historiens et les sources iconographiques*, Paris, Institut d'Histoire moderne et contemporaine, CNRS, 1981.

▶ CORRÉLATS. — Art, Cinéma et histoire, Culture populaire.

R. CHARTIER.

Immédiate (Histoire)

Est immédiat ce qui se passe dans le moment même. L'*hic et nunc* pourrait être ainsi le domaine de l'*Histoire immédiate*. Mais comment, pourquoi parler d'histoire dès lors que cette notion apparaît contradictoire avec celle d'immédiateté ?

Jean Lacouture, semble-t-il, père de l'idée avec le lancement en 1963 d'une collection originale portant ce titre, n'ignore pas ce paradoxe et paraît perpétuellement hésiter entre *l'Histoire immédiate* et celle du *présent*. Plus exactement, il donne au journaliste le soin de relater et d'interpréter *l'immédiat*, c'est-à-dire *l'événementiel* récusé par l'Histoire, notamment par la « nouvelle Histoire ». Pourtant, certains historiens comme Pierre Nora et ceux que regroupe *l'Institut du Temps présent* du CNRS entendent étudier certains phénomènes récents avec le recul historique nécessaire pour les appréhender.

Mais c'est du côté de la Sociologie que va s'affirmer un courant correspondant le mieux à l'étude de *l'immédiat*.

En effet, c'est à l'époque où Jean Lacouture lance sa nouvelle collection que le sociologue Edgar Morin et les membres du *Centre d'Etudes des Communications de Masse* (EPHE, 6ᵉ section, CNRS) entreprennent une série d'études sur des *événements d'actualité*.

A l'origine, il s'agit d'études de presse ou de réflexions faites à partir de cette dernière sur des événements comme la mort de Fausto Coppi, l'assassinat de J.-F. Kennedy ou la première marée noire sur les côtes de Bretagne, etc. La rencontre originale et féconde entre sémiologues et sociologues au sein du CECMAS va permettre d'affirmer au moins trois nouvelles directions de recherche.

En ce qui concerne notre sujet, Edgar Morin, à l'occasion d'une enquête sur le village breton de Plozevet (1965), va formuler pour la première fois l'idée d'une *Sociologie du présent*. Les principes en sont précisés en 1969 lors de l'enquête sur « La rumeur d'Orléans ».

L'*Histoire immédiate* peut donc se réclamer d'au moins trois filiations : le journalisme, l'Histoire et la Sociologie.

Il est certain, qu'à l'origine, le journaliste fut le premier sur le terrain du présent. Historiens et sociologues du présent insistent d'ailleurs tous sur l'importance des médias. Ceux-ci sont d'abord capables d'agir sur le déroulement événementiel lui-même (l'expérience en fut faite par exemple en mai-juin 1968). Mieux, et sans pour cela rappeler la fameuse émission d'Orson Welles, ils peuvent propulser certains événements sur le devant de la scène publique ou politique ou même intervenir directement sur le cours de la « Grande » histoire (affaire du Watergate). D'un autre côté, le journalisme a mis au point des méthodes spécifiques, enquêtes et reportage, interview, « le direct » et le « duplex », que le chercheur ne peut ignorer. D'ailleurs des chercheurs américains comme E. Katz, D. Dayan et P. Motyl, à la fin des années soixante-dix, ont défendu l'idée de *Media Events*, comme la visite du président Sadate à la Knesset de Jérusalem ou les jeux Olympiques de Los Angeles (1984). Ils ont mis au point une méthodologie remarquable, capable de multiplier les angles et points de vue, de l'analyse systématique des médias à l'observation participante. Cet exemple illustre parfaitement la différence profonde entre l'enquête journalistique, commandée par l'actualité et la rapidité de réponse et la recherche sur l'événement. S'il désire approfondir, le journaliste doit, de fait, dépasser son propre métier. Se fera-t-il pour autant historien ou sociologue ?

Nous sommes ici au cœur d'un débat implicite, car n'ayant jamais eu lieu. Si les historiens et les sociologues ont pu se confronter sur ce point, ce n'est qu'à de très rares occasions comme, par exemple, autour du numéro de la revue *Communications* consacré à la notion d'événement.

Cette discussion serait d'une autre nature que celle, classique, entre Histoire et Sociologie. La question de fond serait en effet de savoir si le présent, l'immédiat peuvent être objets de science.

Il y a sur ce point une controverse chez les historiens eux-mêmes. Bien que certains d'entre eux soient fortement tentés par l'actualité au point d'en devenir des chroniqueurs, ils sont conscients qu'ils font là œuvre de commentateurs et non de savants. L'Histoire a ses règles qu'on ne saurait outrepasser, sous peine de la trahir.

Du côté de la sociologie, des critiques n'ont pas manqué d'être formulées. Les unes ont assimilé, un peu avec mépris, la *sociologie du présent* au journalisme, voir à l'amateurisme. D'autres, plus doctes, ont récusé la valeur de telles études. Tout intérêt pour des faits singuliers, situés et datés, l'attention portée à des phénomènes particuliers, souvent non reproductibles, ne sauraient garantir le label de scientificité.

C'est pourquoi historiens et sociologues du présent restent minoritaires et marginaux en France dans leur discipline propre, ce qui n'est pas le cas outre-atlantique où des démarches similaires ont pu s'affirmer. C'est sans doute parce que le terrain du présent dérange certaines habitudes académiques où l'on entend que chaque discipline soit elle-même découpée en spécialités. L'originalité de la réflexion sur l'immédiat est de systématiquement traquer l'actualité, la nouveauté, toute irruption ou émergence, en bref de s'intéresser aux *phénomènes de morphogenèse*. Or, toute nouveauté est susceptible de remettre en cause des systèmes explicatifs bien établis.

Caractéristiques sont, à cet égard, les réactions *a posteriori* sur les événements de Mai-Juin 1968. L'étude que nous avons faite sur l'explosive et immédiate parution d'ouvrages et articles a bien montré que ces événements renforcèrent souvent les certitudes antérieures de la majorité des auteurs. Ces événements, dont le déclenchement était imprévisible une semaine à l'avance et qui furent vécus au jour le jour par les acteurs eux-mêmes, furent reconstruits, *a posteriori*, selon différentes lois ou logiques de nécessité correspondant à des conceptions théoriques préalables.

Le présent donc réclame la mise au point de méthodes d'analyse spécifique et des procédés de recueil des données originaux. Il exige surtout une attitude épistémologique ouverte.

Doit-on en confier l'étude aux historiens ou aux sociologues ? La question n'a guère de sens. L'étude de *l'histoire en train de se faire* ne peut se situer que dans une dialectique passé-présent-futur. Elle est donc socio-historique ou, au choix, historico-sociale.

Mais l'étude de l'immédiat, si elle veut être autre chose qu'une simple chronique, peut se référer à un certain nombre de notions clés.

D'abord celle de *phénomène*, c'est-à-dire ce qui apparaît, émerge dans la réalité sociale comme donnée (ou ensemble de données) relativement isolable. Elle nécessite une approche résolument interdisciplinaire. On pourrait même dire *transdisciplinaire* au sens où le phénoménal, conçu comme *révélateur* d'une réalité complexe et multidéterminée, doit être saisi, dans le mouvement même de la recherche, selon les multiples points de vue qui le constituent.

En second lieu, le retour à la notion d'*événement* bannie de l'Histoire comme de la Sociologie ouvre sur la temporalité sociale. La rupture qu'ils introduisent dans les grandes stabilités structurelles ou dans les grands mouvements séculaires permet d'entrevoir les latences, les refoulés sociaux constitutifs de toute société, même s'ils sont « normalement » cachés. D'un autre côté, l'événement peut être le déclencheur ou l'enclencheur de dynamismes sociaux nouveaux et ouvre ainsi sur toute la problématique du changement.

La réflexion sur le présent introduit dans un domaine, lui aussi rejeté, celui de *l'incertitude*. Non seulement parce que l'on ne connaît jamais la fin de l'histoire et donc que l'on ne peut être en mesure d'en reconstituer, *a posteriori*, les enchaînements causaux, mais parce que le travail avec l'incertitude propulse au cœur même de la *problématique du devenir humain*. Avec ce qu'il est convenu d'appeler l'accélération de l'histoire, nos sociétés, devenues par là même plus complexes, doivent compter avec l'imprévu, l'inconnu, voire avec l'imprévisible. Le terrain du *présent* est celui qui permet le mieux d'observer les effets de l'aléatoire sur ce qui est structuré, ordonné, régularisé, prévu, projeté, avec les multiples réactions entraînées : répression, résorption, régulation; apparition de dérèglements, de désorganisations, de déviances, voire de crises.

Enfin, et pour répondre au grief relatif au « manque de distance », le temps garantissant l'objectivité, l'*étude du présent* doit tenir compte au contraire du fait que l'observateur est en même temps un contemporain, voire même, en partie, un acteur. Il faut lui reconnaître cette part de *subjectivité* qui est nécessaire à toute vraie curiosité, même scientifique. Car c'est bien elle qui est, mystérieusement, motrice et non la recherche d'une objectivité laplacienne. *La recherche sur le présent* peut être conçue comme un processus d'*objectivation* qui, à la fois, va à la rencontre d'une réalité extérieure posant question et fait sortir du chercheur un lieu de collecte de données et d'émergence d'idées.

C'est sur ces bases qu'Edgar Morin fonde en 1970 un *Groupe de Diagnostic sociologique*. Sa sociologie du présent s'est enrichie d'une sociologie clinique. Cela signifie que l'étude du présent ne peut être une spécialité parmi d'autres. On pourrait volontiers la comparer à l'activité d'un généraliste qui n'entend pas donner une explication mais formuler un diagnostic. D'où cette idée de *clinique sociale* attentive aux multiples soubresauts d'une société en changement cherchant à entrevoir ses courants et contre-courants profonds qui entraînent son évolution.

● BIBLIOGRAPHIE. — N. BENOIT, E. MORIN, B. PAILLARD, *La femme majeure*, Paris, Le Seuil, 1973; *Communications*, 3, Paris, Le Seuil, 1964; *Communications*, 18, « L'événement », Paris, Le Seuil, 1972; *Communications*, 25, « La notion de crise », Paris, 1976; Centre d'Etudes psycho-sociologiques des Sinistres et de leur Prévention, *La catastrophe de Fesin*, ronéotypé, 1966; Ph. DEFRANCE, Cl. FISCHLER, E. MORIN, L. PETROSSIAN, *Le retour des astrologues*, Paris, Club de l'Obs, 1971, réédition remaniée, *La croyance astrologique moderne*, Lausanne, coll. « L'Age d'homme », 1982; E. KATZ, D. DAYAN et P. MOTYL, In defense of media events, in *Communications in the twenty first century*, New York, s.d.; J. LACOUTURE, L'Histoire immédiate, in *La nouvelle histoire*, Paris, Retz CEPC, 1978; E. MORIN, *Commune en France : la métamorphose de Plodémet*, Paris, Fayard, 1967; E. MORIN (avec la collab. de B. PAILLARD, E. BURGUIÈRE, Cl. CAPULIER, S. de LUSIGNAN, J. VÉRONE), *La Rumeur d'Orléans*, Paris, Le Seuil, 1969; P. NORA, L'événement monstre, in *Communications*, 18, Paris, 1972; B. PAILLARD (avec la collab. de Cl. FISCHLER), *La Damnation de Fos*, Paris, Le Seuil, 1981; M. WOLFENSTEIN, *Disaster : a psychological essay*, Glencoe, Illinois, The free press, 1957; L'histoire du temps présent (M. AGULHON, F. BÉDARIDA, J. BOUVIER, R. FRANKESTEIN, M. OZOUF, A. PROST, J.-P. RIOUX, M. RONCAYOLO), in *Historiens et géographes*, 287, Paris, décembre 1981.

▶ CORRÉLATS. — Temps présent.

B. PAILLARD.

Impérialisme (Histoire de l')

Les historiens contemporains, marxistes surtout mais non marxistes également, utilisent abondamment le terme d' « Impérialisme ». Reste à s'entendre sur la définition du terme, et l'usage qui en est fait.

L'un des premiers à utiliser le mot fut l'économiste anglais J. A. Hobson qui, dans *Imperialism, A Study* (1902) — essai sur le phénomène britan-

nique ambiant de domination mondiale —, s'efforça d'en donner une
définition précise : à la différence du *colonialisme* (impliquant la migration
et l'installation d'un nombre relativement élevé de colons, à la façon
antique, qui ont transféré avec eux la mère-patrie, comme en Australasie
ou au Canada), *l'impérialisme* impliquerait la domination d'une petite
minorité sur une majorité de peuples étrangers et sujets sous le contrôle
politique despotique de la métropole; le phénomène est situé précisément
dans le temps : il s'agit d'un « nouvel impérialisme », par opposition
à la définition antérieure — surtout anglo-saxonne —, qui désignerait
simplement le phénomène d'appropriation du monde par la forme privilégiée de la constitution d'Empires, telle qu'elle put s'exercer depuis les
origines de l'histoire. Or, alors que l'Empire antique ou médiéval impliquait l'idée d'une fédération d'Etats soumise à une hégémonie couvrant
plus ou moins l'ensemble du monde connu, l'Impérialisme contemporain
est devenu un concept internationaliste, de par son adoption, en même
temps, par plusieurs nations; d'où l'émergence, à la fin du XIXe siècle,
à la suite de la genèse des nationalités, d'une série d'Empires concurrents,
concept éminemment moderne impliquant l'idée d'un impérialisme agressif,
armé, menaçant, qui s'est traduit, entre autres, par la « Course au
Clocher », ou « Scramble for Africa » (le partage de l'Afrique, symbolisé
par la Conférence diplomatique européenne de Berlin, en 1885). L'impérialisme, enfin, présente surtout un caractère économique, mesurable par
ses dimensions géographiques, la masse des populations soumises, et le
volume des affaires effectuées avec la mère-patrie.

Bien que Hobson (jamais traduit en français) ait connu plusieurs rééditions, dont une récente (1968), les historiens marxistes partent explicitement de l'auteur qui sut le mieux exploiter son apport, fondant son
analyse sur les chiffres qu'il avait rassemblés : Lénine, dans un opuscule
rédigé en plein exil, en 1915, *L'Impérialisme, stade suprême du capitalisme*,
donna de l'impérialisme moins une définition qu'une description en cinq
points, à savoir :

1. Une concentration de la production et du capital génératrice de monopoles;
2. Ceux-ci, par suite de la fusion du capital bancaire et du capital industriel, prenant la forme d'un capital financier au rôle économique
   décisif;
3. D'où le rôle croissant de l'exportation des capitaux prenant le pas sur
   l'exportation des marchandises (ce qui ne signifie naturellement pas
   que celle-ci n'eut pas également tendance à augmenter);
4. D'où le poids de l'internationalisation des monopoles visant au partage
   économique du monde;
5. Le tout aboutissant à l'achèvement du partage politique du globe
   entre les Grandes Puissances.

Lénine, qui fondait sa réflexion sur un phénomène contemporain,
raisonnait en effet dans le cadre de son temps : l'impérialisme aurait
coïncidé avec la fin du dépècement colonial, à partir des années 1880-1890.
Une interprétation littérale de sa pensée a eu tendance à figer à l'époque
du partage, donc à assimiler à ce partage une analyse, en fait, prospective,
où le partage du monde, s'il apparaissait alors comme l'aboutissement
logique du système, n'en était pas une condition, mais tout au plus une

« commodité » : « Il va de soi que ce qui donne au capital financier les plus grandes "commodités" et les plus grands avantages, c'est une soumission telle qu'elle entraîne, pour le pays et les peuples en cause, la perte de leur indépendance politique » (Lénine, *op. cit.*).

Entre historiens marxistes et non marxistes, assimilant donc, dans un premier temps, la notion *d'Impérialisme* à celle de *l'Impérialisme colonial*, le problème devint de déterminer si l'épisode colonial fut ou non « impérialiste », au sens économique (ou léniniste) du terme (cf. article « Histoire coloniale ») : aux « antimarxistes » arguant que les intérêts économiques furent parfois bien peu évidents dans la conquête coloniale (cf. H. Brunschwig, 1960, ou Robinson et Gallagher, 1961), les marxistes ont répondu par la nécessité de substituer aux seuls rapports bilatéraux « métropole/colonie » — effectivement parfois fort peu rentables (telles les conquêtes du Tonkin ou du Tchad) — l'appréhension du contexte européen dans son ensemble : celui-ci était caractérisé par un *impérialisme concurrentiel* dont les épisodes coloniaux sont à interpréter comme autant d'éléments de réponse, aux formes diverses (politique, diplomatique, nationaliste...), à une situation globale qui dépassait de beaucoup le seul territoire convoité, élément effectivement mineur de l'échiquier mondial en dépit des apparences de l'actualité (C. Coquery-Vidrovitch, 1971 ; Bouvier et Girault, 1976).

Les historiens marxistes se sont alors souvenus d'un autre « père du marxisme », compagnon d'exil de Lénine, Boukharine — un moment oublié parce que évincé par Staline en 1929-1930 et l'une des dernières victimes des grands procès de Moscou. Il écrivit, à peu près dans le même temps (1917), un autre ouvrage consacré à l'Impérialisme, donnant du concept une définition plus synthétique et plus dynamique : l'Impérialisme est vu comme la « politique du capital financier », agent et moteur de la structure financière capitaliste qui assujettit le monde à la domination du capital, dans une politique de *conquête* — non pas seulement conquête militaire ou diplomatique, mais conquête des fournisseurs de matières premières, des marchés (c'est-à-dire des débouchés), et surtout, de plus en plus, conquête des sphères d'investissement de capitaux.

Ainsi se trouvait confirmée et élargie la proposition de Lénine sur l'Impérialisme vu comme stade monopoliste du capitalisme.

Cette définition l'emporte aujourd'hui, où il est communément admis que l'Age de l'Impérialisme (*cf.* H. Magdoff) a dépassé le stade colonial pour utiliser essentiellement le pouvoir financier comme instrument de domination du monde. D'où, de la part des historiens marxistes, une méthode d'investigation visant à tester et affiner sur le terrain le modèle léniniste, démontrant à la fois la perspicacité de l'analyse et la multiplicité des nuances concrètes possibles : un Etat au demeurant peu « impérialiste » a connu très tôt la concentration monopoliste (*Le capital financier* autrichien décrit par Hilferding), tandis que l'Angleterre, la plus grande puissance « impérialiste » avant les Etats-Unis, n'a guère connu la fusion entre capital bancaire et capital industriel, ou que la France s'y est mise tardivement (cf. Bouvier et Girault, et J. Marseille sur *L'impérialisme colonial français*, 1985).

Ceci dit, d'outil d'investigation pour explorer les mécanismes de la domination mondiale, le concept d'*Impérialisme* a parfois eu tendance à devenir, chez certains marxistes réducteurs — historiens ou autres — une entité dévorante : de même qu'une dizaine d'années auparavant certains ne pouvaient admettre de voir discuter le postulat quasi mécaniste d'une « motivation économique directe » à l'origine de l'expansion coloniale, de même le « monstre » Impérialisme devenait la racine explicative de tous les maux dont souffrent, aujourd'hui, la quasi-totalité des pays du Tiers Monde. D'où, peut-être, une certaine désaffection, aujourd'hui, pour l'analyse du « système mondial » — tel qu'il a été très largement étudié dans les années 1970 — en faveur d'un approfondissement des éléments internes de la domination/dépendance : financiers et économiques, certes, mais aussi — et pourquoi pas — idéologiques et culturels (voir article : « Histoire coloniale »).

● BIBLIOGRAPHIE. — P. A. BARAN et P. M. SWEEZY, *Le capitalisme monopoliste. Un essai sur la société industrielle américaine (1966)*, trad. franç., Paris, Maspero, 1968, 343 p.; BOUKHARINE, *L'économie mondiale et l'impérialisme. Esquisse économique (1917)*, trad. franç., Paris, Anthropos, 1967, 200 p.; J. BOUVIER et R. GIRAULT, éds., *L'impérialisme français d'avant 1914*, Paris, La Haye, Mouton, 1976, 306 p.; P. BRAILLARD et P. de SENARCLENS, *L'Impérialisme*, PUF, « Que sais-je ? », 1980; H. BRUNSCHWIG, *Mythes et réalités de l'Impérialisme colonial français, 1870-1914*, Paris, Colin, 1960, 200 p.; J. COPANS, éd., *Anthropologie et impérialisme*, Paris, Maspero, 1975, 470 p.; C. COQUERY-VIDROVITCH, De l'impérialisme britannique à l'impérialisme contemporain : l'avatar colonial, *Sociologie de l'Impérialisme*, A. ABDEL MALEK, éd., Anthropos, 1971, p. 73-122; D. K. FIELDHOUSE, *The theory of Capitalist Imperialism*, Londres, Longmann, 1967, 203 p. (Recueil de textes, de Adam Smith à nos jours); J. A. HOBSON, *Imperialism. A study* (1902), Londres, Allen & Unwin, 1968 (4e éd.), 386 p.; P. JALÉE, *L'impérialisme en 1970*, Maspero, 1969, 232 p.; Cl. JULIEN, *L'Empire américain*, Paris, Grasset, 1968, 418 p.; Tom KEMP, *Theories of Imperialism*, Londres, Dobson, 1967, 200 p.; LÉNINE, *L'impérialism, Stade suprême du capitalisme (1916)*, suivi de E. VARGA et L. MENDELSOHN, *Données complémentaires à l'impérialisme de Lénine*, Paris, Ed. Sociales, 1950, 392 p.; H. MAGDOFF, *L'âge de l'impérialisme (1966)*, trad. franç., Maspero, 1970, 206 p.; R. ROBINSON et J. GALLAGHER, *Africa and the Victorians. The official Mind of Imperialism*, Londres, Macmillan, 1961, 491 p.; J. THOBIE, *L'impérialisme à la française : la France impériale, 1880-1914*, Paris, Megrelis, 1982, 326 p.

▶ CORRÉLATS. — Colonisation, Diplomatique (Histoire), Economie (Histoire économique), Marx (Histoire marxiste), Relations internationales.

C. COQUERY-VIDROVITCH.

Inde

Histoire indienne

L'idée que l'Inde a une histoire, au sens que l'Occident moderne donne à ce mot (le devenir réel des sociétés), est une idée relativement récente, et son bien-fondé n'est pas encore unanimement admis. Des témoignages grecs sur les empires de l'Inde antique à l'*Esprit des lois* de Montesquieu, du Hegel des *Leçons sur la philosophie de l'histoire* aux écrits de Marx sur l'Inde et à certains prolongements du débat sur le « mode de production asiatique », une représentation aussi vieille que la culture occidentale a fait de l'Inde un archétype du despotisme asiatique, figé dans des structures bureaucratiques et totalitaires, et situé pour ainsi dire en marge de l'Histoire. L'éveil de l'orientalisme européen à la fin du XVIIIe siècle n'a guère porté atteinte à ce mythe. Les sources qu'on commençait à déchiffrer ne livraient pas l'image d'un développement signifiant, mais seulement une chronique chaotique et répétitive de guerres et de rivalités dynastiques. On ne voyait là que vaine turbulence de monarques absolus, qui régnaient en prédateurs sur des myriades de communautés villageoises autarciques et vouées à la stagnation. On découvrait en même temps l'immense tradition scripturaire de l'hindouisme, tout entière consacrée aux rites, aux spéculations, à la geste des dieux et de leurs avatars, aux normes de la vie sociale et des activités humaines, mais indifférente à l'observation de la réalité, et plus encore à la mémoire des événements. La conclusion semblait ainsi s'imposer que, s'il existe à l'évidence une indianité, il n'y a pas d'histoire de l'Inde, ni objectivement, ni dans la conception que les Indiens se font d'eux-mêmes. Les indianistes inspirés par le structuralisme insistent aujourd'hui encore sur cette idée que l'histoire de l'Inde telle qu'on l'écrit depuis le siècle dernier n'est qu'une projection, sur une civilisation dont les valeurs sont profondément anhistoriques, du préjugé historiciste inhérent au sens commun occidental (L. Dumont, M. Biardeau).

De fait, c'est la conquête de l'Inde par la Grande-Bretagne (achevée pour l'essentiel en 1819) qui, du point de vue des Européens, fait entrer l'Inde dans le cours de l'Histoire, et qui, du même coup, lui suscite des historiens. Marx, en écrivant que « l'influence de la machine à vapeur et du libre-échange anglais (...) a produit la plus grande et, à vrai dire, la seule révolution *sociale* qui ait jamais eu lieu en Asie » (*New York Daily Tribune*, 25 juin 1853), ne fait alors qu'énoncer, dans le cadre d'une problématique originale, une idée largement répandue. De cette prémisse aurait dû logiquement découler une périodisation binaire de l'histoire de l'Inde : période précoloniale d'une part, période britannique d'autre part. L'usage, pourtant, était en train de s'imposer de subdiviser l'ère précoloniale en deux phases distinctes, l'une qualifiée d'hindoue et l'autre de musulmane, séparées par la conquête turque de la fin du XIIe siècle. Ce découpage remontait à l'utilitarien James Mill, auteur d'une *History of British India* en neuf volumes (1819), qui est en fait la première grande histoire de l'Inde. Au nom de la doctrine de Bentham, cet ouvrage condamnait sans nuances les « civilisations » hindoue et musulmane qui avaient précédé la conquête anglaise. Il fit autorité, et servit de manuel à des générations d'administrateurs coloniaux, d'où sont sortis les pionniers de l'historiographie de l'Inde. Cette périodisation ne fut pas remise en cause par les historiens nationalistes indiens du début de ce siècle, qui tendaient à idéaliser l'Antiquité hindoue par contraste avec l'époque des dominations islamiques, conçues comme une préfiguration de la domination coloniale. Et elle s'est trouvée consolidée par le fait que l'histoire de chaque période exige des compétences linguistiques différentes (sanskrit, persan, anglais), rarement réunies, pour les deux premières au moins, chez le même historien. Sous les appellations d'Inde ancienne, médiévale et moderne, ce sont les mêmes périodes que distinguent les historiens d'aujourd'hui, malgré le caractère souvent peu significatif des césures chronologiques ainsi retenues.

1 | *Les sources*

Il est du moins un domaine où cette périodisation est pertinente, c'est celui des sources. Pour l'époque antérieure à la conquête musulmane, l'historien se trouve en présence d'une luxuriante littérature en langue sanskrite, qui relève de genres très divers (mythe, philosophie, belles-lettres, droit, sciences et techniques), mais d'où le genre historique est pour ainsi dire absent. Ce gigantesque corpus est dans sa totalité le fruit de l'activité des brahmanes, dont la fonction spécifique dans la société des castes est d'expliquer et de maintenir par l'enseignement l'ordre éternel *(dharma)* qui régit l'univers et la société. En conséquence, il s'agit d'une littérature exclusivement normative et non pas descriptive, même lorsqu'elle traite des sujets les plus concrets. Les textes, de surcroît, se dérobent le plus souvent à la datation, et ne représentent que l'état dernier de traditions orales dont la genèse se perd dans la nuit des temps. Même les formes littéraires les plus voisines de l'historiographie laissent l'historien sur sa faim. Les biographies *(carita)* sont pauvres en faits, car elles suivent avant tout les canons de la poétique sanskrite. Les généalogies dynastiques, dont l'objet est de légitimer ou de glorifier les familles régnantes, sont enrobées de mythe. L'exception isolée est la *Rājataraṅgiṇī* de Kalhana, brahmane kashmirien du XIIe siècle. Mais cette chronique continue de l'histoire du Kashmir est née, symptomatiquement, à la périphérie du monde indien, au contact des traditions historiques de l'Islam, de l'Asie centrale et de la Chine. C'est seulement dans certains genres populaires de la littérature du bouddhisme et du jaïnisme, sectes qui se sont constituées au VIe siècle av. J.-C. en réaction contre le brahmanisme dominant, que se rencontrent véritablement une inspiration réaliste et le sens du récit historique.

Le matériau épigraphique, lui aussi, renvoie avant tout aux normes et aux valeurs, car les rédacteurs des inscriptions sont encore des brahmanes. Son utilisation pour l'histoire économique et sociale est donc délicate. Mais les inscriptions sont précieuses pour la chronologie, quand on a pu situer les ères auxquelles elles font référence, car elles commémorent tout de même pour la plupart des faits précis, et comportent des indications sur les souverains régnants, leur généalogie, leurs conquêtes. Leur datation relative, en tout cas, est assez sûre, grâce à la connaissance que l'on a aujourd'hui de l'évolution des écritures. Sans l'épigraphie, l'empereur Açoka ne serait qu'un nom dans une liste dynastique. L'archéologie indienne, enfin, formée à l'école de Mortimer Wheeler, qui la dirigea avant l'Indépendance, met au jour des séquences de culture matérielle qu'on s'efforce d'ajuster d'un site à l'autre, et qui renseignent l'historien de l'Inde sur la qualité de l'habitat, l'évolution de l'outillage et des types de céramique, la diffusion du fer, de la monnaie ou de la culture du riz à travers le sous-continent. Mais les correspondances qu'on s'est évertué à établir entre ces données et la tradition littéraire, en recherchant par exemple sur le terrain des vestiges de sites ou d'événements mythiques représentés dans les épopées, ont toujours échoué, et l'on se trouve paradoxalement, à quelques exceptions près, dans une situation pratique d'archéologie sans texte. La plus incontestable réussite des archéologues est d'ailleurs l'exhumation, à partir des années 1920, sous l'impulsion de sir John Marshall, de la civilisation de l'Indus, dont les vestiges éclairent d'un jour plus vivant le millénaire de protohistoire qui précède l'immigration des Aryens (c. 1500 av. J.-C.) que les milliers de vers des Védas ne font pour ces derniers. On ne peut s'étonner dans ces conditions que quelques récits clairement datés d'historiens et de géographes grecs et romains, de voyageurs arabes, de pèlerins bouddhistes chinois tiennent une place de premier plan parmi les sources de l'histoire ancienne de l'Inde, et qu'un épisode comme l'incursion d'Alexandre dans le Panjab en 326 av. J.-C. ait pu occuper dans l'historiographie une place aussi large que l'évocation de l'Empire maurya, qui éclôt peu après.

La nature des sources change avec la conquête musulmane, qui introduit en Inde les différents genres historiques pratiqués dans les pays d'islam (histoires générales de l'islam, panégyriques de souverains ou de grands hommes, histoires didactiques, poèmes historiques). Une historiographie de courtisans, de confidents royaux, de hauts fonctionnaires fleurit dans l'entourage des monarques et des grands personnages, rédigée à leur demande ou dans l'espoir d'obtenir leur patronage. La finalité en est directement apologétique. Il s'agit en effet d'enseigner la vraie religion par l'exemple historique, de préserver la mémoire des grandes actions pour l'édification des générations musulmanes futures, de glorifier l'histoire de l'islam dans l'Inde, ou celle d'une lignée, ou celle d'un règne. La perspective est téléologique : les seuls agents de l'Histoire sont les individus, et ceux-ci ne sont que les instruments de la Providence. Ces chroniques de cour en langue persane, dont un recueil monumental fut publié en traduction anglaise entre 1867 et 1877 (H. M. Elliot et J. Dowson, eds., *A History of India as Told by Its Own Historians*, Londres, 8 vol.), ont constitué la base principale de l'historiographie moderne de l'Inde musulmane jusqu'au début du XXe siècle. Il s'agissait alors exclusivement d'histoire politique et militaire, et moins à vrai dire de l'histoire de l'Inde que de l'histoire des musulmans dans l'Inde. L'historiographie économique et sociale de la période, qui s'est développée par la suite, puise ses données dans les récits des voyageurs européens, dans les archives des compagnies des Indes européennes, et dans les sources administratives issues de la bureaucratie impériale mogole.

La conquête britannique marque le point de départ de l'établissement progressif à travers le sous-continent d'un appareil d'Etat moderne, unificateur et centralisé, dont tous les échelons sont producteurs d'archives soumises à des règles codifiées de tri et de conservation. Ces sources, depuis la correspondance et les délibérations des gouvernants britanniques jusqu'aux registres fonciers villageois, constituent pour l'époque coloniale la base de toute recherche d'histoire. L'image de l'économie, de la société, des mentalités indiennes qu'elles véhiculent se ressent des incompréhensions et des tâtonnements d'administrateurs européens qui eurent d'abord tout à apprendre sur le terrain, à l'âge de l'orientalisme naissant, d'une réalité particulièrement complexe. Elle apparaît de surcroît fortement influencée par les clichés auxquels se résument dans le quotidien les courants d'idées dominants en métropole : utilitarisme et humanitarisme à l'époque romantique, évolutionnisme victorien, élitisme expansionniste « fin de siècle ». Au dernier tiers du XIXe siècle, enfin, l'Inde entre dans l'ère statistique, avec l'organisation en 1872 du premier des recensements décennaux du sous-continent *(Census of India)*, dont la série se poursuit aujourd'hui, et la mise en route par tous les départements de l'administration de la publication de statistiques annuelles. Un vaste travail de description encyclopédique du pays et de ses populations (séries des *District Gazetteers*, des *Tribes and Castes*) est également entrepris à cette époque dans le même esprit de rationalisation de l'hégémonie impériale. Malgré leur immensité, ces sources d'information officielles ne livrent que des perspectives partielles sur le monde indien, en raison de leur optique essentiellement administrative, fiscale ou policière, et permettent rarement de comprendre comment fonctionne la société réelle, et comment l'indigène perçoit et interprète les institutions et les événements. La seule forme d'expression indigène à laquelle l'historien ait facilement accès est la presse nationaliste, à laquelle s'ajoutent de façon croissante au xxe siècle les écrits des dirigeants et les publications et archives des organisations militantes. Ces sources n'expriment, en tout état de cause, que les idées d'une mince intelligentsia issue des castes supérieures. Pour aller plus loin dans la direction de l'histoire sociale, les historiens commencent à utiliser aujourd'hui d'autres sources jusqu'ici trop négligées, archives villageoises, archives familiales, archives de castes, de temples, de centres de pèlerinage, de firmes privées, dans la voie ouverte par un historien comme T. G. Kessinger (*Viliyatpur, 1848-1968 : Social and Economic Change in a North Indian Village*, Berkeley-Los Angeles, 1974).

2 | L'historiographie

a | L'historiographie européenne à l'époque coloniale. — L'intérêt proprement scientifique pour le passé de l'Inde est né à la fin du xviiie siècle au Bengale, où le gouvernement de l'East India Company encourageait l'étude du sanskrit par les Européens, afin que ses magistrats pussent connaître le droit hindou sans recourir au truchement des indigènes. C'est l'époque où la civilisation hindoue, simple curiosité philosophique depuis deux siècles, commence à faire l'objet de recherches érudites en Europe. L'indianisme connaît ainsi son premier véritable essor en Inde même autour de l'orientaliste William Jones, qui fonde l'*Asiatic Society of Bengal* à Calcutta en 1784. Les travaux d'histoire sont d'abord suscités par la controverse ouverte par les philosophes sur l'antériorité de l'hindouisme et du christianisme, et portent sur la chronologie de la Révélation hindoue. On découvre, au même moment, l'épigraphie sanskrite. Les dispositions de ces premiers orientalistes à l'égard de la tradition de l'Inde sont généralement favorables, voire enthousiastes. Mais après 1790, les exhortations des « Evangéliques » à la réforme de l'Inde, qu'ils disent plongée dans l'abjection du vice et de l'ignorance, et le progressisme véhément des Utilitariens font résonner les débats publics de tonalités toutes différentes. C'est dans ce climat nouveau qu'apparaît la *History of India* de James Mill, rédigée de seconde main par un auteur qui n'a jamais vu l'Inde et qui ignore ses langues. Ce réquisitoire contre la barbarie indienne, doublé d'un acte de foi benthamien dans le progrès qu'un gouvernement britannique bienveillant mais fort apportera à la colonie par la législation, l'éducation et l'instauration de la libre concurrence, donne le ton pour longtemps. Cinq fois réédité jusqu'en 1858, cet ouvrage contribue plus qu'aucun autre à façonner l'opinion anglaise sur l'Inde pendant toute la période du victorianisme triomphant.

Un courant historiographique conservateur n'en existe pas moins pendant toute la première moitié du xixe siècle. Ses représentants, tous hommes de terrain et bons connaisseurs de l'Inde réelle, appartiennent à l'école traditionaliste de l'administration coloniale. Bien qu'ils partagent ordinairement les jugements stéréotypés qui définissent pour le sens commun occidental le caractère des Indiens, ils s'opposent à la politique vigoureusement réformatrice des libéraux, et, en héritiers romantiques des orientalistes, prônent le respect des coutumes (et des hiérarchies) établies. Cette sympathie, à côté d'une érudition scrupuleuse, fait toute l'originalité de la *History of Hindu and Muhammadan India* de Mountstuart Elphinstone (1841), écrite pour une part en réaction contre l'esprit doctrinaire et intransigeant du livre de Mill. Ce courant a produit des ouvrages qui ont résisté à l'épreuve du temps, souvent fondés sur des sources aujourd'hui disparues, tels J. Malcolm, *A Memoir of Central India*, Londres, 1823; J. Grant Duff, *History of the Mahrattas*, Londres, 1826; J. Tod, *Annals and Antiquities of Rajasthan*, Londres, 1829; et J. D. Cunningham, *History of the Sikhs*, Oxford, 1849.

C'est pourtant la tendance libérale, dans sa variante utilitarienne, c'est-à-dire autoritaire, qui l'emporte à l'époque victorienne dans la politique coloniale de l'Angleterre, et du même coup dans l'historiographie de l'Inde, dont les auteurs sont pour la plupart membres ou retraités de l'*Indian Civil Service*, le cadre des administrateurs de l'Empire des Indes. Cette historiographie reflète le large consensus qui prévaut alors autour de l'idée de la supériorité de la « race » britannique et de sa mission dans le monde, et d'une conception résolument européocentrique du progrès, héritée de l'utilitarisme désormais combiné à l'évolutionnisme darwinien. Beaucoup de ces ouvrages répondent au goût marqué du public pour l'histoire biographique et l'histoire-batailles, genres propres à mettre en relief les vertus du tempérament national. Le modèle, dans cette veine, a été donné par Macaulay, rentré d'Inde en 1838, avec ses *Essays* sur Clive et Warren Hastings, dont la rhétorique puissante et colorée connaît un vaste et durable succès. La production la plus ambitieuse est illustrée par les ouvrages d'un A. C. Lyall (*The Rise and Expansion of the British Dominion in India*, Londres, 1894) ou d'un W. W. Hunter (*History of British India*, Londres, 1899-1900, 2 vol. parus), qui survivent aujourd'hui comme des témoignages élaborés de la bonne conscience impériale à son apogée. Cette historiographie à dominante politique et administrative se prolonge au XXe siècle dans les deux monuments de l'histoire impériale britannique que sont l'*Oxford History of India* de V. A. Smith (1919) et surtout les cinq volumes parus de la *Cambridge History of India* (1922-1937). Les volumes 3 et 4 de celle-ci traitent de l'Inde musulmane dans l'optique étroite des chroniques de cour, et les deux derniers, relatifs à l'époque britannique, ne sont qu'un mémorial élevé par l'ICS à son œuvre dans la colonie, sans que l'économie, la société, la culture indiennes y soient jamais évoquées pour elles-mêmes.

b | L'historiographie indienne au temps du nationalisme. — Les premiers ouvrages marquants de l'historiographie indienne apparaissent dans la deuxième moitié du XIXe siècle, sous la plume d'auteurs issus des hautes castes lettrées, et formés à la discipline historique par l'éducation occidentale reçue dans les universités coloniales. Le grand précurseur est R. G. Bhandarkar, indianiste complet dont l'œuvre proprement historique (*The Early History of the Deccan*, Bombay, 1884) manifeste une exigence de rigueur et de détachement qui sera rarement égalée de son temps. Jusqu'à la première guerre mondiale, les historiens indiens sont pour la plupart des fonctionnaires, des hommes de loi, des journalistes engagés dans le combat pour les libertés politiques, ou au moins influencés par lui. Ils écrivent d'abord en réaction contre les clichés désobligeants que véhiculent les manuels britanniques en usage chez eux. On s'attache notamment à démontrer l'ancienneté et l'originalité de la civilisation hindoue, qui sont indûment mises en doute, la pureté de l'hindouisme primitif, dont l'idolâtrie et les abus sociaux dénoncés par les missionnaires sont dissociés comme des dégénérescences tardives, et la précocité du développement scientifique et technique dans l'Antiquité Il s'agit ensuite, par l'évocation des gloires du passé et des anciennes traditions communes, d'effacer l'humiliation de la situation présente, et d'enraciner dans l'histoire la conscience nationale naissante. C'est le grand écrivain nationaliste bengali Bankim Chandra Chatterjee (1838-1894) qui le premier a exhorté ses compatriotes intellectuels à la tâche, tout en publiant lui-même des essais et surtout des romans héroïques dont le succès populaire est considérable. On cherche enfin à prouver, contre la thèse du despotisme oriental, que la démocratie fleurissait dans les temps anciens, et que l'Inde peut se gouverner elle-même sans sombrer dans la tyrannie (K. P. Jayaswal, *Hindu Polity*, Calcutta, 1918).

Le même besoin de ressourcement dans les grandeurs d'un passé idéalisé conduit à un essor de l'historiographie régionaliste. Dans la voie ouverte par Grant Duff, Tod et Cunningham, on reconstitue, souvent dans les langues régionales, l'histoire de la résistance des Marathes, des Rajputs et des Sikhs aux régimes musulmans, dont l'épopée, centrée sur de grandes figures de chefs comme Shivaji, Rana Pratap et Guru Govind Singh, est très vivante dans la mémoire populaire. L'analogie de situation avec la sujétion coloniale est de surcroît évidente pour tous les esprits. C'est par ce biais agressif que les historiens indiens abordent l'histoire des dominations islamiques, dont l'origine étrangère et le caractère oppressif sont ainsi crûment exposés. Ils jouent leur rôle, du même coup, dans le développement du sentiment « communaliste », c'est-à-dire de l'antagonisme islamo-hindou, qui commence alors à faire peser une menace sur l'unité nationale qu'on s'efforce par ailleurs de promouvoir.

Après la première guerre mondiale, la production historique indienne est dominée par les écrits d'historiens professionnels qui se démarquent nettement de l'historiographie militante. L'œuvre abondante d'auteurs comme R. K. Mookerji, A. S. Altekar, K. A. A. Nilakanta Sastri et R. C. Majumdar, les travaux classiques de H. C. Raychaudhuri (*Political History of Ancient India*, Calcutta, 1923), de H. C. Ray (*The Dynastic History of Northern India*, Calcutta, 1931-1936, 2 vol.), de J. Sarkar (*History of Aurangzeb*, Calcutta, 1912-1925, 5 vol.; *The Fall of the Mughal Empire*, Calcutta, 1932-1950, 4 vol.), renouent avec l'esprit de rigueur de R. G. Bhandarkar. L'imprégnation par l'idéologie nationaliste reste néanmoins manifeste jusqu'à aujourd'hui dans la production destinée au grand public, comme souvent, depuis l'Indépendance, dans les manuels d'enseignement. Elle donne d'ailleurs parfois naissance à des essais de haute volée (J. Nehru, *The Discovery of India*, New York, 1946; K. M. Panikkar, *A Survey of Indian History*, Bombay, 1947). La monumentale histoire générale publiée sous la direction de R. C. Majumdar sous le titre *The History and Culture of the Indian People* (Bombay, 1951-1965, 11 vol.) représente un effort solide, quoique inégal, pour concilier cette perspective avec les normes classiques de l'érudition historienne.

c / *La naissance de l'histoire économique.* — La place de l'histoire économique est insignifiante dans l'historiographie de l'Inde avant les années 1920.

Son lent essor au cours de l'entre-deux-guerres s'explique par des causes différentes selon les périodes étudiées. L'histoire économique de l'Inde ancienne est au départ une spécialité indienne. Son objectif principal, à travers l'étude de l'économie villageoise, des guildes artisanales et marchandes et du système des échanges, est de démontrer contre ses détracteurs le caractère ordonné et productif de l'organisation économique traditionnelle, et implicitement de blâmer le régime britannique pour l'avoir détruite. L'histoire économique de l'époque musulmane est née au contraire dans les rangs de l'administration britannique de l'impôt foncier, sans cesse obligée, pour débrouiller l'écheveau des droits sur la terre et asseoir correctement l'impôt, de se référer à la coutume et à sa genèse précoloniale. D'abord disséminées dans l'océan des rapports de l'administration fiscale, qui sont la source principale du grand œuvre de B. H. Baden-Powell, *The Land Systems of British India* (Oxford, 1892, 3 vol.), ces recherches débouchent sur une véritable histoire économique avec les célèbres ouvrages de W. H. Moreland (*India at the Death of Akbar*, Londres, 1920; *From Akbar to Aurangzeb*, Londres, 1923; *The Agrarian System of Moslem India*, Cambridge, 1929). Pour l'époque britannique enfin, l'histoire économique prend sa source dans les réquisitoires contre la politique économique de la Grande-Bretagne dans sa colonie que publient à la fin du XIXe siècle des leaders nationalistes comme Naoroji et Ranade, auxquels R. C. Dutt donne pour la première fois une formulation proprement historique dans son *Economic History of India (1757-1900)* (Londres, 1901-1903, 2 vol.). C'est là le coup d'envoi d'un long débat entre une école qui présente la colonisation comme facteur de développement inhibé par les conditions indiennes, et ceux qui jugent au contraire que les potentialités de croissance de l'Inde prébritannique ont été brisées par l'exploitation coloniale. Controverse toujours ouverte, quoique dans des termes renouvelés, qu'ont ravivée naguère des articles retentissants, notamment M. D. Morris, Towards a Reinterpretation of Nineteenth Century Indian Economic History (*Journal of Economic History*, XXIII, 4, 1963), qui défend la première thèse (et qui a suscité un faisceau de réponses dans l'*Indian Economic and Social History Review*, V, 1, 1968), ou dans le sens opposé I. Habib, Potentialities of Capitalistic Development in the Economy of Mughal India (*Journal of Economic History*, XXIX, 1, 1969).

Tout en stimulant la recherche, cette controverse fondamentale en a longtemps limité le champ. La question essentielle que se posent depuis l'origine les historiens de l'économie indienne est celle-ci : pourquoi l'Inde n'a-t-elle pas suivi sur la voie du développement la trajectoire de l'Europe occidentale, de la Russie ou du Japon ? Jusqu'à l'Indépendance et au-delà, on a cherché la réponse autour de la politique économique du gouvernement colonial, la société indienne demeurant à l'arrière-plan, passive selon les uns, potentiellement dynamique selon les autres, mais rarement étudiée pour elle-même. Cette problématique colorait même l'analyse économique des époques précoloniales, présentées de façon à faire apparaître l'évolution postérieure à la conquête britannique sous un jour tantôt sinistre, tantôt radieux. On a manqué par ailleurs d'œuvres de grande envergure en raison du divorce qui sépare l'approche des économistes, économie appliquée ou économétrie rétrospective, indifférente aux facteurs politiques, sociaux et culturels, et celle des historiens de l'économie, historiographie empirique de bon sens trop ignorante de la théorie économique. Les meilleurs ouvrages parus depuis l'Indépendance sont ceux où s'esquisse une véritable synthèse des deux approches, comme I Habib, *The Agrarian System of Mughal India, 1556-1707* (Bombay, 1963), ou H. Furber, *John Company at Work* (Cambridge (Mass.), 1948).

d / *Histoire de l'Inde et sciences sociales.* — L'historiographie de l'Inde est aujourd'hui entrée dans la mouvance des sciences sociales, notamment sous l'influence de l'ethnologie, dont l'essor rapide dans le domaine indien a commencé dès les années 1950. On commence à appliquer à l'histoire de l'Inde ancienne des modèles issus de l'anthropologie sociale ou politique (B. Stein, *State, Peasant and Society in Medieval South India*, Delhi, 1980). L'histoire de l'époque mogole a été renouvelée par les études sociologiques de la cour impériale, de la noblesse, de l'islam en milieu hindou, des rapports entre les pouvoirs musulmans et la structure sociopolitique hindoue (M. Athar Ali, *The Mughal Nobility Under Aurangzeb*, Bombay, 1966). Les historiens de l'Inde britannique, enfin, ont d'abord concentré leurs efforts sur l'étude très classique de la politique coloniale et de la « réponse » indigène (E. Stokes, *The English Utilitarians and India*, Oxford, 1959). Cette histoire des doctrines, des institutions et des dirigeants de l'appareil colonial ou du mouvement nationaliste a laissé place au cours des années 1960 à une orientation plus sociologique. Sous l'influence des problématiques de la transition entre tradition et modernité héritées de la sociologie du développement, ou de théories plus élaborées empruntées à Marx, Maine, Weber ou Polanyi, on s'intéresse désormais en priorité à l'interprétation du changement social et culturel dans la situation coloniale. Un débat fécond s'est instauré autour des catégories d'analyse qu'emploie cette nouvelle histoire sociale, les unes modernes (bourgeoisie nationale, classe moyenne, classes paysannes), les autres venues de l'anthropologie indianiste (caste dominante, faction, réseau de clientèle). Arrachées au « présent ethnographique » intemporel des études de terrain, ces dernières catégories permettent de mettre en relief les continuités essentielles dont le changement social est tissé, et d'approcher de plus près l'interaction complexe entre facteurs endogènes et facteurs exogènes qui constitue sa dynamique. Les perspectives de l'histoire du nationalisme ont ainsi été transformées (C. A. Bayly, *The Local Roots of Indian Politics : Allahabad, 1880-1920*, Oxford, 1975), tout comme celles de l'histoire agraire (R. E. Frykenberg, ed., *Land Control and Social Structure in Indian History*, Madison, 1969). Et c'est la même volonté d'élucidation des processus sociaux réels qui amène maintenant les historiens à critiquer les connotations évolutionnistes ou mécanistes des théories de la modernisation, et à rechercher en ordre dispersé des formulations vraiment spécifiques du devenir de l'Inde à l'époque moderne.

● BIBLIOGRAPHIE. — M. BIARDEAU, L'Inde et l'histoire, *Revue historique*, CCXXXIV, 1, 1965; P. HARDY, *Historians of Medieval India*, Londres, Luzac, 1960; C. MARKOVITS, L'Inde coloniale : nationalisme et histoire, *Annales ESC*, 37e année, 4, 1982; C. H. PHILIPS, ed., *Historians of India, Pakistan and Ceylon*, Londres, Oxford University Press, 1961; S. P. SEN, ed., *Historians and Historiography in Modern India*, Calcutta, Institute of Historical Studies, 1973; R. THAPAR, Ideology and the Interpretation of Early Indian History, *Information sur les Sciences sociales*, 20, 2, 1980; R. THAPAR, H. MUKHIA, B. CHANDRA, *Communalism and the Writing of Indian History*, Delhi, People's Publishing House, 1969.

J. POUCHEPADASS.

Indo-Européens

Le terme d' « Indo-Européens » a été employé pour désigner, d'une part, les peuples locuteurs d'une langue indo-européenne, d'autre part le peuple disparu, hypothétique, locuteur de l'indo-européen originel. Le premier emploi est abusif, car il postule une homogénéité et une cohérence des peuples indo-européens qui sont fictives (opposer ainsi « les Indo-Européens » et « les Sémites », par exemple, n'a aucune pertinence historique). On parlera donc de *peuples indo-européens* pour désigner ceux dont la langue appartient à l'un des groupes suivants (qui forment les subdivisions de la *famille* linguistique *indo-européenne*) : anatolien, indo-iranien ou aryen, tokharien, arménien et thraco-phrygien, grec, illyrien et albanais, italique, celtique et ligure, germanique, baltique, slave. La parenté de ces langues a été reconnue au début du XIXe siècle (Rasmus Rask, 1814, 1834; Franz Bopp, 1816). Les travaux comparatifs, poursuivis au XIXe siècle (Brugmann, *Grundriss*) et au XXe (en France, A. Meillet, E. Benveniste) ont précisé la syntaxe, la grammaire, le phonétisme, le vocabulaire, la poétique indo-européens; ce sont eux qui ont permis de fonder les notions, opératoires dans toute histoire des peuples et des cultures, de filiation généalogique des langues, de théorie des ondes, d'équation linguistique, de familles et de grandes familles linguistiques, etc. L'abondance, la convergence, la cohésion des morphèmes reconstitués garantissent la divergence de toutes les langues des groupes cités à partir d'une langue originelle unique. Les ressemblances entre des séries entières — système phonétique, noms de nombre, noms de parenté, termes de l'élevage du cheval, suffixes casuels, etc. — concrétisant l'image d'une langue disparue, éclatée en une infinité de dialectes.

Sur cette base a été progressivement reconstituée une *culture*. Poser l'existence d'une langue implique celle d'une culture et de locuteurs correspondants. La linguistique comparée permet de discerner, dans ces Indo-Européens disparus, un peuple d'éleveurs et de guerriers. L'étude mythologique et théologique a longtemps marqué le pas, à la fois parce que les rapprochements linguistiques faisaient défaut en ce qui concerne les noms de dieux ou de héros, et parce que les récits mythiques se voyaient englobés dans un comparatisme universel qui interdisait de repérer toute spécificité « indo-européenne » (travaux de M. Müller, J.-G. Frazer, J. Harrison). C'est avec l'avènement, au XXe siècle, de la pensée « structuraliste », qui considère des ensembles de faits, avec leurs corrélations internes, qu'une typologie proprement indo-européenne a pu être décelée (G. Dumézil, 1938), indépendamment de la présence ou de l'absence d'équations linguistiques.

Dès lors, l'étude de la religion et de la pensée indo-européennes a fait des progrès considérables. On peut admettre aujourd'hui que la société indo-européenne primitive comprenait des rois au pouvoir plus religieux et juridique que politique (latin *rex*, sanscrit *raj-*), des prêtres qualifiés (prédécesseurs des druides celtiques, des brahmanes indiens, des mages iraniens, etc.), entourant les rois et leur étant indispensables pour assurer la marche harmonieuse du monde, au point d'avoir parfois prééminence sur eux, des combattants, hautement valorisés dans la littérature et la mythologie, et comprenant soit des adultes spécialisés dans l'activité guerrière, soit, correspondant à l'ensemble d'une classe d'âge, des groupes de jeunes pour qui la guerre s'intègre à la procédure initiatique, des producteurs (agriculteurs et éleveurs), enfin, déjà, des artisans spécialisés (charpentiers, forgerons).

Les Indo-Européens — c'est-à-dire, certainement, leurs prêtres — avaient élaboré un « système du monde » consistant à interpréter les catégories d'êtres et à classer les hommes, les peuples, les dieux, les événements (par exemple dans des récits de batailles, de sièges, ou de vies légendaires), les symboles, dans trois registres complémentaires, dont l'ensemble fournit une image intellectuelle de la totalité, et les rouages internes la notion de l'interdépendance et de la cohésion des éléments : ce sont les « trois fonctions », découvertes par G. Dumézil (v. à ce mot). Cette « tripartition fonctionnelle » ou « trifonctionnalité » est la clef de l'interprétation de quantité de mythes, de panthéons, de structures spatiales (comme la *Regia* de Rome ou le palais des rois de Tara, en Irlande), de récits littéraires, de systèmes philosophiques, des peuples indo-européens anciens. La documentation sur ce point est fournie par les textes indiens, iraniens, latins, scandinaves, irlandais, grecs principalement, et aussi, à un moindre degré, arméniens, hittites, slaves, allemands, français, thraco-phrygiens.

La trifonctionnalité, sous la forme précise qu'attestent ces documents, n'existe strictement que chez les peuples indo-européens, ou, de manière toujours restreinte, dans des cultures longtemps en contact avec celles de peuples indo-européens (Hébreux, Egyptiens). Elle constitue donc un système de pensée original, et confirme l'existence d'une culture indo-européenne commune disparue. Le panthéon indo-européen, ou les panthéons décelables les plus anciens, comprenaient, pour patronner les « trois fonctions », un couple de dieux souverains (l'un violent et magicien, l'autre conciliant, religieux et juriste : Varuṇa et Mitra dans l'Inde védique, Odhinn et Tyr en Scandinavie, Ahura-Mazdâh et Mithra en Iran), un dieu de la force physique (Indra, Thôrr, Mars), et des divinités, souvent en couple, ou plus nombreuses, de l'activité productrice et fécondatrice (les deux Nâsatya indiens, associés à la Rivière divine Sarasvatî; Freyr au grand phallus, son père Njördhr, sa sœur Freya; Quirinus et les dieux associés aux Quirinalia, etc.). Le comparatisme, linguistique ou mythologique, permet aussi de repérer des dieux extérieurs au groupe fonctionnel, comme des « dieux-cadres » (ainsi Agni, dieu du feu indien, Hestia et Vesta, déesses grecque et latine du foyer, qui, tous trois, marquent clôture ou introduction dans des invocations ou des rituels), ou le Maître des Eaux (*Apam Napât indo-iranien, Neptunus latin, Nechtan irlandais), etc.

L'idée d'un peuple indo-européen primitif impose sa localisation dans le temps et l'espace. Les premiers peuples indo-européens apparaissent historiquement à la fin du IIIe millénaire, en Anatolie (v. *Hittites*) et dans le Zagros, à la limite entre Iran et Mésopotamie (mots védiques dans la langue — non indo-européenne — des Kassites), déjà très individualisés. Leur dispersion linguistique, et géographique, est donc bien antérieure. Inversement, un vocabulaire de la métallurgie, et un de l'élevage du cheval et du char, partiellement communs à plusieurs langues, imposent une date de dispersion relativement basse (IVe millénaire) : des contradictions de ce genre indiquent la complexité du problème. On peut supposer que dès le Ve millénaire les Indo-Européens étaient en cours de différenciation, mais conservaient d'étroites relations, avec une diffusion rapide des innovations qui se maintient dans la première moitié du IVe millénaire.

A côté du problème de la datation, celui de la localisation n'est pas moins difficile à résoudre. Depuis cent cinquante ans, les propositions ont varié, au gré des archéologues, de l'Himalaya à l'Allemagne du Nord. Cette hésitation tient à la discontinuité radicale entre la notion même d' « Indo-Européens », qui se fonde entièrement sur des documents *écrits*, et l'archéologie qui, pour les Ve et IVe millénaires, est exclusivement préhistorique, c'est-à-dire antérieure à tout écrit. La thèse actuellement dominante (M. Gimbutas *et al.*) propose de voir dans les premiers Néolithiques de la Russie du Sud (Culture des Kourganes, VIe-IIIe millénaire) les porteurs de l'indo-européen. La chronologie, la géographie historique, l'impression d'expansions périphériques constantes des hommes des Kourganes confortent cette thèse, sans qu'une preuve formelle puisse lui être fournie, et alors que demeurent quelques difficultés, par exemple au sujet de l'adéquation entre la culture indo-européenne reconstituée par comparatisme et les *realia* de cette culture des Kourganes. Quant aux spéculations sur la « race » indo-européenne, ou « race aryenne », elles datent d'une époque où il était séduisant à certains esprits européens d'identifier « peuple », « langue » et « race ». On a reconnu depuis que, dès le Néolithique, les hommes des différentes cultures appartiennent à des types physiques divers.

● BIBLIOGRAPHIE. — K. BRUGMANN, *Grundriss der vergleichenden Grammatik der indogermanischen Sprachen*, 2e éd., 1897-1916; H. HIRT, *Indogermanische Grammatik*, 7 vol., Heidelberg, 1921-1937; J. HAUDRY, *L'indo-européen*, Paris, 1979; G. CARDONA *et al.* (dont M. GIMBUTAS), *Indo-European and Indo-Europeans*, Philadelphia, 1970; G. DEVOTO, *Origini Indoeuropee*, Florence, 1961; E. BENVENISTE, *Vocabulaire des institutions indo-européennes*, Paris, 1969; ouvrages de G. DUMÉZIL, cités s.v.

▶ CORRÉLATS. — Comparée (Histoire), Dumézil, Fustel de Coulanges.

B. SERGENT.

Inflation et histoire

Par inflation on entend une augmentation *soutenue* de la moyenne des prix des biens et des services. Il ne faut pas confondre inflation avec augmentation temporaire des prix faisant suite à une crise de subsistance comme on les connaissait périodiquement sous l'Ancien Régime économique. L'étude des tendances des prix révèle qu'il y eut plusieurs grandes phases d'inflation dans l'histoire de l'Europe. On remarque que jusqu'à la Révolution industrielle, les périodes d'inflation prolongée furent celles où la population s'accrut de façon soutenue, et les périodes de déflation au contraire furent celles de basses-eaux démographiques, ce qui semble tout à fait compatible avec une interprétation malthusienne : la croissance démographique aurait tendu à percer un plafond imposé par l'avarice de la nature.

L'Europe connut une inflation des prix assez importante aux XIIIe, XVIe et XVIIIe siècles. Il est vrai que le taux d'augmentation des prix pendant ces phases d'inflation n'atteignait jamais celui auquel on est habitué de nos jours. L'index Phelps-Brown Hopkins des prix anglais passa de 94 à 536 entre 1500 et 1601, ce qui signifie un taux annuel d'inflation de 1,7 % en moyenne. Mais justement, l'accoutumance à l'inflation n'ayant pas encore joué on n'avait pas non plus encore inventé, ou alors on avait oublié d'introduire dans les contrats l'équivalent de nos clauses d'indexation qui protègent les contractants contre les effets néfastes de l'inflation. Ainsi les paiements de salaires, de loyers, de rentes étaient fixés en monnaie, et ne comportaient pas de protection anti-inflationniste. Dans ces conditions, même une inflation modérée pouvait avoir à long terme des effets tout à fait ruineux pour certains, et bénéfiques pour d'autres.

C'est pourquoi certains historiens des années 30 parmi les plus réputés ont postulé des effets spectaculaires aux inflations du passé. Earl J. Hamilton a émis l'hypothèse, réfutée depuis, que l'inflation du XVIe, puis celle du XVIIIe siècle avaient été la cause primordiale de l'avènement du capitalisme, car les salaires n'étant pas indexés sur les prix, une augmentation de ces derniers aurait été la source de l'accumulation primitive du capital à la base du capitalisme moderne. Richard Tawney a vu la Révolution anglaise de 1640 comme la conséquence à long terme de l'avènement d'une « gentry » nouvelle, alors que l'aristocratie ancienne était ruinée par l'inflation des prix, et en particulier par les dépenses nécessaires pour vivre noblement.

Marc Bloch était convaincu pour les mêmes raisons que l'inflation avait permis une avance de la bourgeoisie au XVIe siècle, « l'événement le plus décisif de l'histoire sociale française, spécialement dans son aspect rural ». En effet, la noblesse se mit a reconstruire patiemment son patrimoine dans les siècles qui suivirent, et cette « réaction féodale » dura jusqu'à la Révolution. Et, selon Marc Bloch, afin de pouvoir s'absenter de leurs terres sans avoir à les louer pour des sommes dont la valeur était menacée par une inflation toujours possible, les propriétaires fonciers adoptèrent le métayage. Ainsi une structure agraire si particulière à la France, si fondamentale pour notre compréhension des caractères originaux de l'histoire rurale du Midi français, et si néfaste au développement économique, s'expliquerait par l'inflation : le bail à mi-fruit aurait été un moyen pour les propriétaires de se prémunir contre les effets néfastes d'une dépréciation des espèces monétaires due à l'inflation des prix.

Après la Révolution industrielle, l'augmentation de la population cessa d'entraîner automatiquement l'augmentation des prix. Au contraire, la Révolution industrielle du XIXe siècle eut lieu dans un contexte de déflation. C'est là, si elle était encore nécessaire, une preuve supplémentaire du caractère absolument révolutionnaire de cette phase de l'histoire économique. Pour la première fois, le système économique européen put supporter une accélération de la population sans augmentation évidente de la « pression » démographique. Il faut dire que des millions d'Européens émigrèrent alors vers le Nouveau Monde, ce qui dut contribuer notoirement à soulager cette pression.

Par contre, une des caractéristiques de notre XXe siècle, depuis 1930, c'est une inflation des prix absolument sans précédent à la fois dans son ampleur et par son caractère irréversible. Car dans le passé, on connaissait des périodes d'inflation mais aussi des périodes de chute des prix.

Mais quelle était donc dans le passé la cause de l'inflation ? Les historiens ont discuté cette question depuis fort longtemps. Trois thèses s'affrontent. Ou bien c'était le Grand Argentier qui augmentait la quantité de monnaie en circulation en diminuant le contenu en métal fin de chaque pièce afin d'aider le roi à payer ses factures. Ou bien c'était la découverte de nouveaux métaux précieux dans les Indes d'Amérique ou ailleurs (Hamilton, Robinson) ou enfin c'était la pression démographique sur la demande (c'est la thèse keynésienne avancée par Cipolla, Ingrid Hammarston, Postan et Phelps-Brown). C'est là un des plus anciens débats de l'histoire économique, car il commença dès 1568 lors de la fameuse polémique entre Jean Bodin et M. de Malestroit.

Reconnaissons d'abord que toute inflation des prix est inconcevable sans une augmentation de la circulation monétaire par rapport à la circulation des biens. On peut en effet juguler une inflation causée par une pénurie relative de biens en cessant simplement d'augmenter la circulation monétaire; mais les effets sociaux sont pénibles, puisque les producteurs de biens à haute élasticité de demande se trouvent alors au chômage. Ce qui ne veut pas dire que l'augmentation de la monnaie a toujours été nécessairement la « cause » de l'inflation.

Ainsi, même si l'inflation du XVIe siècle fut facilitée par l'augmentation de monnaie en circulation, il est néanmoins possible qu'elle ait été avant tout la conséquence d'une augmentation de la demande de transactions, elle-même provoquée par l'augmentation de la population ou des échanges.

Disons que monétaristes et keynésiens n'ont jamais réussi à se départager sur ces questions. Il existe toutefois une donnée qui nous permet de rejeter la thèse démographique de l'inflation pour le XVIe siècle. Gênes était alors le grand marché international du capital (Braudel), or grâce à Carlo Cipolla qui a publié une série à ce sujet on sait que le taux d'intérêt y tomba de manière tout à fait régulière et remarquable pendant la deuxième moitié du XVIe siècle. On conclut qu'en dépit des apparences, l'inflation de cette période avait des causes avant tout monétaires, qu'elle était la conséquence soit de l'afflux de métal, soit de la dévaluation des monnaies.

● BIBLIOGRAPHIE. — Marc BLOCH, *Les caractères originaux de l'histoire rurale française*, Oslo, 1931; Fernand BRAUDEL, *La Méditerranée et le monde méditerranéen à l'âge de Philippe II*, Paris, Colin, 1972; Carlo CIPOLLA, Note sulla storia del saggio d'interesse. Corso, dividendi, e sconto di dividendi del Banco di S. Giorgio nel sec. XVI, *Economia Internazionale*, 5 (1952), 255-274; Earl J. HAMILTON, American Treasure and the Rise of Capitalism, *Economica*, 27 (1929), 338-357; Profit Inflation and the Industrial Revolution 1751-1800, *Quarterly Journal of Economics*, 56 (1942), 256-273; E. H. PHELPS-BROWN et Sheila V. HOPKINS, Seven Centuries of the Prices of Consumables, *Economica*, 23 (1956); Wage rates and Prices : Some Further Evidence, *Economica*, 26 (1959); W. C. ROBINSON, Money Population and Economic Change in Medieval Europe, *Economic History Review*, 12 (1959), 63-82; Nathan SCHMUKLER et Edward MARCUS, eds., *Inflation through the Ages*, Brooklyn, NY, Brooklyn College Press, 1981; Richard H. TAWNEY, The Rise of the Gentry, 1558-1640, *Economic History Review* 11 (1941).

▶ CORRÉLATS. — Braudel, Economie (Histoire économique), Hauser, Simiand.

F. MENDELS.

Informatique

L'informatique est maintenant utilisée par les historiens depuis une bonne vingtaine d'années, du moins au niveau de la recherche. Les premières tentatives ont été menées aux Etats-Unis, mais l'expansion a été rapide en Europe, notamment en France et en Allemagne. L'utilisation de l'informatique par les historiens a surtout été forte dans trois domaines :

a | *La création, la gestion et l'interrogation de bases de données.* — Bases de données documentaires, d'abord : cette utilisation est surtout le fait des historiens de l'Antiquité et de la période médiévale. Le secteur qui a toutefois donné lieu aux applications les plus originales est celui de l'archéologie, où l'on a cherché à créer des langages documentaires permettant de renouveler profondément la pratique même de la discipline (voir notamment en France les travaux de Jean-Claude Gardin).

Mais aussi bases de données heuristiques, c'est-à-dire conçues non pour absorber toute l'information disponible dans un domaine quelconque, mais pour permettre à un individu de traiter comme il l'entend l'ensemble des informations réunies en vue de la résolution d'un problème spécifique posé au préalable. Cette dernière utilisation est la plus répandue, et c'est aussi celle qui progresse le plus vite chez les chercheurs, dans la mesure où elle implique seulement le recours à des systèmes de programmes déjà existants. L'exploitation de chaque base peut comporter une phase documentaire (indexation, tri à plat, questions/réponses), et une phase statistique (calculs de pourcentages, tests statistiques, analyses de corrélation et de régression, analyses factorielles) : l'utilisation des bases de données heuristiques conduit naturellement à l'utilisation poussée des méthodes statistiques.

b | *L'application des statistiques à l'histoire.* — L'utilisation des méthodes statistiques a longtemps été l'apanage de disciplines comme la démographie historique et l'histoire économique, évidemment reconnues comme quantitatives. L'informatique leur a certes été bénéfique, en mettant à la portée des chercheurs une très large panoplie de méthodes statistiques, et en accélérant considérablement des calculs fastidieux et difficiles. Mais elle a surtout aboli toute distinction stricte entre histoire qualitative et histoire quantitative, dans la mesure où l'ensemble des méthodes mathématiques connues sous le nom d'analyse des données est susceptible d'être appliqué à tous les types de données historiques. Certaines de ces méthodes ont pris un essor particulier : analyse de régression, analyses factorielles en histoire, classification automatique en archéologie. De l'histoire médiévale à l'histoire contemporaine, cette nouvelle orientation a d'ores et déjà porté de nombreux fruits.

c | *Le traitement automatique des textes.* — L'ordinateur et l'informatique ont aidé l'historien à changer d'attitude face au texte. D'abord, la machine permet grâce à des logiciels appropriés (citons JEUDEMO, ALINE, OCP, etc.), de constituer des dictionnaires automatiques. Une fois le texte mis sous une forme assimilable par la machine (ceci pouvant éventuellement être fait par lecture optique), il est possible de l'indexer intégralement. L'index comporte généralement des fréquences absolues (nombre d'occurrences d'un vocable), des fréquences relatives (ce même nombre, mais en fonction de la longueur du texte, afin de pouvoir comparer des fréquences relevées dans des textes de longueurs différentes), les références du mot dans le texte. On peut également obtenir des concordances, c'est-à-dire la liste des contextes dans lesquels se trouve un mot donné. L'historien a ainsi commodément accès à la lexicologie (par l'index), à la sémantique (par la concordance) et à la statistique lexicale (par la fréquence). Sans se substituer au linguiste, il est en mesure d'appliquer aux textes sur lesquels il travaille des méthodes empruntées à la linguistique et qui étaient jusque-là hors de sa portée.

Les résultats obtenus sont d'ores et déjà considérables. La plupart des grandes enquêtes collectives comportent en général une phase informatisée : ne citons ici qu'un seul exemple, particulièrement réussi, celui de l'enquête menée par David Herlihy et Christiane Klapish dans les archives florentines sur le *Catasto* de 1427 et ce, en dépit des difficultés présentées par une source médiévale : sans l'ordinateur, il aurait été impossible d'engranger et de traiter l'énorme masse de données qui a permis d'aboutir à une analyse extraordinairement fine et détaillée de Florence et de la Toscane du XVe siècle, qu'il s'agisse des structures sociales, économiques ou démographiques.

Le recours à l'informatique n'est pourtant pas exempt d'inconvénients. L'informatique exige énormément de temps, surtout dans la phase préparatoire de codage et de saisie des données. Bien que de grandes améliorations se soient produites dans ce domaine (remplacement des cartes perforées par des supports magnétiques, développement des terminaux actifs et d'une micro-informatique performante), il n'en reste pas moins que les opérations de codage restent difficiles, fastidieuses, et sont parfois ressenties comme mutilantes.

Mais en contrepartie l'historien ne gagne pas seulement l'accès à un meilleur maniement des informations, ou à des méthodes statistiques et linguistiques jusque-là hors de sa portée. Il gagne surtout une rigueur accrue dans sa pratique d'historien : il travaille obligatoirement sur un ensemble fini de données définies, c'est-à-dire de données dont les limites et les caractéristiques ont fait l'objet d'une explicitation préalable (une tâche dont on s'abstient bien souvent si l'on est affranchi des contraintes de la machine). L'ensemble des données ainsi constitué est ce que l'on peut appeler la *métasource* : le travail fait en machine n'a de signification que par rapport à cette métasource. C'est dans la métasource (non dans les sources étudiées auparavant ou dans une quelconque réalité) que la mesure prend toute sa signification. Enfin, la métasource est exploitable exhaustivement, ce qui est bien sûr impossible dans le cadre d'une recherche non informatisée.

Ce rapide survol montre ce que l'histoire peut attendre de l'informatique. Inversement, on peut se demander ce que les historiens, en tant qu'utilisateurs, peuvent apporter à l'informatique. Pour l'essentiel, ils se sont jusqu'à présent contentés de faire appel à des programmes développés pour d'autres disciplines : les grands *packages* (systèmes de programmes) américains ont été créés et développés pour la sociologie et les sciences politiques (SPSS, OSIRIS, SAS), pour l'économie (TSP) ou pour les sciences exactes (BMD). Pourtant, depuis peu, on assiste à la naissance de quelques grands systèmes de programmes conçus en fonction des spécificités du travail historique : ainsi les programmes CLIO mis au point par Manfred Thaller au Max Planck-Institut für Geschichte à Göttingen, ainsi le logiciel de démographie historique CASOAR mis au point à Paris par Michael Hainsworth et J.-P. Bardet. S'il est difficile de séparer les préoccupations des historiens de celles des autres utilisateurs de l'ordinateur en sciences sociales et en sciences humaines, il est certain que dans le futur ils pousseront à l'amélioration des systèmes de *record linkage* (système permettant de relier entre elles des informations provenant de fichiers différents à partir d'un nom propre, après vérification de la réalité des liens), à l'introduction et à la prise en compte statistique de procédures d'appréciation sur la fiabilité des informations utilisées, et enfin au développement des méthodes statistiques adaptées aux séries incomplètes et lacunaires. Ce sont en effet les obstacles les plus sérieux, aujourd'hui, à l'utilisation de l'informatique par les historiens, en dehors même de toute considération de coût ou d'ignorance.

● Bibliographie. — Le seul ouvrage général consacré au sujet est E. Shorter, *The Historian and the Computer, a practical guide*, Englewoods Cliff, 1971, qui reste utile, même si ses exemples ont vieilli. On trouvera une bibliographie abondante dans J.-Ph. Genet, L'historien et l'ordinateur, *Historiens et géographes*, 270, 1978, p. 125-142. L'ouvrage cité de D. Herlihy et Ch. Klapisch, *Les Toscans et leurs familles*, Paris, 1978, permettra de mesurer ce qu'apporte à une enquête historique le recours à la machine. Mais pour en savoir plus dans ce domaine, il est indispensable de consulter les revues spécialisées : *Computer and the Humanities* (dont le domaine dépasse l'histoire), aux Etats-Unis *Historical Methods Newsletter*, en Allemagne *Quantum*, en France *Le Médiéviste et l'Ordinateur*, HMCI (pour l'histoire moderne et contemporaine), *Informatique et Sciences humaines*. Le Centre de Recherches archéologiques du CNRS publie également un bulletin spécialisé.

▶ Corrélats. — Démographie historique, Modèle, Quantitative (Histoire), Sérielle (Histoire).

J.-P. Genet.

Institutions

« C'est un grand honneur pour moi d'être introduit dans un cycle d'études juridiques, car je ne suis qu'un simple historien. » C'est par ces mots que Roland Mousnier commençait en 1962 une conférence intitulée *L'évolution des institutions monarchiques en France et ses relations avec l'état social*. La Sorbonne s'est longtemps sentie l'héritière de cette grande tradition intellectuelle française qui remonte au greffier Du Tillet, au président Barnabé Brisson et à tous les magistrats érudits des XVIe et XVIIe siècles formés à la discipline de l'humanisme juridique de Cujas : une histoire, sinon science auxiliaire du droit, tout au moins imprégnée d'une foi militante en la loi : la coutume, mais surtout l'activité législative de l'Etat modelaient la société, elles étaient la clef essentielle des évolutions politique, économique, culturelle, etc. Dans la mesure où l'institution suppose l'application sociale de la législation, les historiens se dégagèrent professionnellement de la perspective purement juridique. Pour Gaston Zeller, en 1948, la première règle de l'histoire des institutions est « de se méfier des textes législatifs » : ils font connaître « l'état de droit » auquel « il convient d'opposer sans cesse l'état de fait »... Nulle myopie donc dans ce projet authentiquement historien.

Pourtant ce n'est pas sans raison que Marc Bloch, Lucien Febvre, Fernand Braudel, créant ou rénovant les *Annales* en 1929 et 1946, rompaient avec cette tradition de l'histoire politique et juridique. L'insistance sur les déterminismes économiques et sociaux, sur l'identité de l'objet des sciences humaines, sur l'apport méthodologique de la sociologie puis de l'anthropologie, sur la « longue durée » et les différents « temps de l'histoire », rejetait les institutions du côté de l'événement : l'histoire institutionnelle reflétait une position maladroite du problème des structures et des changements sociaux. On chercherait vainement la moindre référence aux *Annales* dans *Les Institutions de la France sous la Monarchie absolue* de Roland Mousnier. Et les *Annales* consacrant leur « choix » à cet ouvrage s'étonnaient de sa propension à projeter « tout à plat » la vision juridique des élites gouvernantes sur les réalités de la France profonde.

Sans doute ce malentendu volontaire se nourrit-il à l'histoire des institutions historiennes du XXe siècle.

En pratique qu'est-ce que les historiens entendent par institutions ? Dans le vocabulaire contemporain, les « institutions » désignent la constitution de la République, plus techniquement, l'ensemble des règles et des organes qui fixent l'organisation d'un secteur de la vie publique, plus largement, l'ensemble des formes sociales fondées par la loi ou la coutume. Les historiens font du terme un usage empirique spontané, énumérant le roi, le domaine, les finances, la justice, l'Eglise, la seigneurie... Roland Mousnier partait d'une définition plus synthétique : d'abord, une « idée directrice », ensuite, « le groupe d'hommes » qui la met en œuvre. Fusion de l'abstrait et du concret, une telle approche élargit le domaine de l'institutionnel à la plus grande part de l'activité collective.

Or les institutions et leur histoire ont une histoire qui régit impérativement leur champ d'exercice. La pensée classique installait en catimini l'institution dans l'historicité. Le mot se dit « de tout ce qui est inventé par les hommes », définissait Furetière au XVIIe siècle. « Il est opposé à la nature. Tout ce qui vient de la nature est de même en touts lieulx et en touts temps, ce qui est d'institution divine. Les cérémonies profanes sont d'institution humaine. » Œuvre de l'homme et œuvre consciente, les institutions exprimaient cette capacité organisatrice, cette puissance de l'homme sur lui-même. Mais elles se subordonnaient implicitement à la nature, à la loi divine qui donnait son sens à l'histoire de l'homme. La laïcisation de l'idée de nature ne changeait rien à cette dépendance — que l'on songe à la théorie des climats de Montesquieu. Forme collective durable, héritée et non librement consentie, l'institution appartient au domaine de la transcendance.

De là vient peut-être la méfiance qu'éprouvent les sociologues français à l'égard de ce concept : Georges Gurvitch mettait en garde contre sa polysémie et recommandait d'en proscrire l'usage. Le pragmatisme anglosaxon ne partage pas ces scrupules, en particulier dans sa variante fonctionnaliste. On sait combien cette école — cf. T. Parsons — peut aboutir à une défense et illustration des ordres établis. Le problème s'aggrave même puisque les modèles sociaux tendent à « s'institutionnaliser ». Cependant l'histoire des institutions, à l'exception de Roland Mousnier qui synthétise la tradition juridique et la pensée sociologique de B. Barber, s'est toujours située dans la mouvance du droit, non dans celle de la sociologie. Encore convient-il d'analyser des rapports qui ne vont pas sans conflit.

Tradition juridique et tradition historique se côtoient depuis le XIXe siècle. Droit public, droit constitutionnel avec une importante activité de droit comparé..., les facultés de droit produisent des manuels pour leur enseignement (aujourd'hui la collection « Thémis » et les livres de Jacques Ellul) ; elles doivent subir la concurrence de l'Institut des Sciences politiques. La grande période de l'histoire du droit remonte cependant à la fin du XIXe siècle et au début du XXe (Adhémar Esmein, Jean Declareuil, Emile Chénon, François Olivier-Martin...). Ces auteurs sont lus dans les facultés des Lettres, ils inspirent leurs collègues, des transfuges s'installent même dans les amphithéâtres. Mais les historiens prennent soin de marquer leur territoire : Roger Doucet, en 1948, suggérait que l'histoire du droit « nous conduit seulement aux frontières de la terre promise, sans nous y faire pénétrer ». Louis Halphen, préfaçant le premier volume de la collection « Histoire des Institutions » qu'il dirigeait aux PUF, faisait appel à des collaborateurs « résolus à ne jamais oublier qu'ils sont historiens et non juristes ».

Ces proclamations ne provenaient pas du seul esprit de spécialité, elles se nourrissaient d'une authentique originalité scientifique.

Mais l'opération ne réussit pleinement qu'appliquée à l'ancienne Monarchie française. Ce n'était pas un hasard. L'Antiquité reste domaine partagé : le droit (dont les institutions avec, par exemple, Jacques Gaudemet) aux juristes, la politique et la société aux historiens. Numa-Denis Fustel de Coulanges venait de l'histoire ancienne, mais la somme qu'il consacra à l'*Histoire des institutions politiques de l'ancienne France* le détourna vers les temps médiévaux et modernes. Ce maître livre imposa l'usage du terme chez les historiens, alors qu'A. Chéruel en 1855 traitait encore de l'*Histoire de l'administration monarchique en France*. Seuls le Moyen Age et l'époque moderne permettaient le plein déploiement d'une problématique historique parce que la Monarchie française avait reposé durant des siècles sur la *relative scission* entre l'étude du droit tournée vers la « raison générale » que représentait le droit romain et la pratique politique féodale et royale organisatrice de la France. Cette distinction qui rend inadéquate l'approche purement juridique fondait la réussite historienne à laquelle l'esprit d'érudition chartiste fournissait d'abondants matériaux. Les livres de Paul Viollet (le seul vrai juriste), à la fin du XIXe siècle, de Gustave Dupont-Ferrier qui s'attache à des institutions particulières, de Ferdinand Lot et Robert Fawtier (trois tomes achevés sur les cinq prévus) de Jean-François Lemarignier, illustrent la pertinence du projet institutionnel de l'histoire. Le livre de Roger Doucet, malgré ses faiblesses, et ceux de Gaston Zeller ou de Roland Mousnier prolongent cette réussite dans la période dite moderne. L'époque contemporaine voit de nouveau s'affirmer la prédominance des juristes (Paul Bastid, Jean-Jacques Chevallier) et des politicologues, alors que l'histoire institutionnelle (Jacques Godechot, Félix Ponteil) ne s'aventure guère au-delà de la période révolutionnaire, de la monarchie parlementaire et du Second Empire. Dira-t-on que le genre est devenu particulièrement ingrat pour l'historien ?

On ne saurait clore ce bilan sans faire un sort au *Dictionnaire des Institutions* de Marcel Marion (1923, réimprimé 1972). L'ouvrage est critiqué, non remplacé; il constitue l'idéal auquel devrait tendre une véritable histoire des institutions. Mais il trahit la force et la faiblesse de la démarche entière : son information, large, solide, souvent synthétique, s'embarrasse de bévues, d'ignorances et, surtout, d'un esprit d'ensemble fort désagréable. Aucun historien d'aujourd'hui n'oserait reprendre un tel projet : spécialisation plus étroite, conscience des lacunes, hostilité à la simplification normative s'y opposent. On pourrait imaginer une œuvre collective. Mais l'état d'esprit de la discipline s'est détourné de la confection d'instruments de travail, précieux mais trop imparfaits.

Quoique « l'histoire institutionnelle » reste un « mot clé » de la *Bibliographie de l'Histoire de France*, et une tradition pédagogique bien représentée dans les Universités, on ne peut s'empêcher de penser qu'elle est devenue une forme dépassée de l'activité historique : peu touchée par les divers courants de la nouvelle histoire, elle garde toute sa pertinence et son efficacité pour l'étude d'institutions particulières; mais les grandes synthèses qui donnaient corps à son projet semblent avoir culminé avec l'ouvrage de Roland Mousnier. L'histoire anglo-saxonne, si attentive à ces problèmes, rattache l'étude des administrations ou des grands corps sociopolitiques à une histoire politique très pointue. Elle pratique en parallèle une remarquable « histoire de la pensée politique » qui a donné aux études juridiques une place bien supérieure à celle qu'elles occupent à l'heure actuelle en France. Il en est de même en Italie.

Ces tendances étrangères s'acclimatent en France : le champ de recherches que représentait l'histoire des institutions ne saurait rester en friche. Son changement de nom s'accompagne d'un changement d'objectifs et de méthodes. L'histoire de l'Etat, dont l'importance a été récemment proclamée, prend le relais sous nos yeux. Le *dictionnaire des offices* projeté à l'Institut d'Histoire moderne et contemporaine (CNRS) répond aux exigences d'une érudition nouvelle qui ne sépare pas les hommes des fonctions. Mais il s'agit d'un travail collectif à long terme. D'autres enquêtes comme l'ATP, *Genèse de l'Etat moderne* (CNRS), pourraient aussi contribuer à cette pensée globale de l'Etat que Roland Mousnier et Pierre Chaunu avaient esquissée en pionniers. Voie difficile — le traitement quantitatif ne s'applique pas aisément à la politique — mais prometteuse en ce qu'elle est seule capable de faire franchir un véritable bond épistémologique à ces secteurs très traditionnels des disciplines historiques et de créer les conditions d'une vraie histoire comparative.

Reste une dimension inhérente à l'histoire des institutions, celle d'une philosophie politique, de l'interrogation sur les rapports entre l'état social et le régime politique. A la convergence du politique, du social et du culturel « l'esprit des institutions », pour reprendre le titre du petit mais suggestif ouvrage de Denis Richet, n'a pas fini de solliciter le goût de la synthèse et de la réflexion critique chez les historiens épris de leur métier.

● BIBLIOGRAPHIE. — Roger DOUCET, *Les institutions de la France au XVIe siècle*, Paris, 2 vol., 1948; Numa-Denis FUSTEL DE COULANGES, *Histoire des institutions politiques de l'ancienne France*, Paris, 3 vol., 1875-1889; Jacques GODECHOT, *Les institutions de la France sous la Révolution et l'Empire*, Paris, 1951; Ferdinand LOT et Robert FAWTIER, *Histoire des institutions françaises au Moyen Age*, Paris, 3 vol., 1957-1962; Marcel MARION, *Dictionnaire des institutions de la France aux XVIIe et XVIIIe siècles*, Paris, 1923, rééd. 1972; Roland MOUSNIER, *Les institutions de la France sous la monarchie absolue*, Paris, 2 vol., 1974 et 1980; Félix PONTEIL, *Les institutions de la France de 1814 à 1870*, Paris, 1966; Denis RICHET, *La France moderne : l'esprit des institutions*, Paris, 1973; Quentin SKINNER, *The foundation of modern political thought*, Cambridge, 2 vol., 1978; Michel VILLEY, *La formation de la pensée juridique moderne*, Paris, 1968; Paul VIOLLET, *Histoire des institutions politiques et administratives de la France*, Paris, 3 vol., 1890-1903; Gaston ZELLER, *Les institutions de la France au XVIe siècle*, Paris, 1948.

▶ CORRÉLATS. — Fustel de Coulanges, Politique (Histoire).

R. DESCIMON.

Intellectuelle (Histoire)

Définir l'histoire intellectuelle n'est pas chose aisée, et ce pour plusieurs raisons. La première se dit dans le vocabulaire même. Dans aucun autre domaine de l'histoire, en effet, n'existe une telle spécificité nationale des désignations utilisées et une telle résistance à leur traduction d'une langue à l'autre. L'historiographie américaine connaît deux termes, dont les rapports sont d'ailleurs mal précisés et toujours problématiques : celui d'*intellectual history*, porté par la New History du début du XXe siècle pour désigner un champ inédit de recherches, opposé à celui de l'histoire politique traditionnelle, et celui d'*history of ideas*, diffusé par A. Lovejoy pour définir une discipline qui a son objet propre, son programme et ses méthodes, ses institutions, par exemple le *Journal of the History of Ideas* fondé en 1940. Mais en Europe, aucune des deux désignations n'est bien acclimatée. En Allemagne, *Geistesgeschichte* demeure dominant; en Italie, *storia intellectuale* n'apparaît guère, moins en tout cas que *storia della filosofia*; en France, *histoire des idées* n'a guère d'existence (sauf chez quelques historiens des textes littéraires), et *histoire intellectuelle* ne l'a pas emporté sur le vocabulaire traditionnel (*histoire de la philosophie, histoire littéraire, histoire des sciences*), ni résisté face au lexique nouveau forgé par les historiens des *Annales : histoire des mentalités, psychologie historique, histoire socio-culturelle*, etc. Aux certitudes lexicales des autres histoires, l'histoire intellectuelle oppose donc une double incertitude du vocabulaire : chaque historiographie nationale possède ses propres désignations, et dans chacune d'elles différentes notions, mal distinguées les unes des autres, entrent en compétition.

Mais derrière les mots qui diffèrent, les objets désignés sont-ils semblables ? Rien n'est moins sûr. Soit deux définitions. Pour Jean Ehrard, l'histoire des idées recouvre trois histoires : « L'histoire individualiste des grands systèmes du monde, l'histoire de cette réalité collective et diffuse qu'est l'opinion, l'histoire structurale des formes de pensée et de sensibilité » (*Problèmes et méthodes de l'histoire littéraire*, 1974). Pour Robert Darnton, l'histoire intellectuelle comprend quatre catégories d'études : « L'histoire des idées (histoire des pensées systématiques, généralement philosophiques), l'histoire intellectuelle proprement dite (étude des pensées spontanées, des opinions, des courants littéraires), l'histoire sociale des idées (histoire des idéologies et de la diffusion des idées) et l'histoire culturelle (histoire de la culture au sens de l'anthropologie, incluant les visions du monde et les mentalités collectives)» (*The Past Before Us*, 1980). Dans un vocabulaire différent, ces deux définitions disent, au fond, une même chose : à savoir que le champ de l'histoire intellectuelle couvre l'ensemble des formes de pensée, individuelles ou collectives, philosophiques ou communes, inventées ou reçues, conceptualisées ou agies. Au-delà des désignations et des définitions importe donc avant tout la manière dont les historiens découpent et constituent les objets d'une histoire qui n'est ni celle des structures économiques, ni celles des formes sociales ou politiques.

Mais désignations et définitions avouent aussi une histoire : celle qui depuis les années 30 a élargi et déplacé le domaine de l'histoire intellectuelle en rompant avec les postulats hérités de la tradition. Ceux-ci peuvent se résumer en trois propositions, énoncées ou implicites dans les études classiques d'histoire intellectuelle : 1) les productions de la pensée doivent être assignées à la seule inventivité d'auteurs singuliers; 2) ce sont les intentions explicites des auteurs qui donnent le sens de leurs œuvres; 3) les concordances repérables entre les différentes productions intellectuelles d'un temps s'expliquent soit par des jeux d'emprunts et d'influences, soit par un « esprit du temps » qui marquent tous les comportements et pensées.

Mais pour des auteurs aussi différents que Lucien Febvre, Norbert Elias ou Erwin Panofsky, c'est justement ce *Zeitgeist* qu'il faut expliquer, bien plus que le tenir pour ce qui explique. Pour chacun d'eux, penser autrement les diverses relations qui lient l'œuvre et son créateur, l'œuvre et son temps ou les œuvres entre elles, exigeait de forger des concepts neufs, inédits dans le champ de l'histoire intellectuelle. Chez Febvre, la notion d'*outillage mental* permettait d'indiquer que les manières de penser d'une époque dépendent des « outils mentaux » (le vocabulaire, les concepts, les représentations) propres à cette époque, partant que les pensées les plus novatrices, les plus hardies, sont aussi tributaires des limites imposées à tous par les « matériaux d'idées » alors disponibles. Chez Panofsky, le concept d'*habitus* autorisait la compréhension des homologies structurales existant entre les productions intellectuelles d'un temps donné. Les habitudes mentales sont, en effet, autant de schèmes intériorisés et inconscients, inculqués en divers lieux sociaux (les *habit-forming forces*) et fonctionnant à l'état pratique dans des créations de la pensée qui peuvent être fort diverses (par exemple, aux XIIe et XIIIe siècles, la scolastique et l'architecture). Pour Elias, enfin, ce qu'il fallait penser n'était pas seulement les homologies de la synchronie mais aussi, et surtout, les évolutions du long terme. De là, le recours à deux concepts centraux : celui de *prozess* qui vise à articuler les transformations parallèles ou décalées des fonctions sociales, des formes politiques, des structures psychologiques et des formulations conceptuelles, et celui de *figuration* qui entend désigner chacune des formes historiques du social, du politique, du psychique ou de l'intellect, non à travers des catégories invariantes, mais comme une configuration spécifique dont le découpage, la définition, le dispositif sont le résultat inédit et temporaire d'une relation particulière entre la société, le pouvoir et l'individu. Etait ainsi radicalement reformulé l'objet même de l'histoire intellectuelle en substituant à l'étude des audaces de la pensée celle des limites et déterminants du pensable. A une histoire des intelligences sans brides, des idées sans contrainte, des pensées individuelles était opposée celle des catégories partagées et des schèmes incorporés.

Un si radical déplacement d'objet a laissé son empreinte sur les définitions les plus récemment proposées de l'histoire intellectuelle qui tentent de faire tenir ensemble, on l'a vu, idées et mentalités, pensées et sensibilité, individuel et collectif, histoire intellectuelle et histoire culturelle. S'ils constituent un cadre commode pour l'inventaire bibliographique, de tels classements risquent pourtant de masquer un fait essentiel, à savoir que ce qui est en cause aujourd'hui n'est pas la spécificité supposée de telle ou telle approche, comprise ou non comme rubrique de l'histoire intellectuelle, mais bien les découpages et catégories classiques à l'œuvre dans l'analyse des productions culturelles, qu'elles soient textes ou actes, uniques ou répétées, de l'ordre de la pensée claire ou de la mentalité partagée. Un tel réexamen, porté par la réflexion théorique comme par des œuvres exemplaires, paraît noué autour de quelques questions fondamentales :

1 / Quel doit être l'objet propre de l'histoire intellectuelle : « L'incarnation de l'idée, ses significations, l'usage qu'on en fait » (A. Dupront, *Annales ESC*, 1961) ou bien « le moment créateur et actif » qui voit la formulation d'une pensée neuve qu'il faut saisir dans sa radicale originalité (F. Venturi, *Utopia e riforma nell'Illuminismo*, 1970) ? C'est à partir d'une telle question que se sont engagés nombre de débats sans issue (et très en recul par rapport à Febvre, Panofsky ou Elias) sur les mérites réciproques de l'analyse interne des œuvres et de l'étude externe du contexte, de la compréhension systématique des pensées et du repérage des enracinements sociaux de leur production ou circulation. Il est sans doute de meilleure méthode de considérer avec C. Schorske (*Fin-de-siècle Vienna. Politics and Culture*, 1981), que l'espace d'analyse de l'histoire intellectuelle ou culturelle est à deux dimensions : l'une, horizontale et diachronique, qui inscrit toute production dans l'histoire spécifique du genre ou du savoir auquel elle appartient ; l'autre, verticale et synchronique, qui la met en relation avec les autres productions culturelles qui lui sont contemporaines, partant avec le champ social global où toutes sont produites.

Il ne s'agit donc pas de caractériser socialement les œuvres à partir de la position des individus ou des milieux qui les produisent, non plus que de les qualifier à partir de leur aire sociale de diffusion, mais de comprendre comment chacun des champs de la production intellectuelle (philosophique, littéraire, pictural, etc.) traduit selon ses structures et ses références propres les déterminations extérieures qui pèsent sur lui (P. Bourdieu). C'est donc seulement une analyse du champ particulier considéré, de sa constitution comme champ et de son histoire, de ses divisions et oppositions, de ses règles de fonctionnement, qui peut permettre d'assigner socialement, sans mécanisme ni réductionnisme, les pensées et les idées. Ainsi est définie (et pratiquée) une histoire intellectuelle, au sens le plus large, qui, d'un côté, n'ignore pas que ses objets sont socialement déterminés mais, d'un autre, pense ces déterminations à travers les propriétés spécifiques qui, dans chaque champ, les médiatisent.

2 / Peut-on affirmer un partage clair entre deux types d'histoires, ayant chacune ses procédures et ses objets : l'une, intellectuelle, attachée aux pensées élitaires, justiciables seulement d'une lecture philosophique, littéraire ou scientifique, s'affrontant aux textes canoniques, l'autre, culturelle, vouée aux mentalités communes, impliquant une approche collective et un traitement statistique de matériaux anonymes, point retenus dans leur individualité mais considérés en séries ? C'est une telle distinction qui a pu fonder un temps le contraste affirmé entre humanités et sciences sociales, histoire des idées et histoire des cultures (cf. par exemple, J. Higham, *Journal of the History of Ideas*, 1954 ou F. Gilbert, *Daedalus*, 1971). Mais là encore le partage ne semble pas recevable.

En effet, si sous certaines conditions, une approche quantitative (par exemple thématique ou lexicologique) des textes les plus élaborés est légitime, à l'inverse, lorsque l'archive le permet, le travail intellectuel du plus anonyme des humbles peut être justiciable d'une lecture réservée classiquement aux pensées au sommet. C'est ainsi que C. Ginzburg a pu entreprendre une « prosopographie du populaire » et montrer comment en utilisant des matériaux épars, puisés dans les traditions folkloriques et les textes savants, une pensée populaire, rurale ou citadine, peut formuler et articuler un système de représentations du monde naturel et social qui doit être déchiffré dans la singularité de son agencement intellectuel (C. Ginzburg, *Il formaggio e i vermi*, 1976). Le populaire n'est donc pas, par nature, voué à l'analyse quantitative et externe, et l'opposition savant/populaire ne saurait en aucune manière servir de principe à une distinction entre histoire intellectuelle et histoire culturelle.

3 / Doit-on tenir pour plus pertinente l'opposition entre production et réception ? Elle a donné son fondement au partage institué entre l'étude de la création intellectuelle, apanage d'une compréhension philosophique des idées ou d'une approche esthétique des formes, et l'étude de la diffusion culturelle, supposée relever d'une sociologie rétrospective. De cette sépa-

ration radicale, découlent deux corollaires implicites : d'une part, une représentation de la réception culturelle qui s'oppose terme à terme à la création intellectuelle (passivité contre invention, dépendance contre liberté, aliénation contre conscience claire), d'autre part, une conception qui postule que les œuvres (donc les idées ou les formes) ont un sens intrinsèque, donné de lui-même, totalement indépendant de leurs appropriations par les sujets ou les groupes.

Un tel postulat conduit soit à enfermer toute la compréhension possible de l'œuvre dans la seule intentionnalité de son auteur, garante de sa signification unique et permanente, soit à ériger, subrepticement, la lecture du commentateur historien en catégorie universelle d'interprétation, censée énoncer le sens universel du texte.

Restituer l'historicité du sens suppose donc une double rupture, et tout d'abord annuler la différence entre production et « consommation » culturelle. La consommation est en effet « une autre production » (M. de Certeau) qui, à partir des produits qui lui sont imposés, invente des significations inédites, mobiles, plurielles.

Ce qui conduit — seconde rupture avec la tradition de l'histoire philosophique et littéraire — à ne pas considérer que le sens d'une œuvre est caché en elle comme un minerai dans sa gangue mais, tout au contraire, à repérer, dans leurs variations historiques, les lectures qui le construisent, contradictoirement et successivement. Les œuvres, quelles qu'elles soient, ne peuvent donc être comprises dans la séparation entre une histoire qui en dirait la signification invariante et une autre qui en mesurerait la circulation et la consommation différentielle. Chacune d'elles, en effet, porte dans son écriture l'horizon de ses réceptions voulues ou possibles, et chacune d'elles est constituée, construite par les lectures multiples qui s'en emparent.

4 / Mais, au-delà de la signification de telle ou telle œuvre, de telle ou telle idée, ne sont-ce pas les objets intellectuels eux-mêmes qui sont historiquement variables, dans leur découpage, voire leur existence ? Les objets intellectuels, en effet, ne sont pas des objets « naturels », donnés une fois pour toutes, dont seules changeraient les modalités historiques d'existence, ni des catégories pensables sur le mode de l'universel et dont chaque époque particulariserait le contenu. L'histoire intellectuelle se doit donc de reconnaître, non des objets, mais des objectivations, des « figures » à chaque fois originales, instituées et dessinées dans la totalité sociale par tout un réseau de discours et de pratiques. Comme l'écrit P. Veyne commentant le travail de M. Foucault : « Dans ce monde, on ne joue pas aux échecs avec des figures éternelles, le roi, le fou : les figures sont ce que les configurations successives de l'échiquier font d'elles » (*Comment on écrit l'histoire suivi de Foucault révolutionne l'histoire,* 1978). Les concepts philosophiques, les catégories psychologiques, les formes culturelles sont autant de constellations mobiles, temporaires, discontinues. L'histoire intellectuelle ne doit donc pas se laisser prendre au piège de la continuité des mots qui peut donner l'illusion que les différents champs de discours ou de pratiques sont constitués une fois pour toutes, découpant des objets stables dont seuls les contenus varient ; tout au contraire, elle doit poser comme centrales les discontinuités qui font que se constituent ou se dissocient, se nomment ou ne se nomment pas, les différents objets intellectuellement pensables et manipulables en une société donnée (par exemple, pour rester avec M. Foucault, la folie, la sexualité, les dispositifs disciplinaires).

Ces quelques interrogations repèrent sans doute les débats essentiels engagés entre ceux qui se réclament du champ, aujourd'hui large et lâche, de l'histoire intellectuelle. C'est pourquoi cet article a préféré les évoquer plutôt que de dresser un inventaire des travaux appartenant aux différents domaines de l'histoire intellectuelle — et que l'on trouvera à d'autres entrées de ce dictionnaire : *histoire des sciences, histoire des mentalités, culture populaire*, etc. En effet, l'histoire intellectuelle n'est aucunement une discipline, ayant ses objets ou ses méthodes propres, comme le prouve à l'envi la bigarrure des approches rangées sous sa bannière. La valeur de la notion est autre, tout heuristique : indiquer que doivent être conceptualisées avec rigueur les exigences impliquées par le déchiffrement des pensées en texte ou en acte, solitaires ou communes.

● BIBLIOGRAPHIE. — On indiquera ici seulement quelques textes programmatiques ou critiques sur l'histoire intellectuelle, et non une liste impossible des travaux considérés comme appartenant à ce champ : J. HIGHAM, Intellectual history and its neighbours, *The Journal of the History of Ideas*, 1954; A. DUPRONT, Problèmes et méthodes d'une histoire de la psychologie historique, *Annales ESC*, 1961, p. 3-11 ; J. EHRARD, Histoire des idées et histoire sociale en France au XVIII⁰ siècle, *Niveaux de culture et groupes sociaux*, Paris-La Haye, Mouton, 1967, p. 171-188 et Histoire des idées et histoire littéraire, *Problèmes et méthodes de l'histoire littéraire*, Paris, Publications de la Société littéraire de la France, Colin, 1974, p. 68-80; H. WHITE, The Tasks of Intellectual History, *The Monist*, 1969, p. 606-630; F. GILBERT, Intellectual History : Its Aims and Methods, *Daedalus*, Historical Studies Today, 1971, p. 80-97; R. DARNTON, Intellectual and Cultural History, *The Past Before Us. Contemporary Historical Writing in the United States*, edited by M. KAMMEN, Cornell University Press, 1980, p. 327-354; *Modern European Intellectual History. Reappraisals and New Perspectives*, edited by D. LACAPRA and S. L. KAPLAN, Cornell University Press, 1982 (en particulier R. CHARTIER, Intellectual or Sociocultural History? The French Trajectories, p. 13-46 et D. LACAPRA, Rethinking Intellectual History and Reading Texts, p. 47-85).

Pour la définition de trois concepts clés qui ont déplacé l'objet de l'histoire intellectuelle : Outillage mental, L. FEBVRE, *Le problème de l'incroyance au XVIᵉ siècle. La religion de Rabelais*, 1942, rééd., Paris, Albin Michel, 1968; Habitus, E. PANOFSKY, *Architecture gothique et pensée scolastique précédé de L'Abbé Suger de Saint Denis*, trad. et postface de P. BOURDIEU, Paris, Les Editions de Minuit, 1967, et P. BOURDIEU, *La distinction. Critique sociale du jugement*, Paris, Les Editions de Minuit, 1979, et *Questions de Sociologie*, Paris, Les Editions de Minuit, 1980; « Prozess » et « Figuration », N. ELIAS, *Über den Prozess der Zivilisation. Soziogenetische und Psychogenetische Untersuchungen*, 1939, rééd., Suhrkampf, 1979, trad. franç. : *La civilisation des mœurs* et *La dynamique de l'Occident*, Paris, Calmann-Lévy, 1973 et 1975.

▶ CORRÉLATS. — Culture populaire, Education, Foucault, Livre, Mentalités, Panofsky, Sciences.

R. CHARTIER.

Interdisciplinarité

Lorsque Paul Veyne estime qu'un livre d'histoire est une monographie sociologique ou qu'un livre de sociologie est une « topique historique », il tient l'interdisciplinarité et même la fusion des sciences de l'homme pour un fait acquis. Pour lui comme pour Evans-Pritchard déclarant que l'anthropologie doit se mettre à l'école de l'historien mais que « l'histoire n'a d'autre choix que d'être anthropologie sociale ou rien », Marc Bloch voyait juste en ne distinguant qu'une « science de l'homme unissant l'étude des morts et des vivants ». Dès 1912 J. H. Robinson, le pionnier de la « New history », proclamait la même chose aux Etats-Unis.

Aujourd'hui, la volonté d'abattre les murs isolant les disciplines qui caractérisait L. Febvre et les premières *Annales* paraît couronnée de succès. Non seulement l'histoire économique, la démographie historique, l'anthropologie historique créent des passerelles entre histoire et sciences sociales, mais la linguistique (cf. bibliographie), la psychanalyse (cf. les travaux de M. de Certeau ou A. Besançon) pénètrent aussi dans l'horizon des historiens. Les sciences de la vie enrichissent l'histoire du climat ou celle du peuplement (cf. J. Ruffié). Le phénomène est déjà assez institutionnalisé pour s'exprimer à travers des revues dont le nom est parfois révélateur, *Journal of interdisciplinary history, Comparative studies in sociology and history*. Les affiches de cours d'institutions comme l'Ecole des Hautes Etudes en sciences sociales ou la London School of Economics (cf. un cours intitulé, « Social anthropology and medieval history ») inscrivent l'interdisciplinarité dans la formation de leurs étudiants en histoire.

Pourtant la naissance des différentes sciences sociales à la fin du XIXe siècle avait plutôt déclenché une série de conflits à la fois théoriques et corporatistes, parmi lesquels celui qui opposa les historiens français et le groupe durkheimien est sans doute le plus symptomatique.

En France les relations entre histoire géographie, d'abord avec Vidal de la Blache puis avec L. Febvre offrent un premier modèle d'échange entre disciplines; puis l'interdisciplinarité s'ébauche dans l'entre-deux-guerres sous l'impulsion de Henri Berr (Semaines du Centre de Synthèse historique) autour des *Annales*. Selon l'organisation universitaire de chaque aire culturelle le dialogue interdisciplinaire prend des formes très variées. Ainsi l'anthropologie est une référence dès les années cinquante pour les historiens britanniques, alors que la sociologie anglaise, peu prisée à l'Université, n'inspire guère les historiens anglais avant la fin des années soixante. En France, au contraire, le dialogue, souvent conflictuel, s'amorce entre sociologues et historiens. En revanche l'histoire économique française se développe à l'écart des facultés de droit et de l'économie théorique alors que l'histoire économique américaine, intégrée dans les départements d'économie, se plie aux normes de l'économétrie.

Si les historiens s'ouvrent différemment à l'interdisciplinarité selon les pays, l'utilisation des disciplines voisines peut grandement varier. Sans doute, dès 1920-1922, l'*Automne du Moyen Age* ou les *Rois thaumaturges* n'auraient pas été ce qu'ils sont sans l'ethnologie de Taylor ou celle de Frazer, mais il s'agit seulement d'une captation de concepts et de curiosités. Dans un deuxième temps l'interdisciplinarité peut devenir soumission aux démarches et aux techniques des sciences sociales, économétrie rétrospective, politologie à rebours... Dans ce cas la fusion des sciences de l'homme transforme l'histoire en un recueil d'expériences, voire d'exemples, à l'usage de sciences dont l'objet est constitué. Souvent soupçonné de vouloir imposer un impérialisme de l'histoire, Fernand Braudel a repoussé une telle conception des échanges entre disciplines. Mais il faut admettre avec François Furet que l'enrichissement récipoque n'a pas toujours été la règle dans les échanges entre historiens et *social scientists*. Peut-être seule la démographie historique issue des préoccupations convergentes des historiens (P. Goubert, J. Meuvret) et des démographes (L. Henry, A. Sauvy) donne-t-elle l'exemple d'apports réciproques pour les deux disciplines concernées. Aussi l'interdisciplinarité se manifeste-t-elle plutôt par une juxtaposition des approches, comme dans les *areas studies*, que par une véritable intégration tendant à la création d'*une* science de l'Homme.

● BIBLIOGRAPHIE. — *Les anthropologues face à l'histoire*, Paris, 1974; F. BRAUDEL, La longue durée, Unité et diversité des sciences de l'Homme, in *Ecrits sur l'histoire*, Paris, 1969; G. BARRACLOUGH, *Tendances actuelles de l'histoire*, Paris, 1980; A. BESANÇON, *L'Histoire psychanalytique. Une anthologie*, Paris, 1974; *Faire de l'histoire*, sous la direction de J. LE GOFF et P. NORA, 3 t., Paris, 1974; R. ROBIN, *Histoire et linguistique*, Paris, 1973.

▶ CORRÉLATS. — Annales (Ecole des), Anthropologie historique, Bloch, Braudel.

O. DUMOULIN.

Islam

Dans le savoir occidental, l'histoire de l'Islam a longtemps été inséparable de l'*Orientalisme*, discipline qui se constitue entre la fin du XVIIIe siècle et le milieu du XIXe. L'orientalisme paraît se définir par un espace, l'Orient, qui couvre des aires géographiques et culturelles à vrai dire extrêmement diverses : « Extrême », « Moyen » ou « Proche »-Orient, et même les « Indes » occidentales.

Pour ce qui relève du monde arabe et musulman qui sera seul évoqué ici, l'orientalisme du XIXe siècle est l'héritier d'une triple tradition : *1)* Un effort de connaissance de *l'islam comme religion* s'était manifesté en Europe dès le XIIe siècle. Pedro de Alfonso, médecin juif espagnol converti au christianisme, peut, de ce point de vue, être considéré comme « le rédacteur du premier ouvrage contenant des données de quelque valeur objective sur Mahomet et l'Islam » (M. Rodinson, *La fascination de l'Islam*, Paris, Maspero, 1980, p. 30). C'est également au XIIe siècle que Pierre le Vénérable, abbé de Cluny, fait réaliser la première traduction latine du Coran (1143, par l'Anglais Robert de Ketton) et celle d'autres textes arabes. *2)* L'enseignement de la *langue arabe* dans des formes institutionnelles s'organise dès le XVIe siècle : la première chaire d'arabe est créée au collège de France en 1539, pour Guillaume Postel; à Leyde en 1593; à Oxford, en 1638. Les savants disposent bientôt de manuels, de grammaires et de dictionnaires. *3)* Enfin, dès le début du XIIIe siècle, Rodrigo Ximenes rédige la première *Histoire des Arabes* produite en Occident, dans laquelle il évoque Muhammad et les premiers califes. A la fin du XVe siècle sont publiés le *De origine et rebus gestis Turcarum*, de Saguntius, et la *Geschichte von der Turckey*, de Jörg von Nürnberg (1493). Plusieurs histoires de l'Empire turc voient le jour aux XVIe et XVIIe siècles, dont certaines connaissent des éditions répétées et des traductions dans diverses langues européennes. Simultanément, la description des manières, du gouvernement et de la religion des Turcs fait l'objet de nombreux ouvrages que nous rangerions aujourd'hui dans l'ethnographie. Certains de ces livres pionniers combinent l'approche descriptive-synchronique et l'approche diachronique-historique, tels *La généalogie du Grand Turc à présent régnant*, publié en 1519 et réédité plusieurs fois au cours du XVIe siècle, ou encore la *Chronicorum Turcicorum* de Philipp Lonicer (1578). De même que la curiosité pour l'islam et la langue arabe répondait aux besoins de la polémique religieuse, de même, la curiosité pour le monde turc correspond à l'apogée d'une grande puissance qui menace la chrétienté : elle est donc inséparable des enjeux politiques de l'époque.

Quand l'orientalisme s'individualise comme discipline *sui generis*, il se dote d'organes et d'institutions spécialisés : en France, la Société asiatique est fondée en 1823, et le *Journal asiatique*, l'année suivante; la Royal Asiatic Society de Londres naît en 1823, tandis que le *Journal of the Royal Asiatic Society* paraît à partir de 1833. En 1842 et 1845 naissent les Sociétés orientales américaine et allemande. Enfin Paris accueille le Ier Congrès d'Orientalisme en 1873. Pendant cette phase, deux dimensions de ce que l'on appelle alors les *civilisations* orientales sont privilégiées : les langues et les religions. L'histoire, composante de la nouvelle discipline, est associée à l'islamologie et à la philologie; elle s'éloigne au contraire de l'étude des sociétés.

L'absorption de l'histoire de l'Islam par l'orientalisme, le moment où elle se produit ont eu des conséquences considérables sur l'historiographie :

1 / Le moment où s'opère cette fusion correspond à la période de domination politique du monde arabe et musulman par les différentes puissances européennes. Cette hégémonie n'est pas sans effet sur la perception et l'évaluation du passé des pays étudiés (cf. E. Saïd, *L'orientalisme*, Paris, Editions du Seuil, 1978).

2 / Plus que dans les autres divisions de l'histoire, la philologie, la théologie et le droit occupent une place prépondérante dans les études, et l'Islam médiéval, dit « classique », a le pas sur les périodes plus récentes.

3 / L'intérêt conjoint pour l'histoire et pour les formes et pratiques sociales, qui caractérisait les ouvrages de la Renaissance consacrés aux pays musulmans, s'affaiblit dans le contexte de l'orientalisme. Le divorce entre histoire et sciences sociales marque au contraire la pratique historienne du milieu du XIXe siècle au milieu du XXe.

4 / Alors que d'autres aires culturelles non occidentales (la Chine, l'ensemble « indo-européen », les sociétés anthropologiques) ont continuellement fécondé les sciences sociales et leur ont fourni des catégories heuristiques fondamentales, l'ensemble musulman occupe une place mineure dans cette élaboration. Dans un seul domaine, l'étude du politique, l'Islam a été le lieu d'invention ou d'application de modèles théoriques tels que le despotisme oriental (Montesquieu), la bureaucratie patrimoniale (Max Weber), le sultanisme (Max Weber), ou enfin le mode de production asiatique, type qui, dans la pensée marxiste, rend compte tant d'un système politique que de sa base économique et des structures sociales correspondantes.

Quelques travaux de sociologie du Maghreb avaient construit des hypothèses de lecture de l'histoire des sociétés nord-africaines. Ainsi E. Masqueray, dans *La formation des cités chez les sédentaires de l'Algérie*, 1886, ou encore Robert Montagne, *Les Berbères et le Makhzen, dans le sud du Maroc* (Paris, 1930). Leur message n'a généralement pas été entendu par les historiens. Ni les catégories du politique, ni les modèles de morphologie sociale construits à partir de l'étude du Maghreb, ni ceux qui, d'une manière plus générale, s'élaboraient dans les différentes sciences sociales n'ont stimulé la recherche des historiens du monde musulman jusqu'au milieu du XXe siècle.

Depuis les années 1960, trois changements majeurs ont modifié les conditions d'exercice de l'histoire des pays de l'Islam.

1 / La fin des empires coloniaux s'est accompagnée d'une mise en cause et d'une révision des savoirs qui s'étaient constitués pendant la période d'hégémonie européenne. (Pour la France A. Abdel Malek, Orientalism in Crisis, *Diogène,* 44, p. 103-140, 1964; Cl. Cahen, *Diogène,* 49, p. 135-138, 1965; H. Moniot, *Le mal de voir. Ethnologie et orientalisme : politique et épistémologie, critique et autocritique,* Paris, 1976.)

2 / Les spécialistes du monde musulman, historiens ou non, ont ouvert le procès de leur discipline et récusé, pour ce qui concerne l'histoire, l'approche philologique, historisante, privilégiant l'histoire politique, institutionnelle et doctrinale.

3 / La diversité des sociétés musulmanes et de leur expérience historique a été reprise en compte par la recherche contemporaine. Comme dans les autres domaines de l'histoire, de nouvelles configurations se dessinent, à définition régionale, thématique ou problématique. On ne saurait donc plus parler d'*une* histoire de l'Islam.

● BIBLIOGRAPHIE. — Aux titres signalés dans le texte, ajouter : *Annales ESC,* n° 3-4, mai-août 1980, Recherches sur l'Islam : histoire et anthropologie; W.-V. BARTHOLD, *La découverte de l'Asie. Histoire de l'orientalisme en Europe et en Russie,* Paris, Payot, 1947; Malcolm H. KERR, ed., *Islamic Studies : A Tradition and its Problems,* Undena Publications, Malibu, 1980; Roger OWEN, Studying Islamic History, *Journal of Interdisciplinary History,* 4-2, 1973, p. 287-298; R. SCHWAB, *La renaissance orientale,* Paris, Payot, 1950.

▶ CORRÉLATS. — Chine (Historiens chinois), Européocentrisme, Musulmans (Historiographie musulmane).

L. VALENSI.

Italie

Historiens italiens

Si la recherche d'un fil conducteur de l'histoire de l'Italie a sous-tendu très tôt, et jusqu'à une date toute récente, l'ensemble de son historiographie, le rôle central joué par cette historiographie est certainement l'un des fils, sinon le fil conducteur par excellence de sa culture et la clef de son unité. L'histoire, ou ce que nous appelons ainsi, aujourd'hui, est née, ou plutôt renée, en Italie, et plus précisément en Toscane, entre XIIe et XVIe siècle. Et dès l'origine elle y est plus qu'un récit, une célébration ou un rassemblement de curiosités plus ou moins disparates : elle est déjà — et elle restera — intimement liée à la conscience civile, politique, morale et sociale, dans une tension, dialectique pour les uns, insurmontable pour d'autres, entre la société et les institutions, l'individu et la collectivité. Elle porte ainsi, sans doute, la marque du destin un peu à part d'un pays qui, après avoir longtemps occupé la première place dans l'économie et la culture de l'Europe, et inventé au XVe siècle le modèle administratif de l'Etat moderne, a demandé, mais sans jamais y croire sans réserve, à une unification politique récente (1860) la solution miracle qui lui permettrait de rattraper ses « retards ». A chaque époque, l'histoire est ainsi conduite à exprimer les besoins et les attentes des nouvelles forces sociales, puis à traduire sur le plan de l'analyse leur inévitable déception.

A cette sollicitation permanente et contamment renouvelée, l'historiographie italienne doit aussi une indiscutable originalité d'organisation et de fonctionnement. On y trouve, bien sûr, des lieux privilégiés (Florence, Naples...), des écoles et des courants, des institutions et des académies, des revues, les routines des carrières et de l'enseignement universitaire. Et une alternance de temps forts et de moments d'atonie. Mais aussi le poids des personnalités d'exception qui imposent leurs règles et dont certaines ne sont pas, ou pas exclusivement, des historiens. Des échanges permanents avec la littérature et la philosophie comme avec la politique. Un mélange variable d'ouverture sur l'Europe et sur le monde et de repli sur la péninsule. Et le refus par les plus grands d'une spécialisation sur une période chronologique strictement définie : pas de détour par le passé qui ne reconduise l'historien au présent, sa véritable passion, et sans qu'il ait besoin de s'en justifier. Loin de s'opposer à l'engagement politique ou religieux, l'érudition la plus exigeante y prépare : l'histoire y gagne une rare liberté d'allure.

Tous ces traits se retrouvent déjà dans les chroniques municipales des XIIIe et XIVe siècles. Régulièrement nourries d'une double passion civique et partisane, elles font à Florence, au tournant des années 1300, un saut de qualité, avec Ricordano Malespini, Dino Compagni, Giovanni, Matteo e Filippo Villani (l'oncle, le père et le fils). L'abandon du latin pour la langue vulgaire accompagne le souci de dépasser le cadre devenu trop étroit d'une cité dans laquelle ils exaltent l'héritière de Rome, *caput Italiae*.

Un siècle plus tard, c'est encore Florence qui fixe les nouvelles règles du jeu inspirées par l'humanisme de la Renaissance. Le retour au latin, avec Tite-Live et Cicéron, et à l'élégance du style qui fait de l'histoire une œuvre d'art. Le renforcement d'une vision strictement politique fondée sur la référence à la Rome républicaine, modèle de la cité terrestre. L'utilisation de la philologie, et pour une part de l'archéologie, comme méthode de critique historique, qui permet à Lorenzo Valla (1407-1457) de démontrer le faux de la donation de Constantin : les *Elegantiae latinae linguae*, publiées en 1471, fixent, pour la compréhension du rapport entre passé et présent, une méthode qui va influencer tout l'humanisme européen. La recherche et les comparaisons systématiques des sources qui donnent aux *Historiarum Florentinarum libri XII* (1re éd., Stasbourg, 1610, mais trad. 1476, Venise) de Leonardo Bruni (1369-1444) une dimension érudite nouvelle. Au moment où se stabilisent en Italie les frontières des Etats territoriaux, l'exemple florentin sera imité de Venise (B. Giustiniani) à Naples (G. Pontano) en passant par Rome, avec la *Roma Triumphans* et l'*Italia illustrata* (1453) du secrétaire apostolique Flavio Blondo (1392-1463).

Mais c'est à nouveau Florence qui donne à l'Italie, au tournant du XVIe siècle, les deux personnalités qui constituent aujourd'hui encore les termes de référence obligés de toute réflexion sur l'histoire, ses méthodes et ses objectifs : Machiavel (Niccolo' Machiavelli, 1469-1527) et Guichardin (Francesco Guicciardini, 1483-1540). Cadets de famille d'ancienne bourgeoisie florentine, ils étudient pour faire, à des niveaux différents, des carrières d'intellectuels cultivés engagés dans la politique quotidienne. Machiavel d'entrée de jeu, comme secrétaire de la République florentine, chargé de multiples missions diplomatiques qui lui ouvrent l'accès aux cours des princes et aux secrets des hommes. Guichardin au contraire, en avocat qui a réussi, au service des deux papes Médicis, Léon X et Clément VII, qui lui confient des hautes responsabilités de gouvernement en

Romagne et en Emilie, puis, pour quelques années, la responsabilité de la politique étrangère de l'Eglise — une politique qui échoue en 1527 avec le sac de Rome. Ils diffèrent souvent sur le choix des moyens et les décisions à prendre. Mais ils partagent le même souci de la « liberté », pourtant condamnée de Florence, la même volonté de s'opposer à la mainmise espagnole sur l'Italie.

Pour tous les deux, l'histoire se nourrit de leur expérience vécue, mais elle a besoin de ces périodes d'inactivité forcée, qui donnent le recul nécessaire et le temps d'écrire. De l'action à l'écriture, pourtant, pas de rupture : l'un et l'autre se meuvent à l'aise dans le cadre d'une histoire décidément laïque et politique, où les décisions sont soumises à l'analyse lucide des forces en présence, des équilibres généraux, des caractères des hommes. Mais, ceci dit, tout les sépare sur le plan historiographique.

Machiavel croit aux leçons du passé, à la permanence des passions humaines, à une vision cyclique de l'histoire des peuples et des Etats, que l'action consciente des hommes peut cependant, au moins en partie, modifier ou infléchir : d'où la place faite à la *virtù*, à l'*occasione* et à la *fortuna*. Le rapprochement du passé et du présent assure un mutuel éclairage du jeu complexe des effets et des causes. Pourtant, du *Prince* (1513) aux *Storie fiorentine* (rédigées à partir de 1521 sur la demande expresse du futur Clément VII et jamais achevées), en passant par les *Discorsi sopra la prima deca di Tito Livio* (publiés en 1531), l'*Arte della Guerra* (rédigée en 1519-1520 et seul ouvrage politique publié par lui de son vivant, en 1521) et la *Vita di Castruccio Castracani da Lucca* (1520), ce sont les préoccupations présentes qui mènent le jeu, aux dépens mêmes de l'érudition : le discours rationnel de l'historien est mis au service de la réflexion politique. D'où l'équivoque entretenue par la postérité qui limitera le « machiavélisme » à la théorie du pouvoir et à l'art de gouverner qu'elle lira dans *Le Prince*.

D'une méfiance systématique à l'égard de la littérature et de la rhétorique, des exemples du passé, de toute forme de généralisation et de théorisation, Guichardin évite avec soin une telle confusion. Avec lui, c'est l'attention exclusive à l'action concrète, aux événements et aux motivations des hommes — leur intérêt, encore et toujours — qui donne à l'histoire sa propre autonomie et sa propre justification. Et qui guide son effort de reconstruction logique des causes et de l'interdépendance de tous les phénomènes. Qu'il ait privilégié la politique, dans ses *Storie fiorentine* de jeunesse (1509) comme dans la *Storia d'Italia* de sa retraite finale (1537-1540), qui fit sa renommée internationale, sans doute. Mais il a aussi perçu que l'histoire pouvait s'intéresser aussi à des changements plus profonds, ceux du langage et des mots, du vêtement et de l'architecture ou, mieux encore, ceux des goûts, à commencer par les goûts alimentaires.

La double réussite de Machiavel et de Guichardin fixe un modèle d'histoire politique qui va être admiré et imité dans toute l'Europe jusqu'à la fin du XVIIe siècle. Mais en Italie même l'ordre politique et religieux imposé à partir des années 1550 par l'Eglise et l'Espagne laisse peu de place à l'indépendance d'esprit : la référence à la « liberté de l'Italie » a perdu tout son sens. Quand ils ne sont pas des exilés, comme J. Nardi (1476-1563), les historiens sont des lettrés promus au rang d'historiographes officiels, au service des Médicis de Florence, comme B. Varchi (1503-1565) et G. B. Adriani (1511-1574), ou de la République de Venise comme P. Bembo (1470-1547) et P. Paruta (1540-1598) ; ou ils se consacrent comme le cardinal C. Baronio (1538-1607), auteur des *Annales ecclesiastici* (1588-1607), à une apologétique antiprotestante fondée sur l'application de la recherche philologique aux antiquités chrétiennes. Mais quelques-uns mettent à profit l'expérience acquise hors d'Italie pour élargir leurs horizons au reste de l'Europe : ainsi Ludovico Guicciardini avec sa *Descrittione di tutti i Paesi Bassi* (1567), A. C. Davila (1573-1631), ancien page de Catherine de Médicis, auteur d'une *Historia delle guerre civili di Francia* (Venise, 1630), ou le cardinal G. Bentivoglio (1579-1649), nonce successivement en Flandre puis en France, qui écrit une *Histoire de la Guerre de Flandre de 1559 à 1607* (Cologne, 1632-1636).

Dans cette galerie de personnages trop sagement fidèles à leurs modèles, la seule exception est celle du servite Paolo Sarpi (1552-1623); à travers le grand affrontement de l'Interdit de 1606-1607, il trouve dans la défense de la tradition vénitienne, et de la liberté de la République vis-à-vis de Rome et de l'Espagne, la clef d'une extension des méthodes de l'histoire politique au champ de l'histoire ecclésiastique et religieuse. Son *Istoria del Concilio di Trento* (1610-1618) replace dans une perspective de longue durée le triomphe de l'absolutisme pontifical sur les libertés de l'Eglise; elle fera elle aussi le tour de l'Europe.

Après un siècle de relative atonie, où elle apparaît comme en marge du renouvellement de l'histoire qui s'esquisse en France avec l'érudition des Bénédictins de Saint-Maur, l'Italie effectue un spectaculaire retour au premier plan de la culture européenne dès les premières décennies du XVIIIe siècle. De Naples G. B. Vico formule dans *La Scienza Nuova* (1725) la philosophie d'un historicisme absolu — la conversion du fait en vérité, qui préfigure l'identité hégélienne, reprise par B. Croce, du réel et du rationnel — et les ambitions d'une histoire qui ne sera plus celle des princes, mais celle des peuples, et de l'humanité depuis ses origines dans la totalité de ses créations. A Naples encore, et sur fond de résistance aux prétentions de Rome, *L'Istoria Civile del Regno di Napoli* de P. Giannone (1723) recueille l'héritage de P. Sarpi : l'histoire juridique et constitutionnelle, centrée sur l'étude des rapports entre les pouvoirs séculier et régulier, se fixe pour objectif, au-delà des institutions, l'étude de la société civile considérée dans son ensemble. De Modène enfin, d'où il correspond avec toute l'Europe des lettres, L. A. Muratori (1672-1750) reprend à son compte le programme érudit des Mauristes, mais à la fois pour le réaliser et en surmonter les limites : si les *Rerum Italicarum Scriptores* (1723-1751, 28 vol.) constituent la première base ordonnée de sources sur le Moyen Age italien, les *Antiquitates Italiae medii aevii* (1738-1742) révèlent un intérêt très moderne aux institutions, aux mentalités collectives, aux genres de vie et à tous les aspects de la culture matérielle. Bibliothécaire du duc de Modène, G. Tiraboschi (1731-1794), dans sa *Storia della letteratura italiana* (1772-1781), élargit après lui le champ de cette curiosité « totale » à un domaine encore neuf, mais destiné à garder une place centrale dans l'historiographie italienne : la littérature.

On mesure le chemin parcouru. Des économistes et des juristes aux écrivains réformateurs et politiques, l'histoire sous-tend toute la réflexion des Lumières. Mais elle ne produit pas d'autre œuvre notable sauf peut-être le *Del risorgimento d'Italia negli studii, nelle arti e nei costumi dopo il Mille* de S. Bettinelli (1775), qui invente le terme *di Risorgimento*, et propose le premier d'identifier la véritable renaissance italienne avec l'époque communale. En fait, l'histoire est alors à la fois partout et nulle part, à la recherche d'une identité. Il lui fallait deux choses. Un événement : elle le trouve à l'extrême fin du siècle, avec le *Saggio storico della rivoluzione napoletana del 1799* de V. Cuoco, écrit « à chaud » (1802), mais cet événement est un échec, qui conduit à opposer « révolution active » et « révolution passive ». Un programme, ou du moins une ambition : celle d'une histoire « nationale », d'une nation qui demande au discours sur les origines et les grandeurs passées une légitimité, et les raisons de ses échecs antérieurs. *L'histoire des républiques italiennes au Moyen Age* de S. Sismondi (1807-1818), la *Storia d'Italia* de C. Botta (1832), la *Storia del Reame di Napoli* de P. Colletta (1834), le *Discorso sui Longobardi* (1822) d'A. Manzoni, la *Guerra del Vespro Siciliano* (1842) et la *Storia dei Musulmani in Sicilia* (1854-1872) de M. Amari, la *Storia d'Italia sotto i Barbari* (1840) et le *Sommario della Storia d'Italia* (1846) de C. Balbo, le *Primato morale e civile degli Italiani* de V. Gioberti conjuguent tous, avec des bonheurs divers, cette alliance de l'histoire et de la politique (néo-guelfe ou néo-gibeline) qui dramatise un récit centré sur quelques problèmes clefs (la question lombarde, les communes, etc.) dont les implications contemporaines constituent, à la limite, l'essentiel : l'*Archivio Storico italiano*, créé en 1841 à Florence par Viesseux, s'inscrit dans cette perspective.

La réalisation de l'unité donne à cette génération des historiens du Risorgimento prestige et primauté dans la culture du nouvel Etat. Mais elle ouvre aussi la voie à son dépassement, en libérant la recherche. Les exigences de l'histoire érudite inspirent l'édition de sources du Moyen Age et du XVIe siècle : témoin la reprise par Carducci des *Rerum Italicarum scriptores* de Muratori. Et surtout les résistances multiformes auxquelles se heurte à l'intérieur, à peine, l'Etat italien contraignent à approfondir les concepts mêmes de peuple et de nation, et à en remettre en question le romantisme unanimiste. Une première réponse est cherchée dans la continuité conflictuelle de thèmes conducteurs : la lutte des guelfes et des gibelins avec G. Ferrari (dont la *Storia delle rivoluzioni d'Italia*, éditée en France en 1856-1858, est traduite en italien en 1870-1872) ; la ville et le développement économique avec C. Cattaneo ; la littérature — et non la langue — comme « lente reconstruction de la conscience nationale » avec la *Storia della letteratura italiana* de F. de Sanctis (1871).

Mais cette étape en prépare elle-même une autre, qui s'amorce dans la décennie 70 : sur fond d'enquêtes officielles (comme celles de Sonnino et Franchetti sur la Sicile ou de Jacini sur l'agriculture) qui mettent en évidence et tentent d'expliquer les diversités italiennes (et d'abord celles du Mezzogiorno), sur fond aussi d'un régionalisme qui s'exprime, entre autres, dans la création des sociétés locales de *Storia patria*, une clef de lecture et d'analyse de cette Italie plus inconnue encore que multiple est demandée aux disciplines nouvelles : biologie et génétique, ethnographie et géographie, économie et sociologie, linguistique et philologie comparée. D. Comparetti (*Virgilio nel Medioevo*, 1872), A. d'Ancona (*La poesia popolare*, 1878), G. I. Ascoli avec la mythologie comparée, l'étude des légendes et des traditions populaires, des langues et des dialectes, illustrent cette première ouverture de l'histoire aux sciences sociales.

Le triomphe de la culture positive dans les années 1880 vient confirmer à l'histoire son statut scientifique. Forte d'une objectivité appuyée sur des lois (celles du progrès et de l'évolution), une méthode (critique), des instruments de mesure et d'analyse, elle revendique une maîtrise absolue sur un passé qu'elle prétend étudier sans préjugés, pour lui-même, de l'Antiquité au monde actuel, en passant par le Moyen Age et le xviiie siècle des Lumières. *La Rivista Storica Italiana* de C. Rinaudo (1884) et les *Studi Storici* d'A. Crivellucci et E. Pais (1892) traduisent ces ambitions nouvelles : l'apport de l'économie et du droit permet de saisir de l'intérieur la logique propre d'un Etat qui ne s'identifie pas avec la société, ou celle de classes sociales (et d'abord la bourgeoisie italienne) qui défendent égoïstement leurs propres intérêts.

La rencontre avec le matérialisme d'A. Labriola provoque, dans ce contexte, une nouvelle rupture, avec les travaux d'E. Ciccotti sur la guerre et le déclin de l'esclavage dans le monde antique, de G. Salvioli sur les rapports entre villes et campagnes au Moyen Age, et surtout de G. Salvemini, dont *Magnati e popolani a Firenze dal 1280 à 1285* (1899) représentent le premier grand effort pour réécrire l'histoire des origines communales de la bourgeoisie en termes de lutte de classes. Une fois encore, et même si Salvemini consacrera une part prédominante de ses écrits ultérieurs à l'histoire des xixe et xxe siècles, avant d'émigrer en 1925, c'est le Moyen Age qui sert de point de départ. G. Volpe, l'autre grande figure de l'historiographie italienne du premier xxe siècle, fonde lui aussi sur son expérience de médiéviste cherchant à intégrer les luttes communales, les hérésies et les conflits de juridiction dans un contexte social précis, son projet d'une histoire qui servirait de trait d'union entre les diverses sciences sociales, et serait capable d'en réunir les apports respectifs dans une synthèse vivante du singulier et du collectif, de l'évident et du caché, du conscient et de l'inconscient, du matériel et du spirituel, de l'éphémère et du permanent. Mais cette ambition unificatrice renvoie elle-même à une volonté d'éclairer la naissance de la nation italienne, qui annonce et explique son ralliement ultérieur au fascisme. Le dynamisme de l'historiographie italienne pendant les deux premières décennies du siècle s'inscrit lui-même dans un plus large débat politique et culturel, que nourrit une exigence de cohérence face aux hésitations et aux compromis du Giolittisme. G. de Sanctis et G. Ferrero pour Athènes et Rome, C. Barbagallo qui fonde en 1916-1917 la *Nuovo Rivista Storica*, G. Anzilotti qui propose de voir dans le principat des Médicis un dépassement des luttes de classe de l'époque communale, L. Einaudi dont les premiers travaux sur les finances et l'économie piémontaise du xviiie siècle annoncent le programme de la *Rivista di Storia Economica* (1936-1945), G. Caggese, N. Rodolico, M. Schipa, d'autres encore, témoignent de cette vitalité.

Moins que jamais, pourtant, l'histoire n'est le monopole des spécialistes. D'où l'écho rencontré par les articles du philosophe G. Gentile sur l'histoire de la culture italienne au xixe siècle publiés entre 1914 et 1922 dans *La Critica*. D'où aussi, et plus encore peut-être, la place centrale que vient à la même date, et sur des positions politiques qui ne vont pas tarder à devenir opposées à celles de G. Gentile et de G. Volpe, occuper B. Croce (1866-1952). Lui aussi arrive à l'histoire par la philosophie, la littérature, l'esthétique et l'éthique, et à travers la lecture de Hegel et de Marx, qui l'ont conduit à formuler, en réaction contre le positivisme, les principes d'un historicisme absolu, fondé sur l'identité hégélienne du réel et du rationnel. Fondateur et animateur de *La Critica* (1903-1944), où il publie des textes de tous ceux qui comptent ou vont compter dans la culture italienne du premier xxe siècle, il écrit tour à tour sur l'esthétique (*La Storia ridotta sotto il concetto generale dell' arte*, 1893; *L'Estetica*, 1902, premier volume de sa tétralogie, *Filosofia dello spirito*), le matérialisme historique (*Materialismo storico ed Economia marxistica*, 1900, trad. franç., 1901), Hegel et Vico, la littérature, l'historiographie (*Teoria e storia della storiografia*, 1917, trad. franç., 1968), sans oublier un ensemble d'essais sur l'histoire napolitaine (*La rivoluzione napoletana del 1799*, *I Teatri di Napoli*, etc.).

Après sa rupture avec le fascisme (1925), quatre grands ouvrages publiés entre 1925 et 1932 lui permettront de « raconter » une histoire éthique et politique, conçue comme une histoire de la liberté de l'Esprit, la *Storia del Regno di Napoli* (1925), la *Storia d'Italia dal 1871 al 1915* (1928, trad. franç., 1929), la *Storia dell'età barocca in Italia* (1929), la *Storia d'Europa nel secolo XIX* (1932, trad. franç., 1959). Ce qui le conduit, dans *La Storia come pensiero e come azione* (1938), à une nouvelle formulation de ses théories historiographiques : désormais plus attentif à la frontière entre la connaissance et la volonté, il donne à la liberté le statut nouveau d'un « idéal pratique », à la fois supérieur et présent à l'histoire elle-même.

Œuvre prestigieuse, incontournable, par rapport à laquelle vont être contraints, pendant un demi-siècle, de se situer tous les historiens italiens. Et ceci dès l'époque du fascisme, et pas seulement à cause de la frontière qui sépare libéraux et partisans du régime. Ni disciples, ni continuateurs directs : même un A. Omodeo, passé de l'histoire des origines du christianisme à celle du Risorgimento suit sa propre voie et s'impose comme la seconde grande figure de l'historicisme. Mais aucun historien né autour de 1900, F. Chabod et N. Cortese, W. Maturi et C. Morandi, D. Cantimori et E. Sestan, qui n'ait dû faire ses comptes avec l'enseignement de Croce. Au lendemain de la guerre, alors que Croce vient de fonder à Naples l'*Istituto italiano per gli studi storici* (1947) par lequel vont passer tous les jeunes historiens nés après 1920-1925, la publication des *Cahiers de prison* d'A. Gramsci, le plus lucide et le plus critique de ses lecteurs, incite toute la nouvelle historiographie marxiste à se situer, encore une fois, par rapport à lui. Ce qui justifie la boutade de R. Romano (1978, p. 52), imitée de celle par laquelle Croce (1942) se situait par rapport au christianisme : « Pourquoi nous ne pouvons pas ne pas nous dire crociens. »

Paradoxalement pourtant, tout au long de l'entre-deux-guerres, c'est l'*Enciclopedia italiana* fondée par G. Gentile et dirigée pour l'histoire par G. Volpe, lui aussi rallié au fascisme, qui sert, avec la *Scuola di storia moderna*, de lieu de regroupement aux jeunes historiens qui cherchent leur voie : F. Chabod et C. Morandi, D. Cantimori et A. Momigliano, etc. Parmi les grands débats qui s'engagent au tournant des années 30 — de la liberté des Anciens à la modernité du Risorgimento — celui sur la Renaissance occupe sans aucun doute la place centrale : car la naissance de « l'homme moderne » préparée par l'humanisme italien contraste avec le déclin politique puis économique de l'Italie et le double échec de l'unification souhaitée par Machiavel et de la réforme religieuse voulue par les réformateurs italiens étudiés par D. Cantimori, que la coupure de l'Europe en deux camps et l'affirmation de la Réforme catholique rejettent dans l'hérésie. Seule victoire : celle de l'Etat qui a ses raisons, ses finances, ses soldats et ses fonctionnaires, et dont l'exemple de Milan, magnifiquement analysé par F. Chabod, élève de Meinecke, fournit sous Charles Quint le meilleur exemple.

La chute du fascisme et la fin de la guerre entraînent un profond renouvellement dans la culture italienne, et comme une redistribution des cartes dont l'historiographie offre un témoignage significatif. Finis les débats qui avaient opposé à propos du Risorgimento, du rapport peuple-nation, de la rupture des années 20, de l'idée d'Europe, tous ceux qui s'étaient, suivant Gentile et Volpe, laissé séduire par les thèmes majeurs de l'idéologie fasciste aux fidèles de la tradition libérale. On assiste à la fois à la libération de toutes les forces qui avaient souterrainement mûri au tournant des années 40 et en moins d'une décennie, derrière quelques personnalités prestigieuses, à l'arrivée au premier plan d'une nouvelle génération, née autour de 1920. D'où plusieurs ruptures spectaculaires.

La première est l'affirmation d'une historiographie catholique qui surmonte la crise qu'elle traversait depuis l'échec du courant néo-guelfe et se défend du « caractère tendancieux » que lui attribuait Croce : si elle a ses domaines privilégiés — les rapports de l'Eglise et de l'Etat avec A. C. Jemolo, les institutions et les mouvements catholiques, l'économie avec A. Fanfani, G. Barbieri ou G. Mira —, si elle a aussi ses courants — de l'intégrisme au libéralisme —, elle se caractérise d'abord par une moindre attention prêtée à l'Etat, et l'accent mis sur la société analysée dans ses diversités et ses tendances profondes qui, les unes et les autres, échappent au contrôle et à l'intérêt de l'Etat : ainsi par exemple P. Scoppola pour l'histoire politique contemporaine, G. de Rosa (promoteur de l'histoire socio-religieuse), C. Violante pour le Moyen Age (*La società milanese nell'età precomunale*, Bari, 1953).

G. Pugliese et G. Prato les premiers, L. Einaudi ensuite, avaient ouvert, de longue date, les voies d'une histoire économique exigeante. Avec G. Luzzatto (à Venise), A. Sapori (à Milan), L. Dal Pane (à Bologne), F. Borlandi (à Gênes), F. Melis (à Florence), A. de Maddalena (à Milan), et C. M. Cipolla (à Pavie), celle-ci acquiert définitivement droit de cité, amorce le défrichement de très riches archives médiévales et modernes, fait école, s'ouvre à l'histoire sociale.

Mais la plus profonde de ces ruptures est sans aucun doute celle qui traverse tout le champ d'une culture dont la dimension laïque se retrouve engagée majoritairement à gauche : c'est la résurgence d'une historiographie marxiste en sommeil depuis A. Labriola, et qui se nourrit de la lecture des *Cahiers de prison* d'A. Gramsci, rédigés entre 1928 et 1935, mais publiés seulement en 1946. Elle en emprunte les interrogations centrales sur l'histoire italienne, de la Renaissance au Risorgimento, et ses clefs de lecture : villes et campagnes, hégémonie et classes subalternes, intellectuels et culture. Elle répond à un besoin conscient de légitimation historique d'un PCI qui entend reprendre à son compte, dans la foulée de la Résistance, mais pour le mener à son terme, un Risorgimento qui a échoué. Appuyée sur une première génération de revues, nées au lendemain de la guerre (*Società*, *Movimento Operaio*, etc.), elle affirme, avec les ambitions d'une histoire totale et curieuse de tout, mais centrée sur la politique et l'exigence des réformes, sa volonté de surmonter les limites et les contradictions de l'enseignement de B. Croce qui restait autour de 1950 une référence obligée. Stimulée par la polémique ouverte par R. Romeo (dont *Risorgimento e Capitalismo*, Bari, 1959, reprend deux articles publiés en 1956 et 1958), en réaction contre l'idée du Risorgimento comme révolution agraire manquée, sur le rôle de l'accumulation primitive au lendemain de l'Unité, elle réussit, avec

E. Sereni, R. Zangheri, G. Mori, L. Cafagna, A. Caracciolo, R. Villari, P. Villani, M. Mirri, G. Giorgetti, sur l'histoire des campagnes (du XVIe au XIXe siècle) et de l'industrialisation des progrès décisifs, qui ne doivent pourtant pas faire oublier les travaux de G. Carocci, G. Manacorda, E. Ragionieri, F. Della Peruta, ou G. Candeloro (plus classiquement consacrés à l'étude du mouvement ouvrier et de la vie politique). La revue *Studi Storici*, créée en 1959 par l'Institut Gramsci, est portée à ses débuts par le dynamisme d'un courant historiographique dont l'influence est telle qu'elle contraint ceux-là mêmes qui la refusent à se définir par rapport à lui : ainsi F. Venturi, historien par excellence des intelligentsias et co-directeur de la *Rivista Storica Italiana*, que son intérêt pour les rapports des intellectuels avec la politique et le pouvoir conduit à étudier successivement le populisme russe (1952) et les réformateurs du XVIIIe siècle (*Il Settecento riformatore*, Turin, 3 vol., 1969-1979); ou G. Galasso, que sa fidélité à l'enseignement de Croce, alliée à une lecture attentive de Gramsci, n'éloigne ni de l'histoire économique et sociale (*Economia e Società nella Calabria del' 500*, Naples, 1965) ni de celle de la religion populaire.

Ces succès acquis, la fin des années 60 voit s'amorcer — derrière une continuité apparente — un renouvellement qui se poursuit aujourd'hui, et dont on ne peut que tenter de classer ici les signes, les uns complémentaires, les autres contradictoires.

D'une part le dynamisme d'une histoire universitaire servie par la multiplication des postes de tous niveaux et la prolifération des recherches, des publications et des revues, qui se conjugue avec une extrême décentralisation des initiatives : Bologne et Turin, Naples et Pise comptent plus, comme pôles d'animation, que Rome, et l'Université relaye définitivement les vieilles structures, telles les *Deputazioni di Storia Patria*.

De l'autre le renforcement des contacts avec les grandes historiographies étrangères. Avec l'Allemagne, qui de Th. Mommsen à F. Meinecke avait longtemps été le modèle privilégié. Avec la France : un mélange de traditions anciennes, de liens personnels et d'amitiés (G. Sorel et H. Berr avec B. Croce, L. Febvre et F. Braudel avec D. Cantimori et A. Sapori, F. Chabod et F. Borlandi), d'échanges souvent à sens unique (bien illustrés par l'inégalité désolante des traductions, aussi rares en français qu'elles sont nombreuses en italien), de circulation des chercheurs français attirés par la richesse précoce des archives italiennes et de chercheurs italiens séduits par les enseignements de la toute jeune VIe Section de l'EPHE, de solides incompréhensions (le long silence sur Croce en France, et l'indifférence italienne à l'histoire quantitative, malgré le succès de *La Méditerranée*, traduite dès 1953) prépare le succès des *Annales*, puis de la « nouvelle histoire ». Succès tardif cependant : il ne doit pas masquer d'autres amitiés (E. Hobsbawm, Ch. Hill) et d'autres lectures, tout aussi décisives, en particulier celle de *Past and Present*, et celle de la *Social history* anglo-saxonne, qui contribuent à renouveler, entre autres, l'histoire du mouvement ouvrier et de la classe ouvrière, autour des Instituts Feltrinelli et Gramsci, et de la Fondation Basso.

Ces lectures, conduites en toute liberté en dépit des inévitables modes, ont permis à l'historiographie italienne de remonter, dans la décennie 70, le handicap initial d'un mauvais dialogue avec les sciences sociales. Dialogue longtemps refusé comme inutile, malgré l'œuvre pionnière d'E. de Martino, élève d'A. Omodeo et de Croce, l'action d'un géographe comme L. Gambi, ou celle de C. Dionisotti (dont la *Geografia e storia della letteratura italiana* — 1967 — vient réorienter l'histoire culturelle), puis amorcé en Italie même presque exclusivement avec l'anthropologie, mais poursuivi dans toutes les directions avec des interlocuteurs étrangers. Il fait, depuis 1971, le succès et l'autorité des *Quaderni Storici*, dont les numéros spéciaux, mis au point par une équipe de jeunes historiens réunis autour d'A. Caracciolo et, notamment, de C. Ginzburg, E. Grendi, G. Levi et C. Poni, illustrent l'ouverture internationale et la diversité toujours relancée des curiosités sans jamais tendre à constituer une école. Cette même diversité inspire le programme de la *micro-storia*, lancé en 1980-1981.

Jamais sans doute le prestige de l'histoire n'aura été si grand dans la culture italienne. Le déclin relatif de la philosophie lui a laissé une première place que ni la sociologie ni l'anthropologie ne lui ont sérieusement contestée. Il Mulino (Bologne), F. Angeli (Milan), Guida (Naples), d'autres encore, sont venus partager et soutenir un succès éditorial longtemps réservé à Laterza (Bari) et surtout Einaudi (Turin). La multiplication des revues — certaines durables, certaines plus éphémères —, des ouvrages, des grandes collections, et même des biographies comme celles de Cavour par R. Romeo, et de Mussolini par R. de Felice, témoigne d'une incontestable vitalité, et d'une attente du public qui bénéficie à tous les secteurs de l'histoire, de l'Antiquité à l'histoire de l'art. Et pourtant, comme prisonnière de son succès, l'historiographie italienne apparaît divisée par un double débat interne.

Contre la tendance au morcellement, et à la fragmentation d'une histoire fascinée par le chatoiement de ses objets successifs — démographie, cuisine, intellectuels, culture populaire... —, nombreux sont ceux qui, sur des positions souvent différentes, maintiennent l'exigence d'un sens, d'une reconstruction globale de l'histoire — et d'abord de l'histoire d'Italie — répondant aux interrogations du présent : la grande entreprise de la *Storia d'Italia* Einaudi dirigée par R. Romano et C. Vivanti (dix tomes publiés entre 1972 et 1976) s'inscrit dans cette perspective, comme les autres *Grandi Opere* qui ont suivi chez le même éditeur (*Histoire de l'art, de la littérature, du marxisme*, et aussi, sur un autre registre, l'*Enciclopedia*). Mais aussi des revues comme *Società e Storia*, fondée en 1978 avec cette ambition affichée, ou *Passato e presente*.

Mais ce premier débat, qui est loin de se clore, et porte sur la fonction même de l'histoire, en recoupe un autre qui plonge ses racines dans le plus lointain passé de la culture italienne, et oppose aujourd'hui comme hier deux conceptions de l'histoire, l'une « politique », l'autre « civile ». D'un côté l'histoire s'identifie, en dernière analyse, avec celle d'un Etat, lieu par excellence du pouvoir, donc des affrontements, mais aussi des équilibres toujours réajustés entre les groupes sociaux. De l'autre au contraire, l'histoire prend conscience que la diversité et la richesse de l'Italie, de sa culture, de son économie, de sa société, se situent à un autre niveau que celui de l'Etat, et pas seulement parce que celui-ci est une création récente. D'où la curiosité, régulièrement répétée de Guichardin à nos jours, pour tout « ce qui n'est pas l'histoire » aux yeux de certains, et qui pourtant, de la biologie à la linguistique, en constitue le tissu vivant, qui la nourrit : une curiosité qui n'a pas attendu l'apparition, somme toute récente, des sciences sociales.

● BIBLIOGRAPHIE. — E. FUETER, *Storia della storiografia moderna*, Naples, 1944; R. ROMANO, *La storiografia italiana oggi*, Milan (Espresso Strumenti 1), 1978; H. BARON, *The Crisis of the Early Italian Renaissance*, Princeton, 1955 (2 vol.); B. CROCE, *La philosophie comme histoire de la liberté, contre le positivisme*, textes choisis et présentés par S. ROMANO (Paris, Le Seuil, 1983); *Théorie et histoire de l'historiographie* (trad. franç., Genève, Droz, 1968).

▶ CORRÉLATS. — Annales (Ecole des), Marx (Histoire marxiste), Vico.

M. AYMARD et C. VIVANTI.

J-K

Japon

Historiens japonais

Jusqu'à la fin du XIXe siècle, l'historiographie japonaise comprend trois genres apparus entre le VIIIe et le XIIIe siècle : l'histoire officielle en chinois compilée sous le contrôle des autorités par des commissions de fonctionnaires, le récit historique en langue vulgaire, dont les auteurs, qu'ils soient humbles ou haut placés, sont souvent des témoins des faits qu'ils relatent, et la réflexion sur l'histoire, en japonais ou en chinois, souvent écrite par des hommes mêlés d'assez près aux affaires du pays mais écrivant à titre personnel. Ensuite commence ce qu'on nomme histoire académique. Un trait constant jusqu'à la fin du XIXe siècle est que les historiens ne se sont guère attachés qu'à l'histoire nationale et non à celle des autres pays ou à celle des relations avec le reste de l'Asie. Il est vrai que le chinois est au Japon langue de culture et que l'immense production chinoise a toujours été connue, appréciée et même considérée comme une partie du patrimoine national.

1 | Histoire officielle. — Au Japon, l'histoire est née au moment où la cour commençait à se doter d'institutions imitées de la Chine, c'est-à-dire au VIIe siècle, mais les premières œuvres achevées et conservées sont datées de 712 et 720 et sont à peine postérieures à l'achèvement des codes. Il s'agit du *Kojiki*, *Récit des choses anciennes*, et du *Nihon-shoki*, *Chroniques du Japon*. Ces œuvres sont des commandes de la cour : elles ont été compilées par des commissions de fonctionnaires, versés dans la connaissance des modèles chinois et placés sous la direction des plus hauts dignitaires. Ces premières histoires témoignent de la volonté de la maison impériale d'affirmer sa maîtrise sur le temps. De même que l'empereur gouverne le présent et définit le calendrier, c'est sous sa direction que le passé est aménagé d'une façon qui se veut exacte. Ces œuvres exposent, pour commencer, la naissance du pays et des divinités ancêtres de la maison impériale et dévident ensuite la liste des empereurs humains, confirmant ainsi la place centrale et fondatrice de la dynastie. Elles complètent les codes et tiennent en quelque sorte lieu de constitution, car elles permettent de situer la place de chacun des groupes qui constituent le pays, notamment celle des grands clans, *uji*, transformés en une aristocratie de fonction. Le Japon a emprunté à la Chine la forme annalistique mais non le découpage en annales impériales, biographies exemplaires et monographies. La cour a fait rédiger l'histoire jusqu'au début du xe siècle constituant ainsi, avec le *Nihon-shoki*, le groupe des *Six Histoires nationales, Rikkokushi*. Ces œuvres se présentent comme un magasin d'exemples utiles pour ceux qui gouvernent le pays, mais leurs rubriques, enregistrement de décrets, listes de nominations, notices nécrologiques, phénomènes anormaux, sont devenues superflues quand d'autres compilations, publiques ou privées, ont vu le jour. Au xe siècle, les manuels de protocole ont pu jouer le rôle dévolu aux histoires officielles. Mais le genre des annales en chinois, compilées par une commission plus ou moins officiellement nommée, est resté jusqu'à la fin du xixe siècle le principal modèle de l'historiographie japonaise. Le bakufu de Kamakura l'a utilisé pour l'*Azuma kagami, Miroir de l'Est*, à la fin du xiiie siècle, et celui d'Edo pour le *Honchô tsûgan, Miroir complet de notre pays*, achevé en 1670, et les *Tokugawa jikki, Chroniques véridiques des Tokugawa*, achevées en 1849, œuvres compilées sur ordre du bakufu et pour son usage par des équipes de savants sous la direction des Hayashi, de pères en fils conférenciers officiels, et pour *Dainihonshi*, l'*Histoire du Grand Japon*. Cette dernière a été commandée par un Tokugawa, le daimyô de Mito, qui a créé une école historique fameuse. Cette œuvre dont l'élaboration et la publication ont duré du xviie au début du xxe siècle se distingue des précédentes, car elle comprend tous les éléments, annales, biographies et monographies des histoires chinoises. Mais son but premier est encore de faire ressortir avec précision ce qu'est la place de la dynastie et des divers groupes qui ont joué un rôle dans le pays. Ce genre des annales s'attache uniquement aux faits, relatés à leur date, sans commentaires et avec un choix assez restrictif, car ils touchent surtout aux gouvernants. Le temps est découpé par règnes et par ères, sans recherche d'une périodisation plus significative. Le style se veut dense et bref. La conception du temps sous-jacente est moins linéaire que commandée par un mouvement pendulaire qui ramène sans cesse le balancier de l'histoire au bien. Les œuvres de l'époque d'Edo s'appuient sur une recherche attentive des sources, qui sont en général citées, et sur une critique plus affinée qu'à l'époque ancienne. En effet, au xviiie siècle, le Japon a emprunté à la Chine une méthode dite « réflexion sur les preuves », *kôshôgaku*, et pouvait utiliser une abondante production érudite inaugurée dès l'époque ancienne par des membres de la noblesse de cour et de l'église bouddhique et continuée à partir du xviie siècle par des savants au service du bakufu ou des fiefs, qui ont accompli un grand travail de rassemblement de textes, de classement et de compilation. Après la restauration de Meiji, un des premiers soins du gouvernement fut de constituer un bureau officiel de l'histoire et de lui commander une suite de l'*Histoire du Grand Japon*, car on nourrissait encore, en 1869, l'illusion d'élaborer une histoire canonique, exacte et définitive. Il fallut attendre 1893 pour que le ministre de l'Instruction publique mît fin à une entreprise dont la forme, annales en chinois, et le fond, histoire essentiellement dynastique, parurent alors totalement anachroniques.

2 / *Récit historique.* — C'est à la cour de l'époque de Heian, après la mise au point du syllabaire qui permettait de noter le japonais, que fut

élaboré le genre dit *rekishi monogatari*, récit historique, qui est écrit en japonais et relève de l'histoire anecdotique et distrayante. On a remarqué que le *Genji-monogatari*, qui est un roman, n'a pas été sans influencer l'*Eiga-monogatari* ou *Récit de la Splendeur* (des Fujiwara) que beaucoup de critiques attribuent à Akazome Emon, femme au service de la famille de Fujiwara no Michinaga (966-1027), dont elle aurait retracé l'existence dans les trente premiers chapitres de ce long récit, écrits peu après la mort du principal protagoniste. Cette œuvre, dans les détails relativement exacte, est surtout une chronique mondaine de la cour du temps de Michinaga, écrite avec des accents sentimentaux sinon larmoyants, car les valeurs de distinction ou d'originalité piquante chères à l'aristocratie étaient senties comme fragiles. Leurs manifestations n'en étaient que plus dignes d'être conservées. L'*Ôkagami* ou *Grand Miroir*, sans doute du début du XIIe siècle, dû pense-t-on à un membre masculin de la cour, a une composition qui l'apparente un peu aux histoires à la chinoise : biographies impériales, suivies de celles des ancêtres et collatéraux de Michinaga et d'anecdotes édifiantes ou curieuses. Il devait être continué par *Le Miroir de maintenant*, *Ima-kagami* (vers 1170), et *Le Miroir très clair*, *Masu-kagami* (milieu du XIVe), tous composés par des membres de la cour et consacrés à elle et à ses activités littéraires, ceci en plein âge des guerriers. Les luttes entre les Taira et les Minamoto qui, à la fin du XIIe siècle, aboutirent à l'organisation du bakufu, ou gouvernement des guerriers, de Kamakura ont donné naissance à des récits guerriers, *gunki monogatari*, plus romancés sans doute que les récits historiques. On y trouve la même conception de l'impermanence de toute chose, du caractère éphémère de toute beauté et de toute réussite, ainsi que l'idée bouddhique que le destin de chacun est commandé par les actes commis dans les vies antérieures, ce qui donne un élément de pathétique. Le *Heike-monogatari*, *Récit des Heike*, appartient sans doute plus à la littérature qu'à l'historiographie. Ce genre s'est maintenu avec le *Taiheiki*, *Chronique de la Grande Paix*, qui raconte les guerres du XIVe siècle et fut composé avant 1374 par un homme de la capitale entré en religion. Les désordres des XVe et XVIe siècles ont aussi donné naissance à une série de récits. Mais, le temps passant, la conception bouddhique du destin se réduit de plus en plus à un ornement et l'idée confucianiste que la vertu apporte avec elle le succès prend de plus en plus d'importance. Le genre des récits, plus ou moins romancés, a ceci d'historique que la narration suit en général un ordre chronologique et que les faits relatés reposent sur une base réelle. Les plus anciens cherchent plus à toucher et à plaire, d'autres plus récents, comme le *Taiheiki*, ne sont pas dénués d'intentions moralisatrices, cherchant à montrer que la bonne conduite des chefs a des conséquences heureuses. A la différence des histoires officielles, ils s'attachent à ce qui ne se reproduit pas et mettent en scène des personnages souvent plus émouvants qu'exemplaires. Le bakufu d'Edo, soucieux de contrôler l'élaboration de l'histoire, a tué ce genre. Les besoins auxquels il répondait ont alors été satisfaits par le théâtre et le roman.

3 | *Réflexion sur l'histoire*. — Ce genre est né au début du XIIIe siècle, après le grand bouleversement qui porta les guerriers au premier rang. Son fondateur est un membre de la haute aristocratie, le moine du Tendai Jien (1155-1225) qui écrivit le *Gukanshô*, *Mes vues (sur l'histoire)*, dans la langue nationale pour être compris de tous. Il ne se soucie pas d'établir

les faits mais d'en faire ressortir la logique. Nourri de pensée bouddhique, il adhère à une conception cyclique du temps, mais, dans un cycle donné, celui dont il vit un moment, la décadence est inéluctable, même si des redressements temporaires et l'aide miséricordieuse des divinités et des bouddha sont toujours possibles. Le point central de la philosophie de l'histoire de Jien est ce qu'il nomme *dôri*, le sens de l'histoire, la loi qui préside à son développement, principe inéluctable auquel nul ne peut échapper. Tout l'effort de l'auteur est de rechercher l'action de ce principe dans ce qu'il appelle le cours des choses, leurs fluctuations, et de montrer les étapes de la décadence. Mais il emploie aussi *dôri* avec une acception un peu différente de principe ou norme qui convient à un stade donné, car une solution bonne dans un passé lointain n'est plus appropriée à une phase ultérieure et ce qui est mauvais dans l'âge d'Or peut être une solution acceptable dans l'époque de la fin de la loi bouddhique *(mappô)* commencée, pensait-on, en 1052. Tous les penseurs qui se sont attachés ensuite à réfléchir sur l'histoire ont postulé une logique, un sens, *dôri*, même s'ils ont abandonné la vision pessimiste de Jien, et ils ont cherché à définir les grandes étapes de l'histoire du pays. L'*Histoire de la succession correcte des divins empereurs, Jinnô shôtô-ki*, de Kitabatake Chikafusa (1293-1354) a été écrite par un noble de cour partisan de la cour du Sud, à l'aube du schisme qui divisa la maison impériale. L'auteur, bon connaisseur du Shintô, y postule le caractère divin, l'originalité absolue du Japon, dus à la perpétuité de sa monarchie, point de dogme attesté par les divinités fondatrices et garanti par la possession des objets sacrés. Ces thèses sont restées familières à l'historiographie japonaise jusqu'à Meiji. Mais Chikafusa, qui professe une vision moralisatrice de l'histoire, ne s'interdit pas de porter un jugement sur certains règnes et montre que la descendance des mauvais empereurs ne peut se maintenir sur le trône. Son œuvre, courte et claire, a servi de manuel à l'époque d'Edo. Sous les Tokugawa, le néo-confucianisme, *shûshigaku*, était la doctrine officielle. Elle professe qu'il existe un ordre naturel, *tenri*, un sens à l'univers, *dôri*, des lois immuables qui gouvernent les sociétés humaines. Les fluctuations, alternances d'ordre et de désordre, s'expliquent par la morale : quand les gouvernants s'abandonnent au mal, le peuple souffre, quand ils sont vertueux le pays est prospère. La norme morale se trouve dans les textes canoniques, qui parlent des saints souverains de la plus haute Antiquité chinoise. L'histoire est donc une science nécessaire pour qui veut vérifier ces propositions et savoir en faire l'application dans son action; or les philosophes sont les conseillers des princes. Certains, au XVIIIe siècle, ont importé de Chine une critique du néo-confucianisme, considéré comme trop abstrait et indifférent au caractère propre de chaque époque. Ils ont voulu revenir au sens originel des textes canoniques par l'étude des textes anciens, *kobunjigaku*. Ce courant favorisait donc les études linguistiques et historiques, puisqu'il reconnaît la spécificité de chaque période. Enfin, une école dite des études nationales, *kokugaku*, a entrepris l'étude des monuments littéraires japonais et la recherche du génie national non perverti par les influences chinoises. Les ouvrages de réflexion sur l'histoire de l'époque d'Edo traitent donc principalement de l'activité des gouvernants, s'attachent à expliquer les transformations, *hen*, à comprendre les circonstances, *jisei*, propres à chaque époque, refusent toute intervention surnaturelle, ont l'ambition de mettre les études linguistiques au service de l'histoire, ont l'intuition de l'irréversibilité du temps. Ceci se vérifie dans les œuvres d'Arai Hakuseki (1657-1725), le *Koshitsû, Connaissance des choses anciennes*, qui donne une interprétation évhémériste de la mythologie du *Kojiki*, et le *Tokushi yoron, Réflexions sur l'histoire*, dans lequel sont exposées les neuf transformations qui ont affecté le gouvernement du Japon et est établie la coupure essentielle entre l'époque de la cour ancienne et celle des bakufu. Hakuseki d'ailleurs ne s'y intéresse qu'aux activités des régents et des shôgun successifs, considérant implicitement que le rôle de l'empereur est d'une autre nature. Distinction qui n'est plus faite par Rai Sanyô (1781-1832) dans son *Histoire non officielle du Japon, Nihon gaishi*, et dans ses *Commentaires sur l'histoire politique du Japon, Nihon seiki ronsan*; ces œuvres ont eu une influence sur les hommes qui ont fait la restauration de Meiji. Comme l'histoire officielle, la réflexion sur l'histoire, qu'elle soit le fait du conseiller du prince comme Hakuseki ou d'un lettré indépendant comme Rai Sanyô, se propose avant tout un but utilitaire, aider le prince à gouverner, faire comprendre à tous la distinction entre bien et mal, la nature hiérarchique de la société et les devoirs de chacun.

L'ouverture du pays a donné une impulsion nouvelle à ce genre. Guizot, Comte, Mignet, Hume, Buckle, Mill ont été traduits ou présentés et un mouvement dit des Lumières s'est développé au Japon. Pour étancher la soif de curiosité, on a publié quantité de petits manuels d'histoire du monde, adaptations plus ou moins fidèles d'œuvres anglo-saxonnes. Des publicistes ont critiqué l'histoire traditionnelle, qui ne s'intéressait qu'aux actes des grands et manquait de rigueur logique, et ils ont formé le projet d'écrire l'histoire du peuple et de faire ressortir l'importance des conditions matérielles et intellectuelles propres à chaque période pour expliquer les progrès continus de la civilisation. Taguchi Ukichi (1855-1905) publia de 1877 à 1882 sa *Petite histoire de la civilisation japonaise, Nihon kaika shôshi*, et Miyake Yonekichi (1860-1945) ses *Eléments d'historiographie japonaise, Nihon shigaku teiyô*, en 1886. Certains de ces partisans des Lumières ont pu accepter l'idée, nullement scandaleuse dans le climat intellectuel de l'époque précédente, que l'histoire ne formait qu'une partie des sciences naturelles. Néanmoins, dès la fin du siècle, un Taguchi comme un Miyake pouvaient être déçus. Dans un article intitulé « L'histoire n'est pas une science », le premier affirma qu'elle restait un art, car il lui manque l'universalité, qualité reconnue par lui à la sociologie et à l'économie. Le second admettait que les tentatives de ceux qui avaient voulu écrire une histoire de la civilisation pouvaient susciter la risée des vieux savants attachés au bureau de compilation de l'histoire, car leurs connaissances du passé national n'étaient pas à la hauteur de leurs ambitions.

4 | Histoire académique. — A la fin du XIXe siècle, la condition de ceux qui écrivent l'histoire changea radicalement quand une section d'histoire fut établie à l'Université impériale de Tôkyô et délivra des diplômes : ils devinrent des historiens de profession. On créa d'abord une section d'histoire du monde. Le gouvernement, qui avait fait choix du modèle allemand aussi pour les sciences historiques, y appela en 1887 Ludwig Riess. C'est lui qui aurait conseillé la fondation d'une section d'histoire nationale, *kokushi*. Ainsi et depuis l'époque de Meiji on distingue histoire de l'Occident, histoire de l'Orient et histoire du Japon, qui forment trois sections séparées. Le bureau chargé de la compilation de l'histoire officielle fut rattaché à l'Université en 1888 et ses deux principaux membres y furent nommés

professeurs de la section d'histoire nationale. Mais ce n'est qu'en 1895 que
ce bureau appelé *Shiryôhensangakari* avant d'être *hensanjo*, Institut d'Historiographie, reçut une nouvelle définition de sa mission, la publication des
sources de l'histoire du Japon. Riess, dès son arrivée, avait donné comme
conseil de s'attacher premièrement à la collecte des matériaux et à leur
publication, qui commença en 1901 et se poursuit actuellement, de nouvelles
collections s'étant ajoutées aux *Sources de l'histoire du Grand Japon, Dainihon
shiryô*, sorte de *resgestae*, et aux *Documents du Grand Japon, Dainihon komonjo*.
La Société historique fondée en 1889 commença la publication d'une
Revue historique, toujours vivante. Les premiers diplômés de l'Université
furent peu nombreux mais, souvent après un stage à l'Institut d'Historiographie, ils occupèrent les chaires de professeur, à Tôkyô puis à la section
d'histoire de l'Université impériale de Kyôto, quand elle fut fondée en 1907.
D'autre part, parmi les premiers diplômés de la section d'histoire de l'Occident il en est qui, après avoir étudié en Allemagne, ont aussi produit des
travaux sur le Japon. En définitive, l'histoire académique est sortie d'une
greffe de la science allemande sur les traditions de ce qu'on nommait
réflexion sur les preuves. En outre, ses jeunes représentants, au début du
XXe siècle, n'ont pas été insensibles à l'effort des publicistes éclairés pour
élargir le champ de l'histoire. Néanmoins, la distinction histoire nationale,
histoire du reste du monde reste très nette. A la fin de l'époque de Meiji,
l'influence allemande, Ranke, Lamprecht, était prépondérante. Tsuboi
Kumazô qui avait longtemps séjourné en Allemagne et enseignait l'histoire
de l'Occident a écrit la bible de l'histoire positive, sa *Méthode historique*,
Shigaku kenkyûhô. L'histoire académique a pu ainsi se libérer du moralisme
pesant de l'époque précédente. Jusqu'à la deuxième guerre mondiale ce
qu'on nomme au Japon histoire libérale ou bourgeoise a produit des travaux
dans les domaines de l'histoire du droit, des institutions, de l'économie et de
la société, branche illustrée par Tsuda Sôkichi fameux par les démêlés qu'il
eut avec les autorités au sujet de ses interprétations des débuts de la monarchie. La liberté académique, réelle à l'ère Taishô, eut tendance à se réduire
avec la marche à la guerre. L'explosion universitaire des trente dernières
années a multiplié les sections d'histoire, les postes de professeur, les revues
(plus de 400 universités ont des bulletins et tous les enseignants se doivent
de donner des articles), les publications. Une revue spécialisée consacrée à
l'histoire du Japon ne retient chaque année pas moins de 250 titres rien
que pour l'histoire nationale, ceci n'englobant pas les ouvrages de vulgarisation et les nombreuses collections d'histoire générale du pays, les travaux
sur la Chine fort importants, sur l'Asie et le reste du monde. L'histoire
académique a continué à produire des ouvrages minutieux, bien documentés
quelquefois un peu ternes. Les interprétations marxistes ont eu une grande
vogue jusqu'aux années 70, souvent exprimées dans des revues à grand
tirage et influencées par les événements, elles ont inlassablement cherché
à faire coïncider l'histoire du Japon avec les grandes étapes reconnues par
l'orthodoxie et beaucoup labouré le champ de l'histoire agraire : place
des domaines, apparition du servage, rôle des guerriers, etc. Le passage du
féodalisme au capitalisme, c'est-à-dire l'interprétation des époques d'Edo
et de Meiji, a donné lieu aussi à d'interminables débats. Après 1960, comme
ailleurs, des historiens essaient des voies nouvelles; néanmoins l'histoire
quantitative accuse un certain retard, plus pratiquée par les économistes
que par les historiens. En revanche, l'histoire des techniques, celle des men-

talités suscitent de l'intérêt, quand ce ne serait qu'à cause de l'importance de l'école ethnologique japonaise. L'histoire locale qui a une longue tradition fournit des œuvres nombreuses et inégales.

En dépit de l'intention souvent réaffirmée depuis Meiji de considérer l'histoire du Japon comme un morceau de celle du monde, en dépit aussi de l'emprunt à l'Occident des conceptions de sociétés féodale et bourgeoise — que ce soit sous l'habit libéral ou marxiste — l'organisation des études, le poids d'une longue tradition historiographique qui mettait souvent l'accent sur l'originalité absolue du pays, le goût des compilations, l'adoption du modèle de l'histoire positive, lui-même bien ancré dans les écoles de réflexion sur les preuves de l'époque d'Edo, maintiennent dans l'histoire académique à la production abondante, honnête et prudente un caractère tout à fait insulaire.

● BIBLIOGRAPHIE. — *Kojiki*, translated with an introduction and notes by Donald L. PHILIPPI, University of Tôkyô press, 1968, 644 p.; *Nihongi*, chronicles of Japan from the earliest times to AD 697, translated by W. ASTON, Japan Society of London, 1896, Allen & Unwin, 1956, 443 p.; *A tale of flowering fortunes, Annals of japanese aristocratic life in the Heian period (Eiga-monogatari)*, translated with an introduction and notes by William H. and Helen CRAIG McCULLOUGH, Stanford University Press, 1980, 909 p.; *Ôkagami, The great mirror*, Fujiwara Michinaga (966-1027) and his times. A study and translation by Helen CRAIG McCULLOUGH, Princeton University Press, 1980, 381 p.; *Le dit des Heike (Heike-monogatari)*, trad. intégrale par René SIEFFERT, Publications orientalistes de France, 1976, 546 p.; *The future and the past*, a translation and study of the *Gukanshô*, an interpretative history of Japan written in 1219, by Delmer M. BROWN and Ichirô ISHIDA, University of California Press, 1979, 479 p.; *A chronicle of Gods and sovereigns, Jinnô Shôtôki* of Kitabatake CHIKAFUSA, translated by Paul H. VARLEY, Columbia University Press, 1980, 300 p.; Kemper ULRICH, *Arai Hakuseki und seine Geschichtsauffassung, ein Beitrag zur Historiographie Japans in der Tokugawa Zeit*, Wiesbaden, Harrassowitz, 1967, 105 p.; Rekishigaku Nihon kokunai iinkai (Comité japonais des sciences historiques) : le Japon au XIe Congrès international des Sciences historiques à Stockholm, Tôkyô, Nihon gakujutsu Shinkôkai, 1960 (en anglais); Noguchi TAKEHIKO, *Edo no rekishika (Historiens d'Edo)*, Tôkyô, Chikuma shobô, 1979; Ozawa EIICHI, *Kindai Nihonshigakushi no kenkyû (Etudes d'historiographie japonaise moderne)*, t. 1 : Bakumatsu hen; t. 2 : Meiji hen, Tôkyô, Yoshikawa kôbunkan, 1967; Nagahara KEIJI, *Rekishigaku josetsu (Introduction à l'historiographie)*, Tôkyô, Tôkyô daigaku shuppankai, 1978, 384 p.

F. HÉRAIL.

Juifs

Léopold Zunz passe à juste titre pour le fondateur des études juives modernes. Ce n'est pas le fait du hasard si le titre qu'il choisit pour la manière de discours-programme où il dresse en 1818 le tableau des futures recherches proposées au zèle des pionniers de la nouvelle discipline n'accorde pas la priorité à l'histoire, et la prudence ne suffit pas à expliquer qu'un ambitieux exposé d'intentions s'abrite derrière cette modeste enseigne : « A propos de la littérature rabbinique » *(Etwas über die rabbinische Literatur)*. En réalité, s'il est vrai que le terme de littérature doit être pris au sens le plus large, comme renvoyant à la somme des textes de toute nature imprimés et manuscrits, Zunz s'incline devant le verdict d'une époque pour laquelle, à l'heure de la construction des Etats-nations, les seuls peuples doués d'histoire sont ceux dont l'efficacité de leurs machines étatiques se mesure au succès de leurs armées; la disparition de la dimension politico-militaire depuis la destruction du Second Temple ôte dès lors son objet à une histoire juive possible, sauf à considérer en guise de consolation, selon encore une formule de Zunz, que l'historique s'est réfugié dans l'écrit. Faut-il donc voir dans l'histoire le parent pauvre de la famille d'enquêtes au départ groupées sous l'indistinct pavillon de la Wissenschaft des Judentums, expression dont le terme équivalent français d'études juives ne donne au demeurant qu'une idée lointaine de la richesse de sens ? Ou vaut-il mieux admettre, puisque les historiens, même si l'indifférenciation présidant à l'établissement du champ de recherches augurait mal de leur capacité à cultiver avec assurance leur approche particulière, ont tenu le premier rôle à l'intérieur de la discipline, que la lenteur jusqu'à une période récente des progrès de la recherche historique dans le domaine juif recoupe le relatif marasme des études juives dans leur ensemble, où longtemps l'accumulation des connaissances érudites n'a pas profité à un rajeunissement des problématiques.

On a discuté à satiété, et de façon souvent répétitive, des raisons qui rendent compte de la minceur des résultats acquis au XIXe siècle : il est trop certain que les espérances naïvement nourries par les premiers bâtisseurs, pour qui une exposition « scientifique » du passé juif contribuerait à un recul décisif de l'antijudaïsme fondé sur le défaut d'information, disposaient mal à l'examen critique; la distribution des forces politiques et des courants intellectuels dans l'Allemagne du début du XIXe siècle, où l'inspiration romantique dont une histoire en plein renouvellement tire profit, commande les positions de ceux qui réclament l'abrogation des décrets d'émancipation des Juifs, gêne la fécondation des études juives, dans la mesure où leurs initiateurs restent fatalement fidèles à une version désuète de l'idéologie des Lumières; le refus des universités de s'ouvrir à ces études avait par ailleurs entraîné par nécessité leur repli sur les séminaires rabbiniques, avec tous les risques que ce retrait comportait du côté des récupérations théologiques et partisanes ou de l'amateurisme. Plus au fond, il est probable que l'attitude a-historique solidaire de l'univers de représentations du judaïsme rabbinique fit obstacle à la pratique de démarches difficilement assimilables; attitude dont la traduction dans les termes de la tradition religieuse du sentiment qui la sous-tend pourrait s'énoncer très schématiquement ainsi : pour autant que, dans le temps de l'Exil, Dieu ne gouverne plus immédiatement, même si les peines infligées à un peuple pécheur témoignent à leur façon de l'exercice continué de sa providence, sa retraite, sans être complète, n'en rend pas moins futile l'intérêt pour les *res gestae*; tout l'âge-parenthèse, ou intervalle, situé entre les temps primordiaux et ceux de l'accomplissement de la promesse est frappé d'une sorte de déchéance due à son défaut de sens.

Les inventeurs n'ont pas su ou pas pu s'affranchir des cadres de la réflexion dont ils avaient hérité. Certes, Heinrich Graetz souligne fortement dans un essai-manifeste intitulé *Sur la construction de l'histoire juive* (1846) que l' « Idée » du judaïsme, à propos de laquelle tant d'esprits appliqués déploient alors des trésors d'ingéniosité mal placée pour tirer des limbes ce fantôme, en s'appuyant sur l'un ou l'autre des systèmes philosophiques concurrents, ne saurait faire l'objet d'une définition dogmatique *a priori*, et que l'enquête historique peut seule fournir une réponse, puisque c'est à travers l'histoire que cette Idée s'explicite et s'appréhende. Une dose d'hégélianisme même rapide aurait pu produire l'effet le plus salutaire, mais le contact demeura décidément trop superficiel. En ce sens, le vice radical de la monumentale *Histoire des Juifs* de Graetz (13 t.; 1853-1876) c'est moins l'asphyxie à quoi l'omniprésence de l'Idée, dont l'auteur se fait d'ailleurs une conception vigoureuse et originale, éloignée des abstractions réductrices de ses contemporains, que l'abandon tacite du projet présenté dans l'ouvrage de jeunesse et la rétrogradation sur la ligne d'un récit qui égrène interminablement les mêmes deux thèmes : élévation de la vie spirituelle d'une part, vicissitudes et tribulations d'autre part. Comme les chroniqueurs juifs médiévaux s'étaient donné pour but soit d'établir la généalogie du savoir religieux transmis d'une génération de docteurs à l'autre, soit de perpétuer le souvenir de persécutions en exaltant l'acte des martyrs, tout se passe comme si, Lionel Kochan l'a noté, Graetz prenait la suite, n'empruntant aux démarches de l'histoire de son siècle que les méthodes de l'érudition positive.

On a insisté ici sur les handicaps qui grevaient l'œuvre des « primitifs » de l'écriture historique juive — flou dans la définition de l'objet, inadaptation de l'outillage mental — parce qu'ils n'ont cessé pendant un siècle et demi de peser comme facteurs constants d'essoufflement. Mais des circonstances particulières défavorables pourraient bien aujourd'hui se transformer en atouts; le déplacement des curiosités ne rend plus rédhibitoire le déficit apparent d'histoire politique. Grâce aux caractères d'une législation juive attachée à codifier les conduites du quotidien, la documentation hébraïque se révèle d'un intérêt exceptionnel pour les études inspirées par l'anthropologie historique; des chercheurs de plus en plus nombreux, aux Etats-Unis et en Israël, équipés de solides connaissances rabbiniques, informés des conquêtes récentes de l'histoire et du renouvellement de ses interrogations, et libérés des attitudes nostalgiques envers ce monde que nous avons perdu, aptes à contrarier sourdement le progrès de la recherche, travaillent de façon convergente sur des thèmes — l'histoire de la famille, de l'éducation et des classes d'âge, de la sexualité et du corps, de la fête et des reclassements du rapport sacré/profane, etc. — dont la simple énumération laisse deviner combien leurs enquêtes doivent aux perspectives de l'ethnohistoire. C'est ainsi qu'une récente étude portant sur un sujet au départ limité — la constitution, dans quelques communautés juives de l'Italie du XVIIe siècle, d'associations offrant des structures à la sociabilité et dont le dessein au niveau manifeste se limite à encourager la récitation de prières surérogatoires — ne néglige pas l'examen des altérations de la pratique liturgique, mais traite aussi, dans le long terme et au rythme de leurs réajustements, des formes d'encadrement de la jeunesse et des attitudes vis-à-vis de l'adolescence dans le judaïsme du bas Moyen Age et des débuts des Temps Modernes, en confrontant ses résultats à ce que Philippe Ariès ou Nathalie Davies nous ont appris concernant la société globale.

Au-delà, le déploiement de l'histoire juive dans les aires culturelles les plus disparates ménage une chance de vérification à l'effort théorique de qui se préoccupe de mesurer l'effet des rencontres de civilisations sur les partenaires de l'échange, ou d'enregistrer le jeu des réactions d'ouverture (emprunt direct de tel élément, adaptation) ou l'opposition (rejet, élaboration dissolvante) d'un système culturel exposé. L'entreprise ne recouvre aucune métaphysique mystificatrice, et il ne s'agit pas de célébrer la coïncidence avec elle-même, à travers les combinaisons de l'invariant et des apports assimilés, de l'identité d'un univers symbolique telle que l'éternité la change. Au contraire, une histoire de la culture, au sens où H. I. Marrou entendait la formule, s'attache désormais à repérer les désordres et les discontinuités que masque l'illusion de la permanence et de l'homogénéité, subjectivement nécessaire au fonctionnement du procès d'incorporation de la substance extérieure, en même temps qu'elle s'éloigne de l'examen des constructions théologiques, analysées dans leur expression scolastique, pour saisir dans son épaisseur malgré la résistance opposée par le retour des mêmes mots utilisés dans des contextes contraires, le sens des relèves doctrinales. Dans un ouvrage récent (*Decoding the Rabbis : a thirteenth-century comentary on the Aggadah*, 1980), Marc Saperstein observe par exemple l'embarras d'un esprit de tournure « éclairée » du sud de la France, au XIIIe siècle, devant l'héritage de la Aggadah (terme désignant l'ensemble, qui ne fait nullement système, mais traduit tout de même une sensibilité typique, des opinions et des règles de conduite proposées ou recommandées par les docteurs talmudiques, en tant qu'elles ne ressortissent pas strictement au domaine de la discussion casuistique sur les formes d'application de la Loi) ; il indique ensuite les procédures herméneutiques par lesquelles est comblé l'écart entre la vision du monde véhiculée par des textes d'autorité incontestés et celle de l'Aufklärer médiéval, et trace ainsi le portrait d'un « philosophe » moyen d'après la secousse maïmonidienne.

Et si reprenait place le politique aux côtés d'une histoire élargie aux dimensions d'une anthropologie culturelle ? Quelques exemples suffiront à suggérer la virtualité de nouvelles approches : Y. H. Yerushalmi (*The Lisbon Massacre of 1506 and the royal image in the Shebet Yehudah*, 1976) utilise une chronique rédigée au lendemain de l'expulsion des Juifs d'Espagne en 1492 pour jauger la capacité de prévision, et interpréter les rapports privilégiés avec l'Etat, d'une communauté que sa retraite dans la « métahistoire » aurait, suivant une opinion répandue, gênée pour s'exercer à la juste appréciation des termes d'une conjoncture, et pour comparer des stratégies concurrentes, en dirigeant prioritairement l'attention sur les attitudes propres au milieu des Juifs de cour. Dès 1936, I. F. Baer étudie dans *Galout* les variations de contenu de la notion clef *(L'Exil)* qui commande la conception que se fait de sa place et de son rôle le judaïsme rabbinique, et l'effet des évolutions aperçues sur les formes d'insertion sociopolitique dans la société globale. Jacob Katz a choisi, dans un ouvrage classique sur la société juive ashkénase de l'Europe des XVIe-XVIIIe siècles (*Tradition and crisis*, traduction anglaise de l'hébreu, New York, 1971), de se situer dans une perspective sociologique, et décrit d'abord dans son état d'équilibre un système social étale dans la période envisagée, puis éclaire le jeu des facteurs de rupture, devenus pleinement efficaces autour de 1750. Il y reprend notamment en des termes nouveaux, mais largement dans le prolongement des analyses de Baer, la question débattue depuis Sombart du rapport judaïsme-capitalisme, et place au cœur de sa réflexion le croisement d'une situation d'extériorité accordée aux représentations décisives sur le sens de l'Exil et des objectifs ou projets des princes, sans omettre de vérifier si le système de valeurs prégnant favorise ou gêne la constitution d'une éthique économique tenant la réussite matérielle pour la consécration de l'excellence morale et le témoignage d'une spéciale bienveillance divine.

La double orientation dont on a suggéré ici qu'elle résumait l'orientation des recherches récentes ne s'inscrit-elle pas, malgré tout, dans la continuité du dyptique « grandeur et misère » du temps de Graetz ? Mais la moindre ambition de ces enquêtes n'est pas de démontrer que le raffinement des méthodes d'observation renouvelle la consistance des objets. On ne saurait nier au demeurant que l'histoire, dans le contexte des études juives, sort à peine de l'enfance. Mais comment ne pas se réjouir, d'une certaine manière, qu'il y ait tant à faire ?

● BIBLIOGRAPHIE. — *1* / Deux ouvrages récents s'interrogent sur l'écart entre la richesse de la mémoire et la fragilité de la conscience historique dans le judaïsme : 1. Lionel KOCHAN, *The Jew and his history*, London, Macmillan Press, 1977; 2. Yossef YERUSHALMI, *Zakhor, Jewish history and Jewish memory*, Seattle, University of Washington Press, 1982, trad. franç., 1985.

2 / L'ouvrage de référence le plus complet embrassant toute l'étendue de l'histoire juive : W. Salo BARON, *A social and religious history of the Jews*, Philadelphia, Jewish Publication Society of America, 17 vol. 1952-1980; trad. franç. des cinq premiers volumes : *Histoire d'Israël, vie sociale et religieuse*, PUF, 1956-1964.

3 / Si l'on ne devait signaler le titre que d'une seule œuvre, placée au panthéon des classiques de l'histoire, on opterait pour : Yitzhak Fritz BAER, *A history of the Jews in Christian Spain*, Philadelphia, Jewish Publication Society of America, 2 vol., 1966 (1re éd. de l'original hébreu : 1945; 2e éd. augmentée 1959).

▶ CORRÉLATS. — Religion (Histoire des religions), Sombart.

M. KRIEGEL.

Jullian Camille, 1859-1930

Erudit et brillant écrivain, Camille Jullian était de famille protestante cévenole établie à Marseille. Ses études secondaires se firent à Marseille dans les années qui suivirent la défaite française de 1870. L'antagonisme franco-allemand resta présent dans toutes ses préoccupations d'historien. Fustel de Coulanges était directeur de l'Ecole normale supérieure lorsqu'il y entra en 1877 et qu'il y suivit les cours de géographie de Vidal de La Blache, dont il dit plus tard l'influence sur son propre travail. Décidant de s'orienter vers l'histoire ancienne, il passa deux ans à l'Ecole française de Rome (1880-1882) où ses premières recherches portèrent sur l'Empire romain tardif. Pour une étude de l'administration et de l'armée, il utilisait conjointement les textes et la documentation figurée. Dès ces années il eut le souci — et à l'époque c'était une idée — de toujours donner des institutions qu'il étudiait l'aspect concret et local. Il utilisa les documents religieux pour ses recherches sur les institutions civiles : tous les types de documents lui paraissaient devoir être cumulés. C'était une époque où les recherches françaises en archéologie romaine s'orientaient soit vers l'Italie soit vers l'Afrique. Jullian y renonça. En 1883, il partit pour l'Allemagne où il voulait se perfectionner à l'école de Mommsen en paléographie, en droit et en philologie, avec la mission officielle d'observer le fonctionnement des séminaires germaniques, au moment où se réorganisaient les universités françaises. Il s'était déjà opposé aux thèses de Mommsen, voyant en Italie des libertés locales là où Mommsen voyait Rome étendre un pouvoir absolu. Il fut surpris par l'accueil que Mommsen réservait à la contradiction. Nommé à Bordeaux en 1883, — il y restera jusqu'en 1905 — il enseigna l'histoire romaine et l'histoire régionale et c'est pour répondre à une demande de la municipalité qu'il publia en 1895 une *Histoire de Bordeaux*. Mais ses travaux personnels portaient sur l'épigraphie, d'abord celle de la vallée de l'Huveaune, puis celle de la région de Bordeaux.

Mommsen dirigeait alors la publication du *Corpus Inscriptionum Latinarum*. La Gaule était confiée à O. Hirschfeld. Mais Allmer créait le *Bulletin épigraphique de la Gaule* où Jullian publia les inscriptions de Bordeaux. Il a toujours le souci de localiser et de décrire les pierres. Il reprochait à Mommsen d'avoir sacrifié « l'étude du sol, de ses routes, de sa structure, de son degré de culture ». Avec les inscriptions de Bordeaux, il commence une histoire de la Gaule romaine reposant sur des documents nouveaux. Il dégage la structure des familles, la présence des étrangers domiciliés à Bordeaux, les voies de communication. Et c'est de cette nouvelle documentation que naît son désir de faire l'histoire des « classes populaires ». Ce qui l'intéresse dans les miracles, c'est « que le peuple y ait cru ».

Jusqu'après 1892, date de la publication de *Gallia*, livre d'initiation à l'étude de la Gaule, Jullian pensa et écrivit que malgré la violence de la conquête, « la domination romaine fut un bienfait pour la Gaule ». Or, entre 1889 et 1892, Jullian avait assuré la publication des volumes inachevés de Fustel de Coulanges, mort en 1889, sur les *Institutions politiques de l'Ancienne France*. Fustel y montrait que la Gaule mérovingienne était en continuité avec la Gaule préromaine et romaine, que les invasions barbares et la domination barbare n'avaient pas introduit la prédominance des liens d'homme à homme dans les institutions gallo-romaines. « Ne parlons pas de conquête, à aucun moment les contemporains ne s'en sont aperçus », écrivit Jullian. C'était certes prendre parti contre ceux qui voyaient une influence déterminante des Germains sur la civilisation de la France médiévale. Selon Fustel, les Germains n'ont en rien introduit en Europe la liberté que les Romains lui auraient fait perdre. Cette question de la continuité, Jullian l'avait posée dans son *Histoire de Bordeaux à propos de la guerre de 1870* : « Crise terrible, mais sans influence sur nos transformations sociales et nos progrès matériels. » A cette époque, le concept d'entropie provoquait une crise dans les sciences physiques, la psychologie insistait sur la primauté de l'organisme dans le phénomène de la perception, et Durkheim, autre élève de Fustel, privilégiait les facteurs internes de développement des sociétés.

A partir de son étude de Vercingétorix (1900), C. Jullian concentre ses travaux sur la Gaule. Mais c'est après son élection au Collège de France (1905) qu'il publie les 8 volumes de son *Histoire de la Gaule* (1908-1926). Il a d'abord cru que Marseille eût pu, sans l'intervention romaine, helléniser la Gaule sans heurts, il attribuait à la fois un rôle excessif à la part phocéenne dans l'hellénisation de la Gaule, et une profondeur géographique, matérielle et mentale à cette colonisation, aujourd'hui révisée. Puis il a pensé que les Gaulois avaient, grâce à Rome, été protégés des Germains. Puis, au cours de la guerre de 1914, il n'a plus reconnu aucun caractère positif à la domination romaine en Gaule. Néanmoins cette domination était un fait et, si C. Jullian affirmait que l'historien doit juger, absoudre ou condamner, il continuait à rassembler la documentation et à l'expliquer avec une érudition qui se déploie dans ses chroniques gallo-romaines de la *Revue des Etudes anciennes*, et à exposer avec le même talent littéraire ce qu'une documentation nouvelle ou des documents différemment exploités permettent de concevoir de la vie antique : « Faire l'histoire de la Gaulle, c'est raconter et expliquer les changements qui se sont produits dans l'aspect du sol et dans la manière de vivre et de penser de ses hommes. »

● BIBLIOGRAPHIE. — Camille JULLIAN, *Histoire de la Gaule*, 8 vol., Paris, 1908-1926; Georges RADET, Camille JULLIAN, *Revue des Etudes anciennes*, t. 36, 1934, p. 5-24; Albert GRENIER, *Camille Jullian. Un demi-siècle de science historique et de progrès français, 1880-1930*, Paris, Albin Michel, 1944.

A. ROUSSELLE.

Koyré Alexandre, 1892-1964

Alexandre Koyré, né à Taganrog (Russie). D'abord élève de Husserl à Göttingen, il poursuivit ses études philosophiques à Paris, en débutant dans l'histoire de la pensée théologique. S'étant volontairement engagé en 1914, il participa, sur le front russe, à la Révolution de Février 1917, combattant ensuite celle d'Octobre. Il abandonnait la mêlée et son pays en 1919, pour s'installer à Paris. Professeur à la Ve section de l'Ecole pratique des Hautes Etudes (Sciences religieuses) dès 1922 (et jusqu'à la fin de sa vie), docteur d'Etat grâce à une grande thèse sur *La philosophie de Jacob Boehme* (1929), fondateur en 1932 des *Recherches philosophiques*, Koyré fut un protagoniste de la communauté intellectuelle cosmopolite réunie à Paris pendant les années trente : soit au sein du Centre de Synthèse soit dans le cénacle de E. Meyerson. Koyré alternait la vie parisienne avec des séjours à l'Université du Caire. Ce fut aussi au Caire qu'il se rallia, après la défaite de 1940, à de Gaulle, dont il fut pendant la guerre, l'ambassadeur culturel aux Etats-Unis, à l'Ecole libre des Hautes Etudes de New York. Plus tard, il reviendra régulièrement pour enseigner dans des universités américaines (dont Yale, Johns Hopkins et Chicago). En 1955 il sera nommé membre de l'Institute for Advanced Study de Princeton.

L'aventure d'une vie si riche d'expériences intellectuelles, de prises de position sur le présent, s'est répercutée sur l'œuvre de Koyré, un des derniers grands intellectuels cosmopolites de notre siècle. La diversité et l'érudition immenses de ses recherches (de Platon à Hegel, de Paracelse à Newton, de Boehme à Kepler, en passant par Galilée, Copernic, Descartes et une foule d'auteurs dits mineurs) ont été soutenues par une volonté épistémologique appuyée sur son engagement philosophique, souvent très polémique, transfigurant toujours l'érudition en un passionnant combat d'idées, pour les idées.

Entraîné à l'histoire religieuse et en particulier du mysticisme hermétique (*Paracelse*, 1933), Koyré aborda l'histoire des sciences par l'analyse des conceptions métaphysiques de la cosmologie de Copernic (1934). C'était une approche radicalement différente aussi bien de l'image de la science moderne offerte par P. Duhem, que des perspectives marxistes sur ce problème devenues alors à la mode en Angleterre. Koyré confirmait sa volonté innovatrice par ses *Etudes galiléennes* (1939), destinées à devenir — après la guerre — un modèle d'historiographie de la science. Car, tandis que les historiens précédents avaient surtout cherché les apports au savoir positif, pour Koyré la compréhension historique de Galilée devenait complexe. Il plaçait Galilée en son temps, il cherchait à saisir les problèmes qui avaient été ceux de Galilée, son idée de la science, ses erreurs révélatrices, non seulement ses réussites. Et cela par une immersion totale dans le *corpus* galiléen, de ses prédécesseurs et de ses héritiers. La transformation radicale introduite par les *Etudes galiléennes* et par les autres livres de Koyré (par exemple son classique *A Documentary History of the Problem of Fall From*

Kepler to Newton, 1955) revenait par là à intégrer dans l'histoire des sciences la manière par laquelle la science se comprenait et se situait par rapport à ce qui la précède et l'accompagne.

En luttant contre le positivisme « fils de l'échec et du renoncement » et contre son image de la science en tant qu'accumulation continue de données, Koyré thématisera — de son propre aveu — toute sa recherche comme la définition de la catégorie historique de « Révolution scientifique ». En effet, la succession de ses livres définissait progressivement les moments essentiels de cette révolution apparue avec Copernic, Galilée et Descartes dans les *Etudes; La révolution astronomique : Copernic, Kepler, Borelli,* 1961; *Newtonian Studies*, 1965 (posthume). D'autres étapes et d'autres enquêtes avaient été conçues pour la suivre jusqu'au but, jusqu'au triomphe extrême de la science classique, déterministe : Laplace, Maxwell, Einstein. La science moderne, dans sa longue durée et dans ses effets d'interférence avec les autres formes intellectuelles, remontait au remplacement révolutionnaire, survenu au XVIIe siècle du *Cosmos* fermé du Moyen Age, par l'univers infini et l'espace géométrisé de l'astronomie et de la physique mathématique modernes. Une révolution « dont le résultat ne fut pas de mieux relier entre elles les *données de l'expérience*, mais d'acquérir une nouvelle conception de la réalité qui sous-tend ces *données* ». Ce privilège exclusif et unilatéral attribué à la *théorie* dans la révolution scientifique remontait au platonisme mathématique de Koyré. L'héritage qu'il a laissé aux historiens contemporains n'est pas tellement ce modèle — parfaitement inapplicable en dehors des disciplines classiques considérées par son auteur — mais sa méthode d'interroger problématiquement l'aventure de la science.

● BIBLIOGRAPHIE. — Cf. Liste des publications d'A. K., dans *Mélanges Alexandre Koyré. L'aventure de la science*, préf. de B. COHEN et R. TATON, Paris, Hermann, 1964; T. S. KUHN, *Alexandre Koyré et l'histoire des sciences*, « Encounter », 34 (1970), p. 67-69; G. JORLAND, *La science dans la philosophie : les recherches épistémologiques d'Alexandre Koyré*, Paris, Gallimard, 1982; Bibliographie critique dans l'article de Ch. GILLISPIE, *Alexandre Koyré, Dictionary of Scientific Biography*, vol. 7, New York, Scribner, 1973, p. 482-490.

▶ CORRÉLATS. — Intellectuelle (Histoire), Sciences.

P. REDONDI.

Labrousse Ernest, né en 1895

Ernest Labrousse, né en Saintonge, « un Bleu de l'Ouest » (entretiens avec E. L., *Actes de la recherche en sciences sociales*, juin 1980). « Incomparable professeur », il a « annexé au métier d'historien tout l'appareil de l'économie politique », et « replacé la conjoncture dans le vaste contexte de l'histoire » (F. Braudel, 1974). Au départ de ses grandes recherches (1925) un thème s'impose à lui, non étranger à ses préoccupations civiques et politiques. Le choc initial est donné « par l'attrait qu'exerçait sur lui la Révolution française, dont certains traits appelaient une explication, sans qu'il décidât à l'avance si elle serait contingente ou rationnelle » (Georges Lefèbvre, 1937). Ses études le conduisent de l'Histoire aux Sciences économiques, puis le ramènent à l'Histoire. Son premier grand travail se situe dans les cadres de la Faculté de droit de Paris : 1932, sa thèse, *Esquisse du mouvement des prix et des revenus en France au XVIIIe siècle*. Mais le deuxième grand ouvrage est une thèse ès lettres : 1943, *La crise de l'économie française à la fin de l'Ancien Régime et au début de la Révolution*. Les influences intellectuelles sont évidentes : Aftalion, économiste « si admirablement *positif* et *conceptuel* »; F. Simiand; Marx, relu « sous le contrôle vigilant de l'Histoire ». « J'étais à la fois jaurésien, marxiste, marginaliste. » Ce dernier épithète étonnerait à tort : toute une partie de l'analyse économique et sociale labroussienne (prix et revenus) use du « raisonnement à la marge ». Mettant l'accent sur « les trois termes et sur leurs interrelations » (*économies, sociétés, civilisations* : « l'ordre logique »), E. Labrousse participe à la rénovation et à l'élargissement de l'Histoire, proclamés par les *Annales* (1929). Il vise, comme Simiand, le jeu des « forces collectives ». Il « regarde principalement vers le socio-économique et le socio-politique » : son ambition est de rendre compte des évolutions de fond et des grands événements de « l'histoire générale » (voir 1848-1830-1789. Comment naissent les Révolutions ?, in *Actes du Congrès historique du Centenaire de la Révolution de 1848*, Paris, 1948). « L'histoire est faite de ce qui bouge et de ce qui résiste. » Y compris « l'histoire socio-culturelle », dont fait partie la genèse des consciences de classe. Les « mentalités collectives » sont perçues non pas seulement comme des états d'âme entraînant des comportements, mais comme des forces sociales agissant le plus souvent en tant que frein; mais, parfois, en tant que moteur, au moment des explosions sociales. Sans nier le rôle d'une « conscience collective transgressant les classes ».

On voit qu'Ernest Labrousse n'est pas seulement un « historien de l'économie », un incomparable chercheur de l'histoire des prix et des revenus, avec une extrême attention apportée à la qualité des « sources » (les « mercuriales » de prix), un applicateur de la statistique à l'histoire économique et sociale (Voies nouvelles vers une histoire de la bourgeoisie occidentale aux XVIIIe et XIXe siècles, in *X Congresso internazionale di Scienze Storiche*, Roma, 1955, Relazioni, vol. IV), un analyste des conjonctures économiques (au premier rang, son célèbre et efficace *modèle* de la crise économique « de l'ancien type »), un maître de la dialectique des temps de l'Histoire. Avec lui, une vraie coupure épistémologique apparaît dans l'historiographie française, et dont celle-ci demeure toujours fécondée. De « l'économisme conjoncturel » de Simiand, E. Labrousse est passé au « conjoncturalisme structurel » (P. Vilar, 1973) enregistré en dynamique sociale. Richesse de la formule laboussienne : « Une économie a la conjoncture de sa structure », qui, seule, fait le pont entre l'étude des conjonctures et celle des structures. Et utilité opérationnelle de sa sensibilité à « la loi des écarts sociaux » et aux consommations différentielles (« le pain des classes »).

● BIBLIOGRAPHIE. — « Entretiens avec E. L. » (doc. cité). Surtout, sa large participation aux tomes II, III et IV de l'*Histoire économique et sociale de la France* (coll. F. Braudel, E. Labrousse, PUF, 1970, 1976, 1982). Sur E. L. : Pierre CHAUNU, Conjoncture, structures, systèmes de civilisations, et Pierre VILAR, Réflexions sur la « crise de l'ancien type » : « inégalité des récoltes » et « sous-développement » (in *Conjoncture économique, structures sociales; hommage à E. Labrousse*, Mouton, EPHE, VIe section, 1974). Egalement : E. LABROUSSE, in la *Nouvelle Histoire*, p. 301-304. Sans oublier les grands débats de la *Société d'Histoire moderne et contemporaine* sur les travaux d'E. L. (*Bulletins...* de décembre 1936 à mars 1937). On trouvera, reproduit dans les *Annales historiques de la Révolution française* (juillet-août 1937) la communication de Georges Lefebvre : « Le mouvement des prix et les origines de la Révolution française. »

▶ CORRÉLATS. — Annales (Ecole des), Crise, Economie (Histoire économique), Marxisme et histoire, Prix, Simiand.

J. Bouvier.

Langue

Depuis la fin du XIXe siècle, il est convenu de distinguer une histoire externe et une histoire interne de la langue. Fondamentale pour la constitution de la linguistique comme science, cette distinction a cependant tourné à l'avantage exclusif du point de vue interne, dont la valorisation appauvrit fâcheusement la dimension historique. Il est temps, semble-t-il, de réhabiliter l'histoire externe.

Pour les linguistes du XIXe siècle, de Schlegel à Saussure, l'historicité est une évidence première : seule la prise en compte de l'évolution des langues permet leur étude scientifique; elle s'oppose aux relevés d'usage de la grammaire normative, comme aux spéculations de la grammaire générale. Encore faut-il délimiter soigneusement cet objet historique :

dégager dans l'ensemble des faits l'accidentel du structurel, hiérarchiser les déterminations. Ainsi, les premiers romanistes, confrontés à la morphologie nominale luxuriante que présentaient les manuscrits médiévaux français, eurent-ils le plus grand mal à l'instituer en objet réglé, la variabilité libre recevant des explications historiques fort diverses (enfance balbutiante de la langue, absence de contrôle grammatical, bilinguisme latin-gaulois, etc.) ; la solution vint de l'hypothèse qu'une flexion bicasuelle avait été reconstruite sur la déclinaison latine phonétiquement érodée. Au sein de la perspective historique, c'est donc le déterminisme proprement linguistique qui fut le vecteur du progrès ; ce dont témoigne exemplairement la découverte des lois phonétiques régissant l'évolution (inéluctable, aveugle au sens, inaperçue du locuteur) de la couche phonique, conçue comme la base matérielle du langage. Resserrement exemplaire sur la langue, dont la mutabilité est assignée à l'histoire événementielle du seul signifiant. La « rupture » saussurienne fut une mise en système, globale, de la langue : la solidarité interne dont font preuve les états (synchronie) permettant de penser leur succession (diachronie). Depuis Saussure, la diachronie linguistique est une histoire de la langue hors de l'histoire.

La primauté, féconde, accordée par la linguistique structurale à la perspective synchronique a prolongé cet effort pour une systématicité interne, mais a rendu secondaire l'analyse diachronique, et totalement désuète l' « histoire de la langue ». De fait, rien de bien neuf ne s'est écrit pour le français depuis l'impressionnante *Histoire de la langue française* commencée par Ferdinand Brunot en 1905.

Il n'est cependant pas sans intérêt de noter qu'au plus fort de l'hégémonie positiviste, certaines voix se firent entendre, dont celle de Gaston Paris, maître de Brunot, romaniste et philologue (donc plus attiré par les textes et leur histoire que par les changements phonétiques), afin de sauver ce qui devait inexorablement passer au rebut, ou dans les introductions, obligées et fades, des manuels de français. Le couple histoire interne/histoire externe ainsi proposé et mis en œuvre renvoyait explicitement au débat entre les sciences naturelles et les sciences historiques. Face à l'histoire interne, darwinienne et organiciste, l'histoire externe posait un modèle social du langage, joignant à l'axe temporel l'espace humain de la communication et de l'échange. Il s'agissait de savoir, pour chaque époque, qui parlait quoi, à qui, selon quels modes et par quels moyens. Se trouvaient ainsi problématisés le bilinguisme, le rapport dialecte-langue nationale, le passage de l'oral à l'écrit, le bon usage, les emplois esthétiques et littéraires. A l'histoire des formes s'adjoignait une histoire des pratiques, et l'on esquissait la théorie de leur intersection. L'enjeu n'est pas mince, et reçoit une actualité singulière à l'heure où la linguistique prend en compte les formes discursives et la variation sociale (théorie de l'énonciation, sociolinguistique).

Ce retour possible à l'histoire externe devrait concerner également les historiens, dotés en l'occurrence de fort bons outils. Outils qu'ils ont, curieusement, laissés sur l'établi. L'intérêt proclamé des historiens pour la langue (« voie royale d'accès au social dans l'individu », selon Lucien Febvre) n'a guère dépassé le lexique (étude de *fief* et *féodalité* par Marc Bloch, de *civilisation* par Febvre), dont l'étude, il est vrai, en fut très enrichie (lexicologie structurale et quantitative autour d'Alphonse Dupront).

L'histoire de troisième niveau, des pratiques sociales et des formes symboliques, ne devrait pas rester indifférente à un modèle du langage où s'inscrivent de manière constitutive la variation (spatiotemporelle, sociale) et l'hétérogénéité des pratiques discursives. Une telle alliance aurait de quoi fonder un nouveau paradigme théorique pour l'histoire de la langue.

● BIBLIOGRAPHIE. — F. BRUNOT, *Histoire de la langue française des origines à nos jours*, Paris, Colin, 1905, 13 vol. (nouv. éd. revue, 1966); G. PARIS, *Mélanges linguistiques*, Paris, Champion, 1905-1909; W. v. WARTBURG, *Evolution et structure de la langue française*, Berne, Francke, 1934 (10ᵉ éd., 1970); L. FEBVRE, *Combats pour l'histoire*, Paris, Colin, 1953 (nouv. éd., 1965).

▶ CORRÉLATS. — Intellectuelle (Histoire), Linguistique et histoire, Mentalités, Outillage mental.

B. CERQUIGLINI.

Lavisse Ernest, 1842-1922

Fils d'un ancien clerc de notaire devenu « marchand de nouveautés ». Il a raconté (*Souvenirs*, 1912) son enfance et son adolescence : écolier à Nouvion, élève au collège de Laon, rhétoricien au lycée Charlemagne. Sa carrière de professeur de lycée, commencée à Nancy, est interrompue en 1868 par Victor Duruy, ministre de l'Instruction publique, qui l'appelle à son secrétariat et le recommande à Napoléon III : il devient l'un des précepteurs du Prince impérial. La défaite de 1870, le privant de son élève, l'incite à se mettre à l'école et à l'écoute du vainqueur. D'un séjour en Prusse et au Brandebourg, il rapporte ses thèses, qu'il soutient en 1875, alors professeur au lycée Henri IV. Le doctorat lui ouvre la voie royale des dignités universitaires et académiques : depuis 1880, il enseigne à la Sorbonne et devient, en 1888, professeur titulaire dans la chaire d'histoire moderne; en 1892, membre de l'Académie française; de 1904 à 1918, directeur de l'Ecole normale supérieure.

Pendant plus d'un demi-siècle, son activité s'est exercée inlassablement dans trois directions : l'histoire, l'enseignement, l'action civique. *Historien*, il s'est voué à l'étude des deux Etats-nations que lie, depuis 1870, un destin antagoniste : la Prusse, saisie dans son essor, la France, dans la gloire du Grand Siècle. A la Prusse, il consacre ses deux thèses et deux ouvrages sur Frédéric II.

Educateur, il milite, sa vie durant, pour réformer l'enseignement aux deux extrémités de la chaîne : au sommet, l'Université, à la base, l'école primaire. Secrétaire de la société de l'enseignement supérieur, il agit par ses articles et par ses discours, recueillis dans *Questions d'enseignement national* (1885), *Etudes et étudiants* (1890). *A propos de nos écoles* (1895). Membre du Conseil de l'Instruction publique il inspire les lois et les règlements qui transforment l'administration et les programmes scolaires. Il exerce une puissante influence sur ses amis Albert Dumont et Louis Liard, l'un et l'autre directeurs de l'enseignement supérieur.

A l'intention des étudiants et à celle du public lettré, il lance et dirige la publication de grands traités qui sont aussi des manuels d'enseignement supérieur : *Histoire générale du IVᵉ siècle à nos jours* (12 tomes, 1892-1901), dont il partage la direction avec Alfred Rambaud; *Histoire de France depuis les origines jusqu'à la Révolution* (9 tomes, en 18 volumes, de 1903 à 1911); *Histoire de France contemporaine depuis la Révolution jusqu'à la paix de 1919* (10 tomes, 1921-1922). La rédaction en a été confiée à des équipes de spécialistes, recrutés parmi les anciens élèves du « Maître », dont « la gloire n'est pas seulement dans ce qu'il a écrit, mais dans l'école qu'il a formée » (Chr. Pfister). S'il a bénéficié de l'aide occulte de Lucien Herr, bibliothécaire de l'Ecole normale supérieure, pour la rédaction de *La France contemporaine*, Lavisse a suivi personnellement, et de très près, l'élaboration de l'ensemble.

Il s'est préoccupé, à un égal degré, de l'enseignement primaire, convaincu que le professeur d'Université doit « conduire par la main les maîtres » d'école. A leur intention, il publie des instructions détaillées sur « l'enseignement de l'histoire à l'école primaire ». Surtout, il rédige personnellement, avec un soin minutieux et dans le souci que sa pensée soit immédiatement perçue par des enfants de sept à quatorze ans, une série de manuels dont les prototypes paraissent en 1876. Pour répondre aux exigences des programmes successifs, les manuels seront portés au nombre de cinq en 1882, puis subiront des modifications, en 1894 et en 1912. L'ensemble — le « petit Lavisse » de la mémoire collective — est un étonnant chef-d'œuvre de pédagogie dont le prodigieux succès ne se dément pas dans l'enseignement public, pendant tout le courant de la IIIe République.

Cet immense travail pédagogique est soutenu par de *profondes convictions morales*. Lavisse réprouve l'isolement de l'intellectuel dans sa tour d'ivoire. Quiconque détient une « force morale » a le devoir de la transmettre et la responsabilité de l'historien devant la nation est, à cet égard, d'une gravité particulière : « A l'enseignement historique incombe le devoir de faire aimer et de faire comprendre la patrie... Le vrai patriotisme est à la fois un sentiment et la notion d'un devoir. Or, tous les sentiments sont susceptibles d'une culture et toute notion, d'un enseignement. L'histoire doit cultiver le sentiment et préciser la notion » (*Questions d'enseignement national*, p. 208).

Celui que Daniel Halevy a appelé, sans indulgence, « le pape et le Maréchal de l'Université » mériterait — sans dérision — le titre de premier instituteur de la IIIe République. Nul homme n'a mieux que lui incarné les vertus du citoyen de l'entre-deux-guerres (1870-1914).

● BIBLIOGRAPHIE. — Ch. SEIGNOBOS, Ernest Lavisse, dans *Etudes de politique et d'histoire*, Paris, 1934, p. 171-179; Pierre NORA, Ernest Lavisse : son rôle dans la formation du sentiment national, dans la *Revue historique*, t. CCXXVIII (1962), p. 73-104; Sally T. GERSHMAN, *Ernest Lavisse and the uses of Nationalism* (thèse, University of Missouri-Columbia, 1978).

▶ CORRÉLATS. — Enseignement de l'histoire, Manuels d'histoire, Nationale (Histoire).

J. GLÉNISSON.

Lefebvre Georges, 1874-1959

Historien, universitaire, Georges Lefebvre a renouvelé l'histoire de la Révolution française, y mettant notamment en évidence la spécificité et l'autonomie du mouvement paysan. Son œuvre fournit à l'histoire « économique et sociale » un de ses principaux modèles.

Il s'est fait d'abord connaître par une thèse consacrée aux *Paysans du Nord pendant la Révolution française* (1924). Mais dès sa première publication, celle des *Documents relatifs à l'histoire des subsistances dans le district de Bergues pendant la Révolution* (1914), la qualité de son érudition est mise au service d'une réflexion sur les mécanismes et la conjoncture économiques; et davantage encore sur la façon dont le problème des subsistances, avant et pendant la période du maximum, affecte l'existence des populations et détermine leurs conflits. Admirateur de Jaurès et de son *Histoire socialiste de la Révolution française*, inscrit dans une lignée d'historiens qui va de Michelet à Mathiez (son contemporain), G. L. veut faire du peuple (dont il a conscience de sortir) l'objet central des études historiques et propose qu'on se décide « à regarder les événements d'en bas et non plus seulement d'en haut, ce qui est la condition même de l'histoire sociale ». *Les Paysans du Nord* montrent comment il entend ce déplacement de la curiosité : loin des Assemblées et des clubs, étudier minutieusement un terrain provincial (parti des campagnes de son Nord natal, il devait consacrer ses derniers travaux à l'Orléanais); analyser la répartition de la propriété et de l'exploitation avant, pendant, après la nouvelle division du sol; revenir ensuite à « la vie du paysan » et même, au terme du travail, aux luttes politiques, mais telles qu'elles sont perceptibles et explicables du sein de la communauté rurale.

Après ce travail monumental, l'œuvre de G. L. s'élargit dans trois directions : l'histoire agraire est envisagée dans son cadre national (art. de 1928 à 1933; *Questions agraires au temps de la Terreur*, livre publié en 1932). Un deuxième ensemble de travaux montre que l' « histoire économique et sociale » selon G. L. n'est qu'une façon plus explicative, moins superficielle de porter attention non seulement à la production, à l'échange et aux luttes de classes mais à tous les niveaux de la réalité sociale dans le temps de l'histoire : structures et mouvements de longue durée permettent d'éclairer aussi comment le 22 juin 1791 vers 3 heures du soir le comte de Dampierre fut massacré par les paysans (art. de 1941); et plus encore que l'événement, la *mentalité collective*, qui « seule permet de bien comprendre l'effet » est devenue pour G. L. un objet essentiel : historien précis et passionné du plus célèbre des mouvements paniques (*La Grande Peur de 1789*, 1932), il refuse, dans un article de la même année, « l'identification de l'animal et du plus grand nombre des hommes », montre que les foules révolutionnaires ne se réduisent certes pas à la « juxtaposition d'individus autonomes »; mais les « rassemblements » qui déterminent « l'état de foule » ne prennent sens que si l'on pénètre la conscience du groupe : « volonté punitive » ou « réaction défensive » sont toujours des figures *particulières*, dont l'historien dénoue le faisceau de « conditions ». Même les héros l'intéressent : Robespierre comme Napoléon en qui il peint sans doute l'agent d'une dictature militaire dont la nécessité s'est plusieurs fois renouvelée, mais aussi le tempérament de génie, le « poète romantique qui s'est mué en homme d'action ». Son *Napoléon* de 1936 s'inscrit d'ailleurs dans une troisième direction, celle de synthèses devenues classiques : d'une première *Révolution française* (1930) au *Directoire* (1946) en passant par les *Thermidoriens* et le *Quatre-Vingt-Neuf* du 150ᵉ anniversaire.

L'œuvre de Georges Lefebvre participe d'une tradition jacobine qu'il contribue à façonner et à prolonger dans la chaire d'histoire de la Révolution française de la Sorbonne (1937-1945) et à la tête de la Société des Etudes robespierristes. Son « histoire d'en bas » s'inscrit pleinement aussi dans le travail mené depuis 1929 par ses amis Bloch et Febvre aux *Annales d'Histoire économique et sociale*. Ne serait-ce enfin qu'en dégageant avec tant d'éclat le rôle de la paysannerie dans la Révolution, il a évité tout fatalisme de l'explication historique, mis en évidence la pluralité des sujets, l'enchevêtrement des aspirations, et d'actions qui conservent en même temps qu'elles transforment. Remise en cause dont l'effet et les résonances sont illimités.

● Bibliographie. — La meilleure façon d'aborder l'œuvre de G. L. est la lecture du recueil : *Etudes sur la Révolution française*, Paris, puf, 1954, 2ᵉ éd. revue 1963, 1 vol. 445 p.

▶ Corrélats. — Révolution française, Rurale (Histoire), Sociale (Histoire).

J.-P. Hirsch.

Linéaire B

La dernière des écritures crétoises « préhelléniques », et la seule déchiffrée. Les documents, à savoir des tablettes d'argile inscrites, cuites (et ainsi conservées) par l'incendie des palais qui les contenaient, ont été découverts à Knôsos par Arthur Evans (1900 ss. ; environ 4 000 tablettes et fragments), puis, en Grèce continentale, par Blegen à Pylos (Anô Englianos, Messénie) (environ 1 400 tablettes et fragments, fouilles 1939 ss.), par Petsas et Wace à Mycènes (1950-1956, 50 tablettes), enfin par Syriopoulos à Thèbes (1964-1965, 1970, environ 40 tablettes). A cela s'ajoute un certain nombre de vases portant des inscriptions. Préparé par les travaux des Américains Emmett Bennett et Alice Kober, le déchiffrement a été réalisé par l'Anglais Michel Ventris en 1952, bientôt secondé par John Chadwick. Ce déchiffrement bénéficiait de l'abondance des matériaux (relativement aux autres écritures « préhelléniques »), mais il a dû se faire en l'absence totale d'inscriptions bilingues. Le linéaire B est une écriture syllabique (87 signes), utilisant un grand nombre d'idéogrammes (environ 250) pour noter les concepts courants; il est issu de l'écriture crétoise dite Linéaire A, non déchiffrée et notant une langue très différente, et consiste en une adaptation de cette écriture à la notation d'une forme archaïque du grec, dite le *grec mycénien*. C'était la langue de l'administration palatiale des petits royaumes mycéniens, de 1400 environ à l'effondrement des palais, vers 1200 (Minoen Récent II-III *a*, Helladique Récent III *a-b*).

Les tablettes ont livré une foule de renseignements sur la vie économique et militaire des Mycéniens, des centaines de toponymes (encore rarement localisables) et d'anthroponymes, et la preuve que le panthéon grec classique était déjà pour l'essentiel constitué à cette époque. Le déchiffrement a donc fait reculer le début de l'histoire grecque de plus de six siècles; il enseigne l'organisation des royaumes mycéniens, et replace ceux-ci dans une perspective proprement hellénique, par opposition à la tradition minoenne. Le grec mycénien n'est pas le « grec commun » originel, mais il représente un état de la langue encore proche, au point de vue phonétique et grammatical, du grec primitif reconstitué auparavant par les linguistes; c'est de plus, désormais, avec les langues anatoliennes, la langue indo-européenne la plus anciennement attestée. Au

Ier millénaire, elle se maintient dans l'arcadien et le grec de Chypre, dialectes « conservateurs », et dans l'ionien, bien plus évolué. La découverte de Ventris a ainsi permis d'inscrire pleinement l'époque mycénienne, avec ses traits propres et originaux, comme phase de développement, dès le IIe millénaire, de la culture grecque.

● BIBLIOGRAPHIE. — M. VENTRIS et J. CHADWICK, *Documents in mycenaean greek* (2e éd., 1972); CHADWICK, *Le déchiffrement du Linéaire B*, trad. franç., 1972; revue *Minos* (Salamanque); J. CHADWICK, J. T. KILLEN, J.-P. OLIVIER, *The Knossos tablets*, 4e éd., 1971; E. L. BENNETT, J.-P. OLIVIER, *The Pylos tablets transcribed*, 1973.

▶ CORRÉLATS. — Archéologie, Grèce (Histoire grecque), Indo-européens, Minoen.

B. SERGENT.

Linguistique et histoire

La thèse selon laquelle l'étude scientifique des langues peut ou doit se passer de référence à l'histoire est singulièrement récente. Cette idée accompagna l'essor du structuralisme dans les sciences humaines, la linguistique y jouant un rôle pilote. Il convient de saisir l'historicité de ce point de vue anhistorique.

Depuis Aristote, la réflexion sur la langue, qu'elle fût simple relevé d'usage ou construction théorique, a rarement négligé la question de la mutabilité des formes linguistiques, voire celle de l'origine des idiomes. En témoigne l'attrait constant des études étymologiques, qui cherchent la vérité du signe dans sa genèse, et qui animèrent tour à tour les grandes synthèses d'Isidore de Séville (VIIe s.), du Président de Brosses (XVIIIe s.) et de Walter von Wartburg (XXe s.).

Ensuite, c'est en proposant une théorie du changement linguistique que l'étude du langage acquit au XIXe siècle un statut scientifique; mais ce fut, il est vrai, en ôtant la langue de son environnement social. Etablissant de véritables *lois* phonétiques (absolues, aveugles au sens, indépendantes des sujets parlants), cette discipline put caractériser les mutations phoniques, régler la question, confiée jusqu'alors à la seule intuition, de la généalogie des langues indo-européennes, et procéder, à la suite de Franz Bopp (1833) à leur archéologie. Réduite, certes, à un ensemble faiblement ordonné de sons, la langue, conçue de manière évolutive, devenait néanmoins objet de science, permettant un discours à la fois génétique et typologique, une pratique du calcul et de la reconstruction. L'œuvre de Ferdinand de Saussure ne constitue donc pas une rupture, mais un prolongement, le *Cours de linguistique générale* (1916) venant combler les manques de la grammaire historique et comparée. Saussure propose en effet d'une part de replacer « au sein de la vie sociale » le trésor de signes qu'est la langue; il affine d'autre part la perspective évolutionniste. A la description positive du seul signifiant phonique, saisi dans une évolution linéaire, le *Cours* oppose une conception de la langue comme système; la perspective historique se voit dès lors remplacée par un couple de points de vue distincts mais non séparables : étude du fonctionnement des structures en un temps donné (synchronie), examen de l'évolution du système (diachronie).

La linguistique postsaussurienne fut en quelque sorte infidèle au maître de Genève, dans le privilège qu'elle accorda à l'étude interne et synchronique (le terme étant dès lors valorisé) des langues contemporaines. La raison en est double : liée à l'ethnologie, la linguistique structurale (dans le sillage de Leonard Bloomfield, 1933) eut pour tâche de décrire de nombreuses langues « sans passé » (amérindiennes, africaines, etc.) ; l'accent mis sur le fonctionnement synchronique interne permit d'accroître les modèles explicatifs, afin d'obtenir la complexité que requiert, par exemple, le traitement de la syntaxe, négligée par la grammaire historique. L'immense prestige méthodologique de la linguistique structurale reposait donc sur un resserrement fort technicien, et la primauté accordée au système plutôt qu'à sa transformation.

Ce prestige eut toutefois pour conséquence un retour paradoxal de l'histoire, dû à l'appel des historiens. Cette discipline portait un intérêt traditionnel à la langue comme instrument social de communication : que l'on songe à Lucien Febvre lecteur attentif de Ferdinand Brunot. Mais les recherches historiennes dans le domaine de la langue ne dépassaient guère une étude événementielle du lexique, ramené à quelques mots vedettes examinés dans des contextes choisis ; on retrouvait en fait dans la trame lexicale ce que l'on savait, ou attendait des structures sociales ou mentales. A partir des années 1960, des historiens soucieux de méthodologie rigoureuse et heuristique décidèrent de rendre à la linguistique ses droits, et de faire une histoire lexicale exhaustive, structurale et quantifiée : ainsi la sémantique historique développée par Alphonse Dupront (1969), qui se donnait pour tâche de mettre au jour « le commerce du sens dans le passé ». Il y avait là matière à une réelle collaboration avec les linguistes, en particulier lexicologues (Jean Dubois), voire à une avancée commune vers de nouveaux objets : la phrase, sous l'influence américaine (François Furet étudiant de façon sérielle des titres d'ouvrages du XVIIIe siècle (1970), puis le discours, l'héritage d'Emile Benveniste se mêlant, chez Régine Robin et Michel Pêcheux (1973), à la tradition marxiste. C'est bien la production historique du sens qui suscite alors l'enquête : le document, longtemps tenu pour transparent, laisse entendre l'historicité de son fonctionnement linguistique et textuel.

La demande historienne, on le voit, a suivi l'évolution des théories linguistiques. Et leurs développements récents, réintroduisant davantage le sujet (théorie de l'énonciation), le social (sociolinguistique), mettant en avant la variabilité constitutive du langage, la complexité de la production discursive, peuvent donner un nouvel essor à cette collaboration. Celle-ci pourrait d'ailleurs suggérer aux linguistes que le primat synchronique est révolu, et que les conditions se réunissent pour donner un cadre théorique nouveau, ainsi qu'un objet ambitieux (l'histoire des pratiques discursives) à la linguistique historique.

● BIBLIOGRAPHIE. — D. DROIXHE, *La linguistique et l'appel de l'histoire (1600-1800)*, Genève, Droz, 1978 ; W. P. LEHMANN, *A Reader in nineteenth-century Historical indo-european Linguistics*, Londres, Indiana Univ. Press, 1967 ; O. DUCROT, Le structuralisme en linguistique, in O. DUCROT et al., *Qu'est-ce que le structuralisme ?*, Paris, Seuil, 1968 ; A. DUPRONT, Sémantique historique et histoire, *Cahiers de lexicologie*, n° 15, 1969 ; F. FURET et A. FONTANA, Histoire et linguistique, in *Livre et société dans la France du XVIIIe siècle*, t. II, La Haye, Mouton, 1970 ; R. ROBIN, *Histoire et linguistique*, Paris, Colin, 1973.

▶ CORRÉLATS. — Dumézil, Langue, Linéaire b, Littéraire (Histoire), Mentalités, Outillage mental, Philologie.

B. CERQUIGLINI.

Littéraire (Histoire)

Contrairement à ce que nos habitudes culturelles nous conduisent à penser, l'histoire littéraire n'est pas aussi vieille que la littérature elle-même. Sans doute pourrait-on repérer dans *La Défense et illustration de la langue française* de Du Bellay qui évoque, en un panorama de la littérature française du siècle précédent, une émergence, sans lendemain jusqu'au *Siècle de Louis XIV* de Voltaire qui fait la part belle aux littérateurs du XVIIe siècle. On comprendra que l'histoire littéraire pour naître devait attendre que l'histoire elle-même s'affirmât comme « science » (ou comme discours autonome), que la qualité d'auteur fût revendiquée en même temps que le statut économique et juridique de l'écrivain se modifiait. Il fallait Voltaire et l'historiographe Moreau pour l'histoire, Rousseau pour l'auteur exhibant sa personne pour fonder la vérité de ses écrits (*Rousseau juge de Jean-Jacques*), Diderot et Beaumarchais pour la reconnaissance d'un droit économique de l'écrivain sur son œuvre. C'est dans ce mouvement et à l'incitation du pouvoir que va naître l'*Histoire littéraire de la France* des Bénédictins de Saint-Maur dont le premier volume paraît, sans grand succès, en 1753. Car l'histoire littéraire est d'abord une affaire d'Etat. De même que l'institution monarchique favorise la constitution des archives, ouvre les collections royales au public, elle va promouvoir la mémorisation du passé littéraire national. Une telle initiative que Napoléon relancera en pleine débâcle russe, en confiant la rédaction de l'*Histoire littéraire* à l'Institut de France, montre bien la dimension politique de l'entreprise. C'est par ailleurs le gouvernement révolutionnaire qui, dans le programme des Ecoles normales, substituera l'apprentissage de l'histoire littéraire à celui de la rhétorique. La responsabilité prêtée aux écrivains dans la venue de la Révolution montrait, s'il en était besoin, l'importance de la littérature et des littérateurs et l'urgence d'écrire leur histoire. Depuis l'histoire littéraire, combinée à l'analyse des textes a dominé l'enseignement de la littérature. Mais en presque deux siècles, elle a changé ses méthodes, affiné ses outils, modifié son objet, engrangé ses matériaux. Elle a, en un mot, une histoire.

Dans sa définition la plus étroite, à en croire Claude Pichois, l'historien de la littérature a pour fonction de « constituer le dossier d'une œuvre — d'une œuvre qu'il identifie et authentifie — qu'il date, qu'il situe historiquement, qu'il compare à la production contemporaine ou antérieure pour en mieux dégager l'originalité et que, compensation, transposition ou projection, il croit inséparable de l'esprit de son créateur et des accidents de la biographie spirituelle de celui-ci » (1964). A l'autre extrême, l'historien de la littérature est aussi critique, historien des genres et de l'édition, analyste des formes, sociologue de la culture, sémiologue... Entre ces deux définitions du travail de l'historien de la littérature, c'est toute l'histoire des champs successifs de l'histoire littéraire que l'on peut reconstituer.

Elle a d'abord été et elle demeure datation et classement, établissement des textes et recherche des sources. Tout au long du XIXe siècle, elle s'est partagée entre les historiens, comme Quinet ou Villemain, et les philologues. A la suite du *Lycée* de La Harpe elle s'interroge, avec plus ou moins d'intensité (c'est selon le moment historique et l'interpellation de l'histoire contemporaine), sur le rapport des œuvres à l'histoire qu'elle produirait. Avec le positivisme elle a cru devoir chercher le pourquoi de telle ou telle œuvre. On sait comment Taine expliquait La Fontaine par le milieu, la race et le moment. Il a fallu l'immense travail de Gustave Lanson pour que soit refusé ce positivisme sûr de lui, qu'à l'étude des chefs-d'œuvre succède celle des écrits mineurs mais représentatifs de leur temps. Dans ses études sur l'esprit philosophique, dans son *Histoire de la littérature* ou son analyse du théâtre de Corneille, Lanson a montré que l'histoire littéraire se doit d'embrasser la totalité de la production littéraire d'une époque, qu'elle doit tenter de retrouver une histoire intellectuelle et sociale et qu'elle n'a de sens que si elle interroge le public, les moyens de diffusion des livres, les échanges publics et privés. Lucien Febvre dans *Les Combats pour l'Histoire* lui en reconnut le mérite.

On reproche à la tradition lansonienne de s'être sclérosée et de vivre repliée sur elle-même, sur une érudition un peu vaine qui ignore les progrès de la recherche historique et l'évolution, au contact de la linguistique, de la psychanalyse et de la sémiologie, des approches critiques. Ainsi méconnaît-elle souvent les travaux des historiens sur la périodisation, la discontinuité des évolutions, les milieux et les échanges culturels. Ailleurs on regrette qu'elle demeure attachée à une idéologie discutable de l'homme et de l'œuvre et à une notion caduque de l'histoire des idées. Même si le procès qu'on lui dresse est largement fondé, il méconnaît pourtant le rôle essentiel qu'elle joue dans l'établissement des textes, la mémorisation des œuvres passées, la conservation des matériaux documentaires essentiels.

Longtemps méprisée par les courants les plus novateurs de la critique, l'histoire littéraire semble aujourd'hui devoir bénéficier de la crise que traverse le discours critique et tirer profit des interrogations nouvelles qui le traversent. On ne se demande plus aujourd'hui, comme Sartre au lendemain de la guerre : « Qu'est-ce que la littérature ? », mais on questionne l'historicité des notions de littérature et d'histoire littéraire. À la suite des travaux de Pierre Bourdieu, on tente de comprendre l'usage social des fictions à travers les instances culturelles et sociales qui reconnaissent ou dénient la valeur littéraire. On y joint l'étude diachronique et synchronique des institutions où se produisent les idéologies de la littérature et de l'écrivain. Ce qui implique que l'on substitue aux individus, selon le mot de Roland Barthes, « les activités et les institutions ». Plutôt que d'une vie d'écrivain on parlera de carrière, de public, de formation et de soumission aux contraintes linguistiques, idéologiques ou narratives. On reconnaîtra pour chaque époque des codes narratifs, seuls capables de rendre compte des caractères généraux de la production littéraire, mais aussi des ruptures qu'elle éprouve.

A la reconstitution minutieuse d'une vie, on préfère l'interrogation de l'acte d'écrire par la psychanalyse, ou le social. Pourquoi écrire ? Les travaux anciens de Marie Bonaparte et ceux plus récents des membres de l'école lacanienne aident à répondre. On mesurera l'immensité du chemin parcouru et de celui qui reste à parcourir à travers *L'Idiot de la famille* que Sartre a consacré à Flaubert ou en lisant *Origines du roman et roman des origines* de Marthe Robert.

La critique contemporaine a rappelé, non sans morgue et non sans raison, le prix à attacher au texte, à l'œuvre qui est productrice de sens à travers le procès de lecture. Elle a prôné le refus d'un sens unique et figé du texte pour lui opposer la notion d'*œuvre ouverte*, en devenir, se constituant à travers les interprétations qu'elle autorise. L'histoire littéraire sera donc aussi une histoire des lectures successives des œuvres et une réflexion sur ce qui dans la structure de l'œuvre permet la constitution de cette pluralité de sens. Elle sera donc recherche du pourquoi de sa polysémie. De même qu'une œuvre se lit au prisme d'autres œuvres, il n'est pas d'œuvre qui ne s'écrive dans le réseau de toute une culture. Tout texte est absorption et transformation d'une multiplicité d'autres œuvres. L'histoire littéraire doit donc être description des structures, des formes au travail pour parvenir à constituer une rhétorique des effets.

Mais qui dit littérature ne dit pas seulement, comme autrefois, grande littérature. Le corpus qu'embrasse aujourd'hui l'histoire littéraire étonne par son amplitude. Il recouvre les écritures reconnues comme les plus marginales, les œuvres de grande diffusion comme celles qui s'adressent à un public restreint. Elle ne peut négliger ni le roman populaire, ni le roman policier ou le récit d'aventures et elle s'interroge sur la mise en œuvre à tous les niveaux des modèles narratifs, sur leurs rapports et leurs échos.

L'histoire littéraire se rattache donc à l'histoire culturelle, parce qu'elle est une histoire des objets de culture, des pratiques et des imaginaires. Elle cherche à retrouver les éléments d'une production, les acteurs d'un échange, mais aussi ses intermédiaires. De ce fait, elle prend en charge toutes les formes du travail de l'histoire sur l'écriture. Recherche située à un carrefour, elle se doit de faire siens les acquis et les leçons de la démarche historique et enrichir ce qui lui vient de sa tradition par les questionnements les plus récents de l'analyse des discours ou les mises en perspective de l'esthétique de la perception.

● BIBLIOGRAPHIE. — Claude CRISTIN, *Aux origines de l'histoire littéraire*, Grenoble, 1973; Geneviève IDT, Pour une histoire littéraire tout de même, in *Poétique*, n° 30, avril 1977; Lucien FEBVRE, De Lanson à Daniel Mornet, un renoncement ?, in *Combats pour l'histoire* Paris, 1953; France VERNIER, *L'écriture et les textes*, Paris, 1974; Jean Marie GOULEMOT, rubrique « Histoire littéraire » dans le *Dictionnaire de la Nouvelle histoire* sous la direction de Jacques LE GOFF, Roger CHARTIER et Jacques REVEL, Paris, 1978. On renvoie, bien évidemment, à l'ensemble des travaux de Gustave LANSON qui demeure un fondateur de l'Histoire littéraire telle qu'elle se pratique et telle qu'elle se met aujourd'hui en cause.

▶ CORRÉLATS. — Febvre, Intellectuelle (Histoire), Livre, Mentalités, Théâtre.

J. M. GOULEMOT.

Livre

Désignant tout un ensemble d'objets et de procédures de recherche spécifiques, utilisée non seulement en français mais aussi, traduite ou non, dans les autres langues, la notion d'histoire du livre telle qu'elle est aujourd'hui entendue trouve son origine dans un livre publié en 1958 *L'apparition du livre* de L. Febvre et H.-J. Martin. Même si le titre peut prêter à équivoque puisqu'il laisse supposer que le livre n'apparaît qu'avec l'invention de Gutenberg, cet ouvrage, consacré au livre imprimé, définissait un objet nouveau : une histoire du livre différente de ce qu'avait été jusqu'alors l'histoire de l'imprimerie, à la fois histoire d'une technique et histoire de ses produits les plus rares ou les plus curieux, convoités par les passions bibliophiliques. L'histoire du livre se donnait un autre programme : saisir « l'action culturelle et l'influence du livre pendant les trois cents premières années de son existence », ou encore mesurer « les incidences sur la culture européenne d'un nouveau mode de transmission et de diffusion de la pensée ».

A partir de là, trois directions de recherche ont été privilégiées par une histoire du livre qui a choisi ses objets d'étude surtout entre XVe et XVIIIe siècle, délaissant jusqu'à une date récente l'édition des XIXe et XXe siècles. Tout d'abord, la constitution de séries longues de la production imprimée, établies pour un site et une durée donnés, soit à partir des ouvrages aujourd'hui conservés (H.-J. Martin, *Livre, pouvoirs et société à Paris au XVIIe siècle (1598-1701)*, Genève, 1969), soit à partir des listes des titres autorisés et enregistrés dans les archives de la direction de la librairie (F. Furet *et al.*, *Livre et société dans la France du XVIIIe siècle*, Paris-La Haye, t. I, 1965 et t. II, 1970). De telles études, menées aussi en certains sites provinciaux (Rouen, Avignon), ont permis divers acquis : 1) Dessiner un conjoncture longue de la production du livre en France qui montre, malgré la croissance du XVIIIe siècle, l'étroitesse du nombre des titres imprimés dans un système technologiquement stable jusqu'en 1830 (un millier au XVIIe siècle, quatre mille à la veille de la Révolution), 2) Dresser une hiérarchie géographique de la production typographique qui manifeste, dès la mi-XVIIe siècle, une écrasante prépondérance parisienne, favorisée par la monarchie, 3) Mesurer les déplacements thématiques de la production régnicole qui voient une croissance puis un recul du livre religieux (un tiers de la production parisienne dans la première moitié du XVIIe siècle, la moitié dans les années 1680 mais seulement le dixième de la production française cent ans plus tard) et, parallèlement, le gonflement de la catégorie sciences et arts tout au long du XVIIIe siècle.

Seconde direction de travail : l'histoire sociale des gens du livre, libraires-éditeurs, maîtres imprimeurs, compagnons compositeurs et pressiers, relieurs. L'étude a été ici entendue à la fois comme l'histoire d'un groupe socioprofessionnel, connue dans ses fortunes, ses alliances, sa mobilité géographique et son immobilité sociale (cf. les études d'A. Parent et D. Pallier sur Paris, de N. Z. Davis sur Lyon), et comme une histoire des pratiques de travail, de l'organisation de l'atelier, des habitudes ouvrières (cf. les recherches de J. Rychner sur l'atelier de la Société typographique de Neuchâtel à la mi-XVIIIe siècle).

Enfin, l'histoire du livre a été histoire de l'inégale distribution du livre dans la société ancienne, en recourant avant tout aux inventaires de livres contenus dans les inventaires après décès ou aux catalogues des ventes publiques de bibliothèques. Toute une série d'indicateurs culturels nouveaux ont pu être ainsi proposés pour caractériser différentiellement les groupes sociaux : la présence ou non de livres, la dimension des collections, les dominantes thématiques propres à chaque milieu (A. Labarre, *Le livre dans la vie amiénoise du seizième siècle. L'enseignement des inventaires après décès, 1503-1576*, Paris-Louvain, 1971). Par là, l'histoire du livre a pu devenir une partie de l'histoire sociale et constituer un chapitre des thèses consacrées aux groupes sociaux (les parlementaires parisiens ou les nobles bretons au XVIIIe siècle) ou à une société donnée (Lyon au XVIIIe siècle).

Plus récemment, et souvent hors de France, l'histoire du livre a connu plusieurs infléchissements qui lui ont donné ses chantiers actuels. Le premier a déplacé l'attention du dénombrement de la production des livres à la saisie de leur circulation. En effet, l'inventaire des livres publiés à l'intérieur d'un Etat donné, par exemple le royaume de France, n'indique qu'une partie, et la plus conservatrice, de ceux qui y étaient achetés et lus. De là, l'attention portée aux sociétés typographiques installées aux frontières du royaume et spécialisées dans l'édition des livres prohibés au XVIIIe siècle, que ce soit les grands titres des Lumières ou toute une sous-littérature politique et pornographique. Imprimés en masse, introduits clandestinement, vendus sous le manteau, ces livres font une part importante des lectures des Français d'avant la Révolution, et pas seulement des élites parisiennes mais aussi des notables traditionnels des sociétés provinciales (R. Darnton, *L'Aventure de l'Encyclopédie, 1775-1800. Un best-seller au siècle des Lumières*, 1979, trad. Paris, 1982, et *Bohème littéraire et Révolution. Le monde des livres au XVIIIe siècle*, Paris, 1983).

Second infléchissement : le retour à l'objet. La tradition socioculturelle de l'histoire du livre d'inspiration française a fait peu de cas de l'étude du livre en tant qu'objet physique, portant dans sa matérialité même les traces de son procès de fabrication. Son étude est longtemps restée l'apanage de la *physical bibliography* anglo-saxonne qui a formalisé les descriptions bibliographiques des exemplaires conservés afin qu'elles rendent compte de l'architecture même des livres — et donc permettent la correcte identification des éditions, émissions et états différents — et a aussi produit des monographies d'atelier en confrontant les archives du travail et les impressions publiées (D. F. McKenzie, *The Cambridge University Press, 1696-1712. A bibliographical study*, Cambridge, 1966). Parfois opposée à l'histoire du livre, cette approche lui ouvre en fait des horizons nouveaux en centrant l'attention sur les formes et effets des processus de mise en livre qui varient selon les époques ou les types d'impressions. Le signalement du livre, du colophon à la page de titre et de faux-titre, les relations spatiales puis analytiques entre le texte et ses gloses ou ses notes, l'organisation typographique de la page, les rapports entre l'écrit et les images, les systèmes d'indexation fournissent autant de questions, sinon neuves puisqu'elles constituent le répertoire classique de l'étude des manuscrits, ici pionnière, du moins reformulées par une histoire du livre soucieuse de ne plus seulement compter les titres ou repérer la circulation des textes (cf. les recherches de D. F. McKenzie et R. Laufer).

Cette attention à l'objet est l'une des voies permettant d'approcher ce qui apparaît aujourd'hui comme une dimension fondamentale de l'histoire du livre : l'histoire de la lecture, ou plutôt des lectures. Restituer les espaces, privés ou publiques, de la lecture, l'histoire de sa modalité physique, de la lecture oralisée à la lecture silencieuse, les différenciations sociales de sa pratique sont des enquêtes ouvertes qui inscrivent l'histoire du livre dans la perspective plus large d'une histoire des appropriations culturelles sensible, avant tout, aux emplois et aux usages (cf. les travaux de R. Engelsing, P. Saenger, D. Hall et le recueil *Pratiques de la lecture*, Marseille, 1984). De là, sans doute, chez les historiens du livre la quête des témoignages directs sur les manières de lire anciennes, et aussi la réinterrogation des objets imprimés afin de cerner les lectures qu'ils supposent, facilitent ou interdisent.

● BIBLIOGRAPHIE. — Sur les deux traditions, française et anglo-saxonne, de l'histoire du livre : P. GASKELL, *A New Introduction to Bibliography*, Oxford, At the Clarendon Press, 1972; E. EISENSTEIN, *The Printing as Agent of Change. Communications and Cultural Trans-*

formations in Early Modern Europe, Cambridge University Press, 1979, et *Histoire de l'Edition française*, sous la direction de H.-J. MARTIN et R. CHARTIER, Paris, Promodis, t. I : *Le livre conquérant. Du Moyen Age au milieu du XVIIe siècle*, 1982; t. II : *Le livre triomphant. 1660-1830*, 1984; t. III : *Le temps des éditeurs. Du Romantisme à la Belle Epoque*, 1985.

▶ CORRÉLATS. — Alphabétisation, Colportage, Images, Littéraire (Histoire), Techniques.

R. CHARTIER.

Lombard Maurice, 1904-1964

Ce grand historien de l'Islam médiéval et du haut Moyen Age reste très peu connu. A l'exception de quelques articles, toute son œuvre écrite est pothume. Les spécialistes de l'orientalisme et les instances universitaires officielles s'efforcèrent avec succès de le marginaliser. C'était un homme d'une très grande modestie; il aimait à dire « les chiens aboient, la caravane passe ». Mais l'éclat de certains de ses articles, son enseignement à la VIe section de l'Ecole pratique des Hautes Etudes où Lucien Febvre l'avait appelé dès 1948, notamment ses cours pendant les trois années (1950-1952) où il fut membre du jury de l'agrégation d'histoire exercèrent sur ses auditeurs et ses lecteurs une profonde influence.

Né à Jemmapes, dans le département de Constantine en Algérie, en 1904, et mort à Versailles en 1964, il n'a cessé d'être fasciné par le monde musulman et l'Orient. Elève au lycée de Constantine, étudiant à la Faculté des Lettres d'Alger, à la Fondation Primoli à Rome (1933-1934), à l'Ecole des Hautes Etudes hispaniques à Madrid (1934-1935), à l'Institut français d'Archéologie orientale au Caire (1936), au lycée Thiers de Marseille (1937-1942), jusqu'à une mission en Pologne (1959) et une autre à Madagascar (1960), membre fondateur de l'Association historique internationale de l'océan Indien, l'espace musulman des colonnes d'Hercule à l'océan Indien fut le vaste lieu de ses études et de sa réflexion.

Un problème large mais situé dans le temps, la conquête arabe du VIIe au XIe siècle, a été l'objet de sa grande hypothèse historique. Loin de penser qu'elle avait coupé l'Occident de l'Orient et fermé la Méditerranée aux Occidentaux comme l'avait affirmé le grand historien belge Henri Pirenne (*Mahomet et Charlemagne*, 1937), il renversa la proposition : « Contrairement, en effet, à la célèbre thèse de H. Pirenne, c'est, pensons-nous, grâce à la conquête musulmane que l'Occident a repris contact avec les civilisations orientales et, à travers elles, avec les grands mouvements mondiaux de commerce et de culture. Alors que les grandes invasions barbares des IVe et Ve siècles avaient entraîné la régression économique de l'Occident mérovingien puis carolingien, la création du nouvel Empire islamique entraîna, pour ce même Occident, un étonnant développement. Si les invasions germaniques ont précipité le déclin de l'Occident, les invasions musulmanes ont provoqué la relance de sa civilisation » (*L'Islam dans sa première grandeur*, p. 11).

Héritier de la tradition historique française ouverte aux influences des géographes, imbu de l'esprit pluridisciplinaire des *Annales*, il était l'historien des espaces et des civilisations. Une grande partie de sa recherche et de son enseignement se faisait à partir de grandes cartes qu'il réalisait lui-même. Il avait espéré publier un grand atlas du monde musulman au Moyen Age mais cette publication n'a pas été techniquement possible après sa mort. Du moins celles de ses cartes qui ont été éditées, celle sur La route de la Meuse et les relations lointaines des pays mosans entre le VIIIe et le XIe siècle (in *L'Art mosan*, P. Francastel (éd.), 1953), celle sur Le Bois dans la Méditerranée musulmane (titre : Un problème cartographié, in *Annales ESC*, 1959), celle sur La chasse et les produits de la chasse dans le monde musulman (*Annales ESC*, 1969), celles qui complètent ses trois volumes d'*Etudes d'Economie médiévale* témoignent de son sens des phénomènes historiques importants comme phénomènes non seulement de longue durée mais de longues distances. C'est l'historien par excellence des routes, des échanges, des courants d'hommes, de produits, d'idées, de civilisations.

Les trois étapes qui le fascinaient étaient celles de l'empire d'Alexandre, de la conquête musulmane, des grandes découvertes, les trois grands moments de l'histoire du monde, ceux où le globe entier n'était plus fractionné mais réuni par une large circulation. L'Islam surtout, venu de son enfance et de sa connaissance de l'arabe, était pour lui un monde de refonte et de creuset de civilisations, le grand brassage des techniques, des arts et des hommes, de l'Inde à l'Espagne.

Passionné par les techniques et la civilisation matérielle, il s'intéressait surtout à la circulation de leurs produits, des plus « naturels » aux plus sophistiqués : bois, fourrures, métaux, textiles. Les centres de production, d'échange, de diffusion des matières premières et surtout des objets fabriqués l'attiraient, aux nœuds, aux carrefours des routes terrestres, fluviales, maritimes : villes, foires, marchés, palais, monastères.

La monnaie, instrument d'échanges par excellence, grande voyageuse, créatrice de routes, fut un de ses sujets favoris. Le couple or/argent, le monométallisme argent de l'Occident barbare, le monométallisme or *(besants)* de Byzance, le bimétallisme or/argent du monde musulman, l'attraction de l'or ou du Soudan furent un de ses principaux thèmes de recherche. Le plus célèbre de ses articles (Les bases monétaires d'une suprématie économique : l'or musulman du VIIe au XIe siècle in *Annales ESC*, 1947) montre comment en échange des matières premières dont il avait besoin (métaux, bois, esclaves) le monde musulman envoya en Occident de l'or d'abord thésaurisé puis remis en circulation quand la chrétienté se réveillera. Ce rythme de la monnaie scande aussi le rythme urbain (L'évolution urbaine pendant le haut Moyen Age in *Annales ESC*, 1957).

Sa méthode consistait à embrasser de larges espaces pour y tracer les routes avant de se concentrer sur les lieux de productions et d'échanges. Il aimait à dire qu'on ne va jamais des arbres à la forêt mais que le chemin inverse est le bon.

● BIBLIOGRAPHIE. — *L'Islam dans sa première grandeur (VIIIe-XIe siècles)*, Paris, Flammarion, 1970; *Espace et réseaux du Haut Moyen Age* (recueil d'articles), Paris-La Haye, Mouton, 1972; *Etudes d'Economie médiévale*, Paris-La Haye, Mouton, I. *Monnaie et histoire*, 1971; II. *Les métaux dans l'ancien monde du Ve au XIe siècle*, 1974; III. *Les textiles dans le monde musulman (VIIe-XIIe siècles)*, 1978.

▶ CORRÉLATS. — Annales (Ecole des), Islam, Pirenne.

J. LE GOFF.

Lutte de classes

Le concept de lutte de classes est sans doute le cœur de la doctrine marxienne, le lieu où celle-ci se rend visible. L'objet n'est pourtant ni une invention ni même une découverte de Marx. « ... Ce n'est pas à moi que revient le mérite d'avoir découvert ni l'existence des classes dans la société moderne, ni leur lutte entre elles, confiera-t-il à Weydemeyer en 1852. [...] Ce que j'ai apporté de nouveau, c'était la preuve : 1° que l'*existence des classes* n'est liée qu'à des phases déterminées du développement de la production ; 2° que la lutte des classes aboutit nécessairement à la *dictature du prolétariat* ; 3° que cette dictature elle-même ne constitue que la transition à l'*abolition de toutes les classes* et à une *société sans classes*. »

Marx est comptable ici d'un double héritage. Celui de la *Philosophie du droit* de Hegel qui, expliquant dès 1812 la « différence des classes » par les « systèmes entre lesquels les individus sont répartis », propose une division ternaire de la société civile : la « classe substantielle » qui « tire sa fortune des produits naturels », la « classe industrielle » qui les façonne et, veillant aux « intérêts universels de la vie sociale », une « classe universelle » que Marx transférera dans le prolétariat.

L'héritage, aussi, des historiens de la Restauration, des économistes et des socialistes français. D'Augustin Thierry qui, dès ses *Lettres sur l'histoire de France* (1820), restitue une société divisée et conflictuelle, au Manzoni du *Discorso sopra alcuni punti della storia longobardica* (1822), à Mignet et surtout à Guizot, tous se réfèrent déjà à la lutte de classes. Comme l'écrit Guizot en 1821 : « La société, sa composition, la manière d'être des individus selon leur situation sociale, les rapports des diverses classes d'individus, l'état des personnes enfin, telle est, à coup sûr, la première question qui appelle l'attention de l'historien... » (*Essais sur l'Histoire de France*, Paris, 1860).

Economistes et socialistes sont même encore plus radicaux. « Il n'y a jamais eu que deux partis en présence, écrit Adolphe Blanqui en 1825 : celui des gens qui veulent vivre de leur travail et celui des gens qui veulent vivre du travail d'autrui... Mais si le *Manifeste communiste* démarque le *Manifeste de la Démocratie* de Considérant ou l'*Exposition de la doctrine saint-simonienne*, c'est que chez le Saint-Simon du *Catéchisme des industriels*, outre cet antagonisme, Marx découvre le tableau d'une société qui, après avoir compté trois classes : nobles, bourgeoisie et industriels —, s'est bipolarisée à la faveur de la révolution.

Substituant aux explications de ses prédécesseurs (l' « état des biens » chez Guizot, le conflit entre Francs et Gaulois chez Thierry) l'économie politique ou les rapports de production, Marx n'en assigne pas pour autant au concept qu'il emprunte un contenu et un champ univoques. Sous le nom de lutte de classes, la célèbre formule du *Manifeste* (« L'histoire de toute société jusqu'à nos jours, c'est l'histoire de la lutte des classes ») ou encore tel passage de *Misère de la philosophie* (« La féodalité avait aussi son prolétariat — le servage ») subsument encore le conflit éternel des oppresseurs et des opprimés. *Le Capital*, au contraire, en limite le champ à la « société moderne », au mode de production capitaliste.

La description d'un mode de production fondé sur la « séparation radicale du producteur d'avec les moyens de production » inscrira cette dichotomie dans les faits. Mais si le livre I du *Capital* oppose deux grands acteurs, le bourgeois et le prolétaire, un troisième personnage apparaît dans le livre III : le propriétaire foncier. Contradiction entre le « modèle » et sa forme historique ?, *Les luttes de classes en France* (1850) avaient déjà dû prendre en compte les stratifications de la bourgeoisie et intégrer dans l'analyse « petite bourgeoisie » et « classe paysanne ».

Autre difficulté : la place que tient dans cette dynamique la constitution du prolétariat en « classe pour soi ». Poser que loin de représenter un donné empirique, le prolétariat doit d'abord « se constituer en classe », voire que, comme Marx l'écrira à J.-B. Schweitzer en 1865, « la classe ouvrière est révolutionnaire ou elle n'est rien », c'est subordonner l'expérience à un sujet transcendantal et, à terme, remettre en question l'existence objective des classes. Mais se donner un sujet qui, dès que « révolutionnaire », prend en charge ce « mauvais côté » du réel qu'évoque *Misère de la philosophie*, la négativité « qui fait l'histoire en constituant la lutte », c'est aussi faire de la lutte des classes le sujet réel du social, son préalable même.

Mais c'est également en définir le champ : la société civile. Certes, *Misère de la philosophie* et le *Manifeste* y insistent, « toute lutte de classes est une lutte politique ». Mais celle-ci reste subordonnée à l' « organisation des prolétaires en une classe et, par la suite, en un parti politique », lequel, à son tour, ne doit pas former un « parti distinct des autres partis ouvriers », mais exprimer le « mouvement dans son ensemble » ou, pour citer Flora Tristan, « constituer la classe ouvrière ». Confirmant ce choix de la société civile, c'est à un réseau d'associations ouvrières, et non à un « parti », que les *Statuts de l'AIT* (1864) confieront le « complet affranchissement » du prolétariat.

Le ralliement de Marx à la « démocratie sociale » à partir de 1850 entraîne toutefois un transfert des luttes dans le politique qui en devient le champ privilégié. Dès 1872 l'amendement des *Statuts* qui marque la rupture avec Bakounine désigne deux terrains de lutte et subordonne la « lutte économique » au parti. Les *Gloses marginales du Programme de Gotha* (1875) sont toutefois plus explicites qui, refusant de voir dans les « autres classes » une « masse réactionnaire » indifférenciée, réhabilitent les « classes moyennes » et désignent dans les artisans, petits industriels et paysans les alliés du prolétariat, au risque de déposséder ce dernier de son « universalité » et de rompre avec la dichotomie radicale théorisée par le *Capital*.

On peut dès lors parler de deux formes de luttes de classes, théorisées entre autres par Kautsky et Lénine : une « lutte trade-unioniste, mais non encore social-démocrate », qu'alimente une spontanéité « dépourvue de toute théorie », et, marquée au coin de la « conscience social-démocrate », une lutte politique qui voit dans le suffrage universel un « instrument d'émancipation » privilégié.

La Révolution d'Octobre relevant moins de la lutte de classes que, selon Plekhanov, de la guerre civile, le « coup d'Etat bolchevik » comme l'appelle Gorki — tout comme la « marche sur Rome » — suscite une interprétation conspirative ou militaire des conflits qui rajeunit la théorie des minorités agissantes et conforte le jacobinisme léninien. Tandis qu'un lexique martial investit le discours politique des partis militarisés par la « bolchevisation », la logique du « léninisme », témoin l'*Histoire de la révolution russe* de Trotski, érige la lutte de classes en prédicat de la « direction révolutionnaire », en articulation des superstructures, en moment de l'idéologie.

Révolution russe et « révolution fasciste », surtout, infirment l'image d'une société bipolaire. En Italie, il s'agit de penser la « révolution des classes moyennes »; en Russie, d'intégrer une « tierce personne », la paysannerie. Dès 1919 Boukharine substitue au concept de « classe » celui de « société » et sous celui de « prolétariat » subsume « les ouvriers et les pauvres », termes auxquels on préférera plus tard ceux de « travailleurs et exploités ». Officiellement abolie par les progrès de l' « économie nouvelle, socialiste », la lutte de classes aura enfin un double statut chez Staline : produit « parfaitement naturel, inévitable », hors d'URSS, d'un « développement dialectique », et, à l'intérieur, fruit de l' « activité conspiratrice » des adversaires du régime et des « agents de l'étranger ».

Le développement de formations sociales fondées sur l'étatisation de la production — ainsi que celui des « économies mixtes » — conduit à reformuler et à affiner le concept de lutte de classes. Une fois acquis, non sans mal, que les rapports de production en URSS demeuraient inchangés, c'est-à-dire « capitalistes », les soulèvements et révolutions d'Europe de l'Est, comme l'interminable crise chinoise (les mouvements d'URSS étant plus sporadiques et surtout moins connus), ont défini une lutte de classes que caractérise l'absence apparente d'un partenaire : le « capitaliste privé », remplacé cependant par une nouvelle classe : la bureaucratie ou la *nomenklatura*, ailleurs la *technocratie*, qui donne un visage au « capital impersonnel » de Marx.

● BIBLIOGRAPHIE. — K. MARX, *Œuvres, Economie*, éd. établie par M. RUBEL, 2 vol., Paris, Gallimard (La Pléiade), 1965-1968; *Les luttes de classes en France, 1848-1850*, introd. de F. ENGELS, Paris, Ed. Sociales, 1952; A. ROSENBERG, *Demokratie und Sozialismus*, Amsterdam, A. de Lange, 1938; E. BERNSTEIN, *Les présupposés du socialisme*, trad. par J. RUFFET et M. MOZET, Paris, Ed. du Seuil, 1974; G. SOREL, *La décomposition du marxisme*, prés. par Th. PAQUOT, Paris, PUF, 1982; R. ARON, *La lutte de classes*, Paris, Gallimard (« Idées »), 1964; C. CASTORIADIS, *La Société bureaucratique*, 1. *Les rapports de production en Russie*, Paris, UGE (« 10/18 »), 1973.

▶ CORRÉLATS. — Grèves, Guizot, Marx (L'historien), Marx (Histoire marxiste), Révoltes, Sociale (Histoire).

R. PARIS.

M

Mabillon Jean, 1632-1707

Le Galilée de l'histoire savante dont les restes sont aujourd'hui enterrés au côté de ceux de Descartes dans l'église de Saint-Germain-des-Prés est né le 23 novembre 1632 au village de Saint-Pierremont dans la Champagne ardennoise. « Pauvre né de parents pauvres. » Instruit par un oncle curé, il continue ses études au collège de l'Université de Reims et prononce ses vœux en septembre 1654 dans l'ordre de Saint-Benoît. Après des stages aux abbayes de Saint-Nicaise, Saint-Thierry, Saint-Basle et surtout Nogent où séjourna Guibert, puis à Corbie et à Saint-Denis, Mabillon est nommé aide de Dom Luc d'Achery, bibliothécaire de Saint-Germain-des-Prés et éditeur des Spicilèges. L'œuvre de Mabillon, tout entière consacrée à l'érudition est immense et révolutionnaire. Ses premiers travaux touchent à l'histoire religieuse. Mabillon préface et continue l'édition des œuvres de saint Bernard commencée à Saint-Denis par Claude Chantelou : *Sancti Bernardini opera omnia*, 4 vol. in fol., Paris, 1667. Il s'associe à Luc d'Achery pour publier les *Acta Sanctorum ordinis Sancti Benedictini per saeculorum classes distributa in fol* dont le tome 1 paraît en 1668. En 1671, sont édités les *Petri abbatis Cellensis opera omnia studio...*, in-4°. En 1674, une dissertation *De azymo et fermentato...*, les *Vetera Analecta*. La méthode mise en œuvre par Mabillon, caractérisée par un souci de vérité, fondée sur le recours aux pièces originales qui le conduisait à supprimer un certain nombre de saints « douteux », suscite des controverses. Elles seront l'occasion d'approfondir les règles de la méthode historique. Ce qu'il fit dans un mémoire justificatif contre les Pères Mège et Bastide, *Brièves réflections sur quelques règles de l'histoire* et surtout dans son chef-d'œuvre, le *De Re Diplomatica libri* paru en 1681 et dédié à Colbert.

Le bollandiste Papebroch avait attaqué l'authenticité des chartes conservées au monastère de Saint-Denis. Pour révoquer l'injuste soupçon portant sur ces documents authentiques, Mabillon énonce les règles précises qui permettaient de discriminer avec certitude les pièces fausses des pièces authentiques et, fondant la diplomatique scientifique, dégagea aussi les méthodes de l'histoire désormais savante. « Estant donc engagé de partir de l'Antiquité, je me suis proposé pour la première de mes règles l'amour de la vérité. Mais j'y avais un engagement particulier en décrivant les originaux des choses. Car ceux qui traitent l'histoire de cette manière font une profession particulière de rechercher la vérité et ils témoignent qu'ils ne veulent rien avancer que ce qui est appuyé par l'Antiquité même et qu'ils ne se veulent pas arrêter aux jugements des modernes mais aux sentiments des anciens, auxquels il appartient principalement de rendre témoignage de ce qui s'est passé de leur temps » *(Brièves Réflections)*. L'ouvrage eut un immense retentissement et fut salué dans l'Europe entière. Papebroch s'avoua réfuté de manière à ne pas répondre et Colbert dota Mabillon d'une pension que le moine déclina. De ce succès, datent les missions confiées à Mabillon par la Monarchie pour réunir des documents et des pièces intéressant sa politique ainsi que les fonds bibliothécaires qu'elle constituait. Successivement, Mabillon voyagea ainsi, en Champagne, Lorraine, Bourgogne (1680-1682), puis en Suisse et en Allemagne (1683), enfin en Italie (1685). Il en rapporta des récits de voyage, traités de liturgie, des milliers de copies et de pièces.

La maturité du bénédictin fut occupée par de nouvelles querelles dont la plus importante l'opposa à l'abbé de La Trappe, Armand Jean Bouthiliers de Rancé. Ce gentilhomme devenu après une jeunesse frondeuse et tapageuse l'abbé réformateur de La Trappe publia en 1683 *De la Sainteté et des Devoirs de la vie monastique*, un traité qui fit grand bruit et dont le dessein était d'interdire les études dans l'Eglise de France. A une époque où la légitimité de l'érudition religieuse était fragilisée par la querelle du spinozisme, la riposte s'avérait malaisée. Mabillon attendit 1691 pour contre-attaquer avec *Le traité des études monastiques*. Malgré la cabale de Rancé soutenue par de nombreux courtisans dirigés par la duchesse de Guise, une lutte de pamphlets (avec une réponse de Rancé en 1692 et une contre-réponse de Mabillon en 1693), l'argumentation du bénédictin, appuyée par l'administration de la Monarchie et la neutralité de Bossuet, l'emporta. Cette victoire à la Pyrrhus ne sauvera pas pour autant l'érudition religieuse qui allait capoter définitivement avec la condamnation obtenue deux années plus tard par le Carmel des études bollandistes.

Les dernières œuvres de Mabillon, *Annales ordinis Sancti Benedicti*, 6 vol. in-fol., commencées en 1693, ne furent publiées qu'en 1703-1739. L'élection de Mabillon à l'Académie des Inscriptions et Belles-Lettres en 1701 illustre le passage du relais de l'érudition religieuse à l'érudition laïque. L'homme a laissé le souvenir d'un esprit mesuré et d'un caractère modeste, tout entier dévoué à son ambition de connaissance. Ses compagnons Michel Germain et Thierry Ruinard furent aussi ses fidèles défenseurs. Il est mort à Paris le 27 décembre 1707.

● BIBLIOGRAPHIE. — Ernest CHAVIN DE MALAN, *Histoire de Dom Mabillon et de la Congrégation de Saint-Maur*, Paris, 1843; Henri JADART, *Dom Jean Mabillon 1632-1707, études suivies de documents inédits sur sa vie, ses œuvres, sa mémoire*, Reims, 1879; Emmanuel de BROGLIE, *Mabillon et la société de Saint-Germain-des-Prés à la fin du XVIIe siècle, 1664-1707*, Paris, 1888, 2 vol.

▶ CORRÉLATS. — Chartes (Le cabinet des Chartes), Mauristes.

B. BARRET-KRIEGEL.

Maladie

Chez tous les hommes, chez tous les peuples, la maladie a toujours suscité un besoin d'explication qui s'est exprimé par une abondante mythologie. Vengeance d'une divinité offensée, elle est, d'après les croyances des Grecs, un des maux surgis de la jarre de Pandore pour punir les hommes de leurs ambitions. Sa matérialisation résulte d'une conjonction astrologique défavorable, car le microcosme qu'est l'organisme réagit aux perturbations du macrocosme constitué par les astres.

Conçue par les anciens médecins comme une altération notable et permanente d'une ou plusieurs fonctions de l'économie animale, elle reste, jusqu'à une date récente, malgré Hippocrate qui veut y voir un enchaînement de causes matérielles, comme une intrusion du surnaturel dans le naturel, et l'idée qu'elle est la manifestation de la colère divine, bien que formellement contraire à l'évangile, persiste jusqu'au xixe siècle.

La conception actuelle est celle d'un processus qui déborde temporairement, ou définitivement si elle aboutit à une infirmité ou au décès, les mécanismes régulateurs d'automaintenance de la structure chimique, constamment renouvelée par le métabolisme, qu'est l'organisme humain.

L'Histoire et la maladie

Toujours présente dans la vie des hommes, malgré le mythe de l'âge d'Or, la maladie l'a toujours été, aussi, dans les textes historiques : la Bible et Hérodote en donnent de multiples exemples, et il n'y a guère de chroniqueur du Moyen Age qui ne mentionne la maladie comme facteur important de tel ou tel événement.

Au xixe siècle apparaît une nouvelle conception où, de facteur événementiel, la maladie devient facteur permanent de l'histoire. A cette époque des médecins publient de grands travaux médico-historiques qui ont pour objet principal l'étude du comportement naturel des maladies dans une perspective qui soit à la dimension du mal : celle des siècles. Papon, puis Daremberg en France, Villalba en Espagne, Corradi en Italie, Sticker en Allemagne, Creighton en Angleterre, etc., ont ainsi fait de vastes recensements d'épidémies et des conditions de leur déroulement. Peu à peu, cette histoire s'étend des épidémies à toutes les maladies dont l'identité peut être retrouvée dans les textes anciens. Puis, d'autres médecins découvrent dans ces recherches médicales une nouvelle dimension de l'histoire. Auguste Brachet étudie la pathologie des rois de France, et Cabanès publie de nombreux essais anecdotiques sur ce thème. En 1937, Albert Colnat tente même une première synthèse. Mais il manque à ces derniers travaux une méthodologie historique et ceux, tel Ernest Wickersheimer ou Laignel Lavastine, qui l'appliquent avec rigueur, prolongent seulement les travaux d'histoire des maladies ou les biographies de médecins entreprises au xixe siècle.

Pour les historiens, l'art médical semble alors une spécialité trop éloignée de leur domaine pour s'y aventurer. En 1948, encore, le sixième centenaire de la Peste noire est rappelé sans grand souci épidémiologique et il faut attendre les premiers travaux de démographie historique à la fin des années 1950 pour qu'un nouvel intérêt se manifeste. Le premier, Pierre Goubert dans *Beauvais et le Beauvaisis* cherche les mouvements de la mortalité, de la fécondité, de la nuptialité et des crises, à travers les récoltes, la malnutrition, la misère, et aussi les maladies.

Initiés à la démographie, conscients de son importance dans le passé des populations, les historiens recherchent alors de plus en plus les causes de ses mouvements dans la physiologie et la pathologie. La maladie apparaît vite non seulement comme le facteur principal d'événements historiques majeurs, comme la Peste noire au XIVe siècle, ou la variole dans le conquête du Nouveau Monde, ce qui était déjà connu, mais aussi comme un facteur permanent de l'histoire sociale, et même, un des ressorts cachés de la productivité, de l'activité des marchés et d'une bonne partie de l'économie, à commencer par les subsistances.

L'historien et la maladie

La difficulté de l'entreprise ne résidait pas tant dans la documentation, en général assez abondante surtout à partir du XVIe siècle, que dans son interprétation. Bien des épidémies, pourtant décrites abondamment et parfois avec beaucoup de minutie comme la « peste » d'Athènes par Thucydide, restent encore une énigme pour les médecins d'aujourd'hui, et le langage ésotérique des médecins de l'Ancien Régime, ou même du XIXe siècle est d'autant moins clair que leur propre diagnostic n'était pas très assuré.

Cependant, si l'anciennce médecine décrit presque uniquement des symptômes et des syndromes en confondant souvent ceux qui sont proches en apparence, un certain nombre de maladies, fréquentes à l'époque, présentent des signes pathognonomiques qui permettent de les reconnaître avec une relative certitude, et lorsqu'un diagnostic précis n'est pas possible, on peut au moins ranger l'affection dans une grande catégorie. Plus concrètement, lorsque deux maladies sont confondues, par exemple, la variole et la varicelle qu'on interprétait alors comme une variole atténuée (par exemple, on lit souvent que Louis XV est mort d'une variole contractée pour la seconde fois, mais une lecture attentive des bulletins de santé publiés par ses médecins lors de la première atteinte montre qu'il s'agissait très vraisemblablement de la varicelle). Nous pouvons aujourd'hui quelquefois faire le partage par une étude de démographie historique, car la variole a une forte létalité, non la varicelle, et nous pouvons attribuer à la première les épidémies qui font un assez grand nombre de décès chez les enfants de moins de dix ans. La péripneumonie est presque toujours une pneumonie, il en est de même des cancers (du moins ceux qui sont diagnostiqués à l'époque, c'est-à-dire une petite minorité), des oreillons, de l'épilepsie, de la phtisie pulmonaire, de la pleurésie purulente, de la péritonite, de la rage (ou hydrophobie), du tétanos, du croup, de la goutte, de l'ergotisme (ou mal des ardents) et peut-être de l'occlusion intestinale aiguë, ainsi que des luxations et des fractures les plus caractéristiques. Bien qu'elle soit assez souvent désignée par des appellations vagues comme « la contagion », la peste est si redoutée qu'il est rare qu'on la confonde. La typhoïde et les paratyphoïdes, qui se cachent derrière un nombre considérable de fièvres variées : putrides, malignes, continues... sont moins nettes, de même que les dysenteries; l'apoplexie, sauf précisions, recouvre beaucoup de causes de mort subite, et les pourpres beaucoup de maladies éruptives (rougeoles, scarlatines...) peut-être même le typhus, alors que le « mal chaud » ressemble assez à une épidémie de méningite, et le catarrhe épidémique à la grippe, mais restent souvent énigmatiques ainsi que beaucoup d'autres affections.

Les dimensions de la maladie

D'ailleurs les maladies ne sont pas définies seulement par l'étiologie, elles ont aussi une dimension anatomique, plus importante que de nos jours, car elles se terminaient plus souvent par une infirmité temporaire ou permanente, une double dimension sociale : en amont, par une exposition plus ou moins grande à telle ou telle affection ou épidémie du fait des mœurs, des coutumes, des institutions, de l'hygiène privée ou de l'état social (les blessures pour les militaires, les carences alimentaires pour les journaliers, les épidémies pour les collectivités religieuses...), en aval par un système assez étendu de solidarités assurant la prise en charge des malades et des infirmes, enfin une dimension psychologique et religieuse très importante. Si, en effet, l'Evangile affirme que la maladie ne prend pas sa source dans le péché, l'idée païenne, encore sensible dans l'ancien testament, que l'offense à Dieu est cause des maux physiques de l'humanité persiste dans les masses. Mais, selon le mot de Marcel Sendrail, « jamais avec autant de foi ne fut conférée à la douleur et à la plaie des corps leur valeur positive et infinie ».

A cet égard, la maladie est, avec la pauvreté, à la source d'institutions charitables hospitalières très nombreuses. D'abord hospices du VIe au XIIIe siècle, puis, de plus en plus à partir du XIVe siècle, hôpitaux avec médecins, chirurgiens et apothicaires permanents. Trois maladies ont même leurs hôpitaux spécialisés : la lèpre dès le Ve siècle (la première léproserie est ouverte à Saint-Claude en 460), l'ergotisme ou mal des ardents à partir du XIe siècle (à Saint-Antoine de Viennois en 1095), la peste dès le XIVe siècle (à Rodez en 1350), bien que, pour cette dernière, beaucoup de communautés préfèrent construire dans la campagne où l'air est pur des huttes de bois, où les malades sont isolés, que l'on brûle après l'épidémie.

Le comportement des maladies tient à leur nature qui peut être : héréditaire, de dégénérescence, tumorale, allergique, alimentaire, infectieuses, parasitaire, ou violente (accidentelle). En fait, la très grande majorité des maladies proviennent de la conjonction de plusieurs étiologies, le plus souvent il s'agit d'une interférence entre deux chaînes de causalités : l'une héréditaire, l'autre infectieuse.

Les maladies infectieuses et parasitaires dont nous souffrons n'ont pas toujours existé, comme tout ensemble vivant, elles naissent, se développent, se transforment au fil des millénaires et disparaissent un jour avec l'évolution des causes qui les avaient créées. Leurs relations avec l'homme obéissent aux lois des équilibres biologiques. D'une part leur virulence est inversement proportionnelle à leur ancienneté, car si elles parasitent l'homme depuis des millions d'années il y a eu accoutumance par sélection, et de l'homme et du germe ; les plus graves et les plus terribles sont en principe les plus récentes et plus encore celles qui sont adaptées à d'autres espèces et ne touchent l'homme qu'incidemment, comme la peste, car elles n'ont pas besoin de l'homme pour survivre. D'autre part, les maladies infectieuses dépendent de seuils critiques, car l'équilibre ne persiste que tant que les conditions qui concourent à sa réalisation ne fluctuent pas au-delà de certaines limites de temps et d'intensité.

Au fur et à mesure que l'agriculture et l'élevage humanisent les milieux géographiques et modifient les modes de vie, les causes de maladies, à l'origine essentiellement naturelles, deviennent de plus en plus culturelles : le paludisme, par exemple, dépend de l'irrigation des rizières ou de l'assèchement des marais. Si l'on ajoute à cela la sensibilité génétique de la population et son évolution, les antagonismes entre germes, la présence ou l'absence d'animaux vecteurs ou réservoirs de germes, et les fluctuations climatiques, on conçoit qu'à chaque culture, en un lieu et à une époque donnés, corresponde un complexe pathologique. Mirko Grmek a donné à cet équilibre biologique complexe le nom de pathocénose.

● BIBLIOGRAPHIE. — (Pour la Peste, plus particulièrement, dont l'historiographie est à elle seule considérable, on se reportera à l'article Peste); B. BENNASSAR, *Recherches sur les grandes épidémies dans le nord de l'Espagne à la fin du XVI*^{e} *siècle*, Paris, 1969; A. COLNAT, *Les épidémies dans l'histoire*, Paris, 1937; Jean-Nicolas CORVISIER, *Santé et société en Grèce ancienne*, Paris, Economica, 1985; J.-F. HECKER, *Die grossen Volkskrankheiten des Mittelalters*, Berlin, 1865, rééd. Mildesheim, 1964; J.-P. GOUBERT, *Maladies et médecins en Bretagne au XVIII*^{e} *siècle*, Paris, 1974; M. D. GRMEK, Préliminaires d'une étude historique des maladies, *Annales ESC*, n° 6, 1969; Mirko D. GRMEK, *Les maladies à l'aube de la civilisation occidentale*, Paris, Payot, 1983; F. LEBRUN, *Les hommes et la mort en Anjou*, Paris-La Haye, 1971; J. MEYER, J. PETER et al., *Médecins, climat et épidémies à la fin du XVIII*^{e} *siècle*, Paris-La Haye, 1972; J.-P. PETER, Les mots et les objets de la maladie, *Revue historique*, 1971; Marcel SENDRAIL et coll., *Histoire culturelle de la maladie*, Toulouse, Privat, 1980; Numéro spécial des *Annales ESC* : « Histoire biologique et société », n° 6, 1969.

▶ CORRÉLATS. — Anthropologie historique, Corps, Démographie historique, Peste, Population, Sciences.

J.-N. BIRABEN.

Manuels d'histoire

C'est une *espèce* du *genre* « manuel », genre que *Le petit Robert* définit : « Ouvrage didactique présentant sous un format maniable les notions essentielles d'une science »; l'espèce possède des *variétés* correspondant à l'âge des utilisateurs et au niveau de leurs études (enseignement élémentaire ou secondaire ou supérieur), à des conceptions pédagogiques différentes (mémentos, recueils d'anecdotes ou vies de grands hommes, exposés structurés par une religion ou une idéologie...), voire à la conjoncture historique de leur publication (humiliation nationale de la Prusse après Iéna ou de la France après 1870-1871, décolonisation...)

Apparition. — Leur apparition est liée à l'invention de l'imprimerie et au développement de l'institution scolaire. En France, on peut la dater en gros du XVIIe siècle. Encore les premiers manuels, si l'on peut ainsi les nommer, se présentaient-ils sous une forme bâtarde, aide-mémoire chronologiques, parfois rédigés en latin, qui tâchaient de concurrencer les cahiers de notes manuscrites dictées par le professeur durant son cours. Leur inadaptation est confirmée par Rollin qui écrivait, au début du XVIIIe siècle : « Il serait donc à souhaiter qu'il y eût un ouvrage composé exprès pour les jeunes gens [...] Cet ouvrage ne devrait être ni un simple abrégé, chargé presque uniquement de dates et de noms, ce qui ne peut guère servir qu'à ceux qui savent déjà l'histoire, ni d'une trop grande étendue, car de jeunes gens occupés de beaucoup d'autres études ne peuvent pas donner un temps considérable à celle de l'histoire. » La Chalotais, plus tard et dans une intention dirigiste, demandait « qu'on n'y laissât presque rien à ajouter aux maîtres ». Le XVIIIe siècle finissant se trouvait doté de deux modèles destinés à une longue carrière : l'*Epitome historiæ sacrae* (1784) et surtout, de Lhomond, le *De viris illustribus* (1779). Le niveau élémentaire restait ignoré, l'enseignement de l'histoire était seulement descendu des princes aux jeunes bourgeois. Le décret de la Convention du 9 pluviôse an II, qui ouvrait un concours destiné à procurer de bons manuels élémentaires aux écoles de la République, ne prévoyait pas de livre d'histoire. Encore dans la seconde moitié du XIXe siècle, en France comme en Italie, on admettait que le livre de lecture courante, *livre unique* ou presque, fût chargé d'initier l'enfance populaire au passé national ; ainsi faisaient le *Tour de la France par deux enfants* de Bruno ou, avant lui, le *Gianetto* de L. A. Parravicini. La spécialisation s'affirme décidément autour de 1900. Les tirages des manuels d'histoire se gonflent et finissent par être comparables à ceux des livres de lecture : au record des huit millions d'exemplaires vendus du *Tour de la France* font honorablement face les éditions millionnaires (chez Hachette) du cours Gauthier-Deschamps (cours élémentaire, 1904-1926, 1 050 000 exemplaires vendus ; cours moyen, 1904-1936, 1 089 000) revu par l'inspecteur A. Aymard (cours élémentaire, 1928-1962, 980 000). Dans les pays naguère colonisés et qui ne connaissaient que les manuels métropolitains, destinés surtout aux enfants des colons, l'indépendance a fait brusquement surgir une génération de manuels nationaux et même nationalistes, en réaction contre les premiers.

Forme. — Le manuel est un outil de travail pour le maître comme pour l'élève. Il est conçu en fonction des services qu'il est appelé à rendre. Il doit compléter, prolonger les leçons du maître ; il peut aussi les soutenir, les encadrer.

Un premier problème à résoudre est celui du découpage en tranches, d'autant plus réduites et homogènes que les élèves sont plus jeunes. Mais ce découpage va au-delà des exigences didactiques : il implique une sélection et une organisation des faits, la prise de conscience de courants évolutifs plus ou moins objectifs, des choix idéologiques.

Quant à la structuration matérielle des chapitres ou des leçons, des usages peu à peu se sont imposés qui tiennent compte des divers buts poursuivis et que traduit pour les yeux la diversité des caractères typographiques. Elle comporte habituellement : un sommaire et/ou un résumé ; le texte, avec ses titres bien mis en évidence ; des illustrations ; des documents. Sommaire-résumé, c'est la part faite à la mémorisation, un minimum de faits, de noms, de dates. Le texte doit éclairer l'intelligence mais aussi toucher le cœur et l'imagination, sans fatiguer l'attention, que des anecdotes, des récits ont charge de réveiller ; le style est nécessairement simple et familier, avec un dosage de termes techniques gradué selon les classes. La part de l'illustration n'a cessé de grandir. Elle est capitale pour les plus petits, encore peu familiarisés avec la lecture. De simples gravures d'abord, « petites et imparfaites », puis des photogravures, les premières images en couleurs sont apparues à la fin du XIXe siècle, les premiers manuels tout en couleurs d'Hachette sont de 1933 : on peut penser que c'est l'illustration qui a laissé les impressions les plus fortes et les plus durables ; c'est le choc de la première rencontre de l'enfant avec le passé de son pays. Des cartes, des tableaux chronologiques viennent en complément. La multiplication des « documents », images ou textes, est un fait assez récent qui répond à des facilités techniques nouvelles comme à une orientation nouvelle de l'historiographie, et sans doute aussi à une volonté, de la part des éditeurs, de faire face à la concurrence des *media* d'information. Le procédé a été critiqué, par Marc Ferro par exemple : « ... on passait à l'histoire en miettes, les rations devenant aussi minuscules que celles de la Nouvelle Cuisine, la confection difficile, le langage incompréhensible. La maquette avait pris le dessus sur le texte. »

L'importance croissante de l'aspect fabrication explique que des auteurs aient pu se spécialiser dans le manuel d'histoire sinon dans le manuel tout court. Si de grands historiens comme Ernest Lavisse ont composé des livres élémentaires, d'autres livres, secondaires et primaires, étaient produits en série par des spécialistes qui avaient pleinement maîtrisé les techniques en faveur à leur époque : entre les deux guerres mondiales, le nom d'Albert Malet a été célèbre dans les lycées et les collèges, d'autres l'ont été presque autant dans les écoles primaires. Dès 1843, un Victor Boreau était l'auteur, seul ou en collaboration, de deux *histoires saintes*, d'une *histoire ancienne*, d'une *histoire grecque* et d'une *histoire romaine*, etc., de deux *géographies*, d'une *grammaire française*, etc. Les conditions d'édition pèsent encore d'une autre façon. Il ne peut être question pour une école de renouveler trop souvent ses manuels, ni pour les éditeurs d'en lancer de nouveaux, si ce n'est lorsque les programmes changent. D'où un retard quasi inévitable des manuels en usage sur la conjoncture tant historique qu'historiographique et pédagogique, un déphasage des contenus qui s'accuse quand les événements se précipitent ou que les mentalités changent plus vite.

Fonctions. — Ce sont les mêmes que celles de l'enseignement historique en général. Nous nous contenterons donc de les rappeler.

1 / La fonction morale a été la plus ancienne. Il s'agissait avant tout de former des chrétiens et des hommes à l'imitation des saints et des héros antiques (ou légendaires), ou un peu plus tard, au siècle des Lumières, de former des hommes raisonnables par la connaissance de l'histoire universelle.

2 / L'histoire patriotique a pris ensuite le dessus. Dans l'Europe du XIXe siècle, elle est inséparable de l'éveil des nationalités. C'est la communauté nationale qu'elle exalte à travers les héros qui l'ont fait grandir ou l'ont défendue. Le manuel, le manuel élémentaire surtout, tourne à la galerie de portraits (texte et images, images surtout), au « panthéon scolaire ». Déjà, en attendant de *faire agir*, le manuel *fait rêver*.

3 / Pour de plus grands élèves, il faut en outre justifier la communauté et son action à travers les siècles, donner aux petits Français ou Allemands ou Russes ou Polonais... une bonne conscience nationale. Cela implique une idéalisation, des choix, des silences...

4 / L'affirmation d'une théorie générale de l'histoire peut étayer la justification en situant un régime politique et son évolution dans une perspective qui le dépasse : monarchie de droit divin, progressisme d'hier ou marxisme aujourd'hui.

5 / Enfin le manuel, celui des plus grandes classes surtout, ne saurait ignorer l'historiographie en perpétuelle recherche. Si humble soit-il, il a besoin d'une caution scientifique. L'histoire scolaire tôt ou tard doit se démarquer de la mythologie ou de la légende en prouvant l'objectivité de son exposé; elle doit être crue vraie. De plus en plus elle se veut initiation à la critique.

L'exigence de vérité rejoignant le désir d'une meilleure entente entre les peuples a conduit des enseignants, utilisateurs des manuels nationaux, à en confronter les contenus, à dénoncer certains abus et à les corriger dans la mesure du possible. Il en est résulté, avant et après la seconde guerre mondiale, des rencontres entre professeurs et associations de professeurs d'histoire, français et allemands une première fois en 1938, puis, de nouveau, en 1950-1952..., français et italiens en 1951...; des recommandations ont été publiées dans les bulletins des associations.

Contenus. — Ce qui précède explique que les contenus des manuels ne soient ni autonomes ni définitivement fixés. Ils varient au gré de la conjoncture et de la volonté des pouvoirs. Ce sont d'ordinaire des programmes officiels qui en fournissent la matière, et les instructions qui accompagnent les programmes qui en définissent l'esprit. En France, par exemple, le programme de 1882 voulait cultiver le patriotisme et faire accepter la centralisation républicaine; en 1938, on voulait, pour les jeunes de treize à quatorze ans, désormais astreints à l'obligation scolaire, mettre l'accent sur l'histoire du travail et des travailleurs. Au Canada, le programme de 1949 pour les sept classes de l'élémentaire québécois entendait opérer un recentrage sur le Canada français, sur le « caractère religieux, moral, héroïque et idéaliste » des ancêtres; vivement critiqué à partir de 1960, il tombe en désuétude.

Il est parfois malaisé de concilier morale et vérité, propagande et objectivité scientifique. La parole du maître qui s'efforce de le faire, s'envole, mais le libellé du manuel reste et témoigne. Les variations sont d'autant plus surprenantes qu'elles sont plus rapides, comme dans ces manuels soviétiques où le nom même de Trotski était gommé par la volonté de Staline, en attendant que le sien propre le soit à son tour. Certains transferts de valeurs s'imposaient évidemment : ainsi les « siècles obscurs » du Maghreb, version coloniale, devenus « paix et progrès », nouvelle version nationaliste. L'interprétation marxiste s'accommode mal du patriotisme vivace du peuple polonais; aussi les manuels mettent-ils les enfants en garde contre l'histoire qui se raconte à la maison.

La recommandation fréquente (en Angleterre peut-être encore plus qu'en France) de partir du concret, du cadre local, du passé de la commune ou de la province et des témoignages qui en subsistent, a pu déboucher sur des manuels d'histoire départementale (notamment), quelques-uns fort bons; l'art du maître consiste alors à exploiter conjointement manuels locaux et manuels nationaux.

Le dirigisme des pouvoirs, quand il paraît trop lourd, engendre des résistances. La plus familière pour nous, Français, est celle qui a opposé à l'école d'Etat les partisans de l'école catholique. On a parlé d'une « guerre des manuels »; elle s'est combattue dans les régions restées les plus catholiques (pétitions contre les « mauvais livres », mises à l'index, voire autodafés) comme au Parlement (en 1910, le ministre de l'Instruction publique, Gaston Doumergue, y déclarait que « les manuels d'histoire doivent enseigner les gloires républicaines et les conquêtes de la pensée moderne »). J. Freyssinet-Dominjon a confronté la série des *Manuels d'histoire de l'école libre* publiés de 1882 à 1959 à la série correspondante des manuels laïques : défense d'une histoire providentielle et cléricale (au bon comme au mauvais sens du terme), défense d'un ordre politique et social contre-révolutionnaire ; à ces fins d'autres héros, d'autres événements passent au premier plan. Avec le temps et l'atténuation du conflit, les deux séries se rapprochent, ont plus de choses en commun. Des pacifistes d'avant 1914 recouraient eux aussi au manuel d'histoire pour promouvoir leur idéal, tel Gustave Hervé publiant en 1914 une *Histoire de France* à l'usage des cours élémentaires.

Manuels d'histoire et mémoire collective. — Il serait intéressant de mesurer l'influence qu'ont pu exercer sur leur clientèle scolaire les manuels d'histoire. On s'y est essayé avec un succès forcément limité. Le savoir puisé dans les manuels chemine dans les esprits et les cœurs tout au long de la vie, il se mêle à d'autres savoirs, puisés à d'autres sources, qui le contredisent ou le renforcent. En outre, l'acquis scolaire, « la culture scolaire », est un ensemble où il est difficile de faire la part de chaque composante. Deux sondages, le premier de 1948, le second, plus étoffé, de 1980, ont surtout permis de constater la persistance des modèles plus ou moins mythifiés proposés dans les livres élémentaires, et qu'il existe une relation entre le nombre d'illustrations consacrées aux héros nationaux et la force des souvenirs enregistrés. Le sondage de 1980 a permis de dépasser un peu ce niveau superficiel : il suggère qu'une histoire, longtemps polarisée par les guerres, a contribué à entretenir, chez une majorité de « sondés » (53 %), la conviction que les guerres ont été le moteur premier de l'histoire ; il donne aussi à entendre qu'un enseignement historique prolongé, affiné, au niveau secondaire, a pu développer une attention plus grande aux changements politiques et sociaux. D'une étude plus poussée et plus précise de l'influence des manuels sur la sensibilité au passé, les moyens restent à trouver.

● BIBLIOGRAPHIE. — Jacqueline FREYSSINET-DOMINJON, *Les manuels d'histoire de l'école libre, 1882-1959*, Paris, 1969 ; Christian AMALVI, *Les héros de l'histoire de France*, recherche iconographique sur le panthéon scolaire de la IIIe République, Paris, 1979 ; Marc FERRO, *Comment on raconte l'histoire aux enfants à travers le monde entier*, Paris, 1981 ; Université de Paris VII, Colloque *Enseigner l'histoire — des manuels à la mémoire*, à paraître fin 1983.

▶ CORRÉLATS. — Didactique de l'histoire, Enseignement de l'histoire, Lavisse, Nationale (Histoire).

M. CRUBELLIER.

Marginaux

On ne peut nier que l'intérêt de la science historique pour les marginaux date de 1968, même si la création en 1929 des *Annales*, revue d'histoire économique et sociale, et l'essor de l'histoire sociale et des mentalités ont sans aucun doute permis petit à petit à ce thème de la marginalité de prendre une place de premier plan dans l'historiographie française. En deçà de l'interprétation marxiste et convaincue du bien-fondé d'interroger l'histoire à partir des questionnements de l'actualité, l'histoire des marginaux a dans un premier temps fait figure de pionnière. Les exclus de l'histoire, d'habitude toujours passés sous silence parce que non acteurs de l'événement historique, sont devenus ceux qui pouvaient éclairer le fonctionnement des normes collectives dans une société donnée. Ainsi le regard s'est-il inversé ; en donnant priorité aux déviants, aux criminels, à ceux que l'ordre cherchait à contraindre, à réprimer ou à corriger, l'historiographie tentait de répondre à la question si difficile des rapports complexes et évolutifs qu'une société entretient avec ceux qui refusent, volontairement ou non, momentanément ou non, les codes et règles qui la fondent, la cimentent et même parfois la nomment. Un ouvrage fondateur était venu en 1961 mettre l'accent sur cette nouvelle lecture de la société : l'*Histoire de la Folie à l'âge classique* de Michel Foucault développait la thèse du grand renfermement des pauvres dès 1656 et montrait combien cette forme d'exclusion avait à nous apprendre sur les mécanismes de la société occidentale — la période du Moyen Age puis celle des XVIe et XVIIe permet des approches tout à fait riches, car on ne peut nier que l'Europe occidentale des XIe et XIIe siècles vit un large mouvement d'intégration de toutes les marginalités et qu'à travers son idéal de pauvreté et de nomadisme, elle ne cherche à refuser personne mais au contraire à convaincre, persuader et intégrer. Ce sont les difficultés économiques du bas Moyen Age qui feront de la misère, de la maladie et des épidémies un handicap si massif que pauvreté, mendicité, déviance, marginalité et maladie se confondront en une sorte de fléau redoutable contre lequel se défendre. A partir de ce moment, les villes ne cesseront de développer des systèmes de défenses contre pauvres et gens sans aveu, oisifs et voleurs, tous amalgamés dans une même pénombre. La fin du XVIIe et le XVIIIe siècle parachèveront la fabrication d'un ordre social fondé sur le travail et le domicile fixe avec d'innombrables réglementations et de grandes ordonnances royales, cherchant à contraindre, mois après mois et sans beaucoup de succès, une population pour qui mendicité et oisiveté ne sont pas vice.

L'histoire s'est attachée à travailler sur tous ces déplacements de mentalités et de politiques, de cultures et de résistances à l'ordre dans de nombreux travaux qui cernent à la fois la réalité de la pauvreté, de la mendicité et de la criminalité, celle de la législation comme celle de l'opinion publique. Parallèlement les historiens du XXe siècle analysent les techniques disciplinaires, à la suite du livre de M. Foucault (*Surveiller et punir*, 1976), les établissements correctifs, la délinquance, les prisons, ainsi que certaines catégories de déviants ou de marginaux sur lesquels la société repose aussi (comme les prostituées par exemple étudiées par A. Corbin). Il faut d'ailleurs souligner qu'une partie de l'attention pour l'histoire des femmes est née de cette nouvelle façon d'interroger la société : exclues de l'histoire, il fallait les réentendre et comprendre les mécanismes de domination du masculin sur le féminin. En même temps, on s'interroge sur la culture marginale avec ses signes, ses codes d'honneur, ses rites d'inversion, ses pratiques festives comme étant une sorte de double de la société en place, un défi à ses normes et peut-être une confortation implicite à son système de valeurs. C'est l'intérêt des études sur les héros du brigandage, les traditions de révoltes populaires, comme les camisards ou les Ciampi florentins, les pratiques dissidentes comme celles des convulsionnaires de Saint-Médard, etc. A partir de là, un nouveau territoire de l'historien apparaît : celui des cultures populaires et de la façon dont celles-ci intègrent ou distordent en se les appropriant les valeurs dominantes. De même, cela permet de travailler sur toutes les formes de sociabilité clandestines en même temps que sur la réalité des oppositions et des résistances à l'ordre.

L'histoire de la marginalité, née au moment où la société se questionnait sur ce qui la motivait et remettait en cause certaines de ses valeurs établies comme le système scolaire, la famille ou les systèmes d'enfermement, a elle-même subi bien des transformations. Toujours présente au cœur de l'historiographie, elle se fait de plus en plus inventive pour cerner à travers toutes les manifestations de non-appartenance à l'ordre la façon dont une société sévit contradictoirement, et parvient parfois à transformer la plupart de ses normes collectives à travers des systèmes ambivalents d'adhésion et de refus, de défi et de dérision. L'existence d'écarts multiples par rapport à la règle permet à l'histoire de travailler sur ces déplacements, symptômes privilégiés des mouvements profonds des sociétés.

● BIBLIOGRAPHIE. — B. GEREMEK, *Les marginaux parisiens aux XIVe et XVe siècles*, Flammarion, 1976; J.-P. GUTTON, *La société et les pauvres*, Lyon, XVIIIe siècle, Ed. Les Belles-Lettres, 1970; *Cahiers Jussieu*, Les marginaux et les exclus de l'histoire, 10/18, 1979; *RHMC*, Marginalité et criminalité à l'époque moderne, 1974.

▶ CORRÉLATS. — Criminalité, Foucault, Révoltes, Sociale (Histoire).

A. FARGE.

Maritime (Histoire)

L'histoire maritime est l'histoire de tout ce qui touche à la mer, à la marine, aux marins; en ce sens, comme l'histoire rurale par exemple, ou bien l'histoire urbaine, elle n'est (en tout cas ne devrait être) que l'un des modes de l'histoire totale.

En fait, ses ambitions ont souvent été plus limitées dans la mesure où elle est demeurée longtemps prisonnière de ses origines. A quelques exceptions près en effet (le Crète antique ?, la Hollande au XVIIe siècle ?), la vocation maritime a toujours constitué, même chez les peuples marins, un phénomène marginal au sein de civilisations globalement et profondément terriennes; de là vient sans doute qu'au XIXe siècle l'histoire maritime soit née dans un milieu à très forte spécificité, celui des officiers de marine en retraite ou en disponibilité. Par formation et par goût, ils l'ont orientée dans deux directions qui sont ensuite restées privilégiées : d'une part, l'histoire des marines de guerre et de leurs luttes pour la domination des mers; d'autre part, l'histoire technique du navire et de la navigation.

Nous leur sommes redevables, pour le second point en tout cas, d'un immense travail d'érudition qui reste à la base de notre savoir sur la marine classique (que d'ailleurs la plupart d'entre eux avaient personnellement connue quand elle était à son apogée, juste avant de disparaître devant la concurrence du steamer). Cette œuvre, symbolisée en France par des noms comme Jal ou Jurien de La Gravière, a suscité une tradition ensuite illustrée par Guilleux La Roerie, puis Louis Denoix, et qui est encore vivace aujourd'hui.

Liée à l'histoire du navire, celle de la navigation et des routes maritimes s'est longtemps polarisée sur la question des « grandes découvertes » en donnant lieu à des débats trop souvent faussés par les passions nationales : celles des Ibériques à l'heure où ils découvraient leur retard par rapport au reste de l'Europe, celles des Italiens et des Allemands qui venaient de forger leur unité politique, celles des Anglais et des

Français qui se disputaient le monde colonial à coup d'arguments fondés sur l'antériorité dans la découverte. La controverse sur la réalité de la science portugaise, plus encore celle autour de Colomb et de ses origines, sur le rôle de Behaim et des Pinzon, voire des Basques ou des Normands, sont typiques à cet égard. Ces questions, heureusement, sont aujourd'hui à peu près débloquées depuis les travaux de l'Américain S. E. Morison sur Colomb, et grâce aux liens noués récemment avec l'histoire des sciences. Mais c'est évidemment dans le domaine de l'histoire navale que l'histoire maritime a le plus souffert de ces partis pris nationalistes, et particulièrement en France de toutes les rancœurs antibritanniques accumulées par la « Royale », depuis La Hague jusqu'à Trafalgar et Mers el-Kebir. En outre les grands monuments du genre, édifiés vers la fin du XIXe siècle ou au début du XXe par Guglielmotti ou Manfroni en Italie, par Fernandez-Duro en Espagne et Ch. de La Roncière en France, sont représentatifs d'une « histoire-batailles » surtout réduite aux *res gestae* de quelques grands marins. L'Américain A. J. Mahan avait pourtant, dès cette époque, montré tout l'intérêt d'une étude des facteurs de la puissance navale, c'est-à-dire de l'infrastructure des flottes et de la politique maritime, au sens large, des Etats. Dans cette voie, c'est l'historiographie anglo-saxonne qui s'est montrée la plus féconde grâce aux publications de la *Navy Society*, fondée en 1893 (plus de 120 volumes de sources édités à ce jour), et à des travaux de valeur comme ceux de R. G. Albion, R. C. Anderson, J. Bromley, J. S. Corbett, G. J. Marcus, ou M. Oppenheim.

Au cours de ces trente dernières années, l'histoire maritime a connu une véritable re-naissance en s'ouvrant à des problématiques nouvelles : celles de l'histoire économique et sociale dans un premier temps et, depuis peu, celles de l'anthropologie historique et de l'histoire des mentalités. Outre des questions de modes, ce renouveau doit beaucoup à l'œuvre de Fernand Braudel : sa *Méditerranée*, bien sûr, dépasse largement l'histoire maritime puisqu'elle embrasse l'épaisseur d'un monde; mais elle contient quelques-unes des plus belles pages d'histoire maritime jamais écrites; et surtout, en s'offrant comme un projet d'histoire totale centré sur un espace marin, elle proposait à l'histoire maritime une ambition et un statut lui permettant d'échapper au ghetto de la marginalité érudite. Ce droit de cité s'est ensuite confirmé et précisé grâce aux 18 colloques tenus depuis 1957 sous l'égide de la Commission internationale d'Histoire maritime et de son président Michel Mollat.

Le titre d'une collection de la VIe Section de l'Ecole pratique des Hautes Etudes, « Ports, routes, trafics », résume assez bien l'orientation nouvelle des historiens de la mer dans les années 1950-1970. Désormais on ne s'intéresse plus seulement aux marins et aux navires (de préférence dans leur fonction guerrière), mais aussi (quelquefois mais surtout), aux marchandises transportées et d'une manière générale à tout ce qui touche, vers l'amont ou vers l'aval, au transport maritime : la construction navale, les armateurs, les affréteurs, l'assurance, les mécanismes portuaires, l'organisation et le fonctionnement de l'escale, la quarantaine, etc., tous problèmes qui n'avaient été abordés jusque-là que par de très rares précurseurs, tel P. Masson au début de ce siècle. Ce nouveau regard imposait évidemment un renouvellement des méthodes et notamment le recours à l'histoire quantitative dont Pierre Chaunu offre le plus monumental exemple avec les 12 tomes de son *Séville et l'Atlantique*. C'est donc principalement comme branche de l'histoire économique (et, en France, souvent dans le cadre de la thèse universitaire) que l'histoire maritime a donné pendant vingt ans ses plus belles productions avec, entre autres, les travaux de J. Rougié, H. Ahrweiler, J. Heers, F. C. Lane, R. Romano, A. Tenenti, V. Magalhaes Godinho, F. Mauro, R. Davis, J. Delumeau, J. Meyer, L. Dermigny ou plus récemment J. C. Hocquet et M. Balard. En revanche, malgré des œuvres de valeur, comme celles de R. Memain, C. C. Llyod et J. Bernard par exemple, l'histoire sociale des gens de mer était restée dans l'ensemble négligée et c'est par conséquent là qu'on peut espérer dans l'avenir les apports les plus neufs, concernant les modes de vie, les rapports sociaux, les comportements collectifs, les mentalités, etc. Le problème étant, bien entendu, celui des formes de spécificité du ou des « milieux » maritimes, des enquêtes sont en cours sur le recrutement, les salaires, l'alimentation, les pèlerinages, l'onosmatique navale, etc. Déjà, on commence à en savoir plus en matière de démographie maritime grâce à A. Cabantous ; et l'enquête sur les ex-votos lancée par M. Mollat a permis d'éclairer les attitudes des gens de mer devant le danger et devant la mort.

L'histoire maritime a donc devant elle un vaste champ de recherche encore ; d'autant que l'élargissement des horizons et le renouvellement des méthodes ont entraîné un rajeunissement même à l'égard de ses centres d'intérêts les plus traditionnels. L'histoire du navire notamment a bénéficié du développement spectaculaire des techniques archéologiques, et il y a encore beaucoup à espérer dans cette voie. Cependant le recours à l'archéologie sous-marine, d'un apport irremplaçable, pour l'intelligence des marines de l'Antiquité ou du haut Moyen Age, n'est probablement qu'un luxe un peu inutile en ce qui concerne les marines classiques mieux appréhendées par l'exploitation systématique de fonds d'archives très riches. Par exemple, le traitement informatique des principales flottes de guerre de 1660 à 1815 tel qu'il est entrepris sous la direction de J. Meyer devrait permettre de préciser non seulement l'évolution du potentiel naval et du rapport des forces, mais aussi la place que les industries de la mer ont pu tenir dans l'essor économique européen à cette époque. On le voit, en s'élargissant progressivement, l'histoire maritime n'a rien perdu de sa personnalité, tout en gagnant en signification.

● BIBLIOGRAPHIE. — Augustin JAL, *Glossaire nautique*, 2 vol., Paris, 1848 (une réédition révisée est en cours, sous l'égide de la Commission française d'Histoire maritime, sous le titre *Nouveau Glossaire nautique d'Augustin Jal*, Paris et La Haye, 1973 et suiv., 4 vol. parus de A à E); Michel MORINEAU, *Jauge et méthodes de jauge anciennes et modernes*, « Cahier des Annales », n° 24, Paris, 1966; Charles de LA RONCIÈRE, *Histoire de la marine française*, 19 vol., Paris, 1906 et suiv.; Lionel CASSON, *Ships and Seamanship in the Ancient World*, Princeton, 1971; Michel MOLLAT, *Etudes d'Histoire maritime (1938-1975)*, Turin, 1977; Frederic C. LANE, Progrès technologiques et productivité dans les transports maritimes de la fin du Moyen Age au début des Temps modernes, *Revue historique*, n° 251 (1974), p. 277-302; Frederic C. LANE, *Navires et constructeurs à Venise pendant la Renaissance*, Paris, 1965 (1re éd. anglaise en 1934); Amiral Samuel E. MORISON, *Amiral of Ocean Sea. A Life of Christopher Columbus*, Boston, 1942; Jacques BERNARD, *Navires et gens de mer à Bordeaux (vers 1400 vers 1550)*, 3 vol., Paris, 1968; Ralph DAVIS, *The Rise of The English Shipping Industry in the 17th and 18th Centuries*, Londres, 1962; Amiral Alfred T. MAHAN, *The Influence of Sea Power upon History (1660-1783)*, Cambridge, Mass., 1890; Alain CABANTOUS, *La mer et les hommes. Pêcheurs et matelots dunkerquois de Louis XIV à la Révolution*, Dunkerque, 1980; Tim J. A. LE GOFF, Offre et productivité de la main-d'œuvre dans les armements maritimes français du XVIIIe siècle, *Histoire, Economie et Société*, n° 3 (1984), p. 457-474.

Et, bien sûr, outre les chapitres « maritimes » des grandes thèses d'histoire économique de ces trente ou quarante dernières années, la série des dix-huit Colloques internationaux d'Histoire maritime publiés chez divers éditeurs, dont on pourra se procurer la liste auprès de la Commission française d'Histoire maritime, Archives nationales, 60, rue des Francs-Bourgeois, 75141 Paris Cedex 03.

▶ CORRÉLATS. — Braudel, Economie (Histoire économique), Techniques.

M. FONTENAY.

Marrou Henri-Irénée, 1904-1977

Une carrière facile et brillante a conduit H. Marrou de l'Ecole normale supérieure (1925-1929) à l'Ecole de Rome (1930-1932), puis à l'Institut français de Naples; il soutient ses thèses de doctorat en 1938, ce qui lui permet, après un passage à l'Université du Caire, d'enseigner successivement aux universités de Nancy, Montpellier et Lyon, puis d'obtenir la chaire d'histoire des origines chrétiennes à la Sorbonne en 1945. Son élection à l'Académie des Inscriptions et Belles-Lettres en 1967 couronne cette carrière.

L'homme n'est pas moins grand que le professeur et le savant. C'est un maître rayonnant et bon, qui associe à plaisir l'humour et la profondeur, amical envers chacun, aimé de tous. Cet humaniste chrétien s'engage quand il le juge nécessaire dans les événements dramatiques de son temps, la résistance à l'occupant nazi et l'aide aux Juifs, la guerre d'Algérie; il a été un collaborateur de la revue *Esprit* dès ses débuts. Dans la profusion de son œuvre, on peut distinguer, d'abord, la part de l'érudition, notes, communications, articles de revues ou de dictionnaires, consacrés à l'archéologie romaine et chrétienne et à l'épigraphie, des éditions de textes (l'épître *A Diognète*, le *Pédagogue* de Clément d'Alexandrie). Vient ensuite la part maîtresse : les travaux nés de sa rencontre avec saint Augustin, sa thèse, *Saint Augustin et la fin de la culture antique* (1937, rééditée en 1945 avec une importante *Retractatio*), un *Saint Augustin et l'augustinisme* dans la collection « Maîtres spirituels » (1955), une *Théologie de l'histoire* (1968). Le merveilleux élargissement de sa réflexion et de sa recherche se marque dans trois directions : musique, éducation et culture. Musicologue, sous le nom d'Henri Davenson, il a donné un bulletin périodique à la revue *Esprit* (1938-1941/1946-1951) et publié *Le livre des chansons* (1944), avec une introduction à la connaissance de la chanson populaire française qui est un chef-d'œuvre. Son *Histoire de l'éducation dans l'Antiquité* (1948), constamment rééditée et traduite en une demi-douzaine de langues, est devenue un « classique ». L'autocritique qu'il a faite de sa thèse *(Retractatio)* jalonne le plein épanouissement de son génie; c'est l'immense horizon d'une histoire de la culture qu'il déploie à partir du cas de la culture antique, la *Spätantike*, non pas décadente au temps d'Augustin, comme il l'avait d'abord cru, mais en mutation. Il en vient alors à écrire son traité *De la connaissance historique* (1954), manifeste pour l'histoire culturelle qui est la sienne, une histoire qui est dialogue entre l'historien d'aujourd'hui (et sa culture) et les hommes d'hier (et leurs cultures); il la résume en cette formule : « La valeur, j'entends la vérité du travail historique, sera à proportion de la richesse humaine de l'historien », qui fait écho à celle d'Augustin par lui citée : *et nemo nisi per amicitiam cognoscitur* — la clé de sa vie et de son œuvre.

● BIBLIOGRAPHIE. — On trouve une bibliographie des travaux d'Henri Marrou (Davenson) dans : *Pour Henri Marrou*, 7 mai 1968, bibliographie exhaustive jusqu'à cette date. A compléter par : H. I. MARROU, *Décadence romaine ou antiquité tardive? IIIe-VIe siècle*, Paris, Ed. du Seuil, 1577; H. I. MARROU, *Crise de notre temps et réflexion chrétienne (de 1530 à 1975)*, Paris, Beauchesne, 1978 (introd. de J.-M. MAYEUR, préface de Charles PIETRI); H. I. MARROU, *Christiana Tempora*. Mélanges d'histoire, d'archéologie, d'épigraphie et de statistique, Ecole française de Rome, 1978, avec une bibliographie qui complète celle du recueil. *Patristique et humanisme. Mélanges Marrou*, Paris, Ed. du Seuil, 1976.

▶ CORRÉLATS. — Christianisme, Religions (Histoire des religions), Théorie de l'histoire.

M. CRUBELLIER.

Marx Karl, 1818-1883

L'historien

L'histoire proprement dite ne tient qu'assez peu de place dans l'ensemble de l'œuvre de Marx : *Les luttes de classes en France, Le XVIII Brumaire, La guerre civile*, les articles sur « La révolution espagnole » et sur « Bolivar », les chapitres du *Capital* sur l' « accumulation primitive », certains raccourcis peut-être du *Manifeste communiste*. S'il la veut maîtresse-science, l'histoire n'est pas son objet. Bien plus : en biffant dans le manuscrit la célèbre phrase de *L'Idéologie allemande* : « Nous ne connaissons qu'une seule science, la science de l'histoire », il place son rapport à l'histoire sous le signe de la dénégation ou de l'ambiguïté.

Dans ce rapport à l'histoire — comme dans la représentation qu'il en a — interviennent des théories et des pratiques concrètes : Hegel, qui lui apporte une promesse d'intelligibilité (« ce que le concept enseigne, l'histoire le montre avec la même nécessité »); l'école historique du droit, l'un des lieux de sa rupture avec l'idéalisme; l'enseignement des historiens allemands : la critique des sources chez Niebuhr et Ranke, la distinction entre histoire et sciences de la nature chez Humboldt; les historiens français, crédités des premières descriptions des luttes de classes; les économistes, enfin, « qui sont les historiens de cette époque » — sous-entendu : les véritables historiens.

C'est à ces derniers, à Ricardo surtout, qu'est empruntée l'idée — « C'est dans l'économie politique qu'il convient de chercher l'anatomie de la société civile » — qui médiatise « formation sociale » et « mode de production », « histoire » et « économie », « événement » et « structure », et qui articule l' « idéologie » avec la « société civile », elle-même enracinée dans le « mode de production ». L'objet du *Capital*, la « critique », au sens kantien, de l' « économie politique », restitue les grandes séquences de modèle — de l'idéologie au mode de production — et en illustre la méthode : l'élimination de l' « accidentel » au bénéfice de l'antécédent logico-historique. Sans doute ce modèle n'intervient-il pas dans sa totalité dans l'analyse d'un « événement » comme la Révolution espagnole, mais c'est là la démarche qu'emprunte le Marx historien.

Cette correction de l' « historique » par le « logique » le préserve de l'historicisme : non seulement de cette sanctification de l'advenu qu'il refuse dès 1844 en stigmatisant l'engouement de l'école historique du droit pour le « knout historique », mais de la conversion du « présent » en

« histoire » que paraissent réaliser des œuvres qui, hormis son malencontreux article de commande sur Bolivar, naissent toutes de l'événement : *Les luttes de classes*, *Le XVIII Brumaire*, *La Révolution espagnole*, etc. Et encore s'agit-il moins de cette primauté sur l'histoire que Hegel confère au « présent » (rien de commun entre le « présent » du *XVIII Brumaire*, déterminé, encore ouvert, et la « fin de l'histoire », cette « tombée de la nuit » qu'élit le philosophe), que de la thèse énoncée depuis par Croce selon laquelle l'histoire est « toujours écrite du point de vue [subjectif] du présent ».

Thèse dont *Misère de la philosophie* et l'*Introduction* de 1859 repèrent l'erreur substantielle : réduire le « logique » au « chronologique », confondre « histoire réelle » et « succession historique », et donc se condamner (mis à part, s'entend, l'invention de nouvelles sources) à réécrire interminablement l'histoire au fil de cette succession. Comme l'expriment quelques formules frappantes (« On ne peut comprendre la rente foncière sans le capital [qui, pourtant, lui "succède"], mais on comprend bien le capital sans la rente foncière [qui, chronologiquement, le "précède"] »; « L'anatomie de l'homme est une clé pour l'anatomie du singe », etc.), ce n'est pas « leur ordre apparemment naturel » ou « leur évolution historique » qui détermine l' « ordre de succession » des catégories économiques, mais « leur structuration au sein de la société bourgeoise contemporaine » *(Misère de la philosophie)*. Ce n'est pas, autrement dit, sa « contemporanéité », mais le caractère opératoire des concepts utilisés par l'historien — les « luttes de classes » pour comprendre l'ascension de Louis Bonaparte, le « mode de production capitaliste » pour reconstruire la « genèse historique » du capital — qui donne au « présent » son droit de regard sur l'histoire.

Reste pourtant une question que cette méthode laisse — *a priori*, tout au moins — sans réponse : celle du (ou des) « sujet(s) » de l'histoire. Qu'il y ait « sujet », Marx en est en effet convaincu. Mais son œuvre en propose schématiquement trois figures : un collectif générique ou anthropologique, les « hommes » ou l' « humanité », qui paraît renvoyer à l'universelle « condition humaine »; les « classes » et leurs luttes, voire la « formation sociale » tout entière; les « modes de production », enfin, porteurs d'un développement propre étranger aux hommes, que Marx désigne comme « la préhistoire de la société humaine ». L'hypothèse est, certes, tentante de repérer dans ces « sujets » les trois grands niveaux évoqués précédemment : « idéologie », « société civile » et « mode de production ». Mais, là encore, c'est à l'histoire qu'appartient d'en confirmer ou d'en invalider la pertinence : tout comme elle doit le faire du reste — assez paradoxalement — pour avérer les concepts qui s'emploient à la déchiffrer.

● BIBLIOGRAPHIE. — P. VILAR, Histoire marxiste, histoire en construction, *Annales ESC*, Paris, A. Colin, 28ᵉ a., nᵒ 1, janvier-février 1973, p. 165-198; ID., Marx e la storia, in *Storia del marxismo*, Turin, Einaudi, 1978, t. I, p. 57-90; G. DELLA VOLPE, *Rousseau et Marx, et autres essais de critique matérialiste*, trad. et introd. de R. PARIS, Paris, Grasset, 1974; ID., *La logique comme science historique*, trad. et introd. de P. METHAYS, Bruxelles, Ed. Complexe, 1977; M. LOWY, Marx devant l'événement : la Révolution espagnole (1854-1856), *Le Mouvement social*, Paris, Les Editions Ouvrières, nᵒ 60, juillet-septembre 1967, p. 79-88; H. FELLER, Marx devant l'événement, L'échec de la révolution libérale en Espagne (1810-1814), *Manteia*, Marseille, nᵒ 5 (1968), p. 81-97.

▶ CORRÉLATS. — Crise, Economie, Luttes de classes, Marx (Histoire marxiste).

R. PARIS.

Histoire marxiste

La naissance d'une histoire se réclamant du « marxisme » est inséparable de la systématisation de la doctrine marxienne qui suit la mort de Marx. Exemplaires de sa pratique, les écrits historiques de ce dernier ne pouvaient constituer un *organon*, l'historien occasionnel qu'était Marx s'étant gardé d'extrapoler une méthode de son travail de terrain.

En inventant en 1892 le « matérialisme historique » (l'*Anti-Dühring* parlant plus modestement en 1878 de « conception matérialiste de l'histoire »), Engels énonça ce que serait une histoire « marxiste » : non tant une discipline construite au fil de la recherche empirique, que l'illustration sectorielle de ce « matérialisme » dont les travaux de Morgan ou des physiciens confirmeraient la validité dans d'autres domaines de la science. Cette codification se poursuivit sous l'autorité de Kautsky et de Plekhanov, puis de Lénine et surtout de Staline.

Toute science se définissant par son objet, ses frontières et ses méthodes, l'histoire « marxiste » eut d'abord du mal à se spécifier. Déjà, les luttes de classes n'étaient pas son apanage. Banc d'essai de l'historiographie socialiste, la Révolution française, par exemple, était un terrain disputé. Kautsky reconstruisait-il *La lutte des classes en France en 1789* (1889), son interprétation « orthodoxe » était battue en brèche par celle de Jaurès ou de Kropotkine, remise en question par les travaux de Kareev ou de Loutchiski sur la paysannerie sous l'Ancien Régime.

Objet spécifique s'il en fut, même le « capital » n'était pas toujours conceptualisé; des disciples tardifs de Mommsen s'obstinaient à parler de « capital tout court » dès qu'ils repéraient du « capital marchand ». Tentant de réagir, Georges Sorel et Alfred Bonnet faisaient publier en 1906 *Le capitalisme dans le monde ancien* de Giuseppe Salvioli, bientôt traduit en plusieurs langues; mais vingt ans plus tard Mikhaïl Rostovtzev (*The Social and Economic History of Roman Empire*, 1926) et Corrado Barbagallo (*L'oro e il fuoco. Capitalismo e lavoro attraverso i secoli*, 1927) retombaient dans les mêmes ornières.

Sur certains domaines pesait aussi la condamnation engelsienne des « peuples sans histoire ». D'autres thèmes, pourtant neufs, étaient hypothéqués ou interdits : l'analyse des modes de production devait se couler dans les moules préparés par Engels, les premières mises en perspective du « marxisme » étaient le fait de « révisionnistes » ou d'universitaires comme Sorel ou Charles Adler, et si, préfigurant la *Wissenssoziologie*, Labriola suggérait parmi les champs possibles la *critique de la connaissance*, il n'était pas entendu.

Que les frontières de la nouvelle science étaient mal jalonnées, Lafargue en apportait involontairement la preuve avec *Le matérialisme économique de Karl Marx* (1884) qui accréditait la confusion entre « matérialisme historique » et « matérialisme économique ». Les assauts de Plekhanov contre Mikhaïlovski et Goltsev, ses efforts pour séparer chez Paul Lacombe le bon grain de l'ivraie, les piques de Labriola contre James Rogers et ses foucades contre Loria (que Croce « exécuta » en 1896) attestaient combien ces frontières devaient être défendues.

Adversaires et amis qui traquaient le « facteur économique » cédaient à une pente générale : se donner une image simplifiée de la « méthode » pour en user de manière simpliste. Même Engels en était conscient :

mettant en garde de jeunes disciples contre une telle simplification de la méthode et contre la réduction du « matérialisme historique » à une « sociologie » (*Der Sozialistische Akademiker*, n°s 19 et 20, 1895), il prêchait d'exemple en esquissant dans une lettre à Margaret Harkness (1888) une lecture « symptomale » de Balzac.

Sans doute la recherche complète débouchait-elle aussi sur des œuvres de qualité : *Zur Geschichte der deutschen Sozialdemokratie* de Mehring (1877), *Le développement du capitalisme en Russie* de Lénine (1899), *Magnati e popolani a Firenze* de Salvemini (1899) ou l'*Histoire de la Russie* de Pokrovski (1910-1913). Mais les grandes références et les modèles restaient les derniers écrits d'Engels, *Le déterminisme économique* de Paul Lafargue (1907), les essais de Plekhanov sur *Le développement de la conception moniste de l'histoire* (1895) et sur *Le rôle de l'individu dans l'histoire* (1898).

Et surtout la cassure entre « socialisme » et « mouvement ouvrier » qui définissait ce « marxisme » de la IIe Internationale, mettait en échec le projet marxien d'une histoire qui fût science unique, la dislocation de la pensée de Marx en « matérialisme historique » et « matérialisme dialectique » (une invention de Plekhanov) limitant les ambitions de la doctrine à la réalisation d'une « sociologie ».

Ce point de vue — qu'avait partagé le jeune Lénine — fut repris par Boukharine et les théoriciens bolcheviks après la révolution russe. La condamnation d'*Histoire et conscience de classe* et de *Marxisme et philosophie* écarta dès 1923 le projet lukacsien d'une histoire écrite du point de vue de la « totalité » et l'historicisation du « marxisme » ébauchée par Korsch. A l'instar des autres sciences, l'histoire devait obéir au principe de *Partiinost* mis en œuvre par Lénine dès *Matérialisme et empiriocriticisme* (1908). Il en allait de la légitimité du parti, du caractère de la révolution et du statut du régime, de la stratégie de la IIIe Internationale. Pokrovski dut ainsi renoncer à voir dans la révolution « bourgeoise » de février le début de la révolution « socialiste » et, suite aux revers de la révolution chinoise, un décret mit fin en 1931 aux débats sur le mode de production asiatique.

L'arrestation des historiens « bourgeois » en 1929 consacra l'hégémonie de l'histoire « marxiste » dont l'enseignement fut réorganisé par une résolution du Comité central de 1934. Un article de Staline Sur certains problèmes de l'histoire du bolchevisme (*Proletarskaïa Revolutsia*, 1931) avait entre-temps codifié l'historiographie du bolchevisme. Illustrant sans réserves le principe de *Partiinost*, en 1938 l'*Histoire du Parti communiste de l'URSS* combla le vide laissé par celle de Jaroslavski (1926-1930), qui avait elle-même remplacé l'*Histoire du PCR(b)* de Zinoviev (1923). Bientôt traduit dans toutes les langues et donné en modèle aux histoires respectives des partis communistes, ce *Manuel* représenta, sinon le sommet de l'historiographie stalinienne, son aspect le plus populaire.

Exception faite du réveil d'une interprétation néo-jacobine de la Révolution française sous les auspices de Mathiez et de la Société d'Etudes robespierristes, la révolution russe et la diffusion sous couvert de « marxisme » d'un corpus « léniniste » et *a fortiori* « stalinien » n'eurent pas de grands effets historiographiques en Occident. Aussi « léniniste » que brillante, l'*Histoire de la révolution russe* de Trotsky (1931), qui proposait une reconstruction jacobine, plus politique que sociale, de la Révolution d'Octobre, n'eut ainsi pas d'imitateurs immédiats dans des milieux qui, adversaires exceptés, restaient marqués par la tradition de Proudhon et de Sorel ou par l'héritage du jaurésisme et du radicalisme.

C'était plutôt de la problématique de Korsch — historiciser le « marxisme » et ruiner la notion d' « orthodoxie » — que procédaient les œuvres les plus marquantes : l'*Histoire de la république de Weimar* (1928-1935) et surtout l'*Histoire du bolchevisme* (1931) d'Arthur Rosenberg ou le *Staline* de Boris Souvarine (1935), tandis que d'autres recherches novatrices évoquaient des modèles plus classiques : *Storia della grande industria in Italia* de Morandi (1931), *Il capitale finanziario in Italia* de Grifone (1945), *Il capitalismo nelle campagne* de Sereni (1947).

Comme l'attestaient ces derniers travaux, ainsi que les études de Togliatti, de Tasca et de Silone sur le fascisme et bien entendu les *Cahiers de prison* de Gramsci, une vieille tradition historiciste, une réception originale et relativement précoce du « marxisme », un mouvement communiste né partiellement hors du contexte léniniste et la rencontre à travers le fascisme d'un objet historique neuf faisaient entre-temps de l'Italie ce laboratoire indépendant dans lequel s'élabora pour une bonne part une nouvelle historiographie marxiste.

● BIBLIOGRAPHIE. — M. RUBEL, *Marx critique du marxisme*, Paris, Payot, 1974. G. PLEKHANOV, *Œuvres philosophiques*, trad. par L. et J. CATHALA, 2 vol., Moscou, Ed. du Progrès, s.d. ; A. LABRIOLA, *Essais sur la conception matérialiste de l'histoire*, trad. par A. BONNET Paris, Giard & Brière, 1902 (1re éd., 1897) ; B. CROCE, *Matérialisme historique et économie marxiste*, trad. par A. BONNET, Paris, Giard & Brière, 1901 ; K. KORSCH, *Marxisme et philosophie*, trad. par C. ORSONI, prés. par K. AXELOS, Paris, Les Editions de Minuit, 1964 ; A. GÉRARD, *La Révolution française, mythes et interprétations (1789-1970)*, Paris, Flammarion, 1970 ; L. ALLEGRA, A. TORRE, *La nascita della storia sociale in Francia*, Turin, Fondazione Luigi Einaudi, 1977 ; M. FERRO, *Comment on raconte l'histoire aux enfants*, Paris, Payot, 1981.

▶ CORRÉLATS. — Crise, Economie, Féodalisme, Impérialisme, Luttes de classes, Révolution française.

R. PARIS.

Mauristes

La Congrégation bénédictine de Saint-Maur est l'une des grandes organisations de l'activité érudite religieuse du XVIIe siècle et la plus prestigieuse à un moment où toutes les grandes congrégations, Oratoriens, Bollandistes, Port-Royal, rivalisent d'ardeur pour la connaissance de l'histoire ancienne et moderne, sacrée et profane. Le véritable instaurateur de Saint-Maur et le premier supérieur général de Saint-Germain-des-Prés, qui sera le centre nerveux du maurisme est un languedocien né à Cessenon en 1585, Dom Grégoire Tarisse. La constitution réformée par lui avec l'appui de Richelieu intéressé au développement de l'érudition, fut reçue en 1645. Elle établissait un plan d'organisation de la formation de l'étude et de la production intellectuelle et de véritables ateliers scientifiques composés par les moines. Le programme de Dom Grégoire Tarisse prévoyait des études approfondies en théologie, droit canonique, histoire de l'ordre, l'instauration, le classement et l'enrichissement des bibliothèques, des histoires collectives de l'ordre bénédictin et de l'Eglise. Sur cette base, le travail des bénédictins — l'expression est devenue proverbiale — fut, de 1650 à 1789, considérable. La Congrégation a compté quelques très grands savants de réputation européenne, Luc d'Achery (1609-1685), le rédacteur des *Spicilèges* (13 vol. in-f°), Mabillon (1632-1707) le fondateur de la Diplomatique (1681), Bernard Montfaucon (1655-1741) l'instaurateur de la paléographie grecque. Leur contribution à l'histoire est immense et il est impossible de donner sommairement un véritable aperçu de leurs travaux qui ont touché à tous les problèmes d'histoire religieuse (écriture sainte, morale et droit canonique, histoire ecclésiastique, théologie dogmatique, etc.). Dans ce domaine, il leur revient l'honneur d'avoir développé de façon remarquable la Patrologie.

Après l'édition par Dom Luc d'Achery des œuvres de Lanfranc (1648) se succédèrent les éditions des œuvres de saint Augustin (1680-1700), Tertullien, saint Basile, saint Anselme, saint Bernard (Mabillon), saint Cyprien, saint Grégoire de Naziance, saint Athanase (Montfaucon), saint Irénée, saint Bernabé, saint Jean Chrysostome, Origène, saint Grégoire le Grand, etc. Leur apport ne fut pas moindre dans l'histoire générale et locale. Méthodologistes et épistémologues brillants des disciplines érudites (diplomatique, paléographie, chronologie), on leur doit également de grands travaux d'érudition encyclopédique dont notamment *La Gallia christiana* (1695-1856) commencée par Scévole et Denis de Saint-Marthe et continuée par l'Académie des Inscriptions, une histoire de tous les diocèses et monastères de la France d'après la division de la Gaule romaine, *L'Histoire littéraire de la France* commencée en 1733 par Dom Rivet et continuée par l'Académie des Inscriptions et Belles-Lettres, *Rerum gallicarum et franciscorum scriptores* commencée par Dom Bouquet de 1738 à 1762 qui publiera les huit premiers volumes. Les mauristes ont contribué à l'histoire provinciale et notamment à l'histoire de la Guyenne, Gascogne, Picardie, Touraine, Normandie, Bretagne; à l'histoire ancienne de la Gaule. Soutenus par la Monarchie, les mauristes ont été associés continûment à sa politique de recherche historique. Le Tellier et Colbert dépêchèrent sur les routes d'Europe des moines qui devaient leur rapporter des pièces et des diplômes, ou des copies utiles à la diplomatie française. Le Cabinet des Chartes sous la direction de Jacob Nicolas Moreau puisa aussi volontiers dans la congrégation pour mener à bien sa politique de rassemblement des sources. La vie de la congrégation fut exceptionnellement brillante dans la deuxième moitié du xviie siècle, où fréquentèrent à Saint-Germain-des-Prés Bossuet, les cardinaux de Fleury et de Bourbon, les érudits du Cange et Etienne Baluze tandis que se pressaient les correspondants étrangers Leibniz, Magliabecchi, Papebroch, Baronius. La congrégation a été supprimée en 1789.

● BIBLIOGRAPHIE. — Dom TASSIN, *Histoire littéraire de la Congrégation de Saint-Maur où l'on trouve la vie et les travaux des auteurs qu'elle a produits depuis son origine jusqu'à présent*, Bruxelles et Paris, 1770.

▶ CORRÉLATS. — Chartes (Le Cabinet des Chartes), Mabillon.

B. BARRET-KRIEGEL.

Mémoire collective

La notion de *Mémoire collective* est apparue tardivement dans le champ de l'historien, il y a moins de dix ans. Ignorée de Lucien Febvre, elle ne fait pas non plus partie des « nouveaux objets » de *Faire de l'Histoire*

(Gallimard, 1974). Pourtant dès 1961, Alphonse Dupront notait : « La mémoire collective est la matière même de l'histoire. N'est-il pas très significatif d'une mentalité, la nôtre, dite moderne, que nous ne l'ayons encore quasi pas différenciée comme matière d'études ? » (*Annales ESC*, 1961, p. 5). Il faut attendre 1978 pour que Pierre Nora lui donne droit de cité dans *La nouvelle Histoire*, avec éclat, il est vrai, puisque pour lui le concept « mobilise à peu près les mêmes enjeux qu'il y a une trentaine d'années le mot mentalité » et « son utilisation stratégique peut être aussi féconde pour le renouveau de l'historiographie » (Retz-CEP, p. 398). De fait, recherches individuelles et colloques sur le sujet se sont multipliés depuis cinq ans. Ce succès récent est évidemment en relation avec la redécouverte des petits groupes d'appartenance, la volonté de retrouver (ou de sauvegarder) son identité — ce que les Américains appellent le mouvement des *Roots* (racines) et l'émergence de l'histoire orale.

En ce domaine, sociologues et ethnologues ont largement précédé les historiens. Maurice Halbwachs analysait en 1935 dans *Les cadres sociaux de la mémoire*, la mémoire familiale, religieuse, et celle des groupes sociaux. Son dernier livre, posthume, est entièrement consacré au sujet (*La Mémoire collective*, PUF, 1950).

C'est donc d'abord par l'enquête orale que les mémoires collectives des groupes ont été appréhendées. Elle apparaît lorsque les mêmes souvenirs, vécus ou transmis, reviennent de façon répétitive et qu'ils sont présentés comme spécifiques de la communauté. La plupart du temps cette mémoire est décevante pour l'historien : elle est faite de vie quotidienne où l'inondation, la gelée précoce ou tardive, l'incendie de la grange y ont laissé plus de traces que la Révolution française, 1936, ou même les maquis de la seconde guerre mondiale. Elle idéalise le passé qui devient « le beau passé », gommant les tensions sociales et les luttes de clan, dans une vision unanimiste et pacifique.

Il arrive, cependant, qu'une communauté fonde sa légitimité et son identité sur le souvenir historique. Mais, dans ce cas, la mémoire est terriblement simplificatrice : elle s'organise autour d'un événement fondateur, les faits antérieurs ou postérieurs étant assimilés à celui-ci ou oubliés ; lorsqu'ils sont mémorisés, c'est par analogie, répétition et confirmation de l'événement fondateur (cf. Ph. Joutard, *La légende des Camisards*, Gallimard, 1977).

L'oubli est donc constitutif de la mémoire ; mais cet oubli peut être volonté de se limiter à l'essentiel ou occultation. Par exemple, les immigrants napolitains de Marseille ne commencent le récit de leur vie qu'à leur arrivée dans la cité phocéenne et se refusent à évoquer la période antérieure (cf. A. Sportiello, *La Mémoire collective d'une immigration*, thèse de 3e cycle inédite, Aix-en-Provence, 1983).

Le temps retenu par la mémoire collective est très simplifié, binaire — aujourd'hui et autrefois, avant et après 1914 — ou ternaire — de notre temps, à l'époque des anciens, il y a bien longtemps. Le flou chronologique est la règle, sauf lorsqu'un lien peut être établi avec la généalogie familiale. La société ancienne paraît quasi immobile ; le mouvement, quand il existe, est cyclique avec un retour régulier des fêtes ou la succession des générations (voir F. Zonabend, *La mémoire longue*, PUF, 1980).

Ignorant les dates, le souvenir, en revanche, s'accroche aux paysages. « Il n'est point de mémoire collective qui ne se déroule pas dans un cadre spatial », écrivait déjà Halbwachs, à tel point que lorsque le cadre spatial se transforme ou disparaît, le souvenir est menacé. Là encore, cependant, une sélection des lieux s'opère et les récits se concentrent sur quelques sites privilégiés, grottes, rochers, châteaux ou tours. Dans la Drôme, par exemple, la tour de Crest est devenue le symbole de la résistance au coup d'Etat du 2 décembre 1851 et de la répression qui a suivi, rejetant dans l'oubli d'autres prisons et minimisant d'autres formes de répression comme la déportation. Cette réussite symbolique est à la fois le résultat d'une position géographique, d'une histoire — prison seigneuriale et lieu d'enfermement des protestants —, d'une analogie, enfin, avec la tour de la Bastille! (cf. P. Gaudin et Cl. Reverchon, *Entre la mémoire et l'imaginaire en pays drômois*, thèse de IIIe cycle inédite, Aix-en-Provence, 1983).

C'est dire que la mémoire orale se nourrit de toute une culture écrite et iconographique, dont elle a plus ou moins conscience. L'opposition entre une mémoire collective qui serait populaire et orale et une mémoire historique, savante et écrite n'est pas pertinente. S'il est vrai que le souvenir ne se maintient pas sans un réseau de sociabilité encore dynamique (cf. Sociabilité et mémoire collective, *Revue du Nord*, avril-juin 1982), ces réseaux ne se limitent pas aux « institutions de transferts » traditionnellement reconnues : les érudits locaux y jouent un rôle non négligeable, si bien qu'au-delà des apparences, il n'existe pas de solution de continuité entre la mémoire ethnologique recueillie essentiellement par l'enquête de terrain et la mémoire historiographique étudiée à partir des sources plus familières à l'historien.

Ce dernier élargit donc considérablement le concept; il y introduit en particulier la mémoire nationale dont la construction est faite systématiquement à partir d'une série d'institutions, de l'école aux archives, en passant par les fêtes et les monuments de commémoration. De même nature, mais d'ampleur plus limitée sont les mémoires de partis ou de syndicats. Pour apparaître rarement dans les entretiens oraux, elles n'en conditionnent pas moins des comportements. Elles ne sont pas, d'ailleurs, sans ressemblance avec les mémoires collectives « orales »; elles simplifient, oublient, s'organisent autour d'événements fondateurs. Pour l'instant, on ne peut que constater la juxtaposition de ces deux types de mémoires : doit-on en rester là et ne faut-il pas maintenant examiner de quelle manière elles s'articulent en chacun d'entre nous ?

● BIBLIOGRAPHIE. — *Problèmes et méthodes d'approche* : M. HALBWACHS, *Les cadres sociaux de la mémoire*, Paris, Alcan, 1935; M. HALBWACHS, *La Mémoire collective*, Paris, PUF, 1950; J.-L. LEMOIGNE et D. PASCOT (sous la dir. de), *Les processus collectifs de mémorisation (mémoire et organisation)*. Actes du colloque d'Aix-en-Provence, GRASCE-Faculté d'Economie appliquée (juin 1979), Aix-en-Provence, Librairie de l'Université; P. NORA, Mémoire collective dans J. LE GOFF, R. CHARTIER et J. REVEL (sous la dir. de), *La nouvelle Histoire*, Paris, Retz, 1978.

Quelques exemples : L. ASCHIERI, *Le passé recomposé, mémoire d'une communauté provençale*, Marseille, P. Tacussel (édit.), 1985; J.-Cl. BOUVIER, *La mémoire partagée, Le Monde alpin et rhodanien*, 1980, 1-2; M. GILLET (sous la dir. de), Sociabilité et mémoire collective, *Revue du Nord*, avril-juin 1982; Ph JOUTARD, *La légende des Camisards, une sensibilité au passé*, Paris, Gallimard, « La Bibliothèque des Histoires », 1977; P. NORA (sous la dir. de), *Les lieux de mémoire, I-La République*, Paris, Gallimard, « La Bibliothèque illustrée des Histoires », 1984; F. ZONABEND, *La mémoire longue, Temps et histoires au village*, Paris, PUF, 1980.

▶ CORRÉLATS. — Nationale (Histoire), Orale (Histoire).

Ph. JOUTARD.

Mentalités

L'histoire des mentalités constitue moins une véritable sous-discipline à l'intérieur de la recherche historique qu'un champ d'intérêt et de sensibilité relativement vaste, peut-être hétérogène. Moins qu'aucun des domaines renouvelés de l'historiographie contemporaine, elle n'a fait l'objet d'une définition ou d'une codification rigoureuse. Comme il arrive souvent, c'est peut-être le flou même de la notion qui en a assuré le succès à travers d'indéfinies possibilités d'adaptation. En France, où elle est née et où elle a longtemps été exclusivement mise en œuvre, puis à l'étranger, on rencontre donc toute une série de versions, et surtout de pratiques de l'histoire des mentalités. Elles ont en commun une même gamme d'interrogations mais elles y apportent parfois, selon des détours très différents, voire contradictoires, des réponses fort dissemblables.

Le terme même de *mentalité* n'appartient nullement, à l'origine, au vocabulaire des historiens professionnels. Au début du XXe siècle, il paraît faire l'objet d'un double usage. Dans le langage commun, où il semble jouir d'une certaine vogue (que note, par exemple, Proust), il qualifie des comportements, des systèmes d'attitudes préférentiellement collectifs, des « formes d'esprit » qui évoquent assez bien la *Weltanschauung* allemande. Vers le même moment, il apparaît aussi dans le vocabulaire scientifique : dans celui de l'ethnologie, où L. Lévy-Bruhl analyse *Les fonctions mentales dans les sociétés inférieures* (1910) avant de parler de *La mentalité primitive* (1922) pour rendre compte de fonctionnements culturels dominés, selon lui, par des comportements émotionnels et « prélogiques »; dans celui de la psychologie, où Ch. Blondel utilise à son tour l'expression *La mentalité primitive* dans le titre d'un de ses livres de 1926, tandis que dans un article de 1928, H. Wallon rapproche « La mentalité primitive et celle de l'enfant ». Il importe peu, après tout, que la psychologie ait bientôt éliminé de son lexique un terme qui apparaît rapidement désuet; retenons que dans le premier tiers du siècle il circule assez généralement et désigne commodément des comportements qui sont traditionnellement négligés, voire méprisés, par l'analyse culturelle : ceux des « primitifs », ceux des enfants, ceux des ensembles sociaux, qui s'opposent à la culture des auteurs et des œuvres. La fortune de la notion de mentalité traduit donc un élargissement des approches dans un sens que nous qualifierons aujourd'hui d'anthropologique. Même si le mot est longtemps resté affecté d'une connotation péjorative, il invitait tendanciellement à reconnaître comme objets de culture des réalités longtemps méconnues par des normes exclusives.

C'est dans les années 1920-1930 qu'il est relevé par les historiens : par Marc Bloch, par G. Lefebvre et surtout par Lucien Febvre. Cette greffe disciplinaire s'explique par une double série de raisons. Elle témoigne d'abord de l'extraordinaire importance qu'a eue la psychologie dans la réflexion des historiens français à la fin du XIXe et au début du XXe siècle. Nous sommes probablement plus attentifs aujourd'hui au rôle qu'ont joué la géographie vidalienne et la sociologie durkheimienne aux origines du mouvement des *Annales*. On aurait tort pourtant de négliger le fait que pour Berr, pour Febvre (sans nul doute plus que pour Bloch), sur fond d'un vitalisme partagé, c'est en termes d'évolution psychologique que les grandes transformations historiques doivent être comprises. H. Berr le dit en clair, dès 1911, dans *La Synthèse en histoire* : « L'histoire, en somme, c'est la psychologie même : c'est la naissance et c'est le développement de la *psyché* » ; pour lui, l'« évolution de l'humanité » doit faire l'objet d'une science des comportements qui en donnera la clé. Dix ans plus tard, Febvre lui fait explicitement écho : « Dans son esprit, enfin, elle (notre histoire) est idéaliste (...). Car les faits économiques sont, comme tous les autres faits sociaux, des faits de croyance et d'opinion » (1920). Cette obsession du psychologique, dont l'histoire reste très largement à écrire, est d'ailleurs sensible dans tous les grands livres de Febvre.

C'est en second lieu dans une critique systématique de l'histoire des idées (telle qu'elle était pratiquée dans les facultés des lettres) que s'enracine le programme d'une histoire des mentalités. A la première, Febvre reproche très tôt de s'enfermer dans des débats abstraits et intemporels et de plaquer sur le passé des grilles de lecture anachroniques, en particulier parce qu'elle s'obstine à « fausser la réalité psychologique d'alors » en faisant appel à des catégories d'école trop générales telles que, par exemple, renaissance, humanisme ou réforme. Il ne cessera de dénoncer « ceux qui — s'appliquant à repenser pour leur compte des systèmes parfois vieux de plusieurs siècles, sans le moindre souci d'en marquer le rapport avec les autres manifestations de l'époque qui les vit naître — se trouvent ainsi faire très exactement le contraire de ce que réclame une méthode d'historiens. Et qui, devant ces engendrements de concepts issus d'intelligences désincarnées, puis vivant de leur vie propre en dehors du temps et de l'espace, nouent d'étranges chaînes, aux anneaux à la fois irréels et fermés... ». A une histoire qui prétendrait s'en tenir aux seules idées et accepter les œuvres culturelles pour ce pour quoi elles se donnent, qui se satisferait de penser en termes de création, de filiation et d'influence, Febvre oppose donc le projet d'une autre histoire qui replacerait les idées, les œuvres et les comportements au sein des conditions sociales dans lesquelles elles apparaissent. Non qu'il y ait chez lui la moindre tentation d'un déterminisme qui réduirait le culturel au social ; il s'en est, tout au contraire, nettement défendu. La préoccupation qui est centrale chez Febvre est celle qui veut, d'une part, comprendre l'ensemble des faits culturels d'une époque comme l'une des composantes d'« un réseau compliqué et mouvant de faits sociaux » en constante interaction ; caractériser d'autre part chaque culture comme un système d'instruments et de signes cohérent, qui doit être compris non dans sa proximité, mais dans son irréductible distance : « En fait, un homme du XVIe siècle doit être intelligible non par rapport à nous, mais par rapport à ses contemporains. »

Il reste à pouvoir rendre compte de cette cohérence qui, au sein d'une même culture, doit unir l'œuvre la plus élaborée et le comportement le plus commun. C'est ici que l'on rencontre la notion complémentaire d'« outillage mental » dont le rôle est central dans toute l'œuvre de Febvre. L'outillage mental d'une civilisation ou d'une époque, c'est, selon lui, l'ensemble des catégories de perception, de conceptualisation, d'expression et d'action qui structurent l'expérience tant individuelle que collective : définition manifestement empirique, ouverte, mais qui dans tous les cas va bien au-delà de ce que l'on appellerait aujourd'hui un système de représentations puisqu'elle inclut la langue, les affects ou encore les techniques. En remontant des manifestations d'une culture aux conditions de leur possibilité, on se donne les moyens d'en comprendre l'unité (là

« structure », écrit Febvre dans son *Rabelais* en 1942) et la particularité.
   Ainsi se comprend l'apparent paradoxe de l'œuvre de Febvre en tant qu'historien des mentalités : cet historien du social, parti à la recherche de ce qui compte vraiment et qui est représentatif dans les cultures du passé, s'est principalement consacré dans les trente dernières années de sa vie à de grandes biographies et aux phares de l'histoire intellectuelle et religieuse du XVIe siècle : Luther, Rabelais, Marguerite de Navarre. Mais précisément, les biographies de Febvre sont d'un genre bien particulier. Elles n'identifient jamais leur objet à la trajectoire d'un destin exceptionnel, porteur d'innovations inouïes. Tout au contraire, elles cherchent à rapporter cette trajectoire aux conditions générales dans lesquelles elle s'inscrit et qui en fixent tout ensemble les possibilités et le sens. Dans ses hésitations, dans ses apparentes contradictions et ses discontinuités, le destin de Martin Luther se comprend ainsi comme un incessant dialogue, comme une suite de reconnaissances et d'approximations entre le moine de Wittenberg et l'Allemagne tourmentée de la première moitié du XVIe siècle : « Dans ce complexe de faits, d'idées et de sentiments, qui fera exactement la part de ce qui est venu de l'Allemagne à Luther, ou, inversement, de Luther à l'Allemagne ? » De la même manière, l'enquête sur la « religion de Rabelais » se transforme en une interrogation sur *Le problème de l'incroyance au XVIe siècle* (1942); de l'analyse, toujours arbitraire, d'une grande œuvre, on remonte ainsi à l'outillage mental des sociétés de la Renaissance pour vérifier si l'athéisme y est, intellectuellement et affectivement, possible. Enfin, les apparentes contradictions de Marguerite de Navarre et de son milieu entre « amour sacré » et « amour profane » s'évanouissent pour qui tente de restituer les rapports vrais entre « religion et moralisme au XVIe siècle »; mais il faut pour ce faire entreprendre « une histoire qui, comme tant d'autres, n'a jamais été écrite — bien plus (...) dont personne, jamais, ne semble avoir conçu l'idée : l'histoire des rapports qu'à une époque donnée, au sein d'une société connaissable et connue, ont entretenu réellement, et non pas seulement théoriquement, d'une part la religion de l'immense majorité des membres de cette société et d'autre part les conceptions, les institutions et les pratiques morales des mêmes membres de la même société ». Dans la biographie, c'est bien l'exemplarité, non l'exceptionnalité, qui est fondamentalement recherchée.
   On a jusqu'ici privilégié les propositions et les travaux de L. Febvre dans la définition d'un programme pour l'histoire des mentalités. Il est en effet dans sa génération l'historien qui a le plus obstinément et le plus abondamment tenté d'en définir les contours, celui aussi dont l'influence mesurable a été la plus immédiatement perceptible sur les deux générations d'historiens qui l'ont suivi. Il serait pourtant injuste de négliger la part de l'autre fondateur des *Annales*, M. Bloch, dans l'approche de ce nouveau champ historiographique, et ce pour une double raison : dans le domaine qui nous intéresse, Bloch est l'auteur de deux grands livres (*Les Rois thaumaturges*, 1924; *La Société féodale*, 1939) dont la postérité, pour être plus tardive, est peut-être plus importante aujourd'hui que celle de Febvre; d'autre part, il semble que les divergences aient été assez fortes entre les deux auteurs quant au contenu même de la notion de mentalités. Là où Febvre la tire vers le psychologique, Bloch paraît privilégier la sociologique et rester plus proche de

l'enseignement durkheimien. La disparition prématurée du second nous interdit de mesurer quels auraient été les aboutissements d'une différence de conception qui est latente dans les comptes rendus assez réticents que Febvre consacre en 1940-1941 dans les *Annales* à *La Société féodale*. Mais on mesure dans ce dernier ouvrage, en particulier lorsque Bloch aborde les « façons de sentir et de penser », à quel point il s'engage plus résolument dans la voie d'une histoire anthropologique en même temps qu'il se montre davantage attentif à la différenciation sociale des comportements culturels. Dans cette première phase, pionnière, de l'histoire des mentalités, il convient aussi de signaler l'existence d'un livre exceptionnel, demeuré isolé dans l'œuvre de son auteur mais aussi inégalé dans le genre qu'il illustre, *La Grande Peur* de Georges Lefebvre (1932), histoire exemplaire d'une « gigantesque fausse nouvelle ». Pour être restés peu nombreux jusqu'au milieu des années 1950, les travaux d'histoire des mentalités ont ainsi très tôt témoigné d'une diversité qui fait voir que la direction de recherche ainsi fort empiriquement définie n'a jamais cessé d'être ouverte.

Il est nécessaire aussi de rappeler ici que le programme proposé par l'historiographie française dans les termes qui viennent d'être rappelés n'a été que l'une des tentatives pour tenter de répondre à une double question : comment conjuguer l'individuel et le collectif en histoire culturelle ? comment réunir dans une même histoire des ordres très différents de comportements ? Le succès même de la notion de mentalité, dans lequel certains voient cruellement l'illustration d'un certain provincialisme intellectuel français, ne saurait, en tout cas, faire oublier qu'au même moment, selon des modalités très diverses et inscrites d'en d'autres contextes culturels, des réponses ont été élaborées qui resteront longtemps méconnues. Citons, pour mémoire, celles qui se situent dans la perspective ouverte par E. Cassirer en Allemagne ; l'historien de l'art E. Panofsky a ainsi cherché à identifier dans la culture du Moyen Age central des habitudes mentales *(habitus)* et des « forces formatrices d'habitudes » *(habit forming force)* qui sont à l'origine d'homologies de structure, par exemple entre l'architecture gothique et la pensée scolastique. Dans la même filiation intellectuelle se situe l'œuvre du psychologue français I. Meyerson dont l'influence est si présente dans les travaux contemporains de J.-P. Vernant. Plus proche d'une problématique tout ensemble weberienne et freudienne, le sociologue allemand Norbert Elias tentait, à la fin des années 1930, de comprendre le « processus de civilisation » de l'Occident et les mutations psychiques qui l'ont accompagné comme le produit d'une « sociogenèse de l'Etat » et des différenciations sociales nouvelles qui l'ont accompagnée. Mais ces recherches ne seront pas connues en France, rappelons-le, avant les années 1950-1960, parfois même plus tard (tout comme l'histoire des mentalités restait à l'étranger une référence strictement hexagonale). On est d'autant plus frappé par la convergence de questionnaires et de réponses formulés indépendamment les uns des autres.

Malgré une série de grandes réalisations, qui viennent d'être évoquées, malgré l'inlassable travail de critique et de propagandiste de L. Febvre dans les *Annales* jusqu'à sa mort (1956), l'influence de cette période fondatrice paraît avoir été curieusement limitée dans l'historiographie française et étrangère. En France, deux œuvres seulement assurent le relais. Celle de Philippe Ariès est entreprise, il est vrai, à l'écart de la recherche proprement universitaire et dans un contexte idéologique très particulier, celui du traditionalisme d'Action française. Mais la longue enquête sur les attitudes occidentales devant la vie et devant la mort qui commence vers la fin de la seconde guerre mondiale, même si elle est trop longtemps demeurée marginale et ignorée, répond bien évidemment au programme esquissé vingt ans plus tôt par les fondateurs des *Annales*. Pour Robert Mandrou, sa recherche s'inscrit à partir des années 1950 de façon beaucoup plus explicite encore dans le chantier ouvert par Febvre dont il a été le disciple des dernières années, de l'*Introduction à l'homme moderne* (1960) à *Magistrats et sorciers au XVIIe siècle* (1968). Mais ces deux historiens, qui dirigeront bientôt ensemble la collection « Civilisations et mentalités », font pendant longtemps figure d'isolés. Aucune réponse satisfaisante n'explique cette « traversée du désert » qui suit la guerre : tout au plus peut-on invoquer le primat incontesté de l'histoire économique et sociale dans une période où le marxisme exerce son attraction sur beaucoup d'universitaires français, peut-être aussi les difficultés propres à un genre dont tant la nouveauté que les exigences documentaires paraissaient mal adaptées aux contraintes toutes puissantes de la thèse de doctorat.

Tout change, brutalement, avec les années 1960. Alors l'histoire des mentalités ne se satisfait pas d'une reconnaissance qui lui a longtemps été marchandée, mais elle envahit le champ de la recherche historique et, plus encore peut-être, celui de l'édition. Cette crue pose sans nul doute autant de problèmes que la méconnaissance qui a précédé. Il faut, pour la comprendre, invoquer toute une série de circonstances dont les effets paraissent avoir été cumulatifs. Les premières relèvent de l'esprit du temps. Avec la fin des guerres coloniales et les aventures de la décolonisation, avec la crise du marxisme aussi, un doute s'installe et commence à ronger les anciennes certitudes sur le sens de l'histoire. Le passé fait désormais l'objet d'une valorisation nostalgique que vient renforcer encore, vers la fin des années 1960, une attention toute nouvelle aux modes de vie et aux structures « organiques » de la vie sociale. La découverte tardive d'un Philippe Ariès par le public français, professionnel ou non, peut servir d'emblème à ce très profond déplacement culturel. Dans les formes anciennes de la vie et des attitudes collectives, on part souvent à la recherche d'alternatives ou de suggestions pour un présent qui se cherche lui-même : on s'intéresse à la famille et aux manières de vivre ensemble, aux fêtes et aux rituels domestiques, à l'expérience historique de la naissance, du mariage et de la mort, on se laisse fasciner par « le monde que nous avons perdu » (P. Laslett).

Seconde série de motivations : elles renvoient aux transformations de l'institution universitaire. Avec ce que l'on a appelé l'offensive structuraliste, l'histoire voit sa position dominante dans le champ des sciences sociales remise en cause par des disciplines nouvellement instituées et armées de concepts et de méthodes souvent plus rigoureux que les siens propres. R. Chartier a proposé de comprendre l'essor de l'histoire des mentalités dans les années 1960 comme une réponse stratégique destinée à contenir les ambitions des autres sciences sociales à l'intérieur d'une nébuleuse historienne en expansion. C'est effectivement le temps d'une interdisciplinarité sauvage et conquérante, parfois abusive.

C'est enfin la plasticité même de la notion de mentalité qui en fait probablement comprendre la fécondité. On a vu que chez Febvre, elle couvrait déjà toute la gamme des productions culturelles et affectives. L'éventail s'ouvre encore dans les deux décennies passées. J. Le Goff, qui en est des plus brillants praticiens, le dit en clair lorsqu'il note que « le premier attrait de l'histoire des mentalités réside justement dans son imprécision, dans sa vocation à désigner les résidus de l'analyse historique, le je-ne-sais-quoi de l'histoire ». Cette indécision est redoublée par une sorte d'évanouissement disciplinaire; car cette histoire-carrefour « se rapproche de l'ethnologie », « doit se doubler d'une sociologie », elle a des affinités avec la psychologie sociale et elle voit son salut dans « la méthode structuraliste » (Le Goff, 1974). Pour être sinueuse, cette définition a au moins le mérite de ne pas dissimuler que, plus encore qu'auparavant, l'histoire des mentalités est d'abord affaire de sensibilité et de curiosité. Il n'est donc pas étonnant que les mises en œuvre en soient extraordinairement diverses, de la sociologie culturelle du passé à l'anthropologie historique et à l'essai psychologique.

A cette histoire, tout est source désormais, des grands textes classiques revisités aux testaments qui nous livrent les gestes de la mort, des images de la piété à l'état civil ancien qui trahit les secrets des couples, des procès aux manuels de confession. Tout, aussi, peut devenir objet : les sentiments (ainsi la peur, étudiée par J. Delumeau), les représentations, savoirs et croyances (ainsi le Purgatoire dont J. Le Goff s'est fait l'historien, où la cosmogonie d'un meunier frioulan reconstituée par C. Ginzburg), les systèmes de relations et de valeurs sociales (l'amour, chez J.-L. Flandrin, le mariage, chez A. Burguière, la violence et l'honneur chez N. et Y. Castan), les âges de la vie (l' « invention » de l'enfance pour Ph. Ariès, la « jeunesse » chez N. Z. Davis), l'articulation du biologique sur le social (les attitudes devant la vie, ou encore l'expérience de la mort chez Ph. Ariès, M. Vovelle ou P. Chaunu). On pourrait indéfiniment en prolonger la liste, qui ne cesse, chaque année, de s'allonger.

Notons enfin que, dans cette dernière période, l'histoire des mentalités a cessé d'être une spécialité exclusivement française, peut-être parce que la dilution de son objet, la dissémination de ses thèmes, la diversification de ses procédures en ont rendu plus aisée l'adaptation au sein d'historiographies étrangères. On en veut pour preuve quelques-uns des travaux qui ont peut-être le plus renouvelé récemment la compréhension des sociétés anciennes : ceux de l'Italien Carlo Ginzburg (*I Benandanti*, 1965; *Il Formaggio e i vermi*, 1976), de l'Anglais Keith Thomas (*Religion and the decline of magic*, 1971; *Man and the natural world*, 1983) ou de l'Américaine Natalie Zemon Davis (*Society and culture in early-modern France*, 1975).

Le portrait que l'on vient d'esquisser suggère peut-être abusivement qu'à vouloir multiplier à l'excès ses objets et ses approches, l'histoire des mentalités court le risque de perdre son identité. Le risque est sans nul doute réel, et guette d'ailleurs d'autres provinces de l'historiographie contemporaine. On ne saurait pourtant négliger les continuités qui, de façon plus ou moins revendiquée, traversent une recherche aujourd'hui vieille d'un demi-siècle. Elles ressortissent tout à la fois de choix méthodologiques et d'habitudes de pensée, voire de la simple banalisation. Aujourd'hui comme hier, plus qu'hier, l'histoire des mentalités privilégie, à de rares exceptions près, le collectif sur l'individuel, les processus culturels impersonnels par rapport à la culture des auteurs et des œuvres, le psychologique sur l'intellectuel, l'automatique sur le réfléchi ; de même, portée par les sollicitations incessantes d'une histoire sociale qui a imposé trop longtemps des découpages parfois trop simples, elle continue à être tentée d'indexer trop immédiatement le mental et le culturel (le « troisième niveau » comme le nomme significativement P. Chaunu) sur le social et l'économique. Elle n'échappe pas enfin toujours au risque d'une certaine banalisation des catégories psychologiques qu'elle manie.

On aboutit ainsi à une situation relativement paradoxale. L'histoire des mentalités, comme formule, trouve son plein succès au moment même où, comme démarche, elle paraît s'avérer la plus fragile. Dans les années 1960 et 1970, elle a ainsi résisté aux timides entreprises de l'approche psychanalytique (illustrée en France par A. Besançon et surtout par M. de Certeau), mais aussi à une mise en question beaucoup plus radicale comme celle de Michel Foucault, chez qui pratiques et discours culturels, inscrits dans l'espace d'une même *épistémè*, constituent autant de pièces qui s'ajustent et se règlent selon les termes d'un jeu social des pouvoirs. Cette résistance de la notion désormais approximative de mentalités fait bien voir, une fois encore, qu'elle pointe moins un objet rigoureux qu'elle ne manifeste une sensibilité d'historiens. Elle en est assurément plus vulnérable ; mais de son statut « ambigu » (J. Le Goff), de sa plasticité méthodologique, elle tire d'indéfinies capacités d'adaptation, son attrait et sa fécondité.

● BIBLIOGRAPHIE. — On n'a retenu ici que des travaux consacrés à la notion de « mentalités » et au programme d'une histoire des mentalités, à l'exclusion des ouvrages qui en proposent une mise en œuvre : L. FEBVRE, Histoire et psychologie, *Encyclopédie française*, t. VIII, Paris, 1938; ID., Comment reconstituer la vie affective d'autrefois ? La sensibilité et l'histoire. *Annales d'histoire sociale*, 1941; ID., Sorcellerie, sottise ou révolution mentale ?, *Annales ESC*, 1948; G. DUBY, L'histoire des mentalités, *L'Histoire et ses méthodes*, Encyclopédie de La Pléiade, Paris, 1961, p. 937-966; R. MANDROU, L'histoire des mentalités, *Encyclopaedia Universalis*, VIII, Paris, 1968, p. 436-438; J. LE GOFF, Les mentalités : une histoire ambiguë, dans J. LE GOFF et P. NORA, éds., *Faire de l'histoire*, III, Paris, 1974, p. 76-94; Ph. ARIÈS, L'histoire des mentalités, dans J. LE GOFF, R. CHARTIER et J. REVEL, éds., *La nouvelle Histoire*, Paris, 1978, p. 402-423; R. CHARTIER, Histoire intellectuelle et histoire des mentalités. Trajectoires et questions, *Revue de Synthèse*, 1983, p. 277-308, A. BURGUIÈRE, La notion de mentalité chez Marc Bloch et Lucien Febvre : deux conceptions, deux filiations, *ibid.*, p. 333-348; P. L. ORSI, La storia delle mentalità in Bloch e Febvre, *Rivista di storia contemporanea*, 1983, p. 370-395.

▶ CORRÉLATS. — Anachronisme, Annales (Ecole des), Anthropologie historique, Ariès, Bloch, Febvre, Foucault, Intellectuelle (Histoire), Outillage mental, Panofsky, Weber.

J. REVEL.

Mercuriale

A l'origine de l'institution, le marché. Donc la ville, ou au moins le bourg. On appelle *mercuriale* le relevé des prix du marché, mais pas n'importe lequel : établi selon des normes précises, il faut qu'il soit tenu méthodiquement sous le contrôle direct des officiers municipaux. Pourquoi cette rigueur, pourquoi cette continuité ? Lors de chaque marché (jusqu'à trois fois par semaine dans les grandes villes) un fonctionnaire autorisé doit noter au moins le prix minimum et le prix maximum atteint ce jour-là par plusieurs espèces de céréales, voire par les légumes, les châtaignes, le vin, le chanvre... Une bonne mercuriale consiste avant tout en un aride et formidable amas de chiffres. Qu'en faisait-on, et qu'en faisons-nous ?

Rien d'étonnant que la plus grande attention soit donnée aux céréales panifiables. Cela tient non seulement au rôle essentiel du pain dans l'alimentation familiale, mais encore au mécanisme spécifique de la consommation du ménage urbain, laquelle passe par le boulanger. Or, si le prix du grain restait libre, celui du pain était fixé par les autorités municipales ; le second, bien sûr, indexé sur le premier. Dans ces conditions, on conçoit qu'une triple surveillance s'exerçait sur le juste équilibre entre le prix de la matière première et le coût du produit fini : celle des consommateurs, celle des boulangers et celle des édiles. Le réajustement périodique de la « taxe du pain » se basait naturellement sur la mercuriale.

La tenue de tels registres de prix du marché remonte dans certains cas au xve siècle (à Paris et Toulouse notamment) ; elle se généralise au xvie siècle en France, en Italie, dans les Pays-Bas, en Allemagne. L'ordonnance de Villers-Cotterêts (1539) en réglemente l'usage pour l'ensemble de la France, puisqu'elle prescrit « dans toutes les villes importantes du royaume où se tient un marché le relevé, chaque semaine, de *la valeur et estimation commune de toutes espèces de gros fruits comme blés, vin, foin* ».

En quoi de tels documents nous intéressent-ils ? D'abord parce qu'ils constituent un matériau irremplaçable pour l'histoire des prix. Le *rapport du prix de tous grains, & de la qualité d'iceux (...) conclu & arrêté promptement à l'issüe de chacun marché* (*Continuation du Traité de la Police*, t. IV, Paris, 1738) enregistre avec une fidélité exceptionnelle les variations lentes ou précipitées de la conjoncture céréalière, celle qui compte ; et cela pendant plusieurs siècles parfois. Une telle richesse d'informations ne pouvait passer inaperçue. Les économistes du xviiie siècle et les premiers historiens des prix ont utilisé les mercuriales. Mais c'est Ernest Labrousse et Jean Meuvret qui ont fait voir toute la valeur et la portée de ces documents, et exposé la méthode la plus appropriée pour les publier.

Pour des périodes souvent brèves, les registres de prix s'accompagnent de mentions relatives à l'identité des vendeurs et à leur lieu d'origine. De telles indications ont permis de dresser par exemple des cartes de l'approvisionnement en grains de Paris vers 1560 ou de Toulouse à l'époque de la Révolution.

L'intérêt majeur des mercuriales réside cependant dans leur triple caractéristique commune : elles privilégient les céréales ; elles durent des siècles (au fait, elles durent encore !) ; elles se trouvent presque partout (la plupart inédites). Toute l'histoire du pain quotidien est inscrite dans leurs colonnes, rébarbatives, mais qui forment une des assises monumentales de l'histoire sociale européenne.

● BIBLIOGRAPHIE. — Micheline BAULANT et Jean MEUVRET, *Prix des céréales extraits de la mercuriale de Paris (1520-1698)*, Paris, PUF, 1967 ; Jean-Marc DEBARD, Subsistances et prix des grains à Montbéliard de 1571 à 1793, Société d'Emulation de Montbéliard, *Bulletin et Mémoires*, LXXIe vol., 1974-1975 ; Georges et Geneviève FRÊCHE, *Les prix des grains, des vins et des légumes à Toulouse (1486-1868)*, Paris, PUF, 1967 ; Jean

MEUVRET, Les prix des grains à Paris au XVᵉ siècle et les origines de la mercuriale, *Paris et Ile-de-France*, 11, 1960, repris dans *Etudes d'histoire économique*, Paris, A. Colin, 1971.

▶ CORRÉLATS. — Conjoncture, Crise, Labrousse, Meuvret, Prix.

J.-P. DESAIVE.

Méthode historique

Les débats sur la méthode historique ont souvent constitué l'échappatoire d'une histoire positiviste qui se refusait à toute épistémologie. Aussi la méthodologie joue-t-elle encore un rôle décisif dans les controverses historiques puisqu'elle recouvre à la fois les procédures pratiques du métier d'historien et les affrontements théoriques toujours camouflés. L'habitude qui consiste à dissimuler les débats théoriques derrière les considérations pratiques persiste puisqu'en 1965 J. Glenisson affirmait en présentant un bilan de l'activité historique en France : « C'est la méthode qui demeure au centre des préoccupations. »

Déjà les pères germaniques de l'histoire positiviste subsument sous le nom de méthode la remise en cause de la problématique de l'histoire événementielle; dès 1864 G. Droysen tente d'ouvrir l'histoire à de nouvelles curiosités; mais plutôt que de critiquer l'attitude théorique des historiens, il écrit : « Il nous faut trouver des méthodes. Car traiter des problèmes différents exige des méthodes différentes » *(Kunst und Method)*. De même quand l'illusion scientiste triomphe avec Ch. Seignobos, celui-ci est symptomatiquement chargé d'un cours de méthodologie historique en Sorbonne (1907) et le débat avec les sociologues aboutit à un volume collectif intitulé, *Méthode historique et sciences sociales* (1901). Ainsi la naissance de l'histoire universitaire en fait une science sans théorie mais science néanmoins grâce à la « méthode ».

Au sens étroit du terme, la méthode qui fonde cette foi dans le caractère scientifique de l'histoire est la technique de critique des documents écrits. Critique externe et critique interne, maîtrise de la paléographie, de la diplomatique ou de l'épigraphie permettent d'établir « scientifiquement » la validité des documents et de reconstituer les faits.

En évoquant rapidement ces exemples, il faut saisir que le changement méthodologique va de pair avec un bouleversement épistémologique; le recours au sériel et à l'informatique implique l'explicitation des présupposés du travail historique dont le positivisme niait jusqu'à l'existence. Cependant l'évolution méthodologique touche aussi la mise en forme de l'analyse historique. L'histoire comparée ou la théorie du Zusammenhang avant 1945 remettaient déjà en cause le primat de l'histoire-récit, la dialectique des durées et le jeu des comparaisons entre courbes et indices lui ôtent davantage de sa pertinence. Enfin le découpage des objets d'étude de l'historien, qu'il s'agisse de *Séville et l'Atlantique*, de la *Mort en Anjou* ou du rôle des chemins de fer dans la croissance économique américaine, déjoue bien souvent l'ancienne organisation du livre d'histoire. Enfin l'accent sur les structures, les permanences, les durées et les inerties de l'histoire ajoute à ce déclin du récit qui régnait en maître avec l'histoire événementielle.

Lorsque le récit réapparaît avec l'appréhension sociologique et psychologique du fait divers *(Moi, Pierre Rivière, Le Fromage et les vers)* c'est pour être progressivement démembré, disséqué et intégré dans une structure sociale ou culturelle. Non seulement l'histoire-récit perd son sens parce que l'événement, son objet privilégié, n'est plus au cœur de l'histoire, mais aussi parce qu'elle est disqualifiée comme discours scientifique. Sans doute est-ce pour cette raison que les tentatives récentes de réhabilitation du récit sont liées à l'abandon des prétentions scientifiques de l'histoire (cf. art. de L. Stone).

Dans l'établissement des faits et dans leur agencement la méthode historique a considérablement évolué mais en dépit de cette évolution profonde c'est encore par le biais de la méthode que la profession historique continue à poser ses débats. A propos de l'analyse contrefactuelle et de l'utilisation de modèles économiques, pour prendre un exemple relativement récent, c'est le débat sur la méthode qui a précédé la réflexion épistémologique.

Cependant la méthode historique du positivisme triomphant s'accompagne d'une autre méthode; faute de laisser parler les documents eux-mêmes comme l'aurait souhaité Ch.-V. Langlois, l'histoire recourt à une méthode d'exposition : le récit chronologique enchaînant la suite causale des faits historiques.

Dès le début du XXe siècle l'historicisme dénonce vigoureusement la prétendue objectivité de la méthode. Et au lendemain de la seconde guerre mondiale cette critique est admise. Ainsi en 1946 Fernand Braudel écrit-il dans la préface de *La Méditerranée* : « ... J'affirme contre Ranke ou Karl Brandi, que l'histoire-récit n'est pas une méthode ou la méthode objective mais bien une philosophie de l'histoire. »

Cependant une discipline qui a tant pris l'habitude de se définir comme un savoir-faire, comme un métier (de Marc Bloch à François Furet, *L'atelier de l'histoire*) continue à vivre ses transformations comme une évolution de la méthode.

Comme mode d'établissement des faits, la méthode a considérablement évolué avec l'extension du territoire de l'historien. L'essor de l'histoire quantitative ou sérielle a permis la mise au point de nouvelles procédures de critique des sources (tests statistiques). Le contact de la sociologie, de la démographie ou de l'anthropologie a enrichi la méthode historique qui a aussi bien incorporé à sa démarche l'analyse de contenu, l'enquête orale, la reconstitution démographique des familles et parfois les modèles de l'économétrie avec la New Economic history américaine. En s'ouvrant à de nouvelles curiosités l'historien va jusqu'à assimiler les techniques des climatologues (E. Le Roy Ladurie) ou celles des hématologues pour l'analyse des mouvements migratoires les plus anciens. Ainsi se trouve justifié le programme de G. Droysen au milieu du XIXe siècle.

● BIBLIOGRAPHIE. — P. ARIÈS, *Le temps de l'histoire*, Monaco, 1954; M. BLOCH, *Apologie pour l'histoire*, Paris, éd. 1983; F. BRAUDEL, *Ecrits sur l'histoire*, Paris, 1969; L. FEBVRE, *Combats pour l'histoire*, Paris, 1953; *L'Histoire et ses méthodes* (sous la direction de Ch. SAMARAN), Paris, 1961; Ch.-V. LANGLOIS et Ch. SEIGNOBOS, *Introduction aux études historiques*, Paris, 1898; H.-I. MARROU, *De la connaissance historique*, 1954.

▶ CORRÉLATS. — Annales, Seignobos, Simiand.

O. DUMOULIN.

Meuvret Jean, 1909-1971

Son œuvre pouvait paraître confidentielle, réunie en un mince volume à la veille de sa mort en 1971. Mais tous les historiens la connaissaient, et beaucoup le connaissaient lui-même, pour avoir été ou ses élèves ou ses auditeurs, pendant les vingt ans qu'il donna ponctuellement des conférences à l'Ecole pratique des Hautes Etudes, VIe section. Fonction d'enseignement capitale à ses yeux, et notamment parce qu'elle lui permettait de transmettre la substance d'une œuvre sans cesse remise sur le métier, qu'il n'était pas sûr de pouvoir achever, et dont nul ne connaissait exactement la nature ni les dimensions. Devant son public d'historiens confirmés ou en devenir, Meuvret se montrait excellent et intransigeant pédagogue, sachant faire tenir en deux heures une synthèse parfaitement charpentée sur des thèmes variés, dont la trame unificatrice n'apparaîtrait que plus tard, lors de la parution posthume de sa thèse. En attendant, il distillait son savoir sur les mesures agraires, sur les « blés », sur la vaine pâture, sur la navigation fluviale, sur les dîmes, les décimateurs et les décimables ; sur le patrimoine des grands seigneurs et les trésoreries paysannes ; tout cela textes à l'appui, car ce grand prospecteur d'archives avait à sa disposition des trésors de pièces justificatives.

Les articles qui l'avaient fait connaître tournaient pour la plupart autour de l'histoire des prix (y compris celui, paru dans *Population* en 1946 qui fut un des points de départ de la démographie historique). S'ils acquirent progressivement tant d'autorité, c'est que l'auteur s'attachait non moins à exploiter des données originales qu'à montrer combien leur signification tenait de tous côtés à un « contexte » jadis vivant et mouvant, qu'il s'appliquait à restituer : histoire des prix, certes, mais qui suivait l'année-récolte ; qui avait sa géographie, méditerranéenne, continentale ou atlantique ; qui opposait négoce des grandes villes ou des ports aux petits échanges campagnards ; histoire des crises de subsistances où le temps des « disettes larvées » du XVIIIe siècle suivait celui des « grandes disettes » du XVIIe ; où les dangereuses foules urbaines mangeaient mieux que les ruraux dispersés...

La thèse *(Le problème des subsistances à l'époque Louis XIV)* constitue l'aboutissement naturel et monumental de cette méthode. En fils de médecin qu'il était, l'auteur entreprend de démonter les mécanismes du fonctionnement de la France au temps de Louis XIV, en commençant par le commencement, c'est-à-dire par les subsistances. D'où une approche systématique et patiente des « aspects techniques de la production des céréales » : outillage aratoire, façons culturales, engrais, amendements, semailles, moissons ; bilan technique. Elle se poursuit par une étude des conditions sociales de la production, du commerce et du stockage des grains, des prix et des déséquilibres économiques (qui va paraître) ; elle devait s'achever sur une analyse politique, « la police des grains et l'administration monarchique », que l'auteur n'eut pas le temps d'écrire.

Ce qui rend cette œuvre singulière, c'est d'abord qu'elle met le lecteur de plain-pied avec les réalités prosaïques de l'Ancien Régime et leurs implications. « De même que la France se divisait en pays à araire et en pays à charrue, elle se partageait entre le bœuf et le cheval. » D'une phrase liminaire comme celle-là, procèdent un développement et des variations où apparaissent progressivement les multiples conséquences d'une telle bipartition. L'autre originalité, bien soulignée par Pierre Goubert, réside dans le contraste qui oppose le texte proprement dit, synthèse toujours brève et circonspecte, au foisonnement des notes, en un « incessant, curieux et précieux dialogue ». Pour toutes ces raisons, Meuvret est déjà un classique.

● Bibliographie — Micheline Baulant et Jean Meuvret, *Prix des céréales extraits de la mercuriale de Paris (1520-1698)*, Paris, sevpen, 1960; Jean Meuvret, *Etudes d'histoire économique* (« Cahiers des Annales », 32), Paris, Armand Colin, 1971 ; Jean Meuvret, *Le problème des subsistances à l'époque Louis XIV*, I. *La production des céréales dans la France du XVIIe et du XVIIIe siècle*, Paris-La Haye, Mouton et Ecole des Hautes Etudes en Sciences sociales, 1977.

▶ Corrélats. — Annales, Crise, Economie (Histoire économique), Mercuriale. Prix.

J.-P. Desaive.

Michelet Jules, 1798-1874

Fils d'un ouvrier imprimeur, il est reçu, en 1821, au premier concours de l'agrégation des lettres. Il enseigne la philosophie et l'histoire à l'Ecole normale de 1827 à 1837. Guizot le nomme en 1830 chef de la section historique des Archives. A partir de 1838, Michelet occupe au Collège de France la chaire d'histoire et de morale. Destitué de ses doubles fonctions au lendemain du 2 décembre, il continue la publication de l'*Histoire de la Révolution française* (1847-1853) et l'*Histoire de France* (1833-1869). Il entreprend, après la défaite de 1870, une *Histoire du XIXe siècle* dont il achève d'écrire le tome III quand la mort le surprend.

La révélation de l'historien en 1831 *(Histoire de la République romaine, Introduction à l'histoire universelle)* est l'aboutissement d'une première aventure intellectuelle. Michelet, entre 1820 et 1830, découvre peu à peu sa vocation d'historien avant d'ouvrir résolument les voies de l'histoire moderne. Il est en proie à une fièvre de lectures et de réflexions, qu'il nomme, en citant Vico, « héroïsme de l'esprit ». Il se soucie de connaître, non pas Dieu ou la Nature, mais l'Homme. Aux philosophes des Lumières il emprunte le postulat de la sociabilité constitutive de l'être humain. Ce premier acte le conduit à réhabiliter, en rejetant le dogme cartésien de la vérité des seules idées « claires et distinctes », la vérité historique, diffuse dans les « mœurs » (Voltaire), mais aussi dans les événements qui marquent la vie des peuples. Plutôt que d'en réserver l'étude à la « sociologie » que Comte prétend fonder, Michelet garde sa confiance à l'histoire. Mais il faut la transformer. Elle ne sera ni une simple chronique, ni un discours sur la Providence. Elle deviendra une histoire des peuples, à laquelle aucun fait de culture ne sera étranger. Le souvenir très proche de la Révolution, qui ébranla en profondeur l'ordre social et mobilisa la nation entière, fortifie Michelet dans sa volonté d'élargir le champ de l'histoire et de multiplier les curiosités de l'historien. La lecture de Vico lui fournit, d'autre part, une justification théorique de son projet et certains modèles interprétatifs, bref, l'exemple d'une « science nouvelle » de l'homme. Il se croit en mesure d'accomplir une « résurrection intégrale du passé ».

On n'en finirait pas de relever les écarts qui séparent de ce dessein l'œuvre de Michelet. Il lui arrive de copier la chronique, quand ce n'est pas le roman, ou de sacrifier à un providentialisme laïcisé. L'entraînement de la polémique gâte ses meilleures intentions et c'est ainsi que l'intelligent souci d'inclure la physiologie dans l'argument historique se dénature dans la pénombre des alcôves royales. Michelet ne saurait, enfin, réunir l'information extraordinairement diversifiée, ni acquérir l'universelle compétence qui lui permettraient de gagner son pari chimérique.

Mais il serait injuste de se couvrir de l'admiration qui lui est due pour l'exiler au désert des prophètes. Il joint à l'éclat du verbe la nouveauté de sa démarche. On aurait tort de ne voir dans le *Tableau de la France* qu'un morceau de bravoure, une sorte d'ouverture d'opéra. Il figure fort logiquement en tête du second tome de l'*Histoire de France*, alors qu'il convient de comprendre sur le terrain le particularisme local qui caractérise la féodalité, et voilà l'histoire mariée à la géographie. D'une manière générale, comme l'observe Jacques Le Goff, Michelet, également attentif au « matériel » et au « spirituel », interprète avec un bonheur qui n'est pas seulement d'inspiration, mais d'abord de méthode, les moments et les actes décisifs du Moyen Age : la croisade des gueux, l'essor de l'art gothique, la contagion de la peste ou de la danse macabre, la prédication de l' « Evangile éternel », l' « avènement de l'or » et l'intensification des échanges commerciaux au xive siècle, la « légende » de Jeanne d'Arc reconstituée à l'aide des actes du procès et, bien entendu, comme l'ont reconnu les anthropologues, la sorcellerie. La seconde série des tomes de l'*Histoire de France*, entamée en 1855, n'offre pas moins de temps forts ; l'étude des manuscrits confirme que l'historien, contrairement à certaine idée reçue, ne s'abandonne nullement à la facilité. Que serait la notion de Renaissance si Michelet n'avait précédé Burckhardt ? Le tableau qu'il a laissé du siècle de Louis XIV et du xviiie, « je veux dire le Grand Siècle », éveille, aujourd'hui encore, mieux que de la curiosité ou du respect. On sait par Philippe Joutard ce que le réveil de la « légende » des Camisards au xixe siècle doit à l'historien de la « République protestante » sous l'Ancien Régime. Le « Credo du xviiie siècle » reste, enfin, une référence pour l'historien des Lumières.

L'*Histoire de la Révolution*, que poursuit l'*Histoire du XIXe siècle*, respire une tout autre modernité. Conçue, écrite, mise en scène sur le mode de la rupture, elle apparaît comme l'histoire la plus... révolutionnaire de la Révolution. Elle s'oppose de manière exemplaire à la vision de Tocqueville, historien des enchaînements et de la continuité. Elle se signale encore par un usage délibéré de la tradition orale, recueillie auprès des survivants. La narration elle-même y relève de l'oralité ; ce sont des voix diverses qui l'assurent, parmi lesquelles celle de l'historien, dont l'identité n'est pas dissimulée. L'ouvrage conserve ainsi pour le lecteur le plus rebelle à l'idéologie et à la manière de Michelet l'autorité d'un témoignage à peine indirect. Il porte les traces des coups de sang et de gueule, des mouvements, des échanges et des odeurs de la rue, mais aussi d'une effervescence des esprits et des imaginations qui est loin de s'évanouir au lendemain de Thermidor.

Michelet, historien du « peuple », c'est-à-dire de l'intériorité des phénomènes historiques, a pris trop de risques pour ne pas encourir le soupçon ou le blâme. Mais il voit grand et loin. « Labeur de maçon pour un merveilleux architecte », note Duruy, se rappelant le travail d'équipe accompli par les normaliens des années 1830 sous la direction du maître. Plusieurs autres générations d'historiens se succéderont sur le chantier du monument dont Michelet avait, pour le moins, dessiné le plan. La dernière en date ne semble pas avoir oublié le nom de l'architecte.

● BIBLIOGRAPHIE. — MICHELET, *Œuvres complètes* (21 vol.), 1re éd. critique, sous la direction de Paul VIALLANEIX, Paris, Flammarion, 1971; MICHELET, *Histoire de la Révolution française* (2 vol.), éd. Georges Walter, Paris, Gallimard, Pléiade, 1939; MICHELET, *Le Peuple*, éd. Paul VIALLANEIX, Paris, Flammarion, coll. « Champs », 1979; MICHELET,

La Sorcière, éd. Paul VIALLANEIX, Paris, Garnier-Flammarion, 1966; MICHELET, *Jeanne d'Arc*, éd. Paul VIALLANEIX, Paris, Gallimard, coll. « Folio », 1974; Gabriel MONOD, *La vie et la pensée de Jules Michelet*, Genève, Slatkine-Reprints, 1975; Oscar A. MAAC, *Les principes inspirateurs de Michelet*, Paris, PUF, 1951; Jean-Louis CORNUZ, *Jules Michelet. Un aspect de la pensée religieuse au XIXe siècle*, Genève-Lille, Droz-Giard, 1955; Paul VIALLANEIX, *La Voie royale. Essai sur l'idée de peuple dans l'œuvre de Michelet*, Paris, Flammarion, 1971; *Michelet cent ans après*, études et témoignages recueillis par Paul VIALLANEIX, Grenoble, Presses Universitaires de Grenoble, 1975.

▶ CORRÉLATS. — Anthropologie historique, Théories de l'histoire, Vico.

P. VIALLANEIX.

Militaire (Histoire)

La première forme revêtue par l'histoire, celle des événements, des faits et actions dignes de rester dans la mémoire des hommes pour servir d'exemple, a privilégié l'histoire militaire. La guerre et particulièrement les batailles ont dès l'Antiquité et pendant longtemps, constitué une partie importante des récits du passé, orientés vers l'histoire politique quand ils s'élevaient au-dessus de l'anecdote. Est-ce tout à fait un hasard si l'un des plus anciens textes conservés est l'*Histoire de la guerre du Péloponnèse* de Thucydide ? Dans la plupart des récits, les actions d'éclat rapportées sont souvent des faits d'armes. Dans les galeries d'hommes célèbres, les militaires occupent une place d'autant plus grande que s'impose l'équation : homme d'Etat = chef militaire. Enfin, même si la paix a toujours été un idéal justement loué, aucun historien ne songea pendant longtemps à évacuer la guerre de ses écrits. Si une partie de l'histoire apparaissait plus spécifique que les autres, c'était bien l'histoire religieuse et non l'histoire militaire, intimement liée à l'histoire profane, et même à la religion comme l'a montré Raoul Lonis pour l'Antiquité grecque et comme les croisades en donnent encore un exemple. La guerre apparaissait comme un fait inévitable. Le plus pacifiste des écrivains profanes précédant l'époque contemporaine, Voltaire, a consacré une partie importante de son œuvre historique à étudier des guerres. D'ailleurs les historiographes attachés aux souverains n'avaient-ils pas pour mission de rapporter particulièrement les faits de guerre de ceux-ci ?

L'évocation du fait militaire a pris à chaque époque les caractères que lui imposait la conception présente de l'histoire : histoire événementielle, surtout politique, prenant la forme d'annales, comme celles qu'utilisait déjà Thucydide et qu'à Rome illustre Tite-Live, mais également récit focalisé sur telle suite d'événements raisonnés avec Thucydide, Polybe, Théopompe, Strabon ou vécus avec Xénophon, ou encore collection de portraits d'hommes célèbres avec Plutarque et Suétone pour ne citer que quelques noms. On peut ajouter à la liste quelques ouvrages techniques de l'époque hellénistique, ou ce legs qui impressionna tant l'époque moderne que nous laisse Végèce.

Le Moyen Age baignant dans une atmosphère guerrière n'eut garde de négliger le fait militaire. Il n'y a rien d'étonnant à cela, puisqu'en dehors des valeurs spirituelles, les valeurs militaires influençaient les structures au moins théoriques de la société. Grégoire de Tours et Eginhard partagent leur intérêt entre les récits de guerre et les affaires personnelles des dynasties. Les moines même, lorsqu'ils ne racontent pas de grandes guerres telles les croisades, continueront à mentionner les événements guerriers qui jalonnent l'histoire de leur monastère, de leur cité, de leur province. Lorsque les langues vulgaires accéderont à la littérature, les chroniques seront pleines d'exploits guerriers. Il y a continuité à cet égard de l'Antiquité à l'époque moderne à travers le Moyen âge et la Renaissance, malgré les différences de présentation et d'expression des faits. Prenons l'exemple de la France. Chez Mézeray qui exprime probablement la curiosité d'esprit des gens cultivés autant qu'il l'oriente, les guerres gardent une place prépondérante. Un témoignage de cet état d'esprit est fourni par la composition même des historiques que rédigent ou font rédiger les intendants de provinces, en introduction des mémoires sur leur généralité qui leur sont demandés pour l'instruction du duc de Bourgogne (1697). Bien que souvent sans rapport avec les renseignements qu'ils sont tenus de fournir, les intendants s'étendent sur l'histoire militaire des pays qu'ils administrent. C'est d'ailleurs pour eux un moyen de montrer l'attachement des administrés au royaume.

L'histoire, militante consciemment ou non, n'exclut pas nécessairement l'histoire explicative, à laquelle se sont élevés certains écrivains de l'Antiquité. Ce second aspect déjà formulé, notamment par Bossuet avec la recherche des causes secondes dans les domaines les plus variés incluant les mœurs, devint prépondérant au XVIIIe siècle avec Voltaire. Les parties des œuvres historiques consacrées à la guerre n'ont pas été les moins militantes, même si elles veulent expliquer. Dans le récit des guerres, le tournant de l'histoire explicative a été pris assez vite dans un but militaire. On ne se soucie plus seulement d'enseigner les vertus militaires par le rappel des exemples glorieux, mais aussi l'art militaire par la réflexion. Montrer ce qu'il convient d'éviter, fournir des éléments de raisonnement sur des situations comparables, devient le but avoué de cette partie de l'histoire qui invite le lecteur à y chercher les recettes du succès. Par exemple la bataille de Cannes fut un sujet de méditation inépuisable, ainsi que les œuvres de Polybe car, jusqu'aux guerres de la Révolution et de l'Empire, le légionnaire romain apparaît comme le meilleur exemple de l'instrument militaire parfait. Le problème est d'adapter aux mutations de l'armement, des données stratégiques universelles, dégagées dès l'Antiquité. Les autres univers culturels n'ont pas échappé à cette tentation, comme en témoigne le succès des pensées de Sun Tzu à travers lesquelles les mandarins lisent les annales de l'histoire de la Chine. On peut considérer qu'en Occident l'histoire des guerres est devenue au XVIIIe siècle suffisamment spécifique pour que l'on puisse envisager l'existence d'une histoire militaire différente des autres domaines de l'histoire, focalisant l'intérêt autour de l'analyse des stratégies et tactiques employées dans le passé. Ainsi Voltaire dont on connaît la répulsion pour le monde des soldats, n'est pas le dernier à disserter des avantages de l'ordre mince ou de l'ordre profond.

Dès sa naissance, l'histoire militaire revêt un aspect prospectif. Plus peut-être qu'aucune des autres parties de l'histoire, elle se tient au contact du présent et des réactions devant les événements. C'est pourquoi, l'histoire événementielle, mais aussi explicative connaît souvent un renouveau dans les nations vaincues ou seulement humiliées. A ce titre, Rossbach et Sedan auront eu le même effet stimulant en France, que Iéna en Prusse, tandis que Waterloo n'a mis en cause que le manque de mesure dans l'utilisation de l'instrument militaire et non la valeur de celui-ci, et que l'opinion allemande a vu dans la fin de la première guerre mondiale les effets du « Coup de poignard dans le dos » et non une défaite. Par contre les victoires de Frédéric II comme celle de l'armée française en 1918 ont entretenu chez les pays vainqueurs une certaine stagnation dans l'histoire comme dans la pensée militaire chez leurs compatriotes. Ajoutons que l'excès des guerres contribue également à lasser le public de l'histoire militaire, comme cela fut le cas en France de 1815 à 1870, malgré le romantisme, et de 1920 à 1939.

Deux tournures d'esprit ont stimulé l'histoire militaire : l'intérêt pour l'événement glorieux et unique et la réflexion sur l'art militaire, le premier répandu dans un large public, la seconde restreinte aux militaires et à ceux qui prétendent comprendre. Ces deux aspects se sont conjugués en France après 1870 avec l'esprit de revanche, fécond pour la pensée militaire, comme pour l'histoire des opérations militaires et naturellement l'histoire anecdotique des guerres généralement militante. Ce dernier aspect s'est très bien manifesté par la fondation de *La Sabretache*, association destinée à susciter la conservation de l'objet militaire, qui est à l'origine de la création au Musée de l'Armée (1896). A la fin du XIXe et au début du XXe siècle, les collections d'armes des souverains donnent souvent naissance, les révolutions aidant, à la constitution de musées militaires. D'ailleurs le fait qu'avec la constitution d'armées de réserve, la plupart des citoyens passent par la caserne et que le nombre des officiers de réserve est considérable, est de nature à accroître la curiosité à l'égard de l'histoire militaire.

Une fois passé le flot de la littérature de guerre de 1914 à 1920, hors d'un certain public qui goûte les histoires militaires de la France de Hanotaux ou du général Weygand, œuvres de grande qualité dont la problématique reste traditionnelle, on constate en France un recul de la demande en histoire militaire et l'enlisement, voire le rejet de celle-ci accompagnant aussi bien la stagnation de la pensée militaire que le succès du pacifisme. L'horreur suscitée par l'hécatombe n'est pas la seule raison. La guerre de 1914 a appris beaucoup aux historiens, mais pas seulement dans le domaine de l'histoire militaire. Pendant quatre années les ressorts moraux, économiques et sociaux des nations ont été tendus à l'extrême et ont mis en évidence des aspects de l'histoire auxquels on prêtait jusque-là assez peu d'intérêt. D'autre part le marxisme proposait une explication nouvelle de l'action des hommes qui convainquit bien des historiens et en influença beaucoup d'autres. L'école des *Annales* est née de cette conjoncture dans le domaine particulier de l'économico-social, à la recherche des causes premières, structurales, bannissant l'événementiel. L'histoire militaire caricaturée sous l'expression d' « histoire-bataille » était particulièrement visée et mal défendue par les intellectuels affectés par le carnage de 1914. Si elle garda encore une place dans l'enseignement secondaire comme indispensable à la formation du citoyen-soldat, elle disparut de celui des universités, donc de la recherche. Henry Contamine resta un des rares à la pratiquer, sous les quolibets de nombreux collègues.

Dans ces conditions, quoi d'étonnant de voir l'histoire militaire absente du Comité international des Sciences historiques fondé en 1926 à Paris. C'est seulement en 1937 à Zurich que timidement quelques érudits et collectionneurs de bonne volonté créent avec Albert Depréaux, président de *La Sabretache*, une Commission d'Histoire militaire comparée. Le petit nombre des participants et des nations représentées montrait que l'histoire militaire n'avait pas plus de vigueur chez les autres vainqueurs de 1918 qu'en France, et que de leur côté les Allemands étaient alors plus soucieux de prospective, de formation morale militante et de culte des souvenirs glorieux que de recherches désintéressées. Par contre y figuraient en bonne place les pays traditionnellement neutres comme la Suisse, les Pays-Bas et la Suède. Les Universités et les états-majors restaient en dehors.

Le choc de la seconde guerre mondiale provoqua un réveil de l'histoire militaire dans tous les pays : immédiat en Angleterre, Etats-Unis, URSS et France, plus tardif dans l'Allemagne intellectuellement stérilisée par douze années de régime nazi et traumatisée par un écrasement quasi total.

La défaite de 1940 a provoqué en France des réactions contraires. La tentation du rappel nostalgique d'un passé glorieux fut d'assez courte durée. Chez les militaires malgré la fondation de la *Revue historique des Armées* en 1945 qui tendait à restaurer le prestige de l'armée et des *Cahiers* (1949) devenus *Revue d'Histoire de la deuxième guerre mondiale* (1950) la tentation fut grande de se détourner de l'histoire militaire considérée comme incitant à préparer la guerre précédente et à paralyser la pensée militaire. On peut l'observer avec la *Revue des questions de Défense nationale* (1945), la *Revue militaire générale* (1956), et la revue *Stratégie* (1964). L'enseignement de l'histoire militaire disparut même un temps de l'école de guerre. Devenus très prospectifs, les responsables préféraient s'adresser à des politologues ou des sociologues dont les travaux débouchaient plus rapidement que ceux des historiens sur des résultats utilisables. La pensée militaire connut après 1945 un bouillonnement fécond, mais presque sans références à l'histoire militaire. En outre le fait que des chefs militaires ont été amenés de 1940 à 1969 à jouer un rôle dans la vie politique, n'a pas été sans importance à cet égard. Enfin quoique assez marginal l'*Institut de Polémologie* de Gaston Bouthoul n'a pas été sans influence sur l'orientation de l'histoire militaire.

Par contre il est symptomatique que l'un des fondateurs de l'école des *Annales*, Marc Bloch, ait consacré, à sa manière qui n'était pas l'histoire événementielle, un de ses derniers livres à cet événement dramatique : *L'étrange défaite* (publié seulement en 1946). De son côté, un universitaire, Emile-G. Léonard enseignant aux Saint-Cyriens repliés à Aix-en-Provence en 1941 à la lueur de ce qui venait d'arriver, jetait sur le passé militaire de la France un regard nouveau dont devait sortir un article paru dans les *Annales* en 1948 : La question sociale dans l'armée au XVIIIe siècle, repris en 1958 dans *L'Armée et ses problèmes en France au XVIIIe siècle*. La voie était ouverte dans laquelle s'engagèrent quelques rares universitaires, dont Raoul Girardet avec *La Société militaire dans la France contemporaine* (1953).

Vers 1950 se produisit une conjonction assez exceptionnelle. C'était l'époque où triomphait l'histoire économique et sociale et où affleurait l'histoire quantitative privilégiant les sources sérielles dont l'exploitation allait bientôt être rendue plus abordable grâce aux débuts de l'informatique. C'était aussi l'époque où le *Service historique de l'armée de terre*, renonçant à de vieux usages, ouvrait aux chercheurs avec ses archives administratives, le fonds assez extraordinaire des contrôles de troupes, source importante non seulement pour l'étude de la société militaire, mais également pour celle de la société dans son ensemble, comme en témoigne l'utilisation qu'en a faite plus tard E. Le Roy Ladurie. Les idées de E.-G. Léonard devaient s'en trouver fécondées. La publication en 1964 de la thèse de A. Corvisier, *L'Armée française de la fin du XVIIe siècle au ministère de Choiseul. Le soldat*, contribua à réintégrer l'histoire militaire dans le champ d'études des universités par le biais de l'histoire sociale, car elle fut suivie par une série d'autres. Consacré à l'histoire des militaires et non à l'histoire militaire proprement dite, cet ouvrage reçut tout d'abord un accueil assez mitigé de la part de nombreux universitaires et militaires. Il fallut la compréhension du général Fernand Gambiez lors de la refonte de la *Commission française d'Histoire militaire* pour établir un véritable dialogue entre les historiens universitaires qui recommençaient à s'intéresser au fait militaire et les militaires qui effectuaient un retour à l'histoire. Le résultat ne fut pas négligeable. D'une part le cours d'histoire militaire avait été rétabli à l'*Ecole de guerre* avec un regard nouveau porté vers la sociologie militaire et avec une série de thèses de très grande valeur consacrées à la période antique (R. Lonis, J. Harmand), au Moyen Age (Ph. Contamine), à l'époque moderne (J. Chagniot), à l'époque contemporaine (J.-P. Bertaut, S.-W. Serman, J. Maurin), où chemin faisant la spécificité de l'histoire militaire s'affirmait davantage.

Cependant l'histoire militaire proprement dite reprenait droit de cité avec les thèses de Guy Pedroncini et l'équilibre de ses différentes composantes était atteint dans l'Enseignement supérieur avec le *Centre de Recherche d'Histoire militaire et de Défense de Montpellier* fondé et animé par André Martel. Depuis la réforme de 1968, des centres d'histoire militaire sont apparus dans plusieurs universités, répondant à deux orientations assez différentes : les études de défense, assez pluridisciplinaires, où l'histoire militaire n'a qu'une place limitée et les centres et séminaires voués à l'histoire du fait militaire dans son acception la plus large et par là même pluridisciplinaires également. Les thèmes de recherche se sont beaucoup diversifiés, incorporant au passage l'histoire des mentalités et des comportements, la démographie historique, l'histoire de la santé, etc., par le contact noué avec les autres domaines de l'histoire. On a abouti ainsi à un véritable désenclavement de l'histoire militaire, à l'instar de ce que l'histoire navale avait déjà réalisé depuis longtemps par la nature même des choses. Les orientations actuelles de la recherche portent, outre l'étude des sociétés militaires, sur les rapports entre les armées et les sociétés, les structures administratives des armées, la place de l'armée dans l'Etat, les fortifications, l'éthique militaire, l'opinion et l'armée, la place de la guerre dans l'histoire, sans oublier même les stratégies du passé avec J.-P. Charnay et la réédition des grands classiques de la stratégie. Si l'étude des rapports entre la guerre et l'économie, de l'armement ou des grands chefs militaires marque quelque retard, du moins les travaux entrepris pour la marine (M. Mollat, Ph. Masson, J. Meyer) et l'aviation (sous la direction de Charles Christienne) commencent à porter leurs fruits. Enfin la guerre scientifique et la guerre subversive commencent à devenir matières d'histoire.

L'importance donnée ici au cas français ne doit pas faire oublier les efforts considérables faits dans les autres pays et en tout premier lieu en Angleterre, où la passion puis le rejet de l'histoire militaire ont sans doute été moins marqués qu'en France (même si l'on écarte l'histoire navale). Il est vrai que le fait militaire n'y suscite pas les mêmes réactions. D'une part l'armée anglaise toujours engagée prudemment, a proportionnellement plus de victoires à son actif que les autres. Par ailleurs l'absence d'invasions et les traditions d'armée de métier ne sous-entendant l'engagement personnel de tous que dans des cas très exceptionnels, font de la gloire militaire, aux risques près, une gloire comparable aux yeux de beaucoup à celle que l'on peut acquérir dans les lettres, ou les sciences, les affaires, ou le sport parce qu'on a pensé pendant longtemps qu'elle était réservée à ceux qui en avaient la vocation. C'est peut-être ce qui explique l'attachement que témoignent les Anglais aux spectacles militaires très sophistiqués *(tatoo)* ou aux reconstitutions grandioses de batailles du passé sur les landes d'Aldershot. Peu de pays ont pu saluer la publication d'une œuvre aussi importante consacrée à leur armée, que celle de Sir John Fortescue, *A History of the British Army* en treize volumes publiés de 1910 à 1935. Ajoutons que l'école historique anglaise, ayant gardé un goût affirmé pour les biographies, a fait leur place aux grands chefs militaires. Elle n'a pas davantage abandonné l'histoire des batailles qu'elle a toujours bien situées dans leurs circonstances les plus largement envisagées. Ces conditions favorables expliquent la place que l'histoire militaire occupe dans les histoires générales publiées en Angleterre, comme la *New Cambridge Modern History* (de 1968 à 1971) dans laquelle chaque tome comporte au moins un chapitre consacré à l'art de la guerre et non pas strictement au récit des opérations militaires. Ainsi a pu s'exprimer à ce niveau le réveil de l'histoire militaire qui a suivi la deuxième guerre mondiale, plus rapide qu'en France, et qui a produit dans les années 1950 et 1960, un grand nombre d'ouvrages d'universitaires tels que S. J. Goring, Western, C. G. Cruickshank, R. E. Scouller, C. Boynton, etc., pour ne citer que quelques auteurs ayant étudié les XVIe-XVIIe et XVIIIe siècles... œuvres égales en valeur à celles abordant les autres domaines de l'histoire, orientés notamment vers l'histoire institutionnelle et aussi sociale de l'armée britannique. Bien ancrée dans les universités, mais aussi dans les écoles militaires (comme Sandhurst), l'école d'histoire militaire anglaise ayant incorporé les données les plus diverses s'est élevée à un très haut degré de réflexion sur l'art de la guerre comme en témoignent les travaux de S. John Clark, J. S. Bromfield, G. Best, D. Chandler, Chr. Duffy, etc.

Aux Etats-Unis l'histoire militaire a connu des conditions assez différentes. Relativement peu répandue pendant longtemps, elle a pris son essor à partir de la guerre de Sécession et surtout de la première guerre mondiale. D'abord événementielle, elle s'est élargie aux horizons les plus ouverts depuis la seconde guerre mondiale sous l'influence en particulier de John U. Nef et de Morris Janowits. Le premier, historien, a consacré ses analyses au phénomène même de la guerre et tout particulièrement à ses aspects technologiques et économiques; le second, sociologue, à l'étude des militaires et de leur comportement. L'élargissement a porté également sur le champ chronologique et par voie de conséquence, géographique (Fritz Redlich). L'histoire des conflits antérieurs à l'indépendance des Etats-Unis reste tributaire des archives européennes. Aussi de nombreux historiens américains sont venus étudier les armées anglaise, française (Cl. Sturgill, K. Kennett, S. Scott) ou germaniques (Barker). Les formes prises par la célébration du bicentenaire de l'indépendance, ont montré que l'histoire militaire américaine était soutenue dans le public par l'engouement pour les reconstitutions historiques. Sur le plan scientifique, elle a poussé très loin l'étude économique de la guerre et celle des armements et elle se dote d'instruments de travail de grande ampleur : dictionnaires de biographie ou d'art militaire, rendus plus efficaces par l'informatisation des données. Tenants des écoles américaines, anglaises et françaises, les historiens canadiens commencent à faire leur entrée dans le domaine de l'histoire militaire.

L'école allemande a connu successivement une production abondante et variée avant 1914, une stagnation sous la République de Weimar et même le régime nazi du point de vue de la valeur scientifique, et un effondrement dans les années qui ont suivi la deuxième guerre mondiale. Le réveil ne s'est manifesté que dans les années 1960, notamment sous l'influence du Centre d'Histoire militaire de Fribourg-en-Brisgau (Messerschmidt et Rohwer). Tout en gardant une certaine préférence pour l'étude de l'art militaire, les historiens allemands se sont efforcés d'incorporer les composantes les plus diverses de celui-ci que lui proposaient les écoles américaines, anglaises et françaises. La période de stagnation a été encore plus longue en Italie où pendant longtemps Piero Pieri fut presque le seul historien s'intéressant à l'histoire militaire. Depuis assez peu de temps sont apparus dans les universités des centres d'histoire militaire à l'instigation de G. Rochat, L. Ceva, R. Luraghi.

Les pays ayant réussi à sauvegarder leur neutralité ont généralement gardé un culte très vif des souvenirs militaires, et pas seulement par attachement à un passé qui s'éloigne, car l'intérêt y est très grand pour les différents aspects de l'histoire militaire. C'est le cas surtout en Suisse où le système des milices crée une motivation particulière. On y rencontre les deux orientations : l'écoute du présent (Eddy Bauer a été un des premiers à proposer une réflexion d'ensemble sur les blindés et la guerre-éclair) et l'étude des périodes plus anciennes (D. Reichel). La commémoration du Ve centenaire des victoires de Grandson et Morat a révélé à la fois l'activité des musées militaires en Suisse et la variété des études entreprises. On peut trouver dans l'histoire militaire suédoise actuelle des caractères comparables, avec une part importante prise par les travaux universitaires (G. Artéus). Dans certains petits états, à la suite des guerres mondiales, l'accent a souvent été mis sur les occupations étrangères subies dans le passé. C'est le cas en Belgique avec Van Houtte qui en 1930 publiait *Les occupations étrangères sous l'Ancien Régime* ou plus récemment en 1983 dans les Pays-Bas avec une étude de l'occupation étrangère dans les Pays-Bas en 1672-1674) de Jan den Tex.

Dans les démocraties populaires, une fois passé le temps de la révolution qu'avait généralement combattue l'armée, et ses suites, l'histoire militaire s'est réveillée, d'abord avec ses préoccupations présentes et l'étude des guerres menées par le régime nouveau. Celle des conflits antérieurs réapparut plus tardivement, suivant d'autres schémas d'interprétation, afin d'ancrer le sentiment national sur des valeurs permanentes. A l'exemple de l'organisation de la recherche en URSS, dans les pays de l'Est, l'Institut d'Histoire militaire représente une part importante de l'Académie des Sciences, doté d'une organisation militaire et disposant de nombreuses équipes de chercheurs universitaires et militaires et de puissants moyens de publication. L'Histoire militaire y est redevenue militante. Les écoles historiques soviétiques (P. Jiline), polonaise (J. Wimmer), et roumaine (I. Ceaucescu) sont actuellement parmi les plus actives dans ce domaine.

Dans les pays en guerre, l'histoire militaire n'a pas nécessairement la faveur des hommes d'Etat et du public, étant donné la forme prise actuellement par les conflits. Cependant une exception doit être faite pour Israël, pays où les obligations militaires sont très lourdes et où les fortes structures universitaires ont permis le développement de recherches originales sur les deux pôles du passé national : biblique (A. Malamat) et récent (J. Wallach).

Ainsi, et non seulement dans les quelques pays cités se manifeste un regain d'activité dans la recherche en histoire militaire. Trois caractères principaux se dégagent de l'évolution présente.

En premier lieu l'histoire militaire a pris les aspects les plus variés, allant de l'analyse des objets *(artefacts)* : uniformologie, symbolique (étude des insignes...), vexillologie (étude des drapeaux et emblèmes), à la stratégie la plus élevée, en passant par l'histoire des institutions, des hommes composant les armées, de l'armement, aux conséquences diverses des guerres, aux rapports entre militaires et civils, enfin à la place de l'armée dans la nation.

Ensuite l'histoire militaire intéresse le plus souvent les états-majors voire les gouvernements. Dans de nombreux pays, l'armée possède un service historique. Il existe donc actuellement plusieurs catégories d' « historiens militaires ». On peut distinguer, pas toujours facilement : 1) des militaires et aussi universitaires travaillant dans le cadre de services officiels; 2) des universitaires (sans exclusive à l'égard des militaires), de plus en plus souvent rassemblés dans des centres de recherche constitués dans les universités; 3) enfin des « francs-tireurs » de l'histoire militaire allant du savant indépendant à l'amateur du passé, venus aussi bien de l'armée que de toutes autres origines intellectuelles. Notons que les militaires sont de plus en plus nombreux à emprunter le cursus universitaire pour leur formation intellectuelle et que cela bénéficie notamment à l'histoire. Par ailleurs, dans la production historique, en dehors des thèses soutenues devant les universités, certains services historiques des armées se signalent par de nombreuses publications (France, Etats-Unis, Allemagne, URSS, Pologne, Roumanie, Canada, etc.), axées généralement mais pas exclusivement, sur la période contemporaine et parmi lesquelles ont doit noter de précieux instruments de travail (bibliographies, atlas, historiques d'unités...). Remarquons encore que, sans étouffer la recherche individuelle, notamment de caractères généalogique, la tendance qui prévaut actuellement est celle du travail en équipe, à laquelle, paradoxalement les militaires se sont mis peut-être plus lentement que les universitaires.

Le dernier caractère est l'internationalisme croissant de l'histoire militaire. Pendant longtemps attachés peut-être plus que d'autres à l'histoire nationale, les « historiens militaires » ont cherché surtout à exalter le passé de leur pays et n'ont pas eu de contacts entre eux, si ce n'est pour entretenir des controverses entre anciens belligérants ou au mieux rechercher les recettes de la victoire. Aujourd'hui l'art de la guerre a perdu du caractère éthique qu'il montra jusqu'au temps des guerres coloniales et a pris depuis le XVIIe siècle un caractère de plus en plus universel, malgré le développement de la guerre subversive. L'exemple de l'histoire quantitative et de l'histoire structurale, bien qu'invitant les « historiens militaires » à mettre l'accent sur les caractères spécifiques des rapports entre les armées et les sociétés de chaque pays, agit pourtant dans le même sens, en proposant l'étude de problèmes nouveaux et de méthodes d'analyse applicables à de nombreux cas, au prix de quelques adaptations. Symbolisant en quelque sorte cette activité, la *Commission internationale d'Histoire militaire* (A. Corvisier) et le *Comité d'Histoire de la deuxième guerre mondiale* (H. Michel J. Vanwelkenhuysen), comptant actuellement de nombreuses commissions nationales d'organisations très différentes, avec leurs nombreux congrès offrent des occasions de rencontres et d'échanges de problématique et de méthodes entre historiens militaires, malgré les oppositions passées et présentes des nations.

● BIBLIOGRAPHIE. — André MARTEL, Le renouveau de l'histoire militaire en France, *Revue historique*, janvier-mars 1971, n° 497, p. 107-126; André CORVISIER, Aspects divers de l'histoire militaire, *Revue d'histoire moderne et contemporaine*, janvier-mars 1973, p. 1-9; L'association des chercheurs militaires et non militaires, problèmes de pluridisciplinarité : le cas français, *Revue internationale d'Histoire militaire*, 1980, n° 40, p. 1-15. Citons quelques ouvrages récents caractéristiques : Raoul LONIS, *Guerre et religion en Grèce à l'époque classique*, Paris, 1979; Jacques HARMAND, *L'armée et le soldat à Rome de 107 à 50 avant notre ère*, Paris, 1967; Philippe CONTAMINE, *Guerre, Etat et société à la fin du Moyen Age*, Paris, 1972; André CORVISIER, *Armées et sociétés en Europe de 1494 à 1789*, Paris, 1976; Jean CHAGNIOT, *Paris et l'armée au XVIIIe siècle*, Sorbonne, 1983; Anne BLANCHARD, *Les ingénieurs du roi*, Paris, 1979; Jean-Paul BERTAUD, *La Révolution armée*, Paris, 1979; D. REICHEL, *Davout*, Neuchâtel, 1975; Serge-W. SERMAN, *Les origines des officiers français 1848-1870*, Paris, 1979; Guy PEDRONCINI, *Les mutineries de 1917*, Paris, 1967; *Le haut commandement français de 1916 à 1918*, Paris, 1971; Jules MAURIN, *Le combattant languedocien*, 1914-1918, Paris, 1982.

Bien que par nécessité cette bibliographie soit restreinte aux ouvrages en langue française, il convient de citer la *Revue internationale d'Histoire militaire*, fondée en 1939, qui a dépassé 60 numéros, publiés chacun par la plupart des commissions nationales d'histoire militaire.

▶ CORRÉLATS. — Diplomatique (Histoire), Maritime (Histoire), Sociale (Histoire), Techniques.

A. CORVISIER.

Minoen

On appelle *époque minoenne* l'âge du Bronze crétois. Le terme a été forgé par Arthur Evans à partir du nom de Minôs, roi légendaire de Knôsos, pour interpréter ses découvertes dans ce dernier site. Se succèdent, après un Néolithique local commencé vers — 6000 avec l'arrivée des premiers habitants, pour les IIIe et IIe millénaires, le Minoen ancien (I, 2700-2500; II, 2500-2200; III, 2200-2000), le Minoen moyen (I, 2000-1750; II, achevant le précédent à Knôsos et Phaistos; III, 1750-1570) et le Minoen récent (I, 1570-1400; II, à Knôsos depuis 1450; III a, 1400-1300; III b, 1300-1150), suivi d'un Subminoen jusque vers 1000. Proprement, le terme de « minoen » s'applique à l'archéologie de la seule Crète. Mais, au Minoen moyen III et au Minoen récent I, le rayonnement de la Crète sur les territoires égéens voisins a été suffisant pour que l'on distingue difficilement certaines productions mycéniennes du XVe siècle d'exportations crétoises, et que dans les îles proches de la Crète (Mélos, Théra) l'âge du Bronze contemporain, appelé Cycladique, se confonde alors avec une culture d'origine crétoise. La Crète, située alors aux avant-postes occidentaux du monde civilisé, liée commercialement à l'Anatolie, la Syrie, l'Egypte, mais protégée, développe durant l'époque minoenne une civilisation de plus en plus brillante et raffinée, jusqu'à la destruction finale des palais dans les années 1450-1400. Le Minoen ancien prolonge sans rupture le Néolithique, pauvre mais dense, avec l'apparition de la céramique peinte (Minoen ancien I), l'outillage de cuivre, les vases de pierre, les sculptures sur marbre, la glyptique (Minoen ancien II), enfin le bronze et le développement de belles demeures (architecture « prépalatiale »), dont la structure « en alvéoles » ajoutées les unes aux autres caractérisera plus tard les palais. La Crète est alors en contact principalement avec les Cyclades où elle apprit vraisemblablement la technique du cuivre (à l'arsenic, en l'absence d'étain).

On constate au Minoen ancien la formation d'un style crétois propre, même dans les imitations d'objets importés; la séparation de la ville et de la campagne (pas d'outils agricoles dans les demeures et les tombes urbaines); un début de spécialisation industrielle (un « centre textile » à Myrtos, dans le sud de l'île). L'outillage reste de pierre (le métal sert surtout pour des armes, les poignards de cuivre), mais la Crète, à la fin de la période, a atteint le niveau technique et artistique des cultures proche-orientales les plus avancées. Le Minoen moyen voit la civilisation arriver à son sommet, et la Crète prend une avance considérable dans plusieurs domaines. L'écriture apparaît : sous une forme dite « hiéroglyphique » par Evans, mais dès l'abord syllabique (par exemple le célèbre « sceau de Phaistos »), puis avec des signes abstraits, et appelée par Evans Linéaire A (attesté principalement à Ayia Triada, à Zakro, à Khania; et, contrairement au B, ci-dessous, pratiquement ignoré hors de Crète). Cette écriture servait à l'administration palatiale, et c'est par les palais que s'exprime l'activité culturelle crétoise. Les palais construits au Minoen moyen I (Knôsos, Phaistos, Zakro) forment la génération des « Premiers Palais ». Entourés de véritables villes (par exemple à Mallia), ils correspondent à l'émergence de principautés minuscules et centralisés (cités-Etats). Ils ont livré des trésors en céramique polychrome, en métallurgie (épées de Mallia, pendentifs, vases...), en joallerie, et dans les arts de la fresque. Les objets étonnent par leur précision et la vie dont ils sont remplis (vases en « coquille d'œuf », vases peints du style Camarès, décors floraux et marins, pendentif aux abeilles de Mallia, etc.).

L'art crétois a un autre caractère : son originalité absolue par rapport aux arts contemporains du Proche-Orient. Les palais, parfois détruits par des séismes et reconstruits, s'accroissent par ajouts de pièces, en « alvéoles ». Ils sont à la fois forteresses, temples, ateliers, entrepôts, centres administratifs : aspects complémentaires qui se prolongeront dans la Grèce mycénienne. Plusieurs sont renversés vers 1750, et sont reconstruits. Le Minoen moyen III voit alors l'apparition dans l'architecture des « puits de lumière » et des colonnes en bois de cyprès. Le Linéaire A est élaboré alors. Le pouvoir et la richesse semblent se concentrer à Knôsos, Mallia et Phaistos, à côté duquel s'édifie la « résidence royale » d'Ayia Triahda, témoignage éloquent de l' « art de vivre » minoen. Etroitement liée à présent à la Syrie et à l'Egypte, la Crète du Minoen moyen en reçoit des objets, des influences, des matériaux, et elle exporte ses vases de céramique peinte, ou ses techniques. Ses marins sont alors les « rouliers de l'Orient » : des navires crétois constituent la marine pharaonique. Les Cyclades proches se minoïsent. Cette activité maritime rayonnante laisse sa trace dans la tradition grecque de la « thalassocratie » de Knôsos sous Minôs. Mais, endommagés vers 1570 ou un peu après par un séisme, les palais s'effondrent vers 1450 (ce qui n'a rien à voir, archéologiquement, avec l'éruption du volcan de l'île de Théra), à l'exception de celui de Knôsos, qui perdure jusque vers 1400. Le Minoen récent I voit l'apogée de ce centre artistique et politique, tandis qu'au Minoen récent II s'amorce un déclin, marqué par l'absence de nouvelles constructions dans le palais. Apparaît alors une écriture syllabique nouvelle, le Linéaire B, fabriqué à partir du A, et qui indique (v. le mot) une mainmise hellénique sur Knôsos ; il ne s'atteste d'ailleurs que là en Crète, et les documents suggèrent que les maîtres grecs de Knôsos dominaient toute la Crète. Détruit vers 1400 par un incendie, le palais n'est plus reconstruit, et le Minoen récent III est une période où les traditions minoennes (statuettes de divinité, céramique) se mêlent d'apports continentaux, tandis que la Grèce mycénienne impose ses céramiques sur les marchés égéens et méditerranéens. La Crète, de centre culturel rayonnant, devient une province marginale du monde grec.

On voit qu'en l'état actuel des connaissances, l'époque minoenne appartient à la Préhistoire : hormis les documents en Linéaire B de Knôsos, qui n'apportent d'enseignement, de manière très fragmentaire, que sur *la dernière année* (d'ailleurs indatable) du palais, seule l'archéologie permet de tracer les grandes lignes de l'histoire. C'est dire le nombre d'inconnues qui subsistent : langue(s) (le grec n'étant, sans doute, que l'ultime), noms antiques de la majorité des sites, noms des divinités, organisation politique (discernable seulement en projetant — mais dans quelle mesure est-ce licite ? — nos connaissances des sociétés « à Linéaire B » sur celles « à Linéaire A » et « à hiéroglyphes »), origines des diverses composantes (multiples, suggère la toponymie) du peuplement minoen, et, surtout, objet de multiples hypothèses et controverses, la fin de la civilisation palatiale : séismes ? (mais auparavant, on reconstruisait, après un tremblement de terre) ; invasion ? guerre entre États ? révolte des « Minoens » assujettis contre les nouveaux maîtres grecs ? destruction de la puissance maritime crétoise à la suite d'un conflit avec une autre puissance méditerranéenne ? etc. Ces interrogations pointent un paradoxe : la civilisation minoenne est, de loin, la plus brillante des civilisations (pour nous) préhistoriques.

● Bibliographie. — A. Evans, *The Palace of Minos*, Oxford, 1935 ; R. W. Hutchinson, *Prehistoric Crete*, Londres et Baltimore, 1962 ; P. Demargne, *Naissance de l'art grec*, Paris, 1964 ; S. Hood, *The Minoans*, 1971 ; Ch. Zervos, *L'art de la Crète néolithique et minoenne*, 1956.

▶ Corrélats. — Archéologie, Linéaire B.

B. Sergent.

Mode de production asiatique

Les chapitres de l'*Esprit des lois* sur le « despotisme asiatique », l'évocation sous la plume de Condorcet de l' « éternel despotisme » qui accable la Perse et la Mésopotamie, la définition par Voltaire du despote comme d' « une espèce d'esclave couronné gouverneur d'autres esclaves » attestent dès le XVIIIe siècle une connaissance assez sûre de l'organisation politique et sociale que désignent les termes « despotisme asiatique » et « despotisme oriental ».

Les premières analyses de cette formation sociale chez les économistes classiques (Richard Jones, *An Essay on the Distribution of Wealth*, 1831 ;

J. S. Mill, *Principles of Political Economy*, 1848) soulignent la place qu'y tient l'Etat, détenteur exclusif des terres et principal bénéficiaire de leurs produits. En 1853, alors qu'il prépare ses articles sur « La domination britannique dans l'Inde », Marx entrevoit toutefois, grâce aux *Voyages* du « vieux François Bernier », la spécificité de ce mode de production : l'absence de propriété privée. La préparation du *Capital* le conduira à une approche plus systématique.

Les *Grundrisse* décrivent donc cette structure qu'articule le concept de *non-propriété*. A la base, la « petite commune » qui combine la « manufacture » et l'agriculture, non seulement se suffit à elle-même, mais dégage un surproduit qui « appartient à la communauté supérieure », l'Etat, que personnifie au sommet le « despote réel », Pharaon ou Inca, garant et symbole de l'unité du système. L'appropriation du surproduit peut être directe, sous forme de biens consommables, ou se manifester comme appropriation du temps libre sous forme de corvées ou de prestations de services.

L'hypothèse de Marx est qu'un système originel de communes agraires a été « coiffé » par un Etat-entrepreneur, seul capable d'organiser les grands travaux d'irrigation qu'exigeait un climat désertique. Est-ce crainte — comme l'avance Wittfogel — de découvrir qu'une bureaucratie « peut constituer une classe dominante » ?, la « structure de classe » de cet Etat despotique n'est pourtant pas analysée.

Dans ce mode de production que sa *Critique de l'économie politique* (1859) mettra en tête des formes précapitalistes, deux points, surtout, retiennent l'attention de Marx : l'immobilité d'un « ordre social inchangé depuis les temps les plus reculés », incapable de se transformer de manière endogène et *a fortiori* de réaliser l' « accumulation primitive », et, plus encore, sa divergence par rapport au développement unilinéaire de l'Europe occidentale, passée de l'Antiquité esclavagiste à la société féodale et de celle-ci à la société bourgeoise — divergence qui implique la possibilité d'une histoire plurilinéaire.

Ses contacts avec les populistes russes, le défi que constitue l' « archaïsme historique » de l'*obchtchina*, son intérêt pour le « développement économique de la Russie contemporaine » le ramèneront à cette divergence. Limitant le « modèle » du *Capital* à l'Europe occidentale, il envisagera alors la possibilité d'un développement différent à partir de l'*obchtchina* : « Cette commune est [sous certaines conditions] le point d'appui de la régénération sociale de la Russie » et peut « servir de point de départ à une évolution communiste ».

Cette prise de position tardive (1881) fait justice de la thèse qui veut que Marx ait « refoulé », sous l'influence de Morgan, le problème du mode de production asiatique. En revanche, et quoiqu'on trouve quelques allusions à ce dernier dans l'*Antidühring* et dans la correspondance d'Engels, l'*Origine de la famille* restaure un schéma unilinéaire — communisme primitif, esclavage, féodalisme, capitalisme — qui compromettra les recherches ultérieures.

Non que le « marxisme orthodoxe », surtout en Russie, ignore la « formation asiatique ». Plekhanov, déjà, s'y réfère pour accabler les populistes : « La révolution risque d'engendrer un monstre politique tel que l'antique Empire chinois ou celui des Incas », une « caste socialiste » y remplaçant les « fils du Soleil incas et leurs bureaucrates ». Affrontant le problème russe, *Les questions fondamentales du marxisme* (1908) proposent même un modèle plurilinéaire : loin de précéder la société esclavagiste, le mode de production asiatique — issu lui aussi de la commune primitive — lui serait parallèle; pays « oriental » ou « semi-oriental », la Russie aurait ainsi eu un développement propre avant de s'occidentaliser au contact de l'Europe. Mais l'*Introduction à l'histoire sociale de la Russie* (1914) revient au schéma engelsien : « La Russie — de même que l'Europe occidentale — a traversé la phase du féodalisme »; bien plus : « Cette même phase a existé [...] dans tous ou presque tous les pays civilisés de l'Orient. »

Exception faite d'un usage qui relève de la tératologie politique : Lénine décryptant dans la montée de la bureaucratie le retour de l'*Asiatchina* ou Baudin stigmatisant à travers *L'empire socialiste des Incas* (1928) la servitude inhérente au « communisme », au sortir de la Révolution russe le mode de production asiatique sera à la croisée de plusieurs problèmes : le caractère de la révolution, « socialiste » si la Russie a connu un développement « classique », « modernisatrice » ou « bourgeoise » si l'on insiste sur l'héritage oriental; la nature de la bureaucratie, excroissance éphémère ou, comme dans le despotisme oriental, véritable classe dominante; la politique, enfin, du Komintern à l'égard des « pays coloniaux ou semi-coloniaux ».

Aussi, quoique préparé par un article de Riazanov sur « Marx über China und Indien » (*Unter den Banner des Marxismus*, 1925), le débat qui s'ouvre en 1927 sur le mode de production asiatique doit-il tenir compte d'abord de l'appui que Staline et le Komintern accordent à Tchang Kaï-Chek. Une conférence clôt la discussion en 1931 en recommandant aux orientalistes de parler de « féodalisme » *sui generis*; formule à laquelle Kovalev substitue en 1934 celle de « variante de la société esclavagiste »; société esclavagiste « bloquée », précise V. Struve en 1940, un an après la publication des *Grundrisse*.

Les traductions italienne, anglaise et française de ces matériaux (1956, 1964, 1967-1968), la réédition par B. Maffi des grandes pièces du dossier (1960), le travail des historiens et des ethnologues, la parution d'*Oriental Despotism* de K. Wittfogel (1957) rouvriront enfin un débat dont on se contentera d'évoquer quelques thèmes : l'origine de ces formations sociales que Wittfogel continue de définir comme des « sociétés hydrauliques » alors qu'elles peuvent répondre à des problèmes militaires (Mycène), voire s'instaurer au terme d'une guerre de conquête (Empire ottoman, *Tawantisuyu* péruvien); l'hypothèse souvent infirmée (Egypte, Inde, Pérou) d'une « immutabilité » structurelle; l'exploration parfois trop zélée de nouveaux domaines et la tentation de restaurer un schéma unilinéaire autre; le renouveau de la réflexion sur la bureaucratie et l'autonomie du politique; la laïcisation de Marx; la redécouverte, une fois encore, que le travail de l'historien n'est pas de sanctionner l'advenu, mais d'analyser des possibles.

● BIBLIOGRAPHIE. — K. MARX, *Œuvres, Economie*, éd. établie par M. RUBEL, 2 vol., Paris, Gallimard (« La Pléiade »), 1965-1968; F. ENGELS, *L'origine de la famille, de la propriété privée et de l'Etat*, trad. par BRACKE (A.-M. Desrousseaux), Paris, A. Costes, 1931; K. MARX, F. ENGELS, *India Cina Russia*, Curato e tradotto da B. MAFFI, Milan, Il Saggiatore, 1960; MARX, ENGELS, LÉNINE, *Sur les sociétés préeapitalistes*, préf. de M. GODELIER, Paris, Ed. Sociales, 1970; K. WITTFOGEL, *Le despotisme oriental*, trad. par A. MARCHAND, Avant-Propos de P. VIDAL-NAQUET, Paris, Les Editions de Minuit, 1964; M. GODELIER, *La notion de mode de production asiatique*, Paris, CERM, 1964; L. KRADER, *The Asiatic Mode of Production*, Assen, Van Gorum, 1975; A. J. PLA, *Modo de producción asiático y las formaciones económico-sociales inca y azteca*, Mexico, Ed. El Caballito, 1979.

▶ CORRÉLATS. — Economie (Histoire économique), Européocentrisme, Marx (Histoire marxiste), Techniques.

R. PARIS.

Modèle

Les sciences physiques et les mathématiques sont indéniablement à l'origine d'une notion dont les caractéristiques essentielles se résument ainsi : c'est la représentation des traits pertinents d'un objet à l'aide de signes, d'images, d'équations. Si certains domaines, comme l'histoire de l'art avec la notion de style, ont pressenti la notion, c'est l'histoire économique qui l'a rendue opératoire avec l'utilisation des cycles décrits par F. Simiand et E. Labrousse. Le modèle en question décèle d'abord ce qui est topique (les prix dans le cas présent), constitue un instrument heuristique (construction de courbes à partir des séries) et enfin devient un outil d'observations autorisant le cumul des résultats et éventuellement une théorie du champ observé.

Progressivement ces premiers modèles issus d'un va-et-vient constant entre constat empirique et réflexion théorique ont été appliqués à des domaines comme l'histoire démographique. Ainsi P. Laslett à partir de différents travaux construit le modèle du comportement démographique de l'Europe du Nord-Ouest au XVIIIe siècle : mariage tardif, famille mono-nucléaire, faible différence d'âge entre les conjoints, forte proportion de domestiques.

Dans un deuxième temps la modélisation en histoire a pu se pratiquer par l'application rétrospective des modèles du présent; les catégories, et les implications théoriques, des comptabilités nationales contemporaines ont été projetées dans le passé.

Enfin la mathématisation et la formalisation croissante des modèles économiques ont inspiré la *New Economic History*; en isolant l'impact de chaque agent économique dans la croissance américaine au XIXe siècle, R. W. Fogel a pu déduire la croissance éventuelle des Etats-Unis sans la construction des chemins de fer. L'analyse « contre-factuelle », autorisée par l'application de modèles, a permis d'isoler alors l'impact du rail sur la croissance économique. De façon à peu près analogue une démographie modéliste permet la reconstitution de l'évolution de la population lorsque les données sont lacunaires, soit par simulation, soit par rapprochement avec les structures démographiques des modèles de population les plus proches.

Plus l'objet étudié est réductible à une formalisation mathématique plus les modèles construits peuvent se prêter à des simulations jusque-là contraires à la notion même d'histoire. Simple grille d'interprétation ou construction sophistiquée, l'élaboration d'un modèle est devenue une étape importante d'une histoire des structures.

● BIBLIOGRAPHIE. — W. KULA, *Théorie économique du système féodal. Pour un modèle de l'économie polonaise, XVIe-XVIIIe siècle*, Paris, 1970; J. HEFFER, La nouvelle histoire économique, état de la question, in *La nouvelle histoire économique*, Paris, 1977; H. LE BRAS, Retour d'une population à l'état stable après une catastrophe, *Population*, 5, 1969; F. BRAUDEL, *Ecrits sur l'histoire*, Paris, 1969.

Un exemple de modèle couvrant une structure tout entière : I. WALLERSTEIN, *The Modern World-system capitalist Agriculture and the Origins of the European world. Economy in the sixteenth Century*, New York, 1974.

Un exemple de modèle descriptif et parfois normatif de la croissance : W. ROSTOW, *Les étapes de la croissance économique*, Paris, 1963.

▶ CORRÉLATS. — Croissance, Démographie historique, Économie (Histoire économique ; Nouvelle histoire économique).

O. DUMOULIN.

Mommsen Theodore, 1817-1903

Fils de pasteur ; après des études de droit et de lettres et un séjour en Italie, se spécialise dans l'étude du droit romain puis de l'histoire romaine ; sa nomination à la chaire d'histoire romaine de Berlin en 1861 vient couronner sa carrière universitaire et manifester sa prééminence parmi les antiquisants allemands.

Il s'imposa d'abord grâce aux trois premiers tomes de son *Histoire romaine* (parus entre 1854 et 1856 et complétés en 1885 par un tome 5, le tome 4 n'ayant jamais été achevé) ; poursuivant dans la voie du « réalisme critique » ouverte par Niebuhr, mais dépassant ce dernier par une plus grande rigueur de méthode et un rare bonheur d'expression (Prix Nobel de littérature en 1902), Mommsen s'efforça dans son œuvre historique de constituer une « histoire totale » de l'Antiquité romaine, combinant les différentes disciplines jusque-là indépendantes les unes des autres (jurisprudence, philologie, histoire littéraire, archéologie, épigraphie, etc.), en une synthèse dont la puissance et l'achèvement allaient pour longtemps faire figure de modèle insurpassable. Afin d'autre part d'asseoir son idéal d'histoire totale sur des fondements réellement scientifiques, il publia sur plusieurs aspects précis des mises au point érudites qui font encore aujourd'hui autorité (*Geschichte des römischen Münzwesens*, 1860 ; *Römisches Staatsrecht*, 1871-1888 ; *Römisches Strafrecht*, 1899), et suscita par ailleurs la mise en chantier de corpus exhaustifs (*Corpus Inscriptionum Latinarum*, 1er volume paru en 1863, *Auctores antiquissimi*, projet de *Corpus Nummorum*, etc.). Parmi les historiens allemands du XIXe siècle enfin, il occupe une place relativement originale en raison de l'intensité de ses convictions libérales (convictions dont on retrouve trace dans toute son œuvre) et des critiques de plus en plus sévères qu'après son enthousiasme pour l'unification allemande réalisée par Bismarck, il formula à l'encontre des structures autoritaires et aristocratiques du second Reich.

▶ CORRÉLAT. — Allemagne (Historiens allemands).

E. FRANÇOIS.

Monod Gabriel, 1844-1912

De sa naissance dans une famille protestante, en passant par la rue d'Ulm et l'agrégation d'histoire (1er en 1865), le cursus de Gabriel Monod fait tout de suite de lui l'un des espoirs de l'histoire en France ; mais il devient beaucoup plus que cela, l'un des pères d'une nouvelle histoire. Fasciné par la découverte des universités, de l'érudition et de la critique allemande au sortir de l'agrégation, il est l'homme de la situation lorsque Victor Duruy crée en 1868 l'Ecole pratique des Hautes Etudes. A la IVe section il va introduire les démarches et les méthodes des séminaires allemands, comme celui de Waitz qu'il avait suivi à Göttingen. Puis dans la *Revue historique* qu'il fonde en 1876 en compagnie d'un chartiste, Fagniez, il tente de fondre en une seule démarche la tradition des historiens « littéraires » et celle des « érudits » (De Mabillon aux chartistes). Cette science historique française renouvelée doit relever le défi scientifique de l'Allemagne que Monod admire et aime tant. Son programme de 1876 lui confère le rôle d'un père fondateur de l'histoire « positiviste »; il s'agit, par la critique, de passer au crible les faits qui serviront à l'édification ultérieure de la synthèse historique. Hypothèse et généralisations repoussées aux calendes grecques, l'histoire vue par Monod en 1876 semble faire de lui l'incarnation de la méthode selon Langlois et Seignobos (1897, *Introduction à la méthode historique*).

Ce programme tourne au dogme figé lorsqu'en 1926 le directeur de la *Revue historique*, Ch. Pfister, écrit pour le cinquantenaire de la revue : « Nous n'avons point de programme nouveau à formuler. » Après un demi-siècle, le projet de Monod est devenu l'orthodoxie du métier d'historien.

Mais ce portrait à grands traits ne restitue pas la complexité et les contradictions d'un homme qui fut tout autre.

Tout d'abord les grands textes programmatiques de Monod n'excluent ni le recours à l'hypothèse ni les synthèses qui doivent être l'aboutissement des études « circonscrites et positives » de la *Revue historique*. Décelant les pièges de l'anachronisme psychologique avant Lucien Febvre, il pourfend aussi les excès de la spécialisation érudite outre-Rhin et en France; il parle alors de micrographie historique.

Son œuvre personnelle, souvent délaissée au profit de son enseignement à l'EPHE ou au Collège de France (1906), n'entre pas toujours dans les canons de l'érudition qu'il a prônés, comme le prouvent ses leçons sur Michelet. Elève de ce dernier, il lui voue une admiration que des disciples appliquant mécaniquement ses préceptes sont loin de partager. Au contraire cette passion commune le lie à Febvre dont il dirige la thèse.

Enfin cet obsédé de l'impartialité, ce contempteur de l'histoire immédiate, n'hésite pas à entrer, au nom de l'histoire et de ses méthodes critiques, dans le combat dreyfusard au prix d'une rupture douloureuse avec Fagniez.

Cantonné à la périphérie, EPHE, Collège de France, d'une Sorbonne que ses épigones colonisent, Gabriel Monod offre l'image d'un esprit déchiré entre la rigueur d'une méthode qui sauvait l'histoire du romantisme et la soif d'une science qui expliquerait la totalité du passé des sociétés humaines.

● BIBLIOGRAPHIE. — Ch. O. CARBONELL, *Histoire et historiens, une mutation idéologique des historiens français 1865-1885*, Toulouse, 1976; Claude DIGEON, *La crise allemande de la pensée française*, Paris, 1959, 568 p.; Gabriel MONOD, Du progrès des études en France depuis le XVIe siècle, *Revue historique*, p. 5-38, 1876; Gabriel MONOD, La méthode dans les sciences et A nos lecteurs, *Revue historique*, 1909, p. 1-12.

▶ CORRÉLATS. — Positivisme, *Revue historique*.

O. DUMOULIN.

Montesquieu Charles de, 1689-1755

L'intérêt de Montesquieu pour l'histoire s'est manifesté dès les *Lettres persanes* (1721) où s'ébauche une réflexion sur l'écriture de l'histoire (lettre CXII) et la fonction des historiens, et où se manifeste un intérêt tout neuf pour la démographie historique quand Montesquieu s'y interroge sur la dépopulation qui aurait accompagné la chute de Rome (lettres CXIV et s.). Il y a là un prolongement, dans un champ nouveau, des réflexions de Vauban sur la population du royaume qu'on trouve dans *La Dîme royale*. On notera jusqu'aux *Considérations sur les causes de la grandeur des Romains et de leur décadence* (1734) un intérêt qui se maintient intact pour l'histoire qu'il s'agisse des notes au jour le jour du *Spicilège*, qui fait une large part aux historiens de l'Antiquité et aux événements contemporains ou des *Réflexions sur la monarchie universelle*.

Mais c'est avec les *Considérations* que Montesquieu s'affirme comme un historien novateur qui dépasse l'histoire à la Vertot dans *L'Histoire des révolutions de la République romaine* (1719), où l'accumulation événementielle a valeur de méthode, et récuse la vision providentialiste de Bossuet dans *Le Discours sur l'histoire universelle* (1681). Sans doute la matière romaine est usée, sans doute Montesquieu puise-t-il dans les leçons de ses maîtres oratoriens l'essentiel de son information, mais l'important n'est pas là. La nouveauté de Montesquieu, c'est cette affirmation tranchée que « ce n'est pas la fortune qui domine le monde... » (chap. XVIII). Ni volonté de Dieu, ni suite d'événements fortuits. Le devenir des gouvernements a des causes que l'historien doit mettre au jour. C'est là sa vraie tâche. Le destin de Rome a été le développement logique d'une situation et d'un système politiques. « Il devait arriver de deux choses l'une... » (chap. I). Convaincu d'une rationalité de l'histoire Montesquieu échappe à une vision simpliste et mécaniste du déterminisme historique. Il y a une cause dominante qui est la résultante de causes diverses. Pour Rome, les structures politiques ne doivent pas faire oublier les questions de technique militaire. Montesquieu n'ignore pas que les causes particulières agissent sur ce qui résulte nécessairement des causes générales. D'où l'importance à prêter à l'*occasion* et cette volonté ferme et souple d'écrire une histoire explicative, respectueuse des faits et des documents.

L'*Esprit des lois* que Montesquieu publie en 1748 n'est pas seulement le texte fondateur de la sociologie comme l'a montré Raymond Aron. L'histoire y est largement présente. La recherche d'une raison d'être des lois, le recours à l'histoire dans le faisceau causal pour en comprendre l'extrême diversité expliquent cette omniprésence le plus souvent non dite. On rappellera aussi que la notion d'*esprit général* d'une nation avancée par Montesquieu n'a de sens que par référence à une mémoire historique collective. L'ampleur du champ embrassé par *Les Lois* (les institutions, l'éducation, la défense, le commerce, les finances, les lois civiles...) appelle à une redéfinition de l'objet de l'histoire que l'*Essai sur les mœurs* de Voltaire formulera avec plus de netteté encore. A l'histoire des rois, des institutions, des guerres doit succéder une histoire qui saisisse le devenir des hommes dans les multiples aspects de leur vie sociale.

● BIBLIOGRAPHIE. — Louis ALTHUSSER, *Montesquieu, la politique et l'histoire*, Paris, 1959; Georges BENREKASSA, *La politique et sa mémoire*, Paris, 1982; Elie CARCASSONNE, *Montesquieu* et le problème de la Constitution française, Paris, 1927; Jean EHRARD, L'Idée de nature en France dans la première moitié du XVIIIe siècle, Paris, 1963; Jean Marie GOULEMOT, Discours, histoire et révolutions (Représentations de l'histoire et discours sur les révolutions de l'Age classique aux Lumières), Paris, 1975.

▶ CORRÉLATS. — Décadence (Notion de), Droit, Institutions.

J. M. GOULEMOT.

Mort

Dans un article paru en 1941 dans les *Annales d'histoire sociale*, Lucien Febvre formule un constat et un vœu : « Nous n'avons pas d'histoire de l'Amour, qu'on y songe. Nous n'avons pas d'histoire de la Mort (...) J'indique une direction de recherche. Et je ne l'indique pas à des isolés. Je demande l'ouverture d'une vaste enquête sur les sentiments fondamentaux des hommes et leurs modalités. » En ce qui concerne l'histoire de la Mort, ce vœu ne tarde pas à être entendu. En effet, une telle histoire, à la confluence de la démographie et de l'étude des mentalités, profite directement de la naissance et du développement, dans les années 1950, de ces deux composantes essentielles de ce que l'on a appelé, à tort ou à raison, la « nouvelle histoire ».

Pierre Goubert accorde une importance toute particulière à la mortalité dans l'article qu'il publie en 1952 dans les *Annales ESC* sous le titre « En Beauvaisis, problèmes démographiques du XVIIe siècle » et qui peut être considéré comme l'acte de naissance de la démographie historique appliquée à la France d'Ancien Régime (sans minimiser pour autant l'intérêt de certains articles antérieurs de Jean Meuvret). Il donne notamment des taux de mortalité infantile et montre l'importance des crises de mortalité. Peu de temps après, Louis Henry publie en 1956 son *Manuel de dépouillement et d'exploitation de l'état civil ancien* et en 1958 l'application de ces méthodes à la paroisse normande de Crulai. Ces premières études mettent en évidence le rôle déterminant de la mortalité dans les structures démographiques anciennes, c'est-à-dire antérieures à celles qui se mettent en place peu à peu au XIXe siècle : ponction tragique lors de la première année (près de 25 % à Crulai au XVIIIe siècle), effets catastrophiques des grandes crises. Dès 1959, Jean Fourastié écrit à propos du « calendrier démographique de l'homme moyen » dans la civilisation traditionnelle *(Population)* : « La mort est alors au centre de la vie comme le cimetière au centre du village. »

Depuis, les travaux des historiens de la Mort ont porté soit sur l'étude conjointe de la mortalité et des comportements devant la mort, soit sur celle de l'un ou de l'autre de ces deux aspects du sujet. Relèvent du premier type le travail de François Lebrun sur l'Anjou des XVIIe et XVIIIe siècles (1971) et celui d'Alain Croix sur la Bretagne des XVIe et XVIIe siècles (1980). Relèvent du second les monographies paroissiales de démographie historique qui se multiplient à partir du début des années 60 (plus de 500 sont répertoriées dans le n° 30, avril 1980, de *DH*, bulletin de la Société de Démographie historique) : or toutes comportent un chapitre, plus ou moins nourri, consacré à la mortalité, mortalité « ordinaire » et mortalité de crise. De plus, les résultats partiels de la grande enquête de l'INED « pour connaître la population de la France depuis

Louis XIV » ont été publiés (*Population*, 1975) et fournissent, en ce qui concerne la mortalité de 1740 à 1789, des chiffres moyens à l'échelle nationale : mortalité infantile de 280 %₀ et espérance de vie à la naissance de 27-28 ans. Dans le même temps, des études similaires sont entreprises dans les autres pays d'Europe et on peut en mesurer la portée et les résultats, en ce qui concerne notamment la mortalité, dans le livre de Michaël W. Flinn, *The European Demographic System, 1500-1820* (1981).

Mais bientôt apparaissent les premiers travaux sur les attitudes devant la mort. Le pionnier en est Philippe Ariès dont la très longue recherche solitaire sur le sujet depuis 1948 (date de son *Histoire des populations françaises et de leurs attitudes devant la vie depuis le XVIIIe siècle*) aboutit à la publication en 1977 de *L'homme devant la mort*, grande tentative pour étudier, dans la longue durée d'un millénaire, l'évolution des comportements depuis le temps de la mort apprivoisée jusqu'à celui, le nôtre, de la mort inversée et occultée; l'étude s'appuie sur des sources littéraires de toutes sortes, sans négliger l'apport de l'archéologie et de l'iconographie. Quatre ans plus tôt, en 1973, Michel Vovelle publie *Piété baroque et déchristianisation en Provence au XVIIIe siècle* dont le sous-titre explicite le but et la démarche : « Les attitudes devant la mort d'après les clauses des testaments ». Ce sont également les testaments qu'interrogent Pierre Chaunu et son équipe dans *La mort à Paris, XVIe, XVIIe et XVIIIe siècle* (1978), cependant que Robert Favre étudie de son côté *La mort dans la littérature et la pensée françaises au siècle des Lumières* (1978) et Dirk Van der Cruysse, *La mort dans les mémoires de Saint-Simon* (1981). Mais, comme l'écrit Michel Vovelle en 1982, « (si) on a pu penser un temps que l'histoire de la mort restait un jardin à la française dont les modernistes avaient le monopole, ce temps est révolu ». En effet, non seulement les recherches ont débordé chronologiquement vers le Moyen Age (Marie-Thérèse Lorcin, 1981 ; Jacques Chiffoleau, 1981 ; Jacques Le Goff et *La naissance du Purgatoire*, 1981), mais elles ne sont plus le fait quasi exclusif de chercheurs français, comme en témoignent, entre autres, les articles réunis par Joachim Whaley dans *Mirrors of Mortality. Studies in the Social History of the Death* (Londres, 1981). Ainsi, le champ ouvert par Philippe Ariès est-il de mieux en mieux exploré, en particulier depuis la publication en 1983 du livre de Michel Vovelle, *La mort et l'Occident de 1300 à nos jours*.

Il en est de même du champ, parallèle, de ce que l'on peut appeler la sociodémographie. A partir de données chiffrées désormais bien assurées (du moins pour le XVIIIe siècle), les historiens s'efforcent maintenant d'expliquer ces données en étudiant les conditions et les causes de la mortalité : la mise en nourrice, l'alimentation, l'hygiène, l'habitat et surtout la maladie sous toutes ses formes et les divers moyens disponibles pour lutter contre elle. Michel Vovelle a raison : « L'histoire de la mort n'était pas une mode : elle ne fait que commencer. »

● BIBLIOGRAPHIE. — Emmanuel LE ROY LADURIE, Chaunu, Lebrun, Vovelle : la nouvelle histoire de la mort, dans *Le territoire de l'historien*, Paris, 1973, p. 393-403; Michel VOVELLE, Encore la mort : un peu plus qu'une mode ?, dans *Annales Economies, Sociétés, Civilisations*, 1982, p. 276-287.

▶ CORRÉLATS. — Anthropologie historique, Ariès, Démographie historique, Mentalités.

F. LEBRUN.

Musulmans

Historiographie musulmane

L'historiographie en Islam s'est exprimée à travers une discipline spécifique, le *târîkh*, dont l'équivalence habituellement admise avec l'*histoire* doit être sérieusement réinterrogée. On lui reconnaît généralement à la fois une grande diversité et une extraordinaire profusion. En effet, de la fin du Ier jusqu'au XIIIe siècle de l'hégire (début du VIIIe-XIXe siècle après J.-C.), à travers l'ensemble de l'aire islamique, elle se déploie en un flot presque ininterrompu, avec à peine quelque ralentissement au Xe siècle de l'hégire (XVe siècle), consécutif à l'expansion ottomane; elle s'exprime d'abord en arabe, mais aussi et très tôt en persan, en turc (à partir du Xe/XVe siècle) et en malais; elle inclut une grande variété de formes, principalement les genres annalistique et biographique, et aborde une gamme très riche d'objets. Les études modernes ont tenté, d'une part, de faire le répertoire de cette immense littérature, d'autre part, d'en dessiner les grandes lignes d'évolution et d'en apprécier la valeur. Malgré une information solide et large, on peut leur reprocher de ne pas avoir assez bien dégagé les caractères propres à cette historiographie, tant pour ce qui est de sa conception que de son fonctionnement dans la culture et la société islamiques. En attendant les résultats d'un renouvellement de la recherche dans ce domaine, on peut retenir, brièvement résumés, les faits suivants :

1 / Lié à des besoins particuliers et très divers de la vie pratique (religieux, législatifs, juridiques, politiques, administratifs, sociaux, scientifiques), l'intérêt pour le passé s'est manifesté dès le Ier siècle de l'hégire. On assiste alors à un vaste mouvement — qui ne fera que s'amplifier — de collecte et de mise par écrit d'informations de toutes sortes (*akhbâr* : récits, informations; *âthâr* : traces, vestiges, propos tenus, œuvres; *hadîth* : paroles, propos tenus, histoires racontées). Les recueils d'abord assez rares, d'un caractère très limité, n'entrent dans le cadre d'aucune discipline constituée; regardés avec méfiance, ils sont établis essentiellement comme un adjuvant de la mémoire. Certaines catégories de faits aboutissent à la formation, à partir du IIe siècle de l'hégire, de domaines plus ou moins autonomes : *maghâzî* et *sîra* (campagnes militaires, biographie du Prophète) avec notamment Muhammad Ibn Muslim Ibn Shibâb az-Zuhrî (m. 124/742) et surtout Muhammad Ibn Ishâq Ibn Yasâr (m. 151/768) et Muhammad Ibn 'Umar al-Wâqidî (130-207/747-823); *hadîth* (tradition du Prophète) qui semble avoir le premier bénéficié de l'effort le plus systématique de *tadwîn* (réunion d'écrits dispersés) et de *taçnîf* (mise en ordre suivant des critères précis), avec notamment : Ibn Jurayj (m. 150/767), 'Abd Allah Ibn al-Mubârak (m. 181/797), Sufyân Ibn 'Uyayna (m. 196/811), Abû Dâwud (m. 203/818); *futûh* (conquêtes), *siyar* et *ahdâth* (biographies d'hommes célèbres, événements marquants), *akhbâr* ou *ayyâm al-'arab* (récits relatifs au passé des Arabes), *akhbâr al-awâ'il* (récits relatifs aux rois et aux peuples d'avant l'Islam), *ansâb*, *ma'âthir*, *mathâlib* (généalogies, récits d'exploits, défauts), etc. Parallèlement, se développe autour du *hadîth* (qui se constituera progressivement en *discipline* indépendante, ou *'ilm al-hadîth*) une méthode de critique et d'établissement des chaînes des témoignages *(isnâd)* qui tendra à recouvrir avec une rigueur variable tout le champ en rapport avec la collecte des traces du passé. Différentes formes de synthèse des *akhbâr* et *âthâr* ont ensuite vu le jour. Des recueils plus ou moins étendus d'informations relatives aux souverains de l'Islam et aux rois et nations des temps préislamiques, tels que : *at-Tarîkh al-Kabîr* d'Ibn Abî Khaythama (185-279/801-892), *Ansâb al-ashrâf* d'al-Balâdhurî (m. 279/892), *al-Akhbâr at-tiwâl* d'Abû Hanîfa ad-Dînawarî (m. 282/895), *at-Târîkh* d'al-Ya'qûbî (m. 284/897), *Murûj adh-Dhahab* d'al-Mas'ûdî (m. 345/956). Des recueils d'*akhbâr* mi-historiques mi-littéraires, comme le *Kitâb al-Ma'ârif* d'Ibn Qutayba (m. 276/889). Des collections de biographies rangées par catégories et/ou par localités, tels les *Tabaqât* d'Ibn Sa'd (m. 230/845), les *Tabaqât* de Muslim Ibn al-Hajjâj (m. 261/875) ou le *Târîkh* d'al-Bukharî (m. 256/870). Des recueils de généalogie, avec notamment des auteurs tels qu'Abû-l-Yaqzân (m. 190/805), al-Açma'î (m. 215/830), az-Zubayr Ibn Bakkâr (m. 256/870). La synthèse la plus systématique et la plus complète, dont l'influence sera la plus durable, est celle que réalise at-Tabarî (m. 310/913) dans son *Kitâb akhbâr ar-Rusul wa-l-mulûk*, sous une forme annalistique. Après le IVe siècle, la forme annalistique prend le caractère d'une chronique des événements contemporains et, un siècle plus tard, intègre les informations de type biographique.

Il faut souligner que l'élaboration d'une typologie complète de ces différentes formes et l'étude des circonstances de leur émergence et de leur évolution restent presque entièrement à faire. Pour la période postérieure au Ve siècle de l'hégire, on admet habituellement que les changements ont été minimes — mais c'est là aussi une thèse qu'il est nécessaire de réexaminer.

2 / Au cours de la première moitié du Ier siècle de l'hégire, sans doute pour des raisons administratives, mais aussi en relation avec cet intérêt pour le passé, l'ère hégirienne a été instaurée et, rapidement, assez largement mise en vigueur. Le mot *târîkh* signifie d'abord : ère, datation, chronologie. A partir du IIe siècle, il désigne les écrits où il est fait un usage plus ou moins systématique de la datation et de la chronologie (recueils de biographies des savants, d'informations relatives aux califes et aux fonctionnaires, de faits administratifs), ainsi que des traités de chronologie. Ce n'est qu'autour des XIe-XIIe siècles que le *târîkh* tente de se présenter comme une discipline *('ilm)* s'appliquant à toutes les formes de recueils et de compilations des *akhbâr*, quels que soient leurs objets. Ce qui semble justifier cet usage du terme *târîkh*, c'est le souci de prendre en charge (et de contrôler) *tous* les faits dignes de mémoire en les intégrant autant que possible dans une chronologie et en les consignant selon des règles rigoureuses de notation *(dabt)*. Du coup, tous les *objets* constitués au cours des siècles précédents se trouvent réunis avant tout sur la base d'une préoccupation de méthode, tout en gardant leur autonomie (cf. la liste des « objets » possibles du *târîkh* attribuée à adh-Dhahabî dans as-Sakhâwî, *al-I'lân*). Ibn Khaldûn, qui critique justement cette méthode qu'il juge insuffisante et propose une nouvelle méthode de vérification des faits fondée sur la connaissance des lois de la société, ne remet pas fondamentalement en cause cette conception globale du *târîkh*.

3 / Ayant pour souci majeur la collecte, la conservation et la transmission des *akhbâr*, l'historiographie musulmane ne se préoccupe pas géné-

ralement — comme ce fut le cas en Occident — de la mise en perspective des faits, en les rattachant à des principes généraux tels que la Providence, l'Esprit, le Progrès. Fonctionnant comme *mémoire*, elle ne vise ni à « reconstruire » ni à « recréer » le passé ; elle ne met explicitement en œuvre ni philosophie de l'histoire, ni topologie du temps. Cette attitude, souvent relevée pour être critiquée, n'a pas été interrogée quant à sa raison d'être. Elle est, nous semble-t-il, à mettre en relation principalement avec les problèmes posés par le passage d'une culture essentiellement orale à une civilisation dominée par l'écrit, d'une part, et, d'autre part, avec les principes d'organisation du savoir élaborés au cours des quatre premiers siècles de l'hégire, centrés autour de la primauté absolue de la parole de Dieu, et de l'idée du *ghayb*, ou mystère divin, qui entoure fondamentalement le destin des hommes.

● BIBLIOGRAPHIE. — Pour les auteurs on peut se reporter à trois ouvrages fondamentaux : C. BROCKELMANN, *Geschichte der arabischen Litteratur* (1898-1902) et ses *Suppléments*; F. SEZGIN, *Geschichte der arabischen Schrifttums* (1967) ; Cl. CAHEN, *Introduction à l'histoire du monde musulman médiéval*, VIIe-XVe siècle (1982). Pour les études modernes sur l'historiographie musulmane, on se reportera à l'article Târîkh de H. A. R. GIBB dans l'*Encyclopédie de l'Islam*, 2e éd., F. ROSENTHAL, *A History of Muslim Historiography* (1952) ; A. AD-DÛRÎ, *Bahth fî nash'at 'ilm at-târîkh 'ind al-'arab*, Beyrouth, 1960 ; *Historians of the Middle East* (ed. B. LEWIS and P. M. HOLT, 1962) ; E. L. PETERSEN, *'Alî and Mu'âwiya in Early Arabic Tradition : Studies on the Genesis and Growth of Islamical History writing* (1964) ; T. KHALIDI, *Islamic Historiography : the Histories of Mas'ûdî* (1975).

▶ CORRÉLATS. — Ibn Khaldoun, Islam, Lombard.

A. CHEDDADI.

Mythologies

Rien de plus historique que le mythe. Non certes parce qu'il fait désormais partie des objets nouveaux qu'une Histoire inventive et conceptuelle nous proposait naguère en nous incitant à « Faire de l'Histoire ». Bien plutôt parce que la mythologie est une pure construction de l'histoire, la nôtre et celle des Grecs ; que sa généalogie raconte comment elle est née et à travers quelles figures successives elle nous est devenue familière dans le temps de son devenir. Car, en même temps, la mythologie nous est si proche, si naturelle, si étrangère à son histoire que les psychanalystes en quête d'épistémologie, quand ils souhaitent faire de la « scène primitive » un modèle explicatif à la fois simple et multiple, imaginent de la concevoir « comme une réalité psychique de l'ordre du mythe » (S. Viderman). Cette pénultième métamorphose qui assigne la mythologie à l'originaire et en fait même la forme *a priori* de l'appareil psychique a sa place dans une histoire en deux temps. Du XVIIIe siècle à nos beaux jours structuralistes et sémiotiques. Avec, dans son ombre, une autre trajectoire : les Grecs entre eux, entre le VIe et le IVe siècle, avant notre ère passionnément gréco-romaine.

Dans l'article Fable de l'*Encyclopédie* de Diderot et d'Alembert, la mythologie est une science réservée à un petit nombre de savants mais « qui fait une partie très vaste des Belles-Lettres et qui est absolument nécessaire pour avoir l'intelligence des monuments de l'Antiquité ». Aux « mythologistes », la compétence des fables, des différents systèmes de théologie, des cultes des divinités païennes, bref, de tout ce qui constitue une condition de lisibilité du monde culturel en son entier, selon une formule de Jean Starobinski. Avec le premier romantisme (1794-1802), en quête d'une nouvelle vision de l'Antiquité, la mythologie devient une *idéalité* : elle doit naître de la plus profonde profondeur de l'esprit. Neuve, car la Grèce est inimitable, et elle est paradigme de cette forme de l'esprit, conaturelle au langage, et, en son essence, œuvre d'art de la nature. « A l'origine, il y a l'enthousiasme ; à la fin reste le mythe » *(Cercle d'Iéna).* Schelling est le philosophe de cette autre mythologie quand l'histoire des dieux traduit le devenir réel de la conscience humaine. Tant de rupture avec le plaisir de la Fable en ses arabesques : la théorie philosophique du mythe est alors la seule mythologie pensable et possible ; l'idée de la mythologie en devient la plénitude et la totalité.

Une nouvelle science surgit aux alentours de 1850 : la mythologie comparée, mobilisée par la découverte du caractère scandaleux de la parole mythique, de tant d'histoires sauvages et absurdes. Friedrich-Max-Müller et Edward-B.-Tylor se mobilisent afin de rendre compte de la fort singulière production de l'esprit humain dont les Peuples de la Nature semblent témoigner soudainement, dans les Amériques et sur le continent africain. Et les philosophes, de Schelling à Cassirer, confirment soigneusement le caractère unitaire de la mythologie en tant que pensée originelle et forme de l'esprit, concomitante du langage. S'impose alors l'idée que la mythologie est le grand englobant, la pensée des pensées, qu'elle est riche de toutes les formes de culture à venir. L'œuvre de Claude Lévi-Strauss, avec les *Mythologiques* (1964-1971), assume pleinement l'évidence souveraine d'une « pensée mythique » autonome. Dans le projet sémiotique de l'analyse structurale où le mythe est langage, la mythologie, reconnue *logos* à l'état sauvage, devient le lieu privilégié où s'interroge le fonctionnement de l'esprit humain. Et l'ethnologue structuraliste, dans le temps où il se livre à des opérations neuves et complexes, aime à se reconnaître, non sans nostalgie, dans la figure ancienne du Grec, philosophe du concept lorsqu'il entreprend de penser sa propre mythologie, celle d'Hésiode, sur le mode de l'interprétation et en usant des catégories binaires du sec et de l'humide, alternant avec le chaud et le froid.

Une archéologie du mythe et de la notion de la mythologie dément fort radicalement le caractère unitaire de ce qui nous semble immédiatement « le mythe ». Et ce sont encore les anciens Grecs qui font voir la polysémie du mot *muthos* : discours vide, parole insensée pour Hérodote qui raconte dans ses *Enquêtes* tant d'histoires inoubliables, appelées *logoi*; le fabuleux pour Thucydide qui l'excommunie du savoir historien parce que, dans le *mythôdes*, confluent les rumeurs, les bruits confus, les idées toutes faites, les faits non contrôlés, le merveilleux porté par la crédulité ; ou encore, dans la pensée philosophique de Xénophane de Colophon (fin du VIe siècle), ce qu'il condamne sous le nom de forgeries et de fictions *(plasmata),* toutes figures de l'exclusion où jamais le mythe n'apparaît comme un type de récit singulier, qui serait marqué par des structures narratives dont on pourrait imaginer d'écrire en toute quiétude la « grammaire ».

La mythologie, en tant qu'elle est mythographie, ce genre littéraire surgissant vers le IIIe siècle avant notre ère, se construit en même temps que d'autres savoirs écrits : la philosophie certes, mais aussi l'histoire.

Une histoire qui prend ses distances envers des traditions et un passé autres que les siens propres. Mais que souvent — si l'on en croit Plutarque ou encore T. B. Tylor — il suffit de dépouiller de ses développements appelés merveilleux ou encore mythiques pour mettre à nu sous l'écorce le réel de l'histoire. Pratique que ne s'interdisent pas certains de nos contemporains, fort estimables, et dont la vertu éminente est de montrer combien la frontière demeure incertaine entre l'histoire et la tradition. Mais l'échec du projet sémiotique d'une analyse des mythes laisse intacte l'intuitition théorisée par l'anthropologie que le plus secret de l'identité d'une culture est confié à sa mythologie, au sens large et accueillant de son symbolisme essentiel. C'est-à-dire celui qu'ont élaboré les transformations séculaires d'une tradition de la bouche et de l'oreille. C'est le domaine ouvert aujourd'hui à l'inventaire des opérations intellectuelles qui sont à l'œuvre dans la formation et la transformation des histoires. Travail ouvert sous les yeux de l'historien qui se veut anthropologue.

● BIBLIOGRAPHIE. — M. DÉTIENNE, *L'invention de la mythologie*, Paris, Gallimard, 1981.

▶ CORRÉLATS. — Dumézil, Religion (Histoire des religions), Sciences.

M. DÉTIENNE.

Nationale (Histoire)

De quoi s'agit-il, dans ce retour en force à l'histoire nationale qui est un des traits les plus frappants de l'orientation actuelle de la production historique ? Est-ce seulement, de la part même des tenants les plus confirmés de l'histoire nouvelle et après tant d'études monographiques, le moment de la synthèse, la reconstitution d'ensemble appelée par les besoins de la pédagogie ? Est-ce, après les grandes explorations dans le domaine économique, social et mental, l'investissement solennel du sanctuaire national, le retour au pays natal des enfants prodigues de l'histoire Annales ? Est-ce l'avènement d'une conscience historique neuve, dans une France transformée par la plus forte croissance de son histoire et le nouveau rapport des forces mondiales, le besoin d'une redéfinition globale du rapport à un grand passé définitivement passé ?

Si le fait paraît à ce point troublant, c'est que la croisade des cinquante dernières années contre l'histoire événementielle, contre l'histoire politique, militaire, diplomatique et biographique avait paru entraîner le discrédit du national qui en constituait comme l'horizon indépassable. A l'éternel discours des origines, à la science commémorative, l'histoire Annales avait substitué l'esprit et les méthodes des sciences sociales; à la conscience érudite de soi-même, un savoir de soi sur soi. Etait-ce une illusion d'optique ? A l'heure des bilans, c'est au contraire un prodigieux renouvellement de notre paysage national qui frappe le regard rétrospectif : l'insondable profondeur des enracinements, la remontée des permanences, la précision et la densité des coups de sonde dans l'épaisseur des vécus nationaux. Renouvellement venu tout d'abord des grands travaux des géographes, poursuivis, de Roger Dion à Max Derruau et tant d'autres, dans le cadre régional, mais qui n'ont pas laissé à l'abandon un pouce du territoire de l'Hexagone. Renouvellement lié à l'étude du monde rural, de ses peuples, de ses techniques, de ses contraintes, de ses manières d'être. Lié aussi, soit par la statistique et la démographie, soit par les archives locales et familiales, au renversement d'importance du rôle des acteurs sociaux et à l'apparition au grand jour de l'histoire des anonymes et des silencieux. Renouvellement lié enfin à l'éclatement en tout sens des curiosités historiennes qui ont remplacé les petits secrets des grands par les grands secrets des petits : la manière de naître, d'aimer, de mourir, de manger, de se vêtir, d'élever les enfants, de vivre au jour le jour. Bref, le type d'histoire qui a le plus violemment travaillé à nous affranchir de la tyrannie du national et à dissoudre l'unité idéologique de façade est également celui qui nous renvoie, à terme, à la plus pressante interrogation sur notre spécificité. La stratégie de contournement du phénomène national a abouti au plus profond de ses remaniements.

Ces grands remaniements de mémoire ont été, en fin de compte, moins nombreux que ne pourrait le laisser croire le flot continu des histoires de France. En schématisant à l'extrême, on arriverait à les réduire aux trois moments décisifs de la cristallisation de l'identité nationale : les XIIe-XIVe siècles, qui ont vu l'affirmation de la monarchie féodale; la seconde moitié du XVIe siècle, au moment des guerres de religion et en plein humanisme renaissant, quand se fait sentir le besoin d'une redéfinition étatique de la monarchie; enfin, ce que, par analogie avec le « long » Moyen Age de J. Le Goff, il faudrait appeler le « long » XIXe siècle, des lendemains de la crise révolutionnaire à la crise des années trente. Moments qui, pour schématiser davantage encore, s'incarneraient dans quelques titres clés.

Ainsi y a-t-il eu, né du berceau de saint Denis et rompant avec les vies de saints, les histoires universelles et les annales de monastère, les compilations des *Grandes chroniques* de France, qui, sous des formes remaniées au XIIIe et au XIVe siècle, ont fixé en langue française la mémoire dynastique. « Roman des Roys » descendus de la « haute lignée des troiens » comme le voulait la légende du VIIIe siècle, mais rois qui, par « divine ordenance », règnent sur les Francs d'abord, les « François » ensuite, entourés des princes et barons « dou roiaume de France ». Récit donc essentiellement généalogique et mythique, mais cependant matrice d'une histoire monarchique chrétienne, française et par là nationale qui a représenté pour près de trois siècles « l'histoire de France la plus élaborée, la plus prestigieuse et peut-être la plus diffusée » (B. Guenée). Ainsi y a-t-il eu, dans la génération de Jean Bodin et des historiens de l'histoire dite « parfaite », *Les recherches de la France* d'Etienne Pasquier. Dans la modernité même du titre, elles fondent « la France » en objet historique à défendre et à illustrer par un passé puissamment légitimateur, celui du peuple gaulois. Plus de légende troyenne, mais une exhumation quasi ethnologique des mœurs, des coutumes et par-dessus tout des institutions, garante d'une continuité historique rebelle au récit continu, et sur laquelle on ne peut encore que jeter des coups de projecteur, mais de quelle force et de quelle saveur! Aller aux Gaulois pour les identifier comme nos ancêtres, « loin des antiquailles de Rome », c'était fonder une légitimité nationale indépendante des dynasties royales, antérieures à la noblesse franque, à l'Eglise et au pape. Et pour ce faire, recourir, en français, à la critique des historiens latins, « dégloirer l'italien » pour exalter « la singularité galloise ».

Le troisième moment représente l'accomplissement plein et entier de l'histoire nationale, puisque c'est l'exigence nationale qui devient le schème organisateur du rapport au passé. Deux temps forts s'y individualisent nettement : les lendemains de 1830, cette victoire d'historiens où « la nouvelle monarchie fit de l'histoire une institution nationale » (A. Thierry), et les lendemains de la guerre de 1870, où « une France destinée à vivre en démocratie a besoin de comprendre l'histoire, le plus solide enseignement civique » (Ch. Seignobos). Mais si différentes qu'aient pu être l'histoire romantique et l'histoire dite positiviste, c'est le même cycle national qui se développe depuis les *Lettres sur l'Histoire de France* d'Augustin Thierry, dont la première version date de 1819 à l'*Histoire sincère de la nation française* de Seignobos en 1933, cycle dont l'*Histoire de France* de Michelet et celle de Lavisse marquent respectivement les sommets. Si la France est une personne, si le « riche legs de souvenirs » est la garantie de « la volonté de vivre ensemble » (Renan, *Qu'est-ce qu'une nation ?*, 1882), les recherches savantes de l'histoire critique ne sont que les branches d'un arbre dont l'enseignement primaire est la racine. L'histoire, constitutive de l'identité nationale et devenue la plus forte de nos traditions collectives, se fait mémoire par une quantité de relais dont l'école n'est que le principal, même si l'héritage contre-révolutionnaire s'entretient dans la flamme d'une contre-mémoire, comme Bainville l'établit dans son *Histoire de France*. C'est cette histoire-mémoire dont l'Ecole des Annales est venue consommer le divorce.

S'il fallait baptiser d'un mot le renouveau de l'histoire nationale qui s'esquisse aujourd'hui, on l'appellerait volontiers *historiographique*. Non pas au sens étroit d'une histoire des écoles et des historiens, qui se contenterait d'annexer à la connaissance positive un domaine jusque-là trop négligé. Mais dans un sens plus radical et subversif : une analyse raisonnée de la tradition globale qui nous a été léguée, tradition à laquelle le présent nous ramène impérieusement, mais sur laquelle nous ne pouvons porter ni le regard naïf et spontané des positivistes, ni le regard scientifiquement décentré de l'Ecole des Annales. Le programme en est clair, et déjà largement entamé. Il consiste à prendre, comme des blocs, les objets tout constitués de notre héritage pour en disséquer la constitution : ce peut être une bataille de l'importance de Bouvines, comme l'a fait G. Duby, un phénomène de vaste amplitude, comme fait F. Furet avec *La Révolution* ; ou plus massif encore, comme l'a fait Colette Beaune avec la *Naissance de la nation France*; ou en prenant le massif au détail, comme s'y emploient *Les Lieux de mémoire*. Il consiste aussi à examiner dans cette perspective, qui les sort de leur spécificité, tous les instruments de formation de cette tradition nationale; non seulement les manuels, bien étudiés maintenant depuis vingt ans, mais les musées, les académies, les bibliothèques, les archives, sans parler des collections, des dictionnaires, des encyclopédies, et jusqu'à la littérature de distribution de prix. Il consiste enfin à saisir cette tradition dans ses expressions les plus hautes et les plus symboliques, dans les représentations où elle célèbre sa propre image : la *Marianne au combat* de M. Agulhon, la *Fête révolutionnaire* de Mona Ozouf; mais aussi les devises, les emblèmes, les anniversaires, tous lieux du souvenir et de la commémoration.

La liste serait infinie. Mais l'unité de champ qu'elle dessine ne tient pas aux objets qu'il se donne. Elle tient au point de vue qui l'anime et au regard qui l'habite. On peut la résumer d'un mot : une histoire critique de l'histoire mémoire.

● BIBLIOGRAPHIE. — *Textes* : *Les grandes chroniques de France*, éd. J. VIARD, Paris, SHF, 1920-1953; PASQUIER, *Œuvres choisies*, éd. Léon FEUGÈRE, Paris, 1849, 2 vol.; A. THIERRY, *Lettres sur l'histoire de France*, Paris, 1827; J. MICHELET, Préface à l'*Histoire de France*, Paris, 1869;

G. Monod, Du progrès des études historiques, *Revue historique*, n⁰ 1, 1876; P. Vidal de La Blache, *Tableau de la géographie de la France*, t. 1 de l'*Histoire de France* d'E. Lavisse, Paris, 1903, rééd. Tallandier, 1979; Ch. Seignobos, *Histoire sincère de la nation française*, Paris, puf, 1933.

Etudes récentes : C. Beaune, *Naissance de la nation France*, Paris, Gallimard, 1985; Ch.-O. Carbonnel, *Histoire et historiens, une mutation idéologique des historiens français, 1865-1885*, Toulouse, Ed. Privat, 1976; P. Chaunu, *La France, histoire de la sensibilité des Français à la France*, Paris, Laffont, rééd. Pluriel, 1984; Cl.-G. Dubois, *Celtes et Gaulois au XVIe siècle, le développement littéraire d'un mythe nationaliste*, Paris, J. Vrin, 1972; A. Dupront, Du sentiment national, dans *La France et les Français*, sous la direction de Michel François, *Encyclopédie de La Pléiade*, Paris, Gallimard, 1972; B. Guenée, Etat et nation en France à la fin du Moyen Age, *Revue historique*, t. 237, 1967; G. Huppert, *L'idée de l'histoire parfaite*. Paris, Flammarion, 1973; P. Nora (sous la direction de), *Les lieux de mémoire*, t. 1 : *La République*, t. 2 : *La Nation*, 2 vol. (à paraître), t. 3 : *La France* (à paraître), Paris, Gallimard, 1984; P. Viallaneix et J. Ehrard (éds.), *Nos ancêtres les Gaulois*, Actes du Colloque international de Clermont-Ferrand, Clermont-Ferrand, 1982.

▶ Corrélats. — Enseignement de l'Histoire, Lavisse, Manuels, Mémoire collective, Michelet, Parfaite (Histoire), Renan, Seignobos, Thierry.

P. Nora.

Numismatique

De toutes les disciplines qu'on appelait « sciences auxiliaires », la numismatique, science des monnaies métalliques frappées (objets de métal dont le poids et le titre sont garantis par une ou plusieurs empreintes de l'autorité émettrice), est probablement la plus ancienne. Après les collections de monnaies, bien attestées aux XIVe et XVe siècles, apparurent, dès le XVIe siècle, les catalogues de ces collections et les travaux d'érudition. Mais les grands traités (par exemple ceux de T. Mommsen, de F. Lenormant et de E. Babelon pour l'époque romaine, ceux d'A. Blanchet, de M. Prou et de A. Dieudonné pour la Gaule et l'ancienne France) datent de la seconde moitié du XIXe siècle.

Très autonome, très pénétrée de l'esprit antiquaire, la numismatique est aussi très réticente à s'ouvrir au reste de l'Histoire. Mais, avec l'archéologie, elle est celle des techniques documentaires qui a su se transformer le plus radicalement. Ses transformations s'opèrent par la confrontation, parfois vive, d'une tradition consciente d'elle-même et de tendances nouvelles, diverses ou même dispersées, mais qui finissent par marquer profondément leur discipline.

La monnaie métallique reçoit l'empreinte des deux coins entre lesquels elle est placée à chaud. Ainsi se constituent les types monétaires, qui, par leur nombre et leur diversité, sont un admirable sujet d'étude : depuis longtemps, on recherche l'origine de chacun d'eux, on juge de leur qualité esthétique, on leur demande des informations politiques, militaires, religieuses, etc. En numismatique romaine, au cours de la première moitié du XXe siècle, on a souvent étudié comment ils traduisaient l'idéologie des familles dominantes ou de l'empereur régnant, et constituaient ainsi des moyens de propagande. Mais cette numismatique « des variétés » (centrée sur les types et les légendes) montre des signes d'essoufflement, au profit d'une numismatique des flans, qui se consacre au poids de la monnaie, à son titre et à son poids de fin. L'introduction des méthodes statistiques, qui, en France, doit beaucoup aux initiatives et aux recherches de J. Guey, et la diffusion, la diversification des techniques physico-chimiques d'analyse, ont, depuis dix ou quinze ans, donné un nouveau visage à la métrologie. Elle s'interroge par exemple sur l'éventuelle hétérogénéité d'un échantillon de monnaies apparemment cohérent, ou encore sur le coefficient de frai qu'il faudrait ajouter aux poids actuels des monnaies anciennes pour restituer leurs poids réels initiaux. A côté de l'étude structurelle des systèmes monétaires se développe une numismatique du comportement, c'est-à-dire de la circulation et de la longévité des monnaies.

Selon J. Babelon, la numismatique ne s'attache pas à des rapports sociaux, mais à des objets; elle étudie « les » monnaies, et laisse à la science économique l'histoire de « la » monnaie. Malgré sa logique, ce point de vue emporte de moins en moins la conviction, et, au risque d' « outrepasser leur domaine propre », les numismates hésitent de plus en plus à isoler les monnaies de la société où elles circulent.

Les trésors et surtout les monnaies de sites sont plus volontiers mis en relation avec ce que l'archéologie nous apprend de leurs lieux de trouvaille. Les travaux de M. Crawford ou de M. Christol montrent comment la circulation monétaire était différente d'une région à l'autre de l'Empire romain, et combien elle dépendait de la nature du site.

Une telle démarche, qui aide à saisir concrètement les fonctions économiques de la circulation monétaire, n'exclut pas, bien au contraire, un effort pour prendre en compte ses fonctions non économiques; à l'inverse de la numismatique traditionnelle, les tendances les plus récentes ne répugnent pas en effet à aller chercher des points de comparaison du côté de l'anthropologie. Ed. Will a insisté sur ce qu'il nomme l' « aspect éthique » des origines du monnayage. Il faut entendre par là un rôle à la fois religieux, politique et social, que joue encore la circulation monétaire aux ve et ive siècles av. J.-C. De ce rôle, Aristote rend compte en disant que la monnaie n'aide pas seulement au développement du commerce, mais qu'elle est un instrument de justice et un correctif des déséquilibres à l'intérieur de la communauté sociale. Crawford, lui, insiste plus nettement sur la valeur politique de la monnaie : en Grèce archaïque, l'apparition des monnaies frappées s'explique par une volonté d'affirmer l'autonomie et l'unité de la cité, et par la suite l'Etat ne frappe de monnaies qu'en fonction de ses paiements. Il ne pense pas que l'Etat romain ait jamais choisi d'augmenter la quantité des monnaies en circulation pour stimuler l'activité économique.

De telles questions sont posées par un nombre croissant de numismates. Elles les amènent à s'interroger sur le volume des émissions (à partir d'une réflexion sur les coins et les liaisons de coins) et à étudier l'organisation des ateliers, pour comparer ainsi la production de monnaies aux autres activités manufacturières des époques considérées.

● BIBLIOGRAPHIE. — *Numismatique antique, Problèmes et méthodes*, sous la direction de J.-M. DENTZER, Ph. GAUTHIER et T. HACKENS, Nancy-Louvain, Ed. Peeters, 1975; M. H. CRAWFORD, *La moneta in Grecia e a Roma*, Rome-Bari, Ed. Laterza, 1982; Ph. GRIERSON, *Les monnaies*, Turnhout (Belgique), Ed. Brepols, 1977; et N. F. PARISE, Annales e numismatica antica, dans *Mél. Ec. franç. Rome, Antiquité*, t. 93, 1981, p. 479-481.

▶ CORRÉLATS. — Archéologie, Economie (Histoire économique), Inflation et histoire.

J. ANDREAU.

Onomastique

L'onomastique a pour objet l'étude des noms propres. Elle s'articule commodément en deux branches : la toponymie ou étude des noms de lieux et l'anthroponymie ou étude des noms de personnes. Mais les liens d'interconnections sont évidents : un grand nombre de patronymes sont formés sur des noms de lieux et les noms de lieux fossilisant des anthroponymes ne sont pas rares.

Au reste, pendant longtemps, l'anthroponymie est sous la dépendance de la toponymie qui, s'appuyant sur l'importante série des *Dictionnaires topographiques de la France* (commencée en 1860 et inachevée encore à l'heure actuelle), monopolise l'attention, auxiliaire essentielle de l'histoire du peuplement et de l'occupation du sol. Les premières recherches historiques à témoigner d'un intérêt pour les modes de dénomination des lieux et des personnes n'évoquent les seconds qu'en tant qu'aspect particulier des premiers (Fustel de Coulanges, 1881 ; Henri d'Arbois de Jubainville, 1890, 1894) ; et les premiers écrits doctrinaux sont tout entier tournés vers la toponymie (Jules Quichenat, 1867; Auguste Longnon, 1920-1929).

L'anthroponymie n'échappe alors à cet assujettissement que pour jouer les curiosités dans les répertoires étymologiques tel le *Dictionnaire des noms* de Loredan Larchey (1880), élaboré d'après le *Bottin* de Paris.

C'est avec Albert Dauzat que l'onomastique voit sa problématique et ses outils d'analyse se codifier définitivement, que l'anthroponymie gagne sa spécificité aux côtés de la toponymie. Son traité sur *Les noms de lieux* (1926), celui sur *Les noms de personnes* (1925), refondu en 1945 sous le titre *Les noms de famille en France*, restent des références obligées. La revue *Onomastica* qu'il fonde en 1947, transformée après 1948 en *Revue internationale d'Onomastique*, stimule les recherches qui s'inspirent toutes de ses travaux, même si elles corrigent ponctuellement des situations mal perçues ou approfondissent des voies de recherches trop hâtivement explorées.

Il n'est maintenant aucun domaine de la recherche historique, de la proto-histoire aux temps sub-actuels, qui ne fasse appel, peu ou prou, à la pratique onomastique : la prospection archéologique, l'histoire rurale et celle du paysage, l'étude des comportements démographiques, de la famille comme des mentalités, trouvent en elle des supports importants à leur analyse.

L'onomastique classe les noms de lieux selon l'objet qu'ils nomment : territoires, lieux habités, rues (odonymes), cours d'eau (hydronymes), reliefs (oronymes), terroirs (microtoponymes). Elle en recherche l'origine et le sens en s'appuyant sur les travaux des linguistes et des dialectologues pour identifier le temps de la fixation et la nature du déterminant.

Les toponymes s'organisent ainsi en vagues successives (préceltique, celtique, latine, germanique, romane), et témoignent des différentes étapes historiques du peuplement, des modalités de l'occupation du sol.

Les microtoponymes décrivent en outre l'espace et évoquent les conditions de sa pratique et de son appropriation. Ils cristallisent la perception qu'en ont les occupants et, en gardant le souvenir d'habitats désertés, de systèmes agraires délaissés, de formations végétales disparues, ils sont des indices sûrs pour l'archéologie de l'habitat et du paysage.

L'onomastique établit de même l'inventaire des noms de personnes : elle distingue les noms personnels (noms de baptême ou prénoms), et les noms qui marquent l'appartenance à un lignage (noms de famille ou patronymes).

Les prénoms sont classés comme les toponymes selon les fonds linguistiques dont ils sont issus, mais aussi d'après les traditions culturelles et historiques qui les imposent (noms auguratifs, hagiographiques, mythologiques, révolutionnaires...). Il est ainsi possible de mesurer l'évolution du stock des noms utilisés, de rendre compte des phénomènes de mode dans leurs variations régionales et leurs clivages sociaux. La reconstitution des familles permet d'établir l'existence de stocks familiaux, d'étudier alors les systèmes de transmission et les stratégies d'alliance.

Les noms de famille ne sont imposés juridiquement en France qu'avec l'ordonnance de Villers-Cotterêts de 1539, mais ils apparaissent déjà selon les régions entre le XIIIe et le XVe siècle. D'abord surnoms individuels, ils deviennent progressivement héréditaires mais avant l'état civil les substitutions ne sont pas rares. La lexicologie permet d'en identifier le sens oublié et de les classer selon qu'ils évoquent un nom de baptême, un nom de lieu, un métier, un état ou une fonction, enfin une particularité physique ou morale (sobriquets). L'histoire culturelle, sociale, économique se nourrit de ces résultats mais les dangers d'interprétations erronées sont nombreux car l'attribution des surnoms répond aux mécanismes peu maîtrisables de la psychologie de groupe et fixe dans les patronymes des situations souvent caduques pour le porteur. En prenant soin toutefois d'établir des corpus de documents homogènes, il est possible de repérer des traditions familiales, des flux migratoires, des stratifications économiques et des éléments de l'univers mental des populations.

● BIBLIOGRAPHIE. — *Toponymie* : F. BOURGUES, Une communauté villageoise du Vaucluse : Ménerbes, *Voyages ethnologiques, Cahiers Jussieu/1*, Paris, UGE, coll. « 10/18 », 1976, p. 119-143 (une réflexion sur le fait de nommer) ; A. DAUZAT, *Les noms de lieux. Origine et évolution. Villes et villages, pays, cours d'eau, montagnes, lieux-dits*, Paris, Librairie Delagrave, 2e éd., 1937; A. DELEAGE, *La vie économique et sociale de la Bourgogne dans le haut Moyen Age*, thèse, Mâcon, 1941, 2 vol. (une application à l'histoire du peuplement).

Anthroponymie : P. BECK, Anthroponymie et comportements démographiques : les « cherches de feux » bourguignonnes des XIVe et XVe siècles, *Annales Economies, Sociétés, Civilisations*, 6, 1983, p. 1336-1345 ; A. COMPAN, *Etude d'anthroponymie provençale : les noms* *de personne dans le comté de Nice aux XIIIe, XIVe et XVe siècles*, thèse, Université de Lille III, 1976, 2 vol.; A. DAUZAT, *Traité d'anthroponymie française. Les noms de famille en France*, Paris, Librairie Guenegaud, 3e éd. revue et complétée par M. Th. MORLET, 1977; Etudes techniques et méthodes en démographie historique, xviie-xviiie siècle, Actes du Colloque de Florence, 1er-3 octobre 1971, 3 : Les variations des noms de famille, *Annales de démographie historique*, 1972, p. 245-384; *Le prénom, mode et histoire*, Actes du Colloque de la Société de Démographie historique, 29 novembre 1980, Paris, Ecole des Hautes Etudes en Sciences sociales, 1983.

▶ CORRÉLATS. — Démographie historique, Famille, Généalogie, Prosopographie.

P. BECK.

Orale (Histoire)

L'histoire orale est l'utilisation systématique de l'enquête orale par l'historien. L'expression est empruntée aux Américains qui, les premiers, ont remis en valeur la source originelle de l'historien, le document oral. L'histoire, en effet, à ses débuts, ne pouvait faire autrement que de s'appuyer sur le dire des témoins. Songeons à Hérodote dont l'ouvrage porte le titre significatif d'*Enquête* ou à Thucydide qui pose les premières règles de la critique historique. Les chroniqueurs médiévaux fondent aussi très largement leur récit sur les témoignages oraux. Il faut attendre le développement des chartriers seigneuriaux et des chancelleries princières, puis l'invention de l'imprimerie et le développement de l'alphabétisation pour que l'écrit devienne le support de plus en plus exclusif de la mémoire, l'oral se dévalorisant dans le même temps.

Deux étapes sont à distinguer dans ce mouvement : au xviie siècle, l'érudition bénédictine moderne se constitue en critiquant les légendes orales sur les origines de Rome transmises par Tite-Live ou celles des hagiographes médiévaux. Au xixe siècle, l'histoire assimilant les apports de l'érudition se définit comme science en s'appuyant exclusivement sur le document écrit, l'oral étant laissé aux sociétés dites sans écriture — mondes extra-européens d'une part, classes populaires d'autre part — et à des disciplines qui, pour cette raison, avaient un statut inférieur, l'ethnologie et plus bas le folklore. La hiérarchie des sciences était en rapport avec la hiérarchie des sources qui, elle-même, reflétait la hiérarchie des sociétés et des groupes. Il y eut bien quelques marginaux continuant à recueillir des témoignages. Pour se limiter au domaine français, on peut citer, au xviiie siècle, l'historien des Camisards, Antoine Court, qui lance par l'intermédiaire de ses amis, pasteurs du désert, une grande enquête auprès des survivants de la révolte, au xixe siècle, Michelet pour son *Histoire de la Révolution française* et surtout pour *Le Peuple*, sans parler de romanciers comme George Sand ou Barbey d'Aurevilly, qui utilisa même le terme d'histoire orale, sans faire école d'ailleurs.

L'histoire orale moderne débute dans les années 1930 aux Etats-Unis avec une grande enquête sur le souvenir des anciens esclaves noirs, commanditée par les autorités fédérales. En 1948, un ancien journaliste, Allan Nevin, crée le premier centre d'histoire orale à l'Université Columbia de New York. Au début des années 1970, Canadiens, Anglais et Italiens s'intéressent à leur tour à cette technique, qui gagne l'ensemble de l'Europe occidentale à partir de 1980, les Français étant curieusement parmi les derniers à s'y livrer et les plus réservés. Aujourd'hui, il existe de nombreuses sociétés nationales d'histoire orale, aux Etats-Unis, au Canada, en Grande-Bretagne, en Australie et en Italie avec des périodiques spécifiques. Des rencontres internationales permettent des confrontations régulières. Jusqu'à présent, malheureusement, les liens avec les africanistes qui, par nécessité, ont l'habitude de la source orale, n'ont pas été aussi étroits qu'on pourrait l'imaginer. Il est vrai que l'utilisation du document oral dans une société alphabétisée pose quelques problèmes spécifiques.

Le retour en force de la plus ancienne technique historique dans un monde apparemment submergé par l'écriture tient à la fois à l'évolution des sociétés occidentales et aux mutations de la discipline historique. Les moyens de communication modernes, l'avion, l'automobile, le téléphone, multiplient les contacts verbaux et réduisent les lettres et les rapports à de simples confirmations d'accords et de relevés de décision : l'histoire orale pallie ces lacunes documentaires. Sur un autre plan, nous ressentons de plus en plus la nostalgie de nos « origines ». Or, « le monde que nous avons perdu » s'écoute beaucoup plus qu'il ne se lit, à travers la voix des survivants. Ne souffrons-nous pas aussi de la rupture avec les grands-parents dont le rôle était d'enraciner dans une lignée et une communauté par la transmission d'une tradition orale. Par ailleurs, les « exclus de l'histoire », femmes, mondes populaires, minorités techniques, qui apparaissent rarement dans le document écrit, sinon à travers le regard de l'autre, souvent hostile, en tout cas étranger, fascinent de plus en plus nos contemporains.

Les nouveaux territoires de l'historien fournissent aussi des raisons d'utiliser les sources orales : comment appréhender complètement l'histoire de la vie quotidienne ou celle des techniques sans l'aide de l'enquête de terrain ? Ces réalités ont longtemps paru trop modestes pour mériter beaucoup de traces écrites. Comment atteindre les sensibilités et les psychologies collectives par le seul recours au texte qui rationalise, idéologise et forme consciemment ou non écran ? Plus largement, l'histoire se voulant de plus en plus anthropologique, il est naturel qu'elle inspire des méthodes ethnologiques comme l'observation participante dont l'enquête orale est une expression majeure.

A travers l'examen des raisons d'un succès apparaissent les domaines privilégiés de l'histoire orale : et d'abord celui de la vie quotidienne la plus banale, depuis les comportements familiaux jusqu'aux gestes les plus usuels de l'artisan ou de la ménagère, en passant par les rituels, les fêtes et les réseaux de sociabilité. Mais même dans l'histoire la plus classique, celle de la vie politique par exemple, l'entretien apporte une contribution irremplaçable, pour pallier des lacunes documentaires ou fournir un autre angle de vue. Comment parvenir à reconstituer une vie clandestine réussie, c'est-à-dire qui n'a pas été découverte par les autorités et qui n'a donc laissé que des rapports vagues, si l'on n'interroge pas les survivants ? En tout état de cause, l'enquête orale permet de reconstituer un climat, d'éclairer une décision et présente l'envers du décor. Elle fait apparaître d'autres motivations — la place de l'imaginaire dans l'action par exemple —, les réseaux parallèles de pouvoir, les formes de résistance à l'encadrement.

L'histoire orale ne dispense pas des méthodes éprouvées de la critique historique : elle postule au contraire la confrontation avec les archives écrites et les autres témoins. Elle y ajoute les pratiques de l'ethnologue, comme le carnet d'enquêtes et tous les problèmes déontologiques de celui-ci. C'est dire qu'elle suppose une formation, un gros travail préalable et l'art de savoir prendre son temps. Mais les résultats sont en rapport avec l'effort fourni.

● BIBLIOGRAPHIE. — *Histoire et méthodologie* : Archives orales, une autre histoire, *Annales ESC*, janvier-février 1980; D. SCHNAPPER et D. HANET, *Histoire orale ou archives orales*, Paris, Association pour l'étude de l'histoire de la Sécurité sociale, 1980; J.-C. BOUVIER, H.-P. BREMONDY, Ph. JOUTARD, G. MATHIEU et J.-N. PELEN, *Tradition orale et identité culturelle, problèmes et méthodes*, Marseille, Ed. du CNRS, 1980; Ph. JOUTARD, *Ces voix qui nous viennent du passé*, Paris, Hachette-Littérature, 1983; *Problèmes de méthode en histoire orale*, Paris, Institut d'Histoire du Temps présent, 1980.

Quelques exemples : IVe *Colloque international d'Histoire orale*, Aix-en-Provence, 24-25 septembre 1982, Université de Provence, CREHOP, 1982; *V Colloqui internacional d'Història oral « El poder a la Societat »*, Barcelone, 29-31 marc 1985, Universitat de Barcelona, CEHI, 1985; L. PASSERINI (sous la dir. de), *Storia orale, vita quotidiana e cultura materiale delle classi subalterne*, Turin, 1978; P. THOMPSON, *The Edwardians, the remaking of british society*, Suffolk, 1975; P. THOMPSON (sous la dir. de), *Our common History, The transformation of Europe*, London, Pluto Press limited, 1982.

▶ CORRÉLATS. — Immédiate (Histoire), Mémoire collective, Témoignage, Temps présent.

P. JOUTARD.

Outillage mental

Formulée par Lucien Febvre et illustrée par lui dans de grands livres fondateurs, la notion d'outillage mental a joué un rôle central dans ce que l'on peut considérer comme la première période de l'histoire des mentalités. Composite et plastique, elle témoigne tout à la fois d'un héritage et d'une préoccupation. L'héritage est celui de la psychologie, dont on sait l'importance qu'elle a eue dans le débat historiographique du début du XXe siècle; la préoccupation, constante chez Febvre, est celle du risque d'anachronisme, particulièrement menaçant pour qui traite d'histoire des cultures et des sensibilités.

Febvre est donc parti de la conviction que les hommes du passé « ne vivaient pas, n'agissaient pas comme nous ». Pour rendre compte de cette différence et de cette distance, l'inventaire de l'outillage mental de chaque époque étudiée est requis : le lexique et la syntaxe, les catégories de la perception et de la sensibilité, les habitudes de pensée aussi bien que les connaissances et les concepts, car c'est à travers ces « outils » qu'est construite l'expérience, tant individuelle que collective. La notion est, on le voit, tout empirique. Elle n'a jamais fait l'objet d'une tentative de définition rigoureuse, mais elle est plutôt le produit d'un inlassable inventaire, dans les grandes biographies de Luther, Rabelais ou Marguerite de Navarre, ou dans le premier volume de l'*Encyclopédie française* (*L'outillage mental*, 1937). Il vaut pourtant de souligner qu'elle tente de résoudre des problèmes assez voisins de ceux que posent, au même moment, G. Bachelard pour l'histoire des sciences ou E. Panofsky pour l'analyse des œuvres (avec la notion d'*habitus*).

Telle qu'elle a été proposée et mise en œuvre, la notion laisse pourtant ouverts un certain nombre de problèmes.

Elle a sans nul doute été pensée dans une perspective anthropologique : « A chaque civilisation son outillage mental... il vaut pour l'époque qui l'utilise ; il ne vaut pas pour l'éternité, ni pour l'humanité : pas même pour le cours restreint d'une évolution interne de civilisation. » Et Febvre s'est plusieurs fois inscrit en faux contre l'idée d'un progrès linéaire de l'outillage mental. Il reste qu'il est parfois tenté de se contredire lorsqu'il voit en lui l'ensemble des « instruments essentiels de libération et d'appréhension que l'homme d'Occident s'est forgé... pour développer ses possibilités ».

Febvre a d'autre part conçu l'outillage mental comme une panoplie à la disposition d'une société donnée. Resterait alors à expliquer pourquoi les productions sensibles et culturelles des hommes d'un même temps peuvent être aussi différentes entre elles. Febvre paraît penser que c'est l'utilisation plus ou moins exhaustive des « outils » disponibles qui rend compte de ces différenciations. La réponse n'est pas entièrement satisfaisante parce qu'en posant l'existence quasi objective d'instruments sensibles et intellectuels elle aboutit à les penser en dehors des usages sociaux dont ils font l'objet (et à négliger, en particulier, les modalités de leur transmission et de leur appropriation).

Ces critiques, multipliées depuis une vingtaine d'années, ne sauraient pourtant faire oublier ce qu'a eu de pionnier et d'efficace une notion qui, dans son exigence historienne, a fondamentalement remis en cause l'histoire des idées traditionnelle.

● BIBLIOGRAPHIE. — Une bonne mise au point dans R. CHARTIER, Histoire intellectuelle et histoire des mentalités. Trajectoires et questions, *Revue de Synthèse*, III-112, 1983, p. 277-308.

▶ CORRÉLATS. — Anthropologie historique, Febvre, Intellectuelle (Histoire), Mentalités.

J. REVEL.

Paléodémographie

A partir de l'étude des squelettes et des crânes découverts par les archéologues, la paléodémographie essaie de définir l'âge exact des individus à leur mort et, traitant ces données dans une table de mortalité, elle en déduit les taux démographiques et la structure par âge de la population concernée.

Depuis longtemps on sait, en étudiant le squelette, définir le sexe et préciser en gros l'âge d'un individu; s'appuyant sur l'examen du développement des sutures du crâne et sur les dents, cette estimation est plus précise lorsqu'il s'agit d'enfants de moins de 20 ans. Un groupe d'anthropologues et de physiciens hongrois a mis au point une méthode universellement reconnue, en étendant leurs recherches aux autres parties du squelette (fémur, os pubien, etc.), permettant ainsi une estimation de l'âge au décès des adultes.

En 1970, le démographe Gy. Acsádi et l'anthropologue J. Nemeskéri publièrent les premières tables de mortalité de différents groupes de population préhistorique et médiévale. L'association des recherches sur le squelette et de l'analyse démographique a nécessité une collaboration interdisciplinaire étroite de tous les participants : archéologues, anthropologues et démographes. L'archéologie doit inventorier les lieux de sépulture, collecter les ossements et déterminer la période exacte pendant laquelle on y a enseveli les morts. Dater un squelette d'enfant soulève plus de difficultés, car dans de nombreuses sociétés ils étaient inhumés à part, leur squelette tombait plus rapidement en poussière que celui des adultes, les enfants étant ensevelis superficiellement, leurs ossements étaient ainsi plus exposés. Dans certaines sociétés, les hommes et les femmes étaient enterrés séparément. A cet égard, les cimetières européens du haut Moyen Age nous renseignent plus sur la paléodémographie que ceux des populations migrantes des chasseurs et cueilleurs paléolithiques.

De même pour le démographe se pose le problème de la représentativité du cimetière exploré, c'est-à-dire le problème de savoir si on a le droit de formuler l'hypothèse que la structure par âge des individus inhumés dans le cimetière correspond en gros à la répartition des âges au décès que l'on pouvait trouver à la même époque dans une population plus large.

A cet égard, la dimension du cimetière joue un rôle décisif ; un nombre restreint de squelettes serait peu représentatif et, de ce fait, leur étude peu sûre.

Des doutes ont été émis d'autre part sur la méthode démographique elle-même. Pour dresser les tables de mortalité on a utilisé la méthode de l'astronome E. Halley (1693) qui classait les décès par âge, pour établir la mortalité par âge. Cette méthode est plus trompeuse pour les groupes d'âge au-desous de 10 ans, et elle accroît les difficultés de l'archéologue en ce qui concerne les enfants, les chiffres de l'espérance de vie à la naissance sont trop élevés, faussant les taux de mortalité infantile : on peut contourner cette difficulté de deux façons : 1) en faisant partir le calcul de l'espérance de vie non pas à la naissance mais de plus tard (par exemple 20 ans) ; 2) en ayant recours aux modèles des tables de mortalité de Coale-Demeny et en corrigeant les données à l'aide de courbes *ad hoc*.

Les tables de mortalité dressées à partir des découvertes de squelettes supposent une population stable et la marge d'erreurs d'estimation s'accroît considérablement si la population est migrante.

En somme, la paléodémographie est une discipline en marche, en constante amélioration, et permettant une appréciation plus juste de la population, surtout s'il ne subsiste aucune trace évidente autre que des restes matériels.

● BIBLIOGRAPHIE. — *Lit.* : Gy. ACSÁDI et J. NEMESKÉRI, *History of Human Life Span and Mortality*, Budapest, 1970 ; S. F. COOK, *Prehistoric Demography*, Reading, Mass., 1972 ; Cl. MASSET, La démographie des populations inhumées : essai de paléodémographie, *L'Homme*, 13, 1973, p. 95-161 ; Gy. ACSÁDI et J. NEMESKÉRI, Reply to book review of Human Life Span and Mortality, *Current Anthropology*, 15, 1974, p. 502-506 ; W. PETERSEN, A demographer's view of prehistoric demography, *Current Anthropology*, 16, 1975, p. 227-237 ; J.-P. BOCQUET et Cl. MASSET, Estimateurs en paléodémographie, *L'Homme*, 17, 1977, p. 65-89. — A. J. COALE et P. DEMENY, *Regional Model Life Tables and Stable Populations*, Princetown, NJ, 1966.

▶ CORRÉLATS. — Corps, Démographie historique, Mort, Préhistoire.

E. FÜGEDI.

Paléographie

La paléographie est la science des anciennes écritures ; elle laisse toutefois de côté les inscriptions, domaine de l'épigraphiste, les monnaies et les sceaux laissés respectivement au numismate et au sigillographe ; elle s'occupe donc des écritures à support léger. Sauf cas particuliers (le plus notable est celui des papyrus égyptiens antiques), on n'a conservé que très peu de spécimens d'écritures antérieurs à la basse Antiquité (graffiti de Pompéi). La paléographie — latine et grecque en particulier — est donc utile aux historiens du Moyen Age et de l'époque moderne, mais aussi aux éditeurs de textes littéraires de l'Antiquité classique, dont la grande majorité n'est conservée que dans des transcriptions médiévales.

La paléographie est née comme une science auxiliaire de l'histoire et de la philologie : sa nécessité est évidente pour qui veut lire des documents anciens. Le problème de la translittération, et donc de la compréhension d'une écriture ancienne ou étrangère, s'est posé dès le Moyen Age. A la fin du XVIIe siècle, Mabillon consacre à la paléographie quelques pages de son traité de diplomatique ; les deux sciences ne se séparent vraiment qu'au tournant des XVIIIe et XIXe siècles. En France, la fondation de l'Ecole des Chartes (1821) a permis (et permet encore) de former d'excellents paléographes.

Les principaux supports des écritures médiévales sont d'abord le papyrus, relayé en Occident par le parchemin au VIIIe siècle (mais qui reste utilisé par les papes jusqu'au XIe), enfin le papier, importé du monde musulman et que l'Occident n'utilise guère avant le XIIIe siècle. Le principal support des écritures médiévales est sans conteste le parchemin. Il a l'avantage de bien se conserver.

Les principaux types d'écriture sont connus depuis longtemps. Pendant la basse Antiquité et le très haut Moyen Age, on utilise en Occident la capitale romaine, la capitale cursive, l'onciale (capitale arrondie), une minuscule cursive, la semi-onciale (minuscule calligraphiée). Puis naissent progressivement des écritures régionales (qu'on appelait autrefois nationales) ; dans l'Empire carolingien est enfin élaborée la minuscule caroline (qui sera reprise à l'époque moderne pour donner forme aux caractères d'imprimerie) ; elle évolue et donne naissance, au tournant des XIIe et XIIIe siècles, à l'écriture gothique, elle-même supplantée à l'époque moderne par la minuscule que nous connaissons. Dans le monde grec, la grande affaire est la naissance, au IXe siècle, de l'écriture minuscule (presque contemporaine de la caroline).

La naissance, le développement, l'expansion d'une écriture doivent évidemment être étudiés dans un cadre historique très large : histoire politique, institutionnelle, religieuse, économique même, interfère avec l'histoire des écritures. Quelques exemples : l'écriture « bénéventaine », propre à l'Italie méridionale, a fait l'objet d'études particulièrement complètes et soignées ; on la voit naître dans un cadre politique bien défini, extérieur au monde carolingien, développer des formes différentes selon les conditions locales, essaimer jusqu'en Dalmatie ; elle est progressivement évincée par la minuscule commune (issue de la caroline) à partir de l'invasion normande. Dans l'Italie méridionale encore, Naples et Amalfi, qui constituent pendant le haut Moyen Age des petits Etats autonomes aux institutions archaïques, conservent bien après la perte de leur indépendance une écriture spéciale (« curiale »), sans doute illisible pour la plupart des contemporains, mais liée à la survie d'une institution notariale particulière. La naissance de la minuscule caroline, magnifique écriture calligraphiée, ne peut être séparée de l'ensemble de la renaissance carolingienne, dont les préoccupations, purement religieuses au départ, aboutissent finalement aussi à un gigantesque effort de copie des textes païens anciens.

Au sein d'une même écriture, les divers *scriptoria* (ateliers) développent des formes légèrement différentes, qui peuvent permettre d'attribuer à tel centre, voire à tel scribe, des manuscrits conservés. Il va de soi que, dans chaque type, on se doit de distinguer l'écriture des livres (calligraphiée) de celle que manient les notaires et autres scribes écrivant des chartes : pendant presque tout le Moyen Age, les livres sont manuscrits.

Aussi la paléographie perd-elle de plus en plus son caractère de science auxiliaire pour se considérer comme une branche essentielle de l'histoire culturelle : c'est ce qu'expose le préambule du premier volume de la revue *Scrittura e Civiltà*. Ecriture et livre sont au centre de bien des cultures. Aussi, à côté des érudits qui utilisent pratiquement leur connaissance des écritures anciennes pour les lire (ainsi les historiens du Moyen Age et de l'époque moderne), des spécialistes de l'histoire des écritures cherchent à replacer celles-ci dans le cadre de l'histoire culturelle et de l'histoire générale. En dépit de sa réputation *a priori* un peu poussiéreuse et traditionnelle, la paléographie est devenue une discipline de pointe. La lampe de Wood (lampe à ultra-violets) permet de déchiffrer des écritures en apparence effacées (en particulier sur les palimpsestes). Des méthodes physico-chimiques sophistiquées servent à analyser les supports et les encres.

Des revues spécialisées sont consacrées à cette science : ainsi *Scriptorium* (fondée en 1946) ou *Scrittura e Civiltà* (déjà citée) qui paraît depuis 1977. Un comité international de paléographie, fondé en 1953, coordonne les recherches; les spécialistes des écritures grecques se réunissent régulièrement de leur côté.

● BIBLIOGRAPHIE. — M. PROU, *Manuel de paléographie latine et française*, 4e éd., Paris, 1924; J. STIENNON (avec la collaboration de G. HASENHOHR), *Paléographie du Moyen Age*, Paris, Colin, 1973.

▶ CORRÉLATS. — Cartulaire, Chartes (Ecole des), Mauristes, Méthode historique.

J.-M. MARTIN.

Panofsky Erwin, 1892-1968

Né à Hanovre et mort à Princeton, E. Panofsky a profondément renouvelé et fécondé l'histoire de l'art par sa double démarche, critique et épistémologique. A l'Université de Hambourg, où il enseigna de 1921 à 1933, il collabora étroitement, dans le cadre de l'institut fondé par A. Warburg, avec E. Cassirer, philosophe néo-kantien, et avec F. Saxl, théoricien de la culture visuelle. Invité à l'Université de New York, puis à celle de Princeton, c'est là qu'en 1935 il s'établit définitivement, poursuivant à la fois sa réflexion théorique et son œuvre d'historien. La vaste érudition philosophique, littéraire et scientifique d'E. Panofsky l'a tourné par prédilection vers l'art occidental entre la fin du XIIe et la fin du XVIe siècle.

Pour E. Panofsky, l'œuvre d'art est un témoignage sur l'état d'une civilisation, qui exige de l'historien des formes une démarche comparable à celle du linguiste et l'invite à constituer une science générale des signes. E. Panofsky a magistralement appliqué lui-même une méthode d'interprétation des œuvres, partant d'une description détaillée qui définit un style, s'élevant ensuite au niveau de l'analyse des sources et concepts iconographiques, saisissant enfin la liberté de l'artiste, telle qu'elle s'exprime dans un système culturel. Le terrain d'élection d'E. Panofsky ne pouvait être celui d'un art parfaitement codé, rebelle à tout essai d'iconologie, ni celui du non-figuratif, où les références culturelles s'abolissent; son champ de recherches privilégié fut la Renaissance, parce que l'héritage foisonnant de l'Antiquité amplifié et diffusé à la fin du Moyen Age permit au commanditaire et à l'artiste d'exprimer leur sensibilité et leur culture par le choix des thèmes et leur réinterprétation. E. Panofsky s'attacha particulièrement, tout au long de sa carrière, à la réception de la Renaissance italienne par le monde germanique.

● BIBLIOGRAPHIE. — Parmi la centaine d'articles et de livres d'E. Panofsky, qui vont de l'analyse fine d'une œuvre (le portrait d'Arnolfini par Jan Van Eyck) ou d'un thème (l'iconographie de la galerie François Ier à Fontainebleau) aux amples synthèses (La peinture des anciens Pays-Bas, ses origines et ses caractères), on retiendra l'ensemble des études consacrées à la vie et à l'œuvre de Dürer. Plusieurs ouvrages et recueils d'études thématiques et méthodologiques ont été traduits en français : *Architecture et pensée scolastique* (1967); *Essais d'iconologie* (1967); *L'œuvre d'art et ses significations* (1969); *La perspective comme forme symbolique* (1975); *La Renaissance et ses avant-courriers dans l'art d'Occident* (1976).

▶ Corrélats. — Art, Elias, Intellectuelle (Histoire), Mentalités.

P. Braunstein.

Parfaite (Histoire)

« Histoire parfaite » ou « histoire accomplie » : l'expression due à La Popelinière désigne une manière nouvelle de penser et écrire l'histoire qui s'affirme en France entre 1560 et 1600, au moment même où elle pèse plus lourd dans la production imprimée (dans la décennie 1600, elle est au premier rang des impressions parisiennes, avant même la théologie). L' « histoire parfaite » se situe à la croisée d'une méthode et d'un projet. La méthode est celle de la critique textuelle, empruntée aux Italiens, qui par l'invention et la correcte lecture des documents anciens permet de séparer radicalement l'histoire de la fable, la reconstruction du passé du récit légendaire. Mais, à elle seule, cette exigence érudite ne suffit pas à caractériser l' « histoire nouvelle » (l'expression est aussi de La Popelinière); il y faut aussi une ambition, celle de comprendre rationnellement l'articulation des diverses activités humaines, de l'économique au religieux. Cette « représentation du tout » ne suppose pas que tout récit historique doit commencer avec la Genèse mais, au contraire, s'attacher à l'étude d'une civilisation ou d'une nation donnée. De là, une définition neuve de l'universel, qui n'est plus dans l'objet mais dans la méthode, et une approche laïcisée de l'histoire : non seulement le dogme n'est plus au fondement de l'interprétation historique, mais encore le fait religieux devient l'un des objets de l'histoire des hommes en société.

L' « histoire parfaite » est produite et portée par un milieu bien défini : celui de la robe longue, soit tout un monde d'avocats, de juges, d'officiers royaux passés par les collèges humanistes fondés par les municipalités, attachés à justifier l'identité nationale et la souveraineté royale. Elle caractérise une période fructueuse mais brève. En effet, avant elle, au XVIe siècle, l'érudition existe mais l'histoire demeure soit chronique merveilleuse et édifiante, soit récit théologique situé là où rien n'est documentairement démontrable. Après elle, dans la seconde moitié du XVIIe siècle, érudition et histoire divorcent à nouveau : la première est vouée aux publications de monuments, aux glossaires de langue tandis que la seconde donne la première place au bien dire, au beau récit, à la leçon de morale individuelle ou politique. Ce n'est qu'à l'âge des Lumières que sera retrouvée l'union entre critique érudite et visée totalisante prônée et pratiquée par Bodin, Le Roy, Vignier, La Popelinière deux siècles auparavant.

● Bibliographie. — G. Huppert, *L'idée de l'histoire parfaite*, 1970, trad., Paris, Flammarion, 1973; D. R. Kelley, *Foundations of Modern Historical Scholarship : Language, Law and History in the French Renaissance*, New York, 1970.

R. Chartier.

Périodisation

Découper le temps, segmenter la chronologie en étapes temporelles fortement individualisées a été l'une des premières opérations intellectuelles destinée à rendre intelligible le passé des sociétés humaines. Antiquité, Moyen Age, Renaissance, Temps modernes, histoire contemporaine, cette taxinomie subdivise l'histoire en une périodisation, véritable grille de lecture, qui révèle les présupposés implicites de l'historien. Chacune de ces périodes naît progressivement dans les livres d'histoire, ainsi le Moyen Age affirme son autonomie historique; son nom même renvoie au préjugé, défavorable à l'origine, pour une période qui sépare la civilisation antique perdue de la civilisation antique retrouvée à la Renaissance. Ainsi des temps mérovingiens au capitalisme marchand des XIVe et XVe siècles, un millénaire est regroupé par la périodisation classique. De même le choix des termes de chaque période reflète les critères essentiels du jugement historique à la fin du XIXe siècle avec le primat du politique. Aujourd'hui cette périodisation canonique et presque fossile enferme la recherche et l'enseignement de l'histoire dans un carcan que concours, solidarités corporatistes et structures universitaires renforcent.

Deux postulats fondent une telle perception du passé; tout d'abord elle suppose l'homogénéité de chaque période et le choix d'un critère pour l'identifier. Qu'il s'agisse de la succession des modes de production pour les marxistes ou de la succession des empires ou des hégémonies diplomatiques, le principe demeure le même. Mais l'histoire positiviste bute sur une aporie : la problématique des périodes s'oppose directement à la conception de l'histoire, enchaînement continu de causes. Aussi les débats classiques (Pirenne et Dopsch à propos du passage de l' « Antiquité au Moyen Age ») aboutissent inexorablement à la réflexion sur la discontinuité ou sur l' « impertinence » des catégories du temps. Lorsque J. Huizinga sort du cadre événementiel *(L'automne du Moyen Age)*, il n'a de cesse de découvrir l'humanisme d'hommes du Moyen Age et les survivances médiévales au XVIe siècle!

Lorsque cette contradiction est perçue, la périodisation est dénoncée comme un répertoire d'étiquettes pédagogiques. H. Focillon, L. Febvre, M. Bloch remettent en cause les principes de la périodisation en saisissant les décalages chronologiques entre les séries de faits. Dans l'*Apologie pour l'histoire*, l'exemple aberrant d'une éventuelle « histoire diplomatique de l'Europe depuis Newton jusqu'à Einstein » explicite cette autonomie de la périodisation des différents phénomènes.

Cependant toute la réflexion de Lucien Febvre sur le *Zusammenhang* tend à concilier ce constat avec le maintien de la notion de période historique cohérente.

Avec F. Braudel et la réflexion sur les durées, la dissociation de la vie des sociétés en plusieurs paliers s'affirme davantage même si l'auteur de *La Méditerranée* proclame qu'il s'attache à recomposer une totalité.

L'essor de l'histoire quantitative a consacré la pluralité des temps sociaux décrite par Braudel. Chaque série de phénomènes connaît ses changements de tendance réversible, les conjonctures et des bouleversements irréversibles entre lesquels prend place une structure. La fin de la structure démographique du monde plein ne coïncide pas avec la désagrégation de la structure étatique liée aux monarchies modernes. Ainsi coexistent des asynchronismes d'autant mieux acceptés par les historiens contemporains que l'histoire des idées et des sciences a entériné elle aussi ruptures et contrastes autour des notions de rupture épistémologique (M. Foucault) ou de révolution paradigmatique (T. S. Kuhn). Ainsi l'accent mis sur la discontinuité et l'étude des permanences en histoire se rencontrent pour détruire la conception traditionnelle de la périodisation. Cela ne va pas sans les dangers déjà perçus dans les années trente; la tendance est forte alors d'émietter l'histoire et d'y voir la juxtaposition de durées, de phénomènes, de faits hétérogènes entre lesquels se distribueraient l'*homo oeconomicus*, l'*homo ludens*... Paradoxalement la découverte du modèle structuraliste a souvent entraîné l'historien sur la voie de la dissociation des éléments au détriment de l'interdépendance si chère à L. Febvre. Mais, même sans défi théorique, la périodisation classique n'aurait pas résisté à son inadaptation à l'histoire des aires culturelles hors d'Europe.

● BIBLIOGRAPHIE. — F. BRAUDEL, La longue durée, in *Écrits sur l'histoire*, Paris, 1969.

▶ CORRÉLATS. — Anachronisme, Chronologie, Foucault, Huizinga, Quantitative.

O. DUMOULIN.

Peste

C'est la plus terrible et la plus redoutée des maladies épidémiques, celle dont la létalité est la plus élevée et qui par l'ampleur des pertes humaines dont elle est responsable peut provoquer des bouleversements non seulement démographiques, mais aussi politiques, économiques et sociaux.

Le mot peste vient du latin *pestis* et désignait à l'origine tous les grands fléaux de l'homme, en particulier les épidémies très graves. A partir de la grande Peste noire du milieu du XIVe siècle, il s'applique plus spécialement à cette maladie qui peut entraîner des mortalités catastrophiques, souvent, aussi, on la nomme « la contagion ».

Epidémiologie et clinique

La peste n'est cependant pas contagieuse, due à un bacille (découvert par Yersin en 1894) qui ne peut traverser la peau saine, il doit être inoculé ou déposé sur les muqueuses. Maladie des rongeurs, la peste est en général transmise à l'homme par les puces du rat. Autour de la piqûre, la peau se nécrose, noircit, c'est le « charbon », après un violent mal de tête, la fièvre s'installe et un ganglion proche de la piqûre gonfle, devient dur et très douloureux, c'est le « bubon ». Cette forme bubonique est mortelle dans les trois quarts des cas en une à deux semaines. Si le climat froid s'y prête, une pneumonie pesteuse peut s'installer, le malade tousse, crache du sang et peut transmettre la maladie par les gouttelettes de salive infectées en suspension dans l'air, il s'agit alors de la forme pneumonique, rare, mais toujours mortelle en deux ou trois jours. En général, la marche de l'épidémie est commandée par l'abondance des puces qui ne supportent pas la sécheresse. Quant aux malades guéris, ils jouissent d'une certaine immunité lors des pestes suivantes.

Avant le XIVe siècle, beaucoup de grandes épidémies ont porté le nom de peste sans avoir rien de commun avec cette maladie : ainsi, la « Peste d'Athènes », la « Peste des Philistins », la « Peste antonine » ou la « Peste de Tunis » qui a emporté Saint Louis.

Histoire et conséquences démographiques

Il ne semble pas que la peste ait sévi avant le début du haut Moyen Age. Cette première pandémie, originaire d'Afrique, apparaît à Péluse, port égyptien, en 541, sous le règne de Justinien. En trois ans, elle envahit presque tout le monde occidental et revêt d'emblée tous les caractères que nous lui connaissons depuis. Constantinople aurait compté 300 000 morts, soit près de la moitié des habitants de la ville. Les survivants ne parvenant pas à enterrer tous les cadavres en remplissent des citernes, des tours de défense, et jusqu'à des barques qu'ils abandonnent en mer. Par poussées, tous les neuf à treize ans, la peste ravage désormais tout le Bassin méditerranéen durant deux siècles et demi. Ses coups ébranlent les sociétés, le décès de nombreux débiteurs ou contribuables désorganise les finances, le recrutement des soldats est tari. Beaucoup y voient la cause principale de l'échec de la reconquête justinienne : les nomades du sud : les Berbères dès 544, et les Arabes en 635, profitent de cet affaiblissement des sédentaires, attaquent l'Empire et font basculer ses fondements. Puis, à la fin du VIIIe siècle, sans qu'on en perçoive la raison, la peste disparaît.

Six siècles plus tard, une seconde pandémie éclate en Asie centrale et se répand avec une brutalité inouïe à partir du comptoir génois de Caffa en Crimée. De ce port, des galères la conduisent à tous les principaux ports méditerranéens. Au cours de l'hiver 1347-1348, elle ravage la Toscane et la Provence sous sa forme pneumonique, au printemps 1348, elle reprend sa forme bubonique, atteint Bordeaux, de là les ports anglais et Rouen d'où, à la fin de l'année, elle parvient à Londres et à Paris. En 1349, elle attaque les pays scandinaves et le sud du Saint Empire, en 1350 le reste de l'Allemagne et les pays baltes, en 1351 la Pologne et l'ouest de la Russie, et finit en 1352 dans les steppes de la Russie centrale. Cependant, de Constantinople la peste a gagné Tunis, et tout le Maghreb jusqu'à Tanger, et Alexandrie d'où elle remonte le Nil, puis se répand dans les Echelles du Levant du sud au nord, en Syrie, Anatolie et Mésopotamie et vers le sud à La Mecque et au Yémen. En quatre ans, la grande Peste noire, comme on la nommera plus tard, a tué environ le quart de la population du monde occidental, chrétien ou musulman.

Pour beaucoup d'historiens, la Peste noire aurait amputé la population d'un tiers et même pour certains de la moitié ou des deux tiers. Mais les exemples sur lesquels ils s'appuient sont des cas particuliers, soit de lieux, urbains ou ruraux particulièrement éprouvés, soit de communautés. Or cette épidémie, par le seul fait du hasard a aussi épargné des localités ou même des petites régions (plusieurs études l'ont prouvé) et nous ne pensons pas, si l'on considère l'Europe entière, que la baisse de population ait sensiblement dépassé le quart, peut-être même le cinquième. Une telle chute d'ensemble, d'ailleurs, suffit amplement à expliquer les perturbations économiques, sociales et psychologiques des populations de l'époque.

Dans l'Occident chrétien, on assiste à des explosions d'agressivité comme les massacres de juifs ou la formation de pèlerinages itinérants de flagellants que les autorités civiles ou religieuses n'arrêtent que difficilement, cependant que la littérature et les arts reflètent l'obsession de la mort (diffusion des danses macabres). Par ailleurs, en pays musulman, comme en pays chrétien, les bases économiques et sociales sont ébranlées par la raréfaction de la main-d'œuvre, la montée des prix, la ruine des finances publiques et la redistribution des patrimoines (par le jeu des héritages multiples et en chaîne). Enfin, partout aussi, la mort massive des élites amène un renouvellement par des jeunes formés trop vite et inexpérimentés : il s'ensuit une baisse sensible du niveau intellectuel et spirituel des cadres sociaux, administratifs ou religieux.

La rechute périodique, tous les neuf à treize ans, de la peste interdit le retour à la situation antérieure ; pendant un siècle la population recule fortement puis remonte lentement dans les pays chrétiens. Au cours de cette longue période, certaines épidémies de peste, surtout urbaines, sont tristement célèbres : Padoue en 1405 perd 18 000 habitants, soit plus de la moitié de sa population, Venise en 1575-1576 enregistre 47 752 morts, soit 27,8 % de ses habitants, et 46 490 en 1630-1631, soit 32,5 %, Brescia en 1576 perd 19 396 habitants, soit 42,6 %, Milan en 1576-1577 a 17 329 morts, soit 18 %, c'est au cours de cette épidémie que s'est dévoué saint Charles Borromée. La très célèbre peste de Londres en 1665-1666 a fait environ 70 000 morts mais cela ne représente que 15 à 16 % de la population, la petite ville de Digne en 1629 aurait perdu 3 500 habitants sur 5 000, en 1651, Barcelone environ 20 000 habitants sur 44 000, soit 45,4 %, Marseille en 1720 a dénombré 39 335 morts sur 90 000 habitants, soit 49,2 %, et Moscou, en 1770, a eu 60 000 morts, soit 25 % de sa population. Notons aussi que la peste peut être très minime et ne faire que quelques morts et que, si sa gravité est sans relation avec la population de la communauté touchée, la probabilité de l'atteinte est d'autant plus grande que la population est plus nombreuse.

Par son retour fréquent, la peste a été considérée comme un facteur démographique, plus aléatoire que régulier, mais redoutable par sa brutalité et sa gravité. De fait, la peste a joué un rôle démographique non négligeable mais assez inégal. Dans le temps d'abord, les premières pestes ont été les plus terribles, car personne n'était immunisé et l'on ne connaissait qu'un seul moyen d'y échapper : la fuite, qui aidait aussi à la diffusion de la maladie. Aux XVe et XVIe siècles, en Europe, les pestes semblent diminuer d'intensité, peut-être à cause des mesures d'isolement qu'on leur oppose, puis leur espacement s'accroît et à nouveau elles deviennent terribles, car peu de gens sont immunisés. Dans l'espace, ensuite, car elles frappent surtout les populations urbaines beaucoup plus exposées à la contamination, et on peut estimer que le taux de mortalité urbain, en Europe, a été accru, en moyenne, de 20 % entre le milieu du XIVe siècle et le milieu du XVIIe siècle. Dans les campagnes, les habitants dispersés ont été beaucoup moins éprouvés que les habitants groupés.

Lutte contre la peste

A l'origine, lors des pestes du haut Moyen Age et encore au milieu du XIVe siècle, la lutte contre le fléau reste d'ordre religieux (on invente à cette occasion les rogations en 543, les processions en 590, on demande l'intercession de saint Sébastien en 680, on crée un office de la peste en 1348, Montpellier en 1384 offre à la Vierge une ceinture de cire, c'est-à-dire un cierge de la longueur des remparts...) ou une affaire privée (c'est essentiellement la fuite des familles qui répand la maladie). Cependant, dès le XVe siècle en Italie et généralement au XVIe siècle en Europe occidentale, on prend des mesures publiques pour lutter contre le fléau. On ouvre de nouveaux cimetières loin des habitations, on chasse les mendiants, on interdit la fuite et on s'isole après avoir fait des provisions, on interdit la revente des meubles et des vêtements, les maisons infectées sont marquées puis désinfectées avec des parfums à base de soufre, on engage des gardes pour éviter les pillages, on construit des hôpitaux ou des huttes dans la campagne pour soigner les pestiférés, on engage des médecins et des chirurgiens de peste...

Si les soins alors dispensés : thériaque, emplâtres, saignées, ouverture du bubon, sont peu ou pas efficaces, l'isolement des suspects en quarantaine, la surveillande de la circulation terrestre par des billets de santé et du trafic maritime par des patentes de santé dont on doit se munir à chaque arrêt, à chaque escale, amènent un recul de la peste par espacement des épidémies. Au XVIIe siècle, l'extension internationale de ces mesures et l'établissement généralisé des cordons sanitaires conduisent rapidement à la disparition de la peste en Europe : après 1670, elle ne revient qu'en 1710-1712 en Europe centrale et septentrionale, et en 1720-1722 en Provence et Languedoc. Passé cette date, elle reste confinée dans les lazarets.

En pays musulman, cependant, elle ne disparaît qu'en 1842, date à laquelle sont appliquées efficacement les mêmes mesures.

Peste et relations sociales

La peste a aussi affecté les relations entre classes sociales. Dès qu'ils ont songé à agir sur l'épidémie, les dirigeants, qui appartiennent à la classe possédante, ont accusé les pauvres de propager la maladie. Au XVe siècle, les premières mesures sont brutales : beaucoup de villes, menacées par la peste, chassent les mendiants. A la fin du siècle, déjà, un adoucissement apparaît, on les chasse, mais munis d'une aumône et de vivres. Au début du XVIe siècle, on s'avise de ne chasser que les mendiants qui ne sont pas de la ville, en leur enjoignant de rentrer chez eux. Puis, pour éviter que les pauvres du pays ne répandent la contagion en quémandant de porte en porte, les villes les enferment dans des hôpitaux ou des couvents réquisitionnés pour la durée de l'épidémie, parfois dans des champs de huttes dressées, comme pour les malades, dans l'air sain de la campagne. A cette époque, aussi, on pense que la mauvaise nourriture favorise la maladie, et on les nourrit de mieux en mieux, du moins dans la limite des possibilités. A Lyon, en 1628, chaque riche se voit affecté un certain nombre de familles pauvres à nourrir et, s'il refuse, des soldats doivent forcer sa porte pour installer les pauvres qui, s'ils ne sont pas nourris, sont alors logés dans son hôtel. D'ailleurs, la charge des pauvres diminue en général rapidement avec l'avancement de l'épidémie, car si la peste, au XIVe siècle, semble avoir éprouvé à peu près également toutes les classes sociales, dès le XVe siècle, les riches savent se protéger relativement bien par la fuite dans leur propriété de campagne et l'isolement, ce que les pauvres ne peuvent pas faire. Dès le XVIe siècle, cependant, des villes entières sont évacuées et confiées à un corps de garde chargé d'empêcher les pillages.

C'est là, en effet, un des fléaux annexes de la peste. Beaucoup de malfaiteurs, ou même de pauvres, convalescents ou guéris, mais démunis de tout, profitent de l'immunité dont ils jouissent pour piller les maisons dont les habitants ont fui ou sont morts, parfois même ils achèvent les malades. Or personne n'ose arrêter ces voleurs censés contagieux et comme la seule peine prévue pour eux est la mort lorsqu'ils sont pris sur le fait, ils sont abattus à vue par des archers, plus tard des arquebusiers, spécialement engagés pour faire respecter les règlements de peste.

Dans les pays musulmans, la libération des prisonniers au début de l'épidémie est un acte pieux, traditionnel et fréquent de la part des dirigeants en vue d'apaiser la colère divine. Il s'ensuit que les pillages revêtent une plus grande ampleur qu'en Europe, et d'autant plus qu'on n'engage pas non plus de gardes supplémentaires et que la police, décimée par l'épidémie, n'a qu'une activité réduite. L'auto-défense joue alors un grand rôle jusqu'à ce que la police reprenne la chasse aux malfaiteurs.

Epilogue de la peste

La troisième pandémie, née en Chine du Sud en 1894, a fait plus de 10 millions de morts en Chine, en Inde surtout, et en Mandchourie où, sous sa forme pneumonique, dans l'hiver 1910-1911, elle a fait 70 000 morts en trois mois. Par les rats et le trafic maritime, elle s'est répandue dans toutes les autres parties du monde : Portugal (1899), Algérie, Madagascar, Afrique du Sud, Amérique du Nord (San Francisco, 1904), Amérique du Sud (Brésil, Argentine, Pérou, Equateur...) et même, à la faveur des guerres : Paris (1919) et Ajaccio (1945). Mais, partout, les mesures d'hygiène publique et la médecine ont permis de la contenir, et la mortalité actuelle, après l'explosion du début du siècle en Inde, est très réduite.

● BIBLIOGRAPHIE. — Bartholomé BENNASSAR, *Recherches sur les grandes épidémies dans le nord de l'Espagne à la fin du XVIe siècle*, Paris, SEVPEN, 1969, in-8°, 194 p. ; Maurice BERTHE, *Famine et épidémies dans les campagnes navarraises à la fin du Moyen Age*, t. 1 et 2, Paris, SFIED, 1984, in-8°, 638 p.; Jean-Noël BIRABEN, *Les hommes et la peste dans les pays européens et méditerranéens des origines à 1850*, t. 1 et 2, Paris-La Haye, Mouton, 1975, in-8°, 455 et 415 p.; Ch. CARRIÈRE, M. COURDURIE, F. REBUFFAT, *Marseille ville morte, la peste de 1720*, Maurice Garçon éd., Marseille, 1968, in-8°, 354 p.; J. CHARLIER, *La peste à Bruxelles, de 1667 à 1669, et ses conséquences démographiques*, Bruxelles, Pro civitate, coll. « Histoire », 1969, in-8°, 213 p.; H. H. MOLLARET, J. BROSSOLET, *La peste, source méconnue d'inspiration artistique*, Anvers, Koninklijk Museum voor schone Kunsten, 1965, in-8°, 112 p.; W. J. SIMPSON, *A treatise on plague dealing with the Historical, Epidemiological, clinical, Therapeutic and Preventive aspects of the Disease*, Cambridge, Cambridge University Press, 1905, in-4°, 466 p.; J. F. D. SHREWSBURY, *A history of bubonic plague in the British isles*, Cambridge, Cambridge University Press, 1970, in-8°, 661 p.

▶ CORRÉLATS. — Corps, Crise, Démographie historique.

J.-N. BIRABEN.

Philologie et histoire

On ne dispose pas d'une définition stable et reconnue de la relation des deux disciplines entre elles — pourtant nettement distinguées dans l'institution universitaire —, car la spécificité, face à l'histoire, d'une science philologique ne paraît pas établie : en se séparant progressivement, au cours du siècle dernier, de la philologie classique, l'histoire semble avoir dépossédé la philologie de toute scientificité propre, elle la relègue au rang d'une discipline auxiliaire (la critique érudite des sources écrites), alors même qu'elle a son origine dans la transformation de l'érudition en science historique (la « science de l'Antiquité ») qu'a opérée la philologie apparue à la fin du XVIIIe siècle. La linguistique s'est, de son côté, constituée comme science en traitant — selon l'interprétation d'abord donnée du cours de

F. de Saussure (1857-1913) — la langue comme système, au lieu d'étudier, en tant que subdivision de la philologie, l'histoire des faits de langue observés dans les textes ou reconstitués à partir d'eux. La définition aujourd'hui courante de l'activité philologique, que l'on trouve par exemple chez Saussure : « fixer, interpréter, commenter les textes » (*Cours de linguistique générale*, p. 13), découle de cette polémique ; elle ne fait qu'indiquer un ensemble d'opérations, sans renvoyer à l'unité d'une science.

La rivalité qui opposa la philologie à l'histoire (et dont l'évolution fut directement conditionnée par la nature des enjeux institutionnels) est l'expression des difficultés inhérentes à la définition initiale de la science historique : elle témoigne d'une discussion plus générale sur la nature de l'interprétation en histoire, à savoir sur le lien qui s'y établit entre le fait et le sens.

L'idée répandue que la philologie classique, telle qu'elle a été fondée en Allemagne à l'époque du romantisme, a fourni à l'histoire le paradigme méthodologique d'une science critique peut être écartée quand on rappelle simplement que les méthodes de la critique des sources étaient déjà codifiées dans l'érudition. En fait, la philologie, définie par F. A. Wolf (1759-1824) sous l'impulsion de W. von Humboldt (1767-1835), apparaît plutôt comme le paradigme de la science historique elle-même : le travail infini d'explication causale des phénomènes du passé diffère de l'explication des phénomènes naturels en ce qu'il approche l'interprète de la saisie d'un objet pensé comme individualité originale (en l'occurrence la Grèce), c'est-à-dire conçu, selon l'idée kantienne de liberté, comme totalité organique. La civilisation grecque, prise dans son ensemble, a ainsi le statut d'un idéal : elle constitue l'horizon à partir duquel les phénomènes empiriques peuvent être dotés d'un sens. Cette idéalisation de la Grèce s'explique d'un certain côté par les données culturelles du moment, mais avec la notion d'individualité historique on ne retrouve pas simplement la norme humaniste. La référence à l'idéal met au jour la problématique du fait historique, qui est construit dans un double mouvement, partant à la fois de l'horizon de sens (qui, par définition, ne se laisse pas objectiver) et des faits empiriques. Concrètement, dans cette visée de la totalité, l'histoire politique, trop particulière, occupe une place mineure, contrairement à celle de la littérature et de la langue, car c'est dans la langue que s'imprime l'ensemble du caractère national. Plus tard, A. Boeckh (dans son cours professé à l'Université de Berlin de 1809 à 1865 et édité en 1877 : *Encyklopädie und Methodologie der philologischen Wissenschaften*) rejette au profit de « philologie » le terme moderne de « science de l'Antiquité », proposé par Wolf, parce qu'il porte la trace d'une valorisation non scientifique du passé ; une science ne peut, de plus, être définie par son objet, mais par son point de vue. « Philologie » renvoie aux deux sens du mot grec *logos* : la science systématisée par Boeckh ne porte pas sur le langage seulement, mais sur « la connaissance humaine qui s'exprime dans une forme linguistique », la langue n'étant que la forme la plus générale que prend, dans le cadre d'une civilisation particulière, une « connaissance » (un processus spirituel) qui se réalise dans les institutions, la vie privée, l'art, le rite et le savoir (c'est-à-dire, pour l'Antiquité, le mythe, la philosophie, les sciences et la littérature). La philologie est ainsi opposée à la philosophie, qui donne les principes d'une connaissance toujours ouverte : science historique générale, la philologie est (re)connaissance d'une connaissance *déjà* produite dans le passé. Comme la visée de l'histoire est le sens, dans la totalité de ses expressions à l'intérieur d'une civilisation, sa méthode ne diffère pas, formellement, de celle qui permet de comprendre les œuvres individuelles (théorisée par F. D. E. Schleiermacher, 1768-1834). Or l'acte de comprendre est double, et la tension entre les deux moments explique sans doute le devenir ultérieur de la philologie : la compréhension porte d'une part sur un *objet pris en lui-même* (opération herméneutique), et, de l'autre, sur la *relation* de cet objet avec son contexte (opération critique). Les deux opérations se présupposent l'une l'autre : ainsi on ne peut comprendre une expression linguistique donnée sans la mesurer aux possibilités de la langue (pour, éventuellement, la déclarer inauthentique), et la langue n'est connue qu'à partir de l'interprétation d'expressions singulières. On retrouve ce cercle pour les autres formes d'interprétation (historique, individuelle, générique). La réunion des deux opérations produit la « vérité historique » (p. 175), et permet de construire, au-delà de l'interprétation d'œuvres, d'actions ou de monuments singuliers, les différentes histoires matérielles (du droit, de la religion, de la littérature, etc.).

Ce système était menacé d'éclatement de deux côtés. Il pouvait sembler arbitraire de réunir sous l'idée d'Antiquité un tel ensemble de faits : on perd la dimension de l'histoire universelle. J. G. Droysen (*Enzyklopädie und Methodologie der Geschichte*, cours prononcé de 1857 à 1883 et édité en 1937 sous le titre *Historik*) limite alors la portée du terme « philologie ». Une fois reconnu, comme chez Boeckh, que le sens est au fondement du fait historique, l'objet ne peut plus être une totalité fermée (telle civilisation), mais la progression du sens, comme liberté, dans la vie sociale. Comme l'émancipation culmine avec l'établissement de l'Etat de droit, l'histoire politique retrouve sa première place. La philologie a alors un rôle auxiliaire : elle est chargée d'établir le sens de textes considérés comme des documents, et ce sens est traité comme un fait brut par l'historien, qui le replace dans une perspective interprétative générale (la continuité d'un progrès). L'histoire tend ainsi à assimiler la philologie à l'érudition (qui accumulait des faits établis).

Ce mouvement correspond, par ailleurs, à la transformation que faisait subir à la philologie, telle que la définissait Boeckh, la réalisation de son propre programme : les recherches empiriques qu'il suscitait pouvaient de plus en plus difficilement être mesurées à une idée définie de l'Antiquité; elles se préoccupèrent d'abord de leur exactitude; la critique était ainsi détachée de l'interprétation. Tirant désormais sa légitimité de sa méthode (cf. H. Usener, *Philologie und Geschichtswissenschaft*, 1882), la philologie pouvait à son tour s'opposer à l'histoire, devenue « philosophique » avec Droysen (puisqu'elle se propose de reconstituer les étapes d'un progrès), en mettant l'accent sur le moment de la démarche historique qu'elle représentait par excellence : la critique. Elle contribuait ainsi à la production de la conception « positiviste » d'une histoire qui collectionne les faits et tend à les expliquer non par rapport à des « idées », mais, selon la logique de l'explication dans les sciences naturelles, par leur relation à d'autres faits. Ainsi, pour l'histoire de la littérature, les œuvres sont interprétées en référence à la tradition antérieure, à la psychologie « réelle » de l'auteur, au milieu, etc. Si U. von Wilamowitz-Moellendorff (1848-1931) a redonné à cette philologie le nom de « science de l'Antiquité », ce n'est donc pas pour revenir à Wolf, mais pour reconquérir un terrain laissé à l'histoire. La philologie était alors dans une situation contradictoire : sa spécificité venait malgré tout de ce qu'elle interprétait des œuvres, mais, dans le type d'histoire qu'elle construisait, leur individualité ne pouvait plus être maintenue ; Wilamowitz développa alors, sans rapport fondé avec sa pratique, un discours attribuant à son objet une valeur anhistorique.

Ce dédoublement était refusé quand, par réaction contre une telle historisation de la philologie, on réhabilitait franchement l'idée normative du « classique », comme ce qui traverse l'histoire et demande toujours à être interprété ; l'objet de la philologie échappait alors au déterminisme historique (cf. W. Jaeger, *Philologie und Historie*, 1914). Cette revendication unilatérale renvoie, quand elle n'est pas naïve, à une critique philosophique de l'objectivation historique comme illusion : l'interprète ne peut avoir pour idéal l'effacement de sa subjectivité, puisque l'existence même des œuvres classiques du passé témoigne de la permanence d'une tradition qui détermine la situation de l'interprète de ces œuvres (H. G. Gadamer, 1960). L'éloignement dans le temps n'est alors plus considéré comme un obstacle à la compréhension : pris comme durée au cours de laquelle s'élabore une succession d'horizons de sens, il en est un facteur positif. La tâche herméneutique n'est plus, comme chez Schleiermacher ou Boeckh, de reconstituer le sens originel d'une œuvre individuelle — ce serait participer à l'illusion « historiciste » dénoncée —, mais de comprendre l' « histoire » du sens (la tradition dans laquelle les œuvres sont produites et reçues) qui s'impose à l'interprète.

Dans la mesure où la possibilité d'une interprétation juste, construite méthodiquement, d'un texte est remise en question par l'herméneutique philosophique, le débat qui opposait au cours du XIXe siècle la philologie et l'histoire est dépassé : il s'agissait de mesurer la place que tenait dans un processus historique général un sens qu'un auteur était censé avoir effectivement exprimé (ce sens, rapporté à un sujet, prenait la forme d'une totalité individuelle non contradictoire — d'où la possibilité d'historiser la production des œuvres elles-mêmes en y isolant des strates attribuées à des auteurs différents si on y décelait des contradictions, comme l'illustre la « question homérique ») ; désormais, les œuvres ne peuvent plus décider de leur sens : elles sont, déjà comme œuvres, prises dans un ensemble signifiant.

Il est frappant que l'histoire ait connu une transformation analogue quand, rompant avec l'idée d'un progrès continu, elle emprunta à la linguistique synchronique son mode de constitution de l'objet et devint structurale. Elle s'attache alors à comprendre la succession des configurations du sens (les mentalités), en repérant les systèmes de normes qui donnent une forme signifiante aux volontés expressives individuelles, et les déplacements de ces systèmes. Une nouvelle philologie est ainsi suscitée (même si le mot, trop lié à l'histoire « positiviste », n'est en général pas repris) : les textes ne sont plus des sources, mais, dans leur complexité, des témoins (cf. J. Le Goff, 1978). Cette philologie s'oppose à celle du siècle dernier par l'importance qu'elle accorde à la notion d'ambiguïté : la lecture historique, qui privilégie l'étude du passage d'un système à l'autre (l' « événement », selon l'acception actuelle), tente de découvrir sous la cohérence apparente des œuvres les failles qui attestent un conflit ou un changement de normes. Il n'y a donc plus de sujet comme garant de l'individualité d'un sens : on attend de l'auteur un message brouillé par l'interférence de structures de sens différentes.

Le fait que la philologie ait pu opposer à l'histoire tantôt l'exactitude du fait établi, contre l'histoire « philosophique », tantôt l'autonomie du sens individuel ou collectif, contre l'explication causaliste, selon les configurations mouvantes de leurs relations, illustre sans doute la tendance commune aux démarches philologiques et historiques à réinterpréter la *construction* synthétique qu'est le fait historique (à partir d'un horizon de sens et de faits d'observations) comme restitution d'une réalité préexistante, le fait historique devenant ou bien témoin d'une structure de sens donnée, ou bien élément d'une succession causale. Une philologie qui maintient l'exigence d'une compréhension du sens des œuvres comme individualité (ainsi dans les travaux de P. Szondi ou de J. Bollack) ne peut considérer une telle opération que comme une étape méthodologique nécessaire, et non plus comme la redécouverte d'une réalité première. Sa possibilité est liée à la critique des deux types de réification mentionnés.

● BIBLIOGRAPHIE. — K.-O. APEL, *Transformation der Philosophie*, Francfort-sur-le-Main, Suhrkamp, 1973; B. BRAVO, *Philologie, histoire, philosophie de l'histoire. Etude sur J. G. Droysen, historien de l'Antiquité*, Wroclaw-Varsovie-Cracovie, 1968; E. CASSIRER, *Das Erkenntnisproblem*, t. IV : *Von Hegels Tod bis zur Gegenwart (1832-1932)*, Stuttgart, Kohlhammer, 1957 (1re éd. en trad. angl., *The Problem of Knowledge. Philosophy, Science and History since Hegel*, New Haven (Conn.), Yale University Press, 1950); W. DILTHEY, Origines et développements de l'herméneutique (1900), trad. franç., in *Le monde de l'esprit*, Paris, Aubier, 1947, t. I, p. 319-340; H.-G. GADAMER, *Vérité et méthode. Les grandes lignes d'une herméneutique philosophique* (1960) trad. franç. partielle, Paris, Seuil, 1976; J. HABERMAS, *Connaissance et intérêt* (1968), trad. franç., Paris, Gallimard, 1976; A. HENTSCHKE, U. MUHLACK, *Einführung in die Geschichte der klassischen Philologie*, Darmstadt, Wissenschaftliche Buchgesellschaft, 1972; J. LE GOFF, Documento/monumento, in *Enciclopedia Einaudi*, 5, Turin, 1978, p. 38-48; A. MOMIGLIANO, *Problèmes d'historiographie ancienne et moderne*, trad. franç., Paris, Gallimard, 1983; R. PFEIFFER, *History of Classical Scholarship from 1300 to 1850*, Oxford, Clarendon Press, 1976; *Philologie und Hermeneutik im 19. Jahrhundert*, t. I (FLASSHAR et al. éds.), Göttingen, Vandenhoeck-Ruprecht, 1979, t. II (M. BOLLACK, H. WISMANN éds.), *ibid.*, 1983; P. SZONDI, Sur la connaissance philologique (1962), trad. franç. in *Poésies et poétiques de la modernité*, Lille, Presses Universitaires de Lille, 1981, p. 9-29.

▶ CORRÉLATS. — Linguistique et histoire, Théories de l'histoire.

P. JUDET DE LA COMBE.

Pirenne Henri, 1862-1935

Né à Verviers, d'une famille d'industriels et destiné au droit par son père, Henri Pirenne fut, à l'Université de Liège, séduit par les cours et les « exercices pratiques » d'un médiéviste aussi éloquent qu'attentif aux textes, Godefroid Kurth, et il opta pour l'histoire. Il compléta sa formation à Paris, notamment avec Giry, puis à Leipzig et Berlin, où il suivit les leçons d'Arndt, Bresslau et Schmoller et se lia avec Lamprecht. Dès 1885, il fut chargé à Liège d'un cours de diplomatique et paléographie. En 1886, il passa à Gand, où il enseigna l'histoire du Moyen Age, les institutions du Moyen Age, l'encyclopédie de l'histoire, l'histoire de Belgique et anima un séminaire bientôt réputé jusqu'outre-Atlantique. Il quitta cette Université en 1930, quand elle fut flamandisée et acheva sa carrière à celle de Bruxelles. Il mourut dans cette ville en 1935.

Ses dispositions personnelles, son milieu, ses études, ses relations inspirèrent sa conception du passé et de la façon de l'écrire. Trois traits majeurs la caractérisent. Le souci critique, alors que tant de ses aînés confondaient histoire et littérature : il voulait bâtir sur des témoignages dûment pesés, avec l'aide des « sciences auxiliaires », ce qui l'amena, au début de son activité scientifique, à des éditions de documents. L'accent mis sur les hommes, dans le concret, la vérité de leur existence — il ne fut pas un savant de cabinet mais s'intéressa toujours de près aux gens de toute espèce qu'il rencontrait et à leurs travaux —, et plus spécialement sur les phénomènes collectifs et les forces économiques, où il voyait les ressorts de l'évolution, en lieu et place de l'action de « héros » et des idées et appétits politiques ; il en vint, de vrai, dans ses dernières œuvres, à moins mesurer la part des individus, et du hasard, et celle des autres facteurs de civilisation ; il me dit, en 1933, que « le robinet de l'économie coulait trop ». Le goût pour la synthèse, les vastes panoramas, les explications universelles, ce qui le poussa à des généralisations hâtives et fragiles, qui ne reposaient pas sur des dépouillements exhaustifs et encore moins sur des dénombrements et des comptages. Un enseignement plein de chaleur et force et des œuvres servies par une langue claire, alerte, voire colorée diffusèrent et imposèrent ces vues.

Pirenne les appliqua surtout en trois domaines. Invité à écrire une *Histoire de Belgique* pour la *Geschichte der Europäischen Staten* de Lamprecht, il en prépara l'élaboration par une *Bibliographie de l'histoire de Belgique*, portant sur les sources et les travaux, qui parut en 1893 (3e éd., 1931), en entama la rédaction en 1894 et en sortit le tome I en 1900 (5e éd., 1929) ; il l'acheva en 1931, avec le tome VII. En s'attachant à tous les aspects du passé et en agençant les éléments de tout ordre, elle devait montrer que la Belgique n'était pas une création artificielle mais s'était progressivement définie et affirmée depuis le Moyen Age. Neuve et brillante, elle connut un énorme succès et fit de l'auteur l' « historien national ». Des traits communs qui avaient de longue date constitué la spécificité et cimenté l'unité du pays, un des plus anciens et des plus nets avait été le rôle des villes. Pirenne s'était d'emblée intéressé à celles-ci, avant même d'avoir rencontré Giry et Schmoller et, alors que Kurth le poussait vers l'histoire intellectuelle, il avait entrepris d'analyser la constitution de Dinant sur la Meuse liégeoise. A Gand, il se consacra aux puissantes cités flamandes et il en décrivit les origines et les structures dans *Les anciennes démocraties des Pays-Bas*, en 1910. Il élargit les horizons en 1927 dans *Les villes du Moyen Age. Essai d'histoire économique et sociale*, sans modifier substantiellement la thèse qui voyait dans la ville médiévale un produit du renouveau commercial du xie siècle et des initiatives d'aventuriers, en somme un kyste sur le corps domanial. On la retrouve encore enchâssée dans la lumineuse *Histoire économique et sociale* du tome VIII de l'*Histoire générale* de Glotz, qu'un élève revit en 1963 sous le titre d'*Histoire économique et sociale du Moyen Age*. Enfin, comme certains de ses contemporains les plus éminents, Pirenne s'était interrogé sur le passage de l'Antiquité au Moyen Age. En 1922 déjà, il avait présenté l'expansion de l'Islam comme la clé du phénomène. Il creusa l'idée et la développa dans *Mahomet et Charlemagne*, qu'un disciple se chargea de publier en 1937. Un an plus tôt avait paru, posthume aussi, une *Histoire de l'Europe des invasions au XVIe siècle*, qu'il avait composée en captivité, en 1917, et refusé d'imprimer.

Les théories de Pirenne ont été contestées et sont aujourd'hui largement dépassées. Mais les livres où elles avaient été exposées comme beaucoup d'articles, par exemple sur le commerce du vin au Moyen Age, ont stimulé la recherche, soulevé de nouveaux problèmes, intégré à l'explication historique les masses et l'économie, ouvert la voie à un renouveau de la discipline à laquelle l'auteur avait donné sa vie.

● BIBLIOGRAPHIE. — Henri Pirenne a suscité une foule d'études. On en retient seulement trois : de son principal élève, d'un historien belge de la génération suivante, qui « démythifie » un peu le héros et qui s'attache à un de ses grands thèmes, d'un spécialiste américain, qui est la plus complète : F. L. GANSHOF, Henri Pirenne, dans *Biographie nationale*, XXXII, 1959, c. 671-723; J. DHONDT, Henri Pirenne, historien des institutions urbaines, dans *Annali della Fondazione Italiana per la Storia Amministrativa*, III, 1966, p. 81-129; B. LYON, *Henri Pirenne, A Biographical and Intellectual Study*, Gand, 1974. Un autre étranger, C. VIOLANTE, annonce l'impression en 1985 d'un cours professé en 1978-1979 à l'Université de Pise, actuellement dactylographié, qui s'intéresse à un autre secteur de l'œuvre : *Uno storico europeo tra guerra e dopo guerra, Henri Pirenne (1914-1924). Per una rilettura delle « Histoire de l'Europe »*.

▶ CORRÉLATS. — Annales, Belgique (Historiens belges), Bloch, Comparée (Histoire).

L. GENICOT.

Politique (Histoire)

Etymologiquement, l'histoire politique est celle de la cité, c'est-à-dire, dans le monde grec où elle est née, celle de l'Etat et des citoyens qui le constituent. Elle traitera donc, à l'intérieur, du fonctionnement des pouvoirs publics, des changements qui les affectent, des mesures (lois, décrets...) prises par eux, et des réactions éventuelles du corps social ou de tel de ses éléments à ces mesures. Elle s'intéressera aussi aux relations, dans la guerre et la paix, entre la cité et les forces extérieures qui lui sont à certains égards comparables : les autres cités grecques et les Etats, voire les peuplades barbares.

Comme il n'existe pas dans l'Antiquité classique (et dans la plupart des autres civilisations jusqu'aux Temps modernes inclusivement) de séparation entre la religion et l'Etat, l'histoire politique ne peut guère être dissociée de l'histoire religieuse. Et elle inclut durablement l'histoire militaire dans la mesure où la guerre est une activité « normale » des Etats. Mais surtout l'histoire (écrite) se substituant à une tradition orale préexistante s'est intéressée comme celle-ci aux faits « dignes de mémoire », dignes d'être consignés et transmis à la postérité, donc à ceux qui ont frappé l'opinion par leurs conséquences directes et parfois dramatiques sur la vie de la cité : les « grands » événements militaires, diplomatiques (ruptures, traités de paix) ou intérieurs (troubles, « révolutions » violentes ou non, destin des chefs). Au contraire, la plupart des faits « structuraux » (fonctionnement normal de l'économie et des institutions, attitudes habituelles des classes et des groupes, etc.) n'attirent pas l'attention : jugés « naturels », voire non perçus, ils ne paraissent pas dignes d'être rapportés. Bien que beaucoup d'entre eux soient éminemment politiques, ils ne seront pas en général considérés comme matière historique. Dès le départ, une grave confusion s'est ainsi établie entre histoire et récit des « grands » événements : l'histoire à ses débuts est tout à la fois politique, narrative et événementielle.

Cette conception et cette pratique ont prévalu à peu près sans partage dans l'Antiquité gréco-romaine. Sans doute Hérodote avait-il fait précéder son récit des guerres médiques d'une vaste enquête que nous dirions ethnographique sur les peuples de l'Empire perse. Mais son exemple a été peu suivi : la *Germanie* de Tacite, issue d'une préoccupation voisine, n'appartient pas au genre historique. Celui-ci se trouve pour longtemps défini, quatre siècles avant l'ère chrétienne, par Thucydide dans sa *Guerre du Péloponnèse* : un récit politique et militaire, éclairé par la mise en évidence d'une causalité lointaine ou proche, accompagné de discours reconstitués par l'auteur. Les œuvres de Polybe, Salluste, Tite-Live et Tacite appartiennent au même genre. Cependant, l'avènement à Rome de la monarchie impériale fixe de plus en plus l'attention sur le souverain et son entourage immédiat : cette tendance, déjà très apparente chez Tacite, triomphe avec Suétone, puis avec les auteurs de l'*Histoire auguste*.

L'avènement du christianisme a entraîné l'insertion du devenir humain dans une théologie de l'histoire. Il a fait naître une histoire religieuse plus autonome. Il n'a nullement porté atteinte, pendant tout le Moyen Age, à la prépondérance du récit politico-militaire, qu'il s'agisse des annales ou des chroniques régionales ou locales, des ouvrages en langue vulgaire souvent proches de l' « histoire immédiate » (c'est le cas de Villehardouin, Joinville, Froissart et Commynes) ou encore des « chronographies » d'ambition universaliste (Sigebert de Gembloux, Otton de Freisingen) ou tout au moins nationale et dynastique (ainsi les *Grandes chroniques de France*). Une brève incursion dans les mondes exotiques montre qu'il s'agit là d'une règle générale : dans l'historiographie arabe profane, « ce ne sont partout qu'expéditions, sièges, batailles..., rébellions, complots, disgrâces » (C.-O. Carbonell), et Ibn Khaldoun lui-même, dans ses *Prolégomènes*, a dressé un programme d'histoire totale qu'il n'a guère appliqué; en Chine, l'histoire « mandarinale » est avant tout celle des souverains et des dynasties.

En Occident, la Renaissance ne marque pas de véritable rupture historiographique. On ne saurait certes passer sous silence les progrès de l'érudition et de la critique, non plus que l'appel lancé par un certain nombre de juristes français (tels Jean Bodin et Lancelot de La Popelinière) à la quête d'une « histoire parfaite » englobant tous les aspects de l'évolution humaine. Mais il y a loin des projets à la réalisation. En France comme en Italie, l'histoire humaniste demeure le plus souvent un récit linéaire dont les princes, les grands et les guerriers restent les principaux, sinon les seuls acteurs. L'explication, sauf dans les meilleurs passages d'un Machiavel, recourt à la psychologie individuelle et à l'intervention du hasard. Il en va de même au XVIIe siècle : alors que la méthode critique s'affine, que les sciences auxiliaires se constituent, que les publications de documents se multiplient, que l'histoire religieuse, stimulée par les polémiques entre protestants et catholiques, conquiert son autonomie et produit des œuvres de qualité, l'histoire politique, toujours confondue avec la « grande histoire » éloquente et pragmatique, n'évolue guère; si elle conserve un large public d'amateurs, elle s'attire le mépris ou l'indifférence des plus grands esprits, Descartes, Pascal, Malebranche...

Le XVIIIe, puis le XIXe siècle, en revanche, apportent des novations décisives. La plupart des historiens prennent conscience de la nécessité d'intégrer à leurs œuvres les apports de l'érudition. Certains d'entre eux — Voltaire est l'un des premiers et des plus illustres — se refusent à réduire l'histoire au récit des hauts faits des conquérants, des législateurs et des princes : celui-ci ne sera plus dès lors qu'un élément d'une histoire de la civilisation curieuse des techniques, des mœurs, des idées, des lettres et des arts. Parallèlement, l'histoire politique elle-même s'élargit et s'approfondit. Avec Augustin Thierry, Guizot et Michelet, elle se tourne vers le tiers état et vers le peuple, fait intervenir les « masses humaines » au même titre que les héros et les grands de ce monde, et en vient ainsi inévitablement à s'intéresser aux structures sociales et aux mentalités collectives. Avec Montequieu, Gibbon, puis, bien plus tard, Tocqueville ou Fustel de Coulanges, elle s'oriente vers la recherche des causes profondes dans la longue durée : son but n'est plus seulement de raconter, mais d'expliquer « la grandeur et la décadence des Romains », « le déclin et la chute » de leur Empire, le passage de la France d'un ancien à un nouveau régime à travers la Révolution, les métamorphoses de la Cité antique ou la genèse des institutions médiévales — et tout cela en appliquant de plus en plus efficacement la méthode critique, et en évitant de dériver vers la « philosophie de l'histoire », seule inspiratrice, jusqu'alors, de semblables synthèses.

Est-ce à dire que le XIXe siècle ait déjà connu et pratiqué l'histoire « totale », et l'histoire politique telle que nous la connaissons ? On se gardera de le croire. Les novateurs n'ont pas toujours réalisé concrètement leurs projets. Dans *Le Siècle de Louis XIV*, les événements politiques et guerriers conservent la première place; les faits économiques, religieux, artistiques ou littéraires leur sont simplement juxtaposés; il s'agit d'adjonctions plutôt que de synthèse. A cet égard, bien des volumes de l'*Histoire de France* d'Ernest Lavisse, publiés à l'aube du XXe siècle, ne présentent pas un visage très différent. Et, entre-temps, la grande masse de la production historique est restée conforme aux anciennes habitudes. Bien sûr, d'une période à l'autre, les méthodes d'analyse progressent, les normes scientifiques s'imposent de plus en plus impérieusement. Mais, de Thucydide à Ranke et à Seignobos, le récit événementiel conserve sa primauté, l'historique continue à s'identifier largement au politique, l'intelligibilité est recherchée par la mise en évidence prioritaire d'une causalité linéaire dans le temps court. Autour de 1900, les exigences méthodologiques, désormais codifiées, deviennent telles que bien des auteurs reculent devant la synthèse et la longue durée, nécessairement affectées à leurs yeux de subjectivité et d'incertitude. Les noms de Langlois et de Seignobos ont, depuis près d'un siècle, symbolisé cette tendance, improprement appelée positiviste (car, C.-O. Carbonell l'a montré, les véritables positivistes n'ont guère pratiqué la recherche historique et étaient plutôt portés vers les vastes synthèses).

Sans vouloir tenter ici d'exposer en détail les raisons de cette suprématie plus que bimillénaire du récit politique et militaire, on se contentera de rappeler que l'œuvre historique a presque toujours répondu à une demande sociale, liée à une idéologie dominante : patriotisme impérial romain, esprit guerrier de la noblesse féodale, culte de la grandeur monarchique aux Temps modernes, nationalisme du XIXe siècle. Les historiens, tout naturellement, ont eu tendance à privilégier les faits qui apportaient une sorte de justification à ces idéologies et répondaient le mieux aux préoccupations des « élites » pour lesquelles ils écrivaient, c'est-à-dire à leur intérêt primordial pour les activités liées à la vie des Etats et au gouvernement des hommes. L'avènement progressif, à l'époque moderne et contemporaine, de nouveaux groupes dirigeants, n'a pu modifier que très lentement cette situation : le bourgeois demandeur et lecteur d'histoire a été d'abord avant tout le bourgeois « d'ancien régime », notable foncier, juriste, lettré, serviteur de l'Etat national, beaucoup plus que l'homme d'affaires ou l'ingénieur. Comme l'a maintes fois noté Lucien Febvre, il a fallu les grands bouleversements techniques et économiques du XXe siècle pour que s'épanouissent des curiosités nouvelles et des exigences que ne pouvait satisfaire l'histoire politique traditionnelle.

Celle-ci s'est alors trouvée exposée de plein fouet, pendant un demi-siècle, aux critiques adressées par Henri Berr, François Simiand et les fondateurs des *Annales* à une conception mécaniste et étriquée des « faits » et de leur enchaînement, baptisée histoire « événementielle » ou « historisante ». Pour Lucien Febvre en particulier, la rigueur dont se targue l'historiographie « positiviste » dans l'établissement et la mise en œuvre des « faits » ne répond que très imparfaitement aux exigences d'une connaissance scientifique du passé : l'objectivité apparente dissimule un choix arbitraire qui valorise la psychologie individuelle et les décisions des « grands hommes » au détriment des mentalités collectives, met systématiquement en relief les « grands événements » et le court terme sans accorder aux mouvements lents et profonds l'attention qu'ils méritent, néglige l'analyse complexe des interactions au profit du récit linéaire, traite en parente pauvre l'étude des structures économiques et sociales, ou la relègue, en vertu du « système de la commode », dans des « tiroirs » séparés, sans lien organique et vivifiant avec l'évolution politique.

Dressé avec une verve polémique souvent savoureuse, ce réquisitoire a été d'autant plus efficace qu'il prenait appui sur le développement d'autres sciences humaines (géographie, sociologie, psychologie sociale) orientées elles aussi vers l'analyse des structures et des phénomènes collectifs, avec des résultats impressionnants; que le retard des historiens dans l'étude de l'économie, de la société, des mentalités était devenu patent; et que, loin de se borner à la critique, les maîtres de l'école des *Annales* et quelques autres donnaient, dès les années 1930, des exemples éclatants de réussite d'une nouvelle histoire qui répondait désormais à l'attente d'un large public. On peut ajouter que, sur certains points, leurs curiosités et leurs antipathies les rapprochaient du groupe, à vrai dire peu nombreux en Occident, des historiens marxistes.

Ainsi mise en cause dans les principes et dans les faits, la primauté de l'histoire politique allait se trouver pour longtemps, et même définitivement, compromise. Si les ouvrages et les magazines de vulgarisation demeurent fidèles, presque jusqu'à nos jours, au récit et aux « grands hommes » (quand ce n'est pas à l'anecdote ou au fait divers), le travail et la production des universitaires français tendent, dans les années 1950, à s'orienter vers de nouveaux et fertiles terrains de recherche, à peine défrichés encore par les précurseurs. En 1961, 41 % des thèses de doctorat et 40 % des diplômes (pour les périodes moderne et contemporaine) sont consacrés à l'histoire économique et sociale, et, dans un rapport daté de 1965, Jean Glénisson constate que « les formes traditionnelles de l'histoire, et notamment l'histoire politique, frappées de discrédit, ne survivent guère... qu'au prix d'une adaptation aux conceptions nouvelles et sous des formes qui mettent l'exposé des faits au service de considérations sociologiques »; si la politique « n'est pas encore absente de l'historiographie de l'Antiquité..., elle a pratiquement disparu des travaux relatifs au Moyen Age ». Moins accentuée peut-être en Allemagne où ont longtemps coexisté « historicisme » et histoire économique, une évolution analogue est perceptible dans la plupart des autres pays d'Europe occidentale et d'Amérique, où d'ailleurs l'influence des *Annales* s'est fait fortement sentir. Publiée en 1978, l'encyclopédie *La nouvelle Histoire* ne comporte aucune rubrique intitulée « histoire politique ».

A cette dernière date cependant, une réaction s'est déjà manifestée et se développe avec une vigueur grandissante. Même à l'époque de la grande offensive de Lucien Febvre, des maîtres qui acceptaient les orientations nouvelles et l'avaient prouvé dans leurs œuvres prenaient la défense de l'histoire politique. Ainsi Georges Lefebvre en 1951 : « Il n'y a pas de raison pour que l'on décourage jamais les hommes d'apprendre l'histoire politique. Et je n'éprouve pas non plus pour elle le sentiment de dédain que certains professent en la traitant d'"événementielle" et d'"histoire historisante". » Marc Bloch lui-même écrivait peu avant sa mort : « Il y aurait beaucoup à dire sur ce mot de "politique". Pourquoi en faire, fatalement, le synonyme de superficiel ? Une histoire centrée, comme il est parfaitement légitime, sur l'évolution des modes de gouvernement, a sa mission, s'attacher à comprendre par le dedans les faits qu'elle a choisis comme les objets de ses observations. » Opinion partagée — ce n'est qu'apparemment paradoxal — par la plupart des historiens marxistes : pour eux comme pour Marx lui-même (il l'avait bien montré dans ses ouvrages sur 1848, 1851 et la Commune), l'étude du mode de production débouche nécessairement sur celle de la lutte des classes et, en fin de compte, sur celle du combat politique, dont les révolutionnaires doivent être capables de comprendre les vicissitudes et les enjeux. Enfin certains textes de Lucien Febvre ou de Fernand Braudel donnent à entendre que, même dans l'ardeur de la polémique, ils n'ont pas confondu l'histoire politique en général avec le pur récit linéaire pratiqué par certains : elle « n'est pas forcément événementielle, écrit Fernand Braudel en 1958, ni condamnée à l'être ».

Et en effet, depuis une vingtaine d'années, renouant avec une tradition illustrée en particulier au siècle dernier par Tocqueville, l'histoire politique a accompli une véritable mutation, un rattrapage par rapport aux secteurs que l'école des *Annales* avait privilégiés par une légitime réaction contre un monopole abusif. Elle a su tirer profit des nouvelles orientations et des nouvelles méthodes expérimentées dans l'étude des phénomènes économiques et sociaux.

A l'égard de ceux-ci, elle a pris beaucoup plus clairement conscience de sa dépendance et de son autonomie. De sa dépendance, car l'interprétation des faits politiques ne saurait évidemment se satisfaire de leur mise en rapport avec des faits antérieurs de même nature. L'acteur politique, individuel ou collectif, est immergé dans un milieu économique, social et mental dont il ne saurait s'abstraire et qui conditionne son comportement. Le tissu historique, dans ce domaine comme dans les autres, ne peut être déchiré que par la pensée, pour les besoins de l'analyse, et l'*homo politicus* n'existe pas davantage dans la réalité que l'*homo oeconomicus*. Mais la dépendance n'exclut pas l'autonomie. Une attitude politique n'est jamais la simple projection automatique dans la vie publique d'intérêts économiques et sociaux immédiats. Ceux-ci se trouvent nécessairement réfractés à travers des mentalités dont on sait que, « prisons de longue durée », elles peuvent refléter des traditions très anciennes. En revanche, l'événement de première grandeur — qu'il s'agisse d'une décision des gouvernants ou d'une intervention des masses populaires — peut contribuer, c'est une vérité d'évidence, à modifier, parfois profondément, les structures économiques et sociales. Il peut frapper durablement les esprits et façonner, parfois pour des décennies, la psychologie d'un groupe ou d'une nation : reprenant l'exemple de la Révolution dans la Sarthe, étudiée par Paul Bois, Jacques Julliard a écrit à juste titre qu'un fait politique — en l'occurrence la chouannerie et sa répression — pouvait être « créateur de structure ». Le rôle grandissant de l'Etat dans les sociétés contemporaines — Etat providence, Etat planificateur, ou tout au moins régulateur — tend naturellement à accroître l'intérêt de l'étude des pouvoirs, des partis, de l'opinion publique. Ainsi l'histoire politique, naguère dénoncée pour sa prétention à la primauté, voire son exclusivisme, accepte désormais volontiers de n'être qu'une partie de l'histoire totale — mais à la condition de s'y voir reconnaître une place originale et non négligeable.

Cette place, elle s'efforce de la mériter par le renouvellement de son objet et de ses méthodes. Si elle ne répudie pas, on vient de le voir, l'événement, elle s'identifie moins que jamais à lui. Elle cherche et parvient en effet à dépasser cette causalité linéaire et unilatérale qu'on lui a tant reprochée. A cette fin, elle s'est orientée vers l'étude des structures et de la longue durée. Conformément à l'orientation préconisée dès l'origine par Henri Berr, Marc Bloch et Lucien Febvre, elle s'est tournée vers les sciences humaines voisines, et notamment vers la sociologie et la « science politique », en leur empruntant leurs méthodes, en les adaptant, dans toute la mesure souhaitable, à l'étude des formations politiques du passé, et en donnant du même coup à ces sciences une profondeur de champ et des possibilités d'études comparatives qu'elle pouvait seule leur apporter.

Prenant en 1947 contre Louis Halphen la défense de l'innovation méthodologique, Georges Lefebvre craignait encore que « l'approximation statistique » ne puisse fournir « qu'une aide accessoire quand on aborde l'étude des mentalités, de la civilisation spirituelle, de l'histoire politique ». Il n'excluait pas toutefois que, même dans ce domaine, on ne parvienne « par un examen approfondi et comparatif des facteurs », à « constater des similitudes qui soient des constantes et figurer les mouvements par des courbes ». Cette intuition s'est depuis largement vérifiée.

La méthode statistique a trouvé un champ d'application privilégié dans la sociologie électorale rétrospective. Celle-ci peut s'inscrire dans le temps court (ainsi des historiens allemands et américains ont cherché à préciser la composition sociale de l'électorat nazi dans les dernières années de la République de Weimar) ou dans la longue durée (c'est le cas de l'étude pionnière d'Alain Lancelot sur l'abstentionnisme électoral en France, ou de l'enquête entreprise à l'EHESS sous la direction de François Furet et Jacques Ozouf sur le comportement de l'électeur français depuis l'instauration du suffrage universel). Dans les deux cas — André Siegfried en avait donné l'exemple dès le début du siècle — des rapprochements s'imposent avec les données, en partie statistiques elles aussi, qui définissent, entre autres, la structure socio-professionnelle et la pratique religieuse de l'électorat. Ce qui conduit tout naturellement le chercheur à faire appel aux procédés informatiques, et notamment à l'analyse factorielle, pour mettre en lumière les corrélations de façon plus systématique. Bien sûr, une telle méthode ne dispense pas du recours aux données non quantifiables, et elle exige à la fois inventivité et rigueur dans la mise au point des hypothèses de travail, prudence et esprit de finesse dans le traitement des résultats. Mais il en va de même en histoire économique et sociale.

La sociologie électorale n'est qu'une partie, limitée dans le temps, dans l'espace et dans son objet même, de la sociologie politique, qui trouve un champ d'application beaucoup plus vaste dans presque toutes les périodes de l'histoire. Depuis plusieurs décennies, les chercheurs s'appliquent à étudier avec une précision grandissante le personnel politique, qu'il s'agisse des administrateurs (officiers de l'ancienne monarchie, ministres des rois ou de la IIIe République, préfets du Second Empire...), des parlementaires (membres des Communes en Angleterre ou de la Chambre des députés en France...), des élus locaux (les conseillers généraux en France au temps de Guizot ou à la fin du Second Empire, les maires...), des dirigeants et des militants des partis (ainsi les guesdistes de Claude Willard ou les radicaux de Serge Berstein) ou des grands mouvements politiques (comme l'a fait récemment Claude Petitfrère pour les Blancs et les Bleus de l'Anjou). Dans tous les cas, on s'efforce de retrouver, pour chaque individu, son origine sociale et géographique, sa profession, son niveau de fortune ou de revenu, son appartenance à une église ou à une société de pensée s'il y a lieu, et d'établir, là encore, des corrélations. De telles analyses ont déjà permis de réviser bien des idées reçues, comme celle qui faisait de la Monarchie de Juillet le règne exclusif des milieux d'affaires, alors que la noblesse libérale et plus encore la bourgeoisie de la terre et de la fonction publique constituent l'essentiel de son personnel dirigeant. Dans d'autres cas, au contraire, l'étude statistique a abouti à transformer en certitudes les intuitions tirées par les historiens précédents de la documentation qualitative, et à mettre un terme à certaines controverses : ainsi Albert Soboul a définitivement mis en lumière l'hétérogénéité sociale de la sans-culotterie parisienne.

Les méthodes statistiques se montrent désormais efficaces dans des domaines d'où on aurait pu les croire, naguère, totalement exclues : par exemple, celui des idéologies politiques. L'histoire de la presse avait ouvert la voie avec l'analyse des contenus. On se bornait d'abord à mesurer la place occupée, dans les journaux, par les différentes rubriques, ou par tel ou tel événement. Depuis, l'application aux textes historiques des procédés informatiques mis au point par les linguistes permet aux chercheurs de connaître, avec la précision mathématique des fréquences, les mots et les concepts essentiels autour desquels se structuraient, par exemple, les systèmes de pensée des républicains et des conservateurs au début des années 1880, ou des deux candidats de droite et de gauche au second tour des élections présidentielles de 1974.

L'application de ces nouvelles techniques n'a pas pour but d'éliminer l'événement : on a vu plus haut que celui-ci conservait une valeur certaine, et pas seulement d'ailleurs en politique (la notion de crise ne reste-t-elle pas primordiale pour l'histoire économique ?). Mais le fait « événementiel » est désormais mieux éclairé par son insertion dans la longue durée, et dans l'interaction de facteurs connus avec une précision grandissante : la part du hasard, de la psychologie individuelle, de la causalité linéaire et unilatérale se trouvant réduite, il peut devenir l'objet d'une compréhension plus scientifique. On a pu parler avec raison de sa « réhabilitation ».

La rénovation de l'histoire politique s'est donc opérée par la transposition dans ce domaine des exigences et des méthodes qui avaient assuré, dans la première moitié du siècle, celle de l'histoire économique et sociale, et plus récemment celle de l'histoire des mentalités et des comportements. Elle a eu pour conséquence un regain de faveur auprès des chercheurs, particulièrement net en France : depuis 1965, pour les Temps modernes, « on constate une nette progression des thèses d'histoire politique, administrative et militaire »; pour la période contemporaine, « la situation de l'histoire politique... a grandement changé au cours des quinze dernières années... Trois traits caractérisent le changement survenu : réhabilitation du politique, élargissement du champ d'investigation, incorporation de la période immédiatement proche » (René Rémond).

Paradoxalement, cette réhabilitation du politique témoigne de l'efficacité et de la profondeur de la révolution opérée dans la recherche par les promoteurs de la « nouvelle histoire » : leur démarche novatrice (refus du cloisonnement entre sciences humaines, nécessité de l'hypothèse, mise en évidence des interactions multiples entre les « facteurs » du mouvement historique, utilisation des méthodes statistiques pour l'étude des structures et des phénomènes de longue durée) les avait éloignés d'une forme d'histoire à leurs yeux dangereusement sclérosée, et entraînés vers d'autres secteurs effectivement négligés par leurs prédécesseurs. Mais leurs principes et leurs méthodes se sont révélés suffisamment féconds pour renouveler aussi l'histoire politique et lui rendre ainsi, non certes une prépondérance injustifiée, mais sa place légitime dans le travail et la production historiques.

● BIBLIOGRAPHIE. — *1 | Ouvrages généraux :* Geoffrey BARRACLOUGH, *Tendances actuelles de l'histoire*, Paris, 1980; Charles-Olivier CARBONELL, *L'historiographie*, Paris, 1981; Georges LEFEBVRE, *Naissance de l'historiographie moderne*, Paris, 1971; *2 | L'histoire politique en France au XX*e *siècle :* Lucien FEBVRE, *Combats pour l'histoire*, Paris, 1953, notamment p. 61-74 et 114-118; Jacques JULLIARD, La politique, dans *Faire de l'histoire*, t. II : *Nouvelles approches*, p. 229-250, Paris, 1974; Georges LEFEBVRE, *Réflexions sur l'histoire*, Paris, 1978, notamment p. 61-69, 79-90, 105-116; *La recherche historique en France de 1940 à 1965*, Paris, 1965, p. IX-LXIV; *La recherche historique en France depuis 1965*, Paris, 1980, notamment p. 43-45; René RÉMOND, *La vie politique en France, 1789-1848*, t. I, Paris, 1965, Introduction, p. 5-20; ID., Une nouvelle histoire politique, dans *Des repères pour l'homme*, Paris, 1982, p. 43-45.

▶ CORRÉLATS. — Commynes, Lavisse, Seignobos, Temps présent.

P. LÉVÊQUE.

Pologne

Historiographie polonaise

Dans l'historiographie polonaise, la conscience de la continuité des recherches sur le passé a toujours été très vive. La réflexion sur l'œuvre des prédécesseurs servait de point d'appui à la fois à une prise de conscience théorique et à la formulation de la problématique des recherches historiques. Aux alentours de 1860 apparaissent des premiers aperçus critiques sur l'histoire de l'historiographie. En 1859, Henryk Schmitt (1817-1883), un historien de Lwów fidèle aux idées de Lelewel, publia un article sur l'esprit et les tendances de l'historiographie polonaise. En considérant « l'art d'écrire l'histoire », il admirait son maître Lelewel pour son engagement émotionnel dans le récit du passé et blâmait l'historien et juriste de Cracovie, A. Z. Helcel, pour la froideur et la distance de son discours. Quelques années plus tard, à l'Ecole centrale de Varsovie, l' « histoire de l'histoire » fut inscrite comme sujet d'enseignement dans le programme de la dernière année d'études. Le titulaire de la chaire de l'histoire universelle (il n'y avait pas à l'époque de chaire de l'histoire de Pologne), Józef K. Plebański (1831-1896), a consacré son cours à l'histoire de l'historiographie polonaise. Dans ce cours de 1863-1864 il condamne tout parti pris politique dans le travail des historiens, postule l'objectivisme dans la façon de présenter l'histoire nationale et démontre que la glorification du passé est une violation flagrante des principes de la science. Ces deux prises de position résument le débat d'idées dans lequel toute l'historiographie polonaise contemporaine s'est trouvée entraînée. C'est la controverse entre le « pessimisme » et l' « optimisme » dans le jugement porté sur le passé national et en réponse à la question : qu'est-ce qui a fait mourir la Pologne? Au-delà de l'art d'écrire l'histoire apparaissaient les options politiques actuelles concernant le choix entre la politique de la soumission à l'occupant et les aspirations à l'indépendance.

Dans le dernier tiers du XIXe siècle, cette controverse prit la forme d'un débat entre deux milieux d'historiens, baptisés du nom de « Ecole de Cracovie » et « Ecole de Varsovie ». La notion d'école utilisée déjà par Schmitt et ensuite aussi bien par les historiens de Cracovie (Szujski, Bobrzyński) que par ceux de Varsovie (Smoleński) consistait à définir le programme idéologique et politique du discours historique à partir d'un maître à penser (Ecole de Naruszewicz, Ecole de Lelewel). L' « Ecole de Cracovie », profondément monarchique, prônait le culte de l'Etat et de l'ordre légal et considérait la perte de l'indépendance comme une catastrophe due aux défauts nationaux des Polonais; elle s'opposait ainsi aux mouvements de libération nationale en les attribuant au penchant des Polonais vers toute sorte d'activités de conspiration. L' « Ecole de Varsovie » plaçait la nation au-dessus de l'Etat, rejetait toute vision pessimiste du passé national et affirmait que la perte de l'indépendance était le résultat d'une violence étrangère (Tadeusz Korzon, 1839-1918, démontrait que la chute de l'Etat s'était produite au moment où la nation se redressait et reprenait des forces). Les historiens de cette tendance s'opposaient au conservatisme des historiens de Cracovie ainsi qu'à la justification d'une attitude de passivité qu'ils cherchaient à tirer de l'histoire de Pologne.

On est naturellement porté à apercevoir dans l'histoire de l'historiographie tout d'abord l'évolution de la problématique des recherches, le progrès dans les méthodes de l'analyse et dans l'outillage de l'interprétation, l'enracinement de la conception et du discours de l'histoire dans les idéologies de l'époque. Dans le cas polonais on ne peut pas oublier que la naissance de l'historiographie moderne coïncide avec l'effacement de la Pologne de la carte politique de l'Europe. Ce fait pesait sur la façon d'écrire l'histoire et d'envisager les tâches de l'historien bien plus que les exigences de méthode du métier d'historien. Le public attendait que l'historien lui livre un enseignement du passé clairement orienté vers l'action. La vérité sur le passé est toujours restée en Pologne enchevêtrée dans les enjeux politiques, et le vieux débat sur les causes de la perte de l'indépendance : faut-il conspirer contre l'occupant? Ou bien les Polonais ont-ils été victimes de leur penchant atavique à la conspiration *(liberum conspiro)* ?

Au Moyen Age l'historiographie polonaise se développe surtout comme récit des événements importants pour l'Etat et l'Eglise et comme narration des actions des princes. Gallus Anonymus, un moine venu de l'Occident, est l'auteur du premier récit de l'histoire polonaise, écrit probablement entre 1112 et 1114. En se disant le « pèlerin étranger » Gallus déclare « ne pas vouloir manger du pain polonais pour rien » : c'est la raison pour laquelle il décida de décrire l'histoire des princes polonais, pour qu'elle puisse être racontée dans les écoles et dans les châteaux. C'est l'histoire contemporaine qui l'intéresse et il raconte les actions du prince Boleslas Bouche-Torse, en prenant toutefois soin de présenter toute la dynastie, de reconstituer la mémoire généalogique de la famille régnante. Il s'intéresse ainsi aux origines : il puise dans la tradition orale, note les légendes racontées à la cour et construit un récit historico-généalogique embrassant plus de deux siècles. Cent ans plus tard apparaît une œuvre historique semblable, la chronique de Maître Vincent, évêque de Cracovie entre 1208 et 1217. La fascination par le problème des origines prend ici une forme différente : le chroniqueur ne se contente pas d'introduire les légendes mais place l'histoire fabuleuse de la Pologne dans le contexte de l'histoire universelle, en mettant en rapports directs les princes polonais et les grandes figures de l'histoire grecque et romaine. De la même façon procède l'auteur (ou le compilateur) de la *Chronique de Grande-Pologne*, du début du XIVe siècle, où la problématique de l'histoire des peuples slaves en général trouva pour la première fois une large place. Ces trois chroniques, larges entreprises littéraires, respectent l'ordre chronologique dans le récit, mais en appliquant la convention des « gestes » elles ne mentionnent pas de dates. Ecrites pour glorifier les princes actuels, elles donnent parfois plus de place aux événements éloignés dans le passé qu'aux événements récents. La gloire du prince semble être construite tout d'abord par la valorisation de son enracinement dans le passé, ainsi que par la construction de la mythologie des origines de la communauté ethnique et politique.

Au cours de la période médiévale, du XIe au XVe siècle, la tâche d'enregistrer les événements et de les situer dans la chronologie générale de l'histoire universelle, fut l'œuvre de la production annalistique, particulièrement abondante en Pologne. La chronique de Janko de Czarnków, archidiacre de Gniezno (et sous-chancelier de la couronne entre 1368 et 1372), écrite dans les années 1376-1387, réunit le style rhétorique de la chronique et la précision annalistique. L'œuvre est bien écrite, originale par sa conception du récit et par le parti pris délibéré de son auteur; on y voit apparaître certains traits du pamphlet politique. Dans la plus ambitieuse entreprise de l'historiographie médiévale polonaise, *Annales seu cronicae incliti regni Poloniae*, du chanoine cracovien Jan Długosz (1415-1480), la structure pragmatique de la narration s'appuie sur l'ordonnance annalistique. Długosz présente en douze livres l'histoire de Pologne depuis les temps fabuleux jusqu'aux dernières années de sa vie, en utilisant largement les archives de la cour royale, les documents ecclésiastiques, la production historiographique polonaise et étrangère, ainsi que des informations dues à l'autopsie. Il pensait le passé et l'actuel en homme d'Eglise, il se prononçait pour un pouvoir politique fort, mais soumis à l'autorité spirituelle de l'Eglise. L'attitude à l'égard de l'Eglise est aussi le critère principal dans le jugement qu'il porte sur des personnes et des actions. Bien que les auteurs suivants aient puisé largement dans l'œuvre de Długosz, elle n'apparut sur le marché du livre imprimé qu'au début du XVIIIe siècle ; elle fut publiée en entier pour la première fois à Leipzig en 1711. D'après les uns, on hésitait à révéler les secrets du royaume ; d'après les autres on ne voulait pas rendre publics certains faits que la famille royale et les magnats voulaient plutôt effacer de la mémoire. Une synthèse de l'histoire polonaise due à Marcin Kromer, écrite à la demande du roi Sigismond Auguste et publiée en 1555, obtint un grand succès auprès du public. Elle fut ensuite plusieurs fois imprimée et très lue aussi bien en Pologne que dans d'autres pays d'Europe. La création d'un office d'historiographe à la cour royale, ainsi que les besoins d'un tableau de l'histoire nationale, actualisés sans cesse pour tenir compte des conflits politiques et confessionnels, contribuèrent à la naissance, au cours des XVIe et du XVIIe siècle, de plusieurs esquisses d'histoire de Pologne, de qualité inégale. C'est alors que s'ébauchent les premières réflexions sur les problèmes méthodologiques de l'historiographie : un éminent helléniste, Stanislaw Iłowski, y consacra une dissertation, *De historica facultate* (Bâle, 1557).

Mais ce n'est qu'avec l'*Histoire de la nation polonaise* de Adam Stanisław Naruszewicz, écrite à la demande du roi Stanislas Auguste Poniatowski, et publiée dans les années 1780-1786, qu'apparaît ce que l'on peut considérer comme la première entreprise historiographique moderne ; elle s'arrête en 1388. L'auteur — jésuite, évêque, poète et traducteur de talent — sut rassembler une énorme collection de copies de documents (les historiens continuent aujourd'hui encore à utiliser ces « dossiers de Naruszewicz ») et procéder à une analyse critique des sources. L'objet principal de son observation était l'histoire de l'Etat, et la force du pouvoir royal le critère de prospérité de la nation. Dans la pensée de cet homme d'Eglise il n'y a plus de trace d'aucun providentialisme. Epris des idées des Lumières et sceptique à l'égard des miracles, le savant évêque n'avait pas de goût pour l'histoire « philosophante » : l'historiographie était tout d'abord une érudition et ensuite une littérature. Ses continuateurs, influencés par les maîtres anglais (Hume, Gibbon, Robertson), cherchèrent à élargir le champ d'observation de l'histoire « interne » de la nation ; ils étudiaient et racontaient les périodes plus récentes de l'histoire polonaise, examinaient les qualités et les défauts des Polonais. Le partage récent de la Pologne, la perte de l'indépendance pesaient sur la façon de considérer le passé, et la nouvelle sensibilité romantique en imprégnait la vision générale et dictait des préférences : plutôt la nation que l'Etat, plutôt le peuple que la noblesse. Lelewel et son « école » démocratique étaient à l'horizon.

Joachim Lelewel (1786-1861), professeur d'histoire aux universités de Wilno et de Varsovie, après l'échec de l'insurrection de 1830, obligé d'émigrer en France et ensuite en Belgique, laissa une œuvre énorme embrassant tous les domaines de l'histoire nationale (ses *Œuvres complètes* publiées en 1854-1868 comptaient vingt volumes). Démocrate convaincu, il s'opposait dans son travail d'historien à la conception monarchique de l'histoire, tout en restant critique à l'égard de la « république des nobles ». A la noblesse, dont il expliquait la prépondérance par une théorie de la violence et de la conquête, il opposait le peuple porteur de la liberté slave et de l'esprit communautaire. Ses travaux sur la géographie et la numismatique du Moyen Age sont encore utilisés par les spécialistes, tandis que la plupart de ses écrits sur l'histoire polonaise, à cause d'un style et d'un vocabulaire à la fois personnels et datés, sont devenus peu accessibles au lecteur d'aujourd'hui; ils présentent pourtant une conception historiographique puissante, organisée autour de l'idée de la démocratie, une vision de l'histoire de l'historiographie originale, ainsi qu'une théorie de l'histoire universelle dans laquelle est exposée toute la problématique de la sociologie avant la lettre. Sa théorie de l'Histoire soumise aux lois de la raison, traitant le temps et l'espace comme des concepts socioculturels, privilégiant le social dans le devenir historique reste un programme d'une étonnante modernité. Les idées historiques de Lelewel, joignant le legs des Lumières à l'esprit romantique, marquèrent aussi bien l'évolution de l'historiographie que la conscience historique polonaise.

Vers 1840, la publication des sources historiques et l'inventaire des fonds manuscrits s'accélèrent, en même temps que s'élaborent les principes de la critique des sources, les règles d'édition des sources, les techniques des sciences auxiliaires d'histoire. Dans les universités allemandes les historiens polonais entrent en contact avec le programme de la « science historique critique » prenant exemple sur les sciences empiriques. La conception positiviste de la science pousse à moderniser le discours historique. Ce sont les chaires et séminaires d'histoire créés dans les universités polonaises sous l'occupation qui jouent le rôle de promoteurs de ce mouvement : à Varsovie privée d'université depuis 1830, on créa en 1862 une Ecole centrale, avec un enseignement d'histoire (déjà en 1869 elle fut remplacée par une université russe), à l'Université de Cracovie on créa la chaire d'histoire de Pologne en 1869. Une chaire d'histoire fut créée à Lwów en 1882. Les chaires d'histoire du droit jouaient un rôle de première importance. On peut mentionner comme fait significatif la création, en 1897, d'une chaire d'histoire des sciences à l'Université de Cracovie. Dans des villes sans université les recherches historiques étaient menées par des sociétés scientifiques locales, sous les auspices des bibliothèques, des archives, des revues littéraires. La Société scientifique de Cracovie se transforma en 1872 en Académie des Sciences qui développa des activités dépassant les frontières de la zone autrichienne; Józef Szujski (1855-1883), titulaire de la chaire d'histoire de Pologne, fut secrétaire de l'Académie, et l'histoire se trouvait parmi les premières préoccupations. Sous ses auspices on publia des grandes éditions de sources, on organisa des dépouillements systématiques des archives étrangères (en 1885 fut lancée l'expédition de Rome; en 1892 on créa l'antenne de Paris) et en 1880, pour commémorer le 400e anniversaire de la mort de Długosz, eut lieu, à Cracovie, un congrès des historiens polonais de toutes les zones d'occupation qui, par la suite, est devenu une institution majeure de la vie scientifique polonaise (d'abord tous les dix ans, ensuite tous les cinq ans). A côté des publications périodiques des sociétés scientifiques et des revues littéraires publiant des études historiques, on fonda, en 1886, à Lwów, la première revue polonaise d'histoire, *Kwartalnik Historyczny*.

Le rôle des centres universitaires de Cracovie et de Lwów fut important dans le mouvement scientifique de la seconde moitié du XIXe siècle. Ce fait était lié aux conditions spécifiques de la domination autrichienne. A Lwów (de même qu'à Poznań, dans la zone prussienne) les conceptions de Lelewel prédominèrent pendant très longtemps. Sous l'influence des séminaires historiques allemands, un centre d'érudition se développa autour de la Fondation nationale Ossoliński de Lwów où sont édités des documents historiques (par August Bielowski, 1806-1876, et Wojciech Kętrzyński, 1838-1918), ainsi qu'autour de l'université où enseignait Xawery Liske (1838-1891), disciple de Ranke, Droysen et Jaffé, et maître à son tour de toute une pléiade d'historiens du Moyen Age et de l'époque moderne. C'est au séminaire de Liske que s'attache Stanisław Smolka (1854-1924), continuant ses études à Göttingen avec Georg Waitz, l'auteur de grands travaux sur le Moyen Age et la première moitié du XIXe siècle, ainsi que Stanisław Lucas (1855-1882), historien de la culture et de la diplomatie de l'époque moderne. On utilise encore aujourd'hui ses 44 volumes d'édition de documents des archives de Paris et de Chantilly concernant le XVIIe siècle. Le milieu des historiens de Cracovie était lié sur le plan politique au camp conservateur, dont toute la philosophie politique se fondait sur une vision réaliste, « sans illusions », du passé national. Déclarant que l'histoire en tant qu'étude objective du passé doit doter la nation d'un esprit politique, les historiens de Cracovie affirmaient la nécessité de la vérité historique et de la méthode critique. Leur maître à penser fut Ranke, et leur attachement à détruire les mythes nationaux s'affirmait comme une recherche de l'objectivité historique ne découlant pas d'un parti pris politique. Après la première synthèse de l'histoire de Pologne jusqu'aux partages, publiée en 1862-1866 par Józef Szujski, c'est le chef de file de l'Ecole de Cracovie, l'historien du droit et des institutions Michał Bobrzyński (1849-1935) qui présenta en 1879 une *Histoire de Pologne en esquisse*. Les deux historiens de Cracovie entreprirent de détruire le modèle insurrectionnel de l'action nationale prôné par l'école de Lelewel et d'anéantir le « mythe » de la liberté comme une valeur particulière de l'histoire de Pologne. Bobrzyński voyait dans la vision apologétique du passé une tendance dangereuse à renforcer les traits anarchiques du caractère national polonais. Dans son tableau de l'histoire polonaise, il privilégiait l'histoire de l'Etat et quand, dans la quatrième édition de son œuvre (1927-1931), il y introduisit l'époque après les partages, le XIXe et les débuts du XXe siècle, quand la Pologne était privée d'Etat indépendant, il s'attacha à démontrer que ce n'était pas la lutte armée mais le « travail organique » qui contribua en fait à reconquérir l'indépendance nationale.

Dans la dernière décennie du XIXe siècle, l'éclat de la « nouvelle école » des historiens de Cracovie appartenait déjà au passé, et les idées des historiens de Varsovie passaient au premier plan. Szymon Askenazy (1866-1935), après des études de droit à Varsovie et d'histoire à Göttingen (avec Max Lehmann), professeur à l'Université de Lwów, prolongeant cette façon de voir le passé, présenta dans une série de brillantes et solides études le sens et la force de la lutte nationale pour l'indépendance. Il s'opposa au pessimisme des historiens de Cracovie et fut accusé lui-même de pratiquer l'hagiographie nationale. L'œuvre de modernisation de la recherche historique qui fut l'apport durable de l'Ecole de Cracovie mis à part son parti pris politique, commandait tout de même les tendances principales du développement de l'historiographie polonaise. L'expansion de l'intuitionnisme néo-romantique dans l'interprétation historique ainsi que du messianisme national reste sans grand succès.

Après le retour à l'indépendance nationale, l'historiographie polonaise vit un élargissement important de ses structures d'organisation. A côté des universités de Cracovie et de Lwów on créa des universités à Varsovie, Wilno, Poznań et Lublin. Les sociétés scientifiques se renforcèrent, avec l'Académie des Sciences à Cracovie et la Société scientifique de Varsovie en tête, la Société polonaise d'Histoire réunit la profession historique. Le nombre d'historiens professionnels augmenta considérablement, et avec lui celui de revues d'histoire. Les contacts traditionnels avec la science historique autrichienne et allemande passèrent au second plan derrière ceux avec les universités françaises. Les historiens polonais sont présents dans toutes les directions des recherches et tous les débats méthodologiques qui marquent l'historiographie européenne des années 20 et 30. Particulièrement marquante fut la part de la sociologie historique, représentée à Varsovie par Stefan Czarnowski (1879-1937), un durkheimien, élève de Mauss et Hubert. On lui doit des essais pionniers sur l'histoire socioculturelle de l'Occident, sur le phénomène d'acculturation, sur le sentiment de l'espace, sur la marginalité sociale.

L'influence du marxisme apparaissait aussi, mais en marge de la science académique. Après 1945, dans une conjoncture politique nouvelle, le marxisme put acquérir une influence grandissante. A vrai dire, il ne s'agissait plus d'une inspiration méthodologique parmi d'autres, mais d'une doctrine idéologique imposée. En Pologne ce processus fut cependant plus lent et moins gros de conséquences que dans d'autres pays de l'Europe de l'Est. La marginalisation institutionnelle des historiens « bourgeois » n'eut qu'un caractère limité. La première conférence méthodologique des historiens polonais — nommée ainsi bien qu'aucune autre du même type n'ait été organisée depuis — réunie en 1952, avec la participation d'une délégation d'historiens soviétiques, devait établir le canon de l'exégèse marxiste de l'histoire nationale, les critères de classement des hommes et des événements du passé en « progressistes » et « réactionnaires ». Dans les revues historiques apparurent des articles sur l'apport de Staline ou de Bolesław Bierut à la science historique ainsi que des réfutations impitoyables des idées de l'historiographie « bourgeoise » (par exemple, on reproduisit un article de la presse communiste française sur le révisionnisme de l'école des *Annales*). Il s'agissait moins, en fait, de la pensée méthodologique marxiste, que d'un exposé d'histoire dans lequel l'alliance avec l'URSS et le pouvoir du Parti communiste trouverait une pleine justification. Après 1956, les exigences doctrinales à l'égard de l'histoire s'estompèrent, mais les rigueurs de la censure politique subsistèrent, excluant certains sujets (surtout de l'histoire contemporaine) ou certains auteurs, et s'efforçant d'accommoder le tableau d'histoire nationale à la conjoncture politique. La libération des publications scientifiques de la censure en 1981 ne fut que passagère. Malgré ces entraves, la science historique s'est largement développée, en contact étroit avec les principaux courants de l'historiographie mondiale.

L'augmentation du nombre des universités, la création des instituts de recherches dans la structure de l'Académie polonaise des Sciences, l'activité de la Société polonaise d'Histoire, l'existence de quelques dizaines de revues d'histoire élargirent les cadres du travail historique. Sans essayer de dresser ici l'inventaire des auteurs et des travaux, indiquons seulement quelques tendances actuelles qui illustrent d'abord la véritable continuité de la recherche historique polonaise. Exemplaire à cet égard fut l'enseignement de Marceli Handelsman (1882-1945), qui forma à Varsovie aussi bien une remarquable équipe de médiévistes cherchant des inspirations supplémentaires chez L. Halphen, H. Pirenne, A. Dopsch ou E. Heckscher (tels S. Arnold, T. Manteuffel, W. Moszczeńska, M. H. Serejski, M. Małowist, A. Gieysztor) que des spécialistes d'histoire moderne en contact privilégié avec les historiens français (L. Widerszal, M. Żywczyński, S. Kieniewicz). Cette continuité marque encore plus les rapports entre l'historiographie et la vie publique : l'opinion polonaise reste toujours sensible au débat centenaire entre la vision pessimiste et optimiste de l'histoire polonaise ainsi qu'au problème complexe de l'indépendance nationale. On retrouve la même continuité dans la problématique des recherches où, malgré le changement du paradigme ou de l'appareil conceptuel, la prédilection pour tels thèmes ou telles façons de comprendre semble rattacher l'historiographie actuelle au travail du siècle précédent, et parfois plus loin encore.

Les origines de la société polonaise ont intéressé les historiens polonais à toutes les époques. La pénurie de sources éclairant les premiers siècles du Moyen Age contribua à développer les méthodes d'analyse et l'esprit d'invention heuristique. La tradition de ces recherches (Tadeusz Wojciechowski à Lwów, Stanisław Kętrzyński à Varsovie, Aleksander Semkowicz à Cracovie) se retrouve chez les médiévistes contemporains, enrichie d'une nouvelle perspective synthétique et appuyée sur un large essor de l'archéologie médiévale. Le maître ouvrage de Henryk Łowmiański sur les origines de la Pologne, les études de Gerard Labuda et Aleksander Gieysztor ainsi que le travail des équipes groupées autour de ces savants ont jeté une lumière nouvelle sur les premiers siècles de la Pologne médiévale. De même les recherches sur le régime social menées à Cracovie par Franciszek Piekosiński (1844-1906), et Smolka, continuées par Roman Grodecki (1889-1964) et à Poznań par Kazimierz Tymieniecki (1887-1968), furent prolongées par Benedykt Zientara, Antoni Gasiorowski et d'autres. Le haut niveau heuristique de ce domaine d'études et l'utilisation qu'il fait des sources non écrites lui assurent un caractère novateur.

L'histoire des campagnes et du régime agraire à l'époque moderne attirait l'attention des historiens bien avant que l'histoire économique obtînt le droit de cité dans les universités. La question agraire fut le problème clé de la vie polonaise au XIXe siècle, ce qui incitait l'historien à étudier ses origines. Mais l'approche nouvelle et rigoureuse est liée au nom du maître de l'histoire économique polonaise, Jan Rutkowski (1886-1949). Après avoir étudié le régime agraire de la Bretagne au XVIIIe siècle il a entrepris des recherches sur l'histoire rurale de Pologne aux XVIe-XVIIIe siècles, en prenant la distribution du revenu national comme le principal problème de la vie économique. On lui doit aussi la première esquisse d'histoire économique de Pologne (1923 ; trad. franç., 1927 ; nouv. éd., 1947-1950) qui dans sa dernière édition fut amenée jusqu'à 1918. La pensée de Rutkowski, organisée autour de la recherche de synthèse dans l'histoire économique — plus encore que les résultats de ses études monographiques — marqua tout le développement de l'historiographie économique en Pologne, en la poussant vers la construction de modèles. Witold Kula, après des recherches sur les conjonctures économiques de l'époque moderne suivant les traces de

François Simiand et Ernest Labrousse, et sur les débuts de l'industrialisation de la Pologne, publia en 1962 une remarquable analyse de l'économie féodale en termes de modèle, un des maître ouvrages de l'historiographie polonaise de l'après-guerre. Son influence sur les recherches en histoire économique et en d'autres pays fut importante. Dans la même direction allèrent les recherches sur l'économie polonaise de l'époque moderne de Jerzy Topolski, Andrzej Wyczański et Antoni Mączak. La méthodologie des modèles influença aussi les études médiévales — le travail de Karol Modzelewski sur l'organisation économique de l'Etat des Piast aux Xe-XIIIe siècles (1975) contient une intéressante proposition de modèle d'économie étatique.

Le développement des études en histoire économique dans la Pologne de l'après-guerre répond aussi bien à une inspiration marxiste authentique qu'à l'immense travail accompli dans ce domaine au cours de la période précédente. Autour de l'historien de Lwów, Franciszek Bujak (1875-1953) s'est formée une importante équipe d'historiens-économistes. Dans la série « Recherches d'histoire sociale et économique » qu'il créa apparurent plus de 40 monographies concernant des domaines aussi divers que l'histoire des prix, du crédit, des catastrophes élémentaires, du paysage géographique, de l'habitat, des contrats commerciaux. La série documentaire rassemblée ainsi ne trouve d'équivalent dans aucun autre pays. Bujak et Rutkowski fondèrent en 1931 une revue reprenant le titre que Lucien Febvre et Marc Bloch donnèrent à leur revue deux ans plus tôt. Le programme de recherches lancé ainsi par les créateurs de l'Ecole polonaise d'histoire économique fut suivi par leurs propres disciples (S. Hoszowski, S. Inglot, H. Madurowicz à Lwów et Cracovie, où enseignait Bujak, W. Rusiński, J. Deresiewicz, J. Topolski à Poznań, où enseignait Rutkowski), ainsi que par d'autres. Les travaux de Marian Małowist à Varsovie sur l'histoire de l'artisanat et du commerce, continués par une pléiade d'élèves (H. Samsonowicz, M. Bogucka, A. Mączak, A. Wyrobisz, D. Molenda et d'autres), posèrent le problème du développement et du sous-développement en Europe, d'une évolution économique européenne dualiste. A Cracovie, autour de Celina Bobińska se développèrent des recherches sur l'histoire de la campagne et des mouvements sociaux aux XVIIIe-XIXe siècles.

L'histoire sociale est largement représentée dans tous les centres universitaires. On entreprit un dépouillement systématique de séries documentaires de masse et des études sur l'histoire des classes sociales : les travaux d'Andrzej Wyczański sur la paysannerie au XVIe siècle, de Tadeusz Łepkowski et Stanisław Kalabiński sur la classe ouvrière aux XIXe-XXe siècles, de Jerzy Jedlicki sur la noblesse à l'époque moderne. Une équipe de recherches sur l'histoire des structures sociales aux XVIIIe-XIXe siècles, autour de Witold Kula et Janina Leskiewicz, sut associer l'application des méthodes quantitatives à l'étude des phénomènes non mesurables.

Au croisement de l'histoire économique, de l'archéologie et de l'ethnographie, l'histoire de la culture matérielle s'affirma en Pologne comme une discipline spécifique. D'abord simple reprise de la nomenclature scientifique soviétique pour promouvoir l'archéologie parmi les sciences historiques et rejeter la notion traditionnelle de la Préhistoire, elle parvint très vite à élaborer une problématique et une méthodologie originales. En continuant le large programme des recherches archéologiques et historiques sur les débuts de l'Etat polonais, lancé dès après la guerre, l'histoire de la culture matérielle (disposant d'un institut, d'une revue et de séries de monographies spécialisées) rassembla les domaines de l'histoire des techniques, de la production agricole et industrielle, de l'alimentation, de l'habitat, de la construction, du vêtement.

Dans le domaine de l'histoire de la culture, l'œuvre scientifique d'Aleksander Brückner (1856-1939) est un chapitre à part. Représentant éminent de l'école positiviste, il a su unir la rigueur de l'analyse à un puissant esprit de synthèse et dans les centaines de livres et d'articles traita toutes les époques de l'histoire de la littérature et de la culture polonaises. L'histoire de la culture attire l'attention des historiens (Henryk Barycz et Janusz Tazbir sur le XVIe et le XVIIe siècle, Emanuel Rostworowski et Jerzy Michalski sur le XVIIIe siècle) mais dans ce domaine renaît facilement le plan traditionnel de l'histoire descriptive et résolument idiographique. Les nouvelles tendances apparaissent ici au croisement des différentes sciences humaines. Pour aborder le Moyen Age, l'historien Karol Potkański (1861-1907) se tournait vers l'ethnographie, et le folkloriste Jan Karłowicz (1836-1903) analysait les légendes médiévales ; de même, dans les recherches actuelles, le courant le plus prometteur s'avère être la rencontre entre l'histoire et l'ethnologie. Les études d'Aleksander Gieysztor sur la religion et la mythologie des Slaves démontrent que l'application de la problématique du structuralisme et l'élargissement de la documentation historique vers les matériaux archéologiques et linguistiques permettent d'appréhender la culture médiévale dans ses structures les plus profondes. C'est ainsi que sont abordés les problèmes de mentalité et de sensibilité, de modèles sociaux de la culture, de la culture populaire. En ce qui concerne l'époque moderne on peut citer le livre de Czesław Hernas sur la culture populaire du XVIIe et du XVIIIe siècle, ou les travaux de Tazbir sur la conscience géographique aux XVIe-XVIIe siècles. Dans la même direction vont les travaux sur l'histoire de l'Eglise qui embrassèrent, à côté des problèmes de l'histoire des institutions, du magistère et de l'encadrement de l'Eglise, ceux de la sociologie religieuse et de la religiosité populaire, tels les travaux menés par Jerzy Kłoczowski et ses collaborateurs, ou ceux de Andrzej Zahorski, Stefan Treugutt sur la « légende napoléonienne », ou de Stefan Kieniewicz, Tadeusz Łepkowski, Józef Chlebowczyk sur la conscience nationale moderne. Les travaux des historiens croisent ceux des historiens de la littérature (sur le XIXe siècle : Maria Janion, Zofia Stefanowska) ou ceux d'historiens de la philosophie (les recherches sur la philosophie du Moyen Age, menées par Stefan Swieżawski). La problématique historique influence aussi de plus en plus les philosophes et les sociologues. Sous l'inspiration de Czarnowski et en continuant sa sociologie historique, Nina Assorodobraj publia en 1946 un livre précurseur sur la population flottante en Pologne à la fin du XVIIIe siècle (cette problématique fut aussi reprise par les historiens : J. Gierowski, S. Grodziski, M. Frančic). Aux philosophes et sociologues de Varsovie on doit une série d'admirables travaux sur l'histoire des idées : Leszek Kołakowski sur la conscience religieuse des hétérodoxes du XVIIe siècle, Zbigniew Ogonowski et Lech Szczucki sur le « socinianisme » polonais, Bronisław Baczko sur la pensée de Rousseau, Krzysztof Pomian sur le discours historique au XVIIe siècle, Jerzy Szacki et Andrzej Walicki sur la pensée conservatrice française et russe.

En ce qui concerne l'histoire politique, le renouvellement de la problématique et des méthodes reste limité. Les recherches sur l'histoire des institutions et du droit, florissantes au siècle précédent à Cracovie et à Lwów, restent très actives. Les travaux de Juliusz Bardach sur la Pologne médiévale et la Lithuanie entre le Moyen Age et l'époque moderne montrent tout ce que ce domaine a gagné en se mettant à l'écoute de la sociologie et de l'ethnologie juridiques. L'histoire politique, au sens propre de ce terme, est présente depuis la fin de la guerre dans tous les centres de recherches (Władysław Czapliński, Zbigniew Wójcik, Adam Kersten, Emanuel Rostworowski, Józef Gierowski, pour l'époque moderne; Stefan Kieniewicz ou Henryk Wereszycki pour le XIXe siècle). Mais c'est surtout le XXe siècle qui attire le plus grand nombre d'historiens, et il serait impossible d'énumérer ici même les plus actifs. Les controverses à propos des hommes et des événements depuis 1918 ne se sont pas éteintes et font partie de la vie politique actuelle. Le problème principal dans ce domaine reste l'exigence première du métier d'historien : l'établissement de la vérité et la narration des événements. Des centaines de thèses, de monographies, mais aussi de publications de documents concernent cette époque. L'intérêt que les lecteurs portent à l'histoire contemporaine soutient ce type traditionnel des recherches, tandis que les travaux sur les mentalités et les structures politiques suscitent moins de curiosité. L'histoire politique accepte difficilement les éclairages de la sociologie et de l'économie, car elle semble angoissée par le spectre du déterminisme. L'histoire politique, écrivit Władysław Konopczyński (1880-1952), un disciple d'Askenazy à Cracovie, « semble répondre à tous les possibles et à l'appel de liberté... L'histoire ne prend de sens que comme histoire des responsabilités humaines ». Cette attitude recèle un certain conservatisme méthodologique, mais elle répond bien aux expériences et aux aspirations de la Pologne.

L'historiographie polonaise cherchait toujours un cadre comparatiste. Ce fut le cas autrefois de Lelewel, l'auteur d'un remarquable parallèle entre l'histoire de la Pologne et l'histoire de l'Espagne. C'est le cas des œuvres les plus marquantes de la production historique actuelle : des médiévistes, Łowmiański, Gieysztor et Labuda, des historiens économistes, Kula, Małowist et Topolski, des historiens des institutions, Bardach et Baszkiewicz, des modernistes, Tazbir, Rostworowski et Kieniewicz. Non négligeables sont aussi les recherches polonaises sur l'histoire universelle et sur l'histoire d'autres pays. En premier lieu cela concerne des recherches sur l'histoire de l'Europe, en particulier de la France, de l'Allemagne, de l'Italie, de l'Angleterre et de la Russie, mais dans les deux dernières décennies aussi l'histoire d'autres continents — surtout de l'Amérique latine et de l'Afrique. Ces recherches portent sur les universalismes médiévaux, la naissance et le développement des nations modernes, la marginalité sociale, le système métrique, le sous-développement, les systèmes totalitaires. Le programme méthodologique d'analyse des processus sociaux dans le contexte de l'histoire totalisante, de l'entrecroisement de l'économique, du social, du culturel, de l'enchaînement de l'interprétation économique et sociologique démontrait son originalité par l'application non seulement à l'histoire de la Pologne, mais aussi à une échelle plus générale.

L'historiographie polonaise telle qu'elle apparaît à l'heure présente a ses faiblesses : elle n'a pas su mettre à profit l'apport de la psychologie et de la psychanalyse; la problématique de l'ethno-histoire s'installe lentement.

Dans l'historiographie du XXe siècle elle reste cependant par sa volonté d'approche totalisante, au croisement des inspirations positivistes, marxistes et structuralistes, un des meilleurs exemples de mise à jour débouchant sur la nouvelle histoire.

● BIBLIOGRAPHIE. — L'outil bibliographique le plus commode c'est : H. MADUROWICZ-URBAŃSKA, *Bibliografia historii Polski (Bibliographie de l'histoire de Pologne)*, Warszawa, 1965-1967. Pour la mise à jour voir la revue *Acta Poloniae Historica*, paraissant en français, anglais et allemand à Varsovie depuis 1958. Sur l'histoire de l'historiographie polonaise il faut mentionner : J. ADAMUS, *Monarchizm i republikanizm w syntezie dziejów Polski (Le monarchisme et le républicanisme dans la synthèse de l'histoire de la Pologne)*, Łódź, 1961; ID., *O kierunkach polskiej myśli historycznej (Sur les tendances de la pensée historique polonaise)*, Łódź, 1964; N. ASSORODOBRAJ, *Wstęp do : J. Lelewel, Pisma metodologiczne (Introduction à : J. Lelewel, Œuvres méthodologiques)*, Warszawa, 1964; H. BARYCZ, *Szlakami dziejopisarstwa staropolskiego (Sur les routes de l'historiographie de l'ancienne Pologne)*, Wrocław, 1981; C. BOBIŃSKA, éd., *Spór o szkołę historyczną krakowską (Le débat sur l'école historique de Cracovie)*, Kraków, 1972; B. DEMBIŃSKI, O. HALECKI, M. HANDELSMAN, *L'historiographie polonaise aux XIXe et XXe siècles*, Varsovie, 1933; J. DUTKIEWICZ, *Szymon Askenazy i jego szkoła (S. Askenazy et son école)*, Warszawa, 1958; A. F. GRABSKI, *Myśl historyczna polskiego Oświecenia (La pensée historique des Lumières en Pologne)*, Warszawa, 1976; J. MATERNICKI, *Warszawskie środowisko historycne 1832-1869 (Les historiens de Varsovie entre 1832 et 1869)*, Warszawa, 1970; R. PRZELASKOWSKI, éd., *Historiografia polska w dobie pozytywizmu (L'historiographie polonaise à l'époque du positivisme)*, Warszawa, 1968; M. H. SEREJSKI, *Koncepcja historii powszechnej Joachima Lelewela (La notion de l'histoire universelle selon J. Lelewel)*, Warszawa, 1958; M. H. SEREJSKI, *Naród a państwo w polskiej myśli historycznej (L'Etat et la nation dans la pensée historique polonaise)*, Warszawa, 1973; M. H. SEREJSKI, éd., *Historycy o historii (Les historiens sur l'histoire)*, I-II, Warszawa, 1963-1966; W. SMOLEŃSKI, *Szkoły historyczne w Polsce (Les écoles historiques en Pologne)*, Wrocław, 1952; K. TYMIENIECKI, *Zarys dziejów historiografii polskiej (Esquisse d'histoire de l'historiographie polonaise)*, Kraków, 1948; A. VETULANI, *Dzieje historii prawa w Polsce (L'histoire de droit en Pologne)*, Kraków, 1948; M. WIERZBICKA, *Dawne syntezy dziejów Polski (Anciennes synthèses de l'histoire de la Pologne)*, Wrocław, 1974; A. WIERZBICKI, *Naród-państwo w polskiej myśli historycznej (Nation-Etat dans la pensée historique polonaise)*, Wrocław, 1978.

B. GEREMEK.

Population

C'est au XVIIe siècle qu'on a commencé à penser population à l'échelle mondiale. On croyait alors que la Terre portait un milliard d'hommes (selon Riccioli, mais seulement 500 millions selon Vossius, 612 à 626 millions selon King), alors que l'effectif réel en 1700, d'après J.-N. Biraben, était de 680 millions environ.

La plupart des philosophes du XVIIIe siècle ont soutenu la thèse de la dépopulation du globe. Or, la croissance était déjà très forte (770 millions en 1750, 954 en 1800) et n'a fait que s'accélérer (1 241 en 1850; 1 634 en 1900; 2 530 en 1950). Avec l' « explosion démographique » du second XXe siècle, on attend 6 milliards en l'an 2000.

Du coup, certains historiens en sont venus à l'idée d'une croissance continue, en progression géométrique, depuis l'origine, avec seulement quelques à-coups régionaux; mais l'hypothèse la plus généralement admise est celle de poussées successives séparées par des paliers ou même des régressions.

Cent mille ans avant Jésus-Christ, l'espèce humaine, originaire des hauts plateaux d'Afrique orientale, s'était déjà répandue au Moyen-Orient, Europe méridionale, Inde, Chine orientale et Indonésie. Pourtant, comme son activité (chasse, cueillette) exigeait des espaces énormes, ses effectifs ne dépassaient probablement pas 500 000.

Tout change avec l'apparition d'*homo sapiens* il y a 40 000 ou 50 000 ans, sans doute au Moyen-Orient. Beaucoup mieux doué que ses prédécesseurs, capable de s'adapter à presque toutes les situations, il a pu s'établir loin de son milieu écologique naturel et même s'aventurer dans le Grand Nord. Un petit groupe a même réussi à pénétrer en Amérique lors de la dernière glaciation, qui avait fait baisser le niveau des mers et fermé ainsi le détroit de Bering; se faufilant le long de la côte du Pacifique avant que le glacier descendu des Rocheuses n'ait verrouillé le passage, il s'est installé en Californie et a essaimé vers le sud. Cette aventure est typique : le peuplement des continents, en effet, ne s'est pas opéré par déversement de populations excédentaires, mais selon un processus « épidémique » : quelques familles s'aventurent dans un espace vide et se multiplient sur place. Isolées du reste du monde, porteuses d'un patrimoine génétique réduit, peu socialisées, elles constituent alors la souche de races, de groupes linguistiques et de cultures spécifiques. Le peuplement du monde s'est donc opéré dans la diversité et même la divergence.

Vers le XXXVe millénaire avant Jésus-Christ, avec l'éclosion des cultures du Paléolithique supérieur, la population mondiale a peut-être atteint 5 millions. Cette première poussée a d'ailleurs été suivie d'un palier de 25 000 ans, où l'effectif n'aurait jamais dépassé 8 millions, ce qui dans l'état des techniques de l'époque devait provoquer pourtant un sentiment de surpeuplement.

De cette longue crise, l'humanité n'est sortie que par la « révolution néolithique », qui a rendu possible une expansion inouïe : le cap des 10 millions aurait été franchi au début du VIe millénaire, celui des 50 millions au début du Ve, celui des 100 millions vers l'an 1200 av. J.-C. Ensuite, la population aurait plafonné à 250 millions environ pendant les deux premiers siècles de l'ère chrétienne, avant de subir une nouvelle récession.

C'est alors que se mettent en place les grandes civilisations, celles du blé, du riz et du maïs. A l'époque de Jésus-Christ, les trois quarts des hommes sont concentrés dans les grands foyers de peuplement : Chine, Bassin méditerranéen et péninsule Indienne. Or, ce sont justement ces foyers qui souffrent le plus de la récession du Ier millénaire : vers l'an 1000, leur part relative dans le peuplement du monde n'est plus que de 50 %; le foyer occidental apparaît désormais comme plus « européen » que méditerranéen. Au contraire, les continents oubliés pèsent maintenant plus lourd : la terre compte désormais 7 % d'Américains, au lieu de 5 % (on atteindra 9 % la veille de la Conquista); et l'Afrique noire est passée de 5 à 12 % (elle s'élèvera probablement à 18 % à la fin du XVIe siècle). Cette compensation explique que la population mondiale ait retrouvé, à la fin du Ier millénaire, le même niveau qu'au début.

De l'an 1000 à 1340 environ, l'expansion reprend : l'effectif global serait passé de 253 millions à 442 millions. Bien que la population chinoise ait été victime de nouvelles catastrophes (après avoir atteint 124 millions vers 1200, soit 31 % de la population mondiale, elle serait retombée à 70 millions, soit 16 %), la progression des foyers européen et indien a été telle que la part globale des trois grandes concentrations humaines est remontée à 57 %.

En 1500, la situation n'a guère varié : 461 millions d'hommes, dont 53 % dans les deux grands foyers de peuplement. A partir de cette date, elle commence à évoluer brusquement du fait des effets directs et indirects de l'expansion européenne : destruction des structures politiques et sociales de l'Amérique, dissémination des germes pathogènes. La croissance de la population mondiale, qui avait été de 23 % au XVe siècle, monte d'abord à 25 % au XVIe, puis descend à 18 % au XVIIe; une fois la crise surmontée, elle atteindra 40 % au XVIIIe, en attendant les 71 % du XIXe... et les probables 270 % du XXe siècle !

Dans cette gigantesque mutation, inaugurée par les grandes découvertes, il faut distinguer trois phases : dans un premier temps, l'effondrement des peuplements périphériques (Afrique, Amérique) renforce la prépondérance des trois grands foyers traditionnels : 53 % en 1500; 60 % en 1600; 62 % en 1700; 64 % en 1750; 69 % en 1800. Cette concentration est essentiellement due à la croissance de la population chinoise (84 millions en 1500, 110 en 1600, 150 en 1700, 330 en 1800), qui compense, et au-delà, le recul relatif de la population indienne au XVIIIe siècle (26 % du total mondial en 1700, 19 % en 1800). Au début du XIXe siècle, plus d'un homme sur trois est chinois.

Le second temps est caractérisé par l'expansion de la population européenne : expansion démographique liée à la baisse générale de la mortalité; expansion territoriale en Asie, en Amérique et en Australie : l'Europe proprement dite (sans les territoires actuels de l'URSS) passe en un siècle de 146 à 295 millions (soit 18 % au lieu de 15 %); mais l'ensemble des populations d'origine européenne qui constituait vers 1700 environ 18 % du total mondial et 21 % vers 1800, en représente le tiers à la fin du XIXe siècle.

La troisième étape, dont nous sommes aujourd'hui les témoins, marque un renversement complet de la situation : en 1980, les trois grands foyers traditionnels ne concentrent plus que 48 % du total. Désormais les champions de la croissance sont le Sud-Ouest asiatique, le Moyen-Orient, l'Afrique noire et l'Amérique latine.

Le recul des populations européennes est particulièrement spectaculaire : l'Europe proprement dite, sans l'URSS, ne représente même plus 10 % du total mondial; l'ensemble des populations d'origine européenne 27 %; on pense que cette part ne sera plus que de 22 % environ à la fin du siècle.

Le contraste est encore plus spectaculaire si l'on oppose pays développés (y compris le Japon) et Tiers Monde (y compris l'Amérique latine). La part des premiers qui était de 36 % en 1940 tombe à 34 % en 1950, 32 % en 1960, 30 % en 1970, 26,5 % en 1980. On attend 21 % à la fin du siècle.

Ce redéploiement de la population mondiale a déjà eu des conséquences sociales et politiques considérables; il en aura davantage encore dans les années à venir. Il s'explique par deux phénomènes : la baisse de la fécondité dans les pays industriels — baisse d'une ampleur telle que le remplacement des générations n'est même plus assuré en Europe occidentale ni en Amérique du Nord; et la chute ultra-rapide de la mortalité dans le Tiers Monde, du fait de l'introduction des techniques médicales mises au point en Occident. Compte tenu de l'inertie des phénomènes démographiques, la croissance de la population mondiale doit se poursuivre pendant un demi-siècle au moins. Le problème est de savoir quand et comment elle s'arrêtera.

● BIBLIOGRAPHIE. — Dr Jean-Noël BIRABEN, Essai sur l'évolution du nombre des hommes, *Population*, 34-1, janv.-févr. 1979, p. 13-25; Carlo M. CIPOLLA, *The Economic History of World, Population*, Harmondsworth, Penguin Books, 1962, traduit en français sous le titre *Histoire économique de la population mondiale*, Paris, Gallimard, 1965; Colin Mac EVEDY et Richard JONES, *Atlas of World Population History*, Penguin Books, 1978; Marcel REINHARD, André ARMENGAUD et Jacques DUPÂQUIER, *Histoire générale de la population mondiale*, Paris, Montchrestien, 1968.

▶ CORRÉLATS. — Démographie historique, Maladies, Peste.

J. DUPÂQUIER.

Positivisme

L'histoire positiviste ne nourrit guère de rapports avec la doctrine d'Auguste Comte bien que sa dénomination reflète l'importance que ses tenants accordaient au terme de science positive. Car l'ambition scientifique est le premier trait distinctif d'une école historique qui règne sur les premières générations d'historiens de métier à la fin du XIXe et au début du XXe siècle.

A partir d'une conception des sciences expérimentales déjà périmée vers 1870, l'histoire positiviste considère comme scientifique une démarche inductive fondée sur un empirisme absolu. Dans le cas de l'histoire le fait historique remplace les expériences. Comme les faits parlent d'eux-mêmes, leur reconstitution suffit; malheureusement pour l'historien positiviste l'observation directe des faits est impossible ce qui s'oppose à la « reconstitution de ce qui s'est réellement passé » (Ranke).

Cependant l'objectivité scientifique demeure possible puisque l'historien possède des techniques pour retrouver la trace des faits. A l'aide des méthodes de critique textuelle élaborées par les mauristes ou l'érudition allemande, l'historien positiviste critique les documents dont le témoignage permet la redécouverte des faits historiques.

La critique positiviste repose d'abord sur l'utilisation de sciences auxiliaires (sigillographie, paléographie, diplomatique) qui établissent l'authenticité des textes et les datent. Puis la critique interne s'appuie sur l'interprétation du document et enfin mesure l'écart entre son témoignage et les faits déjà connus ce qui détermine son degré de véracité. Devenu chimiquement pur, le document « véridique » permet à l'historien positiviste de retrouver immédiatement le fait historique, véritable atome de l'histoire.

Pour parvenir à ses fins, le positivisme utilise les techniques de critique des textes élaborées successivement par Laurent Valla, les mauristes et l'érudition allemande. Mais cette conception de l'histoire illustrée par la *Revue historique* ou *L'introduction aux études historiques* de C.-V. Langlois et Ch. Seignobos finit par privilégier à l'excès les documents écrits qui seuls se prêtent parfaitement à ses techniques. D'autre part le primat du fait singulier engendre le culte de l'événementiel et de l'ordre de faits qui s'y prête le mieux, le politique. Enfin cette histoire s'organisa logiquement sous la forme du récit, suite de faits soigneusement pesés et s'enchaînant les uns les autres.

L'étroitesse de vue du positivisme, la tendance à l'émiettement en objet de plus en plus restreint, la naïveté épistémologique de cette école l'expose aux attaques successives de l'historicisme, de la sociologie durkheimienne et de l'Ecole des Annales au cours du XXe siècle. Ces défauts frappent d'autant plus que les positivistes ne tiennent même pas leur contrat et qu'on démontre facilement leur sujétion aux valeurs des Etats-nations du monde industriel.

Cependant l'exigence scientifique formulée par le positivisme n'est pas totalement stérile ; tout d'abord elle laisse une somme importante de travaux de valeur, d'autre part elle témoigne d'une conviction stimulante qu'écrire de l'histoire ne se résume pas à une simple opération idéologique ou à l'édification des mythes de notre temps.

● BIBLIOGRAPHIE. — Ch.-O. CARBONELL, *Histoire et historiens, une mutation idéologique des historiens français, 1865-1885*, Toulouse, 1976.

▶ CORRÉLATS. — Monod, Ranke, Seignobos.

O. DUMOULIN.

Préhistoire

La Préhistoire est une science jeune ; elle a tout juste un siècle et demi d'existence, mais son histoire est déjà longue car sous cette expression ambiguë, qui désigne à la fois une période et un faisceau de connaissances, se cachent des attitudes mentales successives. En principe, l'objet de la Préhistoire est l'étude de l'homme antérieur aux époques où celui-ci a pu transmettre, par le jeu de l'écriture, une série de messages conscients et compréhensibles nous permettant de reconstituer la succession des faits notables dans l'évolution des sociétés et que nous appelons faits historiques. On peut dire d'une manière plus scolaire que la Préhistoire est l'Histoire de l'humanité avant l'invention de l'écriture. Mais dans un énoncé aussi clair et précis, l'ambiguïté attachée à toute recherche préhistorique apparaît rapidement : si l'écriture, c'est-à-dire un message codifié et transmissible grâce à un support matériel (paroi, bois, papier, métal, etc.), est le *terminus ad quem* de la Préhistoire, celle-ci devrait prendre fin dès le Paléolithique supérieur dont l'art pariétal, comme l'a montré A. Leroi-Gourhan, obéit à un code et transmet indubitablement un message. Mais, peut-on rétorquer, encore faut-il que ce message nous soit compréhensible. Soit ! Dans ce cas, restent dans la pénombre de la Préhistoire les peuples ou les sociétés, encore nombreux, dont nous n'avons pas réussi à lire l'écriture ou à comprendre la langue. On saisit combien peut être dérisoire une telle frontière. Lorsque vers 3200 av. J.-C. les intendants d'Uruk (Sumer) inventèrent un système de signes pictographiques accompagnés d'autres qui figurent les unités et les dizaines, avaient-ils vraiment conduit leurs contemporains au seuil de l'Histoire ?

Si la fixation d'un *terminus ad quem* fait problème, que dire des débuts ? La Préhistoire étant une science de l'homme, elle ne peut, c'est évident, être antérieure à l'apparition de celui-ci, et pourtant l'adjectif préhistorique s'applique d'une manière tout aussi évidente, à tout ce qui est antérieur à l'Histoire et peut couvrir toute la durée des temps géologiques. On voit les conséquences de cette nouvelle ambiguïté lorsque diplodocus et autres dinosaures sont considérés comme contemporains d'hommes préhistoriques. Ainsi ce qui est préhistorique n'est pas nécessairement l'objet de la Préhistoire.

Nous arrivons donc à la conclusion qu'il faut définir l'homme pour fixer le cadre même des recherches préhistoriques. La Préhistoire serait-elle une branche de la philosophie ou bien une annexe de la paléontologie ?

Comment définir l'Homme ou plus précisément comment fixer le moment, dans l'évolution des Primates, où tel fossile mérite ce titre et dire pourquoi. Nul ne peut échapper à cette question cruciale, mais il faut aussi s'interroger sur celui qui est chargé d'y répondre. En un mot, qu'est-ce qu'un préhistorien ? Cette question n'est pas insignifiante car la conception que l'on peut avoir de notre ancêtre préhistorique ne dépend pas seulement de l'état des connaissances et des progrès de la recherche, elle dépend, tout autant, de la formation reçue, de la mentalité ou même de la spécialité du préhistorien.

Certes, les méthodes de recherche, les chantiers de fouille présentent une certaine uniformité du travail archéologique. D'un chantier à l'autre on retrouve les mêmes instruments, les mêmes carroyages, les mêmes systèmes de mensuration et de recueil de données. Cette uniformité instrumentale cache mal cependant des attitudes mentales fort diverses car la Préhistoire n'est pas une.

Il existe des préhistoriens de formation scientifique qui sont des naturalistes, d'autres de formation historique ou ethnologique qui sont des humanistes. Les uns et les autres, même s'ils n'en ont pas toujours conscience, ne peuvent aborder dans le même esprit les questions relatives à l'homme préhistorique. Les premiers seront plus à l'aise dans l'étude du milieu naturel et de l'évolution physique de l'homme, les seconds seront plus attirés par son évolution technique, économique et sociale. A vrai dire, cette dichotomie tend à s'atténuer car la spécialisation de plus en plus poussée de sciences autonomes (sédimentologie, palynologie, typologie instrumentale, technologie, anthropologie physique, archéo-zoologie, etc.), mais qui sont comptées comme des sciences auxiliaires de la recherche préhistorique, rend nécessaire la constitution d'équipes pluridisciplinaires capables d'analyser le maximum de données. Cette multiplicité de recherches qui pulvérisent l'apport archéologique rend redoutable le travail de synthèse qui devrait être assuré par celui qui mériterait vraiment le titre de préhistorien. Ces synthèses sont fort rares.

La Préhistoire couvre une telle durée, s'intéresse à des milieux naturels si variés, étudie des activités humaines si diversifiées et si éloignées dans le temps et dans l'espace qu'elle ne peut maintenir une unité formelle et réglementaire. Il est une préhistoire des origines, pour laquelle les données palethnologiques sont rarissimes ou difficiles à interpréter, une préhistoire uniquement documentée par le squelette minéral des industries et les restes osseux de l'alimentation carnée, cette préhistoire géologique et paléontologique est le domaine des quaternaristes. Il est une autre préhistoire plus récente dans laquelle l'homme, en tant qu'être social, est plus présent. Par son physique et son psychisme, cet homme n'est guère différent de nous. Il nous a laissé une documentation plus abondante qui permet de pénétrer davantage dans son intimité et sa vie sociale. Cette préhistoire est une préhistoire archéologique, une palethnologie qui ambitionne de devenir une paléohistoire.

En quelque cent cinquante ans, la recherche préhistorique a eu des cibles successives. Dans un premier temps il fallut, durant un long et difficile combat, prouver l'existence de l'homme fossile et mettre au jour des « antiquités antédiluviennes ». Une fois cette existence admise, grâce aux travaux de Jouanet, Tournal et Boucher de Perthes entre autres, il fut nécessaire de faire reconnaître que cet ancêtre était différent de l'homme moderne, c'est-à-dire qu'il fallait intégrer l'espèce humaine dans le régime commun de l'évolution. Celle-ci est sensible aussi dans le domaine culturel, comme le prouvent les changements intervenus dans l'équipement, instruments et armes de pierre ou d'os (Paléolithique et Mésolithique) et pour les époques plus récentes (Néolithique et Age des métaux), poteries et objets métalliques.

Il suffit de parcourir les grandes études du XIXe siècle, comme les *Reliquiae aquitaniae* de Lartet et Christy (1875) pour constater que le but de la fouille était de sortir du sol de beaux objets fabriqués et parfois ornés. Ces « pièces » (de collection) étaient recherchées hâtivement à grands coups de pioche à travers les dépôts archéologiques que les millénaires avaient accumulés. En quelques décennies, dans l'enthousiasme d'une science juvénile, furent fouillés et exploités les plus beaux gisements de France et des pays européens voisins.

Ces premiers préhistoriens n'étaient pas encore des fouilleurs. C'étaient, le plus souvent, des notables, des médecins, des aristocrates, des notaires, qui engageaient des terrassiers alors que leurs activités professionnelles ou mondaines les retenaient éloignés des chantiers où les travaux étaient menés rondement, d'autant plus que des gratifications étaient parfois accordées à la suite de découvertes de « belles pièces ». La fouille était donc une recherche d'objets. Il existait certes des exceptions heureuses ; ainsi dès octobre 1868, Ph. Lalande, E. Massénat et M. Arnaud procédaient eux-mêmes à la fouille de la grotte de Pouzet à Terrasson (Dordogne), il semble qu'aucun ouvrier ne participait à ces recherches, du moins les auteurs n'en font aucune mention dans leur compte rendu..., mais il est vrai aussi que les objets archéologiques étaient partagés comme les pièces d'un tableau de chasse : deux tiers entrent dans la collection Lalande, le reste revient à Massénat !

Peu à peu cependant se dessinaient les linéaments d'une chronologie relative, des « styles » dans la taille des instruments en pierre sont reconnus et de grandes phases marquées par la présence ou l'absence de « fossiles directeurs » sont déterminées. A l'intérieur de la longue durée du Paléolithique des divisions apparaissent et se précisent grâce à la méthode stratigraphique empruntée à la Géologie dont la Préhistoire ne se dégage que difficilement. Obéissant à cette nouvelle orientation, la fouille devient résolument stratigraphique ; un gisement stratifié, préférentiellement dans une grotte ou sous un abri profond, doit être lu comme un livre dont les pages sont autant de « couches » ou de « foyers », c'est-à-dire de lits de sédiments d'origine naturelle ou anthropique. Localement la stratigraphie dévoile la succession réelle des occupations du site, mais sur un plan plus étendu elle confirme ou plus rarement infirme (bataille de l'Aurignacien) les premiers classements de cultures préhistoriques effectués d'après la seule morphologie des outils de pierre ou d'os. Stratigraphie, tel fut après la quête du bel objet, le maître mot de la recherche préhistorique.

La chronostratigraphie est arrivée à de telles précisions que les anciennes « couches » sont aujourd'hui disséquées en feuillets de quelques millimètres qui ont enregistré les moindres fluctuations climatiques et mouvements des eaux. L'établissement d'une belle stratigraphie, complexe à souhait, incite le chercheur à penser son gisement en profondeur et, par conséquent, à accorder plus d'importance à la succession des faciès et cultures et à l'évolution des conditions naturelles. C'est dire qu'une perspective diachronique a longtemps dominé seule les recherches préhistoriques.

A une époque toute récente, d'autres préoccupations sont apparues : on s'intéresse davantage aux stations de plein air qui furent longtemps négligées au profit des seuls abris et grottes. Une nouvelle stratégie de fouille fondée sur des dégagements étendus permet la découverte des structures d'habitat et les traces matérielles de l'organisation de l'espace. L'horizon du préhistorien longtemps confiné dans sa tranchée s'est élargi et du même coup s'est fait jour une meilleur compréhension de l'homme préhistorique. Pour cela il est nécessaire d'effectuer de larges décapages de surface afin qu'apparaissent les structures de ces campements et de ces villages. D'abord appliquée aux habitats du Paléolithique moyen et supérieur d'URSS (Molodovo, Gagarino, Kostienki...) puis aux villages du Néolithique danubien de Bohême et d'Allemagne (Bylani, Cologne-Lidenthal, Lanweilher...), cette nouvelle méthode a gagné la France, surtout le Bassin parisien (gisements de Pincevent, du Magdalénien et du Bronze, d'Etiolles, villages néolithiques de la vallée de l'Aisne et de la Marne) mais aussi le Périgord (habitats magdaléniens de la vallée de l'Isle) et d'autres régions (Villerest). De telles fouilles exigent des équipes nombreuses et entraînées. Désormais il ne suffit plus de repérer la couche à laquelle appartient chaque objet, mais il importe de situer celui-ci dans l'espace et de rechercher ses relations soit avec telle structure, soit avec tel autre document. Ainsi seront recherchés les éclats et outils extraits du même nucléus de silex ou de quartz, les recoupes qui correspondent aux burins, etc. On peut tracer sur le plan les interrelations de ces différentes composantes du gisement et du même coup voir apparaître les axes de circulation et les zones de diffusion. L'application rigoureuse de telles méthodes a donné à Pincevent des résultats spectaculaires; la dispersion des éclats autour d'un bloc ayant pu servir de siège permet de reconnaître un poste de débitage; l'ouverture des tentes et la direction préférentielle suivie par les hommes se lisent sur le sol grâce aux traînées d'esquilles osseuses et leur orientation. Ainsi se reconstitue d'une manière saisissante une sorte de photographie d'un campement figé pour des millénaires et que seule la « lecture » des documents et de leur agencement dans l'espace permet de révéler.

Ces différentes conceptions des fouilles préhistoriques peuvent être résumées en ces quelques formules :

— rechercher l'Homme fossile ou ses traces matérielles dans les alluvions qualifiées d'antédiluviennes;
— faire des trous, de préférence au centre des gisements, pour mettre au jour de belles pièces et particulièrement des « fossiles directeurs »;
— creuser des tranchées pour établir la stratigraphie et reconnaître la succession des cultures;
— effectuer le décapage de larges surfaces pour étudier l'habitat dans ses limites, son agencement et sa complexité née de la vie quotidienne d'un homme préhistorique qui nous semble de jour en jour plus proche de nous.

Il est vrai que, parallèlement, l'image de l'homme préhistorique ne cesse d'évoluer. Nous n'insisterons pas sur le combat que durent mener, au siècle passé, naturalistes et préhistoriens pour faire admettre l'existence de l'homme fossile et de son évolution. Longtemps attachés à la matérialité des documents et marqués par la pensée positiviste, les préhistoriens de la fin du XIXe siècle et du début du XXe plaçaient l'homme sur une courbe ascendante parfaitement régulière qui devait amener la brute primitive au stade de perfection qu'est l'homme de Science. Le triomphe de l'évolutionnisme et particulièrement du darwinisme poussait précisément cet homme de Science à insister sur les caractères « primitifs » de l'homme préhistorique. Les qualificatifs de « simiesque », « brutal », « bestial » fleurissent dans les descriptions anthropologiques aussi bien que dans la littérature. Les noms spécifiques créés à cette époque témoignent éloquemment de cet état d'esprit : notre cousin néandertalien est nommé *Homo primigenius*, comme s'il était le premier de la lignée; plus ancien, l'homme qui savait déjà parfaitement tailler des outils bifaces et débiter savamment des éclats qu'il retouchait soigneusement fut appelé Pithécanthrope, Singe-Homme! Les fossiles des premiers Hominiens parmi lesquels se comptent les premiers tailleurs de galets *(Homo habilis)* avaient été confondus sous la qualification dépréciative d'Australopithèques, entendons Singes de l'Afrique australe.

Il suffit de lire la description qu'un grand savant comme M. Boule faisait du Pithécanthrope ou même de l'Homme de Néandertal pour saisir combien les présupposés influent sur les jugements qui se veulent les plus scientifiques. Tous ces hommes fossiles paraissaient fort éloignés de l'espèce actuelle par leurs caractères somatiques et les possibilités intellectuelles qui leur étaient chichement reconnues. Il subsistait une réticence à peine voilée à admettre leur pleine humanité.

Aujourd'hui les positions sont tout autres. La notion syncrétique d'homme préhistorique, distinct globalement de l'*Homo historicus*, s'estompe, non sans difficultés; en fait, elle ne signifie pas grand-chose. Il n'y a pas plus d'Homme préhistorique que de Français moyen. Il y eut, au cours des trois millions d'années qui précèdent nos quelques siècles d'histoire, des Hominiens puis des Hommes méritant pleinement et très tôt ce qualificatif. Les Paléontologues ne cessent de faire reculer dans le temps l'apparition du genre *Homo* dont certains représentants seraient contemporains de plusieurs espèces d'Australopithèques. Descendant vraisemblable d'*Homo habilis* (à moins que celui-ci ne fût qu'une forme primitive de celui-là), *Homo erectus* (Pithécanthrope, Sinanthrope, Atlanthrope) serait apparu il y a plus d'un million d'années. Bien mieux *Homo sapiens*, espèce qui renferme plusieurs sous-espèces ou « types » dont l'Homme de Néandertal, plus ancien, et l'Homme moderne (Cro-Magnon, Combe Capelle, Chancelade...) est beaucoup plus vieux qu'on ne le pensait précédemment; c'est à plusieurs centaines de milliers d'années qu'il faudrait faire remonter ses origines directes.

Paradoxalement, en même temps qu'il s'éloigne dans le temps, cet ancêtre nous paraît beaucoup plus proche parce que nous le connaissons mieux. En même temps que s'effondrent des mythes aussi profondément ancrés dans les esprits que ceux de homme des cavernes ou des cités lacustres, disparaissent les clichés littéraires sur ces hommes préhistoriques considérés comme de pauvres hères menant une vie misérable et violente. En revanche, d'autres observations plus sensées sur les conditions de vie des chasseurs et des cueilleurs paléolithiques et mésolithiques, ou sur la portée exacte de la « révolution néolithique », se font jour grâce aux progrès des méthodes de fouille, d'analyses plus précises des objets fabriqués par l'homme préhistorique et à un sage emploi de la comparaison ethnologique.

Les changements culturels qui, voilà quelques décennies, ne s'expliquaient que par des migrations, voire des invasions belliqueuses, n'apparaissent plus aujourd'hui que comme de lentes modifications, par évolution sur place des techniques et des styles, ou en obéissant à un stimulus extérieur facilement absorbé par la société en mutation.

Il n'est pas possible dans cette présentation sommaire de donner un tableau satisfaisant de l'évolution des cultures préhistoriques. Il faut savoir que le système ternaire établi artificiellement pour subdiviser l'Age de la pierre : Paléolithique, Mésolithique et Néolithique n'a pas grand sens car le Paléolithique qui se termine au début de l'Holocène, soit vers 9 000 ans av. J.-C., représente à lui seul 99 % de la durée des temps préhistoriques. En Europe, dans le Proche-Orient et en Afrique, il est possible de suivre durant le Paléolithique inférieur et moyen une évolution assez comparable de l'outillage en pierre. Sur des galets ou de petits blocs de roche dure l'enlèvement de quelques éclats fait apparaître un tranchant irrégulier (galets aménagés), mais dès cette époque archaïque (2 300 000 ans) des éclats extraits de ces galets servent à trancher et à racler. Progressivement, au cours de centaines de milliers d'années, et sans que ne soit abandonnée l'utilisation des éclats, l'homme apprend à donner une forme régulière au bloc taillé, celui-ci prend sous ses coups une silhouette d'amande aux bords tranchants (bifaces de l'Acheuléen) ; mais nous sommes déjà à l'avant-dernière glaciation, celle de Riss. Parallèlement, des progrès considérables sont accomplis dans le débitage pour obtenir des éclats minces aux formes prédéterminées (technique levallois). Désormais, au cours du Paléolithique moyen, l'Homme de Néandertal, qui enterre ses morts, possède une industrie très différenciée dont les outils sont reproduits d'après un archétype.

Lors de la dernière glaciation, au cours de la troisième phase du Würm, l'Homme moderne (Homme de Combe Capelle, de Cro-Magnon, de Chancelade...) remplace l'Homme de Néandertal dont les derniers représentants possèdent déjà une industrie du type Paléolithique supérieur (Castelperronien de Saint-Césaire). Les cultures du Paléolithique supérieur, Périgordien, Aurignacien, Solutréen et Magdalénien, connaissent un brillant développement de l'industrie de la pierre dont les outils sont faits sur des éclats allongés (lames), parfois très légers et étroits (lamelles) et de l'industrie sur os, ivoire ou bois de renne qui atteint son apogée au Magdalénien. Cette dernière civilisation paléolithique est aussi responsable de près de 80 % des œuvres d'art paléolithiques : gravures et peintures sur les parois des grottes (Lascaux, Altamira, Pech Merle, Niaux, Rouffignac...), bas-reliefs (Abri du Cap Blanc, La Chaire à Calvin...), sculptures et gravures sur objets mobiliers. Lorsque se termine, non sans quelques retours du froid, la glaciation de Würm, le Magdalénien se perpétue dans l'Azilien, mais dans le domaine artistique se produit une mutation qui a pu sembler un naufrage. L'outillage devient de plus en plus léger, en fait la plupart des objets de pierre du Mésolithique sont, non pas des outils, mais des éléments qui entrent dans l'agencement d'outils et d'armes composites. Dès le

VIIIe millénaire de nouvelles techniques permettent la multiplication de ces véritables pièces détachées qui reçoivent des formes et des dimensions normalisées (microlithes géométriques).

Vers 6000 av. J.-C., un peu plus tôt dans le Proche-Orient, l'Anatolie et les Balkans, des modifications essentielles interviennent dans les genres de vie. Devenu sédentaire, l'homme commence à cultiver céréales et légumineuses, il domestique le mouton, la chèvre et le bœuf, sans abandonner totalement la chasse et la cueillette. Il franchit sans bruit le seuil sans retour qui sépare la production de la prédation. Toutes ses autres inventions : poterie et autres arts du feu (émail, métallurgie), tissage, constructions, sont dans la logique de cette transformation fondamentale. Dans une grande mesure nous sommes encore des Néolithiques.

● Bibliographie. — 1968-1983 : F. Bordes, *Typologie du Paléolithique ancien et moyen*, 2e éd., Paris, cnrs, 1980; F. Bordes, *Le Paléolithique dans le monde*, Paris, Hachette, 1968; M. Brézillon, *La dénomination des objets de pierre taillée*, Paris, cnrs, 1968 (IVe supplément à *Gallia-Préhistoire*); M. Brézillon, *Dictionnaire de la Préhistoire*, Paris, Larousse, 1969; G. Camps, *Manuel de recherche préhistorique*, Paris, Doin, 1979; G. Camps, *La Préhistoire, à la recherche du Paradis perdu*, Paris, Librairie académique Perrin, 1982; A. Leroi-Gourhan, *Préhistoire de l'art occidental*, 2e éd., Paris, Massenod, 1971; A. Leroi-Gourhan, *Le fil du temps*, Paris, Fayard, 1983; D. de Sonneville-Bordes, *La Préhistoire moderne*, Fanlac, Périgueux, 1970; D. de Sonneville-Bordes, *L'Age de la Pierre*, Paris, puf, coll. « Que sais-je ? », 4e éd. 1975.

Ouvrages collectifs : *La Préhistoire. Problèmes et tendances*, sous la direction de Sonneville-Bordes), Paris, cnrs, 1968; *La Préhistoire française*, t. I, sous la direction de H. de Lumley, t. II, sous la direction de J. Guilaine, Paris, cnrs, 1976; *Méthodologie appliquée à l'industrie de l'os préhistorique*, Colloque international du cnrs, sous la direction de H. Camps-Fabrer, Paris, cnrs, 1977.

▶ Corrélats. — Archéologie, Climat, Paléodémographie.

G. Camps.

Preuve

Depuis les positivistes les preuves historiques ont été l'objet de deux types d'analogie. Pour Charles Seignobos la preuve en histoire est apparentée à la preuve expérimentale. Le fait historique, établi grâce à des témoignages véridiques, est à l'histoire ce que l'expérience est aux sciences de laboratoire. La conception a été d'autant plus contestée que le grand maître de la méthodologie positiviste avait une conception étroitement empiriste des sciences expérimentales, ignorant volontairement le va-et-vient dialectique de l'hypothèse à l'expérience, arrêtant l'histoire des sciences à François Magendie plutôt qu'à Claude Bernard. D'une façon plus courante on rattache la preuve historique à la preuve judiciaire en raison de son caractère testimonial; la vieille métaphore de l'historien juge d'instruction est là pour illustrer ce point de vue. L'authentification des témoignages et leur coïncidence constituent alors les canons requis pour les preuves en matière d'histoire.

Ces principes demeurent valables et fondent encore le travail de l'historien, même si la nature des preuves s'est vue bouleversée par la multiplication des types de documents (films, témoignages oraux, statistiques...) et par la manière de les faire parler (histoire sérielle).

Preuve expérimentale ou preuve testimoniale, jusqu'à nos jours l'histoire n'a jamais été un terrain approprié pour des raisonnements hypothético-déductifs. Ce truisme devient peut-être caduc avec l'introduction de modèles dans la démarche de l'histoire économique ou de l'histoire démographique. L'analyse contre-factuelle de la « New Economic history » ne repose pas sur des témoignages, elle ne repose pas sur des faits, remettant ainsi en cause la conception classique de la preuve historique.

▶ Corrélats. — Document, Fait historique, Seignobos, Témoignage.

O. Dumoulin.

Prix

Les matériaux. — Depuis les tablettes d'argile sumériennes jusqu'à nos jours, une masse énorme de données sur les prix s'est accumulée. Pour les historiens de l'Europe des derniers siècles, la nature des fonds d'archives offre un premier critère de classement. Les comptabilités de particuliers (livres de raison) et les minutes notariales indiquent les prix auxquels se sont conclues des transactions d'ordre privé, achats ou ventes de meubles ou d'immeubles, constitutions de rentes, contrats de location, d'apprentissage, marchés d'ouvrages, etc. Il s'agit en général de prix en vigueur dans l'aire d'un marché local ou régional, et qui résultent du jeu plus ou moins faussé de l'offre et de la demande. Normalement, ces prix ne constituent pas des séries homogènes. Il revient au chercheur de les trier, de les tester, non sans incertitudes et sans lacunes (en matière de salaires par exemple). Quant à la masse inépuisable de chiffres fournis par les inventaires de succession, elle pose des problèmes méthodologiques difficiles, puisqu'il s'agit de biens à la fois usagés et sous-évalués.

Les comptes des collectivités (institutions religieuses, hospitalières, d'enseignement) offrent sur les précédents l'avantage d'un cadre homogène et de la longue durée. Il en va de même pour les comptabilités publiques (municipalités, douanes, recettes d'impôts), avec cette différence que les organes de l'autorité menacent de sanctions ceux qui enfreignent les règles qu'ils édictent. Du coup survient la fraude : dans le cas des prélèvements en pourcentage sur la valeur des marchandises (droits de marché, péages, navires de la *Carrera de las Indias*...), mais aussi dans le cas des tarifs de prix maxima. Resté célèbre pour cette raison, le *Statute of Labourers* de 1351 chercha vainement à imposer aux Anglais le retour aux prix d'avant la Peste noire. L'intérêt collectif imposait en revanche l'exactitude d'autres séries de prix, que J. Meuvret englobe sous le nom de « cotes commerciales ». Il cite l'exemple des cotes de la bourse d'Amsterdam, portant sur des marchandises extrêmement variées et qui « étaient, dès le XVIIe siècle, non seulement relevées, mais imprimées ». Pour les historiens des sociétés rurales d'ancien régime, les prix de marché ou mercuriales constituent une référence indispensable.

Les travaux. — C'est le rôle de la monnaie qui a suscité, dès l'Antiquité grecque, la réflexion sur les prix. Une filiation intellectuelle explicite relie ainsi Aristote à Nicole Oresme (XIVe siècle) ou à Copernic (1473-1543), bien que ceux-ci incorporent à leurs théories des commentaires originaux sur les mutations monétaires, si caractéristiques de la fin du Moyen Age.

Un discours renouvelé sur les prix naît au XVIe siècle d'un effort d'interprétation de la hausse, qui déconcerte par son ampleur les contemporains.

Les *Paradoxes* de Jean de Malestroict (1566) seront suivis et contredits par le *Discours sur le rehaussement et diminution des monnoyes* (1578) de Jean Bodin. Divers courants de pensée se font jour à partir de cette époque, les uns soucieux d'affirmer l'autonomie économique du royaume (mercantilistes); les autres conscients des besoins de l'Etat, mais désireux d'alléger ou de mieux répartir le poids d'une fiscalité maladroite et brutale; d'autres encore, pour qui l'agriculture est le pivot de l'économie, et qui veulent à la fois libre circulation et « bon prix » des céréales (physiocrates). Quelques-uns, comme Vauban, réunissent diverses préoccupations. En France, l'éveil d'une conscience des problèmes économiques est directement lié à ce foisonnement d'ouvrages théoriques. L'école physiocratique, en particulier, « a contribué à initier le monde savant et la haute Administration aux problèmes du produit national, de la comptabilité nationale, du cheminement des richesses ».

Il faut conclure sur cette phase ancienne sans même mentionner d'auteurs italiens, hollandais ou anglais. Toutefois, quand Adam Smith inaugure magistralement la pensée économique moderne (*The Wealth of Nations*, 1776), c'est parce qu'il arrive au terme d'un effort séculaire de compréhension des mécanismes de la conjoncture, et d'une longue suite de tentatives, souvent malheureuses, pour les infléchir. Mais ces efforts ont donné lieu à la constitution de véritables banques des données. En France par exemple, les premières enquêtes de Colbert (1664) seront suivies des *Mémoires des intendants pour l'instruction du duc de Bourgogne* (1697) et de la série d'enquêtes conduites pendant tout le XVIIIe siècle par les contrôleurs généraux des finances. Au moment où l'histoire des prix prend un nouvel essor, vers 1930, les historiens vont bénéficier d'une exceptionnelle moisson engrangée pour eux par les institutions vénérables ou par les bureaucraties éclairées de l'Europe ancienne (ils aborderont plus tard celles de la Chine, du Japon, de l'Inde).

A vrai dire, l'histoire des prix ne date pas des années trente. M. Chaunu a fait remarquer combien elle fut « pionnière » et que ses « premiers classiques datent déjà du XIXe siècle », citant le vicomte d'Avenel pour la France, G. Wiebe pour l'Allemagne, Thorold Rogers pour l'Angleterre, et vingt auteurs plus récents. Mais la paternité d'une nouvelle histoire des prix, exigeante et précise, coïncide exactement avec les débuts de la première crise économique mondiale du XXe siècle : le Comité international pour l'étude de l'histoire des prix se constitue en 1930 et patronne les publications de Hamilton pour l'Espagne (et l'Amérique coloniale), de Hauser pour la France, d'Elsas pour l'Allemagne et de Beveridge pour l'Angleterre. En Italie, Parenti mène ses *Prime Ricerche sulla rivoluzione dei prezzi in Firenze*, qui paraîtront en 1939, suivies de *Prezzi e mercato del grano a Siena* (1942). Sensibilité à la conjoncture mondiale et références explicites aux travaux des économistes contemporains sont la caractéristique de ces livres. Pour la France, l'ouvrage qui marque un véritable tournant en ce domaine « sort » en 1933, et des mains d'un juriste : c'est l'*Esquisse du mouvement des prix et des revenus en France au XVIIIe siècle*, de C. E. Labrousse. « Pour la première fois, des matériaux d'archives (...) étaient mis à contribution pour un travail dont les fluctuations économiques formaient la trame, mais dont le sens était historique, et par le sens critique qui s'y manifestait, et par la portée de ses conclusions. » Ajoutons que l'histoire des prix *stricto sensu*, avec description et critique des sources, magistral exposé de méthode, art de repérer les mouvements de « longue durée », « cycliques » ou « saisonniers », ou encore les distorsions entre prix national et prix régionaux ; tout cela n'occupe que la première moitié de l'ouvrage, et que la seconde nous plonge en pleine histoire sociale, avec l'étude des revenus. D'abord le monde de la rente, celle du propriétaire, vendeur, ou acheteur, ou consommateur, et l'évaluation des facteurs qui rendent, selon le cas, favorable ou aléatoire la condition de ces différentes catégories. Ensuite le monde du salaire, avec essai de reconstitution du budget familial populaire d'ancien régime. La conclusion balaie toute une historiographie habile à sélectionner les faits et démontre, chiffres à l'appui, « la contrariété de la rente et du salaire », fondée sur « le triple privilège, économique, fiscal, féodal », du grand propriétaire foncier, et « la triple disgrâce, économique, fiscale, féodale », du salarié. L'histoire des prix trouve dans ce chef-d'œuvre érudit mais allègre, bientôt suivi d'un second, sa véritable dimension : à la fois indispensable clé pour la saisie des rythmes et des variations des économies anciennes ; mais encore assise d'une découverte progressive des mécanismes de fonctionnement des sociétés.

● BIBLIOGRAPHIE. — W. H. BEVERIDGE, *Prices and wages in England from the XII to the XIX century*, Londres, Oxford Univ. Press, t. 1, 1939 ; Fernand BRAUDEL et Ernest LABROUSSE, *Histoire économique et sociale de la France*, t. 2 : *1660-1789*, Paris, PUF, 1970, p. 378 ; Huguette et Pierre CHAUNU, *Séville et l'Atlantique (1504-1650)*, t. 1 : *Introduction méthodologique*, Paris, A. Colin, 1955, p. 28-29 ; Bertrand GILLE, *Les sources statistiques de l'histoire de France, des enquêtes du XVIIe siècle à 1870*, Genève, Droz, 1980 (ouvrage qui fait le point sur cette question) ; M. J. ELSAS, *Umriss einer Geschichte der Preise und Löhne in Deutschland...*, Leiden, Sijthoff's, 1936 ; Earl J. HAMILTON, *American treasure and the price revolution in Spain, 1501-1650*, Cambridge (Mass.), Harvard Univ. Press, 1934 ; Paul HARSIN, *Les doctrines monétaires et financières en France du XVIe au XVIIIe siècle*, Chartres-Paris, 1928 (pour la filiation des doctrines) ; Henri HAUSER, *Recherches et documents sur l'histoire des prix en France*, Paris, 1936 ; Ernest LABROUSSE, *La crise de l'économie française à la fin de l'Ancien Régime et au début de la Révolution...*, Paris, PUF, 1943.

▶ CORRÉLATS. — Conjoncture, Economie (Histoire économique), Labrousse, Meuvret.

J.-P. DESAIVE.

Prosopographie

Même si les Anglais, dès le XVIIIe siècle, l'ont pratiquée pour inventorier leur aristocratie et leurs élites, et même si elle intéresse, à l'heure actuelle, des spécialistes des époques moderne et contemporaine, la prosopographie a surtout été utilisée en histoire romaine.

Elle consiste à établir des notices biographiques individuelles et à les confronter. A la différence de la biographie, elle ne s'applique jamais à un seul homme, tenu pour intéressant en lui-même, mais à plusieurs, à un échantillon — dont l'importance et la composition résultent de la documentation disponible, et qu'on suppose représentatif du groupe étudié. Comme l'écrivent L. Bergeron et G. Chaussinand-Nogaret (dans l'avant-propos de *Grands notables du Premier Empire*, Paris, CNRS, I, 1978, p. VI), il s'agit, à partir des personnalités, de « préparer la définition des types », de faire jaillir les traits communs et les différences — à partir du singulier, de faire du « singulier pluriel ».

Quant aux thèmes traités, la prosopographie, d'abord vouée au personnel politique, administratif et militaire, s'est étendue ensuite au domaine de l'histoire sociale. Ces dernières années, elle apparaît dans n'importe quelle espèce d'études; elle s'est pour ainsi dire banalisée.

Mais par ses procédures et ses implications, la prosopographie recouvre en histoire romaine plusieurs tendances méthodologiques, trois dirais-je, dont les deux premières, à tort, sont souvent confondues.

D'une part, elle n'est rien d'autre que l'une des démarches communes à toute recherche historique : la mise en série des informations individuelles. Aussi a-t-elle, au cours de ces dernières décennies, été illustrée et défendue par des historiens tels que C. Nicolet, soucieux de voir l'histoire romaine rester au contact des autres spécialités historiques, sans trop succomber au charme de la célébration classique. Pour étudier l'ordre équestre, il faut, à travers le droit public, définir quelle place il occupait dans la cité romaine et quel rôle il jouait en matière judiciaire. Mais d'un point de vue d'histoire sociale, il est important aussi de s'attacher aux caractéristiques individuelles des chevaliers connus : dénomination et expression du prestige, sources de revenus et fortune privée, situation de famille, etc. On en dirait autant des procurateurs équestres ou des affranchis impériaux. L'étude de tels groupes exige une certaine pratique de la prosopographie.

D'autre part, la prosopographie débouche souvent sur une conception spécifique de la pratique de l'Histoire. Comme les prosopographes, par nécessité autant que par goût, s'appuient avant tout sur les œuvres littéraires, certains d'entre eux (R. Syme par exemple) s'en imprègnent tant que leur démarche finit par s'inspirer de celle des historiens anciens : ils se consacrent aux élites, sont très attentifs aux moindres événements de la vie privée (mais sans aucune perspective d'anthropologie historique), s'intéressent peu à la gestion des patrimoines et à la vie économique, tiennent l'évolution politique et sociale pour la résultante exclusive des actions individuelles et familiales, et accordent la première place à des explications psychologiques (recherche de l'argent, de la gloire, du pouvoir) qu'ils admettent comme des invariants, sans en faire, quoi qu'ils en disent parfois, l'objet d'une étude de psychologie historique.

Outre cette méthode aristocratique et psychologisante, la prosopographie, dans les œuvres de M. Gelzer, de Fr. Münzer et de leurs émules anglo-saxons (R. Syme, E. Badian, E. S. Gruen), charrie avec elle une conception de l'Etat et, de proche en proche, de toute institution sociale. Le domaine politique, certes, prime tout; mais ce ne sont ni les institutions et leur fonctionnement, ni le droit et son application, qui en constituent la colonne vertébrale. C'est l'enchevêtrement hiérarchisé des relations personnelles et familiales qui se nouent dans le jeu du pouvoir : des solidarités, familiales ou non, des alliances, éphémères ou durables. L'institution est un paravent, mais un paravent qui ne dissimule rien : plutôt qu'une arme sociale destinée à tromper la naïveté du bon peuple, elle est une forme vide, dont on tend à ne plus parler.

Démarche légitime et féconde, la prosopographie a donc de profondes implications, dont il faut prendre conscience, ne serait-ce que pour s'en prémunir, si besoin est.

● BIBLIOGRAPHIE. — C. NICOLET, Prosopographie et histoire sociale : Rome et l'Italie à l'époque républicaine, dans *Annales ESC*, 25, 1970, 1209-1228; A. CHASTAGNOL, La prosopographie, méthode de recherche sur l'histoire du Bas-Empire, *ibid.*, 1229-1235;

J. Maurin, La prosopographie romaine : pertes et produits, dans *Annales ESC*, 37, 1982, 824-836.

▶ Corrélats. — Elites, Famille, Sociale (Histoire).

J. Andreau.

Proto-industrialisation

La notion de proto-industrialisation, formalisée récemment (F. Mendels, Protoindustrialization, the first phase of the industrialization process, *Journal of economic History*, mars 1972), a connu un succès rapide; elle correspondait, en effet, à une attente. Elle permettait d'intégrer le phénomène classique d'industrialisation rurale à l'explication de la Révolution industrielle. Loin d'être un commencement, celle-ci est envisagée comme un long processus dont la proto-industrialisation est la première phase.

Par contraste avec l'industrialisation proprement dite, fondée sur des grandes fabriques urbaines, où travaille un prolétariat déraciné, la proto-industrialisation se caractérise par une activité de fabrication rurale, saisonnière, domestique. Distincte de l'artisanat d'autoconsommation ou de clientèle proche, l'industrie ainsi définie s'adresse à des marchés extérieurs à la région, voire internationaux. Ce système que l'on saisit à son apogée dans l'Europe du Nord du XVIIIe siècle (Aux origines de la Révolution industrielle, *Revue du Nord*, numéros spéciaux, janvier-mars 1979 et janvier-mars 1981) s'est affirmé comme la réponse aux coûts excessifs — financiers, sociaux, politiques — du travail concentré en ville. Il a été rendu possible parce qu'une main-d'œuvre en surplus constant était disponible. Cela implique que le système agraire, les capacités productives, la pression démographique ne permettent pas, localement, le passage à une agriculture commerciale qui aurait employé davantage de bras. Dès lors, malgré le morcellement croissant des exploitations, l'émigration saisonnière ou définitive, il y a, surtout à la morte saison, une force de travail excédentaire et bon marché.

Cette double activité qui unit un emploi agricole parfois résiduel à un ou plusieurs travaux de type industriel ne peut se maintenir que si la région engagée dans une telle structure trouve à proximité d'elle une région qui, au contraire, s'est spécialisée dans une agriculture commerciale et lui assure les compléments indispensables. Ainsi la Flandre intérieure s'appuie-t-elle, au XVIIIe siècle, sur la riche agriculture de la Flandre maritime et le pays de Brescia, au XIXe siècle, vit-il en symbiose avec la plaine padane.

Les villes ne sont pas absentes de ce système mais elles sont des lieux d'organisation, non de production. Là résident les marchands qui assurent le financement et la diffusion. En dehors de façonniers qui donnent une dernière main aux produits, tout le travail s'effectue donc à la campagne, en famille, au sein de communautés villageoises dont ce mode de production assure la pérennité, ou plutôt prolonge la cohésion. Car le surpeuplement entraîne la rupture des équilibres. Le morcellement a ses limites; en l'absence d'une sévère régulation démographique, le système ne parvient plus à enrayer la paupérisation. D'autre part, les progrès de la mécanisation poussent au rassemblement, à la concentration. Les villes reprennent leur place. La proto-industrialisation aura servi de matrice à l'accumulation de capitaux, à l'émergence d'une couche d'entrepreneurs capitalistes, à l'essai de premières innovations techniques comme à la formation du prolétariat industriel.

La proto-industrialisation serait donc le mode de production de la transition du féodalisme au capitalisme. Etape nécessaire ? Certainement pas. Les tenants de ce concept doivent reconnaître qu'il y a seulement « une logique possible du passage progressif » de la proto-industrialisation à la Révolution industrielle (P. Deyon). En effet, il est plus aisé de reconstituer les formes du passage que de rendre compte des échecs, autrement dit des phénomènes de désindustrialisation. Aussi malgré sa fécondité, cette notion est à la fois trop floue (D. C. Coleman, Protoindustrialization : a concept too many, *Economic History Review*, août 1983) et trop limitée, dans sa formulation actuelle, pour être la seule clé possible. Pour améliorer le modèle, il conviendrait de mieux situer le rôle des villes que la théorie sous-estime. De même, les activités minières et métallurgiques ne sont pas intégrées à l'explication, la genèse de l'industrie textile ayant servi de fil conducteur. Peut-être faudrait-il reconnaître que la proto-industrialisation est un type de développement (A. Dewerpe) avant d'être, éventuellement, une étape et que, s'il est légitime de penser ce phénomène là où il est observable, autrement dit dans l'espace d'une région, il faudrait l'inscrire dans des ensembles plus vastes pour comprendre les formes variées qu'il a revêtues.

● Bibliographie. — Peter Kriedte, Hans Medick, J. Schlumbohm, *Industrialisierung vor der Industrialisierung*, Göttingen, 1977; Pierre Jeannin, La proto-industrialisation : développement ou impasse ?, *Annales ESC*, janvier-février 1980; Pierre Deyon, Franklin Mendels, éd., *La proto-industrialisation, théorie et réalité*, VIIIe Congrès international d'histoire économique (Budapest, 1982). N° 5 des *Annales ESC*, septembre-octobre 1984 : *Les formes protoindustrielles*.

▶ Corrélats. — Croissance, Désindustrialisation, Economie (Histoire économique).

D. Woronoff.

Psychanalyse et histoire

En 1913 Freud publie un texte intitulé *L'intérêt de la psychanalyse* où il examine les rapports entre sa propre doctrine et les différentes branches du savoir auxquelles celle-ci peut apporter un point de vue nouveau. Après avoir défini la psychologie et démontré que la découverte de l'inconscient fait éclater ses présupposés, il énumère les sciences *non psychologiques* qui sont en correspondance avec la psychanalyse. Il mentionne la science du langage, la philosophie, la biologie, l'histoire de l'évolution, l'histoire de la civilisation (*Kultur* en allemand), l'esthétique et enfin la sociologie. Ce découpage indique déjà une conception freudienne de l'histoire que l'on retrouve à peu près partout dans son œuvre.

En effet Freud néglige l'histoire événementielle apologétique ou idéologique et préfère une histoire fondée sur deux notions, l'évolution d'un côté, la culture de l'autre. A travers la première il met en place l'inscription inconsciente, c'est-à-dire l'existence d'un *passé psychique* qui se distingue du *passé historique* parce qu'il se maintient présent à côté d'un devenir qui le recouvre. Ainsi la temporalité historique n'est pas de même nature que la temporalité inconsciente qui ignore littéralement la durée historique. A travers la seconde, Freud désigne les mythes et les légendes produits par l'imagination populaire qu'il propose d'interpréter de la même façon que la méthode psychanalytique interprète les rêves. Pour Freud il y a donc un rapport intime entre les productions psychiques d'un individu et l'imaginaire d'une communauté. Dans un cas comme dans l'autre, des forces pulsionnelles sont à l'œuvre qui produisent aussi bien des névroses que des institutions civilisatrices ayant à charge de protéger l'homme contre le désordre provoqué par ces mêmes pulsions.

A y regarder de près, cette conception freudienne de l'histoire présente de nombreux points communs avec celle du fondateur de l'Ecole des Annales, Marc Bloch. On trouve de part et d'autre un même intérêt « moderniste » pour le domaine des mythes, des attitudes mentales, des croyances, des illusions, de la « profondeur » et surtout des « origines ». On pourrait dire que la notion de passé psychique n'est pas étrangère à celle de longue durée par exemple et que la barbarie pulsionnelle décrite par Freud dans *Malaise dans la civilisation* (1929) a quelque chose à voir avec la reconstruction faite par Marc Bloch dans *Les rois thaumaturges* (1924) d'une société médiévale en proie au délire d'une croyance.

Mais le freudisme n'existe pas pour Bloch en 1924 et à cette époque Freud ne connaît pas le travail de ce jeune historien français, élève de Durkheim, qui s'inspire en matière de psychologie des travaux de ses adversaires Blondel ou Babinski, et non de ceux de l'école viennoise.

La conception freudienne de l'histoire se retrouve dans les travaux de Freud lui-même et dans ceux de ses disciples, Rank, Ferenczi, Geza Róheim, Jones. Elle concerne aussi bien le domaine de l'anthropologie que celui de l'interprétation des œuvres d'art. Pour Freud, il s'agit toujours de dévoiler la nature inconsciente des productions mythiques ou des créations artistiques sans pourtant établir, comme le fait Jung, une distinction arbitraire entre un inconscient collectif et un inconscient individuel. Les productions inconscientes donnent lieu à des représentations fantasmatiques dont il faut interpréter le sens, quels que soient leurs supports (individuel ou collectif).

C'est en racontant le destin de deux « grands » personnages, Thomas Woodrow Wilson et Moïse, que Freud illustre le mieux sa conception d'une histoire fondée sur l'interprétation psychanalytique. Le choix de ces deux hommes n'est pas innocent. Wilson est l'un des responsables de ce terrible traité de Versailles que Freud a en horreur parce qu'il a démantelé l'Empire austro-hongrois en écrasant ceux qui étaient déjà les vaincus de la grande guerre. Quant à Moïse, héros de la légende biblique, il est le législateur de la religion hébraïque auquel Freud s'est identifié à la fois comme juif et comme créateur d'une nouvelle doctrine.

Le portrait de Wilson est rédigé conjointement entre 1923 et 1933 par Freud et William Bullitt, ambassadeur des Etats-Unis qui avait bien connu le Président à l'époque du traité de Versailles. Le livre ne sera publié qu'en 1966. Loin d'interpréter les faits historiques en fonction de la « psychologie » d'un chef d'Etat, Freud décrit au contraire comment le délire mystique d'un homme est à l'origine d'un déni de la réalité qui le conduit à signer un traité sans avoir la moindre idée du découpage géographique et politique que celui-ci met en jeu. L'histoire du président Wilson c'est la description de la folie au pouvoir, c'est-à-dire celle de la rencontre entre le délire d'un individu et une situation historique précise.

Dans *Moïse et le monothéisme* publié à Londres en 1938, Freud s'appuie sur les travaux d'Otto Rank pour montrer de quelle façon se forme la légende d'un héros. Moïse c'est le contraire de Wilson, un véritable chef. Il est celui qui s'oppose courageusement au Pharaon et finit par le vaincre. Puis il met fin à l'anarchie où a sombré son peuple en lui donnant des lois. Freud montre que Moïse est égyptien : dans l'interprétation psychanalytique de son roman familial, sa famille d'origine n'est pas celle contée par la légende, mais au contraire celle où il a grandi. L'autre est inventée après coup pour faire de lui un grand homme : elle est donc imaginaire ou fantasmatique ce qui ne veut pas dire qu'elle soit fausse.

L'intérêt de cette œuvre réside dans le fait que pour la première fois dans l'histoire est produite une interprétation psychanalytique non pas de l'antisémitisme ou de ses figures psychologiques, mais des *racines inconscientes* de l'antisémitisme. C'est à partir de la critique de la notion de peuple élu que Freud donne sens à la légende de Moïse, alors qu'il se trouve lui-même en exil et que ses œuvres sont brûlées par les nazis. Freud avait d'abord projeté d'intituler son essai : *Roman historique*.

Ces deux textes, le portrait de Wilson et le Moïse, ont été violemment critiqués à la fois par les historiens qui ont reproché à Freud d'utiliser des sources suspectes, et par la communauté psychanalytique qui s'est probablement sentie blessée par l'image que le « père fondateur » donnait de lui-même à travers deux héros dont l'un était fou et l'autre dépossédé de son identité juive. Pourtant, aujourd'hui, ces deux livres apparaissent, comme en avance sur l'époque à laquelle ils ont été écrits, d'un étonnant modernisme.

La doctrine freudienne a donné naissance à deux courants d'inspiration plus psychologiste que réellement psychanalytique : *la psychobiographie* qui s'est développée après la première guerre et qui consiste à interpréter les textes littéraires à partir de l'étude du cas de leurs auteurs ; *la psychohistoire* qui s'est épanouie surtout aux Etats-Unis après la deuxième guerre et qui repose sur le même principe que la psychobiographie. On lui a reproché à juste titre une vision psychologiste et unilatérale de l'histoire. Malgré ses défauts cette discipline a apporté une contribution intéressante à l'étude de certains grands personnages historiques. Ce sont en général les dictateurs (Hitler) ou les mystiques (Luther) qui ont intéressé les psychohistoriens.

● BIBLIOGRAPHIE. — Sigmund FREUD : (1912-1913), *Totem et tabou*, trad. JANKÉLÉVITCH, Paris, Payot, 1923, rééd. 1973 ; (1913), *L'intérêt de la psychanalyse*, rééd. trad. Paul-Laurent ASSOUN, Paris, Retz, 1980 ; (1929), *Malaise dans la civilisation*, trad. C. ODIER, Paris, rééd. PUF, 1971 ; (1934-1939), *Moïse et le monothéisme*, trad. A. BERMAN, Paris, Gallimard, rééd. 1967 ; (1923-1933), *Thomas Woodrow Wilson, portrait psychologique*, trad. M. TADIÉ, Paris, Albin Michel, 1967 ; (1909), Otto RANK, *Le mythe de la naissance du héros*, rééd. Paris, Payot, 1983 ; Erik ERIKSON, *Luther avant Luther*, Paris, Flammarion, 1968 ; Saül FRIEDLANDER, *L'antisémitisme nazi, histoire d'une psychose collective*, Paris, Seuil, 1971 ; Saül FRIEDLANDER, *Histoire et psychanalyse*, Paris, Seuil, 1975 ; Alain BESANSON, *L'histoire psychanalytique, une anthropologie*, Paris, Mouton, 1974 ; Michel de CERTEAU, *Psychanalyse et histoire*, in Jacques LE GOFF, *La Nouvelle Histoire*, Paris, Retz, CEPL, 1978 ; E. ROUDINESCO, *La bataille de cent ans, histoire de la psychanalyse en France*, Paris, Ramsay, 1982.

▶ CORRÉLATS. — Biographique, Bloch, Corps, Mentalités, Mythologies.

E. ROUDINESCO.

Qoumrân

C'est en l'année 1947 que des grottes situées près des ruines du couvent essénien de Qoumrân, un peu au sud de Jéricho sur la rive occidentale de la mer Morte, ont commencé à livrer les restes, plus ou moins fragmentaires, d'environ 600 manuscrits.

Ces manuscrits, écrits pour la plupart en hébreu ou en araméen, parfois en grec, datent essentiellement du 1er siècle avant et du 1er siècle après Jésus-Christ.

Environ un quart d'entre eux est constitué par des copies des livres bibliques de l'Ancien Testament, parmi lesquels sont représentés tous les livres de la *Bible* juive canonique, à l'exception de celui d'*Esther*.

Le reste de ces manuscrits forme une vaste collection de livres religieux juifs présentant entre eux une telle homogénéité de doctrine qu'ils ne peuvent provenir que d'un même milieu mystique, d'une même secte ou plus exactement d'un même ordre; en font partie des apocalypses et des ouvrages comme le livre des *Jubilés*, celui d'*Hénoch*, l'*Ecrit de Damas*, dont l'origine était, jusqu'alors, fort discutée.

Ainsi, d'une part, les manuscrits des livres bibliques de l'Ancien Testament provenant de Qoumrân sont un précieux jalon pour notre connaissance de l'histoire du texte de ces livres sacrés, puisqu'ils sont d'environ un millénaire plus vieux que les plus anciens manuscrits de la *Bible* hébraïque précédemment connus.

D'autre part, en faisant mieux connaître le milieu immédiat où est né le christianisme, les découvertes effectuées à Qoumrân permettent de résoudre un nombre considérable de problèmes auxquels l'exégèse ne parvenait pas à donner de solution satisfaisante.

On a pu écrire que cette découverte était « la plus sensationnelle qui ait jamais été faite », concernant, notamment, les origines du christianisme.

La découverte de la première grotte à manuscrits et les campagnes d'exploration et de fouilles. — Au début de l'année 1947, un jeune Bédouin découvrit, à 1 300 m au nord des ruines de Qoumrân, « la première grotte à manuscrits ». Dans celle-ci se trouvaient, en effet, des rouleaux de peau manuscrits soigneusement enveloppés dans un linge de lin, peut-être cachetés avec du bitume extrait de la mer Morte, et placés dans des jarres d'argile munies de couvercles. Le conflit israélo-arabe de Palestine empêcha les archéologues d'organiser rapidement une expédition scientifique chargée de reconnaître l'emplacement de cette grotte. Les recherches sur le terrain ne commencèrent qu'en 1949, sous la direction, conjointe, de G. Lankester Harding, qui était le directeur anglais du Service des Antiquités de Jordanie, et du R.P. R. de Vaux alors, à la fois, directeur de l'Ecole biblique et de l'Ecole archéologique française de Jérusalem, et président du Comité international chargé d'assurer la gestion du *Palestine Archaeological Museum (Rockefeller Foundation)* de Jérusalem.

Les campagnes d'exploration de la falaise et d'une partie du rivage, ainsi que celles de fouilles des grottes, des ruines de Qoumrân et de celles de Feshkha, durèrent de 1949 à 1958. Onze « grottes à manuscrits » furent découvertes, qui livrèrent les restes d'environ 600 manuscrits, les *Manuscrits de la mer Morte*.

L'établissement de Qoumrân-Feshkha. — A Qoumrân, il y avait, notamment, les salles de réunion, le « *scriptorium* » d'où provient vraisemblablement une bonne partie des manuscrits retrouvés dans les grottes voisines, et l' « atelier du potier » qui fabriqua en particulier les jarres ayant abrité certains de ces manuscrits déposés dans ces grottes.

La présence dans ces grottes d'une poterie identique à la poterie, aux traits originaux, dégagée des ruines des bâtiments voisins, permet d'établir fermement, en accord avec d'autres arguments, la corrélation chronologique existant entre ces dépôts de manuscrits et l'occupation de type « communautaire » de cet établissement. On ne peut dater avec assurance le début de l'installation communautaire de Qoumrân (nous proposons environ 100 av. J.-C.). Mais, à Feshkha comme à Qoumrân, l'occupation de type « communautaire » a pris fin avec l'attaque de l'établissement par un détachement romain en juin 68 de notre ère (alors qu'allait commencer le siège de Jérusalem).

Quant à l'importance numérique de cette communauté de Qoumrân-Feshkha, elle est, certes, difficile à établir. Il est possible que 300 à 400 personnes aient vécu à Qoumrân puis à Qoumrân-Feshkha pendant les principales périodes d'occupation de ce site.

Pour finir, nous ferons nôtre, dans l'ensemble, ce jugement du R.P. de Vaux : « C'était un groupe organisé, comme l'indiquent le plan élaboré des bâtiments et du système d'eau, le nombre des locaux communs et la disposition régulière du grand cimetière. On peut aller plus loin : l'originalité du mode de sépulture, la grande salle de réunion, qui servait aussi pour des repas collectifs..., tout cela suggère que cette communauté avait un caractère religieux et qu'elle observait des rites particuliers. Il semble que l'archéologie, ne considérant que les vestiges matériels, peut s'avancer jusque-là sans manquer à sa méthode ni dépasser ses frontières » (R. de Vaux, *L'archéologie et les manuscrits de la mer Morte*, The Schweich Lectures of the British Academy, 1959, Londres, Oxford University Press, 1re éd., 1961, p. 70; 2e éd. revue en traduction anglaise, 1973, p. 86-87). Précisons que l'étude des *Manuscrits de la mer Morte* a permis de confirmer ce jugement.

Le contenu de la « bibliothèque » découverte à Qoumrân. — Environ un quart des 600 manuscrits qu'ont livrés, dans un état plus ou moins fragmentaire, les grottes de Qoumrân, est constitué par des copies des livres bibliques de l'Ancien Testament. A l'exception de celui d'*Esther*, tous les livres de la *Bible* juive canonique sont représentés dans cette « bibliothèque », généralement en plusieurs exemplaires. Soulignons que ces manuscrits en hébreu ou en araméen remontent au moins aux alentours du début de l'ère chrétienne, alors que le plus ancien manuscrit de la *Bible* hébraïque précédemment connu, qui ne comporte que « les Prophètes », est daté de 895 après J.-C. (*Codex du Caire* : les livres prophétiques de Josué aux Douze).

Parmi les vestiges de cette « bibliothèque » ont également été identifiés plusieurs des ouvrages que les protestants considèrent comme des « pseudépigraphes de l'Ancien Testament », et les catholiques comme des « apocryphes de l'Ancien Testament », tels : le livre des *Jubilés*, *Hénoch*, les *Testaments des Douze Patriarches* (rappelons que les catholiques considèrent comme « deutérocanoniques » les livres que les protestants qualifient d'apocryphes, et comme « apocryphes » ceux que les protestants estiment être des pseudépigraphes — toujours de l'Ancien Testament).

Les livres bibliques n'ont pas été seulement l'objet de copie et d'imitation ; ils ont été, de plus, utilisés dans la composition de « Florilèges » qui rassemblent des textes ayant un même thème d'inspiration, et dans celle de « Commentaires » adaptés à la situation historique contemporaine de l'auteur et présentant un caractère fort polémique. Des fragments d'une dizaine de documents de ce genre ont été découverts, notamment d'un *Commentaire d'Habacuc* qui constitue l'un des rouleaux de la première grotte.

De nombreux manuscrits témoignent de préoccupations plus précisément apocalyptiques, liturgiques ou sapientielles.

Enfin, d'autres manuscrits, particulièrement bien conservés, appartiennent à la catégorie des codes disciplinaires ; ils fournissent de précieux renseignements sur l'organisation du groupement auquel ils se rapportent. Ce sont, d'une part, deux des rouleaux de la grotte 1 : la *Règle* (dont dix autres exemplaires ont été reconnus parmi les fragments de la quatrième grotte à manuscrits, et un dernier, le douzième, parmi ceux de la cinquième grotte à manuscrits) et le *Règlement de la Guerre des Fils de Lumière contre les Fils de Ténèbres* (duquel sept nouvelles versions, dont deux sur papyrus, ont été identifiées dans le lot des fragments de la quatrième grotte à manuscrits). C'est, d'autre part, l'*Ecrit de Damas* — document découvert en 1896-1897 dans la *gueniza* (ou sacristie) d'une synagogue, alors caraïte, du Vieux Caire ; on avait trouvé alors huit feuillets d'un premier manuscrit daté du xe siècle de notre ère, et un unique feuillet d'un autre manuscrit du xie ou du xiie siècle ; la quatrième grotte à manuscrits contenait les fragments de six manuscrits de ce texte sur peau et d'un autre sur papyrus, la cinquième grotte à manuscrits les fragments d'un exemplaire sur peau, et la sixième grotte enfin ceux sur peau, d'un neuvième manuscrit, ces manuscrits de Qoumrân remontant, quant à eux, au 1er siècle avant J.-C.

Notons qu'à l'occasion de la « Guerre des Six Jours », en juin 1967, les autorités israéliennes saisirent chez un antiquaire de Jérusalem — ce marchand chrétien jacobite avait, depuis les premières trouvailles faites à Qoumrân en 1947 par les Bédouins, alors qu'il était installé à Bethléem, servi d'intermédiaire à ceux-ci pour la vente du produit de leurs fouilles clandestines —, le plus long rouleau (mesurant encore 8,14 m avec 66 colonnes de texte), actuellement connu, provenant de Qoumrân; comme les considérations sur le Temple de Jérusalem couvrent près de la moitié de ce rouleau, celui-ci a reçu le nom de *Rouleau du Temple*. De caractère nettement sectaire, ce document en hébreu rassemble une grande collection de règles religieuses concernant, en particulier, la pureté et les impuretés rituelles, une énumération de sacrifices et d'offrandes à effectuer pendant les fêtes juives, une description du Temple futur et de la liturgie qu'il conviendra d'y pratiquer, des prescriptions se rapportant au roi futur et à l'organisation de l'armée sous son règne.

La Communauté de Qoumrân et les composantes du judaïsme palestinien d'alors, en particulier le christianisme naissant. — Selon les *Notices* d'écrivains anciens, en particulier celles de l'historien juif Flavius Josèphe (dans sa *Guerre des Juifs* et ses *Antiquités judaïques*) et de l'auteur latin Pline l'Ancien (dans son *Histoire naturelle*), le judaïsme palestinien, au 1er siècle avant notre ère, était composé, principalement, de trois éléments : deux « mouvements » (celui des Sadducéens, membres de la classe sacerdotale qui régentait le Temple de Jérusalem; celui des Pharisiens, laïcs qui se consacraient à l'étude de la *Tôrâh*, la Loi biblique, sous la direction de docteurs particulièrement versés dans la science des Ecritures, dans l'exégèse de la *Bible*) et un « ordre » (celui des Esséniens, constitué autour des prêtres les plus intransigeants, ayant choisi d'établir une communauté près de la mer Morte — en un lieu dont la description correspond aux principales caractéristiques du site de Qoumrân — pour s'attacher à l'étude de la *Bible* en observant des règles de pureté rituelle particulièrement strictes).

La comparaison minutieuse, d'une part des informations fournies par les *Notices* d'écrivains anciens sur ces trois principales composantes du judaïsme palestinien du 1er siècle avant notre ère, d'autre part des données fournies tant par l'étude des *Manuscrits de la mer Morte* que par l'examen des résultats des fouilles archéologiques conduites sur le site de Qoumrân-Feshkha, a déterminé le plus grand nombre des spécialistes concernés à considérer la communauté de Qoumrân-Feshkha comme appartenant à l'ordre essénien.

Grâce à ces découvertes, faites en un coin perdu du « Désert de Juda », nous connaissons, donc, maintenant directement les Esséniens, si longtemps entourés de mystère. Du même coup, bien d'autres problèmes se trouvent en voie d'être résolus; ainsi, l'identification, parmi les *Manuscrits de la mer Morte*, de plusieurs ouvrages appartenant à la littérature juive intertestamentaire — connus chez les catholiques sous le nom d'« Apocryphes », et sous celui de « Pseudépigraphes » chez les protestants — constitue un argument de poids en faveur de l'origine essénienne de ces ouvrages juifs intertestamentaires.

Nous ne ferons qu'évoquer des groupements plus politiques, nés vers la fin du même 1er siècle avant notre ère, notamment le parti des Hérodiens (composé des partisans des Hérodes) et le parti des Zélotes (rassemblant des opposants de tout bord à l'occupant romain).

Par contre, le christianisme naissant, qui devint à son tour une composante du judaïsme palestinien — ce, au cours du 1er siècle de notre ère —, nous retiendra un peu plus longuement; en effet, il convient de présenter la question vivement débattue des rapports qui ont pu exister entre la communauté essénienne de Qoumrân et celle des premiers chrétiens.

Si importantes sont les ressemblances entre ces deux communautés que certains auteurs ont voulu voir dans la communauté des bords de la mer Morte un groupe de Judéo-chrétiens, c'est-à-dire de juifs convertis au christianisme. Il n'en est rien : la communauté de Qoumrân, nous l'avons vu, est antérieure à la naissance et du christianisme et même du fondateur de celui-ci — l'installation de la communauté essénienne à Qoumrân remontant aux alentours de l'an 100 avant notre ère. Mais, l'importance des ressemblances entre ces deux communautés excuse cette confusion.

Reprenant, ainsi, la thèse soutenue par la critique historique au xviiie siècle, le Pr A. Dupont-Sommer, dès les premières publications des manuscrits de la grotte 1, entreprit de souligner les ressemblances entre ces deux communautés, l'essénienne et la chrétienne. Ses vues perspicaces sont, aujourd'hui, admises, du moins en grande partie, par les savants de toute tendance. Nous conclurons donc ce point en citant cette opinion exprimée par le cardinal J. Daniélou : « En nous faisant connaître le milieu immédiat où est né le christianisme, les découvertes de Qumrân résolvent un nombre considérable de problèmes que l'exégèse n'arrivait pas à résoudre : origine de Jean-Baptiste, date de la Pâque, origine de la hiérarchie [ecclésiastique chrétienne], vocabulaire de saint Jean, origine du gnosticisme. Il est probable que l'utilisation de l'ensemble des documents, les comparaisons auxquelles ils donneront lieu, augmenteront encore considérablement le nombre des énigmes résolues. On peut donc dire que cette découverte est la plus sensationnelle qui ait jamais été faite. » (J. Daniélou, *Les Manuscrits de la mer Morte et les origines du christianisme*, Paris, Editions de l'Orante, 1re éd. 1957, p. 123, 2e éd. 1974, p. 120).

● BIBLIOGRAPHIE. — A. DUPONT-SOMMER, *Les écrits esséniens découverts près de la mer Morte*, Paris, Payot, 1re éd. 1959, 4e éd. 1983; R. de VAUX, *L'archéologie et les manuscrits de la mer Morte* (The Schweich Lectures of the British Academy, 1959), Londres, Oxford University Press, 1961; édition posthume augmentée, en traduction anglaise, du même ouvrage : *Archaeology and the Dead Sea Scrolls*, Londres, 1973; E.-M. LAPERROUSAZ, *Les Manuscrits de la mer Morte* (coll. « Que sais-je ? », n° 953), Paris, PUF, 1re éd. 1961, 6e éd. 1984; E.-M. LAPERROUSAZ, *Qoumrân. L'établissement essénien des bords de la mer Morte. Histoire et archéologie du site*, Paris, A. & J. Picard, 1976; E.-M. LAPERROUSAZ, *L'attente du Messie en Palestine à la veille et au début de l'ère chrétienne, à la lumière des documents récemment découverts*, Paris, A. & J. Picard, 1982; E.-M. LAPERROUSAZ, *Les Esséniens selon leur témoignage direct*, Paris, Desclée, 1982.

▶ CORRÉLATS. — Christianisme, Renan, Simon.

E.-M. LAPERROUSAZ.

Quantitative (Histoire)

Dans tous les domaines de la connaissance, le xixe et le xxe siècle furent marqués par une foi toujours plus grande dans le nombre, et l'histoire a participé à cette révolution intellectuelle. L'histoire quantitative est l'utilisation *systématique* de sources et de méthodes quantitatives dans la description et l'analyse historique. Car ce qui caractérise l'histoire quantitative ce n'est pas simplement l'utilisation des chiffres pour illustrer la description, c'est leur utilisation comme base même de la narration et de l'analyse.

Parmi les pionniers de ce mode d'écriture de l'histoire on trouve les historiens économistes, car la nature même de leur intérêt, l'étude des quantités de biens et de services et leur valeur monétaire, est éminemment quantifiable, bien plus évidemment que le domaine des idées, de l'art, de la religion ou de la diplomatie.

Parmi les pionniers de l'histoire quantitative on trouve donc en effet des historiens qui, avec Thorold Rogers, puis le vicomte d'Avenel au XIXe siècle, étudièrent les prix, les salaires, les loyers, les revenus et l'évolution du niveau de vie. Puis vint avec le développement de la science économique, par exemple avec François Simiand, l'étude des grands cycles séculaires ou interséculaires (phase « A » : inflation et croissance ; phase « B » : déflation et dépression) engendrés par des phénomènes monétaires et mesurables par l'étude des prix. Bientôt, avec Labrousse, on espéra trouver dans ces phénomènes de fluctuations des prix l'explication des grands événements politiques, tels que la Révolution de 1789.

Dans plusieurs pays d'Europe et aux Etats-Unis (avec l'aide initiale de la Fondation Rockefeller) on investit des fonds considérables dans la préparation de volumes consacrés exclusivement à l'histoire des prix. L'exemple le plus spectaculaire de tels travaux est sûrement celui des historiens gantois, bruxellois et louvanistes, avec les 3 000 pages de *L'histoire des prix et des salaires en Flandre et au Brabant du XIVe au XIXe siècle*, sous la direction de C. Verlinden (Gand, 1959-1973). A ceci il faut ajouter le grand travail de Herman Van der Wee sur Anvers et d'autres volumes moins connus sur l'histoire quantitative des prix et de l'agriculture en Flandre et au Brabant. Hors des Flandres, on a l'exemple de ces extraordinaires tomes d'Huguette et Pierre Chaunu sur les mouvements des navires entre *Séville et l'Atlantique*.

Après la deuxième guerre mondiale, la recherche historique française, déjà très fortement influencée par l'histoire économique et sociale, se dirigea vers l'étude des crises de subsistance dans l'Ancien Régime économique, et en particulier vers leurs effets démographiques. Ce fut bientôt après Pierre Goubert et Louis Henry la grande poussée de la démographie historique, discipline quantitative par excellence. Ce nouveau développement influença la recherche historique tout entière. La méthode de reconstitution des familles démontra que l'étude numérique d'une société pouvait mener à découvrir les secrets les plus intimes de la procréation (contrôle ou non de la fécondité, espaces entre naissances), des stratégies familiales et alliances (âge et origine sociale des conjoints au mariage, et de leurs témoins), et des conséquences de la stratification sociale (mortalité différentielle). Ainsi les historiens français montrèrent les possibilités d'une association des méthodes quantitatives avec une problématique des mentalités et des études « vues d'en bas » si caractéristiques de la « Nouvelle histoire ». De l'enquête sur les *dîmes* (à propos du problème de la croissance agricole à l'époque pré-industrielle) à l'enquête sur la *Diffusion des Lumières* ou celle sur l'*Alphabétisation* qui abordaient le « sériel du 3e niveau » (Pierre Chaunu), le Centre de Recherches historiques de la VIe section de l'EPHE, sous l'impulsion en particulier d'Emmanuel Le Roy Ladurie et François Furet, fut, à la fin des années 60, le foyer le plus actif et comme le bastion de l'histoire quantitative.

Alors qu'en histoire sociale et démographique, les historiens français semblaient montrer le chemin, les Américains, à la suite de Simon Kuznets, s'engagèrent dans la comptabilité nationale, et l'histoire économique quantitative fut un certain temps influencée par les concepts de la macro-économie. On commença à calculer le produit national et le produit intérieur bruts, le produit physique, ainsi que le taux d'investissement. On raisonna ensuite sur des comparaisons de taux de croissance de ces grandeurs. C'est ici que se placent Alexander Gerschenkron et sa vision élastique d'un lancement de l'économie plus ou moins rapide et soudain selon le degré de retardement initial; et W. W. Rostow avec sa théorie aéronautique du décollage des économies et des *Etapes de leur croissance économique*. A Paris, François Perroux installait à l'Institut de Science économique appliquée un groupe de recherches sur *L'histoire quantitative de l'économie française*, dirigé par Jean Marczewski, dont les premiers volumes d'histoire sérielle attirèrent pourtant le scepticisme. Emmanuel Le Roy Ladurie attira l'attention sur les lacunes et défauts des archives utilisées et qualifia de « comptes fantastiques » les volumes de J.-C. Toutain et T. Markovitch.

A la suite de John Meyer, de Douglass North, d'Albert Fishlow, et surtout de Robert Fogel, des historiens américains inventèrent, dès la fin des années 50, la cliométrie, appelée aussi économétrie historique, ou « New Economic History ». Enseignant surtout à des économistes, ces professeurs appliquèrent les méthodes d'économétrie dont le prestige croissait rapidement à des sources et des problèmes historiques (le rôle de l'esclavage dans l'histoire du Sud et dans la guerre de Sécession, le rôle des chemins de fer dans l'ouverture de l'Ouest et le développement du pays, etc.). Leur organe de choix fut *Explorations in Entrepreneurial History*, bientôt dénommé *Explorations in Economic History*.

La nouveauté de ces méthodes et leur intérêt furent triples. Elles consistèrent d'abord dans l'utilisation des statistiques analytiques et non plus seulement descriptives. On usa avant tout de la méthode dite de régression par moindres carrés, calculs qui essentiellement font découvrir le signe, la grandeur et la force des relations présumées linéaires et constantes entre une variable qu'on cherche à expliquer, et d'autres variables explicatives. Ajoutons ici que ces calculs auraient été fastidieux et donc inconcevables sans l'ordinateur dont chacun commença à faire usage en économie dès le début des années 60.

Le deuxième aspect, encore plus nouveau, de ces méthodes est que leur objet était de vérifier des hypothèses posées de façon tout à fait explicite concernant des variables économiques, même quand les données nécessaires n'étaient pas livrées directement par les archives. Le lien entre hypothèses et données économiques était presque toujours la théorie dominante, c'est-à-dire la théorie marginaliste ou néo-classique des marchés et des entreprises. On a même pu dire alors que la New Economic History se réduit au fond à une vérification des théories micro-économiques marshalliennes.

Le troisième aspect, sûrement le plus contesté, est le raisonnement sur des entités fictives. La confiance en la théorie fut telle qu'on osa, en cas de manque de données, leur substituer des prédictions engendrées par les modèles, et raisonner sur ces prédictions comme si elles étaient des faits. C'est la *counterfactual history*. Notons toutefois que ce mode de raisonnement est moins hardi qu'on ne le pense parfois. Un grand historien analytique comme Henri Pirenne ne faisait-il pas déjà de l'histoire hypothétique quand il écrivait en 1922 que « sans Mahomet, Charlemagne aurait été inconcevable » ?

A la suite de Jeffrey G. Williamson, une minorité de cliométriciens appliqua plus tard la théorie de l'équilibre général, qui est une synthèse de la micro- et de la macro-économie, à des données et des situations historiques. L'autre apport de ces nouveaux économétriciens est l'utilisation de simulations conduites sur ordinateur afin de produire des scénarios hypothétiques d'évolution dynamique d'économies tout entières, avec plusieurs secteurs (agriculture, industrie, commerce) qu'on compare ensuite avec les données historiques réelles afin de découvrir les relations de causalité entre variables économiques et développement historique. Jeffrey Williamson occupe depuis peu la chaire d'économie autrefois détenue à l'Université Harvard par Alexander Gerschenkron puis par Robert Fogel.

Les Etats-Unis montrèrent le chemin des méthodes quantitatives également dans l'étude des mouvements de violence et de grèves et dans l'étude de la mobilité sociale, à la suite de l'historien et sociologue Charles Tilly (maintenant à la New School for Social Research, New York) et de l'historien Stephan Thernstrom (maintenant à Harvard). Comme les démographes combinant les renseignements sur un même individu donnés par les registres de baptêmes, mariages, et sépultures, Thernstrom et ses disciples suivirent le parcours d'individus d'un recensement à un autre, et mesurèrent la mobilité des Américains dans les villes du XIXe siècle, selon leur origine nationale ou ethnique. Ce fut la « nouvelle histoire urbaine ».

C'est grâce à un jumelage semblable que Peter Laslett, à l'Université de Cambridge, avait dès 1964 découvert à Clayworth et Cogenhoe, dans l'Angleterre du XVIIe siècle, une mobilité géographique interdécennale inattendue par son ampleur. Cette découverte fut à la base de son *Monde que nous avons perdu*, ainsi que du renouvellement de l'histoire de la famille.

A la fin des années 60 les méthodes quantitatives pénétrèrent l'histoire de la famille et lui donnèrent une énorme impulsion. Elle était jusque-là dominée par des approches, comme celles de Philippe Ariès et de David Hunt, dont les conclusions reposaient souvent sur de l'étude iconographique ou l'interprétation des mémoires de grands personnages. C'est d'Angleterre que s'exporta cette fois la révolution quantitative. Peter Laslett proposait une typologie et une problématique de la famille qui lancèrent des dizaines d'historiens du monde entier à compter la proportion de familles conjugales et élargies dans les recensements. Après la critique de Lutz Berkner, les historiens divisèrent bientôt leurs tableaux en colonnes montrant la composition familiale selon l'âge du chef de famille afin de déceler l'existence d'un cycle familial. Une nouvelle revue fut fondée par Tamara Hareven, le *Journal of Family History*, presque entièrement consacrée à ses débuts à l'étude quantitative de la famille.

L'histoire quantitative tint alors un moment le haut du pavé dans le monde universitaire.

Emmanuel Le Roy Ladurie avait déjà dit en 1968 dans *Le Nouvel Observateur* que « l'historien de demain sera programmeur ou il ne sera plus ». L'ordinateur en effet était indispensable à ce nouveau style de recherche. Il fut aussi adopté par la « nouvelle histoire sociale ». Toutefois, la réaction anti-quantitativiste, présente dès le début chez les historiens intuitifs (Richard Cobb) mais un moment étouffée, reprit de l'influence dès les années 70, en Angleterre et aux Etats-Unis comme en France.

Cette réaction put d'abord sembler comme un mouvement de l'arrière-garde (Jacques Barzun) ou d'un populisme pour lequel les nouvelles méthodes quantitatives ne sont que le moyen de cacher la vraie nature des divergences sociales et de la lutte des classes derrière l'écran d'une moyenne statistique (E. P. Thompson). Mais une réaction se profila parmi ceux mêmes qui avaient été à l'avant-garde du quantitatif (Lawrence Stone, Emmanuel Le Roy Ladurie). Soudain ils brûlèrent ce qu'ils avaient adoré. On s'aperçut bientôt en effet qu'avant de pouvoir utiliser les gros ordinateurs, l'historien devait apprendre le langage permettant de les programmer, ou alors faire appel à des assistants, ce qui demandait des crédits de recherches et une infrastructure, car ces machines coûteuses et ultra-rapides sont complexes. Les assistants informaticiens devaient être mis au courant des problèmes de l'historien et leurs travaux sans cesse vérifiés. D'où le découragement de nombreux historiens quantitativistes de la première heure. De très ambitieux programmes de recherche collective, comme celui de Robert Fogel et Stanley Engerman sur l'esclavage aux Etats-Unis, ou de Theodore Herschberg sur Philadelphie avaient produit des résultats très contestés ou décevants par rapport aux investissements qu'ils avaient nécessités. D'ailleurs il était fort difficile au lecteur de porter un jugement critique justifié quand les données sous-jacentes n'étaient disponibles que sous forme de bande magnétique déposée dans quelque institut. On parla un moment du retour de l'événementiel, de la « description en profondeur », prônée par Geertz et l'anthropologie historique. A côté de certains échecs retentissants, il faut cependant considérer la réussite tout aussi spectaculaire d'autres grands projets, comme la mise sur fiches du *catasto* florentin de 1427 qui conduisit à la publication par David Herlihy et Christiane Klapisch des *Toscans et leurs familles* (Paris, 1978) et la reconstitution de l'histoire de la population anglaise par E. A. Wrigley et R. S. Schofield (*The Population History of England 1541-1871*, Londres, 1981).

D'autre part, les obstacles rencontrés par les historiens utilisant l'équipement informatique sont maintenant ou seront bientôt amenuisés grâce à l'avènement du micro-ordinateur. L'historien muni de ce micro-ordinateur pourra achever seul, chez lui, des tâches qui à la main en 1950 demandaient des trésors de patience et à la machine en 1970 des investissements considérables. Il est certain que ce nouvel outil de travail aura l'effet de faciliter la pratique de l'histoire quantitative. On peut même penser qu'il lui apportera de nouveaux adeptes, car comme le disait Lawrence Stone en 1965, « la mesure statistique est le seul moyen de révéler la cohérence dans le chaos des comportements individuels et de distinguer le spécimen représentatif de l'aberration. L'ignorance de ces précautions a conduit bien des historiens à offrir des généralisations insensées sur la base documentaire d'une poignée d'exemples frappants ».

● BIBLIOGRAPHIE. — Ralph ANDREANO, avec une présentation de Jean HEFFER, *La Nouvelle Histoire économique. Exposés récents sur la méthodologie*, Paris, Gallimard; *Annales ESC*, 1972, n° 4-5 : Famille et société; Pierre CHAUNU, *Histoire quantitative, histoire sérielle*; Richard COBB, *A Second Identity. Essays on France and French History*, Oxford, 1969; Roderick FLOUD, *An Introduction to Quantitative Methods for Historians*, Londres, Methuen, 1979, 2e éd.; Robert W. FOGEL et Stanley L. ENGERMAN, *Time on the Cross : The Economics of American Negro Slavery*, 2 vol., Boston, 1974; Robert W. FOGEL et G. R. ELTON, *Which Road to the Past? Two Views of History*, New Haven-Londres, Yale University Press, 1983; F. FURET, Histoire quantitative et fait historique, *Annales ESC*, n° 1, 1971; Clifford GEERTZ, Deep Play : Notes on the Balinese Cock-Fight, in *The Interpretation of Cultures*, New York, 1973; Jean HEFFER, La New Economic History, *Annales*, 1977, n° 1; Theodore HERSHBERG, ed., *Philadelphia : Work, Space, Family and Group Experience in the Nineteenth Century*, Oxford, Oxford University Press, 1981; Georges LEBFEVRE, Le mouvement des prix et la Révolution française, *Annales historiques de la Révolution française*, 1937, repris dans *Etudes sur la Révolution française*, Paris, PUF, 1963; Emmanuel LE ROY LADURIE, *Le territoire de l'historien*, Paris, Gallimard, 1973; Lawrence STONE, *The Crisis of the Aristocracy 1558-1641*, Londres, Oxford University Press, 1965; Lawrence STONE, *The Past and the Present*, Boston-Londres, Routledge & Kegan Paul, 1981.

▶ CORRÉLATS. — Démographie historique, Economie (Histoire économique et New Economic History), Inflation et histoire, Informatique, Labrousse, Prix, Sérielle (Histoire), Simiand.

Ranke Leopold (von, depuis 1865), 1795-1886

Cet historien allemand, né à Wiehe (près de Halle, Saxe), mort à Berlin, peut être considéré comme un des fondateurs de l'histoire scientifique en Allemagne et de l'historicisme. Perfectionnant les méthodes critiques déjà en usage à la fin du xviiie siècle (école de Göttingen), il contribua de manière décisive à la mise au point de la méthode historico-critique d'analyse des sources écrites ; donnant la préférence aux documents livrant un accès immédiat à la compréhension des intentions et des motifs des acteurs de l'histoire (mémoires, journaux, rapports, récits, témoignages, etc.), il définit l'histoire comme une discipline heuristique et lui assigne comme finalité première la recherche de l'objectivité : l'historien ne doit pas avoir d'autre ambition « que de retracer la manière dont le passé s'est réellement déroulé » (« bloss zeigen, wie es eigentlich gewesen »). Fortement marquée par l'idéalisme, sa conception de l'histoire repose par ailleurs sur l'idée que l'histoire est le fait d' « individualités » uniques et irréductibles, ayant chacune leur structure spécifique et leur originalité immédiate (« Jede Epoche ist unmittelbar zu Gott ») ; par « individualité », il entend moins les « grands hommes » que les nations, les civilisations, les époques du passé et surtout les Etats. Dans son œuvre historique, Ranke donne la priorité à l'histoire politique et religieuse, analysant les Etats de l'Europe moderne comme des « entités spirituelles » (« geistige Wesenheiten ») ne pouvant être comprises qu'à partir de leur spécificité intrinsèque. De là découle pour lui le « primat de la politique extérieure » (situé au-dessus des conflits internes et des groupes d'intérêt et marquant de son emprise l'économie et la société, l'Etat pour Ranke n'obéit qu'à ses propres déterminations, à sa volonté de survie et d'expansion). Déjà présente dans son premier ouvrage (*Geschichte der romanischen und römischen Völker von 1494-1525*, 1824), cette conception de l'histoire s'affirme pleinement à la suite de sa nomination à l'Université de Berlin (1825) dans les œuvres de sa maturité (*Die römischen Päpste, ihre Kirche und ihr Staat im 16. und 17. Jahrhundert*, 1834-1836, *Deutsche Geschichte im Zeitalter der Reformation*, 1839-1847, *Neun Bücher preussischer Geschichte*, 1847-1848, *Französische Geschichte, vornehmlich im 16. und 17. Jahrhundert*, 1852-1861, etc.) ainsi que dans la *Weltgeschichte* à laquelle il travailla jusqu'à sa mort. Elle est par ailleurs en harmonie avec ses conceptions politiques (admiration pour le « conservatisme éclairé » de la monarchie prussienne, conviction que le cours de l'histoire est marqué par la montée culturelle et politique des Etats protestants de l'Europe du Nord et par le déclin irréductible du catholicisme et de la France révolutionnaire). Longtemps considéré en raison de l'abondance et de la qualité littéraire de sa production comme le plus grand historien allemand, Ranke a créé une tradition historiographique — l'historicisme — dont l'influence sur la recherche historique allemande (mais aussi étrangère, en particulier dans les pays anglo-saxons) a été décisive au moins jusqu'au début du xxe siècle.

▶ Corrélat. — Allemagne (Historiens allemands).

E. François.

Réforme

La première « historiographie » de la Réforme est contemporaine des premiers débats qui affectent l'Eglise chrétienne d'Europe occidentale. Très tôt (dès 1518), les facultés de théologie (Cologne, Louvain, Paris), les théologiens désignés par Rome, assimilent réformateurs et leurs propositions à des hérésiarques et des doctrines déjà condamnées dans le passé, donc condamnables. A l'inverse, Luther, Zwingli et leurs partisans vont très tôt développer le thème d'un déclin moderne, lourd d'innovations illégitimes, de l'Eglise — ce qui justifie une démarche de « re-formation » sur le modèle de l'Eglise considérée comme primitive (Eglise apostolique et tradition dogmatique des cinq premiers siècles) Il s'agit alors de légitimer la prétention à donner « meilleure » forme à une Eglise qui reste une Eglise de multitude Dans le même temps, au sein de groupes restreints, « sectaires », est mis en œuvre le schéma « progressiste » d'une église chrétienne qui entre dans un « âge de l'Esprit », dont l'imminence avait été maintes fois entrevue, que ce soit sous forme effervescente (les « anabaptistes ») ou plus paisible (Sébastien Franck).

La rupture provoquée par la Réforme a donné lieu jusqu'à l'*Aufklärung* à deux lectures antagonistes : protestants et catholiques s'affrontent autour du thème vraie et fausse Eglise. Les historiens, tous chrétiens, ne se résignent pas au scandale de la division de la chrétienté. Leurs écrits se caractérisent par un dogmatisme ingénu, un aspect de guerre sainte, un ressentiment agressif et hautain. Les ouvrages qui ont marqué l'historiographie protestante sont les *Centuries de Magdebourg* (1559-1574), *Historia der Augsburger Confession* (1576) de Chytraeus et l'*Histoire ecclésiastique des églises réformées du royaume de France* (1580), rédigée à l'initiative de Théodore de Bèze. Le fossé confessionnel est encore élargi par les martyrologes, dont les principaux sont ceux de J. Crespin et de Fox. Du côté catholique la vision de la Réforme est fixée par les *Annales ecclésiastiques* de Baronius (1588-1607) ou les travaux de saint Hosius et Florimond de Raemond.

A la fin du xviie siècle on assiste à un changement d'attitude des protestants qui admettent désormais le rôle des causes secondes et des faiblesses humaines dans la Réforme, notamment sous l'influence de Gottfried Arnold, *Unparteiische Kirchen- und Ketzerhistorie* (1699). Au xviiie siècle l'*Aufklärung* privilégie la personne de Luther aux dépens de sa théologie ramenée à une justification morale. Luther instrument de Dieu devient un ange protecteur des droits de la raison et de la liberté de conscience.

Au XIXe siècle la Réforme a été vue sous un angle différent par les divers courants de pensée. Nous n'en retenons ici que trois. Le romantisme se montre hostile à la Réforme parce qu'elle a brisé l'unité religieuse. Le libéralisme théologique a longtemps influencé l'historiographie, en particulier en France, par l'intermédiaire des historiens de la Faculté de Théologie de Strasbourg (Roehrich, Baum et Charles Schmidt). Il présente la Réforme comme l'avènement d'une ère de liberté, l'instauration d'un culte en esprit et en vérité. Le puissant mouvement piétiste de son côté conduit à la mise en valeur des expériences spirituelles rendues possibles par la prédication protestante, ce qui conduit à multiplier la recherche de racines dans la tradition spirituelle et éthique commune.

La vision catholique, confortée par celle du romantisme, a été renouvelée par plusieurs historiens qui ont été traduits en français, qui ont connu une large audience et qui ont eu le mérite de s'engager dans la voie d'une explication rationnelle. La *Geschichte des deutschen Volkes seit dem Ausgang des Mittelalters* de J. Janssen, en 8 volumes (1878-1893), qui connut 20 éditions et une traduction française, soit un impact considérable, est un ouvrage de polémique érudite, qui élargit la vision aux domaines économique, social et culturel. Mais la documentation riche demeure partiale, centrée sur deux objectifs : la vitalité de la civilisation et de la culture à la fin du Moyen Age et l'échec de la Réforme dû au caractère de Luther, maladif, névrotique et vantard. Les PP. Denifle (OP) (*Luther und Luthertum*, 1904), Grisar (SJ) (*Martin Luther. Sa vie et son œuvre*, Paris, 1931) et Pâquier (Réforme, in *Dictionnaire de Théologie catholique*, XIII, 1937) accumuleront les matériaux biographiques et théologiques, mais en resteront, à des degrés divers, à une approche dépréciative de la personne de Luther.

La vision de Luther et de la Réforme a été profondément modifiée en Allemagne par deux universitaires. Ranke, pour la première fois, lit Luther en historien sans être guidé par des préoccupations de théologie ou d'édification. Dans son *Histoire de la papauté pendant les XVIe et XVIIe siècles*, il procède à une réhabilitation impartiale de la papauté. Il situe Luther dans son contexte et s'efforce de comprendre son cheminement spirituel, ses combats et ses découvertes. Le sociologue Troeltsch crée une nouvelle image de Luther, nouveau Janus : d'une part un génie religieux, mais aussi un conservateur qui a favorisé le développement du pouvoir princier, l'apathie du peuple et empêché les réformes sociales, soit une critique de l'image héroïque nationale.

L'historiographie varie aussi beaucoup selon les pays. En Allemagne elle est centrée sur le personnage de Luther, promu héros national par la majorité protestante, notamment lors des jubilés de 1817, 1830 et 1883. En Suisse alémanique, Zwingli joue un rôle analogue, héros national d'un côté, hérétique et traître de l'autre.

En France, Michelet voit dans la Réforme un fait providentiel, une étape capitale dans le progrès indéfini de l'Humanité. Le fait minoritaire et l'antagonisme franco-allemand pèsent profondément sur l'historiographie. Les adversaires s'appuient au XIXe siècle sur l'affirmation des intellectuels allemands pour démontrer le caractère spécifiquement germanique de la Réforme de Luther. Après 1870, dans les manuels de l'enseignement secondaire, la Réforme apparaît comme un mouvement extérieur à la France et les protestants comme des étrangers ou des déserteurs. La dimension religieuse apparaît secondaire et subordonnée. Ainsi *L'Institution de la religion chrétienne* de Jean Calvin est-elle présentée d'abord comme le premier chef-d'œuvre de la langue française. Aussi les protestants français, qui fondent en 1852 une *Société de l'histoire du protestantisme français*, s'efforcent de mettre en valeur l'originalité du calvinisme. Entre 1885 et 1900 ils vont même jusqu'à nier tout lien de filiation avec la Réforme allemande par patriotisme excessif. C'est à partir du monde anglo-saxon que, d'une part, se multiplient les travaux qui cherchent à comprendre la Réforme sur l'horizon des « Pères de l'Eglise » ou du christianisme oriental, et d'autre part à prolonger les études sur les mouvements « anabaptistes » et antitrinitaires qui avaient émigré d'Europe centrale et orientale vers les Etats-Unis.

Au XXe siècle apparaissent trois nouvelles approches qui privilégient des facteurs extra-religieux. La thèse marxiste, fixée par Engels en 1850 *(La guerre des paysans)*, présente la Réforme comme l'expression d'une étape de la première révolution bourgeoise : Thomas Müntzer en aurait approfondi la signification sociale au moment de la guerre des paysans. Cette historiographie qui privilégiait la « détermination en dernière instance » par les conditions économiques et la position sociale des divers acteurs évolue, à la suite notamment des travaux de Zschäbitz qui a laissé inachevée une biographie de Luther. Ainsi dans la récente biographie de Luther par G. Braendler (*Martin Luther und Revolution*, Berlin, 1983), l'analyse des conceptions théologiques de Luther et de leur impact sur les contemporains est-elle développée, en même temps que le personnage de Thomas Müntzer voit son importance réduite, la guerre des paysans devenant l'épisode « nécessaire » du passage à l' « utopique » qui révèle ce qui reste historiquement possible et qu'illustre dans ses contradictions Martin Luther.

La conception économiste de H. Hauser, selon laquelle le protestantisme aurait été d'abord en France (avant 1560) « une religion de petites gens », ne résiste pas aux faits. En fait il y a eu des protestants dans toutes les classes sociales et de même les rapports entre mouvement des prix et adhésion à la Réforme demeurent ténus.

D'autres historiens ont élaboré une thèse psychanalyste qui s'efforce d'expliquer la révolte de Luther contre l'Eglise par son hérédité alcoolique, un amour anormal pour sa mère, l'éducation faite dans un climat de crainte et des obsessions sexuelles. Cette interprétation rétrécit trop les perspectives et laisse de côté les raisons profondes du retentissement de Luther dans l'opinion de son temps.

L'historiographie a bénéficié au XXe siècle de plusieurs fortes personnalités. Avant 1939 c'est incontestablement Lucien Febvre qui apporte un renouvellement de la problématique : *Un destin : Martin Luther*. Il reconstitue l'outillage mental et la sensibilité religieuse des divers groupes réformés, et établit les limites du mouvement par référence au contexte socioculturel. En Allemagne l'historiographie après la première guerre mondiale est renouvelée par trois historiens, Brandi, qui privilégie les aspects politiques de la Réforme, Joachimsen, qui associe l'histoire de la culture allemande au destin politique du peuple allemand, et Gerhard

Ritter, qui trace un portrait plus précis des réformateurs et décrit mieux les relations entre les aspects politiques, religieux et économiques de la période de la Réforme.

A l'issue de la seconde guerre mondiale, un nombre croissant d'historiens se sont intéressés à la Réforme. Dans le foisonnement des productions, on peut essayer de discerner quelques tendances et perspectives.

Déjà les travaux de J. Lortz, avant ceux de Y. Congar avaient très largement contribué à libérer les historiens de l'*a priori* confessionnel : Martin Luther est désormais désigné, en milieu catholique, comme un « témoin de Jésus-Christ » dont la spiritualité et la théologie méritent d'être reçues, même si elles ne sont pas le fruit d'une attention égale à toute la tradition. Désormais les études d'histoire de la Réforme sont volontiers a-confessionnelles, interdisciplinaires, et « comparées ».

Dans le même temps, prolongeant les initiatives qui avaient marqué le XIXe siècle (éditions critiques des *Œuvres* de Luther et de Calvin), de très vastes programmes d'éditions de textes (éditions critiques, « éditions d'études », traductions) sont prolongés ou entrepris : les *Corpus catholicorum, Corpus Reformatorum Italicorum*... croissent, en même temps que les instruments d'un élargissement des enquêtes se multiplient : il peut s'agir de la publication d'*Actes* (Actes des Nonces, Actes des procès d'anabaptistes, *Registres de la Compagnie des Pasteurs de Genève*...]; de correspondances (de Théodore de Bèze, de M. Bucer, de Ph. Mélanchthon); de disciplines et ordonnances, de pamphlets et sermons... Ceci, joint à la multiplication des instruments bibliographiques (*Bibliographie de la Réforme* à partir de 1958 sous les auspices de la CIHEC; répertoires bibliographiques et inventaire de « fonds anciens »), permet la multiplication des approches. L'attrait des études sociologiques et « problématiques » n'est pas exclusif de la production de « biographies », de Luther, Calvin..., certes, mais aussi de Servet, de P. Marbeck... Des « milieux » sont étudiés, avec la volonté de trouver à expliquer des accueils très différenciés de la Réforme : ainsi un débat important a-t-il été ouvert sur le thème de la Réforme comme événement urbain à partir des travaux de B. Moeller, A.-G. Dickens, S. Ozment. Mais dans les villes des groupes sociaux divers ont protesté devant l'apparition ou le maintien de strictes disciplines et de ministres aux traits cléricaux (ainsi les juristes et artistes « épicuriens » de Strasbourg), alors que le patriciat autochtone résistait le mieux possible aux agitations populaires volontiers teintées d'apocalyptique. Le souci de décrire et comprendre les attitudes du plus grand nombre — c'est-à-dire des masses rurales — face à l'innovation a préparé les voies d'une « histoire des mentalités » (cf. les travaux de J. Delumeau) qui cherche à comprendre comment les institutions et prédications chrétiennes ont ajouté aux peurs ou espérances des hommes et des femmes du XVIe siècle. Etaient alors dévoilés les traits communs aux « pastorales » agressives d'églises séparées, mais concurrentes dans l'affrontement d'une Europe encore mal christianisée. La religion des « élites » se distinguait alors de la religion populaire, mais à des degrés divers, selon les territoires : le propos a été défendu de distinguer une réforme luthérienne plus conservatrice, d'une réforme plus radicale dans sa dénonciation des traditions non scripturaires dans la sphère d'influence calviniste. Faut-il voir là la raison de l'échec relatif en France d'une réforme calviniste que R. Kingdon s'est appliqué à présenter comme une « révolution » méthodiquement introduite dans le royaume à partir de Genève, où est expérimenté le modèle d'une église « séparée » de l'Etat.

Il est désormais clair que les thèses « classiques » d'A. Autin, P. Imbart de La Tour et E. G. Léonard doivent être reformulées : on hésite autant à parler de façon globale de la transition d'une « église » à un « parti », au moment des « guerres de religion » (autre concept profondément remanié), que d'un protestantisme de masse, tout au moins potentiellement à un « protestantisme de choix individuel » (cf. les travaux de E. Le Roy Ladurie, et plus récemment de J. Garrisson-Estèbe).

La modification du statut et de la place de la religion dans la société contemporaine a contribué à stimuler l'étude des origines au XVIe siècle d'une évolution qui ne se laisse saisir que dans la « longue durée ». On est attentif autant à la fonction « première » de la religion, à savoir la conduite des fidèles au salut dans le cadre symbolique mis en place dans les Eglises issues de la Réforme, qu'à l'actualisation de fonctions « secondes », à savoir la légitimation de l'ordre politique et des hiérarchies sociales (ou de leur contestation), et de la morale, sexuelle et conjugale notamment.

Dans le même temps, la « régionalisation » du christianisme — dont conscience est prise au sein du « mouvement œcuménique » — définit d'autres tâches. Ainsi le rapport du christianisme à la culture européenne du XVIe siècle est-il mieux élucidé, au moment où se multiplient les débats sur l' « inculturation », ou sur l'adaptation aux contextes socioculturels divers.

A. Dupront a initié des recherches sur la « sémantique », que prolongent de multiples travaux sur les écrits des réformateurs : d'où l'essor très vif des études sur le rapport à la Bible tel qu'il s'établit au XVIe siècle (étude de traductions et de commentaires bibliques), la lecture et la « réécriture » des textes patristiques, ou les « discours » tenus alors (cf. les travaux sur Luther, mais surtout sur l'accueil de Luther hors de l'espace germanique — F. M. Higman, les ouvrages de R. Stauffer et G. Vincent sur Calvin). J. F. Gilmont et E. Eisenstein s'interrogent quant à eux sur le rapport du mouvement religieux à l'imprimerie, et N. Z. Davies sur le lien avec d'autres formes de langage, telle la « violence ». Ce qui est parfois ressenti comme une « crise de pertinence » de la religion chrétienne dans la société contemporaine, induit des enquêtes sur toutes les « propositions » dont le XVIe pouvait être porteur : d'où stimulée par la somme de G. H. Williams, *The Radical Reformation*, 1962, et la *Mennonite Encyclopedia*, la richesse des travaux sur les multiples spirituels, anabaptistes, illuminés, non-conformistes... dont la typologie doit être remise en chantier; d'où aussi les travaux sur le christianisme érasmien et ses prolongements « iréniques » et conciliateurs. Et comme l'on apprend à reconnaître la « différence » et l'originalité nées de contextes socio-économiques divers, l'intérêt se renouvelle pour des groupes « originaux » tel celui des Vaudois qui se rapproche de la « Réforme » (cf. les travaux d'A. Molnar, G. Gonnet), ou des conduites aussi particulières que le « nicodémisme » (cf. G. Ginzburg) ou l'exil en quête d'un « refuge » (Ph. Denis).

Il ne faut pas en conclure que le temps des synthèses est clos : P. Chaunu, en France, a su ainsi proposer une « Théorie des Réformes » qui, si elle suscite bien des commentaires, a le mérite de suggérer une explication de la Réforme qui prend en compte une particularité de la religion chrétienne : elle traverse les siècles au prix de vérifications réitérées de son lien avec le Temps fondateur. De plus il noue le lien de l'histoire religieuse à l'ensemble plus vaste des sciences sociales, tout en ne faisant point l'économie de l'attention aux productions théologiques.

En fait l'historiographie a évolué au même rythme que les autres sciences historiques durant les dernières décennies. Elle a renouvelé profondément sa problématique et sa vision de la Réforme.

● BIBLIOGRAPHIE. — L. von Ranke, *Deutsche Geschichte im Zeitalter der Reformation*, 6 vol., Berlin, 1839-1847 (1924-1926, éd. P. Joachimsen); E. Doumergue, *Jean Calvin. Les hommes et les choses de son temps*, 7 vol., Lausanne-Paris, 1899-1927; M. Weber, Die protestantische Ethik und der Geist des Kapitalismus, *Archiv für Sozialwissenschaft und Sozialpolitik*, 20, 1904, p. 1-54; 1905, p. 1-110 (cf. *L'éthique protestante et l'esprit du capitalisme*, Paris, 1964); P. Imbart de La Tour, *Les origines de la Réforme*, I-IV, Paris, 1905-1914; 1944 (dernier volume posthume); E. Troeltsch, *Die Bedeutung des Protestantismus für die Entstehung der modernen Welt*, München, 1911; J. Lortz, *Die Reformation in Deutschland*, Fribourg-en-Brisgau, 1940 (*La Réforme de Luther*, Paris, 1970); R. H. Bainton, *The Reformation of the Sixteenth-Century*, Boston, 1952; H. Bornkamm, *Luther im Spiegel der deutschen Geistesgeschichte*, Heidelberg, 1955; L. Febvre, *Au cœur religieux du XVIe siècle*, Paris, 1957; E. G. Léonard, *Histoire générale du protestantisme*, Paris, 3 vol., 1961-1964; G. H. Williams, *The Radical Reformation*, Philadelphie, 1962; B. Moeller, *Reichsstadt und Reformation*, Gütersloh, 1962 (traduction *Villes d'Empire et Réformation*, Genève, 1966); J. Delumeau, *Naissance et affirmation de la Réforme*, Paris, 1965, 4e éd. 1983; R. Stauffer, *Le catholicisme à la découverte de Luther, L'évolution des recherches catholiques sur Luther de 1904 au IIe Concile du Vatican*, Neuchâtel-Paris, 1966; G. Zschäbitz, *Martin Luther. Grösse und Grenze. Teil 1 (1483-1526)*, Berlin, 1967; Ph. Besnard, *Protestantisme et capitalisme*, Paris, 1970; K. Aland, *Martin Luther in der modernen Literatur*, Witten-Berlin, 1973; A. Friesen, *Reformation and Utopia. The Marxist interpretation of the Reformation and its antecedents*, Wiesbaden, 1974. S. E. Ozment, *Reformation in the Cities. The appeal of Protestantism to 16th Century Germany and Switzerland*, New Haven-Londres, 1975; H. Jedin, R. Baümer, *Die Erforschung der kirchlichen Reformationsgeschichte*, Darmstadt, 1975; R. Van Dülmen, *Reformation als Revolution. Soziale Bewegung und religiöser Radikalismus in der deutschen Reformation*, München, 1977; *The Social History of the Reformation*, ed. L. P. Buck et J. W. Zophy, Columbus, Ohio, 1977; Ph. Joutard, dir., *Historiographie de la Réforme*, Paris-Neuchâtel-Montréal, 1977; H. A. Oberman, *Werden und Wertung der Reformation*, Tübingen, 1977; U. M. Kremer, *Die Reformation als Problem der amerikanischen Historiographie*, Wiesbaden, 1978; P. Chaunu, *Eglise, culture et société. Essais sur Réforme et Contre-Réforme, 1517-1620*, Paris, 1981; H. A. Oberman, *Luther Mensch zwischen Gott und Teufel*, Berlin, 1982; Luther et l'Europe, *Revue d'Histoire et de Philosophie religieuse*, 63e année, janvier-juin, 1983; M. Lienhard, *Martin Luther, un temps, une vie, un message*, Paris-Genève, 1983 (notamment XVI : « Comment Luther jugeait son œuvre »; XVII : « De Luther à la tradition luthérienne », p. 343-372).

▶ Corrélats. — Febvre, Mentalités, Religion (Histoire religieuse).

B. Roussel et B. Vogler.

Relations internationales

Dans l'entre-deux-guerres, l'histoire des relations internationales se dégage de l'histoire diplomatique, essentiellement en France, et se forge ses méthodes et ses objectifs. L'influence grandissante de la méthode marxiste appliquée à l'histoire, la vitalité de l'école des *Annales*, les vigoureux débats sur les origines de la Grande Guerre ont considérablement contribué à l'enrichissement de la conception et de la pratique de l'histoire des relations internationales, qui va donner sa pleine mesure dans le deuxième après-guerre. C'est ainsi que par touches successives, surtout à partir de 1953 dans son « Introduction générale » à l'*Histoire des relations internationales*, P. Renouvin affine en 1954 (article de la *Revue historique*) sa conception des « forces profondes » qui trouve son expression la plus achevée dans l'ouvrage qu'il publie en coopération avec J.-B. Duroselle, *Introduction à l'histoire des relations internationales*, en 1964. Le livre analyse, sur la base d'exemples concrets, les forces profondes qui doivent nécessairement entrer dans l'étude de l'histoire des relations internationales : géographie-démographie, économie-finance, mentalités collectives. Les archives diplomatiques offrent une documentation toujours indispensable, mais le carcan des chancelleries a éclaté. Cependant, les auteurs insistent sur une double clé explicative : la primauté revient au politique dans la mesure où « c'est l'action des Etats qui se trouve au centre des relations internationales »; le rôle des individus est déterminant, car c'est « en fin de compte, la volonté d'un homme ou d'un groupe d'hommes qui apporte l'élément essentiel d'explication ».

La conception des forces profondes traçait à l'histoire des relations internationales une vocation à la pluridisciplinarité. Et c'est bien, en effet, de la rencontre puis de la collaboration entre l'histoire des relations internationales et de nombreux autres secteurs du champ de la recherche historique, qu'allait voir le jour une féconde production d'œuvres majeures. A cet égard, les décennies 1950-1960 sont capitales, car elles marquent le début du processus où l'histoire des relations internationales se fait, pour une part, elle-même, ou intègre dans son analyse histoire économique et sociale, histoire des mentalités, histoire culturelle, géopolitique, stratégie. D'autre part, le raccourcissement du délai de non-communicabilité des archives permet d'étendre les recherches fondamentales à l'entre-deux-guerres, à la deuxième guerre mondiale, voire à l'immédiat après-guerre.

Si l'histoire diplomatique a quelque peu pâti, à l'issue du deuxième conflit mondial, de l'engouement pour l'histoire économique et sociale, l'histoire des relations internationales a bénéficié de l'apport décisif d'historiens de la banque comme Maurice Lévy-Leboyer, Bertrand Gille et surtout Jean Bouvier. Sur la base de l'utilisation des sources économiques, notamment des archives d'entreprises dont ils montraient ainsi la richesse, ils démontent les mécanismes de fonctionnement des organismes bancaires, soulèvent les complexes questions des mouvements internationaux de capitaux, des rapports entre l'Etat et la banque, soulignent l'importance capitale de la conjoncture, ouvrant ainsi la voie aux recherches sur les relations internationales inégales, sur le problème controversé de l'impérialisme. Cette problématique, soulevée au début du siècle notamment par Hilferding et Lénine, nourrit de vifs débats parmi les historiens de la colonisation comme C. A. Jullien, Maurice Crouzet et H. Brunschwig, et met au centre de l'interrogation historique les rapports entre l'évolution des processus économiques et les mécanismes de la décision politique. Tout cela joue un rôle dans le fait que P. Renouvin, conscient depuis longtemps des champs encore en friche, engage nombre de chercheurs à explorer dans cette direction. Entre 1967 et 1977 sont publiées des thèses qui posent le problème des rapports du politique et de l'économique, et constituent un des aspects de l'école française de l'histoire des relations internationales. Citons avec tous les risques que cela comporte, de Pierre Guillen, *L'Allemagne et le Maroc de 1870 à 1905*, de Raymond Poidevin, *Les relations économiques et financières entre la France et l'Allemagne de 1898 à 1914*, de René Girault, *Emprunts russes et investissements français en Russie, 1887-1914*, de Jacques Thobie, *Intérêts et impérialisme français dans l'Empire ottoman, 1895-1914*, de Jean-Claude Allain, *Agadir, 1911*, d'Yves-Henri Nouailhat, *France et Etats-Unis, 1914-1917*, de Jacques Bariéty, *Les relations franco-allemandes après la première guerre mondiale*, de Denise Artaud, *La question des dettes interalliées, 1917-1929*.

Colloques et travaux sur une période plus récente démontrent, à travers certaines évolutions (modification des rapports entre Etat et entreprises privées, rôle croissant des organisations internationales économiques et politiques, tant publiques que privées), le poids grandissant des contraintes économiques et financières dans les rapports de force internationaux, et leur nécessaire prise en compte par les décideurs, à tous les niveaux, et notamment au niveau des Etats. Enfin, des travaux d'historiens économiques de la colonisation, comme ceux de J. Ganiage, A. Nouschi, C. Coquery-Vidrovitch, J. Suret-Canale, J. Bessis, G. Meynier, J. Marseille, ouvrent la voie à tout le secteur de l'histoire des relations internationales des pays en développement.

Pour P. Renouvin, les facteurs géographiques (force profonde) pris en compte impliquent une conception de l'espace sur la base de la critique des géopoliticiens allemands (Ratzel) et américains (Mahan), mais ignorent, à l'instar du reste des géographes français eux-mêmes, les recherches géopolitiques des Elisée Reclus, Vidal de La Blache, E. Demangeon et E. de Martonne. C'est sans doute une des raisons pour lesquelles la stratégie, prise en compte par P. Renouvin au niveau de l'histoire militaire, ne s'imposera qu'avec quelque retard comme élément majeur de l'histoire des relations internationales. Le passage de l'histoire bataille à l'histoire de la stratégie, dans son acception la plus large, s'effectue, dans un premier temps, à travers les travaux et réflexions de R. Girardet, du général Beaufre, de Raymond Aron, de J.-B. Duroselle, d'A. Martel. Peu à peu le problème militaire a débordé l'horizon étroit de la caste militaire, et se situe désormais au cœur de la problématique des relations internationales. La rencontre de la stratégie et des relations internationales montre sa fécondité à partir de la fin des années 1960. Ces problèmes sont dominants chez Guy Pédroncini, *Pétain, général en chef, 1917-1918*, André Kaspi, *Le temps des Américains, 1917-1918*, Philippe Masson, *La Marine et la mer Noire, 1918-1919*, Maurice Vaïsse, *Sécurité d'abord : la politique française en matière de désarmement, 1930-1934*, François Joyaux, *La Chine et le règlement du premier conflit d'Indochine*, Marc Michel, *L'appel à l'Afrique*, P Mélandri, *Les Etats-Unis face à l'unification de l'Europe, 1945-1954*. Notons les ouvrages sur la seconde guerre mondiale de H. Michel et R. Bourderon. Un versant plus militaire est donné par les travaux de J. Delmas et C. Carlier.

Dans le domaine de la maîtrise de l'espace, l'intégration de la réflexion sur la stratégie représente un élargissement de la conception de l'histoire des relations internationales : doctrines stratégiques, conflits stratégiques, évaluation des risques et enjeux, rôle des militaires dans la décision politique conduisent nécessairement à poser le problème des moyens, et laissent espérer des travaux nouveaux sur le poids des complexes militaro-industriels dans la détermination des politiques étrangères.

L'examen des rapports entre les faits de mentalité et les relations internationales tient une place de choix dans l'*Introduction à l'histoire des relations internationales*. Les « traits de mentalité collective », la « structure mentale » ou encore la « psychologie collective » font partie des forces profondes : toutefois, si les sentiments collectifs et les idéologies (sentiment national et nationalisme, pacifisme et internationalisme), aux lentes évolutions, sont pris en compte, l'opinion publique, aux expressions ponctuelles et versatiles, ne peut pas être considérée comme une force profonde. La rencontre entre les mentalités collectives et l'histoire des relations internationales se constitue à travers des œuvres pionnières (Claude Digeon, *La crise allemande de la pensée française, 1870-1914*, en 1959, et René Rémond, *Les Etats-Unis devant l'opinion française, 1815-1852*, en 1962) et les efforts d'historiens des relations internationales, pour cerner, avec l'apport des sciences sociales, un concept encore passablement flou : sont ici appelées à l'aide l'anthropologie, la sociologie, la psychologie sociale, les sciences politiques et tout particulièrement l'histoire des mentalités (M. Vovelle, Ph. Ariès, J. Le Goff). La plupart des travaux d'histoire des relations internationales déjà cités abordent peu ou prou les problèmes liés à l'opinion publique, aux mentalités, aux idéologies, mais certains se situent au cœur de cette problématique : notons ceux de Pierre Miquel, *La paix de Versailles et l'opinion publique française*, de Jean-Jacques Becker, *Comment les Français sont entrés dans la guerre*, de Pierre Milza, *Français et Italiens à la fin du XIXe siècle*. Citons aussi les travaux de R. Schor et Jeannine Ponty.

Articles et communications tentent d'affiner une problématique qui intéresse tous les spécialistes d'histoire des relations internationales. Pourrait ainsi être dégagée une notion d' « opinion globale » (P. Milza) conçue comme un sentiment collectif perçu à la fois à travers des éléments d'immédiateté (presse, sondages) et des structures plus stables (idéologies, mythes, stéréotypes nationaux...), permettant éventuellement d'atteindre à l'identité culturelle du groupe considéré. On rejoindrait ici la dialectique du temps court et du temps long, notion depuis toujours familière à l'historien de l'économie (court terme, long terme), affinée par l'histoire des mentalités, et, en effet, très opérationnelle pour l'histoire des relations internationales.

Sous l'impulsion notamment de J.-B. Duroselle, l'histoire des relations internationales s'attache également à approfondir l'analyse des rapports entre la politique intérieure et les relations internationales, en mettant tout particulièrement l'accent sur la délimitation et le rôle du groupe dirigeant. Tous les travaux précédemment cités prennent en compte les liens entre politique intérieure et politique extérieure. Dans le long terme il s'agit de mettre en lumière comment les facteurs internes commandent l'orientation générale et les conceptions d'ensemble des relations avec l'étranger (P. Guillen). A cet égard le concept de social-impérialisme, dégagé par des historiens allemands, montre, à travers des travaux déjà cités, toute sa fécondité. L'histoire sociale est ici d'un apport précieux, et il faut noter l'importance, pour l'histoire des relations internationales des travaux des historiens de l'équipe du *Mouvement social*. La rencontre entre l'histoire sociale et l'histoire des relations internationales s'effectue notamment à travers les travaux de J. Droz, C. Willard, M. Rebérioux, G. Castellan, A. Lacroix, mais il s'agit encore d'un domaine peu exploré et largement ouvert aux chercheurs.

Dans le court terme, il s'agit de dégager le fonctionnement plus classique des résonances de la conjoncture extérieure sur la politique intérieure et de la conjoncture intérieure sur la politique extérieure. Un des éléments les plus originaux de cette dialectique réside dans les efforts réalisés et les résultats déjà obtenus dans la connaissance intime des groupes dirigeants, c'est-à-dire de ceux qui jouent un rôle particulier dans le processus décisionnel en matière de relations internationales. Intérieur ou extérieur au pouvoir, le groupe peut être formel et avoir un poids déterminant dans la préparation des décisions ; il peut être informel, là où se rencontrent plus volontiers intérêts publics et intérêts privés, œuvrant de préférence dans le moyen terme, et qualifié de « groupe directionnel » (J.-C. Allain). Des travaux déjà cités se dégagent des analyses socio-culturelles de ces groupes qui, près du pouvoir, pèsent directement sur ses décisions : groupe « soudanais » au moment de Fachoda, groupe « marocain », groupes à la base des décisions en direction de la Russie, de l'Empire ottoman, où se rejoignent financiers, hommes d'affaires, diplomates et grands commis de l'Etat. Incontestablement, ces analyses, qui en appellent d'autres, nous situent à l'un des pôles les plus éclairants dans l'approche d'une explication globale de l'histoire des relations internationales.

Ces brèves remarques n'épuisent pas le champ d'activités de l'histoire des relations internationales. Une mention toute particulière doit être faite à la revue franco-suisse *Relations internationales*, créée par J.-B. Duroselle et l'historien genevois J. Freymond. Deux numéros par an présentent les actes des colloques annuels franco-suisses d'histoire des relations internationales contemporaines. En dix ans, quarante numéros spécialisés témoignent de l'ampleur des ambitions, et sur le plan thématique et sur le plan territorial : l'histoire des relations internationales y est envisagée dans ses relations avec les milieux d'affaires, la subversion, l'impérialisme, l'émigration, le protectionnisme, la culture, les églises, la banque, le sport ; elle tente d'appréhender les nouveaux développements de la diplomatie multilatérale ; elle attache une importance toute particulière à l'Europe, aux Etats-Unis, au Moyen-Orient, à l'URSS, à l'Amérique latine, à l'Afrique noire, sans négliger le rôle international de pays de dimensions modestes, comme la Suisse. Autre marque de vitalité de l'histoire des relations internationales, la monumentale *Histoire de la politique étrangère de la France*, depuis 1871, en dix volumes, faisant appel à de nombreux collaborateurs, et dirigée par J.-B. Duroselle, qui a lui-même rédigé deux volumes, *La décadence. 1932-1939*, et *L'Abîme, 1939-1945*. Celui-ci préside l'Institut d'Histoire des Relations internationales contemporaines (IHRIC), qui réunit plus de cent membres, dont plusieurs associés étrangers ; les rencontres scientifiques mensuelles se tiennent à l'Institut de France.

La pluralité des interprétations issues de la conception des forces profondes en montre à la fois la richesse et l'ambiguïté. Pour P. Renouvin les forces profondes sont hétérogènes les unes par rapport aux autres, chacune agissant avec plus ou moins de poids dans son secteur ; il serait vain de vouloir établir une hiérarchie entre elles ; elles sont par nature équivalentes. Le dosage, l'efficacité de telle ou telle force profonde varient selon les cas étudiés : ici un peu plus de nationalisme, là plutôt de la démographie, ailleurs encore de l'économie. Les forces profondes ne sont conçues que comme des éléments dissociés porteurs d'une influence plus ou moins grande sur telle ou telle décision de relations internationales, mais aucunement comme fondement d'une compréhension générale de l'évolution de l'histoire des relations internationales. « La recherche historique peut aboutir à des résultats valables lorsqu'elle renonce au vain espoir de dégager une explication générale et lorsqu'elle se limite à l'étude de cas particuliers. » Positivisme donc et excessive modestie qui privilégie en fait le politique comme explication dernière. L'Etat, en dernière analyse, apparaît comme au-dessus des forces profondes et, en définitive, les manie, presque à son gré, à travers la décision de l'homme politique.

Nombre des disciples de P. Renouvin se situent, avec quelques nuances, dans la mouvance de ce type explicatif. J.-B. Duroselle, dans *Tout Empire périra*, paru en 1981, poursuit dans une direction analogue, mais propose une « théorie des relations internationales » plus sophistiquée. Cette théorie, à base d'histoire, s'affirme empirique (fondée sur des événements concrets), évolutive, méthodique (fondée sur les analogies). Une analyse subtile des forces qui entrent en jeu dans le « système de causalité » permet de camper une « ambiance » au sein de laquelle interviendra la décision créatrice de l'homme responsable. L'analyse des « flots » (démographie, économie, processus idéologique) est indispensable, mais « la création, l'innovation, forcément individuelles » créent incessamment les changements brusques et les ruptures d'équilibre. Il ne peut donc être question d'envisager une explication sur la base de lois, car « les sciences de l'homme ne doivent pas suivre le modèle des sciences de la nature ». Tout au plus peut-on repérer quelques « régularités », c'est-à-dire des ressemblances qui traversent les époques, et sont donc « liées à la nature même de l'*homo sapiens* », des « règles temporaires » qui disparaissent avec des structures relativement durables, des « recettes » enfin que devraient méditer les praticiens des relations internationales.

Sans prétendre à la mise en place de modèles chers aux politistes (R. Merle, P. F. Gonidec, Ch. Zorgbibe) et souvent fort séduisants, quelques historiens proposent la recherche d'une compréhension plus globale de l'histoire des relations internationales. Cela revient à privilégier le rôle d'une force profonde : le processus économique. Si l'on estime, avec Raymond Aron, que les relations internationales s'établissent à travers le jeu de rapports de force, on doit admettre qu'il ne peut exister de politique extérieure, c'est-à-dire d'affirmation d'une puissance en fonction de moyens, sans production, répartition, utilisation, échanges de richesses. Le processus de production possède sa propre dynamique et informe ainsi le devenir des hommes et des institutions à tous niveaux; mais il est lui-même informé par les activités des institutions, des organismes, des hommes que la société se donne; c'est cette dialectique qui doit être appréhendée et analysée, à travers de complexes relais, liés aux inégalités de développement et aux antagonismes sociaux, pour saisir les grandes pulsions de l'histoire des relations internationales. A travers des relais dynamiques on cherchera à appréhender le cheminement qui mène du processus fondamental de production aux décisions engageant l'ensemble du corps social, dans telle ou telle politique étrangère. La notion de relais implique, pour les médiateurs, à tous niveaux, une relative autonomie. Enfin, relais et autonomies intermédiaires sont porteurs de contradictions qui se résolvent, dans la décision, à travers l'action du groupe dirigeant. « Ainsi, la notion de forces profondes développe sa fécondité méthodologique, car celles-ci ne sont pas isolées, mais impliquées à tous les niveaux du processus explicatif » (J. Thobie). Il est nécessaire de « chercher régulièrement à replacer l'événement étudié dans le mouvement long de la conjoncture économique dont nous pouvons mesurer la *tendance* » (R. Girault). En dépit d'importantes évolutions, l'analyse des relations inter-étatiques reste le champ essentiel de la recherche en relations internationales. Or, le rang d'un pays, la puissance d'une nation, se trouvent aujourd'hui dans ses potentialités et ses réalisations économiques. « Nous historiens, devons bien admettre que l'évolution du capitalisme au cours du XXe siècle, en suscitant des puissants, des riches face à des faibles, des pauvres sur l'ensemble du globe, conditionne la nature même des relations internationales... Il n'est peut-être pas de lois en histoire, si ce n'est la loi générale d'une forme économique dominante, le capitalisme » *(ibid.)*.

Le débat reste naturellement ouvert. Un récent colloque international (janvier 1985) organisé par l'Institut Pierre-Renouvin, de l'Université de Paris I, dirigé par R. Girault, a témoigné de la vitalité de l'Ecole franco-suisse de l'histoire des relations internationales. Les participants ont souhaité, à travers leurs ressemblances et leurs différences, la constitution d'une communauté européenne, internationale, d'historiens des relations internationales.

● BIBLIOGRAPHIE. — Pierre RENOUVIN et J.-B. DUROSELLE, *Introduction à l'histoire des relations internationales*, Armand Colin, 1964, 516 p.; J.-B. DUROSELLE, *Tout Empire périra*, Publication de la Sorbonne, 1981, 357 p.; R. GIRAULT, *Diplomatie européenne et impérialismes 1871-1914*, Masson, 1979, 255 p.; J. THOBIE, *La France impériale 1880-1914*, Ed. Mégrelis, 1982, 326 p.; *Relations internationales*, n° 41, printemps 1985 : « L'histoire des relations internationales vingt ans après », avec les contributions de Jacques FREYMOND, René GIRAULT, Jacques THOBIE, Yves LACOSTE, Maurice VAÏSSE, Jean-Claude ALLAIN, Pierre MILZA, Pierre GUILLEN.

▶ CORRÉLATS. — Diplomatique (Histoire), Economie (Histoire économique), Impérialisme.

J. THOBIE.

Religion

Histoire religieuse

L'histoire religieuse a connu depuis un quart de siècle des mutations profondes. Mais les nouvelles perspectives qu'elle ouvre n'oblitèrent pas complètement une longue tradition d'*histoire ecclésiastique* qui remonte aux origines chrétiennes — n'est-ce pas Eusèbe de Césarée qui, au moment où le christianisme s'impose à l'Empire romain, en invente le terme et en fixe pour longtemps le contenu ? — et qui se survit encore présentement. On mesure, pour le XXe siècle, permanence et mutation, dans cette tradition, en comparant la préface de l'*Histoire de l'Eglise* de Fliche et Martin parue en 1938 à celle de la *Nouvelle histoire de l'Eglise*, qui date de 1963. « Tout chrétien fidèle à sa foi, lit-on dans la première, admet le gouvernement du monde par la Providence, ce qui ne l'empêche pas d'étudier et de rechercher scientifiquement l'action des causes secondes. » Le chanoine Aubert, éminent historien de Pie IX, vingt-cinq ans plus tard, renverse les priorités, sans renoncer à vouloir parler en historien et en théologien. S'il affirme en effet d'emblée le primat de la formule de Ranke, « ce qui s'est réellement passé », il tient aussi à montrer très longuement que la nouvelle perspective historique, plus sensible à la vie des fidèles, s'inscrit dans l'ecclésiologie nouvelle du peuple de Dieu consacrée officiellement par le Concile de Vatican II.

Il serait illusoire de croire que les perspectives confessionnelles — rénovées ou non par l'œcuménisme — se sont complètement évanouies avec la domination maintenant établie des historiens universitaires qui ont pris la place des clercs érudits. Les Eglises en effet acceptent mal de ne plus avoir directement la gestion de leur propre passé. Evolution significative : dans les années 1970-1972, théologiens « conciliaires » et historiens qui leur étaient proches paraissaient accepter, dans un débat ouvert au sein de la revue *Concilium*, l'inéluctable — voire bienfaisante — sécularisation de l' « histoire de l'Eglise ». Sept ans plus tard, la revue *Communio*, au nom d'un catholicisme plus conservateur, revendique hautement le droit à « une histoire (sainte) de l'Eglise ». Et de fait depuis quelques années se multiplient, dans une perspective discrètement ou ouvertement apologétique, des manuels d'histoire de l'Eglise où la présentation du passé chrétien s'effectue le plus souvent moins au nom d'une compétence scientifique qu'en raison de l'appartenance ecclésiale des auteurs (à titre d'exemple *Cent points chauds de l'histoire de l'Eglise*, 1979).

De plus les frontières ne sont point étanches entre l'historiographie confessionnelle et la nouvelle histoire religieuse. Certains universitaires, et des plus éminents, ne revendiquent-ils pas ouvertement de mobiliser leur compétence au service du modèle ecclésial qu'ils souhaitent voir triompher ? D'autre part, la recherche actuelle accepte la constitution d'enclaves plus ou moins grandes dans le « territoire de l'historien » : tel est le cas du miracle marial au XIXe siècle qui, par l'intermédiaire des travaux érudits de René Laurentin sur Lourdes, Pontmain et la « rue du Bac », bénéficie d'une sorte de surprenant statut d'exterritorialité. Le plus souvent l'historiographie confessionnelle se maintient de manière formelle et résiduelle. Ainsi l'*Histoire des diocèses de France* qui a retrouvé un nouveau souffle depuis une dizaine d'années a été prise en charge par des historiens universitaires qui vulgarisent — à l'instar des histoires des provinces ou des villes — les recherches accumulées dans des aires géographiques délimitées. On trouve cependant en appendice, dans une perspective traditionnelle, la liste des évêques du diocèse et des saints qui y sont honorés. Plus généralement chaque confession — et sans doute plus celles qui sont minoritaires en France — entend rappeler, à travers l'histoire, sa spécificité. Les hasards des anniversaires permettent même de jouer sur plusieurs registres : pour le protestantisme par exemple, de réaffirmer, en quelques années (1977-1985), sa présence effective aux débuts de la IIIe République, ses origines luthériennes et son glorieux passé de résistance après la suppression de l'édit de Nantes. Plus prosaïquement, il convient de ne pas oublier que les institutions ecclésiastiques produisent, conservent — il faut au moins le souhaiter — et parfois aussi retiennent, y compris pour des périodes parfois anciennes, une documentation dont l'accès conditionne la possibilité même de « faire de l'histoire ».

La nouvelle histoire religieuse ne s'en est pas moins développée selon sa logique propre en s'émancipant et de la tutelle ecclésiastique et de la

polémique anticléricale. Paradoxalement, pour le premier aspect, la crise
moderniste a constitué une étape importante dans la mesure où Rome,
dans son désir de contrôler étroitement l'exégèse (condamnation de Loisy),
a laissé, même de mauvais gré, s'émanciper l'*Histoire ancienne de l'Eglise*
(Mgr Duchesne). Sur le second point, il est moins facile de poser des
jalons. Mais si l'on se tourne vers une histoire des siècles plus récents, on
constate que les travaux sans polémique d'un Georges Weill, puis plus tard
d'un Charles-H. Pouthas ont contribué à imposer une approche plus
sereine des phénomènes religieux. Mais l'histoire religieuse actuelle se
reconnaît surtout dans une double filiation hautement affirmée — sociologie religieuse et histoire des mentalités —, perspective qui à tort sans
doute conduit à laisser de côté l'œuvre capitale de Henri Bremond (Goi-
chot, 1982), historien sans postérité mais non sans influence.

Gabriel Le Bras est l'incontestable fondateur de la sociologie religieuse.
A partir de 1931, il lance de vastes enquêtes pour faire connaître la vitalité
religieuse de la France jusque dans son passé le plus lointain et en même
temps il précise la grammaire et le vocabulaire de la sociologie religieuse.
Pourtant les historiens ne sont pas immédiatement touchés par ses tentatives mais davantage un clergé soucieux de la déchristianisation du pays.
Aussi ses efforts trouvent-ils un efficace relais chez le chanoine Boulard,
intéressé par la pastorale du monde rural et inquiet de la situation difficile
du recrutement clérical au lendemain de la seconde guerre mondiale.
En 1947, celui-ci publie la première carte de la pratique religieuse en
France; puis de 1945 à 1965, diocèse après diocèse, ville après ville, se
multiplient sous son influence des enquêtes systématiques de pratique religieuse qui fourniront le matériau de base du bel *Atlas de la pratique religieuse
des catholiques en France* publié en 1980 par F.-A. Isambert et J.-P. Terre-
noire. C'est à partir de 1960 environ que les historiens prennent à leur
compte les méthodes et les interrogations de la sociologie religieuse. Ils
l'appliquent d'abord à une documentation similaire existant pour le
XIXe siècle, puis ils « inventent » progressivement de nouvelles sources
(délais de baptême, testaments) en fonction des périodes et sites choisis.
Le chanoine Boulard avait réuni, pour les XIXe et XXe siècles, toute une
riche documentation statistique sur la pratique religieuse que des historiens,
prolongeant son enquête, publient présentement sous le titre de *Matériaux
pour l'histoire du peuple chrétien* (1982).

L'apport de l'histoire des mentalités à l'histoire religieuse remonte
incontestablement aux « pères fondateurs » des *Annales*. Personne ne
conteste le rôle que Lucien Febvre a pu jouer avec ses études sur Luther ou
Rabelais qui surviennent au moment précis où s'essoufflait l'histoire confessionnelle de la Renaissance et de la Réforme. Mais il serait injuste d'ignorer
le maître livre de Marc Bloch, *Les Rois taumathurges*, qui vient d'être fort
justement réédité. Pourtant, c'est à la génération suivante que s'exercèrent
les influences les plus décisives. Et si les relais furent divers, au moins
convient-il de mentionner le rôle déterminant joué par Alphonse Dupront,
dont les élèves, de Michel de Certeau à Mona Ozouf, ont largement contribué
au renouvellement actuel de l'histoire religieuse. Il manque assurément
une étude pour mieux préciser l'originale pensée d'un historien qui s'est
attaché à repérer toutes les formes d'une religiosité foisonnante, chez qui
l'inspiration junguienne se trouve tempérée par une minutieuse connaissance des dossiers et qui aussi, on l'oublie parfois, a été durablement

fasciné par la romanité charnelle et triomphante de la Contre-Réforme.

Mais si l'histoire religieuse a incontestablement bénéficié des progrès de l'histoire des mentalités, elle en a peut-être aussi pâti quelque peu. En effet on a vu se multiplier des « objets historiques » nouveaux — la mort, la sexualité, l'enfant — qui se sont constitués souvent aux frontières de l'histoire religieuse mais dans une perspective tout autre. Problème futile de bornage ? Point seulement. Prenons un seul exemple. Philippe Ariès a construit son immense histoire de la mort en quatre séquences — de la mort apprivoisée à la mort inversée — qui ne doivent rien dans leur succession à l'environnement religieux. Par contre Michel Vovelle lie davantage changement religieux et transformation culturelle quand il suggère que le passage, au XVIIIe siècle, de la mort baroque à la mort classique pourrait bien aussi s'accompagner d'une certaine déchristianisation. Mais à tout prendre, ces empiétements apparents sont peut-être moins importants que le renouvellement de l'histoire religieuse que ces nouvelles perspectives occasionnent (J. Chiffoleau).

L'histoire religieuse ne s'est pas constituée, comme on le voit, de manière isolée. Elle s'est développée au rythme de pratiques plus générales qui affectent l'histoire globale. Ainsi la « diocésanisation » de la recherche — de La Rochelle (L. Pérouas) à Avignon (M. Venard), d'Orléans (C. Marcilhacy) à Arras (Y.-M. Hilaire) — a des causes spécifiques mais elles s'expliquent tout autant par des pratiques similaires dans d'autres secteurs (« départementalisation », après 1960, de l'histoire surtout contemporaine) dues à une situation commune (spécificité de la thèse et géographie des centres universitaires). Il importe seulement de souligner qu'en histoire religieuse, la répartition territoriale de la recherche s'accompagne d'une véritable accumulation du capital intellectuel sur certaines régions, particulièrement dans la France de l'Ouest et celle du Sud-Est. Depuis au moins une décennie l'histoire religieuse est affectée par un autre phénomène de très grande ampleur qui a conduit toute une génération d'historiens à passer, plus ou moins rapidement, d'une histoire strictement économique et sociale — thèses de G. Duby, E. Le Roy Ladurie, J. Delumeau, P. Chaunu, premiers travaux de J. Le Goff et M. Vovelle — à une histoire largement culturelle qui fait au religieux une place éminente voire centrale. Une dérive aussi généralisée mériterait assurément que l'on s'interroge plus avant sur sa véritable signification.

Un des éléments de réponse est sans doute à chercher dans le modèle dominant d'explication de l'évolution sociale qui en vingt ans a largement évolué. Plus généralement, l'histoire religieuse a été souvent tributaire du voisinage, consenti ou recherché, des autres sciences humaines. Est-il besoin de rappeler que G. Le Bras appartenait à la génération des fondateurs des *Annales* et partageait l'ambition de ces derniers d'ouvrir l'histoire à la sociologie, la géographie, l'ethnographie et la science politique. Quelques années après la seconde guerre mondiale, il s'est trouvé à l'origine d'une vigoureuse école de sociologie des religions dont les travaux sur le catholicisme (F.-A. Isembert, E. Poulat) et sur les sectes, les prophétismes et les socialismes religieux (H. Desroche, J. Séguy) ont marqué nombre d'historiens du religieux, sensibles par ailleurs aux recherches plus récentes de P. Bourdieu et de ses élèves. Présentement, l'influence des sciences humaines est inégale et souvent diffuse. Pourtant si l'on cherche à expliquer pourquoi les historiens médiévistes et modernistes d'une part, contemporainistes d'autre part, appréhendent le fait religieux de manière souvent si différente, l'une des explications n'est-elle pas à chercher dans la place que les premiers donnent à la perspective ethnologique et anthropologique et dans l'importance que les seconds, à la suite de R. Rémond et de J.-M. Mayeur, ne cessent d'accorder à la science politique.

Devant cette diversité des influences et cette dualité des héritages — sans parler de la grande pluralité des convictions individuelles — on peut se demander si l'histoire religieuse conserve quelque unité. On serait tenté d'en rechercher la possibilité du côté des historiens, dotés d'une formation universitaire largement similaire et plus encore du côté de l'objet étudié qui se présente avec des éléments de permanence perceptibles à plusieurs niveaux : temps long du religieux où se déploient les gestes élémentaires de la croyance — culte des saints ou présence du miracle — survivant même à la disparition d'une civilisation rurale à laquelle on avait pu les croire congénitalement liés; permanence effective des grandes organisations confessionnelles qui, malgré les déviances sectaires ou les dissidences individuelles, structurent durablement le champ religieux, bien que de manière variée selon les époques et les lieux; domination évidente enfin dans l'espace français du catholicisme qui, jusqu'à nos jours, demeure bien la religion « de la grande majorité des Français » au moins en s'en tenant aux croyances avouées et aux gestes posés (baptêmes, mariages, enterrements).

Mais d'autre part, comment appréhender d'un même regard les origines sacralisées et le présent sécularisé ? Comment traiter uniment, sinon avec quelque artifice, de la chrétienté médiévale où le social voire le politique sont informés par le religieux et des sociétés industrielles où les Eglises sont réduites à fonctionner comme des groupes de pression. Il suffit de mettre en perspective trois événements majeurs — Réforme et Contre-Réforme, Révolution française, seconde guerre mondiale — des quatre derniers siècles de notre histoire pour voir que le religieux, quelque attention que les historiens y portent, devient de plus en plus marginal par rapport aux mutations centrales produites par ces grandes commotions. Et même formellement comment comparer des travaux sur les origines chrétiennes qui consistent principalement dans l'attentive relecture de textes rares, affrontée à une documentation extérieure lentement exhumée, aux recherches sur le XXe siècle où il faut avant tout dominer une masse d'informations disparates, confronter l'écrit au témoignage du survivant, lentement historiciser un passé proche en le dégageant plus des déformations d'une infidèle mémoire que des risques d'un inévitable oubli ? (E. Fouilloux, 1983.)

La diversité des approches n'apparaît pas à la seule confrontation des situations extrêmes. Il existe sans doute d'autres partages. Après la déchirure du XVIe siècle, avec l'émergence de l'Etat, la société civile commence à devenir indépendante. L'historiographie récente témoigne de cette nouveauté puisque c'est à partir du XVIIe siècle qu'elle a fait prévaloir une problématique duelle — christianisation et/ou déchristianisation — qui a le même présupposé commun d'un écart essentiel entre le domaine religieux et le reste des activités humaines. Par contre, pour le Moyen Age et là où plus tard se perpétue une religion englobante, la recherche paraît davantage s'orienter vers les possibilités de discerner, en partant d'un langage religieux apparemment commun, les horizons culturels différents des divers groupes sociaux (J.-C. Schmitt).

Ces remarques générales montrent combien il est illusoire de vouloir présenter la recherche en histoire religieuse comme un ensemble cohérent et combien il est difficile aussi de privilégier une perspective particulière sans quelque arbitraire. Il est effectivement injuste de ne rien dire de l'histoire politique, particulièrement pour la période où celle-ci acquiert sa spécificité alors que le comportement religieux constitue en France jusque dans les votes les plus récents, ainsi que le reconnaissent les politologues (G. Michelat et M. Simon, 1977), la variable susceptible de fournir le plus d'explication. Il est plus encore dangereux de laisser de côté toute une large histoire intellectuelle, d'Erasme à Richard Simon, de Lamennais à Loisy, des controversistes protestants aux partisans catholiques du dialogue œcuménique, alors que ces débats essentiels sont au cœur des croyances et que sous chaque sujet git une bibliographie neuve, ou renouvelée de façon décisive par des travaux tout récents.

Si l'on a choisi plutôt de privilégier la tension entre le vécu et le prescrit, de prendre comme point de départ l'opposition classique entre prêtres et fidèles, c'est précisément parce que toute une génération de chercheurs a profondément modifié ces perspectives en exploitant une source importante, laissée de côté jusqu'alors, les *visites pastorales*. Certes bien avant le Concile de Trente, les évêques visitaient leurs diocèses. Mais avec la Réforme catholique, ils le font plus fréquemment et plus efficacement, interrogeant les fidèles, questionnant les prêtres, notant scrupuleusement ce qu'ils ont appris. Et les responsables des Eglises protestantes opèrent souvent de manière similaire. A l'évidence la qualité de l'information n'est pas égale en tout temps : au XVIIIe siècle, la procédure se bureaucratise, les renseignements sont souvent de médiocre qualité. Après la Révolution, la lecture des visites pastorales offre un nouvel intérêt, dans la mesure en particulier où celles-ci intègrent bientôt des statistiques de pratique religieuse. Cette source sérielle, lacunaire certes mais répertoriée entièrement sur quatre siècles, a permis aux historiens de se substituer aux enquêteurs épiscopaux pour faire connaître avec précision la religion des fidèles et leur comportement devant les exigences religieuses et morales du clergé. Elle les a conduits aussi à une interrogation sur la pastorale des évêques réformateurs et ses possibilités de renouvellement au choc des grandes mutations ultérieures.

Plus encore que par le passé le clergé séculier se trouve au centre du dispositif catholique élaboré par la Contre-Réforme. Sa connaissance passe par la possibilité de répondre à de multiples questions : éléments et moyen de sa formation, ressources mises à sa disposition, spécificité de sa carrière et possibilité de promotion, modèle dominant de la fonction sacerdotale. Deux points ont été plus particulièrement éclairés. D'abord les modalités principales de son action pastorale : prédication, mission, catéchisme. Ensuite et surtout le recrutement sacerdotal. On sait mieux maintenant d'où vient le clergé, quelle est l'importance des flux d'ordination, quelles sont les régions plus ouvertes au sacerdoce, à quels milieux sociaux, selon les périodes, l'Eglise fait plus particulièrement appel. Les monographies sur les diocèses de Reims pour l'époque moderne (D. Julia) et de Besançon pour les XIXe et XXe siècles (P. Huot-Pleuroux) ont ouvert la voie. La multiplication des enquêtes a permis d'amorcer des synthèses significatives particulièrement sur le XVIIIe siècle (T. Tackett).

Le monde multiforme des réguliers a bénéficié aussi du renouvellement de la problématique concernant le clergé séculier. Il a fait surtout l'objet d'études là où il joue un rôle déterminant dans le processus pastoral : prédication avec les mendiants durant le Moyen Age particulièrement (H. Martin), enseignement avec les jésuites, doctrinaires, frères des écoles chrétiennes à l'époque moderne, activité caritative et enseignante avec les congrégations féminines au XIXe siècle (C. Langlois).

Cependant pour mesurer l'emprise religieuse sur la société, il est nécessaire de ne point se limiter à la seule action du clergé ni aux seuls effets d'une pastorale consciente, même si celle-ci inclut nécessairement les réactions des fidèles; mais il faut explorer d'autres directions. L'histoire du livre et l'histoire de l'enseignement, en se développant de manière de plus en plus spécifique, ont ouvert la voie à une meilleure connaissance de la vie religieuse des sociétés. Alphabétisation des masses et formation des élites : le catholicisme s'est progressivement porté sur ces deux fronts, d'abord pour contenir l'hérésie protestante, puis plus tard pour maintenir son influence quand l'Etat a voulu prendre le contrôle de l'école. On noterait une semblable évolution vis-à-vis du livre : les deux objectifs initiaux étaient respectivement de contrôler l'ensemble de la production et en même temps de promouvoir une littérature religieuse plus spécifique. L'évolution a montré comment des secteurs autonomes, même sur le plan religieux (littérature populaire), ont pu se constituer, et de quelle manière le livre religieux est parvenu à conserver, au XIXe siècle particulièrement, une part importante du marché, mais longtemps grâce aux rééditions plus qu'au renouvellement des thèmes (C. Savart).

La promotion du livre, accompagnant le progrès de l'alphabétisation, n'a pas détourné les responsables religieux d'accorder une place importante à l'image, à la statue, au tableau dans les églises. Les retables, ainsi, apparaissent au cœur de l'espace architectural baroque et leur multiplication est l'indice le plus sûr de la volonté de populariser jusque dans les plus petites églises rurales un modèle religieux nouveau (M. Mesnard), ce qui de fait entraîne un réaménagement complet de l'espace sacral à l'intérieur voire à l'extérieur des églises (M. H. Froeschlé-Chopard). Deux modifications marquent en ce domaine l'effort de reconquête mené au XIXe siècle : le retour au Moyen Age avec multiplication d'églises néo-gothiques mais aussi, dans un autre domaine, la floraison des images pieuses, qui témoigne de mutations importantes et apparemment contradictoires; individualisation de la piété et production de masse vers des publics diversifiés (C. Rosenbaum-Dondaine).

Il faut cependant aller plus avant. Le désir de proposer aux fidèles un comportement moral spécifique a conduit à la mise en œuvre d'autres moyens : la mobilisation du ciel et de l'enfer, et d'abord du purgatoire. C'est en effet au XIIIe siècle, au moment où la doctrine concernant le purgatoire est définitivement mise en place (J. Le Goff), que la confession auriculaire s'impose comme une obligation annuelle pour tous les fidèles. Ainsi se constitue une articulation essentielle et durable entre la représentation stable de l'au-delà et le contrôle méthodique de l'ici-bas. Le rôle grandissant de la confession a des conséquences évidentes sur l'évolution de la civilisation occidentale; il n'est pas étranger à la rupture du XVIe siècle. Il a conduit par ailleurs au développement de la théologie morale, mais aussi à l'inflation des manuels de confesseur. Cette énorme littérature normative a commencé à être explorée pour mettre en lumière l'étroit contrôle exercé sur la sexualité et la recherche de l'efficacité par l'utilisation des pulsions collectives très fortes comme la peur (J. Delumeau) ou la croyance à l'action diabolique (voir le dossier de la sorcellerie). Il ne faudrait cependant pas oublier que l'Eglise sait utiliser d'autres voies plus incitatives : au travers des procédures de canonisation, Rome, dès le XIIIe siècle (A. Vauchez) entend promouvoir avec efficacité des modèles orthodoxes de sainteté.

Mais dans le même temps les historiens n'ont pas manqué de mettre en évidence les modalités originales de créativité religieuse, perceptibles à tous les niveaux, qu'elles proviennent d'individus, de groupes étroits ou de collectivités nombreuses. Les recherches en ce domaine se sont longtemps déployées au long de cette frontière mouvante de l'orthodoxie là où naissent et meurent les chances de renouveau et les risques de dissidence sectaires. Certains grands dossiers paraissent, dans cette perspective, avoir bénéficié d'un long intérêt : pauvreté au Moyen Age, jansénisme aux Temps modernes, socialisme religieux de la première moitié du XIXe siècle. D'autres ont été récemment rouverts, tel celui des grands mystiques, de la fin du Moyen Age au XVIIe siècle (M. de Certeau). Pourtant les historiens paraissent davantage rechercher maintenant les figures anonymes — individus ou collectivités — dont les comportements et les croyances peuvent faire l'objet d'une minutieuse reconstitution au travers d'une documentation parfois exceptionnelle, provenant d'inquisitions souvent répressives : Cathares de Montaillou (E. Le Roy Ladurie) ou meunier hétérodoxe du Frioule (C. Guizbourg) ; Camisards des Cévennes obstinés à se souvenir (P. Joutard) ; Indiens d'Amérique composant avec la défaite de leurs dieux (N. Wachtel) ou Christeros mexicains en quête de réhabilitation (J. Meyer).

Il serait illusoire cependant de rechercher la nouveauté religieuse au travers de ces seules figures exemplaires susceptibles de remplacer la galerie traditionnelle des grands réformateurs et des fondateurs d'ordres. Des transformations profondes et durables se font jour à l'intérieur des Eglises, et, pour le catholicisme, elles s'opèrent par la mise en cause et le réaménagement de la frontière interne séparant la masse des laïcs de l'élite des réguliers. Les initiatives laïques sont fort diverses : elles peuvent chercher à aménager seulement des possibilités d'intervention spécifique, du long courant confrérial aux récents mouvements de jeunesse ; elles visent parfois à réduire la distance entre laïcs et religieux en suscitant des institutions intermédiaires, des tiers ordres aux béguines ; elles conduisent surtout, paradoxalement, à renouveler le mouvement régulier, de François d'Assises aux fondatrices des congrégations féminines du XIXe siècle, en suscitant au cours des siècles des formes adaptées de vie régulière.

Mais la vitalité religieuse ne se manifeste pas nécessairement par la seule novation, elle s'exprime aussi par la possibilité d'une autonomie religieuse, en marge des systèmes religieux dominants. Telle est sans doute la manière la moins contestable de comprendre la « religion populaire ». Par le culte des saints protecteurs, dans la croyance au miracle (P. A. Sigal), à travers le geste du pèlerinage, nombre de fidèles ont entretenu un contact plus direct, plus individualisé avec le sacré, puisque les « saints » peuvent intervenir au bénéfice de ceux qui les implorent. Le pèlerin médiéval de la Terre Sainte n'est sans doute pas le même que celui qui se rend par trains entiers à Lourdes. Le culte des saints peut devenir celui des « stars ». En effet rien de moins stable que des comportements qui paraissent identiques à travers les siècles parce que sans cesse renouvelés. Les approches historiques ont heureusement cassé la vision quelque peu fixiste des anciennes enquêtes ethnologiques. Un bon témoin : l'*ex-voto*. Pendant quatre siècles des fidèles ont remercié la Vierge et les saints pour une protection obtenue en donnant à la chapelle de leur dévotion un tableau représentant tout à la fois l'intercesseur invoqué et le malheur auquel ils ont échappé. Et pourtant ce geste de l'*ex-voto* n'échappe ni à une durable limitation dans l'espace (monde méditerranéen si l'on excepte l'*ex-voto* marin), ni surtout, pour la France provençale, à une évolution affectant tout à la fois les populations qui y recourent et la religiosité qui s'y manifeste (B. Cousin). Permanence indubitable du fait religieux. Preuve néanmoins certaine de sa sensibilité aux grandes mutations sociales et culturelles.

● BIBLIOGRAPHIE. — *Bon panorama de la production récente :* B. PLONGERON, *Religion et sociétés en Occident (XVIe-XXe siècles). Recherches françaises et tendances internationales, 1973-1981*, Paris, CNRS, 1982, 319 p.

Pour les deux derniers siècles, un guide de recherche utile : J.-M. MAYEUR (sous la dir. de), *L'histoire religieuse de la France, XIXe-XXe siècle. Problèmes et méthodes*, Paris, Beauchesne, 1975, 290 p.

Sur les problèmes de l'histoire religieuse, les articles suggestifs de . A. DUPRONT, La religion. Anthropologie religieuse, in *Faire de l'Histoire*, Paris, Gallimard, 1974, t. II, p. 105-136; D. JULIA, La religion, histoire religieuse, *ibid.*, t. II, p. 137-167; D. JULIA, La religion, in *La nouvelle histoire*, Paris, CEPL, 1978, p. 488-494; M. de CERTEAU *L'écriture de l'Histoire*, Paris, Gallimard, 1975, chap. III et IV, sur les possibilités d'une histoire religieuse des XVIIe et XVIIIe siècles.

Synthèses récentes : Histoire des protestants en France, Toulouse, Privat, 1977, 490 p.; F. LEBRUN (sous la dir. de), *Histoire des catholiques en France du XVe siècle à nos jours*, Toulouse, Privat, 1980, 530 p.

Un aperçu commode sur un aspect important : La religion populaire (Actes du Colloque de Paris, 17-19 oct. 1977), Paris, CNRS, 1979, 449 p.; voir aussi J.-C. SCHMITT (sous la dir. de), *Les saints et les stars. Le texte hagiographique dans la culture populaire*, Paris, 1983, pour la confession, une introduction suggestive, *Pratiques de la confession*, Paris, 1983.

On consultera avec intérêt la plus récente histoire de l'Eglise d'inspiration catholique : Nouvelle histoire de l'Eglise (des origines à nos jours), Paris, Seuil, 1963-1975, 5 vol.

Plusieurs volumes de la « Nouvelle Clio » sont consacrés aux problèmes religieux. Plus particulièrement : 10 : M. SIMON et A. BENOIT, *Le judaïsme et le christianisme antique;* 25 : F. RAPP, *L'Eglise et la vie religieuse en Occident à la fin du Moyen Age;* 30 : J. DELUMEAU, *Naissance et affirmation de la Réforme;* 30 bis : J. DELUMEAU, *Le catholicisme entre Luther et Voltaire;* 39 : P. GERBOD, *L'Europe culturelle et religieuse de 1815 à nos jours*.

Parmi les revues : Revue d'Histoire ecclésiastique (abondante bibliographie); Revue d'Histoire de l'Eglise de France; Bulletin de la Société d'Histoire du Protestantisme; Archives de Sciences sociales des Religions (anciennement *Archives de Sociologie des religions*).

▶ CORRÉLATS. — Alphabétisation, Christianisme, Culture populaire, Febvre, Images, Marrou, Mentalités.

C. LANGLOIS.

Histoire des religions

Il a fallu, pour que naisse l'idée d'une histoire des religions, un milieu particulier, qui a été celui de l'Europe occidentale. Les historiens grecs et latins, créateurs dans la région méditerranéenne du genre historique, n'ont pas écrit d'histoire de la religion païenne. Les Juifs avaient une histoire qui confondait l'histoire du peuple et celle de sa religion. C'est à la suite de l'histoire biblique que les historiens chrétiens à partir du IVe siècle ont inscrit la chronique d'un monde en cours de conversion, confondant encore événements politiques et religieux. Si l'histoire nationale est un genre proprement juif et romain, la notion d'événement et son utilisation historique dépendent étroitement de la théologie chrétienne de l'histoire articulée autour de la naissance et de la résurrection du Christ. Ainsi, il pouvait y avoir de nombreuses religions, mais une histoire, liée à l'histoire de l'Eglise chrétienne. La Renaissance a vu naître des travaux sur le paganisme antique, qui sont des collections de documents écrits ou figurés; la conquête de l'Amérique a amené les premières études anthropologiques de religions que l'on disait sauvages, et que l'on dira primitives, avec Lafitau en 1724. L'histoire des religions ne peut guère éviter d'osciller entre ces deux versants, une histoire du christianisme et une anthropologie religieuse appliquée aux autres religions. Néanmoins, ce qu'au XIXe siècle on a nommé histoire des religions, c'était paradoxalement l'histoire des religions non chrétiennes, religions dont précisément on étudiait la teneur, mythes et rites, plutôt qu'une histoire. L'islam, toujours enclavé dans la société et lié à des chefs au double pouvoir, temporel et spirituel, faisait exception.

Si l'histoire de la philosophie est restée aux mains des philosophes, l'histoire des religions n'est plus exclusivement aux mains des religieux et des théologiens, avec pour perspective l'apostolat. Elle reste partagée entre les spécialistes des diverses civilisations où s'enracinent les religions car son étude exige d'abord des compétences linguistiques. Si bien que les études sur les religions sont faites dans des perspectives sociologiques, anthropologiques, linguistiques, qui ne mettent parfois l'accent principal ni sur l'histoire, ce qui se peut concevoir, ni sur la teneur proprement religieuse de la religion.

L'histoire des religions peut contribuer à préciser le concept de religion mais non à le définir. Les définitions sont venues d'ailleurs, de la sociologie, de l'ethnologie, de la philosophie, après être venues du christianisme, ce qui explique que, dans les travaux historiques portant sur les religions, les définitions soient le plus souvent implicites ou inconscientes, lorsqu'elles ne sont pas apologétiques. L'objet même de l'étude évolue avec les définitions données. Les études chrétiennes sur les autres religions ont cherché les éléments qui permettent de dessiner une évolution générale des sociétés vers le christianisme, accentuant la recherche de la transcendance dans les diverses civilisations. La taxinomie de Max Weber, en revanche, offre par des couples d'oppositions ou de complémentarité un spectre fondé sur la relation au monde et à la société qu'instaurent les diverses religions. Mais dans la description se perd l'histoire, qui est l'étude d'une évolution spatiale et temporelle. Durkheim, qui a généralement été suivi sur ce point, avait fait de la notion de sacré le pôle autour duquel regrouper les institutions sociales créées par les religions. Emmanuel Lévinas, s'élevant contre l'universalité du sacré dans les religions, définissant le sacré comme une violence faite à l'homme, exposant que le monothéisme juif libère l'homme du sacré, oblige à reconsidérer à la fois le concept de sacré et son emploi en histoire des religions. Il définit la religion comme la certitude de l'emprise de l'absolu sur l'homme. La notion même de sacré est à étudier dans des civilisations particulières. J.-P. Vernant a montré qu'en Grèce la libération à l'égard du sacré peut se faire dans le profane mais aussi par l'identification avec le divin, par la sanctification.

Pour se constituer en domaine particulier, appartenant néanmoins à la discipline historique, l'histoire des religions a d'abord dû constituer une méthode. Mais l'histoire de cette méthode n'est pas séparable de celle de l'histoire générale : elle est à la source des méthodes de l'histoire générale. Elle s'est faite à partir de la Renaissance, en son point le plus vif, celui de l'histoire du christianisme, et dès son origine elle repose sur des courages physiques. L'histoire des religions est inséparable de la religion chrétienne elle-même, soit dans sa capacité d'absorber les conditions établies par les Grecs, qui sont celles d'une recherche intellectuelle, soit dans la dissociation de la religion chrétienne et des pouvoirs politiques, créant l'espace d'une recherche plus libre. Dans cet espace sont entrés d'ailleurs de nombreux croyants, de toutes confessions. C'est le travail philologique qui, après celui de Lorenzo Valla (v. 1407-1457) sur les textes des historiens païens, grecs et latins, a inauguré l'appréhension nouvelle des textes religieux, et qui continue, pour toutes les religions à documents écrits, de constituer le fondement de toute étude. C'est encore l'étude philologique, dans la *Formgeschichte*, qui a conduit R. Bultman, théologien protestant, à radicaliser la foi chrétienne, c'est-à-dire le saut entre ce qui, par l'étude, reste accessible à la raison, et le point ultime de la Révélation qui exige un acte d'une autre nature. La recherche, en étude des religions, s'établit sur un refus du préalable de la foi. Cet espace de raison, même si la raison change avec les siècles et les lieux, espace de la soumission au débat, c'est pour E. Lévinas celui du risque de l'athéisme auquel rend hommage la foi en recherche de compréhension. L'histoire des religions reste néanmoins, mais pas plus peut-être qu'une autre, en danger de subjectivisme non contrôlé. La part de la méthode dans une utilisation heuristique et non conservatrice du dispositif inconscient du chercheur y est essentielle. Elle passe particulièrement par l'acceptation des questions posées par les autres historiens, par les non-spécialistes aussi, par des débats ouverts. Le rationalisme, comme méthode et non comme perspective évolutionniste, mettant à la place d'une conversion générale au christianisme l'accession universelle à la raison, s'insère ainsi entre le non-sens et la foi. L'étude des religions amène l'historien ou l'anthropologue à voir fonctionner chez des individus et au sein des sociétés la connaissance de l'invisible, et à mettre entre parenthèses son présupposé personnel qui est la foi en la raison.

Il faut néanmoins que cette méthode, sinon cette pensée, rationnelle, affronte en histoire des religions un domaine qui est celui de l'irrationnel (mais non de non-rationalité). C'est un avantage sur d'autres secteurs de l'histoire et de la psychologie sociale où, dit M. Merleau-Ponty *(Le visible et l'invisible)*, l'on oublie que « les lois de dépendance fonctionnelle sont plutôt une manière de cerner l'irrationnel que de l'éliminer ». En effet, l'historien des religions est affronté, malgré qu'il en ait parfois, à l'étude des modes de contact et de manipulation dans le temps et la société, d'un invisible ou incorporel, toujours appréhendé par des intermédiaires visibles ou palpables : personne, objet, événement. Cela doit être intégré dans l'ensemble de l'appréhension de l'incorporel. Les stoïciens, pour lesquels les incorporels étaient l'exprimable (signifié, signifiant, objet), le vide, le lieu, le temps, avaient identifié Dieu et la matière. Pour eux, les incorporels étaient dépourvus d'effets matériels, tandis que Dieu, matériel, était le souffle répandu dans la totalité du monde dont il était l'auteur. La question de la rationalité se résolvait par un Dieu corporel et par la réservation de l'incorporel aux faits du langage. Les historiens des religions qui se consacrent à cerner l'irrationnel ont souvent tendance à considérer l'invisible comme un autre ordre de réalité. Mais cette tendance s'est inversée depuis quelques années, sous l'emprise des sciences sociales. Les documents qui servaient à écrire une histoire des religions ont été intégrés dans les recherches d'anthropologie historique sur la société, la famille, le corps, l'économie.

Les échanges entre l'anthropologie et les études portant sur l'Antiquité ont été incessants depuis les débuts de l'anthropologie, en grande partie parce que les mythes des peuples primitifs ne trouvaient apparemment de point de comparaison dans la culture des chercheurs que dans le monde religieux de la Méditerranée antique. A mesure que l'anthropologie s'orientait vers la recherche de structures de l'esprit humain, vers l'élaboration du processus de la connaissance et de la formation des concepts, s'est développée en histoire de la religion grecque une recherche, celle de L. Gernet, puis de J.-P. Vernant, qui tente de construire une « histoire de l'homme intérieur ». Montrant l'émergence de la pensée positive à partir du mythe, montrant par ailleurs la rationalité du mythe, ces études sont des travaux de psychologie générale, non de psychologie religieuse. L'aspect proprement religieux est davantage marqué, par exemple, de façon très différente, dans les travaux de J.-P. Vernant sur la Grèce ou ceux de P. Brown sur l'établissement du christianisme en Méditerranée occidentale, lorsque la religion, mythe ou rite, est envisagée comme projection de la structure des relations humaines dans la société. On trouve donc de ce côté un effort de discernement des facultés humaines, et en particulier d'une faculté imaginative qui n'est ni la fonction fabulatrice de Bergson ou de Durkheim, ni l'imaginaire, mais la faculté de manier les incorporels, la faculté de représentation ; et d'autre part une évolution historique, mais qui est celle de la façon qu'a l'homme de se situer dans l'univers et dans la société (études de L. Dumont sur l'individualisme ; de Vernant sur l'Œdipe) ; enfin, des tableaux synchroniques des relations entre une société et son système religieux.

A côté de ces deux versants, celui de l'utilisation des documents religieux dans une histoire non religieuse, le plus souvent sociale, et celui de la recherche sur l'homme en général, les études d'histoire des religions se poursuivent, et changent. Protestant contre la dilution de l'étude, non d'une religion-réalité d'un autre ordre, mais d'un fait humain spécifique, devenue science auxiliaire de la philosophie, de la psychologie ou de l'histoire sociale, elles se situent dans la perspective de la teneur du contenu religieux, négligeant peut-être un peu les formes, les institutions, les rites. Ce sont les études qui se limitent à une religion, à un thème, ou à un individu et à son œuvre. Les tendances y sont d'ailleurs diverses. C'est la phénoménologie qui a inspiré les travaux de H. Jonas sur la gnose, et de façon différente ceux de H.-Ch. Puech. Elle inspire encore les études d'H. Corbin sur le soufisme. La psychanalyse lacanienne (prolongement psychanalytique de la linguistique saussurienne comme l'anthropologie structurale de Lévi-Strauss en était le prolongement anthropologique) anime l'étude de M. de Certeau sur les mystiques chrétiens. Ces études restituent au fait de parole une place essentielle dans l'histoire et dans la religion.

On aboutit ainsi à deux sortes d'histoire religieuse : l'une qui procède par coupes et dévoile la structure d'un monde cohérent, religion-société, et, en quelque sorte par excès, dégage les facultés coextensives à l'homme dans leurs modalités historiques; l'autre, une histoire plus proprement religieuse qui, après un bref aperçu des conditions socio-économiques contemporaines des phases de changement religieux, se concentre sur le contenu des expériences religieuses appréhendées par les textes.

Le comparatisme, qui est plus souvent invoqué que pratiqué, du fait même de la spécialisation des chercheurs dans un seul domaine religieux, est utilisé essentiellement, comme le conseillait Durkheim, en mettant en regard des phénomènes semblables pris dans des cultures de développement comparable, et par conséquent des cultures qui n'ont entre elles aucun contact historique. L'histoire y perd ce qu'y gagnent la théorie de la connaissance et la psychologie.

Une étude proprement historique des religions (on a vu que certains insistent sur l'aspect proprement religieux) doit aussi se consacrer aux naissances, aux changements, aux disparitions. Le lieu de ces observations a été le plus souvent la religion païenne de la fin de l'Antiquité méditerranéenne. Le christianisme, l'islam, les scissions chrétiennes, les messianismes africains, les syncrétismes afro-brésiliens, permettent de saisir une partie des conditions et du déroulement de la naissance d'une religion. Ces conditions sont celles d'une transformation au sein d'un milieu social cohérent, ou bien celles d'une introduction par un peuple nouveau d'une religion nouvelle. Les rapports de pouvoir sont, dans ce dernier cas, d'autant moins négligeables. L'histoire de l'évolution de deux religions dans la zone de leurs contacts (violents ou non) n'est pas l'équivalent de l'histoire de ces contacts. La part de l'évolution religieuse dans l'histoire de ces contacts (qui ont un aspect politique) n'est pas non plus uniquement une histoire d'assimilation et de résistance. Le domaine d'élection de ces études de contact où la culture passe par la religion et où la coexistence de peuples divers sur la même terre a duré des siècles, est l'Orient hellénistique et romain, où a évolué le judaïsme et d'où il a essaimé. L'histoire y montre l'évolution des doctrines, d'abord en relation avec des religions autres et avec des philosophies voisines ou importées, ensuite avec les événements politiques, les affrontements violents qui se sont succédé dans l'Orient méditerranéen. En effet, l'étude de la violence est inséparable de l'histoire des religions. Pratiques violentes, contenus imposés par la force, persécutions, résistances et obstinations, il ne suffit pas de mettre la violence au compte des mentalités ou de l'affecter à la confusion des pouvoirs et des cultes. L'étude de marge peut donc se déployer sous plusieurs aspects : position décalée du chercheur par rapport à la religion étudiée, étude de deux religions ou plus, en contact entre elles (l'étude des syncrétismes n'est qu'une étape en ce sens), étude des conversions. Si l'on suit absolument Durkheim pour chercher à l'intérieur même d'une civilisation les racines de son évolution, naît implicitement, quand on s'efforce de montrer la cohérence d'une société, la notion de la persécution inévitable, puisque l'observation montre que la persécution a eu effectivement lieu. Cela mérite d'être approfondi.

La mise à part d'une histoire des religions, y intégrant les actions qui en sont issues sur les corps et sur les esprits, au lieu de dissoudre la religion dans une anthropologie un peu trop soustraite à l'étude des évolutions, pourrait contribuer à limiter les résultats effectifs qu'ont eus les absolus concrétisés dans ces institutions. Cela suppose que les spécialistes soient ouverts aux questions qui leur viennent de l'extérieur, que l'on se préoccupe de l'image de l'autre, enseignée et transmise par les religions, et de la qualité des contacts entre croyants de diverses religions.

● BIBLIOGRAPHIE. — Marc AUGÉ, *Génie du paganisme*, Paris, 1982; Roger BASTIDE, *Les religions africaines au Brésil*, Paris, 1961; U. BIANCHI, C. J. BLEEKER, A. BAUSANI (ed.), *Problems and Methods of the history of Religions*, Leyde, 1972; Henri CORBIN, *Face de Dieu, face de l'Homme. Herméneutique et soufisme*, Paris, 1983; Marcel DETIENNE et Jean-Pierre VERNANT, *La cuisine du sacrifice en pays grec*, Paris, 1979; Hans JONAS, *La religion gnostique, Le message du Dieu étranger et les débuts du christianisme*, trad. franç. par L. EVRARD, Paris, 1978; Arthur D. NOCK, *Essays on Religion and the Ancient World*, Z. STEWART ed., Oxford, 1972; *Problèmes et méthodes en histoire des religions*, Mélanges publiés par la section des Sciences religieuses à l'occasion du centenaire de l'Ecole pratique des Hautes Etudes, Paris, 1968; Salomon REINACH, *Orpheus. Histoire générale des religions*, 2ᵉ éd., Paris, 1928; Pierre VIDAL-NAQUET, Les Juifs entre l'Etat et l'Apocalypse, dans Claude NICOLET, *Rome et la conquête du monde méditerranéen*, 2 : *Genèse d'un empire*, Paris, 1978.

▶ CORRÉLATS. — Christianisme, Comparée (Histoire), Marrou, Mythologies, Religieuse (Histoire), Renan, Simon.

A. ROUSSELLE.

Renan Ernest, 1823-1892

Né à Tréguier en 1823, l'une des gloires de la vie intellectuelle et de l'histoire française avait été destinée par sa famille à entrer dans les ordres. Mais, après ses études au séminaire de Saint-Nicolas-du-Chardonneret, puis au grand séminaire de Saint-Sulpice, Ernest Renan perd la foi. L'amitié de Marcelin Berthelot, l'esprit général du temps l'orientent vers le *scientisme*, conception dont il ne se départira point. Son premier livre *L'avenir de la science*, rédigé en 1849 et qui restera inédit jusqu'en 1890, exprime cet état d'esprit : la science seule permet de connaître la vérité. Il n'y a point de surnaturel; sous l'impulsion de sa propre nécessité, l'univers matériel va vers sa fin qui est la réalisation de l'idéal. La vérité est essentiellement d'ordre historique et le sens de toutes les productions de l'esprit humain qu'il s'agisse de l'art ou de la religion est celui de leur époque : « La littérature du XVIIᵉ siècle est admirable sans doute mais à condition qu'on la reporte à son milieu, au XVIIᵉ siècle. »

Initié par le P. Lahire à l'apprentissage de l'hébreu, Renan devient orientaliste. Une partie de son œuvre se trouve aujourd'hui très discutée. Si le *Corpus inscriptionum semiticorum* qu'il a inauguré demeure un instrument de travail incontesté, ni l'essai, *De l'origine du langage* (1848), ni l'*Histoire générale et système des langues sémitiques*, ne paraissent aujourd'hui scientifiquement décisifs. Ce sont pourtant ces ouvrages qui établissent sa réputation, le font charger d'une mission en Phénicie et lui ouvrent le Collège de France en 1862. L'essentiel de son œuvre est consacré à l'histoire religieuse du judaïsme et du christianisme. Se succèdent notamment, *Les origines du christianisme* inaugurées par une *Vie de Jésus* dont l'énorme retentissement — Renan y décrivait un homme exceptionnel, non une divinité — provoque un scandale qui entraîne sa révocation du Collège de France en 1864, puis l'*Histoire du peuple d'Israël*, dont la publication commencée en 1887 se terminera après sa mort. Renouant avec l'exégèse critique du XVIIᵉ siècle (Richard Simon), ses études combinent, comme celles de ses collègues allemands, la philologie et la philosophie, mais aboutissent à des conclusions sensiblement différentes. A l'encontre de la dépréciation qu'un Nietzsche fera subir au judéo-christianisme, l'essentiel de l'effort de Renan est dans le sens d'une réévaluation d'Israël et du Christ par rapport à l'Antiquité gréco-romaine, réévaluation que son athéisme ne laisse pas toujours comprendre : « La trace d'Israël cependant sera éternelle. Israël a le premier donné une forme au cri du peuple, à la plainte du pauvre... Israël comble ainsi une lacune à la civilisation grecque, où l'esclave est si déplorablement abandonné par Dieu. »

Le dernier aspect, non le moindre de l'influence exercée par Ernest Renan, tient à sa réflexion sur le développement de la civilisation et de la vie politique française, ses échecs, ses obstacles, auxquels il a consacré de nombreux essais. Parmi ses sujets de prédilection, la réforme de l'Université française très en deçà, à ses yeux, des réalisations de l'Université allemande. Ses réflexions dans la *Réforme intellectuelle et morale* publiée en 1871 après la Commune, sur « le mal français » marqué par un Etat pesant, sa méfiance vis-à-vis de la démocratie à laquelle il préfère une monarchie constitutionnelle, sa nostalgie de la civilité aristocratique, rejoignent les conclusions de Taine et de Tocqueville. Son évolution le réconcilie avec les conservateurs. Il est élu à l'Académie française en 1878. Ce grand penseur est aussi un grand écrivain.

● BIBLIOGRAPHIE. — E. RENAN, *Œuvres complètes*, Paris, Calmann-Lévy, 1947-1961, 10 vol.; *Correspondance*, Paris, 1898; *Travaux de jeunesse*, 1843-1844, Paris, 1931.

▶ CORRÉLATS. — Christianisme, Religion (Histoire des religions), Simon.

B. BARRET-KRIEGEL.

Révoltes

Le soulèvement populaire, longtemps ignoré des historiens, a constitué depuis un quart de siècle l'un des objets privilégiés de leurs recherches. Il a aussi été au centre de l'une des polémiques les plus aiguës et les plus fécondes de l'historiographie. Publiant en 1948, en russe, la première édition de son ouvrage *Les soulèvements populaires en France de 1632 à 1648*, Boris Porchnev n'hésite pas à affirmer que « les historiens bourgeois français craignent que l'étude des séditions populaires ne diminue le "Grand Siècle", ne le prive de son éclat coutumier, ne dissipe les légendes et illusions qui lui sont liées; ils passent ces soulèvements sous silence et, du même coup, ignorent son histoire sociale et économique ». Bien avant que le livre ait été traduit en français, en 1963, Robert Mousnier et Robert Mandrou engageaient le débat avec l'historien soviétique par le biais d'articles parus le premier dans la *Revue d'Histoire moderne et contemporaine* (1958), le second dans les *Annales, Economies, Sociétés, Civilisations* (1959). Pour Boris Porchnev les événements de la première moitié du XVIIe siècle révèlent un clivage fondamental entre « un front de classes » rassemblant Monarchie, Noblesse et Bourgeoisie d'une part, et les masses populaires d'autre part. Le partage proviendrait principalement de la féodalisation de la bourgeoisie. Pour Roland Mousnier, la société n'est pas articulée horizontalement mais verticalement si bien que les insurgés sont toujours encadrés par des membres du clergé, de la noblesse ou de la bourgeoisie qui jouaient le rôle de chefs d'orchestre clandestins. Aujourd'hui les émeutes, séditions, révoltes populaires d'Ancien Régime que les textes de l'époque qualifient volontiers « d'émotions » nous sont mieux connus ce qui a permis de dépasser le débat initial.

Pour s'en tenir à l'Europe occidentale, Georges Rudé a compté 275 événements de ce type dans la campagne anglaise entre 1735 et 1800. Et l'attention des historiens a été attirée sur les mouvements sociaux et religieux sporadiques antérieurs à la Révolution de 1642-1660 ; révolte du Pèlerinage de la Grâce en 1536-1537, troubles du Devonshire, de la Cornouaille et du Norfolk en 1549, émeutes contre la clôture des terres en 1607 ou encore en 1628-1631. En Italie, la marche d'Ancône, et les villes de Naples et de Palerme en 1647, Messine en 1674-1678 et Palerme en 1733 sont le théâtre de soulèvements qui ont été analysés. En Espagne les séditions qui se sont répandues à travers 18 localités andalouses entre 1647 et 1652 ou les émeutes de 1766 dans près de 70 villes et villages constituent deux exemples de la contestation populaire. Dans le cas français Yves-Marie Bercé a dénombré de 450 à 500 révoltes dans la seule Aquitaine entre 1590 et 1715. Et les Nu-Pieds de Normandie (1638), les Lustucrus du Boulonnais (1662), les Bonnets rouges de Bretagne (1675) sont autant sortis de l'oubli que les Croquants périgourdins. Tous ces exemples multipliés montrent que les grands épisodes de la Fronde et de la Révolution française, des mouvements catalan et portugais de 1640, de la guerre des paysans en Allemagne ou de la Révolution anglaise ne sont pas isolés et que les sociétés d'Ancien Régime ont manifesté une pugnacité permanente.

De plus en plus les historiens s'accordent à établir une typologie des révoltes, distinguant entre celles qui sont dirigées contre le fisc des révoltes frumentaires ou de celles visant les gens de guerre. Les premières déjà fréquentes au XVIe siècle — les trois provinces d'Angoumois, de Saintonge et de Guyenne s'embrasent en 1548 pour s'opposer à l'installation des fermiers de l'impôt sur le sel, les fameux « gabelous » — deviennent endémiques entre 1630 et 1650 à la suite de ce que l'on a appelé « le tour de vis fiscal de Richelieu ». La guerre cessant à la mauvaise saison, le logement et la nourriture étaient en hiver à la charge des campagnes. Les paysans supportaient d'autant plus mal la contrainte que les militaires multipliaient les exactions et provoquaient de graves incidents. La surexcitation parvenait aussi à son comble lorsque la récolte était mauvaise, le grain rare et cher. Urbains et ruraux s'en prenaient aux accapareurs soupçonnés de spéculer sur la montée des prix et aux marchands convoyant les denrées vers les villes les plus déficitaires par le recours à « l'entrave ».

Beaucoup parmi les révoltes ont une vie éphémère. Quelques-unes, ainsi les révoltes antiseigneuriales bretonnes de juin à octobre 1675, durent plusieurs mois. A la violence soudaine et spontanée des émeutiers qui pillent, incendient ou assassinent répond la répression systématique des troupes royales ; le 29 novembre 1639, Louis XIII n'écrit-il pas au maréchal Jean de Gassion chargé de mater la révolte normande des Nu-Pieds : « Mon intention est que... vous fassiez tailler en pièces les séditieux qu'ils se trouvent assemblés dans quelque lieu que ce soit et que vous fassiez raser les faubourgs de la ville d'Avranches. » La répression devient même plus implacable après 1660, car si les émeutiers du XVIe siècle et de la première moitié du XVIIe siècle pouvaient raisonnablement attendre l'atténuation voire la disparition d'impôts à la suite de leur action, au-delà, selon Yves-Marie Bercé, « les grandes révoltes finissent dans le sang et les provinces n'y trouvent plus que les fruits amers de la défaite et des représailles ».

Depuis quelques années, l'étude des soulèvements populaires a largement bénéficié des travaux de l'anthropologie historique. Tandis que Jean Delumeau met en valeur l'inquiétude collective, la peur endémique que révèlent les violentes secousses qui traversent l'histoire de l'Ancien Régime, Emmanuel Le Roy Ladurie énumère les gestes rituels et symboliques du Carnaval de Romans de février 1580. Aujourd'hui une vaste enquête dirigée par Jean Nicolas doit permettre de discerner les éléments empreints de la tradition de ceux novateurs à travers tous les mouvements populaires en France entre 1650 et 1800.

Cette entreprise permettra aussi de vérifier définitivement les deux certitudes les plus affirmées en la matière. L'une a trait à la géographie de la contestation en France. Ce sont, semble-t-il, les régions les plus éloignées de Paris, celles qui avaient conservé une plus large autonomie qui ont été le théâtre de nombreuses séditions. Le Bassin parisien, le Nord et l'Est sont par contraste des terres tranquilles. L'autre concerne la chronologie. On s'accorde à penser qu'aux XVIe et XVIIe siècles turbulents a succédé un XVIIIe siècle plus pacifique du moins jusqu'aux années 1780, même si des mouvements antiseigneuriaux ont éclaté en Bourgogne, en Provence, etc. La Révolution française est précédée et accompagnée d'une nouvelle flambée : en Aquitaine par exemple les révoltes embrasent 330 paroisses en décembre 1789 et janvier 1790.

▶ Corrélats. — Ancien régime, Crises, Sociale (Histoire).

B. Vincent.

Révolution d'Angleterre

Les premiers historiens de la Révolution d'Angleterre furent souvent ses acteurs, ou au moins ses témoins capables d'interpréter les pamphlets, comptes rendus de discours et autres documents publiés en 1659 par J. Rushworth, ancien secrétaire de Cromwell. Mais seuls furent édités avant 1660 les partisans de la Révolution, J. Vicars, stigmatisant les royalistes « athées et papistes », Th. May présentant dès 1647 le long Parlement en défenseur d'une « immémoriale » *common law* minée par le « joug normand » et le « papisme » larvé des Stuarts, ou Harrington pour qui la structure politique ne correspondait plus à la réalité économique et le déclin de l'aristocratie doit conduire à la République (*Oceana*, 1656). La Restauration vit éclore les premières histoires royalistes, de W. Dugdale, dénonçant l'hypocrisie subversive des leaders du Parlement, à Hobbes pour qui la guerre, née de la révolte des marchands presbytériens londoniens soutenue par les juristes et les théologiens universitaires contre une monarchie hostile à « l'individualisme possessif », fut une lutte pour le pouvoir absolu opposant le Parlement d'abord au roi, puis à l'armée de Cromwell (*Behemoth*, 1679-1682), avant la publication posthume de l'*Histoire* (détaillée) *de la Rébellion* (1702) par lord Clarendon, organisateur du Parti royaliste après 1640 et au pouvoir sous la Restauration jusqu'en 1667, plus objectif envers Hampden ou même Cromwell qu'envers la « vermine » écossaise ou les puritains « incendiaires ».

Clarendon inaugure la mise de l'histoire au service des querelles politiciennes entre des tories comme son émule Echard et des whigs comme Oldmixton (1730) repris par le huguenot exilé Rapin pour montrer la liberté politique et religieuse arrachée aux Stuarts et à leur Chambre étoilée. Toutefois dans la polémique le tory Bolingbroke arguait comme un whig de l'antiquité des libertés anglaises contre le régime corrompu de Walpole, lequel reprenait aux tories l'idée de leur nouveauté. Se voulant historien philosophe impartial, Hume considère pourtant l'enthousiasme puritain comme une faiblesse de fanatiques génératrices de discorde et voit dans l'imprécision des limites de la prérogative royale une cause majeure de la guerre, assurant par son *Histoire de Grande-Bretagne* (1754 sq.) la prééminence de l'historiographie tory, peu entamée par Catherine Macaulay, républicaine reprenant les vues de Harrington sur le rôle de l'économie dans une crise dont elle justifiait le caractère révolutionnaire bien au-delà de la vulgate whig.

Malgré l'*Histoire du Commonwealth* du « radical » Godwin (1824) et les Histoires constitutionnelles whigs peu originales de Brodie (1822) et de Hallam (1827), l'influence de Hume ne cessa de dominer qu'avec l'*Histoire d'Angleterre* de Th. B. Macaulay (1848 sq.), véritable hymne à la gloire du parlementarisme whig formé contre l'absolutisme Stuart pour s'épanouir dans l'ère victorienne. Plus que la création des Ecoles d'Histoire autonomes d'Oxford (1871) et de Cambridge (1873), le recours aux archives publiées à partir de 1838 permit de passer à la polémique à une histoire plus scientifique (cf. la fondation de l'EHR en 1886), déjà amorcée par le P. Lingard, travaillant aussi à Rome et à Simancas, et par Carlyle, malgré son héroïsation romantique de Cromwell, et accélérée par les travaux de Guizot (1826, puis 1850 sq.), qui parla le premier de « révolution anglaise », s'intéressa à ses aspects sociaux et la compara à la Révolution française, ainsi que de Ranke, traduit dès 1875 et particulièrement attaché aux rapports entre l'Angleterre et le continent. Le monument de Gardiner, bâti dans la seconde moitié du siècle d'après archives selon un plan chronologique rigoureux sur le concept de « révolution puritaine », conserve pourtant une tonalité whig aux accents victoriens. La tradition narrative de Gardiner fut assurée par Firth (*L'Armée de Cromwell*, 1902, *Les Dernières années du Protectorat*, 1909), et G. Davis (*La Restauration de Charles II*, 1930, **Les Premiers Stuarts**, in *OHE*, 1937), plus que par Trevelyan, dont la synthèse, écrite avec soin, des travaux de Macaulay et de Gardiner présente *L'Angleterre sous les Stuarts* (1904) comme un combat pour la liberté politique et la tolérance religieuse sous un angle patriotique encore plus évident dans son *Histoire d'Angleterre* (1926) et surtout son *Histoire sociale anglaise* de 1944, engagée dans l'effort de guerre des démocraties.

Etudiant l'histoire pour comprendre les problèmes actuels, Tawney ouvre de nouvelles perspectives en replaçant la Révolution anglaise dans la longue durée de la croissance d'un capitalisme rural issue de la redistribution des terres monastiques (1912) et de la lente acceptation de l'esprit capitaliste par les puritains (1926), appliquant cette nouvelle thématique au cas d'un homme d'affaires, ministre de Jacques Ier (*Cranfield*, 1958). Son article sur « L'Essor de la Gentry » (*Ec.HR*, 1941) déclencha une vive controverse avec Trevor-Roper pour qui la « simple gentry » décline face à la montée des yeomen et de la gentry d'affaires commerciales (*Ec.HR*, 1953); mais Hexter accusa les deux adversaires de déterminisme économique trop étroit (1958). Toutefois L. Stone rendit évidente par une étude statistique exhaustive *La Crise de l'Aristocratie* perdant pouvoir militaire, terres et prestige entre 1540 et 1640 laissant la monarchie sans appui (1965) et Joan Thirsk mit en valeur les liens entre l'évolution agraire et l'essor de la dissidence religieuse rurale (*H. agraire...*, IV).

Les seules interprétations marxistes de la Révolution disponibles en Angleterre étaient l'essai de Bernstein sur *Cromwell et le Communisme* (tr. 1930) et l'*Histoire du peuple anglais* de Morton (1938) quand Chr. Hill fit connaître les travaux soviétiques, de Savine et Arkhangelsky notamment, présentant une lutte de classes opposant une aristocratie et une Eglise foncières à la bourgeoisie et à la gentry rurale progressistes. Parallèlement aux études de Dobbs sur le développement du capitalisme en Europe (1946), les premières synthèses de Hill (1940, 1949) visaient à remplacer le modèle politico-religieux de « révolution puritaine » par un modèle combinant essor économique et lutte des classes que devait défendre en ses débuts la revue *Past and Present* (1952-   ). Mais s'éloignant du communisme, Hill utilisa le modèle marxiste de façon de moins en moins dogmatique : partant des problèmes de l'Eglise avant 1640 (1956), il s'interrogea de plus en plus sur le rôle des idées dans l'évolution de la société, voyant dans le puritanisme l'idéologie des yeomen, des artisans et des petits marchands (1964), liée au scientisme utilitaire préparé par Bacon, Raleigh et Coke (1965) et dépassée par les mouvements radicaux de la Révolution (1972) et par Milton (1982).

Les dernières synthèses de Hill (1961, 1967) sont souvent remises à jour grâce aux travaux d'histoire locale, facilités par l'ouverture en 1945 des archives des comtés, devenus ainsi le cadre de recherches évitant les généralisations dogmatiques sur la fortune de la gentry (Simpson, Est-Anglie, 1962 ; Cliffe, Yorkshire, 1969), le rôle des communautés locales (Everitt, Kent, 1966 ; Fletcher, Sussex, 1975), l'interaction des politiques régionale et nationale (Holmes), le gouvernement local (Morrill, Cheshire, 1974), le rôle des villes (Howell, Newcastle, 1967 ; Pearl, Londres, 1961, qui montre une ville beaucoup plus divisée qu'on ne le croyait) et même les puritains ou les catholiques (Bossy et Aveling surtout).

Si l'histoire narrative traditionnelle est continuée par Miss Wedgwood (1955, 1958, 1964) dont le Strafford (1935, 1961) s'inscrit dans une série de biographies d'auteurs aussi variés que Trevor-Roper (Laud, 1940, 1972), Hexter (Pym, 1941) ou Hill (Cromwell, 1970), l'histoire politique de pointe bénéficie des travaux sur l'économie et la société pour ouvrir de nouveaux horizons ou tenter de nouvelles synthèses. Rejetant les prémisses marxistes, Zagorin voit naître la révolution d'un conflit parmi l'élite politique entre *La cour et le pays* (1969). L'analyse des débats parlementaires par Notestein et ses disciples et la biographie collective des parlementaires ont moins renouvelé l'histoire du Parlement que celle de ses crises, « purge de Pride » (Underdown, 1971) ou « Rump » (Worden, 1974), témoignant de l'intérêt croissant pour les années 1650 autant que les recherches sur les minoritaires, Niveleurs, Creuseurs, Ranters (Morton), Quakers (Barbour), Cinquième Monarchie (Capp), Winstanley (Lutaud), voire sur les femmes. En montrant que l'électorat du Parlement Stuart pouvait atteindre de 25 à 40 % des hommes adultes, Hirst permet à Brian Manning de réinterpréter l'histoire des années 1640 comme le conflit entre ceux qui acceptent une révolution sociale et ceux qui veulent se limiter à une révolution politique (1976). R. Ashton, refusant à la fois les interprétations whig et marxiste, voit au contraire les Parlementaires en défenseurs attardés d'une tradition menacée par les innovations de la monarchie absolue en matières institutionnelle, idéologique, économique, sociale, foncière, culturelle, artistique et religieuse (1978).

● BIBLIOGRAPHIE. — R. C. RICHARDSON, *The Debate on the English Revolution*, L., Methuen & Co., 1977, 195 p.; Robert ASHTON, *The English Civil War, Conservatism and Revolution, 1603-1649*, L., Weidenfeld & Nicolson, 1978, 453 p.; John MORRILL (sous la dir. de), *Reactions to the English Civil War 1642-1649*, L., Macmillan, Problems in Focus, 1982, 257 p.; L. STONE, *Les causes de la Révolution anglaise*, trad. franç., Flammarion, Paris, 1974.

▶ CORRÉLATS. — Angleterre (Historiens anglais), Crise.

G. BOQUET.

Révolution française

A portée de son bi-centenaire, quel visage revêt la Révolution française ? Après tant de travaux, le terrain n'est-il pas usé, l'historiographie ne paraît-elle pas essoufflée et répétitive ? Est-ce encore, pour les spécialistes, un principe de partage, un lieu d'affrontement ? Il faut tenter de mesurer, à travers cette longue sédimentation de recherches, le progrès des connaissances et lire, dans le heurt même des interprétations, à la fois leur part d'irréductible et les éléments de convergence.

De la *Journée des Tuiles*, à Vizille (7 juin 1788) au coup d'Etat du 18 brumaire, le déroulement de la Révolution semble parfaitement connu. Pour ne retenir que les historiens du XXe siècle, Aulard, Jaurès, Mathiez, Lefebvre, Soboul ont successivement apporté leur contribution au récit raisonné de l'événement. La trame politique, jusque dans le détail des *Journées*, s'enrichit sans cesse de nouvelles précisions mais les traits majeurs demeurent inchangés. Un progrès décisif a été accompli lorsqu'une politique de publication de sources a été décidée mais si le *Recueil des actes du Comité de salut public*, entrepris en 1889, est parvenu à son terme, celui des *Actes du Directoire exécutif* n'a pas été achevé. Quant à l'édition des *Archives parlementaires*, commencée sous le Second Empire, elle a été reprise il y a vingt ans, après un long abandon, et selon des normes enfin rigoureuses. Elle vient d'aborder la Convention thermidorienne. Ce sont là quelques-uns des matériaux, lentement élaborés, d'une histoire du pouvoir central. En fait, celle-ci reste, pour partie, en friche. Les grandes figures — Danton, magnifié par Aulard, Robespierre, défendu par Mathiez —, les grands débats — Girondins contre Montagnards — ne suffisent évidemment pas à caractériser les nouveaux groupes dirigeants et n'aident pas à connaître les rouages de l'appareil d'Etat. Se fait jour ainsi le besoin d'une sociologie de ces acteurs, par la voie d'études prosopographiques. D'autre part, l'œuvre législative de la Révolution continue de susciter des interrogations neuves : en témoigne, par exemple, la récente étude, par Jean-Pierre Hirsch, de *La nuit du 4 août* (Paris, 1983). En amont de cette éruption du discours et de l'acte politiques, la masse des cahiers de doléances constitue une source encore sous-exploitée. Le traitement d'une fraction de ce corpus par des moyens informatiques et des méthodes linguistiques modernes permettrait de dégager des conclusions plus assurées que celles qu'autorisent des publications éparses et des sondages trop limités. Chaque phase de la Révolution a eu ses historiens, a connu des oscillations dans la faveur des spécialistes. Le Directoire — et même la Convention thermidorienne — ont bénéficié à coup sûr d'un moindre investissement de recherche que les périodes précédentes et ont subi un long discrédit. Depuis une vingtaine d'années, sous l'impulsion des historiens de Babeuf et du babouvisme, des travaux de Jean-René Suratteau et de ceux de chercheurs britanniques et américains, une réévaluation est en cours.

Depuis *L'Histoire socialiste* de Jaurès (1901-1904), économie et société sont au cœur de l'historiographie révolutionnaire. La Commission d'histoire économique de la Révolution, créée à l'initiative de Jaurès, a publié, outre des cahiers de doléances, de nombreux documents relatifs à la politique économique — procès-verbaux de Comités, législation, circulaires — et aux résultats de la vente des biens nationaux. L'activité de recherche et d'édition de cet organisme a été intense dans les dix ans qui ont précédé la première guerre mondiale et a décliné ensuite.

Avec la thèse de Georges Lefebvre parue en 1924 — *Les paysans du Nord pendant la Révolution française* —, les masses rurales apparaissent en pleine lumière, dans le poids de leur mouvement, dans l'autonomie de leurs luttes. La question de la propriété foncière, celle aussi des revenus paysans sont désormais traitées sur de larges bases quantitatives. L'ouvrage de Paul Bois sur *Les paysans de l'Ouest* (Paris, 1960) relie les formes de la propriété et de l'exploitation foncières et les comportements politiques des paysans. Enfin les recherches d'Albert Soboul — *Problèmes paysans de la Révolution française* (Paris, 1983) — ou celles menées sous sa direction — *Contributions à l'histoire paysanne de la Révolution française* (Paris, 1977) — reprennent à nouveaux frais l'étude de l'action antiféodale de la paysannerie, des usages communautaires, de la revendication égalitaire.

La thèse de Soboul, en 1958, qui porte sur *Les sans-culottes parisiens en l'an II*, constitue un jalon décisif dans l'historiographie de la Révolution. Cet ouvrage dégage en effet ce qui fait l'unité du mouvement populaire : non une situation de classe identique pour toutes ses composantes mais un même projet, de mêmes pratiques. Le peuple en guerre a fait l'objet d'une étude de Jean-Paul Bertaud, *La Révolution armée. Les soldats-citoyens et la Révolution française*, Paris, 1979.

D'une histoire « parlementaire » à une histoire « populaire », l'approfondissement est évident. Mais ce parti pris, juste et fécond, se paie d'un oubli, ou peu s'en faut : celui des groupes sociaux dominants, anciens et nouveaux, qui détiennent les grandes fortunes, qu'elles soient d'entreprise, de négoce ou, surtout, de terre. La thèse de Louis Bergeron sur *Banquiers, négociants et manufacturiers parisiens...* (Paris, 1978) ne commence qu'avec le Directoire. Des monographies sectorielles ou locales ne suffisent pas à dessiner des contours satisfaisants.

A partir du vote de la Constitution civile du clergé, Religion et Révolution ont partie liée; l'historiographie a constamment insisté sur l'importance du facteur religieux dans la naissance et la croissance de la Contre-Révolution autant que dans l'affirmation, par des rites de substitution, d'une identité révolutionnaire. Mais l'essentiel, jusqu'à ces dernières années, consistait à décrire les mouvements de déchristianisation, le comportement des institutions cléricales, les formes variées des cultes. Le livre d'Aulard, *Le culte de la Raison et de l'Être suprême* (Paris, 1892), et celui de Mathiez,

Les origines des cultes révolutionnaires (Paris, 1904), étaient situés dans une problématique laïque, réductrice. Les apports de l'anthropologie religieuse, la réflexion sur la religion populaire, les nouveaux modes d'insertion du fait religieux dans le monde contemporain ont permis d'aller « du confessionnel et de l'institutionnel vers le culturel » (B. Plongeron). Trois livres marquent ce changement de perspectives : *Conscience religieuse en Révolution*, de Bernard Plongeron (Paris, 1969), *Religion et Révolution ; la déchristianisation en l'an II*, de Michel Vovelle (Paris, 1976) et la *Fête révolutionnaire, 1789-1799*, de Mona Ozouf (Paris, 1976).

L'histoire de l'éducation est, elle aussi, restée longtemps prisonnière d'une vision trop centrée sur les institutions. A force de monographies, l'organisation du système éducatif est assez bien connue; il n'en va pas de même pour les pratiques pédagogiques et le contenu des enseignements. Sur ce dernier point, les récents développements de l'histoire des sciences devraient apporter un commencement de réponse. Mais l'école, pendant la Révolution, est surtout objet de débats. Dominique Julia en a présenté la substance dans *Les trois couleurs du tableau noir : La Révolution* (Paris, 1981).

La langue est le moyen d'expression privilégié d'une culture. *L'histoire de la langue française* de Ferdinand Brunot (t. 9 et 10, Paris, 1927-1943) a, pour la première fois, insisté sur la politique linguistique de la Révolution. Ce dossier a été repris sous deux angles différents. Renée Balibar et Dominique Laporte ont écrit une étude d'inspiration marxiste sur *Le français national. Politique et pratique de la langue nationale sous la Révolution française* (Paris, 1974). Michel de Certeau, Dominique Julia et Jacques Revel, auteurs de *Une politique de la langue. La Révolution française et les patois* (Paris, 1975), ont analysé l'enquête de l'abbé Grégoire d'un point de vue linguistique, sociologique et ethnologique.

L'image aussi doit être prise en compte, sans négliger aucun de ses supports. Du très riche corpus qui nous est parvenu, on a plus tiré d'illustrations que d'informations. Un travail systématique sur l'iconographie révolutionnaire ouvrirait sans doute des perspectives intéressantes, au-delà même de l'histoire des mentalités.

Le déplacement de l'objet, l'élargissement des intérêts de l'historiographie révolutionnaire se traduisent aussi par une dilatation progressive de son espace d'étude. Paris n'est pas délaissé, bien sûr, mais d'autres villes retiennent l'attention des chercheurs. Parmi bien d'autres travaux, citons l'ouvrage posthume de Georges Lefebvre, *Etudes orléanaises* (Paris, 1962-1963), le livre de Jeremy Kaplow, *Elbeuf during the Revolutionary period* (Baltimore, 1964) ou celui de Jean Sentou, *Fortunes et groupes sociaux à Toulouse sous la Révolution* (Toulouse, 1969). Ce changement de perspective, où les bourgades et le plat pays sont aussi « revisités », est en partie dû à des historiens britanniques et américains. L'histoire de la Révolution se provincialise par le regard de l'étranger.

L'interprétation de la Révolution française a sa propre histoire dont on situe volontiers la césure principale vers la fin du XIXe siècle, entre la nomination d'Aulard à la Sorbonne et la célébration du centenaire. Passe-t-on alors « d'une histoire polémique à une histoire scientifique » (Labrousse) ? Disons plutôt qu'elle reste polémique, tout en s'efforçant de devenir scientifique, comme l'a montré, il y a peu, l'affrontement de thèses entre François Furet et Albert Soboul. S'agit-il, dans la première phase, d'une « historiographie primitive » (A. Gérard) ? Peut-être, si on la juge à l'aune de nos exigences, non, si on sait voir chez Barnave ou chez Tocqueville l'ébauche de nos systèmes explicatifs.

L'historiographie de la Révolution est profondément politique. Non seulement elle n'a cessé de refléter les choix fondamentaux des divers auteurs mais elle a eu pour effet de les légitimer. C'est l'événement discriminant, dont les interprétations successives consolident la fonction de partage, même si la contradiction se déplace progressivement. Les révolutions du XIXe siècle puis la révolution bolchevique ont paru donner un surcroît de sens à leur aînée; réinterprétation et récupération sont souvent allées de pair.

Les *Réflexions sur la Révolution de France*, publiées par Burke en octobre 1790, sont une dénonciation radicale de l'événement qui est en train de s'accomplir. Elles ouvrent la voie à un courant critique qui deviendra sans doute bientôt minoritaire, mais n'en a pas moins laissé des traces durables. La Révolution française introduit une rupture désastreuse dans la continuité de l'histoire nationale, en brutalisant la Tradition, en violant l'ordre naturel voulu par Dieu. En termes moins métaphysiques, l'idée se maintiendra que la France a payé cher cette mystique de la table rase. Contre cette condamnation se dressent les historiens libéraux; les *Considérations sur les principaux événements de la Révolution française* de Mme de Staël (1818) contiennent les principes de la réplique. La Révolution est exaltée comme conquête de la liberté, du moins dans sa première période, car une coupure est introduite — dont l'idée n'est pas morte — entre un 89 revendiqué et un 93 récusé. Thiers va plus loin. Dans son *Histoire de la Révolution française* (1823-1828) dont le succès domine le siècle, il place le déroulement des événements sous le signe de la nécessité. Il n'y a plus de dérive ou de sacrilège mais un enchaînement de causes et d'effets. La société nouvelle se fraye un chemin, mue par une « force fatale »; tout est expliqué, sinon absous. Un acteur de la Révolution, Barnave, avait, dès 1791, jugé que « la nature des choses », et non le caprice des hommes, commandait l'événement. *L'Introduction à la Révolution française*, parue en 1843, montre qu'une « révolution dans les lois politiques » est la conséquence d'un changement dans la prédominance économique. L'histoire des modes de production fonde ainsi une théorie de la rupture.

Tocqueville, au contraire, pense que la Révolution s'inscrit dans la continuité. Pour l'auteur de *L'Ancien Régime et la Révolution* (1856), l'explosion révolutionnaire est le fruit d'une longue maturation. La Révolution a ainsi achevé le travail de centralisation entrepris par la monarchie, libéré la passion égalitaire qui était déjà à l'œuvre dans la société française. Ce n'est pas un début mais un accomplissement. Loin des systèmes et des structures, Michelet avait écrit une *Histoire de la Révolution française* (1847-1853) sans d'autre héros que le peuple. Ce faisant, il répondait à sa propre sensibilité autant qu'au progrès de l'idée démocratique. Le messianisme qui se déploie dans cette œuvre fera longue carrière dans le mouvement républicain puis socialiste français. On songe par exemple à cette exclamation de Jaurès : « C'est dans le peuple que le Verbe de France s'est fait chair. » Dans *La Marseillaise* de Jean Renoir (1937) passe aussi un peu du lyrisme de Michelet.

Si, des barricades de juillet 1830 au défilé du 14 juillet 1936, une image de la Révolution française, populaire et unitaire, semble dominer, elle ne saurait cacher les malentendus et les déchirements. Michelet exalte le peuple en action et en armes mais se méfie de ceux qui veulent parler en son nom. Aussi ne se reconnaît-il pas dans le jacobinisme où il décèle sectarisme et violence minoritaire. A la fin du XIXe siècle et au début du XXe siècle, l'historiographie dominante s'emploiera à une défense et illustration du jacobinisme. Mais sur le thème du Salut public deux interprétations s'affronteront, 93 contre 94, Danton contre Robespierre, radicalisme contre socialisme. A la lumière de la Révolution russe, l'Incorruptible se trouve investi d'une tâche redoutable, celle de sauveur de l'acquis révolutionnaire contre tous les liquidateurs. Auguste Cochin, à l'inverse, analyse le jacobinisme comme une société de pensée qui devient pouvoir politique (*Les sociétés de pensée et la Révolution en Bretagne*, Paris, 1924) et, sous couvert de démocratie directe, nie les médiations de la société réelle. François Furet a souligné — dans *Penser la Révolution française* (Paris, 1978) — la pertinence de cette analyse. Partant des présupposés du socialisme libertaire, Daniel Guérin discerne (*La lutte des classes sous la Première République, bourgeois et « bras nus » (1793-1797)*, Paris, 1946) une opposition de classes entre robespierristes et enragés. Cette conception a été contredite par l'étude de Soboul sur le peuple des sans-culottes et Claude Mazauric a montré ultérieurement — *Babeuf et la Conspiration de l'égalité*, Paris, 1962 — que pouvait naître, sur cette même base sociale, un projet politique en rupture partielle avec l'idéologie dominante du milieu.

L'interprétation globale de la Révolution française en termes socio-économiques s'est affirmée de Jaurès à Soboul. Elle fait figure, désormais, de lecture classique de l'événement, même si son hégémonie est contestée à l'étranger comme en France. Au centre de l'explication, l'Ancien Régime et ses contradictions dont la dynamique débouche sur la crise révolutionnaire. Les rapports sociaux restent déterminés par le système « féodal », appellation peut-être fautive mais courante à la fin du XVIIIe siècle pour désigner l'ensemble des droits et prélèvements sans justification économique qui pèsent sur la terre. Servitude plus symbolique que réelle, en voie de complet effacement ? La critique ainsi portée, entre autres par Alfred Cobban (*The social interpretation of the French Revolution*, Cambridge, 1964), a été en partie réfutée par diverses études à l'échelle régionale qui révèlent le poids non négligeable de ces contraintes. Au reste, le sentiment qu'une situation de dépendance est intolérable parce qu'elle est illégitime peut devenir une force matérielle, hors de proportion avec l'exploitation subie. D'autre part, aussi bien à la campagne qu'à la ville, des formes diverses de capitalisme — agraire, marchand, manufacturier — se développent au sein d'un système qui paraît s'opposer à leur plein épanouissement. Sur ce point, il est vrai qu'il y avait contradiction à terme entre les nouvelles forces productives et les rapports sociaux existants. Mais ce terme, justement, était-il atteint ? On a peut-être surestimé à la fois la montée du capitalisme et les entraves à son essor.

Plusieurs historiens anglo-saxons ont jugé erronée ou au moins trop simplificatrice l'analyse traditionnelle des contradictions sociales. De fait, tous les entrepreneurs de la fin du XVIIIe siècle — et de loin — n'étaient pas des roturiers et la bourgeoisie officière et rentière n'avait pas à se sentir lésée par le mode de production régnant. François Furet et Denis

Richet ont élargi la critique (*La Révolution*, Paris, 1965) en insistant sur l'unité des élites, par-delà les différences de statut. On doit retenir, en effet, qu'une large zone de recouvrement idéologique — « Les Lumières » — existe à l'intersection de la noblesse et des couches aisées du tiers état et que celles-ci ne cherchent pas l'affrontement mais l'intégration. Pourtant les éléments d'une fusion n'excluent pas la persistance des antagonismes (L. Bergeron); la réforme, à bénéfices partagés, achoppera sur les privilèges. La société des notables pouvait bien apparaître comme la solution logique, pacifique à cette crispation des élites; la plus grande partie de la noblesse n'en voulut pas. Le bourgeois de 1788 est donc un « refoulé social » (Labrousse).

Les origines économiques de la Révolution prêtent moins à débat. Grâce aux travaux d'Ernest Labrousse (*Esquisse du mouvement des prix et des revenus en France au XVIIIe siècle*, Paris, 1933; *La crise de l'économie française à la fin de l'Ancien Régime et au début de la Révolution*, Paris, 1944), l'explication par la misère (Michelet) et l'explication par la prospérité (Jaurès) se trouvent réconciliées. La montée des prix dans la longue durée, l'amélioration, même modeste, de rendements sont signes et gages de croissance économique, de réussite matérielle, sans traduction sociale, pour toutes sortes de producteurs. Mais, à partir de 1775-1776, une crise d'une longueur inusitée vient frapper les plus démunis et, paupérisant les masses, prépare le terrain à l'explosion populaire de 1789.

« La France a, dans sa grande Révolution, détruit le féodalisme et donné à la domination de la bourgeoisie un caractère de pureté classique qu'aucun autre pays n'a atteint en Europe. » Ainsi s'exprime Engels (préface à Karl Marx, *Le 18 Brumaire de Louis Bonaparte*, 1885). Révolution antiféodale, la Révolution française a en effet liquidé par étapes et, en définitive, sans contrepartie le système juridique et social ancien. La fin des privilèges, l'instauration de l'égalité civile ont marqué incontestablement une rupture; en cela, la Révolution est bien le point-origine d'un nouvel ordre. Révolution bourgeoise? Le terme revêt plusieurs significations. D'une part, les cadres politiques de la bourgeoisie, révélés dans le combat, ont gardé de bout en bout la direction du processus révolutionnaire. D'autre part, le bénéfice majeur du bouleversement revient à la classe des entrepreneurs qui profitera de la désagrégation des sujétions et solidarités anciennes, de la libération des initiatives.

Une telle interprétation, affinée par plusieurs générations d'historiens, a rencontré diverses oppositions dont François Furet a fait, il y a peu, la synthèse (*Penser la Révolution française*). Pour l'essentiel, la critique porte sur l'idée d'unité de la Révolution, qui sous-estime l'autonomie du mouvement paysan, sur le rôle de cette période dans l'avènement du capitalisme en France. Il est observé que la Révolution industrielle ne commencera que cinquante ans plus tard et que parler de « transition » conduit à nier la spécificité de l'événement. D'autres auteurs ajoutent que, dans la tourmente, l'économie française, loin de décoller, a pris un sérieux retard. *Rupture ou continuité?* S'interrogent R. Reichardt et E. Schmitt (Munich, 1983), pour conclure que la thèse du saut révolutionnaire d'un mode de production à l'autre n'est pas soutenable.

La thématique de la transition est utile, si elle ne dissout pas la caractéristique de la Révolution, qui est l'instantané du bouleversement. Une vision trop « économiste » et probablement non marxiste des choses délaisse le cœur de cette phase, c'est-à-dire la transformation violente du pouvoir d'Etat, l'apparition d'une nouvelle légitimité. Celle-ci se fonde sur la souveraineté du peuple, l'égalité civile, la propriété délivrée des entraves. Autant de principes qui, aussitôt énoncés, définissent la France contemporaine, même s'ils mettent un siècle à s'établir dans les faits. En cela, d'ailleurs, la Révolution française constitue l'archétype de la révolution : elle est le fruit d'un long processus et l'anticipation d'un changement à venir; elle est à la fois attendue et prématurée.

Le paradoxe de cet objet historique est d'être aussi précis dans son contenu qu'incertain dans ses contours. Ni son début ni son achèvement ne peuvent être datés strictement. Ou plutôt, selon le domaine envisagé et la perspective d'étude, la périodisation change. Mais l'événement demeure. Paul Bois a bien montré comment le court terme de la Révolution a fait naître la configuration politique originale de la France de l'Ouest. William Sewell, de son côté, a analysé la manière dont la Révolution, en abolissant les corporations, transformait et transmettait de vieilles pratiques ouvrières (*Gens de métier et révolutions*, trad. Paris, 1983).

Point commode de partage entre le moderne et le contemporain, dans la culture historique française, la grande Révolution semble perdre de plus en plus son statut privilégié. Moins parce que les passions qu'elle fait naître s'apaisent ou qu'elle est replacée dans le long terme, sans y être diluée, mais parce qu'elle tend à s'effacer de l'institution scolaire. Il faut espérer que, lors du bi-centenaire, la ferveur des savants ne rencontrera pas l'indifférence des citoyens.

● BIBLIOGRAPHIE. — Albert SOBOUL, *La Civilisation et la Révolution française*, Paris, 1970-1983; Alice GÉRARD, *La Révolution française, mythes et interprétations, 1789-1970*, Paris, 1970; *Nouvelle histoire de la France contemporaine* : 1 | Michel VOVELLE, *La chute de la Monarchie (1787-1792)*; 2 | Marc BOULOISEAU, *La République jacobine (17 août 1792-9 thermidor an II)*; 3 | Denis WORONOFF, *La République bourgeoise, de Thermidor à Brumaire (1794-1799)*, Paris, 1972; Jean-René SURATTEAU, *La Révolution française, Certitudes et controverses*, Paris, 1973; Jacques GODECHOT, *Un jury pour la Révolution*, Paris, 1974; *Voies nouvelles pour l'histoire de la Révolution française; Colloque Albert Mathiez-Georges Lefebvre* (Paris, 1974), Paris, 1978.

▶ CORRÉLATS. — Ancien Régime, Conjoncture, Crise, Guizot, Labrousse, Lefebvre, Marx (Histoire marxiste), Michelet, Politique (Histoire), Taine, Tocqueville.

D. WORONOFF.

Révolution d'Octobre

Abattre l'Ancien Régime, détruite la bourgeoisie capitaliste, instituer un gouvernement populaire, en 1917 les Russes sont parvenus les premiers à cette étape ultime — que n'avaient atteinte ni les révolutionnaires de 1789, ni ceux de 1830, ou de 1848 ou de 1871. Ceux qui ont été les principaux artisans de cet accomplissement sont aussitôt apparus comme les constructeurs de la Cité du Bonheur, qui réaliseraient l'Utopie, aussi ancienne que l'histoire des hommes! Supprimer la propriété privée, abolir la famille, mettre fin à la misère et assurer à tous un bien-être matériel dû à une organisation nouvelle du travail. Pour avoir su analyser les contradictions de la société de guerre, prédit sa crise inéluctable « à son maillon le plus faible », la Russie, Lénine et les bolcheviks avaient réussi à faire aboutir l'histoire et, grâce à la maîtrise d'une science nouvelle, le marxisme, dont les dirigeants du Parti s'étaient montrés les praticiens brevetés...

Dès Octobre 1917, cette vision fut contestée, et depuis deux camps s'affrontent.

Selon les uns, la Révolution d'Octobre fut simplement un coup d'Etat réussi grâce à la discipline du Parti bolchevique (Merle Fainsod). Devant le vide créé par la dégénérescence du gouvernement provisoire, où tout groupe organisé pouvait se saisir du pouvoir (Leonard Shapiro), le plus structuré, celui de Lénine, a réussi à prendre le pouvoir au vol (A. Ulam), en utilisant des procédés putschistes (K. Kautski, R. Luxemburg, Martov). Ensuite, grâce à son appareil, le Parti a gardé le pouvoir pour lui tout seul et pour toujours. Dans ces conditions la Révolution fut un simple accident de l'Histoire; elle n'était pas inévitable, et, ainsi, n'était pas inscrite dans l'ordre de la nécessité. « On dit encore que les bolcheviks avaient contre eux la paysannerie, les fonctionnaires, les combattants du front, aucun soutien populaire dans les villes », note R. Daniels. Eussent-ils eu un tel soutien, ajoute W. H. Chamberlin, celui-ci aurait eu pour origine non l'adhésion au programme ou aux idées des bolcheviks mais le fait que le pays vivait dans des circonstances « anormales » : la guerre et la défaite. Ainsi, selon ces auteurs, on ne saurait faire appel ni à la « logique de l'histoire », ni à la volonté expresse du peuple russe pour expliquer le succès de la Révolution d'Octobre. Celle-ci s'explique par l'habileté des dirigeants bolcheviques, l'incompétence ou la légèreté de leurs adversaires, une péripétie tragique de l'Histoire. Rajeunie par les écrits des dissidents soviétiques et remise à la mode, cette vision a été plus ou moins conceptualisée par M. Malia, puis reprise par Michel Heller et toute une littérature militante.

Soucieux au contraire d'affirmer la légitimité du pouvoir bolchevique, et se comportant ainsi en serviteur de l'Etat, les historiens soviétiques font l'itinéraire inverse. Ils montrent que chaque stade du développement de la société russe correspond bien au modèle marxiste, que le développement du système capitaliste conduit nécessairement à la banqueroute de tous les régimes, amenant à la victoire inéluctable du prolétariat grâce à l'action de son avant-garde, le Parti communiste. Dans ces conditions, la victoire des bolcheviks en Octobre 1917 fut logique, scientifiquement prévisible; elle fut une nécessité de l'Histoire; elle fut accomplie et réussie pour autant que le Parti suivit les analyses et la ligne de son fondateur. En bonne logique, par conséquent, prouver que Lénine a eu raison — contre Kamenev, contre Trotski, contre les autres socialistes — constitue ainsi une tâche essentielle de l'historiographie soviétique. Dans sa version actuelle, la plus complète, celle de Minc, l'itinéraire de la Révolution conduit tout droit à Octobre; il n'y a pas eu de dérapage parce que cette Révolution fut ponctuée par les activités propres du Parti bolchevique, « guide éclairé des masses » lors des grandes crises d'avril, juillet, du putsch Kornilov, de l'insurrection d'Octobre.

A l'historiographie occidentale, dite « bourgeoise », les Soviétiques font plusieurs critiques. D'abord, croire que la modernisation pacifique du pays eût permis d'éviter la Révolution, et que la guerre ou les maladresses du tsar ont joué un rôle déterminant; ensuite, parler de l'unanimité des forces qui renversèrent le tsarisme, croire aussi à la spontanéité des masses, ce qui est une façon de sous-estimer le rôle des bolcheviks, de février à octobre, etc. Certains historiens occidentaux, tels Carr, Liebman, etc., partagent quelques-unes de ces vues.

D'autres analyses se situent sur un autre terrain que celui de la légitimité historique ou de l'action militante. Rabinowitch, Ferro, Keep n'établissent pas nécessairement la même coupure entre février et octobre; ils montrent l'enracinement du mouvement des soviets, sa réalité même après Octobre, défini comme une épreuve de force entre un gouvernement sans Etat (Kerenski) et un Etat sans gouvernement (les soviets). Le totalitarisme sourdait aussi dès avant Octobre, notamment dans bien des comités populaires; son accomplissement fut le résultat d'un double mouvement : par en haut, dès Octobre 1917, il fut dû à l'action de Lénine et des plus autoritaires de ses compagnons (Sverdlov, Trotski); par en-bas, également, pour autant qu'une bureaucratie populaire s'institua dès 1917-1918 et que, peu à peu, elle occupa l'appareil d'Etat; aux grades subalternes, d'abord, puis jusqu'aux sommets du pouvoir, durant les années vingt et trente.

Cette plébéianisation du pouvoir explique, autant que l'idéologie et la pratique communistes, le *consensus* qui a régné en Russie depuis cinquante ans. Ses modalités sont complexes. Elles rendent compte de trois légendes, qui ont eu la vie longue, au point de survivre encore : que la subversion du régime date de l'époque stalinienne (vision trotskiste), que les bolcheviks et leur parti sont responsables de tout ce qui s'est accompli depuis 1917 (comme si une société pouvait être autonome de l'Etat qui l'incarne); enfin, que le totalitarisme est associé à l'existence d'un parti unique, alors qu'en réalité, en URSS, *plusieurs* partis (SR de gauche, mencheviks même) ont participé à la destruction ou à la colonisation des institutions sociales qui assuraient le fonctionnement de la démocratie (soviets, syndicats, ligues de femmes, organisations nationales, etc.).

● BIBLIOGRAPHIE. — E. N. BURDZALOV, *La deuxième Révolution russe*, Moscou, 1971 (en russe); E. CARR, *La formation de l'Union Soviétique*, Paris, Ed. de Minuit, 3 vol., trad. 1969; M. FERRO, *Des Soviets au communisme bureaucratique*, Paris, Gallimard, coll. « Archives », 1981; M. HELLER et A. NEKRICH, *L'utopie au pouvoir*, Paris, Calmann-Lévy, 1982; I. G. IOFFE, *La Révolution de 1917 dans l'historiographie bourgeoise anglo-américaine*, Moscou, 1970 (en russe); M. MALIA, *Comprendre la Révolution russe*, Paris, Ed. du Seuil, 1980; I. I. MINC, *Histoire du grand Octobre*, Moscou, 1967-1970, 3 vol. (en russe); Richard PIPES, ed., *Revolutionary Russia*, Harvard Univ. Press, 1968, 470 p.; notamment les études de D. GEYER, M. FAINSOD, L. SCHAPIRO; Alfred ULAM, *Lenine and the bolsheviks*, 1967, 316 p., dont il existe une traduction chez Fayard.

▶ CORRÉLATS. — Marx (Histoire marxiste), Russie/URSS (Historiens russes et soviétiques).

M. FERRO.

« Revue historique »

Dix ans après la fondation de la *Revue critique des questions historiques*, la naissance de la *Revue historique* marque un tournant pour le métier d'historien en France. En 1876 G. Monod et G. Fagniez créent une revue de combat contre l'historiographie catholique; mais c'est aussi et surtout le lieu d'élaboration des normes de l'histoire « positiviste ».

S'inspirant du modèle de l'*Historische zeitschrift* G. Monod entend faire de sa revue le carrefour de la tradition érudite chartiste et germanique et de la tradition littéraire et normalienne de l'histoire.

Essentiellement consacrée à la France, au Moyen Age et aux Temps modernes la *Revue historique* dessine le moule dans lequel se coule l'histoire universitaire de la fin du xixe siècle; articles, bulletin critique et comptes rendus orientent la production historique du moment.

Puis la jeune revue novatrice devient l'outil d'une pensée dominante; elle énonce les normes de l'orthodoxie et se complaît dans un immobilisme justifié par Christian Pfister lors du cinquantenaire de la revue en 1926.

Lieu de passage obligé pour les universitaires en place, monopolisant les contributions des professeurs en Sorbonne, la *Revue historique* cesse de combattre pour des principes; elle consacre l'élite de la corporation historique aux yeux d'un public fort important pour le monde de la recherche des années 20, 1 500 exemplaires vendus.

Cependant la revue évolue lentement et ses jeunes secrétaires de la rédaction des années 30, Ch.-A. Julien et M. Crouzet, dégagent peu à peu la revue du culte de l' « idole individuelle et événementielle ».

A partir des années 1950, la revue devient le reflet des transformations de l'historiographie française; l'histoire économique et sociale y acquier droit de cité et son réseau de collaborateurs ne s'oppose plus à celui de sa rivale des années 30 et 40, les *Annales*.

Néanmoins l'accent sur l'histoire anthropologique reste plus discret dans la revue aujourd'hui dirigée par Jean Favier et René Rémond. Plus spécifiquement historique et moins ouverte sur les autres sciences de l'homme que les *Annales*, la *Revue historique* garde une large audience à l'étranger bien que son nombre d'abonnés ne dépasse pas les 2 500.

Reflétant les tendances majeures de l'historiographie française, la *Revue historique* ne prétend plus aujourd'hui imposer une image de la discipline ou un programme. Une enquête récente sur les systèmes de références des revues historiques le démontre puisque la *Revue historique* recourt très peu à l'autocitation. Son mode de fonctionnement coïncide d'ailleurs avec le rôle qui est le sien. Refusant les numéros spéciaux et thématiques, la *Revue historique* pratique toujours une politique d'équilibre entre les thèmes et les périodes. Le compte rendu des soutenances de thèse d'Etat répond à cette fonction de miroir de la production historique que perpétue la revue fondée par Gabriel Monod.

● BIBLIOGRAPHIE. — Ch.-O. CARBONELL, *Histoire et historiens, la mutation idéologique des historiens français (1865-1885)*, Toulouse, 1976; A. CORBIN, Matériaux pour un centenaire. Le contenu de la Revue historique et son évolution (1876-1892), *Cahiers de l'Institut d'Histoire de la presse et de l'opinion*, 1975, p. 161-205; *Histoire et historiens depuis cinquante ans*, Paris, 2 vol., 1927-1928; *Revue historique*, Centenaire de la Revue historique, n° 518, avril-juin 1976.

▶ CORRÉLATS. — Monod, Positivisme, Revues historiques.

O. DUMOULIN.

Revues historiques

Reflet de la production historique, modèle de la production historique, lieu d'innovation intellectuelle, les revues historiques remplissent une fonction décisive dans l'élaboration ou le maintien des paradigmes qui font l'armature de la discipline.

Ainsi la naissance de l'histoire scientifique et universitaire au XIXe siècle est indissociable de l'apparition des premières revues qui à l'instar de l'*Historische Zeitschrift* (1856) ou de la *Revue historique* (1876) fixent les règles et la méthode de l'histoire « positiviste ». La fondation peu de temps après de l'*English historical review* (1886) ou de la *Rivista storica italiana* (1888) confirme cette relation entre la naissance d'une histoire scientifique et l'apparition des grandes revues historiques nationales.

Au cours d'une deuxième étape de l'organisation de la discipline, c'est aussi par le biais de revues que des champs particuliers des études historiques affirment leur légitimité. Ainsi la naissance successive de la *Vierteljahrschrift für Wirtschaft und Sozial Geschichte* (1893), de *La Revue d'Histoire économique et sociale* (1913), des *Annales d'Histoire économique et sociale* (1929), de l'*Economische-historisch jaarboek* (1916), aux Pays-Bas, de l'*Economic history review* (1927) ou du *Journal of economic and business history* (1928) jalonnent l'avènement progressif de l'histoire économique et sociale.

Plus récemment l'intronisation de nouvelles aires culturelles comme objet scientifique est aussi passée par la fondation de revues *(Journal of African studies)*. Il en va de même pour l'histoire démographique ou anthropologique : *Annales de démographie historique, Journal of family history*...

Sans prétendre à la cohérence théorique de l'*Année sociologique*, nombre de revues historiques ont affirmé des ambitions visant à renouveler la discipline. Les *Annales* en France ou *Past and Present* en Angleterre offrent des exemples parfaits.

Ces ambitions et la multiplication des revues historiques (1 200 répertoriées dans les notes de huit revues européennes dans les années 70) ont progressivement modifié l'organisation et la fonction des revues. Si les revues issues de la première vague de professionnalisation de l'histoire restent fidèles au schéma, articles, comptes rendus et bulletin critique, la plupart des revues récentes optent pour une véritable direction collégiale avec organisation de numéros spéciaux ou thématiques. Cette démarche privilégie les articles commandés et donnent un ton propre à chaque revue, contrairement aux revues « boîtes aux lettres ».

L'accroissement du nombre des chercheurs et les délais de publication favorisent d'autres modes de circulation de l'information, papiers, brouillons, exposés qui reflètent parfois mieux l'état des recherches en cours.

Parallèlement l'existence matérielle des revues historiques reste souvent aléatoire ; le tirage des plus importantes ne dépasse pas les 5 000 exemplaires et leur fonctionnement dépend bien souvent de subventions publiques (France, Italie) ou privées (Etats-Unis).

● BIBLIOGRAPHIE. — A. CORBIN, Matériaux pour un centenaire. Le contenu de la *Revue historique* et son évolution (1876-1972), *Cahiers de l'Institut d'histoire de la presse et de l'opinion*, 1975, p. 161-205; J. OBELKIEVITCH, *Past and Present*, Marxisme et histoire en Grande-Bretagne, *Le débat*, n° 17, 1981; R. ROMANELLA, La diffusione all' estere delle riviste storiche italiane, *Quaterni Storici*, n° 48, 1981.

▶ CORRÉLATS. — Annales (Ecole des), « Revue historique ».

O. DUMOULIN.

Roman et histoire

La distinction bien réelle à nos yeux entre le roman et l'histoire n'a pas toujours eu cette pertinence. On peut d'abord admettre que le roman à ses origines (*Roman d'Alexandre* ou romans bretons de la Table ronde), à une époque où l'écriture de l'histoire (les chroniques) en est à ses balbutiements, pouvait apparaître comme relatant des faits bien réels appartenant au passé d'une minorité guerrière. Par ailleurs l'emploi, en français, d'un même mot pour ce qui en anglais se dit *story* ou *history* a facilité les confusions et permis aux ambiguïtés de se prolonger longtemps encore.

Au XVIIe siècle par exemple, tout un pan de la production romanesque prétend atteindre, par les voies de la fiction, une réalité historique que l'histoire ne peut parvenir à connaître. Ce sont les romans qui appartiennent à la série des *histoires secrètes* comme ceux de Caumont de la Force (*Histoire secrète de Marie de Bourgogne* (1694), *Histoire secrète de Henri IV, roy de Castille* (1695)...) qui veulent expliquer, par les émois du cœur et les ébats du corps, les révolutions que connaissent les gouvernements. Au XVIIIe siècle, les théoriciens ne cessent d'opposer roman et histoire : d'un côté la vérité et l'exemplarité morale, de l'autre le mensonge et les effets corrupteurs (Lenglet Dufresnoy, *L'Histoire justifiée contre les romans* (1735)). Le débat se continuera tout au long du siècle entre adversaires et tenants du roman, entre historiens et romanciers.

En fait le roman, comme toute œuvre littéraire, entretient des rapports complexes avec l'histoire, qu'il s'agisse de l'histoire événementielle ou du récit des événements. L'histoire intervient tout aussi bien dans la production du texte romanesque que dans sa réception ou la suite des interprétations dont il est l'objet. Par ailleurs le XIXe siècle a vu naître et se codifier une forme romanesque où l'histoire (récit) se mêle à la fiction. Il s'agit, bien sûr, du roman historique, dont l'initiateur demeure Walter Scott (1771-1832). G. Lukács dans *Le Roman historique* (trad. 1965) a tenté d'analyser les conditions sociohistoriques de la genèse du roman historique, de définir ses caractéristiques, d'établir ses filiations, mais sa démarche présuppose le problème résolu, à savoir que nous connaissons ce qu'est le roman historique. Or, il apparaît aujourd'hui que sous la même rubrique on choisit de regrouper des œuvres extrêmement diverses. Quel rapport entre *Guerre et Paix* et *Les Trois mousquetaires*, entre *Les Mémoires d'Adrien* et *Le Siècle des Lumières* de Alejo Carpentier ? Le problème qui aujourd'hui préoccupe la critique c'est celui de la connivence, ce par quoi un roman se donne à lire comme roman historique. La définition de Lukács : « Il importe donc pour le roman historique de *démontrer* par des moyens historiques que les circonstances et les personnages historiques ont existé précisément de telle ou telle manière », demeure insuffisante et laisse le problème ouvert. Dire que sa mission n'est pas de « répéter le récit des grands événements historiques, mais de ressusciter poétiquement les êtres humains qui ont figuré dans ces événements » ne permet guère d'avancer dans la compréhension de sa nature. La question posée porte sur l'effet *roman historique*, ce par quoi nous le reconnaissons comme décrivant une période avec vérité et en accord avec ce que nous savons d'elle. Par rapport avec cette perspective générale, le problème du héros représentatif d'un rapport à l'événement et à la crise semble secondaire. De même que la distinction que l'on peut établir entre le feuilleton historique comme *Les Trois Mous-*

quetaires, le roman de reconstitution comme *Salammbô* de Flaubert, ou le roman historique à thèse comme *Les Dieux ont soif* d'Anatole France. Le roman historique n'est perçu que s'il s'articule sur une mémoire culturelle. Ce qui donne sa dimension à *La Corne du Bélier* de Singer, c'est la mémoire du pogrom de Chiemlnicki dans la conscience juive, mais aussi celle de l'hérésie de Sabbataï Levi. Si *Le Siècle des Lumières* nous apparaît comme le roman d'une histoire ayant eu une existence réelle, c'est que nous y retrouvons notre savoir sur la Révolution française. A partir de la reconnaissance d'un cadre général, toute la fiction s'habille de vérité et les destins individuels, pourtant pures fictions, semblent historiquement fondés. Il est évident que le roman historique fonde sa crédibilité sur la mémoire culturelle de ses lecteurs et tisse avec elle les effets d'une connivence. Tel nom, tel détail, tel petit fait sont alors essentiels.

Si le principe est vrai, ce n'est pas toujours la même histoire qui est mise en œuvre. Un roman comme *L'Œuvre au noir* de Marguerite Yourcenar — si l'on excepte quelques ancrages historiques précis : la révolte des Anabaptistes de Münster, les guerres italiennes — se construit à partir d'une image culturelle du xvie siècle. Les romans de Dumas prennent à l'histoire quelques traits de couleur locale et une certaine idée que nous avons du règne de Louis XIII, par exemple. C'est dire que le roman historique ne poursuit pas toujours les mêmes fins. Il peut être à visée morale, ou tendre au pur divertissement, il peut aussi, et c'est là qu'il nous interpelle, se donner comme l'occasion d'une réflexion sur l'histoire et sur le sens de ses rapports avec le destin de l'homme.

● BIBLIOGRAPHIE. — Il n'existe pas d'analyse en profondeur des rapports entre roman et histoire, ni même une définition acceptable des termes en présence. On se contentera de citer ici le titre d'un livre qui a mal vieilli, Georges LUKÁCS, *Le roman historique*, trad. franç., Paris, 1965, et, d'autre part, en France, les travaux, du côté des historiens, d'Emmanuel Le Roy-Ladurie, et, du côté des « littéraires », ceux de Georges Benrekassa, Claude Duchet, Michel Delon, Jose Luis Diaz, Jean Ehrard, Françoise Gaillard, Jacques Proust, Eric Walter... La liste est bien évidemment incomplète et arbitraire. Il convient de ne pas oublier, chemin faisant, les travaux essentiels en leur temps et encore, à bien des égards, exemplaires de Lucien Goldmann.

J. M. GOULEMOT.

Rome (Origines de Rome)

Enée, l'un des survivants de la prise de Troie, débarque à l'embouchure du Tibre, vainc les Rutules et fonde Lavinium ; son fils Ascagne (ou Iule), à son tour, fonde la cité d'Albe-la-Longue. Trois ou quatre siècles plus tard, une descendante d'Ascagne enfanta du dieu Mars deux jumeaux, Romulus et Rémus, qui, après avoir rendu à leur grand-père Numitor le trône d'Albe usurpé par leur grand-oncle, décidèrent de créer une nouvelle ville : Rome, fondée par Romulus, en 753 av. J.-C. selon la chronologie de Varron. Premier roi de Rome, Romulus s'associa le roi des Sabins, Titus Tatius ; il ne mourut pas, mais disparut mystérieusement, rappelé par les dieux.

Six autres rois lui succédèrent : Numa Pompilius (717-673), Tullus Hostilius (672-641), Ancus Martius (639-616), Tarquin l'Ancien (616-579), Servius Tullius (578-535), enfin Tarquin le Superbe (534-510). Numa et Ancus étaient des Sabins, les deux Tarquins et Servius Tullius, des

Étrusques. De Tarquinies, Tarquin l'Ancien était venu s'établir à Rome, où ses qualités lui valurent la royauté. Son fils Tarquin le Superbe, parfaite figure de tyran, fut renversé en 510 ou 509 par une révolution qui institua la magistrature annuelle et collégiale du consultat, instaurant ainsi un régime républicain.

Telles furent les origines de Rome, si l'on en croit les écrivains latins. Mais les plus anciens d'entre eux (qu'on nomme annalistes, parce qu'ils racontaient les événements année par année) ne sont pas antérieurs au IIIe siècle av. J.-C. (qu'on songe au sénateur Fabius Pictor, qui combattit au cours de la seconde guerre punique, et écrivit en grec l'histoire de Rome jusqu'à la fin du IIIe siècle). Ils s'inspiraient des *Annales* du Grand Pontife, où étaient consignés, année par année, les magistratures, les fêtes et les principaux événements; mais la publication de ces *Annales* ne remonte qu'à la fin du IVe siècle. Ils s'inspiraient aussi de documents étrusques, et d'auteurs de Grande-Grèce, tels que Timée de Taormine (356-260 env.), dont les œuvres étaient en gros contemporaines de la publication des *Annales*. Leurs récits, dont nous ne conservons presque rien, ont été ensuite repris et transformés par des auteurs tels que Cicéron, Denys d'Halicarnasse, Virgile, Tite-Live, etc.

On comprend que, depuis le XVIIIe siècle au moins, cette « tradition » latine ait rencontré beaucoup de méfiance. Cette méfiance a atteint son comble à la fin du XIXe siècle et au tout début du XXe, avec l'œuvre d'Ettore Pais; c'est ce que lui-même a appelé l'hypercritique.

Mais depuis un demi-siècle, la tendance s'est inversée. Les annalistes, certes, ne disposaient guère de documents anciens, et ils nourrissaient des préoccupations gentilices et nationales; néanmoins, les chercheurs refusent désormais de rejeter en bloc les données de la tradition. Au fur et à mesure que se développe la recherche archéologique, ils lui accordent au contraire de plus en plus de crédit.

Jusqu'à la fin des années 1960, les tendances dominantes, très historiques, éclectiques et concordistes, interprétaient les données de la tradition à la lumière de toutes les informations et méthodes disponibles. Elles conservaient le cadre chronologique fourni par les Latins, mais abaissaient les datations traditionnelles. C'est avec les œuvres de E. Gjerstad (1953-1973) et de A. Alföldi (1965) que ces tendances se rapprochèrent le plus des vieilles thèses hypercritiques.

Depuis les années 1940 se développa, de son côté, la mythologie comparée de G. Dumézil. Volontairement indifférente à l'événement et à la chronologie, peu soucieuse de concilier les textes avec les résultats des fouilles, elle fut mal acceptée des spécialistes (surtout italiens), malgré le prestige qu'elle acquit en dehors des Sciences de l'Antiquité. Elle voit, dans les éléments de la tradition (personnalité des rois et des dieux, caractères des charges sacerdotales, rites de fondation, etc.), une historicisation de mythes également attestés dans d'autres sociétés de langue indo-européenne : « A Rome, la mythologie se costume en passé récent ou ancien de la ville, non en fables sur l'autre monde. »

Fournissant une riche documentation nouvelle, la recherche archéologique, qui s'est beaucoup développée depuis la fin de la dernière guerre, a, depuis quinze ou vingt ans, profondément transformé notre conception des origines de Rome : elle a contribué à affiner la réflexion sur les rapports entre documents archéologiques et textes littéraires (quoique certains archéologues, M. Pallottino par exemple, se piquent, au nom de l'empirisme, de refuser toute construction « intellectuelle »); elle a amené à s'intéresser davantage à la transformation des rapports sociaux et des modes de vie, dans une perspective qui s'inspire du marxisme.

Même si ses résultats ne confirment pas l'antériorité d'Albe-la-Longue et portent à atténuer l'importance de l'événement même de la fondation de Rome, cette recherche archéologique a contribué à réhabiliter la tradition. Ainsi a été trouvée en 1977, dans les fondations d'un temple de Satricum, une inscription du début du ve siècle, qui paraît concerner les compagnons de P. Valérius Publicola (Publicola, selon la tradition, fut consul à Rome en 509 av. J.-C., après la chute de Tarquin).

Au VIIIe siècle av. J.-C., il y avait, à l'emplacement de Rome (et en particulier au Palatin, sur le Germal, où les Romains vénéraient la « maison de Romulus »), des villages de cabanes. Ces villages nouèrent entre eux des liens mal définis, jusqu'à la constitution d'une véritable cité, qui faisait aux Sabins une place non négligeable (légendaires ou non, les figures de Titus Tatius, de Numa et d'Ancus montrent que les Sabins jouèrent, dans cette partie septentrionale du Latium, un rôle très actif). C'est à l'époque des rois étrusques que la Rome archaïque acheva de se structurer en tant que centre urbain et qu'elle connut son plus grand épanouissement.

Mais quand Rome commença-t-elle à constituer une véritable cité-État ? Quelle place occupaient, dans la cité, les *gentes* et ses autres divisions (curies, tribus) ? Que signifie la manière dont, au ve siècle av. J.-C., le sabin Atta Clausus, venu à Rome avec ses cinq mille dépendants, y devint sénateur ? A de telles questions, l'archéologie entreprend maintenant de répondre; mais le débat sur les structures sociales de la Rome archaïque reste largement ouvert.

● BIBLIOGRAPHIE. — R. BLOCH, *Les origines de Rome*, Paris, PUF, « Que sais-je ? », n° 216, 1946; Catalogue de l'Exposition *Civiltà del Lazio Primitivo (Palazzo delle Esposizioni)*, Rome, Ed. Multigrafica, 1976 (abrégé français, *Naissance de Rome*, Cat. Petit-Palais, Paris, 1977); *Dialoghi di Archeologia*, NS, 2, 1980, fasc. 1-2 (Actes du Colloque « La formazione della città nel Lazio »); Georges Dumézil, dans *Cahiers pour un temps*, Centre G.-Pompidou, Paris, Ed. Pandora, 1981; F. COARELLI, *Il foro romano*, Rome, Ed. Quasar, 1983.

▶ CORRÉLATS. — Archéologie, Dumézil, Indo-européens, Mythologies.

J. ANDREAU.

Rostovtzeff Mikhaïl Ivanovitch, 1870-1952

M. I. Rostovtzeff est né à Kiev dans une famille de la grande bourgeoisie libérale. Son père, latiniste, fit partie de l'administration centrale tzariste. Dès ses premiers travaux, M. I. Rostovtzeff utilisa les ouvrages des historiens d'Europe occidentale et utilisa cinq langues pour la publication de ses recherches personnelles. A Saint-Pétersbourg, c'est Kondakov qui l'initia à l'étude des monuments grecs et scythes de Russie méridionale, et dès le début ses travaux s'écartèrent de l'histoire de l'art pour orienter l'étude des documents archéologiques vers les réalités de la vie antique, l'économie, et les contacts entre cultures. En 1892, il étudia en Italie les fresques et monuments de Pompéi. De 1895 à 1898 il voyagea de site en site autour de la Méditerranée, passant les mois d'hiver dans les bibliothèques et musées. Toute sa vie, il mêla voyages, activité et écriture. Jusqu'en 1918, donc jusqu'à l'âge de 48 ans, il travailla et enseigna en Russie. Lié aux savants allemands, mais dans un domaine alors privilégié par les chercheurs russes, il s'intéressa à l'organisation économique et fiscale de l'Empire romain, observant les continuités avec les royaumes hellénistiques. Par ailleurs, il étudiait les traces matérielles des cultures grecque et scythe en Russie méridionale et publia les tessères et plombs du Cabinet des Médailles de la Bibliothèque Nationale. Il avait achevé une étude sur l'*Hellénisme et l'Iranisme dans la Russie méridionale* lorsqu'il décida de s'exiler en 1918. Ce départ dû à la Révolution fut pour lui un bouleversement. En Grande-Bretagne, où il fut accueilli, son caractère et l'atmosphère d'Oxford ne purent s'adapter l'un à l'autre. Il partit alors pour les Etats-Unis, d'abord à l'Université de Wisconsin, puis à celle de Yale en 1925. Coupé de son terrain archéologique, il utilisa une grande connaissance de la documentation archéologique et de son maniement, ainsi que la deuxième ligne de ses recherches (administration et économie) pour écrire une synthèse dans laquelle la documentation archéologique n'apparaissait pas comme une illustration, mais comme un corpus de sources donnant des faits à intégrer dans le récit historique. Ce fut *The Social and Economic History of the Roman Empire* (1926). Rostovtzeff recherchait les causes de l'échec de l'Empire romain à maintenir une brillante culture qu'il liait à la floraison économique des villes et de la classe bourgeoise. L'expérience de la Révolution russe lui fit, dans la première édition, porter l'accent sur le rôle destructeur de l'armée et des masses paysannes dans une barbarisation de l'intérieur, précédent l'invasion de barbares extérieurs. Il nuançait néanmoins cette interprétation en insistant sur l'intervention de l'Etat dans l'économie et sur le danger barbare, comme facteurs de dégradation. A partir de 1928, il fut absorbé par les fouilles de Doura-Europos en Syrie, dont il dirigea la publication tout en écrivant articles et livres sur les découvertes et en préparant sa deuxième grande synthèse, *The Social and Economic History of the Hellenistic World* (1941). Traduits en de nombreuses langues mais non en français, ses deux grands ouvrages constituent des sommes indispensables par leur richesse documentaire et par l'intelligence vive des interprétations multiples qu'on a généralement le tort d'obscurcir par la défaillance de l'idée directrice des deux ouvrages.

● BIBLIOGRAPHIE. — M. I. ROSTOVTZEFF, *The Social and Economic History of the Roman Empire*, Oxford, The Clarendon Press, 1926 (2ᵉ éd., revue par P. M. FRASER, 1957); M. I. ROSTOVTZEFF, *The Social and Economic History of the Hellenistic World*, Oxford, The Clarendon Press, 1941; Bibliographie de M. I. ROSTOVTZEFF par C. BRADFORD-WELLES, *Historia*, 5, 1956, p. 358-381; A. MOMIGLIANO, M. I. Rostovtzeff, dans *Problèmes d'Historiographie ancienne et moderne*, Paris, Gallimard, « Bibliothèque des Histoires », 1983, p. 424-440; Karl CHRIST, *Von Gibbon zu Rostovtzeff*, Darmstadt, 1972, p. 334-349.

A. ROUSSELLE.

Rurale (Histoire)

Ecrire l'histoire rurale de nos sociétés consiste pour la très grande majorité d'entre elles à écrire l'histoire des temps les plus longs et pour certaines sociétés anciennes ou exotiques leur histoire tout court.

Dans l'historiographie française, l'attention au monde du rural a été constante et a jalonné certains des progrès décisifs de la discipline qui ont marqué nos soixante-dix dernières années. A de très rares exceptions près les historiens français se sont tenus assez soigneusement à l'écart des modèles théoriques et généraux qui veulent rendre compte du fonctionnement des sociétés préindustrielles et industrielles. Accusés de ne pas tenir compte des travaux des physiocrates ou d'Adam Smith, nos historiens ruraux pour la plupart ne seraient entrés qu'avec la plus grande circonspection dans les systèmes d'explication générale qu'il s'agisse de ceux d'Abel, de Postan, de Cajanov ou de Kula, même si, un peu paradoxalement, Marx occupe une place tout à fait singulière dans ce paysage intellectuel. Il leur a été également reproché de ne pas écrire une histoire assez conceptualisée, trop liée aux faits et à leurs enchaînements plutôt qu'à la théorie de ces enchaînements. Accusation à notre avis injustifiée si l'on veut bien jeter un regard en arrière et tenter de dresser le bilan des progrès réalisés dans la connaissance du passé des sociétés rurales.

Au cours des années 1920-1930 deux ouvrages donnaient le branle au grand courant de l'histoire quantitative qui n'a pas encore cessé de faire sentir tous ses effets : *Les recherches anciennes et nouvelles sur le mouvement des prix du XVe au XIXe siècle*, de François Simiand en 1932, et *L'esquisse du mouvement des prix et des revenus en France au XVIIIe siècle*, d'Ernest Labrousse en 1933 (qui sera suivi onze ans plus tard, en 1934, de *La crise de l'économie française à la fin du XVIIIe siècle*).

C'est à ces deux historiens que l'on doit notamment la naissance d'une nouvelle histoire de la quantité, du nombre, de la série, caractérisée par l'invention ou la construction de sources nouvelles ou par d'autres façons d'utiliser des sources déjà connues; par l'étude des structures de la société, des rapports de production, des revenus ou des pouvoirs, éléments déterminants dans l'établissement ou l'évolution des hiérarchies sociales; par l'introduction du collectif, du groupe, de la classe dans les préoccupations d'une histoire globalisante qui annonce les modélisations postérieures dont l'une des meilleures fut incontestablement *La société féodale* de Marc Bloch. Un Marc Bloch qui, dès 1931, nous offrait *Les caractères originaux de l'histoire rurale française*, ce livre d'où sont issus quelques-unes des hypothèses et des travaux les plus féconds de la période suivante.

A ce grand courant se rattachent dans les années 50 et 60 quelques-unes des œuvres les plus décisives pour la compréhension historique du fonctionnement des sociétés rurales comme en témoigne leur audience scientifique nationale et internationale et la place qu'elles ont tenu dans les grands débats. En rupture avec l'histoire événementielle et d'abord avec l'histoire événementielle politique comme avec les grandes tentatives de synthèse sur les civilisations, les G. Duby, P. Vilar, J. Meuvret, P. Chaunu, P. Goubert, R. Baehrel, E. Le Roy Ladurie ont, avec d'autres et chacun à leur manière, contribué d'abord à persuader les jeunes historiens du rural d'utiliser très systématiquement les données quantitatives, extraites des sources d'archives sur les prix ou les salaires, la production, les échanges ou les prélèvements en les constituant en séries de la plus longue durée possible.

Arrachant l'histoire régionale à l'érudition locale, ils ont réussi à promouvoir la région comme cadre de référence archivistique, comme lieu d'application des problématiques et comme atelier de vérification des hypothèses. Loin d'aboutir à une juxtaposition de travaux régionaux, ce type de pratique historique, qui s'est étendu à d'autres communautés historiennes en Europe ou sur d'autres continents, a mis un frein à la prolifération des histoires à cadre national et promu une histoire de la différence, cassant les rythmes, bousculant les certitudes chronologiques ou théoriques bien que faisant preuve de la plus grande prudence dans les tentatives d'explication globale.

Tout en participant aux discussions sur la division de la société en ordre ou en classe, sur les origines ou les développements des soulèvements populaires ou sur le rôle de la paysannerie dans les événements politiques, ils ont vérifié ou critiqué les pistes ouvertes dès 1924 par Georges Lefebvre dans ses *Paysans du Nord pendant la Révolution française*, et se sont de moins en moins attachés aux problèmes de périodisation qui passionnèrent trop longtemps les historiens. Plutôt que de chercher à déterminer les stades successifs par lesquels seraient passées les sociétés rurales, on s'est désormais intéressé aux fluctuations de la conjoncture et à ses renversements à l'intérieur d'une même structure et au passage d'une structure à une autre, autrement dit aux changements profonds et sans retour que l'on appelle communément révolution.

C'est, en effet, à l'élaboration de modèles interprétatifs de croissance ou de décroissance, de récupération ou d'équilibre que se sont attachés les historiens français puis les espagnols, à la recherche des facteurs d'évolution et des rythmes de l'économie et de la société.

D'où l'intérêt et la vivacité des discussions sur l'hypothèse néomalthusienne présentée par Abel et Postan, développée dans le cadre du Languedoc par Le Roy Ladurie : du XIVe au XVIIIe siècle nos sociétés rurales européennes occidentales, prises dans les contraintes du « plafond » malthusien, seraient caractérisées à la fois par un long terme apparemment stationnaire, et par des tensions et des ruptures d'équilibres essentiellement dues aux oscillations du rapport population/subsistance et aux lenteurs de l'accumulation. Bousculant bien des idées reçues sur le mode de production, le processus d'accumulation ou l'état des besoins et des ressources, cette hypothèse a permis d'affiner nos connaissances sur les mouvements de la production agricole (enquête française puis internationale sur les revenus décimaux), sur le calendrier et sur l'ampleur de ce que l'on appelle communément la « révolution agricole », et sur les décalages régionaux et nationaux de la croissance.

Trois séries de conquêtes jalonnent l'entreprise : d'une part la mise en œuvre de ces concepts familiers aux économistes que sont la conjoncture et ses évolutions ou les diverses formes de la crise; la mise au point de notions fécondes sinon absolument opératoires comme l'Ancien Régime socio-économique ou la crise de subsistance; mais aussi la rencontre décisive de l'histoire et de la démographie qui, sous la forme de la démographie historique, a permis d'aboutir aux quantifications peut-être les plus sûres de la discipline historique. A partir des plus belles sources sérielles du monde chrétien — les registres paroissiaux — la mise au point de la méthode de reconstitution des familles a donné une base extrêmement solide à l'histoire des sociétés rurales. Pour chaque communauté rurale étudiée il est devenu possible de considérer le nombre des naissances, des mariages et des décès, d'établir des taux de nuptialité, natalité, fécondité ou mortalité et de mettre au jour les structures fondamentales de la famille paysanne et de ses comportements face à la vie comme à la mort.

S'ajoutant aux résultats de l'histoire des prix, de la monnaie, des échanges, des revenus, de la production ou des phénomènes culturels, les travaux sur le nombre des hommes, les structures et les comportements familiaux ont renforcé chez les historiens la conviction que les évolutions des sociétés rurales sont avant tout différentielles tant au plan de la région et parfois de la communauté d'habitants que des états ou des continents; que, si au bout du compte de grands mouvements ont valeur nationale, continentale ou universelle, ils se déroulent selon des modalités et des rythmes originaux et variés qui nous conduisent à les décomposer pour découvrir les rythmes propres à chacune de leurs composantes. La prise de conscience de la multiplicité des temps historiques est assez directement à l'origine de l'utilisation et de la diffusion de la notion de modèle qui seule permet de saisir les évolutions asynchroniques des conjonctures et des structures et des rapports entre les structures; d'où la nécessité pour l'historien de la famille paysanne comme pour celui de la seigneurie ou des attitudes culturelles de ne plus s'intéresser aux « phénomènes uniques » mais plutôt à l'entrelacement des « phénomènes uniques » appartenant à une structure ou à des structures voisines, et à l'ensemble de ces structures interagissant les unes sur les autres.

Ces démarches s'écartent à l'évidence des certitudes ou des raffinements des écoles qui prônèrent le quantitativisme intégral dès le début des années 60. A l'initiative de S. Kuznets et J. Marczewski se déclenchèrent alors de grands travaux d'histoire économique qui privilégiaient la démarche quantitative pure dans la constitution des sources, leur traitement à l'aide des méthodes de la comptabilité nationale et la diffusion intégrale des conclusions chiffrées obtenues.

Plus simples mais aussi beaucoup plus proches du réel et d'abord du donné archivistique concret, les démarches historiennes utilisées pour expliquer le fonctionnement et le devenir des sociétés rurales appartenant au monde préindustriel, et élaborées pour les périodes qui s'étendent du XIVe siècle au début du XIXe, ont permis de mettre en interrelation des variables jusqu'alors traitées de façon isolée et de rendre compte de ces états apparemment stationnaires qui affectent les économies rurales préindustrielles. Parcourus d'impulsions brutales dues aux tensions d'origine variée, ces systèmes n'induisent pas leur simple reproduction mais souvent des déclins, des rattrapages, et surtout des dérives; dérives entraînées notamment par des phénomènes d'accumulation monétaire ou foncière et par les progrès techniques qui préparent lentement les grands changements qui se produiront, selon les pays, entre le XVIIe et le XIXe siècle. Dérives provoquées également par des modifications significatives du mode de faire-valoir des exploitations agricoles ou par les mécanismes et les rythmes différents affectant les secteurs de l'industrie, des villes, des échanges ou de la culture.

C'est à la critique de ces modèles cependant souples et susceptibles d'être adaptés à des situations géographiques et sociales variées, que se sont attachés nombre d'historiens marxistes dont le plus représentatif, G. Bois, dans son livre sur *La crise du féodalisme*. En rupture théorique avec le marxisme orthodoxe dominant et ses simplifications analytiques concernant le féodalisme et la lutte des classes, et à partir de l'exemple de la Normandie orientale au XIVe siècle, c'est-à-dire en pleine période de « fracture » de la société médiévale occidentale, G. Bois, suivant la voie magnifique ouverte par la *Théorie économique du système féodal* de M. Kula, a tout à la fois redonné sa place au mode de production et aux processus d'accumulation, formant l'hypothèse que le maître du processus de production est le paysan et que la petite exploitation autorégulée est le véritable moteur de la croissance.

Plus complexes encore et n'appartenant en fait ni à un courant ni à l'autre, les recherches récentes sur l'histoire des villes ont apporté des éclairages très neufs sur le monde rural. A l'image de ce qu'a proposé J.-C. Perrot dans son livre sur *Caen et sa région au XVIIIe siècle*, il devient possible de mieux maîtriser le jeu infiniment complexe des actions et des interactions de la ville et de la campagne par l'histoire des flux économiques, des emprunts de population, des pénétrations culturelles et des lentes modifications des structures sociales.

Quelle que soit la nature de ces tentatives de modélisation elles ont été la voie privilégiée d'une histoire de la société rurale, de la paysannerie et de sa vie quotidienne, élaborée à travers les immenses fichiers de données quantifiées concernant la terre et ses produits, le nombre des hommes et leur comportement démographique, les riches et les pauvres, les dominants et les dominés. Une histoire qui a su, en même temps et de plus en plus, s'ouvrir à d'autres voies qu'elle emprunte aux disciplines voisines, à la sociologie, à la psychologie, à la géographie, à la linguistique, mais avant tout à l'anthropologie dont elle s'est appropriée quelques concepts et certains objets pour aboutir sinon à la création d'une discipline, du moins à une démarche nouvelle que l'on appelle l'anthropologie historique. Dans ce domaine, les premières tentatives d'histoire de l'alimentation, lancées par les *Annales* à la fin des années 50, ou d'histoire des maladies épidémiques comme facteur des crises d'ancien type ou comme miroir du scientifique et du social à travers leurs modes de classification ont été suivies de conquêtes thématiques de plus en plus importantes.

Face à la nécessité de découvrir les mécanismes moteurs des comportements individuels, des couples ou des familles repérés par la démographie historique; provoqués aussi par le défi que lança en son temps l'anthropologie structurale, après la psychologie comparée et la linguistique structurale, les historiens des sociétés rurales ont tenté de répondre en mettant en œuvre des modèles de plus en plus complexes cherchant à intégrer les données quantitatives sérielles et les traces plus ou moins perceptibles des comportements.

S'appropriant le concept de structure ils n'ont pas cherché à identifier de façon privilégiée des formes dites « froides », figées ou mortes mais, par une série d'ajustements thématiques et méthodologiques, ils ont tenté de suivre les transformations lentes des habitudes mentales individuelles ou collectives, d'évaluer l'usure des systèmes aux prises avec la conjoncture ou avec la crise, une usure pouvant aller jusqu'à provoquer une modification de structure, voire même une transformation de la société.

C'est l'objet que s'est donnée l'anthropologie historique, prolongement contemporain d'une histoire des mœurs qui n'avait pas réussi à faire contrepoids à l'histoire événementielle dominante. Il serait, cependant, très délicat de donner une définition précise de l'anthropologie historique aujourd'hui : démarche plutôt que discipline, méthode d'approche plutôt que secteur de la connaissance elle doit permettre à l'historien d'établir une anthropologie rétrospective des sociétés rurales, d'étudier les structures dont les évolutions sont sans doute parmi les plus lentes et les plus délicates à appréhender à l'aide des documents actuellement connus; sans omettre d'introduire dans l'approche de ces structures qui ne sont ni « froides » ni immobiles la variable du temps; et en saisissant les faits sociaux et les phénomènes culturels qui les qualifient non pas comme des signes mais pour leur valeur propre.

Parmi les champs ouverts aucun, peut-être, n'a été aussi défriché que l'histoire des comportements sexuels à la suite des résultats décisifs obtenus dans la connaissance de la démographie des paysans et des citadins des trois derniers siècles. Les nombreux travaux consacrés, à partir des sources démographiques massives et du discours des théologiens moralistes ou des casuistes, aux attitudes en matière de sexualité témoignent de l'ancienneté des pratiques contraceptives (directes ou indirectes comme le retard de l'âge au mariage) et de leur diffusion à des dates différentes selon les pays et selon les cultures; mais il n'a pas été possible, néanmoins, d'établir un lien étroit de causalité entre ces pratiques, les problèmes de croissance et de décroissance, et surtout les interdits religieux. Ces modifications des attitudes devant la vie et les fonctions attribuées au mariage par les Eglises, les traditions culturelles ou la morale dominante relèvent de mécanismes dont les éléments doivent peu à l'économique conjoncturel ou structurel et beaucoup au mental individuel et collectif. A ce sujet les hypothèses se multiplient mais les réponses demeurent imprécises : y a-t-il un lien privilégié entre l'évolution de la morale sexuelle et la déchristianisation ? ou au contraire entre la continence périodique et l'influence des morales plus contraignantes issues du Concile de Trente puis du jansénisme ? Faut-il admettre qu'à partir du XVIIIe siècle et dans l'esprit même du rationalisme conquérant on sépare progressivement l'amour de la procréation et que l'intérêt désormais porté à l'enfant le fait considérer comme un bien privilégié ce qui contribuerait à mettre fin à la cruauté des lourdes mortalités infantiles ? Le fourmillement même des hypothèses et l'hétérogénéité parfois contradictoire des explications proposées indiquent assez combien est difficile le chemin qui conduit à la connaissance des comportements socio-culturels. Influencés par les destins individuels comme par les morales ou les sociabilités dominantes, participant des structures mentales collectives aussi bien que des équilibres ou des déséquilibres socio-économiques généraux, ils évoluent selon des modalités et des rythmes très complexes.

On pourrait déceler des caractéristiques assez semblables dans les travaux conduits sur le monde de la parenté et de l'alliance et sur les règles qui définissent les systèmes successoraux-matrimoniaux; derrière le tissu des règles apparaissent, en effet, des usages et des comportements individuels et collectifs qui nous interrogent notamment sur le rôle joué par le système successoral dans le fonctionnement de l'alliance matrimoniale. Tout aussi délicates sont les études sur l'intégration du monde paysan aux systèmes politiques environnants, locaux, régionaux et nationaux. Enracinés dans des traditions politiques et religieuses extrêmement anciennes et dont la cartographie n'est pas toujours très sûre, les ruraux commencent à se fondre au XIXe et au début du XXe siècle dans la société industrielle, et donc dans les systèmes politiques qui la caractérisent. Que l'on soit d'accord avec les idées de S. Berger, de E. Weber et de Th. Zeldin qui dessinent plutôt des sociétés rurales étrangères à l'univers du politique et résistantes à ses influences; ou qu'avec M. Agulhon on estime plutôt, qu'après des siècles de résistance fiscale, anti-étatique, de la Monarchie à la République révolutionnaire, les paysans modernes pénètrent dans le monde politique de la IIIe République, devenant les meilleurs soutiens du régime et allant jusqu'à payer totalement « l'impôt du sang » pendant la Grande Guerre. Dans les deux hypothèses la sociabilité politique apparaît bien comme l'une des composantes essentielles du mental collectif rural.

Le même type d'approche est utilisé pour étudier les phénomènes de sociabilité dans la vie quotidienne (groupes de jeunes, confréries, charités, sociétés amicales, sportives, philosophiques, savantes) : là encore, il s'agit plus d'une démarche empirique que d'un concept qui s'applique — pour reprendre la belle définition de Maurice Agulhon — aux « espaces intermédiaires... au-delà de l'activité matérielle du travailler, du manger, de l'intimité familiale, mais en deçà de l' "historique" exceptionnel des grands moments de la vie publique ». Cette notion de sociabilité est à coup sûr riche d'avenir : en plus de son utilisation dans l'approche de la vie quotidienne, elle pourrait bien constituer un élément significatif de différenciation entre les époques comme entre les groupes, les classes et les cultures.

Du mariage réussi entre l'ethnologie et l'histoire tous les bénéfices n'ont pas été tirés comme le rappelait Cl. Lévi-Strauss dans une leçon récente : « Le temps est venu pour l'ethnologie de s'attaquer aux turbulences, non dans un esprit de contrition mais, au contraire, pour étendre et développer cette prospection des niveaux d'ordre qu'elle considère toujours comme sa mission. » A la recherche de la forme transparaissant derrière les stratégies individuelles les historiens et les ethnologues du rural ont encore de belles pistes de travail et de riches conquêtes devant eux.

BIBLIOGRAPHIE. — M. AGULHON, *La République au village*, Paris, 1970; S. BERGER, *Les paysans contre la politique*, Paris, 1975; G. BOIS, *Crise du féodalisme*, Paris, 1976; *Congreso de historia rural. Siglos XV al XIX*, Madrid, 1984; G. COPPOLA (a cura di), *Agricoltura e aziende agrarie nell'Italia centro settentrionale (secoli XVI-XIX)*, Bologne, 1982; G. DUBY et H. WALLON (S. L. D.), *Histoire de la France rurale*, Paris, 4 vol., 1970-1978; J. GOODY, J. THIRSK et E. P. THOMPSON, *Family and Inheritance*, Cambridge, 1976; R. HUBSCHER, *L'agriculture et la société rurale dans le Pas-de-Calais du milieu du XIXe siècle à 1914*, Arras, 1979-1980; D. KRIEDTE, H. MEDICK, J. SCHLUMBOHM, *Industrialization before industrialization. Rural industry in the genesis of capitalism*, Cambridge, Paris, 1981; E. LE ROY LADURIE, *Montaillou, village occitan de 1294 à 1324*, Paris, 1975; A. MASSAFRA (a curadi), *Problemi di storia delle campagne meridionali nell' età moderna e contemporanea*, Bari, 1981; E. WEBER, *La fin des terroirs*, Paris, 1983.

▶ CORRÉLATS. — Anthropologie historique, Bloch, Crise, Croissance, Démographie historique, Economie (Histoire économique), Féodalisme, Techniques.

J. GOY.

Russie/URSS

Historiens russes et soviétiques

Le XVIIIe siècle. — Les débuts de l'historiographie russe coïncident avec la naissance de la Russie impériale. Au cours du règne de Pierre le Grand, l'Etat russe éprouve le besoin de se constituer une généalogie et une légitimation historique. On s'accorde généralement pour considérer l'*Histoire de la Russie depuis les temps anciens* de V. N. Tatiščev (1686-1750), publiée entre 1768 et 1774, comme la première tentative d'histoire de la Russie. Significativement, ce haut fonctionnaire avait été chargé d'écrire une description géographique de l'Empire, et c'est ainsi qu'il fut amené à s'intéresser à son histoire. Son œuvre fut une compilation de chroniques anciennes présentées dans un esprit apologétique et nationaliste.

L'introduction des méthodes de travail historique en Russie fut le fait d'Allemands, tels que G. Müller (1705-1783) et plus tard de A. Schlözer (1735-1809). La découverte et l'examen critique de chroniques amenèrent le premier d'entre eux à s'intéresser aux origines de la Russie, ce qui ouvrit la célèbre et toujours ouverte controverse entre « normanistes » et « antinormanistes ». L'hypothèse, émise par Müller et conforme à la première chronique, d'un Etat se constituant au IXe siècle grâce à la venue des Varègues, provoqua immédiatement une levée de boucliers de la part d'académiciens russes tels que M. V. Lomonosov (1711-1765), dont elle blessait l'orgueil national. Müller se vit intimer l'ordre de renoncer à s'occuper davantage de cette question épineuse.

Pendant quelque six décennies, nombre d'historiens russes s'appliquèrent à répondre à la théorie « normaniste » par des surenchères nationalistes. V. N. Trediakovskij (1703-1768) alla jusqu'à classer les Celtes et les Scythes parmi les Slaves, eux-mêmes crédités d'une ancienneté supérieure à celle des Germains. Lomonosov développa l'idée de l'unité des peuples slaves.

A côté de ces visions de type hagiographique, certains auteurs s'attachent à présenter l'histoire russe en termes de progrès vers le système autocratique, dans lequel réside l'originalité de la « voie russe ». Apparu avec les Varègues, il se serait réalisé dans la Russie kiévienne et définitivement affirmé aux XVe et XVIe siècles, après une période d'affaiblissement et d'atomisation. Cet Etat autocratique est, selon eux, porteur du progrès.

Ce schéma, déjà présent chez Tatiščev et développé par M. M. Ščerbatov (1733-1790) se combine le plus souvent avec une glorification de l'autocratie et connaît son apogée dans l'*Histoire de l'Etat russe* de N. M. Karamzin (1766-1826), parue entre 1816 et 1829. Bien que reprenant les histoires précédentes, l'œuvre de Karamzin inaugure une période nouvelle dans l'historiographie russe. C'est qu'elle tombe à un moment où la société naissante éprouve une soif avide de connaissances sur le passé de la Russie. Véritable best-seller de l'époque, l'histoire de Karamzin, bien qu'imprégnée de l'esprit du XVIIIe siècle russe, constitue le premier jalon d'une nouvelle période de l'historiographie.

Slavophiles et étatistes. — Entre 1830 et le début des années 1880, les historiens russes se livrent à des joutes autour de quelques grandes questions qui s'imposent à eux, à partir du moment où la vision monolithique et apologétique antérieure s'effondre. Le problème central est celui de l'originalité de l'histoire russe, au regard de celle de l'Occident. Selon les auteurs, cette « voie russe » sera valorisée ou dépréciée et, clivage temporel cette fois, l' « européanisation » pétrovienne sera approuvée ou déplorée.

Les années 1830-1840 voient ainsi apparaître une série de courants d'idées qui ne relèvent pas d'écoles historiques proprement dites, mais plutôt de sensibilités différentes, souvent artificiellement tranchées et donnant lieu à des essais polémiques, à prétention philosophique, bien plus qu'à des études historiques concrètes.

Les premières querelles éclatent avec l'apparition d'une école dite « sceptique » qui met en doute les idées triomphales des historiens antérieurs. Par exemple un auteur comme M. T. Kačenovskij (1775-1842) entreprend de réfuter l'idée que la Russie des premiers siècles ait connu un haut degré de culture, en se fondant sur une critique des textes. Selon lui, *La justice russe*, recueil de droit du xiiie siècle, découvert par Tatiščev, fut influencé par les codes barbares, donc par les Normands. Fait significatif, cet « occidentaliste » avant la lettre est contraint de quitter l'Université de Moscou en 1835, pour avoir trop heurté le nationalisme officiel.

C'est l'époque en effet où l'autocratie se pare d'une idéologie, inventée par le ministre Uvarov et fondée sur la triade « Autocratie - orthodoxie - principe national ». Elle inspire directement l'historien M. P. Pogodin (1800-1875) dont les *Observations sur l'histoire russe* (1846-1859) montrent la main de la Providence dans la fondation de l'Empire russe et se concluent sur l'idée que « le destin futur du monde dépend de la Russie » : l'Europe occidentale, dont l'histoire est faite d'« hostilité et de dissensions », appartient déjà au passé, tandis que la Russie, terre d'avenir, est fondée sur « l'amour et l'union ».

Avec Pogodin, nous voyons apparaître les grands thèmes slavophiles qui dominent la pensée russe du milieu du xixe siècle. Mais à la différence de cet auteur qui se fait volontiers le chantre du régime en vigueur, dans lequel il voit un garant de l'ordre public en Europe, les slavophiles s'attachent à retrouver l'authenticité de la Russie dans sa période prépétrovienne. I. V. Kireevskij (1806-1856) voit cette originalité de la Russie dans ses origines religieuses (Byzance) et dans la nature communautaire de la société russe, qu'il oppose à l'individualisme et à la lutte des classes en Occident. K. S. Aksakov (1817-1860) cherche à fonder ces idées vagues sur des descriptions concrètes : la Russie des premiers âges était communautaire, fondée sur le *mir*, que l'Etat occidentalisé a par la suite perverti.

Le courant slavophile héritait tout à la fois des idées de Schelling et de l'hégélianisme, appliqués à l'histoire russe pour mieux mettre en valeur son originalité. Dès lors, cette histoire s'imprègne d'un messianisme bien plus prononcé que dans l'historiographie semi-officielle antérieure, car il est peu suspect de connivence avec l'autocratie. Surtout il proclame avec force l'existence d'un *Volksgeit* russe. Ainsi N. A. Polevoj (1796-1846) critique Karamzin pour n'avoir vu que l'Etat russe, tandis que lui, dans son *Histoire du peuple russe* (1829-1833), entreprend de décrire la vie organique du peuple, dont la mission est d'« insuffler l'esprit à l'Europe ».

Cet hégélianisme diffus imprègne toute l'historiographie russe du milieu du siècle, mais il alimente des camps désormais opposés par deux questions fondamentales, qui n'avaient été jusqu'alors qu'esquissées : celle du rôle de l'Etat dans l'histoire russe et celle de l'insertion de cette dernière dans l'histoire européenne.

Du côté slavophile, l'histoire russe est conçue comme un processus organique, où Etat et peuple se confondent et dont le *mir* est le symbole et la matrice originelle, tandis que l'Etat moderne, européanisé, constitue une voie de garage. Cette doctrine imprègne tout le xixe siècle russe mais se diversifie naturellement dans les décennies qui suivent.

Ainsi A. P. Ščapov (1831-1876) saluera en Pierre le Grand le monarque qui a libéré le peuple russe des influences byzantines, mais, comme tout le courant populiste des années 1860, retient des slavophiles l'idée de la « voie russe » fondée sur la communauté et opposée au capitalisme occidental.

D'autres auteurs comme Ju. Venelin (1802-1852) et plus tard D. I. Ilovajskij (1832-1920), auteur d'un manuel qui fit loi à la fin du siècle, s'appliquent à démontrer les origines slaves de l'Etat russe. L'autodidacte I. E. Zabelin (1820-1909), dont le nom est lié aux débuts de l'archéologie russe, mettra l'accent sur la « vie privée », le vécu quotidien dans la Russie ancienne, dont on tirera force parallèles avec les coutumes paysannes du XIXe siècle. Enfin, l'intérêt slavophile pour le mir suscite une longue série d'études sur la paysannerie (V. I. Semevskij, 1849-1916; I. D. Beljaev, 1810-1873). L'historiographie ukrainienne, notamment représentée par N. I. Kostomarov (1817-1885), emboîtera le pas, mais cette fois pour jeter les bases historiques d'un nationalisme ukrainien : la Russie n'a-t-elle pas commencé à Kiev ?

Face au courant slavophile-populiste, s'affirme l'école dite « étatiste » qui se situe dans le sillage de Karamzin : en Russie, les progrès viennent de l'Etat et l'histoire russe est celle de l'Etat, dont le rôle majeur fonde l'originalité du cas russe, mais le rapproche peu à peu de l'Occident.

La grande figure de ce courant est sans conteste S. M. Solov'ev (1820-1879). De l'avis général, il est le véritable fondateur de l'école historique russe, celui qui lui a donné ses lettres de noblesse et qui a ouvert de multiples pistes, explorées par ses successeurs (par exemple l'importante question de la colonisation russe et de son influence sur l'histoire de l'Etat). Sa monumentale *Histoire de la Russie depuis les temps les plus anciens* (1851-1879) retrace les origines (normandes) de l'Etat russe et ses progrès, depuis une société clanique jusqu'au triomphe du principe étatique au XVe et au XVIe siècles. Les règnes de Pierre le Grand et de Catherine II sont naturellement valorisés.

L'itinéraire intellectuel de Solov'ev est instructif. Nourri de Hegel et de Karamzin, il fut tout d'abord élève du slavophile Pogodin au début des années 1840, mais rompit avec lui pour se rapprocher des « occidentalistes ». Le clivage entre les deux camps apparaît notamment sur la question du mir : pour les slavophiles, au commencement était le mir. Pour les occidentalistes, et Solov'ev en particulier, il s'agit d'une création administrative tardive et dont la fonction est principalement fiscale.

La logique « étatiste » poussera les historiens à étudier le droit russe, comme ce fut le cas des occidentalistes K. D. Kavelin (1818-1885) et de B. N. Čičerin (1828-1904) dont les *Essais sur l'histoire du droit russe* (1858) inaugurèrent ces recherches, qui jalonneront l'historiographie russe jusqu'à la révolution. Etude des codes anciens (N. V. Kalačov, 1819-1885), du droit civil (K. P. Pobedonoscev, 1827-1907), histoire générale du droit (V. I. Sergeevič, 1832-1910), droit comparé (F. I. Leontovič, 1833-1911), tout ceci ne relève pas seulement d'une discipline juridique spécialisée, mais se situe au cœur même de l'historiographie russe.

L'étude des codes devait ainsi permettre de mesurer les héritages byzantin et normand, les traces de l'occupation mongole. L'intérêt pour le droit coutumier paysan (l'Ukrainienne A. Efimenko, 1848-1918), les études du droit de la propriété foncière devaient aider à répondre à des questions comme l'origine du mir, la nature du servage russe. Ainsi pour M. F. Vladimirskij-Budanov (1838-1916), il n'y a pas eu de féodalité russe, car féodalité et autocratie sont incompatibles. Ce point de vue se maintiendra jusqu'au début du XXe siècle. Enfin, l'étude du droit administratif russe (A. D. Gradovskij, 1841-1889) ouvrait la voie à des recherches sur l'administration locale dans la Russie ancienne et la naissance de la bureaucratie.

L'âge d'argent. — Jusqu'aux années 1880, le cas de Solov'ev mis à part, l'historiographie russe se réduisait encore souvent à un simple débat idéologique, sans grands fondements concrets. A la fin du siècle, les grandes questions agitées précédemment demeurent posées, mais elles perdent de leur acuité polémique et donnent lieu à des études historiques sérieuses. K. O. Ključevskij (1841-1911) dira par exemple de la question des Varègues qu'elle fut un « phénomène pathologique ».

Elève de Solov'ev, Ključevskij exerca une influence décisive sur les historiens du xxe siècle, même dans la période soviétique. Il a hérité de son maître l'idée de l'originalité de l'histoire russe due au rôle de l'Etat, mais il s'en écarte sensiblement en intégrant dans sa vision certaines vues slavophiles. Ainsi, pour lui, les origines du servage ne doivent pas être cherchées du côté de l'Etat, mais dans les rapports économiques existants (l'endettement paysan) qui ne furent qu'entérinés par l'Etat. La croissance de l'Etat russe est moins due, comme le croient les « étatistes », au défi que lui lançaient les puissances européennes et asiatiques (la nécessité de se moderniser...) qu'à des facteurs sociaux internes. Ključevskij privilégie les facteurs matériels (économie, influence des milieux sociaux et des modes de vie) et géographiques (la colonisation de la plaine est-européenne conditionna l'économie, donc la société et les structures politiques).

L'œuvre de Ključevskij s'apparente encore à celle de ses prédécesseurs, ne serait-ce que par son caractère de synthèse monumentale (*Cours sur l'histoire russe*, 1904), mais inaugure une multitude de travaux précis et diversifiés qui, sans ignorer les questions traditionnelles de l'historiographie russe, s'efforcent de leur apporter des réponses concrètes et partielles.

L'histoire de la paysannerie reste à l'honneur, comme en témoignent les œuvres de A. A. Lappo-Danilevskij (1863-1919), P. N. Miljukov (1859-1943), P. Struve (1870-1944). La féodalité russe est éclairée sous un jour nouveau par N. P. Pavlov-Sil'vanskij (1869-1909) qui en affirme l'existence et la rapproche de son homologue occidentale.

Le problème de la comparaison entre Russie et Occident est présent chez tous les historiens et, peut-être sous l'influence de l'air du temps, la tendance est au « rapprochement ». En étudiant l'éducation de la Russie dans ses *Essais sur l'histoire de la culture russe* (1896-1903), Miljukov montre comment un processus similaire a pris des formes différentes en Russie et en Europe occidentale.

L'étude de l'Etat russe est renouvelée dans les travaux de Ju. V. Got'e (1873-1943) et de M. M. Bogoslovskij (1867-1929) qui montre comment les réformes venues de l'Etat se heurtent à la réalité sociale. S. F. Platonov (1860-1933), connu surtout pour ses *Essais sur l'histoire du temps des troubles* (1910), s'en tient davantage à la tradition « étatiste » et soutient, par exemple, contre Ključevskij, que les atrocités commises par Ivan le Terrible relevaient d'une réponse brutale, mais rationnelle, à la fronde des boïars, et non de la folie du tsar. Enfin, des historiens marxistes étudient l'histoire du capitalisme russe, comme M. I. Tugan-Baranovskij (1865-1919) ou de l'agriculture, comme N. A. Rožkov (1868-1927).

De 1917 à 1955. — L'instauration du régime soviétique bouleversa le paysage de l'historiographie russe. Nombre d'historiens moururent ou émigrèrent. Surtout, l'idéologie officielle des bolcheviks était fondée sur une vision de l'histoire qu'il s'agissait d'appliquer à la Russie, d'autant plus qu'il fallait désormais justifier *a posteriori* la révolution socialiste. L'historiographie ancienne fut donc répudiée comme bourgeoise. On chercha à imposer le manuel de Pokrovskij (1924) qui découpait l'histoire russe en stades socio-économiques de façon très mécaniste. M. N. Pokrovskij (1868-1932), personnage très en vue du régime, aspirait à une hégémonie totale sur le monde des historiens.

On assista donc à une coupure brutale qui mit pratiquement fin au débat historique du début du siècle. Toutefois, nombre d'historiens poursuivent leurs travaux sans être inquiétés, jusqu'en 1929, les universités sont peu touchées. Simplement, la vision officielle de l'histoire interdit que ces travaux s'inscrivent librement dans un débat d'idées devenu impossible. Par exemple, les études byzantines étaient officiellement très suspectes, car elles ne pouvaient s'intégrer dans le schéma marxiste de l'histoire russe. Cela n'empêcha pas nombre de byzantinistes de travailler, dans un oubli, il est vrai, presque total.

En 1929-1931, à la faveur de la « révolution culturelle » en cours, une purge est déclenchée parmi les historiens, dont 120 environ sont arrêtés. La plupart sont des professeurs d'Ancien Régime, tel Platonov qui mourra en camp. Ces mêmes années voient le triomphe complet de Pokrovskij. Mais son pouvoir quasi absolu sera de courte durée. A partir de 1934-1935, le parti, et Staline en personne, interviennent directement pour imposer une histoire officielle qui est restée pratiquement inchangée jusqu'à nos jours.

Dès lors, une situation paradoxale s'instaure. L'école de Pokrovskij disparaît dans les oubliettes (Pokrovskij était mort en 1932) et c'est une de ses élèves, A. M. Pankratova (1897-1957), qui prend la tête de la « campagne » contre son ancien maître. En même temps, on fait revenir des camps un certain nombre d'historiens d'Ancien Régime, qui retrouvent leurs places à l'université, mais qui devront se plier à l'idéologie officielle, tout en étant invités à poursuivre des travaux de qualité. Le médiéviste B. D. Grekov (1882-1953) prendra pratiquement la place de Pokrovskij, et sera secondé et surveillé par Pankratova.

L'historiographie officielle stalinienne reprend à son compte l'agencement pokrovskien des « stades » historiques, mais au lieu de coller aux schémas marxistes classiques, elle cherche une justification *a posteriori* du régime soviétique stalinien, ce qui la conduit à réhabiliter l'Etat russe et à gommer résolument toute différence entre Russie et Occident. Le nationalisme russe se greffe là-dessus, au cours des années 1930 et surtout après la guerre. Les questions traditionnelles de l'historiographie russe sont stérilisées et figées dans une interprétation définitive. Grekov pourfend les « normanistes » dans un contexte politique anti-allemand. Ivan le Terrible est définitivement « réhabilité » en tant que créateur d'un Etat centralisé, donc progressiste. La colonisation du Caucase, vilipendée au cours des années 1920 dans une logique « anti-impérialiste », devient, à partir de 1937, « un moindre mal », formule qui est également appliquée à l'Ukraine.

La période poststalinienne. — La période « stalinienne », très pauvre en travaux historiques, prit fin en 1955. Le signal du « dégel » vint de la revue *Questions d'histoire* qui invita la gent historienne à faire preuve de moins de dogmatisme. Cette année inaugure une période de débats, où les questions historiques servent de prétextes pour ébranler le monolithisme antérieur.

A partir de 1964 on voit ressurgir la question du « mode de production asiatique » qui s'appliquerait en partie à la Russie selon certains auteurs. La discussion qui s'ensuit vise en fait à ébrécher le schéma officiel des « stades » successifs. On mettra ainsi en doute la similitude entre les « transitions entre féodalité et capitalisme » en Russie et en Occident. Tout en demeurant très orthodoxe, cette discussion (qui eut lieu entre 1968 et 1972) constitue une résurgence évidente d'un vieux problème de l'historiographie d'Ancien Régime.

La vogue éphémère du « mode de production asiatique » (le schéma stalinien restera finalement inchangé) servit aussi à introduire par la bande le problème de l'« européanité » de la Russie et celui du rôle de l'Etat. Les études byzantines qui retrouvent leurs lettres de noblesse reposent évidemment ces questions, même si elles restent informulées.

Peu à peu, les historiens soviétiques redécouvrent ainsi la tradition historiographique antérieure. Solov'ev et Ključevskij sont réédités. Le règne d'Ivan le Terrible donne lieu à de nouvelles controverses. L'historien du XVIe siècle S. B. Veselovskij (1876-1952), qui mourut académicien, laissa des articles, publiés en 1963, où il s'insurgeait contre l'interprétation sociologique (marxiste) de l'*opričnina*, la garde prétorienne d'Ivan, coupable de tant d'exactions, et la mettait au compte de l'aberration pure et simple. Son autorité posthume permit des études concrètes sur ce règne, telles celles de R. G. Skrynnikov, A. A. Zimin, S. O. Šmidt.

Toutes ces questions débattues ne sont pas seulement innocemment historiques, mais laissent entrevoir à l'évidence des implications politiques actuelles. Le parallélisme entre Ivan le Terrible et Staline s'impose de lui-même. Les études de la Russie ancienne et de sa culture (voir notamment les travaux de D. S. Lihačev et de son école) alimentent le courant nationaliste russe où l'on voit réapparaître des thèmes slavophiles. La nostalgie de la Russie prépétrovienne peut se lire aussi comme une nostalgie de la Russie prébolchevique. Dans la théocratie byzantine, d'aucuns verront des allusions au régime soviétique inscrit dès lors dans une tradition « orientale » et russe.

Au début des années 1970, ces débats s'éteignent plus ou moins et le carcan idéologique se referme. La période récente peut donc apparaître comme celle d'un verrouillage, mais en même temps, ce que l'historiographie soviétique perd en liberté conceptuelle, elle le gagne en connaissance des sources. On assiste en effet à une multitude de recherches concrètes sur des fonds d'archives et des sources quantitatives encore inexploités, de sorte que le niveau des recherches historiques s'est indéniablement élevé depuis les années 1950. Mais le cadre conceptuel qui préside à ces études demeure stérile ou vacant et l'on peut affirmer sans risque d'exagération que la pensée historique russe est demeurée gelée à son stade de 1917.

L'émigration russe, qui compta nombre d'historiens, fut pour beaucoup dans le renouveau des études russes en Occident, fortes déjà de plusieurs générations de russistes, comme par exemple en France (*L'Empire des tsars et les Russes* d'Anatole Leroy-Beaulieu date de 1883-1889). A cela s'ajoutait évidemment l'intérêt suscité par l'histoire russe récente : à partir de 1917, l'Occident chercha à comprendre la nature du régime soviétique et à en expliquer les origines.

Dans cette nouvelle historiographie occidentale, mais où l'émigration de la première génération et des générations ultérieures joua un rôle certain, la question de l'héritage russe dans le communisme soviétique reste certainement la plus controversée et la plus importante. Les travaux occidentaux renouvellent les questions historiques posées sous l'Ancien Régime (Russie et Occident, féodalité, croissance et nature de l'Etat) et en posent de nouvelles, que les historiens russes n'avaient pas eu le temps d'aborder. La période 1905-1914, où la Russie connut un développement libéral, la ramenait-elle définitivement dans le cours historique européen ? Les origines du bolchevisme sont-elles à chercher dans le socialisme européen ou (et) dans l'intelligentsia russe et des mouvements révolutionnaires impossibles à comprendre si on ne tient pas compte de l'autocratie ? Le régime soviétique est-il le prolongement de celle-ci ? Staline est-il « héritier » de Lénine ? Autant de questions qui se posent dans l'historiographie occidentale tout comme dans l'ensemble de la pensée soviétique renaissante. Nul doute qu'elles ne suivent en URSS un cours souterrain qui, peut-être, ressurgira quelque jour dans des travaux historiques futurs.

● BIBLIOGRAPHIE. — *Windows on the Russian past, Essays on Soviet historiography since Stalin*, ed. Samuel BARON, Nancy W. HEER, Columbus, Ohio, 1977; *Rewriting Russian History*, ed. Cyril BLACK, New York, 1956; P. N. MILJUKOV, *Glavnye tečenija russkoj istoričeskoj mysli (Les principaux courants de la pensée historique russe)*, Saint-Pétersbourg, 1913; V. I. PIČETA, *Vvedenie v russkuju istoriju (Introduction à l'histoire russe)*, Moscou, 1923; Konstantin F. SHTEPPA, *Russian Historians and the Soviet State*, New Brunswick, Rutgers UP, 1962.

▶ CORRÉLATS. — Byzance (Histoire byzantine), Féodalisme, Marx (Histoire marxiste), Mode de production asiatique, Rostovtzeff.

W. BERELOWITCH.

S

Sciences

Le terme « histoire des sciences » — de la même façon que « histoire de l'art » ou « histoire de la littérature » — désigne plusieurs choses à la fois. Il évoque une quantité de recherches et d'études qui vont de la description d'un instrument ou d'une machine à l'analyse de la structure conceptuelle d'une théorie, de la biographie d'un savant à l'histoire d'une institution scientifique, de l'influence des idées philosophiques et religieuses sur les théories à la mesure des subventions gouvernementales et industrielles à la recherche, de l'épidémiologie statistique à l'analyse de l'origine sociale des prix Nobel. Comme les autres types d'histoire, l'histoire des sciences a aussi des frontières de tous les côtés incertaines et largement ouvertes. Elle côtoie l'histoire des techniques, l'histoire de la pensée religieuse, l'épistémologie et les sciences sociales. D'où un large éventail de méthodes, allant de l'érudition philologique appliquée à l'édition critique d'un texte scientifique à une approche anthropologique, des méthodes statistiques à l'histoire des institutions.

Actuellement les historiens des sciences forment une communauté internationale vaste et articulée. Elle est parcourue par des tensions et des conflits, elle entretient des rapports parfois cordiaux, parfois plus ou moins difficiles, avec les autres communautés traditionnellement affiliées : les scientifiques, les philosophes, les historiens et les sociologues. Elle est de toute évidence une communauté vivante. Elle s'est organisée en sociétés nationales et en une Académie internationale, elle se réunit en congrès réguliers et suivis, elle bénéficie d'une reconnaissance institutionnelle dans les centres de recherche les plus réputés et d'une présence dans l'enseignement universitaire, même si c'est encore de manière très inégale dans les pays les plus développés. L'histoire des sciences a ses propres revues hautement spécialisées.

Car même l'histoire des sciences a connu un processus de spécialisation profonde, issu d'un développement récent qui impressionne par sa rapidité et son ampleur. Face aux grandes divisions traditionnelles du savoir scientifique (mathématique, astronomie, physique, chimie, médecine) ont fait leur apparition des secteurs plus finement recoupés : l'histoire de la physique contemporaine et celle de l'alchimie de la Renaissance, l'histoire de la mécanique médiévale et celle de l'évolutionnisme, l'histoire de l'enseignement scientifique et celle des mathématiques arabes. La multiplication des organes d'information au sein de la discipline témoigne de ce phénomène irréversible de spécialisation. Alors que la première revue consacrée à l'histoire des sciences, *Isis* — fondée en 1912 par George Sarton —, était une revue internationale revendiquant tout le territoire immense de la science du passé, il y a aujourd'hui quelques centaines de revues, allant de *Historia scientiarum* de la Société japonaise d'Histoire des Sciences aux *Historical Studies in the Physical Sciences*, du *Journal for the History of the Arabic Science* aux *Cuadernos de historia sanitaria* publiés à La Havane. Cette prolifération de périodiques spécialisés correspond à une croissance exponentielle des informations, à l'acquisition de nouveaux types de sources historiques, à l'élargissement de la professionnalisation. En un mot, elle est le signe certain de l'état de maturité auquel la discipline est parvenue.

Mais la spécialisation d'une discipline, mûre, pose une série de problèmes. Les spécialistes tendent à s'isoler, leurs langages deviennent difficilement traduisibles, la routine des recherches sectorielles tend à laisser à l'arrière-plan les modèles interprétatifs devenus trop rigides.

Il convient de dire aussitôt que, hormis les sciences fondamentales et appliquées, fort peu de domaines du savoir contemporain ont été aussi profondément transformés que l'étude historique des sciences. Les bouleversements suivent deux directions principales. D'une part une histoire des sciences conçue essentiellement comme histoire d'idées, de l'autre un effort d'assimiler l'histoire des sciences aux modèles proposés par l'histoire sociale.

Pendant le XVIIIe siècle, la « méthode historique » était déjà sollicitée comme l'instrument préférable pour cueillir les fruits de l'arbre baconien de la connaissance : « Pour agir sur l'esprit des lecteurs et devenir un mobile pour s'exercer et se distinguer dans la poursuite de la philosophie » (J. Priestley, *History and present state of light, colours and vision*, 1772).

Avec Priestley pour l'optique et l'électricité, Lagrange et Montucla pour les mathématiques, Bailly et Delambre pour l'astronomie, prenait forme un genre historique plein d'avenir : l'histoire d'une discipline scientifique individuellement prise, écrite dans un but pédagogique. De la grande *History of the Inductive Sciences* (1837) de W. Whewell, qui offrait une collection d'histoires séparées, encore qu'alignées sur une perspective philosophique kantienne, aux classiques de l'histoire des sciences du XIXe siècle — Kopp et Berthelot pour la chimie, Moritz Cantor pour les mathématiques, Schiaparelli pour l'astronomie ancienne, Sachs pour la botanique, Poggendorff pour les sources de la physique — cette forme d'histoire sectorielle s'est très bien maintenue jusqu'à nos jours, par les livres de R. Dugas, M. Jammer, E. Wittaker, A. C. Truesdell, E. Segré. Fruit d'une érudition fabuleuse, intérêt historique véritable de la part de savants-philosophes, ou exercice littéraire du scientifique à l'âge de sa retraite, ce genre de l'histoire des sciences ne risquait presque jamais de poser le problème de ses rapports avec les autres histoires.

Une tradition bien différente, issue de l'idéal encyclopédique du XVIIIe siècle et notamment de Condorcet, prend forme dans le *Cours de philosophie positive* (1830-1840). Auguste Comte y avait en effet exprimé la volonté de comprendre d'une manière non seulement logique, mais aussi historique, concrète et organique — par la méthode sociologique — la filiation des connaissances à travers des relations nécessaires entre la marche des sciences et les phases de l'évolution religieuse, politique et sociale de l'humanité.

Celle qui s'instaurera, à partir de Comte, comme une tradition spécifique dans la culture philosophique française, sera une histoire des sciences avec des fondements et des buts philosophiques. Elle part d'une définition de la connaissance scientifique actuelle, valorise et juge le passé d'après les normes de la rationalité scientifique ainsi définies. Telles sont les caractéristiques de cette « histoire épistémologique » qui d'Auguste Comte — en passant par H. Berr, P. Tannery, P. Duhem, P. Rey — se répercutera jusqu'à Gaston Bachelard, en s'enrichissant extraordinairement par ses polémiques internes et par un nouvel apport de perspectives. Une tradition somptueuse, illustrée par des savants et des philosophes de première grandeur, qui a pourtant acquis très tard sa pleine légitimation et sa reconnaissance comme discipline autonome, en restant sous la tutelle de l'enseignement scientifique ou philosophique. Le cas de Paul Tannery est bien connu : grande autorité internationale de l'histoire des mathématiques, ayant attaché son nom à l'édition des écrits de Fermat et de Descartes, organisateur de la première section d'histoire des sciences dans un Congrès international de Sciences historiques (celui de Paris de 1900), Tannery échoua (1903) au concours pour la chaire créée en 1892 au Collège de France pour Laffite, chaire d'ailleurs supprimée, et sans bruit, en 1923. Pour une reconnaissance au moins partielle de l'histoire des sciences dont Tannery avait passionnément défendu les intérêts et la problématique du point de vue de l'histoire générale, il faudra attendre 1919, où Abel Rey, philosophe comtien lié à H. Berr et à L. Febvre, sera nommé à une nouvelle chaire d'Histoire et de Philosophie des Sciences à la Sorbonne.

Comme chez Tannery, persistaient aussi chez Rey, dans ses polémiques célèbres du début du siècle avec P. Duhem, les valeurs rationnelles et historiques de la vision comtienne de la science. Et ce n'est pas un hasard si le successeur de Rey, G. Bachelard, l'épistémologue du « nouvel esprit scientifique », l'historien des « états », des frontières et des coupures de cet esprit, renouvelait une fois de plus, en puisant aux sources de la philosophie idéaliste et de la psychanalyse, l'enseignement rationaliste qui avait été celui de Comte. Un héritage philosophique et une dette incessante, confirmée par les études d'histoire conceptuelle des sciences de la vie par G. Canguilhem.

Mais, à la fin du siècle dernier, les scientifiques avaient manifesté quelques réserves à l'égard de l'histoire des sciences du *Cours de philosophie positive*, car cette histoire s'achevait triomphalement sur l'état final, positif, de disciplines comme la mécanique analytique de Lagrange, la physique mathématique de Fourier dont les acquisitions semblaient décréter la fin d'une histoire, en interdisant des transformations fondamentales ultérieures. L'essor de théories nouvelles en physique, théories qui n'étaient même pas conformes — comme c'était le cas pour la thermodynamique et la physique des champs — aux prescriptions gnoséologiques de la mécanique newtonienne, engendra un large mouvement de réflexion sur la méthodologie scientifique, sur la nature de la science et son histoire, en particulier pour le cas de la mécanique.

L'impulsion épistémologique de cette conjoncture apparaît très bien dans l'œuvre historique de E. Mach — notamment dans son chef-d'œuvre, *Die Mechanik* (1883) — et de P. Duhem. Il reviendra en effet surtout à Duhem de transformer considérablement, par ses analyses méthodologiques et par ses préoccupations théologiques, l'image positiviste de la science et de son histoire. En donnant la priorité, comme élément caractéristique de la connaissance scientifique, à la « théorie » et à sa fonction descriptive et classificatrice par rapport aux phénomènes, Duhem poussait très loin ses interrogations historiques, dans une œuvre immense : *Les origines de la statique* (1905-1906), *Etudes sur Léonard de Vinci* (1906-1913), *Le Système du monde. Les doctrines cosmologiques de Platon à Copernic* (10 vol., 1913-1959). Sa recherche des précurseurs de la théorie physique et astronomique de la science moderne révolutionnait les principes et la périodisation de l'historiographie comtienne. Duhem pénétrait en effet dans le monde de la science médiévale et de la Renaissance, dont il sut valoriser pour la première fois les apports à un progrès continu Les explorations historiques menées par la suite, même quand elles s'opposaient à cette idée duhemienne de continuité, par E. J. Dijksterhuis, A. Maier, M. Clagett, V. P. Zubov dans les sciences médiévales et par H. Metzger et A. Koyré dans le monde de la Renaissance, témoignent de l'importance du travail de pionnier assuré par le labeur d'érudition de Duhem.

Mais le fait d'avoir cantonné l'histoire de la science dans l'évolution de sa logique, et de justifier d'après une métaphysique réaliste le problème du progrès continu des théories scientifiques, représentait autant d'hypothèses contestables de la méthode historique continuiste duhemienne. Elle sera en effet la cible des philosophies néokantiennes, idéalistes et phénoménologiques. Lange et Cassirer, Brunschvicg et Meyerson, Husserl et Burtt proposaient, entre les deux guerres mondiales, des réponses bien différentes de celles de Duhem aux questions de la « vérité », du « progrès », de l' « abstraction » des théories au sein de la connaissance scientifique. Sous l'influence de ces courants philosophiques de notre siècle, qui avaient en commun de vouloir se débarrasser du phénoménisme positiviste, prenait forme en Europe une autre approche philosophique et historique de la science. C'était aussi le moment de l'essor des sciences humaines telles que l'anthropologie culturelle, la psychologie sociale et la sociologie. On assista alors à l'apparition d'une histoire des sciences plongée dans l'analyse des conceptions du monde et des représentations intellectuelles, interférant avec les domaines de la philosophie, de la religion et de l'art. La métaphysique, expulsée de l'histoire des sciences modernes par Comte, y rentrait triomphalement sous la forme de l'histoire intellectuelle. Les livres de Butterfield, de E. Panowski, de H. Metzger et surtout d'Alexandre Koyré, datent de ce moment de transformation, dont le résultat a été des plus révolutionnaires. Car elle a rendu caduque l'image de la science comme lieu vide à combler par une série chronologique de « découvertes » et de « précurseurs » dans un terrain historique défini *a priori*.

Or cette transformation ne fut pas l'œuvre exclusive d'épistémologues et d'historiens de la philosophie. D'autres facteurs essentiels ont joué un rôle décisif en ce sens : les débats méthodologiques issus de la *Logik der Forschung* (1934) de K. Popper, la tradition américaine de l'histoire des idées représentée par des textes aussi novateurs que *The Great Chain of Being* (1936) de A. O. Lovejoy, la sociologie allemande et la discussion sur le marxisme et, *last but not least*, le travail passionné de quelques pionniers d'une histoire des sciences en tant que discipline à part entière.

Parmi ceux-ci, George Sarton, Belge émigré aux Etats-Unis, auteur d'une monumentale *Introduction to the History of Science* (1923-1948) dans laquelle, outre la revendication enthousiaste de l'importance de cette discipline, on trouvait la reprise des idées positivistes sur les rapports entre science et civilisation. Aux Etats-Unis, un historien général, Lynn Thorndyke, élève de J. H. Robinson — fondateur de la *new history* du début du siècle — se consacrait à une reconstruction nouvelle des origines de la science moderne, par ses huit volumes de *A History of Magic and Experimental Science* (1923-1958). A la même époque, les travaux de Max Weber et de R. H. Tawney sur le rapport entre science, esprit puritain et naissance du capitalisme se répercutaient sur le problème classique de l'origine de la science moderne dans *Science, Technology and Society in Seventeenth Century England* (1938) de R. K. Merton, un essai qui lançait l'histoire sociologique des sciences aux Etats-Unis. Merton avait proposé la thèse d'une relation essentielle entre les valeurs de la religion puritaine et la vision utilitaire de la science baconienne. Plus tard, Merton proposera d'appliquer les concepts propres à la sociologie fonctionnelle à l'étude de la science en tant qu'institution sociale.

On appellera depuis « histoire externe » des sciences — en opposition à l'exaltation de la calme beauté d'une histoire « interne » du développement des théories — non seulement cette nouvelle sociologie de la science élaborée par Merton et poursuivie par J. D. de Solla Price et J. Agassi, mais surtout l'approche socio-économique marxiste qui fut largement appliquée à l'histoire des sciences dans les années trente, en particulier en Angleterre.

Cette approche avait fait son apparition de façon foudroyante à Londres, en effet, sous l'égide de la délégation soviétique (N. Bucharin, Y. Vavilov, B. Hessen) au Congrès international d'Histoire des Sciences et des Techniques de 1931. Les travaux de J. D. Bernal, S. Lilley, L. Rosenfeld, d'historiens tels que Ch. Hill, G. N. Clark, de B. Farrington sur la science grecque et sur Bacon, mobilisèrent l'intérêt autour des facteurs économiques et sociaux du progrès scientifique. Cette perspective critique semblait autoriser les scientifiques à fixer sur l'histoire des sciences leurs préoccupations politiques. Mais elle faisait surgir aussi des problèmes et des enquêtes historiques dans des domaines encore inexplorés, ainsi que nous le prouve la grande œuvre *Science and Civilization in China* de Joseph Needham, issue de cette conjoncture.

En France aussi, les *Annales* de L. Febvre et M. Bloch attiraient, en 1935, l'attention des historiens sur les problèmes des techniques et de leurs relations avec la science. Les recherches de Edgard Zielsel, aux Etats-Unis, allaient dans la même direction en révélant le rôle des artisans du XVIe siècle aux origines de la science moderne.

Du côté des historiens des théories et des idées (A. Koyré, A. R. Hall, M. Hesse) disposés à reconnaître l'influence de l'environnement intellectuel sur la science, mais convaincus du rôle passif des techniques par rapport au dynamisme interne des théories scientifiques, un débat s'est engagé auquel ont participé des philosophes et des historiens (H. Guerlac, L. Geymonat, Ph. Wiener, I. Lakatos) mais aussi des sociologues et des littéraires (W. Stark, R. Wellek). Dans les années cinquante, l'opposition entre l'approche sociale et sociologique, forte de toutes ses ressources, mais qui risquait de perdre le contact avec les contenus de la recherche scientifique, et une histoire intellectuelle, ancrée au « paradis platonicien des théories » dans lequel Koyré l'avait installée, semblait insurmontable.

En 1962, pourtant, *The Structure of Scientific Revolutions* de Th. S. Kuhn, un livre qui a contribué par son succès à faire largement connaître les problèmes de cette discipline, proposait un séduisant modèle général du fonctionnement de la recherche scientifique, de sa routine et de ses transformations historiques. Il faisait jouer un rôle essentiel aux idées-guides sélectionnées au sein d'une discipline mûre, mais il associait aussi à cette fonction exercée par les idées les mécaniques propres aux impératifs institutionnels des scientifiques, dont Merton avait remarqué l'importance dans l'étude des communautés scientifiques. Le livre de Kuhn, grâce à la notion de « communauté scientifique » en tant que protagoniste essentiel de l'histoire des sciences, jetait un pont entre l'histoire des idées et la sociologie historique de la science.

Le débat épistémologique passionnant qui en suivra pendant les années soixante est bien connu. Et s'il est vrai que les efforts pour en tirer une nouvelle image générale de la science (P. Feyerabend, I. Lakatos) ont réfléchi sur l'histoire des sciences « davantage de chaleur que de lumière » (Th. S. Kuhn), il est vrai aussi que ces débats ont incité les historiens à confronter leurs points de vue sur de nouveaux terrains, à dépasser, de fait, les oppositions totalitaires de la génération d'avant guerre. Ce sont des livres tels que *Towards an historiography of science* (1963) de Joseph Agassi, des rencontres telles que *Critical problems in history of science* (1959) par M. Clagett, *Scientific change* (1961) par A. C. Crombie, *Reason, experiment and mysticism in the scientific revolution* (1975) par M. L. Righini Bonelli et W. Shea, qui ont dessiné sur le terrain de la recherche historique proprement dite une situation plus complexe, mais aussi infiniment plus riche. Nature et périodisation des révolutions des sciences fondamentales, rôle des institutions, relations entre la science, la religion et l'Etat, rapports science et technologie, science et magie, liaisons entre expériences et théories proposent aujourd'hui à l'historien une image historique de la science pleine de nœuds et d'entrelacements.

D'une manière très frappante, les langages et les interrogations des historiens des sciences ont parallèlement changé en fonction de nouvelles sources et des instruments critiques. La postérité de Koyré (B. Cohen, P. Costabel, R. Taton) a rénové les méthodes positivistes de l'édition critique de textes aussi fondamentaux que les *Principia* de Newton ou les correspondances de Descartes, Euler, Mersenne, c'est-à-dire des documents qui permettent de donner la parole aux communautés scientifiques du passé réunies autour des grands pionniers. Les études sur les collectivités scientifiques (*The Society of Arcueil* de M. Crosland, par exemple), sur la diffusion des théories (J. Roger, Y. Conry), sur les institutions (R. Hahn, Ch. Gillispie), sur les biographies des savants (S. Drake, R. Westfall) vont dans la même direction d'une reconstruction du contexte historique et intellectuel des idées. La constitution de nouvelles archives, telles que celles de la physique quantique (Th. S. Kuhn, J. L. Heilbron) ou de musées comme celui de Florence, des centres de recherche comme la Max-Planck-Gesellschaft et peut-être, demain le Musée de la Villette, relançent cet idéal historique sous des formes nouvelles en proposant des réponses et de nouvelles questions à des problèmes ouverts depuis longtemps.

L'espace que l'histoire des sciences a su occuper dans notre culture n'est pas, comme nous l'avons constaté, une île heureuse destinée à des spécialistes cultivant des jardins cloisonnés et bien protégés. Cette histoire ne saurait être qu'un carrefour difficile.

● BIBLIOGRAPHIE. — a / Œuvres de référence pour le renvoi aux ouvrages des auteurs cités et à la bibliographie ultérieure. — Information sources in the history of science and medicine, par P. WEINDLING et P. CORSI, Butterworths Guides to Information Sources, London-Boston-Toronto, 1983; J. R. RAVETZ, History of science, dans P. T. DURBIN, A guide to the Culture of Science, Technology and Medicine, New York-London, Macmillan, 1980; Ch. GILLISPIE, Dictionary of Scientific Biography, 16 vol., New York, Scribner's Sons, 1970-1980; F. RUSSO, Eléments de bibliographie de l'histoire des sciences, Paris, Hermann, 1954, 2e éd. 1969.

b / Etudes critiques sur l'histoire de l'histoire des sciences. — P. TANNERY, De l'histoire générale des sciences (1904), dans Mémoires scientifiques, vol. X, Paris, 1930, p. 163-182; H. BUTTERFIELD, The history of science and the study of history, Harvard Library Bulletin, 13 (1959), p. 329-347; A. KOYRÉ, Perspectives sur l'histoire des sciences, dans A. C. CROMBIE, Scientific change, London, 1963; éd. franç. dans A. KOYRÉ, Etudes d'histoire de la pensée scientifique, Paris, Gallimard, 1966, 2e éd. 1973, p. 390-399; J. AGASSI, Towards an historiography of science, The Hague, Mouton, 1963; Th. S. KUHN, The History of Science, dans International Encyclopaedia of Social Sciences, vol. XIV, London, Macmillan, 1968, p. 74-83; rééd. dans Th. S. KUHN, The essential tension, Chicago, University of Chicago Press, 1977; G. CANGUILHEM, Etudes d'histoire et de philosophie des sciences, Paris, Vrin, 1968.

c / Ouvrages des auteurs cités. — G. BACHELARD, La formation de l'esprit scientifique, Paris, 1938; J. S. BAILLY, Histoire de l'astronomie ancienne depuis son origine, Paris, 1775; J. D. BERNAL, Science in History, London, 1954, 4e éd., Harmondsworth 1969, 4 vol.; M. BERTHELOT, Les origines de l'alchimie, Paris, 1883; L. BRUNSCHVICG, Les étapes de la philosophie mathématique, Paris, 1912; N. BUCHARIN, Science at the Cross Roads (1931), rééd. London, 1971; E. A. BURTT, The Metaphysical Foundation of Modern Physical Science, New York, 1925, 2e éd., London, 1954; H. BUTTERFIELD, The Origins of Modern Science, 1300-1800, London, 1949; G. CANGUILHEM, La formation du concept de réflexe aux XVIIe et XVIIIe siècles, Paris, 1955; M. CANTOR, Vorlesungen über Geschichte der Mathematik, Leipzig, 1900-1908; D. S. L. CARDWELL, The Organization of Science in England, London, 1957, 2e éd., 1972; E. CASSIRER, Das Erkenntnis Problem in der Philosophie und in der Wissenschaften der Neueren Zeit, 4 vol., Berlin, 1922-1957²; G. N. CLARK, Science and Social Welfare in the Age of Newton, Oxford, 1937; B. COHEN, The Newtonian Revolution, Cambridge, Mass., 1980; P. COSTABEL, Leibniz et la dynamique, Paris, 1966; A. C. CROMBIE, Augustine to Galileo, London, 1952, 4e éd., 1969; A. G. DEBUS, The English Paracelsians, London, 1965; J. B. DELAMBRE, Histoire de l'astronomie, 6 vol., Paris, 1817-1827; E. J. DIJKSTERHUIS, De Mechanisierung des Weltbildes, Amsterdam, 1950; S. DRAKE, Galileo at work, Chicago, 1978; R. DUGAS, Histoire de la mécanique, Neuchâtel, 1950; B. FARRINGTON, Greek Science : Its Meaning for us, Harmondsworth, 1944, 2e éd., 1949; P. K. FEYERABEND, Against the Method, London, 1975, trad. franç., Paris, 1979; R. Fox, The Caloric Theory of Gases from Lavoisier to Regnault, Oxford, 1971; L. GEYMONAT, Storia del pensiero filosofico e scientifico, 7 vol., Milano, 1970-1976; Ch. C. GILLISPIE, Science and Polity in France at the End of the Old Regime, Princeton, 1980; C. S. GILLMOR, Coulomb and the Evolution of Physics and Engineering in Eighteenth Century France, Princeton, 1971; H. GUERLAC, Lavoisier : the Crucial Year, New York, 1961; R. HAHN, The Anatomy of a Scientific Institution : The Paris Academy of Sciences, 1666-1803, Berkeley, 1971; Ch. HILL, Debate : Puritanism, Capitalism and the Scientific Revolution, Past and Present, 29 (1965), p. 68-97; R. HOYKAAS, Religion and the Rise of Modern Science, Edinburgh, 1972; M. JAMMER, Concepts of Mass in Classical and Modern Physics, Cambridge, Mass., 1961; H. KOPP, Geschichte der Chemie, 4 vol., Braunscheig, 1843-1847; I. LAKATOS, History of Science and Its Rational Reconstructions, dans Y. ELKANA (ed.), The Interactions between Science and Philosophy, Atlantic Highlands, NJ, 1974, p. 195-241; H. LANGE, Geschichte der Grundlagen der Physik, Freiburg et Munich, 1954; S. LILLEY, ed., Essays on the Social History of Science, Centaurus, 3, n. 1 et 2 (1953); R. K. MERTON, The Sociology of Science : Theoretical and Empirical Investigation, Chicago, 1973; H. METZGER, Newton, Stahl, Boerhaave et la doctrine chimique, Paris, 1930; A. MAIER, Studien zur Naturphilosophie der Spätscholastick, 5 vol., Rome, 1949-1958; E. MEYERSON, Identité et réalité, Paris, 1908, 2ᵉ éd., 1926; W. PAGEL, Paracelsus : An Introduction to Philosophical Medicine in the Era of Renaissance, Basel, 1958; E. PANOFSKY, Galileo as a critic of the Arts, La Haye, 1954; J. POGGENDORF, Biographisch-literarisches Handwörterbuch zur Geschichte der exakten Wissenschaften, Leipzig, t. 1 et 2, 1858, t. 3, 1883; PRICE, D. J. de SOLLA, Little Science, Big Science, New York, 1963; P. RATTANSI, Paracelsus and the Puritan tradition, Ambix, 11 (1963), p. 42-32; A. REY, L'apogée de la science technique grceque, 2 vol., Paris, 1946-1948; J. ROGER, Les sciences de la vie dans la pensée française du XVIIIᵉ siècle : la génération des animaux de Descartes à l'Encyclopédie, Paris, 1963; P. ROSSI, Francesco Bacone : dalla Magia alla Scienza, Bari, 1957; J. V. SACHS, Geschichte der Botanik von 16. Jahrhundert bis 1860, Munich, 1875, trad. franc., Paris, 1882; G. SCHIAPPARELLI, Scritti sulla storia della astronomia antica, 3 vol., Bologna, 1925-1927; P. TANNERY, Pour l'histoire de la science hellène, 2ᵉ éd., Paris, 1930; R. TATON, éd., Histoire générale des sciences, 4 vol., Paris, 1957-1964; Ch. WEBSTER, The Great Instauration : Science, Medecine and Reform, 1626-1660, London, 1975; R. S. WESTFALL, Science and Religion in Seventeenth Century England, New Haven, 1958; E. T. WHITTAKER, History of the Theories of Aether and Electricity, London, 1910, nouv. éd., 1951; Ph. P. WIENER and A. NOLAND, eds., Roots of Scientific Tought : a cultural perspective, New York, 1957; F. A. YATES, Giordano Bruno and the Hermetic Tradition, Chicago, 1964; E. ZILSEL, The Sociological Roots of Science, American Journal of Sociology, 47 (1942), p. 544-562; V. P. ZOUBOV, Développement des conceptions de la physique, Moscou, 1959 (en langue russe).

▶ CORRÉLATS. — Intellectuelle (Histoire), Koyré, Mentalités, Outillage mental, Techniques.

P. REDONDI.

Seignobos Charles, 1854-1942

Issu d'une famille protestante, il est le fils de Charles-André Seignobos, député à l'Assemblée nationale en 1871 et, à diverses reprises, député républicain de l'Ardèche. Entré à l'Ecole normale supérieure en 1874, il appartient à la première promotion qui y reçoit l'enseignement d'Ernest Lavisse. Il accomplit (1877-1879), dans les universités allemandes, le voyage initiatique. En 1883, il est chargé d'un cours libre à la Sorbonne et, dès lors, y accomplit toute sa carrière.

Pendant un demi-siècle, l'histoire, la pédagogie, la méthodologie forment les trois assises de son œuvre. Il débute comme médiéviste. Après avoir contribué à l'*Histoire générale du IVᵉ siècle à nos jours* par deux chapitres sur « Le régime féodal » et « Les croisades » (t. II, 1893), il se consacre progressivement à l'étude du monde contemporain. Son ouvrage, *L'Histoire politique de l'Europe contemporaine* (1897), maintes fois réédité, le fait connaître du grand public cultivé. Principal collaborateur de son maître Ernest Lavisse, il se consacre ensuite à l'*Histoire de France contemporaine*, retraçant à lui seul l'histoire de trois régimes, de 1848 à 1914. Pas plus que Lavisse, Seignobos n'est un « érudit ». Quoiqu'on puisse le soupçonner d'avoir cru, comme Fustel de Coulanges, que « l'Histoire ne sert à rien », il lui assigne, en public, un rôle social. Au début du siècle, il apparaît ainsi comme l'un des maîtres à penser de sa génération. Cette position lui a été surtout conférée par un petit livre qu'il a signé, en 1898, avec

Charles-Victor Langlois, *L'Introduction aux études historiques*. Parce qu'il s'inscrit dans « les perspectives ouvertes avant lui par la réflexion positiviste » alors triomphante, qu'il est écrit avec talent et qu'il fourmille de formules péremptoires, cet « essai » qui peut sembler confondre l'histoire avec la méthode de la critique érudite devient le « bréviaire », pour ainsi dire officiel, des étudiants en histoire.

La rigueur de principes maintenus sans défaillance, le succès et la valeur symbolique de l'*Introduction* font de Seignobos, après 1929, l'une des cibles favorites des historiens groupés autour des *Annales*. Lucien Febvre voit dans l'*Introduction* la bible de la méthode « positiviste », le catéchisme de l'histoire événementielle, et il contribue par son talent polémique à accréditer, auprès des jeunes générations, l'idée d'une « histoire à la Seignobos », aveugle et stérile sous la rigueur du masque « scientifique », réduite aux faits politiques, inconsciente du rôle de l'économie et du poids du social.

L'injustice est évidente à l'égard d'un homme, il est vrai, déconcertant. Ce théoricien qui estime que l'histoire est à peine parvenue à l'âge scientifique et que la synthèse est prématurée aime aussi à dire qu'il est « spécialisé dans l'histoire générale ». Ce sceptique est un dreyfusiste ardent et un pacifiste, dont l'influence n'est pas mince dans le monde politique et les cercles mondains de la IIIe République. Cet hypercritique qui ne croit qu'au document patiemment contrôlé pratique, avant la lettre, l' « histoire immédiate » dans ses articles consacrés aux événements contemporains (*Etudes de politique et d'histoire*, p. 293-301). Ce prudent, qui n'avance rien sans preuve, affirme et imprime, en 1913 et 1914, qu'il n'y aura pas la guerre entre la France et l'Allemagne. Cet adversaire de la sociologie tient le plus grand compte des données économiques et sociales. Ce professeur révéré s'impose par son affabilité. « On a peine à parler de façon critique de ce maître, dit Charles Andler, parce qu'on ne peut guère le connaître sans l'aimer. »

● BIBLIOGRAPHIE. — Ch. SEIGNOBOS, *Etudes de politique et d'histoire*, Paris, 1934 (p. XIX-XXVII : « Bibliographie des œuvres de M. Charles Seignobos »). Sur l'*Introduction aux études historiques*, Maurice CRUBELLIER, *Histoire et culture. Recherches sur l'histoire et la culture en France, de 1871 à 1914* (Thèse de lettres, 1971, 3 vol. dactylographiés).

▶ CORRÉLATS. — Lavisse, Positivisme, Simiand.

J. GLÉNISSON.

Sérielle (Histoire)

L'accent sur l'histoire économique ou sur l'utilisation de longues séries statistiques ne suffit pas pour définir une notion créée par Pierre Chaunu pour distinguer la démarche quantitative de la plupart des historiens français. Contrairement à la *New Economic History* l'histoire sérielle n'utilise pas de modèles mathématiques; contrairement à l'histoire quantitative définie par l'équipe de l'ISEA l'histoire sérielle ne prétend pas recourir à une quantification totale et systématique bâtie sur le modèle des comptabilités nationales contemporaines. Il ne s'agit ni d'une économétrie, ni d'une démographie rétrospective. François Furet la définit comme la constitution « du fait historique en séries temporelles d'unités homogènes et comparables » qui permettent de mesurer l'évolution par intervalle de temps donné sur une assez longue durée. Ceci ne suppose ni un système global d'interprétation ni une formulation mathématique très élaborée.

Bien que né dans les années soixante le terme peut déjà être employé pour le prototype de cette forme d'histoire, *L'esquisse du mouvement des prix et des revenus en France au XVIIIe siècle* d'Ernest Labrousse (1933). A partir de la démarche de Simiand, utilisant la mercuriale, E. Labrousse circonscrit le premier objet privilégié de l'histoire sérielle : l'histoire économique et plus particulièrement l'histoire des échanges. D'autre part la thèse de Droit, du père du sériel, délimite aussi son champ chronologique privilégié, du XVe au XVIIIe siècle, un entre-deux protostatistique où l'ingéniosité de l'historien retrouve des séries mais où l'insuffisance de la statistique officielle s'oppose à une quantification intégrale.

De nombreux travaux *(Séville et l'Atlantique)* prolongent cette première veine du sériel à laquelle s'ajoutent dès les années cinquante l'histoire sociale et l'histoire démographique. Les registres fiscaux, puis les inventaires après décès ou les contrats de mariages, ont permis de dresser depuis trente ans une véritable stratigraphie sociale de la France d'Ancien Régime (cf. *Structure et relations sociales à Paris au XVIIIe siècle*, Paris, 1961). Autour d'une thèse pionnière *(Beauvais et le Beauvaisis)* et grâce à une source, les registres paroissiaux, la démarche sérielle a trouvé l'une de ses plus riches applications dans la démographie.

Enfin une histoire sérielle du « troisième niveau » ouvre les larges horizons de l'histoire des mentalités, des religions ou de la culture. L'essor de la lecture, le comportement religieux, les lectures du XVIIIe siècle ou l'attitude devant la mort, chacun de ces sujets a fait l'objet d'un traitement sériel.

Pour attirer dans le camp de la mesure ce qui était, il y a peu, jugé qualitatif, l'histoire sérielle invente sans arrêt de nouvelles sources; aux sources de nature numérique utilisées pour des fins proches de leur but original (statistique des préfets de l'Empire pour l'histoire économique) se sont d'abord ajoutées des sources numériques détournées de leurs fins (les registres paroissiaux permettent de déceler l'évolution des comportements sexuels avec l'importance des conceptions prénuptiales et l'évolution de l'intervalle intergénésique). Puis la transformation de sources comme les contrats ou l'iconographie (cf. l'ouvrage de G. et M. Vovelle) les réduit à quelques caractères quantifiables et comparables.

Ce processus d'invention des sources indique à quel point l'histoire sérielle transforme les fondements de la recherche et de la critique documentaire. L'événement unique cède la place à un phénomène consciemment choisi et de nature répétitive. L'examen critique ne se pratique plus en fonction de documents contemporains d'une autre nature, mais par comparaison au sein d'une série chronologique de phénomènes homogènes. Cette construction consciente des documents, les problèmes d'enregistrement et de codage contraignent l'historien à expliciter sa démarche et ses critères. Par voie de conséquences l'histoire sérielle, développée par l'usage de l'informatique, ouvre la voie à une histoire comparée sans biais.

Enfin chaque étude sérielle suppose un questionnaire qui bouleverse les règles de l'exposé historique et qui accélère le passage de l'histoire-récit à l'histoire-problème. Les périodisations préétablies volent en éclat pour se soumettre aux rythmes de chaque série ; cependant la démarche porte ses propres limites. L'homogénéité de chaque série segmente les phénomènes au détriment de l'interpénétration des problèmes. D'autre part chaque série tend, par nature, à éliminer les modifications du cadre dans lequel elle s'inscrit et les oscillations répétées de la conjoncture effacent parfois l'évolution du trend séculaire. Ces réserves ne diminuent pas l'apport décisif de l'histoire sérielle, mais elles en éclairent les limites.

● Bibliographie — *1 / Textes théoriques et méthodologiques* : P. Chaunu, L'histoire sérielle, bilan et perspective, *Revue historique*, avril-juin, 1970 ; F. Furet, Le quantitatif en histoire, in *Faire de l'histoire*, t. I, Paris, 1974 (paru dans les *AESC*, n° 1, 1971). — *2 / Etudes sérielles* : P. Chaunu, *Séville et l'Atlantique*, Paris, 1955-1960 ; P. Goubert, *Beauvais et le Beauvaisis de 1600 à 1730*, 1960 ; F. Furet et J. Ozouf, *Lire et écrire. L'alphabétisation des Français de Calvin à Jules Ferry*, Paris, 1977 ; *Livre et société dans la France du XVIIIe siècle*, sous la direction de F. Furet, t. I, 1965, t. II, 1970 ; M. Vovelle, *Piété baroque et déchristianisation. Les attitudes devant la mort d'après les clauses des testaments*, Paris, 1973 ; G. et M. Vovelle, *Vision de la mort et de l'au-delà en Provence*, Paris, 1970.

▶ Corrélats. — Labrousse, Quantitative (Histoire).

O. Dumoulin.

Simiand François 1873-1935

Sociologue à l'origine, dans la mouvance durkheimienne, F. Simiand a bâti par étapes une vue originale du développement *conjoncturel* de l'économie et de la société « contemporaines ». Enseignant successivement à l'Ecole pratique des Hautes Etudes, au Conservatoire national des Arts et Métiers, au Collège de France, il est demeuré, quoique savant reconnu, en marge de l'enseignement universitaire. « La Faculté l'ignore » (Ernest Labrousse, juin 1980). Mais le groupe des *Annales* (nées en 1929) le reconnaît comme l'un des siens. C'est que, dès les années 1900, il avait audacieusement proposé aux historiens (dans Méthode historique et science sociale, *Revue de Synthèse historique*, 1903), puis aux économistes (*La méthode positive en science économique*, 1912) de repenser leur respective discipline selon une conception interdisciplinaire, positiviste, rationaliste, mais à fondement sociologique. Démarche appuyée sur le rigoureux établissement de données chiffrées, objectivement dressées (*Statistique et expérience*, 1921) permettant d'établir la première analyse « quantitative » des conjonctures (courtes et longues) de l'économie et de la société françaises du XIXe et du premier tiers du XXe siècle. Après avoir éprouvé ses hypothèses et ses méthodes dans deux premières recherches appliquées (sur l'évolution des salaires : 1907, et des prix : 1913, dans les mines de charbon) il publie en 1932 sa grande œuvre : *Le salaire, l'évolution sociale et la monnaie* (2 vol.), fruit d'années antérieures de recherches artisanales, c'est-à-dire menées seul, en un énorme investissement en travail, et non avec l'aide d'une équipe. Simiand fut le vrai précurseur de « l'histoire économique et sociale » en France. Il lui fournit des instruments, des règles de conduite et de déontologie, des perspectives novatrices (sur l'existence des divers *temps* : courts, moyens et séculaires, de l'histoire). Surtout, il lui apporta une ouverture fondamentale, en considérant les relations sociales entre les « groupes » majeurs de la société capitaliste industrielle (patrons et ouvriers) comme parties constitutives des mouvements même de l'économie, et de son progrès en longue durée. Ses limites sont certes visibles : un empirisme absolu poussé jusqu'au refus de théoriser; une tentation monétariste évidente, quoiqu'il s'en défendît; le privilège donné à l'explication des « faits de masse », plutôt qu'à celle des grands événements ou accidents historiques, du coup non intégrés dans l'histoire; la non-prise en compte des structures de production. Mais Simiand n'en a pas moins préparé et permis toutes les avancées ultérieures de la science historique appliquée aux phénomènes socio-économiques. Ernest Labrousse a reconnu « les liens avant tout méthodologiques, c'est-à-dire essentiels », qui le liaient à Simiand (juin 1980).

Simiand avait confié à Maurice Halbwachs : « Tout le reste (de mes recherches) est suspendu à l'étude des mouvements longs, interdécennaux, du salaire » (1932). Ayant constaté ces fluctuations (les célèbres phases A et B), il a appliqué à leur enregistrement et à leur explication une « théorie d'ensemble » (George Lefebvre, 1937) à la fois positiviste, sociologique, rationaliste, définie par Simiand lui-même comme « un monétarisme social à fluctuation incitatrice » (*Le salaire...*, 1932, t. I, p. XX). Sa démarche aboutit à éclairer les phases A et B par les représentations mentales, entraînant les adaptations de comportement des patrons et ouvriers (devant les gains monétaires; l'investissement; l'effort productif; la grève...) en fonction des mouvements de *leurs* prix et de *leurs* revenus (profits et salaires) : lesdits mouvements étant influencés par le « premier moteur » (F. Simiand), celui des *taux* d'accélération ou de ralentissement de la croissance des moyens de paiement, selon les phases interdécennales à datations non rigides. D'où la rationalité des comportements respectifs des deux groupes majeurs, et les solidarités-conflits du profit et du salaire; et la rationalité des phases A et B elles-mêmes, également génératrices de la croissance (le « progrès »).

● BIBLIOGRAPHIE. — Sur Simiand, se reporter aux deux études (antagonistes) de M. LÉVY-LEBOYER, L'héritage de Simiand (*Revue historique*, janvier-mars 1970), et de J. BOUVIER, Feu François Simiand?, in *Conjoncture économique, structures sociales, hommage à Ernest Labrousse*, Mouton, EPHE, VIe section, 1974. On y trouvera l'essentiel de la bibliographie.

▶ CORRÉLATS. — Annales (Ecole des), Cycle, Durkheim, Economie (Histoire économique), Seignobos.

J. BOUVIER.

Simon Richard, 1638-1732

De ce fils de forgeron né à Dieppe le 13 mai 1638, fondateur de l'exégèse biblique, Paul Hazard a dit plaisamment que « la nature ne lui avait pas écrit sur le visage de lettre de recommandation ». Après des études au Collège de Dieppe et à la Sorbonne, il entre dans la Congrégation de l'Oratoire le 22 octobre 1659. Sa formation a été très vaste. Il a adjoint aux humanistes classiques un goût d'autodidacte pour les langues anciennes, le syriaque et l'hébreu. Richard Simon renoue avec l'intérêt pour les études hébraïques qui avaient marqué l'exégèse biblique humaniste. Il étudie la Bible et le Zohar avec un érudit juif Jonas Salvador. Son premier ouvrage est un factum pour la défense des juifs de Metz accusés de meurtre rituel (1670). Il traduit *Les Cérémonies et coutumes des juifs* de l'Italien Léon de Modène (1674). Lorsqu'on lui remet son premier questionnaire biographique à l'oratoire, il le signe *Rabbi Shimeon ben Joacim*. Richard Simon consacre une série de travaux à l'Eglise orientale et à la comparaison des liturgies juives et chrétiennes qui lui vaudront nombre de controverses. Après avoir failli s'engager en 1676-1677 dans une entreprise de cotraduction de la Bible avec les protestants, il rédige le livre qui allait à la fois assurer et ruiner sa réputation *L'Histoire critique du Vieux Testament*, paru en 1678 et qui constitue une application des méthodes philologiques et critiques de l'histoire savante ou texte biblique. Entreprise hardie qui, huit ans après la publication du *Traité théologique politique* de Spinoza, contenait « des choses terribles » selon le mot de Justel. Après Hobbes et Spinoza, Simon refuse de voir dans Moïse l'auteur du Pentateuque et attribue ses livres ainsi que les proverbes, les psaumes et tous les livres historiques à la rédaction inspirée des scribes. Malgré l'approbation obtenue du Censeur et du Supérieur général de l'Oratoire, du P. de La Chaise, confesseur du roi, Bossuet fit arrêter et pilonner la publication et l'Oratoire dut exclure Simon. Retiré dans le prieuré de Boleville au pays de Caux, Simon malgré ses ennuis de santé ne renonça pas à son infatigable activité polémique et critique. Il disputa contre Vossius, Spanheim, Jurieu, Jean Leclerc *et alii*. La publication du *Nouveau Testament* traduit en français en 1702, où le texte de la Vulgate était entièrement corrigé, allait lui attirer de nouveaux ennemis et une intervention de Bossuet. Ses derniers travaux sont consacrés à la patristique et à l'histoire ecclésiastique. L'existence difficile de Richard Simon qui a été la victime et l'adversaire de toute l'élite théologique de son temps illustre les temps difficiles de l'érudition religieuse biblique dans la seconde moitié du XVIIe siècle. « L'on n'avait pas voulu de la science sérieuse, libre et grave; on eut la bouffonnerie, l'incrédulité railleuse et superficielle. Le succès de Voltaire vengea Richard Simon », a écrit Renan.

● BIBLIOGRAPHIE. — Paul AUVRAY, *Richard Simon 1638-1712*, Paris, PUF, 1974; Jean STEINMANN, *Richard Simon et les origines de l'exégèse biblique*, Paris, Desclée de Brouwer, 1959.

▶ CORRÉLAT. — Religion (Histoire des religions).

B. BARRET-KRIEGEL.

Sociale (Histoire)

Dominant l'horizon de la recherche historique en France depuis déjà un demi-siècle, l'histoire sociale recouvre un champ dont l'ambiguïté s'est accrue alors même que s'élargissaient ses ambitions et que s'affirmaient ses succès. Démarche inverse de celle des autres domaines de l'historiographie, ceux de l'économie, de la démographie, de plus en plus sûres de leurs objets et de leurs méthodes, et surtout d'une histoire culturelle en train de se dégager avec succès des nébuleuses mentalités. Elle est si peu sûre de son identité que l'un des rares colloques qui lui aient été consacrés, à Saint-Cloud en 1965, avait justement passé l'essentiel de son temps à débrouiller ses liens et à éclairer ses fonctions avec ces autres disciplines. Il est significatif qu'il n'existe pas en France de regroupement institutionnel de ceux qui s'y livrent. En 1984 encore, rien ne permet d'aller au-delà des interrogations de Michelle Perrot en 1976 et de sa perplexité devant l'étrange complexe de forces et de faiblesses d'une démarche à la fois proliférante et floue, fragmentée et soucieuse de globalité. Pour nul autre territoire de l'historien peut-être il importe plus d'en retracer une généalogie complexe; de souligner combien elle est fille changeante du présent et des interrogations immédiates de chacun; de noter la dépendance qu'elle n'a cessé d'avoir vis-à-vis d'autres disciplines, la sociologie, l'économie politique, l'anthropologie.

S'il y a démarche spécifique dès qu'on tente de s'évader du grain de l'événement et du récit de la durée, l'histoire sociale, bien sûr, ne date pas du XXe siècle. Mais c'est autour des années trente qu'elle se définit comme telle, d'une manière quasi consubstantielle avec la naissance des *Annales*, qui s'intitulent d'ailleurs pour un temps *Annales d'histoire sociale*. Marc Bloch et Georges Lefebvre disent donc avec elle la nécessité, et leur volonté, de mettre l'accent sur les groupes sociaux bornés par des dimensions et des traits particuliers, et sur les relations de dépendance ou d'opposition qu'ils ont entre eux. L'histoire sociale privilégie bien avant d'autres sciences humaines la notion de structure qu'elle ne cessera ensuite d'utiliser sans abus théorique. La seconde naissance, pourtant, est un peu plus tardive, avec Ernest Labrousse, à la veille de la guerre. A un point tel qu'aujourd'hui encore elle est tributaire de son œuvre même lorsqu'elle s'écarte de ses directions : un autre moyen de s'y référer, auquel il est difficile d'échapper. En gros, Labrousse ancre profondément l'histoire de la société dans celle de l'économie; par l'étude privilégiée des moments de crise, il lie dialectiquement la conjoncture courte des prix aux mouvements longs des revenus, dont la typologie — rente, profit, salaire — coïncide avec celle des groupes sociaux. Une méthode qui non seulement permet de s'écarter du nominalisme pour tracer les exactes hiérarchies et les effets de domination, mais surtout d'éclairer, au-delà des partages pérennes de la richesse et du pouvoir, les mouvements de convection qui provoquent d'incessants reclassements des individus et des collectivités à l'intérieur d'une formation sociale. Sans qu'il soit jamais affirmé un quelconque déterminisme, le primat du matériel est clair. L'on reconnaît là l'influence d'une pensée marxiste sans rivages dont, après lui, P. Vilar affirme beaucoup plus nettement le rôle pour se faire, dans une œuvre à la fois théorique et pratique, le défenseur et l'illustrateur.

L'orientation même des travaux d'E. Labrousse explique que les plus belles réussites se soient produites dans l'histoire des campagnes, avec, longtemps, une certaine note céréalière, dans la longue et moyenne durée : pour l'Ancien Régime, du Beauvaisis de P. Goubert et du Languedoc de Le Roy Ladurie à l'Ile-de-France de J. Jacquard, au Beaujolais de G. Durand, au Cambrésis de H. Neveux, et pour l'époque contemporaine, de l'exemplaire Loir-et-Cher de G. Dupeux au Lyonnais de G. Garrier, au Calvados de G. Désert, au Pas-de-Calais, tout récent, de R. Hübscher. Même si ces travaux échelonnés sur une trentaine d'années s'enrichissent de nouvelles interrogations et d'autres méthodes, se déplaçant par exemple de la seule étude des prix et des revenus vers celle de la production et de la productivité, ils n'en restent pas moins fondamentalement fidèles à une vision dont les succès expliquent l'exceptionnelle connaissance que l'on a des paysanneries françaises sur près de cinq siècles.

Il a fallu attendre les années 1960 pour que l'histoire sociale labroussienne soit ébranlée, à la fois en élargissant ses ambitions et en suscitant certaines insatisfactions. Le rapport de son fondateur, au Congrès de Rome en 1955, marque sans doute un tournant lorsqu'il définit les voies d'une histoire des bourgeoisies européennes. C'est donc d'abord une dérive des champs à explorer, dans l'espace social et dans le temps ; il en sort le livre de A. Daumard sur la bourgeoisie parisienne sous la Monarchie censitaire et, dans la lancée, une vaste enquête sur la répartition et la composition des fortunes jusqu'en 1914 dans les grandes villes françaises. Puis ce sont les premières grandes monographies sociales de populations urbaines, M. Garden sur Lyon du XVIIIe siècle après Amiens de P. Deyon, puis Caen au XVIIIe siècle de J.-C. Perrot, F. Codaccioni pour Lille au XIXe siècle et Bordeaux de P. Guillaume. Une approche qui est par ailleurs rendue possible par la mise en œuvre de sources nouvelles et massives, archives fiscales, démographiques, notariales, militaires. Et à un moment où le recours au traitement informatique permet de dépasser l'artisanat classique du métier d'historien. A la mise en perspective des valeurs et des nombres s'ajoute désormais celle des faits sociaux, et P. Chaunu salue le développement du deuxième niveau de l'histoire « sérielle », celui de l'analyse des sociétés. L'ordinateur permet de formaliser aussi des conduites, individuelles (la délinquance par exemple), ou collectives (les grèves, les émotions populaires, etc.), et d'approcher, par des comptabilités massives, de la volonté de totalité qui inspire toute l'école historique française.

Près de vingt années plus tard, le bilan est cependant fort nuancé. D'une part, la mise en œuvre de ces « masses dormantes », pour reprendre une expression de P. Goubert, s'est révélée techniquement difficile. Peut-être parce qu'on avait mis des espérances exagérées dans l'informatique, que la machine seule ne pouvait tenir. Parce que, aussi, le dialogue entre les historiens, en attendant qu'ils aient acquis les techniques nécessaires, et les informaticiens s'est révélé difficile. Surtout parce que les conditions de la production historique s'accordaient mal à une démarche qui demande du temps et, surtout, un suivi collectif du travail. Si bien que l'on n'a pas connu l'explosion américaine de la *new urban history* qui, sous un nom fallacieux, s'attaquait en fait au problème fondamental de la mobilité sociale au niveau des individus. Les ouvrages de S. Thernstrom sur Newburyport et Boston ont été suivis de plusieurs dizaines de monographies, mais n'ont pas fait naître de vocations similaires en France, au contraire, par exemple, de l'Allemagne ; il est frappant que le seul historien français à s'en inspirer, O. Zunz, se soit appliqué à une ville nord-américaine, Detroit ; alors même que les sources sont à peu près semblables de part et d'autre de l'Atlantique. Rien non plus de comparable aux entreprises de longue haleine comme le « Philadelphia project » de Th. Herschberg ou l'enquête québécoise de G. Bouchard sur la région de la Saguenay, des manières de reconstitution totale d'une population par croisement des données les plus diverses avec un fichier d'origine démographique. Hors du traitement des textes et des corpus littéraires comme reflet d'une société notamment par les médiévistes (Ph. Genet), l'ordinateur n'est pour l'histoire sociale française qu'un instrument discret, dont l'usage partiel est très rarement au cœur d'une recherche.

Faut-il parler de rendez-vous manqué ? Plutôt d'une méprise sur le rôle de l'informatique, à laquelle la matière même des sources sérielles a parfois résisté. Rappelons ici le débat des années 1970 autour d'un projet de Code socioprofessionnel qui aurait eu valeur universelle pour les sociétés occidentales depuis la fin du XVIIe siècle, et l'échec final. Ou, à l'inverse, les exercices formels autour des caractères sociaux et anthropologiques des conscrits français, même si les auteurs n'en étaient pas dupes. Les interrogations vont cependant bien au-delà de l'usage d'une technique, sur la validité des catégories dont a toujours usé l'histoire sociale. Elles éclairent autrement les vives critiques portées contre E. Labrousse et ses disciples par R. Mousnier et son équipe, estimant abusif d'appliquer à la société d'Ancien Régime des catégories de population empruntées en fait à la société industrielle (voir le Colloque de Saint-Cloud sur « Ordres et classes »). Etait-il bien juste de partir de définitions théoriques élaborées à partir d'une autre réalité ? Ne convenait-il pas au contraire de cerner empiriquement les groupes, à partir de leurs liens sociologiques dont, parmi d'autres, l'homogamie ? A l'intérieur même de l'école labroussienne s'est esquissé un débat entre P. Vilar, soucieux de rigueur conceptuelle et attaché à définir la bourgeoisie par la seule propriété des moyens de production et l'exploitation libre du travail salarié, et E. Labrousse lui-même affirmant l'existence d'une bourgeoisie « à talents », d'usage public ou privé. M. Vovelle, tout en demeurant fidèle à une perspective marxiste, reconnaît la validité du « test d'intermariage » pour repérer les bornes ou l'ouverture d'une catégorie sociale. A. Daumard, à partir d'une approche empirique, en arrive à parler, ce qui paraît *a priori* antinomique dans les termes, d'une « bourgeoisie populaire ». L. Bergeron décrit, au-delà des entrepreneurs et des industriels, la complexité du monde des capitalistes. Enfin, l'histoire récente de la classe ouvrière (qui, obnubilée par les organisations syndicales et politiques, a mis paradoxalement fort longtemps à devenir « sociale ») insiste sur la diversité, l'hétérogénéité, la plasticité d'un groupe qui est pourtant le plus aisé à borner en bonne théorie (R. Trempé, M. Perrot, Y. Lequin, G. Noiriel).

L'incertitude s'accroît quand l'analyse dérive du côté des marginalités, retrouvées depuis une décennie, les pauvres (M. Mollat, J.-P. Gutton), les prostituées (A. Corbin), les galériens (A. Zysberg), les prisonniers (M. Perrot). Et, bien sûr, avec l'histoire des femmes, majoritaires mais longtemps exclues, en plein essor, même si elle demeure encore largement en voie de constitution. L'ambiguïté est moins surprenante du côté de ce qu'on appelle mal les « classes moyennes », un ensemble laissé pour compte par une certaine répartition fonctionnelle mais dont on peut se demander s'il ne constitue pas le véritable cœur des sociétés industrielles, là où s'opèrent les mobilités et les échanges entre les tendances à leur double polarisation. Même si, longtemps, les historiens français ne s'interrogent que sur les groupes qu'on y rattache de tradition, les médecins (J. Léonard), les officiers (W. Serman), les petits boutiquiers (J. Le Yaouanq), les parlementaires d'Ancien Régime (M. Cübells), les instituteurs (Ozouf). Enfin, la dispersion s'accentue en passant des groupes aux espaces et aux lieux. C'en est fait de la région géographique héritée de la vision vidalienne qui a fait le succès de l'histoire rurale. Le département de G. Dupeux n'était déjà plus qu'un espace-prétexte où appréhender les hiérarchies, les liens et les tensions d'une formation sociale complexe ; aujourd'hui, on commence à se saisir d'autres lieux, des sociétés de pensée (D. Roche), l'hôpital (O. Faure) et surtout l'entreprise ou l'usine (P. Fridenson, G. Noiriel, S. Schweitzer-Van de Casteele).

Ainsi, l'histoire sociale n'échappe pas à l'émiettement des objets et des champs qui semble entraîner l'ensemble de la discipline depuis plus d'une décennie. Au point d'y perdre son originalité. L'alerte la plus vive est venue d'un historien anglais de la France, Tony Judt, s'attaquant d'abord à certains spécialistes américains du domaine français, mais visant en fait, à travers eux, l'ensemble d'une orientation. A briser l'unité d'une société, en allant chercher du côté du comportement — y compris le plus quotidien, les manières d'être, d'aimer, de se vêtir, de se nourrir, etc. — plutôt que vers les fondements et les pratiques du pouvoir, on risque d'oublier le souci de globalité d'une interrogation qui, à l'origine, est fondamentalement *politique*, au sens le plus large du terme. Un débat récemment élargi à l'Allemagne, autour du thème de l'*Alltagsgeschichte* de L. Niethammer.

Un reproche en apparence fondé, mais qui ne s'applique peut-être pas à l'essentiel. Le renouvellement récent de l'histoire sociale tient en effet moins à la dérive des objets qu'à la métamorphose du regard qu'on leur applique. En gros, l'éloignement est constant d'une approche économique, dans la mesure aussi où celle-ci a précisé ses méthodes (M. Lévy-Leboyer, F. Caron, M. Hau, A. Baudant) à la lumière des modélisations ou de la *business history* anglo-saxonnes. Et le rapprochement grandissant avec une histoire culturelle évoluant elle-même d'un comptage de ses objets vers la manière sociale de s'en saisir. Le vieux débat Mousnier-Labrousse est devenu caduc non pas par le triomphe de l'un sur l'autre, mais par son dépassement. C'en est fini de la priorité des crises, que l'école de Mousnier a elle aussi explorée, même si c'est sous d'autres espèces, à travers ces « fureurs paysannes » des grandes révoltes d'Ancien Régime (Y. M. Bercé, M. Foisil, R. Pillorget). De même du cadre conceptuel d'un P. Chaunu, saluant hier, à propos de M. Vovelle, le « troisième niveau » de l'histoire sérielle, appliquée à d'autres objets mais demeurée fidèle aux larges comptabilités ; et qui pour affirmer la subordination de l'économique et du social au culturel le renversait en restant étrangement fidèle à un modèle marxisant des catégories. Entendons-nous : l'approche quantitative est loin d'avoir épuisé sa fécondité, même si les modes universitaires contribuent à en détourner, et elle reste plus que jamais nécessaire et, sans doute, préalable à toute autre démarche. Mais elle a démontré ses insuffisances.

Débats qui n'étaient pas, d'ailleurs, qu'épistémologiques. Et, surtout, étroitement hexagonaux. En effet, on ne peut qu'être frappé par l'isolement des recherches françaises, et particulièrement pour le XIXe et le XXe siècle. Elles se sont développées notamment à l'écart d'une historiographie anglo-saxonne d'une grande inventivité et qui s'est appliquée à poser les mêmes questions en des termes tout à fait différents. Symbolique est la longue ignorance de l'Anglais E. P. Thompson, dont l'œuvre fondatrice date de 1963, toujours pas traduite, rarement lue, quelquefois évoquée. Et exemplaire sa démarche. Voici donc les historiens français de la classe ouvrière butant sur l'inefficacité d'un certain économisme réducteur : c'est par un raffinement de la sociologie des groupes, on l'a vu, qu'ils ont tenté de la pallier. Voilà au contraire un historien britannique se réclamant explicitement du marxisme, mais allant chercher du côté des seules conduites culturelles la formation de la classe ouvrière anglaise ! Rappelons aussi E. Hobsbawm et ses primitifs de la révolte, G. Crossick et ses ouvriers du Kentish London ; du côté des Américains, Ch. Tilly décryptant les révoltes vendéennes, J. Scott la sédentarisation des verriers de Carmaux, J. Merriman l'action des porcelainiers de Limoges ; enfin, plus récemment,

B. Smith cernant avec subtilité les femmes de la grande bourgeoisie industrielle du Nord à travers une subculture de la domination domestique.

La prise en compte des écarts culturels (D. Roche) est devenue au moins aussi importante que celle des différenciations matérielles. Elle ne résume cependant pas la mutation, que révèle la comparaison des démarches progressives. Ainsi, la tradition française, à son apogée dans, par exemple, les œuvres de G. Dupeux ou de R. Trempé, suit un cheminement logique du matériel, l'économique (de plus en plus étayé par le démographique) pour, par le social *stricto sensu*, arriver aux comportements collectifs, au politique essentiellement. A l'inverse, le regard anglo-saxon est plus immédiat, intuitif, et saisit d'abord le groupe par ses traits spécifiques les plus saillants, ceux susceptibles de fonder une identité, à quelque ordre qu'ils appartiennent. En France, nous voici à l'évolution épistémologique d'un M. Agulhon, définissant les critères d'une étude des sociabilités, ou d'une M. Perrot, attachée à tous les signes, mêmes les plus anodins, d'une conduite et d'une culture collectives, qui marquent le renouvellement historiographique ; et, au-delà de leurs travaux, la rencontre spontanée, après une longue marche parallèle, avec l'esprit d'un E. P. Thompson ou d'un E. Hobsbawm.

Un étrange retour aux sources, sans doute, puisque la vision première d'un Marc Bloch, poursuivie de nos jours par l'œuvre d'un G. Duby, se voulait globale et avait l'ambition de fonder, sous le vocable d'histoire sociale, une véritable anthropologie historique. Celle-ci, il est vrai, n'avait jamais été totalement absente : ainsi chez un A. Corbin mettant l'accent, dans une monographie classique du Limousin des migrants, sur le rôle des structures de parenté et du vécu des communautés campagnardes ; ou chez un R. Hübscher consacrant des pages très neuves au travail paysan et à son insertion dans les différents niveaux de la durée. Peut-on écarter de l'histoire sociale la gerbe de travaux récents sur les manières de vivre la ville (A. Farge, D. Roche), ou sur le fonctionnement des relations familiales (A. Fine, A. Collomb) ? Des orientations qui posent des problèmes de bornage disciplinaire, de réflexes défensifs des uns et des autres aussi : mais, à l'inverse, les lectures les plus excitantes de la parole ouvrière au xixe siècle ne sont-elles pas venues d'un sociologue, A. Cottereau, et d'un philosophe, J. Rancière ?

Tout aussi importante est l'intégration progressive de l'histoire sociale française dans une réflexion qui se mène à l'échelle internationale. Un grand rôle a été joué, à la fin des années 1970, par le groupe de la Maison des Sciences de l'Homme sur la société contemporaine inspiré, avant sa mort, par Georges Haupt, lui-même venu d'ailleurs, c'est-à-dire d'une histoire étroitement politique et institutionnelle. Son rôle a été sans doute essentiel pour diffuser, rapidement, les orientations d'outre-Atlantique (H. Gutman et D. Montgomery en histoire ouvrière, par exemple), et confronter la pratique française avec celle d'une jeune école allemande reconstituée sur les décombres du nazisme (H. Medick, A. Lüdke, L. Niethammer, H. Kaelble, etc.). Pour ne pas en être directement issue, la recherche actuellement menée sous la direction de Ph. Vigier, un Français, de l'Allemand H. G. Haupt et de l'Anglais G. Crossick sur la petite bourgeoisie est tout à fait éloquente. Par sa démarche sans *a priori* appliquée à un groupe social « mou », mal délimité en théorie, et qui a donc tenté de l'approcher tour à tour par ses choix politiques à la Belle Epoque, par ses structures économiques internes, par ses attitudes devant l'Etat puis les crises de l'économie, enfin par sa place dans l'espace et dans la vie des villes. Par son ampleur géographique ensuite, puisque c'est un travail de longue durée — depuis 1977 au moins — menée à l'échelle internationale par des chercheurs de la plupart des pays européens.

Pour n'être pas terminé, le débat a cessé d'être étroitement franco-français. Les inquiétudes les plus récentes sur une histoire sociale qui ne connaît plus guère de rivages sont venues de deux historiens américains, Ch. et L. Tilly, eux-mêmes cibles privilégiées, il n'y a pas si longtemps, de la sortie de T. Judt. Pour affirmer un attachement, à travers un hommage appuyé à la méthode quantitative, à l'étude des faits matériels. Pour redouter aussi qu'une histoire qui aurait atteint ainsi un statut de science ne s'altère par un retour à un subjectivisme de mauvais aloi, une extraordinaire régression en tout cas. En partie, le conflit se passe entre Américains ; mais il est difficile aux historiens européens, et français en particulier — un signe ? — de ne pas se sentir concernés.

D'abord par la volonté, même si elle est occultée, de préserver une orthodoxie, qui n'a jamais fait bon ménage avec la pratique de leur métier. Pour n'être pas informatisée, la quantification des faits sociaux n'est pas une découverte de notre temps : elle a même été le rêve des observateurs du xixe siècle et, contemporaine des débuts de la collecte statistique, elle a eu vite fait de révéler ses limites. D'autre part, la démarche anthropologique n'est pas contradictoire avec les exigences de la théorie, elle met simplement en œuvre de nouveaux outils au service d'une interrogation qui peut demeurer la même. C'est un historien marxiste comme Guy Bois qui, après en avoir fait lui-même l'illustration pour la Normandie de la fin du Moyen Age, montre comment l'histoire que l'on dit « nouvelle » peut parfaitement faire bon ménage avec l'analyse globale d'une formation sociale. Enfin, c'est oublier que l'histoire est d'abord fille de son temps, et que là est sans doute la seule explication des « saisons » successives de l'histoire sociale, comme des autres domaines de la discipline.

En effet, L. Tilly s'en prend particulièrement à l'histoire « orale », c'est-à-dire à la collecte d'une mémoire encore vivante qui s'est développée en même temps que le magnétophone rejoignait l'ordinateur dans l'atelier des historiens ; qui illustre l'ambition d'une histoire sociale partie des profondeurs de l'Ancien Régime à gagner le passé le plus récent, même si c'est d'une autre manière ; et dont les œuvres marquantes, d'ailleurs, demeurent encore étrangères (L. Passerini, E. Roberts, etc.). Or, plus que toute autre, c'est une démarche qui illustre les inquiétudes de la société d'aujourd'hui : dans tous les pays européens, elle est apparue au milieu des années 1970 avec les premières conséquences sociales de la crise économique, destructrice des communautés nées de l'industrialisation un siècle ou un siècle et demi auparavant. Comme l'histoire rurale était née, dans les décennies auparavant, de la grande mutation des agriculteurs et des paysanneries. Comme — l'aurait-on oublié ? — l'école laboussienne était sortie des lendemains de la grande crise des années 1930. En privilégiant les histoires de vie individuelles et les récits d'expérience, l'histoire sociale la plus récente ne s'éloigne pas d'un quelconque statut scientifique qui serait intemporel. A sa façon, elle ne fait que s'accorder aux incertitudes de l'identité collective dans une société en mutation qui, comme elle, s'avance masquée. Parce qu'elles sont consubstantiellement liées. Est-il en fait une autre manière de comprendre E. Hobsbawm affirmant, il n'y a pas si longtemps, qu'il n'y avait pas d'autre histoire que sociale ?

● BIBLIOGRAPHIE. — *L'histoire sociale. Sources et méthodes*, Paris, 1967 ; *Niveaux de culture et groupes sociaux*, Paris-La Haye, 1967 ; *Ordres et classes*, Paris-La Haye, 1974 ; J. LE GOFF, R. CHARTIER et J. REVEL, *La nouvelle histoire*, Paris, 1978 ; *Journal of Social History*, Pittsburg, numéro spécial, vol. 10, t. 2, 1976 ; T. JUDT, A Clown in regal purple : Social history and the historians, *History workshop journal*, 7, 1979, p. 66-94 ; P. VILAR, *Une histoire en construction*, Paris, 1982 ; L. TILLY, People's history and Social science history, *Social science history*, 7 ; nº 4, 1983, p. 457-474 ; Ch. TILLY, The old new social history and the new old social history, *Review*, VII, nº 2, 1984, p. 363-406. Outre, bien sûr, les œuvres elles-mêmes citées en cours d'article.

▶ CORRÉLATS. — Annales (Ecole des), Bloch, Conjoncture, Crise, Culture populaire, Economie (Histoire économique), Famille, Grèves, Labrousse, Orale (Histoire), Quantitative (Histoire), Révoltes.

Y. LEQUIN.

Sombart Werner, 1863-1941

Issu d'une famille de la grande bourgeoisie libérale, W. Sombart fut marqué pendant ses études supérieures par l'enseignement des « socialistes de la chaire » et, sous l'influence de son maître G. Schmoller, choisit de se spécialiser dans l'étude des faits économiques. Nommé en 1890 professeur à l'Université de Breslau, il entra en contact peu de temps après avec le mouvement ouvrier et fit par son intermédiaire la découverte de la pensée et de l'œuvre de Marx — découverte décisive car jusqu'à la fin de sa vie, Sombart dès lors n'allait cesser de se définir par rapport à Marx et au marxisme. Le premier universitaire allemand à prendre au sérieux le marxisme (il voit en Marx « le plus grand philosophe social du XIXe siècle »), il met dans un premier temps le talent de son expression et la perspicacité de son intelligence au service de la diffusion de la méthode et de la théorie de Marx (*Sozialismus und soziale Bewegung*, 1896). Six ans plus tard, en 1902, paraît la première édition de son ouvrage principal, *Der moderne Kapitalismus*. Etude historique de la genèse et du développement du capitalisme européen depuis les débuts du Moyen Age jusqu'au XXe siècle, ce livre défend la thèse selon laquelle l'évolution du capitalisme est en dernière instance déterminée par la dynamique même du capital et se veut prolongement et continuation de la recherche commencée par Marx. Récusant cependant dès le départ toute forme d'interprétation dogmatique de Marx et réservé vis-à-vis de la postérité politique du marxisme, Sombart allait par la suite évoluer dans un sens de plus en plus critique : dans ses publications ultérieures, il donne la préférence (influence de M. Weber) à l'étude des entrepreneurs et de l'esprit capitaliste (*Der Bourgeois*, 1913) ; en matière politique et sociale, le changement est plus net encore puisque (selon un parcours commun à d'autres « révisionnistes ») l'ancien partisan de réformes sociales avancées se retrouve dans les années trente parmi les défenseurs d'une idéologie conservatrice non sans affinités avec le nazisme.

● BIBLIOGRAPHIE. — Bernhard von BROCKE, Werner SOMBART, in H.-U. WEHLER (dir.), *Deutsche Historiker*, t. V, Göttingen, 1972.

▶ CORRÉLATS. — Allemagne (Historiens allemands), Braudel, Economie (Histoire économique), Marx (Histoire marxiste), Weber.

E. FRANÇOIS.

Statistiques

Les statistiques (dénombrement systématique d'un ordre de faits) ont très tôt retenu l'attention des historiens. Certes la statistique sociale du milieu du XIXe siècle, celle d'un Quetelet, celle d'un d'Angeville (*Essai sur la statistique de la population française, considérée sous quelques-uns de ses rapports moraux*, 1836) suscitent peu d'intérêt parmi les historiens romantiques; mais les premiers pas de l'histoire économique, en France avec Natalys de Wailly, d'Avenel et Levasseur, sont indissociables de l'utilisation des statistiques.

Dès le milieu des années trente, l'apport des statistiques est reconnu par G. Clapham dans l'article sur l'histoire économique de l'*Encyclopedia of Social Sciences*. Et un médiéviste comme Ferdinand Lot affirme que cet apport ne doit pas se borner à l'histoire moderne et contemporaine. Cependant des résistances se font jour quant à la fabrication de statistiques pour les périodes qui en ignoraient elles-mêmes l'existence.

« Dans les temps antérieurs à la généralisation de la civilisation industrielle, c'est l'accidentel, de lieu ou de temps qui domine la vie économique. L'homme ne vit pas de moyennes; il vit du vrai pain, vendu à tel prix, pour tel poids, à tel moment », ainsi s'exprime encore Henri Hauser pour récuser les statistiques bâties par E. Labrousse à partir de la mercuriale. En dépit de ces réticences les années trente marquent bien l'entrée décisive des statistiques parmi les sources historiques; en dehors des travaux déjà cités, il faut mentionner la première utilisation des archives de la *casa de la contratación* à Séville par Hamilton.

Dès ce moment, ce ne sont plus seulement les statistiques comme source, mais aussi la statistique comme méthode de critique et d'interprétation des données numériques, qui commencent à s'imposer comme l'un des éléments de la méthode historique.

En effet l'absence d'un enseignement statistique limite longtemps l'utilisation des dénombrements à une simple démarche descriptive. Il faut vingt ans pour que les Facultés de Droit s'ouvrent aux notions d'indice ou d'écart type mises au point dès la fin du XIXe siècle; il faut encore vingt ans pour que les enseignements de Labrousse transfèrent les techniques de la statistique en Faculté des Lettres. Dans les pays, Allemagne, Etats-Unis, où la coupure entre les enseignements est moindre, le mouvement débute un peu plus tôt.

D'abord limitée à la construction de tris croisés, à l'établissement de pourcentages, le bagage statistique des historiens s'étend avec la connaissance progressive des lois du hasard : techniques de sondages, tests de cohérence et de validité (X^2)... Avec l'utilisation de moyennes mobiles, de lissages, la construction d'écarts types, la construction d'indices simples ou synthétiques, l'histoire passe d'une utilisation descriptive à l'usage démonstratif des statistiques. Enfin le recours à des techniques plus sophistiquées, analyse factorielle, calculs de coefficient de régression et de corrélation (*New Economic History*), transfère à l'histoire les acquis les plus récents de la statistique dans les autres sciences humaines.

Un tel transfert de technologie, associé à l'enregistrement et au traitement informatique des données a accéléré la tendance des historiens à bâtir des statistiques à partir de sources primaires. Source et méthode, l'approche statistique constitue des « méta-sources » à partir des documents les plus divers, registres paroissiaux, ex-voto, catalogues de bibliothèques, pour créer des statistiques dans des périodes où seuls Vauban ou Grégory King fournissent des données déjà constituées. Ainsi l'ère protostatistique, surtout en Europe occidentale, est-elle le cadre de la plus grande créativité pour aboutir à l'histoire sérielle. Du domaine économique où elles se cantonnaient à l'origine, les statistiques envahissent l'histoire démographique, l'histoire sociale et même l'étude des cultures et des mentalités. Eléments de base de l'histoire quantitative, ce type de sources devient aussi une nouvelle approche.

Dans le cas de l'archéologie, le recours à la statistique et aux lois de la probabilité autorise une archéologie systémique dont l'achèvement est la création de système de classification automatique à l'aide d'analyses multivariées.

De même l'application de techniques statistiques à l'étude des textes change les critères classiques de l'analyse historique. La lexicométrie réduit le texte à son squelette lexical et en fonction de critères statistiques délimite les positions de différents groupes, qu'il s'agisse des tracts de Mai 68 ou des affiches électorales de 1881, 1885 et 1889. A partir de ces études fondées sur le nombre d'occurrences des termes, des analyses plus complexes prenant en compte les formes syntaxiques recourent aussi à une démarche statistique.

De la statistique des préfets, aux techniques des sociétés de statistiques vers 1900, jusqu'à la création d'échantillons valides grâce au calcul des probabilités *la* ou *les* statistiques ont profondément transformé les sources, les méthodes et l'objet même de l'histoire.

● BIBLIOGRAPHIE. — J. DORAN, F. R. HODSON, *Mathematics and computers in archeology*, Edimbourg, 1976; J. HEFFER, *Statistiques pour l'historien*, Paris, 1970; A. PROST, *Le vocabulaire des proclamations électorales de 1881, 1885, 1889*, Paris, 1974; F. SIMIAND, *Recherches anciennes et nouvelles sur le mouvement général des prix*, Paris, 1933; *Statistique et expérience*, Paris, 1922.

▶ CORRÉLATS. — Démographie historique, Economie (Histoire économique), Quantitative (Histoire), Simiand.

O. DUMOULIN.

Structures

L'histoire aura été la bonne dernière, dans les années 50, à adopter le terme de *structure*. Passé, dès le XVIIIe siècle, de l'architecture aux sciences de la nature par la biologie, celui-ci revient aux sciences de l'homme après 1850, par le détour de l'anglais, et prend place dans leur vocabulaire commun, mais avec de multiples usages. Les historiens l'emportent au moment où ils revendiquent pour leur discipline un statut scientifique que certains leur contestent : c'est l'enjeu du débat qui oppose en 1958 Cl. Lévi-Strauss *(Anthropologie structurale)* et F. Braudel (Histoire et sciences sociales. La longue durée, *Annales ESC*, 1958 (4), p. 725-753, réédité dans F. Braudel *Ecrits sur l'Histoire*, Paris, 1969, p. 41-83). Mais ils refusent d'en faire l'instrument ou le symbole d'une révolution « copernicienne », et de suivre sur cette voie la linguistique ou l'anthropologie, qui se sont tour à tour définies comme structurales. F. Braudel choisit même d'éliminer la référence à « l'histoire structurale de Gaston Roupnel » de la préface de *La Méditerranée* entre la première (1949) et la seconde édition (1966). Plus proches, une fois encore, des économistes, ils adoptent en fait, après ou avec cycle/crise et croissance/développement, non un terme isolé, mais un couple de mots, « passés désormais de l'usage des sciences économiques à l'usage courant » (P. Chaunu, 1959) : structure/conjoncture. Leur première fonction est moins d'expliquer que de classer.

Ceci explique sans doute que la chose ait précédé le mot, et que les historiens aient longtemps analysé des structures sans les appeler par leur nom. L. Febvre en dénonçait la mode : « Il s'étale même, parfois dans les *Annales*, un peu trop à mon goût. Car en vérité, qu'y a-t-il de "structuré" réellement, dans tant de structures dont, si j'ose dire, on nous emplit la vue » (préface à H. et P. Chaunu, *Séville et l'Atlantique, 1504-1650*, Paris, 1955, t. I, p. XI). E. Labrousse s'en tient, dans la *Crise* (1944), à la conjoncture (p. XVIII). Et s'il apparaît dans la 1re édition de *La Méditerranée* (1949) ce n'est pas pour introduire l'histoire quasi immobile de la première partie (« La part du milieu »), mais les rythmes lents de la seconde : « Histoire sociale... histoire des groupes, des *structures*, des destins collectifs, en un mot des mouvements d'ensemble ». La seconde partie dont F. Braudel reconnaît en 1966 qu'elle « mêle, finalement, ce que notre jargon nomme structure et conjoncture ». Pourtant cette longue prudence ne doit pas faire illusion : l'entrée du mot structure dans le vocabulaire des historiens marque un point d'arrivée. Elle accompagne la transformation progressive mais complète de leurs objectifs et de leurs méthodes, évidente au tournant des années 50, et répond à une nécessité de travail. Car il ne suffit pas de tenir compte des structures dégagées par d'autres disciplines : structures agraires, structures sociales, etc. Mercuriales, cadastres, dénombrements de population, registres paroissiaux, rôles d'impôts, contrats de mariage, testaments, inventaires après décès : autant de sources sérielles dont le dépouillement et l'exploitation font apparaître, derrière l'éparpillement des faits singuliers, d'une part des mouvements, des évolutions, des fluctuations; de l'autre des régularités et des constances. Plus d'ouvrage d'histoire désormais sans un double appareil d'illustrations. D'un côté des courbes, de l'autre des tableaux, cartes et histogrammes.

L'accord se fait sans peine sur la définition que propose alors F. Braudel : « Par *structure* les observateurs du social entendent une organisation, une cohérence, des rapports assez fixes entre réalités et masses sociales. Pour nous historiens, une structure est sans doute assemblage, architecture, mais plus encore une réalité que le temps use mal et véhicule très longuement. Certaines structures, à vivre longtemps, deviennent des éléments stables d'une infinité de générations : elles encombrent l'histoire, en gênent, donc en commandent, l'écoulement. D'autres sont plus promptes à s'effriter. Mais toutes sont à la fois soutiens et obstacles. Obstacles, elles se marquent comme des limites (des *enveloppes*, au sens mathématique), dont l'homme et ses expériences ne peuvent guère s'affranchir. Songez à la difficulté de briser certains cadres géographiques, certaines réalités biologiques, certaines limites de la productivité, voire telles ou telles contraintes spirituelles : les cadres mentaux aussi sont prisons de longue durée » (F. Braudel, « Histoire et sciences sociales. La longue durée »). Définition que résume d'une phrase P. Chaunu l'année suivante : « tout ce qui dans une société, dans une économie, est doué d'une durée suffisante pour que son mouvement échappe à l'observation ordinaire ». Mais pour ajouter aussitôt : « Ces structures ne sont pas immobiles »... (P. Chaunu, *Séville et l'Atlantique, 1504-1650*, t. VIII (1), *Structures*, Paris, 1959, p. 12).

Ce refus d'une invariance qui tente alors les anthropologues masque en fait une autre ambition : le couple structure/conjoncture doit permettre de saisir la totalité de la diachronie, et toute l'épaisseur du réel. La recherche fait sienne, au niveau de sa démarche comme de la présentation de ses résultats, une double hiérarchisation. De l'instant (l'événementiel) à la très longue durée des structures en passant par l'étape intermédiaire de la conjoncture : celle du temps. Du superficiel aux profondeurs : celle du réel lui-même. Le succès de l'histoire, au tournant des années 60, s'identifie avec cette maîtrise nouvelle à jouer sur ce double registre.

Mais très vite l'attention portée vers de nouveaux domaines de recherche — les mentalités, l'alphabétisation et les cultures orales et écrites, les attitudes devant la vie, la mort, la parenté et l'alliance, les rapports interpersonnels, le corps, l'alimentation et la sexualité — tend à faire éclater ce couple instable, formé au contact de l'économie et de l'histoire sérielle. La structure reprend sa liberté pour devenir un instrument de saisie autonome et d'insertion dans le champ de l'histoire d'une toujours plus longue durée et de nouveaux objets ; les frontières de la permanence et du changement se dilatent ainsi de quelques siècles — pour les historiens des sociétés agraires du Moyen Age et de l'époque moderne — à plusieurs millénaires — ainsi pour les maladies — ou même dizaine de millénaires — ainsi pour l'hémotypologie. Instantanées ou échelonnées dans le temps, les ruptures qui marquent le passage d'une structure à une autre et qui souvent ne coïncident pas, viennent alors reposer en termes nouveaux les rapports ambigus de l'événement et des fluctuations cycliques. Par leur caractère répétitif, ces derniers sont renvoyés du côté de la structure si elles ne débouchent sur aucune accumulation qui soit elle-même porteuse de changement, comme l'alphabétisation des Français entre XVIe et XIXe siècle (F. Furet et J. Ozouf, Lire et écrire, *L'alphabétisation des Français de Calvin à Jules Ferry*, Paris, 1977). Mais cette accumulation rend elle-même sa valeur à l'événement, ou du moins aux événements qui mettent en scène ou traduisent une mutation des structures.

● BIBLIOGRAPHIE. — F. BRAUDEL, *Ecrits sur l'histoire*, Paris, 1969; A. BURGUIÈRE, Histoire et structure, Introduction au numéro spécial des *Annales ESC*, n° 3-4, 1971.

▶ CORRÉLATS. — Annales (Ecole des), Anthropologie historique, Braudel, Conjoncture, Economie, Labrousse.

M. AYMARD.

Taine Hyppolite, 1828-1893

Avec Renan et Michelet, Taine est l'un des trois grands esprits de la deuxième moitié du XIXe siècle français. Son itinéraire est exemplaire de cette génération républicaine devenue adulte sous l'Empire et rejetée à la marge des institutions. Dans le climat politique où Renan et Michelet seront révoqués du Collège de France, le brillant normalien influencé par Spinoza et Hegel est deux fois recalé à l'agrégation et sa thèse consacrée à la sensation est repoussée. Excédé d'être nommé professeur de 6e à Toulon, il écrit au ministre : « Pourquoi pas au bagne ? » Abandonnant la carrière universitaire pour la République des Lettres, il a fréquenté les fameux dîners Magny avec Renan, Sainte-Beuve, Flaubert.

Son œuvre est triple. Il s'est d'abord adonné à des études esthétiques. Ce sont un *Essai sur les fables de La Fontaine* (1852), repris en 1862 sous le titre *La Fontaine et ses fables*, l'*Essai sur Tite Live* (1855) ; une *Histoire de la littérature anglaise* (1856-1863) (5 vol.) et une série d'essais de critique littéraire, *Essais, Nouveaux essais et Derniers essais de critique et d'histoire* (1858, 1865, 1894). Taine applique la même méthode aux arts plastiques et réunit une série d'articles sur l'art en Grèce, en Italie, aux Pays-Bas, *La philosophie de l'art* (1882). Sa méthode, celle du *déterminisme scientiste*, est animée par l'idée que la faculté maîtresse de l'esprit est l'intelligence classificatrice : « Tous les sentiments, toutes les idées... ont leurs causes et leurs lois : l'assimilation des recherches historiques et psychologiques aux recherches physiologiques et chimiques, voilà mon objet et mon idée maîtresse. » Il a résumé son système d'interprétation dans une formule retentissante : « Le vice et la vertu ne sont que des produits comme le vitriol et le sucre. » La production littéraire et artistique a ses causes. Trois facteurs sont déterminants : *la race* (les dispositions héréditaires), *le milieu* (le climat et l'organisation sociale), *le moment* (les événements historiques) et l'œuvre est le résultat de la réaction de la faculté maîtresse de l'écrivain à ces trois influences. Malgré le caractère un peu mécanique de cette théorie, Taine sut reconnaître l'importance d'un écrivain encore discuté comme Stendhal.

Il applique ensuite cette conception à ses études philosophiques entamées par un retentissant pamphlet, *Les Philosophes français du XIXe siècle*

(1857) où, avec une fougue humoristique qui enchantera ses cadets, il critique le spiritualisme universitaire dominé par l'éclectisme de Victor Cousin, études consacrées par son livre *De l'Intelligence* (1870).

Enfin, il atteint à sa maturité intellectuelle avec des études politiques dont le chef-d'œuvre est *Les Origines de la France contemporaine*, 11 vol., 1876-1899. Cet ouvrage est sans doute l'expression la plus éclatante de la floraison de l'histoire politique qui caractérise la fin du siècle : au même moment, Fustel de Coulanges a conçu l'*Histoire des institutions de l'ancienne France*, Paul Viollet son *Précis d'histoire du droit français*, Achille Luchaire, l'*Etablissement des Capétiens* et Ernest Glasson, l'*Histoire du droit et des institutions de la France*. Placé devant son sujet comme « un naturaliste devant un insecte » ou comme « un médecin devant un malade », Taine a essayé d'interpréter à travers le symptôme révolutionnaire, la pathologie politique propre à la France. Son explication du caractère artificiel et dangereux du jacobinisme dont les sources se trouvent déjà dans la Monarchie absolue qui a détruit la France des notables, lui vaudra le soutien des conservateurs. Maître d'Emile Boutmy, le fondateur de l'Ecole libre des Sciences politiques, il a été l'éducateur de toute la génération historique suivante.

● BIBLIOGRAPHIE. — Gabriel MONOD, *Les Maîtres de l'histoire, Renan, Taine, Michelet*, Paris, 1894; A. CHEVILLON, *Taine. Formation de sa pensée*, Paris, 1932; P. LACOMBE, *Taine, historien et sociologue*, Paris, 1909.

B. BARRET-KRIEGEL.

Techniques

L'histoire des techniques est un vaste secteur de réflexion, d'étude et de publication, qui n'a pas reçu jusqu'à présent la place qui lui revient dans les ouvrages généraux d'histoire, dans les programmes scolaires et universitaires et, par conséquent, dans une définition de la culture.

Cette situation marginale contraste avec le rôle que la technique et les innovations technologiques jouent dans la formation professionnelle, dans la stratégie politique des Etats et dans la vie pratique des sociétés contemporaines. Le paradoxe tient en partie à la difficile délimitation du champ d'observation, si l'on admet que la technique puisse être définie par son objet, la production de tout ce que la nature est dans l'incapacité d'accomplir. Lors même que l'on réunit les techniques les plus variées en un système qui constitue, *hic et nunc*, la base opérationnelle des sociétés humaines, on doit reconnaître l'inégale portée historique des savoir-faire et des applications multiples de la science.

Dans chaque société coexistent des héritages techniques immémoriaux et des découvertes individuelles, dont les unes demeurent sans conséquence immédiate, et dont les autres sont promises à des développements rapides. Héritages et découvertes dessinent un champ indépendant du découpage historique selon les événements politiques, et qui n'a pas toujours été pris en compte par l'histoire économique et sociale. A bien des égards, l'histoire générale a fait à l'histoire des techniques un sort plus modeste encore qu'à l'histoire des idées ou à l'histoire des formes, parce que le langage scientifique est demeuré hermétique à l'analyse historique, et parce que l'outil et la machine, entrés depuis peu à part entière dans le patrimoine culturel des nations, sont les témoins muets de processus laborieux totalement étrangers au monde du savoir et de l'écrit universitaires.

Discipline relativement jeune, l'histoire des techniques est apparue au début du XIXe siècle, sous la forme de répertoires des inventions et des inventeurs. Curiosité intellectuelle et ingéniosité pratique valurent à des esprits inventifs de figurer dans la société des grands hommes, à côté des spéculatifs, des artistes et des guerriers. Dans le prolongement de l'étonnant bilan des connaissances et outillages de l'artisanat et de l'industrie que présentait l'*Encyclopédie*, le Conservatoire des Arts et Métiers reçut, en 1785, la mission de rassembler pour la démonstration des machines ingénieuses et des mécaniques célèbres, comme le tour de Vaucanson.

Les musées du machinisme et des techniques qui furent créés en Europe dans la seconde moitié du XIXe siècle ont joué un rôle essentiel dans la conservation des objets, l'étude des systèmes, la présentation des connaissances, regroupées par branches d'activité et, pour certaines, depuis les temps préhistoriques.

A partir du XIXe siècle, l'histoire des techniques s'est développée dans trois directions.

1 / D'abord, un *inventaire*, qu'il est indispensable de poursuivre et de mettre à jour. Usant de concepts insuffisamment définis, se constituent ici et là les bases d'une future encyclopédie historique, rassemblant des informations datées sur les inventeurs, les découvertes et les machines. Ces entreprises, nées dans tous les pays, sont freinées par l'absence de travaux méthodiques à partir des sources anciennes et modernes de l'histoire européenne, exception faite de quelques secteurs de production (agriculture, bâtiment, mécanique); elles souffrent de la difficulté à établir des confrontations diachroniques avec d'autres aires culturelles; elles sont enfin perpétuellement dépassées par la masse des informations contemporaines et l'accélération depuis un demi-siècle, et surtout depuis 1950, des mutations technologiques.

2 / Ensuite, une *histoire des applications de la pensée scientifique*.

L'histoire des techniques a été longtemps écrite soit par des hommes de métier, capables de décrire en connaissance de cause des processus de production, soit par des hommes de science capables d'expliquer les applications pratiques de principes universels, comme la gravitation, ou la réfraction de la lumière. L'homme ne s'est pas posé à toute époque et en tout lieu les mêmes questions, mais les solutions techniques qu'il a adoptées supposent toujours qu'il ait joué avec les bons paramètres, et l'on ne saurait se priver d'une appréciation scientifique sur des processus mis au point hors de toute théorisation.

Ecrite par des spécialistes et dans leur langue, cette histoire des techniques privilégie l'étude des savoirs et de leur transmission, ou se limite à une description des procédés et des appareillages, qui reste en marge des courants de la recherche historique. Cependant, dans le meilleur des cas, cette réflexion de l'intérieur sur les techniques et leur évolution conduit à la notion de modèle et, par conséquent, à une véritable théorisation de la pratique. Lorsqu'elle sort de la spéculation et des nomenclatures, elle débouche sur les rapports entre niveaux de connaissance, structure de l'entreprise et doctrines économiques. Il est du plus haut intérêt pour l'histoire générale de savoir dans quelle mesure leurs connaissances scientifiques et techniques ont pu guider industriels et doctrinaires de l'économie politique dans leur analyse de la production et du profit.

3 / Enfin, une *contribution à l'histoire des systèmes économiques et sociaux.*
Il faut convenir que, sur ce plan, les historiens des techniques ont dangereusement laissé la parole aux non-spécialistes.

Le progrès des connaissances scientifiques depuis le XVIe siècle a paru offrir des modèles successifs d'interprétation globale de l'histoire. L'astronomie, la mécanique, la biologie remplaçaient la finalité téléologique par une description des rouages du monde. Le positivisme, le scientisme adoptèrent une vision optimiste du progrès social fondé sur la maîtrise technique de la nature.

Sans nier le rôle que la technique a joué en Occident dans la « révolution » agricole des XIIe et XIIIe siècles ou dans la « révolution » industrielle à partir de la fin du XVIIIe siècle, le matérialisme historique s'est montré réticent à une explication des mutations par un principe moteur qui ne serait pas social. Si l'histoire des techniques a le mérite de mettre l'accent sur les infrastructures d'une société, il faut refuser le jeu simpliste qui, expliquant le chevalier médiéval par l'invention de l'étrier, ne verrait dans le système féodal que l'expression d'une domination technicienne.

Mais la description historique s'est trop souvent contentée des métaphores du progrès et de la stagnation (révolution, immobilité), sans qu'une analyse spatiale et temporelle des structures de la vie matérielle ait mesuré l'interaction des systèmes sociaux et des systèmes techniques. Ainsi, la longue durée de systèmes techniques fermés (Chine, Japon) ne pose pas moins de questions à l'historien que le rythme rapide de l'innovation et du transfert technologique.

Même l'histoire économique s'est satisfaite d'informations techniques de seconde main, superficielles ou erronées, peut-être parce qu'elle fut longtemps plus attentive à la conjoncture qu'aux structures, et, par conséquent, à l'histoire des techniques.

Ainsi, ni la simple connaissance des faits, ni la réflexion sur la théorie et son application, ni la liaison entre techniques et réalités économiques ne donnent l'image d'un secteur historique sûr de ses méthodes et de ses buts. L'histoire des techniques s'est soit refermée sur elle-même, soit dissoute au contact de l'économique. L'abondance des études spécialisées, la qualité internationale des revues, l'existence de grands ouvrages de synthèse ne lui ont pas encore assuré sa place par rapport aux autres domaines de l'histoire.

Tous les avis autorisés l'ont souligné, l'histoire des techniques doit d'abord *se doter d'outils de travail*, c'est-à-dire se constituer des *répertoires et une typologie de ses propres sources.* Le travail a déjà été entrepris dans plusieurs secteurs, grâce à des initiatives individuelles. On peut souhaiter que se constituent des banques de données, auxquelles collaborent en priorité ingénieurs et historiens, les premiers rassemblant, transmettant et interprétant une documentation sur les machines et les systèmes techniques, les seconds repérant, lisant et constituant en séries les indications des *sources écrites* (traités inédits, descriptions et inventaires d'ateliers, etc.). La documentation écrite et figurée (épures, schémas, photographies) devrait être systématiquement confrontée avec les *sources iconographiques,* qui ont souvent tenu lieu jusqu'à présent de documentation de base pour les périodes anciennes sans avoir été soumises à une critique sérieuse (origine, datation, valeur), ainsi qu'avec les *découvertes archéologiques*, que le vif intérêt pour l'histoire de la culture matérielle a multipliées depuis trente ans : instruments de production (outils, fours), objets fabriqués (textiles, socs de charrue, armes). Ajoutons que les *musées* offrent des possibilités de confrontation pour toutes époques, malgré les incertitudes qui s'attachent parfois à la datation et à la provenance des objets; que des *laboratoires* spécialisés ont eux-mêmes mis au point des techniques qui permettent de décrypter les données techniques du passé. Enfin, l'*archéologie industrielle* contribue activement depuis une vingtaine d'années à inventorier, analyser et, dans quelques cas, sauvegarder les éléments d'un patrimoine technologique si vite menacé dans certaines branches industrielles ou ruiné depuis des siècles.

Cet immense chantier devrait privilégier en Europe *deux domaines chronologiques* en raison de la richesse des sources et du retard des études. D'abord, les *1 000 ans du Moyen Age*, dont le système technique généralement décrit dans ses aspects mécaniques hérités du monde gréco-romain (vis, roue, came, poulie, manivelle) a connu dans de nombreux autres domaines de remarquables développements : agriculture, architecture, imprimerie, horlogerie, hydraulique, métallurgie, navigation, optique... D'autre part, l'*époque contemporaine*, particulièrement depuis un siècle : la documentation matérielle et les sources écrites, comme les archives administratives (les brevets déposés) et les archives des sociétés industrielles défient par leur masse, dans tous les pays, l'esprit d'entreprise des historiens de l'économie et des techniques (automobile, chimie, électricité, électronique, industries audiovisuelles, machine-outil, travaux publics, etc.).

Ce travail d'inventaire dans une perspective historique suppose une démarche rigoureuse, qui établisse les faits, les désigne et les ordonne. Il est essentiel, par exemple, de distinguer invention, expérimentation et introduction de techniques nouvelles dans l'appareil productif; il appartient aux historiens des techniques de fixer le *vocabulaire* dont useront, à leurs risques, les non-spécialistes; les historiens de l'économie et de la société peuvent en revanche contribuer à l'établissement de *classements* et de typologies, et éviter que soient, par exemple, mises sur le même plan l'invention du bâton de rouge à lèvres et celle des transistors.

L'histoire des techniques est sortie de son relatif isolement intellectuel lorsqu'elle a choisi des terrains d'analyse révélant sa spécificité par rapport à des disciplines historiques voisines. Voici trois directions de recherches novatrices, entre tant d'autres.

1 | La mesure. — Au-delà des travaux érudits consacrés à la métrologie ou à la mesure du temps, il s'agit d'un terrain fécond pour des enquêtes sur les activités humaines les plus diverses. Evoquons les changements de comportement introduits dans le travail et les loisirs par l'éclairage artificiel, la vitesse accrue de circulation ou la quantification des résultats sportifs; mais aussi pour des périodes anciennes de l'histoire, des thèmes tels que mesure de l'espace et liturgie, arpentage et travaux miniers, navigation et cartographie...

2 | La forme. — Les relations entre la rationalité technique et les conceptions esthétiques d'une société ont déjà suscité des études sur la survie temporaire des formes au changement de matériau ou de source d'énergie.

Citons les premiers robots tentant de perpétuer les automates, ou les premières automobiles, liées à la traction animale par l'allure et le vocabulaire (« traction avant » et, *a contrario*, « conduite intérieure »). On sait d'autre part comment l'usage massif de l'acier et du béton dans la construction a non seulement modifié les structures de la production industrielle, mais suscité un extraordinaire renouveau architectural, le matériau disparaissant au profit des tensions exercées, ou déterminant les lignes de résistance par sa forme même. Des analyses comparables sont menées pour des bâtiments de pierre (églises byzantines, cathédrales gothiques) avec un réel souci de l'histoire des techniques.

3 | L'invention. — Il faut non seulement distinguer invention et innovation, mais mettre à profit les apports de l'histoire du changement social pour replacer inventeurs et innovateurs dans leur milieu d'origine, parfois bien différent. Les inventeurs sont souvent des esprits libres, fertiles et imaginaux : Gutenberg est devenu célèbre par l'invention des caractères mobiles, mais il possédait d'autres « secrets » pour la fabrication des miroirs et la taille des pierres fines ; Bessemer a donné son nom au procédé qui a convaincu les industriels, mais il avait déposé une centaine d'autres brevets. L'innovation au contraire se diffuse à l'initiative d'hommes d'affaires écoutés ou par le canal de sociétés d'encouragement à l'industrie. Dans l'un et l'autre cas, la présence d'activités scientifiques structurées (Universités, académies, écoles d'ingénieurs) n'entraîne pas nécessairement le mouvement technique et industriel d'une société ; le marché y joue son rôle, et l'espoir de profit.

C'est en définitive une vision dynamique des faits sociaux et culturels qui donne à l'histoire des techniques sa portée et son essor. Mais en même temps qu'elle explore l'immense domaine de l'ingéniosité humaine, elle doit se constituer son propre langage et ses propres sources, et aucune machine ne peut travailler à sa place.

● BIBLIOGRAPHIE. — *1 | Esquisse bibliographique* : F. Russo, *Eléments de bibliographie d'histoire des sciences et des techniques*, Paris, 1969; C. Singer (sous la direction de) *A History of Technology*, Oxford, 1954-1958; F. M. Feldhaus, *Die Technik. Ein Lexicon der Vorzeit, der geschichtlichen Zeit und der Naturvölker*, Wiesbaden, 1970; A. Timm, *Einführung in die Technikgeschichte*, Berlin, 1972; W. Treue, *Deutsche Technikgeschichte*, Göttingen, 1977; M. Daumas (sous la direction de), *Histoire générale des techniques*, Paris, puf, 1964-1978; B. Gille (sous la direction de), *Histoire des techniques*, Paris, nrf, 1978. — *2 | Articles de méthode* : L. Febvre, Réflexions sur l'histoire des techniques, *Annales d'histoire économique et sociale*, 7, 1935, 531-535; B. Gille, Prolégomènes à une histoire des techniques, *Revue d'histoire des mines et de la métallurgie*, 4, 1972, 3-65. — *3 | Technique économie, société* : J. Kuczynski, *Vier Revolutionen der Produktivkräfte*, Berlin, 1975; J. Schmooker, *Invention and economic growth*, Cambridge Mass., 1966; D. W. Shriver, Man and his machines. Four angles of vision, *Technology and Culture*, 13, 1972, 531-555; L. Sommer, Technik und Wirtschaft, *Schweizer Zeitschrift für Betriebswirtschaft und Arbeitsgestaltung*, 35, 1929, 1-15 et 42-56.

▶ CORRÉLATS. — Annales (Ecole des), Art, Bloch, Economie (Histoire économique), Sciences.

P. BRAUNSTEIN.

Témoignage

Souvent comparé à un juge d'instruction, l'historien positiviste ne conçoit pas sa tâche sans le recours aux témoignages qui lui permettent d'établir les faits. D'ordinaire consignés par écrit, les témoignages sont soumis à un examen critique qui autorise par recoupement l'établissement de leur degré de véracité. Cette saine doctrine, telle que l'expose Charles Seignobos en 1898, repose sur un double postulat : les témoignages sont explicites et leur valeur augmente en fonction de leur degré de proximité avec l'événement.

Avec la remise en cause de la notion de fait historique l'analyse des témoignages a radicalement évolué. En premier lieu le support unique du témoignage a cessé d'être le document écrit, témoins matériels (archéologie, ethnologie) et témoignages oraux font partie intégrante aujourd'hui des éléments d'enquête de l'historien. D'autre part l'antique métaphore de l'historien juge d'instruction déterminant le degré de véracité se transforme lorsque l'histoire des mentalités attire l'attention sur la richesse des témoignages erronés ou pire des faux témoignages. La notion subit ainsi une transformation décisive; il n'est plus question de savoir si les crimes des sorcières sont supposés ou réels, si les témoignages des juges sont sujets à caution. La croyance dans la réalité des phénomènes devient un sujet d'étude et leur falsification inconsciente (voir l'exemple des Benandanti analysé par Carlo Ginzburg) est aussi riche d'enseignements que le témoignage le plus véridique.

Du témoignage « positiviste » l'historien s'est dégagé pour faire de chaque aspect, de chaque élément de la réalité un témoignage potentiel.

▶ Corrélats. — Document, Fait historique, Méthode.

O. Dumoulin.

Temps présent

Jusqu'aux années trente, histoire et temps présent passaient — surtout si l'on s'en tient au cas français — pour être antinomiques. Depuis une vingtaine d'années, l'histoire du temps présent se fait un nom et vient d'obtenir respectabilité et considération avec la création, en 1980, dans le cadre du CNRS, d'un Institut d'Histoire du Temps Présent.

Son champ peut être délimité, en aval, par l'histoire très immédiate et, en amont, par la survivance de témoins : on pourrait la qualifier avant tout d' « histoire avec témoins »; actuellement, on la fera remonter aux années trente, ce qui est, de surcroît, dans le cas français, en terme de génération, une bonne coupure. Ajoutons que la loi du 17 juillet 1978 a assoupli les conditions de communication des archives, que des dérogations sont désormais accordées de façon suffisamment libérale pour que les documents puissent être confrontés aux acteurs.

Jadis, quand régnaient les maîtres de l'école positiviste, la seule histoire était l'histoire du passé, un passé coupé épistémologiquement du présent, qui, lui, relevait de la rumeur, du journalisme, du n'importe quoi. C'est dire qu'on ne pouvait travailler que sur des archives écrites, solidifiées, qui ne risquaient pas d'être contestées par les acteurs, protégées qu'elles étaient par la règle de cinquante ans de non-communication. Pour son malheur, l'histoire du temps présent n'allait pas avoir meilleure presse auprès de certains disciples de Marc Bloch qui semblaient avoir oublié que leur maître avait posé pour postulat que « l'incompréhension du passé naît finalement de l'ignorance du présent ». Elle restait à leurs yeux une histoire narrative, diplomatique ou parlementaire, par trop gallocentrique et forcément cantonnée dans le court terme.

Cette suspicion des professionnels universitaires contrastait avec une demande sociale qui allait brusquement croître dans ces dernières décennies : à l'évidence, le temps présent se vendait bien dans les librairies, comme il s'imposait dans des émissions télévisées qui avaient un fort taux d'écoute. L'actualité allant partout un peu trop vite on demandait au passé proche des clefs explicatives. On cherchait également à décoder ce qui avait été tu ou occulté pour des raisons le plus souvent politiques. Un des premiers exemples : le succès commercial du *Chagrin et la pitié*, sorti en 1969, après avoir été commandé à l'ORTF et interdit de télévision; ce film de Marcel Ophuls, montage de bandes d'actualité et de témoignages, offrait une nouvelle grille de lecture des années de l'Occupation, terrain privilégié des polémiques et des mythologies réductrices. Sa démarche confrontant systématiquement des témoignages, sur lesquels la mémoire individuelle et la mémoire collective avaient accompli leur travail de réinterprétation, avec des documents filmés d'époque, indique l'enjeu particulier de toute histoire du présent. Ajoutons que se fait jour en France une demande pour ce que les Américains dénomment la *Public history*, déjà bien implantée aux États-Unis : les recherches menées au coup par coup y répondent à la demande non seulement d'entreprises mais également de particuliers. Cette demande sociale, au total, a conforté certains historiens dans leur désir de développer ce qu'on appelle désormais l'histoire du temps présent.

L'historien du temps présent travaille comme d'autres sur des fonds d'archives publiques ou privées. Par exemple, ce sont des recherches effectuées par E. Jäckel (*La France dans l'Europe de Hitler*) et par R. Paxton (*La France de Vichy*) sur les archives allemandes qui ont permis de démontrer que — contrairement aux idées couramment reçues dans les années cinquante — à l'époque de Montoire, c'était bien Pétain et non pas Hitler qui avait souhaité entrer dans la voie de la collaboration politique; l'étude des papiers du Quai d'Orsay que vient de réaliser J.-B. Duroselle (*L'abîme, 1940-1944*) a fourni la contre-épreuve attendue. De même, Daniel Cordier a-t-il largement renouvelé (consulter *Jean Moulin et le CNR*) la problématique sur la genèse du CNR et sur les rapports entre Londres et la Résistance hexagonale en établissant un corpus de documents le plus souvent inédits. Ces sources sont d'ailleurs de plus en plus diversifiées. Ainsi les études toujours délicates de l'opinion publique, sont devenues bien plus fiables depuis qu'elles peuvent s'appuyer sur les résultats des sondages (le premier en France — comme on le sait — a été réalisé après Munich), dont il n'est plus besoin de souligner l'importance dans les dernières consultations électorales.

Bref, il existe pas, à proprement parler, une méthode spécifique à l'histoire du temps présent. Cela dit, se sont imposées depuis une vingtaine d'années des pratiques qui lui sont propres et qui ont permis de renouveler certains genres. C'est ainsi que les historiens du contemporain se sont mis à établir des éditions critiques de documents publics ou privés. Citons le monumental *Journal du Septennat* de Vincent Auriol publié sous la direction de Pierre Nora et de Jacques Ozouf ou bien encore le journal tenu par Jules Jeanneney (*Journal politique*) et celui rédigé par Charles Rist (*Une saison gâtée*) annotés par Jean-Noël Jeanneney. Ces textes présentent d'autant plus d'intérêt qu'ils peuvent être éclairés par les recoupements faits auprès de témoins encore vivants. Cette « histoire avec témoins » peut certes déboucher, en étudiant la mémoire collective, sur l'histoire orale, mais elle s'en distingue en étant d'abord un va-et-vient fructueux entre la production des historiens et les acteurs qui livrent des témoignages à utiliser au premier degré.

On s'explique que depuis une vingtaine d'années, sous l'impulsion de René Rémond, se soit instaurée l'habitude de confronter universitaires et acteurs dans des colloques réunissant historiens et témoins, ceux-ci réagissant sur les rapports préparés par ceux-là. La Fondation nationale des sciences politiques a ouvert la voie en 1965 en organisant un colloque ayant pour enjeu le gouvernement de Léon Blum, ce qui donna lieu notamment à une joute de qualité entre Pierre Mendès France et Jean-Marcel Jeanneney à propos de la politique économique du Front populaire. Après quoi, bien d'autres vont se succéder, certains prenant en charge des sujets réputés délicats (le gouvernement de Vichy, l'évolution du Parti communiste français de Munich à l'année 1941) ou faisant resurgir des tranches d'histoire occultées par la mémoire collective, telle l'immédiate avant-guerre, coincée entre le Front populaire et 1940, cette France dirigée par Daladier qu'on tend à jeter dans les poubelles de l'histoire, alors que les contemporains, eux, dans leur majorité étaient persuadés que la République avait bel et bien retrouvé un grand cacique, comme la IIIe savait régulièrement en engendrer. Ajoutons qu'un colloque récent consacré à la présidence de Georges Pompidou démontre que le passé très proche devient objet d'Histoire.

De ces acteurs, de ces témoins, l'historien du temps présent attendra rarement des « révélations »; ils lui seront, en revanche, indispensables pour restituer l'air du temps, qui se dilue dans les documents écrits. Grâce à eux, il peut contourner l'obstacle que constitue l'effet de génération, si l'on veut bien admettre — ce qui se vérifie dans le cas français — que la succession d'événements fondateurs et générateurs (les crises, les guerres, etc.) a façonné des strates de générations avec leurs codes, leurs mots de passe, leurs spécificités culturelles, au sens le plus large du terme. Grâce à eux encore, il se confortera dans l'idée que le temps est vécu de façon différentielle. Toute cette collecte de « petits faits » constitue souvent un bon antidote à l'idéologocentrisme (le penchant bien français à privilégier les intellectuels ou assimilés), à la systématisation, voire à l'anachronisme (non, les femmes engagées dans la Résistance n'étaient pas des féministes présoixante-huitardes).

La cause est-elle entendue ? On aime à le croire, même si l'histoire du temps présent demeure encore suspecte à ceux pour qui — même si elle a fait peau neuve — elle n'en demeurerait pas moins confinée au seul champ politique. Il est vrai qu'elle semble nourrir des affinités électives avec la sociologie politique, celle qui décode les comportements politico-culturels des électrices et des électeurs (se reporter, entre autres exemples, à cette petite somme qu'est l'ouvrage collectif publié sous le titre *France de gauche vote à droite*). Mais ce procès d'intention n'est guère de mise, car son champ de recherches s'est notablement élargi en prenant en charge les mentalités collectives. Et ce n'est pas un hasard si l'une des thèses les plus remarquables soutenue en histoire contemporaine a été consacrée aux anciens combattants et à leurs associations étudiées sous tous les angles. Ce beau spécimen d'histoire globale, s'appuyant sur des centaines de témoignages recueillis auprès des rescapés de la Grande Guerre, nous a, entre autres choses, beaucoup appris sur les ressorts profonds du pacifisme de la fin des années trente et sur ses ambiguïtés.

Le créneau, au demeurant, n'est pas forcément commode à tenir. L'historien, en effet, se heurte à des difficultés spécifiques, inhérentes aux passions partisanes. Il peut alors être bridé en devant taire des faits amnistiés ou respecter la chose jugée (ainsi « l'affaire Hardy » liée à l'arrestation de Jean Moulin ne doit être évoquée qu'avec des circonlocutions). Des procès ont été intentés à des historiens qui avaient qualifié de « fasciste » l'idéologie de tel ou tel acteur des années trente et, ce qualificatif ayant pris de nos jours une connotation péjorative, des juges ont pu les condamner en estimant qu'ils n'avaient pas été suffisamment nuancés dans leur appréciation. C'est un peu le revers de la médaille : le témoin peut alors imposer rétrospectivement — par voie judiciaire — une interprétation biaisée.

L'histoire du temps présent est-elle donc condamnée à être engoncée dans le court terme et obligatoirement partisane ? La question mérite d'être posée, tant souvent cette histoire est vécue sur un mode existentiel : même Marc Bloch, dans son *Etrange défaite* (un grand ouvrage à bien des égards), n'est pas parvenu à se distancer totalement; car c'est parfois l'ancien combattant de la « Grande Guerre » qui parle, jugeant de façon normative les générations postérieures qu'il rend pour partie responsables du désastre de 40. C'est à l'historien de prendre en compte les enjeux de mémoire et leurs rejeux : c'est là un champ encore peu exploité et pourtant fécond.

Au total — Marc Bloch l'avait bien pressenti — c'est bien en étudiant avec rigueur le présent, en s'aidant des témoins et des acteurs, qu'on peut poser les bonnes questions au passé. Et, à cet égard, l'histoire du temps présent a un bel avenir devant elle.

● BIBLIOGRAPHIE. — *Histoire et temps présent*, IHTP, Ed. du CNRS, 1981; Jean-Pierre RIOUX, Le procès d'Oradour, *L'Histoire*, février 1984; Pierre LABORIE, *Résistants, Vichyssois et autres*, Ed. du CNRS, 1980; Marc BLOCH, *L'étrange défaite*, Ed. Franc-Tireur, 1946; Vincent AURIOL, *Journal du Septennat*, Colin, 6 vol. publiés, 1 à paraître; *Léon Blum, chef de gouvernement*, Colin, 1967; *Edouard Daladier chef de gouvernement*; *La France et les Français en 1938-1939*, Presses de la Fondation nationale des Sciences politiques, 1977-1978; *Le Parti communiste français de Munich à la fin de 1941*, 2 vol. à paraître; Maurice AGULHON et Francis BARRAL, *CRS à Marseille (1944-1947)*, Colin, 1971; Antoine PROST, *Les anciens combattants et la société française*, Presses de la Fondation nationale des Sciences politiques, 1977, 3 vol.; Philippe ROBRIEUX, *Maurice Thorez, vie secrète et vie publique*, Fayard, 1975; Alexandre SOLJÉNITSYNE, *L'archipel du Goulag*, 2 vol., Le Seuil, 1974; William SHERIDAN ALLEN, *Une petite ville nazie*, Laffont, 1967; Lutz NIETHAMMER, *Lebensgeschichte und Sozialkultur im Ruhrgebiet (1930-1960)*, 2 vol. parus, 1 à paraître, Bonn, Dietz Verlag, 1983; *Le chagrin et la pitié*, film de Marcel Ophuls, 1969.

▶ CORRÉLATS. — Contemporaine (Histoire), Immédiate (Histoire), Orale (Histoire), Politique (Histoire), Témoignage.

J.-P. AZEMA.

Théâtre et histoire

Le théâtre est le reflet d'une société et de ses rêves. Ses rapports avec l'histoire relèvent donc des catégories les plus variées.

Le théâtre peut être le véhicule d'un récit historique plus ou moins gauchi par les nécessités dramaturgiques, mais mettant en scène des personnages historiques. Presque dès l'origine de la tragédie grecque, Eschyle fait exalter par les Perses de la cour de Xerxès les vainqueurs de Salamine qui ont massacré ses marins vaincus comme des thons pris au piège, victimes de la démesure du Grand Roi. Selon une dramaturgie opposée à ce thrène dialogué sur des guerriers morts, les fatistes des mystères embrassent toute l'histoire de l'humanité en la centrant sur la Passion du Christ, tournant de l'histoire du monde pour les sensibilités médiévales. Les drames historiques élizabéthains, à commencer par les deux tétralogies shakespeariennes, tendent à fixer pour des siècles le mythe tudor de la dynastie réconciliatrice après la guerre des Deux Roses, tout en posant les problèmes de la succession de la Reine Vierge et en cherchant à tracer le portrait du souverain idéal, fort sans tyrannie et généreux sans faiblesse. Souvent absent des périodes de grande tension où le drame et la tragédie deviennent réalité quotidienne, le théâtre historique les récupère souvent lors de crises mineures, comme Büchner écrivant *La mort de Danton* au lendemain de l'échec de ses tracts révolutionnaires auprès des paysans de Hesse. Ce théâtre historique peut aussi être le témoignage d'un refus du présent au profit d'un passé idéalisé, comme *Cyrano*, voire *L'aiglon*, répondant avec panache à la blessure des divergences politiques internes et à l'humiliation de la défaite de 1870. Le théâtre historique peut prendre des formes diverses, allant de la dramatisation de documents sélectionnés sans retouches, comme *Le procès de Jeanne d'Arc* ou *Le procès Oppenheimer*, à l'évocation d'une série de figures de proue dans un cadre où apparaissent un grand nombre de personnalités, comme Sacha Guitry se glissant avec un narcissisme sérieusement documenté dans la peau de La Fontaine, Deburau, Béranger, Mozart, Franz Hals ou Talleyrand, mais aussi à la création de personnages fictifs pour mieux évoquer les tournants majeurs de l'histoire d'une civilisation en écho à des drames personnels, comme Claudel filtrant dans le monde occidental au travers des aléas de sa carrière, de ses amours passionnées et de sa foi retrouvée la sensibilité médiévale à l'ombre des cathédrales en genèse, la glorification de Jeanne d'Arc dans une chorégraphie d'allégories, la découverte d'un Nouveau Monde et la naissance d'un œkoumène hispanique, la genèse d'un monde bourgeois destructeur des valeurs nobiliaires et du triomphalisme ecclésial, ainsi que la montée de la volonté de puissance et l'aube des crises sociales nouvelles. Le théâtre historique est l'occasion de « relectures » même quand il garde des formes traditionnelles : Jeanne d'Arc, héroïne d'un *Mystère du siège d'Orléans* voulant réparer son abandon, patriote française à demi sorcière dans l'image ambiguë qu'en donne Shakespeare, reflète un certain irlandisme subtilement anti-anglais chez Bernard Shaw, est l'héroïne chrétienne nationale promise à la mort comme Péguy, est avec nous dans la résistance à l'occupant chez Vermorel et devient la jeune fille éprise de pureté sans compromis comme toute héroïne d'Anouilh. Brecht retient les périodes les plus dramatiques, guerre de Trente ans, grèves ouvrières dans la Russie tsariste ou grande crise de 1929, pour mieux faire passer sa dénonciation du militarisme et son espoir d'une société vigilante contre les retours de la « bête immonde ».

Le théâtre ne doit d'ailleurs pas intéresser les historiens uniquement à travers la seule catégorie du théâtre historique. Le théâtre peut, assez rarement d'ailleurs, être agent de l'histoire. Avant de tenter sa folle aventure dans les rues de Londres, Essex a fait représenter *Richard II* pour montrer à Elizabeth qu'un souverain sacré pouvait pourtant être contraint d'abdiquer et chacun sait qu'une représentation de *La muette de Portici* a été l'ultime détonateur de l'indépendance belge, pour ne rien dire des graffiti milanais à la gloire de Verdi pour chanter l'appel à Victor-Emmanuel Roi D'Italie à la barbe de l'occupant autrichien. On pourrait multiplier les exemples, parfois *a contrario*, comme la censure du nom de « l'ignoble Adolphe » dans une anodine pièce de Labiche pour éviter de faire encourir des risques inutiles au public de Paris occupé. Et pour certains commentateurs politiques, le brechtisme triomphant imputé aux années 1960 a joué sa part dans la montée de l'esprit soixante-huitard.

Ce rôle public du théâtre conduit l'historien à se préoccuper des rapports entre le théâtre et les pouvoirs publics. Fête civique à Athènes, le théâtre renaît du culte au Moyen Age, même si la prolifération d'éléments adventices frôlant la licence sinon l'hérésie fait interdire plus ou moins vite les mystères au nom du maintien de l'ordre par les municipalités inquiètes de trop grands rassemblements, au nom du manque de style par les humanistes redécouvrant la structure des œuvres antiques et au nom de la défense de la vérité religieuse par les réformateurs des églises rivales. Il faut toutefois se garder de généraliser : suspect pour le moins à l'Eglise gallicane, le théâtre ne souffre pas des mêmes tracasseries en Espagne et à Rome. Pris en charge par la Monarchie française qui profite de leurs crises internes pour unifier les troupes françaises en une seule, qui expulse les Italiens s'ils deviennent trop critiques et soumet les œuvres à une censure plus ou moins tatillonne, les théâtres tolérés conquièrent leur liberté avec la Révolution pour la perdre presque aussitôt pour des raisons idéologiques ou par le souci minutieux de réglementation de l'empereur. Le coût de la production conduit maintenant au développement d'un secteur public, national ou municipal, de plus en plus prépondérant, avec tous les aléas qui peuvent résulter d'un changement de majorité aux différents niveaux.

Le théâtre est enfin, surtout peut-être, un merveilleux document pour l'étude des mentalités. Corneille, Molière et Racine nous renseignent sur les morales du Grand Siècle et sur les bienséances de l'époque : le baiser sur la bouche indiqué par le texte original de la première comédie de Corneille disparaît trente ans après dans l'édition « définitive » revue par l'auteur. Est-ce un hasard si *Polyeucte*, *Esther* et *Athalie* attirent deux fois moins que les autres tragédies du XVIIe siècle le public des meilleures loges sous la Régence ? Cette étude à peine entamée pourrait être très fructueuse à condition de ne pas négliger les œuvres mineures et le Théâtre de Boulevard, honni des « littéraires » et des théâtrologues, mais riche d'enseignements pour les historiens et les sociologues sans œillères. Certaines de ses pièces font dériver leur intrigue de l'évolution technique, pas toujours bien comprise comme la référence aux fuseaux horaires dans *Boeing-Boeing*, bâti sur le mythe de l'hôtesse de l'air. D'autres témoignent de l'évolution des mœurs en présentant sous un jour favorable des situations ou des attitudes jugées encore naguère scabreuses, l'amour désintéressé d'un jeune homme pour une femme de *Quarante Carats*, la nudité intégrale glorifiée par Gombrowicz dans son *Opérette* parodique, la vie familiale des homosexuels de *La cage aux folles*, voire l'inceste consanguin probable à la base du *Bonheur à Romorantin*.

L'histoire du théâtre n'est donc pas seulement un fragment d'histoire littéraire ou de l'histoire des spectacles. Elle est d'abord pour un historien histoire sociale et histoire des mentalités.

● BIBLIOGRAPHIE. — Guy DUMUR, *Histoire des spectacles*, Paris, Gallimard, Encycl. de la Pléiade, 1965; Jean DUVIGNAUD, *Sociologie du théâtre*, Paris, PUF, 1965; Maurice DESCOTES, *Le public de théâtre et son histoire*, ibid., 1964; Elie KÖNIGSON, *L'espace théâtral médiéval*, Paris, CNRS, 1975; Jean JACQUOT, dir., *Les fêtes de la Renaissance*, ibid., 3 vol., 1956-1975; ID., *Dramaturgie et société aux XVIe & XVIIe siècles*, ibid., 2 vol., 1968; J. S. STREET, *French Sacred Drama from Bèze to Corneille*, Cambridge, CUP, 1983; Guy BOQUET, *Théâtre et société : Shakespeare*, Paris, Flammarion, 1969; Paul BÉNICHOU, *Morales du Grand Siècle*, Paris, Gallimard, 1948; Tricentenaire de la Comédie-Française, *Revue d'Histoire du théâtre*, Paris, 1980, n° 2, et 1981, n° 1; Henri LAGRAVE, *Le théâtre et le public à Paris de 1715 à 1750*, Paris, Klincksieck, 1972; Guy BOQUET, *La Comédie-Italienne sous la Régence*, RHMC, Paris, avril 1977; Jacqueline JOMARON, *Georges Pitoëff*, Lausanne, « L'Age d'homme », 1981; Bernard DORT, *Théâtre public 1953-1966*, Paris, Seuil, 1967; ID., *Théâtre réel 1967-1970*, ibid., 1971; ID., *Théâtre en jeu 1970-1978*, ibid., 1979; sous la direction de Jean JACQUOT, puis de Denis BABLET et Élie KONIGSON, *Les voies de la création théâtrale*, Paris, CNRS, 11 vol. depuis 1972.

▶ CORRÉLATS. — Culturelle (Histoire), Littéraire (Histoire).

G. BOQUET.

Théories de l'histoire

Philosophie de l'histoire peut s'entendre de deux manières : jusqu'à Hegel, l'idéal était de « déterminer d'un coup la signification du devenir humain » (Raymond Aron); après Hegel, la philosophie de l'histoire n'a plus voulu être qu'une *philosophie critique*, une analyse de la connaissance historique, de ses conditions, de ses moyens, de ses limites. La spéculation n'a pas disparu pour autant; il arrive qu'elle bénéficie d'une audience inouïe, qu'elle devienne technique auxiliaire de gouvernement. C'est que, pour citer encore R. Aron, « les interprétations concrètes du passé sont liées à des volontés tendues vers l'avenir ». On s'en tiendra ici au sens premier et, pour éviter l'ambiguïté, on appellera *théories de l'histoire* des « spéculations sur le devenir de l'humanité considéré dans son ensemble pour en dégager les lois ou [...] la signification ». On pourrait aussi parler de *modèles* (en anglais *patterns*) évolutifs qui expriment schématiquement le destin des sociétés ou de l'humanité tout entière, et proposent un cadre à l'action présente.

Théories régressives et cycliques. — L'observation de la nature en a fourni les modèles, l'astronomie surtout qui révèle un ordre céleste immuable dont le mouvement cyclique est l'image mobile dans notre monde sublunaire. Un processus inexorable de vieillissement et de dégradation est partout à l'œuvre, dans le monde des plantes et des animaux, dans celui des hommes et de leurs sociétés. Mais, au terme du processus, toujours se produit un renouvellement. Par le déluge ou par le feu une nouvelle existence est communiquée à l'univers, de tout point identique à ses existences antérieures. Ce que les meilleurs esprits jugeaient vrai de l'univers (Platon dans son *Timée*, Aristote dans la *Physique*..), un excellent historien comme Polybe (202-120 av. J.-C.) n'hésitait pas à en faire l'application aux états de l'Antiquité. C'est le schéma qui sous-tend ses *Histoires* : la monarchie, le moins mauvais des régimes politiques, se corrompt et devient tyrannie; l'aristocratie lui succède, qui correspond à un redressement passager dû à la confiance que le peuple a faite aux « meilleurs » citoyens; dégradée à son tour en oligarchie, elle suscite une nouvelle révolte du peuple qui fonde la démocratie; celle-ci est ruinée par la démagogie, ses massacres, ses proscriptions, ses troubles agraires. « Tel est le cycle complet des régimes politiques, telle est la succession *naturelle* qui les modifie, qui les transforme, qui en amène le retour. » Toute réussite est fragile, résultat provisoire d'un équilibre entre les pouvoirs : la Sparte de Lycurgue ou la Rome des Scipion que Polybe lui-même a connue. Tout ce que les plus sages politiques peuvent espérer faire, c'est ralentir le rythme de la décadence, prolonger un peu une phase heureuse, faire l'économie des maux les plus redoutables.

Non seulement ce schéma a traversé les siècles mais on le retrouve partout. L'historien arabe Ibn Khaldoun (1332-1406), témoin de la grande crise du monde musulman, particulièrement grave au Maghreb, recourt dans ses *Prolégomènes* au même modèle explicatif. Lui aussi est convaincu que la dégradation est à l'œuvre, dans les familles, les sociétés, les royaumes, les empires, qu'elle mine même le khalifat. La vie nomade est à l'origine de toute histoire, tout en vient et tout y retourne. Le luxe, au sens très large du perfectionnement de la culture, le luxe des villes surtout, est le principe de ruine. Le temps des apparents triomphes a été strictement mesuré par Dieu lui-même. — Cette même idée de l'instabilité du cours du monde, de son perpétuel renouvellement, Jacques Soustelle l'a retrouvée chez les Aztèques et chez tous les peuples indigènes du Mexique précolombien. « Ainsi, à quatre reprises, un monde est né et s'est effondré dans de gigantesques catastrophes. Le monde d'aujourd'hui aura le même sort. »

Par-delà le Moyen Age chrétien, Machiavel emprunte à Polybe le cycle des trois espèces de gouvernement, avec, pour chacune, ses deux phases, la bonne et la mauvaise tour à tour. Et, comme Polybe, il tente cependant d'en tirer un art de gouverner, c'est-à-dire de composer avec la fortune de manière à infléchir le cours immuable des choses dans un sens un peu plus favorable aux gouvernés. Il semble même avoir envisagé la possibilité de provoquer une régénération violente, d' « établir toutes choses nouvelles [...] ainsi nouvelles magistratures, nouveaux noms; autorités nouvelles, hommes nouveaux ». Sans doute était-il devenu plus difficile, après quinze siècles de christianisme, de se résigner à la fatalité naturelle.

De la Providence chrétienne au progressisme des Lumières. — Pour des chrétiens, l'histoire du monde, qui était celle du salut du monde, ne pouvait être qu'unique et constamment ascendante. Ils adhéraient avec force au dogme de la Création, début unique d'une histoire unique, tel que la Bible le rapporte. « Une seule fois le Christ est mort pour nos péchés; une seule fois, il est ressuscité d'entre les morts et il ne mourra jamais plus » (saint Augustin, *Cité de Dieu*). Le recrutement des saints de la Cité céleste, tel était le sens de leur histoire. Mais il leur fallait conjuguer la souveraine initiative de Dieu et la liberté responsable des hommes. On a dit que leur perspective était *théandrique* : l'homme au centre mais non à la source. Du moins l'hypothèque de la toute-puissance des processus naturels était-elle levée.

De ce schéma chrétien, Bossuet a donné une expression tardive mais typique dans son *Discours sur l'histoire universelle* (1681). La volonté de Dieu est « le seul lien qui entretient l'ordre du monde » et qui prépare la consommation des derniers temps. Elle s'exprime par la suite de la religion chrétienne « continuée sans interruption et sans altération durant tant de siècles » sous la figure de l'Eglise. L'homme ne connaît que ce que Dieu veut lui laisser connaître. Mais l'amour qu'il sait que Dieu lui porte commande sa confiance et oriente ses engagements.

L'équilibre était difficile à tenir entre l'initiative de Dieu et la liberté humaine. On le sent déjà à la lecture de Bossuet. Après la Révolution un catholicisme intransigeant se replie sur une philosophie, ou une théologie, de l'histoire étroitement cléricale — de Joseph de Maistre à dom Guéranger et à Louis Veuillot. C'est un retour au schéma de l'Ancien Testament : l'amour de Dieu toujours offert aux siens et les manquements, indéfiniment répétés des siens à sa Loi entraînant des châtiments répétés.

Le durcissement de la théorie de la part de ces « théocrates » répondait à la diffusion du progressisme des Lumières, endossé par les révolutionnaires déchristianisateurs Turgot, en 1750, hésitait encore à placer tout le devenir de l'humanité sous l'unique signe du progrès indéfini ; il composait non pas un mais deux discours sur l'histoire, l'un consacré aux accidents qui échappent à la loi du progrès, l'autre évoquant la montée des sciences et des arts (mécaniques). Condorcet, plus radical, dans son *Tableau des progrès de l'esprit humain* (1793), rappelait l'existence d'une situation de crise mais affirmait sans réserve que, la crise une fois liquidée par le triomphe de la Révolution et de la République, un mouvement unilinéaire ascendant s'imposerait.

L'origine du modèle progressiste tel que Condorcet, et Auguste Comte après lui, l'ont dessiné, c'est incontestablement le développement de la connaissance positive, l'engendrement nécessaire des sciences. Ce mouvement, après avoir dissipé les ténèbres qu'avaient fait peser sur l'esprit la superstition et la tyrannie (Condorcet), l'esprit théologique puis l'esprit métaphysique (Aug. Comte), guiderait l'évolution désormais assurée de toute l'humanité. Remarquons que ce progressisme est, en fin de compte, beaucoup plus prospectif que rétrospectif et que s'il rend médiocrement compte de l'évolution d'hier, il fortifie l'action d'aujourd'hui.

Le matérialisme historique. — Il n'est qu'un aspect, mais essentiel, de l'œuvre de Karl Marx. A plusieurs égards, il reste dans la ligne du progressisme, ce qui lui a permis de prendre souvent sa relève. Comme lui, il tient pour l'unicité de l'aventure humaine. Comme lui, il est anthropocentrique ; mais à l'avènement de la Raison, il substitue l'édification d'une société sans classes, les mécanismes économiques au perfectionnement de l'esprit. Comme le progressisme encore, il est optimiste, mais, on l'a dit avec raison, d'un « optimisme catastrophique », c'est-à-dire que, par l'intervention d'un processus dialectique, repris à Hegel, il fait surgir le mieux d'oppositions successives qui s'exaspèrent et finissent par se résoudre dans la révolution.

Le schéma marxiste a rencontré au XXe siècle un succès exceptionnel, plus grand que celui même du progressisme. Dans l'action et par la propagande — par l'éducation dans les pays où il est devenu doctrine d'Etat —, il s'est imposé à des masses d'hommes pour qui il est, sans conteste, *le* sens de l'histoire et, d'abord, le sens de l'action historique à laquelle ils se sentent associés.

Les théories de l'histoire au XXe siècle. — Le coup décisif porté à la systématisation théorique du passé humain l'a été par l'apparition d'une histoire scientifique. La recherche d'explications partielles et provisoires, aussi objectives que possible, a remplacé l'ambition d'une explication globale et définitive. L'histoire des historiens s'est installée au niveau modeste des *comments* et a renoncé au grand *Pourquoi*. Pour désigner cette nouvelle conscience historique, R. Aron a proposé de reprendre à Meinecke le terme d' « historisme » *(Das Historismus)*, entendant par là une conscience avant tout attentive aux existences vécues et aux œuvres créées par les hommes. Les schémas d'hier, lorsqu'on les conserve, n'ont plus valeur que d'hypothèses de travail, de modèles plus ou moins opérationnels : ainsi les cycles des historiens économistes des années 1930, étendus ensuite à la démographie, au climat et à son influence...

Sans doute parce que le besoin d'orienter l'action présente reste toujours très fort — à moins que ce ne soit par peur d'un futur sans visage —, des penseurs ont continué jusqu'à aujourd'hui de bâtir des théories et notamment des théories cycliques de l'histoire. Tel s'y est tenu avec une rigueur sans faille, comme Oswald Spengler (*Déclin de l'Occident*, 1916-1920), avec ses civilisations au destin strictement mesuré — un millénaire pour chacune, un printemps, un été, un automne, un hiver. Mais d'autres usent du modèle avec une beaucoup plus grande souplesse comme P. A. Sorokin (*Social and cultural dynamics, 1937-1941*), qui voit les sociétés passer indéfiniment d'une phase idéaliste à une phase rationnelle puis à une phase matérialiste, ou comme A. J. Toynbee, qui insère le mouvement cyclique dans une montée générale, un progrès, voire une action providentielle (*A Study of History, 1934-1954*, un succès, y compris un succès de librairie dans les pays anglo-saxons).

● BIBLIOGRAPHIE. — Le plus sage et le plus sûr est évidemment de se reporter aux œuvres originales des théoriciens cités dans l'article — et, notamment, de Polybe, Ibn Khaldoun, Machiavel, Bossuet, Vico, Condorcet, Hegel, Auguste Comte, Karl Marx, Spengler, Toynbee... D'un intérêt capital restent les thèses de Raymond ARON, *Introduction à la philosophie de l'histoire. Essai sur les limites de l'objectivité historique*, 1938, et *La philosophie critique de l'histoire. Essai sur une théorie allemande de l'histoire*, 1938 et 1950; Guy BOURDE, *Dans les écoles historiques*, Paris, Ed. du Seuil, 1983 (l'un des deux auteurs mentionnés); H. VEDRINE, *Les philosophes de l'histoire, déclin ou crise?*, Paris, Payot, 1975, et l'ouvrage collectif, *Les philosophies de l'histoire*, Ellipsis, 1980; Maurice CRUBELLIER, *Sens de l'histoire et religion (Auguste Comte, Northrop, Jorskin, Toynbee)*, 1958; K. POMIAN, *L'ordre du temps*, Paris, Gallimard, 1984.

▶ CORRÉLATS. — Dilthey, Ibn Khaldoun, Marrou, Marx, Méthode historique.

M. CRUBELLIER.

Thierry Augustin, 1795-1856

Après avoir quitté Saint-Simon dont il fut trois ans le secrétaire, Augustin Thierry commença sa carrière d'historien. Il publia de 1817 à 1820 une célèbre série d'articles sur l'histoire française et anglaise dans *Le Censeur européen* et dans *Le Courrier français*. Ceux-ci furent ultérieurement rassemblés dans ses *Lettres sur l'histoire de France* (1827) et dans *Dix ans d'études historiques* (1834). Le fait fondamental de l'histoire moderne était à ses yeux celui de la conquête. Dans un article de 1820, « Sur l'antipathie de race qui divise la nation française », il définit dans les termes suivants l'ambition politique de son œuvre : « Nous sommes les fils du tiers état ; le tiers état sortit des communes, les communes furent l'asile des serfs ; les serfs étaient les vaincus de la conquête. Ainsi de formule en formule, à travers l'intervalle de quinze siècles, nous sommes conduits au terme extrême d'une conquête qu'il s'agit d'effacer. » Comprenant l'histoire dans ces termes de lutte de classes et d'affrontements de races, il sera avec Guizot l'exemple même de ces « historiens bourgeois » dont Marx se dira explicitement le continuateur.

Marqué par Walter Scott, Augustin Thierry inscrira cette interprétation de l'histoire dans de vastes fresques pittoresques et colorées. C'est ce qui fera le succès de son premier grand ouvrage, l'*Histoire de la conquête d'Angleterre par les Normands* (1825). La publication en 1853 de son *Essai sur l'histoire du tiers état* achève une œuvre dont le grand but fut d'aider la bourgeoisie française à mieux prendre conscience d'elle-même.

● BIBLIOGRAPHIE. — Augustin THIERRY, *Augustin Thierry d'après sa correspondance et ses papiers de famille*, Paris, 1922 (se reporter également à la bibliographie signalée dans l'article « Guizot »); L. GOSSMANN, *Augustin Thierry and liberal historiography*, Wesleyan University Press, 1976; R. SMITHSON, *Augustin Thierry : social and political consciousness in the evolution of a historical method*, Genève, 1973.

▶ CORRÉLATS. — Guizot, Lutte des classes.

R. ROSANVALLON.

Thucydide

« Thucydide a raconté comment se déroula la guerre entre les Péloponnésiens et les Athéniens. Il s'était mis au travail dès les premiers symptômes de cette guerre ; et il avait prévu qu'elle prendrait de grandes proportions et une portée passant celle des précédentes... » Ainsi s'ouvre *La guerre du Péloponnèse*. De Thucydide lui-même, nous savons peu de choses. Citoyen athénien, apparenté à la grande famille de Miltiade, le vainqueur de Marathon, il a des attaches avec la Thrace où il possédait des mines d'or. Né vers 460 av. J.-C., il a dû mourir quelques années après la défaite athénienne, aux environs de 400. Il connut donc l'Athènes démocratique et impériale où dominait Périclès. Tout ce qui comptait alors dans le domaine intellectuel passait par Athènes. Il vécut aussi la victoire de Sparte et la chute de 404. Elu stratège en 424, il commande sur la côte thrace, mais n'ayant pu empêcher la prise d'Amphipolis par les Spartiates, il est condamné et s'exile. Vivant probablement en Thrace, voyageant aussi, travaillant, il ne rentre à Athènes qu'en 404.

Une génération à peine sépare Thucydide d'Hérodote mais, d'entrée de jeu, il inscrit sa volonté de rupture. Jamais il ne reprend le concept ionien d'*historiê* (enquête) et il exécute la manière hérodotéenne d'écrire l'histoire comme étant le fait de *logographes*, de gens qui transcrivent des *logoi* (récits) et qui croient faire la preuve de leur savoir par le nombre de versions qu'ils connaissent d'un même événement. Mais en réalité, leur discours, cherchant à plaire à l'auditoire, cédant inéluctablement au plaisir de l'oreille, est fondamentalement vicié : il relève d'une catégorie qu'il nomme d'un terme péjoratif : le *muthôdes*, quelque chose qui n'est ni franchement du *muthos*, comme en font les poètes, ni clairement autre chose. Pour lui, l'histoire doit être simplement vraie : elle est « recherche de la vérité », à la fois quête et enquête judiciaire. Pour la première fois, elle est posée comme discours de vérité, ayant comme raison d'être et comme exigence de dire le vrai des *rerum gestarum*. Des deux moyens de la connaissance historique, l'œil *(opsis)* et l'oreille *(akoê)*, seul le premier peut conduire (à condition d'en faire bon usage) à une connaissance claire et distincte. L'oreille, elle, n'est jamais sûre. Savoir historiquement, c'est « voir clairement ». Il s'ensuit qu'il n'y a d'histoire scientifique que du temps présent : Thucydide s'est mis au travail en même temps que commençait cette guerre.

Refusant les plaisirs de l'oreille, l'histoire, qui ne vise qu'à être « utile », se donne comme « un acquis pour toujours ». Parce que la nature humaine étant ce qu'elle est, ce récit véridique permettra non de prédire, mais de « voir clair », lorsque, à l'avenir, ne manqueront pas de se produire d'autres crises semblables.

Si nous parlons de *la* guerre du Péloponnèse, c'est à Thucydide que nous le devons, lui qui a nommé l'unité de ces longues années de conflits. L'œuvre est inachevée — elle s'interrompt en 411 — et elle a été divisée, à l'époque hellénistique, en huit livres. Après avoir esquissé une histoire des premiers temps de la Grèce, exposé sa méthode, et indiqué les origines de la guerre, débute le récit proprement dit, scandé par les années de la guerre, au rythme de la belle et de la mauvaise saison. Le récit des événements est entrecoupé de discours (non pas vrais, mais vraisemblables) : les rapports des discours entre eux (notamment sur le mode de l'antilogie) et surtout des discours *(logoi)* avec les événements *(erga)* constituent l'armature même de cette œuvre difficile et exactement composée.

Thucydide devint le modèle même de l'historien au XIXe siècle. Mais au début du XXe siècle, F. M. Cornford *(Thucydides Mythhistoricus)* s'efforça de démontrer qu'en réalité il était plus dramaturge qu'historien, que son œuvre commencée comme scientifique ne pouvait en réalité être qu'une œuvre d'art. A quoi répondit Ch. N. Cochrane (1929), Thucydide est un homme de science, à l'école d'Hippocrate. C'est en gros ce Thucydide-là, rationaliste et « positiviste » que l'on retint (F. Hartog, L'œil de Thucydide et l'histoire véritable, *Poétique*, 49, 1982, p. 22-30). Mais depuis une quinzaine d'années, une abondante historiographie, surtout américaine, s'attache à un autre Thucydide : plus moraliste qu'objectif, plus artiste qu'historien (par ex. V. J. Hunter, *Thucydides the Artful Reporter*, Toronto, 1973). Tous ces travaux récents se fondent, comme dans le cas d'Hérodote, sur une approche structurale de l'œuvre.

● BIBLIOGRAPHIE. — *Traductions* : Outre les éditions de la Collection des Universités de France (trad. J. de ROMILLY) et de la Bibliothèque de la Pléiade (A. BARGUET), Thucydide est disponible en éditions de poche. — *Etudes* : A. W. GOMME, ANDREWES, DOVER, *Historical Commentary*, 5 vol., Oxford, Clarendon Press, 1962-1981 ; J. de ROMILLY, *Histoire et raison chez Thucydide*, Paris, Les Belles-Lettres, 1956.

▶ CORRÉLATS. — Grèce (Historiens grecs), Hérodote.

F. HARTOG.

Tite-Live, 64 av. J.-C. - 17 apr. J.-C.

Né et mort à Padoue, Tite-Live, chose très rare parmi les historiens latins, n'appartenait ni au Sénat ni à l'ordre équestre. Ses sympathies républicaines et pompéiennes ne l'empêchèrent pas d'admettre la domination d'Auguste, puis celle de son héritier Tibère. Auteur d'ouvrages philosophiques qui ne nous sont pas parvenus, il a surtout consacré une bonne partie de sa vie à une monumentale Histoire de Rome, des origines à l'an 9 av. J.-C. Cette Histoire comprenait 142 livres, ensuite regroupés en décades. Nous n'en possédons qu'un petit tiers : la première décade (qui se termine en 293 av. J.-C.), la troisième (consacrée à la seconde guerre punique, de 218 à 201), la quatrième et la première moitié de la cinquième (jusqu'à l'année 167 av. J.-C.) — ainsi que quelques fragments et de brefs résumés des autres livres *(Periochae)*.

Le succès posthume de Tite-Live fut immense, sous l'Empire romain comme à l'époque moderne; mais le volume de son œuvre engagea à en publier des extraits ou des résumés; ainsi s'explique que la majeure partie s'en soit perdue.

Son renom ne se justifie pleinement ni par son originalité ni par d'exceptionnelles qualités d'historien. Très bon artiste, et qui sait introduire à l'atmosphère des événements qu'il raconte, il n'égale Polybe et Tacite ni dans la recherche et la critique des documents, ni dans la présentation synthétique du sujet traité. Il est moins curieux que Caton l'Ancien ou Asinius Pollion, se montre moins attentif qu'eux aux autres cités d'Italie. Il se fonde souvent sur des documents cités par d'autres, sans les consulter lui-même. Quoique C. Licinius Macer et Aelius Tubero prétendissent tous deux avoir consulté les Fastes, leurs chronologies ne concordaient pas toujours : Tite-Live prend acte de leurs divergences (voir par exemple 4, 23, 2), mais s'abstient de vérifier lui-même. S'il a un sens aigu du jeu politique romain, il se montre beaucoup moins à l'aise en matière militaire. Son contemporain Asinius Pollion, qui lui reprochait son style provincial et composa une Histoire des dernières décennies de la République, était probablement un historien plus intelligent que lui.

Mais Tite-Live fournit beaucoup d'informations irremplaçables, par exemple en matière de constructions publiques, comme l'a bien montré F. Coarelli. L'intérêt de son œuvre réside en outre dans son ampleur majestueuse et sereine, où l'on reconnaît une conception classique de l'art, proche de celle de Cicéron. Il a su utiliser tous ses prédécesseurs, choisir parmi leurs versions des faits celle qu'il jugeait préférable, et présenter, à l'occasion, une critique de tel ou tel d'entre eux (il aime par exemple à tourner en dérision certains des renseignements fournis par Valérius Antias, historien de l'époque cicéronienne). D'ailleurs, la tradition philologique, qui juge parfois les Anciens à l'aune de ses propres limites intellectuelles, a tort de ne pas rejeter plus nettement la « théorie de la source unique », théorie selon laquelle Tite-Live, dans chaque partie de son œuvre, s'inspire, sauf exception, d'un seul de ses prédécesseurs, et le démarque assez servilement! Tirant au contraire parti de ceux qui avaient écrit avant lui, il a établi une vulgate à laquelle, par la suite, il fut indispensable de se référer.

L'œuvre de Tite-Live est en même temps un excellent exemple des conceptions historiques des Romains. Ecrite à la gloire de la grandeur romaine (ainsi, pour montrer que les Romains n'étaient pas responsables du déclenchement de la troisième guerre punique, il présente de façon tendancieuse les clauses des traités qui mirent fin à la seconde), elle cherche à être un recueil d'exemples et une école de vie (voir le § 10 de sa Préface) ; car, comme beaucoup de ses contemporains, Tite-Live a une conscience aiguë d'une prétendue décadence de Rome, « qui souffre désormais de sa propre grandeur » (Préface, 4).

Pour être belle, l'œuvre historique doit être bien construite, et présenter de grands personnages emblématiques (d'attitudes morales aussi bien que de tendances politiques) ; trois Romains dominent ainsi la deuxième guerre punique, Fabius Cunctator, Marcellus et Scipion l'Africain. Les discours de tels grands hommes, qui interrompent le récit et comptent parmi les moments forts de l'œuvre, donnent à l'auteur l'occasion d'intervenir, avec plus de discrétion qu'ont coutume de le faire les historiens modernes. En une démarche qu'il nous est parfois difficile de comprendre, il y exprime à la fois ses propres idées et tendances, celles qu'il prête à l'auteur prétendu du discours, et son interprétation globale du moment historique étudié.

● BIBLIOGRAPHIE. — Tite-Live, *Histoire romaine*, livre 1, Paris, Ed. Belles-Lettres, 1940, introd. de J. Bayet, p. VII à LXXVI ; *Aufstieg und Niedergang der römischen Welt*, II, t. 30, 2, Berlin-New York, 1982, p. 899 à 1263 (art. de W. Kissel, J. E. Phillips, P. G. Walsh, J. Briscoe, H. Aili, E. Burck, M. R. Girod et L. Bessone).

▶ CORRÉLATS. — Chronologie, Institutions, Rome (Origines de Rome).

J. ANDREAU.

Tocqueville Alexis de, 1805-1859

Certains s'étonnent de voir l'œuvre de Tocqueville revenir à la mode chez les historiens, et susciter un grand nombre de rééditions et d'études. Ils expliquent ce retour par le renouveau des idées libérales et la mise en question de l'historiographie dominante de la Révolution française, d'inspiration jacobine.

Ce qui devrait surprendre et mériterait analyse, c'est au contraire l'effacement dans lequel Tocqueville a été maintenu pendant des décennies par les historiens français (mais non par les historiens américains qui n'ont jamais cessé de s'intéresser à son œuvre et à l'interprétation qu'il avait proposée de leur propre société). Ce grand sociologue, ce grand historien, sans doute l'un des plus grands du XIXe siècle, a été reconnu comme tel dès son vivant. De ses deux ouvrages les plus importants, le premier, *De la démocratie en Amérique*, publié en 1835 et 1840, alors qu'il avait à peine trente ans, a remporté un succès immédiat et lui a valu d'entrer presque aussitôt (en 1841) à l'Académie française. Le second, *L'Ancien Régime et la Révolution*, publié en 1856, quatre ans avant sa mort, a été considéré, dès sa parution, comme un chef-d'œuvre. Nullement grisé par le succès, Tocqueville avait prévu et pourrait-on dire programmé cet effacement par le sentiment qu'il avait de sa solitude intellectuelle, par la difficulté qu'il éprouvait à se classer dans les courants politiques de son temps et son incapacité aussi bien à approuver qu'à réprouver l'évolution de la société française.

La vie n'avait pourtant rien refusé à cet homme insatisfait, mal à l'aise dans son milieu et dans son époque. Né le 29 juillet 1805 à Paris, dans une famille de bonne noblesse normande, il choisit comme son père le service de l'Etat, et commence sa carrière en 1827 comme magistrat au parquet de Versailles. En 1831, il se rend aux Etats-Unis, officiellement pour y étudier l'organisation du système pénitentiaire. Mais l'enseignement le plus important qu'il tire de ce voyage ne figure pas dans le rapport *Du Système pénitenciaire aux Etats-Unis*, qu'il publie en 1833. Il lui fournit la matière du grand livre qu'il publie deux ans plus tard, *De la démocratie en Amérique*.

Il entre dans la vie politique en se faisant élire député en 1837. La Révolution de 1848 ne le surprend ni ne l'inquiète outre mesure. Elu à la Constituante, il obtient même après le succès du parti de l'ordre aux législatives du 13 mai 1849, le portefeuille des Affaires étrangères dans le cabinet Odilon Barrot : il quitte le gouvernement cinq mois plus tard à l'occasion d'un remaniement. Le coup d'Etat du Prince-Président, auquel il refuse de se rallier, met fin à sa carrière politique.

Une carrière bien remplie, mais sans éclat, qui a conduit certains historiens à le classer hâtivement parmi la droite conservatrice, hostile à l'héritage révolutionnaire. En réalité, l'effort qu'il a poursuivi pour comprendre la société de son temps et le sens de son histoire, déborde largement l'action qu'il a pu y mener.

Esprit profondément non conformiste, Tocqueville échappe au romantisme de sa génération qui, née trop tard pour avoir pu vivre l'aventure de la Révolution et de l'Empire, n'a cessé de revivre l'événement dans l'imaginaire comme une épopée fondatrice ou destructrice. De cette expérience non vécue, mais transmise par la mémoire familiale, il a fait un problème à résoudre, une énigme susceptible de rendre compte de la singularité de l'histoire de la France; une énigme qu'il a passé sa vie à déchiffrer.

« Il y a près de dix ans que je pense une partie des choses que je t'exposerai tout à l'heure », écrit-il, en 1835, à son ami Kergolay, à propos de la *Démocratie en Amérique*. Comme les idées maîtresses de ce livre sont déjà celles qui guideront sa réflexion dans *L'Ancien Régime et la Révolution*, on peut dire que Tocqueville avait en main, à vingt ans, un système conceptuel pratiquement achevé. « Il offre l'exemple limite, écrit F. Furet, d'un intellectuel qui n'a jamais "appris" que dans le cadre de ce qu'il avait préalablement pensé, ce qui lui donne à la fois, en dehors des gains de temps et d'énergie, une exceptionnelle étroitesse et une exceptionnelle profondeur. »

Cette précocité tient à son génie personnel mais aussi à son expérience de classe, à une vision de vaincu que son tempérament intellectuel a su objectiver et convertir en modèle d'interprétation du mouvement des sociétés. Tocqueville appartient à la noblesse de robe (il compte Malesherbes parmi ses ancêtres proches) qui a soutenu et servi fidèlement l'Etat monarchique, mais a donné corps, en même temps, aux idées libérales qui ont miné de l'intérieur l'Ancien Régime.

Or la conviction qui domine son œuvre et colore d'un pessimisme résigné la vision historique de ce libéral pas comme les autres, est qu'il y a contradiction et à la limite incompatibilité entre la liberté et la démocratie. Or la marche de l'histoire entraîne irrésistiblement nos sociétés vers la démocratie. Ses idées maîtresses ce sont « les trois vérités très claires » qu'il rappelle dans l'avant-propos à *L'Ancien Régime et la Révolution* : « La première est que tous les hommes de nos jours sont entraînés par une force inconnue qu'on peut espérer régler et ralentir, mais non vaincre, qui tantôt les pousse doucement, tantôt les précipite vers la destruction de l'aristocratie; la seconde que, parmi toutes les sociétés du monde, celles qui auront toujours le plus de peine à échapper pendant longtemps au gouvernement absolu, seront précisément ces sociétés où l'aristocratie n'est plus et ne peut plus être; la troisième, enfin, que nulle part le despotisme ne doit produire des effets plus pernicieux que dans ces sociétés-là. »

Obsédé comme Guizot dont il a suivi les cours avec ferveur en Sorbonne en 1828-1829, par la comparaison de l'histoire de la France et de l'histoire de l'Angleterre, Tocqueville ne partage pas l'optimisme bourgeois de son maître. Pour lui, la Révolution anglaise de 1688 qui a installé un régime parlementaire durable ne peut servir de modèle, comme le croit le grand historien orléaniste, à une France malade de sa révolution inachevée, toujours à la recherche d'un système politique qui réaliserait le mariage de la démocratie avec la liberté et assurerait l'hégémonie des classes moyennes. Car 1688 a simplement assuré le triomphe de l'aristocratie.

Entre l'aristocratisme anglais et le révolutionnarisme français, il y a peut-être une troisième voie, inscrite dans la réalité historique, qui réconcilie les tendances libérales du premier et les tendances démocratiques du second. C'est le modèle américain. Le voyage aux Etats-Unis se situe à l'intérieur d'une problématique de la démocratie déjà totalement construite dans l'esprit de ce jeune homme de vingt-six ans. D'où l'extrême originalité du regard qu'il porte sur une société qui faisait rêver son époque. La plupart des voyageurs fascinés par la jeunesse de cette nation plantée dans une nature quasiment vierge, avaient l'impression de retrouver l'enfance du monde; Tocqueville croit voir dans les Etats-Unis l'esquisse d'un avenir possible de la civilisation.

La démocratie américaine, c'est pour lui la société anglaise recommencée, mais sans aristocratie, sans architecture hiérarchique. Engendrée non par une révolution, mais par la migration d'une dissidence religieuse qui exalte l'individualisme, elle a livré l'Anglais à lui-même, à sa passion égoïste de l'enrichissement. Et cet égoïsme, c'est en quoi il préserve à la fois la liberté et la stabilité sociale, est ce qui fonde la nation. Selon lui, l'Américain « a pour sa patrie un sentiment analogue à celui qu'on éprouve pour sa famille et c'est encore par une sorte d'égoïsme qu'il s'intéresse à l'Etat ».

Un tel modèle historique est aux antipodes du parcours suivi par la société française sur lequel Tocqueville n'a jamais cessé de s'interroger et qu'il aborde à la fin de sa vie dans *L'Ancien Régime et la Révolution*, introduction à une histoire de la Révolution et de l'Empire que le sort ne lui a pas laissé le temps d'écrire.

A l'inverse de l'Amérique, pays neuf où la société politique tend pratiquement à se résorber dans la société civile, la France est une nation où l'histoire et l'Etat pèsent lourd. Face à une société disparate par l'abondance des particularismes locaux et l'importance des écarts sociaux, face surtout aux prétentions de la classe féodale, l'Etat monarchique a développé des tendances centralisatrices en même temps qu'il sécrétait une idéologie égalitaire. Tocqueville montre comment derrière la diversité apparente des institutions locales, la monarchie a édifié en « sous-œuvre », pour reprendre son expression, un appareil centralisé qui vidait celles-ci de leur substance. En détruisant ces institutions, la Révolution de 1789 croyait abattre le despotisme. En réalité, elle ne faisait que libérer l'Etat centralisé des vestiges d'un ordre ancien derrière lesquels il se dissimulait. En supprimant l'aristocratie et les privilèges, les révolutionnaires ne faisaient que mettre en application la logique égalitaire, que l'absolutisme avait installée dans les esprits. La Révolution n'a pas détruit l'Ancien Régime politique, elle l'a consolidé.

On voit à quel point l'interprétation tocquevillienne de la Révolution se distingue de toutes les conceptions de son temps, aussi bien les progressistes, celles d'un Guizot ou d'un Michelet, qui voient en elle l'instauration d'un monde nouveau, que les conservatrices, celles d'un Bonald ou d'un Joseph de Maistre, qui reprochent à la Révolution d'avoir ruiné les bases de la société.

L'apport de Tocqueville, tel qu'on peut l'évaluer aujourd'hui est triple. Il est *historiographique* ; non seulement sa démarche tourne le dos à la guerre de tranchées dans laquelle s'enfermaient les historiens de la Révolution (chacun ayant à choisir son camp) et retrouve aujourd'hui une deuxième jeunesse auprès de ceux qui abandonnent les tranchées pour « penser la Révolution française », mais elle montre à quel point l'exploration de l'Ancien Régime est un détour indispensable pour comprendre la singularité de la société française et de son histoire.

Son apport est aussi *méthodologique* : chercheur de terrain pour la *Démocratie en Amérique*, chercheur d'archives pour *L'Ancien Régime et la Révolution*, Tocqueville s'attache avec la plus grande rigueur à soumettre ses hypothèses à l'épreuve des données empiriques. Adepte du comparatisme comme ses maîtres Montesquieu et Guizot, il s'efforce toujours d'en justifier les termes pour dépasser le simple parallèle rhétorique. Face au document, il évite aussi bien le fétichisme de l'érudition que les transports d'imagination de l'histoire romantique. Les procès-verbaux des assemblées d'Etats, la longue série des cahiers de doléances, « le testament de l'ancienne société française », les archives de plusieurs intendances, dont celle de Tours, de l'Ile-de-France, etc. : aucun historien de son temps n'a dépouillé autant de sources que l'auteur de *L'Ancien Régime et la Révolution*, considéré souvent comme un brillant essayiste.

Son apport est enfin *théorique*. On serait tenté de dire que sa démarche est avant tout celle d'un sociologue puisqu'il se demande s'il y a « des lois immuables qui constituent la société en elle-même ». Sa conception du social est plus proche de Montesquieu qui la relie au politique et à l'agencement des institutions, que de Guizot ou de Marx qui l'articulent au dispositif économique.

Mais à un autre niveau, il rejoint Marx par l'importance qu'il accorde, dans la production du social, aux facteurs idéologiques. C'est ce qui fait l'ambiguïté mais aussi la richesse de son concept de démocratie, à la fois idéal politique (le partage de la souveraineté entre tous) et idéal social (la tendance au nivellement et à l'égalisation des statuts sociaux). Or cet idéal est inséparable du processus historique qui l'a fait naître et lui permet de s'incarner. « Sociologie et Histoire, écrit F. Braudel, ne sont chez Tocqueville qu'une seule et même façon d'observer la société. »

● BIBLIOGRAPHIE. — Alexis de Tocqueville, *Œuvres complètes*, publiées sous la direction de J.-P. Mayer, 18 vol., Paris, 1951-1983. De la très abondante liste d'ouvrages et d'articles consacrés à Tocqueville, on retiendra : S. Drescher, *Dilemmas of Democracy. Tocqueville and Modernization*, Pittsburgh, 1968; F. Furet, Le système conceptuel de la *Démocratie en Amérique*, in *L'Atelier de l'Histoire*, Paris, 1982; F. Furet, Naissance d'un Paradigme : Tocqueville et le voyage en Amérique (1825-1831), in *Annales ESC*, n° 2, 1984; A. Jardin, *Alexis de Tocqueville, 1805-1859*, Paris, 1984; J.-P. Mayer, *Alexis de Tocqueville. Prophet des Massenzeitalters*, Stuttgart, 1954.

▶ Corrélats. — Amérique (Histoire américaine), Ancien régime, Guizot, Marx, Politique (Histoire), Révolution française.

A. Burguière.

Travail

S'il m'a été demandé d'écrire les quelques pages qui suivent, c'est, j'imagine, en raison de ma participation à l'*Histoire générale du Travail* publiée à Paris en quatre volumes de 1959 à 1961 (sous la direction de L. H. Parias, Nouvelle Librairie de France : t. I, *Préhistoire et Antiquité*, par L. R. Nougier, S. Sauneron, P. Garelli, F. Bourriot, R. Rémondon, postface d'André Aymard, 1959; t. II, *L'âge de l'artisanat (Ve-XVIIIe siècle)*, par Ph. Wolff et F. Mauro, 1960; t. III, *L'ère des révolutions (1765-1914)*, par Cl. Fohlen et F. Bédarida, 1960; t. IV, *La civilisation industrielle de 1914 à nos jours*, par Alain Touraine, avec cinq collaborateurs, préface de Pierre Larroque, 1961). De Lucien Febvre, qui en conçut l'idée, à Georges Friedmann qui, avec J.-D. Reynaud, en rédigea la postface finale, les fées n'ont pas manqué autour du berceau de cet exceptionnel enfant. Bien entendu, les auteurs n'avaient pas la naïveté de croire qu'ils travaillaient sur une « table rase ». Il a toujours été question du travail. Sans remonter au-delà, Descartes se fit « le héraut d'une science militante, d'une science opératoire qui s'efforce de même mouvement de connaître le monde et de le transformer » (Jean Lacroix). Au XVIIIe siècle, l'*Encyclopédie* valorisa cette notion des arts mécaniques, par ses planches comme par son texte, qui précisaient l'état des techniques du temps. Tout au long du XIXe siècle, de Saint-Simon à Proudhon, les socialistes accordèrent au travail une place fondamentale dans leurs pensées. Et comment ne pas faire une place privilégiée à un certain Karl Marx, qui écrivit : « Les philosophes n'ont fait qu'interpréter le monde de différentes manières, ce qui importe, c'est de le transformer » — et, au risque de simplifier, nous dirons qu'il voyait dans l'Histoire une résultante des « rapports de production » entre donneurs et preneurs de travail, distinguant du même coup quelques phases essentielles dans le devenir de l'Humanité : esclavage, féodalisme, capitalisme, socialisme ? Mais Marx était un enfant de son temps et, de plus en plus aujourd'hui, nous considérons sa pensée non comme un évangile immuable et définitif, « la science », mais comme le reflet d'une situation donnée — si large que soit la part de vérité qu'on lui reconnaisse.

Imperturbables, les historiens — pas forcément marxistes pour autant — se penchèrent sur cette réalité qui s'imposait à eux. Parce que je suis médiéviste, je vais me risquer à citer un titre, *Le travail dans l'Europe chrétienne au Moyen Age, V^e-XVe siècle*, de Paul Boissonnade (Paris, 1921), d'ailleurs largement dépassé aujourd'hui. Mais l'ouvrage cité ci-dessus donnait d'abondantes bibliographies, qu'il eût été facile d'allonger.

La série était tout de même très ambitieuse (trop, peut-être ?) : son but était de fournir un tableau de cette histoire du travail, des origines préhistoriques à nos jours — c'est-à-dire alors les environs de 1960 — et ce dans le monde entier. Il s'en dégageait, par-delà la variété des approches des auteurs, un certain nombre de constatations et de questions. Bien entendu, c'est l' « histoire du travail » qu'il s'agissait de définir et de délimiter — pas tellement *a priori* qu' « en marchant ». Il apparut assez vite que l'originalité de cette discipline consistait à emprunter à beaucoup d'autres, sans jamais se confondre avec elles. Risquons une énumération, qui n'est d'ailleurs certainement pas complète :

1 / L'histoire économique est celle qui vient la première à l'esprit. Mais elle attache à la notion de « conjoncture » une importance que l'histoire du travail ignore (sauf pour reconnaître que, dans leur vie quotidienne, les travailleurs en subissaient les effets). Ce sont les mécanismes de la production et des échanges qui retiennent beaucoup plus l'attention de l'historien du travail. De même, l'évolution des prix ne le touche qu'indirectement ; en revanche, il est bien plus sensible à l'histoire des salaires, qui ne suivent pas forcément les mêmes courbes (« Lorsque les prix prennent l'ascenseur, les salaires montent par l'escalier », a-t-on pu écrire). Egalement, la part du travail dans la formation du coût des objets — et donc de leur prix — est capitale pour lui. Pouvons-nous conclure en soulignant que la notion de « niveau de vie » ne doit jamais être absente de son esprit ? Mais les initiatives individuelles, la façon qu'avaient nos ancêtres — et certains d'eux pris en particulier — de concevoir leur labeur, lui sont très sensibles.

2 / L'histoire sociale entre en jeu, elle aussi ; elle non plus ne se confond pas avec l'histoire du travail. Je voudrais ici retenir spécialement deux séries de questions. La première est celle des « classes » — un mot dont il a été fait un usage aussi large qu'ambigu. Admettons qu'on puisse en parler. Faut-il les délimiter en fonction du genre de travail accompli par leurs membres ? Il est certain qu'il n'a cessé de créer entre eux une solidarité vécue, quelque inégale que soit la place où il les situait dans l'échelle sociale. Il y a toujours eu des paysans pauvres et des paysans aisés : leurs communs problèmes ne sont pas moins réels que les oppositions qui s'exacerbaient (ou que l'on exacerbait) entre eux à certains moments. Alors, est-ce le degré de fortune qui crée les « classes » ? Bien sûr que non : il n'est que de songer au mépris dans lequel les nobles pauvres tenaient les bourgeois enrichis, au moins en divers lieux et époques, pour sentir l'insuffisance de cette notion.

Et encore : quels types d'associations ont existé entre les travailleurs ? Comment ont-ils évolué ? Pour rester en Europe, de la corporation antique au « métier juré » des temps médiévaux, du compagnonnage aux syndicats, que de formes variées, dont la succession n'est pas purement chronologique ! Il existe toujours des « compagnons » à côté des syndiqués. Et le retour à un « corporatisme » bien confusément conçu n'a-t-il pas été, récemment encore, l'ABC de certains hommes politiques ? On peut d'ailleurs imaginer bien d'autres évolutions à venir...

Voilà des problèmes essentiels pour un historien du travail. Ce ne sont sans doute pas les seuls qu'il ait à se poser sur le plan social. Mais, que l'histoire sociale les déborde encore plus largement, ce n'est guère contestable.

3 / L'histoire des techniques est, bien entendu, fondamentale pour notre homme. On peut d'ailleurs se demander s'il existe des techniques qui ne le concernent pas directement. Non, sans doute. Mais alors, que de constatations parfois amères lui faut-il faire! Et que de questions est-il amené à se poser!

Amères constatations : il faut bien admettre que la guerre peut avoir été le plus efficace aiguillon du progrès. Triste évidence, aussi valable pour la Préhistoire que de nos jours — qu'il s'agisse de l'évolution des lames d'outils de pierre, du conflit entre l'arc et l'arbalète, de l'expansion de la poudre et des armes à feu, de la découverte de la bombe atomique dont les « retombées » modifient chaque jour notre façon de vivre et nos espoirs. Nous voici donc jetés dans l'histoire militaire, dont seule cependant une face nous regarde.

Questions : comme il est difficile de dater les progrès techniques! Les objets anciens nous sont rarement parvenus dans un état qui permette d'en préciser le procédé et l'époque de la fabrication. Alors, recourir à l'iconographie? Méfions-nous de son caractère archaïque, de la tendance qu'eurent longtemps les artistes à copier leurs devanciers : s'il fallait situer le progressif remplacement de la faucille par la longue faux en Europe occidentale au Moyen Age, sculptures (les « travaux des mois »), peintures et vitraux rivaliseraient d'inexactitude à nos yeux. A n'en pas douter, que des paysans soient montrés moissonnant à la faucille ne signifie nullement qu'à la date et dans la zone considérées, les longues faux n'étaient pas déjà utilisées. Inversement, combien de représentations relèvent aujourd'hui du *wishful thinking*, et nous serions bien naïfs de leur accorder automatiquement confiance. Restent enfin les textes : mais, trop souvent, lorsqu'ils mentionnent une technique ou attestent son emploi, celui-ci est souvent acquis depuis un temps plus ou moins long — et comment le mesurer ?

Un péril serait d'ailleurs de croire que, à partir du moment où l'on a constaté un progrès technique réalisé quelque part, on peut généraliser. C'est tout le problème de la diffusion des techniques qui se pose ici. Qu'il soit pratiquement insoluble, c'est ce que, en raison d'une information évidemment déficiente, nous pouvons affirmer avec certitude. Une certitude qui est loin de nous mettre à l'aise. Il ne faut d'ailleurs pas croire que cette diffusion se soit faite de façon simple, que telle constatation faite dans tel village à telle époque soit valable pour les villages voisins. Il y a eu aussi des retours en arrière : un habile cultivateur ou artisan avait pu apprécier la supériorité que donnait l'emploi de tel procédé nouveau; il n'a pas eu forcément de successeur. La prudence est donc de règle. Comme la notion d'une extraordinaire diversité; en 1983, il doit encore exister des hommes qui en sont aux techniques de l'âge de la Pierre, alors que... Une image de film me revient à l'esprit, celle d'un aborigène australien « demeuré » assistant à l'envol d'un avion : image en partie truquée, bien entendu, du fait même de son existence, mais combien révélatrice!

Autre question : quelles sont les causes des progrès techniques ? Rien ne serait plus illogique que de les considérer comme allant de soi, et c'est pourtant ce que font la plupart des gens. Je signalais le véritable coup de fouet que les guerres ont donné à l'esprit de recherche et d'invention. Heureusement, elles n'entrent pas seules en jeu. Le manque de main-d'œuvre a également joué un rôle d'incitant. C'est sans doute en raison de la diminution du nombre des esclaves que la ferrure à clous et le collier à armature rigide, connus en Chine au moins au IIe siècle apr. J.-C., se répandirent largement en Europe occidentale à partir du IXe. En 1931, le commandant Lefebvre des Noëttes leur avait attribué la disparition de l'esclavage (*L'attelage et le cheval de selle à travers les âges*, Paris, 1931) : c'est bien plutôt le contraire qui est probable. Il en est de même pour l'expansion des moulins à eau, dont les Romains connaissaient le principe, et dont ils construisirent même de remarquables exemples (moulin de Barbegal près d'Arles), mais qui ne se multiplièrent qu'aux XIe et XIIe siècles. De même encore, les mortalités des XIVe et XVe siècles obligèrent à réaliser dans des domaines aussi variés que l'exploitation minière, la construction navale, la comptabilité et les assurances, etc., des innovations de longue haleine. Dans tous ces cas, l'évolution sociale et démographique, loin de suivre celle des techniques, la suscita. En fin de compte, ce sont bien les ressources de l'esprit humain, confronté à de difficiles problèmes, qu'il faut alléguer. En ce sens on peut même dire que l'esprit mène le monde.

4 / L'anthropologie : ici encore, les préoccupations de l'historien du travail ne recouvrent que très incomplètement celles de l'anthropologue. Mais il y a des coïncidences frappantes. Marx en soulignait déjà. Et Friedmann proposait cette définition *partielle* (c'est moi qui souligne) du travail : « L'ensemble des actions que, dans un but pratique, à l'aide de son cerveau, de ses mains, d'outils ou de machines, l'homme exerce sur la matière, actions qui à leur tour, réagissant sur l'homme, le modifient » (G. Friedmann, Qu'est-ce que le travail ?, *Annales ESC*, juillet-août 1960, p. 684-701 — dont les thèmes ont été repris dans l'introduction au *Traité de Sociologie du Travail*, sous la dir. de G. Friedmann et Pierre Naville, Paris, A. Colin, 1960). Un peu plus loin, il posait le problème de Paul, « tourneur dans un atelier de construction mécanique de la banlieue parisienne », et il se demandait « dans quelle mesure le corps de Paul, qui travaille depuis des mois sur ce tour, lui est adapté », et aussi « quelles sont ses réactions mentales à la tâche quotidienne ». A quel point tels ou tels types d'hommes réussissent-ils plus ou moins bien dans telle ou telle sorte de travail ? De quelle façon les affecte-t-elle ? Quelles maladies leur inflige-t-elle ? Qu'on songe aux silicoses dont souffraient à peu près tous les mineurs. Notre démarche se fait dramatique.

5 / L'histoire des idées entre à son tour en jeu. Pas de toutes les idées, bien entendu. Mais enfin... Peut-on expliquer le christianisme « parce que Jésus a eu pour père un charpentier » ? André Aymard, qui a posé la question, répondait évidemment que non. Il faudrait le citer longuement pour souligner le mépris du travail manuel qui régnait dans les sociétés antiques : « Platon, dans le *Gorgias*, fait prononcer par Socrate des paroles à cet égard révélatrices : il considère comme établi qu'un membre de la bonne société répugnerait au mariage de sa fille ou de son fils avec le fils ou la fille d'un ingénieur militaire, même si les machines construites par celui-ci avaient procuré le salut de la ville. *A fortiori*, faut-il penser, s'agissant d'un ingénieur appliquant ses connaissances à des fins économiquement utilitaires. L'artisan est bas, par définition, et tout ce qui touche à l'artisanat participe du même discrédit, à la fois intellectuel et social. Non seulement exercer directement un métier manuel, mais accepter d'entrer dans l'ordre de préoccupations qui est sien suffit à dégrader l'homme libre en lui donnant une âme d'*esclave*. Voilà le grand mot lâché ». Partant sur ces bases, les Pères de l'Eglise se livraient à des remarques apparemment contradictoires. « Vous tous qui avez été baptisés en Christ, vous avez revêtu Christ. Il n'y a plus ni Juif ni Grec, il n'y a plus ni esclave ni libre » (saint Paul). Et saint Jean Chrysostome : « Pourquoi tant d'esclaves ? de même que pour les vêtements et la table, on doit en fait d'esclaves se borner au nécessaire. Et où est le nécessaire ? Je ne le vois pas. Un maître devrait se contenter d'un esclave ; bien plus, un esclave devrait suffire à deux ou trois maîtres... Il n'est point nécessaire d'avoir des esclaves... » Affirmations toutes théoriques ; en fait, ni eux ni leurs pareils n'imaginaient qu'on pût abolir l'esclavage, et ils se contentaient de recommander de bien traiter les esclaves. Incertitudes qui se feront cruelles au moment des « Grandes Découvertes » et d'un nouvel esclavage...

Ne perdons pas de vue cet aspect de la considération dont le travail était entouré. Mépris du travail manuel dans nos temps antiques, on l'a dit. Plus tard, dans notre Moyen Age, que de discussions autour du thème : le travail résultait-il d'une malédiction, prononcée par Dieu en punition du péché originel, et qui frappait les descendants d'Adam et Eve ? ou bien était-il un instrument de libération, voire une participation à la tâche même de Dieu, à cette incessante Création et re-Création de l'univers ?

On comprend que de nos jours le travail, manuel comme intellectuel, ait été réhabilité. Marx s'y est employé. Nulle part ailleurs que dans les sociétés se réclamant de lui la « valeur en soi » du travail manuel n'a été valorisée : « Le travail est une affaire d'honneur, de vaillance et d'héroïsme. » Je pourrais évidemment multiplier les citations. A quoi bon ? Que la réalité ne coïncide pas toujours avec ces proclamations, que l'ardeur au travail soit d'autant plus recommandée qu'elle est naturellement faible est une autre affaire, et là non plus je n'insisterai pas. Il faut d'ailleurs convenir que toutes les formes de travail ne sont pas aptes à susciter spontanément l'enthousiasme.

6 / C'est enfin le droit qui fait sa place au travail. Il existe partout un droit du travail, aux tendances d'ailleurs fort variables. Ce qui est pour nous évidence ne l'a pas toujours été. Il y a une histoire du droit du travail, trop souvent tragique et sanglante. Il nous paraît inconcevable aujourd'hui que l'intervention de l'Etat dans des matières aussi sensibles que la limitation de la journée de travail, pour les adultes, voire pour les enfants, ait si longtemps paru scandaleuse. Et pourtant ! Les vacances payées, la Sécurité sociale ont été durement acquises, et elles n'existent évidemment pas partout.

Par-delà cette délimitation de l'histoire du travail, il convient de s'interroger sur ce qu'il y a lieu d'entendre par « travail ». Un peu plus haut, j'en ai, à la suite de Georges Friedmann, proposé une définition. Affinons-la maintenant. Avec lui encore, j'insisterai sur le fait « qu'il convient de se méfier des définitions métaphysiques ou seulement générales du travail, détachées de l'histoire, de la sociologie et de l'ethnographie, sans référence à la variété de ses formes concrètes selon les sociétés, les cultures, les civilisations sans considération suffisante de la manière dont le travail est vécu et ressenti par ceux qui l'effectuent ». La notion de travail implique-t-elle celle de contrainte, soit interne, soit externe ? Interne, c'est-à-dire une irrésistible vocation, un besoin de recherche ou de création.

Externe, nous n'avons que l'embarras du choix : la force physique (des galères de jadis aux « camps de travail » aujourd'hui multipliés), la persuasion morale, la contrainte économique. C'est en partie pour satisfaire ses créanciers que Balzac, on le sait, écrivit *La Comédie humaine* — travailleur dans les deux sens que nous venons de distinguer. La contrainte, nous devons donc la concevoir de façon très large. Si nul ne peut contester aux ouvriers — ni aux paysans — le qualificatif de travailleur, il serait certainement injuste de le leur réserver. L'intellectuel est aussi un travailleur. Le patron en est un autre — et pas forcément de catégorie supérieure, si l'on entend la définir par la quantité ou même par la qualité du labeur fourni. Aucun jugement général ne peut être porté, mais bien des schémas traditionnels seraient à réviser.

L'*Histoire générale du Travail* publiée autour de 1960 se fondait sur une distinction bien commode entre les diverses formes de travail : secteur primaire (production des matières premières : agriculture et forêts, mines et carrières, pêcheries et salines), secteur secondaire (ensemble de l'activité industrielle : fabrication ou transformation d'objets manufacturés, construction immobilière et travaux publics), secteur tertiaire (commerce, transports, administration, grands services collectifs, activité culturelle). Distinction fondamentale, qu'élabora le professeur australien Colin Clark, que modifia l'économiste français Jean Fourastié, etc. Elle n'a rien perdu de sa commodité, même si, selon les époques et les régions, les progrès de ces diverses formes ont été fort inégaux. La tendance générale est à la croissance du secteur tertiaire aux dépens des deux autres — mais elle est très diversement ressentie dans les multiples parties du globe.

Sur cette distinction reposait — non sans nuances — un tableau chronologique de l'histoire du travail. L'absence de machines, l'extension de l'esclavage caractérisaient ce que l'on appelle (au moins dans nos pays européens) Préhistoire et Antiquité. Puis venait l'âge de l'artisanat. Au XVIIIe siècle éclataient les révolutions, agricole et industrielle, étroitement mêlées d'ailleurs. Puis s'imposa, depuis la fin du XIXe siècle, une deuxième révolution, qui affecta toutes les formes de l'activité humaine : celle de l'électricité. Dès lors s'est produite cette accélération de l'Histoire que nous sommes bien forcés de constater. Les applications pacifiques (car il y en a aussi) de l'énergie atomique, l'automation, le recours à l'ordinateur — que sais-je encore ? — bouleversent continuellement les conditions de travail. Le phénomène du chômage prend une ampleur, dont la pensée peut plus aisément rendre compte qu'amener la disparition. Toute la face de l'univers se transforme. J'ai autant de mal à imaginer le monde dans lequel vivront mes enfants, et plus encore mes petits-enfants, qu'ils ont de peine à se représenter eux-mêmes ce que put être ma jeunesse, avant l'apparition de la radio, à l'époque de l'automobile rare, de l'avion plus rare encore. L'éducation permanente, les diverses formes de recyclage, l'écologisme s'efforcent de répondre à cette incessante transformation.

Alors, que serait aujourd'hui une *Histoire générale du travail* ?

● BIBLIOGRAPHIE. — M. L CAMPBELL, *The English Yeoman* (1942); Rosa Maria CAPEL MARTÍNEZ, *La mujer española en el mundo del trabajo, 1900-1930*, Madrid, Fundacion Juan March, 1980, 59 p.; D. COLEMAN, Labour in the English Economy of the 17th Century, *Economic History Review*, 2nd series, vol. 8, 1956; Vincent Pierre COMITI, Les maladies et le travail lors de la révolution industrielle française, *History and Philosophy of the life sciences*, Florence, Olschski, vol. 2, 1980, p. 216-239; Bronislaw GEREMEK, *Le salariat dans l'artisanat* *parisien aux XIII*e*-XV*e *siècles. Etude sur le marché de la main-d'œuvre au Moyen Age*, Paris, CID, 1968 (rééd.), in-8°, 152 p.; J. L. et B. HAMMOND, *The village labourer* (1911), et *The skilled labourer* (1919), tous deux parlent du « laboureur », et se limitent à l'époque « moderne »; Chalmers JOHNSON, *Miti and the Japanese miracle. The growth of industrial policy, 1925-1975*, Stanford Univ. Press, 1982, 393 p.; Didier LANCIEN, Les mineurs de Grande-Bretagne au XIXe et au XXe siècle, Note critique, *Annales ESC*, nov.-déc. 1981, p. 1111-1136; W. E. MINCHINTON, éd., *Wage regulation in Pre-industrial England* (1972); Daniel ROCHE, L'intellectuel au travail, *Annales ESC*, mai-juin 1982, p. 465-480; Otto ULBRICHT, Rationalisierung u. Arbeitslosigkeit in um die Wende zum 19. Jahrhundert (*Vierteljahrschrift für Sozial- und Wirtschaftsgeschichte*, 1981, p. 153-190); Frans VAN DER VEN, *Sozialgeschichte der Arbeit*, 3 vol., Deutscher Taschenbuch-Verlag, 1972 (traduit du néerlandais, l'ouvrage a été publié aux Pays-Bas en 1967).

▶ CORRÉLATS. — Economie, Sociale (Histoire), Techniques.

P. WOLFF.

U-V-W

Urbaine (Histoire)

L'opposition de la ville à la campagne, leur interdépendance, et l'évolution profonde de leurs rapports depuis deux siècles, ont suscité une réflexion sérieuse sur le rôle de la ville dans l'histoire. Trois tendances se recoupent. Une première école (que l'on pourrait qualifier de traditionnelle dans la discipline historique) regroupe un vaste ensemble de travaux sur la vie politique, la cour, les institutions (symbolisées par les bâtiments), et la vie commerciale. Cette histoire qui met l'accent sur le temps court contraste avec l'histoire lente des campagnes, des coutumes ancestrales et des retours cycliques. Peu importe que les villes fussent démographiquement minoritaires, leur importance dans l'histoire de l'Occident ne dérivait pas du nombre de leurs habitants. Dans l'Ancien Régime, souligne Pierre Goubert, « elles ont pris, de plus en plus, la direction du royaume. Elles en concentrent les richesses, les talents, tout ce qui brille, tout ce qui compte, tout ce qui détient le pouvoir, la puissance et la culture. La minorité urbaine domine ». (*L'Ancien Régime*, Paris, 1969).

La seconde école qui entretient des liens étroits avec l'économie et la géographie compte des travaux sur les réseaux urbains, la régionalisation autour de centres économiques, et plus généralement les mécanismes d'échanges entre l'urbain et le rural. Marx expliquait en partie l'histoire économique de l'Occident par l'emprise sur la campagne de la bourgeoisie des villes. Selon lui, « toute division du travail développée qui s'entretient par l'intermédiaire de l'échange des marchandises a pour base fondamentale la séparation de la ville et de la campagne » (*Le Capital*, XIV, 4). Des travaux historiques récents ont nuancé ces termes en montrant aussi la dépendance de la ville du passé par rapport aux population et production agraires. Inversement, l'histoire contemporaine a rendu partiellement caduque la vieille distinction entre le rural et l'urbain. Dès 1961, Jean Gottman baptisait la côte est américaine « Mégalopolis » pour définir la « révolution de l'utilisation du sol » dans la région allant de la Nouvelle-Angleterre à la Virginie, où les zones urbaines, suburbaines et rurales s'intégraient dans un même espace économique et social.

Le bouleversement du rapport ville/campagne et les problèmes contemporains de planification ont inspiré un troisième type de travaux, souvent écrits par des urbanistes, sur l'évolution des formes urbaines. Les grandes synthèses de Lewis Mumford (*The Culture of Cities*, New York, 1938; *The City in History*, New York, 1961) ont servi, par exemple, à définir les grandes ères techniques de l'évolution urbaine et à conceptualiser la ville en termes spatiaux. Ces ouvrages ont été malheureusement peu utilisés par les historiens toujours méfiants des anachronismes et plus intéressés par le tissu social de la ville industrielle que par l'espace « théâtral » de l'âge baroque. D'autres synthèses de l'histoire de l'urbanisme ont également fait date, en particulier celles de Marcel Poète (*Introduction à l'urbanisme, l'évolution des villes, la leçon de l'Antiquité*, Paris, 1929), de Leonardo Benevolo (*Le origini dell' urbanistica moderna*, Bari, 1963), et de John W. Reps (*The Making of Urban America. A History of City Planning in the United States*, Princeton, 1965).

Influencés à des degrés divers par ces trois traditions, les historiens des vingt dernières années ont étudié non seulement le phénomène d'urbanisation mais aussi ce que nous apprend le cadre urbain de l'activité humaine. Ils ont traité de la ville non pas comme un simple cadre de vie mais aussi comme un environnement capable d'influencer les forces sociales en jeu (voir en particulier le numéro spécial, Histoire et urbanisation, des *Annales ESC*, XXV, 4, 1970). Le caractère universel du phénomène d'urbanisation et partant de l'histoire urbaine rend impossible tout essai de synthèse. On trouvera de bonnes mises au point par des spécialistes aussi bien des mondes asiatique et africain que du monde occidental dans la livraison annuelle du *Urban History Yearbook* (Leicester, depuis 1974). Le cas français, bien connu, vient de faire l'objet d'une grande synthèse en cinq volumes facilement accessible (*Histoire de la France urbaine*, sous la direction de George Duby, Paris, 1980-1983). Je me limiterai ici à l'histoire urbaine américaine semblable d'un point de vue méthodologique à l'histoire française mais dont les problèmes théoriques ont été plus souvent débattus (E. Lampard, American Historians and the Study of Urbanization, *American Historical Review*, LXVII (October, 1961) : 49-61; O. Handlin et J. Burchard, eds, *The Historian and the City*, Cambridge, Mass., 1963; S. Thernstrom et R. Sennett, eds., *Nineteenth Century Cities : Essays in the New Urban History*, Newhaven, 1969; L. Schnore ed., *The New Urban History; Quantitative Explorations by American Historians*, Princeton, 1975; T. Rabb et R. Rotberg, eds, *Industrialization and Urbanization : Studies in Interdisciplinary History*, Princeton, 1981).

La discipline a suivi des voies parallèles dans les deux pays, d'abord la prise de conscience de l'importance historique des villes, puis le passage de l'histoire institutionnelle à l'histoire sociale, enfin l'intégration (ou la réintégration) de l'histoire urbaine dans l'histoire générale. L'intérêt particulier du cas américain tient de l'influence du phénomène d'urbanisation sur la conscience historique de ce pays. Alors que dans les pays européens, la tradition urbaine remonte à l'Antiquité et est bien intégrée à l'histoire nationale, l'urbanisation américaine récente a profondément modifié l'idée que les Américains se faisaient de leur histoire.

Thème longtemps ignoré, l'histoire urbaine américaine s'est développée dans les années 30. Dans son interprétation essentiellement « antiturnérienne » de l'histoire (voir art. « Histoire américaine ») Arthur Meier Schlesinger Sr. substitua la ville à la frontière pour expliquer la dynamique du progrès social. Il voyait dans le processus d'urbanisation « la collision des deux cultures, l'une statique, individualiste, agraire, l'autre urbaine, collective et dynamique » et le passage de l'une à l'autre (*The Rise of the City, 1878-1898*, New York, 1933). A son tour, Richard Wade illustra le rôle primordial des villes dans l'économie et le peuplement de la frontière dans son étude de la vallée de l'Ohio (*The Urban Frontier : The Rise of Western Cities, 1790-1830*, Cambridge, Mass., 1959). D'autres élèves de Schlesinger conduisirent des enquêtes sur les aspects institutionnels de la vie municipale (comme le livre toujours essentiel de Bessie L. Pierce, *A History of Chicago*, 3 vol., New York, 1937-1957). Récemment des historiens du Sud ont ressuscité ce thème désormais classique de l'importance des villes dans l'histoire de la région la plus rurale des Etats-Unis (B. Brownell, *The Urban Ethos in the South, 1920-1930*, Baton Rouge, 1975).

La géographie, l'économie et la démographie ont aussi contribué au développement de l'histoire urbaine. Dans *The Growth of Cities in the Nineteenth Century, A Study in Statistics*, livre pionnier publié à New York en 1899, Adna Ferrin Weber analysait pour la première fois rigoureusement la croissance relative des villes, les phénomènes de migrations, les régimes démographiques, la répartition de la population, les flux d'information, et les échanges de biens et de services. Son œuvre, tombée dans l'oubli, fut redécouverte dans les années 60 par des chercheurs géographes et économistes qui vérifièrent aussi dans le cadre américain les théories allemandes des lieux centraux (Christaller, Lösch). Le résultat fut une riche série d'études sur l'organisation hiérarchique des villes et les effets des bouleversements démographiques, économiques, technologiques et culturels sur les réseaux urbains faisant ressortir les thèmes désormais familiers du changement d'échelle des sociétés, de l'accroissement des bureaucraties et de la concentration des capitaux (A. Pred, *Urban Growth and City Systems in the United States, 1840-1860*, Cambridge, Mass., 1980; M. Conzen, The American Urban System in the Nineteenth Century, in *Geography and the Urban Environment*, eds. D. T. Herbert et R. J. Johnston, New York, 1981; J. Lemon, *The Best Poor Man's Country : A Geographical Study of Early Southeastern Pennsylvania*, New York, 1972; D. Harvey, *The Limits to Capital*, Chicago, 1982).

Une autre science sociale, la science politique, a incité les historiens à étudier la vie politique au niveau local, en particulier l'emprise des « bosses » sur l'électorat urbain (S. Mandelbaum, *Boss Tweed's New York*, New York, 1965), la compétition entre groupes d'intérêts et groupes sociaux pour le pouvoir (D. Hammack, *Power and Society : Greater New York at the Turn of the Century*, New York, 1982), enfin le rôle respectif des partis et des syndicats dans la vie urbaine (I. Katznelson, *City Trenches, Urban Politics and the Patterning of Class in the United States*, New York, 1981).

Aux Etats-Unis comme en France, le type d'étude le plus répandu a toutefois consisté à analyser le changement social dans les limites spatiales d'une ville. Abandonnant (jusqu'à un passé récent) l'histoire institutionnelle, les historiens se tournèrent vers l'histoire sociale. Dans les années 60, il pouvaient chercher vainement dans l'historiographie, soit silencieuse, soit baignant encore dans l'idéologie du consensus (voir art. « Histoire américaine »), des réponses aux questions soulevées par la redécouverte de la pauvreté, la croissance des ghettos et la violence urbaine. Ils entreprirent donc d'écrire une « nouvelle » histoire urbaine à partir des matériaux qui servent aux biographies collectives et de comprendre la vie de cette vaste majorité d'habitants qui ne laissent pas de mémoires. Afin de pouvoir mettre à profit des sources d'archives complexes, parfois fournissant une information détaillée sur chaque habitant ou chaque maison (listes nominatives, archives cadastrales, notariales, archives d'institutions, etc.), ils ont, par leur souci de l'exhaustif et leur désir de mettre en relation les différents éléments d'une histoire complexe, souvent limité leur champ géographique pour explorer en profondeur les conséquences de l'industrialisation, de la mobilité sociale, des divisions ethniques, des conflits sociaux et de la ségrégation (S. Thernstrom, *Poverty and Progress : Social Mobility in a Nineteenth Century City*, Cambridge, Mass., 1964; M. Katz, *The People of Hamilton, Canada West*, Cambridge, Mass., 1975; K. Conzen, *Immigrant Milwaukee, 1836-1860 : Accommodation and Community in a Frontier City*, Cambridge, Mass., 1976; K. Kusmer, *A Ghetto Takes Shape : Black Cleveland, 1870-1930*, Urbana, 1976; T. Hershberg, ed., *Philadelphia : Work, Space, Family, and Group Experience in the Nineteenth Century*, New York, 1981). En identifiant les minorités, ils ont cherché à localiser les sources des conflits sociaux et culturels et à suivre les étapes de l'américanisation des différentes communautés. Critiques d'une société d'abondance et armés de méthodes aussi attrayantes que neuves, d'ordinateurs et sur la base de grands documents sociodémographiques, ils se sont crus en position de comprendre l'origine des conflits dans la société américaine. Rappelons qu'en France, l'histoire urbaine, traditionnellement influencée par l'histoire du mouvement ouvrier, a été revigorée au même moment sous l'influence de la sociologie marxiste (H. Lefebvre, *Le droit à la ville*, Paris, 1968) qui voyait dans la ville l'expression spatiale de la lutte de classes.

L'histoire urbaine glissa donc vers celle des minorités. En l'absence d'une tradition d'histoire sociale et de méthodes d'enquêtes, les historiens se sont naturellement tournés vers les sociologues et leur modèle d'assimilation des minorités dans la vie américaine. La voie avait été en partie tracée par les pionniers de l'Ecole de Chicago qui s'étaient livrés dans les années 20 à une vaste opération de déchiffrage des symboles contradictoires d'homogénéité et d'hétérogénéité, d'union et de discorde, de consensus et de conflit entre les groupes qui forment le tissu social. Après Robert Park, Ernest Burgess et leurs élèves, les historiens ont donc voulu identifier les diverses entités sociales et ethno-culturelles qui coexistaient dans les villes du passé et montrer comment elles pouvaient se fondre en fonction des besoins de la société pour assurer son fonctionnement.

Le résultat a plus été une critique radicale de la société qu'une réinterprétation marquante de l'histoire. Chaque période apparaissait aux historiens des années 60 comme un pas vers une société marquée par les plaies d'une ségrégation toujours plus intense. L'idée que la ségrégation est un phénomène récent qui prit des proportions démesurées au XXe siècle servait à entretenir une certaine conception idéaliste du passé. Les inquiétudes sur l'intensité de la ségrégation des Noirs réveillées par les émeutes raciales de 1967 rendaient le débat historique d'autant plus important. Les villes étaient-elles vraiment mieux intégrées et plus hospitalières par le passé ? Beaucoup le croyaient, d'où la nécessité de retrouver la communauté perdue. Ainsi les historiens décrivaient la ville — surtout en son centre complexe — comme inéluctablement ségrégative où les pauvres sont emprisonnés et d'où les riches s'évadent pour recréer ailleurs, dans des communautés peu denses, une vie individualiste, *a private way of life* (Sam Bass Warner Jr., *The Private City : Philadelphia in Three Periods of its Growth*, Philadelphia, 1968). Parfois, les villes sont bien la preuve vivante de la réussite du *melting pot*, de la fusion en un tout d'une nation d'immigrants, mais plus souvent elles contiennent l'ivraie. C'est là que se fomentent les conflits raciaux et sociaux les plus violents et que sautent aux yeux les inégalités les plus vives. En ville, on a dû partager le sol et les biens en restreignant l'appétit d'espace et de propriété privée. D'où le paradoxe américain : être devenu le pays le plus urbanisé du monde où la ville apparaît être la négation de valeurs dont les fondements remontent à l'origine de l'établissement américain. Découvrant ce paradoxe, les historiens de la ville ont rejoint sans l'avoir voulu les conclusions de nombreux penseurs de l'école « ruraliste », parmi eux Jefferson et Tocqueville, qui ont toujours insisté sur le danger posé par la populace urbaine à la démocratie américaine, danger que les minorités ne fragmentent et ne ruinent à jamais l'édifice si difficilement construit sur un compromis entre l'unité et la diversité. L'histoire des villes américaines est en partie contenue dans cette dialectique entre les symboles de l'union et ceux de la discorde. Schématiquement, elle pourrait se résumer comme celle des relations difficiles entre les communautés minoritaires (non ou mal assimilées) et les communautés « majoritaires »; l'histoire du conflit potentiel ou réel entre minorités et celle du passage délicat, et à la signification ambiguë, de la minorité à la majorité.

Cette conception de la ville, miroir déformant d'une société qui se veut égalitaire mais productrice d'inégalités flagrantes, a été pendant un moment l'image de marque de l'histoire urbaine et continue d'influencer la plupart des historiens du mouvement ouvrier. Elle n'était, bien entendu, pas partagée par tous. Les historiens de la mobilité sociale ont souvent abouti à des conclusions plus optimistes. Stephan Thernstrom, par exemple, qui avait pourtant remis en question dans son premier livre l'importance de l'ascension sociale à Newburyport a présenté dans son ouvrage sur Boston l'image d'une ville ouverte et d'une société fluide. En dernière analyse, dit-il, c'est bien en ville que s'opérait le mécanisme assimilateur fondamental; « l'ascenseur urbain » est l'outil utilisé par les minorités pour leur intégration dans la majorité et du même coup l'amortisseur du conflit, à la fois la valve de sûreté et la dynamique du progrès (*The Other Bostonians : Poverty and Progress in the American Metropolis, 1880-1970*, Cambridge, Mass., 1973). Enfin, les historiens des communautés ethniques ont prouvé avec force et talent que même les groupes apparemment victimes de ségrégation intense ont profondément marqué la culture et la société américaines.

Aujourd'hui, l'histoire urbaine est toujours divisée en plusieurs champs mal intégrés. Les chercheurs qui s'intéressent à la vie quotidienne ou aux relations sociales se lancent souvent dans des études spécialisées de quartiers ou de groupes ethniques et sociaux (Irlandais ou Italiens de Boston, Allemands ou Polonais de Milwaukee, Lower East Side de New York), tandis que ceux qui s'intéressent à des phénomènes très larges comme la dynamique de la croissance urbaine ou la vie suburbaine abandonnent l'analyse fine du détail de la texture urbaine. Sam Bass Warner Jr. proposait dès 1970 un programme de recherche englobant « l'histoire des conflits et des possibilités issus de la croissance de la nation et de celle de la croissance des unités spatiales d'organisation » (*The Urban Wilderness : A History of the American City*, New York, 1972), incitant les historiens à relier les transformations de la hiérarchie urbaine à l'évolution sociale observable dans les limites spatiales de chaque ville. On ne peut que souscrire à ce programme, toujours mal réalisé, d'histoire comparée des faits sociaux. Il est clair par contre que les historiens de la ville ressentent mieux la nécessité d'intégrer l'étude du changement social à celle de la vie économique, politique, institutionnelle et culturelle. Il s'agit, comme en témoignent les travaux récents sur l'industrialisation américaine, de fondre l'analyse fine de l'évolution des groupes sociaux dans celle des grands changements structurels de l'économie et de la société (T. Dublin, *Women at Work : The Transformation of Work and Community in Lowell, Massachusetts, 1826-1860*, New York, 1981; O. Zunz, *Naissance de l'Amérique industrielle : Detroit, 1880-1920*, Paris, 1983). Les progrès mêmes de l'histoire sociale depuis vingt ans appellent à la réunification du discours historique.

L'objet des historiens de la ville dépasse donc les limites étroites, nécessairement réductrices, de toute définition. Ceux-ci se laissent guider par des soucis de méthode et des préoccupations idéologiques sans lesquels il n'y aurait pas d'histoire et ils cherchent à expliquer des phénomènes d'ordre national par l'étude locale. Par leur entreprise spécialisée, ils contribuent à la réinterprétation de l'histoire générale. L'histoire urbaine est donc à la fois histoire locale, histoire engagée, outil méthodologique et partie du savoir.

● BIBLIOGRAPHIE. — Le lecteur pourra compléter la bibliographie nord-américaine de cet article en consultant le *Journal of Urban History, Urbanism : Past and Present* et (pour le Canada), *Urban History Review, Revue d'Histoire urbaine*. Sur la France, le lecteur consultera, outre l'*Histoire de la France urbaine* déjà citée, les volumes consacrés aux grandes villes publiés aux éditions Privat (*Histoire de Nantes, de Marseille*, etc.). Les titres qui suivent sont une sélection d'ouvrages récents sur la France : Maurice AGULHON, *Une ville ouvrière au temps du socialisme utopique : Toulon de 1815 à 1851*, Paris, 1970; Ronald AMINZADE, *Class, Politics, and Early Industrial Capitalism. A Study of Mid-Nineteenth-Century Toulouse, France*, Albany, 1981; Jean-Pierre BARDET, *Rouen aux XVIIe et XVIIIe siècles. Les mutations d'un espace social*, 2 vol., Paris, 1983; Françoise BOUDON et al., *Système de l'architecture urbaine. Le quartier des Halles à Paris*, Paris, 1977; Fernand BRAUDEL, *Civilisation matérielle, économie et capitalisme, XVe-XVIIIe siècles*, 3 vol., Paris, 1979; Jean-Paul BRUNET, *Une banlieue ouvrière. Saint-Denis (1880-1939). Problèmes d'implantation du socialisme et du communisme*, 3 vol., Lille, 1982; Pierre CHAUNU, *La mort à Paris, XVIe, XVIIe et XVIIIe siècles*, Paris, 1978; Louis CHEVALIER, *Classes laborieuses et classes dangereuses à Paris pendant la première moitié du XIXe siècle*, Paris, 1958; Alain CORBIN, *Les filles de noces. Misère sexuelle et prostitution aux XIXe et XXe siècles*, Paris, 1978; Adeline DAUMARD, *La bourgeoisie parisienne de 1815 à 1848*, Paris, 1963; Georges DUPEUX, *Atlas historique de l'urbanisation de la France (1811-1975)*. Paris, 1981; Alain FAURE, *Paris carême-prenant. Du carnaval à Paris au XIXe siècle*, Paris, 1978; Maurice GARDEN, *Lyon et les Lyonnais au XVIIIe siècle*, Paris, 1970; Michael HANAGAN, *The Logic of Solidarity. Artisans and Industrial Workers in Three French Towns, 1871-1914*, Urbana, 1980; Lynn HUNT, *Revolution and Urban Politics in Provincial France. Troyes and Reims 1786-1790*, Stanford, 1978; Yves LEQUIN, *Les ouvriers de la région lyonnaise (1848-1914)*, Lyon, 1977; John McKAY, *Tramways and Trolleys : The Rise of Urban Mass Transport in Europe*, Princeton, 1976; John MERRIMAN, éd., *French Cities in the Nineteenth Century*, London, 1982; Jean-Claude PERROT, *Genèse d'une ville moderne. Caen au XVIIIe siècle*, 2 vol., Paris, 1975; Michelle PERROT, *Les ouvriers en grève. France, 1871-1890*, 2 vol., Paris, 1974; David PINKNEY, *Napoleon III and the Rebuilding of Paris*, Princeton, 1958; Henri PIRENNE, *Les villes du Moyen Age*, Paris, 1971; Abel POITRINEAU, *Remues d'hommes. Les migrations montagnardes en France, XVIIe-XVIIIe siècles*, Paris, 1983; Françoise RAISON-JOURDE, *La colonie auvergnate à Paris au XIXe siècle*, Paris,

1976; Daniel ROCHE, *Le Peuple de Paris*, Paris, 1981; Joan SCOTT, *Glassworkers of Carmaux*, Cambridge, Mass., 1974; Anthony SUTCLIFFE, *The Autumn of Central Paris : The Defeat of Town Planning, 1850-1870*, Londres, 1970; Jean TULARD, *Paris et son administration (1800-1830)*, Paris, 1976; Michel VOVELLE, *Ville et Campagne au XVIII*e *siècle. Chartres et la Beauce*, Paris, 1980.

▶ CORRÉLATS. — Amérique (Histoire américaine), Economie (Histoire économique), Pirenne, Sociale (Histoire).

O. ZUNZ.

Vicens Vives Jaime, 1910-1960

Historien espagnol dont l'œuvre fut à la base du renouveau de la science historique dans son pays. Ce Catalan fit toutes ses études à l'Université de Barcelone devant laquelle il soutint sa thèse : *Ferran II y la ciutat de Barcelona* (1479-1516), publiée à Barcelone en 1936-1937. A partir de là, et dans des conditions souvent difficiles, il consacre sa recherche à des thèmes d'histoire médiévale, essentiellement catalane, abordés selon les critères de l'histoire positiviste (*Historia de los remensas en el siglo XV*, Barcelone, 1945, *Juan II de Aragon*, Barcelone, 1953, *Los Trastamaras*, Barcelone, 1956). Mais à partir de 1950, date à laquelle il participe à Paris au IXe Congrès des Sciences historiques et où il découvre les travaux de l'école des Annales, Jaime Vicens Vives amorce un tournant déjà sensible dans les œuvres où il reprend les sujets qui lui sont familiers. Ainsi dans *El gran sindicato remensa (1488-1508), la última etapa del problema agrario catalán durante el reinado de Fernando el católico*, Barcelone, 1954, il reconstitue la distribution des foyers remensas et étudie les comptes du syndicat paysan. Mais de plus en plus il s'attache au XIXe siècle, cherchant à dégager les caractéristiques de la révolution bourgeoise catalane et de l'essor du nationalisme catalan (*Industrials y politics del segle XIX*, Barcelone, 1958, *Els catalans en el segle XIX*, Barcelone, 1958). Parallèlement il dessine les lignes d'un véritable programme historique soit dans des ouvrages de synthèse : *Aproximación a la historia de España*, Barcelone, 1952, soit à travers des revues qu'il crée : *Estudios de Historia moderna* en 1951, *l'Indice Histórico Español*, indispensable outil bibliographique, en 1953. Il accorde désormais une attention toute particulière à l'histoire économique et sociale comme en témoignent la *Historia Social y Económica de España*, Barcelone, 1957, et le *Manual de Historia Económica de Espaañ*, Barcelone, 1959, où il souligne le rôle majeur de la conjoncture. Enfin, J. Vicens Vives se montre soucieux de diffuser ses idées le plus largement possible en fondant une maison d'édition qui publie à la fois des ouvrages de recherche historique et d'autres destinés à l'enseignement secondaire. Son œuvre a, malgré sa mort prématurée, pu lui survivre d'autant plus facilement qu'il avait formé une génération de remarquables historiens qui avaient déjà souvent collaboré à ses ouvrages de synthèse (Jordi Nadal, Joan Regla, Emil Giralt, Josep Fontana...).

▶ CORRÉLATS. — Annales (Ecole des), Economie (Histoire économique), Espagne (Historiens espagnols).

B. VINCENT.

Vico Giambattista, 1668-1744

Le premier des grands autodidactes des Lumières, ce fils de paysan devenu libraire développe au cours de sa longue vie napolitaine une activité multiforme. Précepteur d'enfants de l'aristocratie, titulaire de la chaire d'éloquence latine à l'Université (à partir de 1699), mais candidat malheureux à celle de droit civil (1723), historiographe des Bourbons à partir de 1735, il doit pour vivre et s'imposer dans le milieu des grands intellectuels napolitains écrire de tout, passant des commandes rémunérées en prose ou en vers aux travaux de réflexion, participer à tous les débats, et pour ceci tout lire : droit, philologie, littérature, philosophie, histoire... D'où le caractère touffu d'une production littéraire dont les contemporains voient surtout les aspects mineurs : le latiniste, le pédagogue, le versificateur. Production encombrée d'erreurs et retouchée par approximations successives, mais sauvée par l'œuvre majeure qui met en forme à l'arrivée les intuitions les plus fécondes : les trois rédactions successives de la *Scienza nuova* (1725, 1730 et 1744) dont l'importance ne sera vraiment perçue qu'un siècle plus tard, marquant aussi bien Michelet (qui traduit en 1827 la *Scienza nuova seconda*) que Marx ou Croce, Joyce ou Trotsky.

Critique de Descartes et de Hobbes, admirateur de Bacon et Grotius, il propose comme objectif à la connaissance la culture elle-même. Création humaine, elle est la seule dont les lois puissent être saisies par l'homme : créée par Dieu, la nature lui reste inaccessible. Mais cette culture ne peut être comprise que replacée dans son histoire. Car chaque époque a élaboré ses réponses à ses besoins et à ses problèmes. Et cette histoire s'identifie au long procès qui permet le passage de l'animalité à la civilisation et voit l'humanité traverser — comme l'individu lui-même — une série d'*âges* dont la succession, ni linéaire ni cyclique, mais en spirale, préfigure la dialectique : « âge des dieux » (les sociétés patriarcales), « des héros » (les sociétés aristocratiques), des « hommes » (mais aussi de la science et de la philosophie). Une seule clef de lecture des mythes et des légendes, des systèmes politiques, linguistiques, religieux, poétiques et philosophiques : « l'ordre des idées doit suivre celui des institutions ». Au terme, une nouvelle conscience de l'histoire débouche sur une libération de l'homme, révélé à lui-même comme créateur de sa propre humanité, et libéré du mythe. De la linguistique à la mythologie comparée, en passant par le rôle central de l'histoire, Vico inaugure le discours fondateur des sciences sociales : « Nous voyons toutes les nations, les nations barbares comme les nations humaines, conserver jalousement ces trois coutumes humaines : toutes ont une religion, chez toutes se contractent des mariages solennels, toutes ensevelissent leurs morts... Donc ces trois coutumes sont une donnée commune à tous les peuples; c'est avec elles qu'a commencé l'humanité... »

● BIBLIOGRAPHIE. — *Principi di una Scienza nuova d'intorno alla natura delle nazioni, per la quale si ritruovano i principi di altro sistema del diritto naturale delle genti*, Naples, 1725 *(Scienza nuova prima)*; *Principi di Scienza nuova d'intorno alla comune natura delle nazioni, in questa terza impressione dal medesimo autore in un gran numero di luoghi corretta, schiarita, e notabilmente accresciuta*, Naples, 1744 *(Scienza nuova seconda)*; *Principes de la philosophie de l'histoire, traduits de la « Scienza nuova » de J. B. Vico, et précédés d'un discours sur le système et la vie de l'auteur, par Jules Michelet, professeur d'histoire au collège de Sainte-Barbe*, Paris, 1827; *Opere di G. B. Vico*, éditées par Fausto Nicolini, Bari, 1911-1941 (8 vol.) : édition actuelle de référence; Giambattista Vico, *La science nouvelle*, trad. par Ariel Doubine, présentation par Benedetto Croce, introduction, notes et index par Fausto Nicolini, Paris, 1953; J. B. Vico, *Œuvres choisies*, par Jules Chaix-Ruy, Paris, 1946; Giambattista Vico, *Vie de Giambattista Vico écrite par lui-même, Lettres, la méthode des études de notre temps*, présentation, traduction et notes par Alain Pons, Paris, 1981.

▶ Corrélats. — Italie (Historiens italiens), Michelet, Théories de l'histoire.

M. Aymard.

Violence

Les historiens n'ont jamais passé sous silence la violence; ils en ont même fait un des ressorts importants de leurs études. Car la violence, signe de conflits et de luttes, entraîne forcément des ruptures qui sont autant d'événements notoires de la vie sociale.

Ils se sont, en un premier temps, attachés tout naturellement aux formes de violence collective les plus spectaculaires : la guerre y a pris évidemment une très large place. N'a-t-on pas justement établi une séparation entre l'histoire traditionnelle et la nouvelle histoire sur le fait que cette dernière allait au-delà des récits de batailles et de traités de paix. Outre la guerre, ils ont aussi beaucoup travaillé sur ce qui pouvait être, dans chaque pays et à toutes les époques, la violence du pouvoir contre les citoyens et celle des citoyens contre le pouvoir. Grèves et révolutions, répressions sanglantes ponctuent les travaux historiques, posés comme des jalons incontestés d'une lutte grandissante vers la liberté. Dans ce domaine, l'histoire ouvrière des années 1950 a apporté beaucoup de travaux donnant une importance nouvelle à la violence des émeutes, des luttes syndicales, des grèves et des ruptures, ce jusqu'au livre paru en 1975 de M. Perrot : *Les ouvriers en grève 1871-1890*. Témoins aussi en 1970 les travaux éclairant de façon plus informée l'épisode de la Commune et analysant de manière fine les deux révolutions de 1830 et 1848 qui l'ont précédée (J. Rougerie, *Paris libre, 1871*).

De même se sont toujours écrits d'importants travaux concernant la Révolution française; on pense évidemment à Jules Michelet, mais aussi à G. Lefebvre (*Etudes sur la Révolution française*, puf, 1963), G. Rudé (*La foule dans la Révolution française*, 1959), A. Mathiez (*La Révolution française*, 1922-1924), A. Soboul (*Histoire de la Révolution française*, 1962), R. Cobb (*Terreur et subsistances 1793-1795*, 1964) et enfin plus récemment à F. Furet (*Penser la Révolution française*, 1978). L'approche du bicentenaire renouvellera sans aucun doute une fois encore cette historiographie.

Si la violence n'a donc jamais été absente des travaux historiques, on ne peut pourtant pas affirmer qu'elle a pris à présent une place officielle dans la discipline à l'image de l'histoire de la famille, des mœurs ou de l'alimentation. Pourtant l'essor de l'histoire des mentalités a permis qu'un regard neuf se pose sur elle, et cela à partir des recherches sur la déviance et la criminalité nées dans les années 1970 sous l'impulsion de Robert Mandrou et Pierre Chaunu. Ainsi s'est-on préoccupé des formes de violence ordinaire et quotidienne, constitutives des rapports sociaux; violences vécues au jour le jour à la fois tolérées et insupportables, et dont la complexité rend l'histoire tout à fait intéressante. Le terme même de violence s'est élargi, il s'est étendu à l'ensemble de la vie civile : aussi a-t-on pu analyser les formes de violence imposées par la vie du travail et la vie économique, par les institutions de répression (M. Foucault, *Surveiller et punir*, 1976), ou encore les formes de contrainte exercées dans les familles ou dans les relations entre le monde masculin et le monde féminin. L'histoire de la médecine elle-même s'est interrogée sur la violence dans les thérapeutiques médicales et dans la relation médecin-malade. On pourrait bien sûr encore citer d'autres exemples. Mais il est aussi d'autres aspects de la violence urbaine et rurale que les historiens tentent de capter et dont l'histoire reste en partie à faire : il s'agit des menus incidents violents de la vie quotidienne qui tissent le passage social et dont les minutes des commissaires de police peuvent rendre compte. Cette violence endémique (A. Farge, A. Zysberg, Les théâtres de la violence à Paris au XVIIIe siècle, *AESC*, 1979) est d'autant plus intéressante à étudier qu'elle fait partie des tensions sociales en même temps — et cela paradoxalement — que des formes de sociabilité. Ainsi permettent-elles de mieux comprendre les sociétés passées dans le rapport qu'elles entretiennent avec le sang, la douleur, le combat, les rixes et les conflits. Thème d'autant plus indispensable que depuis quelques années nos sociétés urbaines disent ressentir une grave insécurité, qu'il est nécessaire sans doute de replacer dans le contexte historique. L'histoire montre assez bien comment la violence est constitutive du contrat social.

Très récemment, les historiens ont posé le problème du fait divers comme nouvel objet de la science historique (*AESC*, 1983, n° 4, Fait divers, fait d'histoire). Jusqu'ici on l'excluait parce qu'on le considérait comme un non-événement, une sorte d'exotisme. Son apparition dans l'analyse historique mérite d'être soulignée. Symptôme, rupture de l'ordre social, mise en forme du réel et de l'incroyable, le fait divers est un révélateur des modulations d'une société, c'est aussi un miroir à l'envers aux fonctions multiples car l'histoire de sa représentation a autant d'intérêt que celle de ses multiples significations.

Sans aucun doute l'histoire de la violence sous toutes ses formes est un terrain privilégié d'enquêtes ou de fines analyses permettant de ne pas oublier que le fonctionnement des sociétés repose aussi sur le conflit, la crise, l'irruption de la violence des corps avec tout ce que cela provoque d'horreur, avec tout ce que cela fait naître comme solidarités et contre-solidarités. La violence catalyse autour d'elle bien des manifestations de la sensibilité collective qui est amenée à conforter ses propres valeurs contre elle ou parfois autour d'elle. Son histoire s'avère toujours essentielle.

● BIBLIOGRAPHIE. — R. GIRARD, *La violence et le sacré*, Grasset, 1972; M. MAFFESOLI, A. PESSIN, *La violence fondatrice*, Ed. Champ Urbain, 1978; J.-Cl. CHESNAIS, *Histoire de la violence*, Ed. Laffont, 1981; *Le Fait divers*, catalogue de l'exposition du Musée des Arts et Traditions populaires, 1982.

▶ CORRÉLATS. — Criminalité et justice, Grèves, Révoltes.

A. FARGE.

Voltaire François-Marie Arouet, 1694-1778

Dans l'article « Histoire » de l'*Encyclopédie*, Voltaire opposait l'histoire construite à partir des documents et des archives à la fable, récit de choses prodigieuses et improbables qui relève de l'histoire des opinions et non de celle des faits. Il tentait aussi de définir, contre l'histoire d'un Daniel ou d'un Mézerai, une méthode et une manière d'écrire l'histoire. Sa méthode, son art du récit historique, Voltaire les met à l'œuvre dès l'*Histoire de Charles XII* (1731) et les illustre avec éclat dans *Le siècle de Louis XIV* (1751) : il y utilise une très abondante documentation et s'y livre avec beaucoup de scrupule à la critique des sources. Le même souci anime la rédaction, maintes fois reprise, de l'*Essai sur les mœurs et l'esprit des nations et sur les principaux faits de l'histoire depuis Charlemagne jusqu'à Louis XIII*, de 1756. C'est assez dire que Voltaire a apporté une importante contribution à l'élaboration d'une méthode de traitement de la documentation historique. Il est à cet égard un pionnier.

Par ailleurs, il passe vite d'une histoire des héros (Charles XII, Pierre le Grand), quand bien même ils sont l'occasion d'une réflexion sur le destin historique ou le rôle des individus dans la marche des nations, à une histoire des sociétés et des époques qu'ils ont marquées de leur influence. Plus que Louis XIV, monarque absolu, c'est la civilisation que son règne a vu naître (mœurs, sciences et arts) que Voltaire se propose de décrire. L'objet de l'histoire est encore plus vaste dans l'*Essai sur les Mœurs* : civilisation chinoise, musulmane, européenne y sont également traitées. L'histoire n'y a de sens qu'à l'échelle de l'univers dans un continuel mouvement d'échanges.

Cette histoire n'a que peu de rapports avec les traditionnelles histoires universelles parce qu'elle est avant tout philosophique. Voltaire a éclairé son *Essai* d'une *Philosophie de l'histoire* qui lui donne tout son sens. Il refuse une vision cyclique de l'histoire nécessairement pessimiste pour lui substituer une vision linéaire du devenir historique relevant d'une croyance dans les progrès de l'esprit humain. L'histoire essentielle est celle des mœurs parce que, au-delà des apparences, elle donne à lire, lente et sans cesse menacée de régression, l'accession des hommes au règne de la raison.

● BIBLIOGRAPHIE. — John Henry BRUMFITT, *Voltaire historian*, Oxford, 1958; Furio DIAZ, *Voltaire storico*, Rome, 1959; Jean DAGEN, *Histoire de l'esprit humain de Fontenelle à Condorcet*, Paris, 1977; Jean Marie GOULEMOT, *Discours, histoire et révolutions (Représentations de l'histoire et discours sur les révolutions de l'Age classique aux Lumières)*, Paris, 1975.

J. M. GOULEMOT.

Weber Max, 1864-1920

Max Weber, fils d'un député national-libéral, passe une jeunesse typique de la bourgeoisie intellectuelle, protestante berlinoise. Après ses études de droit et de sciences économiques à Heidelberg, Göttingen et Berlin avec les représentants les plus éminents de l'école historique (Knies, Gneist, Goldschmidt), Weber hésite entre une carrière universitaire, politique ou d'avocat. En 1889 il défend sa thèse sur les sociétés commerciales au Moyen Age. Une année plus tard, le *Verein für Sozialpolitik* le charge de l'exécution d'une partie de l'enquête sur les conditions de vie des ouvriers agricoles concernant la Prusse-Orientale (à l'est de l'Elbe). Il y montre que la baisse des prix de blé et le maintien des modes de production traditionnels ont pour conséquence la substitution de la main-d'œuvre allemande par une main-d'œuvre polonaise et russe. Sa conclusion est un réquisitoire contre l'aristocratie foncière prussienne qui, pour des raisons économiques égoïstes, freine le développement de l'Allemagne.

Cette enquête qui fonde la notoriété de Max Weber est le point de départ d'une phase intense d'activités politiques en liaison avec Friedrich Naumann et Paul Göhre et qui visent à renouveler le libéralisme allemand. En 1895, Weber développe les objectifs de ce programme politique dans son cours inaugural à sa chaire d'économie politique de l'Université de Fribourg, à savoir la démocratisation interne de l'Allemagne et une politique expansionniste vers l'extérieur. Une année plus tard il est nommé professeur d'économie politique à l'Université de Heidelberg.

Une première dépression nerveuse de Max Weber en 1897 coïncide avec la rupture suivie de la mort de son père, ainsi qu'avec l'échec évident du mouvement politique autour de Friedrich Naumann. Incapable d'enseigner, Max Weber démissionne en 1903 de sa chaire et ne reprend l'enseignement qu'en 1918. Son retrait forcé de la politique et de l'institution universitaire favorise une réorientation de son travail. La méthode comparative systématique et la construction d'idéal type est la solution méthodologique que formule Max Weber en réponse à l'insécurité épistémologique qui prédomine dans les travaux de la vieille école historique et du *Verein für Sozialpolitik*, marqués par l'empirisme et le volontarisme politique. Ce changement dans l'approche de Max Weber est influencé par ses contacts avec les philosophes néo-kantiens de l'école badoise (Windelband, Rickert) et par son collègue Ernst Troeltsch, professeur de théologie protestante. Weber applique sa méthode d'abord dans son étude sur l'éthique protestante et l'esprit du capitalisme, où il montre la parenté profonde entre ces deux phénomènes dans le calvinisme. Après sa sécularisation définitive, cette éthique du calcul rationnel devient un moteur puissant de la rationalisation du monde moderne et qui transforme celui-ci en cage d'acier.

L'insistance sur le travail conceptuel et sur la nécessaire séparation entre les rôles scientifiques et politiques éloigne Max Weber du *Verein für Sozialpolitik* et de la vieille école historique. En 1910 il est avec Werner Sombart et Georg Simmel parmi les fondateurs de la Société allemande de Sociologie. Tout en maintenant la différenciation héritée de l'historisme entre les sciences naturelles et celles de la culture, entre l'explication et la compréhension, l'interprétation théorique, au centre de l'entreprise sociologique, vise à dépasser le volontarisme politique inhérent aux travaux de la vieille école historique. Au relativisme raisonné de la sociologie compréhensive correspondent un agnosticisme religieux et un relativisme des valeurs dans le domaine politique. Dès 1913 Max Weber commence une recherche systématique à l'aide de sa méthode comparative qui donne naissance à ses concepts sociologiques de base et à des analyses détaillées, publiés après sa mort dans les deux tomes de *Economie et Société*. En même temps, il entreprend l'étude des éthiques économiques des grandes religions (1916 : *Hindouisme, Bouddhisme*; 1917 : *Le judaïsme antique*) qui renforce sa thèse d'une parenté profonde entre éthique protestante et esprit du capitalisme, à l'origine de la rationalisation très spécifique du monde occidental.

Pendant la première guerre mondiale, Max Weber intervient de nouveau dans la vie politique avec une série d'articles dans lesquels il prend ses distances par rapport à une politique de guerre maximaliste et demande vigoureusement une démocratisation de l'Allemagne. Après la défaite, il participe aux négociations de paix de Versailles et à la commission préparant la Constitution de la République de Weimar. Après un court passage à l'Université de Vienne en Autriche, il est nommé en 1919 à la chaire de sociologie de l'Université de Munich où il prononce ses conférences sur le savant et le politique. On ne peut comprendre ces deux conférences que dans le contexte du gouvernement bavarois révolutionnaire et de la réaction politique qui l'a suivi.

Longtemps, l'interprétation qu'a faite dans le cadre de sa philosophie existentielle Karl Jaspers a prédominé dans l'héritage intellectuel de Max Weber, le transformant en une sorte de philosophe de l'éthique de responsabilité intellectuelle et politique. D'un autre côté, la lecture proprement philosophique sous l'angle de la théorie marxiste de l'aliénation qu'a faite Gyorgy Lukács de l'éthique protestante est à l'origine de l'usage qu'ont fait de l'œuvre de Weber Max Horkheimer, Theodor W. Adorno, Herbert Marcuse et Jürgen Habermas. Néanmoins, les contributions scientifiques les plus durables de Max Weber ne se situent pas dans le domaine de la philosophie, mais dans celui de l'histoire sociale et de la théorie sociologique des phénomènes religieux, du droit et des formes de domination.

● BIBLIOGRAPHIE. — Raymond ARON, Max WEBER, in *Les étapes de la pensée sociologique*, Paris, Gallimard, 1967; Pierre BOURDIEU, Une interprétation de la théorie de la religion selon Max Weber, in *Archives européennes de Sociologie*, 12, 1971, p. 3-21; Eugène FLEISCHMANN, Métamorphoses wébériennes, in *Archives européennes de Sociologie*, 5, 1964, p. 126-129; Julien FREUND, *Max Weber*, Paris, PUF, 1969; Arthur MITZMANN, *The Iron Cage : An Historical Interpretation of Max Weber*, New York, Knopf, 1970; Wolfgang J. MOMMSEN, *Max Weber und die deutsche Politik, 1890-1920*, Tübingen, Mohr, 1959.

▶ CORRÉLATS. — Allemagne (Histoires allemandes), Intellectuelle (Histoire), Mentalités, Réforme, Religion (Histoire religieuse).

M. POLLAK.

Wölfflin Heinrich, 1864-1945

Historien de l'art dont l'influence au sein de l'école formaliste a été considérable. Pour Wölfflin la forme organise l'œuvre d'art et en donne le sens. Proche à ses débuts des philosophes et psychologues, Wölfflin présente sa thèse de doctorat très jeune sur *Prolégomènes à une psychologie de l'architecture* (1886). Dès 1888 il publie une analyse de l'architecture destinée à faire date : *Renaissance et Baroque*. Rompant avec la vision de Burckhardt, à qui il succède à Bâle en 1893 et avec qui il maintient une abondante correspondance (éd. J. Gantner, Bâle, 1948), Wölfflin, après avoir défini le classicisme de la Renaissance, lui oppose les valeurs formelles du Baroque. Dans ses *Principes fondamentaux de l'Histoire de l'art* (1915) il énonce les traits essentiels qui permettent de distinguer les deux périodes : le passage de la ligne à la peinture, du plan à la profondeur, de la forme fermée à la forme ouverte, de l'unité au pluriel, de la clarté absolue à la clarté relative. Pour Wölfflin, ces catégories ne doivent pas être universalisées; elles s'appliquent presque exclusivement à la différence entre Renaissance et Baroque.

Wölfflin consacre la plupart de ses énergies à l'étude de la Renaissance : *L'art classique* (1899), et publie une approche formaliste de l'art de Dürer en 1905. Pour Wölfflin le style et la forme sont presque indépendants des personnalités artistiques ce qui contribue à la disparition des artistes. La forme peut connaître d'ailleurs des changements stylistiques en demeurant une force active qui structure l'art (*Italien und das deutsche Formgefühl*, 1931).

Le succès de l'œuvre de Wölfflin a été très grand. Il est probablement l'historien de l'art le plus lu malgré les faiblesses de sa théorie. Celle-ci a été notamment critiquée par A. Schmarsow et P. Frankl, ce dernier dans *Die Entwicklungsphasen der neueren Baukunst* (1914). De nombreuses études ont été consacrées à l'œuvre de Wölfflin et trois recueils de mélanges lui ont été offerts, en 1924 à Munich, en 1935 à Dresde et en 1944 à Bâle.

● BIBLIOGRAPHIE. — H. WÖLFFLIN, *Gedanken zur Kunstgeschichte*, Bâle, 1941; ID., *Kleine Schriften 1886-1933*, Bâle, 1946; M. LURZ, *Heinrich Wölfflin. Biographie einer Kunsttheorie*, Worms, 1981.

▶ CORRÉLAT. — Art (Histoire de l').

X. BARRAL I ALTET.

Table des articles

Afrique, *H. Moniot*.
Alimentation, *A. Burguière*.
Allemagne.
    Historiens allemands, *E. François*.
Alphabétisation, *D. Julia*.
Amérique.
    Histoire américaine, *O. Zunz*.
    Historiens américains, *O. Zunz*.
Anachronisme, *O. Dumoulin*.
Ancien Régime, *R. Descimon*.
Angleterre.
    Historiens anglais, *G. Boquet*.
Annales (Ecole des), *A. Burguière*.
Anthropologie historique, *A. Burguière*.
Archéologie, *A. Schnapp*.
Ariès Philippe, *A. Burguière*.
Art, *X. Barral I Altet*.

Banque, *J. Bouvier*.
Baroque et classicisme, *O. Dumoulin*.
Belgique.
    Historiens belges, *L. Genicot*.
Berr Henri, *O. Dumoulin*.
Biographique (Histoire), *G. Chaussinand-Nogaret*.
Bloch Marc, *A. Burguière*.
Bourgeoisie, *A. Plessis*.
Braudel Fernand, *M. Aymard*.
Burckhardt Jacob, *X. Barral I Altet*.
Byzance.
    Histoire byzantine, *E. Patlagean*.

Cahiers de doléances, *R. Chartier*.
Cartulaire, *J.-M. Martin*.
Charts, *J.-M. Martin*.
    Le Cabinet des chartes, *B. Barret-Kriegel*.
    L'Ecole des chartes, *J. Glénisson*.

Chine.
    Historiens chinois, *M. Cartier*.
Christianisme, *A. Rousselle*.
Chronologie, *O. Dumoulin*.
Cinéma et histoire, *M. Ferro*.
Climat, *E. Le Roy Ladurie*.
Colonisation, *C. Coquery-Vidrovitch*.
Colportage, *R. Chartier*.
Communisme, *R. Paris*.
Commynes Philippe de, *C. Beaune*.
Comparée (Histoire), *O. Dumoulin*.
Conjoncture, *O. Dumoulin*.
Contemporaine (Histoire), *O. Dumoulin*.
Corps, *A. Rousselle*.
Courbe, *O. Dumoulin*.
Criminalité et justice, *Y. Castan*.
Crise, *M. Aymard*.
Croissance, *M. Aymard*.
Culture populaire, *R. Chartier*.
Cunéiforme, *D. Arnaud*.
Cycle, *O. Dumoulin*.

Datation, *O. Dumoulin*.
Décadence (Notion de), *O. Dumoulin*.
Démographie historique, *J. Dupâquier*.
Désindustrialisation, *F. Mendels*.
Despotisme éclairé, *C. Michaud*.
Didactique de l'histoire, *H. Moniot*.
Dilthey Wilhelm, *E. François*.
Diplomatique (Histoire), *J. Thobie*.
Document, *O. Dumoulin*.
Droit, *J. Thomas*.
Dumézil Georges, *B. Sergent*.
Durkheim Emile, *P. Besnard*.

Economie.
  Histoire économique, *F. Mendels.*
  New economic history, *J. Heffer.*
Education, *D. Julia.*
Egyptologie, *A. Forgeau.*
Elias Norbert, *A. Burguière.*
Elites, *G. Chaussinand-Nogaret.*
Enfant, *M.-F. Morel.*
Enquête, *O. Dumoulin.*
Enseignement de l'histoire et identité nationale, *M. Ferro.*
Entreprises, *L. Bergeron.*
Epigraphie, *J. Andreau.*
Espagne.
  Historiens espagnols, *B. Vincent.*
Etrusques, *R. Bloch.*
Européocentrisme, *H. Moniot.*
Evénementielle (Histoire), *O. Dumoulin.*

Fait historique, *O. Dumoulin.*
Famille, *A. Burguière.*
Febvre Lucien, *J. Revel.*
Femmes, *C. Klapisch-Zuber.*
Féodalisme, *G. Bois.*
Féodalité, *J.-M. Martin.*
Focillon Henri, *X. Barral I Altet.*
Foucault Michel, *J. Revel.*
Francastel Pierre, *X. Barral I Altet.*
Froissart Jean, *C. Beaune.*
Fustel de Coulanges Numa Denis, *F. Hartog.*

Généalogie, *J. Dupâquier.*
Géographie historique et géohistoire, *O. Dumoulin.*
Gestes, *J.-C. Schmitt.*
Gibbon Edward, *A. Rousselle.*
Graphique, *S. Bonin.*
Grèce.
  Histoire grecque, *F. Hartog.*
  Historiens grecs, *F. Hartog.*
Grèves, *Y. Lequin.*
Guizot François, *P. Rosanvallon.*

Hauser Henri, *O. Dumoulin.*
Hérodote, *F. Hartog.*
Historicisme, *O. Dumoulin.*
Hittites, *B. Sergent.*
Homère et le monde homérique, *B. Sergent.*

Hongrie.
  Historiens hongrois, *G. Granasztoï.*
Huizinga Johan, *J. Le Goff.*

Ibn Khaldun Abd al-Raḥmān, *M. Arkoun.*
Images, *R. Chartier.*
Immédiate (Histoire), *B. Paillard.*
Impérialisme, *C. Coquery-Vidrovitch.*
Inde.
  Histoire indienne, *J. Pouchepadass.*
Indo-Européens, *B. Sergent.*
Inflation et histoire, *F. Mendels.*
Informatique, *J.-P. Genet.*
Institutions, *R. Descimon.*
Intellectuelle (Histoire), *R. Chartier.*
Interdisciplinarité, *O. Dumoulin.*
Islam, *L. Valensi.*
Italie.
  Historiens italiens, *M. Aymard et C. Vivanti.*

Japon.
  Historiens japonais, *F. Hérail.*
Juifs, *M. Kriegel.*
Jullian Camille, *A. Rousselle.*

Koyré Alexandre, *P. Redondi.*

Labrousse Ernest, *J. Bouvier.*
Langue, *B. Cerquiglini.*
Lavisse Ernest, *J. Glénisson.*
Lefebvre Georges, *J.-P. Hirsch.*
Linéaire B, *B. Sergent.*
Linguistique et histoire, *B. Cerquiglini.*
Littéraire (Histoire), *J.-M. Goulemot.*
Livre, *R. Chartier.*
Lombard Maurice, *J. Le Goff.*
Lutte des classes, *R. Paris.*

Mabillon Jean, *B. Barret-Kriegel.*
Maladie, *J.-N. Biraben.*
Manuels d'histoire, *M. Crubellier.*
Marginaux, *A. Farge.*
Maritime (Histoire), *M. Fontenay.*
Marrou Henri-Irénée, *M. Crubellier.*
Marx Karl, *R. Paris.*
Marxiste (Histoire), *R. Paris.*
Mauristes, *B. Barret-Kriegel.*
Mémoire collective, *P. Joutard.*
Mentalités, *J. Revel.*

Mercuriale, *J.-P. Desaive.*
Méthode historique, *O. Dumoulin.*
Meuvret Jean, *J.-P. Desaive.*
Michelet Jules, *P. Viallaneix.*
Militaire (Histoire), *A. Corvisier.*
Minoen (Monde), *B. Sergent.*
Mode de production asiatique, *R. Paris.*
Modèle, *O. Dumoulin.*
Mommsen Théodore, *E. François.*
Monod Gabriel, *O. Dumoulin.*
Montesquieu Charles de, *J.-M. Goulemot.*
Mort, *F. Lebrun.*
Musulmans.
 Historiographie musulmane, *A. Cheddali.*
Mythologies, *M. Détienne.*

Nationale (Histoire), *P. Nora.*
Numismatique, *J. Andreau.*

Onomastique, *P. Beck.*
Orale (Histoire), *P. Joutard.*
Outillage mental, *J. Revel.*

Paléodémographie, *E. Fügedi.*
Paléographie, *J.-M. Martin.*
Panofsky Erwin, *P. Braunstein.*
Parfaite (Histoire), *R. Chartier.*
Périodisation, *O. Dumoulin.*
Peste, *J.-N. Biraben.*
Philologie et histoire, *P. Judet de La Combe.*
Pirenne Henri, *L. Genicot.*
Politique (Histoire), *P. Lévêque.*
Pologne.
 Historiographie polonaise, *B. Geremek.*
Population, *J. Dupâquier.*
Positivisme, *O. Dumoulin.*
Préhistoire, *G. Camps.*
Preuve, *O. Dumoulin.*
Prix, *J.-P. Desaive.*
Prosopographie, *J. Andreau.*
Proto-industrialisation, *D. Woronoff.*
Psychanalyse et histoire, *E. Roudinesco.*

Qoumrân, *E.-M. Laperrousaz.*
Quantitative (Histoire), *F. Mendels.*

Ranke Léopold, *E. François.*
Réforme, *B. Roussel et B. Vogler.*
Relations internationales, *J. Thobie.*

Religion.
 Histoire religieuse, *C. Langlois.*
 Histoire des religions, *A. Rousselle.*
Renan Ernest, *B. Barret-Kriegel.*
Révoltes, *B. Vincent.*
Révolution anglaise, *G. Boquet.*
Révolution française, *D. Woronoff.*
Révolution d'Octobre, *M. Ferro.*
Revue historique, *O. Dumoulin.*
Revues historiques, *O. Dumoulin.*
Roman et histoire, *J.-M. Goulemot.*
Rome (Origines de), *J. Andreau.*
Rostovtzeff Mikhaïl Ivanovitch, *A. Rousselle.*
Rurale (Histoire), *J. Goy.*
Russie/URSS.
 Historiens russes et soviétiques, *W. Berelowitch.*

Sciences, *P. Redondi.*
Seignobos Charles, *J. Glénisson.*
Sérielle (Histoire), *O. Dumoulin.*
Simiand François, *J. Bouvier.*
Simon Richard, *B. Barret-Kriegel.*
Sociale (Histoire), *Y. Lequin.*
Sombart Werner, *E. François.*
Statistiques, *O. Dumoulin.*
Structures, *M. Aymard.*

Taine Hyppolite, *B. Barret-Kriegel.*
Techniques, *P. Braunstein.*
Témoignage, *O. Dumoulin.*
Temps présent, *J.-P. Azéma.*
Théâtre et histoire, *G. Boquet.*
Théorie de l'histoire, *M. Crubellier.*
Thierry Augustin, *P. Rosanvallon.*
Thucydide, *F. Hartog.*
Tite-Live, *J. Andreau.*
Tocqueville Alexis de, *A. Burguière.*
Travail, *P. Wolff.*

Urbaine (Histoire), *O. Zunz.*

Vicens Vives Jaime, *B. Vincent.*
Vico Giambattista, *M. Aymard.*
Violence, *A. Farge.*
Voltaire François-Marie, *J.-M. Goulemot.*

Weber Max, *M. Pollak.*
Wölfflin Heinrich, *X. Barral I Altet.*

Imprimé en France
Imprimerie des Presses Universitaires de France
73, avenue Ronsard, 41100 Vendôme
Mai 1986 — N° 31 606

21405342 / 5 / 86